LES FINANCES PUBLIQUES ENTRE GLOBALISATION ET DYNAMIQUES LOCALES

Mélanges en l'honneur de Diarra Eloi et Yonaba Salifou

Contributions réunies par Nicaise MEDE et Marc DEBÈNE

LES FINANCES PUBLIQUES ENTRE GLOBALISATION ET DYNAMIQUES LOCALES

Mélanges en l'honneur de Diarra Eloi et Yonaba Salifou

Sénégal
L'Harmattan

Du même auteur

MEDE Nicaise	*La réforme de l'Etat au Bénin : état de la réforme ...et perspectives*	Centre de Production Universitaire, (Université d'Abomey-Calavi)	2013
MEDE Nicaise	*Finances publiques*	L'Harmattan	2016
MEDE Nicaise	*La LOLF dans tous ses états*	Centre de Production Universitaire, (Université d'Abomey-Calavi)	2016
MEDE Nicaise	*Constitutions et documents financiers*	L'Harmattan	2018
MEDE Nicaise	*Les nouveaux chantiers de finances publiques en Afrique* *Mélanges en l'honneur de Michel BOUVIER*	L'Harmattan	2019
MEDE Nicaise	*Bénin : constitutions et documents politiques*	L'Harmattan	2020
MEDE Nicaise	*Les grandes décisions de la Cour constitutionnelle du Bénin*	L'Harmattan	2020
MEDE Nicaise	*Les recettes publiques en débats*	L'Harmattan	2020

Ouvrage publié avec le soutien financier de la Fondation Suzanne MEDE

10 VDN, Sicap Amitié 3, Lotissement Cité Police, DAKAR

http://www.harmattansenegal.com
senharmattan@gmail.com
senlibrairie@gmail.com

ISBN : 978-2-343-23879-1
EAN : 9782343238791

COMITE SCIENTIFIQUE

MEDE Nicaise
DEBENE Marc
FALL Alioune Badara
LAGRANGE Philippe
PEKASSA Gérard

PHARAON

BIOGRAPHIE

Eloi DIARRA

Né le 03 juin 1949 à Vanékuy (Mali)

Dernier titre universitaire : Docteur d'Etat en droit,

Thèse : Les aspects financiers de la Communauté économique de l'Afrique de l'Ouest (C.E.A.O.), soutenue le 29 juin 1982, à l'Université de Paris II, Panthéon, Mention : Très honorable,
Directeur : M. Paul AMSELEK.

Agrégé des facultés de droit (France), janvier 2008

Agrégé des facultés de droit du Conseil africain et malgache de l'enseignement supérieur (CAMES), novembre 1987.

DEA de Finances publiques et fiscalité, Paris II, Place du Panthéon, Juin 1979.

Thèse de 3e cycle : Les communes mixtes au Sénégal, 1897-1960, Mention : Très honorable,

Directeur : Jean du Bois de GAUDUSSON, Bordeaux I, 1987.

Fonctions : Professeur titulaire ; enseignant-chercheur, émérite depuis le 1.9.2018 de l'Université de Rouen, Faculté de droit, des sciences économiques et de gestion.

Etablissement actuel : Université Catholique de l'Afrique de l'Ouest, avec pour fonction celles d'Assesseur, chargé de l'Ecole doctorale, des formations et de la coopération.

Coordination de recherche

- Coordination (collecte, lecture, correction, harmonisation et *éditorial du n° 4 et du n° Spécial, juin 2012 d'AFRILEX*, revue en ligne du CERDRADI, laboratoire de l'Université de Bordeaux 4-Montesquieu) sur les Finances publiques africaines, parus sur le site *http://www.afrilex.u-bordeaux4.fr*, Décembre 2004 et Juin 2012 ;
- Pour la Revue juridique africaine, dirigée par M. M. KAMTO de l'Université de Yaoundé (Cameroun), *A la recherche de la fiscalité de l'environnement*, juin 1992, 27 pages
- Pour les Annales africaines, publication de la Faculté des sciences juridiques et politiques de Dakar, *L'évolution de la fiscalité sénégalaise de 1980 à 1990*, août 1991, 41 p.

Consultations juridiques

- Participation au Comité des experts chargé de la rédaction d'un avant-projet de révision
- Participation au Comité des experts chargé de la rédaction d'un avant-projet de révision de la constitution du Mali (sept. 2018-avril 2019).
- Evaluation du Programme de formation des formateurs des Quatre Universités de Bamako (2008-2018), doc. repr. 102 pages, février 2019.
- Evaluation de l'Espace d'interpellation démocratique (EID), service rattaché au Médiateur de la République du Mali, doc. repr. 100 pages ; mars 2015.
- Evaluation des résultats des candidats aux concours de l'agrégation du CAMES, de 1990 à 2011. Décembre 2012, Rapport et propositions d'amélioration. Doc. repr. 60 pages.
- Evaluation à mi-parcours du renforcement des capacités de l'Assemblée nationale du Burkina-Faso sur financement de l'African Capacity Building Foundation (ACBF - Fondation pour le renforcement des capacités de l'Afrique). Mai 2010, 68 pages.
- Le statut et le fonctionnement du Bureau du Vérificateur Général du Mali, propositions de modification des textes législatifs et règlementaires, Janvier 2010, 108 pages.
- La réforme de l'organisation du Ministère malien chargé des relations avec les institutions, porte-parole du gouvernement. Rapport et atelier de restitution en février 2009, 68 pages.
- Participation en avril 2008 à la Commission Daba Diawara, Mission de réflexion pour une consolidation de la démocratie au Mali, Rapport remis au Président de la République du Mali en octobre 2008.
- Consultation pour le Ministère de l'Agriculture du Mali sur la mise aux normes internationales des règles nationales en matière phytosanitaire. Mars 2008, 101 pages + annexes
- Evaluation de la Gestion et la Promotion économiques (GPE), programme de formation de l'Université de Yaoundé II, à mi-parcours. Mars 2008, 57 pages.
- Participation en mars 2003 aux assises nationales sur le contrôle des finances publiques du Mali ayant débouché sur la création du Vérificateur général du Mali. (Bamako-Mali).
- Participation au premier forum national des Maliens de l'Extérieur, octobre 2003. (Bamako-Mali).
- Pour le Commissariat général au Plan, Le financement de la recherche publique, juin 1993, 42 p.

- Pour le Centre de recherche pour le développement international (CRDI-Canada), Evaluation des codes des investissements du Sénégal, aspects fiscaux, 1986, 47 p. et 85 pages d'annexes.

Cours en ligne pour les étudiants du d'enseignement à distance de l'université de Rouen.

1 – Master 2 : Droit budgétaire, 2017-2018 ; 176 pages.

2 – Master 2 : Droit du regroupement territorial, 2017-2018, 87 pages.

Autres rédactions de cours

1 – Licence 2 : Finances publiques, 201-2014 ; 212 pages,

2 – Master 1 : Droit des collectivités territoriales, 2006-2007 ; 142 pages.

3 – Master 2 : Contentieux des collectivités territoriales, 2005-2006 ; 86 pages

4 – Maîtrises de droit public et des carrières judiciaires : Contentieux fiscal, 2000-2001 ; 77 pages.

Communications à des colloques (les plus récents) :

Colloques récents

- 23 mars 2017 : Les révoltes fiscales, communication : Faut-il alourdir les sanctions pénales fiscales ?
- 24 mars 2016 : La dette, entre passé et avenir : rapport introductif.
- 28 janvier 2016 : Journée loi de finances 2016.
- 26-27 novembre 2015 : droit et développement, le rôle des incitations fiscales, Rabat, Maroc
- organisation de colloques sur : l'Euro et l'impôt (2013), la loi de finances 2014 (janvier 2014), la loi de finances 2015 (janvier 2015), la fiscalité numérique (mars 2015).
- participation à de nombreux colloques : sur les finances publiques : finances nationales et union européenne, les lois de finances, mise en œuvre de la loi organique du 1er août 2001.

RECHERCHE

Centres et laboratoires de recherche

- Création et animation de la Revue scientifique de l'Université catholique de l'Afrique de l'Ouest (RS-UCAO), n° 0001/2017, sorti le 5 janvier 2018, Editions Vivre-Ensemble.

- Membre de l'African Tax Research Network (ATRN) rattaché à l'African Tax Administration Forum (ATAF) depuis 2014.
- Membre de la Société française de finances publiques (S.F.F.P.), depuis le 1er janvier 1997.
- Membre de la Société française de droit fiscal (S.F.D.F.) depuis 1990. A ce titre,

  organisateur du colloque de la Société sur le thème des conventions fiscales franco-africaines, à Dakar en 1993.
- Membre de l'Institut international de finances publiques (I.I.FP .- Saarbruck, Allemagne)

  de 1986 à 1994.
- Membre du Centre universitaire rouennais d'études juridiques (CUREJ) de la faculté de droit de Rouen depuis 2005 à 2018.
- Membre du Centre de recherche sur les droits de l'homme (CREDHO) de la faculté de droit de Rouen de 1994 à 2006.
- Membre du Centre de recherche en droit de l'activité professionnelle (CRDAP) de la

  faculté de droit de Rouen de 1999 à 2005.
- Membre du Centre de recherche en Droit des activités économiques, Faculté de Droit

  de Rouen, de 1990 à 1998.

DIRECTION DE THESES ET JURYS.

Direction de thèses

- 12 thèses dirigées et soutenues.

Jurys de thèses

Rapporteur et membre de nombreux jurys de thèses aux facultés de droit d'Abidjan, d'Aix-en-Provence, Bamako, Bordeaux –IV Montesquieu, Caen, Dakar, Grenoble, Lyon 3, Paris 2, Poitiers, Toulouse 1, Strasbourg.

Préfaces :

- M. Abdoulaye NIANE, Fiscalité et intégration économique, le cas du système fiscal sénégalais dans l'UEMOA, L'Harmattan, 2013, p.7-8 ;
- Fousseyni DOUMBIA, L'alternance démocratique au sommet de l'Etat au Mali et au Sénégal, Editions universitaires européennes, 2018, p. 10-12.

<u>Jurys d'agrégation</u> du CAMES en Droit public (Membre à Yaoundé, 5-16 novembre 2017 ; Président à Ouagadougou, 4-13 novembre 2019)

ENSEIGNEMENT

<u>UFR de droit, des sciences économiques et de gestion de Rouen</u>

- Master 2 SPP : Droit budgétaire, depuis 2004 ;
- Master 2 SPP : Droit du regroupement territorial, depuis 2008 ;
- Master 2 : Contentieux des collectivités locales, de 2004 à 2006 ;
- Master 2 DPA : Finances publiques approfondies, depuis 2013 ;
- Master 2 DPAC : Droit du patrimoine culturel et historique des collectivités territoriales, depuis 2012 ;
- Master 1 : Droit des collectivités locales, de 2004 à 2014 ;
- D.E.A. de Droit public : Finances publiques approfondies, 1997-2000, thèmes spéciaux sur le contentieux constitutionnel des lois de finances ; les pouvoirs financiers du parlement ;
- D.E.S.S. Droit fiscal et douanier : Fiscalité personnelle, de 1992 à 1999 ;
- D.E.S.S. Droit fiscal et douanier : Contrôle et contentieux fiscal (2000 et 2001) ;
- Maîtrise de Droit : Contentieux fiscal, de 1995 à 2000 ;
- Licence d'administration publique (IPAG) : Organisation administrative, depuis 1997 ;
- Licence AES : Cadre international de la vie économique, de 1992 à 2004 ;
- Licence AES : Libertés publiques, de1998 à 2004 ;
- Licence AES : Fiscalité générale et locale, depuis 2001 ;
- 2e année de Droit à la faculté de droit de Rouen : Finances publiques, de 1991à 1994 et ensuite depuis 1997 à 2012 ;
- 2e année de Droit du centre d'Evreux : Finances publiques, de 1994 à 1996 ;
- 1° année de Droit (Centre d'Evreux) : Introduction générale au droit, en 1990 et 1991 ;
- 1° année AES : Institutions publiques, en 1990 et 1991.

<u>IUT de l'Université de Rouen</u> : fiscalité générale, de 1990 à 1993.

Faculté des sciences juridiques et politiques (Université Cheick Anta Diop de Dakar/Sénégal)

- Master 2, Droit public : Finances publiques approfondi depuis 2010 ;
- D.E.A. de Droit public général : Finances publiques approfondies, de façon régulière entre 1991 et 2008.
- DEA de droit de l'Intégration : Cours de fiscalité de l'intégration, en 1999 et 2002 à 2005.
- DEA de droit public-Enseignement : Droit des traités et conventions économiques, 1985 et 1986.
- DEA de science politique : Cours de science financière, de 1998 à 2002.
- Maîtrise de droit public : Droit international économique, 1984 à 1988.
- Maîtrise de droit public : Idées politiques, 1983 à 1989.
- Licence, option administration publique : Techniques fiscales, 1982 à 1990.
- Licence de sciences économiques : Fiscalité, 1982 à 1990.

Faculté des sciences juridiques et économiques de Bamako (Université du Mali).

- Chaire d'encadrement à l'intention des enseignants (Assistants et Maîtres-Assistants) en finances publiques générales (Sessions de formation de 1999 à 2003).
- D.E.A. de droit public : finances publiques approfondies, depuis 1997/98.
- Maîtrise de droit public : Droit des entreprises publiques en 2000, 2004.
- Licence Droit privé : fiscalité générale malienne de 2000 à 2005.
- 1ère année Droit : Les constitutions maliennes, 2006, 2009.

Université catholique de l'Afrique de l'Ouest-Unité universitaire de Bamako (UCAO-UUBa).

1) Création et animation du département de droit, UCAO-UUBa (2008),
2) Cours de finances publiques en L2 Droit depuis 2008, UCAO-UUBa,
3) Cours de comptabilité publique approfondie en M2 droit public approfondi (2013)
4) Cours de finances communautaires de l'UEMOA, UCAO-UUB, 2016 et 2018.

Ecole nationale d'administration du Sénégal – Université Alioune Diop de Bambey

Master EMT (Executive Master on Tax) : cours sur La transition fiscale. Oct. 2015

ADMINISTRATION ET AUTRES RESPONSABILITES COLLECTIVES

Administration universitaire

1. Depuis février 2016, nommé par la Conseil épiscopal directeur (CED) de l'Université catholique de l'Afrique de l'Ouest (UCAO) en qualité d'Assesseur, auprès du Recteur, chargé de l'Ecole doctorale, des formations et de la coopération.
2. Elu, par le conseil d'administration de l'université de Rouen médiateur de l'université, juillet 2010.
3. Directeur du diplôme de Licence des Métiers de l'administration territoriale, 2008.
4. Membre du Conseil scientifique de l'université de Rouen de déc. 2006 à mars 2008.
5. Membre du conseil des études et de la vie universitaire (CEVU) de l'université de Rouen, de 2002 à 2006.
6. Membre du conseil de gestion de la faculté de droit, des sciences économiques et de gestion de 2002 à 2008, et de nouveau, de 2014 à 2016.
7. Directeur du DESS Administration des activités locales de 2001 à 2004.
8. Directeur de l'Institut de préparation à l'Administration générale (IPAG) et membre invité du Conseil d'administration de l'Université de Rouen d'octobre 1997 à octobre 2002.
9. Vice-Doyen de la Faculté de droit de Rouen de mai 1993 à mai 1997.
10. Directeur du Centre universitaire d'Evreux, délocalisation de l'Université de Rouen d'un DEUG Droit et d'un DEUG Sciences PC-MI de septembre 1994 au 31 décembre 1996.
11. Président du département d'AES de la Faculté de droit de Rouen de 1990 à fin 1993.

Coopération interuniversitaire

Responsable de la coopération internationale de l'université de Rouen avec les universités ouest-africaines en général et de Bamako, Dakar, Ouagadougou en particulier.

A ce titre,

1) Organisation en mai 1999 de la rencontre « Investissements : destination Sénégal », entre administration sénégalaise et chefs d'entreprises haut-normands à la Chambre de commerce et d'industrie de Rouen) ;
2) En 2002, à la faculté des sciences juridiques et politiques de l'Université Cheikh Anta Diop du colloque sur « Le droit d'entreprendre et l'entreprise » ;
3) En 2015, à la faculté des sciences juridiques et politiques de l'Université Cheikh anta Diop du colloque sur « Les ports africains, statuts et gestion ».

DECORATIONS

1) Chevalier de la Légion d'honneur française (fév. 2005) ;
2) Chevalier de l'Ordre national du Mali (janv. 2009) ;
3) Chevalier des Palmes académiques (promotion juillet 2015).

BIBLIOGRAPHIE

(Eloi DIARRA)

ARTICLES - TRAVAUX – OUVRAGES– REALISATIONS

Ouvrages - Articles - réalisations.

A paraître :

- La fiscalité des activités portuaires, ex. du Port Autonome de Dakar, ouvrage collectif, sous la dir. de M. Yaya BODIAN, univ. Ch. Anta Diop de Dakar.

Parus

1) Why, like other African States, does Mali like China ? in *The challenge of change for the legal and political systems of Eurasia, the impact of the New Silk Road*, Amandine CAYOL, Zhuldyz SAIRAMBAEVA, Pierre CHABAL (eds.), Editions scientifiques internationals, P.I.E. PETER LANG S.A. 2020, p. 211-233.
2) Etude sur l'Espace d'Interpellation démocratique, Passé – Présent – Avenir, in *MEVOS (Médiations et Evolutions sociales), revue semestrielle* n°1/2019, p. 44-127, publication du Médiateur de la République du Mali

3) L'utilité des finances de l'UEMOA, in *Mélanges en l'honneur de Michel Bouvier, Les nouveaux chantiers des finances publiques en Afrique*, Contributions réunies par Nicaise MEDE, L'Harmattan Sénégal, 2019, p. 91-113.

4) Eloi Diarra se souvient, in *Mélanges en l'honneur de Michel Bouvier, Les nouveaux chantiers des finances publiques en Afrique*, Contributions réunies par Nicaise MEDE, L'Harmattan Sénégal, 2019, p. 47-48.

5) Mali, l'impossible révision constitutionnelle, in *Mélanges Marc Debène, Gouvernance et réforme administrative*, coordonnés par A. de RAULIN, J-P PASTOREL, Presses Universitaires d'Aix-Marseille (PUAM), Centre de recherches administratives, janv. 2018.

6) La fiscalité des personnels et des œuvres de religion en Afrique de l'Ouest francophone, in *Actes du colloque Religion et Droit du travail*, sous la dir. De Bernard CALLEBAT et H. de COURREGES, Presses de l'Université de Toulouse 1, Capitole, 2017

7) Le Mali après Alger : fédéralisme ou régionalisation ? in *Fédéralisme, décentralisation et régionalisation de l'Europe. Perspectives comparatives*, Actes du colloque de Rouen, sous la Direction de Sylvia CALMES-BRUNET et Arun SAGAR, Editions l'Epitoge – Lextenso, 2017, Tome 1, p. 143-170.

8) La fiscalité numérique : quel avenir ? in *Revue française de finances publiques*, mai 2016, n° 134, p. 4-23

9) Le financement de la formation des prêtres en Afrique de l'Ouest francophone, in *Le contrôle des religions par l'Etat en Europe, hier et aujourd'hui*, sous la dir. de Bernard CALLEBAT et Hélène de COURREGES, Presses de l'Université Toulouse 1 Capitole, 2016, 269-285.

10) L'Etat, la loi et la religion au Mali, in *Encycopedia of Law and Religion*, Boston, General Editors Gerhard and w ; cole Durham Jr, Associate Editor Donlu Thayer, Bril, Leiden, 2016, p. 174-185.

11) Le droit colonial en Afrique de l'Ouest francophone ou la construction d'une société nouvelle, in ouvrage collectif *Faire l'histoire du droit colonial, cinquante ans après l'indépendance de l'Algérie*, sous la direction de Jean-Philippe BRAS, Khartala 2015, p. 113-134.

12) Les politiques fiscales en France, chronique de fiscalité, *Revue française de finances publiques*, février 2015, n° 129, p. 249-267.

13) La fiscalité des associations n'est plus ce qu'elle était : de la simplicité à la complexité, in *Droit des sociétés, le mensuel du juriste et de l'entreprise*, n° 122, sept. 2014, p. 27-35

14) La dette publique comme limite au financement public ou un autre effet d'éviction de l'emprunt, in ouvrage collectif, *Les évolutions des modes de*

financement de l'action publique, sous la dir. de Fabien BOTTINI, maître de conférences, université du Havre, L'Harmattan, 2014, p. 111-128.

15) Le statut du personnel des collectivités territoriales en charge de la gestion du patrimoine culturel et historique local, in ouvrage collectif, *la Fonction publique territoriale, Contexte, recrutements et avenir*, éd. PURH, 11.2013 ;

16) L'Espace d'interpellation démocratique ou les droits de l'homme sous l'arbre à palabre, in *L'homme dans la société internationale, Mélanges en hommage au Professeur Paul Tavernier* (sous la coordination générale de Jean-François Akandji-Kombé), Bruylant, Bruxelles, 2013, p. 665-691.

17) Pour un Observatoire des finances publiques africaines, in *Afrilex,* n° spécial sur les finances publiques africaines, juin 2012.

18) La vie constitutionnelle et politique du Mali depuis l'indépendance : cinquante ans ... et après ? in ouvrage collectif, le *Mali*, édit. AMAP, Bamako, septembre 2010, p. 29-73.

19) L'histoire constitutionnelle du Mali, in *Revue juridique et politique des Etats francophones*, avril-juin 2010, p. 229-260.

20) Le juge des droits de l'homme en Afrique noire francophone, la *Revue ivoirienne de droit (RIB)*, n° 40, 2009, CIREJ, Abidjan, Presses de l'université des sciences sociales de Toulouse, p. 9-34.

21) Finances publiques et institution étatique, ou institution et désinstitutionnalisation de finances publiques : deux moments de l'Etat en France, ouvrage collectif, sous la dir. de Jean-Philippe BRAS, « L'institution », édit. *L'Harmattan, p. 219-285*, Juin 2008.

22) L'administration et les administrés dans l'Union européenne, in La France face à la Charte des droits fondamentaux de l'Union européenne, *ouvrage collectif*, sous la direction de Mme Laurence BURGORGUE-LARSEN, Préface Guy Braybant, *Editions Bruylant*, 2005, p. 585-629.

23) Intégration ou coopération fiscale au sein de l'Union économique et monétaire ouest-africaine (UEMOA), la *Revue burkinabè du droit*, n° 45, 2004, p. 35-58.

24) Histoire de la zone franc, in *La zone franc face à l'Euro*, Artois Presses Université, 2000, sous la direction de M. Arnaud de RAULIN, préface de M. P. MESSMER, p. 15-26.

25) Le Mali, in *Conjoncture 2000, Le nouveau bilan économique, politique et social du monde*, édit. Bréal, p. 298-301.

26) La liberté religieuse au Mali, in *Mélanges Raymond GOY, Du droit interne au droit international, le facteur religieux et l'exigence des droits de l'homme*, Publications de l'Université de Rouen, 1998, p. 161-178.

27) Les droits de l'homme au Mali en 2004, et les droits de l'homme au Sénégal en 2004, in *Recueil juridique des droits de l'homme en Afrique*,

vol. 2, sous la direction de M. Paul TAVERNIER, *Editions Bruylant*, 2006, p. 1425-1443 (Mali) et p. 1805-1936 (Sénégal).

28) Les privatisations au Sénégal, in *La propriété en mutation*, Publications de l'Université de Rouen, 1997, p. 109-125.

29) Le modèle européen de protection des droits de l'homme est-il exportable ? La protection des droits de l'homme en Afrique, in *Quelle Europe pour les droits de l'homme*, sous la direction de M. Paul TAVERNIER, Bruylant, 1996, p. 407-438.

30) Constitution et Etat de droit au Mali, in *La revue juridique indépendance et coopération* (RJPIC), n° 3, oct.-déc. 1995, p. 252-284.

31) Forces et obstacles à l'avènement de la démocratie en Guinée, in *L'Afrique en transition vers le pluralisme politique*, sous la direction de M. CONAC, Economica, 1993, p. 317-329.

32) Les finances publiques françaises sous de Gaulle et les Etats d'Afrique franco-phones, in *Charles de Gaulle et l'Afrique*, actes du colloque de Dakar, 27-3 mars 1990, p. 34-46, publication de la Mission d'action culturelle de l'Ambassade de France à Dakar et de l'institut Charles de Gaulle de Paris

33) Convergences et divergences entre constituants de la Révolution française et constituants africains, 30 p. In *La Révolution française et l'Afrique*, actes du colloque de Dakar, 23-29 avril 1989.

34) Le pouvoir réglementaire en matière fiscale au Sénégal, in *Revue des institutions politiques et administratives du Sénégal* (RIPAS), n° 23-24, janv.-déc. 1990, p. 217-236.

35) Le code des investissements du Sénégal d'août 1987, un bref aperçu, in *La Revue juridique africaine*, Cameroun (Yaoundé), 1990, n° 2, p. 7-15.

36) Quelques observations sur le code général des impôts du Sénégal de février 1987, in *RIPAS*, n° 16, janv.-juin 1987, p. 75-94.

37) La procédure législative au Sénégal, in *RIPAS*, n° 11, p. 702-763.

38) Compendium de fiscalité immobilière sénégalaise, in *RIPAS*, n° 9, janv.-mars 1984, p. 334-353.

39) Note de lecture sur le *Lamy fiscal 1983*, in RIPAS, n° 8, p. 832-836.

BIOGRAPHIE

Salif YONABA

Né le 31 décembre 1953 à Diabo (Gourma) Burkina Faso

Nationalité : Burkinabè

EXPÉRIENCE PROFESSIONNELLE : ENSEIGNEMENT ET RECHERCHE UNIVERSITAIRES

Activités d'enseignement

- Activités d'enseignement dans les établissements de formation supérieure nationaux (Université de Ouagadougou et Ecoles professionnelles : Ecole nationale d'administration et de magistrature ENAM, Ecole nationale des régies financières ENAREF) et Universités publiques et/ou privées de la sous-région (Chaire UNESCO des droits de l'homme à Cotonou au Bénin, Université Abdou Moumini de Niamey au Niger, Université catholique de l'Afrique de l'Ouest – UCAO-Bamako au Mali et Abidjan en Côte d'Ivoire, Centre de formation des magistrats de Dakar au Sénégal et Université Omar Bongo à Libreville au Gabon) ;

- Activités d'enseignement en qualité de Professeur invité aux Universités Robert Schuman de Strasbourg ; aux Facultés universitaires Saint-Louis de Bruxelles : programme de la Chaire des droits de l'homme en Afrique, mars 2007 et 2008) ; Institut d'études politiques (IEP) de Rennes (Septembre-Octobre 2011) ; Université Montesquieu-Bordeaux IV (Novembre 2013).

Participation à divers jurys d'examens (en qualité de membre et/ou de président) :

- Jurys ordinaires des sessions universitaires ;
- Jurys de soutenance de mémoire de fin d'études (maîtrise et diplôme d'études supérieures spécialisées) ;
- Jurys de baccalauréat de fin d'études secondaires ;
- Jury de Thèse de doctorat (Nancy-II, Novembre 1998 ; Dakar Août 2002 ; Strasbourg, Juillet 2004 ; Lomé, Juillet 2007 ; Bordeaux, Novembre 2013 et Mars 2016)
- Jurys de recrutement de hauts cadres de l'administration publique ;

Participation à diverses commissions administratives nationales :

- Commission constitutionnelle de mai à septembre 1990 (pour l'élaboration des textes fondateurs de la quatrième République du Burkina) en qualité de Rapporteur général ;
- Commission nationale (permanente) de codification ;
- Commission de réforme des marchés publics (entre 1995 et 1996) ;
- Membre de « l'Autorité de régulation des marchés publics » (ARMP) au titre de la société civile (Réseau national de lutte anti-corruption RENLAC) de juillet 2008 à juillet 2011 ;
- Participation aux sessions de la « Commission africaine des droits de l'homme et des peuples » au titre du « Mouvement burkinabè des droits de l'homme et des peuples » (MBDHP).
- Participation aux travaux de la « Commission nationale de la réconciliation et des formes » (CRNR) dans le cadre des activités du Gouvernement de la Transition (Novembre 2014 à Novembre 2015) en qualité de Président de la sous-commission « Finances publiques et respect du bien public ».

Activités de recherche

1. Membre du groupe multinational de recherche sur « le fonctionnement de la justice », coordonné par the Pioom Foundation (Leiden-University – Holland) en collaboration avec la « Commission internationale des juristes » (CIJ-Genève). ;
2. Responsable scientifique de séminaires (sur les institutions de la quatrième république en 1991, l'Histoire du Burkina en 1996, et les institutions démocratiques du Burkina en 1999) ;
3. Membre de l'Association scientifique du Burkina (ASB) et de l'Association des juristes du Burkina (AJB) ;
4. Membre fondateur du « Groupe d'études et de recherches sur le développement économique et social » (GERDDES) – Section Burkina ;
5. Membre du « Groupe de réflexion et de mise en place de la Chaire Unesco des droits de l'homme » de l'Université Nationale du Bénin, Décembre 1997 ;
6. Coordonnateur scientifique des « Annales de l'Université de Ouagadougou » ;
7. Rédacteur en chef de la Revue burkinabè de droit ;

8. Membre de la Société française de finances publiques (Sffp) ;
9. Collaborateur spécial à la chambre des Comptes de la Cour suprême (1984 à 2000).
10. Expert de la Commission internationale des juristes (CIJ) Genève.

Participation à des manifestations scientifiques et divers groupes de recherche

Manifestations scientifiques nationales avec communications :

- Séminaire international sur « Le droit judiciaire au Burkina », Juillet 1987 ;
- Séminaire national sur les réformes judiciaires préparatoires au retour à la vie constitutionnelle normale, Juillet 1993 ;
- Première édition nationale du « Forum de recherche scientifique et des innovations technologiques » sur le thème général de l'environnement, avril 1998 ;
- Séminaires nationaux de la Chambre administrative de la Cour suprême (Juillet 1998 et Décembre 1991).

Manifestations scientifiques à l'étranger :

- Colloques annuels de la Société africaine de droit international et comparé (Sadic) de 1998 à 2000;
- Colloques de la Société française de finances publiques (SFFP), du « Groupement d'étude et de recherche sur les finances publiques » (GERFIP) et de la « Fondation internationale pour les finances publiques » (FONDAFIP) ;
- Colloque du Bicentenaire de la Cour des comptes française, Juin 2007, Marseille (France) ;
- Réunions des « Comités consultatifs inter-africains » (CCI) du « Conseil africain et malgache pour l'enseignement supérieur » (CAMES) ;
- Activités de promotion des droits de l'homme du Mouvement burkinabè de défense des droits de l'homme et des peuples (MBDHP) et de sensibilisation du « Réseau national de lutte anti-corruption » (RENLAC) ;
- Séminaire du National Democratic Institute (NDI) sur l'assistance électorale en février 1995 à Abidjan (Côte d'Ivoire) ;
- Sessions régulières de la Commission africaine des droits de l'homme (CADHP) de 1998 à 2005 ;

PRINCIPALES ACTIVITES DE CONSULTATION ET/OU D'EXPERTISE

1. Rapport de mission sur le projet d'appui au processus de démocratisation au Burkina Faso (préliminaire à l'avènement de la quatrième République) pour le compte du Centre (canadien) d'études et de coopération internationale (CECI) dans le cadre de son « Programme d'appui à la démocratisation et des droits humains » (Pddp), Avril/mai 1991, 40 p. dactylographié.
2. Rapport de mission de consultation dans le cadre du projet Pddp (programme Démocratie et droits de la personne humaine de l'Agence canadienne de coopération pour le développement international) sur la situation des droits de l'homme et la vie politique au Burkina Faso, février 1992, 35 p.
3. Rapport sur les perspectives de prise en compte simultanée des préoccupations de démocratie et de développement pour servir de base de travail à la réunion internationale des Conseils économiques et sociaux (CES), Ouagadougou, mars 1993, 40 p.
4. Relecture et réécriture du Projet de traité de l'Union économique et monétaire ouest africaine (Uemoa) pour le compte de la Banque centrale des Etats de l'Afrique de l'Ouest, Dakar, août 1993 (en collaboration avec un consultant sénégalais et un consultant nigérien).
5. Relecture du projet de régime financier de l'Union économique et monétaire ouest africaine (Uemoa) pour le compte de la Bceao, Juin 1994, Ouagadougou.
6. Rapport sur les enjeux politiques de la démocratisation au Burkina Faso : analyse des perspectives ouvertes par la mise en place de nouvelles institutions dans le cadre de la Constitution de la quatrième République, juillet/août 1994, 15 p.
7. Traduction en langue anglaise des rapports d'audit (rapport de synthèse et rapport détaillé) de la « Croix rouge burkinabè » pour le compte de la Société fiduciaire internationale d'expertise comptable (Sofidec) : rapports 1993 à 1995.
8. Participation à une mission d'évaluation externe de l'Institut de recherche sur les sciences humaines et sociales (Irssh) du Centre national de la recherche scientifique et technologique (CNRST), octobre 1994.
9. Collaboration à une mission de définition du « Plan stratégique national de recherche » pour les cinq années à venir dans les domaines des sciences politiques, administratives : octobre 1994 (première mission) et décembre 1994 (deuxième mission).

10. Coordination de la mission du groupe de consultants chargés de l'élaboration de la nouvelle réglementation des marchés publics au Burkina Faso (novembre-décembre 1994) dans le cadre du « Projet d'appui à l'Administration burkinabè » de la Banque Mondiale.
11. Mission de consultation sur la mise en place d'un « Plan de financement des activités de protection de l'environnement » pour le compte de l' « Union mondiale pour la nature » (Uicn), mai/juin 1998.
12. Mission de réflexion sur la politique de l'emploi au Burkina Faso, en collaboration avec la « Société africaine d'études et de conseils » (Saec) et pour le compte du Ministère de l'Emploi, du travail et de la sécurité sociale (Metss).
13. Mission d'inventaire et d'évaluation du mouvement associatif burkinabè et sa contribution au développement national : coordination du groupe de consultants SAEC pour le compte du « Conseil national pour la population/Programme de lutte contre le sida » (Conapo/Ppls).
14. Mission d'évaluation de la Cour Suprême du Burkina Faso dans la perspective de la mise en place de la future Cour des Comptes, en collaboration avec la Cour des comptes françaises (M. le conseiller G. Capdeboscq), et pour le compte de la Mission française de coopération dans le cadre de son programme d'appui à l'Administration de la Justice (du Burkina), décembre 2000.
15. Mission d'évaluation de la contribution de l'ONG « Centre for the Legal protection of human rights » (Interights) aux activités de la Commission africaine des droits de l'homme et des peuples (CADHP), novembre-décembre 2000.
16. Coordonnateur du Comité restreint de relecture de la réglementation nationale des marchés publics (décret du 20 mars 2002) pour le compte du ministère de l'Economie et des Finances – Novembre 2002 à Janvier 2003.
17. Participation au Programme de stage de l'ONG Interights – Londres (Grande-Bretagne), Juin-Juillet 2002.
18. Mission d'évaluation de l'efficacité interne et externe du Secrétariat de la Commission africaine des droits de l'homme et des peuples (Banjul, Gambie) à travers l'étude des procédures de revue de la Commission pour le compte de l'ONG Interights (en collaboration avec le Professeur Frans Viljoen du Centre for Human Rights de Pretoria) ; juin 2003.
19. Mission d'évaluation indépendante du fonctionnement du « Cadre général d'organisation des appuis budgétaires » en soutien à la mise en œuvre du « Cadre stratégique de lutte contre la pauvreté » (Cgab-Cslp), en collaboration avec le cabinet néerlandais Ecorys (Rotterdam) – Mars-Mai 2006.

20. Animation de séminaires organisés par la « Banque mondiale », Région Afrique sur les thèmes du contrôle interne et externe des finances publiques, au profit des cadres du ministère des Finances et des magistrats des cours et chambres des comptes de quatorze pays, Saly Portudal (Sénégal), juin 2008 et de la collaboration du Parlement et de la Cour des comptes, au profit des parlementaires et des magistrats de la Cour des comptes du Burkina Faso, Ouagadougou, juillet 2009.
21. Animation de séminaires organisés par « l'Ecole régionale supérieure de magistrature » (ERSUMA) sur le thème du « contrôle administratif et juridictionnel des finances publiques » au profit des acteurs des pays membres de l'espace de l'Organisation pour l'harmonisation du droit des affaires en Afrique (OHADA), soit quinze pays à Porto-Novo (Bénin), Octobre et Décembre 2009.
    - magistrats des cours et chambres des comptes : 26-30 octobre 2009 (animation conjointe avec un magistrat du Sénégal) ;
    - cadres des ministères des Finances desdits pays : 14-18 décembre 2009.
22. Participation aux activités de la « Commission de la réconciliation nationale et des réformes » (CRNR) pour un mandat de six (06) mois pour compter du 13 mars 2015 en qualité de Président de la sous-commission « Finances publiques et respect du bien public ».
23. Animation du séminaire international de réflexion sur le projet de réforme de la Cour des comptes du Burkina Faso (avec la participation des Cours des comptes française, marocaine, sénégalaise et béninoise et l'Union européenne), Juillet 2016, Ouagadougou ;
24. Participation, avec communication, aux « Rencontres annuelles de Dakar sur le droit administratif » depuis 2014 à l'Université Cheick Anta Diop de Dakar (UCAD), Sénégal aux éditions d'Octobre 2014 (à Libreville), Juillet 2015 et Juillet 2017 (à Dakar).

BIBLIOGRAPHIE

Salif YONABA

PUBLICATIONS DE FIN D'ETUDES UNIVERSITAIRES :

1. La responsabilité des agents publics à l'égard de l'Administration en droit français
2. Mémoire de DEA, Octobre 1979, dactyl., Université de Strasbourg-III, 65 p.

3. La notion de subordination juridique en droit du travail français,
4. Mémoire de DEA, Octobre 1981, dactyl., Université de Strasbourg-III, 46 p.
5. La règle du service fait en droit français : de la comptabilité publique... à la fonction publique, Thèse, Droit, Strasbourg III, Décembre 1983, 352 p., dactyl.

OUVRAGES

1. Indépendance de la Justice et droits de l'homme : le cas du Burkina Faso, Pioom-Foundation (Leiden University – The Netherlands) / Commission internationale des juristes (CIJ), Génève (Suisse), juin 1997, 150 p.
2. Droit et pratique du contentieux administratif burkinabè : de l'Indépendance à nos jours, Presses universitaires de Ouagadougou, juin 2001, 347 p. ; 2e éd., janvier 2008 (en deux volumes) ; 3e éd., Presses universitaires de Ouagadougou, Février 2015.
3. Les grandes décisions de la jurisprudence burkinabè : droit administratif, Presses africaines, juillet 2004 ; 2e éd., décembre 2013
4. Les finances de l'Etat burkinabè, Presses africaines, décembre 2006, 397 p.

ARTICLES DE REVUES ET JOURNAUX SCIENTIFIQUES OU SPECIALISES

L'ensemble des articles parus dans les diverses revues et journaux scientifiques nationaux et étrangers, qui couvrent les domaines du droit public interne (droit constitutionnel et science politique, droit administratif et science administrative, finances publiques, droit du travail, sciences sociales, etc.) et des droits de l'homme et libertés publiques, ont été, en raison de leur intérêt renouvelé, compilés dans cinq recueils thématiques édités, traitant des thèmes de :

1. Droits de l'homme et libertés publiques : textes sélectionnés sur l'état de la question au Burkina Faso, Editions Emile Sia, novembre 2016 ;
2. Etudes de sciences sociales et de questions diverses de société, Editions E. Sia, novembre 2017 ;
3. Sur les institutions politiques et juridiques du Burkina Faso : réflexions à partir de quelques thématiques, Editions Emile Sia, novembre 2017 ;

4. Sur quelques thèmes et systèmes de droit administratif et de droit du travail burkinabè et comparé, Editions Sankofa et Gurli, février 2020 ;
5. Droit public financier burkinabè : questions d'hier, d'aujourd'hui et de demain… en quête de réponses, Editions Sankofa et Gurli, mai 2020.

A titre tout à fait indicatif, les organes de publication qui ont servi de support à ces différentes publications sont, le plan national (La Revue burkinabè de droit Rev.burk.dr ; la Revue du Centre d'études et de recherche de la Faculté des sciences économiques Cedres-Etudes ; les Annales de l'Université de Ouagadougou ; le Journal d'informations scientifiques Eurêka du Centre national de la recherche scientifique); la Revue de l'Ecole nationale d'administration Renam) et sur le plan étranger (le Journal « Programme belge de recherche et liaison universitaire pour le développement » Prélude ; le Recueil Penant du droit des Etats d'Afrique noire et de Madagascar ; la Revue juridique politique – coopération et indépendance RJPIC ; la Revue française du Trésor devenue récemment la Revue Gestion et finances publiques; la revue française d'administration publique RFAP et la Revue française de finances publiques RFFP.

SOMMAIRE

AVANT-PROPOS 33

1- DROIT BUDGETAIRE 35

FINANCES PUBLIQUES ET FINANCES SOCIALES : CONVERGENCE ET SPECIFICITES 37

LE PROGRAMME BUDGETAIRE 43

L'EXIGENCE DE TRANSPARENCE DANS LES FINANCES PUBLIQUES DES ÉTATS DE LA CEMAC 57

LA MISE EN ŒUVRE DES REFORMES FINANCIERES PUBLIQUES AU SEIN DES ETATS MEMBRES DE L'UEMOA 85

QUEL PILOTAGE STRATEGIQUE ? 85

LA BANQUE CENTRALE ET LE FINANCEMENT DES BUDGETS NATIONAUX DANS LA ZONE UMOA 105

SINCERITE BUDGETAIRE ET NOMENCLATURE BUDGETAIRE : DEUX CONCEPTS ESSENTIELS A LA MODERNISATION DU SYSTEME BUDGETAIRE ET COMPTABLE DE L'ETAT AU MALI 119

LA LOI ORGANIQUE N° 2014-336 DU 05 JUIN 2014 RELATIVE AUX LOIS DE FINANCES : UNE DOUBLE REFORME DES FINANCES PUBLIQUES EN CÔTE D'IVOIRE. 140

FORCES ET FAIBLESSES DES FINANCES PUBLIQUES OU "HEURS ET MALHEURS DES FINANCES PUBLIQUES EN AFRIQUE NOIRE FRANCOPHONE" 162

COORDINATION, HARMONISATION ET UNIFORMISATION DES REGLES BUDGETAIRES ET FISCALES DANS L'UE ET DANS L'UEMOA 178

EXISTE-T-IL UN DROIT PUBLIC FINANCIER AFRICAIN ? 200

LA LOI ORGANIQUE RELATIVE AUX LOIS DE FINANCES ET L'EXECUTION DU BUDGET AU GABON AU PRISME DE LA NOUVELLE GOUVERNANCE FINANCIERE PUBLIQUE 226

CONSTITUTION ET LOIS DE FINANCES : QUELQUES VARIATIONS DANS LA RÉGULATION D'UN DOMAINE SPÉCIFIQUE 241

INTERET FINANCIER ET VALORISATION 274

A PROPOS DU PATRIMOINE IMMATERIEL DES PERSONNES PUBLIQUES 274

LES METROPOLES, OBJET BUDGETAIRE ET FISCAL IDENTIFIE ? 284

RESPONSABLES MAIS PAS PUNISSABLES ? 292

LE CUMUL DE SANCTIONS DES ORDONNATEURS EN QUESTION 292

LE FINANCEMENT DU MONARQUE AU ROYAUME-UNI 310

DE LA LISTE CIVILE A LA DOTATION ROYALE 310

2- DROIT FISCAL **319**
PERCEPTIONS AFRICAINES ET CONCEPTION DE L'IMPÔT 321

3- CONTENTIEUX FINANCIER **359**
LA FAUTE DE GESTION EN DROIT PUBLIC FINANCIER GUINEEN 361
LA COUR DES COMPTES DE L'UEMOA 380
UN ORGANE COMMUNAUTAIRE LAISSÉ POUR COMPTE 380
A PROPOS DE L'AVIS DE LA COUR DE JUSTICE DE L'UEMOA DU 18 MARS 2003 SUR LA CREATION D'UNE COUR DES COMPTES AU MALI 401

4- FINANCES LOCALES **415**
ETAT DES LIEUX DU CADRE JURIDIQUE ET INSTITUTIONNEL DE GESTION DES RESSOURCES FORESTIERES AU SENEGAL 417
LES CONTRAINTES LIEES A L'AUTONOMIE FINANCIERE DES COLLECTIVITES TERRITORIALES DANS L'ESPACE UEMOA LES CAS DU BENIN, MALI, NIGER, SENEGAL. 431
LE FINANCEMENT DES COLLECTIVITES LOCALES DANS LES PAYS DE L'UEMOA 468

5- DROIT CONSTITUTIONNEL & SCIENCES POLITIQUES **483**
LA REMUNERATION DES ELUS FRANÇAIS ET LA CRISE DE LA REPRESENTATION 485
DROITS DE L'HOMME ET DEMOCRATIE, REPRESENTATION ET PARTICIPATION POLITIQUES 496
L'AUTORITE DES AVIS DU JUGE CONSTITUTIONNEL EN AFRIQUE FRANCOPHONE 511
L'EXECUTION DES DECISIONS DES JURIDICTIONS CONSTITUTIONNELLES 562

6- DROIT ADMINISTRATIF **607**
LA MEDIATION A L'UNIVERSITE 609
L'ÉCOLE EST FINIE 625
LA LUTTE CONTRE LA CORRUPTION TRANSNATIONALE EN AFRIQUE 644
LES TERMES D'UN COMBAT DIFFICILE 644
LA PROTECTION ET LA VALORISATION DU PATRIMOINE CULTUREL EN DROIT COMPARE 667
COMMUNALISER L'ALGERIE 683
L'IMPOSSIBLE EQUATION COLONIALE 683

LA REFORME TERRITORIALE EN FRANCE 702
LES AMBITIONS DEÇUES DES COLLECTIVITES TERRITORIALES 702
LA COHERENCE, PRINCIPE ESSENTIEL ET MECONNU DU SYSTEME D'ADMINISTRATION TERRITORIALE 721

7- DROIT DU COMMERCE INTERNATIONAL 737
L'ILLICITE DANS LE COMMERCE INTERNATIONAL : THESE-FICTION .. 739

VARIA 751
MANIFESTE POUR LE SAUVETAGE D'UNE INSTITUTION EN ETAT DE PERDITION : LE « CONSEIL AFRICAIN ET MALGACHE POUR L'ENSEIGNEMENT SUPERIEUR » (CAMES)* 753

AVANT-PROPOS

Un nom renvoie à une image, à un condensé de pensées enfouies dans l'inconscient et qui traduisent, en une synthèse d'idées et de mots, la perception qu'un homme donne de lui-même. Dites Eloi DIARRA et l'écho vous répondra "l'homme à la double agrégation." Il est, en effet, un homme de double culture juridique. Agrégé du CAMES d'abord (Conseil Africain et Malgache de l'Enseignement Supérieur) puis agrégé des facultés françaises de droit, il a réussi le tour de force d'apporter la preuve, au-deçà et au-delà des Pyrénées qu'il est un homme de science accompli.

Le parcours d'Eloi Diarra est celui d'un adolescent qui a dû fuir la terre chaude de son Mali natal, parce que son activisme d'étudiant frondeur l'exposait de façon toujours plus menaçante aux mesures de "maintien de l'ordre" du gouvernement. Finir martyr (comme plus tard ceux du vendredi 22 mars 1991) ou prendre du recul par l'exil, le choix d'Eloi DIARRA a été le second. Etudiant puis enseignant à Dakar il finira Professeur des universités en France.

Bien que portant le titre générique de professeur de droit public, Eloi DIARRA restera pour tous, un spécialiste des questions de finances publiques. Il a choisi « l'instrument des instruments » comme objet de ses recherches et de ses enseignements. Pour le plus grand bien des jeunes pousses qui l'ont croisé. Doctorants à la recherche d'un thème et d'un encadreur, agrégatifs en mal d'un lieu de « mise au vert » pour employer un langage footballistique, tous ont trouvé à Rouen et en Eloi DIARRA leur messie, que dis-je, leur Moïse, celui qui a conduit leur pas sur le chemin de la fabrique d'un enseignant-chercheur.

Car l'homme Eloi DIARRA est de la lignée de Moïse. Catholique pratiquant, issu d'une famille qui compte dans ses rangs évêque et prêtre, la vie d'Eloi DIARRA est fortement imprégnée de spiritualité chrétienne : le sens du sacré et l'amour du prochain. L'activisme politique du jeune étudiant de Bamako s'est mué, avec le temps, en engagement social et humain (plus qu'humanitaire) pour le soulagement de la peine des autres, pour que ni le quart monde, ni le tiers monde ne restent sur le balcon de la vie ! Soutenu en cela par une épouse tout aussi engagée, Eloi DIARRA se fait le porte-voix, le conseil (1er) et l'entremetteur des associations d'aide aux personnes handicapées, aux couches sociales démunies, aux diasporas souffrant de l'exil et d'un environnement étrange parce qu'étranger.

Pour une locomotive lancée à cette vitesse, la retraite n'est qu'un changement de statut pour continuer le même combat pour la science, la science des finances publiques, pour l'humanisation de la société, pour la bonne gouvernance partout, à Rouen, à Bamako, à Dakar, et surtout à Ouagadougou où il croisera sur son chemin son jeune frère et non moins collègue, un certain Salifou YONABA, professeur de droit public à l'université Ouaga II de Ouagadougou.

Salif YONABA est un intellectuel engagé au sens que Frantz FANON donnait au mot : l'homme de science au service des causes de son temps. L'évocation de son seul nom suscite respect et distance auprès de votre interlocuteur. L'homme est rond en amitié et carré sur les principes. Révolutionnaire dans l'âme. Syndicaliste avéré et convaincu, défenseur des intérêts des travailleurs et des citoyens plus généralement, actif sur le front syndical comme sur celui de la défense des droits de la personne humaine, ou encore de la lutte contre la corruption, Salifou YONABA n'a eu d'autres armes que celles qui sont classiques au mouvement revendicatif des salariés : ni barricades, ni usages de la kalachnikov ou du char d'assaut. En cela, l'homme appartient plus à la lignée de Martin Luther King Jr. plutôt qu'à la descendance politique de Malcom X.

Agrégé des facultés de droit du réseau CAMES, Professeur à l'Université Ouaga II de Ouagadougou, Salif YONABA enseigne le droit public dans ses principales composantes : le droit administratif, la science administrative, les finances publiques, le droit du travail, etc. Il a produit à l'appui de ses enseignements une bibliographie inédite en droit public burkinabè.

Ancien rédacteur en chef de la *Revue Burkinabe de Droit*, il a porté la diffusion de la science juridique à un niveau appréciable par la sélection des publics des collègues de toute l'Afrique francophone. Il a lui-même permis aux spécialistes hors du continent d'avoir une idée plus précise des droits africains grâce aux articles scientifiques signés de lui et parus dans les revues spécialisées d'Europe (comme la Revue française de finances publiques, la Revue du Trésor, la Revue française d'administration publique, etc.) et d'ailleurs. Sa contribution figure dans les mélanges consacrés à l'icône de la recherche académique au Burkina Faso et ailleurs, en l'occurrence le professeur Joseph Ki ZERBO. Son hommage aux grands noms des finances publiques ne se dément pas : mélanges à Robert HERZOG, mélanges à Michel BOUVIER. Il faut ajouter à tout cela, les contributions apportées aux mélanges dédiés à d'autres grands maîtres du droit comme Francis WODIE, Jean Marie BRETON, Jacques VELU ou Laurent BADO.

L'universitaire s'est aussi beaucoup investi dans la recherche orientée vers le *problem solving*. Particulièrement passionné par la recherche, il a apporté et continue d'apporter son expertise à la solution des questions de finances publiques dans son pays, mais également ailleurs lorsqu'il en est requis, notamment dans le cadre des missions d'enseignement dans les universités de la sous-région.

Pour Salifou Yonaba et Eloi Diarra, deux figures des finances publiques, deux précurseurs en Afrique et deux comparses unis par le travail et par les sentiments, l'hommage ne peut être distributif mais conjoint. Nous y sommes !

Cotonou le 17 octobre 2020

nmede@becg-i.com

1- DROIT BUDGETAIRE

FINANCES PUBLIQUES ET FINANCES SOCIALES : CONVERGENCE ET SPECIFICITES

Michel BOUVIER

Professeur des universités, Directeur de la Revue française de finances publiques

Marie-Christine ESCLASSAN

Professeur des universités, Directrice de la Revue française de finances publiques

Introduction

Nous sommes aujourd'hui dans un univers global des finances publiques qui est marqué par des transformations importantes, voire même des mutations, lesquelles font bouger des lignes jusqu'alors bien admises (comme par exemple l'impact sur les rôles respectifs de l'ordonnateur et du comptable public de l'introduction d'une comptabilité en droits constatés pour l'Etat). Sur la base de cette observation, on est ainsi légitimement conduit à s'interroger sur le positionnement des différents secteurs de finances publiques dans l'ensemble du système financier public, et notamment sur celui des finances sociales.

En la matière, il semble important de rappeler que ce système qui se compose de trois grands sous-systèmes, finances de l'Etat, finances locales et finances sociales, continue encore aujourd'hui d'être marqué par un poids de l'histoire qui demeure très lisible, très prégnant. Notre système financier public s'est en effet construit sur des temps longs, par strates successives, avec un secteur qui a dominé pendant longtemps, celui des finances de l'Etat et cette histoire a marqué une représentation des finances publiques qui demeure très présente. En général, le terme de finances publiques est associé immédiatement, voire uniquement, aux finances de l'Etat et cette image est entretenue par la presse et les médias. Il y a là un paradoxe extraordinaire. Alors que les finances sociales représentent le premier secteur des finances publiques par leur poids, mais aussi par leur rôle dans la solidarité et le vivre ensemble, les finances de l'Etat continuent à demeurer le premier sujet d'intérêt, suivi depuis quelques années des finances locales. Les finances sociales continuent à être appréhendées comme un ensemble tout à fait à part. Pas totalement étranger aux deux autres, mais en dehors des logiques des deux autres.

Il est vrai que l'Etat et les collectivités locales ont en effet en commun de fonctionner sur la base d'une logique politique. Pour les finances de l'Etat et les finances locales, démocratie politique et démocratie financière sont étroitement liées. Les finances de l'Etat sont ainsi dotées d'un pilotage législatif annuel à travers les lois de finances, les finances des collectivités locales connaissent un mode de pilotage politique qui est à peu près du même ordre, bien qu'elles n'aient pas l'outil législatif. Il en est de même pour le financement. L'Etat et les collectivités locales font appel à l'impôt qui, pour l'Etat, est la principale ressource (plus de 90 % du budget). Pour les collectivités locales l'impôt est également une ressource importante même si la fiscalité n'occupe pas dans les budgets locaux le même pourcentage élevé que dans celui de l'Etat.

En revanche, les finances sociales sont restées longtemps à l'écart de ces caractéristiques. D'une part jusqu'à la loi de financement de la Sécurité Sociale, elles ne relevaient pas d'un mode de pilotage politique. D'autre part, et pendant très longtemps, pour des raisons de choix historique et de philosophie (le système bismarckien), le système de sécurité sociale a fonctionné sur la base d'une logique assurantielle avec comme unique prélèvement, les cotisations de sécurité sociale.

Au total il y a donc au départ trois sous -secteurs financiers publics qui ont été profondément déterminés par des choix historiques et des spécificités très fortes. La question est de savoir si dans le monde en plein bouleversement et en pleine mutation d'aujourd'hui, ces spécificités demeurent comme le soutient, par exemple, Benjamin Ferras dans un article publié dans la revue française de finances publiques[1] même s'il reconnaît des convergences.

Car, indiscutablement, il se produit aujourd'hui un fort mouvement de convergence entre les finances sociales et le système financier public. Convergence dans les deux sens, avec d'un côté un pas important des finances sociales vers les caractéristiques des finances de l'Etat, mais un pas important aussi dans l'autre sens des finances de l'Etat vers les caractéristiques qui sont celles des finances sociales. Ce fort mouvement de convergence qui s'observe en particulier depuis plus de vingt-cinq ans n'élimine pas, certes, les spécificités. Il est toutefois puissant. Nous sommes aujourd'hui dans un contexte de globalisation, d'internationalisation qui s'accompagne d'un phénomène de standardisation des institutions ainsi qu'un rapprochement des modes de faire, de gérer voire de penser. Pour les finances de l'Etat, la réforme dite du budget de programme que l'on retrouve dans la plupart des pays dont la France avec la LOLF du 1er août 2001 en est une illustration[2]. Au total, on peut constater aujourd'hui un fort mouvement de convergence et des logiques partagées entre les différents sous-secteurs des finances publiques (I). La dynamique n'est toutefois pas achevée et une nouvelle étape semble se dessiner (II).

---

[1] B. Ferras, « Quelle rénovation du pilotage des finances sociales ? », *Revue française de finances publiques*, n° 142-2018.

[2] Sur le sujet V. M. BOUVIER, MC Esclassan, JP LASSALE, *Manuel de Finances Publiques*, 18e édition 2019-2020, LGDJ, Lextenso Editions, 2019

I- Un fort mouvement de convergence, des logiques partagées

Trois terrains paraissent tout à fait illustratifs de ce mouvement et, en premier lieu, celui du financement.

Les finances sociales, depuis 1991, font appel à la fiscalisation avec la CSG créée par la loi du 29 décembre 1990. Avec la mise en œuvre de la CSG, il s'est produit une universalisation du financement par l'impôt dans les trois secteurs des finances publiques : Etat, collectivités locales et Sécurité Sociale, plus précisément l'assurance maladie. Mais, si le financement des finances sociales a fait ici un pas considérable de rapprochement vis-à-vis des deux autres secteurs qui étaient financés traditionnellement par l'impôt, on doit constater que l'Etat lui-même, pour son financement, a fait un pas de rapprochement vers la logique de proportionnalité qui était une logique propre à la sécurité sociale pour les cotisations. L'Etat se finance traditionnellement par l'impôt. Le système fiscal français, pour des raisons historiques, a été marqué par une forte logique de progressivité à partir de l'après seconde guerre mondiale et une approche de justice sociale par l'impôt. Pendant très longtemps, la fiscalité française a combiné logique de progressivité et logique de proportionnalité. Or, depuis plusieurs années la progressivité de l'impôt connait une crise importante en particulier en termes de légitimité tandis qu'à l'inverse la logique de proportionnalité connait une remontée spectaculaire[1]. Ce rapprochement des conceptions en ce qui concerne la philosophie des prélèvements s'observe également sur le terrain des principes budgétaires qui les concernent même s'il reste des différences importantes. Les finances sociales sont sur une logique d'affectation des ressources qui garantit à celui qui paye la cotisation que son argent sécurise l'emploi de cet argent. L'Etat est au contraire sur un principe de non-affectation, l'idée étant que l'impôt a une vocation universelle et que sur le plan budgétaire il ne doit pas être affecté à l'avance, Or ce principe de non affectation connait des atténuations extrêmement importantes dans le contexte contemporain. Il existe de nombreuses taxes affectées et il convient de rappeler que l'article 2 de la LOLF a légitimé la possibilité pour l'Etat d'affecter des impositions de toutes natures.

Deuxième grand terrain de convergence, qui est à notre sens un terrain majeur : il s'agit de la progression d'une culture de gestion commune, ou en tout cas largement commune, entre les trois secteurs aujourd'hui, avec la diffusion d'une logique d'objectif et de résultat et d'une démarche de performance. Cette progression d'une culture partagée se double de l'adoption de dispositifs de gestion en usage dans le secteur privé, comptabilité générale, contrôle interne, contrôle de gestion, audit, certification des comptes. Ces instruments qui étaient en vigueur dans les finances sociales depuis longtemps ont été adoptés dans le champ des finances locales et dans les finances de l'Etat. Aujourd'hui, ils sont diffusés très largement dans l'ensemble du système financier public. En la

[1] M. BOUVIER, *L'impôt sans le citoyen* ? LGDJ, Lexenso, 2019

matière, le rôle de pionnier des finances sociales dans cette culture de gestion, selon l'expression de Dominique Libault, doit être relevé. Ce ne sont pas en effet les finances sociales qui ont ici fait un pas de convergence. Ce sont les finances de l'Etat et les finances locales qui se sont rapprochées des méthodes de gestion en vigueur dans les finances sociales.

Troisième terrain de convergence, c'est le rapprochement des modes de pilotage, en particulier avec les lois de financement de la Sécurité Sociale qui sont apparues en 1996 avec la révision constitutionnelle. Le rapprochement qui a été ainsi réalisé avec le pilotage des finances de l'Etat a été justement appréhendé comme un progrès de la démocratie en matière financière, le parlement étant enfin saisi d'une partie des finances sociales. En même temps, la vision était que le renforcement des compétences du parlement en matière de finances publiques permettrait de mieux l'associer à l'objectif de maîtrise de la dépense publique. Le pilotage législatif des finances sociales n'a toutefois qu'une portée relative en termes de rapprochement avec le pilotage des finances de l'Etat. Les lois de financement de la Sécurité Sociale ne sont pas des lois de finances et elles ne sont pas des actes d'autorisation comme le sont les lois de finances.

Le rapprochement des modes de pilotages se nourrit toutefois d'un nouvel élément, avec la progression récente dans l'ensemble du système financier public, d'instances consultatives externes, plus précisément des hauts conseils, qui ont une compétence consultative et qui interviennent à vocation soit d'expert soit d'instance de régulation. Le Conseil d'orientation des retraites ou encore le Haut Conseil de la famille pour ce qui concerne les finances sociales, la Conférence nationale des territoires pour les finances locales, le Haut conseil des finances publiques pour l'Etat, en sont une illustration. Ces institutions, que l'on trouve présentes dans les trois ensembles qui composent le système financier public, sont révélatrices de la recherche de modes de pilotage communs ou en tout cas convergents et de l'objectif final de moderniser ou de faire évoluer les modes de pilotage traditionnels.

II- Une nouvelle étape

Mais n'y a-t-il pas plus aujourd'hui que cette situation de convergence ? Il semble en effet que l'on assiste, de manière tâtonnante, empirique, à un objectif plus ambitieux d'intégration des trois secteurs de finances publiques. Intégration ne veut pas dire fusion dans une même structure. Dans un contexte dominé par les nouvelles technologies, la dématérialisation, il n'est plus besoin de fusionner les structures. Ce qui est stratégique, c'est l'homogénéité des modes de faire, des modes de gestion, ce sont les systèmes d'information. Les structures ont moins d'importance. L'intégration peut se réaliser en maintenant des différences et en maintenant des structures différentes. A notre sens c'est vers cette approche que tend le système financier public.

On peut constater que depuis 2008, il est traversé dans son ensemble par une dynamique de recomposition. A travers cette dynamique, la problématique qui parait être la plus sensible, la plus impérieuse, est une recherche de gouvernance coordonnée et cohérente.

Les principaux facteurs qui peuvent l'expliquer se situent dans la contrainte de financement qui pèse depuis plusieurs années (persistance des déficits publics, progression constante et importante de la dette) couplée aux engagements européens. Cette contrainte et la contrainte européenne c'est-à-dire le respect des engagements européens, sont les deux impératifs extrêmement importants qui déterminent cette problématique de recomposition et finalement la recherche d'une gouvernance et d'un pilotage commun aux trois secteurs des finances publiques.

Cette orientation est à l'œuvre depuis 2008. Elle est apparue à travers l'institution de lois de programmation pluriannuelle de finances publiques qui traduisent l'objectif d'un pilotage coordonné des finances publiques dans une perspective d'équilibre des comptes. En 2008, c'est la première fois qu'une révision de la constitution a introduit la notion d'équilibre des comptes. Cet objectif a été renforcé avec le traité européen de 2012 sur la stabilité la coordination et la gouvernance de l'union économique et monétaire avec lequel le mot gouvernance fait une apparition remarquable, relayée au plan interne par la loi organique du 17 décembre 2012 dont l'intitulé (loi relative à la programmation et à la gouvernance des finances publiques) démontre avec éclat que depuis 2008 et surtout depuis 2012 , engagement européen oblige, c'est la question de la gouvernance des finances publiques dans son ensemble qui est posée. Qu'apporte de nouveau cette loi organique ? D'abord, un renforcement du pilotage de l'ensemble du système financier public en faisant des lois de programmation pluriannuelles de finances publiques le guide de la trajectoire de l'évolution de l'ensemble du système financier public. Ce sont les lois de programmation pluriannuelles de finances publiques qui fixent l'objectif d'équilibre global pour l'ensemble du système financier public et en ce sens elles sont donc un guide. Elles fixent non seulement la feuille de route, l'objectif global d'équilibre, mais plus important elles fixent aussi l'objectif global d'équilibre pour chaque secteur, Etat, collectivités locales, et finances sociales.

Second élément extrêmement important, la loi organique de 2012 a élargi le contenu des textes financiers, c'est-à-dire des lois de finances, des lois de financement de la sécurité sociale, des lois de règlement. Elle a prévu que chacun de ces textes devrait désormais comporter une information, un article liminaire, sur le solde prévisionnel d'exécution de chacun des sous-secteurs du système financier public. Désormais nous avons donc une situation de visibilité, d'information, beaucoup plus claire de chacun des sous-secteurs. Par ailleurs la loi organique a renforcé la surveillance sur le système financier public. Ce renforcement est aujourd'hui réalisé par une institution qui est un Haut conseil des finances publiques chargé de donner un avis d'expertise sur les textes financiers, lois de finances mais aussi lois de financement de la Sécurité Sociale. Il est à noter que ce renforcement de la surveillance du système financier public a été accentué depuis 2015 par le fait que le projet de loi de finances de l'Etat, qui contient un article liminaire sur les autres sous-secteurs des finances publiques, doit désormais être soumis pour avis à la commission européenne. Ce n'est plus simplement le parlement français, les représentants des citoyens, qui ont communication du projet de loi de finances, c'est aussi une instance extérieure non élue, la commission européenne.

La question aujourd'hui qui se pose est de savoir si cette logique d'intégration est susceptible d'aller plus loin ? Est-on au bord d'une nouvelle dynamique ? Je relèverai seulement que des propositions ou des projets d'une vision consolidée des finances publiques sont défendus ou débattus, tendant notamment à fusionner les lois de finances et les lois de financement de la sécurité sociale, au motif que cette fusion permettrait d'avoir une meilleure visibilité, une meilleure appréciation du déficit public. Une autre variante a été proposée récemment avec une seule loi de finances qui serait déclinée en trois volets. Donc, ici un seul texte consolidé, chacun des sous-secteurs des finances publiques composant les trois volets. Il est à noter aussi que le projet de révision constitutionnelle qui devrait être discuté en 2019 contient dans son article 7 une disposition qui tend à autoriser la loi organique à fixer les conditions dans lesquelles les projets de loi de financement de la sécurité sociale et de lois de finances peuvent être examinées conjointement en tout ou partie.

Conclusion

La dynamique d'intégration ou de consolidation que connait le système financier public n'est pas un phénomène qui lui est propre. C'est une dynamique qui est à l'œuvre de manière générale tant en ce qui concerne les institutions publiques, par exemple le regroupement des Etats dans des zones régionales (l'Union européenne illustre cette recherche de regroupement pour mieux se renforcer) que dans les institutions privées, les groupes d'entreprises. Cette dynamique traduit la recherche de nouvelles marges de manœuvre, d'une capacité renforcée face aux nouveaux enjeux à résoudre, notamment la concurrence, la compétition et les contraintes de financement. En ce qui concerne les finances sociales, et nous faisons surtout référence à la sécurité sociale, on peut se demander si, en définitive, cette dernière ne passe pas de la situation d'autonomie et de communauté de destin qui était historiquement la sienne à une situation de gouvernance et de pilotage commun.

LE PROGRAMME BUDGETAIRE

Nicaise MEDE
Professeur à l'Université d'Abomey-Calavi
Directeur du Centre d'Etudes et de Recherche sur l'Administration et les Finances (CERAF)

Introduction

La question sémantique est essentielle à caractériser une science. La diversité des significations rend compte, non d'un état de crise essentielle, mais de la pluralité des approches scientifiques si ce n'est des sciences tout court. Un auteur a pu écrire qu'une science, c'est d'abord "*une langue bien faite*,"[1] une relation du signifiant au signifié qui paraîtrait hermétique au profane mais très intelligible au spécialiste. La science des finances publiques reflète aussi, par ses outils sémantiques, le besoin d'un exercice de discernement centré sur les mots, les notions, les concepts. Le programme budgétaire appartient à ces outils émergents dont le destin est d'abord lié à la gestion performancielle des finances publiques.

Le basculement constaté de la science des finances publiques vers les sciences du management devrait aussi se lire dans la récupération des notions du premier par les secondes. Si une "*dilution de l'identité*"[2] est relevée, il y a que cette crise devrait aussi être actée dans la récupération des mots appartenant au domaine des finances publiques. La réalité, cependant, est que le programme budgétaire ne fait pas recette pour les spécialistes de l'économie et de la gestion. Il n'est un objet d'intérêt ni pour la recherche ni pour l'enseignement. Des ouvrages de référence, bien que *post LOLF,* n'offrent aucune entrée sur la rubrique programme[3] ou sur le programme budgétaire.[4] Ni les manuels courants

---

[1] B. de JOUVENEL, *Les débuts de l'Etat moderne, une histoire des idées politiques au 19ème siècle*, Paris, Fayard, 1976, p. 2.

[2] G. ORSONI, "Les finances publiques à la recherche de leur identité", *in Revue Française de Finances Publiques*, n°133-2016, p. 11.

[3] R. CONT, *Encyclopedia of quantitative finance*, England, John Wiley and sons Ltd, 2010 ; J.-M. PROST, *Dico du financier*, Paris Dunod, 2009 ; B. SOUSI-ROUBI, *Lexique de la banque et des marchés financiers*, Paris, Dunod, 2009 ; J.-P. ZANCO *Lexique d'économie et de droit*, Paris, Ellipses, 2018. Aucun de ces ouvrages ne comporte une entrée sur le mot 'programme' encore moins au 'programme budgétaire'.

[4] Il y a des références au 'program trading' (J. PEYRARD, *Dictionnaire de finance*, Paris Vuibert, 1999, p. 175 ; P. NEWMAN-MURRAY MILGATE et J. EATWELL, *The new Palgrave dictionary of money and finance*, vol.3, London, The MacMillan Press limited, 1992, p. 214 ; E. BANKS, The Palgrave MacMillan *Dictionary of Finance, Investment and Banking*, New York, Palgrave MacMillan, 2010, p. 406 ; J. ANTOINE, M.-C. CAPIAU-HUART, *Dictionnaire des marchés financiers,* Bruxelles, De Boeck, 2015, p.447), au 'programme asset

en économie et gestion[1], ni ceux consacrés à l'économie des finances publiques[2] ne réservent de paragraphes à l'étude des programmes budgétaires, comme catégorie heuristique d'importance. Le *Dictionnaire de science économique*[3] de Alain Beitone ainsi que le *Lexique d'économie*[4] de Ahmed Silem font une impasse totale sur le terme sous étude. *Le grand guide du management de projet*[5] propose en revanche une définition des mots projet et programme. Pour l'auteur, "*un projet se définit comme une démarche spécifique, qui permet de structurer méthodiquement une réalité à venir (...) Concevoir un ordinateur, un nouveau lave-linge, une télévision, un logiciel, un service de transport, etc. sont des projets industriels. Lorsque les activités sont complexes et d'envergure, qu'elles nécessitent des planifications et des ressources importantes, quelquefois à l'international, il est fréquent d'appeler l'ensemble un 'programme.' Celui-ci est alors découpé en plusieurs projets, confiés chacun à un chef de projet.*"[6] La perspective propre au management des organisations est ainsi cernée : le programme comme ensemble de projets, le projet lui-même comme une marche structurée vers un résultat. Le parallèle avec le programme budgétaire devient perceptible sans que l'un épouse le périmètre de l'autre.

---

management' ou au 'programme de veille' (G. BLANDINE, *Dictionnaire de la gestion collective*, Québec, SEFI éditions, 2004, 265), au 'programme d'activités', au 'programme d'évaluation', au 'programme de démarrage rapide' (J.-M. CICILE, *Dictionnaire bancaire, économique et financier,* Paris, éditions Revue banque, 2008, p. 535), mais rien sur le programme budgétaire. On aura remarqué que même sur les terres d'origine du *program budgeting* les ouvrages ne traitent pas systématiquement de cette question.

[1] Le livre d'Olivier Blanchard et Daniel Cohen traite du 'programme de stabilisation' (O. BLANCHARD, D. COHEN, *Macroéconomie*, 7ème édition, Paris, Pearson, 2017, p.502) ; le 'programme budgétaire' ne transparait ni dans le livre de Dennis C. MUELLER (D. C. MUELLER et alii, *Choix publics. Analyse économique des décisions publiques*, Bruxelles, De Boeck, 2010. Le livre traite de de la taille de l'Etat et des performances économiques en page 611, de la compétition politique et performance macro-économique en page 497), ni dans celui Joseph Stiglitz et alii (J. STIGLITZ et alii, *Economie du secteur public*, Bruxelles, De Boeck, 2018. On y parle plutôt de 'programmes contingents de bien-être' en page 535 ; de 'programmes gagnants et perdants' en page 20 ; de '*program for international students assessment*' en page 469), ni dans l'ouvrage de Moktar Lakehal (M. LAKEHAL, *Le grand livre de l'économie et des principaux faits de société*, Paris, Eyrolles, 2012. En page 583, l'auteur présente ce que c'est le 'programme d'action prioritaire' ou PAP).

[2] Gervasio Semedo parle bien de la 'loi de finances' (p. 12), de 'l'impôt' (p. 43), de la 'théorie du *supply side* et l'ambiguïté micro-économique des effets désincitatifs de l'impôt' (p. 293), de la 'politique budgétaire' (p. 395) *in* G. SEMEDO, *Economie des finances publiques*, 2ème édition, Paris, Ellipses, 2010. Quant à Florence Huart, elle traite des 'soldes budgétaires' (p.149), de 'l'endettement public' (p. 207), des 'prélèvements obligatoires' (p. 95) et de bien d'autres choses sans que transparaissent le mot 'programme' (F. HUART, *Economie des finances publiques*, Paris, Dunod, 2012).

[3] A. BEITONE, *Dictionnaire de science économique*, 5ème édition, Paris, Armand Colin, 2016.

[4] A. SILEM (*dir.) Lexique d'économie*, 15ème édition, Paris, Dalloz, 2018.

[5] S. BELLUT, *Le grand guide du management de projet*, Paris, Afnor éditions, 2018.

[6] *Idem*, pp.2 et 3.

La science juridique se donne, en effet, le monopole de l'évocation et de l'énoncé du programme budgétaire. Le *Lexique des termes juridiques,*[1] et le *Dictionnaire du vocabulaire juridique 2020*[2] comportent, tous deux, des entrées sur le programme budgétaire.

La doctrine, pour sa part, est plus que laconique sur le sujet. Lorsqu'on fait le tour d'horizon des ouvrages disponibles, on découvre qu'il y a tantôt une impasse regrettable sur l'évolution juridique et conceptuelle datée de 2009,[3] tantôt une prise en compte insuffisante de cette même évolution.[4] La doctrine non-africaine ne semble pas accorder, non plus, une grande importance ni de grands développements à ce qui est, tout de même, le mécanisme axial, le cœur du réacteur dans la nouvelle gestion budgétaire par la performance.[5] Le *Dictionnaire encyclopédique de finances publiques* de 2017 lui consacre une quinzaine de lignes (une demi-page) sous la plume de Jean Luc Albert, en faisant un rapide rappel des dispositions législatives en vigueur.[6]

Ce qui semble plutôt attirer l'attention des auteurs, c'est la dimension institutionnelle de la réforme budgétaire à travers le responsable de programme. Quel positionnement dans la chaîne budgétaire, quelle responsabilité pour ce nouveau venu et quelles relations fonctionnelles devra s'établir entre lui et les

---

[1] S. GUINCHARD, T. DEBARD, *Lexique des termes juridiques*, 26 éditions, Dalloz, 2018. "*Le programme est une division de la mission regroupant tous les crédits budgétaires destinés à mettre en œuvre une action publique (ou un ensemble cohérent d'actions) relevant d'un même ministère*" (p. 859).

[2] R. CABRILLAC (*dir.*), *Dictionnaire du vocabulaire juridique 2020*, 11ème édition, Paris, LexisNexis, 2020. "*Un programme regroupe les crédits destinés à mettre en œuvre une action ou un ensemble cohérent d'actions relevant d'un même ministère et auquel sont associés des objectifs précis (...) et faisant l'objet d'une évaluation*" (p.426).

[3] Théophile Ahoua N'Doli parle du principe de spécialité des crédits en Côte d'Ivoire en disant que les crédits sont "spécialisés par chapitre regroupant les crédits selon leur nature ou selon leur destination." L'auteur fait fi de la Loi organique n° 2014-336 du 5 juin 2014 relative aux lois de finances qui fait entrer en droit positif ivoirien la gestion budgétaire axée sur la performance (T. AHOUA N'DOLI, *Manuel de finances publiques*, Abidjan L'Harmattan, 2015, p.62). Quant à Mahady Diallo il ne parle que des autorisations de programme de la loi de finances. Ici aussi, l'auteur semble méconnaître la Loi organique n° 2011-15 du 8 juillet 2011 relative aux lois de finances abrogée par la Loi organique n°2020-07 du 26 février 2020 relative aux lois de finances (M. DIALLO, *La comptabilité publique des Etats africains francophones : pratiques postcoloniales et grandes misères actuelles*, Dakar, Les Nouvelles Editions Africaines du Sénégal, 2015, pp.504-505).

[4] Abdourahmane Dioukhané informe que la "*Directive de 2009 apporte une série d'innovations. La première consiste pour le budget général, à fixer le plafond des crédits par programme et par dotation.*" L'ouvrage ne comporte rien sur la spécialité des crédits et sur les programmes budgétaires (A. DIOUKHNÉ, *Les finances publiques dans l'UEMOA : le budget du Sénégal*, Dakar, L'Harmattan, 2015, p.112).

[5] Michel BOUVIER en parle dans ses développements relatifs à la nouvelle nomenclature du budget (M. BOUVIER, M.-C. Esclassan, J.-P. LASSALE, *Finances publiques*, 6ème édition, Paris, LGDJ, 2002, p.295) et Jean Luc Albert dans la rubrique réservée au vote de la loi de finances (J.-L. ALBERT, *Finances publiques*, 6ème édition, Paris, Dalloz 2009, pp. 333 et suiv.).

[6] G. ORSONI, (dir) *Finances publiques, Dictionnaire encyclopédique*, 2ème édition, Paris, Economica, 2017, p. 713.

acteurs classiques ?[1] Pour autant, il faut en convenir et le dire, que le programme budgétaire mérite mieux que ces allusions au détour d'un thème ou ces développements elliptiques.

L'évocation du mot ou des mots, leur passage au langage courant remonte à la décennie 1960 avec la naissance du PPBS américain : le *Planning Programming Budgeting System.*[2] Les années 2000 vont donner les lettres de noblesse et le surcroit de crédit à ce que la Banque Mondiale appelle "*la clé de ce type de budget*"[3], le budget de programme, grâce à la mise en place de cadres juridiques rénovés de gestion budgétaire axée sur la performance en Afrique francophone.[4]

Pour cerner la notion[5] actuelle de programme budgétaire, la perspective positiviste qui est la nôtre nous conduit à d'abord interroger les normes juridiques de référence en finances publiques. Selon les termes des directives communautaires relatives aux finances publiques, "*un programme regroupe les crédits.*"[6] La formulation est très explicite, *prima facie*, d'autant qu'elle est corroborée par la prise en compte du contexte et des commentaires autorisés.[7] Le programme budgétaire est, de façon solennelle, un regroupement de crédits. De la même manière qu'un échangeur routier est une superposition de routes, un programme est un ensemble de crédits budgétaires. Ce qui finit de fixer sa nature juridique (I) de laquelle découle un régime juridique qui fonde son originalité et son opérationnalité (II).

---

[1] G. M. PEKASSA NDAM, "La dialectique du responsable de programme en finances publiques camerounaises : recherche sur les nouveaux acteurs budgétaires", *in* N. MÉDÉ, *Les nouveaux chantiers de finances publiques en Afrique, Mélanges en l'honneur de Michel BOUVIER*, Dakar, L'Harmattan, p. 333. A. BARILARI, "Réflexions sur la gouvernance des programmes LOLF" *in Revue Française de Finances Publiques,* n°157-2016, p. 215. L. HA-THI, "Des rapports entre responsabilités managériales et politique. Analyse théorique autour du statut des responsables de programme," *Jurisdoctoria*, www.jurisdoctoria.net, 2019, p. 1-26.

[2] Voir N. MÉDÉ, « La nouvelle gestion budgétaire : l'expérience des budgets de programme au Bénin », Revue électronique *Afrilex*, n°4, 2004. Voir aussi W. AARON. "Sauver l'analyse de politique du PPBS" *in Politiques et management public*, vol. 9, n° 4, 1991. pp. 75-98.

[3] Banque Mondiale, *Manuel de gestion des dépenses publiques*, 2000, p.22.

[4] Voir N. MÉDÉ, « L'Afrique saisie par la fièvre de la performance » *in Revue Française de Finances Publiques*, n° 135-2016, p.349.

[5] Partant de la prise de position qu'une 'notion' est une construction qui repose sur une réalité sous-jacente. Elle n'est pas seulement une vue de l'esprit comme le terme de 'concept' en droit (Voir G. TUSSEAU (dir.), *Les notions juridiques,* Collection Études juridiques, Paris, Économica, 2009).

[6] Article 12, al.3, Directive n°06/2009/CM/UEMOA du 19 juin 2009 portant loi de finances au sein de l'UEMOA ; article 12 al.3 Directive n°01/11-UEAC-190-CM-22 du 19 décembre 2011 relative aux lois de finances au sein de la CEMAC

[7] Les Commissions de l'UEMOA et de la CEMAC ont produit des Guides didactiques sur les Directives de 2009 au sein de l'UEMOA et de 2011 au sein de la CEMAC.

I - LE PROGRAMME BUDGETAIRE : UN PAQUET DE CRÉDITS

Le programme est, par essence, un paquet de crédits (A) qui présente le caractère d'être orienté vers la mise d'une politique publique (B).

A- DES CREDITS BUDGETAIRES PAR ESSENCE

La définition classique de la loi de finances est qu'elle est un document qui "*prévoit et autorise, pour chaque année civile, l'ensemble des ressources et des charges de l'Etat.*"[1] La loi de finances est ainsi, par nature, un document financier dont le contenu doit refléter les questions de recettes et de dépenses et de façon plus extensive les questions liées aux ressources et aux charges. L'idée est si prégnante que, pour la préserver de tout parasitage, de toute tentative de resquille, l'arme du "*cavalier budgétaire*" est utilisée par le juge de la loi pour censurer les dispositions de la loi de finances qui ne sont pas financières. La question s'est posée devant la Cour constitutionnelle du Bénin à l'occasion du vote de la loi de finances gestion 1994, notamment sur le point traitant de la "*revalorisation du point d'indice et (...) la réintégration des 438 agents occasionnels*" de l'Etat. Les dispositions y afférentes et qui se retrouvaient dans la loi de finances auraient dû, selon le Gouvernement être "*déclarées d'office irrecevables par le Président de l'Assemblée nationale et ce en vertu de l'article 104 de la constitution.*"[2] L'exception de cavalier budgétaire est donc l'arme de dissuasion efficace pour préserver la nature financière de la loi de finances et expurger, en amont, les dispositions qui jurent avec ce socle classique et orthodoxe des finances publiques.

C'est donc logiquement que le programme se conçoit par son essence financière, c'est-à-dire un ensemble de crédits. Le ministère lui-même devient un ensemble de programmes budgétaires prévus et autorisés par la loi de finances. Pour le ministre en charge des finances, les ministères dépensiers, dans une perspective *lolfienne*, sont, avant tout, des paquets de programmes. La vision de droit administratif anciennement dominante voit, dans tout ministère, un enchevêtrement d'organes et de structures administratives : directions centrales, directions techniques, services de contrôle et d'appui. C'est à travers ce prisme administratif que se présentait et s'exécutait la loi de finances de l'année. A l'inverse, la vision performancielle des finances publiques voit, dans chaque ministère, des programmes, une manière de dire des paquets de crédits. Ce qui fait la différence avec la perspective économique ou des sciences de gestion sur la notion de programme.

---

[1] Article 5 Directive n°06/2009/CM/UEMOA portant loi de finances au sein de l'UEMOA ; la formulation est un peu différente au sein de la Communauté Economique des Etats de l'Afrique Centrale : les lois de finances ont pour objet de déterminer les recettes et dépenses de l'Etat, de définir les conditions de l'équilibre budgétaire et financier" (article 42, Directive n°01/11-UEAC-190-CM-22 du 19 décembre 2011 relative aux lois de finances au sein de la CEMAC).

[2] Cour constitutionnelle du Bénin, Décision DCC 30-94 du 1er octobre 1994, *Ahouandjinou Anselme et autres,* Recueil 1994, p.138.

En effet, pour les sciences du management, le programme est une activité, plus exactement, un ensemble d'activités, tendues vers la réalisation d'un objectif. Selon les documents officiels du gouvernement du Bénin, le "*Programme 'Bénin révélé' se décline à travers des réformes, des projets phares et des projets sectoriels planifiés sur la période (2016-2021). Il sera l'instrument unique de pilotage de l'action gouvernementale.*"[1] Le programme *'Bénin révélé'* repose sur un panel de 45 projets phares, complétés par 95 projets sectoriels.

Dans le même sens, la Présidence de la République de Côte d'Ivoire affiche ses "*Programmes sociaux*" déclinés en projets opérationnels : construction de 13.475 salles de classe au préscolaire et primaire, construction et équipement de 816 collèges, 59 lycées généraux et techniques, connexion de 200.000 ménages par an au réseau électrique jusqu'en 2020, production de 250.000 logements sociaux et économiques dans les 5 prochaines années.[2]

Pour sa part, le "*Plan Sénégal Emergent*" contient des programmes dont : **le programme *zéro bidonville*** : construction de 100.000 nouveaux logements sociaux subventionnés dans toutes les communes y compris les communes rurales de plus de dix mille habitants ; ***le programme zéro déchet*** : prise en charge de la promotion de l'investissement dans la collecte et le traitement des déchets solides en milieu urbain afin de rendre nos villes propres et saines ; et le ***programme Villes créatives*** : placer la créativité et les industries culturelles au cœur de la Cité.[3]

Dans les exemples ci-dessus mentionnés, que ce soit en Côte d'Ivoire, au Sénégal ou au Bénin, la constante est l'existence d'activités structurées orientées vers l'atteinte d'objectifs de court, moyen et long termes : la construction de routes et le bitumage d'autres axes routiers permettront, à court terme, la facilitation de l'écoulement de la production des ruraux vers les centres urbains ainsi que les exportations hors des frontières nationales. A moyen terme, ces investissements devraient se traduire par une augmentation du niveau de revenus et du pouvoir d'achat des populations rurales. A long terme, c'est l'émergence de toute l'économie nationale qui est attendue.

Perçu en ce sens managérial ou économique, le programme est bien un ensemble d'activités, structuré en projets et orienté vers l'atteinte d'un but.[4] En cela, il se rapproche d'une autre catégorie de programme : les lois de programme (ou loi de programmation). En effet, celles-ci sont examinées et adoptées en dehors du cadre juridique fixé par la loi organique relative aux lois de finances. Elles ne sont pas des lois de finances mais déterminent, sur un segment de temps donné, les actions que le gouvernement entend initier et

---

[1] https://presidence.bj/home/benin-revele/decouvrir-benin-revele/

[2] https://www.presidence.ci/programmes-sociaux/

[3] http://www.presidence.sn/pse/vision

[4] S. Bellut, *Le grand guide du management de projet*, *op. cit.* pp. 2 et 3.

conduire en vue d'atteindre un objectif qu'il s'est fixé. A titre illustratif, il y a la loi de Programmation Militaire[1] pour la période 2016-2020 en Côte d'Ivoire. Celle-ci énonce des activités importantes devant déboucher sur une amélioration substantielle du climat sécuritaire après la guerre civile consécutive à l'élection présidentielle de 2010.[2]

Au demeurant, si le programme managérial ou le programme des lois de programme est d'abord une addition d'activités orientée vers un but, il n'en demeure pas moins que l'exécution des activités a un coût dont le financement peut passer par la loi de finances de l'année ou tout mécanisme de partenariat public privé. Le programme managérial a donc une dimension financière de même que le programme budgétaire n'est pas seulement une addition de crédits. Ce sont aussi des activités et des objectifs.

B- DES CREDITS ORIENTES VERS UN BUT

La vie publique est dominée par le politique qui informe (au sens latin du terme) la société et occupe les devants de la scène médiatique. Le champ politique n'est pas l'endroit où, par excellence, un lien étroit est établi entre le discours, l'action et des objectifs mesurables. La vie politique est plutôt le lieu où on "*apprend à plaider avec art la cause du mensonge, à ébranler à force de philosophie tous les principes de la vertu, à colorer de sophismes subtils ses passions et ses préjugés*."[3] Le programme politique se ressent de ce halo général qui entoure la chose politique. Il ne procède pas d'une intention sincère et n'engage que celui qui y croit.

Le programme budgétaire est autrement conçu et est placé sous le sceau du principe de sincérité. Il est une masse de crédits qui présente le caractère fondamental d'être orienté vers l'atteinte d'objectifs. Selon les termes des Directives communautaires relatives aux lois de finances (UEMOA et CEMAC), les crédits des programmes sont "*destinés à mettre en œuvre une action ou un ensemble cohérent d'actions représentatif d'une politique publique*

---

[1] Le mot 'programme' ressort plus explicitement dans le texte français portant Loi de programme pour l'outre-mer (La loi n° 2003-660 du 21 juillet 2003 de programme pour l'outre-mer, est un texte législatif français qui entend promouvoir le développement économique des territoires d'outre-mer et l'investissement dans l'immobilier pour les particuliers (*Journal Officiel de la République Française* n°167 du 22 juillet 2003, p. 12320).

[2] La loi de programmation militaire devrait permettre de mettre en place une nouvelle et unique chaîne de commandement ; ensuite, deux opérations de départs volontaires et le retrait des effectifs de 3.157 soldats (991 en 2017 et 2.166 en 2018). Un Bureau d'Accompagnement et de Reconversion des Militaires devra être créé pour aider les partants à mieux s'insérer dans leur nouvelle vie professionnelle et sociale. Enfin, la Loi vise a favorisé la réforme de l'enseignement militaire et la création de nouvelles institutions de formation. De manière générale, l'amélioration des conditions de travail et de vie des militaires à travers la réalisation d'infrastructures et l'acquisition de matériels et équipements (http://www.gouv.ci/_actualite-article.php?recordID=9374&d=1).

[3] Jean-Jacques Rousseau, cité par T. GUÉNOLÉ, *Petit guide du mensonge en politique*, Paris, First Document, 2014, p.10.

clairement définie dans une perspective de moyen terme."[1] Ils ne sont pas affectés à un ensemble de services publics pour les nourrir de moyens. Les finances publiques cessent d'être perçues essentiellement comme les pourvoyeuses de ressources au profit du droit administratif institutionnel : les organes de l'action administrative. Le programme budgétaire est un des instruments de la chaîne de programmation. En effet, le contenu du programme budgétaire est annoncé d'abord dans le Document de Programmation Budgétaire et Economique Pluriannuelle (DPBEP) et ensuite dans le Document de Programmation Pluriannuelle des Dépenses (DPPD).

Le DPBEP est un document de cadrage macro-économique et macro-financier soumis à l'examen du parlement lors du débat d'orientation budgétaire. Il donne, sur un horizon de moyen terme, les conditions de la soutenabilité des finances publiques compte tenu des éléments de conjonctures (tendances de l'économie mondiale, tendances lourdes et faits porteurs pour les finances publiques) et en lien avec les objectifs programmatiques du gouvernement.[2] Dès lors, l'architecture des DPBEP est assez succinct et tient sur une centaine de pages articulées autour de (i) l'évolution et les perspectives économiques, (ii) la gestion des finances publiques, (iii) les orientations et perspectives budgétaires et (iv) la situation financière des organismes publics.[3]

En tant qu'il est un document de cadrage qui fait un état des lieux rapide, fixe selon des scenarios l'horizon des finances publiques en termes de bornes inférieures et de bornes supérieures, le DPBEP ne manque pas d'intérêt pour les collectivités territoriales locales. Il pourrait devenir un instrument de rationalisation des finances locales comme cela est préconisé dans la commune de Thiès au Sénégal.[4]

---

[1] Article 12, al.3, Directive n°06/2009/CM/UEMOA du 19 juin 2009 portant loi de finances au sein de l'UEMOA ; article 12 al.3 Directive n°01/11-UEAC-190-CM-22 du 19 décembre 2011 relative aux lois de finances au sein de la CEMAC.

[2] T. C. NAGNONHOU, "En prélude à l'étude de la loi de finances 2021 : Les députés débattent des options budgétaires du gouvernement" in journal La Nation n° du 30 juin 2020. Le débat d'orientation budgétaire a eu lieu le lundi 29 juin 2020.

[3] Ministère des finances et du budget (Sénégal), *Document de Programmation budgétaire et économique pluriannuelle (DPBEP) 2021-2023*, Dakar, juin 2020, 85 pages. Le DPBEP de Côte d'Ivoire 2020-2022 comprend 114 pages subdivisées comme suit : (i) évolution macroéconomique 2016-2022, (ii) évolution des finances publiques 2016-2022, (iii) situation financière des organismes publics et collectivités territoriales (iv) programmation budgétaire 2020-2022 (Secrétariat d'Etat auprès du Premier Ministre chargé du budget et du portefeuille de l'Etat, Document de Programmation Budgétaire et Economique Pluriannuelle 2020-2022, Abidjan, juin 2019).

[4] "Les élus locaux de la région de Thiès ont participé jeudi à l'atelier de partage axé sur la sensibilisation des élus sur l'importance de la tenue des débats d'orientation budgétaire dans leurs collectivités respectives" (https://www.sendeveloppementlocal.com/Thies-les-elus-locaux-partagent-sur-les-debats-d-orientation-budgetaire_a4215.html, consulté le 04 juillet 2020).

Le Document de Programmation Pluriannuelle des Dépenses (DPPD), quant à lui, va au-delà de l'exercice de cadrage. D'abord, parce qu'il n'y a pas un seul DPPD mais plutôt autant de DPPD qu'il y a de ministère. Ensuite, le DPPD soumis au débat d'orientation budgétaire est un document provisoire.[1] Enfin, chaque DPPD ministériel établit le contexte dans lequel œuvre le ministère ; il rappelle les missions du ministère et les principaux objectifs associés à ce département ministériel. Il récapitule les principaux documents encadrant l'action du ministère (plan stratégique définissant la vision, les orientations stratégiques, les axes stratégiques, le plan d'action). Il réalise enfin l'analyse des forces et faiblesses, des opportunités et des menaces (Analyse SWOT) du secteur de concentration du ministère.

En pratique, cela donne une architecture assez simple au DPPD avec quatre grands chapitres : (i) la présentation générale du ministère, (ii) le contexte de l'action ministérielle, (iii) les orientations stratégiques du secteur, (iv) la programmation triennale des crédits, les annexes étant consacrées aux Projets annuels de Performance des programmes.[2] On déduit de cette présentation du DPPD qu'à ce stade, les travaux effectués sont principalement de nature managériale : quelles sont notre vision et notre mission, où en sommes-nous, où voulons-nous aller et comment ? C'est cette dernière question qui définit le programme budgétaire et délimite son périmètre en tant qu'il est "*une action ou un ensemble cohérent d'actions représentatif d'une politique publique clairement définie.*"[3] La contexture du programme reflète cette dimension managériale en mettant en avant et en première ligne les notions de résultat et d'objectifs.

La dimension juridique suit cet état de fait et organise l'adoption et la sanction des activités, résultats et objectifs contenus dans les programmes.

---

[1] La Directive n°06/2009/CM/UEMOA du 19 juin 2009 portant loi de finances au sein de l'UEMOA dispose que le DBPED et le DPPD "*sont publiés et soumis à un débat d'orientation budgétaire au Parlement au plus tard à la fin du deuxième trimestre de l'année*" (article 57).

[2] Ministère de l'Elevage et des Productions Animales (Sénégal), Document de Programmation Pluriannuelle des Dépenses (DPPD) 2020-2022, Dakar, septembre 2019. Au lieu d'un DPPD par ministère, le Mali fait l'option d'un seul DPPD élaboré par le ministère des finances avec une subdivision intérieure par ministère selon le plan identique suivant : (i) Mission ministère/ institution, (ii) Contraintes et défis, (iii) Evolution d'indicateurs socio-économiques finaux non imputables à un programme particulier, (iv) Programmation des dépenses sur la période t+1 à t+3 par catégorie économique en ressources et en dépenses par programme, (v) Commentaires sur les liens entre l'évolution de l'allocation intra-ministérielle des ressources et la stratégie du secteur ou du ministère, voir Ministère de l'Economie et des Finances (Mali), *Annexe à la Loi de finances 2020, Document de Programmation Pluriannuelle des Dépenses et Projets Annuels de Performance (DPPD-PAP 2020 – 2022)*, Bamako, janvier 2020. (http://www.finances.gouv.ml/sites/default/files/DPPD-PAP%202020-2022_v_01-01-2020.pdf consulté le 04 juillet 2020).

[3] Article 12, al.3, Directive n°06/2009/CM/UEMOA du 19 juin 2009 portant loi de finances au sein de l'UEMOA ; article 12 al.3 Directive n°01/11-UEAC-190-CM-22 du 19 décembre 2011 relative aux lois de finances au sein de la CEMAC.

II : LE PROGRAMME BUDGETAIRE : VERS UNE JURIDISATION LOGIQUE

Il est de l'essence de la règle juridique d'être sanctionnée. En cela, le programme budgétaire en tant qu'unité contraignante de la loi de finances de l'année se doit d'être logiquement justiciable (A) devant le juge des finances publiques dans sa nouvelle dimension et ses compétences élargies (B).

A- LE PROGRAMME COMME UNITE JURIDIQUEMENT CONTRAIGNANTE DE LA LOI DE FINANCES

"*Les crédits sont spécialisés par programme.*" Ainsi, en dispose les directives communautaires de l'UEMOA[1] et de la CEMAC.[2] La bonne vieille règle de la spécialité des crédits trouve ici non seulement un fondement légal mais aussi un regain de légitimité. La spécialité des crédits est d'abord une conquête démocratique qui trouve son origine dans le régime parlementaire français du début du 20ème siècle. Pour Benjamin Constant, elle est un instrument essentiel du contrôle parlementaire et donc de l'équilibre des pouvoirs. Sans elle, poursuit-il, la représentation nationale "*ne connaîtr(ait) jamais l'emploi des deniers publics.*"[3] La spécialité des crédits s'est imposée dans le droit financier et a résisté à l'assaut de la managérialisation des finances publiques et de la globalisation des crédits. Son périmètre subit cependant une inflexion certaine.

Ainsi, en lieu et place de la multitude des chapitres budgétaires, les nouvelles générations de loi de finances de l'année ne comportent qu'une demi-dizaine de programmes par ministères. Au titre de l'année 2020, la loi de finances du Bénin contient 27 programmes au lieu des 2.266 chapitres budgétaires disséminés dans la loi de finances de l'année 2016[4] soit une réduction de de plus de 8.000% ! Quant au Sénégal et pour la loi de finances 2020, on est passé à dix (10) dotations, cent vingt-deux (122) programmes et sept (07) comptes spéciaux du Trésor.[5] Pour chaque ministère, le nombre de programme varie entre deux et neuf.[6] Tandis que la Côte d'Ivoire exécute une loi de finances 2020 qui contient 35 dotations et 149 programmes[7]

---

[1] Article 12 *in fine*, Directive n°06/2009/CM/UEMOA du 19 juin 2009 portant loi de finances au sein de l'UEMOA.

[2] Article 19, Directive n°01/11-UEAC-190-CM-22 du 19 décembre 2011 relative aux lois de finances au sein de la CEMAC.

[3] B. CONSTANT, Intervention à la Chambre des députés, 30 juin 1920, cité par G. ORSONI, *Principes et techniques budgétaires*, Paris, La Documentation Française, documents d'études n° 5-02, 1982, p. 28.

[4] *Cf.* Loi n°2015-41 du 29 décembre 2015 portant loi de finances pour la gestion 2016 et la liste des programmes, annexe II-1-2, pages 24, 25, 26 et 27 du décret n°794 du 32 décembre 2014 portant nomenclature budgétaire de l'Etat.

[5] Loi n°2019-17 du 20 décembre 2019 (Sénégal).

[6] *Ibidem.*

[7] Loi n°2019-1080 du 18 décembre 2019 portant budget de l'Etat pour 2020 (Côte d'Ivoire).

Dans la logique de la réforme des finances publiques en cours au sein de l'UEMOA et de la CEMAC,[1] les nouveaux niveaux de spécialisation des crédits sont donc la dotation et le programme. En d'autres termes, pour les ministères, le programme est la nouvelle unité *juridiquement* contraignante de la loi de finances de l'année. Ce qui emporte pour le programme budgétaire, trois implications majeures : *primo*, la présentation du projet de loi de finances doit se faire par programme et par dotation en ce qui concerne la répartition des crédits. Le budget est un état analytique qui présente les dépenses selon une nomenclature consacrée. La directive n°08/2009/CM/UEMOA portant nomenclature budgétaire de l'Etat prévoit que les dépenses de l'Etat sont présentées par programme (programme budgétaire à l'intérieur des ministères).[2] Pour le jurislateur communautaire, la présentation par programme devient une exigence de légalité formelle du projet de loi de finances de l'année. Pendant quelques années de transition, notamment au Bénin, entre les années 2000 et 2009, la pratique a consisté à élaborer des tableaux de correspondance dans un budget conçu et spécialisé par chapitre. Les tableaux de correspondance permettaient de relier une dépense et son programme de rattachement et de

---

[1] Cette dynamique nouvelle est bien décrite par l'exposé des motifs du projet de loi de finances pour 2020 au Sénégal devenu Loi n°2019-17 du 20 décembre 2019 portant loi de finances pour 2020 ("*Dans le budget-programme, les crédits sont regroupés autour d'un dénominateur commun qui est la politique publique, abstraction faite des services qui l'exécutent. Concrètement, il s'agit : a- d'abord de commencer par identifier une politique que doit mener l'Etat (exemples : la promotion et la valorisation des industries culturelles et créatives ; l'accès à l'eau potable ; l'éducation de base des jeunes et des adultes ; l'éducation surveillée et la protection judiciaire du mineur). C'est cette politique publique qui représente le programme budgétaire ; b- ensuite, d'évaluer tous les moyens qui sont nécessaires à la bonne exécution de la politique publique, quelle que soit leur nature économique (dépenses de personnel, d'acquisitions de biens et services, d'investissement ou de transferts) ; c- enfin, de structurer ces moyens, c'est-à-dire ces crédits budgétaires, autour de grandes actions à mener par les services chargés de mettre en œuvre la politique publique, lesdites actions étant elles-mêmes détaillées en activités, chaque activité faisant l'objet d'un chiffrage très précis en termes de coûts. En d'autres termes, lorsqu'on agrège les coûts des activités, on reconstitue celui des actions, et si l'on fait le cumul du montant des actions, on retombe sur l'enveloppe budgétaire qui est allouée au programme. Le premier intérêt, et il est aisé de s'en rendre compte, c'est que le budget-programme améliore la lisibilité de l'action de l'Etat : le citoyen perçoit mieux à quoi servent les crédits budgétaires, il sait à quelles fins est dépensé l'argent public (son argent). Mais le second intérêt c'est que le budget-programme ne se contente pas de modifier le mode de présentation des crédits : il change aussi la manière de les utiliser. En effet, à chaque programme doivent être associés : - des objectifs précis, arrêtés en fonction de finalités d'intérêt général ; - ainsi que des résultats attendus. Ces résultats sont mesurés par des indicateurs vérifiables de manière objective et font l'objet d'évaluations régulières. On reconnaît là, la logique de performance qui se trouve au cœur de la gestion axée sur les résultats : c'est exactement le paradigme qui sous-tend le présent projet de loi de finances*").

[2] Mais aussi selon les classifications administrative (services ou groupe de services), fonctionnelle (services généraux, affaires économiques, santé éducation, etc.) et économique (rémunération, intérêts, dons, prestations sociales, etc). Voir aussi, pour la CEMAC, la Directive n°04/2011-UEAC-190-CM-22 du 19 décembre 2011 relative à la nomenclature budgétaire de l'Etat.

reconstituer ainsi le puzzle des programmes à partir des crédits répartis par chapitre.[1] Pour la Banque mondiale, l'ajout d'un code supplémentaire à la nomenclature budgétaire comblerait l'écart entre les exigences du droit budgétaire et les besoins de la gestion par programme.[2] Ce palliatif traduit les balbutiements d'une entrée des Etats dans le *program budgeting*. Il n'est juridiquement et comptablement plus de mise aujourd'hui.

Secundo, l'examen et le vote du projet de loi de finances de l'année se font par programme et par dotation. Le programme est conçu comme un package d'activités, d'objectifs et de crédits sur lequel les parlementaires opinent par vote lors de l'adoption du projet de loi de finances de l'année.

Tertio, le programme est l'unité d'exécution de la loi de finances. Les crédits votés par le parlement sont spécialisés par programme et par dotation. Seul ce vote par programme et par dotation a une valeur juridique opposable, sous le contrôle du corps des contrôleurs financiers. A l'intérieur des programmes, le gouvernement est libre de faire les ajustements à sa guise, dans le respect de la règle de fongibilité asymétrique des crédits budgétaires. A l'inverse, la spécialisation des crédits interdit des mouvements de crédit d'un programme vers un autre programme, d'une dotation vers une autre dotation, sauf pour les dérogations et les aménagements que la loi elle-même prévoit.

Quarto, les corps de contrôle administratifs et juridictionnels veillent au respect de la consommation des crédits par programme. Aucune activité relevant d'un autre programme ou d'une autre dotation ne peut être financée par les crédits qui ne lui sont pas initialement affectés dans la loi de finances. Pour qu'elle ne reste pas une clause de style, la nature contraignante de la spécialité par programme est contrôlée par le comptable public responsable des paiements ; par le contrôleur financier ou contrôleur budgétaire selon les pays, lequel appose son visa sur les engagements juridiques de la dépense et les actes d'ordonnancement ; par le juge des comptes lors de l'examen du projet de loi de règlement.

Les garde-fous mis au respect de la spécialisation par programme sont donc importants. Il ne peut y être dérogé que dans le respect des règles de forme et de fond prescrites par la loi pour effectuer les virements et transferts de crédit, sous le contrôle du juge financier.

B- LE JUGE FINANCIER, JUGE DE LA REDDITION DE COMPTE

L'idée que la Cour des comptes est juge des comptables publics a fait long feu. La compétence *ratione personae* des juridictions financières est

---

[1] Voir N. MÉDÉ, « La nouvelle gestion budgétaire : l'expérience au Bénin des budgets de programme » *in* Revue électronique *Afrilex*, n° 4, décembre 2004, p. 56 (http://afrilex.u-bordeaux4.fr).

[2] Banque Mondiale, *Mission de supervision du PERAC*, *Aide-mémoire*, Cotonou 8-26 juillet 2002, p.55.

aujourd'hui très large et inclut les ordonnateurs des opérations financières publiques mais aussi les bénéficiaires de concours financiers publics.[1]

Pour sa part, l'Union économique et monétaire ouest africaine (UEMOA) a résolu de faire "*instituer une Cour des comptes nationale*"[2] dans chaque Etat membre. Pour l'UEMOA, les procédures desdites Cours nationales doivent offrir les "*garanties de transparence et d'indépendance requises*" dans le but d'"*assurer la fiabilité des données budgétaires nécessaires à l'organisation de la surveillance multilatérale des politiques budgétaires.*"[3] Cette orientation traduit l'importance prise par la notion d'*accountability*[4] en finances publiques. La responsabilité et l'obligation de reddition des comptes ou de la gestion qu'elle impose sont également le *credo* de l'Organisation Internationale des Institutions Supérieures de Contrôle des Finances Publiques : INTOSAI[5]

Certes, la dynamique managériale qui imprègne la réforme des finances publiques fait émerger des outils de liberté dans la gestion des fonds publics. Si l'intérêt général doit toujours être le motif d'une dépense publique, il n'en demeure pas moins que le responsable de programme jouit d'un libre-arbitre dans le choix du moment et de l'objet de l'utilisation des crédits budgétaires. C'est la règle de la fongibilité asymétrique des crédits inscrits aux programmes budgétaires et consacrée par le jurislateur communautaire[6] et par la législation des Etats.[7]. C'est le niveau méta-juridique de la gestion des finances publiques. Les fondamentaux du droit public restent cependant intangibles. Il en est ainsi de la prise en compte de l'intérêt général et de l'observance des règles de procédures dans l'exécution de la loi de finances de l'année. Au-delà s'ouvre l'espace du droit contraignant et ses contraintes de contrôle par le juge financier. En effet, lorsqu'on parle d'unité contraignante, on évoque le caractère opposable de la répartition et de l'utilisation des crédits affectés par programme. La reddition des comptes se choisit comme unité d'appréciation du programme budgétaire. La judiciarisation de cette reddition de comptes est opérée par les textes communautaires qui donnent compétence à la Cour des comptes des Etats

---

[1] N. MÉDÉ, « L'UEMOA et le développement des cours des comptes en Afrique de l'ouest francophone » *in Revue Française de Finances Publiques*, n°90, mai 2005, p.259.

[2] Article 68 du Traité de l'UEMOA.

[3] *Ibidem.*

[4] Terminologie anglosaxonne qu'on voudrait faire correspondre avec l'obligation de rendre compte qui incombe à tout agent public (H. DUMEZ, « De l'obligation de rendre des comptes ou *accountability* » *in Annales des Mines - Gérer et comprendre* 2008/1 (N° 91), pages 4 à 8.

[5] International Organization of Supreme Audit Institutions. (http://www.intosai.org/2_STATUf.html).

[6] Article 15, Directive n°06/2009/CM/UEMOA du 19 juin 2009 portant loi de finances au sein de l'UEMOA.

[7] République du Bénin, Loi organique n° 2013-14 du 27 septembre 2013 relative aux lois de finances, art. 18 ; République du Mali, Loi n° 2013-028 du 11 juillet 2013 relative aux lois de finances, art. 14 ; République du Niger, Loi organique n° 2012-09 du 26 mars 2012 relative aux lois de finances, art. 16.

de « *donner son avis sur (...) les rapports annuels de performance. Cet avis est accompagné de recommandations sur les améliorations souhaitables.* »[1]

On peut épiloguer sur la portée juridique du contrôle exercé par le juge financier sur les rapports annuels de performance des programmes. La Cour ne donne-t-elle pas qu'un avis ? Un avis n'a pas la valeur d'un arrêt de la Cour revêtu de l'autorité de la chose jugée. L'exercice d'une compétence extra-juridictionnelle ne confère pas les attributs et le poids d'une activité juridictionnelle normale. Du moment où il n'y a pas jugement, les responsables de programmes et leurs autorités de tutelle peuvent se dire que l'exercice est sans enjeu pour eux. Ce qui constitue une vérité en demi-teinte.

De fait, la gamme des sanctions auxquelles est assujetti le responsable de programme sont aussi diverses que son propre statut. En tant que rouage administratif, il est passible des sanctions disciplinaires qui peuvent aller jusqu'à la radiation de la fonction publique. Le responsable de programme est aussi un citoyen justiciable des cours et tribunaux de la République pour des faits et abstentions qui peuvent lui être imputables et qui sont punissables par les lois. La Cour des comptes vient en troisième position qui est un échelon supplémentaire pour l'*accountability* du responsable de programme. Elle donne son avis sur les rapports annuels de performance. Mais, elle peut aussi se saisir d'office de situations constitutives de fautes de gestion prévues et punies par les articles 80 et 75 respectivement de la Directive UEMOA et de la Directive CEMAC relatives aux lois de finances.

En somme, il convient de distinguer les compétences d'accompagnement qu'exercent les Cours des comptes à l'occasion de l'élaboration et du vote de la loi de règlement, d'une part, et les compétences propres des juridictions financières lorsqu'elles apprécient la qualité de l'exécution des programmes budgétaires, notamment des fautes de gestion que cette exécution peut révéler, d'autre part. Le programme budgétaire, en tant qu'unité contraignante, est ainsi assorti de sanction. Ce qui finit de lui donner une valeur juridique comme norme positive en vigueur et comme norme opposable.

CONCLUSION

Le programme budgétaire fait son chemin dans les pays membres de l'UEMOA et de la CEMAC. L'accoutumance à son élaboration est une réalité certaine dans les Etats membres, notamment ceux qui s'exercent aux budgets de programmes depuis la décennie 1990. Ce que l'avenir prochain nous réserve, ce sont des programmes budgétaires qui soient à la fois unité de vote, unité d'exécution et unité de contrôle de l'exécution des lois de finances. Le programme budgétaire aura alors émergé pleinement à la vie juridique et plus seulement des techniques managériales.

---

[1] Article 51 et 75 Directive n°06/2009/CM/UEMOA du 19 juin 2009 portant loi de finances au sein de l'UEMOA.

L'EXIGENCE DE TRANSPARENCE DANS LES FINANCES PUBLIQUES DES ÉTATS DE LA CEMAC

Guéssélé Isséme Lionel Pierre
Maître de Conférences agrégé
Université de Yaoundé 2 (Cameroun)

INTRODUCTION

Les transformations du droit public[1] jadis développées par Léon Duguit ont trouvé regain à réflexion en droit des finances publiques. Consistant à canaliser « *les attributions respectives du gouvernement et des Chambres dans la fixation des mesures financières* »[2], ces dernières instituèrent un principe qui est à la base de la « *modernisation de la gestion publique* »[3] : l'exigence de transparence. Celle-ci a eu un fort relent en droit des finances publiques de la sous-région Afrique Centrale. C'est ainsi qu'il s'en suivra alors la réflexion sur l'exigence de transparence dans les finances publiques des États de la CEMAC.

L'établissement d'une orthodoxie financière au niveau supranational encadre le processus budgétaire, tout en instituant une méthode à l'art de manier les opérations financières dans la sous-région Afrique centrale. Ce procédé conduira à construire l'idée de normalisation financière dans les États membres de la CEMAC. En effet, la nouvelle orthodoxie impose d'intégrer la moralisation dans le maniement des fonds publics et la libéralisation dans l'accessibilité des documents financiers. La gestion des finances publiques tout en assignant une déontologie aux gestionnaires publics intègre les exigences d'intelligibilité, d'intégrité et de publicité aux opérations financières. Autrement dit, les opérations par lesquelles les personnes morales se dotent des ressources « *en vue de la couverture des charges publiques* »[4] doivent être dévoyées de l'opacité et du langage ésotérique au public.

La formalisation du cadrage normatif de la transparence dans les États de la CEMAC est faite par un acte juridique supranational. « *Le droit international présente un intérêt exceptionnel pour la vérification de la vérité des théories*

---

[1] L. DUGUIT., *Les transformations du droit public*, Paris, Librairie Armand Colin, 1913, 303p.
[2] G. JEZE., *Traité de sciences des finances*, Paris, V. GIARD & E. BRIERE, 1910, p.254.
[3] M. BOUVIER., « Réhabiliter et refonder. La science des finances publiques », *Mélanges Paul Amselek*, Bruxelles, Bruylant, 2005, p.132 et s., F. MORDACQ., « Modernisation et réforme de l'État, au service des finances publiques », *RFFP* n°10- Novembre 2007, p.305.
[4] G. JEZE., *Cours de finances publiques*, 1935-1936, Paris, L.G.D.J., 1936, p.39.

juridiques »[1]. Le législateur de la Communauté a opté pour l'encadrement juridique de l'exigence de transparence par une directive[2]. Constituant des lois-cadres, les directives fixent des objectifs et indiquent le délai dans lequel ils doivent être transcrits dans le droit national des États tout en laissant à ceux-ci le choix de la forme et des moyens d'effectuer cette transcription. Détentrice d'une normativité inférieure au règlement et supérieure aux recommandations et avis, l'idée du législateur communautaire est « *l'assignation de nouveaux objectifs aux actes juridiques formels* »[3]. Ces actes convergent vers l'harmonisation des législations des États membres de la CEMAC.

La finalité du cadre normatif est d'éviter la disparité à l'aménagement de l'exigence de transparence dans les finances publiques. L'idée de normalisation financière doit être véhiculée et diffusée d'une même manière au sein de la communauté CEMAC. Corrélativement, il est procédé à l'abrogation des pratiques financières divergentes « *tenant au contenu et à la méthode de l'étude des phénomènes financiers* »[4]. L'harmonisation du contenu de l'idée de normalisation financière est « *exprimée précisément comme un principe fondateur* »[5]. Cette dernière construit l'unité en répandant un modèle financier unique dans les Etats membres de la CEMAC. C'est le sens de la dilution du local dans le global.

La reformation du droit des finances publiques des États de la CEMAC prolonge le régime de l'uniformisation des législations nationales. L'irruption du principe de transparence dans ce droit entraine l'émasculation des pratiques financières plus enclines à l'opacité et à la dissimulation des informations y afférentes. Les évolutions des pratiques financières s'inscrivent au rang des préoccupations de l'intégration sous régionale de l'Afrique centrale. La modernisation instaure la faculté d'adaptation de l'administration publique aux réformes et à l'amélioration de la qualité de service public. Davantage, de nombreux travaux doivent pourvoir à la simplification des procédures financières, ainsi qu'à leur accessibilité au public. En ce sens, la directive CEMAC entraine « *la révision générale des politiques publiques* »[6] instituées depuis lors. Le cadre normatif doit dorénavant poursuivre cet objectif et s'ouvrir à la libéralisation financière.

---

[1] M. VIRALLY., « Notes sur la validité du droit et son fondement », *in Hommages à Charles Eisenmann*, Paris, Cujas, 1974, p.453.

[2] Directive n°06/11-UEAC-190-CM-22 du 19 décembre 2011 relative au Code de transparence…

[3] M. ONDOA., « Ajustement structurel et réforme du fondement théorique des droits africains post-coloniaux : L'exemple camerounais », *RASJ* n°1, 2001, p.81.

[4] P. LAVIGNE., « Science des finances et science administrative », *Mélanges offerts à Monsieur le Doyen Louis TROTABAS*, Paris, L.G.D.J., 1970. p.22.

[5] Y GAUDEMET., « Libres propos sur la subsidiarité spécialement en Europe », *Mélanges Paul Amselek*, Bruxelles, Bruylant, 2005, p.316.

[6] F. MORDACQ., « Modernisation et réforme de l'État, au service des finances publiques » *op.cit.*, p.312.

Les États membres de la CEMAC sont liés quant au contenu de l'idée de normalisation financière et déliés quant à la forme pour y pourvoir. La définition d'un contenu inclusif et non exclusif de la notion de transparence ligote l'initiative normative des sources formelles du droit interne. Le législateur communautaire définit de manière exhaustive le régime juridique tout en habilitant un complément restrictif par des lois et règlements. La fixation du cadre normatif général s'inscrit dans l'action administrative du législateur communautaire. Il faut donc se référer à la Directive CEMAC pour dégager d'un seul coup, les grandes lignes de l'idéologie de transparence dans la sous-région Afrique centrale. La remise en cause de cette théorie a conduit à affirmer que « *cette conception des budgets publics est, et a toujours été, inexacte* »[1]. La contribution de chaque acteur au processus d'intégration financière demeure inclusive et non exclusive. Ces explications se résument en prescription d'une obligation matérielle par le législateur communautaire et une option formelle des États membres de la CEMAC.

La transparence financière est érigée en une obligation matérielle du législateur communautaire et en une option formelle des États membres de la CEMAC. « *Le principe actuellement appliqué, n'est plus du tout un principe abstrait* »[2]. L'idée de normalisation conçue par le législateur communautaire est d'élever ce principe en règle impérative de droit interne. L'élaboration des règles financières et le maniement des fonds publics doivent inclure les notions de légalité, de publicité d'information, et d'intégrité. L'option formelle est cette faculté laissée aux États membres d'aménager de manière progressive et sélective les articulations de la transparence dans leur ordre juridique interne. Tout en étant liés aux objectifs d'harmonisation financière, les États membres disposent de la latitude de définir les moyens et les modalités pour y pourvoir. L'encadrement juridique de l'exigence de transparence par la directive laisse coexister une conciliation entre la souveraineté des États et le droit communautaire. Cette dernière se « *présente comme le pouvoir régalien par excellence, trouvant sa légitimité dans l'idée même de souveraineté* »[3]. L'obligation matérielle du législateur communautaire affecte significativement le droit financier préexistant dans les États membres de la CEMAC.

L'obligation matérielle formulée par le législateur communautaire entraine la modification du droit financier préexistant dans les États membres de la CEMAC. La conception d'un droit financier contemporain et rénové part des considérations de l'intégration sous régionale de l'Afrique centrale. Le droit

---

[1] P. AMSELEK, « Pour en finir avec l'idée de budget-acte d'autorisation de recettes » *in Reformes des finances publiques & Modernisation de l'administration-Mélanges en l'honneur du Professeur R. HERTZOG*, Paris, Economica, 2010, p.2.

[2] C.-A. COLLARD., « Egalité ou spécificité des États dans le droit international public actuel », *Mélanges offerts à Monsieur le Doyen Louis TROTABAS*, Paris, L.G.D.J., 1970 p.531.

[3] G. GEST, « Considérations générales sur la notion de souveraineté fiscale », *in Mélanges Paul AMSELEK*, Bruxelles, Bruylant, 2005, p.332.

communautaire a de manière générale, cette propension à influencer significativement le droit national. Les répercussions normatives du droit supranational sont d'introduire une dynamique dans le droit des finances publiques locales. Il est formellement renoué à la technique des « *limitations constitutionnelles* »[1] des pouvoirs du parlement en matière financière. En dépit d'initier l'introduction de nouvelles règles, la Directive CEMAC sur la transparence conduit à l'abrogation de celles incompatibles avec sa philosophie. Le but est d'arrimer le droit financier préexistant des États membres au renouveau de la gestion des finances publiques. « *Il est institué un objectif d'évolution* »[2] des pratiques classiques du droit financier. L'ambition de ce cadre normatif est de contribuer à la modernisation de la gestion des Finances Publiques[3]. Le cadre général dégagé au niveau supranational peut être complété au niveau national.

Le prolongement de l'idée de normalisation financière est admis par les États membres de la CEMAC. Quoique de moindre portée, « *elle se complète d'une approche normative du droit des finances publiques* »[4]. La définition du cadre normatif général est formellement susceptible d'un complément dans le droit interne des États membres de la CEMAC. Le régime juridique de la Directive admet une flexibilité dans l'aménagement matériel de l'exigence de transparence. L'action normative des États membres s'inscrit dans les limites fixées par le législateur communautaire, et ce, dans l'optique d'affermir « *l'intégration par le droit* »[5]. Il ne s'agit pas de règles propres construites *ex nihilo* par les États membres. Il s'agit plutôt de celles déduites ou induites de la Directive de la CEMAC portant Code de transparence et de bonne gouvernance des finances publiques. L'histoire constitutionnelle des finances publiques nous en apporte un certain enseignement.

L'exigence de transparence est rattachée à la défaite du bloc communiste lors de la guerre froide. En 1985, Michael Gorbatchev fit l'annonce d'une nouvelle politique reposant sur la « *glanost* ». Le relai a été pris par les institutions internationales en définissant les standards globaux de la bonne gouvernance. Dans les États subsahariens, les efforts des institutions internationales[6] ont été significatifs pour définir et imposer la transparence. Ces instruments ont été mis en place pour sortir ces États des crises financières et économiques. Dans l'espace CEMAC, la consécration de l'exigence de transparence est l'œuvre des textes communautaires élaborés depuis

---

[1] G. JEZE., *Traité de sciences des finances op.cit.*, p.338.

[2] S. DAMAREY., *Droit public financier*, 1ère éd., Paris, Dalloz, 2017, p.263.

[3] Voy. M. BOUVIER, (S.dir), *Réforme des finances publiques : la conduite du changement*, Paris, L.G.D.J, 2007.

[4] A. BAUDU, *Droit des finances publiques*, 2ème éd., Paris, Dalloz, 2018, p.13.

[5] J. ISSA-SAYEGH, « L'intégration juridique des Etats africains de la Zone Franc », *Penant*, 107ème année, n°823, janvier-avril 1997, p. 12.

[6] Voir M. ONDOA, « Ajustement structurel et réforme du fondement théorique des droits africains post-coloniaux : l'exemple du Cameroun », *op.cit.*, p. 77 et s.

l'UDEAC[1]. L'analyse projetée retient alors comme cadre géographique l'Afrique centrale dont les États sont membres de la CEMAC. Il s'agit de manière directe du Cameroun, du Congo Brazzaville, du Gabon, de la Guinée Equatoriale, de la République Centrafricaine et de la République du Tchad. Cette délimitation géographique projette certains intérêts.

L'analyse de l'exigence de transparence dans les finances publiques des États de la CEMAC est pertinente en ce sens que la gestion des deniers publics est dorénavant axée sur le renouveau budgétaire. Les États de la CEMAC ont réceptionné le nouveau principe budgétaire qu'est celui de la transparence. Davantage, les États constituant cette zone d'intégration sous régionale évoluent vers l'abrogation progressive des disparités financières. L'harmonisation des règles et pratiques budgétaires, œuvre du législateur communautaire influence l'élaboration et la gestion des finances publiques locales. Il est donc question d'une uniformisation générale du droit national aux prescriptions matérielles formulées au niveau supranational. Enfin, la sous-région Afrique centrale s'arrime à la modernisation de l'administration des finances publiques. Ces États réceptionnent les exigences de la philosophie libérale en matière financière à savoir la légalité, la publicité et l'intégrité dans le maniement des fonds publics. Le cadrage de la normalisation financière repose sur une directive, et a pour but de concilier l'uniformisation du droit à la souveraineté des États.

Dès lors depuis que la Directive CEMAC sur la transparence et la bonne gouvernance des finances publiques a été adoptée, soit neuf ans après, les États obéissent-ils à ses prescriptions ? Nous convenons que l'obéissance à la transparence par les États membres de la CEMAC est mitigée. Au regard de la méthode juridique déclinée en l'interprétation des textes en vigueur et aux commentaires des décisions de justice, une articulation d'idée se formalise. De ce fait, l'adhésion peu harmonisée **(I)** est complétée par l'application limitée de l'exigence de transparence par les États membres **(II)**.

I- L'ADHÉSION PEU HARMONISÉE À L'EXIGENCE DE TRANSPARENCE PAR LES ÉTATS DE LA CEMAC

Les États membres de la CEMAC adhèrent de manière peu harmonisée à l'exigence de transparence. Sous le couvert de l'intime conviction, ces derniers ont convenu de l'entériner au moment venu dans leur l'ordre juridique. L'adhésion collective de l'exigence de transparence *« a toujours été très relative »*[2]. Cela est dû au fait que, *« le droit international est le lieu de rencontre*

[1] Communauté Economique et Monétaire de l'Afrique Centrale créée par le traité du 16 Mars 1994, en remplacement de l'UDEAC. Ce traité institutif a été complété par des additifs du 05 juillet 1996 et du 25 Avril 2007.

[2] J.-L. ALBERT, *Finances publiques*, 10ème éd., *op.cit.*, p.3., F. CHALTIEL, « Les bases constitutionnelles du droit communautaire » *in Mélanges en l'honneur de Pierre PACTET. L'esprit des institutions, l'équilibre des pouvoirs*, Paris, Dalloz, 2003, p.556.

des idéologies qui se partagent le monde »[1]. Ces explications convergent simplement vers la formalisation explicitement diversifiée (**A**) et par l'internalisation individuellement différée par les États (**B**).

A- La formalisation explicitement diversifiée par les États

Les États membres de la CEMAC ont formalisé explicitement l'exigence de transparence dans une diversité de supports formels. Le cadrage normatif y afférent oscille entre un texte spécifique ou des textes de portée générale dont ces éléments y ont été dilués. Il devient un leurre de croire qu'« *on assiste alors à une forme de communautarisation de nos institutions comme de nos politiques publiques* »[2]. De plus, il n'est édicté aucun acte juridique pour « *réaliser un ensemble juridique unique et cohérent* »[3] en la matière. Cela entraine donc la dilution de l'exigence de transparence dans une diversité de supports formels (**1**). Cette disparité formelle implique corrélativement un dénivellement sélectif de la normativité de ces derniers (**2**).

1- La dilution de l'exigence de transparence dans une diversité de supports formels

L'exigence de transparence est diluée dans une diversité de supports formels. L'idée de normalisation financière dans les États membres de la CEMAC est éparpillée tantôt dans un texte spécifique, tantôt dans des textes de portée générale. En ce sens, « *deux pistes juridiques s'agissant de la mise en œuvre des dispositions contraignantes et permanentes en droit national* »[4] relayent cette idée. Toutefois, « *ils n'en sont pas moins des modes efficaces d'expansion du droit communautaire* »[5].

La négation de l'exclusivité du support formel s'affirme dans l'intégration sous régionale de l'Afrique Centrale. L'exclusion de l'exclusivité de l'instrument juridique devant encadrer l'exigence de transparence ne fait l'ombre d'aucune ambiguïté. En relayant la diversité formelle, les États membres de la CEMAC ont opté pour des textes spécifiques ou ceux de portée générale. Autrement dit, l'internalisation de l'exigence de transparence dans le droit national de ces États a été l'œuvre d'un Code ou d'une dilution dans des textes de portée générale. Que l'on soit au Cameroun[6], au Congo Brazzaville[7],

---

[1] M. VIRALLY., *Le droit international en devenir. Essais écrits au fil des ans*, 1re éd., Paris, PUF, 1990, p.28.

[2] J.-P., JACQUE, « Les communautarisations des politiques nationales », *Pouvoirs*, n°48, 1989, pp.29-38

[3] J. ISSA SAYEGH, « L'intégration juridique des Etats africains de la Zone Franc », *Penant*, 107ème année, n° 823, janvier-avril 1997, p. 12.

[4] J.-L. ALBERT, *Finances publiques*, 10ème éd., *op.cit.*, p.298-299.

[5] F TERRE, *Introduction générale au droit*, 6ème éd., Paris, Dalloz, 2003 p.241.

[6] Loi n°2018/011 du 11 juillet 2018, portant Code de transparence et de bonne gouvernance dans la gestion des finances publiques au Cameroun.

[7] Loi n°10-2017 du 9 Mars 2017, portant Code relatif à la transparence et à la responsabilité dans la gestion des finances publiques du Congo Brazzaville.

au Gabon[1] et au Tchad[2], l'idée de normalisation financière est prolongée dans un texte spécifique. Ces États membres ont incorporé dans une loi spécifique l'exigence de transparence. Ils on3t opté pour la sécurité juridique en facilitant l'accessibilité du contenu de cette exigence. D'emblée, on lit alors les grandes lignes de l'exigence de transparence dans les États de la CEMAC. Ces quatre États ont procédé par l'insertion des règles éparses du droit de la transparence financière dans un support formel. Ce qui, corrélativement, a entrainé la subrogation des textes épars par le support formel unifié. Un « *dispositif détaillé devient ainsi un moyen pour garantir une mise en œuvre correcte* »[3] des prescriptions du législateur communautaire.

Cependant, certains États membres de la CEMAC ne se sont pas encore arrimés à la codification du droit à l'exigence de la transparence dans les finances publiques. Ces derniers diluent cette exigence dans des textes épars en vigueur. L'idée de normalisation financière en République de Centrafrique et en Guinée Equatoriale est éparpillée dans les textes ayant un rapport médiat ou immédiat avec les finances publiques. Il faut se référer aux lois de finances, au Code des marchés publics, aux lois sur le contrat de partenariat public-privé pour en dégager une idée. Au regard des critères objectifs d'attribution de la commande publique, le juge constitutionnel nigérien s'est refusé de les limiter aux liens de parenté[4]. Elle l'est davantage dans un contexte où son idée est dispersée dans des textes épars de portée générale. La dilution de l'idée de normalisation financière dans une dualité de supports formels est implicitement habilitée par le législateur communautaire.

La dilution de l'idée de normalisation financière dans une dualité de supports formels résulte implicitement du mutisme y relatif du législateur communautaire. N'ayant pas explicitement indiqué l'instrument juridique d'encadrement, ce dernier a laissé ce choix aux États. Au regard du cadre normatif général de la Directive CEMAC portant Code de transparence et de bonne gouvernance, il n'est prescrit nulle part aux États membres, le support formel y afférent[5]. Face à ce mutisme, les États membres optent soit pour l'éparpillement ou le confinement de l'idée de normalisation financière dans un support formel spécifique. De même, le mutisme de la Directive CEMAC sur ce point rejoint le régime juridique de la Directive en droit communautaire. Ce dernier a vocation à laisser aux États les moyens pour y pourvoir, « *Car, n'étant théoriquement contraint par aucune puissance supérieure* »[6]. Ce n'est pas au

[1] Loi n°021/2014 du 30 janvier 2015 portant Code de transparence et de bonne gouvernance dans la gestion des finances publiques au Gabon.

[2] Loi n°018/PR/2016 du 24 novembre 2016 portant Code de transparence et de bonne gouvernance dans la gestion des finances publiques du Tchad.

[3] P. ALBERTINI, « La codification et le Parlement », *AJDA*, 1997, p. 662.

[4] Arrêt n° 004/ CC/MC du 02 avril 2013, *Premier Ministre* (Niger).

[5] Articles 3 et 4 de la Directive n° 06/11-UEAC-190-CM-22 du 19 décembre 2011 portant Code de transparence et de bonne gouvernance dans la gestion des finances publiques.

[6] G. GEST., « Considérations générales sur la notion de souveraineté » *op.cit.*, p.334.

législateur communautaire de régler les questions de forme mais simplement de s'en tenir aux questions de fond. La directive lie tout État membre destinataire quant aux résultats à atteindre, « *tout en laissant aux instances nationales la compétence quant à la forme et aux moyens* »[1]. Enfin, l'éviction de la priorité au support formel retient l'attention de la Directive CEMAC. Aucun support formel n'est privilégié en la matière. Cependant, la notion de Directive n'exclut pas le prolongement de l'idée de normalisation financière par les lois ou les décrets. Autrement dit, les textes spécifiques ou ceux à portée générale n'excluent pas la diffusion de l'idée de transparence dans des textes épars.

Les États de la CEMAC adhèrent majoritairement à l'éparpillement de l'idée de normalisation financière dans des textes épars. Autrement dit, la codification de l'exigence de transparence par la Directive CEMAC n'est pas inconciliable avec l'adoption des textes d'application y afférents. C'est généralement par des textes spécifiques qu'il est développé ou précisé certains points du cadre général. Le cadre général défini par le législateur communautaire nécessite l'édiction des textes d'application. Cela se résume « *simplement à ce qu'elle est l'acte du pouvoir souverain* »[2]. En dépit de l'adoption d'un Code de bonne gouvernance financière, le Gabon a prolongé l'exigence tant dans le droit de la commande publique[3] que dans la loi de finances de l'exercice 2014[4]. De la définition de l'impôt[5], la diffusion s'est observée dans le Code général des impôts du Congo Brazzaville[6] et dans celui du Tchad[7]. En droit camerounais, l'éparpillement de l'idée de normalisation est observé tant dans le Code des marchés publics de 2018[8], la loi sur les investissements privés de 2017[9] que dans le code général des impôts de 2018[10]. Sous cet angle, le juge constitutionnel congolais a attribué la valeur constitutionnelle au principe de l'égalité devant la loi fiscale tout en affermissant les prérogatives du législateur en la matière[11]. Le juge constitutionnel nigérien affirme que la contestation des articles 1004, 1005 et 1005 bis du Code général des impôts à la Constitution constitue une

---

[1] F TERRE, *Introduction générale au droit*, 6ème éd., *op.cit.*, p.240.

[2] H. ROLAND, L. BOYER, *Adages du droit français*, 4ème éd., Paris, Litec, 1999, p.584.

[3] Article 5 du Décret n°00027/PR/MEPPDD du 17 janvier 2018 portant Code des Marchés Publics du Gabon.

[4] Article 1er et ss de la loi organique n°020/2014 du 21 Mai 2014 portant loi de finances publiques du Gabon.

[5] Arrêt n°01/CC/MC du 8 janvier 2019, *Société Niger S.A* (Niger) : « *Considérant que d'une manière générale, l'impôt est un prélèvement financier obligatoire mis à la charge des personnes physiques et morales en fonction de la capacité contributive de chacun* ».

[6] Articles 172 et ss du Code général des impôts du Congo Brazzaville

[7] Article 983 et s du Code général des impôts du Tchad.

[8] Article 2 du Décret n°2018/366 du 20 juin 2018 portant Code des marchés publics.

[9] Article 21 nouveau de la loi n°2017/015 du 12 juillet 2017 modifiant et complétant certaines dispositions de la loi n°2013/004 du 18 avril 2013 fixant les incitations à l'investissement privé au Cameroun.

[10] Voir Code général des impôts de 2019 du Cameroun.

[11] Décision N° 003DCC/SVA/19 du 07 Mars 2019, *Jérôme Davy Maniongui* (Congo Brazzaville).

composante du droit au procès équitable[1]. Le juge constitutionnel ivoirien affirme, quant à lui, que le principe de non-rétroactivité n'a pas de valeur constitutionnelle en matière fiscale[2]. Enfin, le contrôle de constitutionnalité de la législation fiscale se fait par rapport au bloc de constitutionnalité au Niger[3]. C'est sur ce fondement que le juge constitutionnel béninois a déclaré inconstitutionnel la procédure suivie pour le vote du budget général de l'État pour l'exercice 2014[4]. Davantage, le juge constitutionnel n'est pas détenteur d'un pouvoir d'interprétation générale sur les textes touchant le droit des finances publiques[5].

La consistance de l'éparpillement dépend significativement du support formel retenu par l'État. Les États ayant réceptionné le Code comme instrument juridique sont moins enclins à diffuser l'exigence de transparence dans l'ordre juridique. Le Code étant alors conçu comme l'instrument juridique de confinement dudit régime. Or, pour les États membres ayant préféré l'édiction d'un texte à portée générale, cette exigence est majoritairement diffusée dans l'ordre juridique. Il faut préalablement recenser tous les textes ayant un rapport direct ou indirect avec la gestion des finances publiques pour dégager une idée complète de l'exigence de transparence financière. La lecture adéquate repose sur une systématisation des textes juridiques du cadre national. « *Toutes ces déterminations et prévisions périodiques sont minutieusement établies* »[6]. En ce sens, la dilution de l'exigence de transparence dans l'ordre juridique détermine le point d'insertion de cet acte dans l'échelle de normativité. La dualité du cadre normatif est donc recevable dans l'ordre juridique des États de la CEMAC.

La négation de l'exclusivité du support formel justifie la recevabilité de la dualité en la matière. Il y est également admis l'édiction d'un texte de portée générale. Le principe demeure celui d'une obligation prioritaire du Code et d'une option subsidiaire des textes de portée générale. Cependant, rien n'interdit à un État de se doter du Code de transparence et de bonne gouvernance financière et de l'aménager par des textes spécifiques. Ce constat est généralement fait dans l'ordre juridique des États membres de la CEMAC. Le cas gabonais en est illustratif[7]. Or, déterminer l'échelle de normativité du Code face aux lois d'égale valeur complexifie la tâche. Cet ensemble conduit au dénivellement restrictif de la normativité du support formel retenu.

---

[1] Arrêt n°01/CC/MC du 8 janvier 2019, *Société Niger S.A* (Niger) *op.cit.*

[2] Décision N° CI-2017-308/11-04/CC/SG du 11 avril 2017, *L'Union Nationale des Entreprises de Télécommunications, en abrégé UNETEL* (Côte d'Ivoire).

[3] Arrêt n°01/CC/MC du 8 janvier 2019, *Société Niger S.A* (Niger) *op.cit.*

[4] Décision DCC n°13-171 du 30 décembre 2013, *Gilbert Bangana ; E. Tossou ; Moussou Monhoussou* (Bénin).

[5] Décision DCC 00-001 du 07 janvier 2000, *Président de la République* (Bénin).

[6] G. JEZE., *Traité de sciences des finances op.cit.*, p.3.

[7] Article 1er et suivantes de la loi organique n°020/2014 du 21 Mai 2014 *op.cit.* ; Article 5 du Décret n°00027/PR/MEPPDD du 17 janvier 2018 *op.cit.* (Gabon).

2- Le dénivellement restrictif de la normativité du support formel

Le dénivellement restrictif de la normativité du support formel est enseigné par la théorie de la pyramide des normes. « *Si l'on conçoit le droit comme un ordre normatif* »[1], ce dernier établit l'idée d'une échelle de normativité chancelante des actes. La loi portant Code de transparence ne demeure supérieure qu'aux actes juridiques qui lui sont inférieurs. Or, ce support formel ne peut influencer les actes juridiques qui partagent avec elle la même valeur normative. La validité d'une norme « *ne peut avoir d'autre fondement que la validité d'une autre norme* »[2].

La force normative de la loi portant Code de transparence et de bonne gouvernance des finances publiques demeure vacillante. Ce constat incite au rehaussement de la normativité de ce Code en loi organique au même titre que certains États de la zone UEMOA.

L'irrigation du droit préexistant par la loi portant Code de transparence et de bonne gouvernance des finances publiques dépend de la nature de l'acte juridique. En se référant aux principes statique et dynamique enseignés par Hans Kelsen[3], la norme supérieure influence celle qui lui est directement inférieure. « *Par ces règles inférieures, on place d'abord la loi* »[4]. La loi étant hiérarchiquement supérieure au règlement, il va de soi que l'abrogation ou la modification des règles incompatibles s'impose. Autrement dit, la loi portant Code de transparence irrigue l'aménagement du cadre normatif projeté. Cette spéculation théorique s'est matérialisée dans les finances publiques des États de la CEMAC.

L'adoption de la Directive CEMAC en 2011 a eu des répercussions sur l'aménagement des actes juridiques infra législatifs. Cette directive a entrainé le réajustement en 2018 du décret portant Code des marchés publics au Cameroun, jadis établi dans un décret de 2005[5]. Ce réajustement a rehaussé les exigences relatives à la transparence dans les passations des marchés publics[6]. Il en est ainsi du Code des marchés publics du Gabon[7]. La loi de finances publiques de la République de Centrafrique n'exclut pas le principe de légalité et de lisibilité de la procédure budgétaire[8]. Or, la situation est complexe pour les actes d'égale valeur.

---

[1] H. KELSEN., *Théorie pure du droit*. 2ème éd., traduction française de la « Reine Rechtslehre » par Charles Eisenmann, Paris, Dalloz, 1962, p.255.
[2] *Idem op.cit.*, p.256.
[3] H. KELSEN., *Théorie pure du droit*. 2ème éd. *op.cit.*, p.258.
[4] R. CARRE DE MALBERG., *Confrontation de la théorie de la formation du droit par degré avec idées et institutions consacrées par le droit positif français relativement à sa formation*, Paris, Librairie du Recueil Sirey, 1933, p.3.
[5] Voy Décret n°2004/275 du 24 septembre 2004 portant Code des marchés publics au Cameroun
[6] Articles 4 alinéa 1 et 72 du décret n°2018/366 *op.cit.* (Cameroun).
[7] Article 5 du Décret n°00027/PR/MEPPDD du 17 janvier 2018 op.cit. (Gabon).
[8] Articles 1er, 39 de la loi n°16.007 du 31 décembre 2016 arrêtant le budget de l'exercice de 2017.

La maxime suivant laquelle « *la loi nouvelle déroge à la loi antérieure* » fonde *a priori* l'influence de la loi portant Code de transparence sur les lois préexistantes. « *Toute révolution est à la fois une rupture avec la tradition et une utilisation de cette tradition* »[1]. Etant de même nature juridique, la nouvelle loi portant Code de transparence entraine automatiquement l'abrogation des lois qui lui sont incompatibles. En vertu de cette qualité, la nouvelle loi entraine la cessation d'effet juridique des lois anciennes. « *L'abrogation de la loi c'est-à-dire l'anéantissement, pour l'avenir d'une disposition législative ou réglementaire, met fin à sa force obligatoire* »[2]. En excluant cette hypothèse, l'on observe la résistance à l'actualisation des textes ayant une incidence en matière financière.

La résistance à l'actualisation des textes ayant une incidence financière se justifie par l'adoption postérieure de la Directive CEMAC. Certains textes sont restés sans situation actualisée par rapport aux objectifs fixés par le législateur communautaire. Ne pouvant ni les abroger ni rétroagir avec eux, la Directive CEMAC demeure limitée dans sa portée. Le domaine de la fonction publique, de la domanialité publique et des contrats de partenariat public-privé se sont partiellement arrimés à cette nouvelle dynamique. Que l'on soit au Cameroun[3], au Gabon[4] et au Tchad[5], le statut général de la fonction publique n'a pas encore été actualisé. Ce défaut d'actualisation est constaté sur la loi portant charte des investissements du Gabon[6]. Ainsi, le défaut d'actualisation des textes épars à l'idée de normalisation financière ne signifie pas l'absence de cette exigence avant l'adoption de la Directive CEMAC. Celle-ci existait déjà mais n'était juste pas suffisamment valorisée et rehaussée. Cette catégorie d'acte juridique constitue des goulots d'étranglement à l'émergence d'un « *ensemble des règles juridiques propres à assurer le fonctionnement des institutions communes* »[7]. Ce défaut d'actualisation met juste l'accent sur la normativité vacillante du Code de transparence et de bonne gouvernance adoptée par les États membres de la CEMAC.

L'incitation en faveur du rehaussement de la normativité du Code de transparence et de bonne gouvernance dans la gestion des finances publiques adopté est une nécessité. Consistant « *à dégager et à construire la théorie*

---

[1] G. VEDEL., « La révolution et l'ordre juridique privé. Rationalité ou scandale ? », Actes du Colloque d'Orléans des 11-13 septembre 1986, Paris, P.U.F, 1988.

[2] J.-B. BERGEL., *Théorie générale du droit*, 4ème éd., Paris, Dalloz, 2004, p.130.

[3] Voy Décret N° 94/199 du 07 Octobre 1994 Portant statut général de la Fonction Publique de l'Etat du Cameroun révisé en 2000.

[4] Voy Loi n°1/2005 du 4 février 2005 portant statut général de la Fonction Publique du Gabon.

[5] Voy Loi n°17-PR-2001du 31 décembre 2001 portant statut général de la fonction publique du Tchad.

[6] Voy Loi n°15/1998 instituant la Charte des Investissements du Gabon.

[7] J.-P. MINNAERT, « Existe-t-il un véritable droit communautaire **?** », *in Revue Droit et Economie*, 2ème trimestre 1996, pp. 49-61.

juridique des institutions fondamentales et des règles supérieures »[1] , cette formulation mérite d'être prise en compte. En dénivelant sa valeur des lois d'égale valeur, cet instrument juridique pourra faciliter, irriguer leur contenu. La place confortable du Code conséquente par sa revalorisation dans la hiérarchie des normes impliquera son observation par les normes qui lui sont directement inférieures. Par « *un échelonnement graduel, une graduation hiérarchique, entre les règles de différentes sortes* »[2], la valeur normative du Code sera rehaussée et pourra se rapprocher de la loi organique portant Code de transparence adoptée en Côte d'Ivoire.

Le rehaussement de la loi portant Code de transparence et de bonne gouvernance des finances publiques en loi organique résume la portée de notre suggestion. Cette norme infra constitutionnelle et supra règlementaire est consacrée par la plupart des États de l'UEMOA en la matière. Au regard de la circulation des expériences, les efforts fournis « *par l'histoire et par le droit comparé* »[3] fondent la pertinence de s'approprier la consécration faite ailleurs. En Côte d'Ivoire, le Code de transparence et de bonne gouvernance financière est encadré par une loi organique[4]. Le juge constitutionnel ivoirien affirme à ce propos que : « *Considérant, en conséquence, que ladite loi, ayant pour objet de régir les finances de toutes les institutions publiques, est une loi organique ;* »[5]. Toutefois, l'adoption du cadre normatif applicable à l'idée de normalisation financière dans les États membres de la CEMAC demeure différée.

B- L'INTERNALISATION INDIVIDUELLEMENT DIFFÉRÉE DE L'EXIGENCE DE TRANSPARENCE PAR LES ÉTATS

L'internalisation individuellement différée de l'exigence de transparence par les États est une réalité. N'ayant pas procédé à une adoption organisée, les États membres de la CEMAC ont de manière individuelle incorporé les prescriptions financières du législateur communautaire. « *Le temps qui est le support de toute activité humaine n'en est pas dissociable* »[6]. En plus, l'internalisation de cette règle est « *en anticipation ou en retard* »[7].

---

[1] A. EISMEIN., *Eléments de droit constitutionnel*, Paris, librairie de la société du recueil général des uns et des arrêts et du journal du palais ancienne maison l. Larose et Forcel, 1896, préface, p.i.

[2] R. CARRE DE MALBERG., *Confrontation de la théorie de la formation du droit par degré avec idées et institutions consacrées par le droit positif français relativement à sa formation op.cit.*, p.3

[3] A. EISMEIN., *Eléments de droit constitutionnel, op.cit.*, préface p.i.

[4] Voy loi organique du 19 décembre 2013 portant code de transparence dans la gestion des finances publiques.

[5] Décision n°CI-2014-136/06-01/CC/SG du 06 janvier 2014, *Président de la République* (Côte d'Ivoire).

[6] J.-L. BERGEL., *Théorie générale du droit*, 4ème éd., *op.cit.*, p.120.

[7] P. HEBRAUD., « Observations sur la notion du temps dans le droit civil », *Etudes offertes à Kayser* (Ed. Presses Universitaires d'Aix-Marseille 1979), T. II, p. 1 et s.

Ces explications convergent vers la négation du cadrage normatif immédiat de l'exigence de transparence par les États membres de la CEMAC (1). Il en est ainsi de l'admission du décalage au cadrage communautaire (2).

1- La négation du cadrage normatif immédiat

Les États ont renoncé à l'internalisation immédiate des prescriptions de la Directive CEMAC portant Code de transparence et de bonne gouvernance dans les finances publiques. La négation de l'incorporation directe de l'obligation matérielle du législateur communautaire est un fait de l'intégration de la sous-région de l'Afrique centrale. Ces derniers n'ont pas « *très rapidement affiché une préférence pour les objectifs* »[1] de formalisation du droit communautaire financier. En ce sens, les acteurs ne vivent plus ni le même temps ni les mêmes espaces « *sans que soit mise en cause la base juridique de la communauté elle-même*»[2] d'aménagement de la Directive CEMAC. Ces explications se fondent sur le silence à l'échéance et à la déchéance du défaut de prolongement immédiat des prescriptions sous régionales.

La négation du cadrage normatif immédiat résulte de la non fixation de l'échéance à l'aménagement de la Directive CEMAC de 2011. En privilégiant l'exégèse c'est-à-dire l'interprétation des dispositions de ce texte, il n'est assigné nulle part une application dans le temps desdites prescriptions. La mise en œuvre de l'exigence de transparence des finances publiques n'a pas été enfermée dans un calendrier à décharge par le droit national. La Directive CEMAC portant Code de transparence et de bonne gouvernance dans la gestion des finances publiques s'est bornée à fixer un cadre matériel précis[3]. La prescription du droit national est en l'espèce de se conformer au contenu et non à la forme *lato sensu* du contenu. Le mutisme à l'échéance de mise en œuvre de la Directive CEMAC susmentionnée a été l'internalisation individuellement non uniformisée des législations nationales. En effet, ce dernier n'a pas vocation à constituer des modèles qui doivent être « *obligatoirement réalisés* »[4]. Cette situation est justifiée au regard de certains faits par le mutisme d'une déchéance du défaut de prolongement immédiat des prescriptions financières sous-régionales.

Le mutisme à la déchéance du défaut de prolongement immédiat des obligations matérielles de la Directive CEMAC de 2011 est affirmé. Le cadre formel y afférent ne consacre pas une sanction ou une prescription extinctive pour non aménagement du droit communautaire financier. La formulation du contenu de l'exigence de transparence n'a été accompagnée ni des prescriptions impératives ni des prescriptions supplétives de nature à dissuader

---

[1] S DAMAREY, *Droit public financier,* 1er éd., *op.cit.*, p.381.

[2] P. PESCATORE, *L'ordre juridique des Communautés Européennes : étude des sources du droit communautaire* 3ème éd., Presses Universitaires des Liège, Liège, 1975, p. 227.

[3] Voy articles 1, 2 et 3 de la Directive n°2001-06 du 19 décembre 2011 *op.cit.*

[4] J.-F. PERRIN, *Pour une théorie de la connaissance juridique*, Ed., Droz Genève, 1979, p.25 et s.

l'internalisation discrétionnaire, car « *il existe deux grandes catégories de normes : celles qui ordonnent une seule relation juridique et celles qui peuvent en ordonner une pluralité indéfinie* »[1]. C'est dans ce sens que l'on perçoit la conciliation entre les obligations matérielles de la Directive CEMAC de 2011 et la souveraineté des États membres.

La Directive CEMAC portant Code de transparence et de bonne gouvernance dans les finances publiques opère une conciliation certaine entre ses prescriptions et la souveraineté des États membres. Ne fixant ni l'échéance ni la déchéance au défaut du prolongement immédiat de la Directive CEMAC de 2011, ce texte conforte la portée de la souveraineté. « *Cette autorité, qui naturellement ne reconnaît point de puissance supérieure ou concurrente quant aux rapports qu'elle régit s'appelle la souveraineté* »[2]. Ce principe forgé en droit constitutionnel classique laisse entendre que juridiquement aucun pouvoir n'est au-dessus de l'État. La puissance publique est détentrice d'un pouvoir illimité dans le cadre géographique de sa limite. L'autolimitation de l'État ne se justifie que par le respect des droits des autres États et par l'affirmation de l'Etat de droit. La souveraineté des États est alors féconde sur la réception et le prolongement délibérés des prescriptions formulées au niveau supranational. Tout en confinant à formuler le cadre normatif de l'exigence de transparence des finances publiques, le législateur en opérant un recul par rapport à la souveraineté, s'en tient aux États. L'on ne peut donc faire fi de « *l'idée qu'il convient de se faire de l'État lui-même* »[3]. Ainsi, la Directive CEMAC de 2011 sur la transparence et la bonne gouvernance dans les finances publiques est prescriptive dans sa formulation et libérale dans son prolongement formel.

Dérivant de la formulation du législateur communautaire, le Code de transparence et de bonne gouvernance dans les finances publiques de la CEMAC est matériellement déterminé. En laissant une latitude aux États membres quant aux moyens pour pourvoir à son internalisation, ce dernier revalorise le pan libéral du droit communautaire.

N'ayant pas fixé de déchéance, ni de forme à l'encadrement juridique, le pan flexible et libéral de cet instrument juridique du droit communautaire retient l'attention. En l'absence de délai considéré comme « *l'espace de temps qui est accordé par la loi pour l'exercice d'un droit* »[4], il en est privilégié une lecture différée. Ce caractère libéral s'illustre par l'adoption des lois portant Code de transparence et de bonne gouvernance dans les finances publiques d'une part. D'autre part, l'intégration de cet instrument dans des instruments de portée générale prolonge cette idée. Le cadre matériel délimité par le législateur

---

[1] M. VIRALLY., *La pensée juridique*, Paris, L.G.D.J, 1960, p.49.
[2] A. EISMEIN., *Eléments de droit constitutionnel op.cit.*, p.1.
[3] R CARRE DE MALBERG., *Contribution à la théorie générale de l'État*, T. I, éditions CNRS, Paris, Librairie de la société du Recueil Sirey, 1920, p.1.
[4] G. CORNU, *Introduction au droit*, 13ème éd., Paris, Montchrestien, 2007, p. 343.

communautaire fonde ces explications[1]. Ces attributs fondent l'attractivité de la Directive aux autres actes élaborés au niveau de la communauté que sont les règlements, les décisions, les recommandations et les avis. Les sources formelles du droit national sont dispensées de prolonger immédiatement la Directive CEMAC dans l'ordre juridique interne.

La négation du cadrage normatif immédiat diffère également l'activité normative des sources formelles du droit. L'internalisation différée ne permettrait pas l'accession immédiate à l'existence juridique des normes consacrées au niveau de la communauté CEMAC. En effet, ces dernières constituent « *des actes par lesquels ces normes accèdent à l'existence juridique, s'insèrent dans le droit positif et acquièrent validité* »[2]. Aucune pression n'est immédiatement mise à la charge desdites sources. Et cet état de chose fonde le décalage chronologique entre la Directive CEMAC et son internalisation par le droit interne des États.

2- L'affirmation du décalage au cadre normatif communautaire

La consécration formelle de l'exigence de transparence au niveau communautaire n'est pas directement internalisée dans le droit des États membres de la CEMAC. La réception nationale de celle-ci est différée, car reposant sur un décalage au cadre normatif élaboré hors de l'État. « *Les grands États, sont poussés à reporter* »[3] l'échéance à l'insertion nationale de l'idée de normalisation financière. Bien plus, en l'absence de « *l'expiration du délai global* »[4], il est justifié la négation de l'internalisation directe de cette exigence. Le délai se présente comme une unité de mesure adéquate en la matière.

L'inscription du rythme d'adoption de la Directive CEMAC dans le temps permet d'établir un décalage au cadre normatif communautaire. L'utilisation de la chronologie est nécessairement utile dans l'optique de conforter la réception individuellement différée des obligations matérielles relatives à l'exigence de transparence dans les finances publiques. Le législateur communautaire a adopté cette directive le 19 décembre 2011[5]. Ce délai de computation sert de point de repère et de référence à l'idée amorcée précédemment. Des six (6) États membres de la CEMAC, quatre ont adopté cette directive sous forme de Code. Les deux autres ne l'ont pas encore fait. De manière directe, c'est la République du Gabon qui fut la première à internaliser la transparence dans son ordre juridique le 30 janvier 2015[6]. Elle a été internalisée plus d'un an après,

---

[1] Voy articles 1, 2 et 3 de la Directive n°2001-06 du 19 décembre 2011 *op.cit.*

[2] M. VIRALLY, *La pensée juridique op.cit.*, p.149.

[3] A. BAUDU., *Droit des finances publiques, op.cit.*, p.117-118.

[4] J.-L. ALBERT., *Finances publiques* 10ème éd., *op.cit.*, p.504.

[5] Voy Directive n° n° 06/11-UEAC-190-CM-22 du 19 décembre 2011 portant Code de transparence et de bonne gouvernance dans la gestion des finances publiques.

[6] Voy Loi n°021/2014 du 30 janvier 2015 portant Code de transparence et de bonne gouvernance dans la gestion des finances publiques au Gabon.

par la République du Tchad, qui l'a formalisée le 24 novembre 2016[1]. Le relai a été passé au Congo Brazzaville, qui l'a intégrée dans son ordre juridique interne le 9 Mars 2017[2]. Sous cet angle, elle constitue la base au fondement du contrôle de conventionnalité et par conséquent l'affirmation de l'incompétence du juge constitutionnel[3].

La République du Cameroun est la dernière de la liste des États susmentionnés l'ayant adoptée et internalisée. Ici le décalage au cadre normatif communautaire est conséquent. Le Cameroun l'a internalisée le 11 juillet 2018[4]. Au regard de ces illustrations, le décalage au cadre normatif de la communauté est d'au moins trois (3) ans pour le premier État qui a internalisé la Directive CEMAC de 2011 et sept (7) ans pour le dernier Etat. En ce sens, l'internalisation de l'idée de normalisation financière dans les États membres de la CEMAC se situe à un plancher d'au moins trois ans et à un plafond de maximum sept (7) ans. Or, en Côte d'Ivoire, la formalisation de cette exigence remonte à 2013[5].

Le décalage au cadre normatif communautaire est conséquent. Cela étant dit le point de repère demeure la date d'adoption de ladite directive le 19 décembre 2011. En plus, ces délais ne concernent que les États qui l'ont adoptée sous forme de Code. Cependant, le délai ainsi déterminé demeure provisoire et non définitif. Il en est ainsi parce que celui-ci ne tient compte que des États ayant inséré cette obligation dans un support formel spécifique. La fixation de cet intervalle sera modifiée quand la République de Centrafrique ou la Guinée Equatoriale décidera au final de l'internaliser sous forme de Code. Dès ce moment, le réajustement de l'intervalle « *peut porter sur tous les aspects* »[6] à l'internalisation de l'exigence de transparence financière se posera avec acuité.

L'adhésion peu harmonisée de l'exigence de transparence soulève la difficulté juridique dissimulée dans la directive cemac de 2011. Reposant sur l'intime conviction des états et de leur souveraineté, ces derniers prolongent formellement le contenu de la normalisation financière de manière différée. Insérée dans le cadre des obligations matérielles du législateur communautaire, l'exigence de transparence offre une certaine latitude aux états. Ceci n'est pas sans conséquence sur son application limitée.

---

[1] Voy Loi n°018/PR/2016 du 24 novembre 2016 portant Code de transparence et de bonne gouvernance dans la gestion des finances publiques du Tchad.

[2] Voy Loi n°10-2017 du 9 Mars 2017, portant Code relatif à la transparence et à la responsabilité dans la gestion des finances publiques du Congo Brazzaville.

[3] Décision N° 001 /DCC/RVA/15 du 06 mars 2015, *Jérôme David Maniongui* (Congo Brazzaville).

[4] Voy Loi n°2018/011 du 11 juillet 2018, portant Code de transparence et de bonne gouvernance dans la gestion des finances publiques au Cameroun.

[5] Décision n°CI-2014-136/06-01/CC/SG du 06 janvier 2014, *Président de la République op.cit.* (Côte d'Ivoire).

[6] J.-L. ALBERT., *Finances publiques* 10ème éd., *op.cit.*, p.345.

II- L'APPLICATION LIMITÉE DE L'EXIGENCE DE TRANSPARENCE PAR LES ÉTATS DE LA CEMAC

L'exigence de transparence dans la gestion des finances publiques n'est pas appliquée de manière satisfaisante par les États membres de la CEMAC. La mise en œuvre de l'idée de normalisation financière par ces derniers n'est pas entièrement conforme aux obligations matérielles du législateur communautaire. Aujourd'hui, il est banal de constater qu'un « *ensemble de règles législatives n'étaient pas toujours respectées* »[1]. De même, l'on « *vit étrangement détaché des finances publiques* »[2]. Ces idées convergent respectivement vers la dégradation de la moralisation financière (**A**) et l'érosion de la libéralisation financière (**B**).

A- La dégradation de la moralisation financière

L'idée de normalisation financière est limitée sous un pan relatif à la moralisation financière dans les États membres de la CEMAC. L'exécution des opérations financières n'est pas épargnée des pratiques de corruption et de détournement des deniers publics. Ainsi, « *la majorité des observateurs juge enfin actuellement que le coût de la corruption est colossal* »[3] il y est détecté certaines dérives. En plus, « *des défaillances réelles dans le système de production et de restitution des données financières* »[4] sont imputables à l'appropriation sélective du code de déontologie en la matière. Ces idées aboutissent à la dégradation de l'éthique dans le maniement des fonds publics (**1**) et à l'irruption des dérives à la gestion de ceux-ci (**2**).

1- La détérioration de l'éthique dans le maniement des fonds publics

L'idée de moralisation financière est effritée par l'évanescence de l'éthique dans le maniement des fonds publics. Le profil de gestionnaire public formalisé au niveau de la communauté n'est pas celui qui est véritablement appliqué au niveau de l'État. Généralement, le profil de ces derniers est incompatible aux « *techniques applicables à l'exécution, à la description et au contrôle des opérations financières des organismes publics* »[5]. En raison de ce statut incongru, ce dernier est « *largement démuni devant la dégradation actuelle des*

---

[1] L. PHILIP, « La constitutionnalisation du droit budgétaire français », B. BECK et G. VEDEL (sous le patronage de), *Mélanges en l'honneur de Monsieur le Professeur Paul Marie Gaudemet*, Paris, Economica, 1984, p.49.

[2] C. DEBBASCH., « Finances publiques et droit administratif », *Mélanges offerts à Monsieur Louis TROTABAS*, Paris, L.G.D.J., 1970 p.111.

[3] J.-C. BRESSON., « L'analyse des coûts économiques de la corruption », *RFFP* n°69, 2000, p.19.

[4] A. LAMBERT., « Vers un modèle français de contrôle budgétaire ? », in *Pouvoirs* n°134 2010, p.48.

[5] J. MAGNET, *Eléments de comptabilité publique*, 5ème éd., « Collection Systèmes – Finances publiques », Paris, L.G.D.J, 2001, p. 9.

finances publiques ».[1] Ces explications résultent de la moralité douteuse de certains gestionnaires des fonds publics dans les États membres de la CEMAC.

Le consentement à l'impôt rattaché à la faculté contributive des citoyens est généralement dévoyé de sa finalité. S'il est naturellement destiné à couvrir l'ensemble des charges de la puissance publique et ses démembrements, ce dernier est parfois détourné par ceux qui doivent y pourvoir. Ce principe fondamental consacré à l'article 14 de la Déclaration française de 1789 et affermi par certains instruments juridiques est dégradé par les dérives de la comptabilité publique. La destination principale d'« *une marque et un instrument de souveraineté* »[2] est sacrifiée par le déficit d'éthique dans le maniement des fonds publics. L'éviction de ce principe constitue alors une source d'enrichissement illicite de la part des gestionnaires publics.

Le rehaussement de l'enrichissement sans cause est conséquent de l'effritement de l'éthique dans le maniement des fonds publics. Peu encline à la promotion de la déontologie professionnelle en matière financière, la sphère publique devient le domaine de la prévarication financière. Le rehaussement sans explication logique et cohérente de la fortune repose sur l'appropriation du patrimoine public par certains gestionnaires publics. La déclaration du patrimoine à l'entrée et à la sortie de la fonction demeure une simple écriture du Code de transparence et de bonne gouvernance des finances publiques de la CEMAC[3]. Cette disposition a été affermie sans effet véritable au Cameroun[4], au Congo Brazzaville[5], au Gabon[6] et au Tchad[7]. C'est à juste titre qu'en 2014, le pouvoir réglementaire a promulgué le décret portant restitution du corps du délit[8]. Ailleurs, notamment au Gabon, c'est un texte non actualisé par la Directive CEMAC qui réprime l'enrichissement sans cause[9]. Cette consécration formelle n'a pas dissuadé le détournement des fonds et les fautes de gestion enregistrés ces derniers temps dans les États d'Afrique centrale. Cette portion de l'Afrique doit son sous-développement sans épargner les autres domaines au maniement dévoyé des fonds publics. Face à un dispositif normatif peu coercitif, il est ouvert la brèche à tout genre de dérive sur la fortune publique. Davantage, l'ébranlement du mythe de l'intérêt général dans la gestion financière entraine la patrimonialisation de la fonction.

---

1 J. ARTHUIS., « La dégradation des finances publiques : la loi en échec, le contrôle et l'évaluation en recours » *op.cit.*, p.84.

2 J. BUISSON, « Impôt et souveraineté », in *A.P.D*, n°46, Paris, Dalloz, 2002, p 26.

3 Section VIII article 1er de la Directive n°06/11-UEAC-190-CM-22 *op.cit.*

4 Article 51 alinéa 1 du Code du Cameroun.

5 Article 70 du Code du Congo Brazzaville.

6 Article 54 du Code du Gabon.

7 Article 54 du Code du Tchad.

8 Article 3 et s du Décret N° 2013/288 du 04 septembre 2013 portant modalités de restitution du corps du délit du Cameroun.

9 Articles 1 et 2, 3 de Loi N°002/2003 du 7 mai 2003, instituant un régime de prévention et de répression de l'enrichissement illicite en République gabonaise.

L'idée amorcée précédemment est susceptible d'impliquer la patrimonialisation de la fonction de gestionnaire public dans les États membres de la CEMAC. Ne pouvant dissocier la fonction du pouvoir, le gestionnaire public bénéficie de cette dilution. L'institution sert juste de moyens d'appoint à la réalisation des forfaitures dans la sphère publique. La fonction, base à la nomination de l'agent public en cause, n'est plus suivie par ce dernier. Une subjectivité négative met en veilleuse les règles qui président communément à la destination de la fonction publique. Le gestionnaire public confond le patrimoine commun au patrimoine personnel. Il y a donc remise en cause du « *primat de l'institution* »[1]. L'institution devient un cadre organique subsidiaire et la vision de l'agent peu formé une priorité à la gestion des biens publics. Cet état de chose justifie simplement l'ébranlement du mythe de l'intérêt général en matière financière.

En effet, cela résulte de l'effritement de l'éthique professionnelle dans le maniement des fonds publics. Ne pouvant s'appuyer sur des valeurs communément partagées, le comptable ou l'ordonnateur public se réfère à une théorie subjective et désincarnée. L'utilité publique devient le domaine de dilution du patrimoine public au patrimoine de ces gestionnaires. L'art de gérer le bien public n'émane pas d'un cadre juridique prédéterminé, mais simplement de la conception subjective et désincarnée du denier public. La notion d'intérêt général est simplement ravalée à sa plus simple expression et dévoyée de son principe axiologique originaire. La finalité qu'elle poursuit en l'espèce est rattachée à la finalité des particuliers. Ainsi, la distinction entre sphère publique et sphère privée perd de sa rigidité. Ces explications ne peuvent donc concevoir que « *l'appartenance à la sphère publique est ainsi la caution d'un total désintéressement* »[2].

L'effritement de l'éthique dans le maniement des fonds publics trouve son fondement dans la rédaction lacunaire de la Directive CEMAC. N'ayant pas formulé un contrôle systématique à la nomination aux postes de comptables publics ou d'ordonnateurs publics, ce support formel présente des zones d'imperfection. Nulle part dans cet instrument juridique, il n'est prescrit ni un profil ni les règles touchant au cadre relatif au maniement desdits fonds. Le cadrage normatif formulé par le législateur communautaire demeure silencieux sur ce point[3]. Ce mutisme laisse donc à la discrétion de l'État membre de définir de manière individuelle les règles juridiques en la matière. Cette situation l'est davantage dans un contexte où les nominations demeurent plus subjectives qu'objectives et ce, basées sur des logiques partisanes. En plus, la dissimulation des informations sur l'état civil du fonctionnaire est susceptible de favoriser l'introduction des autorités à la moralité reprochable au maniement des fonds

[1] J.-M. BIPOUN WOUM., « Le nouveau Cameroun politique », *RJPIC* 1983, p.685.

[2] J. CHEVALIIER, « Déclin ou permanence du mythe de l'intérêt général ? », in *L'intérêt général. Mélanges en l'honneur de Didier Truchet*, 1re éd., Paris, Dalloz, 2015, p.85.

[3] Voy Section VIII article 1er de la Directive n°06/11-UEAC-190-CM-22 *op.cit.*

publics. Dans un contexte où la digitalisation n'a pas encore couvert l'ensemble des secteurs clés de la vie publique, de telles dérives ne peuvent en être exclues. L'idée de fraude ou d'usage de faux ne se confine pas exclusivement dans le jeu électoral.

L'insuffisance de contrôle du profil des gestionnaires publics est préjudiciable à la fortune publique et à l'incitation aux investissements publics ou privés dans un État. Il ne suffit pas de consacrer l'intégrité des acteurs pour croire que les fonds publics mis à leur charge seront administrés convenablement. L'obligation matérielle définie au niveau de la communauté est en l'espèce partielle, car n'ayant pas précisé les règles d'internalisation. L'on constate partout la consécration lacunaire formulée par la Directive CEMAC de 2011. Que l'on soit au Cameroun[1], au Congo Brazzaville[2], au Gabon[3] et au Tchad[4], les règles devant encadrer le profil du gestionnaire public demeurent non seulement lacunaires, mais aussi insuffisantes. La situation n'est pas différente du régime juridique applicable à la responsabilité des personnes en charge de la gestion des finances publiques. Le régime y afférent n'est ni suffisamment détaillé ni inscrit dans une vision de dissuasion. Cela est générateur de « *la fragilité légendaire de ses institutions* »[5]. Cette situation regrettable facilite l'irruption des dérives au maniement des fonds publics dans les États membres de la CEMAC.

2- L'irruption des dérives au maniement des fonds publics

L'irruption des dérives au maniement des fonds publics est la conséquence immédiate de l'évanescence de l'éthique professionnelle dans la sphère financière. L'idée de moralisation financière a été dévoyée de son application par les acteurs en charge de l'exécution des opérations financières. Ainsi, « *des insuffisances liées à la gouvernance financière* »[6] expliquent l'irruption de la corruption et des détournements des fonds publics. Davantage, le maniement des deniers publics « *reste relativement démuni face à la dégradation des comptes publics* »[7]. Ces éléments concourent à l'érosion d'une des déclinaisons de l'idée de moralisation financière dans les États de la CEMAC.

L'intégrité des acteurs dans le maniement des fonds publics n'est parfois qu'un leurre dans la pratique financière. Les autorités publiques en charge de la gestion des opérations budgétaires n'hésitent pas à le prouver. Le discours sur

---

[1] Article 51 alinéa 1 du Code du Cameroun.
[2] Article 70 du Code du Congo Brazzaville
[3] Article 54 du Code du Gabon
[4] Article 54 du Code du Tchad
[5] S. YONABA, « Les contraintes de l'harmonisation d'un droit budgétaire rénové dans la zone UEMOA », *in Logique de performance et pays en développement, RFFP* n°98, 2007, p.70-71.
[6] S.-M. SOUGOU, H. TRAORE, « Principales caractéristiques de la fiscalité des pays de l'UEMOA », in E.H.A. SAKHO et G. DUFRENOT (dir), *Enjeux des politiques macroéconomiques des pays de l'UEMOA,* Paris, Economica, 2008, p.12.
[7] J. ARTHUIS., « La dégradation des finances publiques : la loi en échec, le contrôle et l'évaluation en recours » *op.cit.,* p.84.

l'éthique professionnelle et la déclaration du patrimoine au début et à la fin du mandat ne semble pas dissuader les atteintes aux deniers publics en Afrique. La formulation de l'art de gérer « *est une construction purement abstraite, une sorte de jeu de l'esprit sans rapport avec la réalité* »[1]. La consécration des règles et principes relatifs au maniement des fonds publics demeure insuffisante à éviter l'enrichissement sans cause et les fautes de gestion dont la portée est progressivement alertante. La fonction publique est devenue le siège de l'enrichissement à tout prix et ce, au mépris de la déontologie instituée par celle-ci. Certains fonctionnaires n'hésitent pas à profiter de la sous consommation du budget d'investissement pour s'offrir une vie de luxe. Il en est aussi de la manipulation des principes relatifs à l'exécution de la dépense publique par certaines autorités publiques véreuses.

La manipulation du principe de spécialité par certains exécutants de la fortune publique vise également cette finalité. L'utilisation du dilatoire et des pratiques peu orthodoxes sont les armes les plus utilisées par les agents concernés. L'autorisation du parlement ou des autres organes délibérants d'exécuter le budget n'est pas toujours suivie par ses destinataires. Si cette permission a vocation à déterminer les crédits globaux devant être exécutés et bien, l'ingénierie malicieuse de certains agents est de les dévoyer. En procédant par des virements interdits de crédits, certains fonctionnaires visent l'enrichissement sans cause. Pour se prémunir des poursuites judiciaires, ces derniers n'hésitent pas à falsifier la reddition des comptes avant le contrôle sur place ou sur pièces. Ces agissements influencent négativement le rythme de développement et permettent d'affirmer qu'« *aujourd'hui, (...) l'impôt n'a pas produit, en Afrique, le miracle espéré* »[2]. En ce sens, les principes de spécialité et ceux relatifs aux virements de crédit demeurent de simples consécrations. L'idée de l'enrichissement sans cause est tellement ancrée dans les mœurs de certaines autorités publiques que la dissuasion de la règle de droit est demeurée relativement inefficace. La réaction à ces dérives a été la consécration d'un régime de responsabilité considéré comme non négligeable.

La restauration de la déontologie dans le maniement des fonds publics a été dévolue à la consécration d'un régime spécifique de responsabilité. En fixant le domaine de l'intégrité de l'acteur, le législateur communautaire a laissé aux législateurs nationaux le soin de pourvoir au régime des infractions et sanctions y afférentes. La prescription de ce dernier est de renvoyer exclusivement à une loi la fixation du périmètre et des conditions de l'intégrité d'une part, et d'autre part la définition des infractions et sanctions de tout enrichissement sans cause[3]. Davantage de sanctions sont prévues par l'Etat de droit contre toutes les

---

[1] G. ARDANT, *Histoire de l'impôt*, Livre II, Fayard, 1972, p. 637.

[2] J.-B. FOTSING, *Le pouvoir fiscal en Afrique. Essai sur la légitimité fiscale dans les États d'Afrique noire francophone*, Paris, L.G.D.J, 1995, p. 1.

[3] Voy Section VIII article 1er de la Directive n°06/11-UEAC-190-CM-22 *op.cit.*

personnes qui ont géré irrégulièrement les fonds publics[1]. Enfin, la non-dénonciation à la justice par tout agent qui en aurait eu connaissance de toute infraction de caractère pénal en matière de gestion de deniers publics est également punissable[2]. Ce domaine a été réceptionné par les États membres de la CEMAC. Ce faisceau de responsabilité tant pécuniaire, civile que pénale a été réceptionné de manière mitigée. Certains États ont adjoint certaines règles et d'autres ont plutôt diminué leur portée. Toutefois, ces éléments ne dissimulent pas la véritable situation de la moralisation financière. Ils emboitent simplement le pas à l'érosion de la libéralisation financière.

B- L'ÉROSION DE LA LIBÉRALISATION FINANCIÈRE

La libéralisation financière formulée par le législateur de la CEMAC est érodée dans son application par les États membres. Les opérations financières ne sont pas suffisamment moulées dans les objectifs de valeur constitutionnelle d'accessibilité, d'intelligibilité et de clarté. Cette règle fondamentale « *a subi des limitations plus ou moins importantes* »[3] dans la sous-région de l'Afrique centrale. Au regard de ces explications, l'érosion de la libéralisation financière se décline en la dénonciation de l'opacité dans les opérations financières (**1**). Il en est de même de la reconduction du langage ésotérique par les textes nationaux (**2**).

1- La dénonciation de l'opacité dans les opérations financières

L'information du public sur les opérations financières reste un véritable défi dans les États membres de la CEMAC. Les documents financiers, le maniement des fonds publics ne sont pas suffisamment mis à la disposition des citoyens. Il n'y a presque pas « *une orthodoxie recherchée afin de mettre un terme à des pratiques constatées* »[4]. Il s'agit en l'espèce d'« *un processus de décision abstrait dont on pourrait saisir le sens de l'extérieur"* »[5]. Ces explications convergent simplement vers la restriction de la portée de la publicité. Il en est aussi de la dissimulation des documents financiers justifiée par l'argument à contenu insaisissable qu'est l'ordre public.

La restriction de la portée de la publicité des opérations financières est une réalité dans les États membres de la CEMAC. Le domaine qui lui a été défini par la Directive CEMAC n'est pas effectivement suivi au niveau interne. Ce dernier aurait prescrit des informations exhaustives sur le passé, le présent et le futur des opérations budgétaires et extrabudgétaires[6]. En plus, la publicité des informations financières est érigée en obligation légale de l'administration[7]. Le

---

[1] Voy Section VIII, article 3 de la Directive n°06/11-UEAC-190-CM-22 op.cit.
[2] Voy Section VIII, article 4 de la Directive n°06/11-UEAC-190-CM *op.cit.*
[3] A. BAUDU., *Droit des finances publiques*, 2ème éd., *op.cit.*, p.788.
[4] S. DAMAREY., *Droit public financier* 1ère éd., *op.cit.*, p.432.
[5] P. MULLER., *Les politiques publiques*, 5ème éd., Paris, PUF, coll. « Que sais-je ? », novembre 2004, p. 33.
[6] Section VII, article 1er de la Directive n°06/11-UEAC-190-CM-22 *op.cit.*
[7] Section VII, article 2 de de la Directive n°06/11-UEAC-190-CM-22 *op.cit.*

calendrier des opérations financières est annoncé au seuil de chaque année et respecté[1]. Ces prescriptions ont quand même été internalisées au Cameroun[2], au Congo Brazzaville,[3] au Gabon[4] et au Tchad[5]. Mais, dans la pratique, il n'en est rien. L'information financière exhaustive, fiable, complète et donnée au moment opportun est restée une simple écriture. La procédure budgétaire reste enfermée dans un cadre organique. Jamais un citoyen dépourvu de qualité en la matière ne peut s'y intégrer. La publication de la circulaire qui ouvre la procédure budgétaire est faite exclusivement par le Président de la République. Ce dernier est relayé par le Premier Ministre qui devra se rapprocher de départements ministériels concernés pour l'établissement de leur enveloppe budgétaire.

Au Congo Brazzaville, après l'établissement du projet de budget, le parlement est directement saisi dès l'ouverture de la session d'octobre[6]. Cette formulation est retenue par le constituant gabonais[7]. L'on constate alors que durant cette procédure, le confinement du cadre organique est véritablement la règle d'or. L'information exhaustive et complète exigée au niveau de la communauté n'est pas entièrement retenue en l'espèce.

La dissimulation des documents ayant des incidences sur les opérations financières résulte également de l'instrumentalisation de la notion d'ordre public. Notion fonctionnelle et non conceptuelle, cette dernière effrite le droit à l'information exhaustive, complète et fiable des citoyens. L'administration se sert d'une notion à contenu insaisissable et contingente pour se dédouaner d'une prescription définie. L'internalisation de l'exigence de transparence dans les finances publiques n'empêche pas certains acteurs publics d'entretenir des pratiques d'opacité en matière financière. Ainsi, l'ordre public comme « *ensemble des moyens juridiques et matériels ayant pour but d'assurer le maintien de la tranquillité, de la sécurité et de la salubrité publiques* »[8] apporte une atténuation conséquente à la publicité des finances publiques. Cette situation s'illustre en droit de la commande publique. Il est consacré des exceptions à l'appel public et concurrent de la procédure de passation des contrats de partenariat public-privé. L'ordonnance sur les contrats de partenariat public-privé du Gabon consacre la confidentialité et la conservation des actes. L'autorité contractante dispose d'un certain délai pour conserver les

---

[1] Section VII, article 3 de la Directive n°06/11-UEAC-190-CM-22 *op.cit.*

[2] Articles 47 et 48 du Code du Cameroun.

[3] Articles 12 et 13 du Code du Congo Brazzaville.

[4] Articles 3 (2ème tiret), 9 et 10 du Code du Gabon.

[5] Articles 5, 8 du Code du Tchad.

[6] Article 124 de la Constitution du 06 novembre 2015 du Congo Brazzaville.

[7] Article 48 de la Constitution du Gabon.

[8] S. GUINCHARD, DEBARD T., *Lexique des termes juridiques*, 21ème éd., Paris, Dalloz, 2014, p.704.

informations liées aux procédures de sélection et d'attribution[1]. Sans être actualisé à la Directive CEMAC, le code des marchés publics de la République de Centrafrique consacrait déjà ces exceptions[2]. En dépit de ces exceptions, les cahiers des charges ne font généralement pas l'objet de publicité.

La dissimulation des cahiers des charges est une réalité en droit de la commande publique des États membres de la CEMAC. Ces derniers déterminent les conditions dans lesquelles le contrat de la commande publique est exécuté. Les parties contractantes ne mettent généralement pas en ligne les informations sur la transaction financière et opérationnelle effectuée. Cette dissimilation est généralement rehaussée lorsque l'opération d'utilité publique en cause porte sur une part considérable du budget d'investissement public. Le code des marchés publics du Cameroun demeure silencieux sur la publication des cahiers des charges[3]. En droit de la commande publique gabonais, la publicité des cahiers des charges n'a pas été prescrite[4]. Ce mutisme du cadre règlementaire, qui non seulement viole l'obligation de publicité prescrite au niveau de la communauté, joue en faveur de la puissance publique. L'occasion est alors donnée à l'autorité contractante de surfacturer le marché et de dissimuler le coût exact de la commande publique. L'opportunité accordée lui permet d'utiliser du dilatoire pour rallonger exagérément la livraison du marché public et ce, au mépris de l'échéance fixée. Or, « *les règles relatives à l'exécution des marchés publics et concessions occupent aujourd'hui une place non négligeable dans les directives* »[5]. Certains documents financiers sont expressément mis à la disposition d'une catégorie de citoyens.

La sélection des destinataires des documents financiers est une réalité dans les États membres de la CEMAC. La diffusion de l'information financière n'est pas totalement admise dans la sphère publique. Certains domaines clés de la sphère publique ne prévoient pas une extension de la portée de la publicité et du droit à l'information des citoyens. La reconduction des pratiques antérieures à l'adoption de la Directive CEMAC de 2011 semble constituer le principe. En l'espèce, le cadre juridique délimite les citoyens devant bénéficier du droit à l'information publique sur la marche financière. Cette situation est constatée dans les rapports des autorités administratives indépendantes et de la Chambre des comptes au Cameroun.

En droit camerounais, la Chambre des comptes produit annuellement au Président de la République, au Président de l'Assemblée Nationale et au

---

[1] Article 51 de l'Ordonnance n°22/PR/2015 du 11 août 2015 relative aux contrats de partenariat public-privé.

[2] Articles 26 alinéa 5 et 64 de Loi n°08-017 du 6 juin 2008 de la République Centrafricaine *op.cit.*

[3] Article 129 du Décret n°2018/366 *op.cit.*

[4] Articles 164 à 169 du Décret n°00027/PR/MEPPDD du 17 janvier 2018 du Gabon *op.cit.*

[5] S. BRACONNIER., *Précis du droit de la commande publique*, 5ème éd., Editions Le Moniteur, 2017, p.523.

Président du Sénat, un rapport exposant le résultat général de ses travaux et les observations qu'elle estime devoir formuler en vue de la réforme et de l'amélioration de la tenue des comptes et de la discipline des comptables[1]. Cette situation est également observée sur la notification des décisions du Conseil de Discipline Budgétaire et Financière du Cameroun[2]. Au regard de ces éléments, l'exclusion du public des rapports publics ne relève plus de l'ambiguïté. Les destinataires desdits rapports demeurent exclusivement les autorités politiques. Il s'agit toujours du Président de la République, du Président de l'Assemblée Nationale et du Président du Sénat. En droit de la commande publique, les rapports sont adressés aux parties contractantes et à l'autorité en charge de la régulation. En ce sens, la publicité des informations financières n'est pas généralisée et ne porte pas sur toutes les matières. Il en découle que l'opacité à l'information financière est entretenue par une diversité de moyens. Ces derniers sont le mutisme des textes et la pratique administrative. Ces éléments influencent également sur la reconduction du langage ésotérique dans les textes locaux.

2- La reconduction du langage ésotérique dans les documents financiers

L'internalisation de la Directive CEMAC a reposé sur la reconduction du langage ésotérique dans les documents financiers. Peu enclins à la créativité, les États membres n'ont pas rendu intelligibles toutes les expressions complexes et techniques contenues dans ce support formel. En l'espèce, « *les termes sont moins homogènes qu'il n'y paraît à première vue* »[3]. Dès lors, se pose alors l'idée d'une « *formule très large et originale, qui n'implique aucun autre élément de régime et qui manque de définition* »[4]. Cette situation méliorative contribue au dépérissement de l'intelligibilité et au confinement de l'intelligibilité des textes financiers aux techniciens du droit. Ces idées impliquent alors l'éloignement des citoyens de leur compréhension ainsi que leur intégration dans le corps social.

La reconduction du langage ésotérique des documents financiers induit la dégradation de leur intelligibilité. Ne pouvant être suffisamment compris car tellement techniques et complexes dans leur formulation, ces derniers demeurent peu accessibles. La détermination de l'énoncé prescriptif du texte en cause demeure complexe car dépourvue de clarté. La directive CEMAC de 2011 a consacré le groupe de mots « *cadre global de politique macroéconomique,*

---

[1] Article 3 de la loi n°2003/005 du 21 avril 2003 fixant les attributions, l'organisation et le fonctionnement de la chambre des comptes de la Cour Suprême au Cameroun.

[2] Article 15 alinéa 6 du Décret N° 2008/028 du 17 janvier 2008 Portant Organisation et fonctionnement du conseil de discipline budgétaire et financière du Cameroun.

[3] P. BELTRAME, L. MEHL, *Techniques, politiques et institutions fiscales comparées*, 2ème éd., Paris, PUF, « coll. Thémis », 1997 p. 102.

[4] R. HERTZOG., « La juridiction administrative et la classification des recettes publiques », *RFFP*, n° 70, Juin 2000, p. 101.

financière et budgétaire à moyen terme »[1] sans en porter une certaine clarification conceptuelle. Il en est aussi « *de solde global consolidé prévisionnel* ». Ces expressions ont été reconduites par le Code de transparence et de bonne gouvernance dans les finances publiques du Cameroun[2], du Congo Brazzaville[3], du Gabon[4] et du Tchad[5]. Ces États membres de la CEMAC ont internalisé des expressions ésotériques formulées par le législateur communautaire. Le déficit d'une clarification conceptuelle y afférente ne permet donc pas leur intelligibilité dans le corps social.

La formulation des expressions ésotériques confine la compréhension globale du texte. Les termes techniques influencent négativement sur ceux pourvus de compréhension. La compréhension globale du texte devient complexe et tortueuse compte tenu des ruptures et discontinuités engendrées par ces expressions.

La formulation lacunaire des documents financiers converge vers son érection en domaine élitiste dans les États membres de la CEMAC. Emparé par le mythe de la précipitation, le législateur communautaire a formulé certaines dispositions peu accessibles à l'intelligence d'une catégorie de citoyens. Suffisamment au-dessus de l'intelligence d'un citoyen moyen, ces derniers deviennent la chasse gardée des techniciens du droit. La lecture et la compréhension des documents financiers se distancient du corps social. Certaines expressions constituées comme du luxe peuvent dégrader la simplicité de l'idée de normalisation financière. Il faut donc être doté d'un degré conséquent de connaissance en la matière pour se faire une idée partielle ou globale du texte. Cela conforte l'argument de la mauvaise qualité de rédaction de la Directive CEMAC de 2011. « *Il ne fait aucun doute de la mauvaise qualité rédactionnelle des lois* »[6]. Davantage, la formulation de celle-ci n'a été faite dans l'optique d'une « *artisane de la qualité du droit* »[7]. L'une des conclusions qui se dégagent de ces explications est que le législateur communautaire a établi cette directive pour les techniciens du droit des finances publiques. Ce dernier a entendu donner à ce texte une portée intelligible limitée. L'aspect sociologique a sensiblement été moins pris en compte par ce dernier au cours de l'élaboration de cette directive. Ceci converge vers l'éloignement de la compréhension des expressions querellées du corps social. Celles-ci étant dissimulées dans les documents financiers.

---

[1] Section III, article 1er de la Directive n°06/11-UEAC-190-CM-22 *op.cit.*

[2] Article 20 alinéa 1 du Code du Cameroun

[3] Article 27 du Code du Congo Brazzaville.

[4] Article 21 du Code du Gabon

[5] Article 21 du Code du Tchad.

[6] A. AKAM AKAM., « Libres propos sur l'adage " nul n'est censé ignorer la loi " » *R.A.S.J*, Vol 1, 2007 p.53.

[7] P.-E. ABANE ENGOLO « La notion de qualité du droit », *in RADSP*, Vol 1, n°1.- jan. Juin 2013, p.109.

L'éloignement de la compréhension du texte du corps social est une réalité dans les États membres de la CEMAC. Ayant méconnu l'aspect sociologique dans la formulation de la directive en cause, le législateur communautaire a failli à la finalité de sa mission. La formulation du texte n'est pas suivie par une application conforme à sa lettre et à son esprit. Le niveau de compréhension et le niveau didactique des citoyens n'ont pas suffisamment irrigué l'établissement de ce texte. Les auteurs de la Directive CEMAC de 2011 apparaissent parfois stupéfaits de la mise en œuvre de ses dispositions. Présentant des formulations techniques et complexes, cet instrument juridique ne peut être aisément réceptionné par les citoyens. Ne se retrouvant pas dans ce document, les administrés ne peuvent que dévoyer son application. Quelle signification peut bien retenir un citoyen face au groupe de mots « *cadre global de politique macroéconomique, financière et budgétaire à moyen terme* »[1] et « *de solde global consolidé prévisionnel* » ? Il est théoriquement distingué « *l'interprétation par des organes juridiques l'interprétation du droit par la science juridique* »[2].

Ne pouvant fournir une interprétation authentique, ces derniers ne peuvent formuler qu'une interprétation scientifique. Il en est ainsi, parce que l'interprétation authentique est exclusivement formulée par les organes en charge de l'application du droit. L'interprétation scientifique ne crée ni le droit et n'est ni une source de convergence entre les auteurs. En l'attente d'une clarification juridictionnelle, c'est l'interprétation scientifique qui révèlera leur signification. Il faudra donc se référer aux manuels de droit des finances publiques et de droit communautaire pour en déterminer la substance. L'occasion est également donnée de relever les convergences et les divergences des doctrines sur la signification des concepts ésotériques de la directive.

La directive CEMAC de 2011 a formulé des prescriptions matérielles tout en dissimulant des concepts ésotériques, intelligibles aux citoyens de compréhension moyenne. Les concepts en cause ne peuvent être décryptés que par les techniciens des finances publiques communautaires. En plus, la diffusion des informations touchant aux mouvements financiers demeure encore un véritable défi dans les États membres de la CEMAC. Parfois, le cadre juridique limite directement leur accessibilité aux citoyens, soit cette situation relève de la pratique administrative.

Conclusion

Au sortir de cette réflexion, la directive CEMAC de 2011 initie la modernisation de la gestion financière dans la sous-région Afrique centrale. Les éléments de base du droit de la transparence financière élaborés au niveau communautaire sont à moitié appliqués. Sous cet angle, l'on s'aperçoit que le législateur de la communauté formule des prescriptions matérielles à un

---

[1] Section III, article 1er de la Directive n°06/11-UEAC-190-CM-22 *op.cit.*

[2] H. KELSEN., *Théorie pure du droit op.cit.*, p.462.

principe fondamental des finances publiques. En outre, les États membres de la CEMAC sont liés quant aux objectifs de transparence dans le maniement des opérations financières. Toutefois, le dévoiement des obligations matérielles du législateur communautaire semble relativiser cette contribution. Ces explications s'articulent autour de l'adhésion peu harmonisée et de l'application limitée de l'exigence de transparence par les États membres de la CEMAC. Les deux déclinaisons précédemment formulées soulèvent deux constats majeurs :

Premièrement, le législateur communautaire formule des prescriptions touchant au contenu de l'idée de normalisation financière. Le contenu en question touche respectivement la moralisation et la libéralisation financières. Il est question d'assigner à l'internalisation des finances publiques, les règles de légalité, de publicité et d'intégrité. Ces déclinaisons doivent rehausser l'exigence de transparence et clarifier les opérations directes ou indirectes financières. Il est également question d'actualiser les textes antérieurs à la directive CEMAC de 2011 à la nouvelle donne de la gestion des finances publiques.

Deuxièmement, l'option des États membres ne concerne pas l'idée de normalisation financière mais seulement les moyens formels à retenir pour y pourvoir. Autrement dit, ces derniers n'internalisent pas de manière sélective l'idée de normalisation financière mais bénéficient juste d'une discrétion sur le rythme et le support formel y afférents. La latitude laissée aux États s'observe sur l'application différée des dispositions financières et la formalisation diversifiée des supports formels.

Enfin, certains secteurs clés de la sphère publique, dont l'influence est significative sur les opérations financières, ne sont pas toujours actualisés à la directive CEMAC de 2011. Il en est fait allusion au droit de la fonction publique, au droit administratif des biens, au droit des collectivités territoriales décentralisées, etc. La conclusion est alors que le droit des finances publiques communautaires formulé depuis 2011 ne s'est pas encore totalement diffusé dans l'ordre juridique interne. Il est donc important de s'interroger sur la portée de la non-actualisation des textes juridiques sur l'effectivité de la Directive CEMAC de 2011.

lionelguessele@yahoo.fr

LA MISE EN ŒUVRE DES REFORMES FINANCIERES PUBLIQUES AU SEIN DES ETATS MEMBRES DE L'UEMOA QUEL PILOTAGE STRATEGIQUE ?

Wadouféi BABALE

Docteur en Droit public,

Assistant à la Faculté de Droit et des Sciences Politiques de l'Université de Kara (Togo)

INTRODUCTION

Déjà en 2007, l'un des dédicataires de ces mélanges réfléchissait sur les « contraintes de l'harmonisation d'un droit budgétaire rénové dans la zone UEMOA »[1] pour en conclure que « *l'harmonisation des systèmes financiers reste un gigantesque chantier qui ne semble pas près d'être achevé* ». Cette réflexion sonnait déjà le glas de la difficile mise en œuvre des réformes dans cette zone. Mais durant la dernière décennie, les Etats membres de l'UEMOA se sont activement efforcés de réformer leur système financier en introduisant les nouvelles techniques de gestion publique[2]. La rénovation a porté essentiellement sur l'inscription des finances publiques des Etats membres dans une logique de performance[3]. En effet, l'espoir d'une société meilleure ne saurait se concrétiser si les finances publiques sont en mauvais état, car toute crise est une crise de finances publiques. Mais plus de dix (10) ans après l'adoption des réformes dans cet espace, il convient de réfléchir sur la meilleure stratégie de mise en œuvre des réformes financières au sein des Etats membres de l'UEMOA.

Le Conseil des ministres de l'UEMOA, le 26 juin 2009, a adopté à Dakar ce qu'on pourrait qualifier de directives de la deuxième génération[4]. Il s'agit de six

---

[1] S. YONABA, « Les contraintes de l'harmonisation d'un droit budgétaire rénové dans la zone UEMOA », *RFFP*, n° 98, juin 2007, pp. 69-79.

[2] S. M. OUEDRAOGO, « L'institutionnalisation de l'évaluation des politiques fiscales dans l'espace UEMOA : espoirs et contraintes », *Gestion & Finances Publiques*, n° 7, juillet 2012, p. 48.

[3] N. MÉDÉ, « L'Afrique francophone saisie par la fièvre de la performance financière », *RFFP*, n° 135, 2016, pp. 349 et s. ; B. DEMBA BA, *Finances publiques et gestion par la performance dans les pays membres de l'UEMOA : Etude du cas du Sénégal*, Thèse Université de Bordeaux, 2015, 573 p. ; Y. OUEGRAOGO, *L'influence de la démarche de performance sur le droit public financier des Etats membres de l'UEMOA*, Paris, LGDJ, 2018, W. BABALE, *L'exigence de performance dans le processus budgétaire au sein des Etats membres de l'UEMOA*, Thèse, Université de Lomé, 2018, 518 p.

[4] Entre 1997 et 1998, cinq directives de première génération ont été adoptées par le Conseil des ministres. Deux directives au titre du volet juridique (Il s'agit de la directive n° 05/97/CM/UEMOA du 16 décembre 1997 relative aux lois de finances ; la directive n° 05/97/CM/UEMOA de la même date portant règlement général sur la comptabilité publique), deux autres au titre du volet comptable (Les directives n° 04/98/CM/UEMOA et n° 05/98/CM/UEMOA, du 22 décembre 1998, portant respectivement « nomenclature du budget »

directives qui s'inscrivent dans un processus de définition d'un cadre budgétaire performant permettant une gestion rigoureuse et transparente des finances publiques. La Directive n° 01/2009/CM/UEMOA portant code de transparence dans la gestion des finances publiques au sein de l'UEMOA est « *la pierre angulaire du nouveau cadre harmonisé des finances publiques (CHFP)* »[1]. L'objectif visé par le code est surtout d'éviter que les Etats ne retombent dans une gestion peu orthodoxe des budgets publics. En s'inspirant de la Loi organique relative aux lois de finances en France[2], la Directive n° 06/2009/CM/UEMOA portant lois de finances au sein de l'UEMOA a été adoptée. Elle instaure la logique de performance comme principe directeur de la gestion des finances publiques. Elle fixe en son article 1er les règles relatives au processus budgétaire. La Directive n° 07/2009/CM/UEMOA portant règlement général sur la comptabilité au sein de l'UEMOA vient préciser certaines dispositions énoncées dans la Directive n° 06/2009. Elle fixe aux termes de son 1er alinéa les règles fondamentales régissant l'exécution des budgets publics, la comptabilité, le contrôle des opérations financières, la gestion des deniers, valeurs et biens appartenant ou confiés à l'État et ses établissements publics à caractère administratif[3]. L'importance de ces trois directives pour la nouvelle gestion publique milite en faveur de l'attention qui sera portée sur elles dans cette réflexion[4].

Cette « *adoption salutaire de la deuxième génération des directives* »[5] devrait permettre l'amélioration de la qualité de la gestion financière. La contribution du cadre harmonisé à l'amélioration de la gestion financière revêt

---

de l'Etat et « plan comptable de l'Etat »), enfin une directive au titre du volet statistique (Directive n° 06/98/CM/UEMOA du 22 décembre 1998, portant Tableau des opérations financières de l'Etat (TOFE).

[1] Ministère de l'économie et des finances, *Module de formation sur le budget programme*, Burkina-Faso, mars 2014, p. 14.

[2] Elle est adoptée le 1er août 2001.

[3] Ministère de l'économie et des finances, *Module de formation sur le budget programme*, Burkina-Faso, mars 2014, p. 16.

[4] Les trois autres directives sont : la Directive n° 08/2009/CM/UEMOA portant nomenclature budgétaire de l'État (NBE) fixe les principes fondamentaux de présentation du budget général, des budgets annexes et des comptes spéciaux du trésor. On sait que la Directive n° 06 procède à une classification programmatique, fonctionnelle et économique. C'est ainsi que la Directive NBE vient préciser ces différents modes de classification des dépenses. La classification programmatique sert à la formulation des politiques publiques, la responsabilisation sur les résultats et le suivi de la performance. La Directive n° 09/2009/CM/UEMOA portant Plan comptable de l'Etat (PCE) au sein de l'UEMAO détermine la comptabilité générale[4] de l'Etat et les normes, règles et procédures relatives à sa tenue et à la production des comptes et états financiers. La Directive n° 10/2009/CM/UEMOA portant Tableau des Opérations Financières de l'Etat (TOFE) constituant le volet statistique fixe les principes généraux relatifs à l'élaboration et à la présentation commune des statistiques sur les opérations financières des Etats membres de l'UEMOA.

[5] C. F. ASSOGBA, *L'influence du droit communautaire UEMOA sur les finances publiques nationales*, Mémoire Master II, Université de Lomé, 2013, p. 21.

plusieurs aspects. Il s'agit « *d'abord d'une diffusion de la culture de la performance ; ensuite, la modernisation du système comptable et du contrôle de l'exécution budgétaire ; enfin, la généralisation de la technique évaluative comme méthode de contrôle de la dépense publique* »[1]. Elle remédie aussi aux faiblesses du cadre budgétaire existant, notamment la fragmentation du budget de l'État. Les États disposaient d'une période de trois ans pour transposer les nouvelles directives. Ainsi, le 1er janvier 2012 était la date butoir et le 1er janvier 2017 l'année d'opérationnalisation. Cependant, force est de constater que cette opérationnalisation a du plomb dans l'aile, d'où l'intérêt de cette réflexion qui tente de rechercher les meilleures stratégies pour une mise en œuvre des réformes dans le temps.

Le temps mis pour transposer les nouvelles directives aura forcément un impact sur le temps d'opérationnalisation. En effet, il est prévu une période de deux ans pour transposer les directives et une période de transition de cinq ans pour la mise en œuvre complète des budgets programmes[2] donc le basculement dans la logique de performance. Par rapport au rythme de mise en œuvre des réformes, l'année 2017 sera une année d'observation. La réforme en cours est une remise à plat du fonctionnement de l'Etat[3]. Les défis sont alors considérables, à savoir demander aux responsables de programmes de rendre des comptes, le défi de la technologie, le défi juridique, l'appropriation par le Parlement des réformes en matière de gestion axée sur la performance et l'implication de la société civile dans la saine gestion des finances publiques.

Tous ces défis et enjeux liés à la mise en œuvre des réformes financières orientées vers la performance dans l'espace UEMOA méritent un questionnement sur l'implémentation de la démarche de performance dans les Etats membres. Alors, les acteurs sont-ils prêts à mettre en œuvre les réformes financières publiques ? Les stratégies traditionnelles de mise en œuvre des réformes sont-elles efficaces ? Quels sont les obstacles à la mise en œuvre des réformes ? En d'autres termes quelles sont les stratégies de pilotage des réformes financières publiques dans l'espace UEMOA ?

La réforme budgétaire est une réforme permanente puisqu'il n'est pas question de réaliser des réformes une fois pour toute, mais de posséder la capacité de mener une politique de réforme dans le temps. L'inscription de la culture managériale dans le temps nécessite une volonté collective. Il s'agit d'abord de la volonté politique ; ensuite celle de tous les acteurs y compris les citoyens. Pour qu'il y ait un consensus sur la valeur de la réforme budgétaire, il

---

[1] L. LEVOYER, « L'influence du droit communautaire sur la loi organique du 1er août 2001 », *RFFP*, n° 86, avril 2004, p. 234.

[2] N. MÉDÉ, « La nouvelle gestion budgétaire : l'expérience des budgets de programme au Bénin », *Revue Afrilex*, n° 4, 2004, pp. 56-86.

[3] I. BOUILLOT, « Une remise à plat du fonctionnement de l'Etat », *RFFP*, n° 76, novembre 2001, pp. 151-153.

faut une culture de l'intérêt général. Sans cette culture, la réforme est vouée à l'échec, car les acteurs ne pourront pas comprendre le sens de la réforme.

La recherche de la performance reste alors un chemin long. La performance se construit et se développe dans un cadre harmonisé. Elle nécessite du tact, de la cohérence et de la rigueur. Cette rigueur et cette cohérence permettront aux Etats d'inspirer confiance à la fois au peuple et aux bailleurs de fonds. Il faut alors repenser l'Etat « *afin de lui redonner sens et puissance, c'est-à-dire afin de déterminer où aller et de recréer les conditions d'une action publique efficace* »[1]. Cette opinion de Jean-Marc Sauvé rappelle que la vision stratégique détermine le cap. Aujourd'hui, l'Etat ne peut plus se contenter de gérer et de réagir ; il doit choisir et impulser, créer des dynamiques et proposer ; il doit réussir à nouveau, à tracer sa propre route.

Pour qu'une telle réforme d'ampleur soit efficace, elle doit être conçue dans le but de changer les attitudes des différents acteurs. Tout d'abord, il faut un changement culturel certes en douceur, mais profond, au sein des administrations en vue de mettre en place de vrais managers. Toutefois, le management seul ne suffit pas. Les dirigeants sont appelés à devenir des leaders et à porter une attention toute particulière au facteur humain. Pour Michel Bouvier, « *la conduite du changement, le pilotage d'une réforme budgétaire, ne peut se réduire à un empilement de conditionnalités, c'est-à-dire de mesures techniques censées répondre aux problèmes du moment, voire, parfois, aux modes « budgétaires ou fiscales conjoncturelles ». C'est la raison pour laquelle il importe de ne pas privilégier les techniques au détriment de l'attention à porter au potentiel humain* »[2].

Pour ce faire, il faut tenir compte de l'héritage historique afin de s'ancrer dans le présent et construire l'avenir. Le Goff estimait dans cette dynamique qu'« *aujourd'hui vient d'hier, et demain sort du passé ; un passé qui ne doit pas paralyser le présent, mais l'aider à être différent dans la fidélité, et nouveau dans le progrès* »[3].

La route de la performance reste alors une route sans fin. Dans les sociétés qui ne cessent d'évoluer, les gouvernements doivent continuer de s'adapter. Il n'est pas question de réaliser des réformes une fois pour toute, mais de posséder la capacité de s'adapter aux défis. Il faut être capable de mener des réformes

---

[1] J.-M. SAUVÉ, « Où va l'Etat », *Intervention lors de l'ouverture du cycle de conférences du Conseil d'Etat*, 16 octobre 2013.

[2] M. BOUVIER, « La conduite de la réforme budgétaire dans les pays en développement : réflexions méthodologiques », *in* M. BOUVIER, *Réforme des finances publiques : la conduite du changement, Actes de la IIIe Université de printemps de finances publiques*, Paris, LGDJ, 2007, p. 128 ; « Nouvelle gouvernance financière publique durable et conduite de la réforme budgétaire dans les pays en développement », *RFFP*, n° 98, juin 2007, p. 160.

[3] J. LE GOFF, « Faire l'Europe », *L'Europe est-elle née au Moyen Age ?* Seuil, 2003, p. 9. Cité par J.-M. SAUVÉ, « Où va l'Etat », *Intervention lors de l'ouverture du cycle de conférences du Conseil d'Etat, op. cit.*

dans le temps. Les échecs ne doivent pas être source de démotivation. L'exemple de la réforme budgétaire en France le démontre à suffisance. En effet, l'échec de la rationalisation des choix budgétaires en 1984 n'a pas remis en cause la volonté de faciliter une meilleure gestion de la dépense[1]. Tout changement se fait sur des temps longs, les textes ne produisant leurs effets qu'une fois suffisamment assimilés par les acteurs en place. Il est donc naturel que la culture managériale dans les administrations mette du temps à s'imposer. Michel Bouvier pense d'ailleurs qu'il « *est hautement improbable qu'une transformation radicale du système financier public puisse intervenir à court terme et même à moyen terme. Il est donc nécessaire d'envisager un échelonnement dans le temps* »[2]. Cependant, il faut éviter l'immobilisme et la lenteur afin que les réformes ne soient pas une source de démotivation et de désintérêt pour les fonctionnaires. Il ne faut pas aussi tarder à mettre en place les nouveaux outils. La mise en œuvre des réformes doit être soutenue et rythmée afin d'empêcher les résistances au changement de prendre place.

Plusieurs chemins mènent ainsi à la mise en œuvre efficace des réformes mais aucun n'est assez balisé pour assurer le succès. Même si les Etats membres de l'UEMOA poursuivent une même finalité, le mode opératoire peut être différent. Ceci est normal dans la mesure où, la réforme des finances publiques doit s'harmoniser avec les valeurs et les traditions de chaque administration[3]. Dans cette dynamique, il y aura plusieurs stratégies à savoir la stratégie du long terme et celle du court terme. Mais cette réflexion mettra l'accent sur deux grandes stratégies. La stratégie politique (I) et la stratégie managériale (II).

I- LA STRATÉGIE POLITIQUE

Les politiques doivent être les avant-gardistes de la mise en œuvre des réformes. Ainsi, la stratégie politique met surtout l'accent sur la volonté. Cette volonté ne doit pas être celle des seuls politiques mais une volonté des citoyens (A). Cette volonté contribue inéluctablement à la culture de l'intérêt général (B).

---

[1] B. PERRET, « De l'échec de la rationalisation des choix budgétaires (RCB) à la loi organique relative aux lois de finances (LOLF) », *Revue française d'administration publique*, n° 117, 2006/1, pp. 31-41 ; R. HERTZOG, « La loi organique relative aux lois de finances (LOLF) dans l'histoire des grands textes budgétaires : continuité et innovation », *Revue française d'administration publique*, n° 117, 2006/1, pp. 15-30.

[2] M. BOUVIER, « Nouvelle gouvernance financière publique durable et conduite de la réforme budgétaire dans les pays en développement », *RFFP*, n° 98, juin 2007, p. 164.

[3] M. BOUVIER, « Éditorial : Réformes : La culture de la performance n'est pas incompatible avec la diversité institutionnelle », *RFFP*, n° 105, février 2009, pp. 3-5.

A- La nécessité d'une volonté collective

La conduite de la réforme budgétaire, surtout lorsqu'elle a pour objectif une nouvelle gouvernance financière publique[1], implique nécessairement un engagement fort de toute la communauté. Il s'agit aussi bien du gouvernement, du parlement que des citoyens. Cette volonté aura un impact sur la conduite des réformes dans le temps.

« *Il n'y a point de véritable action sans volonté* » disait Jean-Jacques Rousseau en 1762[2]. En effet, la réforme budgétaire ou la conduite du changement dans la manière de gouverner est une lourde responsabilité nationale et non l'affaire d'un seul ministère ou d'une seule commission. Elle implique non seulement une forte volonté politique mais également la volonté de tous les citoyens[3] d'accompagner les acteurs politiques et gestionnaires.

La gouvernance publique aujourd'hui fait face à un ensemble de problèmes plus complexes. Changer une situation devenue problématique et corriger les dysfonctionnements d'une organisation, en mettant en place une nouvelle culture, nécessite une volonté politique. « *Il faut disposer de la volonté politique et de la ténacité nécessaires pour faire face aux intérêts hostiles et pour assurer leur continuité sur plusieurs années, et pas sur quelques mois* »[4].

Ainsi, introduire un changement est un exercice souvent difficile et complexe. Difficile, car tout changement exige la durée et a un coût. Complexe, parce qu'il implique plusieurs acteurs aux objectifs divergents. Les intérêts bureaucratiques risquent d'apparaitre rapidement. Les agents publics ont « la peau dure »[5] face au changement. Cette attitude risque de devenir une source active d'opposition ou d'inertie. Il est alors compréhensible que les autorités

---

[1] M. BOUVIER, « Nouvelle gouvernance financière publique et transformation du pouvoir politique », *in* Mélanges, R. HERTZOG, *Réformes des finances publiques et modernisation de l'administration*, Paris, Economica, 2011, pp. 57-65 ; M. BOUVIER, « Éditorial : Inventer une nouvelle gouvernance financière publique : fonder l'État du XXIe siècle », *RFFP*, n° 100, novembre 2007, pp. 3-5.

[2] J.-J. ROUSSEAU, *Du contrat social ou principes du droit politique, in* Collection complète des œuvres, Genève, 1780-1789, vol. 1, édition en ligne www.rousseauonline.ch version du 7 octobre 2012. http://www.rousseauonline.ch/Text/du-contrat-social-ou-principes-du-droit-politique.php

[3] M. LELO, « Le Changement par les Réformes : Contraintes, Limites et Perspectives », *Séminaire sur la Gestion du Changement et la Planification Stratégique dans le Secteur Public avec l'Accent sur la Réforme Administrative et la Nouvelle Gouvernance,* Cotonou, Bénin, 23-27 septembre 2002, p. 3.

[4] D. ORMOND, « Priorités aux priorités : une volonté politique durable pour changer la gouvernance publique », *Revue Internationale des Sciences Administratives*, vol. 76, 2010/2, p. 241.

[5] Il faut noter que lorsqu'une administration est créée, elle suit une philosophie donnée et tout changement qui tendrait à remettre en cause cette philosophie est immédiatement rejetée. D'où la résistance au changement constatée dans les réformes entreprises. Voir W. BABALE, *L'exigence de performance dans le processus budgétaire au sein des Etats membres de l'UEMOA*, *op. cit.*, p. 297.

politiques, qui ont beaucoup d'autres problèmes urgents à résoudre dans le cadre de leurs responsabilités respectives, risquent donc de se décourager[1].

L'implication des hommes politiques est importante pour la mise en œuvre des réformes financières, car « *il est rare que les idées s'imposent d'elles-mêmes* »[2]. Stephen Sharples et Charles Tellier pensent que « *plus la réforme sera portée et soutenue par les hommes politiques à haut niveau de responsabilité plus elle aura de chances d'être adoptée et effective* »[3]. Le chef de l'Etat, le Gouvernement de même que les parlementaires, doivent être les avant-gardistes de la réforme budgétaire. Pour Jacques Bourgault, « *l'intensité de la volonté politique fait la différence entre le succès et la perte d'influx. Cette intensité doit se sentir, s'entendre, se lire et s'observer concrètement* »[4]. Au lieu de pratiquer une neutralité bienveillante, les ministres doivent s'engager dans la réforme, s'en faire des champions[5], puisque, comme Allen Schick l'a si bien dit, « *dans tous les pays, les innovateurs proviennent de l'échelon politique ou du sommet de la hiérarchie de la fonction publique, et non des niveaux opérationnels* »[6]. Pour finir, il faut convenir avec Salif Yonaba qu'« *une volonté politique non équivoque* »[7] est nécessaire afin que les réformes ne soient de simples incantations.

Cette volonté politique s'est manifestée par le pilotage des réformes financières publiques par les ministères en charge des finances. Au Bénin par exemple, une Unité de Gestion de la Réforme (UGR) du système de gestion des finances publiques est mise en place[8]. Il en est de même au Togo avec la mise en place d'un secrétariat permanent pour le suivi des politiques de réformes et des programmes financiers[9]. Le Niger s'inscrit dans cette logique. Le ministre des finances a pris récemment un arrêté portant création, attribution et

---

[1] A. LAMBERT, D. MIGAUD, « La loi organique relative aux lois de finances (LOLF) : levier de la réforme de l'Etat », *Revue française d'administration publique*, n° 117, 2006/1, p. 14.

[2] A. SCHICK, « Opportunité, stratégie et tactique pour la réforme de la gestion publique », *Revue de l'OCDE sur la Gestion Budgétaire*, vol. 2, n° 3, 2002, p. 19.

[3] *Ibidem*, p. 263.

[4] J. BOURGAULT, « Conditions de succès d'implantation des réformes administratives en Afrique : leçons apprises au sujet des stratégies d'appui au changement », *Mondes en développement*, n° 133, 2006/1, p. 69.

[5] S. SHARPLES, et C. TELLIER, « Réformes des finances publiques en Afrique et nouveaux mécanismes d'aide et d'allègement de la dette », *Afrique Contemporaine*, n° 223-224, 2007/3, p. 262.

[6] A. SCHICK, « Opportunité, stratégie et tactique pour la réforme de la gestion publique », *op. cit.*, p. 19.

[7] S. YONABA, « Le système financier des Etats africains francophones à l'épreuve de l'impératif de « discipline budgétaire » réflexions liminaires », *in* Mélanges, R. HERTZOG, *Réforme des finances publiques et modernisation de l'administration*, Paris, Economica, 2010, p. 632.

[8] www.ugr.finances.bj, consulté le 10 juillet 2019.

[9] www.togoreforme.com, consulté le 10 juillet 2019.

composition du dispositif institutionnel de pilotage du programme de réformes de gestion des finances publiques[1].

Cette volonté politique doit être couplée d'une volonté citoyenne d'accompagner le processus de réforme. Avec l'exigence pour le secteur public de gérer efficacement les deniers publics, le citoyen ne doit plus être à la périphérie des questions financières. Depuis plusieurs années, les Etats ont demandé beaucoup d'efforts à leurs citoyens afin de pouvoir réduire le déficit budgétaire. Chacun a été mis à contribution et, « *en réaction à cet effort, nos concitoyens peuvent éprouver de la lassitude, du découragement voire de la colère* »[2]. Sans la volonté et l'engagement des citoyens, les réformes sont vouées à l'échec.

L'engagement citoyen implique des gestes quotidiens pour participer à la vie de la Nation. Quelle que soit la forme de l'engagement, la démarche du citoyen engagé est toujours la même : mettre sa pensée, sa parole et son action au service d'une cause collective afin de rendre sa société meilleure. Les citoyens doivent faire reculer l'indifférence et le repli sur soi-même[3]. La mise en œuvre des politiques publiques doit pouvoir s'appuyer sur l'engagement des citoyens car la chose publique est l'affaire de tous. Comme l'a si bien exprimé le Président François Mitterrand dans son discours d'investiture du 21 mai 1988, « *la République n'appartient à personne. Nous en sommes tous, à des titres différents, les garants et les artisans. Sur le chantier de ces valeurs toujours neuves, pour ses combats de chaque jour [...] aucun volontaire n'est de trop* ».

L'efficacité dans la gestion des deniers publics étant l'affaire de tous, il faut une culture de l'intérêt général pour la réussite de la mise en œuvre des réformes.

B- La culture de l'intérêt général

« *L'intérêt général existe-t-il encore ?* »[4]. Cette question mérite d'être posée surtout dans le contexte africain où la culture de l'intérêt général semble être reléguée au second plan. Rejetée, applaudie, cette notion d'intérêt général est récemment rétablie par les nouvelles réformes financières publiques, car l'intérêt général est un catalyseur de la performance.

La notion d'intérêt général a fait couler beaucoup d'encre et ses enjeux comme son contenu sont unanimement considérés comme polymorphes. C'est une notion ancienne mais difficile à cerner[5]. Cependant, il s'agit d'une notion qui est « *consubstantielle à l'idée même de politique, dont elle est à la fois la*

---

[1] Arrêté n° 0067/MF/DGOFR du 24 février 2019

[2] C. ECKERT, « Avant-propos », *RFFP*, n° 135, septembre 2016, p. 3 et s. *Lextenso*.

[3] C. BARTOLONE, *Engagement citoyen et appartenance républicaine*, Rapport au Président de la République, Avril 2015, p. 7.

[4] J.-M. PONTIER, « L'intérêt général existe-t-il encore ? », *Recueil Dalloz*, 1998, p. 327.

[5] V. BOLGAR, « L'intérêt général dans la théorie et dans la pratique », *Revue international de droit comparé*, vol. 17, n° 2, juin 1965, p. 330

finalité et le principe d'action »[1]. C'est une notion évolutive dans la mesure où ce qui est intérêt général en deçà des Pyrénées ne l'est pas au-delà. Quels qu'en soient les contours, l'on peut retenir deux conceptions : l'une utilitariste ou libérale et l'autre volontariste.

Dans sa conception utilitariste dite aussi « anglo-saxonne »[2], l'intérêt général peut être défini comme la somme des intérêts particuliers ; donc du plus grand nombre sous l'effet d'une « main invisible »[3]. Dans sa conception volontariste et d'origine française, la notion d'intérêt général n'est pas la somme des intérêts particuliers car elle va au-delà, puisque les intérêts particuliers peuvent à un moment donné s'entredétruire du fait même de leur caractère égoïste. Cette conception est satisfaisante car elle met en exergue ce que Rousseau appelait en son temps la « volonté générale ». Il écrit dans le Chapitre III du « Contrat social ou principes du droit politique » que la volonté générale « *ne regarde qu'à l'intérêt commun* »[4]. René Chapus, pour définir l'intérêt général, distingue les activités du plus grand service et celles du plus grand profit. Pour lui, l'activité du plus grand profit est l'intérêt privé et celle du plus grand service est l'intérêt général[5]. C'est dans cette dynamique que s'inscrit l'administration fiscale qui précisait que l'intérêt général impliquait que l'activité de l'organisme présente les trois caractéristiques cumulatives suivantes : ne pas être lucrative, être gérée de façon désintéressée et ne pas fonctionner au profit d'un cercle restreint de personnes. Ainsi, l'intérêt général ne doit pas être vu comme le « cache-sexe » de l'intérêt de la minorité dominante. Si tel est le cas, la majorité, découragée, ne verra pas le bien-fondé de la mise en œuvre des réformes.

---

[1] P.-H. DUTHEIL et A. VACCARO, *Etude sur la rénovation de l'intérêt général en France. Pour une définition évolutive et co-construite de l'intérêt général*, JuniorConsulting, Sciences po pour Institut Pasteur, Avril 2013, p. 8.

[2] J. PERRIER, « Le problème d'intérêt général dans la pensée d'Alain : un utilitariste libéral au pays de Rousseau ? », *Revue Française d'Histoire des Idées Politiques*, n° 41, 2015/1, pp. 231-257.

[3] Cette conception est rattachée à la tradition anglo-saxonne. Elle triomphe notamment dans la théorie économique du choix et les théories libérales de la justice telle que celle de John Rawls qui conçoit une éthique publique fondée sur des principes procéduraux plutôt que sur une définition commune du bien à poursuivre. Ph.-H. DUTHEIL et A. VACCARO, *Etude sur la rénovation de l'intérêt général en France. Pour une définition évolutive et co-construite de l'intérêt général*, JuniorConsulting, Sciences po pour Institut Pasteur, Avril 2013, p. 8. Voir aussi, D. BOURCIER, « Le bien commun, ou le nouvel intérêt général », *in* Mélanges J. CHEVALLIER, *Penser la science administrative dans la post-modernité*, Paris, LGDJ, 2013, p. 94.

[4] J.-J. ROUSSEAU, *Du contrat social ou principes du droit politique*, in Collection complète des œuvres, Génève, 1780-1789, vol. 1, n° 4, édition en ligne www.rousseauonline.ch version du 7 octobre 2012. http://www.rousseauonline.ch/Text/du-contrat-social-ou-principes-du-droit-politique.php. consulté le 17 août 2019.

[5] R. CHAPUS, *Droit administratif général, Tome 1*, Paris, Montchrestien, 15e éd., 2001, pp. 582-587.

Ainsi, « *l'intérêt général n'est jamais la simple somme de l'ensemble des intérêts privés. (...). Il n'est totalement pas distinct des citoyens et de leurs nombreux intérêts privés, mais il s'agit de quelque chose de différent qui prend naissance au sein, parmi, en dehors et au-delà des intérêts privés en concentrant dans l'État certaines des aspirations les plus élevées et la dévotion la plus profonde dont les êtres humains sont capables* [1]». En effet, sans la dévotion, l'engagement des fonctionnaires, la mise en œuvre des réformes financières restera lettre morte. Le sens de l'intérêt général contribuera à surveiller la corruption et la fraude. Plus communément, la culture de l'intérêt général permettra une confiance nécessaire à la réalisation du destin commun à savoir l'assainissement des finances publiques.

Le défaut de culture de l'intérêt général est l'un des freins au développement des pratiques managériales modernes[2]. Si l'absence d'intérêt général impacte négativement sur la gestion publique, il convient alors d'instaurer une culture de l'intérêt général. Pour Jean-Marie Pontier, « *il est impossible de délaisser l'intérêt général, tant il « colle » à notre culture comme la célèbre tunique de Nessus. Comme membre d'un corps social (...) nous ne pouvons pas nous résoudre à devenir des orphelins de l'intérêt général. Celui-ci est nécessaire comme mythe et la conséquence à en tirer est l'exigence d'entretenir une culture de l'intérêt général*[3] ».

L'intérêt général renforce la fibre patriotique et inculque des valeurs citoyennes. Au-delà du patriotisme économique[4] et constitutionnel[5], il faut avancer vers un patriotisme financier. Le patriotisme doit être un impératif puisqu'il s'agit de l'amour pour sa patrie, le sentiment national d'attachement à son pays. La dimension sentimentale qui nous fait vibrer pour la chose publique doit nous amener à la responsabilité et l'engagement inconditionnel dans l'action collective liée à l'intérêt général comme la mise en œuvre des réformes engagées par les politiques.

Le patriotisme est cette volonté permanente d'améliorer le destin commun et de se mettre au service de l'intérêt général. Ce dernier appelle des sacrifices de la part des gestionnaires publics. Être au service de l'intérêt général, c'est

---

[1] J. BOURGON, « Un gouvernement flexible, responsable et respecté. Vers une nouvelle théorie de l'administration publique », *Revue Internationale des Sciences Administratives*, vol. 73, 2007/1, p. 19.

[2] I. CHITOU, « Ethique et pratique managériale dans les entreprises publiques en Afriques subsaharienne : pourquoi tant de difficultés ? Le cas du Togo », *Gestion et management public*, vol. 1, n° 4, 2013/2, pp. 23-35.

[3] J.-M. PONTIER, « L'intérêt général existe-t-il encore ? », *op. cit.*, p. 327.

[4] O. PASTRÉ, « Keynes et le patriotisme économique à géométrie variable », *L'Économie politique*, n° 31, 2006/3, pp. 71-73.

[5] C. LECONTE, « L'Union européenne et la question du patriotisme constitutionnel : les enseignements de l'affaire Haider », *Politique européenne*, n° 19, 2006/2 ; pp. 95-115 ; S. HEINE, « Les réquisits démocratiques et sociaux du patriotisme constitutionnel », *Politique européenne*, n° 19, 2006/2, pp. 73-94.

être un chevalier du possible. L'intérêt général est une finalité de l'action publique et doit être la clé de voûte de la nouvelle gouvernance financière publique. L'intérêt général doit être l'affaire de chaque citoyen et donc chaque gestionnaire de l'Etat. Il n'y a pas de remèdes pour les institutions qui refusent la recherche de l'intérêt général. Cette recherche de l'intérêt général doit amener les agents publics à mettre volontairement et sans contrainte en œuvre les réformes. D'ailleurs, la culture managériale dans les réformes financières dans l'espace UEMOA valorise l'autonomie et la responsabilité. Il s'agit des valeurs qui renforcent la confiance des citoyens envers l'administration. Cette confiance desserre l'étau de la suspicion de la politisation de l'administration[1].

La culture de l'intérêt général, c'est aussi le sens du civisme. Le civisme c'est le respect de la chose publique. C'est une valeur essentielle puisque le civisme suscite l'engagement, un engagement au service de l'Etat. Ainsi, l'intérêt général doit être le mobile général des actions des agents publics chargés de mettre en œuvre les réformes financières.

Les réformes financières au sein de l'UEMOA mettent en place une nouvelle culture. Pour que cette culture soit ancrée dans les habitudes, la stratégie politique ne suffit pas. En effet, les acteurs de terrain de la nouvelle gestion publique sont les responsables de programme et les responsables de budgets opérationnels de programme. Le pilotage de ces programmes nécessite une stratégie managériale afin d'assurer une meilleure implémentation des réformes financières publiques voulues par les politiques.

II- LA STRATÉGIE MANAGÉRIALE

La stratégie managériale se préoccupe du capital humain en remettant en cause les pratiques administratives bien ancrées dans les habitudes. Cette stratégie met en exergue de nouvelles méthodes de recrutement, de promotion et de rémunération. En un mot, il s'agit de prendre en compte la motivation de service public (A). Cette motivation s'inscrit dans la droite ligne du nouveau management public (B) qui doit s'orienter vers un management public « émotionnel » et le leadership.

A- LA MOTIVATION DE SERVICE PUBLIC

Les finances publiques sont la chose de l'homme. C'est la raison pour laquelle la mise en œuvre des réformes financières doit avoir pour point de départ et pour point d'arrivée l'homme. En réalité, il ne suffit pas de disposer d'un modèle technique sophistiqué qui a fait ses preuves ailleurs pour que la réussite soit assurée. Aucune réforme n'a de chance de réussite si elle ne prend pas en compte le potentiel humain, car ce qui sort de plus précieux d'une mine,

[1] D. K. KOKOROKO, « La politique et l'administration publique au Togo », *in* Mélanges J. du B. de GAUDUSSON, *Espaces du service public*, 2 volumes, Presses Universitaires de Bordeaux, 2014, pp. 365-378.

ce n'est pas les pierres précieuses qui s'y trouvent, mais c'est le « Mineur »[1]. La réforme financière doit alors être humanisée pour mettre en valeur l'humain dans son travail. La motivation de service public (MSP) contribue ainsi à cette humanisation de la réforme.

La motivation de service public (MSP) reste un puzzle sémantique et plusieurs auteurs ont essayé de donner une définition[2]. Mais, gardant à l'esprit la finalité recherchée, l'on peut retenir que la MSP est l'ensemble des stimulants socio-économiques permettant aux fonctionnaires d'avoir en permanence un souci désintéressé du bien-être d'autrui donc d'être des altruistes[3]. Ces stimulants sont entre autres, la rémunération, la reconnaissance[4], l'estime de soi, l'écoute, la confiance mutuelle, la satisfaction, l'engagement. Aussi, l'environnement administratif, c'est-à-dire le cadre institutionnel doit-il constituer une source de motivation. Les relations entre agents publics de même que le cadre institutionnel deviennent des motivations pour l'individu dans la

---

[1] M. BOUVIER, « Avant-propos », *in* M. BOUVIER (dir.), *Réforme des finances publiques : la conduite du changement. Actes de la IIIe Université de printemps de finances publiques*, Paris, LGDJ, 2007, p. 3.

[2] J. L. PERRY et L. R. WISE, « The motivational Bases of Public Service », *Public Administration Review*, 1990, 50 (3), p. 368: la motivation de service public est « ... *la prédisposition individuelle à répondre à des motifs portés en premier lieu, sinon uniquement, par des institutions et organisation publiques* ». De son coté, Wouter VANDENABEELE formule une définition globale dans laquelle il décrit la MSP comme *« la croyance, les valeurs et les attitudes qui vont au-delà de l'intérêt personnel et de l'intérêt organisationnel, qui concernent l'intérêt d'une entité politique plus large et qui encourage les individus à agir en conséquence le cas échéant* »: W. VANDENABEELE, « Toward a Public Administration Theory of Public Motivation : An Intitutional Approach », *Public Management Review*, 2007, 9(4), p. 547; W. VANDENABEELE, « L'effet médiateur de la satisfaction professionnelle et de l'engagement organisationnel sur la performance déclarée : forte mise en évidence de la relation entre la MSP et la performance », *Revue Internationale des Sciences Administratives*, vol. 75, 2009/1, p. 13. Voir aussi C. DESMARAIS et C. E. GAMASSOU, « La motivation de service public à l'aune du service public à la « française » », *Politiques et management public*, Vol 29/3 | 2012, mis en ligne le 06 février 2015, consulté le 19 avril 2019. URL : http://journals.openedition.org/pmp/5375.

[3] La motivation de service public est un sous-ensemble de la notion globale d'altruisme et on peut la définir comme « la motivation générale, altruiste de servir les intérêts d'une communauté de personnes, d'un Etat, d'une Nation ou de l'humanité ». V. L. BØGH ANDERSON, « Qu'est-ce qui détermine le comportement et la performance des professionnels de la santé ? La motivation de service public, les normes professionnelles et/ou les incitants financiers », *Revue Internationale des Sciences Administratives*, vol. 75, 2009/1, p. 91.

[4] Au milieu des années 1990, le Ghana a déconcentré la gestion des ressources budgétaires des services de santé vers ceux des bureaux de district qui répondaient à certains « critères d'aptitude » en matière de normes de gestion avec pour effet de les inciter à s'améliorer. D'autres mesures incitatives ont consisté à sélectionner les membres des bureaux les plus performants et à les inviter à former une équipe chargée de former les bureaux les moins efficaces. De cette manière, le travail des personnels a été reconnu. V. S. SHARPLES et C. TELLIER, « Réformes des finances publiques en Afrique et nouveaux mécanismes d'aide et d'allègement de la dette », *Afrique contemporaine*, n° 223-224, 2007/3, p. 262.

mesure où ils déclenchent des motivations particulières chez la personne et orientent son comportement dans une direction spécifique[1].

La motivation de service public est d'abord vue sous l'angle financier. Les réformateurs ne doivent pas ignorer le « nerf de la guerre » en mettant l'accent sur la motivation financière. Pour Salif Yonaba, « *quand une réforme implique un surcroît de travail sans qu'aucune motivation financière, directe ou indirecte, ne soit prévue au profit des agents impliqués, les premiers responsables éprouvent un certain sentiment de culpabilité parce qu'ils ont conscience d'aller frontalement à l'encontre de certaines habitudes solidement établies* »[2]. La motivation financière est la première préoccupation dans les pays sous-développés. Avec l'introduction de la culture managériale, cette motivation est couplée avec celle liée à la performance.

La rémunération à la performance est le *leitmotiv* de la nouvelle gestion publique[3]. Elle vise à différencier le salaire versé selon le degré de contribution des individus au succès de l'organisation[4]. Cependant, la rémunération à la performance pose des difficultés dans le secteur public[5]. En effet, on peut relever d'abord les inconvénients des indicateurs de performance et le caractère « multitâches » du service public[6]. Il faut noter que les services publics sont coproduits par les agents publics et les usagers. Cette coproduction explique un effet pervers de l'utilisation des indicateurs dans les services publics. L'inégalité de traitement qui en découle affaiblit la confiance. Dans cette même dynamique,

---

[1] A. RITZ, « La motivation de service public et la performance organisationnelle au sein de l'administration fédérale suisse », *Revue Internationale des Sciences Administratives*, vol. 75, 2009/1, p. 61.

[2] S. YONABA, « Le système financier des Etats africains francophones à l'épreuve de l'impératif de « discipline budgétaire » réflexions liminaires », *op. cit.*, p. 627.

[3] F.-X. MERRIEN, « La nouvelle gestion publique : un concept mythique », *Lien social et Politique*, n° 41, 1999, pp. 95-103 ; A.-G. COHEN, *La nouvelle gestion publique. Concepts, outils, structures, bonnes et mauvaises pratiques*, Paris, Gualino, 3e éd., 2012, 221 p. ; B. ABATE, *La nouvelle gestion publique. Ce que nous avons appris*, Paris, LGDJ, 2e éd., 2014, 158 p.

[4] D. HELD, « La rémunération à la performance : un art délicat », *Persorama*, n° 4, 1997, pp. 1-8 ;

[5] La rémunération à la performance est critiquée. Pour Dominique Girardot, « la rémunération à la performance est un déni de la réalité sociale et politique du travail » : D. GIRARDOT, « Devons-nous mériter notre salaire ? », *Revue du MAUSS*, n° 29, 2007/1, p. 161.

[6] Le concept « multitâches » est forgé en sciences économiques et en gestion pour souligner le fait qu'un emploi
est composé non pas d'une mais de plusieurs tâches. V. M. BACACHE-BEAUVALLET, « Rémunération à la performance. Effets pervers et désordre dans les services publics », *Actes de la recherche en sciences sociales*, n° 189, 2011/4, p. 60.

« *la rémunération à la performance revient à inciter à la discrimination entre usagers* »[1] ce qui est contraire aux « lois » du service public[2].

Face à ces difficultés, la rémunération liée à la performance n'emporte pas notre adhésion. De plus, « *les personnes ne sont pas seulement des êtres humains égoïstes qui cherchent leur intérêt personnel, ce sont aussi des êtres sociaux qui veulent venir en aide aux autres et agir conformément à ce que l'on attend d'eux* »[3]. Certes, c'est un facteur important[4], mais dans les pays pauvres, il peut être difficile d'augmenter les récompenses matérielles (financières). En plus, le secteur public n'étant pas le secteur privé, ceux qui s'engagent doivent avoir en tête qu'ils sont au service d'une activité du plus grand service et non celle du plus grand profit. Dans cette dynamique, la motivation de service public (MSP) va au-delà de la rémunération pour valoriser l'individu dans son lieu de travail.

Les incitations monétaires[5] pouvant être désincitatives, il faut mettre l'accent sur la motivation intrinsèque. Les leviers de la performance individuelle et collective dans le secteur public[6] doivent être orientés vers les facteurs de motivation intrinsèque[7]. Cette motivation est propre au secteur public que les Anglais appellent « *public service motivation* »[8]. Elle prend en compte des facteurs intrinsèques qui apportent surtout satisfaction. Ainsi, le fonctionnaire se pare des vertus du service public. Il tisse un lien affectif avec le service public qui lui donne satisfaction. Son comportement est motivé non seulement par les motifs rationnels, mais aussi par des motifs affectifs et normatifs, à savoir

---

[1] M. BACACHE-BEAUVALLET, « 4. Management public et logique de gestion dans l'administration : quel bilan ? », *Regards croisés sur l'économie*, n° 18, 2016/1, p. 70.

[2] Il s'agit principalement du principe d'égalité. On a aussi le principe de continuité et le principe d'adaptabilité. Ces trois principes sont connus sous le nom des « lois » de ROLLAND.

[3] A. HONDEGHEM et J. L. PERRY, « Introduction », *Revue Internationale des Sciences Administratives*, vol. 75, 2009/1, p. 6.

[4] Il est ainsi devenu impensable d'obtenir l'implication des agents publics à des actions de renforcement de leur propre capacité aussi longtemps qu'une motivation financière ne leur est pas proposée en sus de leur rémunération normale. V. S. YONABA, « Le système financier des Etats africains francophones à l'épreuve de l'impératif de « discipline budgétaire ». Réflexions liminaires », *op. cit.*, p. 627.

[5] C'est une motivation extrinsèque. Il s'agit des privilèges, des avantages sociaux, le salaire etc.

[6] D. GIAUQUE, V. BARBEY, N. DUC, « Les leviers de la performance individuelle et collective dans les organisations publiques suisses : l'importance d'un pilotage participatif », *Revue française d'administration publique*, n° 128, 2008/4, p. 787.

[7] Il s'agit du sens du travail, du sens de l'intérêt général ; intérêts des tâches et responsabilités.

[8] L. J. PERRY et L. R. WISE, « The motivational Bases of Public Service », *Public Administration Review*, 1990, 50 (3), pp. 367-373. W. VANDENABEELE, « Toward a Public Administration Theory of Public Motivation : An Intitutional Approach », *Public Management Review*, 2007, 9(4), pp. 545-556 ; W. VANDENABEELE, « L'effet médiateur de la satisfaction professionnelle et de l'engagement organisationnel sur la performance déclarée : forte mise en évidence de la relation entre la MSP et la performance », *Revue Internationale des Sciences Administratives*, vol. 75, 2009/1, pp. 11-37.

l'attrait pour l'élaboration des politiques publiques, l'attachement à l'intérêt général, la compassion et l'abnégation[1].

La motivation de service public est le chainon psychologique de la réussite des réformes. Une réforme efficacement mise en œuvre est une réforme acceptée par les agents motivés. La satisfaction professionnelle renforce la performance. En réalité, les organisations qui aliènent le personnel seront moins efficaces, moins efficientes et les fonctionnaires mécontents et aigris travaillent généralement moins et accomplissent leur travail avec une satisfaction moins grande[2]. On peut obtenir des attitudes positives ou une forte motivation en maintenant un environnement organisationnel social positif, par exemple, en assurant une communication efficace, en favorisant l'autonomie, la participation et la confiance mutuelle[3]. Il y a lieu de noter que « *la capacité à conduire les réformes et à gérer efficacement ses implications dépend dans une large mesure, du niveau de participation des acteurs concernés à la définition de ce programme de réforme* »[4]. Sur une base empirique, l'on peut noter que les agents publics présentent une plus grande motivation lorsque leurs tâches sont clairement compréhensibles, intéressantes, importantes et réalisables.

La réforme des finances publiques dans l'espace UEMOA est un véritable changement de paradigme, d'où la nécessité d'instaurer un véritable management public.

B- L'INDISPENSABLE INSTAURATION D'UN MANAGEMENT PUBLIC « ÉMOTIONNEL »

Toute organisation a besoin des « managers » car diriger aujourd'hui est plus complexe qu'hier. Le manager gère la complexité et doit apporter ordre et cohérence. Le nouveau management public doit mettre l'accent sur le leadership[5]. Les dirigeants sont aujourd'hui appelés à devenir des leaders et à porter une attention particulière sur l'émotionnel car l'être humain est avant tout émotionnel.

---

[1] P. LEISINK et B. STEIJN, « La motivation de service public et la performance au travail des agents du secteur public au Pays-Bas », *Revue Internationale des Sciences Administratives*, vol. 75, 2009/1, p. 41 ; C. DESMARAIS, C. E. GAMASSOU, « Tous motivés par le service public ? Les liens entre position hiérarchique et motivation de service public », *Revue internationales des sciences administratives*, vol. 80, 2014/1, p. 135.

[2] A. RITZ, « La motivation de service public et la performance organisationnelle au sein de l'administration fédérale suisse », *op. cit., p. 64.*

[3] *Idem.*

[4] Z. K. GOUNOU, « Les conditions du pilotage des réformes du contrôle des finances publiques au Bénin », *RFFP*, n° 137, février 2017, p. 261 et s. *lextenso.*

[5] W. BABALE, *L'exigence de performance dans le processus budgétaire au sein des Etats membres de l'UEMOA*, Thèse, Université de Lomé, 2018, p. 317.

Le leadership est considéré comme le principal facteur à prendre en considération pour faire aboutir les réformes adoptées par les États[1]. Ainsi, le besoin du leadership possédant le courage, la volonté et les compétences nécessaires pour construire et réinventer le pays dans un environnement complexe se fait sentir partout[2]. Issu du monde de l'entreprise, le leadership est une notion protéiforme. Malgré de nombreux écrits sur le sujet, l'on note une absence de théorie complète et validée sur le leadership[3].

Pour l'OCDE, dans son rapport « Moderniser l'Etat. La route à suivre », « *le leadership c'est notamment s'attacher à obtenir des résultats, mettre en question les postulats, s'ouvrir à l'apprentissage provenant de l'extérieur, comprendre l'environnement et son influence, penser et agir de façon stratégique, mettre au point de nouvelles structures et modalités de travail et élaborer et communiquer une vision personnelle du changement* »[4].

Cette définition même si elle admet des critiques, a le mérite de préciser le rôle du leader du secteur public. Ainsi, *« exercer le leadership, c'est bien davantage gérer des politiques et des programmes publics, assurer l'application de règles et de procédures et la prestation de services, ou encore répondre diligemment aux ordres qui viennent « d'en haut », bien que toutes ces fonctions soient très importantes* »[5]. Les leaders « administratifs » doivent

---

[1] N. AWORTWI, « Doter les administrations et gestionnaires publics de nouvelles compétences à l'époque des réformes du secteur public : le cas du Mozambique », *Revue Internationale des Sciences Administratives*, vol. 76, 2010/4, p. 774.

[2] M. T. ABOUDOU, « Démocratie et gouvernance au Togo : faiblesses, forces et perspectives », *in* G. BABA, (dir.), *Quelle contribution des Universités au développement en Afrique ? Volume 2*, L'Harmattan, 2016, p. 2579.

[3] B. M. BASS, *Handbook of Leadership. Theory, Research and Managerial Applications*, New York, The Free Press, 1990, 3e éd., p. 19. Parmi les ouvrages du même type sur le sujet et sur l'évolution historique des théories à son sujet, voir G. R. GOETHALS, G. J. SORENSON, J. MACGREGOR BURNS, *Encyclopedia of Leadership*, (4 volumes), Thousand Oaks, California, Sage Publications Inc, 2004, 4 698 pages (annexes en sus). J. MACGREGOR BURNS, *Leadership*, Harper Torchbooks, 1978. L'auteur y définit ainsi le leadership : « Le leadership chez les humains s'exerce quand des personnes mues par certaines motivations et certains objectifs, mobilisent, en compétition ou en conflit avec d'autres personnes, des ressources institutionnelles, politiques, psychologiques ou autres pour susciter, canaliser ou satisfaire les motivations de collaborateurs. » (p. 2). Pour Daniel BELET, « *le leadership est un processus social interactif par lequel un leader, du fait de son « autorité », de son projet, de sa personnalité, de ses attitudes et comportements, réussit à obtenir l'adhésion libre et volontaire et donc la coopération de la plupart des personnes et des équipes de son organisation* ». Voir D. BELET, « Un paradigme innovant et puissant pour remédier à la crise du management : le « servant leadership » », *Innovations*, n° 40, 2013/1, p. 13.

[4] OCDE, *Moderniser l'Etat. La route à suivre*, Revue de l'OCDE, 2005, p. 204.

[5] D. MALTAIS, M. LECLERC et N. RINFRET, « Le « leadership administratif » comme concept utile à la modernisation de l'administration », *Revue française d'administration publique*, n° 123, 2007/3, p. 426.

intégrer l'élan de modernisation voulu par les politiques. Ils doivent aussi être en mesure de le transmettre et de le décliner concrètement[1].

Le leadership dans le secteur public amène surtout à accepter de jouer un rôle critique sur le plan des changements organisationnels. C'est savoir agir et faire agir dans des environnements complexes, incertains et souvent turbulents[2]. Pour Jean-Raphaël Alventosa, « *le leader fabrique de l'avenir, en comprenant l'évolution du monde, grâce à de multiples perspectives. Le leader a la capacité de bousculer l'ordre établi* »[3]. Dans certaines situations, « la transgression managériale »[4] est nécessaire pour rétablir l'ordre et la discipline. Le leader transgresseur, même s'il fait des mécontents, rétablit l'ordre et permet à l'organisation de mettre efficacement en œuvre les réformes engagées.

Le leader dans l'intégration de l'élan de modernisation voulu par les politiques doit pouvoir gérer ses émotions et celles de ses collaborateurs, d'où l'importance de l'intelligence émotionnelle[5]. Le management aujourd'hui ne se résume plus à la mise en place d'outils de gestion sophistiqués. Manager, c'est avant tout, s'appuyer sur l'art de communiquer, d'écouter[6] et de convaincre. Dans ces conditions, le *manager* est appelé à faire des entretiens, gérer quelqu'un qui entre en conflit et hausse le ton. Il doit savoir être dur sans agressivité et négativité, valoriser ses agents sans crainte que sa propre action soit dévalorisée. Pour y arriver, le *manager* doit cultiver l'intelligence émotionnelle.

L'intelligence émotionnelle a été vulgarisée en management par les travaux de Daniel Goleman[7] et appliquée essentiellement dans les organisations

---

[1] J.-R. ALVENTOSA, *Management public et gestion des ressources humaines*, Paris, LGDJ, 2012, p. 20.

[2] D. MALTAIS, M. LECLERC et N. RINFRET, « Le « leadership administratif » comme concept utile à la modernisation de l'administration », *op. cit.*, p. 426.

[3] J.-R. ALVENTOSA, *Management public et gestion des ressources humaines*, *op. cit.*, p. 21.

[4] H. BOUCHIKHI, J. KIMBERLY, « Les vertus de la transgression managériale », *Le journal de l'école de Paris du management*, n° 105, 2014/1, pp. 39-44.

[5] W. BABALE, *L'exigence de performance dans le processus budgétaire au sein des Etats membres de l'UEMOA*, *op. cit.*, p. 320.

[6] L'écoute est très importante dans la conduite du changement. Soit l'on pense que l'écoute n'est qu'une parodie de démocratie qui permet d'obtenir l'adhésion, mais ne sert pas à enrichir les contenus, soit l'on pense que l'écoute, même si elle est parfois pleine de scories négatives, de ressentiment, d'irréalisme, permet de découvrir des idées nouvelles, constructives, et même lorsqu'elle n'apparait pas en tant que telle, est nécessaire pour répondre aux angoisses et craintes des personnels qui peuvent complètement bloquer la mise en œuvre d'un processus. L'écoute est le seul moyen de faire évoluer les pratiques et les cultures, en donnant à son interlocuteur ce qu'il cherche c'est-à-dire le respect et la prise en compte de ses arguments. V. S. TROSA, *La crise du management public. Comment conduire le changement*, Bruxelles, De Boeck, 2012, p. 187.

[7] Reprenant les travaux de SALOVEY et MAYER et adoptant une position plus large, GOLEMAN inclut l'auto-motivation dans les facteurs qui composent l'intelligence émotionnelle. Il axe sa théorie sur cinq points principaux : avoir conscience de soi, parvenir à la maitrise de soi, parvenir à l'auto-motivation, percevoir les émotions d'autrui et maitriser les

privées[1]. Certains auteurs, soutiennent que la théorie de l'administration publique et les écrits sur les sentiments, les émotions et l'intelligence émotionnelle sont dépourvus de discours sérieux et que les études récentes sur les changements et les réformes nécessaires dans le secteur public et la gestion du personnel ne s'intéressent pratiquement pas à cette question[2]. Or, on ne cesse de dire que les institutions ne marchent que par les hommes qui les animent. Ainsi, « *les organisations étant dépendantes des personnes qui y travaillent, le profil psychologique, notamment émotionnel, de ces personnes ayant une influence sur la dynamique et les résultats de leur organisation, les organisations et leur direction ne peuvent ne pas s'en préoccuper* »[3].

La gestion des conflits et la capacité à amener le personnel à collaborer sont des compétences essentielles pour les responsables du secteur public dans la mesure où ils sont confrontés à des agendas qui changent régulièrement et à des coalitions instables[4]. Avec l'instauration de la culture managériale dans la gestion publique, les responsables administratifs doivent acquérir certaines compétences managériales. La plus importante est celle consistant à faire appel à la capacité des acteurs à se mobiliser, à s'adapter aux modifications des contextes professionnels et à de nouvelles formes de travail collectif[5]. Pour identifier cette compétence, Goleman propose de l'approcher de l'intelligence émotionnelle[6]. Par conséquent, « *l'aptitude à encourager les individus à exprimer leurs idées, à bien écouter ce qu'ils disent et à intégrer un grand nombre de variables, mais complémentaires, est déterminante pour le leadership dans le secteur public* »[7].

---

relations humaines. Voir D. GOLEMAN, *L'intelligence émotionnelle. Tome 1 : Comment transformer ses émotions et intelligence*, Robert Laffont, 1997, 421 p. ; *L'intelligence émotionnelle. Tome 2 : cultiver ses émotions pour s'épanouir dans son travail*, Robert Laffont, 1999, 386 p. ; *Cultiver l'intelligence relationnelle Comprendre et maîtriser notre relation aux autres pour vivre mieux*, Robert Laffont, 2009, 432 p.

[1] J.-F. CHANLAT, « Émotions, organisation et management : une réflexion critique sur la notion d'intelligence émotionnelle », *Travailler*, n° 9, 2003, pp. 113-132 ;

[2] I. VENTER, M. KOTZÉ, « Les différences au niveau de l'intelligence émotionnelle entre les dirigeants efficaces et les moins efficaces dans le secteur public : étude empirique », *Revue Internationales des Sciences Administratives*, vol. 77, 2011/3, p. 407.

[3] J.-F. CHANLAT, « Émotions, organisation et management : une réflexion critique sur la notion d'intelligence émotionnelle », *op. cit.*, p. 120.

[4] I. VENTER, M. KOTZÉ, « Les différences au niveau de l'intelligence émotionnelle entre les dirigeants efficaces et les moins efficaces dans le secteur public : étude empirique », *op.cit.*, 408.

[5] F. ARTAZA ABAROA, « L'intelligence des émotions : une relecture des fondements de « l'intelligence émotionnelle » », *Revue internationale de psychologie*, vol. XII, 2006/28, p. 26.

[6] D. GOLEMAN, *L'intelligence émotionnelle. Comment transformer ses émotions et intelligence*, Robert Laffont, 1997, p. 10.

[7] I. VENTER, M. KOTZÉ, « Les différences au niveau de l'intelligence émotionnelle entre les dirigeants efficaces et les moins efficaces dans le secteur public : étude empirique », *op. cit.* p. 408.

L'intelligence émotionnelle du responsable de programmes détermine alors la conduite du changement dans le temps, car elle représente un ingrédient essentiel de son leadership transformationnel[1]. Diriger ce n'est pas dominer, c'est savoir persuader les autres de travailler pour atteindre les objectifs communs. Ainsi, le management public « émotionnel » permet aux responsables de programmes qui sont de véritables managers de travailler avec les autres agents non en fonction de ce qu'ils sont mais en fonction de ce qu'ils font[2]. Un tel management a du sens et de la valeur, car le management est, comme l'économie, un art moral[3] et il ne faut pas considérer les fonctionnaires comme « des chiens de Pavlov »[4], mais des êtres qui pensent et rêvent.

Une telle philosophie du management fondée sur l'émotionnel permet de piloter la culture managériale dans le temps. En effet, l'exécution du budget va nécessiter un dialogue de gestion[5] afin de coordonner le pilotage des programmes. Ce dialogue passe par une communication permettant de veiller à la bonne circulation interne et externe de l'information. C'est à ce niveau qu'intervient le management public « émotionnel » qui est un outil entre les mains des managers afin de pouvoir comprendre et percevoir les émotions des autres collaborateurs. Dans cette dynamique, le manager sera capable de gérer les conflits en renforçant l'esprit d'équipe nécessaire à l'atteinte des objectifs. Un tel management fondé sur l'émotionnel permet la fluidité de l'information[6] gage de lisibilité et de transparence de l'administration.

---

[1] L. BOBOT, « L'intelligence émotionnelle est-elle un atout en négociation commerciale ? », *Management & Avenir*, n° 31, 2010/1, p. 411.

[2] D. MICHALON, L. ROCHE, *L'entreprise sans la psychologie*, Paris, Maxima, 1997, 229 p.

[3] S. TROSA, *La crise du management public. Comment conduire le changement*, *op. cit.*, p. 176.

[4] Le chien qui se met à saliver au son d'une clochette. Pavlov après ses expériences démontre que le stimulus porteur de sens ou inconditionnel qui déclenche une réponse inconditionnelle peut provoquer un réflexe psychologique. https://www.planeteanimal.com. Voir W. BABALE, *L'exigence de performance dans le processus budgétaire au sein des Etats membres de l'UEMOA*, *op. cit.*, p. 322.

[5] Le dialogue de gestion est un processus par lequel différents échelons administratifs échangent des informations et parviennent à une décision concertée. Voir *Guide du dialogue de gestion et pilotage opérationnel*, Ministère de l'économie et des finances, Royaume du Maroc, p. 22. http://lolf.finances.gov.ma. C'est aussi l'ensemble des processus d'échanges entre deux niveaux hiérarchiques ou managériaux relatifs aux volumes de moyens et aux objectifs assignés. Voir P. SANJUAN, « Groupe de travail « Dialogue de gestion » », *Club des gestionnaires,* 24 novembre 2006, p. 3. Selon André BARILARI, « *le dialogue de gestion est la mise en place des objectifs et des moyens* ». Voir A. BARILARI, « Réflexion sur la gouvernance des programmes LOLF », *Revue française d'administration publique*, n° 157, 2016/1, p. 216.

[6] Avec l'information, il s'agit de favoriser la mise en relation des personnes entre elles et de donner du sens aux évènements quotidiens, de montrer, illustrer, imager, ce qu'est « le futur que le service est en train de construire ». Voir J.-R. ALVENTOSA, *Management public et gestion des ressources*, *op. cit.*, p. 36.

CONCLUSION

En définitive, les réformes financières engagées par les Etats ne seront pas une tente dressée pour le sommeil. L'entrée dans la culture managériale sera progressive. Il faut adopter la tactique du « caméléon », c'est-à-dire aller petit à petit. Mais, cette tactique ne doit pas aboutir au chienlit. Il faut toujours imiter les pays qui ont déjà emprunté la voie tout en sachant que « *le mimétisme n'a jamais fonctionné à la perfection* »[1]. Il faut alors accepter de tâtonner. N'ayons pas peur des imperfections. Ce qui compte, c'est d'enclencher le mouvement et de prouver que la dynamique est payante[2]. Vivement que l'observatoire des finances publiques africaines[3] vienne compléter ces stratégies pour une meilleure santé des finances publiques des Etats membres de l'UEMOA.

---

[1] S. YONABA, « L'expérience africaine du modèle français du contrôle juridictionnel des finances publiques : traits communs et diversité », *RFFP*, n° 101, mars 2008, p. 62.

[2] J.-J. FRANÇOIS, « Des services publics performants c'est possible », *La Revue du Trésor*, n° 2, février 2005, p. 95.

[3] E. DIARRA, « Pour un Observatoire des finances publiques africaines », *Revue Afrilex*, juin 2012, 11 p.

LA BANQUE CENTRALE ET LE FINANCEMENT DES BUDGETS NATIONAUX DANS LA ZONE UMOA

Elvis Flavien SAWADOGO

Docteur en Droit public,

Université Nazi Boni de Bobo-Dioulasso (Burkina Faso)

INTRODUCTION

Tels les deux visages de *Janus*, la monnaie et le budget sont indissociables. L'État perçoit en effet des espèces monétaires au titre des recettes budgétaires et ses services dépensent des crédits sous cette forme[1]. Monnaie et budget ont en outre en commun d'être des prérogatives régaliennes. Mais, la formation d'Union monétaire tend à remettre en cause le pouvoir régalien de battre monnaie dans la mesure où cette prérogative est généralement confiée à des Instituts d'émission distincts des États[2]. C'est le cas dans l'Union Monétaire Ouest Africaine (UMOA)[3] dont l'Institut d'émission monétaire est la Banque Centrale des États de l'Afrique de l'Ouest (BCEAO).

La BCEAO, créée le 12 mai 1962, est un établissement public international dont le capital est entièrement souscrit par les États membres de l'Union et réparti à parts égales entre eux. Elle est chargée, entre autres, de définir et conduire la politique monétaire dans la zone UMOA. Elle dispose du privilège exclusif d'émettre des signes monétaires, billets et pièces ayant cours légal et pouvoir libératoire dans les États membres. La monnaie ayant cours légal dans la zone UMOA est le franc CFA (Communauté financière d'Afrique)[4], créé le 26 décembre 1945. Dépossédés de leur outil monétaire, les États de la zone ne disposent donc plus, dans le cadre de la conduite de la politique économique, que du seul instrument budgétaire à travers lequel ils planifient et exécutent leurs opérations de recettes et de dépenses.

---

[1] F. BIN, « La fin du cash et la gestion optimale des finances publiques », Revue ECU/Euro, 03/07/2019

[2] Pour comprendre le processus de création des instituts d'émission monétaire dans le monde et à travers l'histoire, voir R. PELLET, *Droit financier public : Monnaies, Banques centrales, Dettes publiques,* éd. PUF, Thémis droit, 2014, 911 pages.

[3] L'UMOA, créée le 12 mai 1962 est composée aujourd'hui du Bénin, Burkina Faso, Côte d'Ivoire, Guinée Bissau, Mali, Niger, Sénégal, Togo.

[4] Le franc CFA émis par la BCEAO est différent de celui émis par la Banque des Etats de l'Afrique centrale (BEAC), ayant le même sigle mais dont la signification diffère. Ce dernier est le franc de la coopération en Afrique centrale.

Les trésors nationaux ont pour mission essentielle d'assumer la couverture des charges de l'État[1]. Leurs fonctions traditionnelles consistent à percevoir les impôts et à les réinjecter dans le circuit économique sous forme de dépenses de fonctionnement et d'équipement inscrites au budget de l'État[2]. Du fait du décalage entre l'encaissement des recettes et l'exécution des dépenses, les trésors nationaux se trouvent être *« en constante quête d'argent »*[3] afin de couvrir leurs besoins de trésorerie. Dans leurs relations avec la Banque centrale, les trésors nationaux disposent de comptes courants ouverts dans les livres de la BCEAO[4]. Ces comptes courants servent à alimenter les caisses des comptables publics par de simples jeux d'écritures[5].

La question de la gouvernance des Instituts d'émission monétaire est au cœur des grands débats économiques depuis plusieurs décennies déjà. Elle porte non seulement sur les principes d'organisation de ces Instituts, mais également sur leur capacité effective à se gérer et à remplir les missions qui sont les leurs, et renvoie principalement à la question de leur indépendance[6]. Cette question recouvre deux réalités à savoir une indépendance politique, d'une part, et une indépendance économique, d'autre part[7]. Si la première ne suscite plus trop de débats s'agissant de la BCEAO, tant les statuts ont été clarifiés[8], la deuxième, qui concerne directement le financement monétaire des trésors nationaux,

---

[1] M. BOUVIER, M-C ESCLASSAN et J-P. LASSALE, *Finances Publiques*, 14e éd., LGDJ, 2015-2016, p. 588.

[2] H. GERARDIN, *La zone franc, Tome II, La dynamique de l'intégration monétaire et ses contraintes*, éd., L'Harmattan, 1994, p. 286.

[3] E. VALLET, *Les correspondants du Trésor*, éd. L'Harmattan, 2003., p. 327.

[4] L'article 29 des statuts de la Banque disposait à cet effet que *« la Banque centrale tient sur les places où elle est installée les comptes des Trésors des États de l'Union. Elle procède sans frais : à l'encaissement des sommes versées à ces comptes ; au recouvrement des effets et chèques sur place, tirés ou passés à l'ordre des Trésors ; au paiement des chèques et virements, émis par les trésoriers sur les comptes des Trésors ; aux transferts entre ses sièges, effectués par ordre des Trésors ».*

[5] M. BOUVIER, M-C. ESCLASSAN et J-P. LASSALE, *Finances Publiques*, *op. cit.* p. 588.

[6] H. KEMPF et M. LANTERI, « La gouvernance des Banques centrales dans les pays émergents et en développement : le cas de l'Afrique subsaharienne », *Bulletin de la Banque de France*, n°171-mars 2008, p. 84.

Sur la question de l'indépendance des Banques centrales des pays d'Afrique francophone, voir Y. K. LOGO, « L'indépendance des Banques centrales en Afrique francophone », *Revue Burkinabè de Droit*, n°56, 2e semestre 2018, pp. 141-171.

[7] *Ibidem*, p. 87.

[8] Les nouveaux statuts de la BCEAO, entrés en vigueur le 1er janvier 2010 disposent à l'article 4 que *« Dans l'exercice des pouvoirs et dans l'accomplissement des missions qui leur sont conférés par le Traité de l'UMOA et par les présents Statuts, la Banque Centrale, ses organes, un membre quelconque de ses organes ou de son personnel ne peuvent solliciter, ni recevoir des directives ou des instructions des institutions ou organes communautaires, des Gouvernements des Etats membres de l'UMOA, de tout autre organisme ou de toute autre personne ».*

mérite que nous y consacrions une réflexion. Cette dernière fait suite au débat engagé il y a quelques années déjà avec les dédicataires des présents mélanges[1].

La BCEAO a joué un rôle capital dans le financement des économies des États de la zone, particulièrement à travers les avances statutaires consenties aux trésors nationaux. Cependant, la crise économique et financière qu'ont traversé les États de la zone au milieu des années 1980, du fait entre autres des dérives budgétaires, a conduit à s'interroger sur la responsabilité de l'Institut d'émission. Cette crise a occasionné la dévaluation du franc CFA. La création de l'Union Économique et Monétaire Ouest Africaine (UEMOA) qui s'en est suivie en 1994[2] a été l'occasion de préciser les contours des deux versants de la politique économique dans la zone, à savoir la politique monétaire et la politique budgétaire. L'objectif premier de la politique monétaire est d'assurer la stabilité des prix, sous la houlette de la Banque centrale. Quant à la politique budgétaire, laissée à la charge des États membres, celle-ci doit être rendue compatible avec les objectifs de la politique monétaire, en particulier celui de la stabilité des prix[3]. La politique budgétaire semble donc subordonnée à la politique monétaire. Dans cette optique, la discipline budgétaire a été érigée en principe communautaire. Un Pacte de convergence, de stabilité, de croissance et de solidarité soumet désormais les États au respect d'un certain nombre de critères[4]. Les déficits publics doivent être contenus dans la limite annuelle de 3% du PIB et la dette publique à 70% du PIB[5].

Dans ce contexte, il parait pertinent de s'interroger sur le rôle de la Banque centrale dans le financement des trésors nationaux des États membres de la zone UMOA.

Si monnaie et budget sont intimement liés, Banque centrale et trésors nationaux le sont davantage[6]. Cependant, la dépendance financière du trésor vis-à-vis du financement de la Banque centrale peut avoir un impact sur la stabilité des prix. En effet, l'augmentation des niveaux de déficit et de la dette de l'État

---

[1] Le Professeur Salif YONABA nous a fait l'honneur de codiriger notre thèse et le Professeur Eloi DIARRA celui d'être rapporteur à l'occasion de la soutenance de cette thèse.

[2] Aux termes de l'article 2 alinéa 2 du Traité UMOA, *« Le Traité de l'Union Monétaire Ouest Africaine (UMOA) est complété par le Traité de l'Union Economique et Monétaire Ouest Africaine (U E M O A) »*.

[3] Article 64 du Traité UEMOA.

[4] Adopté par l'Acte additionnel 04/99/CCEG/UEMOA, du 8 décembre 1999, il a été modifié plusieurs fois. La dernière modification en date est celle de l'Acte additionnel 01/2015/CCEG/UEMOA du 19 janvier 2015.

[5] Les critères de convergence ont été ramenés au nombre de 5 suite à la réforme de janvier 2015. Ils sont regroupés en critères de premier rang et en critères de second rang. Les critères de premier rang sont composés des critères du déficit public, de la dette publique ainsi que celui de l'inflation qui ne doit pas excéder 3% en moyenne par an. Les critères de second rang sont constitués du ratio de la masse salariale sur les recettes fiscales, qui ne doit pas excéder 35% et du le taux de pression fiscale, qui doit être supérieur ou égal à 20% du PIB.

[6] Les statuts de la Banque centrale égrainent une liste d'activités pour lesquelles celle-ci assiste les Etats. Cf., articles 35 à 45 des statuts de la BCEAO.

peut avoir un effet inflationniste, en ce sens qu'elle conduit à l'augmentation de la masse monétaire par création de la Banque centrale. Les relations entre trésors nationaux et Banque centrale doivent dès lors être organisées de sorte à assurer la stabilité du système monétaire. En ce sens, dans la zone UMOA, il a été consacré l'interdiction pour la Banque centrale de participer directement au financement des budgets nationaux (I). Cependant, celle-ci semble tout de même participer de façon indirecte au financement des budgets nationaux (II).

I- LA PROHIBITION D'UNE PARTICIPATION DIRECTE AU FINANCEMENT DES BUDGETS NATIONAUX

La consécration de l'indépendance de la Banque centrale s'est accompagnée de l'interdiction d'accorder des avances monétaires aux trésors nationaux (A). L'idée sous-jacente semble être la promotion d'un mode alternatif de financement des trésors nationaux, à savoir le recours aux marchés financiers (B).

A- L'INTERDICTION DES AVANCES DIRECTES AUX ÉTATS

L'article 36 des statuts de la Banque centrale dispose clairement que celle-ci *« ne peut accorder des financements monétaires aux Trésors publics, aux collectivités locales ou à tous autres organismes publics des États membres de l'UMOA »*. Il n'en a pourtant pas toujours été ainsi et il convient de rappeler les enjeux d'une telle interdiction. Pour Jacques BOURRINET, s'il est un projet collectif en proie à la récurrence du vice, c'est bien celui de la construction et de la consolidation d'une zone monétaire. Ce vice peut revêtir entre autres formes, le non-respect de la lettre et/ou de l'esprit des Traités, des règlementations édictées, détournements de procédures, actions incompatibles vis-à-vis des objectifs communs, tromperies dans les relations avec les partenaires, *etc.*[1]. L'exemple de l'UMOA est à ce titre illustratif. Elle a été le symbole, pendant plusieurs années, du détournement des instruments de la politique monétaire au profit des États. La Banque centrale disposait initialement de trois instruments dans la mise en œuvre de sa politique monétaire : les concours globaux aux banques, établissements financiers et États, les réserves obligatoires ainsi que les taux directeurs. Les concours aux États se matérialisaient par des avances statutaires aux trésors nationaux, qui disposent de comptes courants dans les livres de la Banque centrale.

La réforme de l'Institut d'émission de 1973 prévoyait plusieurs modes de financement des trésors nationaux. La Banque centrale intervenait, soit de façon directe, soit de façon indirecte dans la conduite des politiques budgétaires des États. Au titre des avances directes, il existait deux mécanismes : d'une part, des avances en compte courant étaient consenties aux trésors nationaux afin de faire face aux décalages annuels découlant de l'exécution des opérations de

[1] J. BOURRINET, « Le vice et la vertu : un processus dialectique scellant le destin de la zone euro », *Revue de l'Union européenne*, 2010 n°541, pp. 497-513.

recettes et de dépenses[1]. D'autre part, il était prévu un dispositif de financement moins courant dans les pratiques des Banques centrales de l'époque[2] en ce sens qu'il faisait participer la BCEAO au financement, à moyen et long termes, des opérations d'investissement des pays membres[3]. L'objectif poursuivi ici n'était donc plus simplement conjoncturel. Ces avances étaient consenties sur demande des États membres et, à des taux préférentiels[4]. Au-delà de ces avances directes, la BCEAO participait également au financement indirect des budgets des États membres. L'article 13 disposait en effet que celle-ci pouvait « *consentir aux banques des avances sur effets publics créés ou garantis par les États membres de l'Union à concurrence des quotités fixées par le Conseil d'Administration. En outre, la Banque centrale peut acheter et revendre, sans endos, aux banques, les mêmes effets, à condition qu'ils aient un an au plus à courir et que ces opérations ne soient pas traitées au profit des Trésors publics* ».

Les avances consenties par la Banque centrale étaient cependant assorties de limites, notamment de montant. Au titre de l'article 16 issu de la réforme de 1973, le montant total des concours consentis ne devait pas dépasser *« un montant égal à vingt pour cent des recettes fiscales nationales constatées au cours de l'exercice financier écoulé »*.

La crise financière des années 1980 a mis en exergue les limites d'un tel mécanisme indexé sur les recettes fiscales. En effet, la chute du cours des matières premières a entrainé mécaniquement une baisse des recettes fiscales, donc une baisse des avances statutaires. Cela a conduit les États, afin de couvrir leurs dépenses, à contourner les règles et violer les plafonds statutaires parfois avec la complicité de la Banque centrale elle-même[5].

Avec la création de l'UEMOA en 1994 et l'adoption du Pacte de convergence, de stabilité, de croissance et de solidarité en 1999, subsistait un certain paradoxe au maintien du financement monétaire des trésors nationaux par la Banque centrale[6]. En effet, il n'y a pas meilleure promotion du laxisme budgétaire que de permettre aux États de se refinancer auprès de la Banque centrale et à des conditions privilégiées[7]. Initiée le 20 janvier 2007, une réforme

---

[1] Article 14 des statuts de 1973.

[2] A.G. GHANDAVARKAR, « Le rôle des banques centrales dans le développement », *Revue Finances et Développement*, décembre 1987, p. 34.

[3] Article 15 des statuts de 1973.

[4] B. VINAY, « Finances publiques et monnaie dans la zone franc », Penant, 1973, p. 34 ; Banque de France, Rapport zone Franc 1985, p. 71.

[5] Voir G. NOUPOYO, *Les Banques centrales africaines et la conduite de la politique budgétaire nationale : les exemples de la BCEAO et de la BEAC (aspects juridique et financiers),* Thèse de Doctorat en Droit public, Université Montesquieu Bordeaux IV, 6 septembre 2004, 696 pages.

[6] G. NOUPOYO, thèse, *op. cit.*, p. 49.

[7] A. BENASSY et J. PISANI-FERRY, « Indépendance de la Banque centrale et politique budgétaire », *RFFP*, n°46-1994, p. 84 ; Y. ULLMO, « Politique budgétaire et politique monétaire », *RFFP*, n°46, 1994, p. 95.

institutionnelle de l'UMOA et de la BCEAO a abouti à l'adoption des nouveaux statuts de la Banque entrés en vigueur le 1er janvier 2010. L'une des innovations a été l'introduction d'une disposition interdisant expressément les avances directes de la Banque centrale aux trésors nationaux.

Cette réforme conduisait à s'interroger sur le sort des créances déjà accumulées par les États vis-à-vis de la Banque centrale. Les niveaux atteints étaient tels que, dès avant la modification des statuts, une convention de consolidation des créances avait été signée le 19 septembre 2002, entre les autorités communautaires et les États qui y avaient recours. A compter du 1er janvier 2003, les arriérés de la Banque centrale sur les États devaient être consolidés sur 10 ans à leur niveau atteint le 31 décembre 2002. Il s'agissait d'une sorte de rééchelonnement de la dette des États vis-à-vis de la Banque centrale. Le taux de consolidation était un taux préférentiel puisqu'il était de 3% applicable sur l'encours restant dû. Ce taux est nettement en deçà de celui appliqué par la Banque centrale dans le cadre de l'article 16 des anciens statuts, qui était de 4,95%. L'objectif affiché était d'atténuer la charge financière pour les budgets nationaux[1]. A la fin de l'année 2002, le stock d'avances consolidées s'élevait à 389,8 milliards de FCFA[2]. Cependant, l'objectif d'apurement de ces encours n'a pu être respecté à l'échéance de 10 ans, c'est-à-dire, fin 2012. En décembre 2018, il subsistait toujours dans les livres de la Banque centrale, des encours de créances liés au concours consolidés sur les découverts statutaires aux trésors nationaux dont le montant reste estimé à 224,8 milliards de FCFA[3]. L'observation sur les dernières années montre un certain laxisme dans le recouvrement des créances au titre des avances consolidées. En effet, le montant de l'encours global restant à rembourser était de 230,4 milliards de FCFA en fin 2016[4] et de 227,7 milliards en fin décembre 2017[5]. L'on constate la faible réduction des créances vis-à-vis de la Banque centrale entre 2016 et 2018.

Cette politique qui a consisté à priver l'État de l'une des sources historiques de financement de son budget a été accompagnée de la promotion du recours aux marchés financiers ; l'objectif poursuivi étant la substitution des titres publics au financement monétaire.

B- La substitution des titres publics au financement monétaire

Les besoins de financement des trésors nationaux sont bien réels. Dans un contexte marqué par la baisse des aides internationales en faveur des États de la zone, l'interdiction du financement monétaire ne pouvait aller de pair qu'avec la promotion de modes alternatifs de financement des trésors nationaux, à

[1] I. DIENG, « UEMOA : les États devront se passer de la BCEAO pour leur trésorerie », M.T.M, 3 janvier 2003, p. 22.
[2] Banque de France, *Rapport annuel de la zone franc,* 2011, p. 66.
[3] Banque de France, *Rapport annuel de la zone franc*, 2018, p. 43.
[4] Banque de France, *Rapport annuel de la zone franc,* 2017, p. 73.
[5] Banque de France, *Rapport annuel de la zone franc*, 2018, p. 43.

travers notamment les marchés financiers. De façon succincte, les marchés financiers peuvent être définis comme *« un lieu où s'échangent des capacités et des besoins de financement à différents horizons temporels aux travers de divers titres, à des revenus variables ou fixes »*[1]. En ce sens, un marché régional des titres s'est développé dans la zone, à côté d'un marché international de plus en plus indispensable.

Le développement d'un véritable marché régional des titres publics dans la zone UMOA s'est renforcé au début des années 2000[2]. Ce marché régional est assez restreint dans la mesure où il n'est composé que de bons et obligations du trésor. Il convient de souligner la différence entre ces deux instruments : les bons du Trésor relèvent du marché monétaire tandis que les obligations du Trésor relèvent du marché financier. Les deux types de marché se différencient en principe par les échéances des différents titres. Les titres du marché monétaire portent sur le court terme, tandis que ceux du marché financier portent sur le moyen ou long terme.

Les bons du Trésor sont des titres de créances à court terme, dont l'objectif est de couvrir principalement des besoins de trésorerie[3]. Ils sont dématérialisés et tenus en compte courant dans les livres de la Banque centrale[4], ce qui a pour avantage de faciliter les règlements et remboursements relatifs à ces bons. Leur durée est de sept jours à deux ans[5] et leur valeur nominale unitaire est fixée à un million de francs CFA ou un multiple de ce montant[6]. À l'émission, ils sont assortis d'une rémunération payable d'avance et précomptée sur la valeur nominale des bons[7], *« c'est-à-dire payés au souscripteur dès l'émission par imputation sur le prix »*[8].

Les obligations du Trésor sont des titres à moyen ou long terme d'une durée supérieure à deux ans. Cette longévité permet de limiter l'exposition de l'État au risque de liquidité en répartissant sur un plus grand nombre d'années la charge de refinancement du stock de la dette[9]. Leur valeur nominale est de dix

---

[1] D. KESSLER, « La marge de manœuvre des Etats. La dictature des Etats », *Pouvoirs*, 2012-3, n°142, p. 72.

[2] En effet, cela s'est traduit par l'adoption du règlement n° 06/2001/CM/UEMOA du 6 juillet 2001 portant sur les bons et obligations du Trésor émis par voie d'adjudication par les États membres de l'UEMOA, modifié par le règlement n°06/2013/CM/UEMOA du 28 juin 2013 sur les bons et obligations du Trésor émis par voie d'adjudication ou de syndication avec le concours de l'Agence UEMOA-Titres.

[3] A. PAYSANT, « Les bons du Trésor (aspects juridiques) », *in* LOÏC PHILIP (dir.), *Dictionnaire encyclopédique de Finances Publiques*, *op. cit.*, p. 1552.

[4] Article 12 du règlement n°06/2013/CM/UEMOA portant sur les bons et obligations du trésor émis par voie d'adjudication ou de syndication avec le concours de l'agence UMOA-Titres.

[5] Article 22 du règlement n°06/2013/CM/UEMOA.

[6] *Ibidem*, article 23.

[7] *Ibidem*, article 24.

[8] M. BOUVIER, et (al), *Finances publiques*, *op. cit.*, p. 531.

[9] F. ADAM et (al.), *Finances publiques*, *op. cit.*, p. 171.

mille francs CFA ou d'un multiple de ce montant[1]. Elles produisent annuellement une rémunération à taux fixe sur la valeur nominale, le taux d'intérêt étant fixé par l'émetteur, en concert avec les autorités communautaires[2]. Tout comme les bons du Trésor, elles sont dématérialisées, et inscrites dans les livres de la Banque centrale[3].

La BCEAO intervient dans l'organisation matérielle de l'adjudication. En effet, sur autorisation du Conseil des ministres de l'UMOA, elle a créé l'agence UMOA-TITRES, dont le but est *« d'aider les États membres à mobiliser sur les marchés des capitaux les ressources nécessaires au financement de leurs politiques de développement économiques, à des coûts maitrisés »*[4].

Le développement d'un marché financier régional s'est accompagné de la promotion du recours par les États, au marché financier international plus vaste, plus flexible. Le portefeuille de la dette extérieure des États se diversifie alors et est désormais constitué de dettes extérieures publiques et de dettes extérieures privées. La première est *« celle qui est contractée auprès d'États tiers ou d'organisations internationales intergouvernementales »* tandis que la dette privée est *« celle qui est contractée auprès de banques commerciales ou sur les marchés financiers internationaux »*[5]. Elle est constituée essentiellement d'eurobonds ou euro-obligations, qui sont des obligations permettant aux États d'emprunter dans une autre devise que celle du pays émetteur[6].

Ce marché international de la dette privée offre des maturités plus longues aux États, que le marché financier régional. Quant aux taux d'intérêt des titres publics, ils sont fonction de la confiance placée aux États émetteurs par les investisseurs. Les États membres de la zone doivent donc se soumettre à un système de notation d'agences privées[7]. La recherche de crédibilité auprès de ces agences devient donc la norme, voire une obsession pour les États[8]. Certains États de la zone UMOA ont de plus en plus recours au marché international de titres. C'est le cas de la Côte d'ivoire et du Sénégal[9]. En 2018, la Côte d'ivoire a levé 1,7 milliards d'euros, en deux tranches égales : la première avec une maturité de 12 ans à un taux de 5,25% et, la deuxième avec une maturité de 30

---

[1] Article 26 du règlement n°06/2013/CM/UEMOA.

[2] *Ibidem*, article 30.

[3] *Ibidem*, article 12.

[4] BCEAO, *Rapport annuel*, 2012, p. 17.

[5] C. J. RAULT, *Le cadre juridique de la gestion des dettes souveraines,* Thèse de Doctorat en droit, soutenue le 23 novembre 2015, Université Paris 1, Panthéon Sorbonne, pp. 4-5.

[6] S. DIOP et C. BONNEMAISON, « Pays africains et eurobonds (euro-obligations) ; effet de levier pour le financement du développement ou future crise de la dette ? », *Epargnes sans frontières*, « Techniques financières et développement », n°123-2016, p. 28.

[7] N. MÉDÉ, *Finances publiques. Espaces UEMOA/UMOA,* éd. L'Harmattan Sénégal, 2017, p.310.

[8] M. BOUVIER, « Union européenne : la solidarité financière ou l'aventure ! », *RFFP* n°120-novembre 2012, p. V.

[9]https://www.banque-france.fr/sites/default/files/media/2017/06/13/note-de-cadrage-emissions-dette-souveraine-en-zone-franc.pdf

ans à un taux de 6,625 %. Quant au Sénégal, il a également effectué une émission en deux tranches égales : la première, d'un montant de 1 milliard de dollars US pour une maturité de 30 ans à un taux 6,75 % et, la deuxième d'un montant de 1 milliard d'euros, avec une maturité de 10 ans à un taux de 4,75 %[1].

Il convient de relever que les emprunts en devises peuvent à terme créer des tensions sur les budgets nationaux. En effet, lorsque l'emprunt est libellé en dollars, les risques de change peuvent affecter le montant du service de la dette ainsi que le remboursement du capital arrivé à échéance[2]. Ainsi, *« un choc exogène conduisant à une forte dépréciation du taux de change est susceptible de générer une hausse notable de la charge d'endettement si l'émission n'a pas fait l'objet d'une couverture du risque de change »*[3]. L'évolution de la parité euro-dollar pourrait donc avoir un impact sur les charges financières de la dette[4].

La substitution des titres publics au financement monétaire des budgets nationaux ne signifie pour autant pas que les actions de la Banque centrale n'ont plus aucun impact sur les budgets nationaux.

II- L'AMÉNAGEMENT D'UNE PARTICIPATION INDIRECTE AU FINANCEMENT DES BUDGETS NATIONAUX

Si la Banque centrale semble être désormais cantonnée à un rôle d'accompagnateur des États dans leur processus d'endettement, la conduite de sa politique monétaire a tout de même un impact sur la situation budgétaire des trésors nationaux (A). De même, les risques de défaut de paiement ont contraint à la mise en place d'un mécanisme d'urgence faisant intervenir l'Institut d'émission monétaire (B).

A- L'IMPACT DE LA POLITIQUE MONÉTAIRE SUR LE FINANCEMENT DES ÉTATS

La frontière entre politique monétaire et politique budgétaire s'avère parfois mince. L'article 18 des statuts de la Banque centrale met en exergue les imbrications entre ces deux instruments de la politique économique. Il convient de rappeler que l'essentiel des titres publics sur le marché régional est détenu

[1] BCEAO, rapport sur la politique monétaire de l'UMOA, Décembre 2018, p. 27.

[2] N. MÉDÉ, *Finances publiques. Espaces UEMOA/UMOA,* éd. L'Harmattan Sénégal, 2017, p. 310.

[3]https://www.banque-france.fr/sites/default/files/media/2017/06/22/note-de-cadrage_marches-financiers-internationaux.pdf ; F. MAGNAN-MARIONNET, « Les émissions de titres de dette souveraine en zone franc : évolutions, enjeux et principaux défis en UEMOA et dans la CEMAC », *Epargnes sans frontières*, « Techniques financières et développement », n°123-2016, p. 47.

[4] S. DIOP et C. BONNEMAISON, « Pays africains et eurobonds (euro-obligations) ; effet de levier pour le financement du développement ou future crise de la dette ? », *op. cit.*, p. 35.

par les Banques commerciales et établissements financiers[1]. La Banque centrale, dans le cadre des opérations d'*open market* est autorisée à acheter et vendre ferme, à terme ou comptant, des effets ou valeurs, y compris ceux émis par les trésors nationaux. Elle peut, dans le même sens, effectuer des opérations de pensions ainsi que des opérations de prêts ou d'emprunts de ces effets ou valeurs. L'objectif poursuivi est de moduler à la hausse ou à la baisse le niveau de liquidité en circulation dans le système bancaire. Le plafond des titres publics admis en refinancement est limité à un pourcentage des recettes fiscales constatées au cours de l'avant dernier exercice fiscal. Un plafond de 35 % a été arrêté par le Comité de politique monétaire lors de sa séance du 1er décembre 2010[2].

Ces opérations d'*open market* peuvent être à la fois un moyen de gestion de la dette publique, mais également un moyen d'intervention sur le marché monétaire[3]. La politique monétaire accommodante de la Banque centrale, notamment en matière de taux directeurs, si elle n'est pas accompagnée d'un marché interbancaire solide, pourrait à terme avoir pour effet pervers de contribuer à la hausse de la dette publique de certains États. Or, le marché interbancaire dans la zone UMOA souffre de dysfonctionnement conduisant les banques commerciales à préférer se tourner vers le refinancement de la Banque centrale plutôt que de se prêter les unes aux autres. Cela a créé une situation dans laquelle les banques commerciales ont pris l'habitude d'acquérir des titres publics à long terme, à un taux confortable de 5 % en moyenne et, à les utiliser ensuite comme collatéral au guichet de refinancement de la Banque centrale à un taux de soumission de 2,5 %. Le différentiel de taux d'intérêt constitue ainsi une marge substantielle pour elles[4]. De plus, le plafond de refinancement fixé par le Comité de politique monétaire et qui s'établissait en moyenne à 35 % des recettes fiscales de l'avant dernier exercice fiscal, a été maintes fois dépassé. En fin 2016, par exemple, il s'établissait à 43 % des recettes fiscales de l'avant dernier exerce fiscal[5] avant de retomber à 36,5 % en fin 2017[6]. Une telle situation pourrait, selon le FMI, à terme créer une interdépendance accrue entre banques commerciales et États ainsi qu'un effet d'éviction[7]. Ce mécanisme peut

[1] K. AMEGANVY, « Les déterminants de la demande de refinancement des banques auprès de la Banque centrale », BCEAO, Document d'étude et de recherche n°DER/15/02, décembre 2015 ; www.bceao.int

[2] Banque de France, *Rapport annuel de la zone franc*, 2014, p. 66.

[3] V. DUCHAUSSOY et E. MONNET, « La Banque de France et le financement direct et indirect du Trésor pendant la première guerre mondiale : un modèle française », https://www.economie.gouv.fr/files/ww1_duchaussoy_monnet.pdf

[4] Banque de France, *Rapport annuel de la zone franc*, 2016, p. 48, et rapport, 2017, p. 72.

[5] Banque de France, Rapport annuel de la zone franc, 2016, p. 48.

[6] Banque de France, *Rapport annuel de la zone franc*, 2017, p. 72.

[7] Banque de France, *Rapport annuel de la zone franc*, 2014, p. 69 et rapport 2015 p. 55, voir également FMI, *Union Economique et Monétaire Ouest Africaine (UEMOA), Rapport des services du FMI sur les politiques communes des États membres*, Rapport n°15/100, avril 2015, p. 16.

être donc un levier de contournement de la règle d'interdiction du financement monétaire des trésors nationaux. L'on se souvient qu'en période de crise, la Banque centrale européenne était intervenue, à travers les programmes *« Securities Markets Programm »* (SMP) lancés en mai 2010 et *« Outright Monetary Transactions »* (OMT) de septembre 2012, pour racheter massivement les obligations des États sur le marché secondaire. Carlos SANTUILI considère que ce système *« n'est ni plus, ni moins illégal que la monétisation directe de la dette des États »*[1]. Pour Christian NOYER, ancien gouverneur de la Banque de France, *« les achats d'emprunts publics par les Banques centrales peuvent être considérés comme un financement monétaire de l'Etat »*[2]. Dès lors, un équilibre délicat doit être trouvé entre l'ampleur des interventions de la Banque centrale sur le marché secondaire et la nécessité d'éviter tout malentendu quant à l'objectif réel poursuivi[3].

Afin de limiter le recours au refinancement de la Banque centrale par les banques commerciales, des mesures ont été prises dans la zone UMOA. Le Comité de politique monétaire a décidé en décembre 2016 le plafonnement du refinancement maximum pour les banques à deux fois leurs fonds propres de base[4]. Malgré cette volonté de freiner ce *« modèle d'affaires »* des banques commerciales, l'indicateur de suivi du refinancement de la Banque centrale adossé aux titres publics demeure proche de 35 %[5].

De plus, dans le cadre du marché des titres publics, la Banque centrale assure la fonction de dépositaire central et de banque de règlement pour les acteurs disposant de comptes courants dans ses livres. A cet effet, tout souscripteur ne disposant pas de provisions suffisantes pour la couverture de ses soumissions retenues, est suspendu de toute participation aux adjudications par la Banque centrale sur le territoire de l'Union, ce jusqu'à régularisation de sa situation et au moins pour une séance. En cas de récidive, il est suspendu pour au moins deux séances[6]. Par contre, la sanction est toute autre en cas d'insuffisance de provision du compte du trésor de l'État émetteur. Dans ce cas, les porteurs sont remboursés dans la limite de la provision disponible et au *prorata* du nombre de titres de chaque détenteur. Le reliquat est remboursé en priorité dès constitution de la provision[7]. Cette situation pourrait être assimilée à une sorte de facilité de paiement au profit des trésors nationaux.

---

[1] C. SANTULI, « L'euro : analyse juridique de la crise de la dette », *RGDIP*, 2011-4, Tome CXV, p. 843.

[2] C. NOYER, « L'activité de Banque centrale dans un contexte de dette publique élevée », Banque de France • *Revue de la stabilité financière*, n° 16, Avril 2012, p. 11.

[3] *Ibidem*, p. 12.

[4] Banque de France, *Rapport annuel de la zone franc*, 2017, p. 72.

[5] Banque de France, *Rapport annuel de la zone franc*, 2018, pp. 42-43.

[6] Article 21 règlement n°06/2013/CM/UEMOA portant sur les bons et obligations du trésor émis par voie d'adjudication ou de syndication avec le concours de l'agence UMOA-Titres.

[7] BCEAO, *Le rôle de la BCEAO dans l'émission des titres publics dans l'Union économique et monétaire ouest africaine*, Séminaire du Centre régional d'assistance technique du Fonds

L'action de la Banque centrale peut revêtir une dimension plus volontariste, notamment en période de crise, lorsque le défaut de paiement d'un État menace la stabilité de l'ensemble de l'Union.

B- L'intervention de la Banque centrale dans la gestion des défauts de paiement des États

La crise économique et financière de la zone euro en 2008 est venue rappeler les limites des vertus disciplinaires des marchés financiers. L'essentiel des titres est détenu par les banques commerciales dans la zone UMOA. De même, l'interpénétration du marché fait que des titres d'un pays peuvent être détenus par des banques des autres pays. Cette situation pourrait faciliter la transmission d'éventuelles crises budgétaires d'un pays au reste de l'Union avec des conséquences pour la stabilité de l'Union de façon générale[1]. Plusieurs canaux peuvent servir à cet effet. Sur le marché régional, par exemple, un profil d'endettement trop concentré, c'est-à-dire constitué uniquement soit de dettes à court terme, soit de dettes à long terme, peut engendrer des pics de remboursement des titres[2]. De même, sur le marché international, une variation du taux de change peut avoir un impact sur le remboursement. L'on se souvient également que la crise ivoirienne avait conduit ce pays à suspendre le paiement du service de sa dette, ce qui avait mis en difficulté les banques détentrices de titres de ce pays[3].

Le souci d'anticipation des défauts de paiement a conduit à l'adoption par le Conseil des ministres de l'UMOA, de la décision n° CM/UMOA/007/05/2012 en date du 10 mai 2012, portant création d'un Fonds de stabilité financière (FSF) dans l'UMOA. Ce fonds est destiné à apporter une solution d'urgence aux États membres et à soutenir le développement harmonieux du marché financier régional. Il s'agit donc d'un mécanisme destiné à apporter une solution conjoncturelle en situation de crise.

Le fonds est ouvert dans les livres de la BCEAO, mais reste distinct des capitaux propres de la Banque. Sa dotation initiale est de 383 milliards provenant de contributions diverses, notamment des États membres, des institutions communautaires telles que la BCEAO, la BOAD, la Commission de l'UEMOA, des partenaires au développement, des sommes résultant d'opérations du fonds et de toutes autres ressources obtenues par le fonds. L'assistance apportée par le fonds est destinée à la prise en charge du service de la dette publique émise sous la forme de bons ou d'obligations sur le marché

---

monétaire international pour l'Afrique de l'ouest (AFRITAC de l'Ouest), Bamako du 20 au 22 octobre 2008, p. 9.

[1] FMI, *UEMOA, Rapport des services du FMI sur les politiques communes des pays membres,* Rapport n°13/92 avril 2013, p. 58.

[2] F. MAGNAN-MARIONNET, « Les émissions de titres de dette souveraine en zone franc : évolutions, enjeux et principaux défis en UEMOA et dans la CEMAC », *op. cit.*, p. 47.

[3] FMI, UEMOA, *Rapport services du FMI sur les politiques communes des pays,* 2013, *op. cit.*, p. 58.

régional ou international. Ces ressources mises à la disposition des États en difficulté devront être remboursées dans un délai de 5 ans maximum, en tenant compte de la situation de chaque État. Les États bénéficiaires des ressources du fonds sont soumis à une certaine conditionnalité notamment de procédure, qui consiste en une obligation de transparence, en l'occurrence la transmission des données relatives à leur situation économique et financière.

Il apparaît donc qu'en situation d'urgence, le fonds de stabilité financière, géré par la Banque centrale, se substitue aux autorités de l'État en difficulté, afin de pallier son défaut de paiement. Il est tout de même permis de s'interroger sur la compatibilité de ce mécanisme d'urgence avec les textes communautaires. L'article 50 du Traité UEMOA dispose en effet que *« l'Union ne répond pas des engagements des administrations centrales, des autorités locales, des autres autorités publiques, d'autres organismes ou entreprises publiques d'un État membre »*.

CONCLUSION

La BCEAO apparait comme l'acteur clé de la conduite de la politique économique dans la zone UMOA. Elle se trouve au cœur de la politique monétaire qui *« consiste pour une Banque centrale à maintenir le pouvoir d'achat de la monnaie, tout en se préoccupant de la stabilisation de l'activité économique, en contrôlant les taux d'intérêt à court terme »*[1]. Elle a également assuré un rôle plus controversé en étant au *« centre du dispositif d'aide d'Etat »*[2]. La difficile conciliation de ces deux fonctions a conduit à la suppression des avances directes que la Banque centrale consentait aux trésors nationaux. Privés du financement monétaire de leurs budgets, les Etats de la zone se tournent de plus en plus vers des sources alternatives, en l'occurrence la titrisation de la dette sur les marchés financiers. Mais, la BCEAO reste un acteur incontournable dans la conduite des politiques budgétaires dans la zone. Non seulement elle a la charge de l'organisation matérielle du marché financier régional, mais elle participe également de façon indirecte au financement des trésors nationaux. Les instruments de politique monétaire, en l'occurrence le taux du refinancement de la Banque centrale adossé aux titres publics, ont incidemment un effet sur le niveau d'endettement des Etats, pouvant dans certains cas, être assimilés à un financement monétaire des budgets nationaux. En outre, la défaillance des marchés financiers peut contraindre la Banque centrale à mener des actions plus volontaristes en vue de soulager le système financier. L'expérience a montré en effet que *« les marchés des capitaux ne sont*

[1] C. BORDES, « Introduction - La politique monétaire entre l'art et la science », *in La politique monétaire,* Paris, La Découverte, « Repères », 2008, p. 1. URL : www.cairn.info/la-politique-monetaire--9782707149527-page-3.htm.

[2] Le Professeur Jean-Pierre DUPRAT considérait que la Banque de France qui consentait également des avances au trésor public se trouvait au centre du dispositif d'aide d'Etat. Voir J-P DUPRAT, « La situation de la Banque de France après la réforme de ses statuts », *Revue de sciences financières*, n°2, avril-juin 1976, p. 398.

pas toujours et pas nécessairement efficients »[1]. C'est en ce sens qu'a été mis en place dans la zone UMOA, un fonds de stabilité financière destiné à pallier les éventuels défauts de paiement. Il ne s'agit là que d'un mécanisme conjoncturel dont la portée ne doit cependant pas être sous-estimée en ce sens qu'il constitue un pas vers le renforcement de l'intégration budgétaire avec comme acteur majeur, la Banque centrale.

[1] C. NOYER, « L'activité de Banque centrale dans un contexte de dette publique élevée », *op. cit.*, p. 11.

SINCERITE BUDGETAIRE ET NOMENCLATURE BUDGETAIRE : DEUX CONCEPTS ESSENTIELS A LA MODERNISATION DU SYSTEME BUDGETAIRE ET COMPTABLE DE L'ETAT AU MALI

Abdoulaye FOFANA

Maître Assistant à l'Université de Bamako (Mali)

INTRODUCTION

Alors que depuis le XVIIIe siècle, les principes budgétaires classiques[1], ont été consacrés pour les études ou l'exercice des fonctions financières, comme normes techniques, d'éthique et de déontologie, les concepts de sincérité et de nomenclature budgétaires, n'ont obtenu une consécration législative expresse dans la gestion budgétaire et comptable de l'Etat qu'avec la loi organique portant loi de finances en France (LOLF)[2] de 2001, en son article 27 *in fine*[3]. Cette loi, qui a permis de mettre en exergue ces deux concepts, eut l'effet d'une révolution « copernicienne », sur la gestion budgétaire et comptable de nombreux Etats, comme ceux de l'espace UEMOA, dont le Mali. L'engouement qui en est résulté pour le changement, a magnifié davantage les concepts de sincérité et de nomenclature budgétaires, qui interagissent dans le système[4] budgétaire et comptable public, c'est-à dire les finances publiques.

En effet, il suffit de sonder l'étymologie des deux mots pour s'en apercevoir. La sincérité, ayant pour origine le mot latin ***sincerus***, traduit la qualité de quelqu'un qui s'exprime sans se déguiser ; et la nomenclature en latin ***nomenclatura***, signifie désignation par le nom. Ce mot par extension désigne aussi un ensemble de termes techniques, propres à une discipline, comme la chimie.

Au-delà de cette précision sémantique, ces deux concepts sont approximativement synonymes et complémentaires, au plan des techniques

---

[1] J-M. COTTERET et C. EMERI, *Le Droit budgétaire*, Paris, PUF 1972, p. 71.

[2] S. DAMAREY : *Droit de la comptabilité publique*: « … La loi organique n°2001-692 relative aux lois de finances du 1er août 2001, dite « LOLF », précise le cadre juridique d'adoption du budget de l'Etat en son article 27, aux termes duquel « l'Etat tient une comptabilité des recettes et des dépenses budgétaires et une comptabilité générale d'ensemble de ses opérations ». S'y ajoute « une comptabilité destinée à analyser les coûts des différentes actions engagées dans le cadre des programmes ».

Cette dernière approche est complétée par les dispositions du décret n° 2012-1246 du 7 novembre 2012 sur la gestion budgétaire et comptable, dit « décret GBCP », qui a vocation à préciser les règles applicables en matière d'exécution des budgets publics ». Gualino éditeur, Lextenso éditions 2017.

[3] Article 27 de la LOLF *in fine* « :…Les comptes de l'Etat doivent être réguliers, sincères et donner une image fidèle de son patrimoine et de sa situation financière ».

budgétaire et comptable, comme le révèle le Plan comptable de l'Etat qui permet de découvrir le « Plan de comptes[1] ».

Sur ce plan, la sincérité est décrite comme l'application de la bonne foi ; c'est-à-dire des règles de prudence, des procédures légales et de bonne gestion, conformément à « la discipline budgétaire[2] ». Son application est toujours vérifiable dans le cadre d'une nomenclature qui classe les comptes en ordre suivant un code spécifique. Plutôt que d'en proposer une définition, l'Ordre des experts comptables français (OEC)[3] a lié le critère du principe de sincérité à certaines conditions[4], citées dans le système comptable OHADA, éditions 2003. Dans l'organisation de ce système comptable et juridique, la sincérité budgétaire trouve son répondant dans une nomenclature comptable générale, suivant une classification décennale. Chaque classe est divisée en comptes principaux numérotés de zéro (0) à neuf (09).

Dans cette optique, certains chercheurs[5] ont estimé que la nomenclature budgétaire est un cadre, une grille, où les crédits sont rangés par rubriques ;

---

[1] C. PEROCHON, *Comptabilité générale. Techniques quantitatives de gestion 1*. FOUCHIER 1995, p. 101.
« - Il faut préciser, par ailleurs, que l'ensemble des comptes utilisés par le comptable fait l'objet d'une classification que l'on retrouve dans le plan comptable général (PCG) qui contient à la fois la classification des comptes et l'ensemble des normes comptables conventionnelles admises par les institutions supérieures de comptabilité. En outre, « Au plan doctrinal, ..., le PCG retient le concept de l'image fidèle. La comptabilité doit non seulement satisfaire aux obligations de régularité (conformité aux règles et procédures), et de sincérité (application de bonne foi de ces règles et procédures) dans le respect de la règle de prudence (appréciation raisonnable des faits), mais encore refléter une « image fidèle » de la situation et des opérations...
La nomenclature des comptes de l'Etat a donc été adoptée pour réduire les particularités de cette comptabilité par rapport à celle des autres agents économiques, chaque fois que la spécificité manifeste de l'Etat ne s'y opposait pas ». *In Comptabilité de l'Etat. Ecole nationale du Trésor public*. Mise à jour par Claudine BAUCHET et Marc RODRIGUEZ. Directeurs départementaux du Trésor public. Juin 2002, p. 27.

[2] S. YONABA, « Le système financier des Etats africains francophones à l'épreuve de l'impératif de « discipline budgétaire. Réflexions liminaires », *in Réformes des Finances publiques & Modernisation de l'Administration* », Mélanges en l'honneur de Robert HERTZOG. Editions ECONOMICA 2011, pp. 619-632.

[3] O. SAMBE et M.I. DIALLO, *Système comptable OHADA*. Editions comptables et juridiques, Dakar 2003, p. 47.

[4] Le critère de sincérité est lié aux conditions suivantes : publication des comptes de façon claire et complète en respectant s'il y a lieu, la réglementation et les usages avec le souci de permettre aux utilisateurs de se faire une opinion suffisante sur la véritable situation de l'entreprise, c'est-à-dire chercher le caractère non trompeur de l'information.
- obtention des comptes suivant une procédure et une organisation complète adaptée à la nature et à la dimension de l'entreprise ;
- révision des comptes par des vérificateurs externes, conformément aux règles de diligence normale, ainsi qu'aux usages professionnels universellement admis permettant de contrôler la réalisation de la condition précédente ; *Idem*.

[5] F. DERUEL, J. BUISSON, *Finances publiques. Budget et pouvoir financier*. Dalloz, 13e édition mémentos, Paris 2001, p. 21.

d'autres ont établi implicitement un lien entre la nomenclature et la sincérité, en estimant que le budget est un état analytique qui présente les dépenses selon une nomenclature consacrée.

Pour sa part, le Professeur Lucie TALLIMEAU décrit l'interaction entre les notions de budget et de nomenclature en ces termes : « *Alors que le budget doit être une « maison de verre »* et que tout document budgétaire doit satisfaire à un *« idéal éternel »* de « *rationalité et intelligibilité,..., le reproche majeur que l'on peut adresser à la nomenclature, c'est qu'elle n'est pas d'une rationalité parfaite et manque de rationalité économique* [1]». C'est dire qu'il peut arriver des cas d'erreur d'imputation à cause de l'imprécision de certains chapitres ou de certaines lignes budgétaires, ou simplement de changement de programme de politique publique[2]. Une telle situation hypothèque toute perspective de croissance économique.

L'intérêt d'une étude cumulative des concepts de sincérité budgétaire et de nomenclature budgétaire, découle de leur rôle prépondérant et interactif dans l'exécution transparente des comptes budgétaires de l'Etat, pour un développement durable. Dans l'accomplissement de leurs rôles budgétaires, elles apparaissent comme deux règles précieuses, tant dans la phase de l'élaboration que dans la phase de l'exécution. Elles permettent ainsi d'écarter des propositions d'amendements[3] insincères, ou des modifications irrégulières des crédits à l'occasion des opérations budgétaires. Tout comme, dans l'arrêt Nicolle[4], elles permettent aux juridictions financières de mieux situer la responsabilité du comptable public, ou de l'ordonnateur à la suite du paiement d'un mandat frauduleux, sinon fictif, ou simplement d'une gestion de fait. Aussi, peut-on en déduire que les principes de sincérité et de nomenclature

---

[1] L. TALLINEAU, « Paul REUTER, Juriste financier », *in* Mélanges en l'honneur de R. HERTOG, *Réformes des Finances Publiques & Modernisation de l'Administration*. Editions ECONOMICA, 2011, p. 557.

[2] B. Perret, *L'évaluation des politiques publiques* : « ..., les textes officiels et les travaux académiques se réfèrent plus volontiers à l'évaluation de programme..., ces appellations sont trompeuses au regard de la diversité des pratiques... ». Collection *REPERE. La Découverte*. Editions La Découverte & Syros, Paris, 2001, p. 4.

[3] Article 49 de la loi n°96-060 du 4 novembre 1996 ; Tout amendement à un projet de loi de finances peut être formulé par les membres de l'Assemblée nationale. Cependant, ledit amendement doit tendre à la suppression ou à la réduction d'une dépense, à la création ou l'accroissement d'une recette et au contrôle des dépenses publiques. L'amendement formulé doit être dûment motivé.

[4] *Les grands arrêts de la jurisprudence financière :* « La doctrine de l'arrêt Nicolle. Dans notre système de comptabilité publique, le comptable est tenu d'exercer un contrôle en matière de dépenses. Il doit notamment s'assurer de la production, au soutien des ordonnances ou mandats de paiement, des pièces prévues par les nomenclatures ministérielles, qui doivent justifier le service fait. Mais, sur ce point, son contrôle est limité à l'existence et à la régularité extrinsèque des pièces justificatives. Les écrits administratifs, dûment signés, bénéficient d'une présomption d'authenticité et de sincérité... Le comptable qui a des doutes sur la sincérité des pièces de dépense et, ..., sur la réalité du service fait, doit s'ouvrir à l'ordonnateur... ». *GRANDS ARRÊTS*. EDITIONS DALLOZ 2014, n° 29-4, p. 273.

budgétaires, qui ont servi de règles du jeu pour la réalisation des opérations financières publiques, demeurent essentiels dans la modernisation du système budgétaire et comptable de l'Etat.

C'est ce qui reste à démontrer à travers les deux titres suivants : sincérité et nomenclature budgétaires, deux égéries du Parlement pour l'octroi des crédits budgétaires (I) ; Sincérité budgétaire et nomenclature budgétaire, deux gages pour la performance dans l'exécution des comptes budgétaires de l'Etat (II).

I- SINCÉRITÉ ET NOMENCLATURE BUDGÉTAIRES, DEUX ÉGÉRIES[1] DU PARLEMENT POUR L'OCTROI DES CRÉDITS BUDGÉTAIRES

« *Comment mieux faire entendre que la loi de finances de l'année se doit de remplir simultanément plusieurs fonctions, dont les natures diffèrent au point que leur comptabilité apparaît douteuse ? La première est d'offrir aux citoyens la synopsis dense et chiffrée qui éclaire au mieux l'action que l'Etat se propose de mener au cours des douze mois à venir. Seul un texte de nature syncrétique peut espérer y parvenir. La seconde est de faire en sorte que les parlementaires l'établissent avec méthode et, surtout, en gardant conscience de la nécessité de se conformer aux choses avant de songer à satisfaire les hommes..., de les ranger dans des nomenclatures mesurées. La troisième, enfin, est de fournir aux services administratifs, à qui incombent le recouvrement et la consommation des crédits, l'instrument approprié pour le travail quotidien. Cette fonction d'ordre en quelque sorte tayloriste, se lit du reste beaucoup moins dans le Journal Officiel que dans les documents internes de l'administration*[2]*...* ».

En définitive, le français M. Debré[3] a souhaité « *refaire un budget de l'Etat qui soit à la fois simple pour l'analyse du comptable, précis pour le vote du politique, et clair pour le jugement de l'économiste* », afin de trouver un compromis entre le Gouvernement et le Parlement dans l'œuvre d'élaboration du budget. Ce qui consolide l'interaction entre la sincérité budgétaire et la

---

[1] Selon le dictionnaire Petit Larousse 2010, Égérie est un nom mythique désignant la femme qui joue le rôle de conseillère auprès d'un homme ou d'un groupe politique, comme c'est le cas ici des principes de sincérité et de nomenclature budgétaires auprès du Parlement.

[2] J-C. DUCROS, « la structure bipartite de la loi de finances de l'année », Voir Mélanges en l'honneur de Monsieur le Professeur P-M. GAUDEMET, *Etudes de finances publiques*, ECONOMICA, Paris 1984, p. 147.

[3] A. FOFANA, *Direction du budget du Mali, instrument stratégique de prévision et d'exécution des finances publiques,* Thèse, *op cit*, p. 200.

nomenclature budgétaire pour mieux éclairer le Parlement[1], dans l'exercice de son pouvoir financier[2].

A- SINCÉRITÉ DE LA PRÉVISION[3] BUDGÉTAIRE POUR L'OBTENTION DE L'AUTORISATION PARLEMENTAIRE

L'Etat, à l'instar des ménages et des entreprises, établit son projet de budget avec une réelle cohérence et clarté, dans le but de justifier ses prévisions en recettes et dépenses. Par essence le budget, défini comme l'ensemble des comptes qui décrivent pour une année civile toutes les ressources et toutes les charges permanentes de l'Etat, suivant une nomenclature officielle, est sincère.

En effet, le choix budgétaire est toujours opéré à la suite d'un rite annuel, considéré comme une routine lourde et complexe. Il est caractérisé par les démonstrations scientifiques et théoriques effectuées par des technocrates de l'exécutif, répartis entre les grands services du ministère des finances. Ceux-ci sont doués d'une expertise avérée leur permettant de défendre facilement le projet de loi de finances, devant des parlementaires médusés et impuissants, peu initiés aux questions de finances publiques. « Son côté ésotérique, le long défilé des nomenclatures et des chiffres, les prises à partie polémique sur telle ou telle revendication catégorielle…, un débat général, minutieusement argumenté sur l'action de l'Etat et ses moyens. L'acte budgétaire est à, la fois cure annuelle de réévaluation et expression privilégiée des choix polémiques[4] ».

1- Sincérité de l'information budgétaire, fondement d'une prévision budgétaire réaliste

Pour que les comptes budgétaires publics puissent servir de sources d'informations[5] crédibles, exploitables tant pour les gestionnaires que pour les citoyens, ils doivent être retracés avec sincérité et suivant une nomenclature comptable. Ce qui peut être illustré par cette phrase de Gaston JEZE : « *Le budget doit être clair dans sa contexture, il ne faut pas croire qu'il n'y ait là*

---

[1] C. Maitre, *La mise à disposition des crédits budgétaires* : « *Dans la conception classique des Finances publiques, une dépense publique ne peut être exécutée par l'administration compétente que pour autant qu'elle ait été préalablement autorisée par le Parlement, ce qui donne le binôme suivant : Autorisation législative, exécution administrative, expression de la répartition des compétences entre Droit budgétaire et Comptabilité publique* ». Thèse. LGDJ, Paris, 1989, p.11.

[2] A. FOFANA, *Le pouvoir financier du Parlement*, Mémoire de DEA (Master 2), Soutenu à l'université du Mali, Faculté des Sciences juridiques et économiques en 2001, sous la codirection de S. YONABA et C. TOURE.

[3] La loi n° 2013-031 du 23 juillet 2013, portant approbation du Code de transparence dans la gestion des finances publiques, dispose en son point 4.1 que : Les budgets annuels sont réalistes et sincères tant dans leurs prévisions de dépenses que de recettes.

[4] J-B. TOULOUSE, J-F de LEUSSE, Y. ROLLAND, X. PILLOT : *Finances publiques & Politiques publiques*, ECONOMICA, Paris 1987, p. 65.

[5] La loi n° 2013-031 du 23 juillet 2013, portant approbation du Code de transparence dans la gestion des finances publiques, a consacré successivement ses points 6 et 7 à l'information du public et à l'intégrité des acteurs.

qu'une question de forme sans importance. En comptabilité, les formes sont essentielles, puisque c'est de leur simplicité que découlent les exposés fidèles et intelligibles, tandis qu'au contraire leur complication peut servir de voile aux erreurs et aux réticences ». Par conséquent, la production des comptes avec lisibilité et exhaustivité, donne plus de légalité et légitimité aux opérations comptables en perspective, tout en éclairant le Parlement dans ses prises de décisions budgétaires.

Traditionnellement, le principe de sincérité budgétaire s'attache aux informations relatives aux données chiffrées, et aux réalisations des prévisions de politiques publiques inscrites dans la prévision du projet de loi de finances que le Parlement doit examiner. Sans être inscrite expressément dans les anciennes lois de finances, la sincérité budgétaire est un principe surabondant. C'est parce qu'il est tacitement sincère, que tous les autres principes [1] visent implicitement la sincérité.

Selon le Professeur Gilbert ORSONI, ces principes avaient une double fonction, d'assurer la clarté des comptes publics et de permettre par voie de conséquence, leur contrôle le plus étroit par le Parlement. Historiquement, il est démontré que la mise en place d'un budget a coïncidé avec l'affirmation d'un pouvoir central fort, avant de devenir le symbole et l'incarnation de la démocratie représentative. Ce fut le cas d'abord en Grande-Bretagne avec la Magna Carta en 1215, puis en France avec la convocation des états généraux en 1789 et tout au long de la IIIe République et de la montée en puissance du Parlement. Ainsi, pour s'assurer du respect de la sincérité des documents et informations budgétaires, le Parlement soumettait le Gouvernement à des investigations rigoureuses.

Comme le budget de l'Etat est un acte politique, la prévision des choix budgétaires sur la base d'un cadrage macroéconomique sincère, a été appliquée aux dépens des autres méthodes citées.

2- Sincérité dans la formulation des hypothèses du cadrage budgétaire macroéconomique

Auparavant, le cadrage[2] du budget de l'Etat, s'effectuait sur la base d'un document qui présente les comptes économiques de la nation, appelés aussi

---

[1] C. BIGAUT, *Finances publiques. Droit budgétaire. Le Budget de l'Etat* : « *Les grands principes budgétaires ont été dégagés sous la Restauration lorsqu'ont été posés les principes du régime parlementaire.*
Ces principes budgétaires traduisent une volonté de contrôle des dépenses par le Parlement. Ils répondent à des préoccupations de sincérité d'honnêteté et de clarté pour quatre d'entre eux : les principes de juridiques de l'annualité, de l'unité, de l'universalité et de la spécialité budgétaire.
Un autre principe doit être ajouté : le principe politique d'équilibre. Ce dernier est, plus particulièrement l'expression d'une volonté de gestion prudente des finances publiques inspirée par une vision libérale du rôle de l'Etat... ». ELLIPSES, COPYRIGHT 1995, p. 49.
[2] « *Les orientations de politique budgétaire en 2020 tiennent compte de ce cadrage macroéconomique et des engagements pris par l'Etat aux plans interne et externe. Elles ont*

comptes prospectifs ou budget économique de la nation. Ces comptes cherchent à fournir un certain nombre de grandeurs précisant l'évolution économique pendant une période déterminée : produit national, revenu national, dépense nationale, produit intérieur brut, etc. Ces agrégats normalisés contribuent au plan statistique, à résumer l'activité des agents économiques. L'idéal recherché, pour éviter l'anarchie dans les choix d'orientation des décisions des autorités publiques, est de communiquer l'information économique juste et objective. C'est dire, qu'au-delà des paramètres et équations politiques ou corporatistes, le problème est informationnel et d'ordre économique[1].

Toutes les informations publiées dans ce document, sont fournies par l'ensemble des directions économiques et financières compétentes (budget, planification, statistiques, trésor, impôts, douanes, domaines, administration des biens de l'Etat, contrôle financier, etc.). Mais c'est à la direction de l'Institut national des statistiques (INSAT), qu'est réservée la compétence d'élaborer le compte économique de la nation, pour plus de sincérité dans la production des informations budgétaires. Celles-ci bénéficient d'une présomption de fiabilité et de sincérité, à cause des méthodes employées comme les enquêtes statistiques et les analyses économiques, à l'aide d'instruments économétriques et mathématiques.

Ce qui justifie l'importance de la note explicative qui accompagne les documents de projet de loi de finances au Mali, suite à une forte recommandation des députés, de la deuxième législature « 1997-2002 ». Ce document établit une orientation sincère des crédits suivant la nomenclature budgétaire traditionnelle en vigueur.

B- NOMENCLATURE TRADITIONNELLE : UN CADRE D'ORIENTATION SINCÈRE DES CRÉDITS BUDGÉTAIRES

L'importance de la nomenclature budgétaire traditionnelle, s'est fait sentir depuis l'acceptation du principe de la spécialité comme règle budgétaire analytique. « Ce principe établit..., les dépenses et les recettes selon une nomenclature détaillée et approuvée par le Parlement[2]... ». Le Professeur Eloi DIARRA a écrit que la spécialité des crédits « est l'une des grandes innovations

---

prévu un projet de budget, en recettes de 2 181,828 milliards et en dépenses de 2 604,568 milliards avec un déficit de 422, 740 milliards. Ainsi, les grandes masses du budget sont projetées sur la base des principaux agrégats macroéconomiques. » Ministère de l'Economie et des Finances du Mali. Projet de Loi de finances 2020, p. 3.

[1] P. SAMUELSON, *L'Economique* : Ce qu'est l'Economique... : « L'Economique recherche comment les hommes et la société décident, en faisant ou non usage de la monnaie, d'affecter des ressources productives rares à la production à travers le temps de marchandises et services variés et de répartir ceux-ci, à des fins de consommation présente et future, entre les différents individus et collectivités constituant la société ». Voir *L'Economique*, Tome 1 COLLECTION U, ARMAND COLIN, 6ème tirage 1969, p. 23.

[2] A. BAUDU, *Contribution à l'étude des pouvoirs budgétaires du Parlement en France. Eclairage historique et perspectives d'évolution.* Thèse. Dalloz 2010, p. 483.

de la Restauration. Elle s'est opposée au système de l'abonnement qui avait prévalu du temps de Napoléon 1er. Si celui-ci permettait le vote d'enveloppes globales dont le libre usage était laissé au pouvoir, la spécialité des crédits impose au contraire que la destination des crédits soit connue avant le vote du Parlement[1] ... »

Au plan technique, elle sert de cadre de classification sincère des crédits suivant une ligne budgétaire spécifique. « *Une ligne budgétaire est une autorisation donnée à un service ou à un corps de services d'effectuer tel type d'opération à concurrence d'un certain montant et en respectant certaines règles. En principe, il est interdit d'effectuer une opération différente de celle qui a été autorisée, d'engager des opérations au-delà du montant de l'autorisation accordée, et de violer les règles établies.... Une ligne budgétaire se définit par un certain nombre d'éléments que les nomenclatures s'efforcent de présenter de façons diverses en fonction des besoins anciens et nouveaux des pouvoirs publics.* »[2]

La nomenclature budgétaire traditionnelle a joué un rôle de médiation dans le combat sempiternel qui a toujours opposé les pouvoirs législatif et exécutif autour de la détention du pouvoir financier de l'Etat. Son emploi permet d'équilibrer les règles du jeu, dans l'appréciation de la prépondérance de la spécialisation du vote parlementaire, face à la multiplication des interventions du pouvoir exécutif dans la modification des crédits budgétaires mis à disposition. Donc, il serait intéressant de présenter succinctement la nomenclature traditionnelle avant d'évoquer, sa relativité dans le suivi de la gestion budgétaire.

1- Nomenclature budgétaire traditionnelle : un cadre de spécialisation des dépenses pour l'information du Parlement

Selon la définition de Sanoussi TOURE ; « *La nomenclature est la constituante de l'ordre intérieur d'un budget. Elle commande la présentation et la forme de toutes les opérations budgétaires et permet de spécifier chaque dépense dans une utilisation déterminée...* [3]». Pour une information précise du Parlement, la nomenclature budgétaire traditionnelle reproduisait les grandes divisions de la structure gouvernementale en ministère et à l'intérieur des ministères en services. Le budget énumérait également les chapitres de dépenses en groupes correspondant aux différents moyens mis à leur disposition.

---

[1] E. DIARRA, « Finances publiques et institution étatique ou institution et désinstitutionalisations des finances publiques : deux moments de l'Etat en France. ». *In L'institution. Passé et devenir d'une catégorie juridique*. J-P. BRAS (dir.), L'Harmattan, 2008, p. 241.

[2] A. PAYSANT, *Finances publiques*, 4e édition Armand Colin Editeur, Paris 1992, 1997, p. 120.

[3] S. TOURE, « *Le budget du Mali, sa conception, ses fonctions* ». Thèse. Editions Jamana 1994, p. 173.

La nomenclature d'exécution[1] des comptes ouverts en comptabilité générale, est inspirée du plan comptable général, qui définit les modalités de fonctionnement des comptes. Pour plus de transparence, il a été décidé de refondre la nomenclature budgétaire pour représenter les dépenses en fonction de leurs répercussions économiques et sociales. Dès lors, les dépenses de chaque ministère sont ventilées, selon des critères à la fois économiques et fonctionnels sous différents titres et parties. Les parties regroupent des chapitres eux-mêmes subdivisés en articles et paragraphes.

En pratique, la nomenclature traditionnelle fait du chapitre l'unité du crédit, pour garantir la spécialisation de l'autorisation budgétaire des dépenses qui n'est pas donnée en bloc ; mais détaillé par catégorie de crédit. Par conséquent, le crédit autorisé pour une dépense donnée ne peut être utilisée que pour cette dépense. Toutefois, il convient de noter que l'autorisation parlementaire vaut obligation de percevoir les recettes, conformément à la nomenclature. Par contre, en matière de dépenses, elle ne comporte pas d'obligation d'exécuter le crédit mis à disposition ; elle ouvre seulement une faculté de dépenser. Le doyen Gaston JEZE a illustré cette réalité budgétaire en ces termes : « *Le budget, dans les Etats modernes, est, pour toutes les dépenses et recettes publiques, une prévision et une évaluation, et, pour certaines dépenses et recettes, une autorisation de les effectuer et de les recouvrer* [2] ». Ce qui amène à relativiser souvent, la traçabilité sincère de la nomenclature budgétaire traditionnelle.

2- Relativité du suivi de la nomenclature budgétaire traditionnelle dans la gestion de certains crédits budgétaires

Prévues pour veiller sur l'exécution de la loi de finances en toute transparence et loyauté, la sincérité et la nomenclature budgétaires, sont souvent incertaines dans la gestion des crédits budgétaires, dès leur mise à disposition[3] . « *Dès la promulgation de la loi de finances de l'année, le Premier-ministre prend des décrets portant, d'une part, répartition par article et paragraphe, pour chaque chapitre, des crédits ouverts au budget général et, d'autre part, répartition par comptes particuliers des opérations des comptes spéciaux du*

[1] La nomenclature d'exécution est codifiée de manière à décrire, sur la base d'autorisation donnée par le Parlement, les dépenses budgétaires par ministère et par chapitre, conformément à l'article 7 de l'ordonnance du 2 janvier 1959… En outre, elle permet un repérage plus fin, tant en ce qui concerne la désignation de l'ordonnateur, responsable de la dépense, que la classification fonctionnelle économique de la dépense suivie respectivement au niveau de l'article et du paragraphe. *In Ecole Nationale du Trésor. Comptabilité de l'Etat.* Mise à jour par Claudine BAUCHET, Marc RODRIGUEZ, Directeurs départementaux du Trésor public, juin 2002, p. 66.

[2] G. JEZE, *Eléments de la science des finances et de la législation financière française*, t1, Paris, Girard et Brière, 1902, p.11.

[3] C. MAÎTRE, *La mise à disposition des crédits budgétaires*, LGDJ, Paris 1989.

Trésor [1];.. ». Pour Christine MAÎTRE[2], si paradoxal qu'elle puisse paraître au plan théorique, l'autorisation des dépenses, n'est pas génératrice des dépenses publiques ; bien qu'elle soit la cause des recettes publiques, en référence à la formule du doyen G. JEZE : « *Il y a des dépenses, il faut les couvrir* ».

La notion de crédit s'entend comme une autorisation de dépenser. Pendant longtemps, les anciennes lois de finances par souci de sincérité, précisaient que : « *les dépenses ne peuvent être engagées et ordonnancées que dans la limite des crédits ouverts*[3] ». En suivant cette logique, les crédits limitatifs sont le droit commun des crédits, et ne doivent pas être dépassés dans les conditions normales. Ce caractère limitatif des crédits incarne un aspect de sincérité, qui est fondamental pour le respect de l'autorisation budgétaire. De même, il sous-entend l'existence d'un plafond auquel le gouvernement doit se conformer pour ne pas dépasser ses propres capacités dans le financement de ses dépenses. Dans cette optique, les dépenses sur crédits limitatifs ne doivent être engagées et ordonnancées que dans la limite des crédits ouverts, et ceux-ci ne pouvant être modifiés que par une loi de finances.

Mais, compte tenu de la complexité de la gestion des lois de finances, le ministre en charge des finances, dispose pour le compte du gouvernement, d'un pouvoir discrétionnaire dans la gestion des crédits. Ce qui l'exonère de toute obligation d'application scrupuleuse des principes de sincérité budgétaire. Par conséquent, plusieurs modifications de l'autorisation parlementaire existent, comme : les cas de régulation budgétaire ou d'annulation de crédits ; ou les cas de transport en cours d'année de certaines dotations d'un chapitre à un autre à travers des virements de crédits et des transferts de crédits. C'est pourquoi, il fut un temps, où l'exécutif abusait de la spécialité budgétaire, pour multiplier les chapitres dans la nomenclature budgétaire, selon le Professeur Paul

---

[1] Article 54 alinéa 1 de la : Loi 96-060 du 4 novembre 1996, relative à la loi de finances.

[2] C. MAÎTRE : « Les procédures de mise à disposition ont pour finalité d'attribuer à chaque ministre, en début, puis en cours d'exercice, les crédits nécessaires tant au fonctionnement de son administration, qu'à l'application dans son département, du programme gouvernemental : on entre alors dans la phase normale d'« utilisation» des crédits par le ministre, qui va ainsi exécuter, au nom du gouvernement, le budget dont il a la responsabilité politique…

…, il serait logique de penser que le droit d'utilisation des crédits, que sous-entend le principe même de la mise à disposition, signifie également, à l'égard du ministre, « liberté d'utilisation » …

Concrètement, cette notion de « liberté » implique qu'il possède le droit de décider seul l'engagement ou le non-engagement de ces crédits, en relation avec son contrôleur financier central[2]…maître de sa décision d'engagement des crédits…En théorie,…, c'est à lui que s'applique le principe « Autorisation de dépenser n'est pas obligation de dépenser ». En réalité, des procédures de nature gouvernementale existent, qui permettent à l'Exécutif de freiner, voire d'interdire au ministre l'emploi de ses propres dotations… ». *Idem*, pp. 265-266

[3] Ainsi, l'alinéa 1er de l'article 11 de l'ancienne loi 96 -060 au Mali disposait que : Les crédits sont évaluatifs, provisionnels ou limitatifs, et chaque catégorie fait l'objet de chapitres distincts. Ce texte précise, par ailleurs, que tous les crédits qui ne sont pas dans les catégories de crédits provisionnels ou évaluatifs sont limitatifs.

AMSELEK[1]. Aussi, le Professeur N. MEDE[2]a-t-il affirmé que : « *La spécialisation intégrale des crédits dans la loi de finances de l'année est parfois difficile sinon impossible. Certains mécanismes permettent de passer outre la spécialisation absolue des crédits* ».

Un tel cas d'abus de droit en matière budgétaire, suscite l'envie d'une réforme des concepts de sincérité ou de nomenclature budgétaires à la lumière de cette analyse du Professeur Michel BOUVIER[3] et de ses coauteurs : « *Les raisons réelles de la réforme tient à la nécessité qui s'est finalement imposée à tous d'ajuster notre droit budgétaire aux évolutions... L'autorisation parlementaire avait perdu une grande partie de sa portée. La nomenclature budgétaire, calquée sur des structures administratives, privilégia les moyens au détriment des objectifs et des résultats. Certaines règles techniques du droit budgétaire étaient devenues inadaptées, ..., imposaient dans ce domaine, des révisions* ». Aussi, pourraient- elles être considérées comme des gages de la modernisation budgétaire et comptable de l'Etat ?

II- SINCÉRITÉ BUDGÉTAIRE ET NOMENCLATURE BUDGÉTAIRE : DEUX GAGES DE LA MODERNISATION BUDGÉTAIRE ET COMPTABLE DE L'ETAT

Jadis, on estimait que « *les comptes en désordre sont la marque des nations qui s'abandonnent* » ; ce qui a dû servir de prétexte pour justifier un Coup d'Etat militaire (*pronunciamiento*) au Mali[4]en 1968. En vue d'exorciser un tel tabou financier, fondé sur la fréquence des erreurs et fautes de gestion budgétaire ou comptable publique, l'Union économique et monétaire ouest africaine (UEMOA) a adopté une série de directives communautaires, dont les Directives n°1 portant Code de transparence, n° 6 / 97/ CM / UEMOA portant loi de

[1] P. AMSELEK, *Le budget de l'Etat sous la Ve République* : « Le budget général de 1966 comportait 1616 chapitres totalisant une masse de crédits égale à 100 994 millions de F, soit une moyenne de 62 496 827 F par chapitre. Il est à préciser que ces chiffres n'ont pas une importance juridique aujourd'hui compte tenu de l'érosion monétaire ». LGDJ, 1966, p. 288.

[2] N. MÉDÉ, *Finances publiques. Espace UEMOA / UMOA.* « *3. Les fonds spéciaux.* Le langage commun les appelle aussi « caisse noire » ou « fonds secrets ». ..., ont une destination conforme aux valeurs républicaines...Cependant, en raison de l'informalisation de sa gestion (transactions faites en liquide, absence de pièces justificatives, exemption de contrôle a posteriori), les fonds spéciaux se prêtent à des usages moins républicains : marchandisation du vote des électeurs, marchandisation du vote des députés, achat de plume dans les médias, entretien de cabinet de marabouts, etc. ». L'Harmattan-Sénégal, 2016, p. 205.

[3] M. BOUVIER, M-C. ESCLASSAN, J-P. LASSALE, *Finances publiques*, 16e édition 2017-2018. LGDJ. Lextenso 2017, p. 294.

[4] Au Mali, la mauvaise gestion des finances publiques a servi de prétexte à un groupe de militaires pour renverser un Gouvernement. Le porte-parole dudit groupe avait déclaré ce qui suit : « Je dis et je le répète : l'armée n'a pas l'intention de rester au pouvoir pour le pouvoir ; le redressement économique une fois terminé, elle se retirera discrètement dans la caserne...». Extrait de la déclaration du Président du Comité militaire de libération nationale, le lieutenant Moussa TRAORE, Essor n°5512 (18e année) du Mercredi 27 novembre 1968, p. 5.

finances et n° 7/99/CM/UEMOA portant règlement général sur la comptabilité publique.

Ces directives ont été harmonisées au Mali, par l'adoption des lois n°2013-31 du 23 juillet 2013 portant approbation du Code de transparence dans la gestion des finances publiques et n°2013-028 du juillet 2013 relative à la loi de finances. Des textes réglementaires dont le décret n° 2014-0694/P-RM du 12 septembre 2014 portant nomenclature budgétaire de l'Etat ou le décret n°2018-0009/ P-RM du 10 janvier 2018 relatif à la comptabilité publique, ont suivi cette réforme. Ce qui, par ricochet, a engendré une réforme systémique[1] de l'environnement institutionnel et juridique des finances publiques, en vue de réguler les opérations financières avec des informations[2] sincères conformes[3] à la nomenclature. Une telle volonté de contrôle, rappelle cette vision mythique de Napoléon Bonaparte lors de la refondation de la Cour des comptes en 1807 : « *Je veux que par une surveillance active, l'infidélité soit réprimée et l'emploi légal des fonds garanti*[4]». Dès lors, les juridictions financières de contrôle font du principe de sincérité « *une obligation universelle*[5] ».

Ce qui justifie les sous titres suivants : renouveau de la sincérité budgétaire et de la nomenclature budgétaire pour l'exécution performante de la comptabilité budgétaire de l'Etat (A) ; changement de nomenclature avec plus de liberté et de responsabilité des acteurs pour une gestion performante (B).

---

[1] La modernisation des finances publiques en gestion mode programme, a entraîné successivement l'adoption : d'une loi portant Code de transparence dans la gestion des finances publiques, et des décrets portant : règlement général sur la comptabilité publique; modalités d'accès aux informations et documents administratifs à la gestion des finances publiques et de leur publication ; nomenclature budgétaire de l'Etat ; tableau des opérations financières de l'Etat ; organisation de la gestion budgétaire en mode budget-programme ; plan comptable de l'Etat (PCE) ; des opérations financières de l'Etat ; etc.

[2] L'annexe de la loi n° 2013-031 du 23 juillet 2013 portant Code de transparence au Mali, dans la gestion des finances publiques, dispose en son point 6.1 que « *La publication, dans les délais appropriés, d'informations sur les finances publiques est définie comme une obligation légale de l'administration publique* ».

[3] « A- Régularité et sincérité...Les états financiers présentés par les SFD doivent être conformes aux règles et procédures en vigueur : obligation de régularité.
L'obligation de sincérité est l'application de la bonne foi de ces règles et procédures en fonction de la réalité et de l'importance des opérations réalisées ». Voir Référentiel comptable spécifique des systèmes financiers décentralisés de l'UEMOA. 1ère édition, Presses de l'imprimerie de la BCEAO. Août 2009, p. 9.

[4] J-Y BERTUCCI et S. MOATI, *La Cour des comptes « Ouvrez et voyez »*. Gallimard 2006, p. 32.

[5] B. CIEUTAT, « Le rôle de la Cour des comptes en matière de transparence financière ». in *La bonne gouvernance des finances publiques dans le monde*. Actes de l'IVe Université de printemps de Finances publiques. Sous la direction de M. BOUVIER. LGDJ. Lextensoéditions 2009, pp. 237-243.

A- Renouveau de la sincérité budgétaire et de la nomenclature budgétaire pour l'exécution performante de la comptabilité budgétaire de l'Etat

L'innovation de la sincérité budgétaire, pourrait s'analyser suivant la vision « *légale rationnelle* » de MAX WEBER[1]. Elle traduit l'engouement des pouvoirs publics pour la réforme de la sincérité budgétaire et de la nomenclature[2], considérée comme un gage de sécurité pour la gestion des politiques publiques.

1- Nouvelle sincérité budgétaire, un gage de sécurité pour la gestion des politiques publiques

Depuis longtemps, dans « *la trilogie ordre-droit-désordre*[3] », la sincérité de la gestion du budget dit de moyen reposait sur une conception manichéenne, illustrée par cette métaphore de Victor HUGO[4]: « *Le budget, monstre énorme, admirable poisson, à qui de toutes parts, on jette l'hameçon, et qui, laissant à flots l'or couler de ses plaies, traîne un ventre splendide, écaillé de monnaies* ».

Aussi, la réforme de la gestion budgétaire et comptable au Mali, exige-t-elle l'organisation d'un cadrage[5] macroéconomique sincère, reflétée fidèlement dans une nomenclature d'exécution des dépenses publiques, conforme à la conception du Professeur Wagner[6].

---

[1] M. WEBER, *L'éthique protestante et l'esprit du capitalisme*. Flammarion 2000, p. 394. Voir Thèse de F. Akhoune, *Le statut du comptable en droit public financier*, LGDJ, Lextenso éditions 2008, p. 4.

[2]« Introduite sous la Restauration...par la mise en place d'une nomenclature appropriée permettant de connaitre précisément le montant et la nature des opérations prévues par la loi de finances ». Les études de la documentation française, Le *budget de l'Etat, nouvelles règles, nouvelles pratiques*, sous la direction de C. Waline avec P. Desrousseaux et S. Godefroy, la documentation française, Paris, 2006, p. 30.

[3] Voir K. GAKOU, « La trilogie ordre-droit-désordre : une quête de sens continuelle », dans *l'inversion sociale : un défi au droit et à l'ordre*. Sous la direction de : S. TRAORE, B. CAMARA et O. DEVAUX. Presses de l'Université de Toulouse 1 Capitole, Copyright et diffusion 2015, p. 223.

[4] V. HUGO, « Les chants du crépuscule. Notes et festins », *in V. HUGO, Œuvres complètes*, Paris, Michaud, 1843, p. 70.

[5] Voir Loi 2013-028 du 11 juillet 2013, titre V, article 51 qui dispose entre autres : « Le projet de loi de finances de l'année est élaboré par référence à un document de programmation budgétaire et économique pluriannuelle couvrant une période minimale de trois ans ».
Sur la base d'hypothèses économiques précises et justifiées, le document de programmation budgétaire et économique pluriannuelle évalue le niveau global des recettes attendues de l'Etat, décomposées par grande catégorie d'impôts et de taxes, et les dépenses budgétaires décomposées, par grande catégorie de dépenses...

[6] A. WAGNER fut professeur à l'Université de Berlin et spécialiste de finances publiques et d'économie. Il a formulé une « loi de l'activité croissante de l'activité publique ou de l'Etat » dans son ouvrage intitulé Fondements de l'économie politique dans lequel il est écrit : « Des composantes dans l'histoire et dans l'espace, montrent chez les peuples en voie de progrès un

A cet effet, un nouvel article[1] spécifique sonne le glas au nouveau[2] principe de sincérité budgétaire, en ces termes : « *les prévisions de ressources et de charges de l'Etat doivent être sincères. Elles doivent être effectuées avec réalisme et prudence, compte tenu des informations disponibles au moment ou le projet de loi de finances est établi* ». Suivant cette logique, la loi organique française (LOLF)[3] a introduit par la notion de « *justification au premier euro* », pour expliquer l'intégralité des déterminants de la dépense publique.

A cette condition, le Parlement accordera une confiance totale aux gestionnaires de programmes, lors de la présentation et du vote des crédits budgétaires. En contrepartie, ceux-ci bénéficient d'une large marge de manœuvre lors du processus d'exécution de leurs programmes. Toutefois, chaque responsable de programme sera contraint de respecter le montant total des crédits du programme, ainsi que le plafond fixé pour les dépenses de personnel, et d'honorer les engagements pris en vue d'exécuter ses crédits avec de bons résultats, conformément à un Projet annuel de performance (PAP). Ce projet, permet de vérifier la sincérité de l'exécution des crédits budgétaires sur la base d'un Rapport annuel de performance (RAP), joint au projet de loi en vue du contrôle parlementaire.

Au demeurant, le renouveau de la sincérité budgétaire, s'intègre dans l'organigramme administratif, prévu à l'article 4 du décret[4] n° 2017-0697 P-RM du 14 août 2017, portant organisation de la gestion budgétaire en mode budget-programmes. Il existe un niveau intermédiaire, correspondant à une structure

---

développement régulier de l'activité de l'Etat et de l'activité publique… Nous en avons la preuve manifeste et mathématique dans l'accroissement des besoins financiers de l'Etat et des communes », *in* M. BOUVIER, M-C. ESCLASSAN, J-P. LASSALE, *Finances publiques*, 17e édition 2018-2019, LGDJ Lextenso, p.77.

[1] Voir : Article 29 de la loi n° 2013-028 du 11 juillet 2013 relative aux finances publiques.

[2] S. YONABA, *Cours de finances publiques. (Eléments de droit budgétaire et de comptabilité publique)* : « Le renouveau de la sincérité budgétaire. C'est sans doute le dernier né des principes, que certains auteurs présentent comme étant la parfaite illustration du principe de transparence budgétaire et de bonne gestion financière ». Université de Ouaga II, Ouagadougou. Dépôt légal du 18 décembre 2015, p. 89.

[3] La LOLF prévoit que le budget de l'Etat est structuré au regard des finalités des politiques publiques et contrôlé sur la base de leurs résultats, au regard de l'analyse du coût et de la performance de chaque programme et action, que l'utilisation des crédits inscrits au budget sera justifiée « en base zéro » ou « au premier euro ». .

[4] Décret[4] n° 2017-0697 P-RM du 14 août 2017, Article 4 : Le programme, en tant que centre de responsabilité managériale, se décline en trois niveaux de gestion associés à trois types d'acteurs :

- un niveau stratégique géré par le responsable de programme ;
- un niveau intermédiaire rattaché au niveau stratégique qui correspond au Budget opérationnel de Programme géré par le responsable de Budget opérationnel de Programme ;
- un niveau de gestion opérationnelle rattaché au niveau intermédiaire qui correspond à l'unité opérationnelle de Programme gérée par le responsable d'Unité opérationnelle de Programme.

Le programme se décline en un ou plusieurs niveaux intermédiaires selon des critères institutionnels ou géographiques.

Le niveau intermédiaire se décline en un ou plusieurs niveaux de gestion opérationnelle.

administrative du ministère ou institution concerné, ou une direction régionale ou un établissement public. Il est institué un dialogue de gestion sincère, défini à l'article 10 du décret n° 2017-0697 en ces termes : *Le processus d'échanges et les modalités d'interactions qui s'établissent à la fois selon un axe horizontal constituent le dialogue de gestion. L'axe vertical représente le dialogue entre les niveaux stratégique, intermédiaire et opérationnel et l'axe horizontal prend en charge les échanges avec les services transversaux, comme dans la nomenclature moderne.*

Une charte de gestion par ministère ou institution, décrit et organise le dialogue de gestion, dont l'objectif est de fixer les rôles et responsabilités des différents acteurs. Ce qui conforte le renouveau de la nomenclature budgétaire.

2- Renouveau de la nomenclature budgétaire pour la performance et la sincérité

Pour souligner l'importance du renouveau de la nomenclature budgétaire, le Professeur N. MEDE, a écrit que « *La loi de finances est un document unique qui présente, selon une périodicité annuelle et conformément au canevas fixé par la nomenclature budgétaire, toutes les opérations de dépenses et de recettes de l'Etat*[1] ». Pour sa part, l'enseignant chercheur Yacouba OUEDRAGO[2], précise que : « *Dans l'espace UEMOA, la nomenclature budgétaire prévoit que les dépenses du budget général, des budgets annexes et des comptes spéciaux du Trésor sont présentées selon les classifications administratives, par programme, fonctionnelle et économique. Les classifications administrative, fonctionnelle et économique existaient déjà, mais sont mieux précisées dans les nouveaux textes financiers* ».

En somme, l'ensemble de ces définitions milite en faveur d'une nouvelle nomenclature détaillée, introduite dans la législation budgétaire et comptable du Mali avec le décret n°2014-0694/P-RM du 12 septembre 2014. Ce décret traduit l'impact de la nouvelle nomenclature, comme un miroir reflétant la sincérité de l'exécution budgétaire à l'attention de tous les acteurs financiers de l'Etat (parlementaires et gestionnaires), sans pour autant remettre en cause l'ancienne. Pour relativiser l'impact de la nouvelle nomenclature, le Professeur Eloi DIARRA a l'habitude d'utiliser cet adage latin : *Nil novi sub sole* (rien de nouveau sous le soleil).

Qualifiée de matricielle, cette nouvelle nomenclature présente les crédits des programmes par actions, en identifiant la destination de la dépense et par titre en précisant la nature des dépenses. Elle contribue aussi à l'amélioration d'une budgétisation sincère axée sur les résultats et à la mise en adéquation des

---

[1] N. MÉDÉ, *Finances publiques. Espace UEMOA/UMOA*, CREDILA. L'Harmattan Sénégal 2016, p. 159.

[2] Y. OUEDRAGO : « Le chantier de la nouvelle architecture budgétaire dans l'espace UEMOA ». Voire Mélanges en l'honneur de M. BOUVIER : *Les nouveaux chantiers des finances publiques en Afrique*. L'Harmattan. Sénégal 2019, p. 171.

moyens (intrant ou *input*), afin d'obtenir des prestations (extrant ou *output*). De même, elle retrace l'exécution budgétaire dans un seul système permettant de renseigner à la fois les données en comptabilité budgétaire et comptabilité d'exercice. Malgré cette qualité de sincérité et de fidélité dans la transmission des informations relatives aux opérations d'exécution, la nouvelle nomenclature est tenue de s'accommoder avec clarté et lisibilité au nouveau contexte de changement sincère, qui a bouleversé la gestion budgétaire et comptable de l'Etat.

B- Bouleversement sincère dans la gestion budgétaire et comptable de l'Etat pour le changement

La nouvelle loi de finances, qui attribue une grande marge de liberté aux gestionnaires de programme ainsi qu'une plus grande responsabilité, a occasionné un bouleversement dans l'organisation administrative, financière et comptable de l'Etat.

Désormais, « Le nouveau système de responsabilité repose sur la jonction dans une même main d'objectifs à atteindre et de moyens et dans la liberté d'emploi de ces moyens, avec pour contrepartie le fait d'assumer les résultats obtenus. Ainsi, est-il nécessaire pour chaque politique, c'est-à-dire pour chaque programme, d'identifier un responsable[1] ». Suivant cette logique, un responsable de programme est placé au niveau hiérarchique le plus élevé dans la chaîne de gestion du programme. A ce niveau, des objectifs globaux, fixés par le ministre ou le chef de l'institution, sont déclinés en objectifs spécifiques avec des indicateurs et résultats attendus pour chacun des programmes. A titre d'exemple, le Document de programmation pluriannuel des dépenses et Projet annuel de performance (DPPD-PAP 2020-2022) du Mali est bâti autour de 148 programmes, 337 actions, 468 objectifs et 1 144 indicateurs.

Néanmoins, l'une des difficultés de la mise en œuvre effective des principes de sincérité ou de nomenclature budgétaire, dans l'exécution de la loi de finances par programme, réside dans son architecture qui présente les crédits suivant un axe de destination, équivalent à une segmentation des politiques publiques engagées par l'Etat. Ce qui pose le problème de la gestion des programmes interministériels ou des services polyvalents, qui ne sera pas traité dans cette étude. Comme solution, l'OCDE[2] soumet l'ensemble de la procédure budgétaire à une démarche contractuelle, permettant de vérifier l'efficacité de la mise en œuvre des politiques publiques, ainsi que la compétence des responsables de programme dans leurs réalisations. Le type de contrat implicite qui en découle, ne tiendra point compte des rapports séculaires entretenus entre

---

[1] La LOLF : un nouveau cadre budgétaire pour réformer l'Etat, *idem*, pp. 209-210.

[2] Voir A. SCHICK, « l'Etat Performant : réflexion sur une idée entrée dans les esprits mais pas encore dans les faits » *Revue OCDE sur la gestion budgétaire*, vol. 3, n° 2, Paris, OCDE, collection « Gouvernance », 2003, pp 82 et suivantes.

le Parlement et le Gouvernement dans la gestion sincère des deniers publics, ni du principe dogmatique de la séparation des ordonnateurs et des comptables.

A la lumière d'un tel éclairage, on comprend pourquoi les lois de réforme budgétaire et comptable ont introduit des règles souples d'emploi des crédits fongibles, tout en réservant plus de responsabilités aux acteurs ayant en charge l'application des programmes.

1- Modernisation de l'exécution sincère des crédits budgétaires avec plus de souplesse de gestion et de marge de liberté aux gestionnaires

« *Toute autorisation de dépenses s'exprime dans le budget par ce qu'on appelle une ouverture de crédits*[1] ». Selon Louis Trotabas et Jean-Marie Cotteret : Le mot « crédit » exprime essentiellement « *la confiance en la solvabilité* » : le « *crédit public* » évoque donc la confiance en la solvabilité de l'Etat. De même que le crédit, dans les relations privées, engage un préteur à mettre une somme d'argent à la disposition d'un emprunteur,… de même le crédit public incite des préteurs à mettre des sommes d'argent à la disposition de l'Etat, parce qu'on le tient pour « honnête homme »[2].

En droit budgétaire, l'exécution d'une dépense publique par le pouvoir exécutif, est subordonnée à la mise à disposition d'un crédit par le pouvoir législatif[3]. C'est ainsi que, l'article 16 de la loi 13-028 du 11 juillet 2006 dispose : « Les crédits ouverts par la loi de finances sont constitués de crédits de paiement pour les dépenses de personnel, les acquisitions de biens et de services et les dépenses d'investissement et les contrats de partenariats publics privés ». Ce qui suppose que le législateur a voulu que des enveloppes de crédits globales et fongibles soient accordées aux ministères gestionnaires, sous forme de programme, dont la performance est vérifiable à partir des résultats.

Aujourd'hui, c'est le duo « *Autorisation d'engagement* [4]*(AE) et crédit de paiement* [5] *(CP)* » qui prend en compte l'ensemble des opérations d'exécution

---

[1] M. BOUVIER, M-C. ESCLASSAN, J-P. LASSALE, *Finances publiques*, LGDJ. Lextenso, 16e édition 2017-2018, p. 300.

[2] L. TROTABAS, J-M. COTTERET, *droit budgétaire et comptabilité publique*. Jurisprudence générale Dalloz 1972, p. 223.

[3] C. Maître, La *mise à disposition des crédits budgétaires* : Ainsi, dans ce contexte, l'autorisation de dépense relève-t-elle de la compétence incontestée et incontestable du Parlement. Thèse. LGDJ 1989, p.11.

[4] S. KOTT, estime que : « Autorisation d'engagement : …Pratiquement, l'établissement d'AE, repose sur la capacité à établir la durée d'une opération s'exécutant sur plusieurs exercices. Or certaines d'entre elles ne peuvent être circonscrites dans le temps, ce qui conduit à opérer une budgétisation selon la règle AE=CP… ». Voir FINANCES PUBLIQUES *Dictionnaire encyclopédique* 2e édition, sous la direction de G. ORSONI. Presses Universitaires d'Aix-Marseille. Editions ECONOMICA 2017. p. 77.

[5] E. DIARRA : « Lorsque le Parlement vote des crédits, il n'accorde qu'une ''autofiction de dépenser'', dépenser une certaine somme dont le montant est déterminé par le chiffre inscrit en face.

…La notion de crédit de paiement a évolué en droit budgétaire, corrélativement à la notion de crédits d'engagement ou d'autorisation dont elle est le versant ». *Voir FINANCES*

des dépenses publiques. Cette innovation est la conséquence de la globalisation des crédits, en droit financier moderne, appelée fongibilité des crédits. En guise de rappel, avant cette réforme, un volume de crédit était reparti à l'intérieur d'un chapitre donné pour couvrir des dépenses correspondant à l'intitulé dudit chapitre. C'est pour quoi à l'intérieur des chapitres du budget général, les crédits pouvaient être morcelés dans le désordre[1], notamment en la faveur des atténuations ou dérogations aux principes budgétaires. Ce qui est désormais impossible avec la gestion moderne par programme, où les crédits sont ventilés par titre de manière purement indicative, à l'exception des dépenses de personnel.

C'est dire que les responsables des cent quarante-huit (148) programmes de la loi de finances 2020 du Mali, bénéficient d'une autorisation globale en crédits budgétaires, qu'ils emploient avec une large marge de liberté. Mais, l'exception relative aux dépenses de personnel a enrichi le droit budgétaire d'une autre catégorie juridique appelée « fongibilité asymétrique ».

Cette expression signifie que les crédits de personnel ne peuvent en aucun cas être dépassés. Toutefois, ils peuvent servir à financer d'autres dépenses conformément à l'esprit de la loi n° 13-028 qui précise, entre autres, que les crédits de personnel sont assortis, par ministère, de plafonds d'autorisation d'emplois rémunérés par l'Etat. Ainsi, plutôt que de procéder à une répartition détaillée des emplois budgétaires par chapitre, l'autorisation parlementaire portera désormais sur la masse salariale de chaque programme, suivant un plafond d'autorisation d'emplois ministériel calculé de manière globale, quel que soit le statut de l'employé engagé par l'Etat. Ce qui offre une large marge de manœuvre aux gestionnaires de crédits, quant à l'appréciation juridique des règles statutaires ou la gestion de l'effectif des ressources humaines.

En définitive, l'ensemble des crédits fait l'objet d'autorisation d'engagement et de crédits de paiement. Les autorisations d'engagement constituent la limite supérieure des dépenses pouvant être juridiquement engagées au cours de l'exercice pour la réalisation des investissements prévus par la loi de finances. Elles correspondent à l'engagement juridique pris par l'Etat, quand bien même qu'elles pourront dépasser l'année en cours. Par contre, les crédits de paiement correspondent au paiement effectif en cours d'année, conformément à la loi n° 2013-028 qui dispose en son article 18 que : « *Les*

PUBLIQUES. Dictionnaire encyclopédique. 2e édition, sous la direction de G. ORSONI. Presses Universitaires d'Aix-Marseille. Editions ECONOMICA 2017. p. 279.

[1] B. CAMARA, *« La transition démocratique comme forme d'inversion sociale en Afrique de l'Ouest. Le cas du Mali »* : Le juriste ne crée rien ; il connaît, ou -- comme s'exprime le sens commun— il constate ; son rôle serait de (re) mettre de l'ordre dans le désordre ». Dans « 'l'inversion sociale : un défi au droit et à l'ordre. *Revue malienne des sciences juridiques, politiques et économiques de Bamako (REMASJUPE)* (Premier volume) , sous la Direction de : S. TRAORE, B. CAMRA ; O. DEVAUX, Presses de l'Université Toulouse 1 Capitole pp176-177.

crédits de paiement constituent la limite supérieure des dépenses pouvant être ordonnancées ou payées au cours de l'exercice ».

En vue d'aider les gestionnaires des deniers publics à maîtriser leurs engagements futurs, la nouvelle gestion budgétaire autorise les engagements pluriannuels des crédits, qui n'étaient autrefois réservés qu'aux dépenses d'investissement. Cette innovation permet aux gestionnaires de programme, de s'engager sur des objectifs associés auxdits crédits, dont la sincérité sera appréciée en fonction des résultats évalués par des indicateurs précis. *Nolens, volens*, ils doivent justifier les écarts entre les résultats de l'exécution par rapport au contenu du budget prévisionnel et rendre compte de la réalisation des objectifs visés. Aussi, le décret 2018-0009/P-RM du 10 janvier 2018 portant règlement général de la comptabilité publique a-t-il contribué à la modernisation de la comptabilité de l'Etat.

2- Modernisation de la comptabilité en adéquation avec les nouvelles conceptions de sincérité et de nomenclature budgétaires

La loi n°2013-028 et le décret n° 2018 du 10 janvier 2018 placent le budget de l'Etat et ses comptes sous l'égide du principe de la sincérité budgétaire. Cela sous-entend l'obligation de présenter les ressources et les charges de l'Etat en toute transparence, durant la discussion au Parlement ; et d'exiger que les comptes de l'Etat soient réguliers, sincères et donner une image fidèle de son patrimoine et de sa situation financière exacte. Pour toutes ces raisons, l'ancienne comptabilité de l'Etat fut abandonnée et remplacée par une triple comptabilité : « *l'Etat tient une comptabilité budgétaire, qui décrit ses recettes et ses dépenses ; une comptabilité générale, soumise à la certification de la Cour des comptes et une comptabilité d'analyse des coûts qui contribue à la mesure de ses performances*[1] ». Voici les trois comptabilités de l'Etat.

La comptabilité budgétaire reflète l'autorisation et la sincérité de l'exécution budgétaire, conformément à la nomenclature. Elle permet de connaître à chaque instant l'état de la trésorerie de l'Etat et de suivre l'autorisation budgétaire accordée par le Parlement. La particularité de cette comptabilité réside dans le fait que les recettes sont prises en compte au titre du budget de l'année au cours de laquelle elles sont payées. Par conséquent toutes les dépenses doivent être imputées sur les crédits de l'année considérée, quelle que soit la date de la créance. Ce qui ressemble à la conception du Professeur Michel PAUL qui a écrit que « *L'abandon de la spécialisation du vote des crédits par chapitre, loin de signifier la fin de la spécialité des crédits, marquerait au contraire, avec cette réforme, une étape importante dans la réaffirmation de la nécessité d'une*

[1] Voir : *Finances publiques, Dictionnaire encyclopédique*, (S. dir. G. ORSONI), Collection finances publiques dirigée par L. PILIP. Presses universitaires d'Aix-Marseille, 2e édition. ECONOMICA 2017, p. 172.

spécialité des crédits de la loi de finances, reposant sur une nomenclature claire et dépourvue d'ambiguïté »[1].

La comptabilité générale, pour sa part, retrace sincèrement l'ensemble des mouvements affectant le patrimoine, la situation financière et le résultat. Elle décrit la totalité des opérations financières de l'Etat, à savoir les opérations budgétaires, patrimoniales[2], de trésorerie, etc. Elle se distingue comme une comptabilité d'exercice. Ce qui signifie au plan technique que les produits et les charges sont rattachés non pas à l'année d'encaissement ou de décaissement, mais à l'exercice au cours duquel l'obligation est née. A titre d'exemple, si l'Etat passe une commande en octobre mais exécute le paiement l'année suivante, l'engagement sera comptabilisé au titre de l'exercice au cours duquel la commande fut effectuée. Cette comptabilité générale permet de décrire avec précision la situation patrimoniale réelle de l'Etat ; c'est-à-dire ce qu'il possède et ce qu'il doit.

La comptabilité d'analyse du coût des actions est destinée à compléter l'information du Parlement sur l'ensemble des moyens affectés aux différentes actions des programmes qui peuvent concerner les crédits budgétaires, mais aussi la part des dépenses indivises (fonction de soutien), coût des immobilisations corporelles (par exemple les immeubles dont l'Etat est propriétaire) etc. Aussi, permet-elle de reporter les moyens utilisés en fonction de l'objectif poursuivi et de la performance réalisée.

En somme, la réforme budgétaire, a permis d'établir une similitude entre les règles de la comptabilité générale, qui est une comptabilité d'entreprise et celles de la comptabilité publique, tout en prenant en compte des cas relevant de la spécificité de l'Etat. Ce qui valorise la réforme, qui fait de la sincérité et de la nouvelle nomenclature budgétaires deux règles essentielles, dans la gestion budgétaire et comptable de l'Etat. Selon Edward Arkwright[3], « *la loi de finances de l'année doit bien intégrer les conséquences financières des dispositions d'ordre législatif et réglementaire* ». Il faut ajouter que son exécution est assurée par un comptable public, qui doit exercer sa compétence, dans le respect scrupuleux du principe de sincérité et de la nomenclature budgétaire ou comptable appliquée. Selon l'article 15 du décret n°2018-0009/ P-RM du 10 janvier 2018 portant règlement général sur la comptabilité : « *Est comptable public tout agent public régulièrement habilité pour effectuer, à titre exclusif,*

---

[1] M. PAUL, « Le principe de la spécialité budgétaire, hier, aujourd'hui, demain », *in Les grands principes du droit budgétaire de l'Etat*, Cahiers de comptabilité publique. 1989N°1, Centre de publication de l'Université de Caen. 1989, p.93.

[2] N. MÉDÉ, « L'établissement d'une comptabilité patrimoniale de l'Etat au Bénin : avancées et contraintes » *in Logique de performance et pays en développement*, *Revue française de finances publiques*, n° 98-juin 2007. LGDJ 2007, pp. 109-118.

[3] E. ARKWRIGHT, « La réforme budgétaire. Quels changements pour la gestion et le contrôle des dépenses publiques ? » *Voir Budget de l'Etat et finances publiques*. Cahiers français 329. La documentation française p. 18.

au nom de l'Etat ou d'un organisme public, des opérations de recettes, de dépenses ou de maniement de titres, soit au moyen de fonds et valeurs dont il a la garde, soit par virement interne d'écritures, soit par l'intermédiaire d'autres comptables publics ».

Comme pour garantir la sincérité budgétaire, tout comptable doit prêter serment devant les tribunaux requis avant d'entrer en fonction et être astreint à la constitution de garanties. La formule du serment du comptable public au Mali est la suivante : « *Je jure de m'acquitter de mes fonctions de comptable public avec probité et fidélité, de me conformer exactement aux lois et règlements qui ont pour objet d'assurer l'inviolabilité des règles et le bon emploi des fonds publics* ».

Conclusion

« *…, quelle conclusion tirer de tous ces développements ? Que d'actions en justice peuvent être évitées dès que les personnes chargées d'appliquer les lois et règlements les respectent très scrupuleusement ! Cela ne supprime pas l'erreur de la défaillance humaine*[1], *mais en restreint grandement le champ*[2]*…* ». Rien de plus que cette citation du premier dédicataire des présents mélanges, le Professeur Eloi DIARRA, qui « *aimait bien dispenser* »[3] les principes de sincérité budgétaire, et de nomenclature budgétaire comme des « *règles financières précises et peu discutables* [4] » en droit budgétaire.

---

[1] H. PLOIX « Présentation…La réglementation peut-elle, à elle seule, définir ce qui est éthique ou non éthique en matière financière ? Les autorités réglementaires peuvent déterminer ce qui est permis ou pas permis mais l'individu doit aussi reprendre davantage conscience de ce qu'il peut faire faire sans portée négative pour autrui… ». Voir : *Rapport moral sur l'argent dans le monde 1994. Finance et confiance* ? Association d'économie financière. Editions P.A.U. 1994, p.10.

[2] E. DIARRA, « Les administrés et l'administration », *in La France face à la carte des droits fondamentaux de l'Union européenne,* sous la direction de Laurence Burgorgue-Larsen, Bruylant, Bruxelles, 2005, pp. 628-629.

[3] E. DIARRA, « Errances autour d'une révision constitutionnelle impossible », *in Gouvernance et réforme administrative*, Mélanges en l'honneur de Marc DEBENE, Presses universitaires d'Aix-Marseille PUAM 2018, pp 77-96.

[4] E. DIARRA, « Finances publiques et institution étatique, ou institutionnalisation et désinstitutionnalisation des finances publiques : deux moments de l'Etat en France », *in L'institution. Passé et devenir d'une catégorie juridique*, 2007, pp. 284-285

En outre, le Professeur Eloi DIARRA est réputé, à la fois, par son dévouement à la recherche scientifique et son aversion pour l'injustice. Aussi, s'est-il inscrit parmi les pionniers du Droit communautaire, suite à la soutenance de thèse de doctorat d'Etat sur les aspects financiers de la Communauté économique de l'Afrique de l'Ouest le 29 juin 1982, à Paris. « Homme de science au service des causes de son temps », sinon de celles de l'Université et de son peuple, il a initié la première Ecole doctorale au Mali. Le second dédicataire, le Professeur Salif YONABA, chargé de l'enseignement des Finances publiques à la première promotion de cette école, fut co-directeur de mémoire du souscripteur, de cet article aux mélanges DIARRA-YONABA. Caractérisés tous les deux, par leur passion pour la recherche, leur attachement au culte de la vertu, de l'intégrité morale et de la justice, ces deux professeurs, suscitent l'espoir d'un système universitaire africain de l'excellence évalué par le critère de la sincérité.

LA LOI ORGANIQUE N° 2014-336 DU 05 JUIN 2014 RELATIVE AUX LOIS DE FINANCES : UNE DOUBLE REFORME DES FINANCES PUBLIQUES EN CÔTE D'IVOIRE.

Sébastien LATH YEDOH
Agrégé de droit public
Roland Kigoiba SILUE
Doctor en droit public
Université Félix Houphouët-Boigny Côte d'Ivoire

Introduction

Les finances publiques sont inscrites dans un vaste mouvement de transformations qui est observable dans la grande majorité des États modernes. Tout naturellement, les États d'Afrique ne sont pas restés en marge de cette nouvelle dynamique[1]. C'est ainsi que dans l'optique d'améliorer l'efficacité de l'action publique et de renforcer la transparence dans la gestion financière, l'État de Côte d'Ivoire a pris la loi organique n° 2014-336 du 05 juin 2014 relative aux lois de finances publiques. Cette nouvelle loi financière est la pièce maitresse du dispositif qui internalise les mutations des finances publiques en Côte d'Ivoire.

D'une part, l'actuelle loi organique n° 2014-336 du 05 juin 2014 se substitue à la loi du 31 décembre 1959 qui était une copie presque conforme de l'ordonnance française du 2 janvier 1959 portant loi organique relative aux lois de finances[2]. D'autre part, elle s'inscrit dans le processus d'adaptation[3] et de transposition des directives du nouveau cadre harmonisé des finances de l'Union Économique et Monétaire Ouest Africaine (UEMOA) et « *pose clairement le cadre de l'ambition des pouvoirs publics de notre pays visant la transparence, la visibilité, mais aussi l'efficacité d'une gestion publique adaptée à notre environnement économique et financier* [4]». Elle se fond ainsi dans un vaste programme de réforme générale de la gouvernance publique à travers le « *basculement putatif dans la modernisation de la gestion financière publique* »[5]. En effet, « *dans le cadre de la reconstruction nationale, de la*

---

[1] Y. S. LATH, *Les évolutions des systèmes constitutionnels des États d'Afrique à l'ère de la démocratisation*, Thèse de doctorat en droit, Université de Cocody - Côte d'Ivoire, 2008.

[2] Avant la loi organique n° 2014-336 du 05 juin 2014 relative aux lois de finances, la Côte d'Ivoire, comme la majorité des États d'Afrique francophone, avait repris à son compte l'Ordonnance française n° 59-2 du 2 janvier 1959 portant loi organique relative aux lois de finances.

[3] F. TANO, « La rationalisation de la gestion budgétaire en Afrique : l'exemple de la Côte d'Ivoire », *RFFP* n° 98, juin 2007, p. 48.

[4] D. LAMIOT, « La DGCP et la LOLF : L'ambition de placer la nouvelle dimension comptable au cœur de la réforme de l'Etat », *La Revue du Trésor*, 86ème année, N° 7, juillet 2006, p. 454

[5] N. MÉDÉ, « réflexion sur le cadre harmonisé des finances publiques dans l'espace UEMOA », *in Afrilex*, 2ème numéro spécial finances publiques, juin 2012, P.7

relance économique et de la lutte contre la pauvreté, l'amélioration de la qualité de la gouvernance [s'est avérée] une exigence de portée indéniable »[1].

Au-delà de son actualité et de son importance, la loi n° 2014-336 du 05 juin 2014 relative aux lois de finances a suscité quelques interrogations relativement à sa qualification juridique. Cette loi pouvait-elle se hisser au rang d'une loi organique, alors même que la constitution ivoirienne ne prévoit pas formellement une loi organique relative aux lois de finances ?

Aux termes des dispositions constitutionnelles « *sont des lois organiques celles qui ont pour objet de régir les différents institutions, structures et systèmes prévus ou qualifiés comme tels par la Constitution*[2]». Sur ce fondement, il est évident que la loi n° 2014-336 du 05 juin 2014 relative aux lois de finances ne pouvait être qualifiée de loi organique. Cependant, de par son pouvoir d'interprétation, le Conseil Constitutionnel, s'appuyant sur le contenu de la loi organique n° 2014-336 du 05 juin 2014 relative aux lois de finances et tenant compte de ce qu'elle « *abroge et remplace la loi organique n° 59-249 du 31 décembre 1959 relative aux lois de finances* [3]», a déduit que ladite loi revêtait un caractère organique.

Cette position du juge constitutionnel pourrait, entre autres raisons, se justifier par la portée de la nouvelle loi organique qui se présente comme la consécration d'un processus « *de transfiguration progressive* [4]» et l'affirmation *« d'une réorganisation en profondeur des structures internes du système financier public*[5]*»*. Cela d'autant plus que les pouvoirs publics ivoiriens apportaient déjà des adaptations aux dispositifs existants en fonction de la conjoncture[6] dans le but d'assainir la gestion budgétaire.

La loi organique n° 2014-336 du 05 juin 2014 relative aux lois de finances ne remet pas en cause tout le dispositif antérieur. Car, « *le droit public financier s'est construit autour de principes budgétaires et comptables dont les origines sont anciennes, mais qui conservent aujourd'hui toute leur raison d'être* [7]».

---

[1] Secrétariat National à la Gouvernance et au Renforcement des Capacités, *Plan National de Bonne Gouvernance et de Lutte contre la Corruption (PNBG-LC) 2013-2017,* p.7

[2] Article 71 alinéa 6 de la constitution du 1er août 2000 ; puis reconduit par l'article 102 alinéa 1er de la Constitution du 16 novembre 2016.

[3] DECISION n°CI-2014-136/06-01/CC/SG du 06 janvier 2014 relative à la saisine par le Président de la République aux fins de contrôle de la constitutionnalité de la loi organique du 19 décembre 2013 portant code de transparence dans la gestion des finances publiques et de la loi organique du 19 décembre 2013 relative aux lois de finances.

[4] M. BOUVIER, « Inventer une nouvelle gouvernance financière publique : fonder l'État du XXIe siècle », Editorial, *RFFP* Spécial n° 100 – novembre 2007.

[5] M. BOUVIER, M-C. ESCLASSAN, J-P. LASSALE, *Finances Publiques*, LGDJ, 7ème édition, p. 274.

[6] F. TANO, « La rationalisation de la gestion budgétaire en Afrique : l'exemple de la Côte d'Ivoire », *RFFP* n° 98, juin 2007, p. 48.

[7] W. GILLES, *Les principes budgétaires et comptables publics,* LGDJ, lextenso éditions, Paris, 2009.

Toutefois, bien que les principes, hérités du droit financier public français, conserve toujours leur pertinence, il est apparu inéluctable de les réinventer.

Acte prévisionnel et « *expression d'une politique globale, un budget doit répondre à une double exigence de cohérence et de clarté* [1]». Sa mise en place doit donc obéir à un cadre rigoureux[2], d'où la nécessité des règles de l'unité, de l'universalité et de la sincérité budgétaire, progressivement instituées pour renforcer la clarté et la qualité de l'information financière. L'institution de ces règles dans le cadre de la philosophie de la séparation des pouvoirs, adoptée par la Côte d'Ivoire, a généré un certain type de relations interinstitutionnelles dans la procédure budgétaire. Ainsi, toute mutation de ces règles engendre forcément des changements profonds dans les rapports qu'entretiennent entre eux les pouvoirs législatif, exécutif et judiciaire dans la procédure budgétaire. Les transformations du cadre budgétaire ivoirien, impulsées par l'adoption de la loi organique n° 2014-336 du 05 juin 2014 relative aux lois de finances, ne sont donc pas restées sans conséquence sur l'équilibre des pouvoirs dans la procédure budgétaire.

En outre, la présentation du budget de l'État, c'est-à-dire sa structure, son architecture interne et l'ensemble des documents qui le composent et/ou l'accompagnent, doit *« permettre un contrôle parlementaire réel de l'action de l'exécutif et prendre en compte le contexte économique et financier de l'acte budgétaire ainsi que les équilibres financiers qu'ils présupposent* [3]*»*. Aussi, a-t-elle toujours été encadrée rigoureusement. Cette phase de la procédure budgétaire connait un renouvellement qui vise à l'adapter à la vision de la nouvelle loi organique relative aux lois de finances qui, contrairement à celle du 31 décembre 1959[4], contient des dispositions comptables applicables à la gestion des deniers publics. Ainsi, « *après avoir pendant longtemps été cantonnée dans la matière réglementaire, la comptabilité publique acquiert avec la* nouvelle loi *[*organique*]* relative aux lois de finances *une valeur législative, voire même quasi-constitutionnelle selon certains* [5]». Par ailleurs, ces dispositions consacrent de profonds chamboulements de la comptabilité publique, « *si bien qu'on peut parler de nouvelle comptabilité publique* [6]». Assurément, la loi organique du 5 juin 2014 relative aux lois de finances

---

[1] M. BOUVIER, M.-C. ESCLASSAN, J.-P. LASSALE, *Finances Publiques, Idem*, p. 23.

[2] W. GILLES, *Les principes budgétaires et comptables publics, Idem.*, p. 35.

[3] W. GILLES, *Les principes budgétaires et comptables publics, op. cit.*, p. 35.

[4] Ce sont les dispositions du décret du 30 décembre 1912, mis à jour par le décret 98- 716 du 16 décembre 1998 portant réforme des circuits et procédures d'exécution des dépenses et des recettes du budget général de l'État, des Comptes Spéciaux du Trésor et mise en œuvre du Système Intégré de Gestion des Finances Publiques qui ont défini les grandes lignes de la comptabilité publique ivoirienne.

[5] C. GUILLERMINET, « La nouvelle fonction comptable de l'État ou le devenir du principe de séparation des ordonnateurs et des comptables publics », *in Gestion et Finances Publiques* n°5-Mai 2010, p. 328.

[6] W. GILLES, *Les principes budgétaires et comptables publics, op. cit.*, p. 161.

modernise la comptabilité publique en vue de garantir « *la sincérité et la clarté de la gestion publique* [1]». En effet, « *complémentaires des données budgétaires, les informations comptables constituent (...) une source d'information indispensable à la bonne compréhension du système financier et donc de sa maîtrise*[2] ». La clarté et la sincérité de ces informations sont donc indispensables à une véritable modernisation de la gestion publique ivoirienne.

Aujourd'hui, les exigences de la nouvelle gouvernance financière publique, impulsées par le nouveau cadre harmonisé des finances publiques de l'UEMOA, ont nécessité une double transformation de ces principes budgétaires et comptables publics. Ce faisant, la loi organique du 5 juin 2014 relative aux lois de finances procède à un renouvellement des principes budgétaires (I), tout en opérant une revitalisation du cadre comptable (II).

I- La loi organique procède au renouvellement des normes budgétaires

L'ambition de moderniser la gestion financière publique inscrite dans la nouvelle loi organique relative aux lois de finances est traduite par les renouvellements des principes budgétaires (A) et des rapports entre les pouvoirs publics (B) dans la procédure budgétaire.

A-Un renouvellement profond des principes budgétaires

La présentation du budget a, traditionnellement, été régie par quatre grands principes. Il s'agit des principes d'annualité, d'unité, d'universalité et de spécialité. Ces principes sont l'objet de bouleversements profonds depuis l'adoption de la loi organique n° 2014-336 du 5 juin 2014 relative aux lois de finances. A ceux-ci, il convient d'ajouter le principe de sincérité consacré par cette nouvelle loi organique.

L'analyse des mutations de ces principes nous conduit à relever le renforcement des principes régissant la présentation du budget (1) et la refondation paradoxale des principes gouvernant les rapports entre les pouvoirs (2).

1- Le renforcement des principes régissant la présentation du budget

L'importance de la présentation du budget dans la résolution des difficultés liées à l'évaluation des recettes et dépenses et « *pour pallier toute incertitude qui pourrait résulter d'une maîtrise insuffisante des données financières* [3]» a fait de la rationalisation de cette phase de la procédure budgétaire un souci permanent. La prise en compte de cette préoccupation dans la loi organique du 5 juin 2014 se traduit par le renforcement des règles qui régissent la présentation du budget à travers la rationalisation des taxes parafiscales et des budgets annexes.

---

[1] W. GILLES, *Les principes budgétaires et comptables publics, Idem.*

[2] W. GILLES, *Les principes budgétaires et comptables publics, idem.*

[3] W. GILLES, *Les principes budgétaires et comptables publics, op. cit..*

D'abord, la nouvelle loi organique subordonne la création de taxes parafiscales par le gouvernement à une autorisation parlementaire. En effet, l'article 9 alinéa 2 de cette loi dispose que « *les taxes parafiscales (...) sont établies par décret pris sur rapport du ministre chargé des finances et du ministre intéressé après avis de la commission en charge des Affaires Economiques et Financières du Parlement* ». Ainsi, la possibilité[1] qu'avait le gouvernement de créer des taxes en s'exonérant du pouvoir préalable d'autorisation du parlement est désormais supprimée. La suppression de cette prérogative du gouvernement constitue un retour « *à l'esprit comme à la lettre* [2]» de l'article 71 de la constitution ivoirienne qui affirme que la loi « *fixe l'assiette, le taux et les modalités de recouvrement des impositions de toute nature »*. Elle permet d'éviter que les recettes acquises par le recouvrement de ces taxes et les dépenses auxquelles elles sont affectées échappent au budget de l'Etat.

Ensuite, la loi organique de 2014, contrairement à celle de 1959 qui n'identifiait pas le champ des budgets annexes[3], limite le domaine des budgets annexes aux seules « *opérations financières des services de l'Etat que la loi n'a pas dotés de la personnalité morale et dont l'activité tend essentiellement à produire des biens ou à rendre des services donnant lieu au paiement de prix* [4]*»*. Ainsi, doivent disparaitre tous les autres types de budgets annexes tels que « *les budgets annexes spéciaux d'investissement et d'équipement*[5] ».

En outre, cette loi organique de 2014 supprime les comptes hors budget[6]. Elle les remplace par les comptes spéciaux du trésor qui ne « *peuvent* [désormais] *être ouverts que par une loi de finances*[7] ». Par ailleurs, ces comptes feront dorénavant l'objet d'un encadrement plus rigoureux.

Par ces changements, cette loi organique participe de l'application stricte des principes de l'unité et de l'universalité qui veulent qu'aucune recette ou dépense ne se retrouve hors du budget et que le budget tienne dans un document unique.

---

[1] Article 8 alinéa 2 de la Loi organique n° 59-249 du 31 décembre 1959 relative aux lois de finances.

[2] F. MORDACQ, *La LOLF : un nouveau cadre budgétaire pour réformer l'Etat,* LGDJ, Paris, 2006, p. 111.

[3] Article 6 alinéa 2 de la Loi organique n° 59-249 du 31 décembre 1959 relative aux lois de finances.

[4] Article 33 alinéa 1 de la loi organique n° 2014-336 du 5 juin 2014 relative aux lois de finances.

[5] Article 19 alinéa 2 de la Loi organique n° 59-249 du 31 décembre 1959 relative aux lois de finances.

[6] Chapitre VI de la Loi organique n° 59-249 du 31 décembre 1959 relative aux lois de finances.

[7] Article 35 alinéa 1 de la loi organique n° 2014-336 du 5 juin 2014 relative aux lois de finances.

2- Une refondation paradoxale des principes gouvernant les rapports entre les pouvoirs publics

Les relations qu'entretiennent les pouvoirs publics, particulièrement l'exécutif et le législatif, dans la procédure budgétaire, sont encadrées principalement par les règles de l'annualité et de la spécialité.

La règle de l'annualité budgétaire signifie que l'Assemblée Nationale, à travers la loi de finances, autorise chaque année la perception de l'impôt, et que l'autorisation parlementaire des dépenses ne vaut que pour un an. Cette règle fut consacrée antérieurement par l'article 1er de la loi organique de 1959 relative aux lois de finances en Côte d'Ivoire qui dispose que *« pour chaque année les lois de finances déterminent la nature, le montant et l'application des ressources et des charges de l'Etat »*. Le principe de l'annualité budgétaire est repris par la loi organique 2014 relative aux lois de finances. L'article 2 de la nouvelle loi organique dispose en ses alinéas 1 et 4 que « *les lois de finances déterminent, pour un exercice, la nature, le montant et l'affectation des ressources et des charges de l'Etat. (...) L'exercice court du 1er janvier au 31 décembre* ».

Le télescopage de ces deux dispositions permet de constater un renforcement du principe de l'annualité. Dans le même temps, la nouvelle loi organique consolide le rôle des lois de finances rectificatives qui constituent des aménagements au principe de l'annualité. Ces lois rectificatives initialement prévues pour apporter de simples correctifs peuvent aujourd'hui substantiellement modifier la loi de finances initiale[1]. Mieux, des lois de finances rectificatives sont imposées pour ratifier les décrets d'avances éventuels[2].

Cette situation révèle un paradoxe de la nouvelle loi organique sur les finances publiques ivoiriennes. Ce paradoxe se confirme avec la suppression des autorisations de programme qui étaient « *valables sans limitation de durée jusqu'à ce qu'il soit procédé à leur annulation* [3]». Il en va de même des plans à moyen terme et des lois de programme[4]. Par ces suppressions, le législateur affirme clairement son souci de renforcer l'annualité budgétaire. Mais paradoxalement, il élève la pluriannualité au rang de principe. L'institutionnalisation de la pluriannualité réside dans les articles 53 et 54 de la loi organique qui inscrivent le budget dans une vision stratégique pluriannuelle. L'article 53 dispose que « *le projet de loi de finances de l'année est élaboré par référence à un document de programmation budgétaire et économique pluriannuelle couvrant une période minimale de trois ans* ». L'article 54 renchérit en prévoyant que « *les programmes s'inscrivent dans des documents*

---

[1] Article 5 alinéa 3 de la loi organique du 5 juin 2014 relative aux lois de finances.
[2] Article 25 alinéa 3 de la loi organique du 5 juin 2014 relative aux lois de finances.
[3] Article 20 de la loi organique du 31 décembre 1959 relatives aux lois de finances.
[4] Article 19 de la loi organique du 31 décembre 1959 relatives aux lois de finances.

de programmation pluriannuelle des dépenses par ministère, budgets annexes et comptes spéciaux cohérents avec le *document de programmation budgétaire et économique pluriannuelle visé à l'article 53 de la présente loi organique »*. Par ailleurs, la pluriannualité est mise en œuvre par de nouveaux éléments. Il s'agit notamment des autorisations d'engagements qui remplacent les autorisations de programmes.

Au même titre que le principe de l'annualité, celui de la spécialité, qui est le second principe régissant les rapports entre les pouvoirs exécutif et législatif dans la procédure budgétaire, a subi des changements refondant sa conception. Ce principe, qui exige que « *les crédits ouverts par la loi de finances soient affectés à des dépenses déterminées* [1]» implique que les crédits soient répartis de sorte que chaque crédit couvre définitivement une dépense précise. L'application stricte de ce principe suppose une nomenclature très détaillée qui ne correspond pas à celle adoptée par la nouvelle loi organique. En effet, l'intégration du modèle de la Gestion Axée sur les Résultats (GAR) dans la gestion budgétaire met en avant les objectifs assignés à chaque ligne budgétaire, afin que chaque dépense soit plus utile et plus efficace. Cette innovation repose sur le budget-programme qui est « *un nouveau cadre budgétaire, structurant la présentation des dépenses en regard des politiques publiques traduites en missions et programmes*[2] ». Dans ce budget, l'unité de spécialisation des crédits est le programme et le principe est que les crédits doivent être accordés en bloc par programme, avant d'être détaillés à l'intérieur. En conséquence, une plus grande liberté d'action a été reconnue aux gestionnaires publics.

Au demeurant, la loi organique a consacré la fongibilité des crédits. Désormais, les crédits budgétaires « *sont ouverts à titre indicatif à l'intérieur d'un même programme* »[3]. Les gestionnaires des crédits ont la liberté, dans certaines limites, de modifier la nature et la destination du crédit à l'intérieur d'un même programme[4]. Ainsi, le ministre sectoriel peut redéployer désormais par arrêté les crédits au sein du même programme afin de les adapter aux évolutions des besoins. Cette faculté de définir de nouveaux objets et natures des dépenses en cours d'exécution des programmes a pour objectif une optimisation de leur mise en œuvre. Toutefois, cette fongibilité des crédits est encadrée et contenue dans certaines limites. Il s'agit d'une fongibilité asymétrique c'est-à-dire que les crédits de personnel peuvent être utilisés pour d'autres natures de dépenses. Cependant, l'inverse n'est pas possible, car les crédits votés pour les dépenses de personnel dans un programme sont des crédits limitatifs. De même, les crédits votés pour toutes les autres natures de dépenses

---

[1] W. GILLES, *Les principes budgétaires et comptables publics, op. cit., p.* 101.

[2] Cour des Comptes, *La mise en œuvre de la loi organique relative aux lois de finances (LOLF) : un bilan pour de nouvelles perspectives,* synthèse du Rapport public thématique, novembre 2011, Paris, p. 7.

[3] Article 21 alinéa 2 de la loi organique n° 2014-336 du 5 juin 2014 relative aux lois de finances.

[4] Articles 22 et 23 de la loi organique n° 2014-336 du 5 juin 2014 relative aux lois de finances.

peuvent abonder les crédits d'investissements alors que ces derniers ne peuvent être rédirigés vers aucune autre catégorie de crédits. Toutes ces innovations ont pour conséquence un réaménagement des rapports qu'entretiennent les pouvoirs publics dans la procédure budgétaire.

B- Un renouvellement prudent de l'équilibre entre les pouvoirs publics

Le processus d'élaboration et d'exécution du budget est un processus « *à la fois technique et politique* [1]». Aussi, met-il en prise les pouvoirs publics notamment l'exécutif et le législatif. Dans un régime constitutionnel de séparation de pouvoirs comme celui de la Côte d'Ivoire, la procédure budgétaire doit en principe consacrer un équilibre des pouvoirs financiers entre le gouvernement et l'Assemblée Nationale. Mais, « *les règles budgétaires contenues dans la constitution* [ivoirienne] *et dans la loi organique ivoirienne du 31 décembre 1959 y relatives naturalisaient, en plusieurs points, l'idéologie de base de la constitution française de 1958 et de l'ancienne ordonnance française du 2 janvier 1959 par une rationalisation abrupte des pouvoirs de l'Assemblée Nationale*[2]».

La loi organique de 2014 relative aux lois de finances vient réaliser « *un bouleversement des relations interinstitutionnelles qui avaient cours dans la procédure budgétaire* [3]». Elle apporte des changements profonds qui viennent revaloriser le rôle budgétaire de l'Assemblée nationale. Ces nouveautés transparaissent dans l'amélioration de l'information de l'Assemblée Nationale (1) qui conduit à un rééquilibrage relatif des rapports entre les pouvoirs publics (2).

1- L'amélioration de l'information du Parlement

Le projet de loi de finances présenté au parlement conserve sa forme bipartite. Mais, la loi organique de 2014 instaure des modifications qui permettent « *une information plus lisible, complète et pertinente* [4]» du parlement.

La lisibilité est favorisée par la réorganisation du budget par politiques publiques. La loi organique prévoit que le budget soit présenté, voté et exécuté « *par destination de la dépense et non plus par sa nature* [5]». L'autorisation parlementaire du budget sera dorénavant « *donnée en fonction d'objectifs à*

---

[1] M. BOUVIER, M.-C. ESCLASSAN, J.-P. LASSALE, *Finances Publiques*, *op.cit.*, p. 305.

[2] P. N'DRI-THEOUA, « L'équilibre des pouvoirs dans la procédure budgétaire en Côte d'Ivoire », *Gestion et Finances Publiques n*°5/6 Mai - Juin 2015, p. 134.

[3] P. N'DRI-THEOUA, « L'équilibre des pouvoirs dans la procédure budgétaire en Côte d'Ivoire », *Idem.*

[4] F. MORDACQ, *La LOLF : un nouveau cadre budgétaire pour réformer l'État*, op. cit., p. 119.

[5] F. MORDACQ, *La LOLF : un nouveau cadre budgétaire pour réformer l'État*, *Idem*, p. 23.

atteindre, assortis d'indicateurs de performance [1]». Cela permet d'avoir un nombre moins important de crédits à voter et *« le débat est (...) recentré autour des politiques publiques et de la stratégie à conduire et donc (...) accessible à un plus grand nombre de parlementaires*[2] ». L'ancienne présentation par chapitres et par nature de recettes et de dépenses était « *très éclatée et détaillée*[3] », ce qui exigeait que les parlementaires aient de bonnes connaissances de cette nomenclature. Avec la nouvelle nomenclature, c'est une transformation radicale de la présentation du budget qui s'opère pour s'adapter à la nouvelle vision des finances publiques et faciliter la tâche des parlementaires. Si la nomenclature des recettes ne change pas fondamentalement, celle des dépenses connait une transfiguration. Les dépenses sont désormais présentées « *selon les classifications administratives, par programme, fonctionnelle, économique et par source de financement* [4]». La classification administrative a pour objet de présenter les crédits par services ou groupes de services, en budget programme, budget opérationnel et budget d'unité opérationnelle[5]. Quant à la classification par programme, elle permet la répartition des crédits au sein des ministères ; étant entendu qu'un programme peut regrouper tout ou partie des crédits d'une direction, d'un service, d'un ensemble de direction ou de services d'un même ministère[6]. S'agissant de la classification économique, elle implique de classer les dépenses par objectifs socio-économiques[7]. En ce qui concerne la classification par source de financement, elle permet d'identifier et de suivre les moyens de financement des dépenses budgétaires[8]. En tout état de cause, ces classifications impliquent des autorisations de crédits globaux et faciles à appréhender par les parlementaires.

Par ailleurs, le projet de loi de finances sera accompagné d'un plus grand nombre de documents budgétaires qui permettront une information plus complète du parlement. Le parlement devra avoir à disposition le traditionnel rapport économique et financier. Mais, l'article 45 de la nouvelle loi organique prévoit qu'il s'inscrive dans les perspectives d'évolution des finances, compte tenu « *des dispositions du Pacte de convergence, de stabilité, de croissance et solidarité* [9]» de l'UEMOA. Cette nouvelle loi organique impose également l'adjonction d'un plan de trésorerie prévisionnel et mensualisé du budget de

---

[1] M. BOUVIER, Marie-Christine ESCLASSAN, Jean-Pierre LASSALE, *Finances Publiques*, op.cit., P. 292

[2] F. MORDACQ, *La LOLF : un nouveau cadre budgétaire pour réformer l'État*, *Idem*, p.120.

[3] F. MORDACQ, *La LOLF : un nouveau cadre budgétaire pour réformer l'État*, *Idem*, p.119.

[4] Art. 4 du décret n° 2014-417 du 09 juillet 2014 portant nomenclature budgétaire de l'Etat.

[5] Art. 5 du décret n° 2014-417 du 09 juillet 2014 portant nomenclature budgétaire de l'Etat.

[6] Art. 8 du décret n° 2014-417 du 09 juillet 2014 portant nomenclature budgétaire de l'Etat.

[7] Art. 11 du décret n° 2014-417 du 09 juillet 2014 portant nomenclature budgétaire de l'Etat.

[8] Art. 14 du décret n° 2014-417 du 09 juillet 2014 portant nomenclature budgétaire de l'Etat.

[9] Art. 53 de la loi organique relative aux lois de finances de 2014.

l'Etat[1]. Elle étend enfin l'information du parlement à des annexes explicatives relatives aux crédits, auxquelles elle associe le projet annuel de performance de chaque programme[2] qui « *identifie la stratégie et les objectifs poursuivis dans le cadre de chaque programme*[3]». Ainsi, *« le Parlement dispose d'une information plus complète sur les déterminants de la dépense* [4]*»* lui permettant de contrôler les dépenses effectuées à l'aune des résultats obtenus par les gestionnaires des crédits.

Cette meilleure information est renforcée par la mobilisation du parlement en amont pour le débat d'orientation budgétaire. Ce qui conduit à une certaine réhabilitation des pouvoirs de l'Assemblée Nationale et une meilleure protection des contribuables, renouvelant ainsi les rapports qu'entretenaient les différents pouvoirs publics dans la procédure budgétaire.

2- Un rééquilibrage relatif des rapports entre les pouvoirs publics

Le rééquilibrage des pouvoirs dans la procédure budgétaire se caractérise principalement par un accroissement du rôle du Parlement. En effet, le contrôle parlementaire sur le vote des lois de finances s'est vu renforcer. D'abord, l'article 55 de la loi organique instaure un débat d'orientation budgétaire (DOB) à la fin du deuxième trimestre de l'année. « *Ce débat intervient avant le dépôt du projet de loi de finances initiale et peut donc influer sur les choix du Gouvernement. C'est l'occasion pour le parlement de peser sur les arbitrages gouvernementaux plus efficacement qu'il ne pourrait le faire au moment du vote du budget* [5]». Dans le cadre de ce débat d'orientation budgétaire, le Gouvernement est appelé à transmettre au Parlement le document de programmation budgétaire et économique pluriannuelle, accompagné des différents documents de programmation des dépenses prévues par la LOLF. Ce sont ces documents qui présentent l'évolution de l'économie nationale et les orientations des finances publiques qui feront l'objet du DOB devant l'Assemblée Nationale et le Sénat. Le Parlement ne sera donc plus absent au stade de la préparation du budget[6]. Aussi, le gouvernement ne pourra-t- plus réaliser cette étape de la procédure budgétaire en vase clos[7].

Pour autant, l'Assemblée nationale n'a pas été élevée au rang de contre-pouvoir au gouvernement dans la procédure budgétaire. En effet, les

---

[1] Art 45 de la loi organique relative aux lois de finances de 2014.

[2]F. MORDACQ, *La LOLF : un nouveau cadre budgétaire pour réformer l'État, op. cit.*.

[3] F. MORDACQ, *La LOLF : un nouveau cadre budgétaire pour réformer l'État, Idem,* p. 121.

[4] F. MORDACQ, *La LOLF : un nouveau cadre budgétaire pour réformer l'État*, Idem, p. 122.

[5] K. BEUGRE Amos et G. S. YAPI Ghislain, « les nouvelles directives de l'UEMOA : quelles innovations dans la gestion des finances publiques ? », Communication au séminaire de réflexion et de renforcement des capacités des ministères en charge des finances et du Budget, organisé les 21, 22, 23 mai 2014.

[6] P. N'DRI-THEOUA, « L'équilibre des pouvoirs dans la procédure budgétaire en Côte d'Ivoire », *art. précité*, p. 136.

[7] DA DAKOR, « la recherche de la transparence dans les reformes en finances publiques au Burkina Faso » *in Afrilex,* 2ème numéro spécial finances publiques, juin 2012, p. 11.

dispositions de l'article 55 de la loi organique n'imposent pas un consensus entre le Gouvernement et l'Assemblée. Aussi, le Gouvernement reste-t-il maitre de la procédure budgétaire. Et s'il doit y avoir un consensus, ce sera « *un consensus dirigé par le Gouvernement* [1]». Par ailleurs, l'Assemblée Nationale reste pourvue d'un « *pouvoir d'amendement (...) fort handicapé* [2]». Bien plus, ce pouvoir d'amendement avait même été enlevé à l'Assemblée Nationale, avec elle-même son consentement[3] à travers l'adoption du projet de loi organique en première lecture, le 19 décembre 2013. Fort heureusement, le contrôle exercé par le Conseil Constitutionnel, dans sa décision du 04 janvier 2014, fut salutaire. En effet, *« l'article 60 de la loi organique prévoyait la mise en vigueur du budget par ordonnance, mais omettait l'obligation de faire ratifier ladite ordonnance par l'Assemblée nationale convoquée en session extraordinaire, méconnaissant ainsi les dispositions de l'Article 80 de la Constitution*[4]*»*. Quant à l'article 61 de la loi organique, son *« alinéa 1er supprimait le principe du droit d'amendement des Députés, contrairement à l'article 78 de la Constitution qui consacre ce droit en l'assortissant de certaines restrictions*[5] *»*.

La revalorisation des pouvoirs de l'Assemblée Nationale réside également dans la mise à la disposition du public et la transmission au parlement de rapports trimestriels sur l'exécution du budget et l'application du texte de la loi de finances[6]. Cette revalorisation apparait également dans l'encadrement du délai de présentation du projet de loi de règlement. Le problème de vote tardif des lois de règlement est ainsi résolu et le projet de loi de règlement devient « *un élément du débat sur la loi de finances de l'année* [7]». Mieux, la nouvelle loi organique dispose que « *les informations et les investigations sur place que le parlement pourrait demander ne sauraient lui être refusées* [8]». Ce qui permet de surmonter les restrictions d'intérêt public que le gouvernement pouvait opposer à ses demandes conformément à l'article 88 du règlement de l'Assemblée nationale.

Une autre institution dont les pouvoirs ont été réhabilités est la juridiction financière. Elle devra être désormais placée à équidistance du Gouvernement et de l'Assemblée Nationale par la mise en place de la Cour des Comptes

---

[1] P. N'DRI-THEOUA, « L'équilibre des pouvoirs dans la procédure budgétaire en Côte d'Ivoire », art. précité, p. 135.
[2] R. HERTZOG, « Les pouvoirs financiers du Parlement », *in RDP,* n°1/2, 2002, p. 308.
[3] L'Assemblée Nationale avait adopté le texte en première lecture, malgré les amputations de son pouvoir d'amendement et d'autorisation du budget par ses articles 60 et 61.
[4] DECISION n°CI-2014-136/06-01/CC/SG du 06 janvier 2014 relative à la saisine par le Président de la République aux fins de contrôle de la constitutionnalité de la loi organique du 19 décembre 2013 portant code de transparence dans la gestion des finances publiques et de la loi organique du 19 décembre 2013 relative aux lois de finances.
[5] *Idem.*
[6] Article 88 alinéa 2 de la loi organique N° 2014-336 du 5 juin 2014 relative aux lois de finances.
[7] P. N'DRI-THEOUA, « L'équilibre des pouvoirs dans la procédure budgétaire en Côte d'Ivoire », *Idem,* p. 137.
[8] Article 88 alinéa 3 de la loi organique N° 2014-336 du 5 juin 2014 relative aux lois de finances.

indépendante conformément aux exigences de l'UEMOA. Cette dernière, dont le domaine de compétences s'est considérablement accru, contrôlera désormais les résultats des programmes et en évaluera l'efficacité, l'économie et l'efficience[1]. Elle devra aussi apporter son assistance à l'Assemblée Nationale dans le cadre du contrôle de l'exécution des lois de finances[2]. Elle donnera également son avis sur le système de contrôle interne et le dispositif de contrôle de gestion, sur la qualité des procédures comptables et des comptes ainsi que sur les Rapports Annuels de Performance[3]. Elle exercera un contrôle sur la gestion des administrations en charge de l'exécution des programmes et des dotations, et émettra des avis sur leurs Rapports Annuels de Performance. De plus, elle dispose du pouvoir de contrôler la gestion des ordonnateurs de façon directe[4], et non plus seulement par l'intermédiaire du jugement des comptes des comptables publics.

Toutefois, la réalité de cette rénovation du cadre budgétaire ivoirien est tributaire de l'application effective des nouvelles dispositions financières. Ce préalable est également valable pour les transformations subies par le cadre juridique de la comptabilité publique ivoirienne.

II- La loi organique opère une revitalisation du cadre comptable

La multiplicité des interventions publiques et la rareté des ressources publiques mettent les pouvoirs publics dans l'obligation d'instaurer des règles permettant une gestion transparente et rigoureuse des finances publiques, en vue de conforter la croissance économique[5]. Pour ce faire, la loi organique relative aux lois de finances impulse « *une nouvelle logique orientée vers les résultats et la performance* » qui se traduit par la redynamisation du dispositif de comptabilité publique (A) et la rénovation des modalités d'exécution du budget (B).

A- La redynamisation du dispositif de comptabilité publique

La redynamisation du dispositif de la comptabilité publique est réalisée par la transposition de normes comptables publiques internationales dans la comptabilité budgétaire de l'Etat et la consécration d'une comptabilité patrimoniale inspirée de principes de comptabilité des entreprises privées. Ces emprunts aux normes et référentiels comptables internationaux et privés ont eu pour conséquence le passage à une comptabilité d'exercice fondée sur un triptyque (1). Mais, la mise en œuvre de cette nouvelle comptabilité publique pourrait s'avérer difficile (2).

---

[1] Article 84 alinéa 6 de la loi organique N° 2014-336 du 5 juin 2014 relative aux lois de finances.
[2] Article 86 alinéa 2 de la loi organique N° 2014-336 du 5 juin 2014 relative aux lois de finances.
[3] Article 86 alinéa 1 de la loi organique N° 2014-336 du 5 juin 2014 relative aux lois de finances.
[4] Article 86 alinéa 3 de la loi organique N° 2014-336 du 5 juin 2014 relative aux lois de finances.
[5] Préambule de la Directive N°07/2009/CM/UEMOA portant Règlement Général sur la Comptabilité Publique au sein de l'UEMOA.

1- La consécration d'une comptabilité d'exercice ayant pour socle un triptyque comptable

La performance est la clé de voute de la nouvelle gouvernance financière publique. Cette nouvelle gouvernance financière publique, qui a pour socle la gestion axée sur les résultats, pose de manière cruciale la question du financement des politiques publiques. Elle met en exergue « *l'importance prise par les comptes de l'Etat tant en matière de transparence que de respect de nos engagements* [communautaires], *mesurés à partir de nos résultats comptables* [1]». Il parait alors clairement que l'exécution comptable doit se faire en respectant les principes de transparence.

Le législateur ivoirien a voulu témoigner de cette transparence dans l'utilisation des fonds publics. Aussi, la nouvelle loi organique modernise-t-elle la comptabilité publique en mettant en place une comptabilité d'exercice. Ce passage du système de gestion au système de l'exercice rapproche la comptabilité publique de la comptabilité des entreprises privées. « *A l'instar des comptes des entreprises qui sont établis conformément à un Plan comptable général, les comptes publics doivent désormais respecter une écriture normalisée* [2]». En effet, l'article 3 de la directive n° 09/2009/CM/UEMOA portant plan comptable de l'Etat (PCE) au sein de l'UEMOA dispose que « *la comptabilité générale de l'Etat s'inspire des normes internationales, notamment le Système Comptable Ouest Africain (SYSCOA). La comptabilité générale de l'Etat est mise en œuvre à travers le Plan Comptable de l'Etat-UEMOA (PCE UEMOA) annexé à la présente Directive.* »

Cette nouveauté s'inscrit dans la logique de transparence et de maîtrise des coûts qui sous-tendent la nouvelle gestion financière publique et repose sur *« une comptabilité à trois dimensions*[3] ». L'article 74 de cette loi organique dispose que *« l'Etat tient une comptabilité budgétaire et une comptabilité générale. (...). En outre, l'Etat tient une comptabilité des matières et une comptabilité analytique destinée à analyser les coûts des différentes actions engagées dans le cadre des programmes et dotations* ». Cette disposition consacre ainsi le triptyque, comptabilité budgétaire, comptabilité générale et comptabilité analytique.

La comptabilité budgétaire qui « *a pour objet de retracer, pour l'exercice concerné, les opérations d'exécution du budget de l'Etat en recettes et en dépenses, conformément à la nomenclature de présentation et de vote du budget*[4] ». C'est la comptabilité publique traditionnelle qui, en application du système de caisse, permet seulement de collecter les informations relatives à l'exécution des opérations budgétaires. Dans cette comptabilité budgétaire ne

---

[1] F. MORDACQ, *La LOLF : un nouveau cadre budgétaire pour réformer l'État, op. cit.*, p.291.
[2] W. GILLES, *Les principes budgétaires et comptables publics, op. cit.*, p. 162.
[3] M. BOUVIER, M-C. ESCLASSAN, J.-P. LASSALE, *Finances Publiques, op. cit.*, p. 414.
[4] Article 74 alinéa 2 de la loi organique N° 2014-336 du 5 juin 2014 relative aux lois de finances

sont retenus que les encaissements pour les recettes et les décaissements pour les dépenses. Au contraire, la comptabilité générale intègre les droits et obligations. En effet, « *la comptabilité générale de l'Etat a pour objet de décrire le patrimoine de l'Etat et son évolution. Elle doit être sincère et refléter une image fidèle de la situation financière de l'Etat. Elle est fondée sur le principe de la constatation des droits et obligations. Les opérations sont prises en compte au titre de l'exercice auquel elles se rattachent indépendamment de leur date de paiement ou d'encaissement* [1]». Dans la comptabilité générale, les recettes et les dépenses sont enregistrées dès la réalisation du fait générateur. Par ailleurs, elle n'enregistre pas seulement les opérations budgétaires, mais « *l'ensemble des opérations financières de l'Etat [et retrace] aussi bien les flux de créances et de dettes que le patrimoine de l'Etat* [2]». Enfin, la comptabilité analytique, « *destinée à analyser les coûts des différentes actions engagées dans le cadre des programmes et des dotations* [3]» vise à calculer les prix de revient de chaque action. Elle permet donc d'apprécier l'importance réelle des coûts des politiques publiques et de fournir une information plus détaillée au parlement et au citoyen.

Ce système comptable à trois dimensions parait correspondre le mieux aux objectifs de la nouvelle gestion financière publique. Il permet à la fois d'assurer une lisibilité immédiate des opérations budgétaires et de mettre en place un contrôle de gestion et une évaluation des performances de l'action publique[4]. Mais, la réalisation de ce système ne semble pas des plus aisées. Sa mise en œuvre soulèvera certainement des difficultés.

2- Les potentielles difficultés de mise en œuvre de la nouvelle comptabilité publique

Le choix du passage en comptabilité patrimoniale permet de disposer d'informations financières et comptables répondant aux exigences de transparence des comptes publics et de responsabilisation des gestionnaires. Cette nouvelle démarche permettra « *aux décideurs publics d'étayer leurs décisions sur des bases informationnelles fiables et exhaustives et en garantissant un contrôle efficace de leurs choix* [5]». Cependant, « *elle n'est pas la plus simple* [6]», car elle implique une comptabilité triptyque et hétéroclite de l'Etat qui pourrait rendre sa mise en œuvre difficile et onéreuse.

En effet, l'Etat, tout comme une entreprise productrice de biens et de services marchands, doit produire « *un bilan d'ouverture : état des lieux de ses créances*

---

[1] Article 74 alinéa 3 de la loi organique N° 2014-336 du 5 juin 2014 relative aux lois de finances

[2] W. GILLES, *Les principes budgétaires et comptables publics, op. cit.*, p. 164.

[3] Article 74 alinéa 4 de la loi de la loi organique N° 2014-336 du 5 juin 2014 relative aux lois de finances

[4] M. BOUVIER, M-C. ESCLASSAN, J-P. LASSALE, *Finances Publiques,* Idem, p. 415.

[5] F. MARTY, S. TROSA, A. VOISIN, « Les enjeux liés à l'adoption d'une comptabilité patrimoniale par les administrations centrales », *in Revue Internationale des Sciences Administratives,* n° 2006/2 (Vol. 72), p. 214.

[6] M. BOUVIER, M-C. ESCLASSAN, J-P. LASSALE, *Finances Publiques, op. cit.*, p. 414.

et de ses dettes, de stocks et de ses immobilisations[1] ». L'élaboration de ce bilan, qui doit être le document de référence pour la production des bilans ultérieurs, pose des difficultés tant en ce qui concerne le recensement du patrimoine de l'Etat que de son évaluation. Les composants de ce bilan actifs et passifs n'ont pas les mêmes sens que ceux de l'entreprise privée. Par exemple, les actifs et biens des entreprises ont généralement des prix appréciables sur le marché. « *S'il existe des actifs spécifiques, des biens dont l'usage est attaché à l'activité particulière de la firme et qu'elle aura des difficultés à revendre, ils conservent toutefois une valeur d'usage calculable* [2]». Par contre, l'Etat dispose de biens spécifiques qui constituent des actifs non évaluables. Par ailleurs, l'Etat «*possède un actif incorporel très particulier, la souveraineté* [3]» et son corollaire, la capacité de lever l'impôt.

Egalement, la notion de passif de l'Etat commande des solutions particulières à cause des divergences entre les modes des ressources de l'Etat et des entreprises. Ainsi, la mise en place d'une comptabilité patrimoniale de l'Etat peut avoir des effets pervers. Aussi, un tel basculement comptable ne peut se faire que dans le cadre d'une vaste réforme de l'action publique et constitue en lui-même une opération longue, coûteuse, dont le succès est largement conditionné à la formation et à l'adhésion des personnels[4]. Il implique forcément un bouleversement des modalités d'exécution du budget de l'Etat.

B- La rénovation des modalités d'exécution de la loi de finances

L'exécution de la loi de finances doit s'effectuer dans le respect de l'autorisation parlementaire pour garantir l'équilibre financier et économique. Diverses précautions sont prises pour empêcher les dérives et les malversations éventuelles des fonctionnaires chargés de l'exécution du budget. Aussi, l'exécution des lois de finances repose sur la règle de la séparation des ordonnateurs et des comptables publics. Le principe de la séparation des ordonnateurs et des comptables publics vise à garantir une exécution régulière, légale du budget et un contrôle de l'exécution du budget.

Le principe de séparation des agents d'exécution de la loi de finances a subi des modifications profondes avec l'option pour la comptabilité d'exercice faite par la loi organique n° 2014-336 du 5 juin 2014 relative aux lois de finances. En effet, les dispositions comptables de cette loi organique consacrent un

---

[1] N. MÉDÉ, « L'établissement d'une comptabilité patrimoniale de l'Etat au Bénin », *in RFFP* N° 98, juin 2007, p. 111.

[2] F. MARTY, S. TROSA, A. VOISIN, *Idem*, p. 220

[3] F. MORDACQ, *La LOLF : un nouveau cadre budgétaire pour réformer l'État, op. cit.*, p. 295.

[4] Voir le résumé de l'article de F. MARTY, S. TROSA, A. VOISIN, « Les enjeux liés à l'adoption d'une comptabilité patrimoniale par les administrations centrales », art. précité.

rapprochement entre les ordonnateurs et les comptables publics (1) et impliquent un assouplissement de la procédure de la dépense publique (2).

1- Un rapprochement des ordonnateurs et des comptables publics

« Véritable serpent de mer de la réflexion en matière de finances publiques, la question du devenir du principe de séparation ne cesse de faire régulièrement surface au gré des vagues successives de réformes ou d'expérimentations diverses[1]». En effet, ce grand principe de la comptabilité publique ne peut qu'être influencé par toute modification qui porterait sur les normes comptables et les procédures d'exécution du budget. Ainsi, les bouleversements produits par la nouvelle LOLF ne sont pas restés sans impact sur cet autre principe sacro-saint des finances publiques.

C'est « *un nouveau partage des rôles qui émerge des dispositions de la loi organique* [2]». La mise en place de la comptabilité d'exercice fait évoluer les rôles des ordonnateurs et des comptables publics vers « *une conception plus partenariale de leurs missions* [3]». En effet, la comptabilité d'exercice repose sur l'enregistrement des droits et obligations. Or, *« l'enregistrement des droits et obligations de l'Etat ne pouvant être réalisé qu'à partir du moment où ils pourront être évalués de manière fiable, c'est l'ordonnateur, parce qu'il constate la réalité d'une dette ou d'une créance au travers de la certification du service fait, qui se révèle être à l'origine des écritures comptables*[4] *»*.

Ainsi, les ordonnateurs interviendront plus directement dans la comptabilisation des dépenses. Il est vrai qu'en leur qualité de décideurs de l'exécution ou non des recettes et des dépenses, les ordonnateurs et les gestionnaires des crédits participaient déjà à la comptabilité. Mais avec les dispositions de la nouvelle loi organique qui « *renforce le rôle des gestionnaires dans la production des écritures comptables* [5]», on assiste au développement d'une plus grande interaction entre les gestionnaires et les comptables[6]. Aussi, l'une de ses grandes innovations est-elle la responsabilisation générale de tous les acteurs des finances publiques. Elle « *vise à responsabiliser davantage les*

---

[1] C. GUILLERMINET, « La nouvelle fonction comptable de l'État ou le devenir du principe de séparation des ordonnateurs et des comptables publics », art. précité, p. 328.

[2] N. MORIN, « L'évolution de la fonction de comptable dans le cadre de la LOLF », *in REPERES* N° 11, juillet – septembre 2006, p. 5.

[3] M. BOUVIER, M-C. ESCLASSAN, J-P. LASSALE, *Finances Publiques*, op. cit., p. 376.

[4] C. GUILLERMINET, « La nouvelle fonction comptable de l'État ou le devenir du principe de séparation des ordonnateurs et des comptables publics », *art. précité*, p. 329.

[5] N. MORIN, « L'évolution de la fonction de comptable dans le cadre de la LOLF », *art. précité*, p. 6.

[6] FONDAFIP - Association pour la Fondation Internationale de Finances Publiques, *Quel comptable pour les comptes publics au XXIème siècle ?*

gestionnaires de crédits en leur accordant une liberté accrue dans l'affectation des ressources [1]».

Cet « *échange entre liberté et responsabilité* [2]» est un gage de transparence dans la gestion budgétaire. En contrepartie de la gestion souple des crédits à l'intérieur des programmes et des plafonds, tous les ministères et institutions gestionnaires de programme, « *ont l'obligation de produire, à la fin de chaque exercice, leurs rapports annuels de performance de l'exercice et de les transmettre au ministre en charge des finances* [3]». Les comptables publics ne sont donc plus seuls à voir leur responsabilité personnelle engagée. Désormais, une responsabilité personnelle des contrôles qui incombe aux ordonnateurs et aux contrôleurs financiers dans l'exercice de leur fonction est consacrée[4]. Cette responsabilité peut être disciplinaire, pénale ou civile, sans préjudice des sanctions qui peuvent leur être infligées par la Cour des comptes à raison des fautes de gestion.

2- L'assouplissement de la procédure de la dépense publique

Le système du budget de moyens qui a préexisté à la LOLF de 2014 impliquait la centralisation de la chaîne de dépense publique et un mécanisme de contrôle financier axé sur la régularité des recettes et des dépenses. Mais, ce système a montré des insuffisances liées au ralentissement des procédures et des difficultés *« à encadrer de manière trop immédiate la responsabilité des gestionnaires*[5]». La loi organique relative aux lois de finances, en instituant, outre la fongibilité asymétrique des crédits, la déconcentration de l'ordonnancement des dépenses et la modulation des contrôles *a priori* des dépenses engagées, opte clairement pour plus de souplesse dans la procédure de dépense publique.

En effet, pour garantir une meilleure surveillance de l'utilisation des crédits autorisés, le législateur avait désigné le ministre chargé des finances comme l'ordonnateur unique des opérations des dépenses publiques du budget général de l'Etat et des comptes spéciaux du trésor. Il était le seul à pouvoir calculer le montant de la dépense et à donner l'ordre au comptable de payer. Mais, cette centralisation de l'ordonnancement dans les girons du ministère en charge des finances n'a pu favoriser l'efficacité. Elle a plutôt allongé les procédures d'exécution du budget et contribué à l'engorgement des services de ce

---

[1] J. ARTHUIS, « Rapport d'information sur l'état d'avancement de la mise en œuvre de la loi organique du 1er août 2001 relative aux lois de finances », *Annexe au procès-verbal de la séance du 9 juillet 2003,* n° 388, Sénat Français, session extraordinaire de 2002-2003.

[2] S. LOUA, « l'expérience française en matière de gestion budgétaire », *Magazine L'INTELLIGENT D'ABIDJAN*, Numéro Spécial 05, mai 2014, p. 14

[3] Article 51 de la loi organique n° 2014-336 du 5 juin 2014 relative aux lois de finances.

[4] Article 91 de la loi organique n° 2014-336 du 5 juin 2014 relative aux lois de finances.

[5] J. ARTHUIS, « Rapport d'information sur l'état d'avancement de la mise en œuvre de la Loi Organique du 1er août 2001 relative aux lois de finances », *Idem,* p. 68.

ministère, entamant ainsi l'efficacité de la chaîne de dépense par rapport à la trésorerie.

Conscients des méfaits de cette centralisation, les pouvoirs publics avaient déjà procédé à une certaine déconcentration de sorte que, les fonctions d'engagement et d'ordonnancement des dépenses de l'Etat étaient exercées au niveau de chaque ministère et institution par des directeurs des affaires financières (DAF) qui assuraient, par délégation du ministre, chef du département ministériel, le rôle d'ordonnateur. Ceux-ci pouvaient déléguer leurs pouvoirs d'ordonnancement et d'engagement à des ordonnateurs secondaires auprès des services déconcentrés au niveau local[1]. Mais, l'orientation nouvelle de la gestion publique vers la performance a nécessité d'amplifier cette déconcentration de l'ordonnancement. Ainsi, « *la LOLF consacre une déconcentration du pouvoir d'ordonnateur principal des dépenses de l'Etat qui incombait jusqu'alors au seul ministre chargé des finances*[2] ». Désormais, chaque ministre sectoriel ou président d'institution constitutionnelle sera ordonnateur principal des crédits des programmes ou de la dotation de son département ministériel ou de son institution[3]. Ce dernier pourra, à son tour, déléguer, d'une part, sa signature à des collaborateurs chargés de l'exécution de certaines dépenses centrales, d'autre part, ses compétences à des ordonnateurs secondaires parmi lesquels pourront figurer tout particulièrement les responsables de programme[4]. Egalement, cette nouvelle nomenclature de l'ordonnancement induit pour l'ordonnateur principal un pouvoir de fongibilité des crédits plus grand. Il pourra redéployer ses crédits à l'intérieur d'un même programme sans grande difficulté. L'affectation des crédits au sein des programmes n'étant pas rigide, mais simplement prévisionnelle[5]. En assouplissant ainsi la procédure d'ordonnancement, le législateur donne aux gestionnaires publics les moyens et la latitude d'agir pour le mieux dans le sens de leurs nouvelles responsabilités en matière de performance.

La volonté du législateur d'assouplir la procédure de la dépense publique se manifeste aussi à travers la possibilité offerte au contrôleur financier d'alléger son contrôle *a priori* dans la chaîne de dépense publique. Même si l'on peut considérer qu'en la matière, « *l'adoption de la loi organique relative aux lois de finances (LOLF) a conduit à un bouleversement, encore inachevé*[6] », il

---

[1] P. SEKA SEKA, *Cours de Finances Publiques : cadre juridique des finances publiques*, 2012-2013, p. 33.

[2] Institut des Finances, *Guide de la Loi Organique relative aux Lois de Finances (L.O.L.F.)*, p.31.

[3] Article 68 de la LOLF.

[4] Article 69 de la LOLF

[5] Guide Didactique de la Directive N° 06/2009/CM/UEMOA du 26 juin 2009 portant Lois de Finances au sein de l'UEMOA, p. 16.

[6] C. WALINE, P. DESROUSSEAUX, B. PELLE, *Contrôle et évaluation des finances publiques*, La documentation Française, Paris, 2009, p. 18.

convient de noter une évolution majeure. En effet, le contrôle *a priori* systématique exercé par les contrôleurs financiers et budgétaires de tous les actes des ordonnateurs portant engagement de dépenses permet de s'assurer du respect des autorisations budgétaires et de la conformité des opérations budgétaires des gestionnaires aux lois et règlements. Il permet également de maintenir les dépenses dans le cadre des recettes autorisées et de mettre des informations fiables à la disposition des autorités en charge de la décision financière afin qu'ils puissent opérer des choix éclairés[1]. A ce titre, on peut convenir qu'il constitue « *un garant fort de la régularité des comptes* [2]». Cependant, ce contrôle préalable des opérations de dépenses des gestionnaires, assorti du visa à force contraignante,[3] implique un formalisme rigide qui induit des coûts administratifs importants et une forte lourdeur procédurale. La systématisation conduit très souvent à des redondances de certains contrôles *a priori*, notamment avec les évolutions informatiques enregistrées ces dernières années dans la chaîne de dépense[4], donc des coûts supplémentaires et de longs délais superflus.

Il s'imposait donc « *un assouplissement du contrôle des intrants exercé par l'autorité budgétaire centrale, dans le but de donner aux entités administratives plus de flexibilité et d'autonomie pour atteindre leurs objectifs avec efficience et efficacité* [5]». Cependant, cet assouplissement ne doit pas constituer une porte ouverte à tous les abus de la part des ordonnateurs. Afin de concilier les deux impératifs de surveillance de la régularité et de mesure de la performance, le législateur ivoirien a plutôt renforcé les pouvoirs du contrôleur financier. Ainsi, en application de la LOLF, le Gouvernement a adopté un décret portant modalités de mise en œuvre des contrôles financiers et budgétaires des Institutions, des administrations publiques, des Etablissements Publics

---

[1] S. KOTT, Le *contrôle des dépenses engagées : Évolutions d'une fonction*. Nouvelle édition [en ligne]. Vincennes : Institut de la gestion publique et du développement économique, 2004 (généré le 30 janvier 2014), Disponible sur Internet : http://books.openedition.org/igpde/2477, ISBN : 9782821828377, P. 3.

[2] S. KOTT, Le *contrôle des dépenses engagées : Évolutions d'une fonction*, *Idem*.

[3] Voir S. KOTT, Le *contrôle des dépenses engagées : Évolutions d'une fonction*, *Idem*, p. 155.

[4] Il faut noter depuis 1999, la Côte d'Ivoire est lancée dans un processus d'informatisation du système de finances publiques. Ainsi, le Système Intégré de Gestion des Finances Publiques (SIGFIP) a été développé et mis en service en 1999, pour assurer le suivi, la transparence et l'efficacité dans l'exécution du Budget de l'Etat. Ensuite, le Réseau Informatique de Comptabilité Intégré (RICI) a été mis en place pour un management efficient de l'élaboration et de l'exécution budgétaire, ainsi que de l'édition d'états comptables des Etablissements Publics Nationaux. Il s'en est suivi Système Intégré de Gestion des Fonctionnaires et Agents de l'Etat (SIGFAE), le suivi Système Intégré de Gestion des Marchés Publics (SIGMAP), le Système Intégré de Gestion Budgétaire (SIGBUD), le Système de gestion et d'analyse de la dette (SYGADE), l'application ASTER. Toute cette panoplie d'outils informatiques de gestion des finances devrait normalement permettre d'alléger considérablement les contrôles *a priori* et stimuler l'efficacité dans la chaine de dépense publique.

[5] OCDE (2014), *Panorama des administrations publiques 2013*, Éditions OCDE, Paris, https://doi.org/10.1787/gov_glance-2013-fr, p.102.

Nationaux et des Collectivités Territoriales qui renforce le contrôle a posteriori et allège le contrôle a priori.

Ce décret, tout en consacrant l'allègement du contrôle *a priori* du contrôleur financier, lui donne un pouvoir de décider ou non d'adapter ou de moduler la mise en œuvre de ces contrôles, à condition que l'ordonnateur mette préalablement en œuvre un contrôle interne efficace et de qualité[1]. Dans le cadre, de la modulation du contrôle *a priori*, il lui est loisible de dégager certains engagements du visa préalable et de réduire les délais de traitement de certaines dépenses[2]. En tout état de cause, toutes les adaptations ou modulations de contrôles *a priori* sont subordonnées à une évaluation de la qualité et de l'efficacité du contrôle interne. En outre, le contrôleur financier ou budgétaire à l'obligation de réaliser tous les semestres une évaluation du système de contrôle interne et de l'assortir de modalités de mise en œuvre des modulations[3].

Si ces innovations de la LOLF peuvent contribuer à réduire les risques d'irrégularités dans la gestion budgétaire, il faut noter que ces aménagements demeurent limités en ce qui concerne le contrôle financier, malgré les possibles évolutions favorables du contrôle *a priori* vers la réduction sensible du nombre de visas et la suppression des contrôles redondants. Aussi, cette situation risque-t-elle de perpétuer la méfiance réciproque entre les contrôleurs financiers, qui continueront d'avoir une compréhension traditionnelle de leur rôle et les gestionnaires qui seront déçus par rapport à leurs attentes, comme l'a constaté la Cour des comptes française[4].

Dans un tel contexte, la recherche de la qualité et de la maîtrise par les gestionnaires des processus ayant des incidences financières risque d'être dévoyée. Il convient donc de mieux réglementer le contrôle financier *a priori*. Il s'agirait alors de définir des critères et indicateurs de performance des systèmes internes de contrôle dont la réalisation aboutirait systématiquement à l'allègement ou la modulation du contrôle *a priori*. Ces ajustements pourraient contribuer à rendre effectives les marges de manœuvre concédées aux gestionnaires publics en contrepartie de leur responsabilité. Aussi, participeront-elles certainement « *à la diffusion d'une véritable culture financière et de gestion* [5]» publiques en Côte d'Ivoire.

[1] Art. 32 du décret portant modalités de mise en œuvre des contrôles financier et budgétaire des Institutions, des Administrations Publiques, des Etablissements Publics Nationaux et des Collectivités Territoriales.

[2] Art 33 du décret

[3] Art 33, alinéa 2 du décret.

[4] Cour des Comptes française, La mise en œuvre de la loi organique relative aux lois de finances (lolf) : un bilan pour de nouvelles perspectives, Paris, novembre 2011, p. 113.

[5] Cour des Comptes française, *La mise en œuvre de la loi organique relative aux lois de finances (lolf)*, *Idem*, p. 114.

Conclusion

La loi organique de 2014 transforme profondément le cadre général des finances publiques en Côte d'Ivoire. Elle réalise « *une réorganisation en profondeur des structures internes du système financier public* [1]» pour parvenir à une gestion efficace, efficiente, transparente et performante des finances publiques. Aussi, la mise en œuvre de cette loi organique risque-t-elle de connaitre de nombreuses difficultés. Alors que son entrée en application effective avait été annoncée pour l'année budgétaire 2017, ce n'est qu'à partir de la loi de finances de 2020 que la Côte d'Ivoire aura son premier budget programme.

En outre, la mise en œuvre de la LOLF se fait dans un environnement qui comporte de nombreux défis structurels. Elle apporte une nouvelle culture de gestion publique qui suppose de profonds changements de comportements de la part des gestionnaires publics. Ces bouleversements ne porteront pas seulement sur l'utilisation des ressources financières publiques. Tous les aspects de la vie administrative publique sont appelés à évoluer, c'est-à-dire que nous assisterons à « *une remise en cause des pratiques administratives et institutionnelles existantes* [2]». L'un des plus grands défis sera donc la rationalisation de la configuration même des gouvernements qui seront mis en place.

En effet, le budget programme nécessitera une certaine stabilité gouvernementale pour sa réussite. Or, le constat est que la configuration gouvernementale fluctue depuis un certain temps en fonction de la conjoncture politique qui n'est pas toujours en cohérence avec l'efficacité des politiques publiques. On se retrouve ainsi souvent en face de gouvernements pléthoriques avec des départements ministériels se chargeant de différents pans de politiques et agissant sans synergie. Ces situations, qui sont sans conteste source d'échec desdites politiques publiques, ne sauraient favoriser une mise en œuvre efficace de la LOLF. À cela, s'ajoutent les résistances que pourraient développer certains gestionnaires publics vis-à-vis de la régulation financière assurée par le ministre des Finances et les services du contrôle financier.

En outre, la mise en œuvre de la LOLF implique la mobilisation de compétences et d'une logistique nouvelle. Pourtant, très peu d'administrations ont, à ce jour, formé leurs agents à ce mode de fonctionnement. Egalement, les personnes nommées comme responsables de programmes sont très souvent des fonctionnaires qui n'ont pas toujours des compétences de gestionnaires de projets. Par ailleurs, les fréquents remaniements ministériels et leurs lots de changements aux sommets des unités administratives ont pour effet souvent

---

[1] M. BOUVIER, « Inventer une nouvelle gouvernance financière publique : fonder l'État du XXIe siècle », Editorial, *RFFP* Spécial N° 100 – Novembre 2007

[2] M. ZAKI, « La LOLF, un instrument de rénovation de la gouvernance de l'État », *La LOLF dans tous ses états, in* N. MÉDÉ (dir.), Centre des Publications Universitaires (Université d'Abomey Calavi), Cotonou, 2015, p. 378.

d'écarter les personnes formées ou qui avaient déjà intégré les principes de la gestion axée sur les résultats. Ce qui conduit à un éternel recommencement.

Assurément, il faudrait compter avec l'expérience de la pratique et l'intelligence d'une adaptabilité constante pour garantir la consolidation des réformes introduites par la loi organique de 2014. Car, il est incontestable que « *la construction des programmes et le calibrage des indicateurs nécessitent du temps et une maîtrise de la planification stratégique* [1]».

---

[1] M. ZAKI, « La LOLF, un instrument de rénovation de la gouvernance de l'État », *art. précité*, p. 387.

FORCES ET FAIBLESSES DES FINANCES PUBLIQUES OU "HEURS ET MALHEURS DES FINANCES PUBLIQUES EN AFRIQUE NOIRE FRANCOPHONE"

Eloi DIARRA

Professeur émérite à l'Université de Rouen (France)

INTRODUCTION

Ainsi donc, j'ai été choisi pour prononcer cette leçon inaugurale ! Que me vaut ce privilège ? Sans doute celui de l'âge !

Et l'adage populaire dit : "Si vieillesse pouvait ! Si jeunesse savait". A l'heure où « je ne vais plus pouvoir » bientôt, quel testament laisser à la jeunesse pour qu'elle sache et puisse agir en matière de finances publiques ?

Ce testament consiste à faire avec vous le bilan d'une observation et d'une expérience des finances publiques en Afrique noire francophone sur une période de plus de trente-cinq (35) ans ! Ce bilan, il se traduit par un certain nombre de constats sur les forces et les faiblesses des finances publiques dans ces territoires.

Mais avant d'en parler, je voudrais dire la grande lueur d'espoir que j'entrevois à travers la création et l'installation officielle du Centre de recherche et d'études de droit et des finances publiques (CREDFIP) au sein de cette Université Alassane Ouattara (UAO) de Bouaké. Ce laboratoire se donne pour objectif l'analyse sans complaisance des phénomènes juridiques en général, et des finances publiques en particulier, en Afrique noire francophone. Je ne peux que lui souhaiter une rapide et forte croissance pour être connu et reconnu au plan national et international. Que rapidement, il devienne un interlocuteur de qualité à tous égards et pour tous !

Avec ce laboratoire, se renforce la Jeune Ecole des finances en Afrique de l'Ouest[1]. Je lui souhaite ce qui m'a le plus manqué pendant ma carrière, une prise sur les décideurs publics qui considèrent, souvent, en Afrique, les enseignants et chercheurs de l'université africaine comme des « empêcheurs de tourner en rond ». A vous, la jeunesse, qui êtes en train de prendre le flambeau,

[1] Elle a créé un lien pour que ses membres soient en contact permanents et échangent des documents et partagent leurs recherches, colloques, conférences et autres : *financierafrique@googlegroups.com* Cette Ecole, grâce aux initiatives et écrits du Pr MÉDÉ Nicaise, est en train d'unir les forces des jeunes chercheurs en finances publiques, tels les Professeurs Abdoul Aziz Daba KEBE de l'Université Cheikh Anta Diop de Dakar, THEOUA Pélagie de l'UAO de Bouaké, Djibrihina OUEDRAOGO de l'Université Ouaga 2 de Ouagadougou, de MM. Yakouba OUERAOGO de l'Université Ouaga 2 de Ouagadougou, Abdoulaye FOFANA et Paul TRAORE de l'Université des sciences juridiques et politiques de Bamako et bien d'autres. Sans doute, bientôt, la jonction se fera-t-elle avec le Pr Gérard PEKASSA de Yaoundé 2.

je souhaite que vous ayez davantage leur écoute : on ne peut pas continuer à dire que l'université africaine ne produit rien quand on ne l'écoute pas, quand les oreilles des décideurs préfèrent écouter d'autres sirènes, celles des pays riches, pas plus compétentes que celles du continent. Puisse ce vœu, aussi, être entendu !

Le CREDFIP naît à un moment charnière où tout le monde s'accorde pour dire que « *c'est l'heure de l'Afrique* »[1]. Je salue cette naissance avec enthousiasme et lui prodigue mes encouragements les plus chaleureux sous la houlette du Professeur THEOUA-N'DRI Pélagie. Tous mes vœux de succès dans cette entreprise l'accompagnent, et pour le Centre, mes vœux de progrès scientifiques et de publications de référence.

Si donc c'est l'heure de l'Afrique, il importe de ne pas manquer le rendez-vous. Si c'est l'heure de l'Afrique en matière économique et sociale, plus que jamais, il faut que cette Afrique-là soit dotée de gestionnaires des affaires publiques et des finances publiques parmi les plus compétents au monde. Oui, c'est à ce niveau qu'il faut élever le défi, le challenge !

Alors, le bilan que je vais dresser, c'est le mien. Il est contrasté, y compris dans les forces et dans les faiblesses des finances publiques de l'Afrique noire francophone.

I - COMMENÇONS PAR LES FORCES.

On pourra, au terme de la lecture de cette présentation se demander s'il s'agit de forces réelles ou de forces virtuelles. On serait tenté de les qualifier de virtuelles parce qu'elles seraient souvent méconnues, car non appliquées du tout ou de façon très partielle.

Nous disons qu'il s'agit de forces réelles, parce qu'elles ont le mérite d'exister et à ce titre, elles peuvent être revivifiées, redynamisées à tout moment par les acteurs. Ainsi, au titre de ces forces, nous retenons que les finances publiques des Etats d'Afrique noire francophone bénéficient de tout l'équipement juridique, institutionnel, humain et matériel nécessaire, et ceci, du niveau le plus haut de la hiérarchie des normes ou de l'administration jusqu'au niveau le plus bas.

A - Des dispositifs juridiques nationaux très complets

Au plan constitutionnel. Qu'il nous suffise de prendre l'exemple de la constitution ivoirienne[2] du 8 novembre 2016. Les dispositions concernant les finances publiques nationales sont nombreuses : **art 43** : « *Tout résident a*

---

[1] Comme en écho aux écrits angoissés de deux auteurs célèbres ouest-africains, Joseph KI-ZERBO, *A quand l'Afrique, Entretien avec René Holenstein*, Editions d'en-bas, l'Aube, Eburnie, Ganndal, Jamana, Presses universitaires d'Afrique, Ruisseaux d'Afrique et Sankofa et Gurli, 2003 et Edem KODJO, … *Et demain l'Afrique*, Stock, Paris, 1985, 366 pages.

[2] Voir, N. MÉDÉ (dir.), *Constitutions et documents financiers, espace UMOA/UEMOA, vol. 1, les constitutions, les codes de transparence, les loirs organiques relatives aux lois de finances, les règlements généraux sur la comptabilité publique*, éd. L'Harmattan, 2018, p. 29-30.

l'obligation de s'acquitter de ses obligations fiscales conformément à la loi. L'Etat prend les mesures nécessaire pour le recouvrement des impôts, la lutte contre l'évasion et la fraude fiscales »; **art. 101**, 13e tiret : « *la loi fixe les règles concernant l'assiette, le taux et les modalités de recouvrement des impositions de toute nature* »; **art. 112** sur la procédure budgétaire, un délai est imparti au parlement pour adopter le projet de loi de finances en période normale, c'est-à-dire avant la fin de la session ordinaire, et en cas de défaillance du parlement pour l'adopter, après une courte session extraordinaire, « *le budget est établi définitivement par ordonnance* ». **Art. 118** : « *Le projet de loi de règlement doit être déposé un an au plus tard après l'exécution du budget. La Cour des comptes assiste le Parlement et le Gouvernement dans le contrôle de l'exécution des lois de finances et dans les domaines relevant de sa compétence* ». **Art. 152** : « *la Cour des comptes est l'institution suprême de contrôle des finances publiques* ».

Des lois organiques viennent compléter ces dispositions constitutionnelles. On peut prendre ici, pour exemple, la loi organique relative aux lois de finances du Bénin[1]. Celle-ci, après avoir défini les termes principaux que l'on rencontre en matière de finances publiques, classifie les différentes catégories de lois de finances, en loi de finances de l'année, loi de finances rectificative et loi de règlement ; les projets de lois de finances sont préparés par le ministre chargé des finances et adoptés en conseil des ministres ; les contenus de ces lois sont les recettes et les dépenses de l'Etat, réparties entre le budget général, les budgets annexes et les comptes spéciaux du trésor ; ces recettes et dépenses adoptées par le parlement sont exécutées par le gouvernement et l'administration selon une certaine procédure, grâce à des personnes ayant le statut d'ordonnateurs et de comptables ; cette exécution donne lieu à un contrôle administratif, juridictionnel et parlementaire : les agents d'exécution peuvent ainsi engager leur responsabilité personnelle, pénale, civile et pécuniaire.

Les lois de finances de l'année sont régulièrement votées. En général, le délai de la fin de l'année est respecté. Mais, on notera que malheureusement, le débat parlementaire est très superficiel, car les parlementaires se contentent d'observations générales, sans examiner forcément la nature des recettes d'impôts et la répartition de leur charge sur les entreprises et les particuliers ; quant aux crédits demandés par l'exécutif, ils font rarement l'objet de remise en cause, en vue de la réduction du niveau de vie de l'Etat. Les lois de finances rectificatives_sont votées, assez souvent. En revanche, les délais dans lesquels les lois de règlement sont adoptées excèdent la plupart du temps ce qui est prescrit par le législateur organique ou constitutionnel.

De nombreuses autres lois organiques ou lois ordinaires viennent donner de la consistance ou des précisions sur les recettes ou les contrôles de l'exécution des lois de finances : code général des impôts, code des investissements, loi

---

[1] Loi organique n° 2013-14 du 27 septembre 2013, in *Constitutions et documents financiers*, *op.cit.* p. 112-145.

organique relative à la cour des comptes, règlement intérieur de l'Assemblée nationale, etc.

Quant aux textes règlementaires, ils sont également très nombreux. Parmi eux, le plus important est sans doute le *règlement général sur la comptabilité publique* : on en trouve un dans tous les Etats. Pareillement, existe un texte règlementaire relatif au « tableau des opérations financières de l'Etat (TOFE) ». Pour l'exécution de la loi de finances de l'année, des actes règlementaires exceptionnels (sous forme de décrets ou d'arrêtés, selon les pays) sont autorisés par le législateur à travers les décrets d'avances, les virements ou transferts de crédits, les annulations de crédits, les gels de crédits, tous actes de régulation financière visant à respecter l'équilibre budgétaire tel que voté par le parlement.

Si les textes existent, encore faut-il des personnes habilitées pour les mettre en œuvre. On peut ainsi dire qu'à côté de « *l'équipement juridique en matière de finances publiques* » existe dans tous les Etats, aujourd'hui, un « *équipement institutionnel légal* ».

On a ainsi, partout, un gouvernement. A sa tête on trouve un Président de la République, élu au suffrage universel direct. Celui-ci est assisté dans beaucoup de cas d'un Premier Ministre[1], « chef d'orchestre » de la politique déterminée[2] par le Président. Ce gouvernement est chargé de préparer le projet de loi de finances ; une fois voté, il aura la responsabilité de l'exécuter, et pendant cette exécution, il devra s'assurer du respect interne le plus strict des règles. Il doit mettre en œuvre de nombreuses règles, telle la règle de la séparation des ordonnateurs et des comptables ; ce gouvernement dispose de nombreux organes de contrôle interne : contrôle général d'Etat, contrôle financier, inspection des finances, contrôleur général des services publics, inspection des impôts, inspection des douanes, etc. Il aurait même tendance à multiplier, parfois inutilement, ces structures de contrôle.

Toujours au titre de cet équipement institutionnel : un parlement. Sa fonction est d'autoriser chaque année le prélèvement des impôts et d'arrêter, sur proposition du gouvernement, le montant exact des recettes et des dépenses. Il est, certes, majoritairement acquis au gouvernement, pourtant, il dispose d'une marge de manœuvre. Son deuxième acte financier est de sanctionner l'exécution de la loi de finances ; il doit accorder ou refuser son quitus politique au gouvernement pour sa gestion financière. On doit cependant regretter que députés et sénateurs accordent peu d'importance au vote de la loi de règlement ; ce qui est bien regrettable ! On peut cependant espérer que le sens démocratique

---

[1] A part le Bénin qui n'en dispose pas, tous les autres Etats (au nombre de 13) ont tous un Premier Ministre.

[2] La constitution malienne du 25 février 1992 diffère des autres constitutions sur ce point : art. 53 « *Le gouvernement détermine et conduit la politique de la nation et dispose de l'administration et de la force armée* ». Ce qui en fait une particularité, mais non respectée, à l'image de ce qui se passe en France, en cas de concordance de majorité entre le Président et l'Assemblée nationale.

se développant et les nouveaux textes financiers mis en œuvre dans les Etats depuis les directives de 2009 et 2011 vont donner à la loi de règlement un plus grand lustre.

Le 3e organe institutionnel est la cour des comptes[1], organe de contrôle externe. Ses fonctions sont au nombre de trois : contrôle sur un certain nombre d'organismes bénéficiant de concours financiers publics, conseil au gouvernement et au parlement en matière financière et surtout le jugement des comptes des comptables publics, avec le redoutable pouvoir de leur infliger un arrêt de débet, lequel leur impose l'obligation de payer sur leurs deniers propres tout manquant constaté dans leurs écritures. Sans doute, sous peu, il lui sera assigné une quatrième fonction, celle de la certification des comptes publics, en particulier ceux de l'Etat, ce qui sera le premier élément de preuve d'une tenue comptable régulière des écritures des recettes et des dépenses conformément au plan comptable.

On a parfois tendance à ajouter *d'autres structures de contrôle externe*. C'est le cas du Mali qui a institué, en 2003, un Bureau du vérificateur général[2] (BVG), à l'image de ce qui se pratique au Canada ou aux Etats-Unis, mais sans donner à ses investigations la portée nécessaire à son efficacité. C'est ainsi que ce Bureau constate tous les ans des millions sinon des milliards de « manquants » ou de « manques à gagner » dans des administrations sans que les responsables ne soient sanctionnés, ni démis, ni rétrogradés, encore moins sanctionnés financièrement ! Et l'opinion publique commence à se demander à quoi il peut bien servir !

Enfin, les finances publiques des Etats d'Afrique noire francophone disposent de l'équipement humain et matériel nécessaire : beaux immeubles de la direction générale du trésor et de la comptabilité publique, de la direction générale des douanes, de la direction générale des impôts. L'équipement informatique est performant avec des logiciels de programmations multiples remarquables permettant les simulations les plus fiables. Si pendant longtemps, le capital humain avait été défaillant, cela fait maintenant un certain nombre d'années que les Ecoles nationales d'administration et autres[3] structures de formation à la gestion administrative ont permis de combler ces lacunes.

Ainsi, indubitablement, en matière financière, l'Etat de droit est bien une réalité dans tous ces Etats d'Afrique noire francophone. Ils disposent de l'équipement juridique et institutionnel permettant une gestion saine et sereine des finances publiques ; les règles existent ; les acteurs ont leur responsabilité

---

[1] Voir à ce sujet la thèse de D. OUEDRAOGO, *L'autonomisation des juridictions financières dans l'espace UEMOA*, soutenue à l'Université de Bordeaux-IV le 29 novembre 2013, 672 pages.

[2] Voir la loi n° 03-030 du 25 août 2003, modifiée par la loi n°2012-009 du 8 février 2012, JORM n° 6 du 10 février 2012.

[3] Telle l'Ecole nationale des régies financières (ENAREF) du Burkina-Faso qui forme aux techniques de recouvrement des impôts et à la gestion comptable.

bien circonscrite. La première inquiétude que l'on peut valablement nourrir, c'est celle relative à la connaissance de ces règles. *A priori* « nul n'est censé ignorer la loi », encore moins ceux qui aspirent à gouverner les pays. Cependant, on est bien obligé de reconnaître que nombre de personnes arrivent au rang de ministre (ou même parfois de président de la république) en ignorant des pans entiers de la gestion publique et la nature des finances publiques en particulier. La deuxième crainte est celle de la non-application de si belles règles. On aura l'occasion d'y revenir largement.

En tout cas, si l'arsenal juridique financier existe, il n'est pas solitaire. Il jouit de tout un encadrement qui représente aujourd'hui une force pour la gestion des finances publiques.

B- L'ENCADREMENT DES TEXTES ET INSTITUTIONS NATIONAUX

Au-delà d'un encadrement des textes, il existe tout pareillement un encadrement des gestionnaires publics nationaux, comme on le verra. Cet encadrement a pour finalité de faire en sorte que les textes adoptés par les Etats soient respectés et que les finances publiques soient exécutées selon les règles fixées, mais surtout selon les finalités qui sont les leurs, à savoir la satisfaction des besoins d'intérêt général[1].

Le premier élément de l'encadrement des dispositifs juridiques nationaux réside dans un ensemble de **textes communautaires**[2], à savoir toute une série de directives qui ont souvent guidé la rédaction des textes nationaux relatifs aux lois de finances, à la comptabilité publique ou aux opérations financières de l'Etat. Ces directives ont eu le mérite de fixer un cadre général dans lequel tous les Etats membres de l'Union économique et monétaire ouest-africaine (UEMOA) et de la Communauté économique et monétaire d'Afrique centrale (CEMAC) devaient se mouler. Ces directives leur ont procuré ainsi un droit financier harmonisé[3]. Le moindre de leur mérite est certainement de permettre une lecture comparative des textes applicables dans tous ces Etats. Ceux-ci ont

---

[1] Cela paraît une tautologie, mais elle mérite d'être rappelée, car il ne peut y avoir de finances publiques que parce qu'il existe des charges publiques, propres à la collectivité et qu'il faut couvrir. Les enseignants et autres techniciens de finances publiques oublient souvent de rappeler cette vérité première, contenue dans l'article 13 de la Déclaration des droits de l'homme et du citoyen et qui fonde la définition de l'impôt : « *Pour l'entretien de la force publique, et pour les dépenses d'administration, une contribution commune est indispensable* »

[2] Il s'agit des directives adoptées en 2009 relatives aux lois de finances, à la comptabilité publique, portant code de la transparence, portant tableau des opérations financières de l'Etat, au sein de l'Union économique et monétaire ouest-africaine (UEMOA) et en 2011 au sein de la Communauté économique et monétaire d'Afrique centrale.

[3] Il faut dire que depuis les années 1990, ces Etats se sont engagés dans des politiques communes qui nécessitaient la convergence de leurs finances publiques et de leurs économies. Afin de rendre lisibles les progrès accomplis dans ce sens, il était indispensable qu'existassent des systèmes de comparaison. Ceux-ci exigeaient une harmonisation des finances publiques. Ce fut l'objet des différentes directives adoptés vers la fin des années 1990 et remplacées par celles des années 2009 et 2011.

ainsi une définition et une compréhension partagées des concepts et de leurs contenus. Pour dire les choses autrement, lorsqu'on se rencontre entre responsables d'Etats membres de l'Union ou de la Communauté, on est certain de « parler le même langage ». Cependant, l'un des textes majeurs dont l'application par tous les Etats membres serait très salutaire est indubitablement la directive relative au code de transparence[1]. Celle-ci a fait l'objet de transposition dans tous les Etats membres selon des modalités variées, tantôt il s'est agi d'une réception pure et simple du texte communautaire, moyennant quelques retouches (c'est le cas du Bénin, du Burkina-Faso et du Mali), tantôt, les Etats, s'inspirant de la directive, on reconstruit totalement un texte aux contours plus personnalisés et prévoyant des sanctions (c'est le cas de la Côte d'Ivoire). L'application de la transparence permettrait le respect de la légalité et de la publicité de tous les actes budgétaires et financiers, l'information du public sur les actes posés par les gestionnaires publics, l'intégrité de ces mêmes gestionnaires. On pourrait imaginer que les responsables communautaires organisent des tournées dans les Etats membres pour vérifier la réalité de l'application de ces textes. Une telle opération ne pourrait être que salutaire pour la sauvegarde et la protection des deniers publics contre tous les actes de prévarication et autres détournements. Dans les faits, il existe des **contrôles des Commissions communautaires**, mais qui portent principalement sur les résultats en termes de réduction des déficits publics ou de l'accroissement des recettes publiques ou sur les progrès en matière de critères de convergence économiques et budgétaires.

Il faut adjoindre à cet encadrement des textes et contrôles communautaires, les **contrôles_exercés par les institutions financières internationales** (IFI), Banque mondiale (BIRD), Fonds monétaire international (FMI), Société financière internationale (SFI), Aide internationale au développement (AID), Banque centrale des Etats de l'Afrique de l'Ouest (BCEAO), Banque des Etats d'Afrique centrale (BEAC). Les deux premières sont les plus actives dans ce domaine, au regard des prêts qu'ils consentent aux Etats concernés. Mais les banques centrales ne sont pas en reste, car elles font souvent des avances de trésorerie aux Etats et entendent bien les récupérer. Tous ces contrôles constituent des contraintes pour les gouvernants et ne sont pas sans effet.

---

[1] On le sait, la transparence comme la bonne foi font partie de ces contacts dont les anglo-saxons raffolent, car pour eux, la vie publique doit être « morale » et comporter des vertus que les acteurs doivent pratiquer. En tout cas, en matière de finances publiques, la transparence est une recherche issue des préoccupations d'organisations tels que l'Organisation de coopération et de développement économique (OCDE) et le Fonds Monétaire international (FMI). Dès le début des 2000, l'OCDE a rassemblé, en une sorte de manuel, les meilleures pratiques des Etats membres en son sein, en un document intitulé : *« Transparence budgétaire : les meilleures pratiques de l'OCDE »*. De son côté, le FMI adopte en 2007 un « *Manuel sur la transparence des finances publiques* ». Ces deux textes ont fortement influencé la Directive portant code de la transparence dans la gestion des finances publiques.

A côté de ces textes, un élément fort d'encadrement de la gestion des finances publiques en Afrique noire francophone est indubitablement un **intérêt naissant et grandissant de la population pour la chose publique** et plus particulièrement pour les finances publiques. En effet, afin de susciter l'adhésion des citoyens au paiement de l'impôt, des campagnes ont été entreprises dans de nombreux Etats d'Afrique noire francophone dès les années 1990. Ces campagnes ont eu pour conséquence de faire naître chez eux un intérêt croissant pour le budget de l'Etat, pour savoir à quoi servaient les impôts qu'ils acquittaient. Dans le même temps, les actions entreprises par les institutions internationales telles que la Banque mondiale et le Fonds monétaire international pour promouvoir la transparence budgétaire ont abouti au principe selon lequel l'un des facteurs essentiels de cette transparence budgétaire résidait dans l'information des citoyens. C'est ainsi qu'est née la notion de « *budget citoyen* ». Dans un pays comme le Mali, depuis 2015, chaque loi de finances donne désormais lieu à la confection d'un « *budget citoyen* » et que l'on peut retrouver sur le site du ministère chargé des finances[1]. L'ensemble des ressources et des dépenses publiques y sont présentées de façon claire et facile à comprendre. Ainsi, les Maliens qui se demandent souvent ce que l'or exploité sur leur territoire par les compagnies étrangères leur rapporte peuvent y trouver les montants des redevances versées année après année. Il en résulte que l'opinion publique peut désormais s'exprimer et faire pression sur les pouvoirs publics dans la gestion des ressources publiques : les gabegies et autres dépenses somptuaires sont ainsi vilipendées, avec justesse, par la presse. Cet intérêt des populations et l'information dont elles bénéficient constituent un levier important dans le contrôle public de la gestion publique des gouvernants.

Dans le même ordre d'idées de ce qui vient d'être décrit, il convient d'ajouter l'existence d'une **presse très sensible aux détournements de deniers publics** et qui s'en fait régulièrement l'écho. Son développement est assez récent dans la plupart des Etats et ne remonte pas au-delà des années 1990. Elle ne peut pas encore être qualifiée de « 4e pouvoir » comme ailleurs, mais elle n'est pas sans effet comminatoire sur les pouvoirs publics. Certes, cette presse « *grand public* » n'est pas exempte de critiques : parfois, elle accuse injustement ; parfois, elle cible des adversaires politiques qu'elle veut détruire et leur fait une mauvaise réputation, mais le développement d'une presse nationale dans tous les Etats d'Afrique noire francophone doit être interprétée comme un facteur favorable à l'encadrement des pratiques des pouvoirs publics. Cette presse enquête sur leurs comportements en matière financière ; elle dénonce leur niveau de vie dispendieux ; elle dénonce les enrichissements trop rapides et

[1] Voir https://www.finances.gouv.ml/budget%20. Evidemment, il est regrettable qu'un tel document ne soit pas accessible à un grand nombre, vu le faible niveau d'équipement informatique de la population. Mais, la presse nationale dispose ainsi d'un document de lecture facile dont elle peut se saisir et s'inspirer pour faire une présentation des recettes et des dépenses publiques, catégorie par catégorie, de façon compréhensible par le plus grand nombre.

« indécents ». Elle est ainsi un élément important d'encadrement des comportements publics.

Au terme de ces développements que conclure ? Que les finances publiques, dans les Etats d'Afrique noire francophone sont dotées de forces indéniables. Elles disposent de tous les atouts juridiques, institutionnels, humains et matériels pour réussir, pour fonctionner normalement au grand bénéfice des populations. Pour prendre une image, on pourrait comparer ces finances à un avion, loti de réacteurs, aux soutes remplies de kérosène et qui s'apprête à décoller. Cet exercice périlleux peut se dérouler sans problème si le pilote suit les règles prescrites. Mais, il peut être désastreux s'il les ignore et peut faire périr passagers et équipage. Les finances publiques des Etats concernés étant ainsi équipées donnent-elles satisfaction aux citoyens, aux habitants de ces Etats ? Rien n'est moins sûr, car ces finances ont malheureusement aussi de faiblesses qui les rendent peu efficaces dont la déficience principale se situe au niveau des pilotes.

II- LES FAIBLESSES DES FINANCES PUBLIQUES EN AFRIQUE NOIRE FRANCOPHONE.

Autant les atouts et forces étaient nombreux, autant les faiblesses sont diversifiées. Cependant, nous pouvons en retenir quatre principales.

A- LA FAIBLESSE TENANT À L'INEFFECTIVITÉ DES TEXTES.

L'ineffectivité d'un texte législatif ou règlementaire ne signifie pas qu'il est obsolète, qu'il n'est pas ou n'est plus en vigueur. Elle désigne la situation où une existence juridique est bien reconnue, mais que l'on n'applique pas ledit texte. Ainsi, en est-il des textes législatifs et réglementaires évoqués ci-dessus comme des forces des finances publiques africaines.

En effet, les normes édictées sont conformes aux standards internationaux, aussi bien dans les Etats développés que dans les Etats émergents ou en développement. Mais, ces « belles » règles ne sont pas mises en application comme il siérait.

Ainsi, les régies de recettes devraient être assorties de versements auprès de comptables assignataires à intervalles réguliers ; c'est rarement le cas. Pire, elles deviennent des moyens faciles pour certaines administrations de s'adjuger des ressources au mépris du principe de l'universalité. Mais plus grave encore, elles permettent à certaines personnes de réaliser de somptueuses soustractions frauduleuses d'argent au détriment des personnes publiques et, sans coup férir !

Il en est de même des régies d'avances. Celles-ci, non plus, ne donnent pas lieu souvent aux justifications nécessaires auprès du comptable public. D'ailleurs, elles deviennent un canal facile pour les chefs de services administratifs de réaliser soit des détournements, soit de devenir des détenteurs de sommes énormes, alors qu'ils ne devraient jamais en détenir, encore moins en manipuler.

Dans tous ces cas, tout se déroule au mépris du principe de la séparation des ordonnateurs et des comptables.

Le champ le plus perverti est certainement celui des marchés publics. En principe, ils devraient permettre aux organismes publics et aux personnes publiques de bénéficier des meilleures prestations aux moindres coûts, c'est-à-dire de fournitures, de services ou de travaux de bonne qualité en leur faisant dépenser le moins possible, du fait de la mise en concurrence. Or, qu'observe-t-on ? Les mêmes prestations de services acquises directement par le particulier lui sont nettement moins onéreuses que s'il s'agissait d'une personne publique. C'est un renversement total par rapport au résultat attendu. Certes, ailleurs, dans les pays de vieille démocratie, on peut observer un phénomène semblable. Mais ici, les disproportions sont colossales[1], de l'ordre de dix à cent pour un. Comment expliquer un tel phénomène ? Tout simplement par la collusion qui se crée entre le responsable de l'administration adjudicatrice et l'attributaire du marché. Cette connexion aboutit ainsi à un doublement, triplement et autres multiplications des prix. L'aberration des marchés publics est devenue aujourd'hui totale. Pour les Etats d'Afrique noire francophone, malgré leurs prétentions à la transparence[2], ces marchés demeurent trop souvent opaques, leurs conditions de passation ne respectant absolument pas les règles nationales ou communautaires. Cette inversion de l'utilité des marchés publics interpelle fortement les responsables des finances publiques ainsi que les enseignants universitaires des finances publiques. Il est impératif qu'ils trouvent et proposent des solutions à cette gabegie innommable. Et on doit même

---

[1] Du genre : des chaussettes pour l'équipement militaire qui devrait revenir à 2500 FCFA se retrouvent avec un prix multiplié par dix ! Des produits dits « révélateurs chimiques » dont le prix du marché est de 1500 FCFA se trouvent facturés, dans le cadre de marchés publics, à un prix cent fois supérieur ! (Exemples recueillis par l'auteur de ces lignes auprès d'administrations universitaires ou dénoncés par les instances nationales de contrôle externe).

[2] En Afrique de l'Ouest francophone, la législation est foisonnante : voir ainsi la Directive n° 4/2005/CM/UEMOA du 9 décembre 2005 portant procédures de passation, d'exécution et de règlement des marchés publics, des délégations de service public dans l'Union économique et monétaire ouest-africaine ; la directive n° 05/2005/CM/UEMOA du 9 décembre 2005 portant contrôle et régulation des marchés publics et des délégations de service public dans l'Union économique et monétaire ouest-africaine ; la directive n° 4/2012/CM/UEMOA du 28 septembre 2012 relative à l'éthique et à la déontologie dans les marchés publics et les délégations de service public au sein de l'Union économique et monétaire ouest-africaine. Tous ces textes sont consultables dans l'ouvrage de Moustapha NGAÏDO et Momar Talla SOCK, *code des marchés publics annoté*, Editions JURISCARE, 2015, p. 205-265. On trouvera dans le même document une présentation du décret n° 2014-1212 du 22 septembre 2014 portant code des marchés publics (JORS n° 6812 du 4 octobre 2014, p. 1159-1201) p. 3-202, accompagné des annotations des auteurs, le décret n° 2007-546 du 25 avril 2007 portant organisation et fonctionnement de l'Autorité de régulation des marchés publics (ARMP), p. 267-280, décret n° 2007-547 du 25 avril 2007 portant création de la Direction centrale des marchés publics (DCMP), p. 281. La remarque la plus importante, c'est que l'on trouve des textes analogues dans tous les Etats d'Afrique centrale, membres de la CEMAC.

s'interroger : et si l'on supprimait purement et simplement les marchés publics, l'Etat n'y gagnerait-il pas ? C'est peut-être une piste à creuser.

B- La deuxième faiblesse : le bas niveau du rendement fiscal.

On définit généralement le rendement de l'impôt comme l'ensemble des recettes qu'il procure effectivement à un Etat ou à une collectivité publique. Il est à distinguer du potentiel fiscal d'une entité publique, lequel représente les rentrées fiscales qu'on serait en droit d'attendre, si toutes les conditions étaient remplies. Le rendement fiscal est fonction de deux paramètres, la richesse nationale ou les revenus des particuliers et des entreprises et le taux généralement appliqué. La théorie fiscale indique alors qu'il faut que l'impôt frappe la généralité des revenus on parle alors de son assiette et qu'il doit être à un taux supportable.

Dans l'imaginaire des auteurs classiques ou économistes[1] tenant des théories d'Adam Smith[2] et de David Ricardo[3], ce taux devait être faible et il le fut jusqu'à la Première Guerre mondiale. Depuis lors, il n'a cessé de s'envoler dans les pays européens ou membres de l'OCDE. Ainsi, sur les dix dernières années, la pression fiscale est en moyenne de 27 % au Japon, 32 % aux Etats-Unis, 35 % en Allemagne, 44 % en France et a été comprise entre 48 et 51 % dans des Etats tels que la Suède, la Norvège, la Finlande ou la Belgique. Cela s'explique par le fait que la pression fiscale n'est plus définie par rapport à l'épargne et l'investissement, mais par ce qu'une société attend en termes de services publics et de garantie de l'indépendance nationale.

En comparaison de ces taux, la pression fiscale dans les Etats d'Afrique noire francophone est ridiculement faible. Elle ne permet pas la couverture des dépenses de fonctionnement ; or cette couverture symbolise la souveraineté de l'Etat. Pire, certains Etats, en particulier les Etats producteurs de pétrole ou détenteurs de richesses minières comme l'or, utilisent les rentes obtenues grâce à ces richesses pour maintenir des taux excessivement bas de pression fiscale[4]. Au lieu d'utiliser ces rentes pour des investissements d'avenir, telles des infrastructures routières, ferroviaires, portuaires ou aéroportuaires,

---

[1] On les dénomme également les libéraux, puisque partisans de la libre entreprise en économie, par distinction du libéralisme politique.

[2] Adam SMITH (Kirkaldy 5 juin 1723 en Ecosse - 17 juillet 1790, Edimbourg en Ecosse) est un philosophe et économiste britannique. Ecrits : *Recherches sur la nature et les causes de la richesse des nations* (1776). Influencé, dans ses idées, par son ami l'Ecossais David HUME (Edimbourg, 7 mai 1711 - 25 août 1776, à Edimbourg), il est présenté comme le père de la théorie de la « main invisible ».

[3] David RICARDO (Londres, 18 avril 1772 - 11 septembre 1823 à Gatcombe Park). Economiste et philosophe anglais, agent de change et député, il est l'un des économistes libéraux les plus influents de l'école classique aux côtés d'Adam Smith. Ouvrage principal : *Des principes de l'économie politique et de l'impôt* (1817).

[4] On peut penser ici au cas du Gabon.

universitaires ou hospitalières, ils les affectent aux dépenses ordinaires de l'Etat, c'est-à-dire aux dépenses de fonctionnement. Il en résulte qu'en Afrique noire francophone, les taux de pression fiscale sont dérisoirement bas. En Afrique centrale, ils sont généralement compris entre 12 et 14 % alors qu'en Afrique de l'Ouest francophone, la fourchette est de 15,5 à 17,6 %. Et pourtant, ce n'est pas le potentiel fiscal qui manque : l'assiette de la taxe sur la valeur ajoutée immobilière est microscopique alors que nos villes n'arrêtent pas de voir surgir de belles villas, des mini-gratte-ciel et autres hôtels de luxe ! Une enquête sérieuse, des répertoires rigoureux devraient permettre un élargissement conséquent de cette assiette et, par suite, accroître sensiblement le rendement fiscal. Un autre exemple peut être trouvé dans l'impôt sur les revenus fonciers. A y regarder de près, les revenus locatifs frappés par l'impôt n'atteignent pas le taux de 25 % dans les villes. La raison : une paresse des administrations fiscales qui ne recherchent pas ces revenus imposables, tout simplement parce que le lien n'est pas établi ou est très mal fait entre le cadastre et les impôts[1]. Ainsi, de très nombreux titulaires de revenus locatifs qui devraient s'acquitter de l'impôt n'y sont pas assujettis, non pas parce qu'ils font de la résistance, mais tout simplement parce que l'Etat n'a pas fait le nécessaire pour atteindre la matière imposable.

La vérité oblige à dire que les taux dénoncés plus haut comme étant ridiculement bas, en termes généraux, ne correspondent pas à la réalité pour tout le monde. Il existe de très grands déséquilibres dans la répartition de la pression fiscale. Les milieux tels que ceux des salariés dans leur ensemble, qu'ils soient du secteur privé ou du secteur public, les secteurs économiques dits modernes, assujettis à une comptabilité régulière, tous ces milieux s'estiment victimes d'une charge fiscale excessive et il est exact qu'à y regarder de près, leur imposition avoisine souvent les 30 à 40 %. Ce qui les situerait dans la moyenne des taux de l'OCDE. Les propositions d'élargissement de l'assiette faites ci-dessus devraient permettre d'alléger leur charge fiscale.

Si l'on considère en « saine théorie d'économie politique » que les revenus intérieurs bruts des Etats augmentent d'année en année, il est quand même surprenant que cela ne se traduise pas par une amélioration du rendement fiscal, sauf à penser que la croissance économique constatée aura été « absorbée » par une croissance démographique plus forte, et qui aurait empêché un accroissement réel des revenus par tête d'habitant. Si, au contraire les analyses économiques nationales concluent à une croissance du produit intérieur brut par tête d'habitant, alors, il est curieux que cela ne se traduise pas par un rendement plus conséquent des impôts. Et cet accroissement devrait être aussi en lien avec la pression fiscale.

---

[1] Une tentative a été faite au Sénégal depuis le début des années 1980 où la Direction générale des impôts est devenue la Direction générale des impôts et des domaines (DGID). Cela n'a pas pour autant résolu la question.

En effet, s'il est difficile de solliciter une personne qui n'a qu'un revenu médiocre pour le paiement de l'impôt, il est plus facile de la mettre à contribution si ses moyens de vie augmentent. La théorie de l'utilité marginale des biens jouant, il devient alors possible d'exiger davantage de la personne et par conséquent d'augmenter sa pression fiscale.

Enfin, faut-il le dire ? Si cette pression fiscale demeure ridiculement basse, c'est aussi que la fuite devant l'impôt est un fléau largement partagé dans ces Etats et qui se traduit par les sous-déclarations des particuliers, des entreprises et des sociétés : sociétés nationales et sociétés multinationales. Et ces dernières mettent en œuvre des opérations intra-groupes afin de réaliser des optimisations fiscales[1] qu'il n'est pas toujours aisé de déceler[2] et de redresser quand elles confinent à l'abus de droit. Certaines mesures unilatérales ont pu parfois être prises, mais l'ensemble des Etats n'est pas entré dans le mouvement initié de lutte contre l'érosion de la base d'imposition et des prix de transferts abusifs.

Devant cette faiblesse du taux de pression fiscale, les Etats ont commencé à prendre conscience qu'ils ne pouvaient pas continuer à compter éternellement sur « les rallonges ou autres aides budgétaires » que des Etats occidentaux peuvent leur consentir. Ainsi, en Afrique de l'Ouest, les Etats de l'UEMOA ont engagé un mouvement dit de « transition fiscale »[3], en prenant des décisions directement applicables et qu'ils doivent mettre en œuvre. L'objectif était que sur la période de 2006 à 2020, la pression fiscale passe, dans chacun des Etats, de 14,5 à 20 % du PIB. Mais, au seuil de l'année 2020, la meilleure performance est réalisée par le Sénégal qui a porté sa pression fiscale à 17,6 %. Il s'agit d'une question vitale pour tous les Etats des deux zones économiques considérées, car

---

[1] Il s'agit des fameuses « Erosions de la base d'imposition et transfert des bénéfices ou BEPS = Base érosion and profit shifting ». Le 24 novembre 2016, une convention signée à Paris entre plus de 125 Etats ou juridictions fiscales établit des règles aux fins de lutter efficacement contre ces pratiques ; elle est entrée en application le 1er janvier 2018. Hélas, peu d'Etats d'Afrique noire francophone ont signé cette convention. On peut noter le cas de la Côte d'Ivoire ; mais d'autres (Bénin, Burkina-Faso, Cameroun, Gabon, Niger et Sénégal, Tchad et Togo) participent aux travaux de l'OCDE où les travaux ayant abouti à cette convention se sont déroulés.

[2] Cependant, très vite, avant cette convention, à titre individuel, certains Etats avaient pris des mesures pour limiter la portée de ces prix de transferts, par exemple concernant les frais de siège : Outre l'obligation documentaire, les Etats limitent la déduction des frais de siège : Côte d'Ivoire : art. 18 CGI : « *la déduction est plafonnée à 5 % du CA dans la limite de 20 % des frais généraux de l'entreprise débitrice* » ; Gabon : art. 11.1 du CGI : « *En aucun cas, il sera accepté au titre des frais de siège une somme supérieure à 10 % du bénéfice imposable avant déduction des frais en cause* » ; Sénégal : art. 9 al 5 du CGI : « *La quote-part des frais de siège admise en déduction est plafonnée à 20 % du CA sans pouvoir excéder 220% du bénéfice comptable réalisé au Sénégal avant déduction de la quote-part des frais de siège* ».

[3] Il s'agit : des Décisions (i) n° 10/2006/CM/UEMOA portant adoption du programme de transition fiscale au sein de l'UEMOA et son *annexe décrivant le plan des activités à mener ;* (ii) n°34/2009/CM/UEMOA du 17 décembre 2009 portant *adoption des critères et indicateurs* de la transition fiscale au sein de l'UEMOA ; (iii) n° 35/2009/CM/UEMOA du 17 décembre 2009 portant création du *dispositif institutionnel de suivi* du programme de transition fiscale au sein de l'UEMOA.

dans un monde aux égoïsmes nationaux de plus en plus prononcés et devant les multiples problèmes auxquels tous les Etats sont confrontés, ceux du nord comme ceux du sud, il faut qu'ils parviennent à s'assumer financièrement, ou tout au moins à couvrir leurs dépenses de fonctionnement, garantes de leur souveraineté.

C- En tout cas, la conséquence de la sous-fiscalisation dans ces Etats est leur addiction à la dette publique ou plus exactement au déficit budgétaire.

C'est la troisième faiblesse qu'il faut présenter rapidement. Les textes ont beau disposer que les budgets sont en équilibre, partout, les lois de finances initiales contiennent invariablement la même formule : « *Pour l'année N... le Président de la République (si ce n'est le Ministre chargé des finances) est autorisé à contracter sur le marché financier national et international tels ou tels montants de FCFA d'emprunts* ». Et ces montants se chiffrent en milliards de CFA, représentant parfois plus de 10 % des recettes fiscales prévisionnelles.

L'accumulation de ces déficits conduit inévitablement à des dettes publiques de plus en plus élevées. C'est cette dette, en tout cas, qui a procuré à la Banque mondiale et à son acolyte, le Fonds monétaire international, le pouvoir de faire une mainmise sur la gouvernance financière de ces Etats. Il n'est pas un seul Etat des deux zones où ces institutions financières internationales ne passent pour « la revue annuelle » si ce n'est « semestrielle » des finances publiques et de la situation économique nationale. Et on n'en voit pas la sortie. Le jeu est loin d'être terminé.

Autre conséquence : les financements publics dans les infrastructures sont totalement extravertis : soit elles sont financées par des emprunts aux taux d'intérêts souvent élevés (sauf relativement aux institutions financières internationales publiques, FMI et BM), soit leurs financements sont conclus dans le cadre de partenariats publics/privés. Partenariats dont il faut se méfier comme de la peste, car ils privatisent ainsi l'endettement des pays, non plus face à des institutions financières ou des gouvernements, mais face à des entreprises qui seront nettement moins tolérantes quand il faudra verser les redevances ou les remboursements dus. Car là où il est possible de discuter avec un gouvernement allemand ou américain ou français ou italien, cela devient nettement plus ardu dès qu'il s'agit d'une banque privée ou d'un fonds de pension et encore plus improbable quand on est en face d'une entreprise privée étrangère. Celle-ci pense avant tout équilibre financier, paix et stabilité sociale à établir en son sein, car elle redoute, plus que tout, les grèves à portée salariale.

Il est évident que la dépendance financière des Etats par rapport à l'extérieur est une plaie pour eux. Aujourd'hui, certains pensent qu'il faudrait que ces Etats osent enfin « l'indépendance monétaire ». Ainsi, tout comme l'Europe a financé son développement au XIXe siècle jusqu'aux années 1970 par la « planche à billets », ils pourraient s'octroyer des « marges d'action » par ce moyen. C'est oublier que les contextes économique et politique ne sont pas les mêmes : les Etats européens commerçaient entre eux et s'achetaient mutuellement biens d'équipement et biens de consommation. Aujourd'hui, on sait que le commerce intra-communautaire UEMOA et CEMAC n'atteint pas les 25 % ! Ce qui est faible. Le contexte politique est également différent : ce qui était supportable par l'entreprise privée en ces temps-là n'est plus admis aujourd'hui et les entreprises du nord disposent de moyens de rétorsion autrement plus puissants pour boycotter les Etats à forte inflation, surtout s'ils ne sont pas leurs acheteurs principaux.

Il en résulte que la solution la plus efficace est celle qui consiste à compter sur ses propres forces, c'est-à-dire ici, sur un prélèvement fiscal au rendement nettement amélioré.

Il faut enfin relever une dernière faiblesse des finances publiques de l'Etat en Afrique subsaharienne francophone.

D- 4E FAIBLESSE : LE DÉTOURNEMENT DE DENIERS PUBLICS.

Le détournement de deniers publics existe partout. On peut lui donner les vocables que l'on veut : « abus de biens sociaux, prises illégales d'intérêt, délit de favoritisme », etc. la réalité n'en demeure pas moins la même. Mais ses effets ne sont pas les mêmes, selon que les ressources publiques affectées sont abondantes ou aussi maigres que celles des Etats évoqués dans ces lignes. Alors que pour les premières, la saignée n'aura qu'un effet bénin, pour les secondes, il s'agira d'une véritable hémorragie qui peut être mortelle.

Autant on a pu parler de « *la maladie infantile du communisme* »[1], maladie de l'enfance qui peut devenir une affection de longue durée, autant les détournements de deniers publics constituent une plaie béante sur le visage de l'Afrique subsaharienne.

Certes, il ne faut pas confondre le détournement de deniers publics avec la corruption qui consiste à accepter une rémunération pour accomplir ou s'abstenir d'accomplir les tâches de sa fonction. Il peut ne pas s'en éloigner, car comme on l'a vu dans le cas des marchés publics, le fonctionnaire ou l'agent public qui accepte une facture comprenant la commission qui va lui être ristournée n'est plus tout à fait dans la corruption simple, puisque celle-ci se double d'une soustraction frauduleuse d'une ressource publique.

Il faut encore moins confondre le détournement de deniers publics avec la concussion dans laquelle l'agent extorque des fonds à une personne, mais au profit de la collectivité publique. Le détournement retire des fonds à une collectivité publique pour se les approprier ; s'il s'agit de biens matériels, on

---

[1] Expression attribuée à Lénine, La maladie infantile du communisme (le gauchisme), opuscule rédigé et terminé par l'auteur le 12 mai 1920. Il s'agit d'une critique de l'attitude de révolutionnaires de certains penseurs communistes (traités de gauchistes, de kaustkistes, qui pensaient que la révolution ne devait pas avoir lieu et donc réussir en Russie paysanne et à peine sortie du servage, mais dans des pays tels que l'Allemagne ou l'Angleterre.

parlera d'abus de biens sociaux. Il est donc cette kleptomanie, maladie qui atteint l'homme qui se laisse aller au vol, qui préfère son intérêt personnel à celui de la collectivité nationale ou de la communauté locale.

Evidemment, ces vols d'argent trop nombreux, trop fréquents en Afrique subsaharienne privent les administrations de leurs moyens normaux de fonctionnements et interdisent la réalisation des infrastructures économiques et sociales indispensables au développement de ces pays.

Certes, il m'est arrivé de qualifier les détournements de deniers publics « de répartition anarchique » du produit intérieur brut. Mais, cela n'atténue en rien leur brutalité et leur nocivité. En effet, toute répartition qui ne se fait pas de la bonne manière ne peut être efficace ; elle pervertit le fonctionnement régulier des institutions, si ce n'est de la société toute entière dans laquelle elle se déploie.

Comment se guérir de cette lèpre ? Nul ne dispose de remède miracle ni de recette magique. Mais une fois de plus, la solution ultime réside dans la prise de conscience collective des effets néfastes du phénomène et enfin l'engagement collectif pour combattre le fléau. Certains rêvent de « l'homme fort » providentiel qui viendrait imposer sa volonté. En fait, ce dont on a simplement besoin, ce sont des hommes, présidents, ministres, députés, directeurs généraux des services qui soient probes, honnêtes et qui appliquent consciencieusement les règles inscrites dans la constitution, les lois et règlements. Si cela est fait à 90 %, la guérison de ce mal est possible.

Conclusion

Voici l'essence de mon propos. Que conclure ? Si quatre critères permettent de définir les finances publiques, à savoir (i) des recettes et des dépenses (ii) de personnes morales de droit public, (iii) acquises ou utilisées selon des règles de droit public, à titre principal (iv) en vue de la satisfaction de besoins collectifs ou d'intérêt général, les finances publiques des Etats d'Afrique noire francophone répondent à tous ces critères, mais elles ont encore de grands progrès à faire pour correspondre au quatrième critère, à savoir la satisfaction des besoins collectifs.

Mon mot de la fin est donc le suivant : que le CREDFIP soit un creuset où des enseignants, des praticiens et des politiques pourront venir se ressourcer intellectuellement, débattre et trouver des solutions aux maux des finances de pays qui sont si chers à mon cœur.

Un adage du village africain dit à peu près ceci : « *Tu es heureux quand tu as mis au monde un enfant capable de jouer de la kora (ce que toi tu ne savais pas faire) pour te faire danser* ». C'est cette joie que je souhaite à Madame le Professeur THEOUA-N'DRI Pélagie et à toute son équipe du CREDFIP.

COORDINATION, HARMONISATION ET UNIFORMISATION DES REGLES BUDGETAIRES ET FISCALES DANS L'UE ET DANS L'UEMOA

Yakouba OUEDRAOGO

Maître-Assistant à l'Université Ouaga II (Burkina Faso)

Introduction

« *Le médiocre professeur dit. Le bon professeur explique. Le très bon professeur démontre. L'excellent professeur inspire* » ! Cette affirmation de Arthur Ward caractérise la relation qui peut se nouer entre l'élève et le maître, celui-ci pouvant être une source d'inspiration et un modèle pour le premier. Les dédicataires des présents mélanges appartiennent à la catégorie des enseignants qui inspirent. Leurs qualités humaines et leur rigueur scientifique ont inspiré ou orienté la vie professionnelle de bon nombre d'enseignants-chercheurs dans l'espace francophone africain. L'auteur des présentes lignes en fait partie. Sans revenir sur des souvenirs plus personnels, on se limitera seulement à révéler que le choix du thème de la présente contribution a été inspiré par l'intérêt scientifique et le goût que les dédicataires de ces mélanges nous ont donné pour l'étude de la dimension communautaire des finances publiques. Les professeurs DIARRA et YONABA se sont en effet intéressés aux aspects communautaires des finances publiques[1]. Aussi, nous est-il paru intéressant de réfléchir sur le thème : « *Coordination, harmonisation et uniformisation des règles budgétaires et fiscales dans l'UE et dans l'UEMOA* » dans cette contribution qui leur rend hommage.

Bien que résultant d'un « *droit éminemment interne* »[2], les finances publiques subissent les phénomènes de la mondialisation[3]. Si l'influence de

---

[1] Voir É. DIARRA, *Les aspects financiers de la Communauté économique de l'Afrique de l'ouest (C.E.A.O.)*, thèse de droit, Université Paris II, 1982 ; « Coopération ou intégration fiscale au sein de l'Union Économique et Monétaire Ouest-Africaine (UEMOA) », *RBD*, n° 45-1er semestre 2004, pp. 35-58 ; S. YONABA, « Les contraintes de l'harmonisation d'un droit budgétaire rénové dans la zone UEMOA », *RFFP*, n° 98-juin 2007, pp. 69-79 ; « La difficile intégration des règles budgétaires et comptables des États membres de l'Union économique et monétaire Ouest-Africaine (UEMOA) », *RFFP*, n° 79-septembre 2002, pp. 221-239.

[2] L. AYRAULT, « Les règles et principes d'exécution des budgets », *in* J.-B. AUBY (dir.), *L'influence du droit européen sur les catégories juridiques du droit public* (recherche réalisée pour le compte de la Mission de recherche Droit et Justice), Paris, Science Po – Chaire MADP, avril 2009, p. 608.

[3] J.-B. AUBY, *La globalisation. Le droit et l'État*, Paris, Montchrestien, 2003, p. 120 ; F. LINDITCH, « La souveraineté budgétaire et l'Europe », *RDP*, n° 6, 1993, pp. 1671-1710 ; M.-C. ESCLASSAN, « Les effets de la construction européenne sur le pouvoir budgétaire des États membres : le cas de la France », *RFFP*, n° 68, 1999, p. 78 ; P. AMSELEK, « Les Communautés européennes et les institutions budgétaires françaises », dans *Les Communautés européennes et les Finances publiques françaises* (actes des journées d'étude des 11 et 12 octobre 1974), Paris, LGDJ, 1975, p. 22.

normes externes n'y est pas récente, comme le prouve l'apparition de conventions fiscales au début du 20e siècle[1], elle s'est particulièrement développée avec les regroupements régionaux. L'appartenance à une organisation d'intégration régionale engendre une « *supranationalité financière* »[2] restreignant le pouvoir financier des États membres. Cette situation caractérise les États membres de l'Union européenne (UE) et des organisations qui reprennent son modèle juridique et institutionnel sur le continent africain, notamment l'Union économique et monétaire ouest-africaine (UEMOA)[3] et la Communauté Économique et Monétaire de l'Afrique Centrale (CEMAC)[4].

L'influence du droit communautaire sur les finances publiques est très étendue. Envisagée dans une conception large, elle s'étend aux aspects monétaires, budgétaires, comptables et fiscaux. Seuls les aspects budgétaires, comptables et fiscaux seront toutefois ici considérés.

La différence entre les organisations communautaires et les organisations internationales classiques réside dans la mise en œuvre de la technique d'intégration dans la première catégorie, impliquant un transfert plus important de compétences, les organisations internationales reposent sur le principe de coopération. L'intégration régionale se réalise généralement au moyen de techniques d'harmonisation et d'uniformisation des droits nationaux, mais elle n'exclut pas l'intergouvernementalité, qui privilégie la coopération et la coordination. Ces différentes méthodes se rencontrent dans le domaine des finances publiques.

La question des méthodes d'intégration présente des enjeux politiques qui intéressent les États, notamment en termes de respect de leur souveraineté, mais également des enjeux juridiques concernant le respect du principe d'attribution des compétences, qui régit la délimitation des compétences communautaires. Ce principe postule en effet que l'organisation communautaire ne peut agir « *que dans les limites des compétences que les États membres lui ont attribuées dans les traités.* […] *Toute compétence non attribuée* […] *dans les traités*

---

[1] B. CASTAGNEDE, *Précis de fiscalité internationale*, Paris, PUF, 5e éd., 2015, p. 12 et s.

[2] J.-L. ALBERT, *Finances publiques*, Paris, Dalloz, 9e éd., 2015, p. 184 ; M. BOUVIER, M.-Ch. ESCLASSAN et J.-P. LASSALE, *Finances publiques*, Paris, LGDJ, 16e éd., 2017-2018, p. 153 et s. ; J.-F. BERNICOT, « La décision financière publique sous contrainte européenne », *in* C. DELON DESMOULIN et G. DESMOULIN (dir.), *La décision financière publique*, Paris, Lextenso éditions, LGDJ, 2013, pp. 43-53 ; C. LAURENT, *L'encadrement normatif des politiques budgétaires sous la Vème République*, thèse de droit public, Université de Reims Champagne-Ardenne, 2017, p. 167.

[3] L'UEMOA a été créée par le Traité de Dakar du 10 janvier 1994 et regroupe huit États d'Afrique de l'ouest : Bénin, Burkina Faso, Côté d'Ivoire, Guinée Bissau (depuis 1997), Mali, Niger, Sénégal et Togo.

[4] La CEMAC a été créée par le Traité de N'Djamena du 16 mars 1994. Elle comprend six États membres : Cameroun, Centrafrique, Congo, Gabon, Guinée Équatoriale et Tchad.

appartient aux États membres »[1]. Les autorités communautaires utilisent souvent des méthodes de rapprochement des législations plus contraignantes que celles prévues ou suggérées par les traités.

Se pose la question de la définition des trois concepts ici considérés. Avec le rapprochement des législations, ils ne font pas toujours l'objet de définitions rigoureuses[2]. Ils sont souvent employés comme des synonymes tant dans les textes que dans la doctrine[3]. L'article 1er du statut organique de l'Institut International pour l'Unification du Droit Privé (UNIDROIT) prévoit par exemple que l'Institut « *a pour objet d'étudier les moyens d'harmoniser et de coordonner le droit privé entre les États ou entre les groupes d'États et de préparer graduellement l'adoption par les divers États d'une législation de droit privé uniforme* », employant ainsi ces différents concepts de façon équivalente. Les autorités ont souvent recours dans la démarche d'harmonisation à des actes conçus pour l'uniformisation (les règlements) ou pour l'unification à des actes plus indiqués pour l'harmonisation (les directives)[4]. Or, malgré leur proximité, ces concepts peuvent être distingués en fonction de l'intensité de l'intégration qu'ils mettent en œuvre et du degré de contrainte exercé sur les législations nationales[5].

Le rapprochement des législations, souvent employé comme synonyme de l'harmonisation[6], s'en distingue pourtant. Il désigne l'objectif général assigné aux autorités communautaires dans l'élimination des disparités gênant la réalisation de l'intégration, objectif dont l'atteinte nécessite des actions d'harmonisation, de coordination, d'uniformisation ou d'unification.

---

[1] Art. 5 TUE ; art. 16 al. 2 du Traité UEMOA ; Art. 6 § 2 du Traité de la CEDEAO.

[2] A. JEAMMAUD, « Unification, uniformisation, harmonisation, de quoi s'agit-il ? », *in* F. OSMAN (dir.), *Vers un Code européen de la consommation : codification, unification et harmonisation du droit des États membres de l'Union européenne*, Bruxelles, Bruylant, 1998, p. 36 ; D. VIGNES, « Le rapprochement des législations mérite-t-il encore son nom ? », *in L'Europe et le droit. Mélanges en l'honneur de Jean BOULOUIS*, Paris, Dalloz, 1991, p. 533 ; N. CATALINO, « La Communauté économique européenne et l'unification, le rapprochement et l'harmonisation des droits des États membres », *Revue internationale de droit comparé*, 13e année, n° 1, janvier-mars 1961, p. 5.

[3] R. DAVID, « Les méthodes de l'unification », *in Le droit comparé : droits d'hier, droits de demain*, Paris, Economica, 1982, p. 306 ; G. CORNU (dir.), *Vocabulaire juridique*, Paris, PUF, 10e éd., 2014, p. 505.

[4] M. DELMAS-MARTY, « Le phénomène de l'harmonisation : L'expérience contemporaine », *in* B. FAUVARQUE-COSSON et D. MAZEAUD (dir.), *Pensée juridique française et harmonisation européenne du droit*, vol. 1, Paris, Société de législation comparée, 2003, p. 45.

[5] R. MONACO, « Comparaison et rapprochement des législations dans le marché commun européen », *Revue internationale de droit comparé*, 12e année, n° 1, janvier-mars 1960, pp. 61-74 ; A. BENASSY-QUERE, A. TRANNOY et C. WOLFF, « Renforcer l'harmonisation fiscale en Europe », *Les notes du Conseil d'analyse économique*, n° 14, juillet 2014, p. 2.

[6] Voir art. 60 du Traité révisé de l'UEMOA ; Chapitre 3 du Titre VII TFUE ; Th. DEBARD, B. LE BAUT-FERRARESE et C. NOURISSAT, *Dictionnaire du droit de l'Union européenne*, Paris, *ellipses*, 2e édition, 2007, p. 173.

La coordination vise à éliminer les disparités entre différentes législations afin de les rendre compatibles avec des objectifs communs, comme la réalisation d'un marché commun/intérieur ou la convergence de certaines politiques menées par les États membres. Elle permet de satisfaire l'objectif de convergence en réduisant les écarts constatés entre les législations nationales.

L'harmonisation réalise une équivalence dans la teneur des règles. Les législations harmonisées tendent à se rapprocher autour de certains principes communs, tout en tolérant un certain seuil de différence de fond et surtout de forme[1]. L'harmonisation s'opère au moyen d'actes juridiques souples, en l'occurrence les directives, qui fixent des objectifs à atteindre, tout en laissant une liberté de choix des moyens et des actes juridiques pour les réaliser[2].

L'uniformisation rend les règles juridiques identiques, tout en respectant la diversité et la compétence formelle des droits nationaux dans les domaines concernés. Elle se distingue de l'unification, qui « *s'entend de la substitution, à des droits formellement distincts (relevant ou non de différents souverains) ou à des corps de règles de droits distincts, d'un droit unique ou d'un corps unique de dispositions* »[3]. L'unification réalise la fusion pure et simple des dispositions auparavant différentes[4]. L'uniformisation consacre des dispositions uniformes quant au fond, « *comme le sont les soldats portant le même "uniforme" mais dont chacun conserve une identité* »[5], alors que l'unification fait disparaître toute différence pour réaliser une identité de teneur et de forme.

Les différents concepts peuvent être résumés de façon suivante[6] :

coordination = règles différentes mais compatibles ;

harmonisation = règles distinctes mais équivalentes ;

uniformisation = règles distinctes mais identiques quant au contenu ;

unification = règles entièrement uniques.

Ces distinctions restent souvent relatives[7], car les démarches de coordination peuvent produire des effets d'harmonisation ou d'uniformisation, et inversement. De même, dans les processus d'intégration, la coordination peut être le prélude à l'harmonisation, et l'harmonisation une étape vers

[1] R. RODIERE, « L'Harmonisation des législations européennes dans le cadre de la C.E.E. », *RTDE*, vol. 1, 1965, pp. 336-357.

[2] Art. 288 al. 3 TFUE; art. 43 al. 3 Traité UEMOA.

[3] A. JEAMMAUD, « Unification, uniformisation, harmonisation, de quoi s'agit-il ? », *op. cit.*, p. 39. En droit international privé, l'uniformisation se réalise par des lois matérielles uniformes, annexées aux conventions internationales.

[4] R. DAVID, « L'avenir des droits européens : unification ou harmonisation », *in Le droit comparé : droits d'hier, droits de demain*, Paris, Economica, 1982, pp. 295-303.

[5] A. JEAMMAUD, « Unification, uniformisation, harmonisation, de quoi s'agit-il ? », *op. cit.*, p. 41.

[6] *Ibidem*, p. 47 ; R. DAVID, « Les méthodes de l'unification », *op. cit.*, p. 304 et s.

[7] P. de FREMINET, « À défaut d'une harmonisation, une coordination fiscale est-elle possible ? », *LPA*, n° 97, 2002, p. 41 et s.

l'uniformisation ou l'unification. Ces distinctions restent néanmoins commodes pour apprécier le degré d'intégration des législations.

Ainsi, quels aspects des finances publiques font l'objet de coordination, d'harmonisation et d'uniformisation ? Les deux organisations considérées sont-elles au même stade d'intégration des règles de gestion des finances publiques ? Quels effets les réformes récentes produisent-elles sur les méthodes d'intégration des règles de gestion des finances publiques ?

Le présent travail se propose d'étudier, selon une approche comparée entre deux espaces régionaux, l'intégration des règles budgétaires, comptables et fiscales à l'aune des concepts de coordination, d'harmonisation et d'uniformisation, voire d'unification.

En observant les méthodes de rapprochement des législations relatives aux finances publiques et aux régimes de fiscalité, il ressort que si les techniques de coordination se rapprochent dans les deux espaces d'intégration (**I**), il n'en va pas de même des pratiques d'harmonisation et d'uniformisation, qui comportent des éléments de différenciation (**II**).

I. Un rapprochement des techniques de coordination

En l'absence de politiques budgétaires et fiscales communes[1], la coordination est la méthode généralement privilégiée d'intégration des législations relatives aux finances publiques. Dans les deux espaces régionaux, la coordination se rapproche dans ses finalités et ses domaines de mise en œuvre (**A**). Les développements récents sont caractérisés par la recherche d'une meilleure efficacité des mécanismes de coordination (**B**).

A-La similitude des méthodes et finalités de la coordination

La coordination concerne principalement les politiques économiques et budgétaires[2] et, de façon subsidiaire, la coopération administrative en matière douanière et fiscale[3].

La coordination des politiques économiques occupe une place importante dans les traités. Les articles 2.3), 5 et 121 du Traité sur le fonctionnement de l'Union européenne (TFUE) et l'article 63 du Traité UEMOA prévoient que les « *États membres considèrent leurs politiques économiques comme une question d'intérêt commun et les coordonnent au sein du Conseil* ». Pour ce faire, il est fixé des critères quantitatifs que les États doivent respecter.

---

[1] M. BOUVIER et G. MONTAGNIER, « Le poids de l'Union économique et monétaire dans la réforme de l'ordonnance du 2 janvier 1959 », *RFFP*, n° 73, 2001, p. 46 ; B. DELAUNAY, « Droit de l'Union européenne et politique fiscale », *RFFP*, n° 126, 2014, p. 51.

[2] H. GHERARI, « Le développement de la coordination des politiques budgétaires en droit international », *in* J.-M. SOREL et R. CHEMAIN (dir.), *Quelle souveraineté budgétaire pour les États*, Paris, A. Pédone, 2013, p. 20 et s.

[3] Sur le second point, voir II. A. *infra*.

Dans l'UE, l'article 140 §1 du TFUE et le protocole n° 13 fixent quatre critères de convergence économique : la réalisation d'un degré élevé de stabilité des prix (taux d'inflation limité à 1,5% de celui des trois États membres présentant les meilleurs résultats en matière de stabilité des prix) ; le caractère soutenable des finances publiques (absence de procédure pour déficits excessifs devant le Conseil) ; le respect des marges de fluctuations prévues par le mécanisme de change du système monétaire européen et le caractère durable de la convergence des taux d'intérêt moyen atteints par les États faisant l'objet d'une dérogation, fixés au maximum à 2% de celui des trois États membres présentant les meilleurs résultats en matière de stabilité des prix.

Dans l'UEMOA, les critères de convergence économique et de discipline budgétaire sont imbriqués. Après les critères provisoires appliqués de 1993 à 1997 et de 1997 à 1999[1], l'acte additionnel n° 04/99/CCEG/UEMOA du 8 décembre 1999 portant Pacte de convergence, de stabilité, de croissance et de solidarité (PCSCS) a défini huit critères définitifs, hiérarchisés en quatre critères de premier rang et en quatre de second rang. Une prépondérance est toutefois accordée aux critères budgétaires. Seuls deux critères avaient un caractère économique : la limitation du taux d'inflation annuel moyen à 3% et du ratio du déficit extérieur rapporté au PIB nominal à 5%. Ce second critère a été supprimé par l'acte additionnel n° 01/2015/CCEG/UEMOA du 19 janvier 2015, qui a remplacé celui de 1999. La limitation du taux d'inflation constitue désormais le seul critère de convergence économique.

La coordination des politiques budgétaires s'opère au moyen des règles de discipline budgétaire. Les ratios budgétaires retenus sont la limitation des déficits excessifs et celle de la dette publique. Aux termes des traités, « *les États membres évitent les déficits excessifs* »[2]. Dans l'UE, la discipline budgétaire est considérée comme respectée si le déficit effectif et la dette publique ne dépassent pas respectivement les ratios de 3% et de 60% du produit intérieur brut (PIB)[3]. Le Traité sur la stabilité, la coordination et la gouvernance au sein de l'Union économique et monétaire (TSCG) signé le 2 mars 2012 a introduit la notion de déficit structurel. Reposant sur une approche économique de l'équilibre budgétaire, le déficit structurel correspond au déficit effectif corrigé des variations de la conjoncture économique. L'équilibre structurel est considéré comme respecté si le solde structurel des administrations publiques ne dépasse pas - 0,5 % du PIB pour les États dont la dette est supérieure à 60% du PIB et - 1% du PIB pour les pays dont la dette publique est sensiblement inférieure à 60 % du PIB (art. 3 du TSCG). La discipline budgétaire européenne repose désormais sur ces critères.

---

[1] Voir E. F. SAWADOGO, *Les instruments de la convergence des politiques budgétaires dans la zone UEMOA*, thèse de droit public, Université de Bordeaux, 17 mars 2016, p. 79 et s.

[2] Art. 126 §1 du TFUE ; art. 65 2. Traité UEMOA.

[3] Art. 1er du protocole n° 12 sur la procédure concernant les déficits excessifs.

Dans l'UEMOA, le PCSCS de 1999 avait prévu six critères budgétaires. La réforme de janvier 2015 a ramené leur nombre à quatre (deux de premier rang et deux de second rang). Il s'agit du solde budgétaire global (dons compris) rapportés au PIB nominal $\geq$ -3% ; de l'encours de la dette intérieure et extérieure plafonnée à 70% du PIB (critères de premier rang) ; du ratio de la masse salariale par rapport aux recettes fiscales $\leq$ 35% et du taux de pression fiscale fixé à 20% minimum du PIB (critères de second rang).

Les critères définis dans les deux espaces d'intégration ne réalisent pas une harmonisation, encore moins une uniformisation des politiques économiques et budgétaires, mais leur coordination[1]. Ils visent à les rendre compatibles avec les objectifs généraux de la politique économique et de la politique monétaire, notamment la maîtrise de l'inflation, le soutien à la croissance et la stabilité des prix. Ce dernier objectif constitue un élément important pour les États ayant une monnaie commune, comme ceux de la zone euro et celle UEMOA. En raison de la solidarité de fait qui existe entre les États membres d'une Union économique et monétaire (UEM), les mauvaises performances économiques et le laxisme budgétaire d'un État entraîne des répercussions dommageables sur les autres pays de la zone, en affectant les taux d'intérêt et les taux de change avec les autres monnaies[2]. Le bon fonctionnement de l'UEM implique que ses membres respectent les critères de convergence et de discipline budgétaire[3].

Malgré un lien insuffisamment établi entre les politiques budgétaires et la politique monétaire dans l'UE[4], il est néanmoins rappelé que le Système européen de banques centrales (SEBC) apporte son soutien aux politiques économiques générales de l'Union[5]. Le TFUE prévoit une surveillance et une coordination renforcées de la discipline budgétaire des États dont la monnaie est l'euro[6]. Malgré une dualité des Traités sur l'Union monétaire et l'Union

---

[1] P. DAILLER, « L'Union économique et monétaire européenne et le droit budgétaire français : quelle articulation ? », *RFFP*, n° 86, 2004, pp. 219-224.
[2] R. VERRIER, « Zone Euro : quelle solidarité économique et financière ? Et la solidarité ? … Bordel !/ Eurozone : welche wirtschafliche und finanzielle Solidarität ? Und wo zum Teufel blebt die Solidaritat ? », *in* A. BERRAMDANE et K. ABDEREMANE (dir.), *Union européenne. Une Europe sociale et solidaire ?* Mare&Martin, 2015, coll. « Droit public », pp. 273-291, spéc. p. 283 et s.
[3] H. CARRE, « Les politiques budgétaires en UEM : une autonomie surveillée », *RFFP*, n° 80, 2002, p. 16.
[4] J.-P. DUPRAT, « Les innovations techniques au sein de l'Union économique et monétaire et les limites de fond », *in* H. BONIN et J.-M. FIGUET (dir.), *Crises et régulation bancaires. Les cheminements de l'instabilité et de la stabilité bancaires* (en hommage à Dominique Lacroue-Labarthe), Genève, Droz, 2016, p. 491 ; A. de STREEL, « La gouvernance économique européenne réformée », *RTDE*, juillet-septembre 2013, pp. 455-481.
[5] Art. 127 et 119 3. TFUE ; considérant premier du règlement n° 1175/2011 du 16 novembre 2011 ; S. ADALID, *La Banque centrale européenne et l'Eurosystème. Recherche sur le renouvellement d'une méthode d'intégration*, Bruylant, 2015, 795 p.
[6] Chapitre 4 du Titre VIII TFUE (art. 136-138).

économique dans l'UEMOA[1], la relation entre politiques économiques et budgétaires, d'une part, et politique monétaire, d'autre part, paraît plus étroite[2].

Pour s'assurer du respect des critères de convergence et de discipline, des procédures de surveillance multilatérale sont instituées[3]. Elles comportent un volet préventif et un volet correctif. Le premier vise à prévenir l'apparition de déficits excessifs, critère clé de la discipline budgétaire. Les États doivent élaborer et soumettre aux autorités communautaires leurs programmes de stabilité ou de convergence. Ils doivent également transmettre à l'exécutif communautaire les données statistiques et les informations de politiques économiques nécessaires[4]. Dans l'espace UEMOA, la Commission élabore et soumet au Conseil un rapport semestriel qui rend compte du respect des critères de convergence économique et de discipline budgétaire par les États ainsi que de l'exécution des recommandations éventuellement formulées auparavant par le Conseil[5].

Le volet correctif, souvent assimilé à la procédure pour déficits excessifs, consiste dans l'examen par les autorités communautaires du respect des critères de convergence économique et de discipline budgétaire[6]. Il peut déboucher sur des sanctions à l'encontre des États qui ne se conforment pas aux recommandations des autorités communautaires dans la correction de leurs déficits.

Qu'il s'agisse du volet préventif ou du volet répressif, l'une des questions que soulève la coordination des politiques économiques et budgétaires est celle de son efficacité[7].

B- La problématique de l'efficacité de la coordination

Les réformes des pactes de stabilité et de convergence dans l'UE et dans l'UEMOA visent à améliorer l'efficacité de la discipline budgétaire. Cette recherche d'efficacité repose sur des stratégies différentes (1). Le renforcement

---

[1] Art. 62 du Traité UEMOA. L'Union monétaire et la monnaie commune (le franc CFA) ont précédé l'Union économique. Après des instituts d'émission privés, transformés en Banque centrale en 1959, c'est le Traité de Paris du 12 mai 1962 qui a officiellement créé l'Union monétaire ouest-africaine (UMOA), remplacé par un autre Traité de Paris du 14 novembre 1973. Elle est actuellement régie par le Traité de Ouagadougou du 20 janvier 2007. La perspective de passage à l'Eco entraînera une renégociation des Accords sur l'Union monétaire, dont les aspects de la réforme ont été énoncés par le Président Ouattara le 21 décembre 2019.

[2] Art. 64 et 41 du Traité UEMOA.

[3] Art. 121 §3. et s. TFUE ; art. 63 et s. Traité UEMOA.

[4] Art. 121 3. et 4. TFUE ; art. 70 Traité UEMOA.

[5] Art. 72 du Traité UEMOA.

[6] Art. 126 TFUE et protocole n° 12 sur la procédure des déficits excessifs.

[7] R. HERTZOG, « Politiques économiques et budgétaires : de la coordination à la surveillance », *in* R. HERTZOG, C. MESTRE et Y. PETIT (dir.), *La crise financière et budgétaire en Europe*, Nancy, Presses universitaires de Nancy, 2013, p. 90 ; C. LAURENT, *L'encadrement normatif des politiques budgétaires sous la Vème République*, *op. cit.*, p. 267.

de la discipline qui en résulte soulève la question de l'évolution de la coordination vers une harmonisation déguisée (2).

1- Les stratégies divergentes de recherche de l'efficacité de la discipline budgétaire

Les crises financière et économique récentes ont entraîné des déficits publics et des dettes souveraines, devenus difficilement soutenables et susceptibles de mettre l'UEM en péril. Les réformes intervenues dans les deux espaces d'intégration reposent sur des stratégies différentes. Dans la zone euro, elles ont renforcé la discipline budgétaire découlant du pacte de stabilité et de croissance (PSC)[1]. Le Traité de Maastricht (art. 104 C.) et le PSC[2] limitaient les déficits publics à 3% et la dette publique à 60% du PIB. Outre la transmission des programmes de stabilité et de convergence à la Commission, un mécanisme d'alerte précoce, s'exerçant sous forme de recommandation du Conseil, pouvait être déclenché en cas de dérapage sérieux des déficits publics. Or, malgré des déficits constatés à l'encontre de certains pays au début du passage à l'euro, ces États ne faisaient pas l'objet de sanctions. Cela a conduit à la suspension du pacte par le Conseil, validée par la Cour de justice[3]. Deux règlements (n° 1055/2005 et n° 1056/2005) du Conseil du 27 juin 2005 l'ont réformé, en assouplissant notamment le volet correctif[4].

Les réformes effectuées à la suite de la crise des dettes souveraines ont renforcé la discipline budgétaire[5]. Le *six-pack* de 2011[6] a renforcé son contenu ainsi que les mécanismes de surveillance et de sanction. Dans le volet préventif, il a institutionnalisé un semestre européen de coordination des politiques économiques et budgétaires et prévu la possibilité pour le Conseil d'imposer un dépôt portant intérêt de 0,2% du PIB, lorsqu'il constate qu'un État n'a pas pris les mesures nécessaires à la suite de sa recommandation. Il a institué une procédure de décision à la majorité qualifiée inversée, renforçant les pouvoirs de sanction de la Commission. La notion de « circonstances exceptionnelles », justifiant un dépassement du seuil de 3% du PIB, a été précisée. Le TSCG du 2 mars 2012 a introduit la « règle d'or », reposant sur la notion de solde structurel, avec obligation pour les États de garantir son plein effet au moyen de dispositions contraignantes et permanentes, de préférence constitutionnelle[7]. En

---

[1] F. MARTUCCI, « La discipline budgétaire au service de la stabilité financière dans l'Union monétaire », *in* R. HERTZOG, C. MESTRE et Y. PETIT (dir.), *Ibidem*, p. 163.

[2] Le PSC est constitué d'une résolution du Conseil européen d'Amsterdam du 17 juin 1997 et de deux règlements du Conseil (n° 1466/97 et n° 1467/97) du 7 juillet 1997.

[3] CJCE, 13 juillet 2004, *Commission c/ Conseil*, Aff. C-27/04, *Rec.* 2004, I-6649.

[4] A. BAUDU, *Droit des finances publiques*, Paris, Dalloz, 1re édition, 2015, p. 159.

[5] A. de STREEL, « La gouvernance économique européenne réformée », *op. cit.*, p. 456.

[6] Il comprend cinq règlements du Conseil du 16 novembre 2011 et une directive du 8 novembre 2011.

[7] La mise en œuvre de cette règle peut faire l'objet d'un recours devant la Cour de justice, sur saisine de la Commission ou de tout État. Son arrêt est contraignant et peut déboucher sur des sanctions financières (Art. 8 TSCG).

France, après sa ratification, le TSCG[1] a été mis en œuvre par la loi organique du 17 décembre 2012 relative à la programmation et à la gouvernance des finances publiques. Le TSCG fait obligation aux États dont la dette est supérieure à 60% du PIB de la réduire au rythme moyen d'1/20e par an. Il prévoit un mécanisme de correction automatique en cas d'écart important par rapport à l'objectif de déficit structurel, la mise en place d'un organisme indépendant, chargé de vérifier le réalisme des prévisions et de la programmation budgétaire et d'apprécier le respect de la trajectoire de l'objectif d'équilibre à moyen terme (OMT). En France, un Haut Conseil des Finances Publiques (HCFP)[2] a été créé à cet effet par la loi organique du 17 décembre 2012. Le *two-pack* de 2013[3] a renforcé le suivi européen des projets de budgets nationaux. Les États de la zone euro doivent ainsi soumettre leur projet de budget pour avis à la Commission avant leur adoption par les Parlements nationaux. La Commission peut mettre sous surveillance renforcée un État connaissant de sérieuses difficultés de stabilité financière ou bénéficiant d'une aide financière internationale de stabilité.

L'efficacité de la discipline budgétaire définie reste mitigée. Alors que 24 pays faisaient l'objet d'une procédure pour déficit excessif, plus aucun d'eux n'en était toujours soumis à l'issue du « Semestre européen » du printemps 2019. La Commission européenne a renoncé le 27 juillet 2016 à proposer des sanctions à l'encontre de l'Espagne et du Portugal, alors que le Conseil ECOFIN du 12 juillet 2016 avait ouvert la procédure de sanction[4]. Elle a clos la procédure visant l'Espagne en juin 2019. Si elle a considéré que la procédure pour déficit excessif était justifiée à l'encontre de l'Italie, en raison du dérapage de sa dette publique, qui a atteint 132,2% du PIB en 2018[5], la Commission reste flexible et ouverte à la discussion pour éviter la poursuite de la procédure.

Les réformes opérées dans l'espace UEMOA ont au contraire relâché la discipline budgétaire. En plus de la réduction du nombre de critères définitifs de huit à cinq[6], l'acte additionnel du 19 janvier 2015 a assoupli le critère du solde budgétaire de base, critère clé de la discipline budgétaire. Fixé à 0 % dans l'acte additionnel de 1999, le solde budgétaire global est désormais autorisé jusqu'à 3 % du PIB. Son assouplissement réside aussi dans l'évolution des éléments pris

---

[1] Le Conseil constitutionnel a rendu une décision de conformité du TSCG à la Constitution (Cons. const., 9 août 2012, Décision n° 2012-653 DC, *Rec.*, p. 453), ce qui a permis sa ratification le 26 novembre 2012 (loi n° 2012-1171 du 22 octobre 2012).

[2] Voir le site internet : http://www.hcfp.fr/.

[3] Règlements n° 472/2013 et n° 473/2013 du 21 mai 2013.

[4] Conseil de l'UE, Décisions n° 10793/16 (UEM 261) et n° 10796/16 (UEM 264).

[5] Elle avait déjà rejeté à l'automne 2018 le projet de budget 2019 préparé par la coalition composée de la League du nord et du Mouvement cinq étoiles.

[6] Les critères supprimés sont : 1°/ la non accumulation d'arriérés de paiement intérieurs et extérieurs sur la période courante, 2°/ le ratio des investissements publics financés sur ressources internes rapportés aux recettes fiscales qui devrait atteindre 20% et 3°/ le ratio du déficit extérieur courant hors dons par rapport au PIB nominal fixé à 5% au maximum.

en compte. À l'origine, le ratio de la solde budgétaire s'entendait des recettes totales hors dons moins les dépenses courantes et les dépenses d'investissements publics financés sur ressources internes. L'acte additionnel du 17 mars 2009 a inclus les ressources extérieures dans le volume des recettes totales. Depuis lors, le solde budgétaire de base = recettes totales + dons PPTE[1] - dépenses courantes - dépenses d'investissements publics financés sur ressources internes. Seul le critère du taux de pression fiscale, initialement fixé à 17% au moins du PIB et relevé à 20% au moins par l'acte additionnel de 2015, a été durci par la réforme du pacte de convergence.

On peut par ailleurs se demander si l'évolution des règles de discipline ne conduit à une harmonisation déguisée.

2- Le glissement vers une harmonisation des politiques économiques et budgétaires

Les réformes opérées, surtout au niveau européen, conduisent à poser la question de l'évolution de la coordination des politiques budgétaires vers une harmonisation[2]. L'objectif d'harmonisation n'est d'ailleurs pas totalement absent des textes. L'article 119 du TFUE prévoit ainsi que l'action des États membres et de l'Union en matière de politique économique repose sur « *l'étroite coordination des politiques économiques des États membres* », ce qui ne s'éloigne pas d'une idée d'harmonisation. Les réformes effectuées après la crise de la zone euro semblent aussi faire glisser l'objectif de coordination vers une harmonisation implicite des normes de performances économiques et de discipline budgétaire. Selon Francis QUEROL, ces évolutions sont telles, « *qu'il ne s'agit pas, seulement, d'une modification sectorielle mais d'un bouleversement de la philosophie même du droit budgétaire* »[3]. Elles ont entraîné la gestation d'un droit budgétaire nouveau. Le pouvoir budgétaire des États subit un fort encadrement[4], une mise sous tutelle accrue des autorités communautaires[5]. L'appartenance à l'UEM européenne conduit déjà à harmoniser la conception des finances publiques. Leur champ ne se limite plus aux seules finances de l'État, mais inclut les finances des collectivités territoriales et des organismes de sécurité sociale. Cette conception globalisante

---

[1] Initiative Pays Pauvres Très Endettés, destinée à alléger la dette extérieure des pays à faible revenu.

[2] F. QUEROL, « De l'intégration budgétaire européenne ou la gestation d'un droit budgétaire nouveau », *RFFP*, 2012, n° 119, p. 149.

[3] *Ibidem*, p. 150.

[4] H. ONGENA, « La surveillance budgétaire après le pacte de stabilité et de croissance », *RFFP*, n° 68, 1999, pp. 57-64.

[5] B. CHEVAUCHEZ, « Les effets de la construction européenne sur notre système de finances publiques. Une mise à l'épreuve, un espoir de renouveau », *RFFP*, n° 68, décembre 1999, p.42.

influence les catégories de recettes et de dépenses publiques, de même que leur structure et leur contenu[1].

De même, l'approfondissement de la discipline budgétaire accroit les contraintes qui pèsent sur les finances publiques. Ainsi, la notion d'équilibre économique et financier revêtait en France et dans les pays francophones africains qui se sont inspirés de l'ordonnance organique du 2 janvier 1959, une conception politique sans portée juridique[2]. Elle se trouve remise en cause par le droit de l'UEM, qui fixe des ratios d'équilibre effectif et d'équilibre structurel. Les seuils définis par l'UEM constituent les référentiels dont le dépassement est assorti de procédures de sanctions renforcées. L'institution du semestre européen comportant un calendrier de présentation des projets de budgets nationaux aux autorités européennes rapproche les cycles et les procédures budgétaires des États. L'obligation de créer d'un organe indépendant, chargé d'apprécier la sincérité des prévisions budgétaires et le respect de la trajectoire d'OMT, constitue une contrainte à leur autonomie institutionnelle dans la conduite de leurs politiques budgétaires. Il en est de même du rapport semestriel de la surveillance multilatérale dans l'UEMOA, pour l'élaboration duquel il a été institué des Comités nationaux de politique économique (CNPE), chargés d'assister la Commission dans la collecte, le traitement et l'analyse des informations nécessaires. Le choix et la gestion des dépenses semblent être les seuls domaines qui échappent à l'influence du droit de l'UEM, encore que les autorités nationales ne bénéficient pas non plus d'une totale liberté[3].

La coordination des politiques économiques et budgétaires obéit ainsi à une double logique, mêlant intergouvernementalité et supranationalité. Les pratiques d'harmonisation et d'uniformisation semblent cependant ambivalentes.

II- Une ambivalence des pratiques d'harmonisation et d'uniformisation

L'harmonisation est la méthode privilégiée d'intégration des règles de gestion des finances publiques. L'objectif de rapprochement des législations y fait implicitement référence. Dans les deux espaces régionaux, l'harmonisation comporte des similitudes en matière fiscale (**A.**) et des différences en matière de gestion budgétaire et comptable (**B.**). Les démarches d'harmonisation interrogent sur une probable évolution vers une uniformisation (**C.**).

---

[1] L. LEVOYER, « Les catégories de recettes et de dépenses publiques », *in* J-B. AUBY (dir.), *L'influence du droit européen sur les catégories juridiques du droit public*, *op. cit.*, pp. 620-628.

[2] M.-C. ESCLASSAN, « Les effets de la construction européenne sur le pouvoir budgétaire des États membres : le cas de la France », *op. cit.*, p. 82.

[3] B. CHEVAUCHEZ, « Les effets de la construction européenne sur notre système de finances publiques. Une mise à l'épreuve, un espoir de renouveau », *op. cit.*, p. 43.

A- Les similitudes de l'harmonisation fiscale

Si la fiscalité fait l'objet d'harmonisation, il ne s'agit pas d'un domaine de compétence propre aux autorités communautaires[1]. Preuve en est l'absence d'impôts véritablement communautaires[2]. L'objectif des traités en matière d'harmonisation fiscale est de réduire les disparités dans la structure et l'importance des prélèvements fiscaux, afin de les rendre compatibles avec les libertés communautaires[3]. Aussi, se contentent-ils de rapprocher les systèmes fiscaux, selon la double démarche de l'intégration négative (**1.**) et de l'intégration positive (**2.**)[4].

1. L'homogénéité des domaines de l'harmonisation négative

L'harmonisation fiscale négative impose aux États l'obligation de ne pas instituer un impôt ou adopter une mesure fiscale qui serait incompatible avec les objectifs des traités. Elle découle des exigences de l'union douanière et du marché commun ou intérieur. L'union douanière comporte en effet l'interdiction entre les États membres des droits de douanes à l'importation et à l'exportation et des taxes d'effet équivalent et, dans son volet externe, l'adoption d'un tarif douanier commun dans les relations avec les pays tiers[5]. La fixation du tarif douanier commun relève de la compétence exclusive des autorités communautaires[6].

[1] S. OUEDRAOGO, *Les compétences nationales en matière fiscale et la communautarisation des règles dans l'espace ouest-africain*, Thèse de doctorat en droit public, Université de Bordeaux, 25 novembre 2015, 649 p. ; D. DIALLO, *L'adaptation des dispositifs fiscaux dans le processus de communautarisation en Afrique : le cas de l'Union économique et monétaire ouest-africaine (UEMOA)*, Thèse de doctorat en droit public, Université de Bordeaux, 14 septembre 2018, 498 p ; B. CASTAGNEDE, « Souveraineté fiscale et Union européenne », *RFFP*, n° 80, décembre 2002, pp. 53-60 ; A. MAITROT de la MOTTE, *Souveraineté fiscale et construction communautaire*, Paris, LGDJ, 2005, coll. « Bibliothèque de science financière », t. 44, 552 p.

[2] V. DUSSART, « L'impossible création d'un impôt européen ? », *RFAP*, n° 144, 2012, pp.1085-1091.

[3] Art. 113 TFUE ; Arts. 4 e) et 65 3) du Traité UEMOA ; G. MONTAGNIER, « L'harmonisation européenne des impôts directs », *RFFP*, n° 4, 1983, p. 121 ; S. M. OUEDRAOGO, « L'institutionnalisation de l'évaluation des politiques fiscales dans l'espace UEMOA : espoirs et contraintes », *Gestion et Finances publiques*, n° 17-juillet 2012, pp. 47-53.

[4] A. MAITROT de la MOTTE, *Droit fiscal de l'Union européenne*, Bruxelles, Bruylant, 2012, p. 46 ; E. Traversa et A. MAITTROT de la MOTTE, « Le fédéralisme économique et la fiscalité dans l'Union européenne », *in* S. DE LA ROSA, F. MARTUCCI et E. DUBOUT (dir.), *L'Union européenne et le fédéralisme économique. Discours et réalités*, Bruxelles, Bruylant, juin 2015, pp. 343-379.

[5] Art. 28 et 30 du TFUE ; art. 76 Traité UEMOA, règlement n° 02/97/CM/UEMOA du 28 novembre 1997 portant adoption du tarif extérieur commun dans l'UEMOA, modifié par le règlement n° 06/2014/CM/UEMOA du 25 septembre 2014.

[6] Art. 31 TFUE ; art. 78 et 82 Traité UEMOA.

D'un point de vue pratique, l'UEMOA s'est inspirée de son homologue européen dans l'élimination des droits et tarifs douaniers[1]. L'approche adoptée a consisté à introduire une clause de *standstill*, gelant les droits de douane et les taxes d'effet équivalent à leur niveau d'avant l'entrée en vigueur du traité, avant de prévoir leur démantèlement progressif[2]. Le rythme de désarmement du tarif douanier a été plus lent que dans l'UE. L'union douanière et le marché commun devaient être réalisés dans l'UEMOA au 1er janvier 2000, mais des obstacles tarifaires persistent encore dans les échanges entre pays membres[3].

Relève également de l'harmonisation négative, l'obligation de neutralité de la fiscalité intérieure, qui interdit les impositions discriminatoires ou protectrices. Si les États membres conservent leur souveraineté fiscale pour instituer des impositions intérieures[4], ce pouvoir fiscal est encadré. Il leur est interdit de taxer directement ou indirectement les produits des autres États membres d'impositions supérieures à celles qui frappent les produits nationaux similaires, ou de nature à protéger ces derniers au détriment de produits étrangers concurrents[5]. L'obligation de neutralité de la fiscalité intérieure prohibe également le protectionnisme fiscal offensif, consistant à accorder aux produits exportés vers d'autres pays membres une subvention fiscale ou une ristourne supérieure aux impositions intérieures dont ils ont été frappés[6].

L'interdiction d'une fiscalité discriminatoire ou protectionniste découle également du régime juridique des libertés de circulation[7]. Sont à ce titre prohibées, les discriminations ou les restrictions fiscales à la libre circulation des marchandises, des personnes, des services et des capitaux. L'obligation de neutralité s'applique aussi aux aides d'État accordées sous forme fiscale : transferts de ressources fiscales, exonérations d'impôts ou dépenses fiscales[8].

L'harmonisation fiscale comporte également une dimension positive.

---

[1] O. BOUGOUMA, *La libre circulation des marchandises en droit communautaire européen et UEMOA*, thèse de doctorat en droit privé, Université de Rouen, 27 juin 2013, 406 p.
[2] Art. 77 du Traité UEMOA.
[3] Commission de l'UEMOA, *Rapport d'activités 2008 sur le fonctionnement et l'évolution de l'Union*, p. 25.
[4] A. LOGMO MBELEK, « La souveraineté fiscale des États africains au sud du Sahara (face aux enjeux du développement). L'exemple du Cameroun », *Revue EDJA*, n° 78, juillet-août-septembre 2008, p. 42 et s. ; B. CASTAGNÈDE, « Souveraineté fiscale et Union européenne », *RFFP*, n° 80, 2002, pp. 53-60.
[5] Art. 79 du Traité UEMOA ; arts. 110-113 TFUE. Voir par exemple, CJUE, avril 2008, *Commission c/ Royaume de Suède*, aff. C 167/05, *Rec. CJUE*, I-02127.
[6] Art. 111 du TFUE.
[7] A. MAITROT de la MOTTE, *Droit fiscal de l'Union européenne*, *op. cit.*, p. 10 et s.
[8] Art. 107 à 109 TFUE ; Collectif, « Les aides d'État sous forme fiscale », *Dr. fisc.*, 2008, n°48, étude, p. 595 ; C. MICHEAU, *Droit des aides d'État et des subventions en fiscalité. Droit de l'Union européenne et de l'OMC*, Bruexelles, Larcier, 2013, 268 p.

2- La diversité des domaines de l'harmonisation positive

L'harmonisation positive consiste à adopter des mesures expresses de droit dérivé pour réaliser l'objectif de rapprochement des législations fiscales nationales. La procédure d'harmonisation est plus intégrée dans l'UEMOA que dans l'UE. L'article 113 du TFUE prévoit un vote à l'unanimité au sein du Conseil, alors que l'article 61 du Traité UEMOA prévoit la majorité qualifiée des 2/3. La règle de l'unanimité confère un droit de véto à chaque État membre de l'UE[1]. La Commission européenne relevait ainsi dans une communication de janvier 2019, que l'unanimité « *empêche que la fiscalité libère tout son potentiel pour contribuer à préserver et à approfondir le marché unique et soutenir la croissance inclusive dans les différents pays* »[2]. Elle propose le passage au vote à la majorité qualifiée. Cette règle de décision, appliquée dans l'UEMOA, signifie qu'un État peut se voir imposé des mesures fiscales à l'adoption desquelles il n'a pas exprimé son consentement à être lié.

Aussi bien dans l'UE que dans l'UEMOA, le rapprochement des législations fiscales porte prioritairement sur les impositions indirectes, pour lesquelles la compétence d'harmonisation est expressément prévue[3]. La raison en est que ces impositions, assises sur la dépense et les produits de consommation, ont une incidence plus directe et visible sur la libéralisation des échanges.

Parmi les impôts indirects harmonisés figure la taxe sur la valeur ajoutée (TVA). Dans l'UE, l'harmonisation de la TVA, entamée en 1967, a abouti à la sixième directive n° 77/388/CEE du 17 mai 1977 modifiée, refondue par la directive 2006/112/CE du 28 novembre 2006 relative au système commun de la TVA. Les accises harmonisées[4] sont principalement celles portant sur les alcools (directives 92/83/CE et 92/84/CE), les tabacs manufacturés (directives 92/79/CEE et 92/80/CEE et 95/59/CE, abrogée par la directive n° 2011/64/UE du 21 juin 2011) et les produits énergétiques et de l'électricité (directive n° 2003/96/CE du 27 octobre 2003, restructurant les directives 92/81 et 92/82 du 19 octobre 1992). La taxe sur les transactions financières, qui a fait l'objet d'une proposition de directive en septembre 2011, peine à voir le jour du fait de l'opposition de nombreux États[5]. Dans l'UEMOA, le premier programme de

---

[1] A. MAITROT de la MOTTE, « Les concepts fiscaux », *in* J.-B. AUBY (dir.), *L'influence du droit européen sur les catégories du droit public français*, *op. cit.*, p. 629.

[2] COM(2019) 8 final, *Vers un processus décisionnel plus efficace et plus démocratique en matière de politique fiscale dans l'Union*, Strasbourg, 15 janvier 2019.

[3] Art. 113 TFUE ; art. 4 e) et 65 3) Traité UEMOA.

[4] Le régime général des accises a été fixé par la directive 92/12/CEE du25 février 1992 modifiée, abrogée par la directive 2008/118/CE du 16 décembre 2008.

[5] Seule une directive n° 2008/7/CE du 12 février 2008 a pu être adoptée sur les impôts indirects frappant les rassemblements de capitaux. Une décision du Conseil (n° 2013/52/UE) du 22 janvier 2013 a autorisé la mise en œuvre d'une coopération renforcée en matière de taxation des transactions financières entre les onze États membres concernés. En France, une taxe sur les transactions financières a été instituée par la loi n° 2012-354 du 14 mars 2012 de finances rectificative pour 2012.

transition fiscale fut adopté en juillet 1998. Il a permis l'harmonisation de la TVA (directive n° 02/98/CM/UEMOA du 22 décembre 1998, modifiée en 2002 et en 2009), des accises sur certains produits de grande consommation (boissons, tabacs, café, farine de blé, etc. : directive n° 03/98/CM/UEMOA du 22 décembre 1998, modifiée par la directive n° 03/2009/CM/UEMOA du 27 mars 2009) et sur les produits pétroliers (directive n° 06/2001/CM/UEMOA du 26 novembre 2001, modifiée par la directive n° 01/2007/CM/UEMOA du 6 avril 2007).

Les impôts directs ne constituent pas un domaine prioritaire d'harmonisation. L'harmonisation de la fiscalité directe soulève une question de compétence, plus problématique d'ailleurs dans l'UE[1]. Dans l'UEMOA, un programme de transition et d'harmonisation des législations en matière de fiscalité directe a été adopté en 2006[2]. Sur son fondement ont été adoptés les textes d'harmonisation de la fiscalité des revenus des valeurs mobilières (directive n° 02/2010/CM/UEMOA du 30 mars 2010) et de la fiscalité des entreprises d'investissement à capital fixe (directive n° 02/2011/CM/UEMOA du 24 juin 2011). La fiscalité des sociétés a été harmonisée par deux directives n° 01/2008 du 28 mars 2008 (modalités de détermination du résultat imposable des personnes morales) et n° 8/2008 du 26 septembre 2008 (fixation du taux de l'impôt des personnes morales, compris entre 25 et 30% du bénéfice).

L'absence de compétence explicite d'harmonisation dans l'UE ne signifie toutefois pas que la fiscalité directe est entièrement laissée à la discrétion des États[3]. Elle reste soumise aux restrictions imposées par les libertés de circulation[4]. La CJUE considère que « *si la fiscalité directe relève de la compétence exclusive des États membres, il n'en reste pas moins que ces derniers doivent l'exercer dans le respect du droit communautaire* »[5].

L'encadrement de la fiscalité directe peut aussi résulter d'actions de coordination. Dans l'UE, hormis l'article 33 TFUE sur la coopération douanière entre les États membres, les mesures de coordination de la fiscalité directe sont adoptées sur le fondement des articles 115 et 352 TFUE, notamment en matière de fiscalité des entreprises, de fiscalité des particuliers, d'élimination de la non-imposition et de la double imposition, de coopération administrative en matière de lutte contre la fraude fiscale à travers un système d'assistance mutuelle et

---

[1] Dans l'UEMOA, cette compétence peut être déduite des articles 4 et 60 du Traité UEMOA. Cela n'est pas le cas des articles 115 et 352 TFUE.

[2] Décision n° 10/2006/CM/UEMOA du 23 mars 2006 et Décision n° 16/2006 du 16 décembre 2006.

[3] G. MONTAGNIER, « L'harmonisation européenne des impôts directs », *RFFP*, n° 4, 1983, pp. 119-168.

[4] Art. 114-118 TFUE.

[5] Voir notamment, CJCE, 4 octobre 1991, *Commission c/ Royaume Uni*, aff. C-246/89, *Rec.*, I-4585, point 12 ; 14 février 1995, *Finanzamt Köln-Altsadt c/ Schumacker*, aff. C-279/93, Rec. CJCE, 225, point 21 ; P. DEROUIN et P. MARTIN, *Droit communautaire et fiscalité. Sélection d'arrêts et de décisions*, Paris, Litec, 2e éd., 2008, 1011 p.

d'échange d'informations. Un code de bonne conduite en matière de fiscalité directe des entreprises, texte non contraignant, a été également adopté par le Conseil européen en 1997. Dans l'UEMOA, un règlement n° 08/2008/CM/UEMOA du 26 septembre 2008 fixe les règles visant à éviter la double imposition et les règles d'assistance en matière fiscale, un règlement d'exécution est intervenu en 2010. Une directive du 10 mai 2012 harmonise les systèmes d'échanges d'informations entre les administrations douanières et fiscales des États membres[1].

L'harmonisation des règles de gestion budgétaire et comptable est différente de celle de la fiscalité.

B- Les divergences d'harmonisation des règles budgétaires et comptables

Il s'agit ici des règles et principes qui gouvernent l'emploi des ressources en termes de dépenses publiques, et relatifs à l'élaboration et au vote du budget, à son exécution et à son contrôle. On peut distinguer selon qu'il s'agit de la gestion budgétaire (1) ou de la gestion comptable (2).

1- La situation des règles de gestion budgétaire

Les TUE et TFUE ne confèrent pas de compétence d'harmonisation explicite à l'Union. La gestion budgétaire relève de la compétence des États. En France, elle est fixée par la loi organique n° 2001-692 du 1er août 2001 relative aux lois de finances (LOLF) modifiée. Ce texte a toutefois subi une influence substantielle du droit de l'UEM[2]. Dans l'UEMOA au contraire, les autorités communautaires bénéficient d'un pouvoir normatif explicite pour harmoniser les législations relatives à la gestion des finances publiques. L'article 67 du Traité dispose que « *l'Union harmonise les législations et les procédures budgétaires* […]. *Ce faisant, elle assure l'harmonisation des Lois de Finances et des comptabilités publiques, en particulier des comptabilités générales et des plans comptables publics* […] »[3].

Cette compétence est d'autant plus originale que le Conseil des ministres adopte les règlements et les directives à la majorité des 2/3. Un premier cadre harmonisé des finances publiques (CHFP), comportant six directives, a ainsi été adopté en décembre 1997, en décembre 1998 et en juin 2000. En réaction aux

---

[1] Voir Directive n° 02/2012/CM/UEMOA du 10 mai 2012 portant modernisation et harmonisation des systèmes d'échanges d'informations entre les administrations douanières et fiscales dans les États membres de l'UEMOA. Sur l'ensemble des textes communautaires sur la fiscalité, voir Commission de l'UEMOA, *Législation communautaire sur la fiscalité*, Raogo Service, 3e éd.

[2] M. BOUVIER et G. MONTAGNIER, « Le poids de l'Union économique et monétaire dans la réforme de l'ordonnance du 2 janvier 1959 », *op. cit.*, p. 48 ; L. LEVOYER, « L'influence du droit communautaire sur la loi organique du 1er août 2001 », *RFFP*, n° 86, avril 2004, p. 234 et s.

[3] Voir également l'art. 54 de la Convention du 25 juin 2008 régissant l'Union Économique de l'Afrique Centrale (UEAC) dans la CEMAC.

insuffisances de ces directives et pour prendre en compte la gestion axée sur la performance, ces premiers textes ont été abrogés et remplacés par six nouveaux textes adoptés en 2009. Il s'agit de la directive n° 01/2009 du 27 mars 2009 portant code de transparence dans la gestion des finances publiques et des cinq directives du 26 juin 2009 (n° 06 à n° 10/CM/UEMOA) portant respectivement lois de finances, règlement général sur la comptabilité publique (RGCP), nomenclature budgétaire de l'État (NBE), plan comptable de l'État (PCE) et tableau des opérations financières de l'État (TOFE)[1]. Ces textes forment un code communautaire des législations relatives à la gestion budgétaire, comptable et statistique des finances publiques[2]. Ils sont complétés par une directive n° 01/2011/CM/UEMOA du 24 juin 2011 portant régime financier des collectivités territoriales au sein de l'UEMOA.

Dans l'UE, l'harmonisation implicite ne semble pas pouvoir être retenue. Il revient à chaque État « *le choix de la gestion des dépenses publiques tant dans leur répartition entre les fonctions de l'État que dans leurs modalités institutionnelles et procédurales* »[3]. Même les mutations que subissent les principes budgétaires ne peuvent être directement rattachées au droit de l'UE. Elles résultent plutôt de « *bains communs d'influences des sciences financières de l'économie et de la gestion* »[4]. Ainsi, l'apparition de l'approche gestionnaire poursuivant la performance, de la transparence et du principe de sincérité est davantage le fruit d'un nouvel environnement financier qui diffuse ces concepts dans le droit et la gestion des budgets publics, qu'ils soient communautaires ou nationaux.

L'harmonisation des règles de gestion comptable ressemble à celle des règles budgétaires et comptables.

2- La situation des règles de gestion comptable

Dans l'UEMOA, l'article 67 précité prévoit l'harmonisation des législations de comptabilité publique, en particulier des comptabilités générales, des plans comptables publics et des comptabilités nationales. Sur ce fondement ont été adoptés les textes comptables dans les deux cadres harmonisés des finances publiques.

L'UE ne dispose pas de compétence d'harmonisation des règles comptables. Ainsi, en France, la comptabilité publique est régie par le décret n° 2012-1246 du 7 novembre 2012 relatif à la gestion budgétaire et comptable publique. Seule une compétence d'harmonisation en matière de présentation statistique des comptes nationaux est prévue. L'article 338 §1 TFUE dispose en effet que « *le*

---

[1] Des directives similaires ont été adoptées le 19 décembre 2011 dans la CEMAC.

[2] Commission de l'UEMOA, *Les directives du cadre harmonisé des finances publiques de l'UEMOA*, Choristri SA, document non daté, 170 p.

[3] A. TAILLEFAIT, « Les principes budgétaires », *in* J-B. AUBY (dir.), *L'influence du droit européen sur les catégories juridiques du droit public*, *op. cit.*, p. 602.

[4] *Ibidem*, p. 596.

Parlement européen et le Conseil, statuant conformément à la procédure législative ordinaire, arrêtent des mesures en vue de l'établissement de statistiques, lorsque cela est nécessaire à l'accomplissement des activités de l'Union ». Un règlement n° 2223/96 du 25 juin 1996, modifié par le règlement n° 715/2010 du 10 août 2010, a institué un système européen des comptes nationaux et régionaux (SEC 95) comme cadre commun de présentation des comptes des administrations publiques. Il a été remplacé depuis le 1er septembre 2014 par une nouvelle version, le SEC 2010, adopté par le règlement du Parlement européen et du Conseil n° 549/2013 du 21 mai 2013. Le SEC a été élaboré par Eurostat, organisme statistique de l'Union rattaché à la Commission[1]. La classification des comptes selon le SEC est également utilisée par les organismes nationaux de statistique comme l'INSEE en France, pour présenter les agrégats de la comptabilité nationale[2]. Souvent qualifié de « cadre commun de comptabilité »[3], le SEC est une compilation de données statistiques de l'ensemble des « Administrations publiques ». Il ne s'agit pas d'une méthode d'exécution et d'enregistrement des opérations financières, mais d'une présentation agrégée des comptes nationaux[4] à partir des données de la comptabilité publique.

La crise des dettes souveraines a déclenché une volonté d'harmonisation des cadres comptables[5]. Il est envisagé la création des normes européennes de comptabilité publique (*European public sector accounting standards* [*EPSAS*])[6]. La Commission a fait une proposition dans ce sens dans son rapport au Conseil et au Parlement européen, publié le 6 mars 2013[7]. Le fondement juridique de cette démarche ne semble pas cependant adéquat, les articles 338 et 352 TFUE n'habilitant pas l'Union à réaliser une harmonisation comptable.

Contrairement à la coordination et à l'harmonisation, l'uniformisation comme méthode de rapprochement des législations est rare en matière de finances publiques et de fiscalité.

C- La rareté du phénomène d'uniformisation/unification

Les États demeurant souverains dans le cadre des organisations d'intégration, ils conservent le pouvoir de contrôler la production ou l'internalisation des normes qui leur sont destinées. L'uniformisation, et *a fortiori* l'unification, reste ainsi marginale en matière de rapprochement des

---

[1] http://ec.europa.eu/eurostat/web/main/home.
[2] Depuis mai 2014, les comptes nationaux sont passés en base 2010, faisant référence au SEC 2010 adopté par l'UE. Voir le site de l'INSEE : http://www.insee.fr/fr/.
[3] L. AYRAULT, « Les règles et principes d'exécution des budgets », *op. cit.*, p. 611.
[4] F. LEQUILLER, « Vers une intégration européenne des normes de finances publiques », *RFFP*, n° 122, 2013, p. 134.
[5] Art. 3 §1) de la directive 2011/85/UE du 8 novembre 2011, adoptée dans le cadre du *six pack*.
[6] http://www.epsas.eu/en/.
[7] COM (2013) 114 final, *Vers l'application de normes comptables harmonisées pour le secteur public dans les États membres. L'adéquation des IPSAS pour les États membres*, Bruxelles, 6 mars 2013, 14 p.

législations financières. Pour autant, elle n'est pas totalement exclue. L'article 67 précité du Traité UEMOA parle d'« *uniformisation du champ des opérations du secteur public et des tableaux des opérations financières de l'État* », créant une confusion avec l'harmonisation. Les méthodes d'harmonisation mises en œuvre permettent de faire référence à l'uniformisation. Il en est ainsi en matière fiscale (1) et en matière de gestion budgétaire et comptable (2).

1- En matière fiscale

L'uniformisation peut être explicite ou implicite. L'uniformisation explicite se réalise au moyen du règlement, acte de portée générale, obligatoire dans tous ses éléments et directement applicable dans les ordres juridiques nationaux[1]. En raison de son applicabilité immédiate, le règlement supprime la compétence nationale et réalise une unification du droit applicable. L'usage du règlement en matière fiscale reste toutefois exceptionnel. Un exemple notable est le règlement du 26 septembre 2008 fixant les règles visant à éviter la double imposition et les règles d'assistance en matière fiscale dans l'UEMOA et son règlement d'exécution de 2010[2]. Dans l'UE, le règlement est utilisé dans le domaine de la coopération administrative[3] et en matière d'exécution des directives du Conseil[4].

La directive reste ainsi l'instrument privilégié de rapprochement des législations fiscales. Dans sa philosophie même, la directive semble être « *l'instrument rêvé pour rapprocher des dispositions nationales : la nécessité pour les États membres de la transposer sauvegarde la nature nationale des dispositions rapprochées, respectant ainsi l'univers normatif des États membres* »[5]. Dans la pratique cependant, les textes d'harmonisation fiscale ressemblent à de fausses directives. Ils réalisent une uniformisation implicite, au moins sur le fond. Leur rédaction est si précise et exhaustive qu'ils ne laissent presque plus de marge de liberté aux États dans l'adaptation des textes aux spécificités de leur système juridique. La compétence de transposition devient formelle et se limite au recopiage littéral des directives. Le degré de rapprochement des législations fiscales conduit à leur uniformisation.

Pour les principaux impôts (TVA et accises), l'ensemble du régime (assiette, fait générateur, liquidation, déductibilité, exigibilité) est réglementé par les directives. Seuls les taux sont généralement laissés à la maîtrise des États. Mais leur fourchette est prévue par les textes. Même pour les impôts directs

[1] Art. 288 al. 2 TFUE; art. 43 al. 1er Traité UEMOA.

[2] S. M. OUEDRAOGO, « Réflexion sur l'unification des règles visant l'élimination des doubles impositions dans l'espace UEMOA », *Afrilex*, 2e numéro, « Les finances publiques en Afrique », mai 2012, 32 p.

[3] Par exemple, règlement n° 1798/2003, modifié par le règlement n° 37/2009 du 16 décembre 2008 concernant la coopération administrative dans le domaine de la TVA.

[4] Voir par exemples, règlement d'exécution n° 282/2011 du 15 mars 2011 portant mesures d'exécution du système commun de TVA ; Règlements n° 1156/2012 du 6 décembre 2012 et 1353/2014 du 15 décembre 2014 sur la coopération administrative en matière fiscale.

[5] D. VIGNES, « Le rapprochement des législations mérite-t-il encore son nom ? », *op. cit.*, pp.542-543.

harmonisés, comme c'est le cas dans l'UEMOA, la marge de manœuvre des États n'est pas véritablement étendue dans la fixation des taux d'imposition. Le taux de l'impôt sur les sociétés par exemple est fixé entre 25 et 30 % du bénéfice.

Cette démarche d'harmonisation transforme le rapprochement des législations fiscales en une « *intégration fiscale* »[1], conduisant ainsi à un « *régionalisme fiscal* »[2]. Tel n'est entièrement pas le cas en matière de gestion budgétaire et comptable.

2- En matière de gestion budgétaire et comptable

En l'absence de compétence d'harmonisation budgétaire et comptable, la question de l'uniformisation, même implicite, ne se pose pas dans l'UE. Elle ressemble encore à une revendication politique de la part de ceux qui exigent « plus d'Europe », donc plus d'intégration des politiques et des règles nationales de gestion des finances publiques[3]. Dans l'UEMOA en revanche, l'exercice de la compétence d'harmonisation des législations relatives à la gestion budgétaire et comptable soulève la question de l'uniformisation. La situation se présente de la même manière qu'en matière fiscale.

Les directives du cadre harmonisé semblent opérer une uniformisation, malgré la compétence de transposition. Elles sont quasiment complètes et exhaustives dans leur matière d'intervention. À titre illustratif, la directive relative aux lois de finances comporte 89 articles, traitant du domaine et du contenu des lois de finances, de leur présentation, de la procédure d'élaboration et de vote, des règles fondamentales d'exécution, de contrôle et des principes de responsabilité des acteurs. La directive portant RGCP comporte 101 articles. Elle traite de diverses questions de comptabilité publique : les agents d'exécution du budget, les opérations d'exécution, la comptabilité, les comptes publics et le contrôle des opérations d'exécution.

L'exhaustivité des directives laisse peu de place à la faculté d'adaptation des États. Les directives du CHFP forment un « *code général de gestion des finances publiques et de la comptabilité publique* »[4]. Elles se rapprochent ainsi des règlements et des actes uniformes adoptés dans le cadre de l'Organisation pour l'Harmonisation en Afrique du Droit des Affaires (OHADA)[5]. La

---

[1] Th. LAMBERT, « De l'harmonisation à l'intégration des législations fiscales nationales dans le cadre de l'UE », *RTD com.*, 2009, p. 517.

[2] É. DIARRA, « Coopération ou intégration fiscale au sein de l'Union économique et monétaire ouest-africaine (UEMOA) », *RBD*, 2004, p. 35.

[3] F. LEQUILLER, « Vers une intégration européenne des normes de finances publiques », *op. cit.*, p. 136.

[4] S. YONABA, « La difficile intégration des règles budgétaires et comptables des États membres de l'Union économique et monétaire ouest-africaine (UEMOA) », *op. cit.*, p. 25 ; D. DA, « L'application des directives de l'UEMOA sur la comptabilité publique au Burkina Faso : les avancées et les contraintes », *RFFP*, n° 98, juin 2007, pp. 119-128.

[5] L'OHADA a été créée par le Traité de Port-Louis du 17 octobre 1993, révisé à Québec le 17 octobre 2008 et regroupe 17 États membres. Malgré sa mission d'harmonisation, l'OHADA

principale différence ne tient plus qu'à l'absence d'applicabilité immédiate, comme c'est le cas des règlements et des actes uniformes, ces derniers étant applicables 90 jours après leur publication au journal officiel de l'OHADA.

Conclusion

L'étude des deux espaces d'intégration montre une présence des trois méthodes d'intégration des règles de gestion des finances publiques et des règles fiscales. Les finances publiques étant un domaine important de la souveraineté, on comprend que l'intégration régionale privilégie la coordination des politiques économiques et budgétaires. Au regard de l'incidence des régimes fiscaux sur la réalisation du marché commun ou intérieur, c'est l'harmonisation qui est privilégiée en matière fiscale. Elle limite la souveraineté des États, même dans l'Union européenne où l'unanimité est requise pour l'adoption des textes fiscaux. L'uniformisation et l'unification restent encore marginales.

Si les deux espaces d'intégration utilisent les mêmes méthodes de rapprochement des législations en matière de finances publiques, l'intégration des règles juridiques est plus contraignante dans l'UEMOA que dans l'UE, aussi bien en matière fiscale qu'en matière budgétaire et comptable.

Les réformes récentes entraînent toutefois une évolution de ces démarches, en faisant par exemple passer de la coordination à une harmonisation implicite, ou de l'harmonisation à l'uniformisation déguisée. Ce glissement des méthodes de l'intégration en finances publiques n'est que le reflet de l'évolution générale des processus d'intégration régionale eux-mêmes, dont l'évolution historique montre une tendance à l'approfondissement.

---

adopte des actes uniformes, fixant des règles de droit matériel communes aux États membres dans le domaine du droit des affaires. Voir le site officiel : http://www.ohada.com/.

EXISTE-T-IL UN DROIT PUBLIC FINANCIER AFRICAIN ?

Errol TONI
Docteur en droit public

Introduction

La question de l'unité géographique du droit[1] semble être l'une de celles qui intriguent le plus la doctrine, notamment celle africaine. Ainsi, au colloque de Dakar[2] sur le thème « Cinquante ans de droit administratif en Afrique », la question était posée de savoir s'il existait un droit administratif africain. De même, au colloque de Cotonou[3] sur le thème « La Constitution béninoise du 11 décembre 1990 : un modèle pour l'Afrique », il était possible de noter, parmi les questions soulevées, celle de l'existence ou non d'un droit constitutionnel africain. À la suite de ces questions, on pourrait s'interroger sur l'existence ou non d'un droit public financier africain.

L'intérêt d'un tel questionnement paraît évident. Au-delà de la satisfaction d'une curiosité scientifique jusqu'ici inassouvie, faute d'étude sur la question, il faut souligner les avancées qu'il est susceptible d'induire sur le plan pratique. D'une part, une réponse négative signifierait que le vœu panafricaniste émis par les pères fondateurs, du ghanéen Kwame NKRUMAH au guinéen Sékou TOURE[4], demeure une virtualité sur ce point et qu'il convient de le repenser ou de l'approfondir. D'autre part, une réponse positive signifierait que ce vœu a été concrétisé en ce qui concerne le droit public financier et que le mécanisme de la construction de ce droit pourrait servir de modèle dans d'autres domaines où l'intégration africaine est balbutiante. Mais, même dans ce cas, il sera certainement possible de relever des insuffisances et des pistes pour une amélioration, ce qui contribuera à la consolidation du droit public financier africain.

Existe-t-il donc un droit public financier africain ? La réponse à cette question nécessite la définition préalable du « droit public financier ». Souvent

---

[1] R. KIESOW, *L'unité du droit*, Paris, Éditions de l'EHESS, 2014, 240 p.

[2] Organisé du 18 au 20 mai 2015, le colloque a réuni la plupart des meilleurs spécialistes du droit administratif en Afrique. Les travaux ont été restitués dans l'ouvrage : D. SY et A. BADARA FALL (dir.), *Cinquante ans de droit administratif en Afrique*, Presses de l'Université Toulouse I Capitole, 2016, 203 p.

[3] Tout comme le colloque de Dakar susévoqué, celui de Cotonou, qui s'est tenu du 8 au 10 août 2012, a réuni un aréopage de constitutionnalistes africains et européens. Les travaux ont été publiés dans l'ouvrage : J. AÏVO (dir.), *Mélanges en l'honneur de Maurice AHANHANZO-GLÈLÈ*, Paris, L'Harmattan, 2014, 800 p.

[4] UNESCO, *Histoire générale de l'Afrique*, tome VIII, Paris, Éditions UNESCO, 1998, 1098 p.

appelé « *finances publiques* »[1], le droit public financier a été défini par Paul Marie GAUDEMET et Joël MOLINIER comme « la branche du droit public qui a pour objet l'étude des règles et des opérations relatives aux deniers publics »[2]. Il s'agit de « *l'étude des problèmes financiers des personnes publiques* »[3], ou encore « *la discipline traitant des ressources et des charges de l'État et des autres administrations publiques, des règles qui les régissent, des documents qui les intègrent, et, plus généralement, des actes à caractère financier accomplis par les personnes publiques ainsi que de leur environnement immédiat* »[4].

Relativement à ces définitions, deux observations peuvent être faites. D'une part, il est notable que les acteurs impliqués dans le droit public financier sont divers. Le champ organique de ce droit dépasse la seule personne de l'État. Les deux dernières définitions citées rendent d'ailleurs bien compte de cet état de choses. Elles évoquent « les personnes publiques » et « l'État et les autres administrations publiques ». D'autre part, il est aisé de constater le caractère central des ressources et des charges dans l'appréhension du droit public financier. Ce dernier peut même être défini, de manière prosaïque, comme un ensemble de règles relatives aux ressources et aux charges des personnes publiques ou de leurs « émanations », et dont le non-respect est sanctionné par l'autorité publique.

Du point de vue de son contenu, le droit public financier est l'objet de controverses. Pour certains auteurs, il inclut aussi bien le droit fiscal que le droit budgétaire et la comptabilité publique[5]. Pour d'autres, en revanche, le droit fiscal est à exclure du droit public financier. L'autonomie progressivement acquise par le droit fiscal[6] le légitimerait à prendre place aux côtés du droit public financier, et au même titre, comme une composante de la science juridique. Ce point de vue, malgré toute sa pertinence, ne sera pas retenu dans

---

[1] Cette assimilation du droit public financier aux finances publiques peut être discutée. En effet, les opérations financières publiques sont actuellement étudiées sous plusieurs angles. Outre celui du droit, il est possible de citer ceux de l'économie et de la sociologie. Voir T. OUATTARA, *L'économie des finances publiques et le système budgétaire malien*, Bamako, éditions Jamana, 2002, 415 p. et M. LEROY, *Sociologie des finances publiques*, Paris, La Découverte, 2007, 119 p. Des maîtres de la discipline ont d'ailleurs très tôt relevé ce caractère transdisciplinaire des finances publiques en les traitant de « discipline de carrefour ». P. M. GAUDEMET et J. MOLINIER, *Finances publiques*, t. 1, Paris, Montchrestien, 1996, p. 22.

[2] *Ibid.*

[3] L. PHILIP, *Finances publiques : problèmes généraux et droit budgétaire et financier*, 2e éd., Paris, Cujas, 1983, p. 9.

[4] G. ORSONI, *Science et législation financières*, Paris, Economica, 2005, p. 2.

[5] M. BOUVIER, « Les ambiguïtés fatales du droit public financier », *RFFP*, n° 122, 2013, p. V.

[6] Voir V. DUSSART, "Réflexions sur l'évolution de l'enseignement du droit fiscal en France", *in Études en l'honneur de Loïc Philip : Constitution et finances publiques*, Paris, Economica, 2005, pp. 387-400 et N. MÉDÉ, « Le juge fiscal en Afrique de l'Ouest francopohone : regard sur un moucharabieh juridictionnel », *in Mélanges en l'honneur de Michel BOUVIER : les nouveaux chantiers de finances publiques en Afrique*, Dakar, L'Harmattan, 2019, pp. 405-412.

le cadre de la présente étude. Il est en effet préférable d'adopter une approche globale qui puisse permettre d'examiner, sous le couvert du droit public financier, l'ensemble des règles affectant les ressources et les charges des personnes publiques. Une telle approche permettrait certainement un examen moins étriqué des questions abordées.

Au bénéfice de cette tentative de clarification du « droit public financier », la question à l'origine de cette étude pourrait être reformulée de la sorte : existe-t-il un corps de règles similaires applicables aux ressources et aux charges des personnes publiques au sein des États africains ?

La réponse est négative. À l'échelle continentale, la différence entre les règles applicables par État en cette matière est ostensible. Une étude de l'Organisation de coopération et de développement économiques (OCDE)[1], basée sur la comparaison des systèmes financiers de deux principaux blocs d'États africains (francophone et anglophone), fournit plusieurs illustrations de cet état de fait. Ainsi, les États africains francophones, à la différence de ceux anglophones, font généralement reposer leur droit public financier sur une loi organique relative aux lois de finances (LOLF)[2]. Cette loi définit, au niveau de l'État, les grands principes budgétaires et les éléments essentiels de procédure en matière budgétaire. Un deuxième exemple se situe au niveau du principe de la séparation des ordonnateurs et des comptables publics. On sait que ce principe est cardinal dans les systèmes financiers francophones. Dans les systèmes anglophones, il est fortement relativisé au regard du caractère décentralisé de l'exécution budgétaire, ce qui entraîne des responsabilités importantes pour les gestionnaires publics. Au Malawi et en Zambie par exemple, l'exécution d'une dépense publique, y compris son paiement, est confiée aux ministères dépensiers[3]. Un troisième exemple est relatif au système de reddition des comptes. Pendant que les États francophones privilégient un système avec une juridiction des comptes, indépendante des pouvoirs exécutif et législatif, ceux anglophones mettent en place des bureaux de l'auditeur général, organismes d'audit présentant des liens organiques et fonctionnels importants avec le parlement[4].

Tous ces exemples confirment l'inexistence d'un droit public financier à l'échelle africaine. Pouvait-il d'ailleurs en être autrement ? *A priori* non si l'on s'en tient à l'allure générale du droit sur le continent africain et au-delà. En effet, que ce soit en Amérique, en Europe ou en Asie, il semble impossible d'identifier une branche juridique qui soit régie par un ensemble de règles similaires au niveau continental. Le droit public financier n'échappe pas à cette loi d'airain.

---

[1] I. LIENERT, « Une comparaison entre deux systèmes de gestion des dépenses publiques en Afrique », *Revue de l'OCDE sur la gestion budgétaire*, n° 3, vol. 3, 2004, pp. 41-77.
[2] *Ibid*, p. 44.
[3] *Ibid*, p. 53.
[4] *Ibid*, p. 60.

Plus encore, l'optimisme ne semble pas de mise. Un projet d'uniformisation ou d'harmonisation[1] normative, pour être concrétisé, doit être porté par une structure emblématique, dotée de compétences à cet effet. Or, l'Union africaine, seule organisation internationale africaine réunissant l'ensemble des États du continent, ne semble pas prédisposée à cette tâche. Elle n'est pas une organisation d'intégration, et, en conséquence, ne reçoit pas de la part des États membres de véritables transferts de souveraineté. Du reste, la majorité des observateurs s'accorde à reconnaître que cette Union a jusqu'ici eu un rôle modeste face aux défis du continent.

Le constat de l'inexistence d'un droit public financier africain étant posé, il convient de pousser la recherche plus loin. Il faut se demander si un tel droit existe à l'échelle infra-continentale. Il a été souligné ci-devant qu'un tel droit ne peut se concevoir que dans le cadre d'une organisation d'intégration. Mais, il faut se garder d'inférer qu'un tel droit existe dès lors que l'on est en présence d'une organisation d'intégration.

L'exemple de la Communauté économique des États de l'Afrique de l'Ouest (CEDEAO) permet d'illustrer le propos. Il s'agit sans conteste d'une organisation d'intégration régionale à vocation économique. Elle est à cet effet dotée de compétences lui permettant d'harmoniser certains pans législatifs dans les États membres. Mais, étant composée à la fois d'États anglophones et francophones, les objections relevées au niveau continental lui sont également opposables.

L'Organisation pour l'harmonisation en Afrique du droit des affaires (OHADA) pourrait constituer le « graal » recherché. Une certaine unité linguistique prévaut entre les États qui en sont membres. Mais, force est de constater, et cela ressort même de sa dénomination, que son domaine de prédilection est le droit des affaires et non le droit public financier, même si l'on admet l'éventualité de l'existence d'interférences entre les deux[2].

Le périple d'une organisation d'intégration africaine à une autre conduit, *in fine*, à identifier deux organisations où la probabilité de l'existence d'un droit public financier est forte : la Communauté économique et monétaire de l'Afrique centrale (CEMAC)[3] et l'Union économique et monétaire ouest-africaine (UEMOA)[4]. Les traités constitutifs de ces deux organisations évoquent

---

[1] L'harmonisation s'entend du « rapprochement de règles autour de principes communs, ces règles pouvant rester différentes » tandis que l'uniformisation est « l'instauration de règles identiques incorporées à des droits nationaux distincts », F. DIENG, « L'harmonisation en questions », *Revue de la Faculté des Sciences Juridiques et Politiques de l'Université Cheikh Anta Diop de Dakar*, n°1, p. 38.

[2] Cf. *infra*, II-B-2.

[3] Fondée sur un traité (révisé) du 25 juin 2008, la CEMAC regroupe six États : le Cameroun, la Centrafrique, le Congo, le Gabon, la Guinée équatoriale et le Tchad.

[4] Fondée sur un traité (révisé) du 29 janvier 2003, l'UEMOA regroupe huit États : le Bénin, le Burkina-Faso, la Côte d'Ivoire, la Guinée Bissau, le Mali, le Niger, le Sénégal et le Togo.

une harmonisation des législations des États membres[1]. Celui de l'UEMOA renchérit en disposant qu'« *elle assure l'harmonisation des lois de finances et des comptabilités publiques, en particulier des comptabilités générales et des plans comptables publics. Elle assure aussi l'harmonisation des comptabilités nationales et des données nécessaires à l'exercice de la surveillance multilatérale, en procédant en particulier à l'uniformisation du champ des opérations du secteur public et des tableaux des opérations financières de l'État* »[2].

C'est au regard de cette volonté d'instituer un droit public financier ouest-africain qui est clairement affichée dans le traité et du caractère plus avancé du projet porté par l'UEMOA que l'on s'intéressera exclusivement à elle dans la suite des développements. Évidemment, des considérations liées à la concision du propos ne sont pas totalement étrangères à ce choix.

Cela étant, si l'on admet qu'il existe un droit public financier ouest-africain, au sens de droit public financier de l'UEMOA, il faut bien en saisir le sens. Il ne s'agit pas d'un ensemble de règles applicables aux ressources et aux charges de l'Union. Il ne s'agit pas non plus d'un ensemble de règles émanant de l'Union et qui se substitue automatiquement aux règles financières publiques en vigueur dans les États membres. L'expression « droit public financier ouest-africain » désigne ici un ensemble de règles juridiques communes applicables à la gestion des finances publiques dans les États ouest-africains (en l'occurrence, ceux membres de l'UEMOA) et en vertu desquelles les systèmes financiers en question présentent des caractéristiques fondamentales identiques.

L'existence du droit public financier ouest-africain est attestée par l'intitulé des études récentes relatives à la matière financière dans cet espace. Pour s'en tenir uniquement aux thèses de doctorat, il est possible d'en citer plusieurs qui font référence à l'UEMOA[3]. Dans le même sens, il est rappelé avec insistance que « *le rôle de l'UEMOA dans le domaine budgétaire, comptable et fiscal ainsi que les règles de discipline budgétaire imposées dans la surveillance multilatérale dépassent la méthode classique de la simple coordination des*

---

[1] Art. 67 du traité révisé de l'UEMOA et préambule du traité révisé de la CEMAC.

[2] *Ibid.*

[3] P. THEOUA, *Les finances publiques de l'Union économique et monétaire ouest-africaine (UEMOA) et la logique de performance*, Thèse de doctorat en droit, 2010, Université d'Abidjan-Cocody, 465 p. ; T. GUEYE, *L'incidence de l'Union économique et monétaire ouest-africaine (UEMOA) sur les finances publiques de ses États membres*, Thèse de doctorat en droit, Université Panthéon-Assas Paris 2, 2011, 560 p. ; D. OUEDRAOGO, *L'autonomisation des juridictions financières dans l'espace UEMOA : étude sur l'évolution des cours des comptes*, Thèse de doctorat en droit, Université Montesquieu - Bordeaux IV, 2013, 668 p. ; Y. OUEDRAOGO, *L'influence de la démarche de performance sur le droit public financier des États membres de l'UEMOA*, Thèse de doctorat en droit, Université de Rouen, 2015, 714 p. ; etc.

politiques nationales. Il institue un fédéralisme fonctionnel en matière budgétaire et financière. »[1].

Il est même possible d'ajouter que l'on est en présence d'un « fédéralisme » qui va plus loin que le rapprochement des législations qui a cours dans l'Union européenne, étant entendu que c'est de cette organisation que les acteurs de l'UEMOA ont entendu s'inspirer à l'origine. Pour preuve, même s'il existe actuellement une coordination forte des politiques budgétaires et fiscales au sein de l'Union européenne, il n'est pas possible d'affirmer que les règles applicables à la procédure d'élaboration du budget ou à celle de son exécution dans les États membres sont aujourd'hui très similaires et émanent de l'Union.

Le droit public financier ouest-africain existe donc bel et bien et, compte tenu de ses quelques traits présentés ci-devant, est assurément un droit original (I). Mais, bien qu'original, ce droit se heurte en pratique à diverses épreuves qui affectent son effectivité (II).

I- Un droit original

L'originalité du droit public financier des États membres de l'UEMOA peut être établie à un double niveau. Le premier est formel. Il est relatif à son mode d'édiction (A). Le second, quant à lui, est substantiel. Il s'agit de son contenu. Ce contenu apparaît actuellement empreint d'un souci de performance dans la gestion des finances publiques (B).

A- Un mode singulier d'édiction

Aux termes du traité de l'UEMOA[2], les actes adoptés par les organes de l'Union sont : l'acte additionnel, le règlement, la directive, la décision, la recommandation et l'avis. Parmi cette pluralité d'actes, il faut convenir que la juridicisation communautaire de la matière financière emprunte généralement[3] deux voies : celle du règlement et celle de la directive. Cela est d'ailleurs conforme à la lettre du traité qui indique que « *le Conseil (...) arrête les directives ou règlements nécessaires pour la réalisation des programmes mentionnés à l'article 60* »[4]. Au regard des caractéristiques de ces deux types d'actes, il est possible d'évoquer une édiction normative par voie directe (1) et par voie indirecte (2).

---

[1] Y. OUEDRAOGO, *L'influence de la démarche de performance sur le droit public financier des États membres de l'UEMOA*, *op. cit.*, p. 25.

[2] Art. 42.

[3] Des actes autres que les directives et règlements peuvent être cités dans ce cadre, mais leur intervention reste exceptionnelle. À titre d'exemple, on peut citer l'acte additionnel n° 04/99 du 8 décembre 1999 portant pacte de convergence, de stabilité, de croissance et de solidarité entre les États membres de l'UEMOA qui a été plusieurs fois modifié. Ses incidences en matière de finances publiques sont incontestables.

[4] Art. 61. C'est nous qui mettons en exergue. Les programmes évoqués sont ceux devant permettre l'harmonisation des législations.

1- La voie directe

En droit des finances publiques, de nombreux règlements ont été adoptés par l'UEMOA. À titre d'exemple, il est possible de citer le règlement n° 09/2001/CM/UEMOA du 26 novembre 2001 portant adoption du code des douanes. Ledit code précise, en son article 2, qu'il constitue le principal élément de « *la réglementation douanière en vigueur au sein de l'UEMOA* ». En cela, il s'applique « *aux échanges entre les États membres de l'Union et aux échanges entre l'Union et les pays tiers* »[1], et ceci « *uniformément dans l'ensemble du territoire douanier de l'Union* »[2]. Évidemment, il convient d'apprécier ces dispositions à la lumière de l'entrée en vigueur, depuis le 1er janvier 2015, du tarif extérieur commun de la CEDEAO[3]. Un autre exemple de règlement adopté par l'UEMOA en matière financière est constitué par celui n° 08/2008/CM/UEMOA du 26 septembre 2008 portant adoption des règles visant à éviter la double imposition au sein de l'UEMOA et des règles d'assistance en matière fiscale.

Le traité de l'Union présente les règlements comme des actes pris par ses organes, qui ont « *une portée générale (...), sont obligatoires dans tous leurs éléments et sont directement applicables dans tout État membre* »[4]. À l'instar des directives et des décisions, ils doivent être « *dûment motivés* »[5]. Ils doivent être également publiés avant d'entrer en vigueur, à moins qu'ils ne fixent eux-mêmes une date précise d'entrée en vigueur[6].

L'adoption des règlements est, en principe, le fait du Conseil des ministres[7]. Cependant, la Commission reçoit exceptionnellement la compétence d'en édicter. De tels règlements sont qualifiés de « *règlements d'exécution* ». Ils sont adoptés en application des actes pris par le Conseil des ministres, sans pour autant que leur force juridique ne soit inférieure à celle desdits actes[8]. En raison de cette fonction des règlements d'exécution, il est possible, dans une logique analogique, de les assimiler aux décrets d'application adoptés dans le cadre des États. Quant aux règlements en général, chacun d'eux est, suivant la formule des Professeurs François TERRÉ et Nicolas MOLFESSIS, « *semblable à une loi, au sens matériel du terme, dans l'ordre interne* »[9].

---

[1] Art. 3 du code.

[2] Art. 4 du code.

[3] Adopté par décision n° A/DEC.17/01/06 du 12 janv. 2006, le tarif extérieur commun de la CEDEAO n'est finalement devenu applicable qu'au 1er janvier 2015. Il s'applique à l'ensemble des États de cette organisation et, de ce fait, se substitue à celui en vigueur au sein de l'UEMOA. Voir E. TONI, « Quelques réflexions suite à l'entrée en vigueur du tarif extérieur commun de la CEDEAO », *Revue de droit fiscal*, n° 26, 2015, pp. 8-13.

[4] Art. 43.

[5] Art. 44 du traité de l'UEMOA.

[6] Art. 45 du traité de l'UEMOA.

[7] Art. 42 du traité de l'UEMOA, précité.

[8] Ibid. Voir aussi l'art. 24 du traité de l'UEMOA.

[9] F. TERRÉ et N. MOLFESSIS, *Introduction générale au droit*, Paris, Dalloz, 2019, p. 348.

Par ailleurs, la formulation retenue par le traité constitutif de l'UEMOA épargne des polémiques relatives à la valeur des actes communautaires. Si, sous d'autres cieux, la valeur desdits actes n'a été précisée qu'à l'issue d'un travail jurisprudentiel pionnier[1], dans l'espace UEMOA, cette valeur ressort plus ou moins clairement du traité[2]. Ce *modus operandi* semble d'ailleurs être actuellement privilégié par les organisations d'intégration. Ainsi, le traité de l'OHADA précise que « *les actes uniformes sont directement applicables et obligatoires dans les États parties nonobstant toute disposition contraire de droit interne, antérieure ou postérieure* »[3]. De même, « *ils sont opposables trente jours francs après leur publication au journal officiel de l'OHADA* »[4]. Des dispositions équipollentes se retrouvent dans le traité de la CEDEAO[5].

En ce qui concerne les règlements de l'UEMOA, leur applicabilité immédiate a été mentionnée plus haut. Elle signifie qu'ils sont applicables « *dans – et non pas par – tous les États membres* »[6]. En d'autres termes, leur entrée en vigueur n'est pas liée à l'adoption par les États d'actes internes devant les concrétiser. Ils pénètrent dans l'ordre juridique interne et deviennent exécutoires « *sans le secours d'aucune mesure nationale* »[7]. Au surplus, ils excluent « *toutes modalités d'exécution dont la conséquence pourrait être de faire obstacle à l'effet direct des règlements communautaires et de compromettre ainsi leur application simultanée et uniforme dans l'ensemble de la communauté* »[8].

Ce trait des règlements a souvent fasciné et justifie que les rédacteurs du traité de l'UEMOA aient choisi d'instituer un domaine réservé pour les règlements. C'est le cas du droit douanier. Le traité en fait une matière règlementaire par essence en disposant que, « *sur proposition de la Commission, le Conseil, statuant à la majorité des deux tiers (2/3) de ses membres, détermine conformément aux dispositions de l'article 5 du présent traité, le rythme et les modalités d'élimination, sur les échanges entre les pays membres, des droits de douane, des restrictions quantitatives et de toutes autres*

[1] Voir les arrêts de la Cour de justice des communautés européennes (CJCE) qui posent les grands principes du droit communautaire (application immédiate, primauté, effet direct) : arrêt du 5 février 1963, *Van Gend en Loos*, aff. 26/62 ; arrêt du 15 juillet 1964, *Costa / ENEL*, aff. 6/64 ; arrêt du 9 mars 1978, *Simmenthal*, aff. 106/77.

[2] Art. 43, précité.

[3] Art. 10 du traité de l'OHADA.

[4] Art. 9 du traité de l'OHADA.

[5] Traité modifié par le protocole additionnel A/SP1/06/06 et l'acte additionnel A/SA.3/01/10.

[6] F. TERRÉ et N. MOLFESSIS, *Introduction générale au droit*, *op. cit.*, p. 348.

[7] CJCE, 3 avril 1968, *Firma Molkerei,* aff. 28/67.

[8] CJCE, 7 février 1973, Commission c/ Italie, aff. 39/72.

mesures d'effet équivalent. Il arrête les règlements nécessaires. » [1]. C'est également le cas d'autres domaines sensibles en dehors des finances publiques[2].

Pareillement, le même trait justifie l'attrait exercé par les règlements sur les partisans de la ligne « dure » de l'harmonisation dans la sous-région UEMOA. En matière financière par exemple, il a été soutenu que l'intégration régionale gagnerait à être traduite par des règlements[3]. Cela n'a pourtant pas été le choix fait par le législateur communautaire. Il a préféré une harmonisation, en priorité, par la voie indirecte.

2- La voie indirecte

« *Pourquoi cette priorité accordée aux directives pour l'harmonisation des finances publiques dans les États membres de l'UEMOA ?* » est-on en droit de se demander. La question est d'autant plus pertinente que les directives, à la différence des règlements, ne sont pas des actes d'« *application spontanée et directe* »[4]. Pour reprendre les termes du traité de l'Union, elles ne font que lier les États membres « *quant aux résultats à atteindre* »[5], ces derniers conservant toute latitude quant aux choix des moyens pour atteindre lesdits résultats. Exprimé autrement, cela signifie que les directives ne peuvent déployer pleinement leurs effets qu'à l'issue des opérations de transposition en droit interne par les États[6].

A priori, une telle façon de faire aurait dû susciter une certaine circonspection à l'égard du choix des directives comme principaux vecteurs de l'harmonisation des législations financières. En effet, ce choix était susceptible de subordonner l'évolution du processus aux humeurs des États. Pourtant, c'est celui qui a été opéré. À la date actuelle, ce sont six directives qui sont définitoires de ce qu'il est convenu d'appeler le « *cadre harmonisé des finances publiques au sein de l'UEMOA* » ou, pour reprendre une expression moins répandue, le « *code général des finances publiques et de la comptabilité publique* »[7]. Il s'agit de la directive portant code de transparence dans la gestion

---

[1] Art. 78 du traité de l'UEMOA. C'est nous qui mettons en exergue.

[2] L'harmonisation et la reconnaissance mutuelle des normes techniques et sanitaires ainsi que des procédures d'homologation et de certification en vigueur dans les États membres (art. 81 et 82 du traité de l'UEMOA), les interdictions de pratiques anti-concurrentielles (art. 88 et 89 du traité de l'UEMOA), etc.

[3] S. YONABA, « La difficile intégration des règles comptables et budgétaires des États membres de l'Union économique et monétaire ouest-africaine (UEMOA) », *RFFP*, n° 79, 2002, pp. 234-235.

[4] Cour de justice de l'UEMOA citée par A. DIOUKHANÉ, *Les finances publiques dans l'UEMOA : le budget du Sénégal*, Paris, L'Harmattan, 2015, p. 55.

[5] Art. 43.

[6] « Quoique de moindre portée normative (par rapport au règlement), la directive a été comparée à une loi-cadre (…). Elle implique le relais de l'État membre quant à son insertion dans l'ordre interne ». F. TERRÉ et N. MOLFESSIS, *Introduction générale au droit*, *op. cit.*, p. 348.

[7] S. YONABA, « La difficile intégration des règles comptables et budgétaires des États membres de l'Union économique et monétaire ouest-africaine (UEMOA) », art. précité, p. 225.

des finances publiques[1], celle portant lois de finances[2], celle portant règlement général sur la comptabilité publique[3], celle portant nomenclature budgétaire de l'État[4], celle portant plan comptable de l'État[5] et celle portant tableau des opérations financières de l'État[6].

Ces six directives n'épuisent pas à elles seules les normes du droit public financier ouest-africain déterminées par ce moyen. La directive portant régime financier des collectivités territoriales au sein de l'UEMOA[7], par exemple, a acquis un rôle déterminant dans la gestion des finances locales au sein de cet espace. La même remarque peut être faite à l'égard des directives sur les marchés publics et délégations de service public[8], la TVA[9], les droits d'accises[10]... dans leurs domaines respectifs.

En réalité, la préférence pour les directives dans l'édiction du droit financier de l'UEMOA est justifiée essentiellement par des considérations d'ordre pratique. La souplesse liée à ces instruments est plus apte à ménager les susceptibilités d'États qui, bien qu'ayant martelé leur volonté d'harmoniser leurs législations financières, demeurent pour la plupart souverainistes. On en veut pour preuve les pierres d'achoppement dans l'application de la plupart des règlements communautaires touchant des domaines sensibles. Ainsi, plus d'une dizaine d'années après son adoption[11], il a été remarqué que le code minier communautaire, pourtant adopté à travers un règlement, n'était appliqué dans aucun pays de l'espace[12].

Dans ces conditions, l'ouverture laissée par le traité[13], relativement à l'acte communautaire à utiliser dans le cadre de l'harmonisation, a été exploitée pour

---

[1] Directive n° 01/2009/CM/UEMOA du 27 mars 2009.
[2] Directive n° 06/2009/CM/UEMOA du 26 juin 2009.
[3] Directive n° 07/2009/CM/UEMOA du 26 juin 2009.
[4] Directive n° 08/2009/CM/UEMOA du 26 juin 2009.
[5] Directive n° 09/2009/CM/UEMOA du 26 juin 2009.
[6] Directive n° 10/2009/CM/UEMOA du 26 juin 2009.
[7] Directive n° 01/2011/CM/UEMOA du 24 juin 2011.
[8] Directive n° 04/2005/CM/UEMOA du 9 décembre 2005.
[9]Directive n° 02/2009/CM/UEMOA du 27 mars 2009 portant modification de la directive n° 02/98/CM/UEMOA du 22 décembre 1998 portant harmonisation des législations des États membres en matière de taxe sur la valeur ajoutée.
[10] Directive n° 03/2009/CM/UEMOA du 27 mars 2009 portant modification de la directive n° 03/98/CM/UEMOA du 22 décembre 1998 portant harmonisation des législations des États membres en matière de droits d'accises.
[11] Règlement n° 18/2003/CM/UEMOA du 28 décembre 2003.
[12] Direction générale des impôts (Côte d'Ivoire), « Harmonisation et transition fiscales », Séminaire sur le thème : *Approfondissement de l'intégration régionale en Afrique de l'Ouest et implications pour la Côte d'Ivoire*, Abidjan, 24-25 novembre 2014, p. 8.
[13] Comme rappelé *supra*, l'article 61 du traité de l'UEMOA se limite à préciser que l'harmonisation des législations peut intervenir soit par le biais de règlements, soit par le biais de directives. Pareillement, l'article 67, qui est relatif à l'harmonisation des législations et procédures budgétaires, n'est pas non plus précis. Il dispose, *in fine*, que « le Conseil adopte à

exclure une harmonisation par voie réglementaire. Au demeurant, cette frilosité des États à l'égard des règlements apparaissait déjà dans le processus d'édiction des premières directives financières. Les deux premiers avant-projets de textes élaborés par la Commission, avec le concours des experts ouest-africains et français, étaient ceux relatifs aux lois de finances et à la comptabilité publique. Face à l'imprécision du traité, la Commission de l'UEMOA avait suggéré d'adopter le premier sous forme d'acte additionnel et le second sous forme de règlement[1]. Saisie de la question, la Cour de justice communautaire a estimé « *judicieux que les deux projets de texte soient adoptés sous forme de règlement* »[2]. Pour elle, « *la norme juridique indiquée pour l'harmonisation des lois de finances et des comptabilités publiques est le règlement ou la directive. Mais, compte tenu du délai imparti (...), il y a lieu d'adopter les deux textes soumis à l'avis de la Cour sous forme de règlement, en raison de son caractère d'applicabilité immédiate et directe, la directive demandant un délai de mise en œuvre pour permettre à chaque État membre de procéder aux transpositions utiles dans les conditions de son droit interne* »[3].

Mais, finalement, après diverses rencontres entre la Commission et les experts nationaux, la recommandation de la Cour de justice a été écartée et les deux textes ont été adoptés sous forme de directives. La pratique a été par la suite maintenue. Les principaux textes du droit financier de l'UEMOA, du point de vue de la forme, présentent la caractéristique commune d'être des directives. Du point de vue du fond, il est également possible d'identifier à leur niveau une caractéristique commune : l'ancrage dans la recherche d'une gestion performante des finances publiques.

B- Une orientation axiologique vers la performance

De manière prosaïque, la performance renvoie à l'idée de meilleurs résultats dans l'accomplissement d'une tâche. En droit public financier, la gestion axée sur la performance fait référence à un mode de gestion des deniers publics inspiré des pratiques du secteur privé et censé permettre d'aboutir à des résultats plus concluants sur le plan budgétaire. L'inscription du droit public financier ouest-africain[4] dans une telle logique (1) est certainement justifiée au regard des défis auxquels font face les États de cet espace (2).

---

la majorité des deux tiers (2/3) de ses membres *les règlements et les directives* nécessaires à la mise en œuvre des actions visées dans le présent article ». C'est nous qui mettons en exergue.

[1] Lettre n° 0647/PC/DPF du 8 avril 1997.

[2] Avis n° 01/97 du 20 mai 1997.

[3] *Ibid.*

[4] Les modalités d'édiction du droit public financier de l'UEMOA ayant été présentées, pour la suite des développements, on se focalisera sur les directives du cadre harmonisé des finances publiques. En effet, celles-ci, comme relevé *supra*, représentent les principaux vecteurs du droit public financer UEMOA. C'est cette circonstance qui justifie l'assimilation entre ce droit et lesdites directives.

1- Une orientation avérée

Notion controversée, la gestion axée sur la performance peut s'appréhender comme « *un système de pilotage et de contrôle de l'action publique qui, en principe, comprend les fonctions suivantes : l'explicitation des objectifs des politiques publiques et l'identification des structures responsables de leur mise en œuvre ; la définition des normes de performance traduisant un degré de réalisation de ces objectifs sur les moyens qui y sont consacrés ; la mesure des résultats obtenus et de leur reporting ; l'octroi de souplesse de gestion aux responsables en contrepartie de leurs engagements sur les résultats ; l'intégration des données de performance dans les décisions d'affectation des ressources ; l'élaboration de budgets de résultats (et) les modalités d'audit et d'évaluation ; le contrôle a posteriori des résultats* »[1]. De cette présentation, il ressort plusieurs éléments qui se retrouvent, pour la plupart, intégrés à l'économie des textes du droit financier de l'UEMOA.

Ainsi, la directive portant nomenclature budgétaire de l'État institue une classification des crédits budgétaires par programmes[2]. En cela, elle ne fait qu'entériner une innovation introduite par la directive portant loi de finances : la création des programmes budgétaires. Ces derniers sont des regroupements de crédits « *destinés à mettre en œuvre une action ou un ensemble cohérent d'actions représentatif d'une politique publique clairement définie dans une perspective de moyen terme* »[3]. Il existe donc un lien indissociable entre le programme et la politique publique, le premier élément représentant désormais l'enveloppe budgétaire du second.

De plus, la directive insiste sur l'importance des notions d'objectifs et de résultats dans la gestion budgétaire. Elle précise, en effet, qu'aux programmes « *sont associés des objectifs précis, arrêtés en fonction de finalités d'intérêt général et des résultats attendus. Ces résultats, mesurés notamment par des indicateurs de performance, font l'objet d'évaluations régulières et donnent lieu à un rapport de performance élaboré en fin de gestion par les ministères et institutions constitutionnelles concernés.* »[4].

La souplesse de gestion, qui est l'un des piliers de la gestion axée sur la performance, n'est pas non plus ignorée par les directives financières de 2009. Elle est attestée par l'arrivée d'un nouvel acteur sur la scène budgétaire : le responsable de programme. C'est lui qui, aux termes de la directive portant lois de finances[5], « *détermine les objectifs spécifiques, affecte les moyens et contrôle les résultats des services chargés de la mise en œuvre du programme. Il s'assure du respect des dispositifs de contrôle interne et de contrôle de gestion.* ». On est

---

[1] H. GUILLAUME et *alii*, *Gestion publique : l'État et la performance*, Paris, Presses de Sciences po et Dalloz, 2002, p. 20.
[2] Art. 8.
[3] Art. 12 de la directive portant loi de finances.
[4] *Ibid.*
[5] Art. 13.

en présence de compétences qui permettent de créditer le responsable de programme d'une marge de manœuvre appréciable pendant l'exécution budgétaire. Fidèlement appliquée, une telle disposition devrait lui permettre d'orienter les moyens disponibles vers les fins qu'il estime prioritaires. Elle devrait aussi lui permettre d'anticiper sur les modalités idoines d'exécution puisqu'il est au cœur de la définition des objectifs du programme. Elle devrait enfin lui permettre d'être moins ralenti par le contrôle externe puisqu'il est contraint de développer un contrôle interne suffisant pour garantir la qualité de la gestion.

La souplesse est également décelable dans la déconcentration opérée de la fonction d'ordonnateur principal. Il convient de rappeler qu'auparavant, dans les États de l'UEMOA, seul le ministre chargé des finances était compétent, à titre principal, pour réaliser les opérations relevant de la phase administrative de l'exécution des recettes et des dépenses publiques[1]. Désormais, il le demeure en matière de recettes, ce qui est compréhensible. Mais, en matière de dépenses, il doit exercer cette compétence concurremment avec ses collègues. Chaque ministre devient ainsi ordonnateur principal des crédits du budget de son ministère. Il en est de même pour les présidents des institutions constitutionnelles relativement aux crédits des budgets de leur institution[2].

Du point de vue du contrôle *a posteriori* des finances publiques, il est à souligner son renforcement et sa redirection vers un contrôle de performance. Le traditionnel contrôle de régularité est conservé, mais il est doublé (voire supplanté) d'un contrôle axé sur l'économie, l'efficacité et l'efficience des actions financières publiques. L'obligation de reddition des comptes acquiert une portée nouvelle. Elle devient une « *obligation légale de l'administration publique* »[3]. Sa mise en œuvre interpelle aussi bien les organes classiques de contrôle postérieur des finances publiques (la Cour des comptes et le parlement) que le citoyen puisque, comme le rappelle opportunément le code de transparence, « *l'argent public est au cœur de l'État de droit et de la démocratie* »[4].

Ces quelques exemples permettent de lever le doute quant à la logique qui traverse actuellement le droit public financier de l'UEMOA : c'est celle de la performance. Un tel choix n'est pas anodin. Il se justifie dans une large mesure.

---

[1] Art. 8 de la directive n° 06/97/CM/UEMOA du 16 décembre 1997 portant règlement général sur la comptabilité publique. Il lui est néanmoins permis de déléguer ce pouvoir à divers acteurs de l'exécution budgétaire, notamment les ordonnateurs délégués et secondaires.

[2] Art. 8 de la directive n° 06/2009/CM/UEMOA du 26 juin 2009 portant règlement général sur la comptabilité publique.

[3] Point 6.1 du code de transparence dans la gestion des finances publiques au sein de l'UEMOA.

[4] Préambule du code.

2- Une orientation justifiée

L'orientation vers la performance traduit la volonté des États concernés non seulement de moderniser leurs cadres financiers en faisant recours au *nec plus ultra* de la gestion budgétaire, mais également d'impulser une nouvelle dynamique à l'ensemble de l'administration publique.

En effet, dans l'espace de l'étude, la modernisation de la gestion publique financière s'imposait au regard des résultats obtenus. À l'aube de la date retenue pour l'application des directives financières de l'UEMOA de 2009 (1er janvier 2012[1]), les principaux indicateurs de politique budgétaire étaient à des niveaux peu satisfaisants. Les critères de convergence définis par l'UEMOA continuaient de ne pas être respectés par « une masse critique d'États »[2], empêchant toute évolution vers une phase de stabilité dans le processus d'harmonisation communautaire. Concrètement, en 2013, le solde budgétaire de base était négatif dans tous les États membres sauf au Bénin ; le solde extérieur courant hors dons était largement déficitaire dans tous les États membres sauf en Côte d'Ivoire (le seul à respecter la norme de déficit maximal de 5 %) ; la pression fiscale était faible dans la majorité des États (seuls le Burkina-Faso, le Sénégal et le Togo respectaient la norme minimale de 17 %), etc[3].

Il importait alors de trouver des solutions appropriées pour inverser la tendance. Ces solutions ne pouvaient occulter le mouvement quasi-universel vers la gestion « performantielle » des finances publiques. En effet, si « l'idée de performance était (…) traditionnellement considérée comme liée à l'économie de marché et antinomique avec la logique gouvernant la gestion publique »[4], c'est de moins en moins le cas. Que ce soit aux États-Unis[5], en France[6] ou au Ghana[7], il est avancé l'idée que la bonne gestion des finances publiques ne peut plus exclure les critères liés à la performance. Cette dernière

[1] Un délai supplémentaire était accordé pour l'application de certaines dispositions.

[2] C'est l'expression retenue par le pacte de convergence, de stabilité, de croissance et de solidarité entre les États membres de l'UEMOA (modifié en 2003, 2006, 2009 et 2015).

[3] V. Commission de l'UEMOA, *Rapport semestriel d'exécution de la surveillance multilatérale*, juin 2014, p. 106.

[4] J. CHEVALLIER, « Performance et gestion publique », *in Mélanges en l'honneur de Robert HERTZOG : Réformes des finances publiques et modernisation de l'administration*, Paris, Economica, 2010, p. 83.

[5] GAO (USA), *Performance budgeting : past initiatives offer insights for GPRA implementation*, Washington, 1997, 54 p. et W. GROSZYK, « La gestion axée sur les résultats aux États-Unis », *Revue de l'OCDE sur la gestion budgétaire*, vol. 1, n° 4, 2002, pp. 139-164.

[6] D. CATTEAU, *La LOLF et la modernisation de la gestion publique : la performance, fondement d'un droit public rénové*, Paris, Dalloz, 2007, 556 p.

[7] P. OSEI, « The experience of program based budgeting in Africa : The case of Ghana », *in* N. MÉDÉ (dir.), *La LOLF dans tous ses états*, Cotonou, CPU, 2015, pp. 503-526.

est devenue un principe (au sens étymologique[1]) devant orienter l'action financière de l'administration publique, au point même de conditionner sa légitimité.

Il est donc compréhensible que le droit financier de l'UEMOA, pour des raisons de modernisation budgétaire, ait été réorienté vers la performance. Les anciens principaux vecteurs de ce droit, les directives financières de première génération[2], ont été remplacés par d'autres jugés plus compatibles avec les exigences de la performance. De l'aveu même de la Commission de l'UEMOA, du fait de l'« *impact relatif* »[3] des directives de première génération sur la gestion financière publique au sein des États membres, il était devenu nécessaire de les faire évoluer, « *d'adapter le cadre juridique des finances publiques aux nouveaux standards de gestion internationaux* »[4].

Toutefois, « *même envisagée en droit public financier et par rapport à la dépense publique, la démarche de performance ne se limite pas à la seule dimension budgétaire* »[5]. Elle va au-delà et embrasse la question de la réforme de l'État[6]. Or, il s'agit d'une problématique essentielle pour les États membres de l'UEMOA. Il est fréquent que leurs administrations publiques soient dépeintes de manière peu laudative : inefficaces, lourdes, anarchiquement structurées, etc. Cela avait des conséquences tangibles sur la vie des populations. Un récent rapport de la Banque mondiale sur la situation de la pauvreté en Afrique[7] le rappelle assez bien : malgré la croissance économique observée sur le continent, la pauvreté ne cesse d'y augmenter, ce qui peut se traduire comme une faillite des administrations publiques africaines à assurer un mieux-être aux populations.

Sur le point précis de la structuration de l'administration publique, une illustration contemporaine permet d'apprécier son importance pour les opinions publiques nationales de la sous-région ouest-africaine. C'est ainsi que l'on a pu

---

[1] Dérivé du latin « *principium* », lui-même composé du préfixe *primo* (premier) et du suffixe *capere* (prendre), le principe traduit l'idée de « ce qui prend place en premier », « ce qui est fondamental ».

[2] Directive n° 05/97/CM/UEMOA du 16 décembre 1997 relative aux lois de finances ; directive n° 06/97/CM/UEMOA du 16 décembre 1997 relative au règlement général sur la comptabilité publique ; directive n° 04/98/CM/UEMOA du 22 décembre 1998 portant nomenclature budgétaire de l'État ; directive n° 05/98/CM/UEMOA du 22 décembre 1998 portant plan comptable de l'État et directive n° 06/98/CM/UEMOA du 22 décembre 1998 relative au tableau des opérations financières de l'État et Directive n° 02/2000/CM/UEMOA du 29 juin 2000 portant code de transparence dans la gestion des finances publiques.

[3] Commission de l'UEMOA, *Guide didactique de la directive n° 06/2009/CM/UEMOA du 26 juin 2009 portant lois de finances au sein de l'UEMOA*, p. 8.

[4] *Ibid.*

[5] Y. OUEDRAOGO, *L'influence de la démarche de performance sur le droit public financier des États membres de l'UEMOA*, op. cit., p. 45.

[6] M. ZAKI, « La LOLF, instrument de la rénovation de la gouvernance de l'État », *in* N. MÉDÉ (dir.), *La LOLF dans tous ses états*, Cotonou, CPU, 2015, pp. 355-394.

[7] K. BEEGLE et *alii*, *Poverty in a rising Africa*, Groupe de la Banque mondiale, 2015, 145 p.

noter une certaine désapprobation à l'égard du nombre élevé de départements ministériels créés par le Président nigérien au lendemain de son élection en 2016[1]. *A contrario*, les réactions ont été plutôt bienveillantes à l'égard de la réduction du nombre de départements ministériels effectuée par le Président béninois élu la même année[2].

En alignant les moyens budgétaires sur les politiques publiques mises en œuvre, la gestion par la performance pourrait, à terme, permettre de trouver un juste équilibre par la concordance de la structure de l'administration publique et de ses principales missions. Le tropisme vers la performance du droit financier devrait ainsi permettre d'étendre le bénéfice des réformes opérées à l'ensemble de l'administration. Une fois encore, il faut reconnaître le bien-fondé de cette démarche qui, par ailleurs, fait du droit financier de l'UEMOA un droit original. Toutefois, l'originalité de ce droit n'a pas suffi à garantir son effectivité. Celle-ci reste largement éprouvée.

II- Une effectivité éprouvée

L'existence du droit financier de l'UEMOA est attestée par les multiples actes produits dans ce cadre par les organes compétents de l'Union. Au-delà de l'existence de ces actes, il faut s'interroger sur leur effectivité. Celle-ci est généralement définie comme « *le caractère d'une règle de droit qui produit l'effet voulu, qui est appliquée réellement* »[3]. De ce point de vue, les règlements ne posent pas de véritable problème, car ils sont d'application immédiate et directe. En revanche, l'effectivité des directives, principales manifestations dudit droit, est sujette à caution.

Si l'on convient avec le Professeur François RANGEON que « *le droit ayant par nature vocation à être appliqué, l'effectivité traduit une application correcte du droit, conforme à sa lettre ou du moins à son esprit (...), l'ineffectivité exprimant au contraire un échec, une lacune, un défaut du droit* »[4], c'est qu'il est impératif de rechercher les lacunes du droit financier de l'UEMOA pour pouvoir espérer une meilleure effectivité dans l'avenir. Ces lacunes, ou plus exactement ces difficultés, sont liées, à la fois, à sa conception (A) et à son implémentation (B).

---

[1] Voir M. SAMARI, « Un gouvernement pléthorique : pour narguer les Nigériens », *Le Canard déchaîné*, 20 avril 2016, en ligne : http://nigerdiaspora.net/les-infos-du-pays/politique-niger/politique-niger/item/73650-un-gouvernement-plethorique-pour-narguer-les-nigeriens, consulté le 15 juillet 2019.

[2] De vingt-huit à vingt et un. Voir Rédaction, « Nouveau gouvernement de Patrice Talon : 21 ministres dont 3 femmes », *Beninto.info*, 7 avril 2019, en ligne : http://www.beninto.info/2016/04/07/nouveau-gouvernement-de-patrice-talon-21-ministres-dont-3-femmes/, consulté le 24 septembre 2019.

[3] G. CORNU (dir.), *Vocabulaire juridique*, 10e éd., Paris, PUF, 2014, p. 384.

[4] F. RANGEON, « Réflexions sur l'effectivité du droit », *in* CURAPP, *Les usages sociaux du droit*, PUF, 1989, pp. 126-186.

A- Les difficultés conceptuelles

La première d'entre elles est relative à la légitimité. Celle du droit public financier de l'UEMOA est discutable pour diverses raisons (1). La seconde tient à ses sources d'inspiration. Elles seraient essentiellement étrangères et rendraient ce droit parfois inadapté aux réalités sous-régionales (2).

1- Une légitimité discutable

Depuis le Baron de La Brède et de Montesquieu, il est admis que, de manière idéale, l'application de la loi doit être le fait d'un organe distinct et indépendant de celui qui en a assuré la conception[1]. Plus encore, l'expansion continue des régimes démocratiques a établi le principe suivant lequel la loi doit être produite par les représentants du peuple. Ce principe est affirmé par l'ensemble des constitutions des États membres de l'UEMOA.

À rebours de ces principes, l'édiction et l'exécution du droit UEMOA semblent avoir une même origine. Certes, il s'agit de deux organes formellement différents : le Conseil des ministres édicte les directives et les règlements tandis que la Commission en assure l'exécution. Mais, la nature des relations établies par le traité[2] entre ces deux organes incite à penser qu'ils constituent une unité. Cette conviction est renforcée par l'existence synchronique d'un Parlement et d'une Cour de justice[3]. En effet, rapprochée du schéma de Montesquieu, cette existence montre que le Conseil des ministres ne saurait être assimilé à un parlement puisqu'il en existe déjà un. Il semble alors plus proche d'un organe exécutif que législatif.

Il s'agit là du premier reproche fait au droit financier de l'UEMOA et qui contribue à lui dénier une bonne part de légitimité. En réalité, ce reproche se fonde sur une présentation spécieuse, car, dans l'esprit des rédacteurs du traité, c'est bien le Conseil qui est l'organe législatif. La comparaison des attributions de ce dernier et de celles du Parlement permet de s'en convaincre. Pendant que le Conseil reçoit la compétence d'édicter une pluralité d'actes, le Parlement, quant à lui, n'en reçoit aucune de ce type. Il peut certes adopter des actes, mais leurs dénominations et leurs régimes ne retiennent nullement l'attention des rédacteurs du traité de l'UEMOA[4]. Ils se contentent de cantonner le parlement dans un rôle de « *contrôle démocratique des organes de l'Union* »[5] et de

---

[1] « Tout serait perdu, si le même homme, ou le même corps des principaux, ou des nobles, ou du peuple, exerçaient ces trois pouvoirs : celui de faire des lois, celui d'exécuter les résolutions publiques, et celui de juger les crimes ou les différends des particuliers ». MONTESQUIEU, *De l'esprit des lois*, Paris, Éditions Gallimard, 1995, t. 1, p. 339.

[2] « La Commission (…)
- exerce, par délégation expresse du Conseil et sous son contrôle, le pouvoir d'exécution des actes qu'il prend ». Art. 26 du traité de l'UEMOA.

[3] Art. 16 du traité de l'UEMOA, précité.

[4] Suivant l'art. 42 du traité de l'UEMOA, « Le Parlement prend des actes dont le régime juridique est déterminé par le traité portant création de cet organe ».

[5] Art. 35.

participation « *au processus décisionnel et aux efforts d'intégration de l'Union dans les domaines couverts par le présent Traité* »[1].

Dans ces conditions, le véritable reproche qui peut être fait au droit public financier de l'UEMOA, du point de vue de sa légitimité, est son déficit démocratique. Il est produit de façon totalement autonome par rapport aux citoyens des États. Le Conseil des ministres, qui en est le principal auteur, ne comporte pas de personnalité élue. Il est composé de deux ministres désignés par chaque État membre[2]. Cette composition, complétée par la consultation des experts nationaux lors de l'édiction des actes, peut offrir au Conseil une légitimité technocratique, mais ne peut certainement lui en procurer une démocratique.

Au surplus, l'inexistence d'un véritable parlement au niveau de l'UEMOA et l'absence d'une procédure de contrôle de la compatibilité des actes de droit communautaire dérivé avec ceux internes avant leur entrée en vigueur constituent des circonstances aggravantes. Le premier point s'explique par l'absence de volonté politique à cet effet. Signé depuis le 29 janvier 2003, le traité portant création du Parlement de l'UEMOA n'est finalement entré en vigueur qu'en 2014 suite à la ratification par les États parties. À ce jour, le parlement n'est toujours pas officiellement installé. C'est donc un Comité interparlementaire, constitué d'un certain nombre de députés provenant des États membres, qui fait office de parlement, avec des résultats peu probants.

En ce qui concerne le second point, il contribue à créer le sentiment d'un droit imposé, car entrant en vigueur sans la manifestation d'une adhésion nationale. Mais, une telle manifestation est-elle possible ?[3] Pour les juridictions communautaires, cela est à exclure. Il n'est pas possible de concevoir une quelconque procédure de contrôle avant que les actes du droit communautaire ne déploient leurs effets dans les États[4]. Théoriquement, en revanche, un tel contrôle est possible[5]. Mais, il reste largement limité. En effet, même en cas de

---

[1] *Ibid.*

[2] Art. 21 du traité de l'UEMOA. Voir aussi l'article 23 dudit traité et l'article 6 de celui de l'Union monétaire ouest-africaine.

[3] Pour approfondir, lire O. DORD, « Le contrôle de constitutionnalité des actes communautaires dérivés : de la nécessité d'un dialogue entre les juridictions suprêmes de l'Union européenne », Revue *Cahiers du Conseil constitutionnel*, n° 4, 1998, 10 p., en ligne : http://www.conseil-constitutionnel.fr/conseil-constitutionnel/root/bank/pdf/conseil-constitutionnel-52843.pdf, consulté le 20 août 2016 et E. SALES, « La transposition des directives communautaires : une exigence de valeur constitutionnelle sous réserve de constitutionnalité », *RTD eur.*, 41 (3), 2005, pp. 597-622.

[4] Voir, par exemple, CJCE, 22 octobre 1987, Foto-Frost et CJ/UEMOA, avis n° 01/ 2003 du 18 mars 2003, création d'une cour des comptes au Mali.

[5] La jurisprudence ouest-africaine ne fournit pas véritablement d'illustration sur ce point. Mais, en droit comparé, la Cour constitutionnelle allemande a affirmé sa compétence pour contrôler les actes communautaires dérivés, mais seulement si le degré de protection des droits fondamentaux qu'ils assurent n'est pas équivalent à celui du droit national, et ceci toujours dans

révélation d'une contrariété entre la norme communautaire et le droit interne, il ne saurait conduire à l'abroger, la Cour de justice de l'UEMOA étant la seule compétente à cet effet. Tout au plus, l'État pourrait-il refuser de l'appliquer, avec le risque de sanction pour non-respect des engagements pris inhérent à une telle position.

Ce caractère exorbitant du droit communautaire dérivé constitue une première difficulté d'ordre conceptuel. Il est possible d'en identifier une autre au niveau des sources d'inspiration de ce droit.

2- Une inspiration étrangère

Le procès du mimétisme[1] est l'un des plus récurrents qui sont faits aux droits africains. Ils ne seraient que de pâles copies de normes juridiques pensées et formulées ailleurs. Cette situation, bien entendu, est fortement problématique, car les plus grands maîtres de la science juridique, de Solon à Portalis, n'ont eu de cesse de rappeler l'osmose nécessaire entre le droit et la société pour laquelle il est conçu.

Au niveau de l'Afrique francophone en général, ce sont les emprunts aux textes français qui sont relevés. Plus exactement, et ceci depuis les indépendances, les droits publics financiers des États africains ne seraient pas parvenus à gagner leur autonomie par rapport à celui français. C'est ce qui explique une remarque récente suivant laquelle « *le mot réplique est une formulation bien allégorique qui rend compte de l'état du droit financier dans les pays de l'Afrique de l'Ouest francophone en mettant l'accent sur le lien de connexité qui existe entre ce droit et le droit français* »[2].

Au niveau du droit public financier de l'UEMOA, des indices confortent la thèse du mimétisme. Déjà, la chronologie des récentes réformes opérées apparaît suspecte. La France, on le sait, a adopté une nouvelle loi organique relative aux lois de finances en 2001[3]. Quand on sait ensuite que l'ancienne directive de l'UEMOA relative aux lois de finances (1997) était fortement inspirée de l'ordonnance française du 2 janvier 1959 relative aux lois de finances, il est légitime de s'interroger. La directive de l'UEMOA portant loi de finances de 2009 ne serait-elle pas une simple mise à jour pour coller à l'évolution du droit financier en France ?

---

une logique de coopération avec le juge communautaire. Arrêts du 29 mai 1974, Solange I et du 22 octobre 1986, Solange II.

[1] Sur la question du mimétisme juridique en Afrique, voir entre autres, Y. MENY (dir.), *Les politiques du mimétisme institutionnel : la greffe et le rejet*, Paris, L'Harmattan, 1993, 286 p. et D. ABARCHI , « Problématiques des réformes législatives en Afrique : le mimétisme juridique comme méthode de construction du droit », *Revue Penant*, n° 842, 2003, pp. 88-105.

[2] N. MÉDÉ, « Réflexions sur l'autorité de la chose jugée au financier en droit positif africain francophone », *in* J. L. ALBERT (dir.), *Mélanges en l'honneur de Jean-Pierre LASSALE, Gabriel MONTAGNIER et Luc SAÏDJ : Figures lyonnaises des finances publiques*, Paris, L'Harmattan, 2012, p. 281.

[3] Loi organique n° 2001-692 du 1er août 2001 relative aux lois de finances.

Plus encore, l'écriture des directives financières de l'UEMOA de 2009 a été le fait, entre autres, d'experts français. Il est difficile de penser que ceux-ci n'aient pas influencé la législation alors en construction. Dans le même sens, le financement des réformes induites par l'avènement du nouveau cadre harmonisé des finances publiques de l'UEMOA a été évalué à 10.866.100.000 FCFA sur la période 2010-2017[1]. La France fait partie des partenaires techniques et financiers identifiés dans le cadre de la collecte des fonds nécessaires.

À tout ceci s'ajoutent les ressemblances entre les nouvelles directives et certains textes français. Une étude de cas peut être effectuée à partir de la directive portant loi de finances de 2009 et la loi organique française relative aux lois de finances de 2001. Les deux textes mettent en place une architecture budgétaire dans laquelle l'unité de spécialité est le programme[2], généralisent la pratique des crédits limitatifs[3], instaurent un principe de sincérité budgétaire[4], etc. Certaines dispositions sont même rédigées de manière très similaire. C'est, par exemple, le cas des articles 2 de la LOLF française et 6 de la directive portant loi de finances de l'UEMOA. D'autres dispositions reproduisent les mêmes ambiguïtés dans les deux textes. Il en est ainsi au niveau des fonds de concours. Dans les deux textes, il est possible de relever deux dispositions apparemment contradictoires à leur propos. La première fait des dons et legs des éléments distincts des fonds de concours, même s'ils sont présentés comme étant tous de même nature[5]. La seconde fait des dons et legs des composantes des fonds de concours[6].

Néanmoins, toutes ces critiques méritent d'être nuancées. En réalité, on conviendra qu'il n'est pas inapproprié de s'inspirer des expériences des autres. L'époque présente est même celle d'une mondialisation qui conduit les peuples à se rapprocher et à s'inspirer mutuellement. La matière financière n'échappe pas à cet état de fait, ce qui a même conduit les experts de l'Organisation de coopération et de développement économiques (OCDE) à poser le constat d'une « *transmission internationale des législations budgétaires* »[7].

Ce qui est inapproprié, c'est la reproduction mécanique, sans tenir compte du contexte d'application des normes « importées ». Ce reproche peut être difficilement fait au législateur de l'UEMOA. Le souci de l'adaptation au contexte apparaît dans son œuvre. Ainsi, si l'on reprend l'exemple des deux

---

[1] Programme d'appui aux réformes du cadre harmonisé des finances publiques (PAFP), annexé à la décision n° 33/2009/CM/UEMOA du 17 décembre 2009.
[2] Art. 7 de la LOLF française et art. 12 de la directive portant loi de finances de l'UEMOA.
[3] Art. 9 de la LOLF française et art. 20 de la directive portant loi de finances de l'UEMOA.
[4] Art. 32 de la LOLF française et art. 30 de la directive portant loi de finances de l'UEMOA.
[5] Art. 3 de la LOLF française et art. 8 de la directive portant loi de finances de l'UEMOA.
[6] Art. 17 de la LOLF française et art. 33 de la directive portant loi de finances de l'UEMOA.
[7] I. LIENERT et M. K. JUNG, « Le cadre juridique des systèmes budgétaires : une comparaison internationale », *Revue de l'OCDE sur la gestion budgétaire*, n° 3, vol. 4, 2004, p. 146.

textes précités (la LOLF française de 2001 et la directive de l'UEMOA portant loi de finances de 2009), il est difficile de trouver deux dispositions qui sont rédigées, *in extenso*, de manière identique. Sur le fond également, même s'il est incontestable que les deux textes mettent globalement en place les mêmes mécanismes, il faut reconnaître que les moyens choisis pour les concrétiser ne sont pas toujours les mêmes[1].

L'idée suivant laquelle le droit financier de l'UEMOA est une simple duplication du droit financier français mérite donc d'être relativisée. Elle ne devrait pas constituer une véritable difficulté conceptuelle pour ce droit, d'autant plus que, du point de vue de son implémentation, de véritables et multiples difficultés existent.

B- Les difficultés d'implémentation

Il s'agit essentiellement des difficultés liées à l'application du droit financier de l'UEMOA. Elles existent aussi bien concernant les règlements que les directives. Par exemple, il a été noté que le règlement relatif au tarif extérieur commun avait souvent fait l'objet d'une application partielle et différenciée de la part des États[2]. Cependant, en raison de l'application immédiate des règlements, ces difficultés sont peu perceptibles, notamment si on les compare à celles affectant les directives (1). De plus, les difficultés identifiées sont, d'une manière générale, exacerbées par l'environnement concurrentiel dans lequel prend naissance le droit financier de l'UEMOA (2).

1- Une mise en œuvre mitigée des directives

L'absence d'effet immédiat et direct des directives implique l'adoption de textes de transposition avant qu'elles ne soient pleinement effectives dans les droits nationaux des États concernés. En matière de finances publiques, cette exigence est d'autant plus forte que les règles budgétaires[3] ne créent pas directement de droits au profit des citoyens[4]. Les évolutions jurisprudentielles visant à limiter l'absence d'effet immédiat et direct des directives[5] sont donc ici vaines, car les particuliers ne peuvent, en principe, rendre effectives les directives budgétaires en les invoquant devant les tribunaux.

---

[1] Plusieurs exemples peuvent être cités. L'un des plus illustratifs est que la budgétisation par la performance est instituée à travers des programmes et des missions en France (art. 7 de la LOLF) alors qu'elle l'est à travers uniquement des programmes dans l'UEMOA (art. 12 de la directive).

[2] M. COULIBALY et D. PLUNKETT, « Du TEC UEMOA depuis 2000 au TEC CEDEAO pour 2008 », *Les GREAT Cahiers*, n° 17, 2006, pp. 52-53.

[3] La situation n'est pas identique en ce qui concerne les règles fiscales. Elles peuvent créer des droits au profit des citoyens et sont donc susceptibles d'être invoquées par eux lors des litiges qui les opposent à l'administration.

[4] Pour approfondir, v. P. AMSELEK, « Sur le particularisme de la légalité budgétaire », *Revue administrative*, n° 138, 1970, pp. 653-662.

[5] Conseil d'État français, 30 octobre 2009, Mme Perreux.

Il faut donc que les États s'acquittent de la formalité de transposition pour opérationnaliser les directives. À l'égard des directives financières de l'UEMOA, l'attitude des États, sur ce point, est plutôt critiquable. Jusqu'à la réforme du cadre harmonisé des finances publiques en 2009, c'est-à-dire plus d'une décennie après sa mise en place, de nombreux États (Bénin, Burkina-Faso, Côte d'Ivoire…) n'avaient pas fini de transposer les directives dudit cadre. Avec les nouvelles directives adoptées, il est noté des avancées, mais elles restent largement perfectibles pour au moins deux raisons.

D'une part, dans l'ensemble des États, le constat est celui d'une transposition des directives au-delà du terme prévu par elles[1]. L'exemple de la directive portant loi de finances de 2009 permet d'illustrer le propos. En dehors du Sénégal[2], tous les autres États membres de l'Union l'ont transposée après le délai retenu[3].

Cela pose la question de la valeur même du droit public financier de l'UEMOA, de sa force contraignante par rapport à ses destinataires. À l'analyse, ce droit présente plusieurs caractéristiques d'un type de droit qui fait florès actuellement et qui est qualifié de « mou »[4]. Il est « coproduit » par l'UEMOA et les États membres, et son caractère contraignant peut être discuté au regard de l'absence de sanctions qui accompagnent son non-respect. C'est justement ce dernier point qui conduit à s'interroger, à se demander s'il s'agit même d'un « droit ».

La réponse doit être affirmative. D'une part, ce n'est pas la sanction qui détermine le droit. Il est vrai que la règle de droit est généralement présentée comme une règle sanctionnée par l'autorité étatique. Cela n'est pas faux. Mais, il faut prendre garde au « vice »[5] qui consiste à prendre la conséquence pour la cause. Une règle est sanctionnée par l'autorité publique parce qu'elle l'estime juridique ; elle n'est pas juridique parce qu'elle est sanctionnée. Au surplus, au niveau du droit financier de l'UEMOA, des sanctions existent et pourraient être appliquées suite à un recours en manquement[6] à l'encontre des États qui ne

---

[1] Le 31 décembre 2011.

[2] Loi organique n° 2011-15 du 8 juillet 2011 relative aux lois de finances.

[3] 2012 pour le Niger, 2013 pour le Mali et le Bénin, 2014 pour la Côte d'Ivoire et le Togo, 2015 pour le Burkina-Faso.

[4] Le droit mou est présenté par M. BRUSIL (« Les codes de bonne conduite aux élections ou l'invasion du droit constitutionnel par du "droit mou" dans les démocraties nouvelles ou rétablies en Afrique noire francophone », *Revue française de droit constitutionnel*, n° 95, 2013, pp. 642-643) comme une « sorte de zone grise où le non contraignant côtoie l'obligatoire, sans que l'on puisse véritablement dissocier l'un de l'autre ». Il est « plus un droit négocié, contractuel, consensuel et accepté par ses destinataires, qu'un droit imposé ». Il se concrétise à travers les codes de bonne conduite, de transparence, de meilleures pratiques, etc.

[5] F. TERRÉ et N. MOLFESSIS, *Introduction générale au droit*, *op. cit.*, p. 91.

[6] « La Cour de justice connaît, sur recours de la Commission ou de tout État membre, des manquements des États membres aux obligations qui leur incombent en vertu du traité de l'Union ». Art. 5 du protocole additionnel n° 1 relatif aux organes de contrôle de l'UEMOA. Voir aussi les articles 6 et 7.

respectent pas leurs obligations. Si ces sanctions sont demeurées jusqu'ici inappliquées, il faut comprendre que c'est essentiellement en raison de la tolérance qui prévaut généralement à l'égard des États, entités souveraines qui peuvent difficilement être soumises à la coercition.

Dans ces conditions, comment améliorer l'effectivité du droit financier de l'UEMOA ? La piste de la substitution des règlements aux directives dans l'édiction de ce droit a été exposée[1]. Elle mérite de retenir l'attention, surtout que les premières directives du droit financier de l'UEMOA prévoyaient leur transformation ultérieure en règlements[2]. Le principal atout de cette formule est qu'elle dispenserait les règles communautaires de la transposition, opération qui entraîne souvent des retards dans le processus.

Cependant, emprunter cette piste semble être une fausse bonne idée. Ce n'est pas parce que les règles seront posées à travers des règlements qu'elles seront forcément appliquées. Les règlements peuvent être en vigueur sans être véritablement appliqués par les États. De plus, cette option pourrait conduire les États à se braquer et donner lieu à une confrontation avec l'Union. Il convient donc de maintenir l'option actuelle qui est une édiction normative par voie de règlements et de directives, avec une propension pour les directives. Ce choix doit cependant être accompagné d'un certain nombre de mesures susceptibles d'accroître l'effectivité de ce droit[3], lui qui doit également faire face à la concurrence d'autres types de réglementations.

2- Un environnement concurrentiel

L'une des particularités de certains pays de l'espace ouest-africain, c'est la pluralité d'organisations régionales[4] à laquelle ils appartiennent. Pour ne retenir que celles qui ont une vocation économique ou financière, il est possible de

---

[1] S. YONABA, « La difficile intégration des règles comptables et budgétaires des États membres de l'Union économique et monétaire ouest-africaine (UEMOA) », art. précité, p. 234.

[2] Art. 91 de la directive n° 05/97/CM/UEMOA du 16 décembre 1997 relative aux lois de finances et art. 98 de la directive n° 06/97/CM/UEMOA du 16 décembre 1997 relative au règlement général sur la comptabilité publique.

[3] L'UEMOA doit davantage veiller à ce que les instruments juridiques de transposition soient effectivement adoptés et appliqués par les États. L'action de l'Union doit porter aussi bien sur le renforcement des compétences que sur l'accentuation de la volonté politique nationale en ce sens. De même, il faut faire en sorte que les directives soient transposées à travers des instruments juridiques de même valeur. Par exemple, la directive portant loi de finances de 2009 a été transposée par le biais d'une loi organique au Sénégal (loi organique n° 2011-15 du 8 juillet 2011 relative aux lois de finances) et d'une loi ordinaire au Mali (loi n° 2013-028 du 11 juillet 2013 relative aux lois de finances). La multiplication de pareilles situations risque de mettre à mal l'unité du droit financier ouest-africain.

[4] Le constat de l'existence d'une pluralité d'organisations régionales peut être étendu à l'Afrique entière. Sur les raisons qui justifient cet état de fait (essentiellement répondre de manière concertée aux défis économiques et politiques), on pourra lire S. DOUMBÉ-BILLÉ, « La multiplication des organisations régionales en Afrique : concurrence ou diversification ? », *in* M. FAU-NOUGARET (dir.), *La concurrence des organisations régionales en Afrique*, Paris, L'Harmattan, 2012, p. 21.

citer, en dehors de l'UEMOA, la Communauté économique des États de l'Afrique de l'Ouest (CEDEAO)[1] et l'Organisation pour l'harmonisation en Afrique du droit des affaires (OHADA)[2]. Les traités constitutifs de ces deux dernières organisations font clairement apparaître leur intérêt pour des matières incluses dans le champ de compétence de l'UEMOA.

Ainsi, le traité de la CEDEAO indique que « *la Communauté vise à promouvoir la coopération et l'intégration dans la perspective d'une Union économique de l'Afrique de l'Ouest en vue d'élever le niveau de vie de ses peuples,* de *maintenir et d'accroître la stabilité économique…* »[3]. Dans le même sens, le traité de l'OHADA rappelle la conviction des chefs d'États parties que « *l'appartenance à la zone franc, facteur de stabilité économique et monétaire, constitue un atout majeur pour la réalisation progressive de leur intégration économique et que cette intégration doit également être poursuivie dans un cadre africain plus large* »[4]. Ces objectifs sont largement partagés par l'UEMOA. À l'origine même de sa création, se trouve la volonté de « *favoriser le développement économique* et social des États membres, grâce à l'harmonisation de leurs législations, à l'unification de leurs marchés intérieurs et à la mise en œuvre de politiques sectorielles communes dans les secteurs essentiels de leurs économies »[5].

Du fait de cet intérêt commun et de l'appartenance de la totalité des États membres de l'UEMOA à ces deux organisations, il n'est pas exclu qu'il puisse y avoir un conflit entre les règles du droit financier de l'UEMOA et celles posées par les deux autres organisations d'intégration. Ce risque de conflit est admis par l'ensemble de la doctrine, même s'il est diversement apprécié en son sein. Il n'empêche qu'il s'est par le passé déjà concrétisé[6] et pourra encore l'être à

---

[1] Créée par le Traité de Lagos du 28 mai 1975, la CEDEAO constitue un regroupement de quinze pays : le Bénin, le Burkina Faso, le Cap-Vert, la Côte d'Ivoire, la Gambie, le Ghana, la Guinée, la Guinée-Bissau, le Libéria, le Mali, le Niger, le Nigeria, le Sénégal, la Sierra Leone, le Togo.

[2] Instituée par le Traité de Port-Louis du 17 octobre 1993, l'OHADA constitue un regroupement de dix-sept pays : le Bénin, le Burkina Faso, le Cameroun, la Centrafrique, les Comores, le Congo Kinshasa, la Côte d'Ivoire, le Gabon, la Guinée Conakry, la Guinée équatoriale, la Guinée-Bissau, le Mali, le Niger, la République Démocratique du Congo, le Sénégal, le Tchad, le Togo.

[3] Art. 3. C'est nous qui mettons en exergue.

[4] Préambule. C'est nous qui mettons en exergue.

[5] Préambule. C'est nous qui mettons en exergue.

[6] Deux textes juridiques différents portant sur le droit comptable ont été adoptés par l'UEMOA et l'OHADA. Il s'agit du règlement UEMOA n° 04/96/CM du 20 décembre 1996, entré vigueur le 1er janvier 1998, et de l'Acte uniforme OHADA sur le droit comptable (AUHOC) adopté le 24 mars 2000 et qui est entré en vigueur en janvier 2001. Mais, ce conflit a été rapidement évacué puisque le règlement de l'UEMOA a été modifié ensuite (20 septembre 2001) pour prendre en compte les changements occasionnés par l'acte uniforme de l'OHADA. Pour d'autres exemples, v. M. SAWADOGO, « Les conflits entre normes communautaires : aspects positifs et prospectifs », *in* M. FAU-NOUGARET (dir.), *La concurrence des organisations régionales en Afrique*, *op. cit.*, pp. 289-304.

l'avenir. Cela, même la Cour de justice de l'UEMOA en a conscience : « *Les juridictions comme la Cour de justice de l'UEMOA et la Cour de justice de l'OHADA, en tant que juridictions de droit public, exercent des compétences exclusives (...) sans du reste que des compétences concurrentes et accidentelles ne soient totalement exclues* »[1].

Face à ces conflits potentiels, diverses propositions ont été émises par la doctrine. Il y a celles d'une meilleure coordination des actions desdites organisations, de leur spécialisation ou de leur fusion[2]. Il y a également celles dites « préventives » par opposition à celles « curatives »[3]. Évidemment, le bon sens incite à privilégier les solutions en amont des conflits, car celles en aval pourront difficilement profiter à tous et il sera toujours possible de les remettre en cause dans le cadre du système communautaire qui s'estimerait lésé. Des mécanismes préventifs basés sur une édiction concertée des normes communautaires semblent donc les plus appropriés. Ces mécanismes sont souhaitables non seulement entre les organisations régionales, mais également entre les organisations régionales et les États, car, à ce niveau également, la concurrence entre normes n'est pas inexistante.

À titre illustratif, la Constitution burkinabè[4] prévoit que, lors de l'adoption du projet de loi de finances, les parlementaires pourront y apporter des modifications en procédant à des compensations entre les recettes et les dépenses. Cette possibilité est exclue par la directive portant loi de finances de l'UEMOA[5]. Toutefois, en pratique, cette contrariété entre la directive et le droit interne sera sans conséquence majeure, tant que la loi de transposition restera fidèle à la lettre de la Constitution. Mais, cette question ne saurait être évacuée aussi facilement sur le plan théorique, car elle a trait à l'un des points majeurs de la construction juridique de l'UEMOA en matière budgétaire. Il ne serait pas exagéré de soutenir qu'elle constitue l'une des finalités de la directive portant loi de finances, étant entendu que les États sont astreints au respect des finalités des directives.

Conclusion

Un bilan fait en 2014 a montré que l'UEMOA disposait d'un « *capital législatif important* »[6] en matière fiscale. Une vingtaine d'actes auraient été

[1] Avis n° 01/2000 du 2 février 2000. C'est nous qui mettons en exergue.

[2] D. KOKOROKO, « La coexistence entre organisations sous-régionales : limites et perspectives », *in* M. FAU-NOUGARET (dir.), *op. cit.*, pp. 203-205.

[3] M. SAWADOGO, « Les conflits entre normes communautaires : aspects positifs et prospectifs », art. précité, pp. 305-313.

[4] Art. 120.

[5] Art. 59.

[6] H. TRAORE, « Le cadre institutionnel de la coordination fiscale dans l'UEMOA : forces, faiblesses et réformes possibles », *in* séminaire sur *La coordination fiscale dans les États membres de l'UEMOA*, Dakar, 2014, p. 27.

adoptés en vue d'harmoniser la fiscalité en son sein. Ce constat peut être élargi à l'ensemble de la matière financière publique.

Ainsi, le droit public financier de l'UEMOA est une réalité. Il se déploie essentiellement à travers des directives et des règlements. Il est marqué du sceau de la recherche de la performance, ce qui est particulièrement opportun à une ère de rareté des deniers publics et de modernisation des systèmes financiers publics.

Toutefois, l'effectivité de ce droit est éprouvée. Elle l'est pour des raisons liées, à la fois, à son origine et à son implémentation. Sur ce dernier point, l'exemple précité de la contrariété entre la Constitution du Burkina-Faso et la directive portant loi de finances de l'UEMOA est plutôt illustratif. Cet exemple montre que le problème ne se situe pas seulement au niveau des relations entre l'UEMOA et les autres organisations d'intégration qui existent dans le même espace. Il est aussi relatif aux relations entre l'UEMOA et ses États membres. En cela, les mécanismes de concertation entre l'UEMOA et les États membres gagneraient à être améliorés. Leur amélioration permettra sans doute de parfaire la nécessaire complémentarité évoquée par le Professeur Yves GAUDEMET entre le droit national et celui communautaire[1]. Dans le cas d'espèce, elle permettra d'éliminer certaines difficultés dans la conception du droit public financier de l'UEMOA. Plus encore, le renforcement des mécanismes de concertation est susceptible d'induire une meilleure implémentation de ce droit et de permettre de surmonter une partie des difficultés recensées dans ce cadre. Or, n'est-ce pas là l'objectif ultime recherché ?

[1] Y. GAUDEMET, *Droit administratif*, Paris, LGDJ, 2012, p. 46.

LA LOI ORGANIQUE RELATIVE AUX LOIS DE FINANCES ET L'EXECUTION DU BUDGET AU GABON AU PRISME DE LA NOUVELLE GOUVERNANCE FINANCIERE PUBLIQUE

Alexis ESSONO OVONO

Maître de Conférences agrégé,

Université Omar Bongo de Libreville

INTRODUCTION

Depuis quelques décennies, la réforme des finances publiques est au cœur de la réforme de l'Etat dans presque tous les pays du monde. Sous l'effet de facteurs internes et externes, on assiste à une mutation des systèmes financiers publics[1]. Ce mouvement se traduit par une remise en cause des principes qui gouvernent le secteur public et l'apparition de ce qu'il est convenu d'appeler une nouvelle gouvernance financière publique, c'est-à-dire d'un nouveau mode de pilotage des finances publiques et d'exercice du pouvoir financier[2].

En effet, comme le souligne J. CHEVALLIER, le postulat selon lequel la gestion publique, placée au service de l'intérêt général, ne pouvait être mesurée en termes d'efficacité a fait place à l'idée que l'administration est tenue, comme les entreprises privées, d'améliorer sans cesse ses performances[3]. Elle doit remplir ses missions en veillant à la qualité de ses prestations, en utilisant au mieux les moyens mis à sa disposition.

Le secteur public est invité à s'inspirer des méthodes d'organisation et de gestion du secteur privé. La légitimité de l'action publique doit désormais être fondée aussi sur son efficacité, c'est-à-dire sur l'aptitude de l'administration à gérer les ressources dont elle dispose en vue d'obtenir le meilleur rapport coût/objectif, comme le ferait une entreprise privée. G. ORSONI parle à juste titre d'une « *privatisation* » et d'une « *marchéisation* » des finances publiques[4].

Cette démarche de performance dans la sphère publique n'est certes pas nouvelle. Elle remonte aux années 60 aux Etats-Unis, avec la technique du planning programming budgeting system (PPBS) et sa déclinaison française,

---

[1] M. BOUVIER, M.-C ESCLASSAN, J.-P. LASSALE, *Finances publiques*, Paris, LGDJ, 2016, p. 19.

[2] La notion même de « gouvernance » utilisée pour rendre compte de ce nouveau mode de pilotage des finances publiques et d'exercice du pouvoir en matière financière, – traduit bien qu'on se trouve devant un changement de paradigme. Voir J. CHEVALLIER, *La gouvernance et le droit*, in Mélanges Paul AMSELEK, Bruxelles, Bruylant, 2005, p. 189.

[3] J. CHEVALLIER, « Performance et gestion publique », *in Réformes des finances publiques et modernisation de l'Administration*, Mélanges en l'honneur de Robert HERTZOG, Paris, Economica, 2011, p. 84

[4] G. ORSONI, *Les finances publiques sont-elles encore les finances de l'Etat ?* Mélanges Paul AMSELEK, Bruxelles, Bruylant, 2005, p. 631.

dans les années 70, la rationalisation des choix budgétaires (RCB). Elles préfiguraient une bonne partie des solutions adoptées aujourd'hui.

Mais ce qui caractérise la démarche actuelle, c'est à la fois, son ampleur et le fait qu'elle s'inscrit dans la durée, contrairement au PPBS ou à la RCB.

D'abord, on observe que ce mouvement de réforme concerne tous les pays, quel que soit leur niveau de développement. Aujourd'hui, il n'existe pas un Etat qui n'ait engagé ou inscrit à son agenda une réforme des finances publiques[1].

Ensuite, à la différence du PPBS et de la RCB qui ne furent que des expérimentations limitées à quelques départements ministériels aux Etats-Unis et en France, sans fondement textuel, les réformes actuelles, s'inscrivent dans la durée. Elles débouchent sur l'adoption de nouvelles lois organiques relatives aux lois de finances.

Cette démarche de performance s'inscrit dans un contexte différent, celui d'une crise sans précédent des finances publiques marquée par une raréfaction des ressources publiques pour alimenter les politiques publiques, une augmentation des dépenses publiques et un endettement excessif des administrations publiques.

Ce mouvement s'est amplifié encore sous l'effet de la crise financière de 2008, et son corollaire la crise de la dette publique. Dès lors, tous les Etats doivent donner des garanties de sérieux dans la gestion de leurs finances publiques et sont soumis à des contraintes qui contribuent à faire de l'efficacité de la dépense publique une « ardente obligation ».

Mais ces réformes des finances publiques ne se résument pas seulement à une transposition de techniques du management des entreprises privées au secteur public. Elles sont aussi porteuses d'une nouvelle éthique politique. En effet, à cette exigence gestionnaire d'efficacité et de performance de la dépense publique, vient se greffer une autre plus politique, celle d'une transparence des finances publiques. Il s'agit de renouer avec la tradition qui est l'origine des finances publiques[2].

Dans ce vaste mouvement, les pays africains ne sont pas en reste. Sous la pression des institutions de Bretton Woods, mais aussi d'une société civile qui s'organise, ils ont dû engager des réformes budgétaires en vue d'une bonne gouvernance. Ces efforts sont relayés au sein des organisations régionales, comme la Communauté Economique et Monétaire de l'Afrique Centrale (CEMAC), qui imposent désormais aux Etats une discipline budgétaire, avec la mise en place de mécanismes de surveillance multilatérale des finances publiques.

---

[1] J.-P. DUPRAT, « La dynamique des réformes budgétaires : globalisation des problèmes, unification des outils et adaptations nationales des solutions », *Revue française de finances publiques*, n°98, 2007, p. 9.

[2] A. BARILARI, M. BOUVIER, *La LOLF et la nouvelle gouvernance financière de l'Etat*, Paris, LGDJ, 2010.

Dans cet espace économique, six directives relatives du cadre harmonisé des finances publiques ont été adoptées le 19 décembre 2011. Ces directives, qui reprennent des outils mis en œuvre ailleurs, notamment en France avec la loi organique du 1er août 2001 relative aux lois de finances, sont centrées sur la nécessité d'une meilleure allocation des ressources et d'une transparence des finances publiques.

C'est dans cette optique que le Gabon a adopté la loi organique relative aux lois de finances et à l'exécution du budget du 21 mai 2015. Cette loi organique qui abroge la loi du 27 juin 1985 relative aux lois de finances adoptée durant le parti unique, mais aussi celle du 21 octobre 2010, transpose dans l'ordre juridique interne la directive relative aux lois de finances du cadre harmonisé des finances publiques de la CEMAC.

L'adoption de cette loi organique relative aux lois de finances et à l'exécution du budget était attendue et ses effets bénéfiques escomptés. En effet, ce pays est constamment pointé du doigt pour la mauvaise gestion de ses finances publiques et l'écart entre les ressources financières dont il dispose et le faible niveau de développement atteint.

Ces dernières années, les pouvoirs publics ont fait de ce thème de modernisation de la gestion des finances publiques un étendard, comme si la magie du verbe suffisait pour exorciser le mal. La récurrence d'un ministère en charge de la réforme de l'Etat ou de la bonne gouvernance, semble attester de leur volonté de rompre, du moins dans l'ordre du discours, avec des pratiques aux antipodes des principes de bonne gestion.

Or, après quelques années d'application de la loi organique relative aux lois de finances et à l'exécution du budget, il faut se rendre à l'évidence que les fruits n'ont pas véritablement tenu la promesse des fleurs et la foi naïve des concepteurs de cette réforme en la vertu des textes s'est quelque peu estompée.

Pourtant cette réforme des finances est nécessaire, tant il apparait que l'objectif des autorités actuelles de faire du Gabon un « Etat émergent » à l'horizon 2025 dépend de la soutenabilité des finances publiques, c'est-à-dire de la capacité de l'Etat à rester solvable, en conservant des marges de manœuvre budgétaires suffisantes pour honorer ses engagements présents et futurs (intérêts de la dette, dépenses sociales, dépenses de fonctionnement, etc.).

Dès lors, on peut s'interroger sur la portée réelle des réformes entreprises depuis quelques années en matière budgétaire. S'agit-il d'un effet de mode ou, au contraire, d'une lame de fond susceptible de transformer radicalement les finances publiques de ce pays ?

L'objectif de cette étude est de faire l'économie des réformes budgétaires en cours au Gabon, en guise d'hommage cordial aux professeurs Salif YONABA et Eloi DIARRA.

Lorsqu'on mesure les résultats atteints à l'aune de la performance et de la transparence, après quelques années de mise en œuvre, il est possible d'affirmer qu'ils sont décevants. D'une part, la gouvernance par la performance reste mitigée (I) ; d'autre part, la gouvernance par la transparence demeure limitée (II).

I- UNE GOUVERNANCE PAR LA PERFORMANCE MITIGÉE

La performance est devenue, depuis quelques années, sous l'influence du nouveau management public, le nouvel horizon des réformes dans l'administration publique. Toute l'action publique est désormais recentrée autour de cette exigence[1]. Cette nouvelle rationalité managériale, à l'opposé de la rationalité juridique et politique, s'est traduite dans la loi organique du 21 mai 2014 au Gabon par l'introduction de la budgétisation par objectifs de programme, qui, bien que réelle, reste inachevée (A), mais aussi par une programmation pluriannuelle des finances publiques dont les effets bénéfiques sont toujours attendus (B).

A- La budgétisation par objectifs de programme

La nouvelle loi organique relative aux lois de finances et à l'exécution du budget introduit la budgétisation par objectifs de programme. Elle met fin à la logique de moyens qui a caractérisé jusque-là la procédure budgétaire au Gabon, en lui substituant une logique d'objectifs et de résultats, caractéristique du nouveau management public. En effet, dans l'ancienne loi relative aux lois de finances du 27 juin 1985, les crédits étaient spécialisés par nature de dépense et par destination. Ils étaient alloués chaque année, dans le cadre de la loi de finances, en fonction des besoins exprimés par les ministres. Ainsi, d'une année à une autre, les services étaient conduits à demander toujours plus de moyens, sans se soucier de l'efficacité de leur action.

Cette anomie budgétaire a conduit à une explosion de la dépense publique, sans que corrélativement, elle s'accompagne d'une amélioration du bien-être de la population. Ainsi de 2007 à 2017, la dépense publique en valeur absolue est passée de 1165,6 milliards de francs CFA à 1886,68 milliards de francs CFA.

Comme l'écrivaient P-M GAUDEMET et J. MOLINIER, « *les ministres ont tendance généralement à évaluer largement les dépenses de leur département pour l'année à venir ; ils ont en effet tout intérêt à disposer largement de crédits, quitte à ne pas les dépenser intégralement* »[2].

De plus, la loi du 27 juin 1985 reprenait la distinction entre les services votés et les mesures nouvelles. Les services votés étaient reconduits presqu'automatiquement d'une année à une autre, sans un examen permettant de s'interroger sur leur utilité. Or, ce n'est pas parce qu'une dépense est publique qu'elle doit être continuellement reconduite.

---

[1] J. CHEVALLIER, « Performance et gestion publique », *in Réforme des finances publiques et modernisation de l'administration*, Mélanges en l'honneur de Robert HERTZOG, Paris, Economica, 2010, p. 83.

[2] P-M GAUDEMET et J. MOLINIER, *Finances publiques*, Paris, Montchrestien, 1996, p. 244.

Enfin, cette procédure aboutissait à une déresponsabilisation des gestionnaires des crédits dans la mesure où la fragmentation du budget ne permettait pas une gestion plus dynamique des crédits.

Pour mettre en œuvre une gestion publique centrée sur la performance, la loi organique du 21 mai 2015 définit une nouvelle architecture budgétaire. Ainsi l'article 37 dispose que « *les crédits sont regroupés par mission relevant d'un ou de plusieurs ministères, d'une ou de plusieurs institutions ou autorités administratives indépendantes (...).*

Une mission regroupe un ensemble de dotations ou un ensemble de programmes concourant à une politique publique définie (...).

Un programme ou une dotation regroupe les crédits destinés à mettre en œuvre une action ou un ensemble cohérent d'actions relevant d'un même ministère, d'une même institution ou d'une même autorité administrative indépendante et auquel sont associés des objectifs précis, définis en fonction de finalités d'intérêt général, ainsi que les résultats attendus. Les objectifs de chaque programme sont assortis d'indicateurs de résultats ».

Ainsi les crédits sont désormais votés par mission et spécialisés par programme ou par dotation. Les missions correspondent aux politiques publiques, c'est-à-dire aux grands domaines d'intervention de l'Etat. Elles peuvent être interministérielles et leur création est nécessairement d'initiative gouvernementale, puisqu'elles ne peuvent résulter que de projets de loi de finances. Les lois de finances adoptées successivement depuis l'entrée en vigueur de la loi organique du 21 mai 2015 comprennent une trentaine de missions, couvrant l'ensemble du périmètre de l'administration.

Le programme est l'unité de spécialisation de crédits de droit commun à laquelle s'applique le principe de spécialité déterminant le plafond des crédits. Il constitue le cadre de mise en œuvre des politiques publiques. A la différence des missions, ils relèvent d'un ministère car il s'agit d'identifier un responsable unique de la gestion des crédits, chargé de rendre compte de leur utilisation et d'éviter la dilution de responsabilité qui résulterait de l'intervention de plusieurs ministères.

La dotation, quant à elle, est l'unité de spécialisation de crédits dérogatoire. Elle permet de regrouper des crédits qui ne sont pas soumis à l'exigence de performance et qui, de ce fait, ne peuvent faire l'objet de programmes. Ainsi, aux termes de l'article 38 de la loi organique, les dépenses des institutions constitutionnelles sont regroupées par dotations. En effet, en raison du principe de la séparation des pouvoirs, ces institutions bénéficient d'une autonomie financière et ne sont pas assujetties à l'obligation d'objectifs et de résultats, ainsi que l'a rappelé en France le Conseil constitutionnel dans sa décision du 25 juillet 2001. De même, les crédits couvrant les dépenses accidentelles ainsi que les risques de mise en jeu des garanties et avals donnés par l'Etat sont regroupés par dotations.

Le décret du 22 mai 2012 définit les fonctions managériales des responsables des programmes, des responsables des budgets opérationnels de programme et des responsables d'unités opérationnelles chargés de l'exécution du programme et ayant la qualité d'ordonnateurs délégués. Ainsi, les responsables de programmes sont compétents, entre autres, pour l'élaboration et la programmation budgétaire, l'exécution budgétaire, notamment la répartition des crédits et des personnels à destination des budgets opérationnels de programme et des unités opérationnelles et, le cas échéant, des opérateurs, et de rendre compte de l'exécution du programme. Le responsable de budget opérationnel de programme, quant à lui, a pour tâches d'élaborer le budget opérationnel de programme, d'assurer le dialogue de gestion avec les responsables d'unités opérationnelles, de piloter le budget opérationnel de programme et de rendre compte de sa gestion au responsable de programme. Le responsable d'unité opérationnelle, selon l'article 12 du décret, assure, pour sa part, au niveau central ou déconcentré, la mise en œuvre effective de la programmation élaborée par le responsable du budget opérationnel de programme.

De cette chaine managériale nait le dialogue de gestion[1] dont est garant le responsable de programme. En effet, le management par la performance induit la nécessité d'échanges entre niveaux managériaux. A travers le dialogue de gestion, les responsables de tous les niveaux s'entendent sur la déclinaison des objectifs, des moyens et modes de pilotage.

A l'intérieur des programmes, les crédits sont répartis par titre. La loi organique prévoit 6 titres : les charges financières de la dette, les dépenses de personnel, les dépenses de biens et services, les dépenses de transfert, les dépenses d'investissement et les autres dépenses. Mais, cette répartition par titre est indicative, car selon l'article 40 de la loi organique, elle ne s'impose ni aux ordonnateurs ni aux comptables. Ainsi, chaque responsable de programme peut modifier à l'intérieur du programme la répartition des crédits. C'est le principe de la globalisation des crédits à l'intérieur d'enveloppes fongibles. Toutefois, cette fongibilité est doublement asymétrique : les crédits ouverts au titre des dépenses de personnel ne peuvent être augmentés et les crédits ouverts au titre des dépenses d'investissement ne peuvent être diminués. Il s'agit à la fois de maitriser la masse salariale et de maintenir un niveau d'investissement suffisant pour le pays.

Les projets annuels de performance accompagnant le projet de loi de finances définissent les objectifs à atteindre et les indicateurs de performance. Le découpage des crédits est ainsi orienté vers l'atteinte des résultats. Les

[1] Le dialogue de gestion peut se définir comme l'ensemble des processus d'échanges entre deux niveaux hiérarchiques ou managériaux relatifs aux volumes de moyens et aux objectifs assignés.

rapports annuels de performance font le bilan financier et de performance pour chaque mission.

Cette démarche de performance a été étendue aux opérateurs d'Etat qui, comme les universités par exemple, participent à l'action de l'Etat tout en lui étant extérieurs, et bénéficient pour cela de subventions pour charges de service public[1]. Chaque année, dans le cadre d'un contrat de performance, ils doivent s'engager sur des objectifs à atteindre, évaluables en fin d'exercice[2].

Toutefois, malgré ces avancées indéniables, la réforme est confrontée à des difficultés qui en freinent la portée.

D'abord, la responsabilisation des gestionnaires, et notamment du responsable de programme n'est pas effective. En effet, la liberté de ce dernier dans l'utilisation des crédits du programme, lui permettant de redéployer ceux-ci entre les différents titres, du fait de la fongibilité des crédits, peine à se mettre en place. Cette liberté reste fortement encadrée pour ce qui est de la gestion des crédits du personnel, mais aussi du fait des contrôles financiers étroits au niveau de l'engagement. Or, cette liberté constitue, avec la responsabilité, l'un des points saillants de la réforme.

Ensuite, la loi organique est censée introduire la rationalité managériale dans la gestion publique, avec la prise en compte de deux exigences : l'amélioration du service rendu aux usagers, d'une part, et la réduction du coût, avec l'amélioration de la productivité, d'autre part. Dans cette optique, la loi organique prévoit en son article 37 alinéa 5, trois catégories d'objectifs qui doivent être pondérés : l'efficacité socio-économique, qui met en avant les bénéfices attendus pour la collectivité, l'efficience de la gestion qui prend en compte l'optimisation dans l'utilisation des moyens et la qualité du service, qui exprime l'attente pour les bénéficiaires.

Dans la pratique, on observe que de ces trois objectifs, seul le second est pris en compte, réduisant ainsi la réforme à la seule maîtrise des coûts.

De plus, le découpage des programmes, la définition des objectifs et l'élaboration des indicateurs de performance présentent encore plusieurs défauts. En effet, le rapport de la mission du département des finances publiques de 2016 au Gabon soulignait ainsi que les programmes ne mettent pas toujours en œuvre un ensemble cohérent d'actions ; que les objectifs sont souvent irréalistes, incompréhensibles et variables d'une année à l'autre, et que les

[1] M.-C. ESCLASSAN, « Les opérateurs d'Etat : apport et limites d'un concept dans le champ des finances publiques », *in Mélanges en l'honneur de Jean-Pierre LASSALE et Gabriel MONTAGNIER et Luc SAIDJ*, Paris, L'Harmattan, 2012, p. 111 ; voir aussi Revue française de finances publiques, n°105, 2009, « les opérateurs d'Etat ».

[2] On peut regretter qu'une telle démarche de performance ne soit pas étendue aux collectivités locales dont la gestion financière est souvent aux antipodes de cette nouvelle logique.

indicateurs de performance ne couvrent pas toujours correctement le programme[1].

Enfin, la qualité des rapports annuels de performance accompagnant le projet de loi de règlement reste perfectible, en raison notamment de la difficulté de mobiliser les ministères sectoriels dans la collecte et la production desdits rapports. Il arrive d'ailleurs que ni ces rapports annuels ni la loi de règlement ne soient transmis, comme le relève la Cour des comptes dans son rapport sur l'exécution des lois de finances en vue du règlement du budget de l'exercice 2018[2].

Ces difficultés concernent aussi la programmation pluriannuelle des finances publiques qui participe pourtant, avec la budgétisation par objectifs de programme, de cette culture de la performance.

B- LA PROGRAMMATION PLURIANNUELLE DES FINANCES PUBLIQUES

La pluriannualité apparait de plus en plus comme une exigence dans la gouvernance des finances publiques. En effet, si le principe d'annualité se concevait bien dans le cadre d'un Etat gendarme confiné à des tâches régaliennes, il apparait comme inadapté à un Etat « faustien » dont les activités se sont multipliées. Si elle répondait à des préoccupations démocratiques, permettre un contrôle du parlement sur le Gouvernement, l'annualité constitue aujourd'hui une entrave à l'action publique et à l'efficacité de la gestion publique. Réduisant l'horizon des gestionnaires publics à l'année, ce principe est source de myopie budgétaire.

Cette exigence d'un cadre pluriannuel des finances publiques est d'autant plus forte aujourd'hui que l'endettement des Etats apparait abyssal, et que seule une stratégie à moyen et à long termes peut permettre un retour à l'équilibre des finances publiques[3].

Confrontée à la même problématique de maîtrise des déficits publics, la France a avec la révision constitutionnelle du 23 juillet 2008 consacré à l'article 34, les lois de programmation qui définissent « *les orientations pluriannuelles des finances publiques, s'inscrivant dans l'objectif d'équilibre des comptes des administrations publiques* ».

Pendant plusieurs décennies, le Gouvernement gabonais a pratiqué une programmation pluriannuelle des finances publiques traditionnelle, avec l'existence d'un plan quinquennal définissant les orientations en matière de

---

[1] Fonds monétaire international, *Au terme d'une première année de gestion en budget par objectif de programme*, Rapport d'assistance technique, avril 2016, p. 16 et s.

[2] Cour des comptes, *Rapport sur l'exécution des lois de finances en vue du règlement du budget de l'exercice 2018*, p. 9

[3] R. HERTZOG, « La programmation pluriannuelle des finances publiques : un exercice nécessaire, une loi de trop ? », Mélanges en l'honneur de Pierre BELTRAME, Aix-en-Provence, PUAM, 2010, p. 223.

développement. Un commissariat général au plan était chargé de le concevoir et de le mettre en œuvre.

Ainsi pendant près de vingt-cinq ans, de 1964 à 1988, des plans quinquennaux ont été adoptés par le parlement. Le cinquième et dernier plan quinquennal adopté par le parlement le 29 décembre 1984, à la suite des livres blancs élaborés dans chaque région, couvre la période de 1984 à 1988. Il prévoyait, à titre illustratif, pour cette période un volume d'investissements de 1 256 milliards de francs, pour un montant total de recettes de 2 427 milliards de francs. Cette planification ayant montré ses limites, notamment en raison des fluctuations erratiques des cours du prix du baril de pétrole, le Commissariat au plan ainsi que le ministère de la planification ont été supprimés dans les années 2000.

Cette démarche pluriannuelle, bien que présente avec la loi du 27 juin 1985 relative aux lois de finances, restait insuffisante. En effet, si cette loi consacrait les autorisations de programmes qui constituaient la limite supérieure de crédits pouvant être engagés pour la réalisation des opérations d'investissement dans un cadre pluriannuel, la pratique en a limité fortement la portée. Les crédits de paiement nécessaires pour l'exécution des autorisations de programme n'étaient pas inscrits dans la loi de finances. Ainsi, se sont développées les autorisations de programmes « dormantes » et « glissantes ».

La loi organique relative aux lois de finances amplifie ce mouvement vers une gouvernance par la pluriannualité budgétaire.

D'abord, dans le cadre de la discipline budgétaire qu'implique la monnaie commune, l'article 4 de la loi organique oblige les Etats à définir une politique budgétaire à moyen terme, conforme aux critères fixés par la convention régissant la Communauté Economique et Monétaire de l'Afrique Centrale.

Ensuite, l'article 5 de cette loi organique impose au gouvernement l'établissement d'un cadre budgétaire à moyen terme définissant, en fonction d'hypothèses économiques réalistes, l'évolution sur une période minimum de trois ans de l'ensemble des dépenses et des recettes des administrations publiques, de leur besoin ou de leur capacité de financement ainsi que des éléments de financement et le niveau global de leur endettement financier. Il prévoit aussi l'élaboration de cadres de dépenses à moyen terme décomposant, sur une période minimum de trois ans, les grandes catégories de dépenses publiques.

Comme les précédentes tentatives, cette dernière se heurte à bien des écueils, dont le moindre n'est pas l'incapacité du gouvernement à élaborer, dans les délais, le cadre budgétaire à moyen terme et le cadre de dépenses à moyen terme, ainsi que l'affirme la Cour des comptes dans son rapport sur l'exécution des lois de finances en vue du règlement du budget de l'exercice 2018[1]. A cette incapacité, il faut ajouter sans doute depuis l'élection présidentielle de 2016, l'incertitude du contexte politique et économique, rebelle à toute programmation et prévision pluriannuelles.

Si la gouvernance par la performance est mitigée, la gouvernance par la transparence, elle, est fortement limitée.

II- UNE GOUVERNANCE PAR LA TRANSPARENCE LIMITÉE

De manière générale, on peut définir la transparence comme « *un ensemble de techniques juridiques, contenant aussi bien des normes juridiques que de représentations idéales fondées sur une réévaluation du rapport savoir/pouvoir en renvoyant au processus unilatéral de communications d'informations dans un but d'efficacité ou de légitimation* »[2]. La transparence apparait aujourd'hui comme le nouvel horizon des sociétés démocratiques.

En finances publiques, la transparence est « *l'obligation pour le gouvernement d'informer les parlementaires et les citoyens de la manière dont les deniers sont gérés* »[3]. L'exigence de la transparence répond ainsi à un souci démocratique. Cette exigence constitue un des axes de la nouvelle gouvernance financière publique.

Selon le code de bonnes pratiques en matière de transparence des finances publiques du Fonds monétaire international, la transparence implique une définition précise des rôles et des responsabilités, la clarté des processus budgétaires, et l'accès du public à l'information et la garantie d'intégrité.

Cette exigence de transparence apparait aussi dans les motifs des directives du cadre harmonisé des finances publiques de la CEMAC qui affirment « *la nécessité d'améliorer toujours davantage la transparence dans la gestion des finances publiques dans les Etats membres* », ainsi que le désir « *d'adopter les principes fondamentaux de transparence et de bonne gouvernance dans la gestion des finances publiques conformes aux standards internationaux* ».

C'est sur ce fondement que le gouvernement a adopté la loi du 30 janvier 2015 relative à la transparence et à la bonne gouvernance dans la gestion des finances[4].

---

[1] Cour des comptes, *Rapport sur l'exécution des lois de finances en vue du règlement du budget de l'exercice 2018*, *op. cit*, p. 9.

[2] J-F KERLEO, *Comprendre l'Etat sous le regard de la transparence*, Droit et société, 2019/2 n° 102, p. 380.

[3] F. MENGUE ME ENGOUANG, *Les finances publiques du Gabon*, Paris, L'Harmattan, 2018, p. 113.

[4] Selon l'article 2 de cette loi, la transparence dans la gestion des finances publiques signifie que « la publicité doit entourer les opérations financières de l'Etat, de la préparation à l'exécution jusqu'au contrôle du parlement. Elle englobe également la production de rapports et de points de presse ».

Ainsi définie, cette exigence de transparence concerne aussi bien le budget général (A) que les comptes publics (B).

A- La transparence du budget général

Si la construction du budget général selon une nouvelle architecture reposant sur les finalités de l'action publique répond à une exigence de performance, elle participe évidemment aussi de la transparence, le Parlement étant en mesure de mieux saisir les enjeux de la loi de finances. Mais cette transparence résulte surtout d'autres dispositions de la nouvelle loi organique.

D'abord, dans la perspective de l'examen du projet de loi de finances de l'année, la loi organique impose désormais au gouvernement d'organiser un débat d'orientation budgétaire. En effet, l'article 6 de cette loi organique dispose que « *chaque année, avant le 15 juin, le gouvernement transmet au parlement les documents de cadrage à moyen terme visés à l'article 5 ci-dessus, accompagnés d'un rapport sur la situation macroéconomique et d'un rapport sur l'exécution du budget de l'exercice en cours. Sur la base de ces documents et rapports, le Parlement organise, avant le 30 juin, un débat d'orientation budgétaire, en séance publique, mais sans vote* ».

Comme l'écrit Nic aise MEDE, « *le débat d'orientation budgétaire a deux ressorts : une exigence de transparence et une exigence de participation. Le principe de transparence veut que les élus de la nation soient informés des choix de politique financière du gouvernement. L'exigence de participation implique que les élus de la nation discutent des choix du gouvernement et formulent des avis, recommandations et observations* »[1].

Toutefois, cet exercice qui est réalisé chaque année depuis l'adoption de la loi organique du 21 mai 2015 et auquel se soumet le Gouvernement, n'a pas encore produit les effets escomptés, notamment en raison de l'indisponibilité des documents de cadrage à moyen terme visés par l'article 5 comme nécessaires au débat. Sur le plan politique, il faut souligner aussi l'incapacité du Parlement dominé par le parti au pouvoir à peser sur le choix du gouvernement en matière budgétaire. Si le parlement est ainsi informé des choix budgétaires du gouvernement, il n'est pas encore en mesure d'exprimer ses préférences et ses réticences. D'ailleurs, comme en France, ce débat d'orientation budgétaire ne donne pas lieu à un vote ; ce qui conduit à en relativiser la portée.

Ensuite, la nouvelle loi organique enrichit l'information financière destinée aux parlementaires afin de leur permettre d'exercer un vote éclairé sur le projet de loi de finances présenté par le gouvernement. En effet, l'information fournie jusque-là aux parlementaires était de médiocre qualité, celle-ci se résumant en un rapport sur la situation économique et d'annexes explicatives accompagnant le projet de loi de finances. Désormais, les parlementaires bénéficient d'une

[1] N. MÉDÉ, *Finances publiques*. Espace UEMOA/UMOA, Dakar, L'Harmattan, 2016, p. 224.

meilleure information. Les articles 12 et 13 donnent une énumération des rapports et annexes joints au projet de loi de finances.

Mais, dans la pratique, tous ces documents ne sont pas toujours mis à la disposition des parlementaires par le gouvernement dans le cadre du débat budgétaire. Le Gouvernement manifeste même à cet égard une certaine désinvolture que dénonce la Cour des comptes, dans son rapport sur l'exécution des lois de finances en vue du règlement du budget de l'exercice 2018.

En outre, F. MENGUE ME ENGOUANG[1] souligne que « *les relations entre le budget général et les satellites de l'Etat n'apparaissent pas clairement. La Cour des comptes dans son rapport relève dans ce sens, des dysfonctionnements entre le budget général et les comptes d'affectation dans la loi de finances pour 2018* »[2].

Enfin, l'intégrité des acteurs de la gestion budgétaire qui suppose, entre autres, leurs compétences techniques ainsi que leur probité morale, fait défaut. Les dispositions de la loi du 30 janvier 2015 relative à la transparence et à la bonne gouvernance des finances publiques, qui prescrivent que nul ne peut être nommé à des responsabilités financières sans vérification de ses compétences techniques, de ses aptitudes professionnelles et de ses qualités morales, sont régulièrement méconnues[3]. De même, malgré un système de responsabilité étendu à tous les acteurs, avec le décret du 13 mai 2011 relatif au régime de responsabilité des ordonnateurs et des comptables publics, on observe une persistance des pratiques de malversations financières qui tendent d'ailleurs à se développer ces dernières années.

Si la transparence du budget général apparait encore insuffisante, celle des comptes publics est quasiment inexistante.

B- La transparence des comptes publics

La comptabilité se définit comme « *un système d'organisation de l'information financière permettant de saisir, de classer, d'enregistrer et de contrôler les données des opérations budgétaires, comptables et de trésorerie afin d'établir des comptes réguliers et sincères* »[4]. La comptabilité est donc un

---

[1] F. MENGUE ME ENGOUANG, *Les finances publiques du Gabon*, *op. cit.*, p. 119.

[2] Cour des comptes, *Rapport*, *op. cit.*, p. 9.

[3] Ainsi la nomination en conseil des ministres le 13 juin 2019 d'un salarié d'une banque commerciale, BGFI BANK, comme directeur général de la comptabilité publique et du trésor a, semble-t-il, méconnu les dispositions de l'article 8 du décret du 30 octobre 2017 portant création et organisation de la direction générale de la comptabilité publique et du trésor, qui précisent que « la direction générale est placée sous l'autorité d'un directeur général nommé par décret en conseil des ministres sur proposition du ministre responsable, parmi les agents publics permanents des corps des inspecteurs du Trésor, des inspecteurs des finances, des administrateurs des services économiques et financiers, des administrateurs civils, ou les agents contractuels de l'Etat, tous justifiant d'une expérience professionnelle d'au moins dix ans en matière de gestion comptable, financière et économique ».

[4] F. MORDACQ, *Les finances publiques*, Paris, PUF, 2011, p. 82.

instrument de contrôle pour les citoyens, le parlement et pour le certificateur, c'est-à-dire la Cour des comptes[1].

La loi organique relative aux lois de finances et à l'exécution du budget a procédé à une modernisation de la comptabilité de l'Etat. L'objectif est d'introduire plus d'efficacité dans la gestion publique et de transparence dans les comptes de l'Etat qui doivent désormais être « *réguliers, sincères et donner une image fidèle de l'exécution du budget et de l'évolution du patrimoine de l'Etat* », selon les dispositions de l'article 70 alinéa 2.

Cette réforme de la comptabilité publique s'inscrit dans un mouvement quasi-universel, impulsé au niveau international, notamment par le Conseil des normes comptables internationales du secteur public de la Fédération internationale des comptables[2]. Il s'agit pour l'essentiel de rapprocher la comptabilité de l'Etat de celle du secteur privé, sauf lorsque les spécificités de son action s'y opposent[3].

Dans cette optique, l'article 71 de la loi organique relative aux lois de finances et à l'exécution du budget précise que « *les règles applicables à l'Etat s'inspirent des normes comptables internationalement reconnues* ». Un Conseil national de la comptabilité a été mis en place pour arrêter les règles applicables à la comptabilité générale de l'Etat.

Ainsi, avec cette réforme, le Gabon devrait sortir de la situation actuelle caractérisée par un chaos comptable et le sentiment généralisé d'une absence de fiabilité de l'information financière donnée par les pouvoirs publics. En effet, le parlement ne peut connaitre avec exactitude la situation financière de l'Etat, avec une comptabilité strictement budgétaire qui ne donne pas une image fidèle du patrimoine.

L'Etat se dote ainsi d'une comptabilité décisionnelle, susceptible de servir d'aide à la décision aux autorités, à côté de la comptabilité redditionnelle. En effet, la tenue d'une comptabilité générale en droits constatés est un vecteur de la transparence dans la gestion des finances publiques. Elle doit permettre de mieux connaitre et valoriser les actifs de l'Etat.

Malgré l'existence de ces références comptables, on observe de la part du gouvernement une tendance à la production de documents non exhaustifs et insincères, ainsi que la non tenue de toutes les comptabilités prévues par la loi organique relative aux lois de finances et à l'exécution du budget.

Cette attitude, outre qu'elle ne permet pas de connaitre la situation financière de l'Etat, constitue un obstacle au contrôle que doivent exercer la Cour des comptes et le Parlement. Dans son rapport précité, la Cour reconnait que « *la*

---

[1] J-B MATTRET, *La nouvelle comptabilité publique*, Paris, LGDJ, 2010.

[2] P. ADHEMAR, *Les normes comptables internationales*, in La bonne gouvernance des finances publiques dans le monde, Paris, LGDJ, 2009, p. 249.

[3] N. MORIN, *La réforme de la comptabilité publique en France*, in La bonne gouvernance des finances publiques dans le monde, Ibid, p. 254.

non-production de ces documents par la Direction générale du budget et des finances publiques biaise l'information disponible et partant la pertinence de certaines analyses »[1].

Il convient de préciser que la Cour des comptes devra certifier les comptes de l'Etat, comme le prévoit l'article 18, point 10 de la loi organique, au plus tard le 1er janvier 2025. La Haute juridiction laisse entendre, dans son rapport, qu'elle pourrait refuser à l'avenir de certifier ces comptes dans ces conditions. Elle affirme que « *dans le cadre de la mission de certification des comptes de l'Etat, la Juridiction financière recommande de nouveau au Gouvernement de poursuivre les efforts nécessaires à la tenue de toutes les comptabilités prévues par la loi suscitée, notamment la comptabilité d'analyse du coût des actions et la comptabilité spéciale des matières, valeurs et titres. Ces efforts doivent également se poursuivre dans la présentation des informations exhaustives et sincères reflétant la situation financière de l'Etat* »[2].

Il convient cependant de relativiser la portée de tels propos car dans des rapports antérieurs, la Cour des comptes n'a cessé de manière récurrente de relever de graves irrégularités dans l'exécution du budget, sans que le gouvernement en tienne compte. Elle a été amenée à ne plus déclarer la conformité des comptes à partir de 2009. Malgré ce défaut de déclaration générale de conformité, le parlement a adopté à chaque fois le projet de loi de règlement présenté par le gouvernement. Or, les dispositions de l'article 48 alinéa 9 de la constitution gabonaise du 26 septembre 1991 précisent que *« le projet de loi de règlement établi par le gouvernement accompagné de la déclaration générale de conformité et du rapport général de la Cour des comptes, doit être déposé au parlement, au plus tard, au début de la première session ordinaire de la deuxième année qui suit l'exercice d'exécution du budget concerné* ».

Conclusion

Malgré son adoption et l'engouement qu'elle a pu susciter notamment dans l'administration, la nouvelle loi organique n'a pas encore atteint les résultats escomptés. En effet, elle n'a pas permis l'ancrage de la nouvelle gouvernance financière publique, en introduisant dans la sphère publique la performance de la dépense publique et la transparence des finances publiques.

Mais cette situation de relatif échec ne saurait être imputée à la loi organique elle-même, comme tendent à l'affirmer les responsables politiques qui proposent d'ailleurs « une remise à plat de la réforme ». Elle procède plutôt du phénomène de résistance au changement inhérent à toute réforme de cette ampleur et de la persistance des comportements blâmables de la part des gestionnaires publics.

---

[1] Cour des comptes, *Rapport*, *op. cit.*, p. 9.

[2] Ibid, p. 195.

Bien sûr, il ne s'agit pas d'adhérer entièrement à l'idéologie néo-libérale que porte cette réforme ou encore aux postulats[1] qui la sous-tendent.

Face à la crise des finances publiques que connait ce pays depuis le début des années 2010, cette réforme est la seule voie possible d'une rationalisation de la gestion publique et partant, d'une amélioration des conditions de vie des populations.

[1] Un des postulats est la supériorité principielle de la gestion privée sur la gestion publique.

CONSTITUTION ET LOIS DE FINANCES : QUELQUES VARIATIONS DANS LA RÉGULATION D'UN DOMAINE SPÉCIFIQUE

Moussa ZAKI

Agrégé de droit public

Université Gaston Berger Saint-Louis, Sénégal

Introduction

Proposer une réflexion sur *« Constitution et lois de finances »* ne brille guère par son originalité, tant il est vrai que les rapports de la Constitution aux normes juridiques infra constitutionnelles ne peuvent être que des rapports de sujétion, conformément à la théorie kelsénienne de la hiérarchie des normes. Notre souci est, néanmoins ici, de faire apparaître quelques spécificités saisissantes qui constituent la caractéristique essentielle de ces rapports. Il ne s'agit donc nullement d'une approche comparative, mais d'une démarche mettant plutôt l'accent sur le statut particulier de la loi de finances dans l'ordonnancement constitutionnel, et de ses conséquences sur la pyramide du maître de Vienne. C'est le cas notamment de la nature et du régime contentieux des lois de finances. C'est également le cas de l'absence de normativité directe de la Constitution en matière de contrôle de constitutionnalité des lois de finances[1], tant il est vrai que *« les normes sur lesquelles s'appuie le Conseil constitutionnel afin d'effectuer le contrôle de constitutionnalité des lois financières et fiscales (...) dépassent le simple cadre de la Constitution écrite mais comprennent également des lois organiques et des principes, exigences ou objectifs à valeur constitutionnelle »*[2]. Il s'agit également de mettre en évidence à la fois les liaisons intégrées et les distorsions évidentes entre la Constitution, la loi organique relative aux lois de finances, les lois de finances elles-mêmes et les autres catégories législatives.

La Constitution se définit d'abord par sa nature, qui fait que cette notion *« s'emploie surtout en référence au document normatif, situé au sommet du système juridique et doté d'un régime juridique spécial qui, d'une part, établit les compétences des principaux organes de l'Etat et, d'autre part, pose des*

---

[1] Voir sur cette question E. OLIVA, « Norme de constitutionnalité ou norme constitutionnelle : l'ambiguïté des lois organiques financières » *in Renouveau du droit constitutionnel,* Mélanges en l'honneur de L. FAVOREU, Paris, Dalloz, 2007, pp.1349-1372, M. ZAKI, « Le contrôle de constitutionnalité des lois de finances : serpent de mer ou miroir des ombres ? », *in La justice constitutionnelle,* Actes du colloque international de l'Association Nigérienne de Droit Constitutionnel (ANDC), *L'Harmattan*, 2017, pp. 263-290.

[2] E. OLIVA, « Soixante ans de Constitution financière et fiscale : réflexions sur les développements du constitutionnalisme financier en France. 2e partie : La construction d'un Etat de droit financier et fiscal », « Gestion & finances publiques », 2019/1 N°1, p. 112.

limites et apporte des orientations pour l'exercice de ces compétences »[1], même si, pour Michel Troper notamment, constitue un principe essentiel de la théorie du droit *« l'exigence selon laquelle le texte d'une norme constitutionnelle ne saurait jamais se confondre avec la norme constitutionnelle elle-même »*[2].

Mais, la Constitution se définit également par ses fonctions. C'est ce qui ressort de l'article 16 de la Déclaration des droits de l'Homme et du Citoyen, aux termes duquel *« toute société dans laquelle la garantie des droits n'est pas assurée, ni la séparation des pouvoirs déterminée, n'a point de Constitution ».* C'est cette idée de Constitution qui cadre avec l'Etat de droit démocratique, où celle-ci est à la fois un instrument de limitation et d'organisation des pouvoirs et un bouclier protecteur des droits et libertés individuels ou collectifs.

C'est dire que si la Constitution garantit la protection des droits et libertés des citoyens et l'organisation du régime démocratique d'après un principe de séparation des pouvoirs, elle est surtout la norme des normes, celle dont découlent toutes les autres normes de l'ordre juridique interne. Elle a ainsi pour objectif d'assurer la viabilité des institutions et la régulation de l'ordre juridique en édictant l'ensemble des règles relatives à l'organisation et au fonctionnement régulier des pouvoirs, ainsi que les voies et moyens de garantie et de protection des libertés. En cela, il n'est guère contesté que la Constitution est un pilier essentiel de l'Etat. Dans l'acception moderne, elle constitue, de surcroît, l'acte indispensable à sa naissance.

Nous enseignons en effet à nos étudiants que l'Etat c'est un territoire, une population et un pouvoir organisé ou mieux, qu'il est l'aboutissement du processus d'institutionnalisation du pouvoir et sa soumission à des règles de droit, c'est-à-dire qu'il est encadré par le droit constitutionnel et les règles internationales relatives à la reconnaissance d'Etats. Cela est sans doute vrai. Les approches sociologique et juridique rendent bien compte du processus de formation et de consolidation de l'Etat comme phénomène transcendant la société des individus et le jeu charismatique des pouvoirs.

Cependant, à elles seules, les règles juridiques, fussent-elles constitutionnelles, ne sauraient garantir, au-delà de la stabilisation et de la consolidation du dispositif institutionnel, la viabilité et la pérennité d'un Etat. L'Etat réel, l'Etat concret, se situe au-delà des considérations sociologiques et des fictions juridiques : aussi vaste que soit le territoire, nombreuse la population et aussi parfaitement institutionnalisé soit-il, le pouvoir ne pourrait

---

[1] J. RUIZ MANERO, « Une typologie des normes constitutionnelles », *in* M. TROPER, D. CHAGNOLLAUD (Sous la direction de), *Traité international de droit constitutionnel*, Tome 1, Théorie de la Constitution, Paris, Dalloz, 2012, p. 298

[2] O. CAYLA, « L'obscure théorie du pouvoir constituant originaire ou illusion d'une illusion souveraine inaltérable », *in* Mélanges Didier Truchet, Dalloz 2015, p. 259. L'auteur précise, dans la droite ligne de l'idée de Troper, que « la question de la fabrication de la Constitution cesse de s'identifier à la seule question de l'écriture de son texte, qui est l'angle exclusif et réducteur sous lequel la doctrine traditionnelle envisage la théorie de l'acte constituant ».

s'exercer sans un minimum de moyens financiers, comme le rappelle cette interrogation de Paul Amselek il y a déjà plus de trois décennies : *« Peut-il y avoir un Etat sans finances ? »*[1]. En effet, la prise en charge des missions de service public et d'intérêt général qui, dans l'ordre collectif, incombent à l'Etat, nécessite la mise en œuvre de moyens financiers. De cette nécessité naquirent historiquement le droit budgétaire, le droit fiscal et le droit de la comptabilité publique, qui constituent un ensemble normatif complémentaire, dense et complexe, régissant les relations non seulement entre les citoyens et l'Etat [2] mais également entre institutions politiques[3].

La fonction première du droit fiscal est de procurer à l'Etat les ressources nécessaires à l'accomplissement des missions d'intérêt collectif, comme l'atteste la Déclaration des droits de l'Homme et du citoyen de 1789 qui, avant de consacrer en son article 14 le principe du consentement à l'impôt aux termes duquel *« tous les citoyens ont le droit de constater par eux-mêmes ou par leurs représentants la nécessité de la contribution publique, de la consentir librement, d'en suivre l'emploi et d'en déterminer la quotité, l'assiette, le recouvrement et la durée »*, prévient déjà à l'article 13 que *« pour l'entretien de la force publique et pour les dépenses d'administration, une contribution commune est indispensable. Elle doit être également répartie entre tous les citoyens en raison de leur faculté »*.

Le droit budgétaire, *« héritage du principe du consentement à l'impôt et de la patiente conquête des Parlements modernes de leur pouvoir législatif »*[4], dont l'objet est *« de permettre aux collectivités publiques de remplir toutes leurs attributions par des moyens financiers (..), pose les règles particulières qui assurent la gestion financière de ces collectivités, en déterminant les organes chargés de cette gestion et ses procédures d'élaboration et d'exécution »*[5].

---

[1] *RDP*, mars-avril 1983, pp. 267-283.

[2] Pour TROTABAS et COTTERET, les finances publiques dépassent le simple cadre des relations de droit public pour se projeter sur des situations de droit privé, c'est-à-dire les individus, leurs activités et leurs biens : qu'elles atteignent ces situations par la voie des dépenses, notamment lorsque l'action des collectivités publiques vient se mettre au service de la vie privée (protection des personnes et des biens, prestations sociales...) ou qu'elles les atteignent par la voie des recettes, notamment dans la mesure où l'Etat tire sa substance des patrimoines privés par l'impôt, montre que les finances publiques ne se développent pas dans le vase clos des relations de droit public. *« Les biens frappés par l'impôt et les richesses qu'il redistribue, sont régis par le droit privé auquel le droit des finances publiques doit s'accorder », Droit budgétaire et comptabilité publique*, 5e Ed.,Paris, Dalloz 1995, p.6

[3] Suivant une jurisprudence constante du Conseil constitutionnel français, le vote des lois de finances ne concerne que les rapports entre Exécutif et Parlement. Ainsi peut-on justifier le principe de sincérité budgétaire et les principes de transparence et de loyauté.

[4] X. VANDENDRIESSCHE, *in* S. DAMAREY, *Finances publiques*, préface à la première édition, Paris, Gualino, 2008, p.16

[5] L. TROTABAS, J-M. COTTERET, *op. cit.* p. 5.

Le droit de la comptabilité publique encadre notamment les opérations sur deniers publics et organise les régimes de responsabilité des agents qui en ont la charge.

Néanmoins, l'apparition des dispositions financières dans les constitutions est le fruit d'une lente évolution qui s'inscrit dans le processus de capacitation des Etats. Ainsi, pourrait-on, paraphrasant le Baron Louis, relever que la problématique contemporaine de l'Etat capable se résume en des termes simples : *« faites-moi de bonnes finances, je vous ferai un bon Etat »*.

Héritiers de la tradition constitutionnelle française, les Etats membres de l'UEMOA ont, dès leur accession à la souveraineté internationale, capitalisé les bénéfices d'une telle évolution.

Il est par ailleurs paradoxal de constater que même lorsqu'elles intègrent les questions financières, les constitutions leur consacrent un nombre relativement limité de dispositions[1]. Cependant, cette carence ne signifie pas que le constituant est insensible aux préoccupations financières dans la mesure où l'insuffisance des dispositions constitutionnelles est compensée par un renvoi de la Constitution à un texte de nature organique pour en réguler les divers aspects. En effet, *« les constitutions formelles ne comportent souvent qu'un nombre restreint de normes en matière financière renvoyant vers les lois d'application le soin d'en définir le cadre juridique »*[2].

L'importance des finances publiques explique, en effet, que le constituant leur réserve une catégorie législative particulière dont il protège le domaine contre l'incursion des autres normes législatives et qui semblent prééminentes sur elles, notamment au regard de leur champ d'évolution et de la spécificité de leur régime juridique. La constitution élève de ce fait les lois de finances à un statut juridique particulier qui contraste fort avec le régime commun de la loi.

Les lois de finances peuvent se définir par leur nature et par leur objet. Eu égard à leur nature, deux critères permettent de les distinguer des lois ordinaires : un critère formel qui fait d'elles des textes votés par le Parlement suivant une procédure particulière et un critère matériel, se rapportant à leur contenu. Par leur objet, elles déterminent, prévoient et autorisent les ressources et les charges de l'Etat. Cependant, une distinction s'impose ici entre la loi de finances de l'année et les lois de finances rectificatives d'une part, qui sont des actes de prévision et d'autorisation et la loi de règlement qui est, quant à elle, un acte de validation[3].

---

[1] Pour la Constitution nigérienne du 25 novembre 2010 on dénombre tout de même sept articles (90, 91, 99, 100 à 103, et 111), d'ordre procédural pour la plupart, contre cinq articles pour la constitution sénégalaise du 22 janvier 2001.

[2] J-P. DUPRAT, « Finances publiques », *in* M. TROPER, D. CHALLOGNAUD (Sous la direction de), *Traité international de droit constitutionnel*, Paris, Dalloz, 2012, p. 390.

[3] Afin de simplifier la démarche, nous traiterons, dans la présente réflexion, principalement du cas de la loi de finances de l'année et des lois de finances rectificatives.

Par ailleurs, le statut contentieux des lois de finances révèle que ces dernières relèvent d'une légalité particulière et d'un régime constitutionnel caractérisé à maints égards par une inapplicabilité directe de la Constitution. Par ricochet, il traduit que la loi organique relative aux lois de finances sert également de référence et de norme de constitutionnalité non seulement aux lois de finances et aux lois ordinaires, mais également à d'autres lois organiques.

Ces différents aspects donnent, en dépit de la banalité du thème, quelque relief à la présente réflexion qui interroge également sur les fonctions financière et économique des constitutions. Parce qu'elles sont indispensables pour la détermination des ressources et des charges, et donc à la vie financière et à la viabilité économique et sociale de l'Etat, les lois de finances en constituent un pilier fondamental.

Réfléchir sur *« Constitution et lois de finances »*, c'est donc aborder non seulement les relations asymétriques mais dynamiques entre deux piliers essentiels de l'Etat, mais aussi établir, au regard de la hiérarchie des normes chère au maître de Vienne, le constat d'une représentation arborescente plus sophistiquée des rapports entre la Constitution et les normes juridiques infra constitutionnelles[1].

En effet, même si la Constitution pose que les matières budgétaires sont du domaine de la loi et énumère les catégories de lois de finances, l'épreuve de constitutionnalité laisse apparaître un référentiel complémentaire non moins important qui, en-deçà de la Constitution et au-delà des lois, détermine non seulement les domaines de la loi et du règlement en matière financière, mais s'interpose également comme norme de constitutionnalité[2]. La loi organique relative aux lois de finances constitue de ce fait un vecteur législatif essentiel par lequel la Constitution souffle et respire.

Ainsi, de l'examen combiné des dispositions constitutionnelles et organiques il ressort, d'une part, que les lois de finances sont une catégorie législative particulière (I), d'autre part, qu'elles relèvent d'un statut juridique et contentieux spécifique (II).

I- UNE CATÉGORIE LÉGISLATIVE PARTICULIÈRE

La particularité des lois de finances se manifeste essentiellement sur deux aspects : sur le plan formel et procédural d'une part (A), sur le plan matériel et substantiel d'autre part (B).

---

[1] Cf V. CHAMPEIL-DESPLATS, « Hiérarchie des normes, principe justificatif de la suprématie de la Constitution », *in* M. TROPER, D. CHALLOGNAUD, *op. cit.*, Tome 1, pp. 733-764

[2] Voir sur cette question E. OLIVA, *op. cit.* ; P. AMSELEK, « Une fausse idée claire : la hiérarchie des normes juridiques » *in Renouveau du droit constitutionnel,* Mélanges en l'honneur de L. FAVOREU, Paris, Dalloz, 2007, pp. 983-1014.

A. LA SPÉCIFICITÉ FORMELLE ET PROCÉDURALE DES LOIS DE FINANCES

Pour certains auteurs, *« les lois de finances sont des lois ordinaires »*, du fait qu'elles *« relèvent, en matière de contrôle de constitutionnalité, de l'alinéa 2 de l'article 61, c'est-à-dire de ce qu'il est convenu d'appeler le contrôle facultatif, soumis à la saisine des autorités politiques »*[1]. De surcroît, s'agissant de la *« supériorité de la loi organique, spécifiquement celle relative aux lois de finances, (...) souvent analysée comme intégrant celle-ci dans les normes servant au contrôle des lois »*, ils affirment qu' *« il n'en est rien, et les lois de finances ne sont soumises, comme les autres lois, qu'à un contrôle de constitutionnalité même si celui-ci peut être indirect »*[2]. En d'autres termes, même si elle fait l'objet d'un contrôle obligatoire de constitutionnalité, la loi organique relative aux lois de finances n'a aucun brevet de constitutionnalité permettant de la hisser à hauteur de norme constitutionnelle[3].

Cependant, comme le relèvent d'autres, toute la Constitution n'est pas dans la Constitution. Et si la loi n'est l'expression de la volonté générale que dans le respect de la Constitution, en matière de lois de finances, la constitutionnalité se mesure par référence à une norme infra constitutionnelle mais supra législative, matériellement constitutionnelle qui, pour une large partie de la doctrine, appartient au *« bloc de constitutionnalité »*.

Ainsi, les constitutions du Sénégal[4], du Togo[5], de la Côte d'Ivoire[6] ou du Bénin[7] ou du Burkina Faso[8] opèrent-elles un renvoi à une autre norme que la Constitution pour la détermination des ressources et des charges de l'Etat. Autrement dit, la Constitution ne règle pas toute la question et préfère renvoyer à la loi organique le soin de fixer le détail des conditions de préparation, d'examen et de vote des lois de finances ainsi que les principes auxquels elles doivent souscrire. Comme le précise l'article premier de la loi 2014-336 du 05 juin 2014 portant loi organique relative aux lois de finances en Côte d'Ivoire, cette dernière *« fixe les règles relatives à la présentation, à l'élaboration, à l'adoption, à l'exécution et au contrôle des lois de finances, (...) détermine les conditions dans lesquelles est arrêtée la politique budgétaire à moyen terme pour l'ensemble des finances publiques, (et) énonce les principes fondamentaux relatifs à l'exécution des budgets publics, à la comptabilité publique et aux*

---

[1] M. VERPEAUX, « Brèves réflexions sur les rapports entre les lois de finances et la loi organique relative aux lois de finances », *RFFP, n° 97*, Mars 2007, p.65

[2] Idem, p. 66

[3] Ibidem. L'auteur prend à témoin les règlements des assemblées qui, *« malgré le contrôle obligatoire qui est opéré sur eux (...) n'ont pas, de manière certaine, « valeur constitutionnelle »*. Voir l'argumentation de l'auteur, pp. 67 et s.

[4] Art. 68 de la Constitution du 22 janvier 2001.

[5] Art. 91 de la Constitution du 14 octobre 1992

[6] Art. 111 de la Constitution du 08 novembre 2016.

[7] Art. 109 de la Constitution du 11 décembre 1990.

[8] Art. 103 de la Constitution du 11 juin 1991.

responsabilités des agents publics intervenant dans la gestion des finances publiques »

L'une des particularités de la relation entre Constitution et lois de finances réside dans ce renvoi à une autre catégorie législative quant à la précision des règles concernant la présentation, l'élaboration, l'examen et le vote des lois de finances.

La déclinaison Constitution/loi de finances fait ainsi appel à des zones variables d'intermédiation. Cela conduit en règle générale à un édifice à quatre étages, si nous considérons la place réservée au pouvoir réglementaire. En effet, alors que pour la loi ordinaire il y a juste un édifice à trois étages, les lois de finances supposent au moins une pyramide à quatre étages[1].

Dans les Etats membres de l'UEMOA, trois situations se présentent à cet égard.

D'une part, alors que dans la majorité des Etats la Constitution renvoie formellement à une norme infra constitutionnelle, l'ordre juridique consacré par les constitutions du Mali et de la Guinée Bissau se singularise par une curiosité : celles-ci ne renvoient ni à une loi ordinaire, encore moins à une loi organique, pour la détermination des conditions et des réserves qui s'imposent au législateur financier. La première prévoit simplement en son article 70 al.3 que *« la loi de finances détermine les ressources et des charges de l'Etat »*. La deuxième indique tout juste en son article 85 que *« L'Assemblée Nationale Populaire est compétente pour approuver le budget général de l'Etat et le plan national de développement, ainsi que les lois respectives »*.

D'autre part, certaines constitutions renvoient à *« la loi »*. Tel est le cas de la Constitution du Burkina Faso qui dispose en son article 103 que *« Le Parlement vote les projets de lois de finances dans les conditions prévues par la loi »*. Ainsi, en est-il des constitutions du Niger[2], et du Bénin[3]. Cette référence à *« la loi »* laisse supposer un renvoi à la loi ordinaire. Telle fut d'ailleurs l'interprétation du Conseil constitutionnel burkinabè qui, considérant que la Constitution ne prévoyait, en aucune de ses dispositions, le vote d'une loi organique pour régir la matière financière, censura le texte présenté par le Gouvernement et adopté par le Parlement comme loi organique[4], mais admit qu'il pouvait être promulgué comme loi ordinaire. Il reste néanmoins évident, comme le souligne Salif Yonaba, que malgré la décision du Conseil constitutionnel et même dans l'imprécision du constituant, le texte de renvoi ne pourrait avoir qu'une nature organique, et ce pour deux raisons : la première tient au fait qu'il abroge et remplace une ordonnance organique, celle du 18 septembre 1969 qui, du fait de son contenu, se situe au-dessus de la loi ordinaire

---

[1] Voir *infra*, « II - Un statut juridique et contentieux spécifique »

[2] Article 113.

[3] Art. 109

[4] Loi n° 006-2003/AN du 24 janvier 2003 portant loi organique relative aux lois de finances.

dans la hiérarchie des normes juridiques. La deuxième a trait à son contenu : une loi ordinaire ne pouvait être envisagée à un tel niveau puisque c'est sur le fondement de ses dispositions que doivent être adoptées les lois de finances[1]. Le droit donna raison à l'auteur, en ce sens que, une dizaine d'années plus tard et alors même que les dispositions de la loi fondamentale sur la question n'ont fait l'objet d'aucune retouche, le même Conseil accepta comme conforme à la Constitution, la loi organique n° 073/2015/CNT du 06 novembre 2015, relative aux lois de finances.

Ce fut d'ailleurs, dès le départ, la compréhension des Cours constitutionnelles du Bénin et du Niger qui, en dépit du renvoi à *« la loi »*, ont jugé conformes à la Constitution respectivement les lois n° 2013-14 du 27 septembre 2013 et n° 2012-09 du 26 mars 2012 portant lois organiques relatives aux lois de finances.

Enfin, la troisième situation est illustrée par les constitutions de la Côte d'Ivoire, du Sénégal et du Togo. Ici, les constituants prévoient expressément, dans une formule quasi invariable, que le Parlement *« vote le projet de loi de finances dans les conditions prévues par une loi organique »*.

La seconde spécificité des lois de finances se situe sur le plan formel et procédural : elles ont une structure immuable bipartite, structure qui emporte des conséquences sur la procédure de vote comme l'a rappelé le Conseil constitutionnel français dans sa décision du 24 décembre 1979[2], c'est-à-dire que dès son élaboration, l'Exécutif doit présenter un texte en deux parties distinctes et, qu'en tout état de cause, lors du vote, le Parlement doit adopter la première avant l'examen de la deuxième. Ce qui constitue une particularité au regard de la procédure législative ordinaire[3] et emporte des conséquences sur le plan procédural et contentieux[4]. C'est ce qu'a jugé le Conseil constitutionnel français lors de l'examen de la conformité à la Constitution du 04 octobre 1958 et à l'ordonnance organique du 02 janvier 1959 du vote de la loi de finances pour 1980, décision qui a eu pour conséquence la modification du règlement intérieur de l'Assemblée nationale afin de tenir compte de la spécificité de la procédure législative financière.

Par ailleurs, la loi de finances de l'année se singularise par les délais de discussion et d'adoption impartis par la Constitution. Le constituant enferme ici les parlementaires dans un délai de 60 jours et, en tout état de cause, la loi de finances de l'année doit être adoptée avant le 1er janvier afin, suivant la jurisprudence du Conseil constitutionnel français, *« qu'interviennent en temps*

---

[1] Cf S. YONABA, « Une nouvelle catégorie juridique en quête d'identité : la loi ordinaire relative aux lois de finances », *Revue burkinabè de droit* n° 43/44, 2003, pp. 123-140.
[2] Décision 79-110 DC.
[3] Au cours de laquelle il est admis qu'en cas de désaccord sur le vote d'un article, la possibilité de passer aux articles suivants et revenir ensuite sur les dispositions qui n'ont pas fait l'objet de consensus.
[4] Voir infra, II, « Un statut juridique et contentieux spécifique ».

utile les mesures d'ordre financier nécessaires à la continuité de la vie nationale »[1]. Si les lois de finances rectificatives ne sont enfermées dans aucun délai de discussion, le vote de la loi de règlement doit, aux termes de la loi organique relative aux lois de finances et de la directive de l'UEMOA, intervenir au plus tard à la fin du premier semestre de l'année qui suit celle de l'exécution du budget auquel elle se rapporte. Symétriquement, les lois de finances ont en principe un effet limité dans le temps, soit douze mois équivalant à l'année civile et au terme desquels devrait intervenir une loi de règlement, exception faite toutefois d'éventuelles dispositions fiscales, des dispositions relatives à la responsabilité des agents de l'administration chargés de son exécution, ou des dispositions se rapportant à l'organisation du contrôle du Parlement sur la gestion des finances publiques.

Enfin, il faut relever que la matière financière échappe au schéma traditionnel de la séparation et de la collaboration des pouvoirs qui caractérise notamment le régime semi présidentiel et attribue concurremment à l'Exécutif et au Parlement l'initiative de lois[2]. Ici, l'incidence des dispositions et principes constitutionnels fait que seuls les projets sont admis, à l'exclusion de toute proposition parlementaire. En effet, la répartition institutionnelle du pouvoir budgétaire réserve au seul Exécutif l'initiative des lois de finances. Ceci pourrait s'expliquer par l'importance des informations et du capital technique nécessaires à son élaboration, le Gouvernement disposant de l'Administration et de sa variété de compétences. Néanmoins, est plus déterminante l'explication par les exigences constitutionnelles : les dispositions constitutionnelles donnent compétence à l'Exécutif pour la détermination de la politique de la Nation[3]. Or, aussi bien sur le plan stratégique que sur le plan opérationnel, la traduction en actes de cette prérogative nécessite la mise en œuvre de moyens financiers. Par conséquent, il revient à l'Exécutif de présenter l'ensemble des moyens financiers qu'il juge indispensables pour conduire au mieux la politique de la Nation.

Cette exigence constitutionnelle comporte d'ailleurs des conséquences sous forme de contraintes pesant sur l'exercice du droit d'amendement des parlementaires. Contrairement au dispositif commun en cette matière, la

---

[1] Décision 79-111 DC du 30 décembre 1979, *in* L. L. FAVOREU PHILIP, *Les grandes décisions du Conseil constitutionnel*, 122ème éd., Paris LGDJ, 2003, p. 387.

[2] L'article 109 de Constitution du Niger du 25 novembre 2010 dispose en effet que « le Gouvernement a l'initiative des lois concurremment avec les membres de l'Assemblée nationale ».

[3] Les articles 42 et 53 de la Constitution sénégalaise du 22 janvier 2001 disposent respectivement : art. 42 « le Président de la République ... détermine la politique de la Nation » ; art. 53 :« le gouvernement conduit et coordonne la politique de la Nation sous la direction du Premier ministre ». Au Niger, l'article 76C dispose : « Le Gouvernement détermine et conduit la politique de la Nation ». Cette différence d'appréhension des constituants nigérien et sénégalais s'explique par la nature des régimes politiques, semi présidentiel au Niger, présidentiel au Sénégal.

Constitution nigérienne du 25 novembre 2010 dispose en son article 111 que *« les propositions et amendements déposés par les députés ne sont pas recevables lorsque leur adoption aurait pour conséquence, soit une diminution des ressources publiques, soit la création ou l'aggravation d'une charge publique, à moins qu'ils ne soient accompagnés d'une proposition d'augmentation des recettes ou d'économies équivalentes »*[1]. Car réduire les moyens d'action du Gouvernement revient sinon à remettre en cause, du moins à faire échec à cette prérogative constitutionnelle. Les parlementaires peuvent octroyer davantage de moyens à l'Exécutif, non les réduire. Symétriquement, ils ne peuvent imposer au Gouvernement des charges qui ne relèvent pas de son programme politique ni amputer celles qu'il juge nécessaires à la conduite de la politique de la Nation.

Les lois de finances ne comportent pas uniquement des particularités formelle et procédurale au regard de la Constitution. Celle-ci leur consacre également une spécificité matérielle.

B. La spécificité matérielle et substantielle des lois de finances

Traditionnellement, la Constitution délimite les domaines de la loi et du règlement. Au Niger, les articles 99, 100 et 103 de la Constitution du 25 novembre 2010 indiquent les matières dans lesquelles la loi fixe les règles[2] et celles à propos desquelles elle détermine les principes fondamentaux[3]. Elle réserve cependant un article spécifique aux lois de finances qui, à titre initial, additionnel ou complémentaire, prévoient et autorisent l'ensemble des ressources et des charges de l'Etat, le cas échéant les modifient, ou constatent les résultats financiers de chaque année civile et approuvent les différences entre ces résultats et les prévisions[4]. Aux termes de l'article 101 en effet, *« la loi de finances de l'année prévoit et autorise, pour une année civile, l'ensemble des ressources et des charges de l'Etat »*. Les lois de finances dites rectificatives *« peuvent, en cours d'année, modifier les dispositions de la loi de finances de l'année (et) la loi de règlement constate les résultats financiers de chaque année civile et approuve les différences entre ces résultats et les prévisions de la loi de finances de l'année »*.

Par ces dispositions, la Constitution pointe le marqueur saillant des lois de finances et les distingue sur le plan matériel des lois ordinaires. Cette singularité se situe du point de vue de leur contenu : leur objet étant principalement de

---

[1] Pour le Sénégal, c'est l'article 82 de la Constitution du 22 janvier 2001, autrement rédigé, qui dispose que « les propositions et amendements formulés par les députés ne sont pas recevables lorsque leur adoption aurait pour conséquence, soit une diminution des ressources publiques, soit la création ou l'aggravation d'une charge publique, à moins que ces propositions ou amendements ne soient assortis de propositions de recettes compensatrices ».

[2] Art. 99.

[3] Art. 100.

[4] Art. 101.

prévoir et d'autoriser des ressources et des charges de l'Etat, elles ne peuvent contenir que des dispositions d'ordre financier. La Constitution et la loi organique relative aux lois de finances ont aménagé un dispositif de double protection des domaines respectifs des deux catégories législatives. Aussi, au-delà de leur domaine partagé, exclusivement fiscal, existe-t-il pour chacune un domaine interdit. Il existe ainsi pour les lois de finances un domaine réservé, avec un contenu obligatoire, un contenu facultatif et un contenu interdit.

Le contenu obligatoire constitue la raison d'être des lois de finances. Doivent y figurer, essentiellement, des dispositions financières. Ainsi, le Conseil constitutionnel français a expressément fait référence au contenu d'une loi spéciale pour lui reconnaître le caractère de loi de finances, consacrant par la même occasion une quatrième catégorie de loi de finances, et ce en marge de l'ordonnance organique de 1959 qui n'en prévoyait que trois[1]. Suivant la jurisprudence du Conseil, la loi querellée contient des dispositions *« qui figurent normalement dans une loi de finances »*[2]. Conformément à cette jurisprudence, le Conseil constitutionnel a développé une activité juridictionnelle tendant à sanctionner les dispositions interdites, principalement sous forme de *« cavaliers budgétaires »*, c'est-à-dire, *« toute disposition étrangère à l'objet des lois de finances »*.

Les cavaliers budgétaires étant parfois difficiles à mettre en évidence, la Haute juridiction a, par une technique de détermination par exclusion, tenu à spécifier le contour de la notion de *« disposition financière »*[3]. Ainsi, une disposition financière a trait soit :

- aux ressources, aux charges ou aux opérations de trésorerie ;
- à l'organisation du contrôle ou de l'information du Parlement sur la gestion des finances publiques ;
- à l'organisation de la responsabilité des agents publics ;
- à la fiscalité ;
- à la création ou à la transformation d'emploi public.

Toute autre disposition constitue de ce fait un cavalier budgétaire et sanctionné comme tel.

Parallèlement, la Constitution protège le domaine réservé des lois de finances contre l'incursion de la loi ordinaire, voire contre le législateur organique[4], le juge n'hésitant pas à censurer des dispositions qui, par leur nature,

---

[1] Décision 79-111 DC du 30 décembre 1979, Loi de finances pour 1980, *in* L. L. FAVOREU PHILIP, *Les grandes décisions du Conseil constitutionnel*, 12 ème éd., Paris, LGDJ, 2003, p. 383.

[2] Décision 79-111 DC, *op. cit.*

[3] Décision 2004-511-DC du 24 décembre 2004.

[4] Voir pour ce cas de figure, Cons. Const. (Français), 10 janvier 1995, n° 94-355DC, Loi organique modifiant l'ordonnance n° 58-1270 du 22 décembre 1958 relative au statut de la magistrature.

ne peuvent figurer que dans une loi de finances. C'est ainsi que, appelé à se prononcer sur une disposition d'une loi ordinaire prévoyant une information du Parlement sur les opérations et sur la gestion des fonds créés en vue de la lutte contre l'alcoolisme et le tabagisme, le Conseil constitutionnel français a précisé que l'ordonnance n°59-02 du 2 janvier 1959 relative aux lois de finances *« réserve dans son article 1er, al. 2, à un texte de loi de finances l'édiction des dispositions législatives destinées à organiser l'information et le contrôle du Parlement sur la gestion des finances publiques »*, censurant ainsi la disposition en cause qui relève selon la Haute juridiction du domaine exclusif des lois de finances[1].

La spécificité matérielle des lois de finances a une incidence sur leur objet : celles-ci ne se bornent pas à prévoir et à autoriser des ressources et des charges, mais elles en déterminent en outre la nature, le montant et l'affectation, c'est-à-dire que les catégories et les plafonds des ressources[2] comme des charges[3] de l'Etat sont prévues et autorisées par les lois de finances, ainsi que les affectations dont elles peuvent faire l'objet.

Conformément à la Constitution et à la loi organique, les lois de finances déterminent également « *un équilibre budgétaire et financier, compte tenu de la situation et des objectifs macro-économiques de l'Etat et des obligations du Pacte de convergence, de stabilité, de croissance et de solidarité des Etats membres de l'UEMOA* »[4]. Cette précision fait de la loi de finances un instrument d'orientation de la politique économique. Il faut également observer ici que les lois de finances projettent les finances publiques nationales sur un plan plus large, en ce sens qu'elles doivent tenir compte des engagements communautaires des Etats, notamment ceux souscrits au titre du Pacte de convergence, de stabilité, de croissance et de solidarité de l'UEMOA[5], portant notamment sur le respect des critères de convergence macroéconomique et budgétaire. Ici plus qu'ailleurs, la loi établit une jonction entre règles constitutionnelles et exigences économiques. La référence au Pacte de convergence, de stabilité, de croissance et de solidarité est l'aspect primaire d'exigences plus largement impératives de prise en compte juridique de la notion d'intérêt général économique.

Par ailleurs, la loi de finances détermine l'ensemble des ressources et des charges de l'Etat ; ainsi, elle ne se limite pas aux seules opérations de recettes et de dépenses, c'est-à-dire les opérations à caractère définitif décrites dans le

[1] Décision 90-283 DC du 08 janvier 1991.
[2] Fiscales et non fiscales, ressources de trésorerie.
[3] Charges définitives, charges temporaires, charges virtuelles, recoupant la classification des dépenses en dépenses de fonctionnement, de biens et services, de transfert et d'investissement.
[4] Art. 3 de la loi n° 2011-15 du 08 juin 2011 portant loi organique relative aux lois de finances du Sénégal.
[5] Il faut toutefois noter que contrairement à la Constitution sénégalaise du 22 janvier 2001, les constitutions du Niger et du Burkina Faso ne mentionnent pas un tel renvoi.

budget général, mais concerne également celles qui présentent un caractère temporaire telles que retracées dans les comptes spéciaux et les opérations spécialisées inscrites dans les budgets annexes.

Franchissant un cap, le cadre législatif des finances publiques né des directives de 2009 a introduit dans le champ financier public des Etats membres de l'UEMOA la notion de performance, qui se traduit par le passage du budget de moyens au budget d'objectifs. En effet, *« avec l'accroissement continu des dépenses publiques et la relative rareté des ressources disponibles, les gouvernements (...) ont dû considérer avec davantage d'insistance le coût des politiques publiques et mettre en place des instruments d'analyse propices à des choix mettant en relief la performance de l'action administrative »*[1]. Cette exigence a également entraîné l'évolution du cadre normatif des finances publiques, du champ juridique vers l'approche gestionnaire. Aujourd'hui, toute l'architecture du droit budgétaire, du droit de la comptabilité publique ainsi que les référentiels de contrôle sont orientés vers la recherche d'outils optimums de pilotage des finances publiques pour en garantir la soutenabilité, en empruntant au besoin à la logique de fonctionnement du secteur privé. Ce qui n'est pas sans conséquence sur le modèle financier public, ainsi que le relève Michel Bouvier lors du débat sur l'introduction de *« la règle d'or »* dans la Constitution française du 04 octobre 1958 : *« la logique économique contemporaine, parce qu'elle se méfie du clientélisme électoral, se montre volontiers favorable à une sorte de « cybernétique financière » visant à faire échapper les choix budgétaires aux aléas des faiblesses humaines en les faisant reposer sur des dispositifs automatiques de régulation »*[2]. La programmation pluriannuelle des finances publiques, le budget de programme, les projets et rapports annuels de performance, l'évaluation des politiques publiques et la certification des comptes, la comptabilité générale, la comptabilité d'analyse des coûts, les contrôles et audits de performance ainsi que le contrôle de gestion constituent la toile de fond d'un droit constitutionnel financier fortement teinté de logique économique et gestionnaire.

Sur ce plan, il ressort cependant que, dans les Etats membres de l'UEMOA, la constitution formelle n'a pas tiré toutes les conséquences de la constitution matérielle, l'évolution s'étant faite à Constitution constante. Toute constitution, dit-on, est le fruit d'une histoire et ne saurait se comprendre sans l'éclairage du passé[3]. Elle est globalement, pour reprendre l'expression de Régis Lanneau, *« le résultat d'un processus d'essais et d'erreurs »*[4]. En France par exemple, au fur

---

[1] J-P. DUPRAT, *op. cit*, p. 391.

[2] M. BOUVIER, débat sur la constitutionnalisation de « la règle d'or », *Revue « Constitution »* n°7, janvier-mars 2011, Paris, Dalloz, 2011, p. 24.

[3] Voir les Actes du colloque de l'Association nigérienne de droit constitutionnel, *Le régime semi présidentiel au Niger*, Dakar, L'Harmattan 2016.

[4] R. LANNEAU, « La Constitution et l'analyse économique », *in* M. TROPER, D. CHALLOGNAUD, *op. cit*, p. 187.

et à mesure des réflexions sur le cadre législatif des finances publiques, la Constitution du 04 octobre 1958 a connu une évolution considérable, pour aboutir aujourd'hui à une véritable financiarisation de ses dispositions. Au Niger et au Sénégal[1] comme dans la quasi-totalité des Etats membres de l'UEMOA cependant, on a l'impression que les lois fondamentales n'ont pas transformé l'essai réussi par les lois organiques relatives aux lois de finances. Toutes choses égales par ailleurs, l'adoption du nouveau cadre harmonisé des finances publiques devrait s'accompagner d'une constitutionnalisation des nouvelles fonctions de la Cour des comptes et du Parlement en matière d'évaluation des politiques publiques et d'une sécurisation constitutionnelle des outils de la performance. Les règles de procédure se rapportant à la programmation pluriannuelle des finances publiques nécessitent l'adoption de lois-cadres de programmation pour rationaliser l'élaboration des lois de programme.

La lecture combinée de la Constitution et de la loi organique relative aux lois de finances ne met pas seulement en évidence la particularité des lois de finances. Elle révèle également la spécificité de leur statut juridique et contentieux.

II. UN STATUT JURIDIQUE ET CONTENTIEUX SPÉCIFIQUE

La loi étant d'ordre public et sa place dans la hiérarchie des normes juridiques fortement établie, s'intéresser à son statut juridique peut paraître sans intérêt. C'est certainement le cas s'agissant des lois ordinaires. En matière financière cependant, deux spécificités majeures se dégagent : d'un côté, la loi de finances relève d'un statut juridique ambivalent (A), de l'autre, son statut contentieux contrasté se traduit, dans bien des cas, par une inapplicabilité directe de la Constitution (B).

A. UN STATUT JURIDIQUE AMBIVALENT

Il faut d'emblée souligner que cette ambivalence se mesure à deux niveaux. Le premier se situe au sein de la loi de finances elle-même : toutes les dispositions qu'elle comporte ne sont pas d'égal statut juridique : au-delà des dispositions ayant un caractère purement budgétaire qui constituent son contenu obligatoire et qui n'ont pas, en principe, de valeur impérative, celle-ci peut contenir des dispositions non budgétaires normatives, c'est-à-dire qui s'imposent non seulement aux agents d'exécution du budget, mais également aux tiers qui entrent dans leur champ d'application. Il s'agit principalement des dispositions fiscales. En effet, même lorsqu'elles figurent dans une loi de finances, les dispositions fiscales ne doivent pas être regardées comme une simple autorisation. Elles sont d'ordre public et doivent être exécutées comme

[1] Le Parlement sénégalais vient toutefois de se doter d'un comité d'évaluation des politiques publiques.

tel. Tel est également le cas d'autres dispositions, notamment celles relatives à la responsabilité des agents d'exécution du budget.

Le deuxième, plus saisissant encore, concerne sa mise en perspective avec la loi ordinaire. Un des aspects, qui ressort en amont de la jurisprudence constitutionnelle et qui n'est pas suffisamment mis en évidence par la doctrine, a trait à la question des conséquences, au plan contentieux, des neutrons législatifs et de ce qu'on pourrait appeler les *« neutrons financiers »* : dans une décision 83-164 DC du 29 décembre 1983, le Conseil constitutionnel français a posé en effet « *que, si le caractère inopérant d'une disposition d'une loi ordinaire empêche qu'elle puisse être déclarée contraire à la Constitution, l'article 1er de l'ordonnance n° 59-2 du 2 janvier 1959 définit limitativement la nature des dispositions que peut contenir une loi de finances et qu'ainsi une indication de nomenclature budgétaire se bornant à énoncer une intention d'action future ne saurait trouver place dans une loi de finances* »[1]. Autrement dit, si un *« neutron législatif »* ne saurait constituer, pour le Conseil, un motif de censure de la loi ordinaire, il n'en va pas de même d'une loi de finances, dont les dispositions doivent nécessairement avoir une portée financière ou normative. Cette austérité est une caractéristique essentielle de la loi de finances. Elle ne saurait être un fourre-tout pour le législateur. En atteste la jurisprudence abondante du Conseil constitutionnel français sur les *« cavaliers budgétaires »*.

En aval, la confrontation avec la loi ordinaire laisse transparaître, à travers une hiérarchie bijective, l'ambivalence des statuts respectifs des deux catégories législatives : d'une part, du fait de sa nature d'acte de prévision, du moins en celles de ses dispositions qui présentent un caractère exclusivement budgétaire, la loi de finances souffre des limites objectives de sa portée au regard de la loi ordinaire. Il est en effet établi qu'elle ne concerne que les rapports entre Exécutif et Parlement, sans effet direct à l'égard des tiers. D'autre part, elle jouit d'une véritable suprématie sur cette dernière, en ce sens qu'elle conditionne le vote de toute loi ordinaire et la prise de tout acte réglementaire dès lors que ceux-ci sont susceptibles d'avoir une incidence sur les finances publiques.

---

[1] 83-164 DC du 29 décembre 1983, Loi de finances pour 1984, JORF, 30 décembre 1983, p. 3871. Il s'agissait de l'inscription dans l'annexe "Services votés et mesures nouvelles" du budget de l'éducation nationale, de deux chapitres nouveaux, n° 31-60 ("Personnels enseignants précédemment rémunérés sur le chapitre 43-01. - Rémunérations principales") et n° 31-62 ("Personnels enseignants précédemment rémunérés sur le chapitre 43-01. - Heures supplémentaires d'enseignement"), chapitres qui ne comportaient aucune évaluation de crédits mais portaient simplement la mention « Pour Mémoire ». Il ressortait des discussions au Parlement qu'ils étaient destinés à rémunérer, dans la limite de quinze mille, des agents exerçant déjà une activité d'enseignement dans des établissements privés sous contrat pour le cas où ils seraient titularisés. Le Conseil avait alors relevé le caractère inopérant de cette disposition au motif *que* la création de ces deux chapitres *« ne saurait avoir aucune portée juridique ou financière sans l'intervention d'une nouvelle loi de finances »,* et l'a par conséquent censurée comme insusceptible de figurer dans une loi de finances.

Pour étayer : d'abord, aux termes de l'article 101 de la Constitution nigérienne du 25 novembre 2010, *« la loi de finances (...) prévoit et autorise (...) l'ensemble des ressources et des charges de l'Etat »*. Cette disposition renseigne sur la nature juridique des lois de finances, celle de prévoir et d'autoriser. Or, la réalisation de toute prévision dépend de conditions externes auxquelles elles restent subordonnées, notamment celles liées à la conjoncture économique, politique ou sociale. Par voie de conséquence, les dispositions de la loi de finances prennent la forme d'actes-conditions. Ainsi, les lois de finances, spécifiquement la loi de finances de l'année et les lois de finances rectificatives, ne sont une source ni de droits subjectifs ni d'obligations pour les tiers.

Ce statut juridique particulier se manifeste sur le plan du contentieux de légalité : en raison du caractère spécifique de la légalité budgétaire, les énonciations de la loi de finances n'ont pas en principe de portée normative. En effet, suivant une jurisprudence constante du Conseil d'Etat français, *« les dispositions de la loi de finances ne concernent que les rapports entre le Gouvernement et le Parlement et n'ont d'effets directs qu'à l'égard des agents de l'administration chargés de leur exécution »* ; en revanche, elles ne sont pas source de droits et d'obligations à l'égard des tiers : aussi, ne peuvent être considérés à l'appui d'une requête, les moyens tirés de la violation des dispositions d'une loi de finances. Il est, de ce fait, possible qu'un acte réglementaire accorde à des fonctionnaires un montant d'indemnités inférieur à celui prévu par une loi de finances sans ouvrir à ces derniers un recours contentieux contre l'Etat. L'inscription de tels crédits dans la loi de finances n'ouvre aux intéressés aucun droit de créance contre l'Etat. Pour le Conseil d'Etat français en effet, *« lorsque le texte même de la loi de finances ne contient aucune disposition relative au taux des indemnités des fonctionnaires, l'inscription des crédits afférents à ces indemnités dans les états annexés à ladite loi de finances ayant un caractère purement budgétaire, ne saurait être constitutive de droits ; que, par suite, en l'absence de toute prescription législative expresse, l'inobservation, soit des indications données au cours de la discussion devant le Parlement au sujet de l'affectation des crédits, soit même des mentions qui l'accompagnent dans les états précités, ne pourrait avoir pour effet que d'engager, le cas échéant, la responsabilité pécuniaire des comptables ou la responsabilité politique des ministres, mais ne peut ouvrir aux intéressés un recours contentieux »*[1].

Au demeurant, en cas de conflit des légalités financière et ordinaire, c'est cette dernière qui a toujours le dernier mot. Par exemple, une activité illicite au regard de la loi ordinaire ne devient pas pour autant licite dès lors que la loi de finances lui ouvre un crédit budgétaire[2]. Au surplus, un fonctionnaire ne peut se

---

[1] C.E. 28 mars 1924, Jaurou, et autres, D 1924, III,29, conclusions R. MAYER.

[2] C.E., Sect. 13 novembre 1953, Chambre syndicale des industries et du commerce des armes, munitions et articles de chasse, D. 1954, p. 550, note Reuter.

prévaloir de l'inscription de son poste en loi de finances pour prétendre qu'il ne peut être supprimé[1]. Inversement, *« une suppression de crédits budgétaires afférents à un emploi ne pourrait légalement justifier la suppression dudit emploi »* [2]. Par voie de conséquence, le statut juridique de la loi de finances interdit *« non seulement au Gouvernement mais encore au législateur lui-même de méconnaître par le biais d'une loi de finances, une disposition d'ordre législatif ou réglementaire entrée en vigueur antérieurement et non abrogée, ainsi que les dettes de l'Etat qui seraient nées de la mise en application de cette loi ou de ce règlement »*[3].

En réalité, il faut relever à ce stade de la réflexion que la loi de finances n'est rien d'autre que la traduction financière des autres lois. En effet, *« elle consiste à donner aux pouvoirs publics, Parlement et Gouvernement, les moyens financiers nécessaires à la mise en œuvre des différents choix politiques formulés d'abord par le Parlement par le vote des lois ordinaires, puis par le Gouvernement par l'édiction de règlements et d'actes individuels »*[4].

Ensuite, symétriquement et paradoxalement, la loi de finances constitue la mesure de toutes les autres lois, notamment lorsque celles-ci sont susceptibles d'avoir une incidence sur les finances publiques. En effet, *« lorsque des dispositions d'ordre législatif ou réglementaire doivent entraîner des charges nouvelles ou des pertes de ressources, aucun projet de loi ne peut être définitivement voté, aucun acte réglementaire ou conventionnel ne peut être signé tant que ces charges ou pertes de ressources n'ont pas été prévues, évaluées et soumises à l'avis conforme du ministre chargé des finances »*[5].

Il y a donc ici une sorte de bijection hiérarchique entre loi de finances et loi ordinaire. Elles sont, symétriquement, hiérarchiquement supérieures l'une par rapport à l'autre en fonction de l'angle d'approche envisagé.

La spécificité du statut juridique de la loi de finances a un impact sur l'exercice du pouvoir réglementaire. Généralement, ce dernier se borne à l'application de la loi. Ainsi, utilise-t-on l'expression de *« décrets d'application »* de la loi. En effet, même votée par le Parlement, la loi nécessite souvent la mise en œuvre de ce pouvoir opératoire, reconnu à l'Exécutif pour préciser certaines de ses modalités d'application. C'est le cas de toutes les lois ordinaires. C'est également le cas des lois de finances. Ainsi en est-il du décret de répartition, voire des décrets de virement ou de transfert de crédits qui ne s'écartent pas du montant des crédits votés par le législateur. Très souvent cependant, en matière de lois de finances, le pouvoir réglementaire prend la

---

[1] C.E. Sect. 26 juillet 1946, Valent-Fallandry, Lebon, p. 221.

[2] C.E Sect, 26 novembre 1954, req. N° 17-704, Sieur Lota, Rec. 622. Sur tous ces points voir P. AMSELEK, « Sur le particularisme de la légalité budgétaire », *Revue Administrative*, 1970, pp. 653-662.

[3] Requête sous Déc. 86-221 DC du 29 déc. 1986.

[4] *Idem*

[5] Art. 4 al. 3 de la loi n°2011-15 portant loi organique relative aux lois de finances au Sénégal.

forme d'un pouvoir réglementaire autonome. C'est le cas des décrets d'avances tel que précisé par l'article 23 de la loi sénégalaise n° 2011-15 portant loi organique relative aux lois de finances aux termes duquel *« en cas d'urgence et de nécessité impérieuse d'intérêt national, des crédits supplémentaires peuvent être ouverts par décret d'avances pris en Conseil des ministres »*[1].

En définitive, cette distorsion introduite par la catégorie des décrets d'avances perturbe le schéma kelsénien de la pyramide des normes juridiques et valide le constat de Jean-Pierre Duprat pour qui *« la construction de la « constitution financière » oblige à remarquer que l'édification du corpus normatif, répond à des logiques plus complexes que la simple prise en compte du modèle kelsénien, en raison de l'interférence de sources externes (...) ce qui peut induire des tensions au sein même de la constitution formelle, à côté des interactions entre catégories normatives »*[2]. Entre Constitution, loi organique relative aux lois de finances, décrets d'application et décrets autonomes, les rapports s'écartent sensiblement de la logique pyramidale de Kelsen.

Cette défiguration du schéma kelsénien prend davantage de relief lorsque l'on considère le contentieux de constitutionnalité des lois de finances dont la caractéristique majeure reste, de l'avis de certains auteurs, l'inapplicabilité directe de la Constitution.

B- Un statut contentieux contraste

Le statut juridique de la loi de finances fait de celle-ci une loi particulière, dont le contentieux des actes d'application révèle qu'elle n'est pas, à l'instar de la loi ordinaire, véritablement d'ordre public.

Cependant, pour clarifier un peu les termes du débat, le contentieux des actes d'application de la loi de finances n'est pas un contentieux de la loi de finances elle-même. Dans le premier cas, il s'agit de la conformité des actes considérés aux prescriptions de celle-ci. Dans le second, et c'est ce qui nous intéresse ici, il s'agit de la confrontation de ses prescriptions aux dispositions de la Constitution. Or, on tombe systématiquement sur un constat : l'épreuve de constitutionnalité de la loi de finances s'organise souvent autour d'une autre norme, la loi organique relative aux lois de finances, à laquelle la Constitution renvoie.

Cette utilisation d'autres normes que les normes strictement constitutionnelles en matière de contrôle de constitutionnalité n'est pas nouvelle : Louis Favoreu l'a relevé il y a déjà plus d'une quarantaine d'années[3]. Pour lui, la loi organique relative aux lois de finances a un statut *« quasi constitutionnel »* et serait le *« prolongement de la Constitution »* du fait qu'elle contient des règles de procédure *« qui s'adressent et s'imposent au législateur*

---

[1] Loi 2011-15 du 08 juillet 2011, Sénégal, art. 23 al.1.

[2] J-P. DUPRAT, *op. cit*, p.391.

[3] L. FAVOREU, « Le principe de constitutionnalité, essai de définition d'après la jurisprudence du Conseil constitutionnel », *Mélanges en l'honneur de C. Eisenmann*, Paris, Cujas, 1977.

ordinaire » et dont l'inobservation *« motive directement l'invalidation de la loi ».*

Cette idée n'est cependant pas partagée par tous les auteurs : pour certains en effet, *« la loi organique relative aux lois de finances n'est qu'une loi ».* A ce titre, elle *« ne saurait acquérir, à elle seule, valeur constitutionnelle»*[1]. Au demeurant, « *s'imposer (...) aux dispositions législatives, ne confère pas à la loi organique une valeur constitutionnelle. Il est ainsi exclu qu'elle soit intégrée au « bloc de constitutionnalité » et ceci en raison de son régime de modification, qui ne requiert pas la compétence exclusive de l'organe de révision constitutionnelle. On ne peut dès lors lui reconnaître qu'une valeur supra législative, qu'elle tire de sa fonction d'application des dispositions constitutionnelles »*[2]. Par voie de conséquence, affirme Michel Verpeaux, *« si la loi organique, même relative aux lois de finances, est une « simple » loi et n'est en aucune manière un élément du « bloc de constitutionnalité », le contrôle exercé sur les lois de finances ne peut se faire que par rapport à la seule Constitution, soit directement soit indirectement »*[3].

En tout état de cause, Eric Oliva rappelle que *« les lois organiques financières occupent une place particulière dans l'ordre juridique dans la mesure où elles sont indispensables à la Constitution qui ne semble pas applicable sans elles »*[4]. En effet, en disposant que *« la loi de finances détermine la nature, le montant et l'affectation des ressources et des charges de l'Etat dans les conditions et sous les réserves prévues par une loi organique »,* la Constitution esquive l'application directe de ses propres dispositions et renvoie au législateur organique le soin d'en préciser les détails, donnant à ce texte une importance considérable.

A travers ce renvoi, la Constitution renforce *« la dimension substantielle d'une norme traditionnellement orientée vers les aspects procéduraux »*[5]. En effet, alors que la Constitution reste parfois vague et très générale, la loi organique couvre un champ plus vaste et plus précis, de la détermination des ressources et des charges, aux règles procédurales et aux grands principes qui président à la préparation, à l'examen et au vote des lois de finances.

Néanmoins, il serait erroné d'affirmer l'inopérationnalité des dispositions de la Constitution en matière de contentieux des lois de finances. Cette impression

---

[1] M. VERPEAUX, *op. cit.* p. 72

[2] J-C CAR, Les lois organiques de l'article 46 de la Constitution du 4 octobre 1958, annales de l'UAM, coll. Droit public positif, 1999, p. 533, In M. VERPEAUX *op. cit.*, p. 73

[3] M. VERPEAUX, *op. cit*, p. 74. L'auteur renvoie, pour étayer son argumentation, au Considérant 8 de la Décision 358 DC du Conseil constitutionnel français aux termes duquel la Haute juridiction relève que « Considérant que la constitutionnalité d'une loi de finances s'apprécie au regard des règles que la Constitution a elle-même fixées ou auxquelles elle a expressément renvoyé ». Sauf qu'en l'occurrence, la thèse inverse à celle qu'il soutient pourrait également s'appuyer sur cette « constitutionnalité de renvoi pour asseoir sa validité.

[4] E. OLIVA, *op. cit.*, p. 1352.

[5] J-P DUPRAT, *op. cit*, p. 392.

est induite par le fait que *« le droit constitutionnel financier présente (...) toutes les subtilités de l'ordre juridique constitutionnel (...), les dispositions constitutionnelles écrites (servant) de fondement à des exigences constitutionnelles[1] qui imposent un certain nombre de principes[2] ou d'objectifs à valeur constitutionnelle[3] »*[4]. En effet, dans bien des espèces, notamment dans l'encadrement du droit d'amendement des parlementaires, le contenu des lois de finances ou en matière de procédure de vote, le juge convoque aussi bien les dispositions constitutionnelles que les dispositions organiques. Mais, du fait que *« les bases constitutionnelles du droit budgétaire et financier renvoient toutes à la loi organique le soin de préciser leur contenu ou encore de les concrétiser »*[5], le juge fait plus souvent référence à la loi organique relative aux lois de finances. Suivant sa jurisprudence en effet, le Conseil constitutionnel français refuse d'accorder une quelconque normativité à une disposition constitutionnelle qui devrait être précisée par une loi organique financière[6].

Dès lors que la Constitution renvoie à une loi organique, les dispositions constitutionnelles ne peuvent être directement applicables en matière contentieuse, en l'absence du texte de renvoi. La Constitution organise ainsi un mécanisme de complémentarité formelle et matérielle dont se servira le juge[7]. Il en a été ainsi de l'article 72-2 de la Constitution du 4 octobre 1958 où la Haute juridiction a indiqué que la méconnaissance de celles de ses dispositions qui consacrent un principe d'autonomie financière des collectivités territoriales, *« ne peut être utilement invoquée tant que ne sera pas promulguée la loi organique qui devra définir les ressources propres des collectivités territoriales et déterminer, pour chaque catégorie de collectivités territoriales, la part minimale que doivent représenter les ressources fiscales et les autres ressources propres dans l'ensemble de leurs ressources »*[8]. Le texte sus indiqué constitue de ce fait un complément indispensable permettant au Conseil constitutionnel de remplir son office.

En pareil cas, l'épreuve de constitutionnalité met en place un édifice à trois étages : loi de finances, loi organique relative aux lois de finances, Constitution. En France, la logique de performance introduite par la loi n°2001-692 a

---

[1] La continuité de la vie nationale, la clarté des comptes de l'Etat, l'efficacité du contrôle parlementaire et le bon usage des deniers publics.

[2] La définition de l'équilibre budgétaire, l'unité, l'universalité, l'annualité et la sincérité budgétaires ainsi que la sincérité comptable.

[3] L'équilibre de la sécurité sociale et l'équilibre des comptes des administrations publiques.

[4] E. OLIVA, « Soixante ans de Constitution financière et fiscale : réflexions sur les développements du constitutionnalisme financier en France. 2e partie : La construction d'un Etat de droit financier et fiscal », *« Gestion & finances publiques »*, 2019/1 N°1, p. 113.

[5] E. OLIVA, « Normes de constitutionnalité ou normes constitutionnelles : l'ambiguïté des lois organiques financières », *Renouveau du droit constitutionnel*, Mélanges en l'honneur de L. FAVOREU, Paris, Dalloz, 2007, p. 1351.

[6] Sur cette question, voir E. OLIVA, *op. cit.*

[7] Cf. E. OLIVA, *op. cit.*

[8] CC du 23 déc. 2003, autonomie financière des collectivités territoriales

davantage compliqué ce schéma en instituant les lois-cadres d'équilibre des finances publiques qui nécessitent elles-mêmes l'intervention d'une loi organique relative aux lois-cadres d'équilibre des finances publiques. Ce schéma induit une pyramide normative complexe à cinq étages, qu'une partie de la doctrine[1] a qualifiée *« d'épouvantable mille-feuilles juridique »*[2] et de *« carcan normatif qui fait encore la part belle au juge constitutionnel »*[3], un auteur utilisant même l'image osée *« d'usine à gaz juridique »*[4]. Le dispositif est ainsi conçu : la Constitution fixe simplement un objectif d'équilibre budgétaire et financier qui doit être contenu dans une loi-cadre ; une loi organique, qui doit être conforme à la Constitution, détermine ensuite les modalités d'élaboration des lois-cadres d'équilibre des finances publiques qui doivent à leur tour respecter la Constitution et les lois organiques financières. Enfin, les lois de finances et de financement de la sécurité sociale doivent respecter la Constitution, les lois organiques relatives aux lois de finances ou de financement de la sécurité sociale, et les lois-cadres d'équilibre des finances publiques, chaque échelon étant susceptible de provoquer un recours contentieux devant le Conseil constitutionnel[5]. Cette situation aboutit en conséquence à ce qui pourrait s'apparenter à un glissement continu du terrain constitutionnel contentieux des lois de finances.

Cette diversification des normes de référence essentiellement due *« aux exigences inhérentes à la hiérarchie des actes juridiques »,* pour reprendre l'expression de Bruno Genevois, pose un premier problème au regard de l'office du juge constitutionnel : tout se passe comme si, *« à la lumière du phénomène résumé par la métaphore du bloc de constitutionnalité, le Conseil constitutionnel apparaît comme autre chose qu'un simple juge de la constitutionnalité des lois : ne serait-il pas, désormais, un organe de contrôle de la primauté sur la loi des règles supra législatives (...) ? »* [6] Plus simplement, *« lorsque le conseil censure une loi de finances sur le fondement d'une méconnaissance de la loi organique relative aux lois de finances, ou qu'il censure une disposition du règlement intérieur d'une assemblée du fait de la*

---

[1] A-M. Le POURHIET, Le Monde Idées, 6 avril 2011, https://www.lemonde.fr/idees/article/2011/04/06/l-equilibre-des-finances-publiques-dans-la-constitution_1503664_3232.html

[2] *Idem.*

[3] *Ibid.* L'auteure ajoute qu'il faudrait en ce cas « savoir trouver (…) le bon équilibre, en évitant de donner systématiquement aux juges des pouvoirs d'appréciation discrétionnaire qui les conduisent inévitablement à se prononcer en opportunité » avant de conclure qu' « il est assez piquant et peut-être surréaliste (…) de voir les gouvernements successifs et leurs majorités, dans un mouvement quelque peu masochiste de doute à l'égard d'eux-mêmes, tendre toujours plus de verges aux juges pour se faire battre ».

[4] A-M. Le POURHIET, *op. cit.*

[5] *Idem.*

[6] D. BARANGER, « La faiblesse des liens forts et la force des liens faibles : comprendre le bloc de constitutionnalité », *in* Mélanges Frédéric Sudré, *Les droits de l'Homme à la croisée des droits*, Paris, LexisNexis, 2018, P. 23.

violation d'une loi organique, est-il à proprement parler un juge constitutionnel ? »[1]. Pour une partie de la doctrine en effet, il serait un simple juge de légalité organique.

La question semble ici plus intéressante, au regard de la théorie de Kelsen. D'abord, ce phénomène de renvoi de la Constitution à une norme de moindre importance quoique matériellement constitutionnelle, *« aboutit à une situation troublante au point de vue de la hiérarchie des normes. Les normes les plus élevées étant souvent les plus générales peuvent être bloquées ou à tout le moins conditionnées par des normes de rang hiérarchique inférieur »*[2]. Ensuite, si l'on descend d'un cran de la loi en mettant en perspective les conditions de déploiement du pouvoir réglementaire, notamment les décrets d'avances, il est aisé de constater que les rapports hiérarchiques sont remis en cause par le fonctionnement du dispositif normatif. Singulièrement ici, il est important de remarquer que, contrairement à ce que suppose le schéma kelsénien, c'est à la loi qu'il revient de se conformer aux dispositions du décret : du fait de son caractère autonome, le décret d'avances intervient en dehors de toute habilitation d'une loi de finances et est directement régi par la *« Constitution financière »* qui dispose, en son article 23 pour le cas du Sénégal, que *« la ratification des crédits se fera sur la plus prochaine loi de finances »*[3], ce qui signifie que la loi, au cas où elle ratifierait les crédits additionnels concernés, devrait se conformer aux désidératas du pouvoir réglementaire.

Enfin et plus encore, lorsque l'on envisage le contrôle contentieux du recours au décret d'avances, on se rend à l'évidence que la norme de référence reste, sinon la Constitution, du moins la loi organique relative aux lois de finances, qui exige que soient remplies les conditions à la fois *« d'urgence »* et de *« nécessité impérieuse d'intérêt national »*. Dans la réalité, il s'agit d'un contrôle certes techniquement possible, mais pratiquement inopérant. L'acte ainsi posé par l'Exécutif s'avère difficile à censurer par un recours juridictionnel, puisque la situation *« d'urgence et de nécessité impérieuse d'intérêt national »* suppose qu'ait déjà été prise et appliquée la solution qu'exige ce contexte spécifique, tel qu'il résulte d'une appréciation ponctuelle du Gouvernement. Si l'on pousse davantage la réflexion, on tombe sur un dernier paradoxe : c'est à la Cour des comptes, juridiction de l'ordre administratif, qu'il revient d'apprécier si, en recourant au pouvoir réglementaire dans une situation d'urgence budgétaire, l'Exécutif a bien respecté les dispositions constitutionnelles et organiques alors que ces juridictions ne sont pas habilitées, dans le contexte qui nous concerne, à contrôler la constitutionnalité des normes. En outre, une telle perspective ne peut intervenir que lors de son office administratif et non contentieux. Ce qui donne plus relief à la réflexion selon laquelle, au-delà de la verticalité pyramidale des sources du

[1] Idem
[2] E. OLIVA, *op. cit.* p.1370.
[3] Art. 23 al. 2

droit mise en évidence par Kelsen, *« l'entrée du droit dans l'ère post moderne solliciterait des représentations plus sophistiquées comme celle de l'arborescence ou du réseau »*[1].

L'examen des rapports entre la Constitution et la loi de finances, en dépit de la banalité du thème, révèle, en définitive, avec ses multiples implications, toute la complexité des rapports entre normes juridiques internes. Si l'ère moderne a définitivement réglé la situation des décrets-lois, donné un acquit aux ordonnances prises sur la base de lois d'habilitation, elle peine encore à certifier le statut juridique des lois organiques, y compris de la plus emblématique d'entre elles : la loi organique relative aux lois de finances. En France, le Conseil constitutionnel a beau affirmer, dans une décision 92-309 DC du 9 juin 1992, que le respect des lois organiques imposé aux lois ordinaires se rattache aux *« exigences propres à la hiérarchie des normes juridiques dans l'ordre interne »*[2], il a plutôt planté les termes d'un débat qu'il ne l'a véritablement clarifié. Pour nombre d'auteurs en effet, les lois organiques n'appartiennent pas au *« bloc de constitutionnalité »* : *« Si elles figurent parfois au nombre des normes de référence du contrôle de la constitutionnalité des lois, ce n'est pas au nom de leur autorité propre, mais parce qu'il existe toujours, derrière la confrontation d'une loi ordinaire à une loi organique, une exigence constitutionnelle »*[3]. Concernant la loi organique relative aux lois de finances, Agnès Roblot-Troizier relève que, *« de même que la « Constitution Rivet » ou la « Constitution Grévy » ne sont pas des Constitutions, la loi organique relative aux lois de finances n'est pas une Constitution et elle n'en a pas la valeur »*[4], même si par ailleurs elle est désignée comme *« la Constitution financière »* de l'Etat. Et ce parce que, au surplus, elle *« a pu être modifiée par une simple loi organique »*[5].

Plus en aval, les rapports juridiques entre lois ordinaires et lois de finances demeurent ambigus. En effet, si les lois de finances sont limitées du fait de leur caractère prévisionnel et de leur champ d'application restreint, il n'en demeure pas moins qu'elles constituent une référence pour toutes les lois ordinaires qui sont appelées à produire des incidences financières. Parallèlement et paradoxalement, dans la plupart de conflits entre légalité ordinaire et légalité financière, la loi ordinaire a tendance à l'emporter : la supériorité de la loi de finances sur la loi ordinaire ou inversement, dépend donc des situations en cause et de l'angle d'approche.

---

[1] V. CHAMPEIL-DESPLATS, *op. cit.* Tome 1, p. 735.

[2] Cons. const., 9 juin 1992, n° 92-309 DC, *Résolution modifiant l'article 47 bis du règlement du Sénat.*

[3] A. ROBLOT-TROIZIER, « La place des lois organiques dans la hiérarchie des normes », *in* B. MATHIEU et M. VERPEAUX (Sous la direction de), *Les lois organiques et la mise en œuvre de la révision constitutionnelle*, Paris, *Dalloz*, 2009, pp. 30-31

[4] *Idem*, p. 26.

[5] *Ibid.*, p. 27

Le statut juridique du décret par rapport à la loi de finances est tout aussi singulier. Le décret a souvent pour rôle de fixer les modalités d'application de la loi. Toutefois, la spécificité juridique de la loi de finances a favorisé l'expression d'un pouvoir réglementaire autonome, par ailleurs consacré par la loi organique relative aux lois de finances elle-même, plus particulièrement à travers les décrets d'avances. Lorsqu'un décret d'avances est ratifié par une loi de finances rectificative, une telle situation conduit à un changement de rôle entre décret d'avances et loi de finances, celle-ci ne faisant que constater ce qui a été exécuté sur la base de celui-là.[1] N'est-on pas, alors, à l'instar de l'allégorie de la caverne, en présence d'une pyramide inversée ? Évidemment, la pertinence de la hiérarchie des normes n'est pas remise en cause, l'idée étant juste de démontrer que l'analyse des relations entre Constitution et loi de finances conduit à la mise en évidence d'une arborescence des normes juridiques internes, qui n'est pas sans effet sur la pyramide kelsénienne.

[1] C. LECHAIRE, G. DE VITRY, « Pratique et limite des décrets d'avance sous l'empire de la loi organique relative aux lois de finances », *Revue Française des Finances Publiques*, n°145, février 2019, p.240

DU CITOYEN-CONTRIBUABLE AU CITOYEN-CLIENT[1]

Michel BOUVIER

Professeur émérite à l'Université Paris 1 Panthéon-Sorbonne
Président de FONDAFIP (www.fondafip.org)
Directeur de la Revue Française de Finances Publiques

INTRODUCTION

Les évolutions contemporaines que connaissent les systèmes financiers publics et la culture financière publique mettent en pleine lumière les mutations que connaissent les systèmes fiscaux. De nouvelles régulations se sont progressivement instituées depuis une quarantaine d'années. Elles posent la question des transformations de la démocratie et plus encore du devenir du politique et de la place du citoyen/contribuable dans le nouveau monde en gestation.

Dans ce cadre, l'alliance entre le citoyen et l'impôt qui s'était solidement structurée depuis la DDHC de 1789 jusqu'à la montée en puissance de l'État interventionniste s'est profondément transformée. Elle s'inscrit maintenant dans un environnement marqué par une métamorphose de l'État et plus généralement du secteur public allant dans le sens d'une logique économique et gestionnaire. Il en résulte que la nature politique du citoyen-contribuable tend à s'estomper en se fondant dans celle, économique, d'un client qui se substitue au contribuable.

LA REMISE EN CAUSE DE LA DÉCISION POLITIQUE

L'impôt est dénoncé par les économistes libéraux classiques comme étant l'élément nourricier d'un État tentaculaire paralysant le marché et pénalisant l'investissement privé. Les mêmes développent une critique politique qui vise directement le principe du consentement de l'impôt. Celui-ci ne serait pas respecté du fait de l'importance du pouvoir réglementaire et de l'administration, agissant comme un quasi-législateur en matière fiscale, mais aussi parce que la décision fiscale relève de la loi de la majorité considérée comme pernicieuse dès lors que « 51 % de la population peuvent imposer n'importe quoi aux 49 % restant »[2]. « *La souveraineté de la majorité... est une version civilisée de la loi du plus fort* », estime par exemple l'économiste P. Salin[3]. Il est ajouté que dans le cadre d'un système électoral majoritaire, où gouvernement et majorité parlementaire appartiennent à la même coalition ou au même parti, le gouvernement détient en réalité le pouvoir de décision[4] à lui seul. Ainsi, pour le

[1] Extrait de M. BOUVIER, *L'impôt sans le citoyen ?* LGDJ 2019

[2] P. SALIN, *L'arbitraire fiscal*, Laffont, 1985.

[3] P. SALIN, *L'arbitraire fiscal*, *op.cit.*

[4] V. J. DUBERGÉ, *Les Français face à l'impôt*, LGDJ, 1990.

prix Nobel d'économie Kenneth Arrow, les choix électoraux sont à la fois incohérents et incapables de satisfaire à une mise en évidence rationnelle et démocratique des préférences de chacun[1]. Pour cet économiste « *la doctrine de la souveraineté des électeurs est incompatible avec celle de la rationalité collective* »[2]. En fait, un tel point de vue a pour fondement un objectif, celui de faire coïncider décision fiscale et décision économique.

Au total, le seul consentement acceptable serait celui qui résulterait de l'unanimité de l'expression des volontés de chacun, couplé avec le principe voulant que « *chaque bien public soit financé par un impôt particulier* »[3] ce qui conduit logiquement à concevoir l'impôt comme un prix et finalement à sortir du processus de décision politique pour intégrer une logique économique[4]. Au surplus, celle-ci se situe implicitement en faux par rapport au principe juridique d'universalité budgétaire selon lequel il n'est pas possible d'affecter le produit d'un impôt à une dépense particulière.

• L'IMPÔT EST LE PRIX D'UN SERVICE

Cette conception de l'impôt-prix est très ancienne. Elle s'est surtout développée pendant la seconde moitié du XVIIIe siècle et au cours du XIXe. Elle est aussi qualifiée de théorie de l'impôt-échange ou encore de l'impôt-assurance ou impôt-contrepartie. Elle considère l'impôt comme le prix payé par le contribuable pour la sécurité et les services que lui apporte l'État. Elle se rattache de ce fait aux courants contractualistes (ceux du contrat social) selon lesquels un pacte aurait été conclu de manière tacite entre les individus et l'État, les premiers acceptant d'aliéner une part de leur liberté et de leurs biens en échange d'une garantie de sécurité. D'un tel point de vue, il peut être déduit l'existence d'une sorte de « contrat fiscal » se présentant soit comme un contrat d'assurance, soit comme un contrat de louage d'ouvrage.

Présente dès le XVIIe siècle sous la plume de Thomas Hobbes ou encore de Vauban, puis au siècle suivant sous celle de John Locke[5], de Jean-Jacques Rousseau[6], ou encore d'Adam Smith, cette représentation contractuelle de la fiscalité a été parfaitement exprimée par Montesquieu pour qui les impôts sont « *une portion que chaque citoyen donne de son bien pour avoir la sûreté de*

---

[1] « Théorème d'impossibilité » ou « paradoxe d'Arrow ». *Cf.* K. ARROW, *Social choice and individual values*, 1951

[2] K. ARROW, cité par P. LEMIEUX, *in Du libéralisme à l'anarcho-capitalisme*, PUF, 1983.

[3] D. L. MUELLER, *Public Choice*, CUP, 1980.

[4] « Toute forme d'organisation démocratique n'est jamais qu'un pis-aller en comparaison du marché libre dans son aptitude à permettre l'expression des aspirations de tous les hommes et la nécessaire coordination de leurs activités », P. SALIN, *op. cit.*

[5] Pour J. LOCKE, « l'impôt est (pour les individus) une contrepartie de la protection de leur vie, leurs biens, leur liberté ».

[6] « Le maintien de l'État et du gouvernement exige des frais et de la dépense ; et, comme quiconque accorde la fin ne peut refuser les moyens, il s'ensuit que les membres de la société doivent contribuer de leur bien à son entretien » (J.-J. ROUSSEAU, « Discours sur l'Économie politique », Encyclopédie, 1755, *in* ROUSSEAU, Œuvres politiques, Bordas, 1989).

l'autre ou pour en jouir agréablement »[1]. On la retrouve également chez les Physiocrates, avec Mirabeau[2], Dupont de Nemours ou Turgot[3] qui soutiendront ce même point de vue qui sera repris ensuite par l'Assemblée constituante dans son « *Adresse aux Français sur la contribution patriotique* »[4]. Puis ce sont les économistes libéraux classiques qui, tout au long du XIXe et jusqu'à nos jours, vont développer la thèse de l'impôt-échange en en faisant d'ailleurs, avec des nuances selon les auteurs, l'une de leurs idées-forces en matière de fiscalité.

Ainsi, F. Bastiat présente sous forme de parabole l'aspect d'échange de services du contrat fiscal : « *Quand Jacques Bonhomme donne cent sous à un fonctionnaire contre un service réellement utile, c'est exactement comme quand il donne cent sous à un cordonnier contre une paire de souliers... Mais quand Jacques Bonhomme livre cent sous à un fonctionnaire pour n'en recevoir aucun service, c'est comme s'il les livrait à un voleur* »[5]. P.-J. Proudhon, intégra également cette approche dans ses conceptions idéologiques et politiques ; il estimait que la thèse de l'impôt-échange était une idée neuve. « *L'impôt n'est qu'une avance pour obtenir la protection de l'ordre social* » écrira-t-il. De son côté le journaliste et essayiste E. de Girardin concevait l'impôt comme une « *prime d'assurance payée par ceux qui possèdent pour s'assurer contre tous les risques de nature à les troubler dans leur possession ou leur jouissance* »[6].

Par la suite, cette théorie de l'impôt-échange, encore dénommée théorie du bénéfice[7]qui « assimile la prise de décision dans le cadre du secteur public à celle propre aux marchés »[8] connaîtra une autre formulation sous l'appellation de « *principe d'équivalence* ». Selon ce principe, « *la répartition de l'impôt se fait en fonction de l'utilité que chacun retire de la consommation des services collectifs ainsi financés* »[9]; le postulat est que le contribuable-client ne paiera le prix demandé que s'il considère que celui-ci est inférieur à l'avantage qu'il peut retirer du service[10]. On est en présence d'une approche économique marginaliste

---

[1] MONTESQUIEU, *L'esprit des lois*, livre XII, chapitre I, t. 1, éd. Garnier-Flammarion, 1979.

[2] *in Théorie de l'impôt*, Paris, 1760.

[3] « L'impôt est la contribution que la société entière se doit à elle-même pour subvenir à toutes les dépenses publiques ».

[4] Ce document, rédigé par MIRABEAU en 1789, définit l'impôt comme « une dette commune des citoyens, une espèce de dédommagement et le prix des avantages que la société leur procure».

[5] F. BASTIAT, *Ce qu'on voit et ce qu'on ne voit pas*, Éd. Guillaumin et Cie, 1879 (5e édition).

[6] E. DE GIRARDIN, *L'impôt*, Éd. La librairie nouvelle, 1852 (6e édition).

[7] La théorie du bénéfice, adoptée dès 1896 par H. HICKSELL a été précisée en 1919 par E. LINDHAL ; cf. sur ces points J. SPINDLER, *in Dictionnaire encyclopédique de finances publiques*, L. PHILIP (dir.), Economica, 1991.

[8] L.WEBER, « De l'intérêt d'un recours accru aux prix publics », *RFFP* 1988, no 23 ; l'auteur ajoute : « l'offre et la demande de biens et services publics se décident comme s'il y avait échange volontaire entre l'État et les citoyens ».

[9] Cf. G. GILBERT, « Capacités contributives », *in Dictionnaire encyclopédique de finances publiques, op. cit.*

[10] Cf. G. DEHOVE, « Science des finances, science économique et science politique », in J. BOUVIER et J. WOLFF (dir.), Deux siècles de fiscalité française, Mouton, 1973.

qui trouve une illustration parfaitement éloquente à travers la proposition de « Clarke Tax[1]» exposée par les tenants de l'école américaine du Public Choice. La « *Clarke Tax* » fait partie d'un système de décision concernant les choix publics dénommé « *Demand Revealing Process* ». La procédure prend appui sur l'intensité de la demande exprimée par chaque individu à l'égard de tel ou tel bien ou service collectif. Le choix fait par l'électeur doit être un choix raisonnable, décidé en fonction de l'utilité qu'il estime retirer de l'acquisition de biens ou services. Aussi, il ne doit pas se borner à voter ; il doit de surcroît faire connaître le prix qu'il serait prêt à payer si la collectivité choisissait le bien qu'il préfère. Le bien qui aura obtenu la somme la plus élevée sera retenu. Cependant, pour ne pas subir l'écueil du système majoritaire classique jugé non responsabilisant, et pour que la demande exprimée corresponde effectivement au besoin de l'individu, à l'intensité de sa demande, il est institué un impôt, la « *Clarke Tax* » qui sera payé par l'électeur dont le choix aura été retenu. Le versement de la Clarke Tax est conçu selon le modèle suivant : une fois que le vote a eu lieu, on détermine quels biens auraient été choisis si un électeur déterminé s'était abstenu de voter (on effectue cette démarche pour chaque électeur). Si le choix reste inchangé, on estime que la demande de l'électeur n'a pas influencé de manière notable le choix et que le besoin qu'il a de ce bien n'est pas très intense ; dans ce cas, son choix est sans conséquence financière pour lui ; il ne paiera pas la Clarke Tax. En revanche, dans le cas où le vote de l'électeur a été déterminant, autrement dit dans le cas où son abstention aurait conduit à un autre choix collectif, il est jugé que l'intensité de sa demande est très forte, que ce bien est pour lui d'une très grande utilité. Il doit alors s'acquitter d'un impôt égal à la différence entre la valeur calculée en prenant son vote en considération et celle qui serait ressortie s'il s'était abstenu. Dans ce procédé, chacun est placé devant le choix suivant : soit s'abstenir et subir le choix des autres, soit voter en exprimant une demande d'une intensité plus ou moins forte selon l'utilité attendue du bien choisi et accepter alors d'en supporter la charge selon le principe qui veut que celui qui tire des avantages de la société doit en payer le prix.

Quel que soit le modèle proposé, on peut estimer que selon cette logique marchande, le « *phénomène financier fait partie intégrante du phénomène économique général* »[2] ; il s'agit, comme l'a montré G. Dehove, d'une « *interprétation entièrement économique de la science des finances* »[3]qui aligne les faits financiers et politiques sur les principes devant gouverner le marché selon une théorie particulièrement hégémonique.

---

[1] Cf. E. CLARKE, "Some aspects of the demand revealing process", *in Public Choice*, Vol. XXIX-2 Spring 1977. Voir également dans la même publication, G. TULLOCK, "The demand revealing process as a welfare indicator".

[2] A. DI VITI DE MARCO, cité par G. DEHOVE, *op. cit.*

[3] G. DEHOVE, *op. cit.*

Cette thèse de l'impôt-prix n'a cessé de faire l'objet de discussion depuis la fin du XIXe siècle, parfois même par ceux qui en furent les plus solides partisans. Ainsi par exemple, P. Leroy-Beaulieu qui, tout en la présentant dans son Traité de la science des finances, s'attache à en faire ressortir les inconvénients ; nuançant son propos, l'auteur écrit : « *Dire que l'impôt est le prix des services rendus par l'État, cela n'est pas toujours exact* »[1] puis, après l'exposition de ces inexactitudes, l'auteur donne finalement une définition de l'impôt qui combine la notion de prix et celle de solidarité : « *l'impôt est le prix des services que rend ou qu'a rendu l'État : il représente en outre la part que chaque citoyen, par l'application du principe de la solidarité nationale, doit supporter dans les charges de toute sorte et de toute origine qui pèsent sur l'État* ». Plus tard, E. Allix fera valoir, quant à lui, l'absence de réelle liberté qui préside au paiement de l'impôt[2].. G. Dehove, dans l'immédiat après-guerre, montrera que les thèses des disciples de Pareto vont à l'encontre d'une interprétation aussi étroitement économique de l'impôt [3]en insistant sur sa caractéristique politique essentielle. De son côté, P. Salin, tout en définissant l'impôt comme « *le prix que doivent payer les citoyens en contrepartie des biens et services publics* » ajoute tout aussitôt « *qu'il se différencie de ceux qui s'établissent sur un marché privé* »[4] pour les raisons suivantes : dans nombre de cas, il est impossible de déterminer le coût du service rendu à chaque contribuable ; le citoyen n'a pas une réelle possibilité de choix tant en ce qui concerne la nature que la quantité de service; le « prix » n'est pas librement déterminé, il l'est par le décideur public ; l'impôt constitue un paiement obligé ; de nombreux services ne sont pas traduisibles en termes monétaires (défense, culture, justice) ; la logique de la théorie de l'impôt-prix impliquerait, en ce qui concerne les dépenses de caractère social, que les plus démunis soient plus imposés que les plus riches ; une partie des impôts sert à financer des dépenses qui ne font l'objet d'aucun service en retour.

Ainsi la thèse de l'impôt-échange se heurte-t-elle à nombre d'obstacles, sans compter que la poursuite de cette logique amène finalement, comme l'ont fait les économistes libertariens, à poser la question de la suppression de l'impôt lui-même (ou pour le moins de son identification à un impôt unique sur les ventes). Seule en effet la disparition de l'impôt, et partant celle du secteur public, est en mesure de permettre la réalisation de l'idéal libéral le plus ultra : une hégémonie du marché. Sans aller aussi loin et sans soutenir obstinément la métaphore de l'impôt-prix[5], une autre analyse, plus modérée, défend l'idée qu'il faut gérer une partie au moins des services publics selon les principes du secteur privé, et

---

[1] P. LEROY-BEAULIEU, *Traité de la science des finances*, 2 vol., Éd. Guillaumin et Cie, 1899 (6e édition).

[2] E. ALLIX, *Traité élémentaire de science des finances et de législation financière*, Éd. Rousseau, 1931.

[3] G. DEHOVE, *op. cit.*

[4] P. SALIN, *L'arbitraire fiscal, op.cit.*

[5] Sur ce sujet v. X. GREFFE, « Débats sur l'impôt », *in revue Pouvoirs*, no 23, 1982.

réhabiliter la redevance (l'impôt disparaît alors derrière le prix payé par l'usager/client). Autrement dit le contribuable, qui s'efface derrière le client ou le consommateur, s'inscrit dans un au-delà d'une culture d'un « nouveau civisme fiscal » qui en prépare le terrain.

Pierre-Joseph Proudhon, Théorie de l'impôt, Paris, 1868

« L'impôt, ou pour mieux dire le système des dépenses et des recettes du gouvernement, n'est au fond qu'un échange. Ce que le pouvoir donne aux citoyens en services de toutes sortes doit être l'équivalent exact de ce qu'il leur demandait soit en argent, soit en travail ou en produits. Tel sera donc notre premier principe, principe dont chacun voit en même temps combien l'application laisse à désirer : l'impôt est un échange. De même que, pour certaines utilités, l'échange se fait de personne à personne, de famille à famille ; de même, pour certaines autres utilités, l'échange ne peut se faire que des particuliers à une personne collective, qui a nom l'État. L'initiative des agriculteurs, industriels, commerçants, transporteurs, entrepreneurs, ouvriers, commis, etc., suffit à pourvoir à la plupart des besoins de la société. L'intervention du gouvernement dans les transactions et entreprises qui sont du ressort de l'activité personnelle est réprouvée à la fois par la science et par la liberté. Il est démontré depuis longtemps que les régies coûtent beaucoup plus cher que le travail libre autonome. Cependant, il existe des services dont l'initiative, la dépense et la liquidation ne peuvent incomber à tel ou tel en particulier, et qu'il appartient à la collectivité des citoyens de réglementer et de solder. Ces services constituent la spécialité de l'État et sont l'objet de l'impôt.

L'idée de faire du gouvernement, au point de vue de l'impôt, un simple échangiste, est encore assez neuve, malgré nos soixante-dix ans de révolution ; elle est trop en contradiction avec nos mœurs tout empreintes de théosophie et de théocratie, avec nos habitudes de sujétion, pour que je ne lui donne pas ici quelque développement. La théorie et la pratique de l'impôt en dépendent tout entières. Assimiler le pouvoir à une branche de la production est presque une irrévérence, un sacrilège. Mais les affaires ne comportent pas de mysticisme ; elles ont pour formule la balance des comptes, non l'épopée, et quand on persisterait à faire de l'État et du prince qui le représente une émanation de la Divinité, quand les décrets du souverain devraient être pris, selon le vieux style, pour article de foi, il faudrait encore se résigner à le voir traiter, en ce qui concerne l'impôt, non pas selon le respect qu'impose la puissance, mais selon la rigueur de la comptabilité ».

• LE « NOUVEAU CIVISME FISCAL » OU L'INCARNATION DU CITOYEN/CLIENT

Selon le « nouveau civisme fiscal », le redevable doit être considéré comme un client et l'administration doit épouser une logique d'entreprise en se situant dans une logique gestionnaire, celle développée par la « nouvelle gestion publique ». C'est bien dans ce sens que se réforme l'administration fiscale depuis plusieurs années en se présentant et se structurant comme une administration de services. Alors qu'elle avait été conçue comme une administration de contrôle lors de sa création[1], elle a modifié sa philosophie et ses valeurs traditionnelles pour épouser une attitude plus entrepreneuriale en s'engageant dans un processus de rentabilisation de sa gestion, de professionnalisation de ses agents, de recherche de l'efficacité et de la performance. Elle participe de la sorte à une tentative de réhabilitation du civisme fiscal par l'amélioration de l'acceptation de l'impôt. Ce qui a pour conséquence que le consentement de l'impôt ne se joue plus seulement au Parlement, mais pour beaucoup au niveau de la pratique administrative, l'administration fiscale devenant le vecteur de cette acceptation de l'impôt. Dès lors, marquée par une culture marchande, l'image ou, si l'on préfère, l'imaginaire, de l'impôt se transforme radicalement. Il se présente très concrètement comme le prix d'un service rendu par l'institution qui en bénéficie plutôt que comme l'expression d'un devoir social. De son côté, le contribuable « en veut pour son argent », il est soucieux de l'utilisation qui est faite des deniers publics ; autrement dit, il épouse parfaitement la culture gestionnaire en se considérant comme un client.

Un glissement de sens semble donc s'opérer dès lors que le civisme fiscal prend une dimension plus administrative et gestionnaire que politique. Cette culture gestionnaire s'inscrit à la fois dans la recherche d'une meilleure qualité des services rendus aux usagers et dans celle d'une maîtrise de la dépense publique, par conséquent du moindre coût administratif, notamment celui du traitement de l'impôt par l'administration fiscale. Il s'agit de promouvoir l'acceptation de l'impôt en favorisant l'accomplissement volontaire par les citoyens de leurs obligations fiscales. Il faut y voir une stratégie qui conduit à isoler les fraudeurs ou les « mauvais payeurs ».

Cette stratégie satisfait à un objectif budgétaire, tout particulièrement à celui d'un bon recouvrement de l'impôt. Le dispositif relève d'une logique privilégiant la prévention de l'évasion fiscale qui a été mise en œuvre depuis longtemps aux États-Unis et en Grande-Bretagne (compliance). Il s'agit là toutefois d'une « arme à double tranchant » car si la qualité du service n'est pas au rendez-vous, le citoyen-client refusera de reconnaître la légitimité de l'impôt qui lui est demandé.

Autrement dit, si le « civisme fiscal classique » suppose la confiance du contribuable dans le processus politique de décision fiscale, le « nouveau civisme fiscal » procède, quant à lui, de rapports de confiance mutuelle entre les contribuables et l'administration. La légitimité de l'impôt repose alors sur un double consentement. À la légitimité politique est venue s'ajouter une autre légitimité, une légitimité gestionnaire, avec cette fois pour objectif un consentement direct du citoyen-client à l'application de la loi fiscale favorisé

[1] Décret du 16 avril 1948 abrogé par celui (n° 2008-310) du 3 avril 2008 fusionnant la Direction générale des impôts et la Direction générale de la comptabilité publique au sein de la Direction générale des finances publiques.

par l'attitude de l'administration fiscale ainsi que par la bonne qualité des services rendus par le secteur public. On assiste ainsi à la cohabitation de légitimités qui relèvent d'époques et de mondes différents. Il en résulte une vraie fragilité d'autant que l'ensemble repose sur un imaginaire fiscal lui-même fragile.

• L'ALGORITHME ET L'EXPERT CONTRE LE CITOYEN/CONTRIBUABLE ?

Dans la mesure où la légitimité de la prise de décision fiscale repose sur le principe selon lequel le Parlement est le centre ultime du pouvoir, on a longtemps mesuré la portée de ce pouvoir au regard de l'étendue du droit d'initiative accordé aux élus. Il faut toutefois rappeler, on l'a vu, que ce processus de décision est toujours resté cantonné dans le cadre d'un partage de compétences entre l'exécutif et le législatif. C'est ce partage qui, d'une part a structuré la prise de décision jusqu'à aujourd'hui, et qui, d'autre part, a pu laisser penser que les seuls protagonistes du jeu de pouvoirs en matière fiscale étaient le gouvernement et le parlement étant cependant entendu que le citoyen constitue la base de l'architecture démocratique.

Toutefois, si cette construction continue de focaliser l'attention, une autre catégorie d'acteurs a pris une importance sans cesse grandissante, portée par une culture de gestion en pleine expansion, on veut dire les experts.

Un regard attentif porté sur les réformes des systèmes financiers publics de ces quarante dernières années conduit en effet à estimer que ceux-ci constituent le socle sur lequel s'installe une nouvelle gouvernance financière publique susceptible de modifier le schéma politique traditionnel et opposant à la légitimité politique, celle du suffrage populaire, une légitimité gestionnaire, celle de la performance, ouvertement ou implicitement posée comme la condition nécessaire à la soutenabilité des finances publiques. Cette évolution est par ailleurs amplifiée par la mise en place de systèmes automatisés de gestion et de décision. Son aboutissement s'incarne progressivement dans des dispositifs visant à instaurer un contrôle cybernétique[1] des finances publiques. Il faut y voir, outre une rationalisation de la gestion par les algorithmes, l'expression d'une perte de confiance, voire d'une certaine méfiance dans la classe politique. Il faut souligner que si le crédit reconnu aux experts pour décider de la chose publique avec professionnalisme n'est pas nouveau[2] et concerne le champ politique dans son ensemble[3], le cadre dans lequel leur

---

[1] *Cf.* M. BOUVIER, Cybernétique financière et fin du politique in « Mutations des finances publiques et crise du pouvoir politique ? », *Revue Française de Finances Publiques*, n° 79-2002. ; « Vers une cybernétique financière publique ? » *in Alternatives économiques*, n° 240-2005. Également, « Utopie technicienne et cybernétique financière publique », *RFFP* 2015, n° 129.

[2] L'idée est, on le sait, présente depuis l'Antiquité.

[3] Et notamment la confection de la loi ; *Cf.* sur ce sujet : L.-A. BOUVIER, *Le Conseil d'État et la confection de la loi,* Lextenso-LGDJ,2015.

intervention se développe, celui de la mondialisation et des nouvelles technologies, du numérique, lui confère une force et des caractéristiques complètement inédites.

Au total, le cadre actuel de la fiscalité est celui d'un système de décision et de gestion au sein duquel cohabitent des acteurs qui relèvent d'époques et de mondes différents. Ce faisant, y coexistent, voire s'y confrontent deux conceptions dont la nature est à première vue diamétralement différente ; d'un côté une logique politique ancienne, qui procède de la tradition démocratique et qui privilégie dans l'organisation et le fonctionnement du pouvoir financier la capacité politique, c'est-à-dire celle des représentants des citoyens. Lui fait face une logique de gestion qui répond, quant à elle, à des impératifs économiques et qui met en avant le citoyen-client et l'expertise technique[1]. On ne doit pas s'y tromper. C'est de la manière dont il sera répondu à cet enjeu que dépend l'avenir de l'alliance citoyen/contribuable, voire l'avenir de la citoyenneté, et plus exactement, sachant la fascination que suscitent les automates, les formes que la démocratie sera conduite à épouser.

Il se dessine ainsi progressivement la fin d'une certaine façon de concevoir le rôle de la classe politique et la nature du rapport citoyen/contribuable. Un dispositif déterminé par une intelligence artificielle non maîtrisée présente le risque de déboucher sur une remise en cause du consentement de l'impôt en instituant une autorégulation du système fiscal.

On peut voir là une défiance vis-à-vis des acteurs concernés, politiques et gestionnaires et parallèlement une avancée vers la perfection des décisions car le processus aboutit à les faire échapper aux aléas des faiblesses humaines. Finalement, c'est le consentement implicite à l'impôt, et par conséquent l'impôt lui-même, qui pourrait, malgré son enracinement dans les profondeurs de l'Histoire, être balayé par la conjugaison de l'intelligence artificielle et de la marchandisation des services publics. Autrement dit le contribuable serait alors définitivement éliminé par le client.

---

[1] *Cf.* M. BOUVIER, « Experts et politiques face à la gouvernance des sociétés complexes », *in Constitution et finances publiques*, Études en l'honneur de Loïc Philip, Economica, 2005.

INTERET FINANCIER ET VALORISATION A PROPOS DU PATRIMOINE IMMATERIEL DES PERSONNES PUBLIQUES

Catherine BLAIZOT-HAZARD

Maître de Conférences à l'université de Rouen

Responsable de l'axe « Nouvelles technologies » du Centre Universitaire Rouennais d'Etudes Juridiques.

INTRODUCTION

Valorisation et immatérialité des actifs ont fait l'objet d'une stratégie consubstantielle depuis les années 1980. Cette réflexion, finalisée par le rapport de la Commission sur l'économie de l'immatériel de 2006[1], conduisit le Premier ministre, dans sa circulaire du 27 avril 2007[2], à clairement établir un lien particulièrement fort entre valorisation et immatériel, identifiant : « … *la valorisation des biens immatériels comme l'un des facteurs de croissance les plus prometteurs de notre économie* ». A cette fin, il a estimé nécessaire de demander aux ministres, outre un recensement des actifs, « …*de mettre en place une stratégie de valorisation du patrimoine immatériel…* ». La notion de valorisation n'est cependant pas définie.

Deux décrets de 2009[3] posèrent les règles relatives à la valorisation du patrimoine immatériel de l'Etat : Brevets, Certificats d'obtention végétale, Marques, droits d'auteur (bases de données notamment), licences, images, droits d'accès[4]. Ce mouvement perdure, puisque la protection des dénominations publiques a encore été renforcée récemment[5].

Dans ce contexte de valorisation active de ce patrimoine immatériel, l'Etat a créé l'agence du patrimoine immatériel de l'Etat, service à compétence nationale du Ministre de l'économie. L'APIE ne définit pas plus la notion de valorisation qu'elle emploie pourtant pour définir sa mission : « *promouvoir une gestion optimisée des actifs immatériels publics et accompagner les stratégies*

---

[1] Rapport M. LEVY et J.P. JOUYET, *L'économie de l'immatériel : la croissance de demain*, Doc. Fr., 2006.

[2] Circulaire du 18 avril 2007 relative à la gestion des actifs immatériels de l'Etat, *JORF*, 27 avril 2007 page 7490, texte. n°2

[3] Décret n°2009-151 du 10 février 2009 relatif à la rémunération de certains services rendus par l'Etat consistant en une valorisation de son patrimoine immatériel ; décret N°2009-157 du 10 février 2009 portant attribution de produits aux budgets des ministères concernés en application du décret N°20096151 du 10 février 2009 relatif à la rémunération de certains services rendus par l'Etat consistant en une valorisation de son patrimoine immatériel, *J.O.*, 12 février 2009, p. 2505 et 2518.

[4] *cf.* art 2 décret 2009-151 pour l'énumération des prestations de valorisation.

[5] *Cf.*, Ordonnance N°2019-1169 du 13 novembre 2019 relative aux marques de produits ou de services. Celle-ci a modifié plusieurs articles du Code de la propriété intellectuelle au profit des personnes publiques.

de valorisation de ce patrimoine **».** Le Premier Ministre a employé le terme de patrimoine qu'il convient donc de valoriser[1], terme employé également pour la dénomination de l'agence nouvellement créée.

Parallèlement, la logique de la réflexion sur la valorisation, a été respectée lorsque le code général de la propriété des personnes publiques, (CGPPP) ? entré en vigueur le 1er juillet 2006, par son intitulé même, a consacré le droit de propriété de celles-ci[2]. Les articles L.1 et L.2 1 du Code déterminent, en effet, un champ d'application conduisant à un rapprochement avec la notion privatiste de patrimoine : « *Le présent code s'applique aux biens et aux droits, à caractère mobilier ou immobilier, appartenant* » aux personnes publiques. »[3]. Le domaine public ne fait plus l'objet que d'une partie des dispositions du Code[4] pour un régime particulier applicable à certaines propriétés des personnes publiques qui reçoivent une affectation au public ou au service public[5].

Mais le CGPPP n'a pas explicité ce qu'il fallait entendre par propriété des personnes publiques, ni surtout le patrimoine immatériel de celles-ci qui n'y est même pas cité. Constatons, de plus, que l'article L.1 du code général de la propriété des personnes publiques ne semble pas s'opposer à l'inclusion dans les propriétés publiques du patrimoine immatériel, même s'il ne le fait pas expressément. La doctrine et le Conseil d'Etat considèrent généralement que ce

---

[1] *Cf. supra.*

[2] Adopté par l'ord. N°2006-460 du 21 avril 2006.

[3] Le code du Patrimoine ne nous est d'aucun secours. L'article 1 du Code du patrimoine définit le patrimoine celui-ci comme recouvrant « l'ensemble des biens, immobiliers ou mobiliers, relevant de la propriété publique ou privée, qui présentent un intérêt historique, artistique, archéologique, esthétique, scientifique ou technique. Il s'entend également des éléments du patrimoine culturel immatériel, au sens de l'article 2 de la convention internationale pour la sauvegarde du patrimoine culturel immatériel, adoptée à Paris le 17 octobre 2003.Il ne s'agit pas ici de la conception privatiste ni de celles, successives en droit public de domaine ou de propriété. L'intégration dans le Patrimoine est liée à un intérêt culturel et non à une appropriation. La mention de la convention de Paris le prouve encore.

[4] (CE, 16 juillet 1909, Ville de Paris c. Compagnie des chemins de fer d'Orléans, *Rec.* p. 114), et Y. Gaudemet, *Traité de droit administratif*, LGDJ, t. 2, p.14 ; J. Dufau, « Propriété publique et domanialité publique », *AJDA*, 2012, p. 1381. Contra, P. DELVOLVÉ, « Ce n'est pas un CGPPP qu'il fallait adopter, ni même un code de la propriété publique, mais un code du domaine », 26, Le CGPPP-Regard extérieur sur le code, *RFDA*, 2006, p. 899s.

[5]Aujourd'hui, hormis la qualification légale[10], deux critères permettent, au regard du code général de la propriété des personnes publiques (art. L. 2111-1) d'identifier un bien du domaine public :

- Un critère organique : le bien doit appartenir à une personne publique
- Un critère fonctionnel

soit être affecté à l'usage direct du public,
soit être affecté à un service public. Dans ce cas, ils doivent avoir fait l'objet d'un «aménagement indispensable à l'exécution des missions de ce service public ».

patrimoine ressortit au domaine privé des personnes publiques[1] sauf exception législatives[2].

La même continuité de pensée se retrouve lors de la réforme de la Constitution en 2008[3], avec la rédaction de l'art 47 §2 qui dispose désormais, à propos des missions de la Cour des Comptes : « Les comptes des administrations publiques sont réguliers et sincères. Ils donnent une image fidèle du résultat de leur gestion, de leur patrimoine et de leur situation financière. ».

Si le terme de « valorisation » n'est pas employé, celui de patrimoine l'est, quasiment accolé avec celui de « situation financière ».

Si le patrimoine des personnes publiques ne fait pas l'objet d'une définition conceptuelle, le Conseil constitutionnel a déjà conféré au droit de propriété des personnes publiques une valeur constitutionnelle en l'assimilant au droit de propriété d'un individu, employant également le terme de patrimoine[4]. A ce titre, « *le droit de disposer librement de son patrimoine [...] est un attribut essentiel du droit de propriété* »[5].

C'est donc bien le droit de propriété de l'État qui justifie cette valorisation économique du patrimoine immatériel.

Aujourd'hui, les collectivités territoriales (et leurs établissements publics), également propriétaires d'actifs immatériels, sont également concernées par cette réflexion et cette politique affichée de leur valorisation, par exemple, avec l'exploitation de noms comme « Paris », « St Tropez », etc. ou les données qu'elles peuvent détenir[6].

A la fin des années 2000, la cause semble entendue : les personnes publiques sont propriétaires d'actifs immatériels valorisables. Le terme de patrimoine est souvent employé comme synonyme de propriété.

Or, dans la conception doctrinale classique du patrimoine, celui-ci se définit comme « l'ensemble des biens et des obligations d'une personne (c'est-à-dire de ses droits et charges appréciables en argent) ... »[7]. Si l'appréciation en argent

---

[1] *Cf.* C. BLAIZOT-HAZARD, thèse précitée p. ; Y. GAUDEMET, *Droit administratif des biens*, Paris, LGDJ, 13eéd., 2008, p. 321-322. CE, 23 mars 1960, *Société Spiesshofer et Braun*, n°46221, *Rec.* p. 215.

[2] Article L.2111-17 du CGPPP.

[3] Loi constitutionnelle de modernisation des institutions de la Ve République, N°2008-724 du 23 juillet 2008,
JORF, 24 juillet 2008, p. 11890, texte 2.

[4] Cons. const. , 26 juin 1986, N°86-207 DC, *rec.* Cons. Const. 61.

[5] Conseil constitutionnel, décision n° 1998-103 DC du 29 juillet 1998.

[6] Cf. C. BLAIZOT-HAZARD, Données publiques et patrimoine immatériel, in *Circulation des données et propriétés intellectuelles*, Colloque IRPI, Paris 2, Paris, 26 septembre 2018, à paraître in coll. IRPI.

[7] G. CORNU, *Vocabulaire juridique*, Association H. Capitant, *PUF,* « quadrige », Référence, Paris, 3e édition, 2002, p. 636.

est le critère de la patrimonialité en droit privé classique, il convient de s'interroger sur la valorisation patrimoniale des actifs immatériels publics : celle-ci est-elle effectuée dans un intérêt financier, alignant ainsi patrimoine et valorisation ou bien dans un intérêt non financier, dissociant les deux notions, manifestant l'autonomie du droit public sur ce point ?

Les exemples retenus ci-dessous démontrent que si certains relèvent du principe d'une valorisation financière (I), les seconds n'y obéissent que par exception (II).

I- LE PRINCIPE DE LA VALORISATION FINANCIERE

Les personnes publiques peuvent valoriser en exploitant, certes de manière raisonnable, mais en exploitant[1], avec toute la connotation financière, qui sous-tend cette notion. Le Conseil d'Etat avait déjà jugé que le patrimoine, même immatériel, pouvait être affecté à un service public[2] même à une époque où le code des propriétés publiques n'existait pas et où la notion de domaine avait encore sa prévalence[3].

Au regard de certains droits ou biens, les personnes publiques recherchent leur valorisation financière par principe. Il en est ainsi de leurs droits de propriété intellectuelle.

Avant la Révolution déjà, le domaine de la Couronne était composé de biens et de droits extrêmement divers, y compris incorporels, tels que les privilèges dispensés par le Roi pour diffuser les œuvres de l'esprit ou encore les charges et offices qui étaient vénaux. La Nation s'est substituée à la Couronne, mais elle a conservé un large patrimoine incorporel et l'a étendu ; il en va ainsi de la propriété littéraire et artistique de la Nation sur le dictionnaire, reconnue par la Cour de cassation dans un arrêt du 7 prairial an XI[4].

Le Conseil d'Etat, d'abord, dans sa fonction consultative, avait admis la titularité initiale de droits de propriété intellectuelle par les personnes publiques[5], avant de le faire dans sa fonction contentieuse. Dans son arrêt *Direct*

---

[1] Sous réserve du respect de la liberté du commerce et de l'industrie et du droit de la concurrence, CE sect, 3 novembre 1997, *Société Million et Marais*, *Rec.* p. 406.

[2] CE, 17 décembre 1997, *Ordre des avocats à la Cour de Paris*, n°181611, Rec. p. 491.

[3] Décret n°2011-194 du 21 février 2011 portant création d'une mission « Etalab » chargée de la création d'un portail unique interministériel des données publiques, décret n°2011-577 du 26 mai 2011 relatif à la réutilisation des informations publiques détenues par l'Etat et ses établissements publics administratifs ; circulaire du 26 mai 2011 relative à la création du portail unique des informations publiques de l'Etat « data.gouv.fr » par la mission « Etalab » et l'application des dispositions régissant le droit de réutilisation des informations publiques.

[4] Cass., 7 prairial an XI, *Bossange c. Monardier*, Recueil général des lois et des arrêts, Paris, Sirey, première série, 1791-1830, 1791, an XII, I, p. 806.

[5] Avis du 14 mars 1958, Département du Var et OFRATEME du 21 novembre 1972, cf. C. BLAIZOT-HAZARD, thèse précitée, p. 31à 35.

Mail Promotion, de 1996, il évoque ainsi la perception par l'administration de « droits privatifs » relevant de la propriété intellectuelle[1].

La titularité initiale ou dérivée des personnes publiques est reconnue aujourd'hui de manière indiscutable[2] et le droit de propriété intellectuelle comme un véritable droit de propriété[3]. L'absence de définition générale de la notion de patrimoine immatériel n'a pas empêché que l'Etat français cède aux Emirats Arabes Unis le droit d'utiliser, pendant une durée déterminée et avec une contrepartie financière, le nom et la marque « Louvre » et « Musée du Louvre » et qu'il autorise des transferts de savoir-faire, en vue de la réalisation d'un musée à Abou Dabi.

Par un arrêt *Société Direct Mail Promotion* de 1996[4]déjà évoqué, le Conseil d'Etat avait jugé que le calcul de la redevance pour service rendu pouvait légalement inclure, compte tenu de la nature du produit vendu par l'INSEE – il s'agissait de bases de données –, des droits relevant de la propriété intellectuelle. Implicitement, il avait donc admis que la redevance pouvait excéder le seul coût du service, celle-ci ne devant toutefois pas avoir un caractère manifestement disproportionné[5]. Ainsi, par une décision *Société CEGEDIM* du 24 juillet 2006 (n°247769, Rec. p. 759), après avoir relevé que les tarifs en cause, incluant les droits relevant de la propriété intellectuelle, pouvaient conduire l'INSEE à faire des profits, le Conseil d'Etat avait jugé que les droits relevant de la propriété intellectuelle et artistique ne doivent pas conduire l'opérateur public à réaliser des profits d'un montant manifestement disproportionné.

Par une autre décision du 16 juillet 2007, le Conseil d'Etat a encore précisé que le respect de la règle d'équivalence entre le tarif d'une redevance et la valeur de la prestation ou du service pouvait être assuré non seulement en retenant le prix de revient de ce dernier, mais aussi, en fonction des caractéristiques du service, en tenant compte de la valeur économique de la prestation pour son bénéficiaire[6]. Ce qui implique le dépassement du simple coût de revient et une

---

[1] CE, ass., 10 juillet 1996, *Société Direct Mail Promotion*, Rec. p. 277 ; concl. M. Denis-Linton, *RFDA*, 1997, p. 115 ; note H. Maisl, *AJDA*, 1997, p. 191.

[2] « Depuis quelques années, le patrimoine immatériel fait l'objet d'une redécouverte, alors qu'il a toujours constitué une part importante du patrimoine des personnes publiques », J.M. Sauvé, introduction, Le patrimoine immatériel des personnes publiques, colloque ENA, 16 mars 2012.

[3] Cf. C. BLAIZOT-HAZARD, *Les droits de propriété intellectuelle des personnes publiques en droit français*,
« Bibliothèque de droit public », LGDJ-PUR, 1991, Pref. P. Delvolvé.

[4] CE, ass., 10 juillet 1996, *Société Direct Mail Promotion*, Rec. p. 277 ; concl. M. DENIS-LINTON, *RFDA*, 1997, p. 115 ; note H. Maisl, *AJDA*, 1997, p. 191

[5] (CE, 24 juillet 2006, Société CEGEDIM, N°247769, *rec.*, p. 759).

[6] CE, ass., 16 juillet 2007, *Syndicat national de défense de l'exercice libéral de la médecine à l'hôpital et Syndicat national de chirurgie plastique reconstructrice et esthétique*, n°293229 et 293254, Rec. p. 349.

certaine approche « commerciale » au regard de l'intérêt ressenti par le cocontractant.

Dans le cadre de la valorisation de leurs droits de propriété intellectuelle, les personnes publiques peuvent ainsi poursuivre un intérêt financier évoqué supra, qui n'est pas de rentabilité ou de recherche de bénéfice mais, cependant, un intérêt financier.

Dans d'autres cas, les personnes publiques recherchent une valorisation extra financière des biens et droits qu'elles peuvent détenir, allant même jusqu'à renoncer à la titularité sur certains ou à la jouissance partielle des droits dont elles sont titulaires.

II- L'EXCEPTION DE VALORISATION FINANCIÈRE

A- L'IMAGE DES BIENS DES DOMAINES NATIONAUX

L'article L. 621-42 créé par la Loi n° 2016-925 du 7 juillet 2016 relative à la liberté de la création, à l'architecture et au patrimoine[1], dite loi CAP, dispose que « *l'utilisation à des fins commerciales de l'image des immeubles qui constituent les domaines nationaux, sur tout support, est soumise à l'autorisation préalable du gestionnaire de la partie concernée du domaine national. Cette autorisation peut prendre la forme d'un acte unilatéral ou d'un contrat, assorti ou non de conditions financières* ».

La redevance *tient compte des avantages de toute nature procurés au titulaire de l'autorisation.*

L'autorisation mentionnée au premier alinéa n'est pas requise lorsque l'image est utilisée dans le cadre de l'exercice de missions de service public ou à des fins culturelles, artistiques, pédagogiques, d'enseignement, de recherche, d'information et d'illustration de l'actualité.

Un décret en Conseil d'Etat définit les modalités d'application du présent article.[2] »

Cette permission d'exploitation patrimoniale du patrimoine immatériel des biens du domaine est, ainsi, très limitée quant à son champ d'application puisqu'elle ne s'applique qu'aux domaines nationaux, c'est-à-dire au Domaine de Chambord, au Domaine du Louvre et des Tuileries, au Domaine de Pau, au

---

[2] JORF n°0158 du 8 juillet 2016 texte n°1

[2] L'article R621-100, issu du décret n°2017-720 du 2 mai 2017 est très clair quant aux possibilités d'exploitation patrimoniale de l'image : « Les conditions financières de l'utilisation commerciale de l'image d'éléments des domaines nationaux appartenant à l'Etat et confiés à un établissement public sont fixées par l'autorité compétente de l'établissement. Dans les autres cas, le préfet fixe les conditions financières des actes unilatéraux ou contrats relatifs à l'utilisation à des fins commerciales de l'image des biens appartenant à l'Etat qui sont inclus dans le périmètre d'un domaine national. »

Château d'Angers, au Palais de l'Elysée, au Palais du Rhin[1]. Ce qui induit qu'il s'agit ici d'une exception quant à l'exploitation de l'image des biens appartenant aux personnes publiques.

Le Conseil d'Etat avait renvoyé une QPC relative à l'article L. 621-42 du Code du patrimoine au Conseil constitutionnel[2]. Celui-ci a considéré que l'article était conforme à la Constitution du fait des exigences constitutionnelles de protection du domaine public, et ceci en assortissant son autorisation de conditions, même financières[3].

Ceci s'explique par la genèse de l'article L621-42, fruit d'un amendement pendant la discussion de la loi Cap alors que l'affaire du domaine de Chambord était pendante devant le Conseil d'Etat. En l'espèce, la société, Les brasseries de Kronenbourg, avait demandé l'annulation de titres exécutoires émis à son encontre par EPDN Chambord pour la prise de photographies à fin publicitaire pour la bière « 1664 »[4].

Antérieurement aux faits de l'espèce, le Conseil d'Etat considérait que la captation de l'image d'un tableau était une utilisation privative du domaine public mobilier[5].

Le Conseil d'Etat a opéré un revirement sur cette question dans sa décision d'assemblée du 13 avril 2018[6] considérant que les images des immeubles du domaine public ne relèvent ni du CGPPP ni *a fortiori* du domaine public (ne résultent pas des biens mentionnés) ; il ne s'agit ni d'un bien, ni d'un droit ni d'une utilisation privative du domaine public, les personnes publiques n'ont donc pas de droit exclusif sur l'image de leurs biens.

Il y aura donc désormais un hiatus entre les images des domaines nationaux et les autres, les premiers, peu nombreux, relevant d'un régime permettant la valorisation financière de leur image, élément de leur patrimoine immatériel. Un autre régime fait place à l'exception financière de valorisation.

B- Droit de réutilisation des données publiques.

Les dispositions législatives comme règlementaires ne se sont jamais intéressées aux données publiques en tant que telles, mais de manière indirecte quant à la mise en œuvre du droit d'accès aux documents administratifs et dans le cadre des relations inter-administratives. Elles n'ont jamais posé de définition de la « donnée publique ». Son identification révèle une certaine hétérogénéité: une donnée publique peut être un document ou non, une information ou non,

---

[1]Article R621-98 al. 1 tel qu'il est issu du décret n°2017-720 du 2 mai 2017.
[2](CE, 25 octobre 2017, 411005, *AJDA*, 2017, p. 2103).
[3]CC, 2 février 2019, n°2017-687-QPC, *AJDA*, 2018, p. 247).
[4]L'art. est dans la lignée de (CAA Nantes, 16 décembre 2015, N°12T01190, *AJDA*, 2015, p. 2464).
[5](CE, 29 octobre 2012, Cne de Tours, 341173, JCP, A, N°50, p. 2390).
[6](CE, Ass., 13 avril 2018, 397047, EP du dom nat de Chambord, *AJDA*, 2018, p. 823 ; RFDA, 2018, p. 461).

peut-être une donnée personnelle ou non, et surtout peut être réutilisée ou non en fonction des dispositions du Titre 2 du livre III du CRPA sur la réutilisation des informations publiques.

Toutes ces dispositions, issues de la loi du 16 octobre 2016 pour une République numérique[1], sont désormais codifiées au sein du Code des relations entre le public et l'administration (CRPA) au titre II du livre III[2].

Dans la perspective de faire naître des initiatives innovantes, créatrices de richesses économiques[3] du secteur privé, le socle normatif pose aujourd'hui l'établissement du principe d'un droit à réutilisation libre des données publiques[4]. Le champ d'application du droit de réutilisation recouvre des données ou plus particulièrement certaines informations publiques exclues d'appropriation, donc d'appartenance au patrimoine des personnes publiques[5].

Dans le continuum de l'ouverture des données à toute personne, le principe de gratuité, issu de la loi n°2017-331 du 14 mars 2017 relative au service public de mise à disposition des données de référence, loi de transposition de la directive 2013 / 37 /UE du Parlement et du Conseil du 26 juin 2013 concernant la réutilisation des informations du secteur public (dite directive PSI, *Public sector information directive*) a été codifié à l'article L324-1 al. 1 : « *La réutilisation d'informations publiques est gratuite.* ».

Avec le droit de libre réutilisation, les droits de propriété intellectuelle sur les données publiques, comme par exemple celles qui portent sur les bases de données, éléments du patrimoine immatériel des personnes publiques, se voient privés de leurs droits pécuniaires par principe ou limités dans leur exploitation. De même, les droits moraux de divulgation et de repentir et retrait sont niés.

Deux exceptions permettent aux personnes publiques d'obtenir une redevance sur l'exploitation de leurs données[6].

1. L'al. 2 de l'article L. 324-1 dispose donc aussitôt : « *Toutefois, les administrations ... peuvent établir une redevance de réutilisation lorsqu'elles sont tenues de couvrir par des recettes propres une part substantielle des coûts liés à l'accomplissement de leurs missions de service public.* » La part

---

[1] Dite « loi Lemaire », *JORF*, n°0235 du 8 octobre 2016, texte 1.

[2] Ordonnance n°2016-307 du 16 mars 2016 portant codification des dispositions relatives à la réutilisation des informations publiques dans le code des relations entre le public et l'administration, *JORF* n°0066 du 18 mars 2016, texte n° 2.

[3] *Les enjeux de l'open data, dossier AJDA 2016. 79*

[4] Ce principe a un triple champ d'application : 1& art. L. 321-1 al. 1 CRPA : les informations publiques issues des documents divulgués ; 2& art. L. 321-3 CRPA : les bases de données de l'art L. 312-1-1 pour les missions de SPA ; 3& art. L. 321-4 CRPA : les données de référence dont la mise à disposition constitue une mission de service public.

[5]Conseil national du Numérique, *Ambition numérique, Pour une politique française et européenne de la transition numérique*, 2015, https://cnnumerique.fr/nos-travaux/ambition-numerique, p. 276

[6] Si redevance il y a, se pose également la question de l'assortir d'un droit d'exclusivité.

substantielle en question a été précisée dans l'article R324-4-1 : « *Sont seuls autorisés à établir des redevances de réutilisation les services dont l'activité principale consiste en la collecte, la production, la mise à disposition ou la diffusion d'informations publiques, lorsque la couverture des coûts liés à cette activité principale est assurée à moins de 75 % par des recettes fiscales, des dotations ou des subventions.* » Il est remarquable que le seuil ait été très nettement fixé au-delà de que demandaient les administrations, Une liste des administrations admises à solliciter une redevance est déterminée par décret. Le critère de l'origine des ressources budgétaires, pourtant objectif, ne suffit donc pas (art. L. 324-4 al.2). Pour éviter toute subjectivité, erreur d'appréciation ou doutes, les informations contenues dans des documents produits ou reçus par l'Etat et ses établissements publics administratifs, susceptibles de donner lieu à redevance seront aussi listées par décret (art L. 324-5), liste révisée tous les ans et qui a fait l'objet de dispositions décrétales (art. D. 324-5-1).

La redevance ne peut que couvrir le « prix coutant » du service public : « *Le produit total du montant de cette redevance, évalué sur une période comptable appropriée, ne dépasse pas le montant total des coûts liés à la collecte, à la production, à la mise à la disposition du public ou à la diffusion de leurs informations publiques.* » (art. L. 342-1 al. 3). Ces deux éléments du régime relatif à la redevance démontrent le souhait de ne pas donner prise à des accusations d'entrave à la concurrence. Cette exception en comprend elle-même une qui concerne la réutilisation des informations publiques produites par le service statistique public (art. L 324- 6).

2- A cette principale exception au principe de réutilisation gratuite des données publiques s'ajoute une seconde, optionnelle, lorsqu'elle porte sur « *des informations issues des opérations de numérisation des fonds et des collections des bibliothèques, y compris des bibliothèques universitaires, des musées et des archives, et, le cas échéant, sur des informations qui y sont associées lorsque ces dernières sont commercialisées conjointement. Le produit total du montant de cette redevance, évalué sur une période comptable appropriée, ne dépasse pas le montant total des coûts de collecte, de production, de mise à disposition ou de diffusion, de conservation de leurs informations et d'acquisition des droits de propriété intellectuelle.* » (art L. 324-2).

Les acteurs culturels possèdent de nombreuses données qui, par ailleurs ont une grande valeur en termes de création de nouveaux services. Or, la loi de 1978, qui impose l'accessibilité de l'information publique pose le principe d'une exception pour les données issues de la culture, de l'enseignement et de la recherche. Le choix d'ouvrir ou non ses données revient donc à chaque institution culturelle publique dans la mesure où il n'existe pas d'obligation. Cette « exception culturelle » est une des raisons pour lesquelles la culture reste encore peu représentée dans le mouvement d'ouverture des données.

L'exception rendant la licence de réutilisation onéreuse (cf. supra) n'est donc en rien liée aux droits de propriété détenus par les personnes publiques, à un quelconque élément patrimonial. Elle ne peut être justifiée que par la nécessité de couvrir au moins 25% des ressources budgétaires à prix coutant. Ces considérations d'établissement du caractère gratuit ou onéreux de la licence sont étrangères à celles qui devraient gouverner l'exploitation du patrimoine immatériel des personnes publiques.

La valorisation pour laquelle l'intérêt s'est développé ces dernières décennies, érigée en nouvelle mission de service public, n'a jamais été définie par le droit positif.

Elle laisse ainsi la place soit à une valorisation financière atténuée, qui ne se réduit pas à la conception patrimoniale du droit privé classique, soit à une valorisation extra-financière, à l'encontre de la conception patrimoniale du droit privé classique.

Valorisation et patrimoine des personnes publiques relèvent ainsi de deux acceptions autonomes en droit public. Au-delà, elle renvoie à deux appréhensions différentes de l'intérêt général.

LES METROPOLES, OBJET BUDGETAIRE ET FISCAL IDENTIFIE ?

Gilbert ORSONI,

Professeur émérite à l'Université d'Aix-Marseille.

Doyen honoraire

INTRODUCTION

Emergence et consécration des métropoles.

Nul ne niera une mode du phénomène métropolitain. Tout semblerait même avoir été dit, quand on ne se situerait encore que dans les commencements, du moins au regard d'évolutions institutionnelles manifestement inachevées. Ne serait-ce que parce que ce concept émergeant, sinon émergé, connaît, sous son angle institutionnel _ et financier _ une mise en œuvre diversifiée.

Un concept émergé.

Le phénomène métropolitain, souvent relié à la mondialisation, a acquis, ces dernières décennies, une place majeure. Avec, pour principales caractéristiques, dans un contexte de territorialisation croissante des politiques publiques et de reconnaissance juridique et institutionnelle, le développement d'aires urbaines, l'attractivité économique et culturelle de ces pôles, leur visibilité internationale.

Ce phénomène est d'autant plus majeur que s'est introduite l'idée, dans beaucoup d'esprits, qu'elles sont vectrices de réussite économique et que, précisément, cette économie de plus en plus mondialisée, se construit et s'épanouit largement autour d'elles[1]. Ce qui n'exclut nullement par ailleurs le rôle de grands ensembles en difficile structuration politique, telle l'Union européenne et celui, toujours essentiel, des Etats (*cf.* le capitalisme d'Etat porté par la Chine).

Autrement dit, la dynamique territoriale, dont les métropoles, rouage essentiel, n'ont pas le monopole, jouent un rôle privilégié dans le développement des économies d'échanges contemporaines. De telles dynamiques[2] dépassent le cadre purement institutionnel de la gouvernance des administrations publiques locales, ce qui n'empêche pas que les métropoles puissent se voir juridiquement définies depuis 2010 comme outil de

---

[1] Ce qui, à certains égards, paraît renvoyer à l'époque médiévale où certaines villes pouvaient être jugées « acteurs dominants » de « l'économie-monde de l'époque » et développant, à partir de là, un rôle politique majeur (Gênes, Venise, les républiques hanséatiques) (Outre la référence inévitable à Fernand Braudel, cf. Jacques Mistral, *La science de la richesse*, Gallimard, 2019, p. 99).

[2] Cf. J.F. BRISSON, *La territorialisation des politiques publiques, RFFP*, n° 129, 2015, p. 7.

gouvernance d'une aire urbaine[1] (même si l'expression n'est pas utilisée nous trouvons son équivalent dans la formule « *plusieurs communes d'un seul tenant et sans enclave* » [2]tout en connaissant de nombreuses évolutions en termes d'approche et donc aussi de contenu.

Bref, on ne saurait confondre les métropoles, phénomène socio-économique, sinon culturel et les métropoles mises en place institutionnellement par les lois de 2010, MAPTAM et NOTRe. Même si l'idéal serait le plus possible de rapprocher les secondes des premières. De nouvelles évolutions, qui plus est, étant encore à venir, même si la perspective fusionnelle d'avec le département (*cf.* la Métropole Aix-Marseille-Provence) relève davantage du mécano institutionnel que des prolégomènes socio-économiques déjà évoqués.

Une mise en œuvre diversifiée.

Si plusieurs illustrations pourraient être envisagées (au regard par exemple de l'articulation communes/EPCI), nous retiendrons prioritairement, dans cet hommage au professeur Eloi Diarra, sa dimension financière et fiscale. Laquelle montrera, hors l'exemple du Grand Paris que nous avons choisi d'ignorer (compte tenu des limites de l'exercice et du fait aussi de spécificités qui eussent mérité une étude exclusive) une sensible diversification. Se conjuguent en effet la prise en considération d'un nécessaire et inévitable socle commun, mais aussi la prise en compte, à l'image du Grand Lyon et d'Aix-Marseille-Provence, de particularismes manifestes, lesquels peuvent également se trouver exacerbés par des traditions ancrées de rivalités locales accentuées d'un contexte politique parfois éruptif. Ce qui implique que l'on doive tout à la fois, car telle est l'ambiguïté du phénomène métropolitain tel qu'il se développe en France pour l'instant, rechercher leur socle commun et procéder au constat comme à l'affirmation de spécificités reconnues.

I- LA RECHERCHE D'UN SOCLE COMMUN

Un tel socle commun, avant de pouvoir être décliné dans le domaine financier et fiscal, doit d'abord l'être en termes institutionnels.

A- LA MISE EN PLACE D'UN SOCLE INSTITUTIONNEL.

Il a été posé successivement par les lois n° 2010-1563 du 16 décembre 2010 et n° 2014-58 du 27 janvier 2014, sachant que, d'emblée, le statut de la nouvelle entité se range dans la catégorie des établissements publics de coopération intercommunale (EPCI), le choix initial se situant en retrait des propositions émanant du rapport Balladur 2009[3], lequel proposait l'accession au statut de

[1] Dont la dimension se réduira au fil des législations.

[2] Et même si la définition donnée par l'article L. 5217-1 du Code Général des Collectivités Territoriales (CGCT) définit très largement cet espace au travers des fonctions qui seront les siennes « élaborer et conduire ensemble un projet d'aménagement et de développement économique, écologique, éducatif, culturel et social de leur territoire... ».

[3] Rapport Balladur, « *Il est temps de décider* », 5 mars 1989, La Documentation française, pp. 77 et s.

collectivité territoriale (statut qui sera ultérieurement accordé, cf. *infra*, à la métropole de Lyon et qui demeure pour l'instant en devenir s'agissant de la métropole Aix-Marseille-Provence).

Dans le cadre de ce droit commun, la loi MAPTAM du 27 janvier 2014 avait déjà assoupli les conditions d'accès au statut métropolitain par la diminution de 500 000 à 400 000 habitants de l'ensemble urbain concerné dans une aire urbaine elle-même de 650 000 habitants, est fixé par les articles L. 5217-1 et suivants du CGCT, tandis qu'en outre, (art. L. 5217-1, al. 3 à 5) sous réserve d'un accord des deux tiers au moins des conseils municipaux représentant plus de la moitié de la population des communes intéressées ou de la moitié des conseils représentant les deux tiers de la population, un décret pourra permettre d'accéder au statut de métropole pour des EPCI à fiscalité propre d'un ensemble de plus de 400 000 habitants où se trouve le chef-lieu de région la même chose étant possible pour les EPCI centre d'une zone d'emplois de plus de 400 000 habitants. Enfin, la loi n° 2017-257 du 28 février 2017 relative au statut de Paris et à l'aménagement métropolitain a de plus encore élargi, dans un sens qui ne va pas sans interroger la notion même de métropole, l'accession au statut par la possibilité de transformation accordée aux EPCI, centres d'une zone d'emploi de 400 000 habitants[1] et à ceux de plus de 250 000 habitants ou comprenant dans leur périmètre, au 31 décembre 2015, le chef-lieu de région, centre d'une zone d'emplois de 500 000 habitants. D'où, au 1er janvier 2018, 22 métropoles (en comptant celle de Lyon qui est collectivité territoriale), sept nouvelles métropoles ayant ainsi été ajoutées : Orléans, Metz, Tours-Val de Loire, Dijon, Clermont-Auvergne, Saint-Etienne et Toulon-Provence-Méditerranée.

L'élargissement de la capacité d'un EPCI à devenir métropole ne remet nullement en cause l'essentiel du socle commun. Par-delà en effet les conditions de création, les modalités d'organisation s'avèrent identiques : présidence du conseil, conférence métropolitaine (art. L. 5217-8 du CGCT), instance au sein de laquelle peuvent être débattus tous sujets d'intérêt métropolitain ou relatifs à l'harmonisation de l'action des collectivités concernées, conseil de développement…Semblable propos pouvant être tenu relativement aux compétences (art. L. 5217-2 du CGCT), que celles-ci soient de plein droit ou facultatives[2].

---

[1] Dépassant dont les seuls cas rendus possibles par la rédaction de 2014.

[2] L'on pourrait certes trouver des atténuations ou exceptions, lesquelles sont cependant particulièrement limitées. Qu'il s'agisse d'un simple décalage dans le temps (en matière de protection et mise en valeur de l'environnement la gestion des milieux aquatiques et prévention des inondations dans les conditions prévues à l'article L. 211-7 du code de l'environnement, a été décalée au 1er janvier 2018 pour la métropole Aix-Marseille-Provence), ou que ne s'applique pas au Grand Paris le IV de l'article L. 5217-2 du CGCT (art. 90-1-1° de la loi NOTRe n° 2015-991 de 7 août 2015) portant sur les compétences qui, par convention passée avec les département, basculent totalement ou partiellement, en faveur de la métropole.

B- DES OUTILS BUDGÉTAIRES ET FISCAUX DE DROIT COMMUN.

Ici encore, existe un droit commun des EPCI, mais aussi, plus largement, des administrations publiques locales.

Le principe posé dès 2010 et repris par la loi MAPTAM du 27 janvier 2014 et l'ordonnance subséquente n° 2014-1490 du 11 décembre 2014 (art. L. 5217-10 du CGCT) acte que sous réserve des dispositions de la section VI du chapitre VII consacré aux métropoles (Cinquième Partie, Livre Deuxième du CGCT) « *les métropoles sont soumises aux dispositions du Livre III de la deuxième partie* », celui consacré aux finances communales, marquant bien la parenté existant entre ces dernières et celles de leurs EPCI. On pourrait donc penser, sur ce fondement, que la section VI « Dispositions financières et comptables » et sa sous-section 1 « budgets et comptes » issue de l'ordonnance du 11 décembre 2014, art. 1er-1, en vigueur au 1er janvier 2016 pouvait donc développer des spécificités métropolitaines. Or, force est d'admettre, ce qui en l'espèce n'est guère surprenant au regard du statut des métropoles, que l'innovation demeure pour le moins minime. Qu'il s'agisse de la structure des budgets, des préalables au débat, de la présentation des orientations budgétaires (référence directe à l'article L. 2312-1 du CGCT), du vote des documents budgétaires, de la possibilité de décider que les dotations affectées aux dépenses d'investissement comprennent des autorisations de programme et des crédits de paiement et que, dans le même sens, les dotations au fonctionnement comprennent des autorisations d'engagement et des crédits de paiement, de la capacité, avant le vote de la première délibération budgétaire suivant un renouvellement, que le conseil métropolitain établisse son règlement budgétaire et financier, de l'adoption du compte administratif, des possibilités de report, de la reprise de l'excédent d'investissement en fonctionnement, des annexes budgétaires, de la publicité des comptes.

Quant aux recettes, renvoi est fait aux articles L. 5215-32 à 5215-35 du CGCT, c'est-à-dire au volet recettes des dispositions financières des communautés urbaines, tandis que leur dotation globale de fonctionnement résulte de l'addition d'une dotation d'intercommunalité (modalités de calcul définies à l'article L. 5211-30 du CGCT) et d'une dotation de compensation (population à prendre en compte définie à l'article L. 2334-2 du CGCT). Ce qui dénote, une fois encore l'application d'un régime de droit commun.

L'énumération des dépenses des métropoles pourrait paraître revêtir un peu plus d'originalité (ne serait-ce, cf. leurs dépenses obligatoires, qu'à raison de la référence aux compétences métropolitaines), mais ici encore, il ne s'agit pour l'essentiel que de la retranscription de règles communes aux administrations publiques locales et plus spécifiquement aux EPCI à fiscalité propre.

Faudrait-il pour autant s'arrêter à ce simple constat, aussi nécessaire soit-il ?

II- NON SANS SPÉCIFICITÉS RECONNUES

A- DES DIFFÉRENCIATIONS ASSUMÉES

Il faut les reconnaître davantage institutionnelles que financières (ou, financières, elles peuvent découler du particularisme institutionnel).

Si l'on peut s'amuser que la loi soit allée jusqu'à préciser la dénomination de métropoles (pour Strasbourg, siège du Parlement européen, « eurométropole de Strasbourg » ; pour Lille, « métropole européenne de Lille »[1], ou encore, cette fois sans référence européenne, « Aix-Marseille-Provence »), illustration, s'il en était besoin, d'une culture de la décentralisation demeurée centraliste, il faut aussi admettre l'existence de quelques spécificités majeures. La principale[2] étant bien sûr constituée par la métropole de Lyon, son particularisme il est vrai pour n'être au demeurant qu'anticipation de l'évolution attendue d'autres métropoles, à commencer par Aix-Marseille-Provence. Cette « métropole de Lyon »[3], ce Grand Lyon, à la différence des autres, Grand Paris compris, ne figure pas dans la cinquième Partie du CGCT consacrée à la coopération locale, dont relèvent notamment les EPCI, mais dans la troisième Partie, consacrée aux départements, dont elle constitue le Livre sixième. Sa nature étant en réalité une « collectivité à statut particulier », au sens de l'article 72 de la Constitution, en lieu et place de la communauté urbaine de Lyon et dans les limites du département du Rhône (sans couvrir pour autant la totalité de cet espace départemental). Autrement exprimé, l'on se retrouve, non sans particularisme, en présence d'une collectivité territoriale et non d'un EPCI. Du fait en réalité de sa double nature, laquelle apparaît dans le Titre IV, chapitre 1er, sur les compétences, après le long article L. 3641-1 du CGCT sur les compétences de plein droit, en lieu et place des communes membres, l'article L. 3641-2, plus brièvement mais non moins significativement, dispose que la métropole lyonnaise « *exerce de plein droit les compétences que les lois, dans leurs dispositions non contraires au présent titre, attribuent au département* ». Ce qui jette un jour particulier sur la disposition de l'article L. 3631-8 du CGCT relative à l'incompatibilité de la fonction de président du conseil de la métropole avec celle de président du conseil départemental, le conseil de la métropole étant, au moins *de facto* au regard des compétences exercées, un conseil départemental (renvoyant à la situation du conseil de Paris à compter des élections municipales de 1977, la ville étant aussi département[4])[5].

---

[1] Même chose pour l'ouverture européenne des conseils de développement des métropoles lilloise et strasbourgeoise (art. L. 5217-9 du CGCT).

[2] Hors toujours l'exemple très particulier du Grand Paris.

[3] Sa dénomination a, elle aussi, été établie par la loi du 27 janvier 2014.

[4] Il est vrai que cette époque ignorait l'interdiction de ce type de cumul. Ainsi Jacques Chirac avait pu cumuler les fonctions de maire de Paris, et donc aussi de président d'un conseil général et, dans le même temps, de président du conseil général de Corrèze, où il était également député.

[5] Il faut naturellement comprendre que le président du conseil de la métropole de Lyon ne peut être en même temps président du conseil régional de la région Auvergne-Rhône-Alpes ou

Autre spécificité reconnue par la loi MAPTAM du 27 janvier 2014 modifiée par la loi NOTRe du 7 août 2015, article L. 5218-1et s. du CGCT, la métropole Aix-Marseille-Provence (laquelle, mais l'on en est encore au stade du projet, à l'instar de la métropole de Lyon, devrait fusionner avec le département des Bouches-du-Rhône, y compris avec le pays d'Arles qui ne fait pas pour l'instant partie de la métropole).

Parmi les particularismes, et sans viser à l'exhaustivité, afin de répondre aux inquiétudes soulevées au sein des communes périphériques à la ville de Marseille et sans même évoquer le vieil antagonisme aixo-marseillais, un certain nombre d'élus ayant par ailleurs « soufflé sur les braises », ont été institués, en 2015, des « conseils de territoire ». C'est-à-dire que l'espace métropolitain est subdivisé en six territoires correspondant aux six EPCI dont le regroupement était constitutif de la métropole[1]. Dans chacun des territoires, en effet, est constitué (art. L. 5218-4 du CGCT) un « conseil de territoire » composé des conseillers de la métropole Aix-Marseille-Provence « *délégués des communes incluses dans le périmètre du territoire* ». L'important étant surtout les compétences dévolues à ces conseils et les délégations qu'ils reçoivent, sauf si une majorité des deux tiers les récuse (art. L. 5218-7 du CGCT). Préalablement à l'examen par le conseil métropolitain, ils sont saisis pour avis des « rapports et délibérations » dont l'exécution est « *spécifiquement prévue* » au moins partiellement *« dans les limites du territoire »* et qui concernent « *les affaires portant sur le développement économique et culturel, l'aménagement de l'espace métropolitain et la politique locale de l'habitat* ». Tout ceci peut paraître extrêmement large mais si le principe (« sauf délibération express adoptée à la majorité des deux tiers du conseil de la métropole ») peut paraître la délégation de compétence, quinze exceptions sont prévues (art. L. 5218-7, II du CGCT) touchant notamment les « schémas d'ensemble » : politique de développement économique et organisation des espaces économiques et opérations métropolitaines ; cohérence territoriale, plan local d'urbanisme ; organisation de la mobilité, schéma d'ensemble de la politique de l'habitat et des dispositifs contractuels de développement urbain ; marchés d'intérêt national, etc.

A quoi s'ajoutent des délégations pouvant être accordées à titre facultatif, hors toujours les quinze exceptions précitées, à compter du 1er janvier 2020, pour tout ou partie des compétences transférées par les communes membres à la métropole.

---

président du conseil général du Rhône (la partie restant département du Rhône après amputation du territoire métropolitain).

[1] On notera que l'un de ces EPCI débordait sur le département de Vaucluse (commune de Pertuis rattachée au pays d'Aix) et un autre sur le département du Var (commune de Saint-Zacharie rattachée au pays d'Aubagne et de l'Etoile), ce qui pourrait faire difficulté en cas de fusion métropole-département.

Enfin, en matière financière, un certain nombre de dispositions spécifiques sont prévues, relatives aux territoires (art. L. 5218-8 à L. 5218-8-7 du CGCT) où le plus intéressant, outre l'existence d'une dotation de gestion du territoire, naturellement votée par le conseil de la métropole ainsi que d'un « *état spécial de territoire* » est la mise place, dans les six mois, d'un « pacte de gouvernance financier et fiscal » lui aussi adopté par le conseil métropolitain à la majorité des deux tiers, après avis de chaque conseil de territoire. Son « *objectif est de définir la stratégie en matière d'exercice des compétences et les relations financières entre la métropole et ses conseils de territoire* ». Il « précise les modalités de répartition des dotations de gestion des territoires en application de critères que le conseil de la métropole détermine en tenant compte des caractéristiques propres de chaque territoire, notamment de la population et des charges que représentent les compétences qui sont déléguées » à ces conseils. Disposition qui illustre au premier chef la reconnaissance de particularismes locaux sans équivalence à ceux qui pourraient apparaître sur d'autres territoires métropolitains et que, plus encore, la pratique financière et fiscale (et bien sûr politique) ne manquera pas d'illustrer.

B- Renforcées de fortes pesanteurs locales

Si l'on pourrait penser, dans le prolongement de ce qui précède, que la métropole Aix-Marseille-Provence bénéficie d'un régime dérogatoire aux autres métropoles en matière de dotation globale de fonctionnement dans la mesure où il est fait référence à l'article L. 5218-11 du CGCT à une dérogation du droit commun de l'article L. 5217-12 du CGCT, l'on se rend compte en vérité que ces deux articles renvoient à une même source qui est, pour la dotation d'intercommunalité la définition donnée par l'article L. 5211-30 et pour la dotation de compensation, l'article L. 5211-28-1, la population de référence étant aussi la même (l'article L. 2334-2 du CGCT).

En revanche, la pratique, liée aux interprétations du pacte financier et fiscal communautaire, illustration des réticences, et même résistances, d'une très grande partie des communes hors Marseille, aboutit à des résultats atypiques, au regard de ceux obtenus dans les autres espaces métropolitains. C'est ainsi que lorsque l'on observe, dans la relation métropole/communes membres, les reversements opérés au profit des communes, on constate (2018) qu'un tel reversement représente 53 % du budget métropolitain là où la moyenne des autres métropoles se situe à moins de la moitié. D'autant que si l'on y ajoute les versements aux conseils de territoire, on dépasse alors les 70 % du budget. Sans oublier non plus le manque d'esprit métropolitain révélé par des effets d'aubaine liés à l'accroissement de la dotation de solidarité aux communes avant le passage à la métropole. On notera aussi qu'en 2018, les dépenses d'investissement métropolitain ont représenté 99,05 millions d'euros quand les dotations aux territoires en représentaient 370,10 millions avec des plans de financement établis au sein des conseils de territoire et consolidés au niveau métropolitain. Tout ceci étant en somme révélateur que cette métropole n'est pas encore l'espace de solidarité que, par principe, une métropole devrait incarner, mais plutôt, encore, une addition d'entité communales et territoriales où pèsent toujours lourdement les anciens EPCI.

CONCLUSION

Pour le meilleur et le moins bon, l'illustration métropolitaine et ses multiples diversifications (et encore avons-nous laissé de côté la spécificité grand-parisienne) fournissent *a minima* la leçon que cette territorialisation croissante du droit ne peut qu'amener à tenir compte de particularismes locaux. Reste à espérer, sans remettre en cause pour autant l'unité nationale, que des évolutions juridiques, y compris constitutionnelles, puissent acter que la visée d'un but commun, d'efficacité économique dans un cadre de développement durable, d'ouverture culturelle et d'entropie démocratique, puisse se voir pleinement consacrée.

RESPONSABLES MAIS PAS PUNISSABLES ? LE CUMUL DE SANCTIONS DES ORDONNATEURS EN QUESTION

Fabien BOTTINI
Maître de Conférences – HDR
Co-président de la Section droit et science politique
Co-responsable du Master droit des Collectivités territoriales

Introduction

En même temps qu'il prévoit que « *la société a le droit de demander compte à tout agent public de son administration* », l'article 10 de la DDHC laisse en suspens la nature de la responsabilité en cause s'agissant des ordonnateurs. Si l'expression renvoie aux autorités chargées de décider la dépense ou la recette publique, la question se pose : les autorités politico-administratives qui ont cette qualité doivent-elles être soumises à une responsabilité simplement politique (pour les exécutifs locaux et les ministres tout au moins), financière (d'ordre administratif ou disciplinaire pour ceux qui sont soumis à une autorité hiérarchique) ou carrément pénale (pour tous) ?

Alors que la première a longtemps prévalu à l'égard des ministres ou des autorités exécutives locales qui tirent leur pouvoir du suffrage universel, on a assisté au tournant des années 1990, à une montée en puissance de la responsabilité pénale, sous l'effet conjugué des aspirations des citoyens et de la nouvelle rationalité économique. Tandis que les premiers ont rejeté l'idée de représentants « *responsable mais pas coupable* »[1], la seconde a conduit à instrumentaliser le droit pénal pour soumettre les ordonnateurs au nouvel ordre économique mondial progressivement mis en place depuis la seconde guerre mondiale. A partir, en effet, du moment où, pour être valide, l'action des ordonnateurs ne doit plus se contenter d'être formellement valable mais doit en plus être légitime par rapport aux attentes des opérateurs économiques, il convient de veiller « *à la parfaite neutralité des décisions* » budgétaires qu'ils prennent[2], comme l'a résumé la Cour de cassation. Ces considérations expliquent que le juge administratif n'hésite déjà « *plus à exercer un plein contrôle sur les choix économiques des personnes publiques, en tenant compte de leurs effets immédiats comme potentiels et en intégrant de plus en plus l'analyse économique à ses raisonnements* »[3].

En 2005, Philippe Séguin avait toutefois proposé d'aller plus loin en développant leur responsabilité financière. Parce qu'elle place la performance

---

[1] « Mme Dufoix s'estime responsable mais pas coupable », *Le Monde* 5.11.1990. Sur cette question, v. notre thèse : *La protection des décideurs publics face au droit pénal*, LGDJ 2008.
[2] Cass. crim. 22.10.2008, *AJDA* 2008. 2144.
[3] C. TOUBOUL, « Juger l'action économique, c'est encore agir sur l'économie », *RFDA* 2016. 83.

au cœur de la gestion publique en responsabilisant davantage les ordonnateurs à qui elle reconnaît des marges de manœuvre budgétaires accrues, la loi organique de 2001 relative aux lois de finances appelait à ses yeux cette autre réforme pour sanctionner leur éventuelle mauvaise gestion[1]. Des auteurs ont ainsi présenté l'instauration d'une « *trilogie liberté/responsabilité/sanction* »[2] comme la conséquence logique du système mis en place, la condition de sa « *cohérence* »[3]. Une telle proposition revenait à rompre avec près de 200 ans d'histoire : puisque, historiquement, la méfiance des révolutionnaires vis-à-vis des parlements de l'Ancien Régime combinée à « *l'hostilité du ministre des finances en fonction au moment de la création de la Cour des comptes, en 1807* » ont conjugué leurs effets pour justifier la primauté donnée à la responsabilité politique ou disciplinaire des ordonnateurs sur leur responsabilité devant la juridiction financière : tandis que les hommes de 1789 voulaient soustraire les ministres à l'action des juges formés sous l'ancien droit, Napoléon « *seul destinataire du rapport annuel de la Cour, était ainsi le seul susceptible d'engager la responsabilité* » de ceux qui avaient « *failli à la tâche* »[4].

De ce fait, certains ont pu regretter que le projet de loi du 28 octobre 2009 porté par le gouvernement Fillon[5] pour concrétiser la réforme souhaitée par Philippe Seguin n'ait pu aboutir : le constat est, il est vrai, « *rapide et éloquent* » : le décret relatif à la Gestion Budgétaire et Comptable Publique (GBCP) du 7 novembre 2012, qui remplace le Règlement Général de la Comptabilité Publique (RGCP) de 1962, n'a pas fait connaître d'« évolution notable » au régime de responsabilité des ordonnateurs si on fait abstraction « *des certifications qu'il délivre et de son lien hiérarchique avec un éventuel responsable de service partagé* »[6]. La réforme peine à s'imposer faute de véritable volonté politique en la matière, comme le relevait encore Michel Bouvier en 2017[7]. Pour savoir s'il faut s'en réjouir ou le regretter, il convient toutefois de se demander si la modification proposée vise à doubler la responsabilité politique et pénale des intéressés d'une responsabilité administrative ou disciplinaire, ou si elle est destinée dans l'esprit de ses promoteurs à se substituer à celle qu'ils encourent devant le juge répressif.

---

[1] « Finances publiques et responsabilité, l'autre réforme. Colloque organisé par la Cour des comptes les 5 et 6 avril 2005 », *in RFFP* 2005-92. 9 s. V. également M. BOUVIER, « La responsabilité financière publique confrontée à un système budgétaire en transition », *RFFP* 2017-139. 17.

[2] J-C. SAVINEAU, « La responsabilité budgétaire des ordonnateurs d'établissements publics nationaux : règle toujours nécessaire ou régime obsolète ? », *RFFP* 2016-133. 253.

[3] J.-L. Heuga, « Les juridictions financières et les gestionnaires de l'argent public », *RFFP* 2017, 139. 33.

[4] F. Monier, « Évaluation et responsabilité : le rôle spécial des Cours des comptes », *RFFP* 2016-135. 29.

[5] « Projet de loi portant réforme des juridictions financières », *Doc. AN* 2009-2001, p. 7.

[6] J.-C. SAVINEAU, *loc. cit.*, p. 253.

[7] M. BOUVIER, *loc. cit.*, p. 17.

Juridiquement, la substitution n'est pas de droit malgré l'évolution de la jurisprudence constitutionnelle sur cette question depuis 2014-2016. Alors que le cumul de responsabilité pénale et administrative ou disciplinaire a longtemps prévalu dans l'ordre interne, cette solution tend désormais à se restreindre sous l'influence de la CEDH. Tandis que le Conseil constitutionnel juge depuis 1989 qu'un cumul de poursuites et de sanctions est possible pour des mêmes faits dès lors que les unes et les autres ne se situent pas sur le même plan et que « *le montant global des sanctions éventuellement prononcées ne dépasse pas le montant le plus élevé de l'une des sanctions encourues* »[1], la Cour de Strasbourg a elle posé le principe que de tels cumuls devaient être réservés aux cas les plus graves dans la mesure où ils violaient l'article 4 du Protocole n° 7 de la Convention[2]. Or, le Conseil s'est aligné en matière de cumul de responsabilité pénale et fiscale[3] après l'avoir fait en matière de cumul de responsabilité pénale et administrative / disciplinaire[4] : puisqu'il juge désormais que le cumul « *des sanctions (...) infligées à l'issue de poursuites différentes en application de corps de règles distincts* » peut « *méconnaître le principe de nécessité des délits et des peines si (...) les sanctions réprime(nt) les mêmes faits* », ne sont pas « *d'une nature différente* », relèvent « *du même ordre de juridiction* » et protègent les mêmes « *intérêts sociaux* »[5]. En l'occurrence toutefois, si les sanctions peuvent tendre à la répression de même faits, ne pas être de nature différente, on peut se demander si elles visent bien à protéger les mêmes intérêts sociaux dans la mesure où la répression pénale tend à défendre les valeurs cardinales de la société tandis que la responsabilité financière incline à faire en sorte que la dépense publique soit « *économe, efficiente et effective* »[6], pour reprendre les objectifs assignés aux États par la nouvelle gestion publique. Surtout, elles ne semblent pas destinées à relever du même ordre de juridiction : puisque la Cour de cassation est le juge suprême des recours formés contre les décisions des juridictions pénales alors que le Conseil d'État reste celui de ceux qui visent les décisions de la Cour des comptes et de la Cour de discipline budgétaire et financière (CDBF)[7].

---

[1] CC 260 DC du 28.7.1989, Loi relative à la sécurité et à la transparence du marché financier, *R.* 71, cs. 22 : cumul de sanctions administrative et pénale ; 423 QPC du 24.10.2014, Cour de discipline budgétaire et financière, *JO* 2014-249, texte n° 40, cs. 36 : cumul de sanctions disciplinaire et pénale.

[2] CEDH 4.3.2014, Grande Stevens et a. c/ Italie, Aff. n° 18640/10.

[3] CC 545/546 QPC du 24.6.2016, Pénalités fiscales pour insuffisance de déclaration et sanctions pénales pour fraude fiscale (2 esp.), *JO* 2016-151, textes n° 110 et 111, resp. cs. 8 et 7.

[4] CC 1453/454/462 QPC du 8.3.2015, Cumul des poursuites pour délit d'initié et des poursuites pour manquement d'initié, *JO* 2015-67, texte n° 98, cs. 28.

[5] CC 546 QPC du 24.6.2016, *préc.*, cs. 7.

[6] POLIDANO C., « *Administrative reform in core civil services: application and applicability of the new public management* », *in The internationalization of Public Management*, E. Elgar 2001, p. 64.

[7] CE 22.1.2007, Forzy, *AJDA* 2007. 697, note Biscaïno.

Pourtant, pour Philippe Séguin les choses ont toujours été claires : la mise en cause de l'irresponsabilité des ordonnateurs devant les juridictions financières s'impose comme un moyen de réduire le risque pénal pesant sur les intéressés. Le projet de loi précité de 2009 proposait en conséquence clairement « *d'inclure parmi les justiciables de la Cour des comptes ceux qui auraient commis de manière non intentionnelle des faits de favoritisme, étant entendu que les faits commis de manière intentionnelle auraient vocation à continuer de relever du juge répressif* »[1].

Alors même que le constat fait par le Procureur Général de la Cour des comptes, Gilles Johanet, dans son discours lors de l'audience solennelle du 15 janvier 2015 reste sans appel : « *quand les mauvaises performances d'un décideur caractérisent une faute de gestion grave et causent un préjudice à la collectivité publique* », « *le citoyen a de plus en plus de difficulté à accepter que les errements (...) ne soient pas suivis de sanctions* ». C'est pourquoi il convient de s'interroger : doit-on véritablement se réjouir d'une réforme destinée à transformer le plomb en or ; la responsabilité pénale des donneurs d'ordre devant les juridictions répressives en responsabilité administrative (pour les ministres et les élus locaux) ou disciplinaire (pour les autres ordonnateurs administratifs) devant les juridictions financières ?

Dit autrement, le renforcement de la responsabilité devant les juridictions financières (I) s'impose-t-il véritablement comme une nécessité pour atténuer une responsabilité des ordonnateurs devant les juridictions pénales souvent perçue comme « disproportionnée »[2] par les intéressés (II) ?

I- LE RENFORCEMENT DE LA RESPONSABILITÉ DEVANT LES JURIDICTIONS FINANCIÈRES

En l'état actuel des règles applicables, les ordonnateurs sont soumis à un double contrôle, de gestion et budgétaire. Tandis que le premier « *consiste à apprécier la régularité et la performance de la gestion d'un organisme* » sans pouvoir « *conduire à juger de l'opportunité des décisions prises par l'exécutif* », le second, réservé aux chambres régionales des comptes, intervient « *dès lors qu'un document budgétaire n'est pas adopté ou l'est en déséquilibre* »[3]. Si le Projet de loi de 2009 se proposait de poursuivre la réforme de la gestion publique autour d'un triple objectif de « *transparence, performance et responsabilité* » des ordonnateurs[4], c'est parce que les sanctions politiques restent insuffisantes pour les exécutifs locaux et le ministres (A) face à une responsabilité administrative qui reste largement à construire dans l'hypothèse d'une refonte des sanctions disciplinaires actuellement prévues devant la CDBF (B).

---

[1] « Projet de loi, portant réforme des juridictions financières », *op. cit.*, p. 7.
[2] *Id.*, p. 6.
[3] J.-L. Heuga, *loc. cit.*, p. 33.
[4] *Op. cit.*

A- UNE RESPONSABILITÉ POLITIQUE INADAPTÉE

Parce que le chef de l'État ne peut « *rien exécuter mal sans avoir des conseillers méchants et qui haïssent les lois comme ministres, quoiqu'elles les favorisent comme hommes, ceux-ci peuvent être recherchés et punis* »[1] expliquait Montesquieu dans *De l'esprit des lois*. Paru en 1748, l'ouvrage a été écrit à une époque où la Chambre des communes ne se privait d'ailleurs pas en Angleterre de mettre pénalement en accusation les ministres, pour tout acte qu'elle considérait comme un crime afin de les écarter du pouvoir. Elle n'a notamment pas hésité à les condamner à mort pour une politique jugée mauvaise. C'est pour cela que les intéressés ont commencé à démissionner face à la menace de leur mise en cause. Accusé par la Chambre d'être responsable « *de la mauvaise gestion des affaires* » du royaume, Sir Robert Walpole décidait ainsi individuellement de quitter le gouvernement en 1741 avant que celui de Lord North n'en fasse par la suite collectivement autant en 1782. Si la responsabilité politique est née de cette pratique, la France a suivi le même chemin à partir de 1792 au niveau national[2] avant que l'élection des exécutifs locaux au suffrage universel indirect ne soit progressivement instaurée à partir du vote de la loi du 5 avril 1884 sur les communes. Philippe Ségur en a justement déduit que la responsabilité politique s'entend de procédures susceptibles « *d'aboutir à une sanction positive, l'expression de la confiance, ou à une sanction négative, la manifestation de défiance, cette dernière entraînant la perte du pouvoir politique* »[3].

Cette responsabilité ainsi comprise continue d'être privilégiée s'agissant des ministres et des autorités exécutives locales. Comme le relève J.-L. Heuga, le contrôle de la gestion comme le contrôle budgétaire se concluent tous deux à leur égard par l'édiction d'un rapport (contrôle de la gestion) ou la formulation d'un avis (contrôle budgétaire) de plus en plus rendus publics par la Cour des comptes et généralement publiés par les chambres régionales des comptes. Compte-tenu de la faculté ouverte à l'article 20 de la Constitution au gouvernement de déterminer et conduire la politique de la Nation sous le contrôle du Parlement prévu à l'article 24 ; et du principe de libre administration des collectivités territoriales et de leurs groupements affirmés par ses articles 34 et 72, ces documents n'ont aucun caractère « *prescriptifs* »[4]. Car c'est théoriquement aux citoyens d'« *apprécier la régularité et la qualité de la gestion de leur élu ou (...) gouvernant* »[5], soit directement, soit via les

---

[1] *Oeuvres complètes de Montesquieu*, Firmin Didot Frères 1838, p. 268.

[2] D. AMSON, « La responsabilité politique et pénale des ministres de 1789 à 1958 », *Pouvoirs* 2000-92. 31.

[3] *La responsabilité politique*, PUF 1998, p. 17. V. aussi son article « Qu'est-ce que la responsabilité politique ? », *RDP* 1999. 1599.

[4] J.-L. HEUGA, *loc. cit.*

[5] *Id.*

assemblées délibérantes. Pour ce faire, les textes ou la pratique ont repris, en l'adaptant, la technique du *name and shame* (*NaS*) pour accroître l'effectivité des conclusions formulées par les juridictions financières. D'inspiration anglo-saxonne, le *NaS* consiste à nommer pour faire honte une personne (en l'occurrence économique) qui ne respecterait pas les règles du jeu (du marché)[1]. D'une certaine façon, un tel mécanisme a déjà été transposé au niveau national par la Cour des comptes dans le champ politique. Puisque son rapport public annuel évalue en pourcentage le taux d'exécution par le gouvernement ou les collectivités territoriales des recommandations qu'elle ou les chambres régionales des comptes ont précédemment formulées. Or, la loi NOTRe du 7 août 2015, portant nouvelle organisation territoriale, a généralisé la solution aux observations formulées à un établissement intercommunal devant les assemblées délibérantes de chacune des communes membres tout en prévoyant l'obligation pour les ordonnateurs locaux de rendre compte des suites qu'ils ont données aux observations des chambres, un an après leur notification. De sorte que la Cour a pu estimer dans son rapport 2019, à plus de 72,4 et 78,9 %, le taux d'exécution total ou partiel des recommandation formulées par elle ou les chambres[2].

Malgré l'intérêt de tels procédés la sanction par la responsabilité politique est toutefois loin d'être suffisante, faute pour elle d'être une véritable sanction dans de nombreux cas. Pour qu'elle en demeure une, il faudrait que l'autorité destituée ou non reconduite lors du renouvellement général des élections ait véritablement eu le désir de se maintenir ou de se représenter. Il faudrait en outre que la perte de son mandat politique soit perçue comme une véritable sanction par l'intéressé. Or, en pratique, la responsabilité révocatoire demeure rare[3] et on constate que le personnel politique se reclasse de plus en plus dans le secteur privé pour lequel il exerce une activité de lobbying souvent bien plus lucrative généralement qui plus est à l'ombre confortable de l'anonymat. Un exemple choisi, volontairement tiré d'une personnalité étrangère, permet de l'attester : celui de Manuel Barroso, l'ancien président de la Commission européenne, devenu depuis vice-président pour la Banque Goldman Saxe[4].

Pour cette raison, une responsabilité administrative – ou disciplinaire pour les ordonnateurs purement administratifs reste à (ré) inventer.

---

[1] J.-F. KERLÉO, « L'usage politique du *name and shame* et le droit », *in* F. BOTTINI (dir.), *Néolibéralisme et américanisation du droit*, Mare & Martin, 2019, p. 199.

[2] CdC, *Rapport public annuel*, t. 2, CdC 2019, p. 9.

[3] Sur cette question, v. B. DAUGERON, « L'élection est-elle un remède au déclin de la responsabilité politique ? », *D.* 2010. 2591.

[4] « Affaire Barroso : la réponse de la Commission européenne jugée trop faible », *Le Monde* 25.7.2018.

B- UNE RESPONSABILITÉ ADMINISTRATIVE OU DISCIPLINAIRE À (RÉ-)INVENTER

C'est la loi n° 48-1484 du 25 septembre 1948, tendant à sanctionner les fautes de gestion commises à l'égard de l'État et de diverses collectivités et portant création d'une Cour de discipline budgétaire et financière qui, la première, a commencé à remettre en cause la conception de la responsabilité des ordonnateurs héritée de la Révolution. Tribunal indépendant et impartial au sens de l'article 6 de la CEDH, la CDBF est composée à parité de conseillers d'État et de conseillers maîtres à la Cour des comptes qui siègent sous la présidence du Premier président de la Cour des comptes, le Procureur général près de cette dernière représentant le ministère public devant elle[1].

Ratione materiae, il lui revient notamment de juger les cas de non-respect des règles d'exécution des recettes, des dépenses et de la gestion des biens des organismes tombant dans son champ de compétence ou encore ceux d'octroi d'un avantage injustifié. Mais *ratione personae*, elle n'est compétente que pour connaître les faits commis par les ordonnateurs purement « administratifs » – agents civils ou militaires de l'État, des collectivités territoriales, de leurs établissements publics[2]. Les ministres n'en sont en effet pas justiciables et les autorités exécutives locales ne le sont, selon le Code des juridictions financières, qu'en cas d'inexécution d'une décision de justice ou d'octroi d'un avantage injustifié à un tiers via le pouvoir de réquisition que leur confère leur qualité d'ordonnateur[3].

Dans son discours du 5 novembre 2007, pour le bicentenaire de la Cour des comptes, le Président Sarkozy avait pour cette raison semblé vouloir se rallier à l'analyse de Philippe Séguin et donner l'impulsion politique nécessaire à une réforme d'ampleur en la matière. « *Trop longtemps* », avait-il dit, « *on a considéré que le propre de l'argent public était d'être dépensé sans compter, qu'il était dans la nature du service public que son efficacité ne soit pas mesurable et que si l'on devait demander des comptes au comptable, il n'était pas légitime d'en demander à l'ordonnateur* ». Mais le Projet de loi précité du 28 octobre 2009 présenté par le premier ministre François Fillon pour réformer la matière n'a « *pas survécu au décès de son promoteur, le premier président Séguin, en janvier 2010* », comme le rappelle Pierre Mouzet : l'ambition d'intégrer les missions de la Cour de discipline budgétaire et financière à la Cour des comptes en contrepartie de la création d'une Cour d'appel des juridictions financières compétente pour l'ensemble des fonctions juridictionnelles n'a pas dépassé le stade du travail en commission : le dossier législatif du texte s'éteint au 14 septembre 2010, après la remise de l'Avis n° 2783 de M. Michel Bouvard (mis en ligne le 1er octobre 2010 à 18 heures) bien que ce dernier ait été favorable

[1] Art. L. 311-2 s. du CJF.
[2] Art. L. 312-1 du CJF.
[3] Art. L. 312-1 et L. 312-2 du CJF.

à la réforme sous réserve de certains amendements. Comme le résume le député René Dosière, « *ces dispositions rendaient passibles de la Cour des comptes les membres du gouvernement et les titulaires de fonctions exécutives locales ainsi que les membres de leurs cabinets qui bénéficient aujourd'hui d'un régime d'irresponsabilité (contrairement aux comptables). Il s'agissait, en cas d'engagement d'une dépense en dehors des règles applicables, de prévoir une amende financière dont le montant maximal pouvait atteindre, selon la gravité de l'infraction, entre la moitié et la totalité de la rémunération annuelle allouée à l'intéressé* ». Mais « *à l'époque, le gouvernement n'avait pas accepté que l'Assemblée introduise la responsabilité financière des ministres, alors que le projet initial n'évoquait que celle des ordonnateurs locaux* »[1]. La commission des lois de l'Assemblée avait certes tenté de profiter de l'examen du projet de loi relatif à la répartition des contentieux et à l'allégement de certaines procédures juridictionnelles pour réintroduire certains aspects de la réforme. Mais le garde des sceaux du gouvernement Fillon l'avait conduite à les retirer, le 4 juillet 2011, après avoir estimé que l'initiative soulevait « *de lourdes questions de principe* »[2].

Le *statu quo* n'est ainsi pas satisfaisant, dès lors qu'il « *peut conduire l'administration à soumettre à la signature des ministres des décisions administratives qui devraient être prises et assumées par les directeurs d'administration centrale, lesquels sont souvent responsables de programme* »[3]. Surtout, l'activité de la CDBF « *reste limitée (5 arrêts rendus en moyenne annuelle depuis 2006) malgré des progrès et les amendes prononcées, selon un quantum encadré par la loi, sont généralement de faible montant* »[4]. Cette situation ayant été régulièrement critiquée par le premier président de la Cour des comptes[5] avec le soutien d'éminents auteurs en doctrine[6], certains plaideurs ont habilement tenté de profiter de l'introduction de la question prioritaire de constitutionnalité pour faire remettre en cause l'impunité totale ou partielle des ministres et exécutifs locaux par le Conseil constitutionnel : en invoquant l'inégalité de traitement qui en résultait entre eux et les autres ordonnateurs administratifs. Le juge de la rue Montpensier a toutefois balayé l'argument en considérant que « *la différence de traitement qui résulte des dispositions contestées (était) justifiée par une différence de situation* »[7]. Dès lors en effet que la CDBF est une juridiction disciplinaire qui inflige des sanctions

---

[1] « Questions à René Dosière sur la moralisation de la vie publique », *RFFP* 2018-143. 139.

[2] Cité *in* P. MOUZET, « Responsabilité financière des gestionnaires publics : l'occasion gâchée », *AJDA* 2017. 130.

[3] F. MONIER, *loc. cit.*

[4] J.-L. HEUGA, *loc. cit.*

[5] V. D. MIGAUD, « La responsabilisation dans la nouvelle gestion publique est-elle effective ? », *RFFP* 2018-143. 129.

[6] V. l'article du Professeur Michel BOUVIER, *loc. cit.*

[7] CC 599 QPC du 2.12.2016, Personnes justiciables de la cour de discipline budgétaire et financière, *JO* 2016-282, texte n° 28, cs. 9.

disciplinaires, il est normal à ses yeux que les ordonnateurs politiques n'en soient en principe pas justiciables : puisqu'ils « *ne sont pas soumis à un pouvoir hiérarchique* »[1]. Alors que, comme le résume Pierre Mouzet, le Conseil constitutionnel « *avait une occasion rêvée de (...) faire découvrir* » la Cour « *aux citoyens, et peut-être à certains élus, en osant censurer leur injusticiabilité* », « *il l'a manquée* », « *en cristallisant l'existant* »[2].

Une solution pourrait ainsi consister à substituer à l'analyse du Conseil constitutionnel celle du Conseil d'État voyant dans la CDBF[3] et ses sanctions[4] une responsabilité de nature administrative qu'il conviendrait de renforcer. Si le Premier président Migaud a toujours dit que la Cour des comptes se tenait « *prête à formuler des propositions pour (...) étendre le champ des infractions et des justiciables pour lesquels elle est compétente* », c'est toutefois parce qu'à ses yeux : « *Ne pas envisager une telle réforme aujourd'hui serait prendre le risque de laisser chaque jour un peu plus des irrégularités sans sanction et des gestionnaires publics face au seul juge pénal* »[5]. Bien que les juridictions financières soient elles-mêmes parfois à l'origine de poursuites pénales elles ont procédé à 50 transmissions au parquet pénal en 2014 pour différents motifs, notamment des infractions aux règles de la commande publique[6] la réforme ne s'en imposerait donc pas moins pour atténuer la responsabilité des ordonnateurs devant la juridiction répressive. Mais une telle évolution constitue-t-elle véritablement une nécessité ?

II- UNE NÉCESSITÉ POUR ATTÉNUER LA RESPONSABILITÉ DES ORDONNATEURS DEVANT LES JURIDICTIONS PÉNALES ?

Si certains auteurs en doctrine estiment l'intervention du juge pénale « *trop tardive* »[7], le projet de loi de 2009 n'hésitait pas à l'affirmer dans ses propos introductifs : « *la sanction pénale* » est « *souvent disproportionnée* »[8] avant d'expliquer « *la pénalisation de certains dysfonctionnements administratifs qui relèveraient plus opportunément du code des juridictions financières* » par la « *faiblesse du régime de discipline budgétaire et financière* »[9].

De ce point de vue, le garde des Sceaux a eu raison de soulever les « *lourdes questions de principe* »[10] soulevées par la réforme. Car, la soumission des autorités au droit pénal est une longue revendication des citoyens, comme cela ressort de l'article 18 des cahiers de doléances de la noblesse d'Amiens au

---

[1] *Id.*, cs. 8.
[2] P. MOUZET, *loc. cit.*, p. 130.
[3] CE 24.2.2006, Sct Altus finance, *AJDA* 2006. 1249, chron. Groper et Michaut.
[4] CE 14.9.2016, ONEMA, *AJDA* 2016. 1717.
[5] *Loc. cit.*
[6] J.-L. HEUGA, *loc. cit.*
[7] Luppi P., « La pénalisation de la vie financière locale », *RFFP* 2012-119. 71.
[8] *Op. cit.*, p. 6.
[9] *Id.*, p. 11.
[10] Cité *in* Mouzet P., *loc. cit.*, p. 130.

moment de la Révolution. Ceux-ci prévoyaient que leurs représentants « *demanderont que les ministres et tous les administrateurs soient responsables envers la nation de leur gestion et jugés suivant la rigueur des lois* »[1] sous-entendue pénales puisque la responsabilité politique n'existait pas à cette époque et que la responsabilité « civile » *lato sensu* n'était pas adaptée à la gravité des faits pouvant leur être reprochés. Les hommes de 1789 ayant ainsi été « *unanimes à réclamer la responsabilité effective, sérieuse (...) des fonctionnaires* »[2] devant les juridictions répressives, chercher à y substituer une responsabilité devant les juridictions financières soulève de graves questions démocratiques, une telle réforme ne pouvant se justifier que face à un nombre anormalement élevé de poursuites révélant le caractère inadapté des règles applicables. Or, il n'en est rien tant du point de vue des délits intentionnels (A) que non intentionnels (B).

A- Des délits intentionnels surestimés

Depuis l'adoption de loi n° 92-686 du 22 juillet 1992 organisant la répression des crimes et délits contre la Nation, l'État et la paix publique, le Livre IV du Nouveau Code pénal contient une Section 3 réprimant de façon spécifique les « *manquements au devoir de probité* » commis par les préposés de l'administration.

Comme le résume Sylvie Voko dans sa thèse, sont précisément réprimés 4 délits ayant en commun « *la qualité particulière de leurs auteurs qui sont nécessairement des personnes exerçant une fonction publique* » au sens large personne dépositaire de l'autorité publique, chargée d'une mission de service public ou investie d'un mandat électif public. Réponse du législateur aux scandales politico-financiers qui ont éclaté au tournant des années 1990 autant que conséquence des engagements internationaux de la France, il s'agit d'« *infractions intentionnelles* » entre autres destinées à préserver « *le potentiel économique de la Nation »[3] en « contrepartie des prérogatives exorbitantes du droit commun dont* » les fonctionnaires visés bénéficient. Or, si certaines de ces infractions font consensus, d'autres font, au contraire, dissensus dans le monde politique.

Les infractions consensuelles correspondent aux infractions traditionnelles de concussion (art. 432-10), de corruption passive ou de trafic d'influence (art. 432-11) déjà réprimées par l'ancien Code pénal. Tandis que la première caractérise le fait pour un fonctionnaire d'exiger le paiement d'une somme qu'il ne sait pas due ou au contraire d'en dispenser du versement, la seconde sanctionne le fonctionnaire qui reçoit des dons ou présents pour faire personnellement un acte de ses fonctions non-sujet à salaire. Quant au trafic d'influence, il sanctionne celui qui a accepté des dons ou présents en contrepartie de l'influence, réelle ou supposée, qu'il prétend pouvoir exercer dans l'obtention d'une faveur

---

[1] *Arch. parl.*, t. 1er, p. 740.

[2] Saint-Girons A., *Essai sur la séparation des pouvoirs*, L. Larose 1881, p. 393.

[3] S. VOKO, *Les atteintes à la probité*, Thèse Université Paris I 2016, p. 11 s.

quelconque ou d'une décision favorable d'une autorité. Alors que la concussion est caractérisée par la décision d'un maire d'imposer à des promoteurs immobiliers de s'acquitter d'une taxe prévue par aucun texte[1] ou d'exonérer, au contraire, son fils de la redevance d'occupation du domaine public liée à son activité professionnelle[2], la corruption passive est illustrée par la décision d'un élu d'accepter le versement d'espèces de la part d'entreprises candidates à des marchés publics en échange de leur attribution[3]. Caractérise enfin un trafic d'influence le fait pour le premier adjoint au maire d'user de son poids sur les autres membres de la commission des marchés publics en échange de fonds alimentés par la caisse noire de la société adjudicataire[4]. Parce que l'impact négatif de telles décisions sur l'image de l'administration et les finances publiques heurte le bon sens et est visible par tous, « *aucun élu ne parle de risque pénal en matière de corruption ou de trafic d'influence* »[5] explique Didier Rebut. Ni même se permet-on d'ajouter de concussion.

Sont à l'inverse source de dissensus les deux nouvelles infractions de prise illégale d'intérêts et d'atteinte à la liberté d'accès et à l'égalité des candidats dans les marchés publics et les contrats de concession créées par le Code pénal de 1995. La première réprime les fonctionnaires qui sont ingérés dans des activités économiques incompatibles avec leur qualité, soit parce qu'ils ont pris un intérêt dans une entreprise soumise à leur contrôle (art. 432-12), soit parce qu'ils sont partis « pantoufler », c'est-à-dire travailler dans une telle entreprise avant l'expiration d'un délai de trois ans suivant la cessation de ces fonctions (art. 432-13). Quant à la seconde, elle sanctionne le fait pour un décideur public ou son mandataire de procurer ou tenter de procurer un avantage injustifié à un tiers, en violation des textes garantissant la liberté d'accès et l'égalité de traitement des candidats de la commande publique (art. 432-14). Or, l'une et l'autre de ces infractions sont régulièrement dénoncées par les responsables politiques dans la mesure où le caractère public ou privé de l'intérêt poursuivi est indifférent. La Cour de cassation considère notamment la prise illégale d'intérêt caractérisée par le fait pour des élus municipaux de participer « *au vote des subventions bénéficiant aux associations qu'ils président* »[6]. Elle juge de même qu'un simple non-respect des règles de procédure suffit à procurer un avantage injustifié à son bénéficiaire au sens du délit de favoritisme[7]. De sorte que les élus sont sanctionnés chaque fois qu'ils méconnaissent les règles applicables, non pour

---

[1] Cass. crim. 16.5.2001, *Dr. pénal* 2001. 125, obs. Véron.
[2] Cass. crim. 9.5.1999, *Bull. crim.* n° 100.
[3] CA Fort-de-France 2.10.2014 ; Cass. crim. 12.7.2016, Pourvoi n° 15-80.477.
[4] Cass. crim. 8.1.1998, *Dr. pénal* 1998. 98, obs. Véron.
[5] Rebut D. cité *in* « Faciliter l'exercice des mandats locaux : la responsabilité pénale et les obligations déontologiques », tome V, *Doc. S.* 2017- 642, p. 12.
[6] Cass. crim. 22.10.2008, Pourvoi n° 08-82068.
[7] Cass. crim. 12.11.1998, n° 97-85.333, *Bull. crim.* 1998-159. 424 : contournement des règles de concurrence préalable par la conclusion de plusieurs marchés de gré à gré pour rester en dessous du seuil de déclenchement des procédures formalisées.

s'enrichir personnellement, mais pour soutenir les entreprises localement implantées dans leur circonscription au nom du développement économique de leur territoire. Ces infractions passent d'autant plus mal, que d'après les chiffres du rapport annuel de l'Observatoire SMACL, sur le risque pénal des élus locaux et des fonctionnaires territoriaux de 2017, les manquements au devoir de probité constituent le premier facteur de mise en cause pénale des intéressés avec 40% des motifs de poursuites recensés et que parmi eux la prise illégale d'intérêts est l'infraction la plus réprimée[1]. Or, les sanctions encourues ne sont pas seulement des peines de prison ou d'amende variables en fonction de l'infraction (de 2 à 5 ans jusqu'à 2 millions d'euros pour la corruption passive et le trafic d'influence) : les contrevenants s'exposent également à un certain nombre de peines complémentaires pouvant être prononcées par le juge, telles que l'interdiction des droits civiques pour cinq ans (art. 432-17).

Certes, le rapport Sauvé *Pour une nouvelle déontologie de la vie publique* de 2011 pointait « *une infraction large et sévère qui distingue la France au sein de l'OCDE* » s'agissant de la prise illégale d'intérêts. Mais il soulignait dans le même temps « *une mise en œuvre concrète qui atténue la sévérité du dispositif* »[2] du fait du faible nombre de saisine de la juridiction pénale et du montant en réalité « *modeste* » des peines prononcées « (*amendes modérées, voire peines d'emprisonnement avec sursis*) »[3]. Un rapport de la commission des Lois du Sénat allait dans le même sens, en estimant à 14 le nombre de condamnations prononcées en 2005, 19 en 2006 ; et 10 en 2007[4] sur les 600 000 élus que compte la République. A cela s'ajoute que l'action de la Haute Autorité pour la transparence de la vie publique (HATVP), créée par les lois organique et ordinaire du 11 octobre 2013, relatives à la transparence de la vie publique, permet aux intéressés d'être mieux informés sur ce que la loi pénale leur interdit de faire, limitant par là-même les risques de condamnation sur le fondement de l'article 432-12[5]. D'autant que le texte permet aux élus de se déporter au profit de leurs délégataires auxquels ils doivent s'abstenir « *de donner des instructions* ». De même, le montant de la dispense de formalités de publicité et de mise en concurrence préalables pour l'attribution des contrats de la commande publique, autrefois fixé à 4 000 euros HT[6], est désormais de 25 000 € HT[7] et sera peut-être

[1] Cité *in* « Faciliter l'exercice des mandats locaux : la responsabilité pénale et les obligations déontologiques », *op. cit.*, p. 6.
[2] Commission de réflexion pour la prévention des conflits d'intérêts dans la vie publique, *Pour une nouvelle déontologie de la vie publique*, DF 2011, p. 30 et 35.
[3] *Id.*, p. 35.
[4] « Rapport de Mme Anne-Marie Escoffier, sur la proposition de loi visant à réformer le champ des poursuites de la prise illégale d'intérêts des élus locaux », *Doc. S.*, 2010-519.
[5] Comme en conviennent les sénateurs eux-mêmes : « Faciliter l'exercice des mandats locaux : la responsabilité pénale et les obligations déontologiques », *op. cit.*, p. 17.
[6] Art. 28 et 35 du Code des marchés publics de 2006 (v. D. n° 2006-975 du 1er août 2006, portant code des marchés publics).
[7] Art. 15 du D. n° 2016-360 du 25.3.2016.

de 35 000 demain suivant les projets du gouvernement[1]. Combinée à la possibilité désormais laissée aux élus locaux de recourir à des critères sociaux et environnementaux pour départager les candidats[2], ces règles leur permettent en réalité d'obtenir le résultat recherché en toute légalité.

En l'absence de données statistiques contraires sollicitées par le Sénat au gouvernement[3] le risque invoqué par les ordonnateurs politiques apparaît ainsi plus psychologique que juridique. Le constat selon lequel « *les élus locaux ont (...) sans doute surestimé ces risques car très peu* » *d'entre eux* « *ont été effectivement condamnés* » [4] reste de ce fait jusqu'à preuve du contraire avéré rendant sans objet les arguments dénonçant une pénalisation excessive de la gestion publique invoqués à l'appui du remplacement des délits intentionnels contestés par une responsabilité financière. L'analyse est d'ailleurs transposable à la répression dont ils font l'objet sur le terrain des délits non intentionnels.

B- Des délits non intentionnels marginalisés

Des autoroutes qui s'arrêtent au milieu de nulle part ; des ponts laissés à l'abandon à moitié construit ; des projets immobiliers faramineux finalement abandonnés…, les exemples de mauvais usage de l'argent public ne manquent pas. Si tous ne sont pas pénalement répréhensibles, ceux qui ne le sont pas au titre des manquements intentionnels au devoir de probité peuvent recevoir une qualification pénale sur la base des infractions involontaires : pour peu qu'ils soient à l'origine d'un tel délit. C'est d'autant plus vrai que le Code pénal de 1994 a innové : tout en affirmant qu'« *il n'y a pas de crime ou de délit sans la volonté de le commettre* », son article 121-3 rappelle l'exception traditionnelle apportée à ce principe en cas de fautes d'imprudence. Mais le nouveau code a comporté deux innovations qui ont, de fait, aggravé le poids de la répression qui pesait sur les décideurs publics, notamment locaux. Tandis que la première a consisté en la création de nouvelles fautes d'imprudence (en cas d'action) ou de négligence (en cas d'inaction)[5], la seconde s'est concrétisée par la création d'une nouvelle catégorie de faute non intentionnelle : la faute de mise en danger délibérée de la personne d'autrui (en cas d'action ou d'inaction)[6]. Or, combinées avec la jurisprudence qui s'était établie sous le règne de l'ancien Code pénal, l'une et l'autre de ces innovations est revenue à exposer dans les faits les

---

[1] « Exclusif : le Gouvernement veut relever le seuil des marchés publics à 35 000€ », *Gaz. cnes* 21.6.2019.
[2] V. notamment art. 52 de l'Ord. n° 2015-899 du 23.7.2015 et 62 du D. n° 2016-360 du 25.3.2016.
[3] « Faciliter l'exercice des mandats locaux : la responsabilité pénale et les obligations déontologiques », *op. cit.*, p. 21.
[4] P. LUPPI, *loc. cit.*, p. 71.
[5] Nouv. C. pén., art. 223-7 : délit sanctionnant le fait de ne pas prendre ou provoquer les mesures permettant de combattre un sinistre de nature à créer un danger pour la sécurité des personnes ; art. 322-5 : délit de dégradations volontaires par explosion ou incendie résultant de la maladresse ou de l'imprudence.
[6] Nouv. C. pén., art. 223-1.

ordonnateurs politico-administratifs à un risque pénal accru. C'est particulièrement vrai pour la faute de mise en danger délibérée qui permet d'engager la responsabilité de son auteur, même en l'absence de dommage. Les édiles, qui avaient déjà eu l'impression d'être des « bouc[s] émissaire[s] »[1] à qui l'on faisait endosser une responsabilité pour fait d'autrui à la suite de la condamnation du maire de Saint-Laurent-du-Pont dans l'affaire du « 5/7 »[2], y ont vu une évolution contraire au principe du Code pénal suivant lequel : « *Nul n'est responsable pénalement que de son propre fait* »[3]. C'est pourquoi, deux ans seulement après l'entrée en vigueur du nouveau code pénal l'idée d'une réforme des délits non intentionnels s'est vite imposée comme un moyen de répondre à leur « *état anxieux* »[4] avant qu'une nouvelle réforme ne soit votée au milieu de l'an 2000.

La loi n° 96-393 du 13 mai 1996[5] a d'abord eu pour objet d'obliger le juge répressif à apprécier « *in concreto* » les fautes d'imprudence, de négligence ou de manquement à une obligation de prudence et de sécurité prévue par la loi ou le règlement, en tenant compte, *« le cas échéant, de la nature de ses missions ou de ses fonctions, de ses compétences ainsi que du pouvoir et des moyens dont* » l'auteur présumé de l'infraction « *disposait* » *au moment des faits* » (art. 1er). Cette modification présentait un double avantage pour ses destinataires : d'une part, celui de rendre plus difficile la caractérisation de leurs fautes, puisqu'elles ne pouvaient désormais plus être établies par la simple constatation de la violation d'une règle de sécurité ou de prudence prévue par la loi ou les règlements ; d'autre part, celui de permettre aux ordonnateurs qui avaient délégué leur pouvoir, au sens pénal du terme, de se dégager de leur responsabilité. Le législateur profitait en effet de la réforme pour décliner la règle formulée à l'article 121-3 du Code pénal aux articles L. 2123-34, L. 3123-28 et

---

[1] P. ALBERTINI, « La responsabilité des élus locaux : nécessité et aberrations », *Pouvoirs* 2000-92. 111. L'expression se trouvait déjà sous la plume de Jean Foyer en 1974 (« Rapport de M. Jean Foyer, sur la proposition de loi relative à la mise en cause pénale des maires et tendant à modifier les articles 681 et suivants du Code de procédure pénale », *Doc. AN* 1974-1120, p. 3).

[2] Du nom de l'incendie de la discothèque qui a coûté la vie à 146 personnes dans la nuit du 31 octobre au 1er novembre 1970 alors que l'établissement fonctionnait au vu et au su de tous, sans autorisations administratives et sans respecter les normes des établissements recevant du public. V. Trib. corr. Lyon 20.11.1972, *Bas et a.*, *GP* 1973-3. 3 ; CA Lyon 4e ch. 13.7.1973, *Bas et a.*, *GP* 1973-318. 830, note X…

[3] Nouv. C. pén., art. 121-1.

[4] Selon le mot de Jean Foyer, *JOAN CR*, séance du 9.7.1974, p. 3419.

[5] « Proposition de loi de J. Larché et a., relative à la responsabilité pénale des élus locaux pour des faits d'imprudence ou de négligence commis dans l'exercice des fonctions », *Doc. S.* 1995-406. D'autres propositions avaient été formulées dans le même sens. V. « Proposition de loi de C. Huriet, relative à la protection pénale des exécutifs locaux à raison des actes commis dans l'exercice de leurs fonctions », *Doc. S.* 1995-255 ; « Proposition de loi d'A. Geoffroy et a., relative à la protection pénale des exécutifs locaux à raison des actes commis dans l'exercice de leurs fonctions », *Doc. AN*, 1995-2135 ; « Proposition de loi de J. Bruhnes et a., relative à la protection pénale des élus des collectivités territoriales », *Doc. AN*, 1995-2249.

L. 4135-28 du CGCT et à l'article 11 bis A de la loi du 13 juillet 1983 dans une formulation légèrement différente, sous certains aspects, plus avantageuse pour les ordonnateurs. Alors que les autres justiciables sont responsables « *s'il est établi* » qu'ils n'ont pas accompli les diligences normales compte tenu, le cas échéant, de la nature de leurs missions ou de leurs fonctions, de leurs compétences ainsi que du pouvoir et des moyens dont ils disposaient (art. 121-3 du Code pénal), les autorités exécutives locales, leur suppléant, leur délégataire et les fonctionnaires, eux, ne sont responsables « que s'il » est établi qu'ils n'ont pas accompli les diligences normales compte tenu de leurs compétences, du pouvoir et des moyens dont ils disposaient « *ainsi que des difficultés propres aux missions que la loi leur confie* » (art. L. 2123-34, L. 3123-28 et L. 4135-28 du CGCT et 11 bis A de la loi modifiée du n° 83-634 du 13 juillet 1983). Le juge est ainsi systématiquement obligé de tenir compte de leur situation lorsqu'ils sont poursuivis, tandis qu'il n'est tenu de le faire que « le cas échéant » lorsque d'autres justiciables sont en cause selon l'article 121-3 du Code pénal. Et il doit toujours prendre en considération « *les difficultés propres aux missions que la loi (leur) confie* » alors que cette exigence n'existe pas pour les autres mis en cause.

Cette réforme ayant malgré tout été jugée insuffisante par ses destinataires, le parlement a voté à l'initiative du sénateur Pierre Fauchon une nouvelle réforme avec la loi n° 2000-647 du 10 juillet 2000. Son intérêt est d'avoir introduit un « *système de faute qualifiée à deux branches* »[1], fonction du lien de causalité entre la faute et le dommage. Si ce lien est direct, une faute simple d'imprudence, de négligence ou de manquement à une obligation de prudence et de sécurité prévue par la loi ou le règlement continue, comme avant, à ne pouvoir engager la responsabilité pénale d'un ordonnateur « *que s'il est établi qu'il n'a pas accompli les diligences normales compte tenu de ses compétences, du pouvoir et des moyens dont il disposait ainsi que des difficultés propres aux missions que la loi lui confie* ». Mais, selon une circulaire ministérielle, ces règles ne sont plus appelées à jouer que dans deux hypothèses : 1°) lorsque la personne poursuivie frappe ou heurte elle-même la victime ; ou 2°) lorsqu'elle initie le mouvement de l'objet qui le fait[2]. Car sorti de ces situations, le lien de causalité doit être considéré comme indirect, et ce sont de nouvelles dispositions qui s'appliquent.

[1] « Faciliter l'exercice des mandats locaux : analyse des résultats de la consultation », tome VI, *Doc. S.* 2018, p. 22.

[2] En ce sens, v. Circ. Crim. 009/F1 du 11.10.2000, présentant la loi n° 2000-647 du 10 juillet 2000, *BOMJ* 2000, p. 86. La jurisprudence paraît toutefois décidée à adopter une conception plus large de la causalité directe, en considérant comme causes directes du dommage toutes les fautes qui ont joué un rôle « essentiel et déterminant » dans sa réalisation (Cass. crim. 29.10.2002, *X...*, *Bull. crim.*, n° 196 ; 22.3.2005, R. et F.-D. et a. (2 esp.), *Dr. pén.* 2005, n° 7, p. 15). Elle semble ainsi avoir rejeté « une conception étroitement mécaniste de la causalité » en admettant « qu'une cause médiate puisse être qualifiée de directe lorsqu'elle est adéquate » (Cotte B. et Guihal D., « La loi Fauchon, cinq ans de mise en œuvre jurisprudentielle », *Dr. pén.* 2006-4. 7, n° 19).

Or, celles-ci innovent en exigeant une faute « lourde » dont la nature varie : pour engager la responsabilité de son auteur, il doit s'agir d'une faute délibérée en cas de mise en danger volontaire d'autrui traduisant une violation manifestement délibérée d'une obligation particulière de prudence ou de sécurité ; et d'une faute caractérisée en cas d'exposition d'autrui à un risque d'une particulière gravité que son auteur ne pouvait ignorer. Dans la mesure où cette évolution laisse intact le régime de la responsabilité « civile » de l'auteur d'une faute de service[1], elle a permis de dépénaliser certaines des fautes d'imprudence qui pouvaient leur être reprochés dans l'exercice de leurs fonctions[2], en substituant la responsabilité pécuniaire de leur administration à leur responsabilité pénale. Cette disposition, plus douce[3], est ainsi particulièrement favorable aux ordonnateurs. Car ce qu'on leur reproche le plus souvent, c'est d'avoir « *créé ou contribué à créer la situation qui a permis la réalisation du dommage* »[4], ou de n'avoir « *pas pris les mesures permettant de l'éviter* »[5], c'est-à-dire d'avoir indirectement causé le préjudice, en engageant les dépenses nécessaires. C'est ainsi qu'un maire a, par exemple, été poursuivi pour homicide involontaire suite à l'effondrement d'une cage de but municipale défectueuse sur un enfant de 13 ans pour ne pas l'avoir fait détruire – avant d'être relaxé après avoir apporté la preuve de son souci constant de la sécurité de ses administrés et de ce que l'équipement avait été utilisé à son insu[6].

Le risque pénal dénoncé par les élus à l'appui de ces réformes ne semble toutefois là encore pas avoir été suffisamment significatif pour justifier leur adoption. D'après les chiffres avancés par la commission Massot, seules 54 autorités exécutives locales avaient été mises en examen entre mai 1995 et avril

---

[1] Cette dernière continuant à ne pouvoir engager que la responsabilité administrative de la personne publique employeuse devant le juge administratif (CA Poitiers 2.2.2001, Min. pub. et a., *JCP G* 2001, II.10534, p. 1053 ; Cass. crim., 4.6.2002, X… et a., *D.* 2003. 95).

[2] Pour le garde des Sceaux Élisabeth Guigou (*JO Sénat CR*, séance du 27 janv. 2000, p. 407) et certains auteurs, la réforme de 1996 instituait une cause objective d'irresponsabilité pénale, du fait qu'elle posait le principe de la responsabilité des agents publics en cas de délits d'imprudence, « sauf si ». Le juge judiciaire a toutefois estimé qu'il ne s'agissait pas d'un fait justificatif (Cass. crim. 14.10.1997, *Haon*, *Bull. crim.*, n° 334), à juste titre dès lors que la réforme agit directement sur les éléments constitutifs de l'infraction en précisant la notion de faute d'imprudence (note Y. Mayaud sous TGI Lyon ch. corr., 26.9.1996, *RSC* 1997. 834).

[3]. Cass. crim., 12 déc. 2000, Rostaing Capaillan et a., *Bull. crim.*, n° 371.

[4] Cette hypothèse correspond à la notion doctrinale « d'auteur indirect », cette dernière désignant les « personnes qui, sans avoir directement causé le dommage, ont créé ou contribué à créer la situation qui a permis sa réalisation » (Le Gunéhec F., « L'élément moral de l'infraction », *in J.-Cl. pén.*, art. 121-3, n° 68).

[5] Cette hypothèse correspond à la notion doctrinale « d'auteur médiat », l'expression renvoyant à « celui qui laisse commettre l'infraction, en raison d'une omission fautive, par une personne placée sous son autorité » (*id.*, n° 69).

[6] Trib. corr. La Rochelle 7.9. 2000, *D.* 2000, IR, p. 250-251 ; CA Poitiers, ch. corr., 2.2.2001, Min. pub. et a. c/ Dr., JCP G 2001, n° 21-22, II.10534, p. 1053 ; Cass. crim. 4.6.2002, X… et a., *D.* 2003, p. 95.

1999[1]. De sorte que si l'on considère, comme le législateur, que la catégorie d'élus visée compte 50 000 membres[2], la réforme n'était destinée qu'à remédier à la situation de 0,108 % d'entre eux. Compte tenu de la faiblesse de ce pourcentage, la situation n'était donc en rien révélatrice d'un risque pénal particulier pesant sur les intéressés[3]. L'exposé des motifs de la proposition de loi déposée par Pierre Fauchon en 1999 concédait d'ailleurs qu'« *il [était] (...) difficile (...) de mesurer les effets de la loi du 13 mai 1996* »[4]. Les sénateurs ont depuis pu constater que « *les atteintes involontaires à la vie et à l'intégrité physique ou atteintes à la sécurité d'autrui* » ne constituent que « *le cinquième motif de poursuite des élus locaux* » [5], avec un taux de mise en cause pénale extrêmement faible, évalué à « de 7,09 pour mille » pour les maires sur la mandature 2014-2020[6]. Ces chiffres n'étant pas exhaustifs, ils ont certes ici aussi demandé au gouvernement de procéder à « une cartographie du risque pénal » exact pesant sur les décideurs publics locaux pour « *parvenir à une connaissance qualitative et quantitative précise du* » phénomène « *par type d'infraction et type de collectivité* »[7]. Mais, dans l'attente de ces données, la construction d'un statut pénal sur mesure pour les ordonnateurs locaux d'un régime spécifique des infractions non intentionnelles, leur apparaissait « *pas plus opportune qu'utile* »[8].

CONCLUSION

En conclusion, à la question : y-a-t-il un chaînon manquant entre la responsabilité politique et la responsabilité pénale des ordonnateurs ? la réponse est : oui, à l'évidence. Car comme le relève, René Dosière il est tout de même étonnant que « *dans le système actuel, la responsabilité financière ne concerne que le comptable soit l'exécutant et pas celui qui a donné l'ordre !* »[9].

---

[1]Et sur les 33 décisions connues, 19 étaient des décisions de relaxe, seules 14 condamnations ayant été prononcées : 10 pour homicide involontaire ; 2 pour blessures involontaires et 5 pour infraction au droit de l'environnement (Massot J. (dir.), *La responsabilité pénale des décideurs publics : rapport au garde des Sceaux*, Doc. fr. 2000, p. 109).

[2]. V. « Intervention de René Dosière, rapporteur, lors de la discussion de la proposition de loi tendant à préciser la définition des délits non intentionnels », *JOAN CR*, séance du 5 avr. 2000, p. 3126.

[3] Paradoxalement, le législateur tirait argument du « décalage entre la réalité des chiffres (...) et le sentiment d'insécurité qui existe chez les décideurs publics » pour justifier la réforme (*Id.* p. 3127).

[4] « Proposition de loi précitée », *Doc. S.* 2000-9 rectifié, p. 3. Dans le même sens, v. intervention précitée d'Élisabeth Guigou, *JO Sénat CR*, séance du 28.4.1999, p. 2508 ; « Rapport de P. FAUCHON », *Doc. S.* 2000-177. 21. V. pour les auteurs ayant une appréciation plus nuancée : F. Thiriez, « L'irruption du juge pénal dans le paysage administratif », *AJDA* 1999, n° spécial, p. 106 ; Salvage P., « L'imprudence en droit pénal », *JCP G* 1996, I.3984, n° 27.

[5] « Faciliter l'exercice des mandats locaux : la responsabilité pénale et les obligations déontologiques », *op. cit.*, p. 7.

[6] *Id.*, p. 6.

[7] *Ibid.*, p. 7.

[8] *Ibid.*, p. 21.

[9] *Loc. cit.*

Pour autant, sa création ne doit pas se substituer à la responsabilité pénale qu'encourent les intéressés pour les fautes les plus graves qui peuvent leur être reprochées ; elle doit venir s'y ajouter pour sanctionner les cas d'impéritie grossièrement contraire à la performance de l'action publique qu'implique le nouvel ordre public économique véhiculé par la mondialisation. De ce point de vue, on peut regretter le problème de sincérité de certaines études d'impact[1], comme celle qui a été produite en 2009 : car cette dernière affirmait de façon péremptoire que la « *faiblesse du régime de discipline budgétaire et financière explique pour une bonne part un déport sur le droit pénal et la pénalisation de certains dysfonctionnements administratifs qui relèveraient plus opportunément du code des juridictions financières* » sans livrer aucune donnée statistique vérifiable des poursuites pénales visant les élus à l'appui de cette allégation démentie depuis par les chiffres qui ont été livrés[2].

La réforme n'en pose certes pas moins la question du cumul des sanctions. Mais sa constitutionnalité ne semble pas faire de doute au regard de la règle « *non bis in idem* » en l'état actuel de la jurisprudence du juge Montpensier sous une seule réserve qui devrait être de nature à rassurer les ordonnateurs sur leurs craintes de se voir deux fois plus exposés au risque de sanctions : « *le principe de proportionnalité* », il faut le redire, « *implique qu'en tout état de cause le montant global des sanctions éventuellement prononcées ne dépasse pas le montant le plus élevé de l'une des sanctions encourues* »[3]. Cette garantie vient ainsi s'ajouter au principe d'individualisation de la peine qui impose au juge de l'adapter aux spécificités du dossier et à la personnalité du mis en cause[4] et aux réformes déjà intervenues pour davantage encadrer la répression des délits non intentionnels.

Entourée de ces précautions, la coexistence d'une responsabilité des ordonnateurs devant les juridictions financières et pénales semble consubstantielle à la nouvelle rationalité économique véhiculée par la mondialisation. Le paradoxe est que ceux qui reconnaissent les mérites de la libéralisation des marchés et de la transposition du modèle entrepreneurial à la fonction publique sont parfois ceux-là même qui s'opposent à une telle évolution. Comme s'ils refusaient de tirer toutes les conséquences des dogmes économiques qu'ils défendent par ailleurs lorsqu'ils les touchent directement. Les inviter à y réfléchir n'est pas le moindre intérêt de cette étude.

---

[1] Également relevé par certains parlementaires : v. « Proposition de loi organique de M. Franck Montaugé, visant à améliorer la qualité des études d'impact des projets de loi », *Doc. S.* 2017-610 ; « Rapport de M. Jean-Pierre Sueur, sur la proposition de loi organique visant à améliorer la qualité des études d'impact des projets de loi », *Doc. S.* 2018-317.

[2] « Projet de loi portant réforme des juridictions financières. Étude d'impact établie en application de l'article 8 de la loi organique n°2009-403 du 15 avril 2009 relative à l'application des articles 34-1, 39 et 44 de la Constitution », p. 11.

[3] CC 546 DC du 24.6.2016, *préc.*, cs. 8.

[4] CC 520 DC du 22.7.2005, Reconnaissance préalable de culpabilité, *R.* 118, cs. 3.

LE FINANCEMENT DU MONARQUE AU ROYAUME-UNI DE LA LISTE CIVILE A LA DOTATION ROYALE

Ramu de Bellescize
Maître de conférences HDR à l'université de Rouen
Visiting Scholar à Wolfson College, Université de Cambridge, Royaume-Uni

INTRODUCTION

Dans quelle mesure le Royaume-Uni contribue-t-il aux dépenses de son monarque ? Et surtout, pourquoi ? Le lent processus de dépouillement du monarque britannique au profit du Premier ministre et du Parlement a commencé il y a plus de deux siècles.

Le monarque a perdu aujourd'hui une grande partie de ses pouvoirs.

Cela ne veut pas dire pour autant qu'il n'exerce plus aucun rôle constitutionnel. Ce rôle, parce qu'il demeure important, justifie le financement du monarque.

I- LE RÔLE DU MONARQUE

À quoi sert Sa Majesté ? Les républicains, assez minoritaires au Royaume-Uni, partisans de l'abolition de la monarchie, répondent : « à rien ». Ils se trompent. Le rôle de la reine est essentiel : elle est un drapeau vivant, une source d'honneur et un pouvoir digne.

A- UN DRAPEAU VIVANT

La reine est un drapeau vivant. Elle symbolise l'union des quatre pays composant le Royaume-Uni (l'Angleterre, le Pays de Galle, l'Écosse et l'Irlande du Nord) et des quatorze territoires britanniques d'outre-mer (par ex. Gibraltar, les Malouines, le Territoire antarctique britannique ou les îles Pitcairn). Elle est reine de seize monarchies du Commonwealth (par exemple, Antigua et Barbuda, l'Australie, le Canada et la Jamaïque). Elle permet aux cinquante-trois États du Commonwealth dont elle est le chef, conformément à la déclaration de Londres de 1949, de constituer une communauté de nations libres et égales.

C'est à Sa Majesté que les Sujets britanniques rendent hommage lorsque retentit l'hymne *God save the Queen* : « *Que Dieu protège la Reine* » ou « *Que Dieu garde la Reine* » (ou le Roi). Les membres du Parlement ne prêtent pas serment à leurs électeurs ou à un texte constitutionnel mais à Sa Majesté : « *Je jure par Dieu tout-puissant que je serai fidèle et que je porterai une vraie allégeance à Sa Majesté la Reine Élisabeth, ses héritiers et ses successeurs, conformément à la loi. Aidez-moi, Dieu* ». Les officiers et les soldats jurent fidélité à la reine, non au Gouvernement ou à leur pays.

B- UNE SOURCE D'HONNEUR

La reine est « la source d'honneur ». Elle est, selon l'expression anglaise, *The Fount of Honour* ou, en latin, *fons honorum*. Cela signifie qu'elle a le droit exclusif de conférer tous les titres d'honneurs, y compris les pairies viagères, les titres de chevalerie, ou même les prix de bravoure.

Ce pouvoir n'a pas toujours été entre les mains du monarque. Au XIIIème siècle, lorsque le souverain commence à revendiquer ce droit, le monarque est considéré par certains non comme une source d'honneur mais comme l'ennemi de l'honneur. En prétendant définir ce qu'est l'honneur, il le détruit.

L'un des traits significatifs de la féodalité est que le vassal sert son seigneur et le seigneur sert son roi. Le roi est le plus grand seigneur, il n'est le vassal de personne. Tel est le sens de la cérémonie de l'hommage : le vassal promet fidélité et aide militaire et financière à son suzerain. L'honneur n'a dès lors de sens que dans une relation d'homme à homme : entre le roi et ses seigneurs, entre les seigneurs et leurs vassaux. Eux seuls sont à même de juger si l'honneur a été respecté.

Cette thèse a été défendue dans une biographie en vers de Guillaume le Maréchal[1], un chevalier anglo-normand de langue française, premier comte de Pembroke. Guillaume y est décrit comme « *le meilleur chevalier du monde* ».

L'historien Richard W. Kaeuper précise à propos de ce texte que « *l'auteur [y] déplore le fait que, à son époque, l'esprit de la chevalerie ait été emprisonné ; la vie du chevalier errant a été réduite à celle du justiciable devant les tribunaux* [2]». Dans « *Honor and Social Status* »[3], Julian R. Pitt-Rivers a montré combien cette centralisation de l'honneur entre les mains du monarque pouvait paraître contradictoire.

Aussi contestable soit-il, le monopole est aujourd'hui entre les mains du monarque. Et même si la plupart des honneurs et des dignités sont attribués sur proposition du Gouvernement, ils sont donnés au nom du monarque. Il existe néanmoins quatre exceptions qui sont l'ordre de la Jarretière, du Chardon, du mérite et l'ordre royal de Victoria. Pour ces ordres, le souverain détermine personnellement les membres de l'ordre.

Il est cependant une personne à qui la reine ne peut accorder un honneur ou une dignité : elle-même. La Chambre des lords en a décidé ainsi dans l'affaire *Buckhurst peerage*, en 1876. Le *Lord Chancellor* de l'époque, Hugh McCalmont Cairns, conclut ainsi sur l'affaire : la source « *de toute dignité [le Souverain], ne peut se donner de dignité à elle-même. La dignité [...] prend fin, non pas en vertu des dispositions qui régissent sa création, mais par l'incapacité absolue du souverain à détenir une dignité* ».

---

[1] L'Histoire de Guillaume le Maréchal. Sa vie a donné lieu à la biographie de Georges Duby, *Guillaume le Maréchal*, Fayard, 1984.

[2] R. W. KAEUPER, *Chivalry and violence in medieval Europe*, Oxford University Press, 1999, p. 95.

[3] « Honor and Social Status », *in* G. John Peristiany, *Honour and shame : the values of mediterranean society*, Chicago, III, University of Chicago Press, 1965, p. 21.

C- Un pouvoir digne

En 1867, Walter Bagehot, dans son livre *The English Constitution*, au sein duquel il analyse la Constitution britannique, décrivait dans une formule devenue célèbre, les trois pouvoirs qui sont toujours ceux du monarque : « *le droit d'être consulté, le droit d'encourager, le droit de mettre en garde*[1]. » Il existe des pouvoirs « *dignes et des pouvoirs efficaces* ». La reine dispose des pouvoirs dignes. Il ajoutait : « *Et un roi de bon sens et de sagacité n'en voudrait pas d'autres*. »

Chaque semaine, elle rencontre le Premier ministre, généralement le mercredi. Élisabeth II a déjà connu quatorze Premiers ministres. Une fois par an, la veille du discours du budget, elle rencontre également le chancelier de l'Échiquier. Elle promulgue les lois, en inscrivant la formule « *La reine (ou le roi) le veut* », ou « *La reine s'avisera* », qui veut dire qu'elle refuse le texte. Cela n'est pas arrivé depuis 1708.

Du fait de ses différentes fonctions – chef des armées, de la justice, de l'administration, de l'Église d'Angleterre – la reine est source de stabilité, de continuité, de loyauté. Elle donne aux institutions le sens de l'indépendance politique et de la neutralité[2].

De manière exceptionnelle, l'une des prérogatives royales[3] – la nomination du Premier ministre – peut redevenir un pouvoir effectif. En principe, le monarque nomme le chef du parti majoritaire à la Chambre des communes. Depuis 1834, aucun monarque n'a nommé ou révoqué un Premier ministre, contre l'avis de la Chambre. Mais il est des situations où aucune majorité claire ne se dégage. Le pouvoir d'arbitrage du monarque ressurgit. Cette situation s'est présentée au XIXe siècle, en 1834, avec le gouvernement de Robert Peel (tory) et au XXe siècle, après les élections législatives de février 1974. Harold Wilson (travailliste) fut nommé Premier ministre par la reine, alors qu'aucune majorité réelle ne se dégageait de la Chambre.

II- LE FINANCEMENT DU MONARQUE

Deux modes de financement se sont succédé. Du XVIIIe au XXe siècle, le financement du monarque est assuré par la liste civile. Il est remplacé, en 2011, par la dotation au souverain. Parallèlement aux financements publics, le monarque dispose de revenus privés.

---

[1] W. BAGEHOT, *The English Constitution*, 2e éd., Little, Brown, and Co., Boston, US., 1873, p. 85.

[2] The Sovereign Grant and Sovereign Grant Reserve annual report and accounts 2018 to 2019, 24 juin 2019, p. 3 et 4.

[3] Sur les prérogatives royales, v. G. BARLETT, M. EVERETT, *The Royal Prerogative*, Briefing Paper, House of Commons Library, No. 03861, 17 août 2017.

A. La liste civile : 1760-2010

La liste civile est créée en 1760. Un long dépérissement précède sa suppression.

1. L'apparition de la liste civile

La tradition ancestrale veut que le roi vive de ses biens, c'est-à-dire des revenus du domaine royal. L'impôt n'est en principe qu'une contribution exceptionnelle destinée à faire face à des charges extraordinaires : la guerre. Cela explique que la présentation du budget repose toujours, au XVIIe siècle, sur la distinction entre dépenses ordinaires et dépenses extraordinaires. Les dépenses ordinaires sont prises en charge par le monarque et la guerre est financée par l'impôt.

La distinction ne correspond plus à la situation de la monarchie britannique au XVIIIe siècle. Le rôle de la Couronne s'est accru et les revenus du domaine royal ne suffisent plus à financer les dépenses du gouvernement civil. Depuis longtemps, l'impôt sert à financer les dépenses ordinaires.

La « transaction » a lieu en 1760, année du couronnement de George III[1]. Le coût du gouvernement civil sera désormais à la charge du Parlement, ce qui signifie concrètement qu'il sera financé par l'impôt.

Le Parlement adopte le *Civil List Act*[2] : les revenus du domaine royal alimentent désormais les caisses du Trésor. En échange, le monarque reçoit du Parlement une liste civile. La liste civile est une dotation financière attribuée au souverain : le roi reçoit chaque année une somme lui permettant en principe de couvrir ses dépenses. Il dispose également de résidences royales dont l'entretien est pris en charge par l'État. Outre la liste civile, George III conserve les revenus du duché de Lancastre. Désormais, le budget distingue clairement entre les sommes qui sont attribuées au souverain et celles qui reviennent à la Couronne. Sur le plan plus politique, l'apparition de la liste civile, en faisant perdre au roi la maîtrise de ses recettes accroît sa subordination au Parlement[3].

2. Le dépérissement de la liste civile

Après George III, l'histoire de la liste civile est celle d'un long dépérissement. À l'avènement de Guillaume IV en 1830, la somme votée pour la liste civile est réduite aux dépenses de la Maison royale. Sous la reine Victoria, le *Civil List Act* de 1837 diminue de nouveau la somme allouée. En 1931, George V renonce pour la durée de la crise économique, aux 50 000 livres sterling qui lui étaient dues (environ 5 600 000 livres sterling en 2018).

---

[1] C'est sous son règne que les colonies américaines deviennent indépendantes.

[2] Civil List Act 1760 (1 Geo. 3 c. 1).

[3] E. A. REITAN, "The Civil" List *in Eighteenth-Century British Politics: Parliamentary Supremacy versus the Independence of the Crown', The Historical Journal*, vol. 9, n°3, 1966, p. 323.

La reine Élisabeth II est la dernière à recevoir, dans le cadre de la liste civile, une subvention annuelle couvrant certaines dépenses liées à l'exercice de ses fonctions officielles de souverain. La liste inclut notamment les visites d'État, les dépenses liées aux personnels et aux cérémonies publiques. Les frais de transport et de sécurité de la famille royale, l'entretien des propriétés sont en revanche couverts par des subventions distinctes honorées par différents ministères.

B. La dotation au souverain (*Royal Grant*) : 2011

En 2010 un nouveau système est adopté : le *Royal Grant*. Son mode de fonctionnement est plus simple et il permet, en principe, un contrôle plus efficace.

1- La création de la dotation

a) La loi sur la dotation

Le chancelier de l'Échiquier George Osborne annonce la disparition de la liste civile à la Chambre des communes, le 20 octobre 2010, au cours de la revue des dépenses. Après une période transitoire, précise-t-il, « *la Maison royale recevra une dotation au souverain liée aux revenus du domaine royal*[1] ». La loi sur la dotation au souverain[2], promulguée le 18 octobre 2011, constitue la réforme la plus importante depuis la création de la liste civile en 1760. Le fondement de la subvention reste le même. Il est rappelé par le rapport à la Chambre des communes sur la dotation de 2016-2017 : « *Les dépenses officielles de la reine sont couvertes par des fonds publics en échange de la cession par la reine des revenus du domaine royal*[3] ».

b) Le domaine royal

Le domaine royal (*Crown Estate*[4]) n'est pas la propriété du Gouvernement, mais il n'est pas non plus le domaine privé du monarque. Il est le « *domaine public du souverain* ». Ce statut, le site internet de la société gérant le domaine le décrit de la manière suivante : « *Le domaine royal appartient à la Couronne par droit de la Couronne. Cela signifie que la reine le possède, en vertu de sa position de monarque régnant, aussi longtemps qu'elle occupe le trône, au même titre que son successeur*[5]. »

Au sein du domaine sont réunies les possessions immobilières et mobilières de la Couronne. En 2018-2019, leur valeur était estimée à 14,13 milliards de livres sterling[6]. Le domaine urbain recouvre plus de 30 000 hectares, dont de

---

[1] G. OSBORNE, *Comprehensive Spending Review, Hansard*, House of Commons, 20 oct. 2010, vol. 516.

[2] The Sovereign Grant Act 2011.

[3] *The Sovereign Grant and Sovereign grant reserve*, Annual report and accounts, 2018-19, House of Commons, 26 juin 2019, p. 2.

[4] The Crown Estate, Integrated Annual Report and Accounts 2018-19.

[5] https://www.thecrownestate.co.uk.

[6] The Crown Estate, Integrated Annual Report and Accounts 2018-19, p. 1.

nombreuses propriétés situées dans le centre de Londres. Il comprend également 116 000 hectares de forêts, des parcs éoliens ainsi que la majorité des estrans, autrement appelés en termes administratifs, « *zone de balancement des marées* ». Cela fait du *Crown Estate* l'un des plus importants propriétaires terriens du Royaume-Uni. Le souverain n'est pas impliqué dans sa gestion. Celle-ci est confiée à un conseil de direction qui exerce tous les actes inhérents à la détention d'une propriété, même s'il n'en est pas la propriétaire.

Pourquoi alors avoir supprimé la liste civile puisque le fondement de la dotation au souverain reste le même que celui de la liste civile ? Essentiellement en raison de la complexité de la liste civile due à la multiplicité des intervenants. Au moment de sa suppression, en 2011, la Couronne recevait environ 8 millions de livres sterling, supportées par quatre comptes différents relevant de trois ministères[1].

2- Le fonctionnement de la dotation

Les quatre subventions sont désormais regroupées en un compte unique intitulé « dotation au souverain » (*Sovereign Grant*). La subvention annuelle est versée par le Trésor. Son montant est constitué d'un pourcentage (15 %) des revenus du domaine royal de l'année N-2. La dotation est réévaluée tous les cinq ans par les trois administrateurs royaux : le Premier ministre, le chancelier de l'Échiquier et le Gardien de la bourse privée (*Keeper of the privy purse*). Le montant de la dotation est protégé contre toute diminution, dans le cas où les revenus du domaine royal fléchiraient, mais également contre une augmentation trop importante. Contrairement à ce qui se passait avec la liste civile, la dotation est soumise au même type de contrôle que les finances des autres ministères : publication des comptes annuels par le Gardien de la bourse privée et contrôle par le *National Audit Office*.

Pour l'exercice 2018-2019, la dotation est de 82,2 millions de livres sterling[2]. Elle est donc nettement inférieure au montant rapporté par le domaine royal et reversé au Trésor qui s'élevait, en 2018-2019, à 322,8 millions de livres sterling[3].

La dotation a tendance à augmenter depuis la suppression de la liste civile. Cela s'explique par l'augmentation des travaux d'entretien ou de restauration de certaines demeures royales.

---

[1] Le chancelier de l'Échiquier pour la liste civile ; le ministère des Transports pour les dépenses de transport ; le ministère de la communication pour la communication et l'information ; le ministère de la Culture pour l'entretien des demeures royales.

[2] *The Sovereign Grant and Sovereign grant reserve*, Annual report and accounts, 2018-19, House of Commons, 27 juin 2019, p. 2.

[3] The Sovereign Grant and Sovereign grant reserve, Annual report and accounts, 2018-18, 27 juin 2019, p. 2.

3- Le contrôle de la dotation

La Chambre des communes reçoit chaque année deux rapports : l'un sur le duché de Lancastre, l'autre sur la dotation au souverain[1]. Les rapports sentent bon l'indicateur de performance. Tant et si bien que le règne d'Élisabeth, son mode de vie, celui de la famille royale, peuvent être racontés par les chiffres[2]. Durant son règne, la reine a envoyé :

- ✓ 265 000 télégrammes à des centenaires pour les féliciter lors de leur anniversaire ;
- ✓ 821 400 messages à des couples pour les féliciter de leur noce de diamants.

Chaque année, la reine invite en moyenne 160 000 personnes à des *Garden parties*, cérémonies d'investiture ou réceptions. Durant l'exercice, allant du 1er avril 2018 au 31 mars 2019, elle a participé à 140 événements publics ; les membres de sa famille, à 3 200 événements, au Royaume-Uni ou à l'étranger[3].

Ces voyages, le chauffage et l'éclairage des maisons royales, les déchets générés par les membres de la famille royale et ses chevaux, la consommation d'eau ne sont pas sans effet sur l'environnement. Durant l'exercice 2016-2017, 182 tonnes de déchets ont été générées par l'ensemble des ménages de la famille royale, soit une augmentation de 4 % par rapport à l'année précédente. Mais le recyclage des déchets (famille royale, chevaux, jardins) s'est amélioré durant l'exercice suivant. D'où la bonne nouvelle : les émissions de gaz à effet de serre générées par le domaine royal et par l'activité officielle des membres de la famille royale ont diminué, en 2018-2019, de 4 %.

C. Les revenus privés

Ces revenus proviennent essentiellement du duché de Lancastre. Ils sont gérés par le gardien de la bourse privée.

1- Le duché de Lancastre

La dotation couvre une partie seulement du coût total des dépenses annuelles de la reine, qui sont d'environ 300 millions de livres sterling. La différence est comblée par les revenus privés, essentiellement ceux du duché de Lancastre. Ce duché est la propriété personnelle du souverain depuis 1399. Cette année-là, Henri de Bolingbroke (Henri IV), après être rentré secrètement d'exil en Angleterre avec une petite armée, renverse Richard II et se fait couronner roi. Henri IV, premier roi d'Angleterre à avoir la langue anglaise comme langue maternelle depuis Guillaume le Conquérant, incorpore le duché au domaine royal, mais en lui réservant un statut à part des autres possessions de la Couronne. Le duché est ensuite transmis au cours des siècles au monarque régnant. Son statut spécifique lui permet, en 1760, de ne pas être incorporé au

---

[1] *The Sovereign Grant and Sovereign grant reserve*, *op. cit.*, p. 8.
[2] *Ibid.*, p. 17.
[3] *Ibid.*, p. 20.

domaine royal dont les revenus sont désormais cédés. Le monarque dispose ainsi d'une source de revenus indépendante, utilisée essentiellement pour pourvoir à des dépenses officielles.

2- Le gardien de la bourse privée

Lors du couronnement du souverain, le Gardien de la bourse privée (*Keeper of the privy purse*) porte une bourse de cérémonie sur laquelle sont brodées les armes de la Couronne. Son nom lui vient de là. Trésorier du monarque, il gère les finances personnelles du souverain. La fonction est d'autant plus importante que la Maison royale couvre les dépenses privées et une partie des dépenses officielles du monarque : celles qui n'étaient pas couvertes par la liste civile et qui ne le sont pas par la dotation au souverain.

L'un des gardiens de la bourse les plus connus est une gardienne : Sarah Churchill née Jenyns (1660-1744), épouse de John Churchill, premier duc de Marlborough. Sarah Churchill est considérée comme l'une des femmes les plus influentes de l'histoire britannique, en raison de sa proximité avec la reine Anne. Pendant plusieurs décennies elle est « le pouvoir derrière le trône ».

Après avoir été nommée maîtresse de la garde-robe, la plus haute fonction à la Cour pouvant être tenue par une femme, elle devient Gardien de la bourse privée.

Sa proximité avec la reine de sensibilité Tory (à l'époque, le parti de l'Église), lui permet de promouvoir les intérêts du parti whig (partisan d'un Parlement puissant). Elle tombe en disgrâce en 1711[1]. Parmi ses descendants figurent Winston Churchill et Diana Spencer, princesse de Galles.

---

[1] Le film *The Favourite* (2018), de Yorgos Lanthimos, décrit la disgrâce de Sarah Churchill et son remplacement par sa rivale, Abigail Masham.

2- DROIT FISCAL

PERCEPTIONS AFRICAINES ET CONCEPTION DE L'IMPÔT

Pélagie THÉOUA-N'DRI
Agrégée de droit public
Directrice du Centre de Recherche et d'Études sur le Droit et les Finances Publiques (CREDFiP, Université de Bouaké, Côte d'Ivoire)

INTRODUCTION

« *...Le rapport des populations africaines à l'impôt n'a pas vraiment changé, en ce sens que les mentalités restent toujours majoritairement réfractaires au paiement de l'impôt* »[1]. Cette réflexion du Professeur Salif YONABA, au-delà de mettre en évidence le ressentiment constant du contribuable africain vis-à-vis de l'impôt, réaffirme plus encore l'importance de la représentation que celui-ci se fait de l'impôt dans le contexte actuel de la quête d'optimisation du rendement fiscal.

En effet, l'Afrique est aujourd'hui en proie à une course effrénée vers la mobilisation des recettes fiscales. La conférence des nations unies sur le financement du développement, tenue à Addis-Abeba en 2015[2], a réaffirmé cette urgence pour les États africains d'optimiser le rendement de l'impôt. Cet objectif est d'autant plus important qu'il s'impose dans le contexte d'un état des lieux peu reluisant des finances publiques. Les taux d'endettement élevés, la réduction continue des aides publiques au développement et les contraintes budgétaires accentuées par les déficits publics, pour ne citer que ceux-là, avaient déjà lancé l'alerte. Au surplus, le démantèlement tarifaire dans les échanges commerciaux et l'élaboration de plans de développement ambitieux[3] ont fini de convaincre de l'urgence d'une mobilisation optimale des ressources fiscales. De nombreuses réformes sont dès lors engagées[4], souvent dans une dynamique communautaire, pour accroître l'efficacité des systèmes fiscaux. Dans cette course à la réforme, la relation du contribuable à l'impôt s'avère cruciale. D'une part, diverses contestations fiscales populaires[5] sont observées sur le continent.

---

[1] S. YONABA, « Le recouvrement des recettes publiques dans les États africains : un état des lieux préoccupant », *Revue française d'administration publique*, 2012/4, n° 144, p. 1044.

[2] Assemblée générale, Résolution 69/ 313 du 27 juillet 2015, Programme d'action d'Addis-Abeba issu de la troisième Conférence internationale sur le financement du développement.

[3] Plusieurs États africains ont élaboré des plans de développement. Il s'agit, entre autres, du Plan national de développement 2030 de l'Afrique du sud « Notre avenir Réussir »; du Plan Sénégal Emergent (Sénégal), du Plan stratégique Gabon émergent 2025 (Gabon), du Plan national de développement 2016- 2020 (Côte d'Ivoire), du Plan de Développement économique et social 2016- 2020 (Burkina Faso), et du Plan national de développement 2018- 2025 « Bénin révélé » (Bénin).

[4] S. OUÉDRAOGO, « Les mutations récentes des administrations fiscales africaines », *Annales de l'Université de Ouagadougou*, Série B, Vol. 006, Décembre 2017, p. 9.

[5] Plusieurs contestations sur les prélèvements fiscaux sont enregistrées ces dernières années. Il s'agit notamment de la manifestation en Ouganda contre une taxe sur les réseaux sociaux le 11

D'autre part, il y a un contraste pesant entre la volonté d'une forte mobilisation des recettes fiscales et le ressentiment du contribuable face à la corruption et les gaspillages de ressources publiques, qualifiés par le Professeur Éloi DIARRA de « *maladies infantiles des finances publiques africaines* »[1]. Tous ces facteurs attestent inexorablement de la nécessité d'interroger les perceptions africaines de l'impôt dans la conception de celui-ci.

Ce faisant, il est intéressant de noter que la « perception », en tant qu'acte de représentation, constitue l'un des objets clés de nombreux travaux de philosophes, de psychologues et de sociologues. Ils en donnent des sens aussi divers que les aspects étudiés divergent[2]. Pour certains, elle est « *tout ce que nous avons dans l'esprit* »[3]. Pour d'autres, elle est « *l'entrée d'une représentation dans le champ du regard interne* »[4]. Néanmoins, le point de convergence est que la perception concerne la représentation qui est faite d'une chose à partir des informations reçues par nos sens : ce qui est vu, entendu ou ressenti par un vécu. Elle peut donc évoluer avec l'âge[5] ou comporter une bonne dose de subjectivité éloignée de la réalité, en fonction de l'expérience vécue. Loin donc de pénétrer au cœur de ces débats de disciplines, c'est cette approche conciliante de la perception comme élément de représentation plus ou moins subjective qui est à considérer. Selon Jean-Baptiste FOTSING, c'est sous l'influence de sa religion, de ses mythes et de sa cosmogonie qu'un peuple définit son rapport à l'impôt.[6] Il en découle que la perception de l'impôt est potentiellement aussi plurielle qu'il y a d'individus, de groupes constitués ou de sociétés historiquement et culturellement liées. La perception africaine de l'impôt est, par conséquent, l'idée, le sentiment, la compréhension, plus ou moins subjective de l'impôt en Afrique. Telle que perçue, elle constitue un fondement indispensable à toute conception de l'impôt.

Celle-ci se rapporte, en effet, à l'action de concevoir, c'est-à-dire de former des idées ou d'élaborer des concepts liés à l'impôt, et le résultat de cette action[7]. Elle renvoie donc à la manière dont l'impôt est appréhendé en tant qu'objet de réflexion théorique. C'est l'activité intellectuelle qui permet de trouver des

---

juillet 2018, des contestations conduites par la société civile au Niger contre la loi de finances de 2018, de la contestation en Côte d'Ivoire contre l'annexe fiscale au budget de l'année 2019.

[1] É. DIARRA, « Pour un observatoire des finances publiques africaines », *Revue Afrilex*, 2ème numéro spécial finances publiques, 2012, pp. 2- 4.

[2] J-P CLÉRO, *Théories de la perception : De l'espace à l'émotion*, Paris, PUF, 2000, p.12.

[3] *Ibidem*. L'auteur fait une déduction de la théorie de HUME sur la perception.

[4] M. LEFEBVRE, « Aspects de la perception sociale à travers l'œuvre de quelques auteurs actuels », Bulletin *de l'Institut de Recherches Économiques et Sociales*, 24ème Année, n° 8, décembre 1958, p. 648.

[5] M. FLÜCKIGER, « Le développement des perceptions », *in* André DELORME *et al.*, *Perception et réalité*, De Boeck Supérieur, 2003, pp. 375- 376.

[6] J-B FOTSING, *Le Pouvoir fiscal en Afrique : Essai sur la légitimité fiscale dans les États d'Afrique noire francophone*, Paris, LDGJ, 1995, p. 1.

[7] Voir les définitions des mots « conception », « concept », « conceptualiser » et « conceptualisation » offertes par Le Petit Robert de la langue française, 2019, p. 496.

éléments permettant de caractériser l'impôt à partir de critères ou de principes établis ou proposés. En cela, « perception » et « conception » de l'impôt sont intimement liées autant qu'elles se distinguent. D'une part, les deux concepts se rejoignent car la perception de l'impôt influence sa conception. Il ne peut avoir élaboration de concepts sans mobilisation de connaissances ou de représentations cognitives à partir des sens. D'autre part, si la perception est à la limite de la simple représentation intuitive nourrie par les sens, la conception suppose une activité intellectuelle plus poussée de production d'idées théoriques et scientifiques de caractérisation et d'identification de l'impôt. Le sujet met donc en relation les représentations africaines de l'impôt à partir des idées reçues ou des expériences vécues et l'idée d'impôt formée à partir de concepts théoriques de base.

En fait, l'impôt a toujours bénéficié d'une certaine représentation de laquelle s'est forgée toute sa légitimité[1]. Les travaux classiques, issus de la doctrine européenne, sont riches à ce sujet[2]. Plusieurs théories élaborées sur l'impôt visaient à en fixer les fondements et à en justifier les finalités. Chacune était le reflet d'une certaine représentation de l'impôt. Ainsi, marqué au départ par une centralisation des finances publiques[3], l'impôt fut perçu, dans les sociétés occidentales, comme un attribut de la souveraineté. Il en a découlé sa conception comme un acte de puissance publique qui n'exigeait aucun consentement du contribuable. L'impôt tirait, dans ce contexte, son fondement du pouvoir de subordination du souverain. Cette conception de l'impôt a cédé la place à l'impôt consenti avec le développement des droits des contribuables. Le principe du consentement à l'impôt, posé plus tôt en 1215 avec la *Magna Carta* et consacré par la Déclaration des Droits de l'Homme et du Citoyen, devient le fondement de l'impôt moderne, marqueur de la démocratie politique. Concomitamment à ces différentes évolutions conceptuelles, des représentations de l'utilité de l'impôt ont été successivement élaborées. Sous l'impulsion des théories libérales, l'impôt est initialement une nécessité sociale destinée au strict financement des dépenses régaliennes. Il est caractérisé par sa neutralité économique et par sa conception en tant qu'échange marchand. Dans ce sens, il est « *la quote-part à payer par chaque citoyen pour la dépense des services publics* »[4]. Aujourd'hui, avec le développement des doctrines socialistes, il est devenu un moyen de financement, de régulation et de redistribution.

---

[1] M. BOUVIER, « Sens et légitimité de l'impôt », *Pouvoirs,* 2014/4 (n° 151), p. 32.

[2] Lire en ce sens, P-J. PROUDHON, *Théorie de l'impôt : question mise au concours par le Conseil d'État du canton de Vaud en 1860,* Paris, E. DENTU, 1861 ; É. DE GIRARDIN, *Le Socialisme et l'impôt*, Paris, Michel Lévy frères, Volume 13 de *Les 52*, 1849 ; D. RICARDO, *Des principes de l'économie politique et de l'impôt*, traduit de l'anglais par F. S. CONSTANCIO, avec les notes explicatives et critiques de J-B. SAY, Paris, J. P. Aillaud, 1819.

[3] J-É. COLLIARD, C. MONTIALOUX, « Une brève histoire de l'impôt », *Regards croisés sur l'économie,* 2007/1 (n° 1), pp. 56-57.

[4] P.-J. PROUDHON, *op.cit.*, pp. 47et 67.

À côté de ces dynamiques occidentales, les réflexions sur l'idée d'impôt en Afrique sont généralement présentées dans une démarche historique. Trois grandes époques sont distinguées : précoloniale, coloniale et postcoloniale. L'époque précoloniale est marquée par la représentation de l'impôt comme un symbole d'allégeance aux souverains ou aux chefs. L'impôt comme un tribut est un outil économique qui marque le lien entre gouvernants et gouvernés. À l'époque coloniale, tout en maintenant l'idée d'un lien de subordination, l'impôt devient un véritable instrument d'exaction[1] et de coercition. De l'impôt de case à l'impôt de capitation, l'impôt est perçu par le colonisateur lui-même comme une rétribution de ses efforts puisqu'il apporterait la paix et la sécurité[2]. Seulement, au détriment d'un quelconque consentement des contribuables-colonisés, il s'agit d'une prestation pécuniaire unilatéralement imposée. Les administrations fiscales en Afrique ont, dans ce contexte, été perçues comme des moyens d'asservissement des peuples colonisés[3]. Mais au lendemain des indépendances, en dépit des tâtonnements dans la construction d'un système fiscal adapté[4], il est évident que l'impôt est à la fois un moyen de financement des États nouveaux et un outil de politique économique et sociale.

À la lumière de cette présentation, l'impôt en Afrique tend à être appréhendé comme le reflet des conceptions déjà élaborées en Europe. Il semble qu'au-delà des différences d'histoires de l'impôt, enserrées dans les contextes européen ou africain, le rapport de la société avec l'impôt repose toujours sur des tensions entre approches souverainiste ou consensuelle, nécessité ou instrumentalisation politique de l'impôt. Les théories de l'impôt-échange et de l'impôt-solidarité, les deux grandes conceptions de l'impôt moderne, tendraient toujours d'une manière ou d'une autre à traverser ces différentes sociétés. Mieux, les principes fondamentaux de l'impôt moderne dégagés dans les États européens sont, aujourd'hui, partagés par les États africains à travers leurs constitutions ou lois fiscales. Mais, cette approche est à éprouver pour plusieurs raisons.

Premièrement, les travaux sur les conceptions de l'impôt n'ont pas fourni de résultats unanimes ou figés puisque l'impôt traverse une crise définitionnelle. Ses éléments de définition juridique n'obéissent plus forcément aux contenus traditionnels qui leur ont été affectés. La définition attribuée à JÈZE-VEDEL est, certes, encore considérée comme l'une des formulations les plus importantes de l'impôt. Celui-ci y est appréhendé, à partir de ses éléments constitutifs, comme « une *prestation pécuniaire requise des particuliers à titre*

---

[1] S. YONABA, *op.cit*, p. 1044.
[2] C. COQUERY-VIDROVITCH, « L'échec d'une tentative économique : L'impôt de capitation au service des compagnies concessionnaires du « Congo français » (1900-1909) », *Cahiers d'études africaines*, vol. 8, n°29, 1968. pp. 103 et 108.
[3] S. OUÉDRAOGO, *op.cit.*, p. 9.
[4] R. OSSA, « Le dispositif organisationnel des administrations fiscales en Afrique : une réforme à achever », *RFFP*, n°121, février 2013, p. 264.

définitif et sans contrepartie, en vue de la couverture des dépenses publiques »[1]. Mais, cette formulation qui met l'accent sur les modalités du prélèvement de l'impôt (obligatoire, définitif) et sa finalité budgétaire a été très vite dépassée. L'émergence d'une certaine perception de la justice fiscale basée sur la redistribution et l'égalisation, avec le rejet de la doctrine du bénéfice, commandaient que l'idée de faculté contributive transparaisse nettement dans la définition de l'impôt[2]. Il est alors défini comme « un prélèvement opéré par voie de contrainte par la puissance publique et ayant pour objectif essentiel de couvrir les charges publiques et de les répartir en fonction des facultés contributives des citoyens »[3]. Là encore, pour tenir compte de l'évolution des finalités de l'impôt, en lien avec celui du rôle de l'État, une définition jugée plus inclusive et plus complète de l'impôt est proposée. Selon BELTRAME et MEHL, l'impôt est « une prestation pécuniaire requise des personnes physiques ou morales de droit privé, voire de droit public, d'après leurs facultés contributives, par voie d'autorité à titre définitif et sans contrepartie déterminée, en vue de la couverture des charges publiques ou à des fins d'intervention de la puissance publique »[4]. Il en découle que des divergences de perceptions ont traversé les définitions de l'impôt en étant nourries des travaux de conceptualisation.

Deuxièmement, il est admis que l'idée même d'un cloisonnement conceptuel de l'impôt consistant à l'enfermer dans une définition ou une représentation statique et uniforme ne peut résister à la critique[5]. L'impôt étant un fait social, il ne peut conséquemment faire l'objet d'une approche unique ou uniforme. Il doit être appréhendé selon les États, les continents, les époques ou les réalités du moment. Dans cette logique, toute tentative de conceptualisation de l'impôt dans le but d'y trouver une représentation homogène est biaisée, si elle ne s'inscrit pas dans une logique différenciée en fonction des époques, des lieux et des cultures. L'idée d'une diversité conceptuelle s'inscrit, dès lors, dans la norme, voire dans la nature de l'impôt. Autant l'impôt est un fait social et politique, autant les différences politiques et sociologiques des États africains modernes autorisent à pousser un peu plus la réflexion sur le sujet.

Troisièmement, les théories classiques ne résistent pas à l'urgence de la construction d'une théorie actuelle de l'impôt, eu égard au changement de

---

[1] **O. NEGRIN, « Une légende fiscale : la définition de l'impôt de Gaston Jèze » *Revue de Droit Public*, n°1/2008, p.139.**

[2] M. BOUVIER, M.-C. ESCLASSAN, J.-P. LASSALE, *Finances publiques*, Paris, LGDJ, 7ème édition, 2004, p. 582.

[3] P.-M. GAUDEMET et J. MOLINIER, *Finances publiques*, tome II, 6e éd., Montchrestien, 1997, p. 23.

[4] P. BELTRAME et L. MEHL, *Science et techniques fiscales*, Paris, PUF, 1984, p 142.

[5] Voir M. BOURGEOIS, *La Notion juridique d'impôt, Étude positive et prospective du droit belge à la lumière du droit européen, du droit international conventionnel et du droit comparé, Fondements du droit fiscal*, Bruxelles, Larcier, 2017, 936 pages.

l'environnement fiscal[1]. Tout l'univers traditionnel de l'impôt connaît, aujourd'hui, une mutation[2] du fait des transformations des représentations de l'État et de la souveraineté qui ont constitué les points d'ancrage des théories de l'impôt. D'abord, la perception même de l'impôt comme un acte d'autorité est atténuée. L'incapacité, voire le laxisme des administrations fiscales, à exercer cette autorité favorise l'évitement de l'impôt, occasionnant des pertes importantes de ressources en Afrique[3]. Ensuite, l'absence de contrepartie comme élément de distinction entre l'impôt et les autres prélèvements obligatoires ne résiste plus à la critique. Enfin, et comme une conséquence logique, les principes fondamentaux du prélèvement fiscal (consentement et égalité notamment) sont en débats[4]. Ces débats sont si importants que « *la définition de l'impôt a (certes) changé de lieu théorique* »[5] et de sphère géographique. L'impôt est une construction nationale, communautaire et internationale dont la source de légitimité est quasi insaisissable.

Il s'ensuit une « *crise de lisibilité et de compréhension de l'impôt* » [6] qui semble ne plus se prêter à une possibilité de modélisation sur la base de théories savamment construites. Aussi ces tribulations conceptuelles tendent-elles à justifier l'idée d'une rupture[7] idéologique dans les représentations de l'impôt presque partout dans le monde. On comprend aisément pourquoi « *au fond, nous ne savons plus ce qu'est l'impôt* »[8] nulle part.

Tous ces éléments dénotent l'actualité et l'intérêt d'une réflexion théorique sur la conception de l'impôt en Afrique. Dans le contexte des nombreuses réformes fiscales qui ont cours sur le continent africain, les critiques de mimétisme et d'absence d'adaptation des législations et techniques fiscales ne manquent pas[9]. Si ces constats sont plus ou moins fondés, il urge, pour les raisons évoquées plus haut, d'aller au-delà des critiques sur les techniques fiscales pour réfléchir sur les fondements théoriques adaptés au prélèvement

---

[1] M. BOUVIER, « Sens et légitimité de l'impôt », *op.cit.*, p. 33. Lire également Nicolas DELALANDE, *Les Batailles de l'impôt. Consentement et résistances de 1989 à nos jours*, Paris, Edition du Seuil, 2014, 445 pages ; G. ARDANT, *Histoire de l'impôt*, Paris, Fayard, 3 tomes, 1971, 634 pages.

[2] M. BOUVIER, « Sens et légitimité de l'impôt », *op.cit.*, p. 30.

[3] N. MÉDÉ, « L'euro et l'évasion fiscale en Afrique de l'ouest francophone », *Annales africaines*, volume 1, n°4, avril 2016, p. 7.

[4] Voir D. OUEDRAOGO, « Le Consentement de l'impôt dans les Etats membres de l'UEMOA », *Revue Ivoirienne des Sciences Juridiques et Politiques - RISJPO, n° 6, 2018, pp. 7- 35 ;* J.-M. MONNIER, « La justice fiscale entre tensions et débats », *Pouvoirs Locaux : les cahiers de la décentralisation*, n° 95, IV/2012, p. 54.

[5] Introduction de M. XIFFARAS, *in* T. BERNS, J.-C. DUPONT et M. XIFFARAS (dir.), *Philosophie de l'impôt*, Bruxelles, Bruylant, 2006, p. 4.

[6] M. BOUVIER, « Sens et légitimité de l'impôt », *op. cit.*, p. 30.

[7] P. NÉMO, *Philosophie de l'impôt,* Paris, PUF, 2017, p. 70.

[8] T. BERNS, J-C. DUPONT et M. XIFFARAS (dir.), *op.cit.*, p. 4.

[9] N. MÉDÉ et alii (dir.), *La Fiscalité de développement en Afrique de l'ouest francophone*, Dakar, L'Harmattan, 2018, p. 47.

fiscal en Afrique. Or, sur ce point, la doctrine d'école n'est pas si prolixe et celle qui existe est beaucoup plus économiste ; laissant le champ libre à l'œuvre technique des experts des institutions financières, communautaires ou internationales. Ainsi, cette étude n'a pas pour seul objet de revisiter les différentes représentations de l'impôt faites jusqu'à nos jours. Elle permet surtout d'apprécier l'existence d'éléments spécifiques de représentation de l'impôt en Afrique, susceptibles de contribuer à la construction de l'État fiscal. Toutefois, il ne faudrait pas y rechercher une œuvre de rupture totale. Conclure à une perte du sens classique de l'impôt en Afrique suppose que l'on parvienne à démontrer que toutes les théories élaborées sur l'impôt sont dépassées ou insusceptibles d'y être transposée, au point où l'on se retrouverait dans la mise en œuvre de nouveaux paradigmes. Si tel était le cas, de simples évolutions constatées ne suffiraient pas à elles seules à aboutir à une conclusion de rupture ou de spécificités. Car, « *...l'évolution des choses ne devient crise conceptuelle que lorsque les catégories disponibles pour en rendre compte perdent leur crédit...* »[1]. Il est évident, qu'eu égard à l'histoire coloniale de la quasi-totalité des États africains, il est difficile de parvenir à un résultat aussi radical. Il est, par conséquent, plus question de déceler des spécificités, caractéristiques d'une africanisation de l'idée d'impôt.

Aussi, le problème posé pour l'analyse est-il celui du lien entre les perceptions africaines de l'impôt et la conception de celui-ci. Autrement dit, dans le contexte africain actuel, comment les perceptions africaines de l'impôt influencent ou peuvent influencer sa conception ?

La réponse à cette question s'appuie sur une démarche à la fois théorique et empirique. D'une part, les travaux de la doctrine sur l'impôt en Afrique sont sollicités et analysés pour dégager les points de vue exprès ou non des auteurs sur la conception de l'impôt. De l'autre, les textes et pratiques fiscaux et les points de vue des contribuables sur l'impôt servent d'éléments de référence à l'analyse. En outre, conformément à la nature même de l'impôt, c'est une approche juridique nourrie par la sociologie de l'impôt et de l'économie qui est mise en avant. Au surplus, les États de l'Afrique francophone sont la sphère géographique de référence. Évoquer une perception africaine pourrait relever de la gageure ; l'Afrique comptant au moins 54 pays avec des divergences de langues, de cultures et de religions. Le choix d'un échantillonnage plus restreint et relativement homogène s'avère donc important pour une analyse plus rigoureuse. Les États de l'Afrique francophone, issus de la colonisation ou du protectorat français ou belge ont en commun d'avoir été influencés par la culture et le système fiscal français. Ils présentent des structures fiscales presque similaires dans leur ossature générale. De même, ce sont des États, liés ou non au sein de regroupements communautaires, qui sont engagés dans des réformes

[1] M. XIFFARAS, *op.cit.*, p. 11.

fiscales à l'aune de la transition fiscale. Pour ce faire, ils représentent un échantillon non négligeable pour conduire l'analyse.

Sur ce fondement, il ressort que la conception de l'impôt en Afrique est intimement liée à l'objectif de développement. Par conséquent, nonobstant la reprise en divers points de ses caractéristiques fondamentales dégagées en occident, la représentation de l'impôt s'est nourrie à la sève du défi de développement avec des orientations aussi diverses que la notion de développement elle-même est multiforme. La notion de « fiscalité de développement » est devenue le soubassement des politiques fiscales de la quasi-totalité des États africains[1]. Aussi bien dans les constructions scientifiques que dans les perceptions populaires, les lois et pratiques fiscales sont évaluées ou appréciées à l'aune de leur compatibilité avec l'objectif de développement. Cette approche affirmée ou sous-entendue introduit une particularité significative dans les finalités de l'impôt ; étant entendu que celles-ci emportent des implications juridiques manifestes. Toutefois, cette représentation de l'impôt ne prend pas suffisamment en compte l'aspect politique de l'impôt qui doit lui-même se consolider à partir d'une approche juridique indissociable. L'urgence de la construction d'États fiscaux forts, dans le contexte africain actuel, commande un changement de paradigme pour renforcer le lien de citoyenneté par l'impôt. Ainsi, face à une conception portée par une approche développementaliste de l'impôt (I), il semble plus opportun de bâtir la conception de l'impôt en Afrique à partir d'une théorie contractualiste (II).

I- UNE CONCEPTION PORTÉE PAR UNE PERCEPTION « DÉVELOPPEMENTALISTE » DE L'IMPÔT

Dans sa préface à l'ouvrage d'Henri MINKO sur la fiscalité gabonaise[2], le Professeur GONIDEC affirme, sans détour, que la fiscalité africaine est liée au problème du développement. Il ajoute que « *l'instrument fiscal fait et doit être utilisé en vue de mettre en œuvre une authentique politique de développement* ». Loin d'être une idée isolée, celle-ci est largement partagée par une bonne partie de la doctrine africaine et clairement affirmée dans les discours politiques. Il apparaît donc que la conception africaine de l'impôt est intimement liée à l'idée de développement. Cette position doctrinale et politique semble être confortée, voire suscitée, par les perceptions populaires de l'impôt. Ces constructions doctrinales emportent explicitement ou non des implications substantielles sur l'approche théorique des finalités de l'impôt. L'analyse permet de se rendre compte qu'autant ces constructions doctrinales sont figées (A), autant elles ne peuvent être départies de leur portée ambiguë sur les finalités de l'impôt (B).

---

[1] N. MÉDÉ et alii (dir.), *op. cit.*, p. 24.

[2] H. MINKO, *La Fiscalité gabonaise du développement*, Paris, LGDJ, 1981, p. 7.

A- DES CONSTRUCTIONS DOCTRINALES FIGÉES

L'idée que l'objectif de développement doit irriguer la conception de l'impôt en Afrique est une évidence pour les auteurs qui se sont attelés à élaborer des représentations de l'impôt en Afrique. Le succès de cette approche est à rechercher dans l'idée largement partagée que toute représentation de l'impôt en Afrique ne peut être détachée de l'environnement dans lequel il est appelé à se déployer : le sous-développement. Dans cet élan, il est attendu un débat ouvert sur les multifacettes de l'impôt en lien avec ce concept fédérateur. Au contraire, les constructions doctrinales présentent une perception si technique de l'impôt (1) que l'on aboutit au constat d'un débat théorique manqué (2).

1- La perception technique de l'impôt

La perception technique de l'impôt traduit la prépondérance accordée aux réflexions sur les modalités techniques d'assiette, de liquidation et de recouvrement de l'impôt dans le rapport que les auteurs, les institutions nationales ou internationales ont pu établir entre l'impôt et le développement. La question qui est généralement posée est de savoir quelles sont les mesures fiscales adaptées pour parvenir au développement. À cette question, des réponses plus techniques que théoriques sont apportées. Peut-être que cela répond au souci de l'immédiateté ou du pragmatisme : des réponses sont attendues, il faut être concret. Des éléments historiques et économiques semblent justifier cette approche.

Avec les indépendances, tourner la page de la colonisation en relevant le défi du développement devient une priorité des gouvernants. Cette question pertinente posée aujourd'hui par René OSSA se posait donc déjà : « *Comment concevoir des politiques de développement si les ressources sont déficientes ?* »[1]. La réponse à cette interrogation amène à établir le lien étroit entre l'impôt et la construction du développement. Et, les positions des auteurs en faveur de ce lien sont légions. De la conception du lien entre l'impôt et le développement comme un facteur incorporé dans le système public[2], à l'existence d'une interaction entre eux[3], en passant par le rapport de causalité qui y est perçu[4], l'impôt est l'élément clé du développement[5].

Ce constat pourrait être considéré comme relevant de l'évidence. Mais, si l'on s'en tient à la représentation classique de l'impôt, il n'emporte pas une position aussi simple. D'une part, il est certain que l'impôt perçu comme une réalité sociale ne peut être délié de l'environnement sociopolitique et

---

[1] R. OSSA, *Réformes fiscales et développement en Afrique subsaharienne*, Saint-Denis, Edilivre Aparis, 2012, p. 36.
[2] S. YONABA, *op.cit.*, p. 1043.
[3] R. OSSA, *Réformes fiscales et développement en Afrique subsaharienne*, *op.cit.*, p. 37.
[4] P. N'GAOSYVAHN, *Le Rôle de l'impôt dans les pays en voie de développement*, Paris, LGDJ, 1974.
[5] J.-M. GASTELLU et *alii*. (Dir.), *Fiscalité, développement et mondialisation,* Paris, Maisonneuve et Larose, 1999, p. 8.

économique dans lequel il est appelé à être prélevé. D'autre part, s'il est admis que l'impôt est une prestation pécuniaire perçue pour alimenter les budgets nationaux, il est alors fondamental de noter que le « budget » n'est pas le « développement ». La nuance est profonde. Il est vrai que financer le budget, c'est offrir les moyens financiers nécessaires à la construction du développement. Mais, lier l'impôt à un objectif de développement, c'est introduire un débat théorique, qui sera ultérieurement conduit dans cette étude, sur les finalités de l'impôt. C'est établir un lien direct entre impôt et développement, lien qui ne peut être établi sans conduire à une « reproblématisation » de la notion d'impôt. Pour l'heure, l'énigme qui constitue la base de la réflexion est bien le concept de « développement ». Pour autant, les auteurs qui lient l'impôt en Afrique au développement n'ont pas tous précisé le sens à donner au terme. Sans doute parce que la tâche, aussi indispensable soit-elle, n'est pas simple.

Bien que des réflexions sur la richesse des nations[1] ou sur des aspects de la croissance économique aient été ébauchées plus tôt, c'est à partir de la deuxième guerre mondiale que les travaux sur le concept de « développement » vont réellement être amorcés[2]. Le développement est appréhendé comme le dérivé du terme de « sous-développement ». Celui-ci est perçu comme un retard dans le processus de développement. Aussi, avec les travaux de ROSTOW[3], le développement est initialement réduit à sa seule dimension économique, en étant confondu à l'idée de croissance ou de mise en valeur, notamment pour les territoires colonisés[4]. La croissance est « *la mesure de la richesse produite sur un territoire en une année et son évolution d'une année à l'autre* »[5] sans que ses effets sur le niveau ou les conditions de vie ne soient pris en compte. Cette approche purement quantitative du développement est aujourd'hui dépassée. Si la croissance exprime l'accroissement de la production dans un secteur productif donné, le concept de développement se réfère, quant à lui, à « *l'accroissement d'un ensemble de structures complexes* »[6]. Le développement s'étend non seulement à la croissance économique, mais « *…implique aussi une croissance du niveau de vie, de la santé et de l'éducation et qu'il doit être soutenable, équitable, démocratique et doit préserver l'environnement* »[7]. Ce

[1] A. SMITH, *An Inquiry into the Nature and Causes of the Wealth of Nation*, Londres, W. Strahan and t. Cadell, 1776.

[2] Il faut toutefois signaler que le terme « degré de développement » apparaît déjà dans le Pacte de la Société des nations, signé le 28 juin 1919, à son article 22, al. 5.

[3] W. W. ROSTOW, *Les Étapes de la croissance économique*, Traduit de l'anglais par DU ROURET, Paris, Editions du Seuil, 1962, 200 p.

[4] Claude ROBINEAU, « La Notion de développement », *Bulletin de l'Association française des anthropologues*, n° 20, juin 1985, p. 26.

[5] Mulambu Prosper KIBUEY, *La Fiscalité et le développement : Analyse critique et perspective*, Paris, L'Harmattan, 2018, p. 86.

[6] C. FURTADO, *Théorie du développement*, Paris, PUF, 1976, p. 16.

[7] E. BERR, « Quel développement pour le 21ème siècle ? Réflexion autour du concept de soutenabilité du développement », *Cahier du GREThA*, 2008, p. 15.

faisant, d'une manière générale, « *il renvoie à l'idée de croissance, d'épanouissement, de bien-être* »[1]. Il est donc perçu au-delà de son aspect économique pour inclure une évolution globale, constante et harmonieuse des aspects économiques, politiques, humains, culturels et environnementaux. Il comporte, à la fois, un aspect quantitatif mesurable et un aspect qualitatif[2] très déterminant, surtout pour les pays sous-développés, tels que les États africains. Au demeurant, les experts nationaux et internationaux, les institutions internationales (Banque mondiale et Fonds monétaire international) et les auteurs fiscalistes économistes ou juristes s'accordent à affirmer que l'Afrique a besoin de systèmes fiscaux efficaces pour parvenir au développement[3]. C'est une vision téléologique de l'impôt qui est très importante parce qu'elle traduit une représentation utilitaire de l'impôt par rapport à son environnement.

Le souci, néanmoins, réside dans le fait qu'une fois cette affirmation faite, le débat quitte le champ théorique pour se fondre dans un engrenage technique avec une multitude de données statistiques. Il s'ensuit l'émergence d'une perception technique de l'impôt. La perception développementaliste de l'impôt a, en effet, engendré une multitude de réflexions qui visent à présenter comment les impôts doivent être structurés dans leurs modalités d'assiettes, de liquidation et de recouvrement pour permettre le développement. Plusieurs propositions sont faites. On y retrouve des recommandations générales présentant des lignes directrices et des propositions de systèmes fiscaux sur mesures ou spécifiques de ce que doit être l'impôt en Afrique.

D'abord, le niveau assez élevé de l'aide publique au développement à la période postcoloniale et la représentation négative de l'impôt dans la conscience populaire, du fait des impôts coloniaux, ont conduit les pouvoirs publics à accorder peu de poids à l'impôt dans le financement du développement.

Ensuite, la crise économique de la fin des années 70 a renforcé l'idée de la place centrale de l'impôt dans le financement du développement. Les réflexions ont essentiellement porté sur le système fiscal adéquat pour des économies fortement dépendantes de la fluctuation des cours des matières premières. Un

---

[1] N. MÉDÉ et alii (dir.), *op. cit.*, p. 24.

[2] J. R. LEGOUTÉ, « Définir le développement : historique et dimensions d'un concept plurivoque », *Économie politique internationale*, *Cahier de recherche*, vol 1, n°1, Février 2001, pp. 14 et 15.

[3] Il y a presqu'un consensus général sur le sujet. Le Consensus de Monterrey en 2002, les conclusions de la conférence de Doha sur le suivi du financement du développement en 2008 et de la conférence des Nations unies sur le financement du développement en 2015, pour ne citer que ceux-là, sont unanimes sur l'intérêt pour les Etats africains notamment d'accroître les ressources fiscales pour servir le développement. En outre, hormis les travaux déjà cités en notes de bas de pages, lire également :G. CHAMBAS, *Fiscalité et développement en Afrique subsaharienne,* Paris, Economica, 1994 ; Henri MINKO, *La Fiscalité gabonaise du développement*, Paris, LGDJ, 1981 ; J. OWENS et R. CAREY, « La Fiscalité, levier de développement », *L'Observateur de l'OCDE*, n° 276-277, décembre 2009-janvier 2010, pp. 23-24.

diagnostic des systèmes fiscaux et de la structure des ressources publiques révèle que les prélèvements fiscaux dans la zone sont marqués après les indépendances par les taxes sur le commerce extérieur, les chiffres d'affaires, les résultats d'un nombre réduit d'entreprises formelles et sur les rémunérations des salariés[1]. Pour CHAMBAS, face à l'échec des Programmes d'Ajustement Structurel (PAS) sur le redressement des recettes des États de l'Afrique de l'Ouest, une grande masse de la population ne contribue que par les taxes indirectes incorporées dans les prix. Ce résultat était presque prévisible. Les formulations institutionnelles suscitées dans le cadre des PAS et élaborées dans le contexte de la mise en œuvre du consensus de Washington, n'avaient pour seul but que la réduction des déséquilibres budgétaires[2]. Elles ne reposaient pas forcément sur une politique claire de développement. Pour CHAMBAS donc, la meilleure fiscalité adaptée à l'Afrique serait celle qui privilégie les impôts indirects notamment la TVA. Cette position est, d'ailleurs, celle défendue par les bailleurs de fonds et les institutions internationales, Fonds Monétaire International (FMI) et la Banque Mondiale (BM).

Enfin, suite à des réformes successives, sans véritable succès, le débat technique est aujourd'hui alimenté par la transition fiscale de deuxième génération avec ses nombreuses contraintes[3]. Il s'agit pour les États de procéder à une réforme de la structure de leurs recettes fiscales en privilégiant la mobilisation de la fiscalité intérieure, en vue « *d'un transfert progressif de la pression fiscale, de la fiscalité de porte vers la fiscalité intérieure* »[4]. Elle implique, par conséquent, des réflexions techniques sur la restructuration de l'assiette fiscale, sur les taux d'imposition et sur la modernisation de l'administration fiscale. Dans ce nouveau contexte, autant l'impôt n'a jamais été aussi représentatif d'un financement sûr du développement, autant la mobilisation optimale des ressources fiscales n'a jamais été un défi aussi grand. Là encore, des mesures techniques sont suggérées sans pour autant faire l'unanimité. Entre autres, sur l'élargissement de l'assiette fiscale, l'idée de l'existence d'un secteur informel sous-fiscalisé est battue en brèche par celle de l'existence d'une fiscalisation implicite à prendre en compte[5]. L'argument d'une suppression des dépenses fiscales, outre le constat fondé de leurs incohérences ou de leur contre-productivité dans certains cas, exige pour

---

[1] G. CHAMBAS, *op.cit.,* Paris, Economica, 1994, p. VIII.

[2] J.-M. GASTELLU *et alii.*(dir.), *op. cit.*, p. 10.

[3] D. COGNEAU, « Transition fiscale douanière et répartition dans un pays en développement. Eléments de réflexion et application aux cas du Cameroun et du Maroc », *in* J-M. GASTELLU *et alii.* (dir.), *op. cit.*, p. 217.

[4] Annexe à la Décision n°10/2006/CM/UEMOA du 20 mars 2006 portant adoption du programme de transition fiscale au sein de l'UEMOA, p. 1.

[5] J. HERRERA, La Fiscalité implicite dans les pays en développement, *in* J.-M. GASTELLU *et alii.* (dir.), *op. cit.*, pp. 107 à 159.

certains la prudence dans la démarche[1]. Aussi, les mécanismes de calcul de la pression fiscale en Afrique sont-ils contestés. Sur la question de la modernisation des administrations fiscales, des mesures importantes ont été prises avec des résultats mitigés[2]. D'autres défis demeurent. Et y figure, le sujet moins exploré de la perception du contribuable.

Comme le relève Jean-Baptiste FOTSING, la logique économique n'est pas le seul facteur de réussite des politiques fiscales, elles dépendent aussi de « *la relation des peuples concernés à l'impôt* »[3]. En fait, ces différentes approches permettent de comprendre la perception des pouvoirs publics, des institutions internationales et d'une partie de la doctrine sur l'impôt. Mais, en inscrivant l'impôt dans la plénitude de sa technicité, le débat théorique sur sa conception, incluant la prise en compte des perceptions de l'impôt par les contribuables, a manqué.

2- Le débat théorique manqué

La plupart des travaux de doctrine ont été consacrés à la fiscalité et le développement en Afrique, sans qu'un débat sur la nature ou l'objet de l'impôt, son mode de paiement (en espèces ou en nature ; impôts indolores ou non pour bâtir une conscience fiscale) ne suscite de véritable intérêt. Ces questions étaient pourtant fondamentales pour la construction des nouveaux États fiscaux issus des indépendances et marqués par un passé fiscal douloureux. Quant à la question de la finalité de l'impôt, les développements antérieurs montrent qu'elle a été fondue dans celle très complexe du développement. Pourtant, la construction des nouveaux États exigeait de construire une nouvelle approche de l'impôt, non pas uniquement pour l'État, mais aussi pour les contribuables.

Le lien établi entre fiscalité et développement exige qu'une conception plus ou moins claire de ce que doit ou devrait être l'impôt en Afrique soit établi. Après les indépendances, en effet, les choix fiscaux déterminaient, en réalité, les choix pour la construction de l'État. Mais, le rendez-vous était manqué pour au moins deux (2) raisons.

La première, plus historique, ressortit des stigmates assez douloureux laissés par les impôts coloniaux qui ont conduit à une perception négative de l'impôt. Comment dans ce contexte parvenir à construire une représentation de l'impôt-contribution au sein d'une population qui sort d'un « traumatisme fiscal » ? Deux (2) options se présentaient : prendre la posture de l'État fort, mais pédagogue, qui rééduque pour démontrer l'importance de l'impôt pour le nouvel État à bâtir ou opter pour la posture de l'État craintif qui, de peur de

[1] P. N'DRI-THEOUA, *Les Dépenses fiscales dans le financement du développement : un outil à canaliser*, Communication prononcée le 29 novembre 2018 au Colloque international sur « La mobilisation des ressources pour le financement du Plan Sénégal Emergent », organisé par le Centre d'Étude et de Recherche en Ingénierie Financière (CERIF), pp. 1- 14.

[2] S. OUÉDRAOGO, *op.cit.*, pp. 37- 57.

[3] J.-B. FOTSING, *op.cit.*, p. 1.

heurter les consciences, se rétracte pour trouver des solutions alternatives au financement de son budget. La seconde posture semble l'avoir emporté avec des intensités variées d'un État à un autre. L'urgence a été beaucoup plus de supprimer progressivement les impôts conflictogènes, notamment les impôts de capitation ou de case, sans propositions alternatives conséquentes. La réflexion idéologique pour la création d'une véritable culture d'acceptation de l'impôt pour atteindre l'objectif général commun a été écartée. Or, l'accession à l'indépendance commandait de construire une nouvelle perception de l'impôt pour soutenir le financement constant du développement. L'urgence n'a donc pas été de créer une citoyenneté par l'impôt, aussi vrai que celui-ci permet de créer une forme de citoyenneté[1]. Il n'a pas été question de la relation à la fois juridique et politique que l'impôt devait contribuer à construire entre les nouveaux États et les contribuables. La transposition de modèles fiscaux étrangers sans véritable lien avec la particularité des contribuables ou les capacités administratives a été la tendance observée[2], mais avec des intensités variées. André NICOLAÏ relève, par exemple, que l'adoption en Tunisie du plan de développement « Perspective décanale (1962- 1971) » répondait, entre autres, à une volonté officielle d'adaptation du système fiscal. Mais, la compatibilité entre ce plan et les structures fiscales n'était pas établie[3]. Cette frilosité généralisée des États d'Afrique francophone trouvait peut-être des justifications. Mais, le résultat est patent. L'impôt n'a pas bénéficié du débat politique ou doctrinal dont il aurait dû faire l'objet pour construire l'État fiscal, pas plus que sa conception comme un moyen de développement n'a produit de résultats probants[4]. Emmanuel FAUROUX, évoquant les difficultés de la fiscalisation chez les éleveurs malgaches *Sakalava*, souligne que la fuite devant la charge fiscale coloniale par ceux-ci était moins tributaire d'une incapacité financière à payer l'impôt que d'une volonté manifeste de ne pas reconnaître une autorité étrangère[5]. Cet exemple, qui est d'ailleurs en déphasage avec le stéréotype du contribuable africain trop démuni pour payer l'impôt, dénote l'importance de concevoir l'impôt comme un rapport de force qui requiert une adhésion psychologique indispensable.

La seconde raison du rendez-vous manqué est le cycle des Programmes d'Ajustement Structurel (PAS) pensés de l'extérieur. Ils ont restreint la liberté d'action des États africains francophones. CHAMBAS met en exergue, sur cette question, que l'une des raisons de l'échec des PAS réside dans le fait que

---

[1] P. HUGON, « La Réforme fiscal-douanière dans le contexte de l'ajustement de change au Cameroun et au sein de la CEMAC », *in* Jean-Marc GASTELLU et *alii*. (dir.), *op. cit.*, p. 183.
[2] G. CHAMBAS (dir.), *Afrique au sud du Sahara : mobiliser des ressources fiscales pour le développement- Synthèse*, Paris, Ministère des Affaires étrangères, 2004, p. 9.
[3] A. NICOLAÏ, « Tunisie, fiscalité et développement », *Revue Tiers-Monde*, Tome 3, n°11, 1962, pp. 429- 478.
[4] J.-B. FOTSING, *op. cit.*, p.1.
[5] Emmanuel FAUROUX, « Les Difficultés de la fiscalisation chez les éleveurs Sakalava », *in* J.-M. GASTELLU et *alii*. (dir.), *op. cit.*, pp. 41.

les autorités nationales n'avaient pas adhéré aux réformes par crainte des impacts sociaux des mesures fiscales induites[1]. Cependant, l'autre élément important à souligner est que, d'une part, ces mesures fiscales impopulaires intervenaient dans le contexte d'États fiscaux inexistants et, d'autre part, leur impact quant aux résultats attendus en matière de développement était contestable.

Aujourd'hui, le vaste mouvement de réformes des systèmes fiscaux en Afrique offre une nouvelle opportunité de repenser théoriquement l'impôt en Afrique. Au-delà des réflexions techniques conduites pour l'essentiel sous la pression des institutions internationales, elles doivent offrir une opportunité de théorisation. Celle-ci doit s'appuyer sur la perception de l'impôt ou sur celle qu'on doit pouvoir bâtir. Il est intéressant de reprendre cette citation de BOUVIER qui illustre assez bien cette urgence : « conceptualiser est hautement opérationnel. Il revient à conjuguer le besoin de comprendre avec le souci d'agir. Il en découle la nécessité d'intégrer la technique à une réflexion fondamentale »[2]. Par conséquent, la restructuration fiscale pour atteindre le développement doit également être un travail de détermination des bases théoriques de l'impôt et une restructuration de la perception du contribuable. L'importance de cette démarche repose sur le fait que même la technique fiscale part d'un choix idéologique. À titre d'illustration, le choix entre un impôt réel et un impôt personnel part d'un choix idéologique sur l'égalité de l'impôt et, partant, d'une certaine approche de la définition de l'impôt. C'est dans cet élan de théorisation que l'impôt réel a pu être appréhendé comme portant atteinte à l'un des principes fondamentaux de l'impôt : la faculté contributive. La raison en est que, l'impôt réel portant sur la réalité de l'objet et non sur les facultés contributives[3], celles-ci ne seraient pas respectées toutes les fois qu'un impôt réel est imposé[4]. En réalité, les techniques fiscales elles-mêmes, telle que nous les concevons aujourd'hui ont reposé sur des doctrines construites à partir d'une représentation de l'impôt. Il en est ainsi de l'élaboration des doctrines de l'assiette et de la répartition de l'impôt[5].

Il faut donc craindre les réformes dictées par les bailleurs de fonds et non pensées de l'intérieur. Ce n'est pas tant l'assistance technique en elle-même qui pose problème, mais plutôt la propension à transmettre des modèles « passe-partout »[6]. Il est important, alors, que les modèles fiscaux soient pensés de

---

[1] G. CHAMBAS, *Fiscalité et développement en Afrique subsaharienne*, *op. cit.*, p. XV.

[2] Préface de M. BOUVIER, à R. OSSA, *Réformes fiscales et développement en Afrique subsaharienne*, *op.cit.*, p. 16.

[3] P. VINOT, « Fiscalité et capacité contributive : quelques aspects de l'égalité devant l'impôt, *Journal de la société statistique de Paris*, Tome 110, 1969, p. 20.

[4] *Ibidem.*

[5] D. ALLAND et S. RIALS (dir.), *Dictionnaire de la culture juridique*, Paris, PUF, 2003, pp. 810- 813.

[6] Lire sur la problématique de la transmission des modèles, FMI – *Transmettre les connaissances et les meilleures pratiques*, Guide du FMI, 2003, p. 34-35. S. YONABA, « La

l'intérieur pour prendre en compte non seulement la structure économique, mais aussi et surtout la culture et la perception des contribuables. Les formulations transposées et les réformes couplées avec la pression des institutions internationales posent, inéluctablement, un problème d'adaptabilité.

On ne peut nier que la question du développement ne pourra pas être absente de cette dynamique. D'ailleurs, le duo impôt-développement est en adéquation avec la représentation que se font les contribuables africains de ce que doit être l'impôt. Comme a pu le relever YONABA, l'impôt est perçu comme un moyen d'exaction, parce que les inégalités sociales annihilent la volonté de paiement de l'impôt[1]. Ainsi, s'est-il établi un lien entre l'impôt et la rupture des inégalités qui constitue dans la conscience populaire un symbole du développement.

Par conséquent, si un lien doit être établi entre impôt et développement, il faut déterminer quelle conception l'on a de l'impôt et à partir de quelle conception du développement il doit être prélevé. Le lien entre impôt et développement n'est pas vertical, mais horizontal. S'il n'y a pas d'unanimité sur la notion de développement, il importe qu'une conception claire de cette notion soit choisie, voire bâtie. C'est cette absence d'une véritable théorie du développement en Afrique qui est dénoncée par YACINE-TOURÉ lorsqu'il évoque des plans de développement élaborés selon des modèles imposés[2].

Au surplus, si les approches techniques bénéficient d'un grand assentiment des gouvernements et des bailleurs de fonds, cette option d'une approche développementaliste de l'impôt a une portée ambiguë sur ses finalités.

B- Une portée ambiguë sur les finalités de l'impôt

Placer le développement au cœur du prélèvement fiscal, consiste à poser la question fondamentale de la finalité de l'impôt. Les théories classiques et contemporaines relèvent deux grandes finalités de l'impôt : la finalité financière et la finalité non financière. Chacune d'elle traduit un choix de représentation théorique de l'impôt qui influence sa conception, puis ses modalités d'assiette, de liquidation et de recouvrement. Un examen des systèmes fiscaux des États africains francophones révèle une approche assez ambiguë de cette finalité liée à l'objectif tout aussi flou de développement. Il y a une tension entre les finalités classiques de l'impôt (1) qui rend difficile la juridicisation dont elles doivent faire l'objet (2).

---

prise de décision budgétaire dans le système financier des États d'Afrique subsaharienne », *in* C. D. DESMOULIN et G. DESMOULIN, *La décision financière publique*, Paris, LGDJ, 2013, p. 139.

[1] S. YONABA, « Le recouvrement des recettes publiques dans les états africains : un état des lieux préoccupant », *op.cit.*, p. 1043 et 1051.

[2] B. YACINE-TOURÉ, *Afrique : l'épreuve de l'indépendance*, Genève, Graduate-Institute Publications, Collection internationale, 1983, p. 10.

1- Les tensions entre les finalités

Les tensions entre les finalités de l'impôt en Afrique résultent soit de la difficulté de déterminer le choix opéré par les États entre les finalités financières et non financières de l'impôt, soit de la cohérence du choix officiellement fait avec le système fiscal effectivement adopté. En réalité, le trouble est causé par l'imprécision de l'objectif de développement qui sous-tend les choix des États.

Selon BROCHIER et TABATONI, « *dans les pays sous-développés où l'initiative privée garde une place notable, deux objectifs essentiels commandent la nature et les modalités du système fiscal : la productivité financière et le ménagement des incitations* »[1]. Cette citation sur la fiscalité des États sous-développés était la retranscription des défis que ceux-ci devaient relever dans la détermination de la finalité de leurs impôts. Un élément clé de la définition de l'impôt, en effet, est la détermination de ses finalités desquelles résulte son utilité. Elles procèdent d'un choix idéologique et politique en lien avec le rôle socio-économique assigné à l'État. Dans sa conception d'origine, du moins telle que présentée par l'article 13 de la DDHC, l'impôt est dû pour financer *« l'entretien de la force publique et les dépenses d'administration »*. Cette position est la représentation de la finalité financière de l'impôt. Elle repose sur une conception libérale de l'impôt avec la théorie de l'impôt-échange, dans le contexte d'une économie libérale. Elle transparaît dans la définition de l'impôt donnée par JÈZE selon laquelle l'impôt est « une *prestation pécuniaire requise des particuliers à titre définitif et sans contrepartie, en vue de la couverture des dépenses publiques* »[2]. Plus tard, l'intervention économique de l'État a conduit à une conception interventionniste de l'impôt reposant désormais sur la théorie de l'impôt solidarité. L'impôt ne sert plus uniquement à financer le budget pour faire face aux dépenses publiques, mais devient également un instrument de politique économique et sociale. Contestée[3] ou non, cette représentation de l'impôt s'impose aujourd'hui[4]. Mais l'alliage de ces deux finalités dans les pratiques des États africains autour du concept de développement révèle une tension particulière.

Le développement ayant de multiples facettes, percevoir l'impôt à l'aune du développement revient à admettre qu'il ne sert plus simplement à financer les dépenses d'administration et/ ou à servir de moyens d'intervention de la puissance publique, mais il est surtout un moyen de financement et d'intervention qui doit permettre de produire le développement. L'impôt est,

---

[1] H. BROCHIER et P. TABATONI, *Économie financière*, Paris, Collection Thémis, 1963, p.603.
[2] G. JÈZE, *op.cit.*
[3] Voir l'ouvrage dans lequel il défend la théorie de l'impôt-échange, P. NEMO, *op.cit.* 240 pages.
[4] Aucun État fiscal, aujourd'hui, n'est totalement dans une conception libérale ou interventionniste de l'impôt. Tout est question d'option prioritaire qui conduit à un dosage plus ou moins affirmé de l'une ou l'autre finalité.

dans cette logique, une prestation pécuniaire perçue en vue de la réalisation du développement. C'est ce qui pousse N'GAOSYVATHN à établir une distinction entre « *dépenses courantes* » et « *dépenses de développement* »[1]. La tension entre finalité financière et finalité non financière découle de cette perception ; la question étant de savoir laquelle de ces finalités doit être privilégiée pour servir au mieux l'objectif de développement. Un état des lieux des systèmes fiscaux avant les réformes engagées dans le cadre de la transition fiscale de deuxième génération met en évidence une conception prédominante de l'impôt comme instrument de politique économique et sociale. Les objectifs officiels affichés étaient d'attirer les investisseurs étrangers pour booster l'économie. Le niveau plus ou moins élevé de l'aide publique au développement et le rendement de l'impôt sur le commerce international « permettaient », en certains points, cette mise en veille de la finalité financière de l'impôt. Au surplus, l'argument selon lequel un renforcement du tissu fiscal par l'accroissement de l'investissement privé pouvait effectivement booster la productivité de l'impôt sur le long terme était assez plausible. Cependant, les résultats décevants de cette politique fiscale ont pu créer une quasi-unanimité de l'échec de cette politique.

A contrario, un examen des objectifs nationaux ou communautaires actuels dans le contexte de la transition fiscale met en exergue une volonté officielle de changer de paradigme. L'objectif de l'optimisation du rendement de l'impôt est clairement fixé. Cette position s'est accentuée avec le contexte actuel de raréfaction de l'aide publique au développement et le niveau élevé de la dette publique avec ses effets néfastes sur les économies nationales. Toutefois, l'écart entre le discours et la réalité est perceptible. Le bilan actuel de la transition fiscale fait état de la persistance de l'étroitesse de l'assiette fiscale, d'une pression fiscale toujours réduite estimée en moyenne à 17,2 % du PIB[2] et de la survivance de dépenses fiscales aux résultats douteux[3].

En réalité, les États sont étreints entre la volonté de recouvrer le maximum de ressources fiscales pour réaliser des infrastructures de grande envergure et celle de redistribuer par l'impôt pour assurer une réduction « directe » des inégalités. Les recettes fiscales doivent servir à financer les dépenses d'administration, les dépenses d'infrastructures et aussi servir au « *…sauvetage physiologique des populations* »[4]. Cela traduit la persistance des tensions entre finalité financière et finalité non financière de l'impôt dans l'optique du développement. L'une des questions qui se pose relativement à cet état de fait est de savoir si le choix à opérer est rigide. Est-ce forcément la finalité financière

---

[1] P. N'GAOSYVAHN, *op.cit.*, p.7.

[2] OCDE/ATAF/CUA (), *Statistiques des recettes publiques en Afrique 2019 : 1990-2017*, Paris, Éditions OCDE, 2019, https://doi.org/10.1787/5daa24c1-en-fr.

[3] Banque mondiale, *Étude sur la fiscalité en Afrique de l'Ouest - Rapport de synthèse,* Washington, DC., Juin 2019, pp. 17- 18.

[4] H. MINKO, *op. cit.*, p. 7.

ou la finalité non financière ? Il nous semble que l'option d'un choix tranché est à exclure. Il est difficile d'imaginer qu'une société aujourd'hui puisse s'inscrire totalement dans le libéralisme fiscal pur qui inclurait une option radicale pour la finalité financière de l'impôt, le libéralisme fiscal pur n'existant plus. La neutralité pure ou totale est illusoire et l'interventionnisme total serait une folie qui conduirait à la crise de l'État fiscal. Le choix à opérer doit donc s'inscrire dans la perspective du dosage. Le choix de l'une des finalités doit faire de l'autre une exception à arrimer en toute cohérence avec le choix principal. L'ampleur de la tension actuelle entre les finalités dans les pays africains francophones réside dans la complexité de ce dosage.

Face à une forte demande de recettes fiscales pour le fonctionnement et le financement des infrastructures se dresse une forte attente de redistribution de la part des contribuables en raison, soit de la faiblesse du niveau de vie, soit des jeux d'intérêts. Dans la première hypothèse, c'est le contribuable du secteur informel pour qui seule la dépense publique est susceptible d'assurer le bien-être. Dans la seconde, c'est le contribuable du secteur formel supportant le poids de l'impôt en raison d'une assiette fiscale étroite, qui attend un allègement de l'impôt, notamment sous la forme de dépenses fiscales. C'est un choix assez complexe pour les pouvoirs publics qui aboutit, dans les faits, à ce qu'on pourrait qualifier de trouble conceptuel des finalités de l'impôt. Celui-ci transparaît dans la structure des systèmes fiscaux marqués par leurs incohérences, lourdeurs et rendements limités.

Par conséquent, le choix pour la neutralité de l'impôt fait presque l'unanimité avec des schémas de mise en œuvre qui ne convergent pas forcément. Dans cette logique, la question des dépenses fiscales occupe une bonne partie du débat. En substance, ces pratiques incitatives sont considérées comme nocives pour la productivité de l'impôt. Pour ne citer que quelques exemples, en 2016, le Mali a estimé la perte des ressources fiscales à 196 milliards. Au Maroc, elles étaient estimées à 27,8 milliards de DH en 2019[1]. En 2017, le Gabon, le Bénin et la Côte d'Ivoire ont respectivement estimé le montant de leurs dépenses fiscales à 156,59 milliards[2] FCFA, 129,5 milliards FCFA[3] et 326,8 milliards FCFA[4]. Au Sénégal, le rapport sur les dépenses fiscales de 2014 relevait un montant de 588 milliards FCFA[5].

Au fond, la question qui se pose est de savoir si l'impôt peut porter le développement. Est-ce son rôle ? On pourrait entendre Gaston JÈZE rétorquer

[1] *Rapport sur les dépenses fiscales*, Loi de finances 2019.

[2] Direction générale des impôts, *Rapport sur les dépenses fiscales 2016- 2017.*

[3] *Base des données de l'UPF, MFRE/DGI, Août 2018. Projet de loi de finances pour la gestion 2018, Evaluation des dépenses fiscales*, p. 18.

[4] Ministère du budget, *Rapport sur la dépense fiscale 2017*, p. 30.

[5]Ministère de l'Economie, des Finances et du Plan, *Rapport d'évaluation des dépenses fiscales de 2014*, p. 17.

que « *l'impôt n'est pas un instrument de révolution* »[1]. Par ailleurs, en partant de l'évidence que le développement par ses multifacettes est un résultat global, politique, socioéconomique, environnemental et autres à atteindre, il est alors fondé de reconnaître que l'impôt ne peut produire le développement. Il ne peut qu'être un outil à enserrer dans un ensemble d'actions à réaliser. Dès lors, la formule retenue est que l'impôt doit servir le développement et, en être qu'un moyen de financement[2]. Cette option traduit la nécessité d'un retour à une conception financière de l'impôt avec un recours modéré à sa fonction sociale.

Pour l'heure, il est évident que l'arrimage entre des choix officiellement opérés et leur mise en œuvre effective est encore recherché. En attendant, les tensions existantes entre ces finalités classiques rendent difficiles leur juridicisation.

2- La difficile juridicisation des finalités de l'impôt

« Juridiciser » les finalités de l'impôt revient à leur donner un caractère juridique. L'impôt est un acte d'autorité. La loi au sens large, par sa nature, est l'acte juridique qui permet au mieux d'exprimer cette autorité. Toutefois, la juridicisation des finalités de l'impôt par la loi fiscale suppose que celles-là soient suffisamment claires pour être prises en compte par celle-ci.

L'élaboration de la loi fiscale impose une opération préalable d'identification d'un objectif clair à atteindre et à partir duquel son contenu est déterminé. Il ne s'agit pas au préalable d'une vision technique, mais d'une vision idéologique. Par conséquent, la loi fiscale doit tirer son fondement d'une politique fiscale, qu'elle s'inscrive dans une logique de neutralité ou non. Or, la politique fiscale n'a de sens que si elle s'appuie sur un travail de représentation, voire de conceptualisation. La représentation ici se perçoit à un degré moindre de détermination de ce que l'on pense devoir et pouvoir faire par l'impôt. La conceptualisation dans ce contexte permet alors d'avancer dans le champ de la représentation idéelle vers la construction de données théoriques de référence. Elle suppose d'opérer des choix ; ceux-ci permettant d'allier plus tard des considérations techniques aux options politiques, juridiques et sociales.

Dans la pratique, l'un des défis des nouveaux États africains a été de faire un choix entre la continuité et le changement des textes fiscaux. Il s'est agi de trouver une fiscalité qui s'ingérait dans la réalité économique et politique propre des États africains, en prenant en compte les avantages et les inconvénients des différents types d'impôts. Le but était d'atteindre harmonieusement les finalités de renflouement des caisses publiques, de renforcement du tissu économique et

[1] J. MOLINIER, « L'apport de Jèze à la théorie des Finances publiques », *Revue d'histoire des facultés de droit et de la science juridique*, n°12, 1991, pp. 59- 60.

[2] Cette idée est nettement admise par les institutions africaines. La Conférence des Nations unies sur le financement du développement, tenue en 2015, a soutenu cette approche. Lire également en ce sens, J. OWENS et C. RICHARD, « La fiscalité, levier de développement », *L'Observateur de l'OCDE*, n°276-277, Décembre-Janvier, 2010 ; O. MAGASHULA, « Fiscalité en Afrique : une ère nouvelle », *L'Observateur de l'OCDE*, n°279, mai 2010.

de redistribution. La véritable problématique, cependant, était de construire un système fiscal adapté[1] sur la base d'une bonne législation fiscale. En règle générale, les nouveaux États ont opté pour la continuité avec des adaptations plus ou moins profondes. Il a donc été donné d'observer une reconduction de l'ossature générale de la législation coloniale avec le changement de certains détails. La volonté officiellement affichée était de faire disparaître les éléments de distorsion manifeste et de conserver ceux qui ne l'étaient pas. Bien entendu, la tendance générale a été tout d'abord la suppression de la fiscalité directe en milieu rural, notamment, les impôts de capitation ou de case avec parfois certaines difficultés[2]. Par conséquent, les textes fiscaux adoptés et mis en œuvre n'étaient en adéquation ni avec la structure économique, ni avec les réalités sociales du contribuable.

Sur le premier point, un système économique dominé par une économie informelle, une faiblesse structurelle, administrative et une impossibilité des contribuables à tenir une comptabilité fiable et soutenue[3] ne pouvait évidemment pas s'accommoder d'une loi fiscale élaborée pour des systèmes économiques marqués par une part élevée d'économie formelle et une performance assez accrue de l'administration fiscale. Dans une étude réalisée sur l'impôt foncier au Sénégal, le professeur Félix TANO, à partir d'expériences illustrées, met en lumière la possibilité de mettre le savoir endogène au profit des structures fiscales modernes[4] dans le prélèvement de cet impôt encore sous-exploité aujourd'hui. Il fustige le mécanisme d'imposition retenu qui conduit à une exclusion de l'imposition des terrains ruraux, alors que les techniques de l'administration traditionnelles auraient pu être mises à profit pour leur fiscalisation[5]. L'idée essentielle à retenir est celle de la possibilité de déterminer des lois fiscales à partir des réalités endogènes.

Sur le second point, des contribuables traumatisés par une expérience fiscale douloureuse de la période coloniale, avec un faible niveau d'alphabétisme, pouvaient difficilement s'approprier des textes fiscaux parachutés qui ne tenaient pas compte de leurs perceptions de l'impôt.

Les nombreuses réformes initiées par les États dans la course à une législation fiscale appropriée ont entrainé deux conséquences majeures : la pluralité des textes fiscaux et l'insécurité fiscale[6] chez les contribuables. La multiplicité des textes fiscaux découle de la volonté des États à prendre en

---

[1] A. NICOLAÏ, *op.cit.*, p. 429.
[2] E. FAUROUX, *op. cit.*, p. 43.
[3] G. CHAMBAS, *Fiscalité et développement en Afrique subsaharienne, op. cit.*, p. VII.
[4] F. TANO, « Redevances et impôts fonciers au Sénégal : analyse comparée des logiques fiscales coutumières et étatiques, *in* P. LAVIGNE DELVILLE, C. TOULMIN, S. TRAORÉ (dir.), *Gérer le foncier rural en Afrique de l'Ouest : dynamiques foncières et interventions publiques*, Paris, Karthala éditions, 2000, p. 349.
[5] *Idem*, p. 343.
[6] R. OSSA, *Réformes fiscales et développement en Afrique subsaharienne, op.cit.*, p. 18.

compte plusieurs intérêts souvent difficiles à concilier : l'intérêt des bailleurs de fonds, l'intérêt du gouvernement et les intérêts des contribuables. Il y a là une imbrication complexe entre exigences juridiques, poids du système mondial et enjeux de développement. Il en a découlé plusieurs textes épars sans véritable cohérence entre eux. Au Maroc, le Conseil économique, social et environnemental a récemment émis un avis dans lequel il dénonce la perte de lisibilité et de cohérence du système fiscal, en raison des multiples dispositions introduites par les lois de finances qui se succèdent. Ces lois constituent, selon le Conseil, le « résultat de pressions et de négociations défendant des intérêts catégoriels et/ou sectoriels »[1].

L'ilotage des situations fiscales conduit à un ilotage de la législation fiscale. Aussi se retrouve-t-on avec des législations fiscales de qualité approximative[2] qui traitent d'une multitude de situations individuelles pour réaliser ce qui peut être qualifié de « redistribution des intérêts ». Pour Annie VALLÉE, les réformes fiscales cherchent souvent à concilier plusieurs objectifs souvent contradictoires entre eux : « … rendement, efficacité, équité; la pluralité de ces objectifs, et les contraintes politiques, économiques, administratives, obligent à des compromis qui se soldent parfois par l'immobilisme »[3]. Subséquemment, les systèmes fiscaux nationaux n'obéissent pas toujours à une cohérence d'ensemble. L'éclatement des finalités de l'impôt transforme celui-ci en une sorte de solution miracle destinée à résoudre tous les maux de la société. L'impôt doit servir à financer les budgets, réaliser la justice sociale, soutenir l'aménagement du territoire, agir sur la conjoncture économique… et maintenant protéger l'environnement. Il en découle des réformes tous azimuts de l'assiette fiscale qui aboutissent à une complexité des systèmes fiscaux. Il se produit, dès lors, « *…une transformation de l'impôt sans réelle conceptualisation de la part du législateur* »[4].

L'insécurité fiscale provient, quant à elle, des changements constants qui contribuent non seulement à déboussoler le contribuable, mais aussi à complexifier le système fiscal plutôt qu'à le simplifier ou à le rendre efficace. Cet état des lieux est certes dressé par les instances communautaires et les institutions internationales, mais le plus important est de réaliser qu'il résulte de l'absence d'une finalité clairement assignée à l'impôt et assumée. Ainsi, si le choix est fait d'établir un impôt neutre, ce choix doit pouvoir se traduire fidèlement dans la législation fiscale. Dans l'hypothèse d'une finalité non financière, la loi fiscale doit également retranscrire cette option. Parvenir au

---

[1] Avis du Conseil Économique Social et Environnemental, *Un système fiscal, pilier pour le nouveau modèle de développement*, Auto-saisine n° 39/ 2019, Rapport adopté lors de la 96ème session ordinaire du 28 mars 2019, pp.8-9.

[2] S. YONABA, *op.cit.*, p. 1045.

[3] A. VALLÉE, *Économie des systèmes fiscaux comparés*, Presses universitaires de France, 1994, p. 17.

[4] M. BOUVIER, « La Notion de capacité contributive des contribuables dans la société post-moderne », *RFFP* n°100, 2007, p. 83.

choix assumé, c'est pouvoir concilier le choix théorique de la finalité de l'impôt à sa structuration pratique en un système fiscal cohérent. Pour autant, la tâche est sans doute plus facile à dire qu'à faire. Au demeurant, il faut déjà admettre, pour reprendre les termes de YACINE-TOURÉ, que l'État ne peut plus être l'« *État patron, État partout et État peut tout* »[1]. C'est à ce niveau que la prise en compte de la perception du contribuable prend tout son sens.

En effet, la loi fiscale se trouve encastrée dans des dynamiques pas toujours cohérentes : la nécessité d'allier technique fiscale, objectif gouvernemental et assentiment d'un contribuable en proie à une conception souvent négative de l'impôt. C'est un alliage complexe accentué par la lenteur des impacts de réformes fiscales sur le vécu des contribuables. Par conséquent, la décision fiscale met en interaction la légitimité politique et la légitimité technique de l'impôt[2]. Elle pose la question de la réception de la loi fiscale par le contribuable. Dans cet élan, la question du positionnement de celui-ci et de ses droits qui en découlent se pose. La quête de ce rapprochement entre perception de l'impôt par l'État et perception de l'impôt par le contribuable oblige à ouvrir des pistes de modélisations dans la conception de l'impôt. Et, la perspective théorique contractualiste, pour notre part, tente de répondre à ce besoin, notamment dans le contexte africain.

Aussi, est-il peut-être temps de bâtir la conception de l'impôt à partir d'une théorie contractualiste.

II- UNE CONCEPTION À BÂTIR SUR UNE THÉORIE CONTRACTUALISTE DE L'IMPÔT

Le développement porte certes la conception actuelle de l'impôt en Afrique francophone. Mais, cette approche est vaine si elle ne repose pas sur la construction d'un État fiscal légitime. L'évocation d'une approche « contractualiste » de l'impôt consiste, dans cette logique, à ranimer l'idée que celui-ci doit être un instrument clé de la construction du contrat social pour porter l'État fiscal. Cette logique traduit la nécessité de resserrer le lien juridique entre l'État et le contribuable à travers une représentation basée sur l'idée de réciprocité dans l'action. Pour ce faire, il faudrait parvenir à déterminer le contenu de cette relation contractuelle dont l'existence même ne fait pas l'unanimité. Il faut également tirer les conséquences d'une telle position sur la théorie de l'impôt. En fait, la piste d'une formulation du contrat fiscal (A) conduit à s'interroger sur la probabilité d'une évolution vers une conception échangiste de l'impôt (B) en Afrique.

---

[1] B. YACINE-TOURÉ, *Afrique : l'épreuve de l'indépendance*, Genève, Graduate Institute Publications, Collection internationale, 1983, p. 24.

[2] M. BOUVIER, « Quelle légitimité de l'impôt pour demain ? », *in* T. LAMBERT (dir.), *Les Chantiers fiscaux à engager*, Paris, L'Harmattan, 2002, p. 201.

A- La formulation du contrat fiscal

La formulation du contrat fiscal renvoie à la détermination des éléments constitutifs dudit contrat, déclinés en termes de droits et obligations de l'État et du contribuable. Mais, il y a une difficulté de départ à surmonter. La notion de « contrat fiscal » soulève des questions juridiques qui ne font pas l'unanimité. De plus, même si ce problème juridique est levé, d'autres se présentent. L'existence d'un contrat fiscal implique des questions connexes à traiter. La présentation de la pertinence juridique du contrat fiscal (1) emporte dès lors de traiter concomitamment de l'existence de compléments problématiques (2).

1- La pertinence juridique

La construction de l'État fiscal dans les États d'Afrique francophone doit reposer sur l'acceptation de l'existence d'un contrat fiscal légitime. C'est là toute la problématique de la conception de l'impôt comme un contrat.

Si les définitions retenues de l'impôt ne précisent pas sa nature juridique[1], le débat sur le sujet n'est pas nouveau. Les réflexions déjà menées sur la possibilité d'une approche contractualiste de l'impôt repose essentiellement sur la possibilité ou non de considérer que l'élément subjectif essentiel du contrat, c'est-à-dire l'accord de volonté, puisse être réuni en matière de prélèvement fiscal. D'un point de vue restrictif, l'admission de l'existence d'un tel accord signifierait, pour l'essentiel, que chaque contribuable qui paie un impôt a effectivement donné son consentement pour le paiement de cet impôt. C'est de cette interprétation que découle toute la complexité de la question. C'est l'argument principal qui tend à être présenté comme une limite fondamentale à l'approche contractualiste de l'impôt. Par conséquent, avancer l'idée que l'impôt doit être conçu sur la base d'une telle vision, suppose que cet écueil juridique soit levé. La tâche s'avère d'emblée aisée puisque l'un des principes qui sous-tend le prélèvement de l'impôt moderne est le principe du consentement à l'impôt. Consacrée par les États africains[2] après leur accession aux indépendances, ce principe marque la souveraineté du peuple détenteur du pouvoir fiscal. Ainsi, l'impôt comme « un acte d'autorité », est en réalité « un acte d'autorité consenti ». Mais, la difficulté vient de l'expression de la volonté des contribuables par leurs représentants : le Parlement. En fait, il semble complexe d'assimiler l'impôt à un contrat puisse qu'il serait juridiquement difficile de démontrer l'existence de l'expression d'un accord de volonté direct entre les parties, c'est-à-dire entre l'État et tous les contribuables. Par conséquent, il est parfois préféré des termes plus souples tels que celui de

---

[1] J. BUISSON, « Réflexion sur l'impôt et le contrat », *in* Mélanges offerts à Jean HELIN, *Perspectives de droit public*, Paris, Litec, 2004, pp. 133.

[2] La quasi-totalité des États africains francophones pose le principe du consentement à l'impôt dans leurs Constitutions.

« compromis fiscal »[1]. Dans cette logique, c'est la vision individualiste du contrat qui est mis en exergue.

Dans un article relativement récent, Jacques BUISSON[2] est revenu sur quelques théories en présence sur la question. Il part d'une analyse critique des théories d'ALLIX et de DUGUIT pour tirer sa propre conclusion selon laquelle « *l'impôt peut être considéré comme un contrat de type particulier* ». Tout en partageant les arguments avancés, il nous paraît important d'adjoindre des arguments supplémentaires qui confortent la pertinence de la conception contractualiste de l'impôt, surtout dans le contexte de l'Afrique francophone. Comme le relève BUISSON, pour ALLIX « *il est juridiquement impossible de considérer l'existence d'un contrat fiscal. La raison majeure est que l'impôt ne peut jamais être une contribution volontaire. D'une part, il est consenti par des représentants des contribuables. D'autre part, ce consentement est donné sur des bases démocratiques ; entraînant ainsi la volonté de la majorité et non de tous. Il y a, par conséquent, une partie des contribuables qui n'est pas forcément consentante* ». Face à cet argument, des arguments contraires peuvent être avancés.

D'abord, il est important de rappeler que les conditions du consentement à l'impôt par la loi tirent leur fondement du choix de la démocratie représentative. En acceptant que la loi soit l'expression de la volonté générale, mieux, en donnant une valeur constitutionnelle au principe de la légalité de l'impôt[3], c'est la société elle-même qui a déterminé les règles de l'expression de son consentement. Aussi, s'il est avéré que la démocratie consacre la victoire de la majorité, relevant dès lors la possibilité de rejet de l'impôt par la minorité, ce système découle de l'expression de la volonté du peuple qui a choisi le système démocratique. De ce fait, la nécessité et la légalité de l'impôt, qui consacrent l'expression du consentement fiscal par les représentants élus, sont aussi une forme de consentement, même spécifique par rapport aux formes de consentement ordinaire des contrats en droit privé.

Ensuite, l'expression de la volonté des contribuables par leurs représentants doit être considérée comme une question de commodité et pas forcément une volonté d'exclure le contribuable du consentement à l'impôt. Il est reconnu dans les Constitutions des États, l'idée que « *tous les citoyens ont le droit de constater par eux-mêmes, ou par leurs représentants, la nécessité de la contribution publique, de la consentir librement, d'en suivre l'emploi, et d'en déterminer la quotité, l'assiette, le recouvrement et la durée* »[4]. Cette disposition montre bien que le contribuable a le droit de consentir par lui-même ou par ses représentants et non pas uniquement par ses représentants. Au constat, le consentement

---

[1] N. DELALANDE, « Le Retour des révoltes fiscales », *Pouvoirs*, 2014/4, n° 151, p. 16.

[2] J. BUISSON, *op. cit.*, pp. 133- 141.

[3] La plupart des constitutions des États d'Afrique subsaharienne francophone consacre le principe de la légalité de l'impôt.

[4] Article 14 de la Déclaration des Droits de l'Homme et du Citoyen (DDHC).

indirect à l'impôt s'est, certes, imposé comme la norme ; consacrant une sorte d'interprétation restrictive du principe, un resserrement du principe sur son seul sens parlementaire[1]. Mais, on imagine la complexité pour chaque contribuable d'avoir à consentir personnellement à chaque impôt. C'est pourquoi, le consentement par la représentation nationale est un compromis, une forme aménagée d'expression de la volonté du contribuable, résultat du contrat social général. Il y a également la négation d'une distinction entre le représenté et le représentant dans la théorie de la représentation[2]. C'est par conséquent une forme d'expression spéciale de la volonté résultant elle-même d'un processus déjà consenti qu'on pourrait qualifier de « choix de raison ». Dans cette logique, on ne peut qu'appuyer la conclusion de BUISSON qui estime que, même si le contrat fiscal peut être considéré comme un contrat d'adhésion ou un contrat forcé[3], il n'en demeure pas moins qu'il s'agisse d'un contrat avant tout. Quoique, au regard des développements précédents, l'idée même de contrat forcé défendu par BUISSON pourrait même être nuancé.

Au surplus, il est primordial de tenir compte de l'intersubjectivité et du communautarisme dans les relations publiques entre États et citoyens. Il faudrait donc se garder de vouloir transposer les règles strictes du droit privé, marquées par l'individualisme, dans la relation politique existant entre l'État et les citoyens ou les contribuables. Partant de ce fait, le contrat fiscal est un contrat de type particulier. Il ne doit pas être perçu dans une logique individualiste de droit privé. Il doit être considéré à la lumière de la relation politique entre l'État et les citoyens engagés dans une relation qui crée à la charge de chaque partie des droits et des obligations.

Enfin, laisser prospérer l'idée que l'impôt n'établit pas un lien contractuel entre l'État et le contribuable, c'est admettre l'existence pour l'État d'un pouvoir discrétionnaire en matière d'imposition et d'utilisation des recettes fiscales. C'est d'ailleurs cette idée qui semble sous-tendre la position de Léon DUGUIT. Pour lui, l'idée d'un impôt contractuel a certes existé. Mais, il a aujourd'hui disparu en raison de la pluralité des actes unilatéraux qui sous-tendent son prélèvement. BUISSON donne déjà des éléments de réponses éclairants. Il démontre d'une part, qu'en se basant sur la théorie des actes juridiques développés par DUGUIT, il apparaît que l'impôt peut rentrer dans les catégories présentées par celui-ci[4]. Il montre, d'autre part, que le caractère contractuel de l'impôt est perceptible à travers le droit de recours contentieux reconnu au contribuable comme dans tout contrat jugé mal exécuté par l'autre partie. Ces arguments importants peuvent être approfondis. L'aménagement

---

[1]Emmanuel DE CROUY-CHANEL, « Le Consentement à l'impôt », *Pouvoirs,* n° 151, 2014/4, p. 8.

[2] Dominique ROUSSEAU, *Radicaliser la démocratie : propositions pour une refondation*, Paris, Seuil, 2015, p. 41.

[3] J. BUISSON, *op.cit.*, pp. 39- 40.

[4] *Idem*, pp. 136- 138.

dans les législations fiscales et financières des États d'Afrique francophone de mécanismes de reddition des comptes, les exigences d'information du citoyen ou de transparence dans la gestion des ressources publiques sont la preuve qu'il n'existe pas pour l'État un droit tyrannique de décider des mécanismes d'imposition ou de l'utilisation des recettes fiscales. Ils démontrent qu'il existe autant pour l'État que pour le contribuable des droits et obligations qui fondent l'existence d'un contrat fiscal, même de type particulier. Ainsi, les éléments juridiques, qui fondent l'expression de l'accord de volonté entre État et contribuables pour le prélèvement de l'impôt existent. Le problème se trouve plutôt dans la valeur que l'on accorde à la volonté des parties, exprimée au contrat. L'impôt est-il perçu comme un lien politico-juridique dans lequel le contrat fiscal est valorisé et rendu opérationnel ? Les droits et les obligations des parties, surtout des contribuables, sont-ils appréciés à leur juste valeur ?

La pratique contractuelle donne de constater qu'il peut exister un contrat qui fonctionne mal parce que les parties exercent mal ou n'exercent pas les droits et les obligations qui leur incombent, au point où ceux-ci peuvent tomber en désuétude. Ce n'est pas parce que les parties ne revendiquent pas leurs droits ou n'assument pas leurs obligations que le contrat n'existe pas. Bien entendu, il pourrait se réduire à sa lettre parce qu'il n'est pas opérationnel. Il peut également être rompu parce que les parties ne respectent pas leurs obligations. Il en est ainsi du contrat fiscal. Le rapport de l'État avec le contribuable peut varier d'un État à un autre en fonction de la valeur qui est accordé au contrat fiscal. C'est ici qu'apparaît l'intérêt de la distinction opérée par la doctrine entre le consentement de l'impôt et le consentement à l'impôt[1]. Si l'adhésion juridique au prélèvement fiscal pour faire face aux dépenses publiques existe, il faut nourrir la volonté du contribuable d'y percevoir un devoir constant et non affligeant. À défaut de parvenir à une remise en cause du système de la représentation comme mode d'expression de la volonté du contribuable de payer l'impôt, il faut s'atteler à valoriser ce compromis juridiquement valable, en lui donnant de la substance. Ce faisant, en s'appuyant sur le principe qu'un contrat crée une réciprocité d'actions déclinés en droits et devoirs, l'impôt perçu comme contrat introduit une relation de réciprocité à saisir et à décliner en actes opérationnels à réaliser. Le contrat fiscal doit être entretenu et rendu opérationnel en déterminant les parts réciproques de droits et devoirs qui incombent à l'État et aux contribuables. Cela incite à repenser le rôle de l'État dans ses actions et dans ses obligations à l'égard du contribuable et, parallèlement, à améliorer la perception fiscale du contribuable.

Pour ce faire, cette relation contractuelle doit s'accompagner d'une dynamique concomitante. Il s'agit du déploiement de certaines actions complémentaires qui s'avèrent néanmoins problématiques.

---

[1] Charles CADOUX, « Du Consentement de l'impôt », *Revue de Science Financière*, 1961, p.423- 450.

2- Les compléments problématiques

Pour que le contrat fiscal soit opérationnel en Afrique francophone, il faut consolider le consentement à l'impôt et assurer l'égalité de l'impôt.

Certes, la question d'une désintégration du principe du consentement à l'impôt se pose moins en termes d'une contestation tranchée du consentement indirect à l'impôt. Toutefois, elle impose que ce consentement puisse être le reflet des aspirations profondes du peuple détenteur du pouvoir de consentir. C'est en cela que s'apprécie la nécessité d'une « *adaptation de la loi fiscale en vue de préserver un niveau de prélèvement et des modalités de répartition maintenant un large consensus* »[1]. Or, dans les États de l'Afrique francophone, comme cela est également constaté ailleurs[2], ce principe est en crise. Le mouvement actuel des « gilets jaunes » en France l'atteste. Un article récent sur le sujet[3] souligne cet état de fait dans le cadre spécifique des États de l'UEMOA. Sans y revenir dans le détail, quelques manifestations de cette crise peuvent être rappelées. Il s'agit notamment de la rationalisation des procédures budgétaires face à laquelle les réformes engagées dans certains États n'ont pas permis de rééquilibrer les pouvoirs entre les représentants du peuple et l'exécutif[4]. Il y a également la technicité grandissante du système fiscal, la communautarisation et l'internationalisation des systèmes fiscaux qui n'ont de cesse d'affecter le consentement à l'impôt.

Dans ce contexte, l'opérationnalisation du contrat fiscal implique de donner une assise socio-politique et pas seulement juridique au consentement des contribuables. Parmi les solutions préconisées, figurent la simplification des procédures de paiement de l'impôt. Des mesures sont ainsi adoptées en faveur de la dématérialisation des procédures fiscales dans l'UEMOA et la CEMAC. Il est également préconisé l'information du contribuable, notamment sur la nécessité de l'impôt et la sensibilisation sur le civisme fiscal. Il s'agit là de mesures importantes, mais encore timides. En tenant compte de la perception de l'impôt par le contribuable africain comme un moyen de domination et de spoliation sans résultat concret, le défi majeur à relever est celui de créer une relation de confiance qui implique des droits et devoirs réciproques des parties (État et contribuables). L'impact des inégalités sociales sur le paiement de l'impôt[5] n'est plus à démontrer. Elle est si réelle qu'autant la légitimité est souvent représentée par la capacité de la loi fiscale à mettre fin aux inégalités,

---

[1]A. BARILARI, « Le Consentement à l'impôt, fragile mais indispensable aporie », *Regards croisés sur l'économie, n°*1, 2007, p. 32.

[2] N. DELALANDE, « Le Retour des révoltes fiscales », *Pouvoirs*, 2014/4, n° 151, pp. 15- 25.

[3] D. OUEDRAOGO, « Le Consentement de l'impôt dans les États membres de l'UEMOA », *Revue Ivoirienne des Sciences Juridiques et Politiques - RISJPO, n° 6, 2018, pp. 7- 35.*

[4] P. N'DRI-THÉOUA, « Le Rééquilibrage des pouvoirs dans la procédure budgétaire en Côte d'Ivoire », *Gestion et Finances Publiques*, numéro 5- 6, Mai- Juin 2015, pp 134- 138.

[5] S. YONABA, *op.cit.*, p. 1051.

autant « *la prestation de services médiocres aux yeux des contribuables peut légitimer l'évasion et l'évitement fiscal* »[1].

Pour parvenir à ce que N'GAOSYVATHN a appelé « *l'accouchement de la conscience nationale* »[2], il faut se départir des vains mots et des slogans sur le civisme fiscal pour donner au contribuable une raison concrète, un élément, une conscience du devoir national par l'impôt. Au-delà de l'information du contribuable sur l'importance de l'impôt, il faut plutôt le convaincre de cette importance par des actes ostensibles de saine gestion. Pour preuve, dans les États où des efforts d'assainissement des deniers ont été constatés, l'adhésion des populations au paiement de l'impôt s'est améliorée. Au Rwanda, l'un des facteurs de l'accroissement des recettes fiscales intérieures, de 9 % du PIB en 1998 à 14,7 % en 2005, a été « *le renforcement des relations entre l'État et les citoyens par l'établissement d'un contrat social fondé sur la confiance et la coopération* »[3]. C'est montrer à quel point le fait pour le contribuable africain de recevoir un service public de qualité en contrepartie du paiement de l'impôt joue sur la conformité fiscale. Les actes parlent certainement plus que les mots et les slogans. Il faudrait également compléter le système de la représentation avec des formes de démocratie participative. Au niveau local, l'expérience des budgets participatifs est à généraliser. Ils constituent des formes de participations locales directes des citoyens à la priorisation et à l'affectation des dépenses publiques.

Amorcés en 2003 en Afrique subsaharienne francophone, l'extension de ces expériences dans d'autres localités de l'Afrique francophone[4] doit se poursuivre. Cette démarche, qui relève d'une volonté politique notable, contribuera à bâtir une plus grande adhésion au prélèvement des impôts.

Par ailleurs, les contribuables doivent être engagés dans une relation contractuelle sur des bases égalitaires en valorisant davantage le principe de l'égalité de l'impôt[5]. Diversement reprise selon les Constitutions des États d'Afrique francophone, ce principe renvoie étymologiquement à l'égalité devant la loi fiscale et à l'égalité devant la charge fiscale. L'égalité devant la loi signifie que la loi fiscale s'applique de la même manière pour tous les

---

[1] O-H. FJELDSTAD, « Que savons-nous de la conformité fiscale en Afrique ? », *Synthèse*, n°5, p. 8.

[2] P. N'GAOSYVATHN, *op.cit.*, p. 4.

[3] G. DE PAEPE et Ben DICKINSON, « Les recettes fiscales moteurs du développement durable », Coopération pour le développement 2014, OCDE, 2015, p. 103.

[4] En Afrique francophone plusieurs expériences inspirantes du budget participatif existent. Voir Y. SINTOMER, C. HERZBERG, G. ALLEGRETTI avec la collaboration d'A. RÖCKE et M. L. ALVES, « Les Budgets participatifs dans le monde. Une étude transnationale », *Dialog Global*, n° 25, décembre 2014, pp.64- 67.

[5] Les articulations de ce principe ressortissent de la formule donnée par la DDHC, en vertu de laquelle « Pour l'entretien de la force publique, et pour les dépenses d'administration, une contribution commune est indispensable. Elle doit être répartie entre tous les citoyens en raison de leurs facultés ».

contribuables placés dans la même situation juridique, sans méconnaître la possibilité de dérogation pour motif d'intérêt général. L'égalité devant la charge fiscale conduit à une répartition de la charge fiscale à partir soit d'une évaluation de la situation particulière ou personnelle du contribuable (impôt personnel), soit à partir d'une appréciation des facultés contributives « *par l'intermédiaire d'actes, de faits ou d'opérations* » qui révèlent l'existence d'éléments de richesses (impôt réel). Cependant, la difficulté de la tâche a été rappelé par JÈZE selon qui, « *l'idée de justice n'ayant pas de valeur absolue, l'accord n'existe pas sur les conditions que doit remplir l'impôt pour être considéré comme juste* »[1]. La difficulté aujourd'hui est celle du critère de la juste répartition de la charge fiscale[2]. Il importe donc, à défaut de parvenir à l'établissement d'une égalité parfaite, d'en améliorer la mise en œuvre à partir d'éléments objectifs d'appréciation dans le cadre du contrat fiscal. L'égalité de l'impôt doit être recherchée au triple niveau de l'assiette, de la liquidation et du recouvrement de l'impôt.

Au niveau de l'assiette fiscale, le défi est celui de l'élargissement de l'assiette fiscale. Les secteurs de la téléphonie mobile, de l'énergie et de l'informel sont donc considérés comme de potentiels bases d'imposition. Au niveau de la liquidation, la problématique essentielle est celle du tarif de l'impôt, avec pour corollaire la question des facultés contributives. Elles impliquent que l'impôt soit réparti en raison des richesses individuelles. En tenant compte d'une justice fiscale basée sur la redistribution, les facultés contributives sont liées à la personnalisation de l'impôt. Elles sont ainsi appréciées comme « *la résultante de deux facteurs inter-communicants ; les gains, les ressources, d'une part ; les situations de famille des intéressées, d'autre part* »[3]. Cela étant, la prise en compte de la faculté contributive va à l'encontre du choix de la neutralité de l'impôt en Afrique, en raison de la simplicité de celle-ci et de sa propension à régler la question des dépenses fiscales[4]. En fait, la neutralité porte atteinte à la faculté contributive en tant qu'élément fondamental de la définition de l'impôt. Lorsque tous les contribuables payent le même impôt, la notion de faculté contributive disparaît du concept d'impôt. Il en découle que bâtir l'égalité devrait induire un recours mesuré à la neutralité. Quoi qu'il en soit, la faculté contributive pose les questions de la rationalité de l'impôt et de sa proportionnalité pour éviter que l'impôt ne devienne confiscatoire[5]. La difficulté transparaît dans l'évaluation chiffrée de la faculté contributive qui se situe donc à la frontière entre un jugement de valeur et une construction juridique. Il faut donc s'assurer que l'évaluation de la capacité contributive s'inscrive dans un équilibre entre la volonté d'établir l'égalité entre

---

[1] G. JÈZE, *Cours de finances publiques*, Paris, Giard, 1933, p. 86.

[2] J.-M. MONNIER, « La Justice fiscale entre tensions et débats », *op.cit.*, p. 54.

[3] P. VINOT, *op.cit.*, p. 25.

[4] R. OSSA, *Réformes fiscales et développement en Afrique subsaharienne*, *op.cit.*, pp 79-107.

[5] M. COLLET, *L'impôt confisqué*, Odile Jacob, 2014, pp.47- 55.

contribuables et la nécessité de garantir leurs droits de propriété[1]. Or, les manifestations en Ouganda contre la taxe sur les réseaux sociaux, au Niger contre la loi de finances de 2018 ou en Côte d'Ivoire contre l'annexe fiscale au budget de l'année 2019, pour ne citer que ces exemples, témoignent de ce sentiment d'atteinte à la propriété dans l'imposition. En l'absence d'un seuil raisonnable du prélèvement de l'impôt, la solution idéale est de parvenir à établir des systèmes de prélèvements fiscaux à bases larges et taux réduits. Le succès d'un élargissement de l'assiette fiscal permettrait une réduction du tarif de l'impôt. Quant au recouvrement de l'impôt, il doit s'effectuer non seulement dans le contexte de la lutte contre l'évasion et la fraude fiscale, mais aussi en évitant le recouvrement sélectif de l'impôt.

Au-delà de ce fait, l'égalité doit également toucher l'égalité de redistribution des revenus de l'impôt qui s'incorpore dans la saine gestion des deniers publics. Cette position n'est pas sans soulever des questions sur les éléments théoriques de caractérisation de l'impôt. En réalité, la perception contractualiste de l'impôt ouvre la réflexion sur la possibilité pour le contribuable d'exiger une contrepartie de l'impôt payé.

C'est pourquoi, il est possible de se demander si, *in fine*, ce ne serait pas l'option pour une conception échangiste de l'impôt ?

B- Vers la formulation d'une conception échangiste de l'impôt ?

En admettant la pertinence d'une approche contractualiste de l'impôt, il apparaît un fort risque de poser les bases de la théorie de l'impôt échange dans la conception de l'impôt en Afrique. Cette position n'est pas celle qui est défendue. Il est plutôt mis en exergue l'intérêt pour les États africains francophones d'établir une relation de réciprocité dans le prélèvement fiscal. Il est, par conséquent, nécessaire de préciser cette nuance conceptuelle (1) de l'approche, afin de mieux en présenter les avantages contextuels (2).

1- La nuance conceptuelle

Il nous parait indispensable que la construction du contrat fiscal en Afrique doit reposer sur une conception « dégradée » d'impôt-échange. Il ne s'agit pas d'adhérer à la théorie de l'impôt échange, mais d'y emprunter un dérivé de son élément clé : l'existence de contrepartie dans la perception de l'impôt. Selon la théorie de l'impôt-échange, en effet, l'impôt est « *le prix des services qu'a rendus et que l'État rend* »[2].

Dans la logique d'une conception contractualiste de l'impôt, c'est sur les attentes réciproques de l'État et des contribuables qu'il faut faire reposer ce que

---

[1] Lire en ce sens A. LACHAPELLE, « La Capacité contributive en matière fiscale : à la croisée du principe d'égalité et du droit de propriété », *Revue Générale du Contentieux Fiscal*, Septembre Décembre 2013/5-6, pp. 331- 372.

[2] Définition de LEROY-BEAULIEU reprise dans D. ALLAND et S. RIALS (dir.), *Dictionnaire de la culture juridique*, *op. cit.*, pp. 808.

nous qualifions de « conception dégradée » de l'impôt échange. La conception de l'impôt ne peut, en réalité être détachée d'une théorie de la dépense publique. Cette idée peut paraître contradictoire avec la conception moderne de l'impôt selon laquelle celui-ci est définie sans contrepartie. Parmi les critères de distinction de l'impôt d'avec les autres prélèvements obligatoires, telles les taxes parafiscales et les redevances, l'absence de contrepartie apparaît, en effet, comme un critère clé. Mais, il est vrai qu'il est assez simpliste de l'affirmer ainsi. En réalité, il n'y a certes pas une contrepartie directe qui conditionnerait l'utilisation d'un service identifié au paiement de l'impôt. Mais, il y a bien une contrepartie dont le contribuable est un potentiel bénéficiaire : la dépense publique. Si l'impôt est perçu en vue de la couverture des dépenses publiques, les dépenses publiques constituent des contreparties, même si elles ne sont pas identifiées d'avance ou ne s'entendent pas d'un prix évalué à payer pour un service rendu.

C'est d'ailleurs le lieu de souligner que l'idée de rattacher l'impôt à la dépense publique n'est pas nouvelle. Dans sa théorie de la dépense publique, MUSGRAVE percevait les impôts comme une contrepartie des services offerts par les pouvoirs publics[1]. Il est clair que cette idée qui repose sur le principe du bénéfice s'inscrit dans le champ de la théorie de l'impôt-échange. Selon celle-ci, l'impôt est un paiement en contrepartie d'un service rendu. Toutefois, il y a lieu de lever toute équivoque. Il ne s'agit pas pour nous d'opter pour une conception purement libérale de l'impôt qui consisterait à concevoir l'impôt dans une logique mathématique. Celle-ci équivaudrait à soutenir qu'un franc payé par le contribuable doit donner lieu à un franc de prestation directement reçue. Or, la contrepartie reçue du paiement de l'impôt ne peut être évalué en un prix en raison de la particularité même du service public. Seulement, il n'est pas non plus question de percevoir l'impôt dans une logique laxiste. Elle consisterait à baser la finalité de l'impôt sur une mobilisation financière ou sur un objectif de politique, justifiants des dépenses discrétionnairement définies par l'État, sans droit de regard du contribuable. En fait, il est difficile de construire l'État fiscal sans inscrire la perception de l'impôt dans une véritable logique de contrepartie. Celle-ci doit être suffisamment poussée pour côtoyer la conception classique de l'impôt-échange, sans que les contenus ne se rejoignent. Jean-Marc GASTELLU rappelle que cette idée de contrepartie a existé dans les sociétés précoloniales africaines. Dans ces communautés, les rébellions ou comportements antifiscaux ont pu être observés à l'égard des autorités qui ne rendaient pas ce qu'elles prenaient[2]. L'existence d'une logique de contrepartie permet d'asseoir la légitimité du rapport de pouvoir introduit par l'impôt au profit de l'État souverain, en s'assurant un minimum d'adhésion du contribuable au devoir fiscal. Il est ainsi soutenable que l'impôt n'a jamais

[1] Voir R. MUSGRAVE, *The theory of public finance: A Study in Public Economy*, New-York, McGraw Hill, 1059.

[2] J.-M. GASTELLU et *alii*. (dir.), *op. cit.*, p. 11.

vraiment été dépourvu de l'idée de contrepartie, puisque qu'il a toujours eu une finalité dont l'atteinte ne peut être logée dans le marbre de l'indifférence du contribuable.

Ce qui est nouveau, c'est que la mutation du contexte a conduit à un éveil de ce qui était latent et qui était faiblement revendiqué : la forte demande de redevabilité. L'absence par le passé d'une demande aussi forte de redevabilité comme aujourd'hui ne signifie pas l'inexistence d'une capacité du contribuable à exercer ce qui est pour lui un droit. Évidemment, la perception générale du contribuable de sa relation à l'État a évolué à l'image de l'évolution du sacrifice qui lui est demandé et de celle de ses propres attentes. Aussi, loin d'une logique de tarification des services publics comme dans la théorie de l'impôt-échange, c'est celle de la redevabilité dans la logique d'une saine utilisation des recettes fiscales de l'État qui est mise en avant. La redevabilité renvoie à l'obligation de rendre concurremment compte de l'administration des ressources publiques et de la qualité de la gestion publique[1].

En clair, une conception dégradée d'impôt-échange serait un stade intermédiaire entre les conceptions libérales et solidaristes de l'impôt : « l'impôt-redevabilité ». Il s'agit d'admettre dans la conception de l'impôt, l'existence d'une contrepartie qui ne remet pas en cause la conception moderne de l'impôt. L'impôt-redevabilité ne méconnaît pas la solidarité qui fonde la théorie de l'impôt-solidarité. Il ne s'agit donc pas, de militer pour un rejet systématique de la redistribution qui, en réalité, traduit le rapport horizontal entre contribuables ou citoyens. Mais, il y a une invite à reconnaître qu'il y a un aspect positif à considérer dans l'impôt-échange. C'est ce que NÉMO, dans une récente publication, a pu mettre en évidence[2], même si son rejet pour l'impôt-solidarité est discutable. Il convient de retenir que le lien de solidarité établi par l'impôt n'exclut pas le droit pour le contribuable d'exiger un retour sur le sacrifice consenti.

À ce niveau, les réflexions menées sur le clientélisme des contribuables trouvent un élément de consolidation. Les travaux sur la question concluent à une dénaturation des fondements de l'impôt ; les contribuables exigeant de plus en plus de contreparties tels des clients d'une entreprise privée. Toutefois, la réalité est que les efforts d'une contribution fiscale plus forte demandée au contribuable ne peuvent être détachés de l'obligation d'un résultat perceptible qui puisse lui profiter réellement, du moins potentiellement et pas forcément directement, en tant que membre de la société dans son ensemble. En effet, *« citizens who are forced to pay taxes will have a greater interest in how their money is spent, and thus be more likely to actively demand public services and*

---

[1] M. LE CLAINCHE, « Redevabilité financière et redevabilité managériale : séparation, concurrence ou complémentarité ? », *Revue Française d'Administration Publique*, 2016/4, n°160, p. 1094.
[2]P. NÉMO, *op.cit.* 240 pages.

expanded accountability from governments »[1]. La perception de l'impôt comme relevant d'un sens partagé et participant de la réalisation de l'intérêt général ne saurait donc exclure l'idée d'une contrepartie induite d'une redevabilité effective.

D'ailleurs, l'évolution récente de la fiscalité montre que la tendance à percevoir l'impôt comme un montant payé avec contrepartie est aujourd'hui assez perceptible[2]. Il arrive même que les attentes soient plus fortes. Au Maroc, le Conseil Économique, Social et Environnemental a suggéré de repenser la territorialité de l'impôt, en établissant un lien entre les recettes fiscales d'une région et la production de richesses sur son territoire, pour tenir compte de l'effort fiscal fourni par chaque collectivité[3]. De même, l'utilisation des méthodes d'enquêtes en matière de conformité fiscale est, dans ce cadre, un élément important à prendre en compte[4].

Au final, dans des États avec une faible capacité contributive et un besoin urgent de mobilisation des ressources fiscales, la conception de l'impôt ne doit pas être détachée d'une théorie de la dépense publique comme contrepartie de l'impôt dû. Ainsi, à la définition de l'impôt comme un prélèvement pécuniaire obligatoire sans contrepartie déterminée, il faudrait substituer celle de l'impôt comme un prélèvement pécuniaire obligatoire assorti d'une contrepartie particulière qui prend les noms de dépenses rationnelles et efficientes, de saine gestion sur la base d'une confiance établie entre État et contribuables. Car, on ne peut qu'être d'avis avec PROUDHON que « *l'objet pour lequel la contribution est demandée doit être d'une utilité positive* »[5]. Pour l'État, bien plus qu'une simple proclamation de l'utilité de l'impôt, cela doit surtout être une démonstration de celle-ci par la réalisation de dépenses publiques efficientes.

La valorisation de cette position présente des avantages contextuels.

2- Les avantages contextuels

Dans le contexte africain francophone, les avantages d'une conception de l'impôt à partir d'une approche échangiste sont multiples. Ils peuvent, toutefois, être regroupés autour de deux grandes idées : la nécessité de bâtir des États fiscaux légitimes et l'impossibilité de parvenir à ce stade sans construire le lien politique par l'impôt.

---

[1] W. PRICHARD, Taxation*, Responsiveness and Accountability in Sub-Saharan Africa: The Dynamics of Tax Bargaining*, Cambridge University Press, 2015, p. 4.

[2] Dans la conclusion de leur article sur « La mobilisation fiscale en Afrique », JACQUEMOT et RAFFINOT soulignent qu'il est certes important de mettre l'accent sur l'augmentation des recettes, mais il importe encore plus de se préoccuper des questions « d'équité, de confiance et de contreparties ».

[3] Avis du Conseil Économique Social et Environnemental, *op. cit.*, p. 20.

[4] O-H. FJELDSTAD, « Que savons-nous de la conformité fiscale en Afrique ? », *Synthèse*, n°5, p. 8.

[5] P-J. PROUDHON, *op.cit.*, p. 67.

Sur le premier point, la construction de l'État fiscal en Afrique francophone implique certes des changements de paradigme par une révision des mécanismes d'imposition et des structures de l'impôt. Mais, cette construction doit tenir compte de la perception de l'impôt par le contribuable. Tout comme Marc LEROY, il faut douter de l'existence d'une aversion supposée naturelle des contribuables à payer l'impôt[1]. L'approche du contribuable dépend pour beaucoup de la place qu'on lui accorde dans le processus fiscal. La théorie contractualiste de l'impôt permet une remodélisation des rapports entre État, contribuable et impôt, en créant une relation d'humanité. Ce sont les droits du contribuable qui s'en trouveraient valorisés et les attentes de l'État pour une adhésion psychologique du contribuable qui seront presque[2] comblées.

Sur le second point, il est pertinent de soutenir, au regard des développements précédents, que l'impôt comme lien politique entre l'État et le contribuable est quasi-inexistant en Afrique francophone. C'est ce que met en évidence René OSSA en partant de l'exemple des États de l'Afrique subsaharienne francophone. Pour lui, les réformes fiscales dans ces États se sont soldées par un échec parce qu'elles ne sont pas précédées de l'établissement d'un véritable lien politique, c'est-à-dire un contrat social entre l'État et le contribuable. La construction d'une fiscalité de développement pour l'Afrique doit partir de la construction préalable d'un modèle de développement, c'est-à-dire, d'un contrat social[3]. Ce contrat doit, selon lui, se construire par l'impôt[4]. Pour conforter son idée, il s'appuie, à juste titre, sur l'histoire de l'impôt en Europe[5]. Si ce parallèle est fondé, il faut néanmoins souligner que l'existence du contrat fiscal dans les États européens n'est plus aussi claire aujourd'hui. Le rejet de l'idéologie fiscale dans les États européens modernes et la crise de la légitimité des systèmes fiscaux[6] le démontrent. Toutefois, cela dénote la généralisation du problème, et partant, l'urgence d'y réfléchir dans le contexte africain. Pour ce faire, l'impôt doit être le lieu d'un dialogue permanent. Le rôle de l'impôt dans le développement inclut le développement de la relation fiscale entre l'État et le contribuable. La théorie du contrat fiscal permet de rétablir la conception de l'impôt comme lien politique assis sur une base juridique effective et fonctionnelle.

Dans cette logique, les outils de contrôle et de transparence découlant des textes financiers réformés des États d'Afrique francophone sont utiles. En effet, plusieurs mécanismes d'information des citoyens y sont prévus. Dans les États de l'UEMOA, par exemple, le préambule de la directive relative au Code de

---

[1] M. LEROY, « Découvrir la sociologie fiscale », *Regards croisés sur l'économie*, 2007/1, n°1, p. 98.

[2] Il ne faut pas tomber dans un optimisme excessif. L'impôt ne sera certainement pas payé de gaieté de cœur par tous et à tout moment.

[3] R. OSSA, *Réformes fiscales et développement en Afrique subsaharienne*, *op.cit.*, p. 39.

[4] *Idem*, p. 72.

[5] *Idem*, p. 68.

[6] M. BOUVIER, « Sens et légitimité de l'impôt », *op.cit.*, pp. 27- 34.

transparence[1] pose le principe d'un débat ouvert autour du choix des dépenses et des recettes publiques. De même, il est prévu un droit à l'information du citoyen qui implique son accès aux rapports trimestriels d'exécution du budget de l'État et l'élaboration de budgets du citoyen. Ce sont des dispositions importantes. Mais, elles attendent d'être suffisamment fonctionnelles pour réellement influencer les perceptions des contribuables sur l'impôt.

Premièrement, l'absence de précision sur la forme de publication fait courir le risque de limiter le partage de l'information au niveau des élus (parlementaires) et d'une certaine catégorie de contribuables. Dans la pratique, ces informations sont disponibles sur les sites officiels des Gouvernements, Parlements ou directions en charge des budgets. Or, il est important que l'information sorte du cercle d'une certaine élite pour atteindre le contribuable lambda. Pour ce faire, il est souhaitable qu'en plus des actions de publication imputables aux Gouvernements, les représentants du peuple eux-mêmes s'investissent dans l'information des contribuables. L'inexistence de mandats impératifs pour les parlementaires n'exclut pas la possibilité pour eux d'entretenir une communication permanente avec les citoyens sur la gestion des ressources publiques. Deuxièmement, l'accent doit être mis sur l'information relative à l'utilisation effective des recettes fiscales. La plupart des États d'Afrique francophone ont aujourd'hui adopté la culture des budgets citoyens. Mais ceux-ci concernent essentiellement les budgets primitifs. Ils doivent également s'étendre aux budgets réels en fin d'exécution budgétaire. Il doit donc avoir des « budgets exécutés des citoyens » avec une justification en termes simplifiés des dépenses prévues et inexécutées. Troisièmement, la communication sur l'utilisation des recettes fiscales pour le financement des dépenses publiques doit être nettement départie de l'image des Présidents de la République. Pour construire la conscience fiscale, il est important que le contribuable réalise que la dépense publique (pour celle qui est financée sur ressources fiscales) est réalisée à partir du paiement des impôts et ne constitue pas un don du Président de la République ou du Gouvernement. Les pratiques africaines de célébration des Présidents de la République pour la réalisation d'une pompe villageoise ou pour toute autre dépense publique sont souvent révélatrices de l'ignorance par le contribuable du rôle de l'impôt. Le contribuable doit être nettement informé de ce rôle ; le mérite des gouvernants étant d'utiliser les ressources fiscales pour réaliser, dans la transparence, les dépenses conformes à leurs besoins.

---

[1] Directive n°01/2009/CM/UEMOA portant code de transparence dans la gestion des finances publiques au sein de l'UEMOA. Cette directive a fait l'objet de transposition dans l'ordre juridique interne des Etats membres. À titre indicatif, on peut citer pour le Burkina Faso la loi n° 008-2013 /an portant Code de transparence dans la gestion des finances publiques au Burkina Faso ; pour le Niger de la loi n°2013- 031 du 23 juillet 2013 portant approbation du Code de transparence dans la gestion des finances publiques ; pour le Sénégal la loi n°2012- 22 du 27 décembre 2012 portant Code de transparence dans la gestion des finances publiques.

Par ailleurs, l'approche contractualiste de l'impôt permet de concilier les aspects technique, politique et juridique de l'impôt. La sociologie fiscale nous donne des leçons à ce sujet. Elle qui établit l'incontournable relation entre l'impôt, l'État et la société, nous démontre que la représentation populaire de l'État fiscal est autant un indicateur de la qualité du paiement de l'impôt que la relation entre ce trio pour la construction d'un lien politique. Marc LEROY traduit assez bien cette interaction, en affirmant que « l*e contribuable est aussi altruiste quand l'État fiscal est légitime* »[1]. Il faut souligner, néanmoins, que les travaux sur la recherche d'une corrélation entre la prédisposition du contribuable à payer l'impôt et l'accroissement du rendement fiscal ne s'accordent pas toujours. Dans certains cas, les enquêtes arrivent à la conclusion que la corrélation entre l'acceptation de l'impôt et la performance fiscale est faible[2]. Dans d'autres, elles concluent à l'existence d'un impact plus grand[3]. Sans engager de polémique sur les résultats, qui dépendent des échantillonnages et des techniques de collecte de données, il est indéniable que quelle que soit l'intensité du lien, il existe tout même. Le président du Forum sur l'Administration Fiscale en Afrique (ATAF), abondant dans ce sens en évoquant la perception du contribuable en Afrique, a pu affirmer que le prélèvement fiscal est « … *une question de coût économique, de qualité des services reçus en échange et d'avantages sociaux dont ils bénéficient en tant que citoyens* »[4]. Les avantages d'une conception contractualiste de l'impôt sur le caractère quantitatif de l'impôt, c'est-à-dire son aspect financier, peuvent également être déduit de l'analyse de son apport à la bonne gouvernance financière.

Mettant en exergue la nécessité de la mise en place d'un observatoire des finances publiques en Afrique, le Professeur Éloi DIARRA n'a pas manqué d'égrener quelques manifestations de la mal gouvernance africaine[5]. Ce sont la corruption, les détournements de deniers publics dont le nerf est sans nul doute le manque de transparence dans la gestion des ressources publiques[6], en général, et fiscales, en particulier.

Il ne suffit plus de réfléchir uniquement aux mécanismes d'augmentation des recettes publiques. Mais, la réflexion sur les contreparties dans le cadre de l'affectation des recettes fiscales devient une priorité. La théorie contractualiste de l'impôt n'est rien d'autre qu'un appel à la transparence financière pour, d'une

---

[1] M. LEROY, « La Sociologie fiscale », *Socio-logos*, n°4, 2009, consulté sur https://journals.openedition.org/socio-logos/2278 .

[2] Banque mondiale, *Étude sur la fiscalité en Afrique de l'Ouest - Rapport de synthèse,* Washington, DC., Juin 2019, pp. 17.

[3] OCDE, *Quels sont les déterminants du civisme fiscal ?* Document de consultation publique, 10 avril- 10 mai 2019, 2019, p. 20.

[4] O. MAGASHULA, *op.cit.*, pp. 25.

[5] É. DIARRA, *op.cit.*, pp. 2- 6.

[6] *Ibidem.*

part, favoriser l'adhésion psychologique des contribuables à l'impôt et, d'autre part, jeter les bases de la construction du lien de citoyenneté par l'impôt.

Conclusion

Au total, l'impôt en Afrique, comme partout ailleurs, n'est plus simplement un moyen d'établissement d'un lien de citoyenneté matérialisant son rôle politique. Il est devenu beaucoup plus le moyen privilégié du financement des États. Toutefois, ce positionnement du débat sur l'impôt dans la sphère des finances publiques ne doit pas faire perdre de vue le lien entre les aspects politique, sociologique, financier et, surtout, juridique de l'impôt. L'objectif actuel d'optimisation du rendement fiscal en Afrique ne doit pas reléguer au second plan la réflexion sur la théorie de l'impôt et, partant, sur la nature juridique qu'il convient de lui accorder. Cet objectif ne peut, en effet, être atteint que si au-delà des réflexions techniques pour trouver les meilleurs mécanismes d'assiette, de liquidation et de recouvrement de l'impôt, la perception du contribuable évolue au point où l'impôt devient pour lui une contribution légitime. Il est temps de saisir la dynamique ambiante des réformes pour construire cette relation citoyenne et juridique par l'impôt. Cela ne contrarie en rien la volonté de faire de l'impôt un outil de financement du développement. Bien au contraire, le développement n'est pas prioritairement une question de technique, mais essentiellement une question de prise de conscience[1]. En cela, la conception contractualiste de l'impôt aiderait peut-être à traiter les « *maladies infantiles des finances publiques africaines* »[2] !

---

[1] R. OSSA, *Réformes fiscales et développement en Afrique subsaharienne*, *op.cit.*, p. 36.
[2] É. DIARRA, *op. cit.*, p. 2.

3- CONTENTIEUX FINANCIER

LA FAUTE DE GESTION EN DROIT PUBLIC FINANCIER GUINEEN

Augustin MANSARE

Doctorant en Droit public à l'Université Cheikh Anta Diop de Dakar (UCAD)

INTRODUCTION

« *La modernisation de la gestion publique repose sur un maître mot, celui de la responsabilisation des gestionnaires, qui implique deux notions indissociables sous peine de perdre son sens : - celle de disposer de marges de manœuvre suffisantes pour prendre des initiatives dans le cadre d'objectifs préalablement définis ; - celle de tirer les conséquences des succès ou des échecs obtenus* »[1].

La gestion des fonds publics comporte des risques justifiant la mise en place d'un certain « *ordre public financier* »[2] qui s'entend de « *règles encadrant la gestion publique* »[3]. Au nombre de ces risques, on peut compter « *la tentation du détournement à profit personnel*»[4] . *Mais, « le risque de dérive des finances publiques ne se limite pas à ces cas, particulièrement graves, de malhonnêteté, qui peuvent d'ailleurs prendre des formes variées (corruption, prise illégale d'intérêt, concussion…)* »[5]. Sans revêtir un caractère malhonnête, une gestion peu respectueuse des règles et procédures en vigueur peut conduire à des gaspillages financiers. La faute de gestion est de ce registre-là. En effet, *« si le droit pénal a pour objet de lutter contre la malhonnêteté, de sanctionner les manquements au devoir de probité qui incombe aux agents publics, l'objet poursuivi par le droit public financier et la discipline budgétaire et financière est de protéger l'argent public dans un but d'intérêt général. Les deux systèmes de sanctions poursuivent donc des objectifs différents et complémentaires* »[6]. Cette complémentarité est d'autant plus intéressante que la collaboration entre les institutions de contrôle (cours des comptes y compris), et les institutions judiciaires peut contribuer sinon à mettre fin aux dilapidations des fonds publics, du moins à leur amoindrissement.

---

[1] https://www.ccomptes.fr/ , Colloque au Conseil Economique et Social : Finances publiques et responsabilité : l'autre réforme, introduction par Mme Hélène Gisserot, Procureur général près la Cour des comptes, le 05 avril 2005 (consulté le 27/12/2019).

[2] W. C., DESROUSSEAUX P., PELLE B., *contrôle et évaluation des finances publiques*, la documentation française, 2009, p. 52.

[3] CDBF, Rapport d'activité de l'année 2006, Extraits de la communication de M. Philippe SÉGUIN à l'occasion d'un séminaire des cadres de la Banque Mondiale consacré aux institutions supérieures de contrôle (printemps 2006) p. 9.

[4] *Ibidem.*

[5] *Ibidem.*

[6] *Ibidem.*

La faute de gestion est une notion inspirée par le droit privé, le droit des sociétés précisément. Vue sous cet angle, elle relèverait du « *flou juridique* »[1], dans la mesure où il n'y a pas de définition légale autour de laquelle les acteurs peuvent se mettre d'accord. Il appartient au juge de se prononcer au cas par cas. Les définitions qui font autorité sont donc essentiellement jurisprudentielles[2]. Néanmoins, on peut définir la faute de gestion comme « *tout manquement aux règles qui définissent le comportement d'un dirigeant normalement diligent, c'est-à-dire le comportement d'un dirigeant soucieux de l'intérêt de sa société*[3] ». Ainsi, en droit des sociétés, la faute de gestion n'est imputable qu'au dirigeant. Comme on le verra, en droit des finances publiques, la notion a connu une extension[4], voire un dévoiement, dont la délimitation est difficile à établir.

La loi organique ivoirienne n°2015-494 du 7 juillet 2015 sur la Cour des comptes définit la faute de gestion en son article 89 comme « *toute atteinte aux lois et règlements régissant les finances publiques ou toute atteinte à toute loi et à un règlement particulier régissant les autres organismes sous contrôle de la Cour des compte*»[5]. En Guinée, la combinaison des articles 79 et 80 de la Loi organique relative aux lois de finances du 06 août 2012 laisse apparaitre la définition suivante : toute infraction aux règles budgétaires, financières et comptables commise par les ordonnateurs et leurs collaborateurs directs, les ordonnateurs délégués et les contrôleurs financiers.

Au sein de l'UEMOA[6], la faute de gestion peut être envisagée essentiellement dans trois situations : toute personne qui aura enfreint les règles relatives à l'exécution des recettes et des dépenses des organismes publics ou à la gestion des biens leur appartenant ou qui, chargée de la tutelle ou du contrôle desdits

---

[1]http://www.responsabilite-civile-dirigeant.fr/ (Dirigeant : comment vous prémunir contre une mise en cause de votre responsabilité ? Evitez les fautes de gestion, p. 2) (consulté le 23/12/2019).

[2] Il y a faute de gestion, lorsque trois cogérants d'une SARL qui, alors que la société était en déficit, ont réalisé d'importantes commandes de marchandises payables à terme, dont la SARL n'a pas pu assurer le paiement, et qui les ont revendues à des tiers très rapidement contre paiement comptant. Cette faute imputable aux trois gérants, engagent la responsabilité personnelle et solidaire. (Ca Paris 10 avr. 1934) ; Il y a également faute de gestion, lorsque le dirigeant d'une société diffère le remboursement des sommes dont celle-ci s'est reconnue débitrice, en raison des intérêts moratoires que celle-ci devra verser à son créancier (Cass com. 12 janv 1993 RJDA 10/93 n° 800), etc.

[3] http://linskiden.free.fr/, (la mise en cause de la responsabilité des dirigeants : La faute de gestion, p. 2) (consulté le 23/12/2019).

[4] M. DELGOFFE, « L'extension de la faute de gestion », *AJDA*, 1996, n° 3.

[5] Cité par OUEDRAOGO D., « la reforme inachevée de la juridiction financière ivoirienne. A propos de la loi organique N°2015-494 du 7 juillet 2015 sur la Cour des comptes » *in les Nouveaux chantiers des Finances publiques en Afrique*, Mélanges en l'honneur de Michel BOUVIER, N. MÉDÉ (sous la dir) L'harmattan Sénégal, 2019, p. 215.

[6] Union Economique et Monétaire Ouest-africaine créée le 10 janvier 1994 à Dakar à travers un traité institutionnel signé par les sept Etats fondateurs de l'Afrique de l'Ouest francophone (Bénin, Burkina Faso, Côte d'Ivoire, Mali, Niger, Sénégal et Togo) auxquels se joindra quelques années plus tard, le 5 mars 1997, la Guinée-Bissau.

organismes, aura donné son approbation aux décisions incriminées ; toute personne qui, dans l'exercice de ses fonctions, a procuré ou tenté de procurer à elle-même ou à autrui un avantage injustifié, pécuniaire ou en nature ; toute personne qui, en méconnaissance de ses obligations, a porté préjudice à la collectivité publique[1].

La confusion faite autour de la faute de gestion avec d'autres notions voisines a déjà fait l'objet de dénonciation[2]. Pour Joseph Magloire NGANG « *la faute de gestion incarne quelle qu'en soit la déclinaison, « infraction » ou « irrégularité», une faute de service non détachable*[3] *dont le sort d'une manière générale se règle au sein de l'administration* »[4]. Pour lui, ''les fautes de gestion financières'' qui se distinguent des ''fautes de gestion comptables[5]'' « *regroupent les actes préjudiciables aux intérêts de la puissance publique qui sont reliés à différents chefs de compétence de l'organe de discipline budgétaire et financière* »[6]. Elles concernent les atteintes aux biens publics en termes d'engagement de dépenses[7]; d'engagement de dépense ou certification de pièces[8], de recrutement et d'emploi effectif d'agent[9] , mais aussi en termes *« de recrutement en infraction de la réglementation du travail; de modification irrégulière de l'affectation des crédits; d'appels à concurrences, lettres de commande et achats effectués en infraction à la réglementation sur la passation des marchés publics; d'utilisation à des fins personnelles des agents ou des biens de l'Etat et des collectivités publiques lorsque ces avantages n'ont pas été accordés par les lois et les règlements »*[10]. Il s'en dégage que les faits constitutifs de la faute de gestion sont très nombreux.

---

[1] Article 77 de la directive n°06/2009/CM/UEMOA portant lois de finances au sein de l'UEMOA.

[2] « La doctrine, l'administration active et même le juge ne semblent pas toujours établir de manière claire la nuance qui existe entre les fautes de gestion et les détournements de deniers publics » (Voir AKONO ONGBA SEDENA, « La distinction entre la faute de gestion et le détournement de deniers publics en droit Camerounais », in RASJ, n° 1, 2014, p 251).

[3] Sur la faute de service non détachable, cf : G. VEDEL, « L'obligation de l'Administration de couvrir les agents publics des condamnations civiles pour fautes de service », *Mélanges R. Savatier*, Dalloz 1965, p. 915 s. ; GOUR V. C, faute de service in *Répertoire de la Responsabilité de la Puissance Publique (RRPP)*, Dalloz, Paris.

[4] J-M. NGANG, L'autonomie de l'infraction financière et de l'infraction pénale dans la sanction des atteintes à la fortune publique en droit français et camerounais. Étude comparative sur la faute de gestion et le détournement de deniers publics, *RAFIP*, N°2, pp. 91-121, p. 97.

[5] Le législateur guinéen a préféré l'expression ''irrégularités et insuffisances de fond'' pour désigner les manquements des comptables dans la gestion publique.

[6] J-M. NGANG, *op.cit.*, p. 100.

[7] Le fait de ne pas avoir qualité pour le faire ou de ne pas avoir reçu délégation à cet effet, sans crédit disponible ou délégué, sans pièces justificatives suffisantes, sans visa, autorisation ou réquisition préalable de l'autorité compétente.

[8] Le fait de ne pas vérifier l'exécution des travaux, des prestations de biens et de services.

[9] Le fait de ne pas respecter le contrôle budgétaire quand ce contrôle est prévu par les règlements.

[10] J-M. NGANG, *op.cit.*, p. 100

En France, la faute de gestion est jugée par la Cour de discipline budgétaire et financière[1]. La création de cette juridiction financière visait à répondre à un objectif : « *rééquilibrer le système de responsabilité qui ne pèse traditionnellement que sur les comptables publics* »[2]. En effet, le jugement des comptes auquel sont soumis ces derniers remontent à loin[3]. Il en résulte que la faute de gestion est une notion qui a été inventée pour corriger une injustice, celle de l'exclusion d'une catégorie d'agents de la compétence juridictionnelle[4]. Autrement dit, les ordonnateurs et les agents publics autres que les comptables exerçaient en toute impunité. Toutefois, les ordonnateurs ne sont pas les seuls justiciables de la CDBF, ainsi qu'elle le précise dans son rapport de 2006, « *la Cour de discipline budgétaire et financière (CDBF) est une juridiction administrative spécialisée, de nature répressive, chargée de sanctionner les atteintes aux règles régissant les finances publiques, commises par toute personne intervenant dans la gestion publique, principalement mais pas exclusivement les ordonnateurs* »[5].

Dans la plupart des Etats de l'UEMOA, comme en Guinée, c'est la Cour des comptes en sa chambre de discipline budgétaire qui est habilitée à connaitre des fautes de gestion. Aussi, la Cour des comptes guinéenne est-elle compétente non seulement pour juger les cas de fautes de gestion, mais aussi les comptes publics. Ce cumul de fonctions n'est d'ailleurs pas exclusif à l'UEMOA et à la Guinée. Ainsi que le soutient Gira ONDZAGHA[6], « *au Gabon, comme dans beaucoup de pays africains, la Cour des comptes cumule la compétence de jugement des comptes dévolue à la Cour des comptes française et la compétence de sanction des fautes de gestion dévolue à la Cour de discipline budgétaire. Il s'agit donc d'une juridiction qui juge à la fois les comptables publics et les ordonnateurs ainsi que toute personne qui s'immisce irrégulièrement dans les opérations de maniement des deniers publics* »[7]. Même en France, il y a eu ce qu'on pourrait

---

[1] La Cour de discipline budgétaire et financière a été créée par une loi du 25 septembre 1948. Il s'agit d'une juridiction administrative spécialisée de nature répressive.

[2] E. MOYSAN, *les indispensables du droit des Finances publiques*, Ellipses, 2018, p.129

[3] « Le jugement des comptes est d'inspiration monarchique et chrétienne. En effet, sous les chambres des comptes au Moyen-Âge, le jugement des comptes s'effectuait sous le regard de l'autorité divine symbolisée par le Roi, représentant Dieu sur Terre et symbolisant la forme idéale de la justice. D'ailleurs son image ou celle de la Crucifixion se tenait devant le juge des comptes qui, selon Jacques d'ABLEIGES, devait juger « en ayant Dieu devant ses yeux et en mémoire », voir G. ONDZAGHA, « Plaidoyer pour un juge financier, juge unique du contrôle coercitif des Finances publiques au Gabon », *in Les Nouveaux chantiers des Finances publiques en Afrique*, Mélanges en l'honneur de Michel BOUVIER, N. MÉDÉ (sous la dir), L'harmattan Sénégal, 2019, p. 375

[4] Il convient de mentionner toutefois que les ordonnateurs, avant la création de la CDBF, pouvaient être jugés par la Cour des comptes, mais uniquement pour gestion de fait.

[5] CDBF, Rapport d'activité de l'année 2006, p. 3

[6] Magistrat à la Cour des comptes gabonaise

[7] G. ONDZAGHA, « Plaidoyer pour un juge financier, juge unique du contrôle coercitif des Finances publiques au Gabon », *in Les Nouveaux chantiers des Finances publiques en Afrique*,

appeler " une tentative de cumul de fonctions". En effet, le projet de loi de 2009 portant réforme des juridictions financières prévoyait l'intégration des activités de la CDBF[1] au sein de la Cour des comptes, juridiction unique qui aurait été compétente à l'égard des « *ordonnateurs et des gestionnaires publics* »[2]. Ce projet ne fut, cependant, pas adopté.

Les fautes de gestion peuvent être identifiées soit à l'occasion des activités de la Cour[3] ou à travers les missions de contrôle[4] effectuées par les autres corps de contrôle[5].

En Guinée, depuis son installation en 2016[6] jusqu'au moment de la rédaction de ces lignes[7], la Cour des comptes n'a jugé aucune affaire relative à la faute de gestion. Si des arguments liés à la jeunesse de la Cour et à certains préalables[8] peuvent être invoqués, ceux-ci résistent peu à l'analyse si on les confronte aux moyens financiers mis à la disposition de la Cour depuis sa création[9]. Celle-ci aurait donc pu réaliser quelques prouesses eu égard aux moyens colossaux qui lui

---

Mélanges en l'honneur de Michel BOUVIER, N. MÉDÉ (sous la dir), L'harmattan Sénégal, 2019, p. 371

[1] La CDBF, Institution associée à la Cour des comptes, est une juridiction financière distincte de la Cour des comptes. Elle constitue un ordre de juridiction à elle seule en vertu de la décision du Conseil Constitutionnel n° 2005-198 L du 3-III-2005 (Voir rapport d'activité de la CDBF, 2006).

[2] Projet de loi n°2001, 13ème législature, 28 oct. 2009.

[3] Il peut s'agir soit des activités de contrôle de gestion ou de jugement des comptes.

[4] En droit des finances publiques, ainsi que le soutiennent M. LASCOMBE et X. VANDENDRIESSCHE, « dire que le terme "contrôle" est protéiforme constitue tout d'abord un véritable truisme. Comme l'indique Didier Migaud « ce terme de contrôle est ambigu, car il recoupe en réalité deux fonctions distinctes… Il renvoie, d'une part, à un exercice de suivi des crédits budgétaires, afin de contrôler la régularité et l'effectivité de la dépense publique. Il ouvre la voie, d'autre part, à un exercice d'évaluation de la dépense publique, afin de déterminer si celle-ci a atteint les objectifs qui lui étaient assignés et, dans l'affirmative, s'il est possible d'obtenir des résultats identiques à un moindre coût (Cf. LASCOMBE M., VANDENDRIESSCHE X., « La loi organique relative aux lois de finances (LOLF) et le contrôle des finances publiques », ENA, *Revue française d'administration publique* 2006/1 n°117, p. 134)

[5] Appellation générique qui désigne à la fois la Cour des comptes et les corps d'inspection qui ont pour champ d'activité les finances publiques.

[6] Toutefois, la première Cour des comptes de l'histoire du pays a été créée en 1967. Elle a été rattachée successivement de 1968 à 1991 à la Présidence de la République, au Ministère du domaine économique et financier et au Ministère du contrôle d'Etat. Avec l'adoption de la loi/91/08/CTRN du 23 décembre 1991, cette Cour des comptes a été remplacée par la chambre des Comptes de la Cour suprême, créée aux côtés des deux autres chambres composant alors la plus haute juridiction de l'Etat. C'est cette chambre-là qui sera supprimée à la faveur de la réforme constitutionnelle du 07 mai 2010.

[7] Janvier 2020

[8] Le recrutement des magistrats, leur formation, leur nomination et leur prestation de serment, etc.

[9] Le budget 2019 de la Cour des comptes s'élève à quarante-neuf milliards quatre cent trois millions sept cent trente-cinq mille (49 403 735 000) GNF (Voir Loi L/2019/N°0040/ AN portant loi de de finances rectificative pour l'année 2019).

sont alloués. Cependant, ces critiques formulées à l'égard de la Cour méritent d'être relativisées, car en général les juridictions financières en raison des préalables[1] caractérisant leur fonctionnement, ont besoin de temps pour se déployer effectivement. C'est en raison de la particularité de la matière financière que la Cour de discipline budgétaire et financière[2] en France a mis six ans avant de rendre son premier arrêt[3].

Comme cela s'impose vite à l'analyse, ce sujet ne manque pas d'intérêts. Dans une perspective théorique, il est important de participer à l'enrichissement de la littérature d'une notion qui semble peu traitée par la doctrine[4]. En effet, si de plus en plus d'Etats adoptent des législations relativement à la faute de gestion, l'appropriation du sujet par la doctrine ne suit pas la même ligne ascendante. Il importe donc de prendre part à l'éclosion d'une doctrine orientée vers cette notion aux ''contours flous''. Cette démarche se justifie d'autant plus dans le contexte guinéen où la matière financière suscite encore peu d'attention de la part des doctrinaires[5]. Sur le plan pratique, la faute de gestion en tant que « *faute de service non détachable* » est donc inhérente à l'activité de l'administration. Mais, pour limiter son ampleur et ses effets, il est important que la doctrine attire l'attention des autorités et des institutions compétentes, en particulier la Cour des comptes, en vue d'une lutte plus énergique et plus efficace contre ce phénomène qui se propage dans la sphère publique tel un rhizome, souvent en toute impunité.

Que dit le droit guinéen de la faute de gestion ? Dans quelle mesure s'inspire-t-il du droit comparé ? Peut-on admettre qu'il s'en éloigne sur certaines questions ?

L'objectif des propos à venir est de dégager les spécificités du régime guinéen d'encadrement de la faute de gestion sous le prisme du droit comparé, tiré notamment de l'UEMOA et de la France. Ainsi, le travail du juge financier guinéen est caractérisé par l'ampleur des éléments soumis à son office (I) et par la souplesse des sanctions qu'il est appelé à prononcer (II)

---

[1] Dans le contexte guinéen, il fallait recruter des juges, leur offrir une formation, la matière financière et les procédures judiciaires étant souvent complexes. Par ailleurs, il y avait impossibilité pour les chambres de la Cour de siéger, ne remplissant pas certains critères. En effet, malgré le recrutement des auditeurs depuis 2016, ce n'est qu'en 2019 qu'ils ont acquis le statut de juge à travers leur prestation de serment le 30 décembre 2019. Or, les auditeurs sont indispensables à la tenue des audiences de la Cour.

[2] Sa dénomination initiale était Cour de discipline budgétaire (CDB)

[3] CDB, 30 juin 1954, Maison centrale de *Melun*

[4] En effet, les ouvrages et articles qui traitent spécifiquement de la faute de gestion dans le secteur public sont très rares.

[5] Il existe, en effet, peu d'ouvrages et d'articles de référence en Finances publiques. Nous pouvons citer quelques-uns : M-G. BAH, *Finances publiques, la modernisation de la gestion des finances publiques en Guinée d'après la loi organique du 6 août 2012*, L'harmattan, 2019, 134 p. ; M-L. DOUMBOUYA, M. TOURE, M. BARRY, *Guinée : Réforme des finances publiques, Transparence budgétaire et efficacité des politiques publiques*, L'harmattan, 2019, 140 p.

I- L'APPROCHE MATÉRIELLE ET PROCESSUELLE DE LA FAUTE DE GESTION

La faute de gestion est commise dans un cadre bien précis : le service public[1]. Ce n'est donc pas une infraction de droit commun[2]. L'ampleur des facteurs objectifs s'apprécient aussi bien au niveau des personnes intervenant dans le procès pour faute de gestion (A) que par les éléments constitutifs de cette dernière (B).

A- LA PLURALITÉ DES PARTIES AU PROCÈS

Le procès relatif à la faute de gestion est initié par un certain nombre de personnes légalement habilitées (1) en vue de juger d'autres personnes (2).

1- Les saisissants

Les personnes ayant qualité pour saisir la Cour des comptes pour faute de gestion sont : le Président de la République, le Président de l'Assemblée nationale, le Premier Ministre, le Ministre chargé des Finances, les Chefs des autres Institutions constitutionnelles[3] , les autres membres du Gouvernement pour les faits relevés à la charge des fonctionnaires et agents placés sous leur autorité, le Commissaire Général du Gouvernement près la Cour des comptes[4]. Il résulte que les personnes ayant qualité pour saisir la Cour des comptes sont essentiellement des autorités politiques.

La prépondérance des autorités politiques parmi les organes de saisine inspire quelques réserves. En effet, « *en ce qui concerne les autorités politiques, la crainte que l'on peut avoir est leur éloignement de la gestion quotidienne des*

---

[1] Sur la notion de service public cf. P. DELVOVE, « service public et libertés publiques », *RFDA*, N°1, 1985, p. 1-11 ; G-J. GUGLIELMI (dir), *Histoire et service public*, PUF, coll. « Politique d'aujourd'hui », 2004. Conseil d'Etat, « Service public, services publics : déclin ou renouveau ? », EDCE, n°46, La documentation française, 1994 ; R. DENOIX DE SAINT MARC, *Le service public*, Rapport, La documentation française, 1996 ; L. ROUBAN (dir), *Le service public en devenir*, L'harmattan, coll. « Logiques politiques », 2000 ; P. WARIN (dir), Quelle modernisation des services publics ? Les usagers au cœur des réformes, *La découverte*, 1997 ; C. GREMION, R. FRAISSE (dir), Le Service public en recherche. Quelle modernisation ? *La Documentation française*, 1996 ; P. BAUBY, le Service public, Paris, Flammarion, 1997, 126 p. Collection « Dominos » ; X. BEZANÇON, les services publics en France. De la révolution à la première guerre mondiale, Paris, ENPC, 1997, 368p. ; E. COHEN, C. HENRY, service public, secteur public, Paris, la Documentation française, 1997, 105 p., H. COING, la notion de service public *in* M. GARIEPY, M. MARIE, *ces réseaux qui nous gouvernent ?* Paris, L'harmattan, 1997, pp. 232-245 ; P. POUGNAUD, service public « à la française » une exception en Europe ? Paris, Institut de gestion déléguée, 1999, 80 p. C. STOFFAES, Services publics. Question d'avenir, Paris, ed. Odile Jacob, la Documentation française, 1995, 437 p.

[2] Le droit commun s'entend au sens strict de règles normalement applicables en droit privé ; le droit civil constitue le droit commun (Voir Lexique des termes juridiques, Dalloz, 2014-2015, p. 379)

[3] Ces institutions sont : la Cour constitutionnelle, la Cour suprême, la Cour des comptes, le Conseil Economique et Social, la Haute Autorité de la Communication, l'Institution Nationale Indépendante des Droits humains et le Médiateur de la République.

[4] Article 74 de la loi organique L/2013/046/CNT, al. 1.

affaires, de sorte que leur réaction peut être en décalage par rapport aux infractions à la discipline financière. Il faut souhaiter aussi que leur pouvoir de saisine de la CDF {Chambre de discipline budgétaire} *ne soit pas une arme contre les adversaires politiques, comme a pu être analysée l'utilisation de certaines institutions de contrôle* »[1]. En particulier, les corps de contrôle en Guinée sont caractérisés par une forte dépendance à l'égard de l'exécutif. Cela s'explique notamment par le mode de désignation des responsables qui sont nommés suivant le pouvoir discrétionnaire du Président de la République. De ce fait, on peut bien craindre une certaine manipulation politique.

Par ailleurs, la Cour des Comptes, à l'occasion de l'examen du rapport de gestion, peut se saisir elle-même sur des faits susceptibles de constituer une faute de gestion[2]. En ce sens, « *la compétence de la Cour peut poser un problème de neutralité par rapport aux faits qu'elle peut être amenée à juger en discipline financière* »[3] et ce, d'autant plus que ce sont des infractions qui sont détectées par les autres instances que sont le jugement des comptes, le contrôle non juridictionnel de l'exécution des lois de finances et la préparation de loi de règlement qui sont portées à la connaissance de l'instance en charge du jugement des fautes de gestion (chambre de discipline budgétaire ou Cour de discipline budgétaire et financière). Il en résulte qu'un magistrat qui a participé aux travaux de ces instances peut être amené à statuer sur les fautes de gestion en tant que juge. Ce qui peut inspirer un doute sur l'impartialité de la décision[4]. La solution préconisée ailleurs consiste pour le magistrat concerné à se déporter pour la décision à rendre[5].

2- Les justiciables

En référence à la définition découlant des articles 79 et 80 de la LOLF, les justiciables de la Cour des comptes dans le cadre de la faute de gestion sont nombreux : les ordonnateurs, y compris les ministres et leurs collaborateurs directs, les ordonnateurs délégués et les contrôleurs financiers. On est tenté de croire que cette liste des personnes pouvant se rendre coupables de faute de gestion est limitative. Toutefois, en se reportant aux points 4 et 6 de l'alinéa 2 de l'article 80, il est permis de penser que celle-ci est indicative. En effet, il est fait emploi de l'expression « le fait pour toute personne », ce qui crée un certain fourre-tout.

La directive portant lois de finances au sein de l'UEMOA utilise la formule suivante : « *Toute personne appartenant au cabinet d'un membre du Gouvernement, tout fonctionnaire ou agent d'un organisme public, tout*

---

[1] B-D. BA, *Les finances publiques et la gestion de la performance : étude de cas du Sénégal*, Thèse, Universités de Bordeaux et Cheikh Anta Diop, 2015, p. 345.

[2] Article 74 de la loi organique L/2013/046/CNT, al. 3

[3] B-D. BA, op. cit. 345.

[4] B-D. BA, op. cit., p. 345.

[5] M. BOUVIER, ESCLASSAN M.C., et J-P. LASSALE, *Finances publiques*, Paris, LGDJ-Lextenso, 12e éd., 2013, p. 478.

représentant, administrateur ou agent d'organismes soumis à un titre quelconque au contrôle de la Cour des comptes et toute personne à qui est reproché un des faits énumérés à l'article 80 de la présente Directive, peut être sanctionné pour faute de gestion »[1]. En France, sont justiciables de la Cour de discipline budgétaire et financière « *en vertu de L.312-1 du code des juridictions financières, toute personne appartenant au cabinet d'un membre du Gouvernement, tout fonctionnaire ou agent civil ou militaire de l'Etat, des collectivités territoriales, de leurs établissements publics ainsi que des groupements de collectivités territoriales, et tout représentant, administrateur ou agent des autres organismes qui sont soumis soit au contrôle de la Cour des comptes, soit au contrôle d'une chambre régionale des comptes* »[2]. Il en résulte que les Etats de l'UEMOA et la France ont exclu les ministres[3] et les élus locaux[4] de la liste des justiciables de la CDBF. Ce qui crée une situation d'impunité pour une catégorie d'agents publics. Et dans le cadre français, cette pratique est contraire à l'article 15 de la Déclaration des droits de l'homme et du citoyen de 1789 aux termes duquel « *la Société a le droit de demander compte à tout agent public de son administration* ».

En revanche, la Guinée prévoit expressément la responsabilité des ministres et des élus locaux dans le cadre de la faute de gestion. Cela représente un progrès certain, quand on sait que les responsables politiques, les ministres en particulier, sont souvent l'objet de soupçons de malversations financières.

Qu'en est-il des comptables ? Peuvent-ils être poursuivis pour faute de gestion ? Dans quelle mesure ? En effet, compte tenu de la responsabilité qui pèse sur eux dans le cadre du jugement des comptes, il est permis de se demander s'ils peuvent être incriminés de faute gestion et ce, d'autant plus que le législateur cite tous les autres acteurs en les passant sous silence. En prenant en considération le sens des différentes définitions précitées, on peut conclure à une possible incrimination du comptable pour faute de gestion. En effet, le jugement des comptes porte sur les comptes gérés par le comptable et non sur sa personne. C'est ainsi que pour être soumis au jugement des comptes, il faut être soit comptable de

---

[1] Directive n°06/2009/CM/UEMOA portant lois de finances au sein de l'UEMOA art. 78.

[2] E. MOYSAN, *op. cit*, p.130.

[3] En France, l'exonération des ministres de la faute de gestion en raison de leur responsabilité politique a conduit en 1968 le Ministre de l'Education, Edgar Faure, à se substituer à ses directeurs pour signer des marchés, pour engager des dépenses afin de hâter la mise en place de sa réforme (Voir R. MUZELLEC, M. CONAN, *Finances publiques*, 16ème éd., Sirey, 2013, p. 337).

[4] Toutefois, la responsabilité des élus peut être engagée dans trois cas : non-respect de l'obligation de mandater ou d'ordonnancer la somme que la collectivité a été condamnée à payer par une décision passée en force de chose jugée ; inexécution totale ou partielle d'une décision juridictionnelle ayant provoqué la condamnation à une astreinte ; engagement de leur responsabilité propre en adressant un ordre de réquisition au comptable pour assurer le paiement d'une dépense qui a procuré à autrui un avantage injustifié. Il s'agit là d'une justiciabilité exceptionnelle. (Voir R. MUZELLEC, M. CONAN, *Finances publiques*, *op. cit.* p.338)

droit ou comptable de fait[1], en tous les cas, « *manier les fonds et tenir les comptes des personnes morales de droit public* »[2], donc être investi d'une certaine qualité. Alors que l'incrimination pour faute de gestion est liée à la personne même du mis en cause qui a posé un « acte de gestion » préjudiciable aux finances publiques, peu importe sa qualité, d'où l'utilisation de ''toute personne''.

Il en résulte que la faute de gestion concerne un éventail de justiciables beaucoup plus large que les ''manquements liés à la tenue des comptes publics''. Aussi, les sanctions qui leur sont attachées, comme il en sera question dans la seconde partie, sont différentes.

Par ailleurs, le législateur guinéen utilise l'expression « *irrégularités et insuffisances de fond*[3]» pour qualifier les manquements liés à la tenue des comptes. Comme on le voit, ceux-ci se distinguent de la faute de gestion dont il conviendra d'évoquer les éléments constitutifs.

B- L'ELASTICITE DES ELEMENTS CONSTITUTIFS

Au sens de l'article 80 de la LOLF, la faute de gestion est constituée par plusieurs éléments *« **1.** La violation des règles relatives à l'exécution des recettes et des dépenses de l'Etat et des autres organismes publics ; **2.** La violation grave et répétée des règles de comptabilisation des produits et des charges applicables à l'Etat et aux autres organismes publics ; **3.** La violation des règles relatives à la gestion des biens appartenant à l'Etat et aux autres organismes publics ; **4.** Le fait, pour toute personne dans l'exercice de ses fonctions ou attributions, d'enfreindre de manière grave ou répétée les dispositions législatives ou réglementaires nationales destinées à garantir la liberté d'accès et l'égalité des candidats dans les contrats de commande publique; **5.** Le fait d'avoir entraîné la condamnation d'une personne morale de droit public ou d'une personne de droit privé chargée de la gestion d'un service public, en raison de l'inexécution totale ou partielle ou de l'exécution tardive d'une décision de justice ; **6.** Le fait, pour toute personne dans l'exercice de ses fonctions ou attributions, de causer un préjudice grave à l'Etat ou à un organisme public, par des agissements manifestement incompatibles avec les intérêts de l'Etat ou de l'organisme, par des carences graves dans les contrôles qui lui incombaient ou par des omissions ou négligences répétées dans son rôle de direction ; 7. Les négligences graves ou répétées dans la gestion du budget, le suivi des crédits, la mise en œuvre de la dépense ainsi que la liquidation de la recette ; **8.** L'imprévoyance caractérisée résultant de la consommation des crédits pour des dépenses d'intérêt secondaire au détriment des dépenses indispensables et prioritaires du service ; **9.** La poursuite d'objectifs manifestement étrangers aux missions et attributions du*

---

[1] Les comptables de droit sont des agents de droit public ayant la charge exclusive de manier les fonds et de tenir les comptes des personnes morales de droit public. Ils sont nommés par le Ministre en charge du budget. Les comptables de fait sont des personnes qui manient les fonds ou tiennent les comptes sans en avoir reçu l'habilitation.

[2] E. MOYSAN, op. cit., p.74

[3] Article 81 de la LOLF

*service ; **10**. La mise en œuvre de moyens manifestement disproportionnés ou inadaptés aux objectifs poursuivis par le service.»*

Il ressort de ces éléments constitutifs qu'une faute de gestion résulte soit d'une action, soit d'une omission. L'action se manifeste notamment à travers l'utilisation répétée par le législateur organique guinéen de l'expression « le fait pour une personne ». L'omission quant à elle, se caractérise par l'expression « les négligences graves et répétées ».

La loi organique L/2013/046/CNT ajoute un autre élément non moins important qu'est « *le fait d'avoir dans l'exercice de ses fonctions ou attributions, en méconnaissance de ses obligations, procuré ou tenté de procurer à autrui ou à soi-même, directement ou indirectement, un avantage injustifié, pécuniaire ou en nature, entraînant un préjudice pour l'Etat, la collectivité ou l'organisme intéressé* »[1]. Ainsi, ces infractions peuvent être classifiées dans les catégories suivantes : les infractions relatives à la réglementation financière et à la gestion axée sur les résultats (1), celles relatives à la morale administrative et à l'autorité de la chose jugée (2)

1- Infractions relatives à la réglementation financière et à la gestion axée sur les résultats

Les infractions à la réglementation financière visent « *les règles relatives à l'exécution des recettes et des dépenses de l'Etat, des collectivités, établissements et organismes », ou une violation des règles relatives à la gestion des biens (opérations immobilières, passation des marchés), ou des règles fiscales (omission de déclaration fiscale ou déclaration inexacte ou incomplète)* »[2]. En effet, la gestion publique est caractérisée par des règles très rigoureuses. Cela, pour empêcher le pilotage à vue auquel serait tenté de recourir chaque acteur. C'est dans ce cadre que le contrôle ou l'audit de conformité (*compliance* en Anglais) est réalisé par les différents corps de contrôle pour s'assurer du respect de ces règles.

Par ailleurs, ce qui retient l'attention en Guinée, c'est surtout les points 8, 9 et 10 de l'article 80 de la LOLF[3] sur lesquels il convient de mettre un accent particulier. En effet, ces trois points sont essentiels dans le cadre de la gestion axée sur les résultats et il est heureux que le législateur guinéen ait pensé à ériger en infractions les comportements portant atteinte à la poursuite des objectifs de performance.

---

[1] Article 67

[2] R. MUZELLEC, M. CONAN, *op. cit.* p. 339.

[3] **1.** Les négligences graves ou répétées dans la gestion du budget, le suivi des crédits, la mise en œuvre de la dépense ainsi que la liquidation de la recette ; **2.** L'imprévoyance caractérisée résultant de la consommation des crédits pour des dépenses d'intérêt secondaire au détriment des dépenses indispensables et prioritaires du service ; **3.** La poursuite d'objectifs manifestement étrangers aux missions et attributions du service.

Ainsi, si la LOLF donne plus de responsabilités aux gestionnaires des fonds publics, il n'en demeure pas moins que ceux-ci sont tenus d'assurer une consommation optimale des fonds mis à leur disposition, d'où l'obligation de privilégier les dépenses indispensables, autrement dit « obligatoires » par rapport aux dépenses secondaires ou « facultatives ».

Ensuite, dans le cadre de la gestion par la performance, les objectifs sont préalablement définis, ainsi l'ordonnateur ne doit pas poursuivre des objectifs qui ne lui sont pas assignés et qui sont contraires aux attributions du service.

Enfin, pour atteindre les objectifs qui lui sont fixés, le responsable d'une politique publique doit utiliser des moyens adaptés à l'atteinte de ceux-ci. C'est surtout à ce niveau, plus qu'ailleurs, que se justifie la grande liberté dont il jouit. En effet, il est censé être le mieux placé pour utiliser tel ou tel moyen en vue de l'atteinte de tel ou tel objectif. La question qui se pose est celle de savoir comment déterminer que les moyens employés par tel ou tel responsable de politique publique ne sont pas adaptés. La solution offerte par la science financière publique est l'évaluation des politiques publiques[1]. Or, on le sait, cette forme de contrôle n'en est qu'à ses prolégomènes en Guinée[2].

---

[1] Sur la notion d'évaluation des politiques publiques cf. J.-C. BARBIER, *Les sources intellectuelles de l'évaluation des politiques publiques. Politiques et Management public*, 31(1), 2014. ; G. BARON, & E MONNIER, Une approche pluraliste et participative : Coproduire l'évaluation avec la société civile. Informations sociales (110), 2003. ; M.-C. BUREAU, F. SARFATI, J. SIMBA, & C. TUCHSZIRER, *L'expérimentation dans l'action publique : Usages, pratiques et jugements des acteurs*. Travail et emploi, (135), 2013 ; R. EPSTEIN, À quoi sert l'évaluation ? Les leçons de la politique de la ville. Tracés, (3), 2009 ; D. FOUGERE, « Les méthodes économétriques d'évaluation », *Revue française des affaires sociales*, (1), 2010. ; M. HURTEAU, I. BOURGEOIS et S. HOULE, L'évaluation *de programme axée sur la rencontre des acteurs : une sagesse pratique*, PUQ. 2018 ; S. JACOB, *Institutionnaliser l'évaluation des politiques publiques : Étude comparée des dispositifs en Belgique, en France, en Suisse et aux Pays-Bas*, Bruxelles, PIE Peter Lang, 2005 ; S. JACOB & ROTHMAYR C. L'analyse des politiques publiques. Approches et pratiques en évaluation de programme, Montréal, Presses de l'Université de Montréal, 2009. ; JACOT, H., & FOUQUET A. (Éd.). Le citoyen, l'élu, l'expert : Pour une démarche pluraliste d'évaluation des politiques publiques : septièmes journées françaises de l'évaluation. Paris : L'Harmattan, 2007 ; J. LECA, *L'évaluation dans la modernisation de l'Etat. Politiques et Management public*, 11(2), 1993 ; M-P. MARCHAND, « Où en sommes-nous avec l'implication des parties prenantes ? » *Revue canadienne d'évaluation de programme / Canadian Journal of Program Evaluation*, 33(2), 2018. ; E. MONNIER, Évaluation de l'action des pouvoirs publics, 2ème édition, Paris, CPE-Economica, 1992 ; F. MOUTERDE, S. TROSA, Les nouvelles frontières de l'évaluation ; 1989-2009 : 20 ans d'évaluation des politiques publiques en France, et demain ? L'Harmattan, 2010; M. ALKIN, Evaluation Roots: Tracing Theorists' Views and Influences. Sage, 2004; C. CORYN, "Foundations of evaluation: Theory, method, and practice". New York, The Guilford Press, 2010.; DAHLER- LARSEN. P. The evaluation society: Critique, contestability and skepticism. Spazio Filosofico, 2015. ; S. I. DONALDSON, C. CHRISTIE, & M. MARK (Éd.), What counts as credible evidence in applied research and evaluation practice, Sage, 2009.

[2] En effet, un travail de révision des textes en vigueur mérite d'être fait sur ce point afin de reconnaitre clairement à telle ou telle institution la compétence d'évaluer les politiques publiques. Si le décret du 10 octobre 2018, portant attributions, organisation et fonctionnement

2- Infractions relatives à la morale administrative et au respect de la chose jugée

Pour les infractions à la morale administrative, « *le législateur exige l'avantage injustifié, pécuniaire ou en nature, entrainant un préjudice pour le Trésor pour sanctionner les fonctionnaires*[1] ». Quant aux infractions au respect de la chose jugée, la loi du 16 juillet 1980 (France) relative aux astreintes prononcées en matière administrative et à l'exécution des jugements par les personnes morales de droit public, crée deux infractions que sanctionne la CDBF. D'une part, le manquement aux règles relatives à l'engagement et à l'ordonnancement des dépenses résultant d'une décision juridictionnelle condamnant pécuniairement la puissance publique. D'autre part, le comportement de l'agent qui a entraîné la condamnation à astreinte de la puissance publique pour inexécution totale, partielle ou tardive de la chose jugée[2].

En Guinée, les infractions au respect de la chose jugée sont prévues au point 5 de l'article 80 de la LOLF qui prévoit : « *Le fait d'avoir entraîné la condamnation d'une personne morale de droit public ou d'une personne de droit privé chargée de la gestion d'un service public, en raison de l'inexécution totale ou partielle ou de l'exécution tardive d'une décision de justice* ». Il en ressort que les éléments constitutifs de la faute de gestion ont un éventail très large. C'est un grand pas marqué dans l'ancrage d'une culture financière publique[3] moderne qui ne pourra être pérenne qu'avec l'application des sanctions. Le droit n'est-il pas « *lié à la faculté de contraindre* »[4] ? Aussi, est-il intéressant d'examiner le type de sanctions pouvant être prises par le juge financier.

II- LA FAUTE DE GESTION SAISIE A TRAVERS SA REPRESSION

La faute de gestion, lorsqu'elle est établie, donne lieu à une sanction[5] tenant compte du revenu des condamnés (A) et assortie de limites (B).

A- DES SANCTIONS TENANT COMPTE DU REVENU DES CONDAMNES

Il sera abordé respectivement le contenu des sanctions (1) et la nature des sanctions (2).

---

de l'IGE reconnait cette compétence à celle-ci (article 2), la loi sur la Cour des comptes n'en fait pas autant par rapport à l'institution qu'elle régit.

[1] R. MUZELLEC, M. CONAN, *op. cit.* p. 339

[2] Ibidem.

[3] M. BOUVIER, cité par C. WALINE, P. DESROUSSEAUX, B. PELLE, *op.cit.*, p. 99

[4] E. KANT, *Doctrine du Droit, Introduction à la doctrine du droit*, Auguste Durand, 1853, p. 105

[5] Selon le lexique des termes juridiques, la sanction présente les sens suivants :

- Elément essentiel du caractère normatif d'une règle ;
- Mesure de contrainte accompagnant toute règle de droit (constituant le critère distinctif du droit et de la morale) ;
- Mesure de réaction à une violation de la légalité (peine, nullité, déchéance, caducité, etc.)
- Mesure de réaction à la violation d'une obligation. (Voir Lexique des Termes juridiques, Dalloz, 2014-2015, p. 903)

1- Le contenu des sanctions

L'article 68 de la loi organique L/2013/046/CNT dispose que « *la Cour des Comptes sanctionne les fautes de gestion par des amendes*[1]. *Le montant des amendes est fixé en fonction du préjudice causé à l'Etat ou aux autres administrations publiques ainsi que de la gravité de la faute commise et de l'éventuelle réitération de pratiques prohibées* »[2]. Il ressort de cette définition trois éléments qui motivent la décision de la Cour : le préjudice causé à l'Etat ou aux autres administrations publiques, la gravité de la faute commise et la réitération de pratiques prohibées (récidive).

On peut s'entendre sur le fait que plus ces éléments sont importants, plus les sanctions s'y attachant sont sévères. Toutefois, la LOLF insiste sur le caractère contradictoire de la procédure judiciaire et apporte un bémol au caractère sévère des sanctions pour faute de gestion, en disposant que : « *le montant de ces amendes est, au terme d'une procédure respectueuse des droits de la défense, fixé en fonction de la gravité de la faute commise et du préjudice subi par la collectivité. Ce montant ne peut dépasser l'équivalent d'une année de salaire de l'intéressé. En cas de responsabilité collective, ce montant peut atteindre trois années de salaires* »[3]. Cet assouplissement apporté au caractère sévère des sanctions infligées par la Cour pour faute de gestion a fait dire à BAH Gando que « *le législateur, en indexant le salaire dans la fixation de l'amende, a tout simplement opté pour le bon sens, selon le principe nul ne peut tenir au-delà du possible* »[4]. Si donc, il est établi que la sanction doit tenir compte de la capacité financière du condamné, il n'en demeure pas moins, qu'il y a un certain plancher à respecter. C'est ainsi que le législateur a pris soin de préciser : « *l'amende infligée par la Cour des Comptes ne peut être inférieure à 250 000 GNF (*Environ 27 $) [5]». Ce montant est dérisoire comparé à la France où les amendes encourues en cas de condamnation ne peuvent être inférieures à 150 euros[6]. Bien entendu, le revenu d'un fonctionnaire guinéen est de loin inférieur à celui d'un fonctionnaire français[7].

Une autre question qu'il serait utile de se poser est de savoir, étant donné que l'amende est fixée en tenant compte du salaire de la personne reconnue coupable, comment ferait-on pour fixer une amende aux personnes « qui ne perçoivent pas une rémunération ayant le caractère d'un traitement ou salaire » ? Cette question n'a pas échappé au législateur qui prévoit à ce propos : « *lorsque les personnes*

---

[1] Peine pécuniaire obligeant le condamné à verser une certaine somme d'argent au Trésor public. (Lexique des Termes juridiques, Dalloz, 2014-2015, p. 63)
[2] Article 68, al. 1
[3] Article 79 al. 2
[4] M-G. BAH, *op.cit.*, p. 60
[5] Environ 27 $
[6] Art. L. 313-1 du Code de Juridictions Financières (CJF)
[7] En 2017, le revenu moyen d'un fonctionnaire français était de 2280 euros nets par mois, il était d'environ 200 euros pour le fonctionnaire guinéen.

mises en cause ne perçoivent pas une rémunération ayant le caractère d'un traitement ou salaire, le maximum de l'amende pourra atteindre le double du montant du traitement ou salaire brut annuel correspondant à l'échelon le plus élevé de la grille indiciaire de la fonction publique à l'époque des faits[1] ». Cette disposition a donc permis de prendre en compte la situation de bon nombre de personnes qui ne sont pas salariés, mais qui pourraient jouer un rôle négatif dans la gestion publique.

2- La nature des sanctions

Il convient de s'interroger sur la nature des sanctions liées à la faute de gestion. Sont-elles des sanctions civiles, pénales ou disciplinaires ? Aussi, qu'en est-il de l'anonymat et de la publicité ? Et enfin, quelles sont les règles liées au recours ?

Il faut dire que les amendes infligées par la Cour ne « *s'analysent pas en réparations civiles (pas de lien entre le détournement de fonds et l'amende), ni en sanctions pénales (elles subsistent concomitamment)*[2], *ni disciplinaires (elles demeurent aussi*) »[3]. Ce principe de ''poursuites non exclusives'' est affirmé à l'article 68 de la loi L/2013/046/CNT suivant lequel: « *Les poursuites devant la Cour des Comptes ne font pas obstacle à l'exercice subséquent de l'action pénale et de l'action disciplinaire*[4] ». Comme on le voit, les amendes prononcées par la Cour présentent une nature particulière. Pour MUZELLEC et CONAN, ces sanctions ont « *leur propre caractère*[5] ». Si donc, à la lumière de ce qui a été dit, dans les Etats modernes, le juge financier n'est pas habilité à prononcer des peines privatives de liberté, certains auteurs comme Gira ONDZAGHA militent en faveur d'une législation qui (re)donne cette possibilité à celui-ci, comme c'était le cas au Moyen Age en France.[6]

En ce qui concerne l'anonymat et la publicité, la pratique de la Cour de discipline budgétaire et financière française montre que ce sont « les circonstances de l'espèce » qui en déterminent la conduite. C'est ainsi que dans l'affaire *France Télécom*[7], malgré la sauvegarde de l'anonymat de son directeur par la Cour, les journaux ont cependant permis de l'identifier. La Cour décide souverainement s'il y a lieu ou pas de garder l'anonymat. La publicité, quant à elle, peut être perçue comme une peine accessoire que la Cour peut décider ou non d'infliger. Cela est

---

[1] Article 72 L/2013/046/CNT.

[2] Il convient de relever cependant que sous l'ancien Régime, en France, le juge des comptes sanctionnait à la fois aux peines de remboursements des sommes indues et amendes mais, aussi, le cas échéant, aux peines privatives de libertés. Voir O. MATTEONI, « Vérifier, corriger, juger. Les chambres des comptes et le contrôle des officiers en France à la fin du moyen âge », *Revue historique*, 2007/1, n°61, p.31-69 publié sur CAIRN. INFO.

[3] R. MUZELLEC, M. CONAN, *op. cit.* p.341.

[4] Art. 68, al. 3.

[5] R. MUZELLEC., M. CONAN, *op. cit.* p.341.

[6] ONDZAGHA G., *op.cit., in les nouveaux chantiers des finances publics,* N. MÉDÉ (sous la dir), L'harmattan Sénégal, 2019, p. 374.

[7] Cour de discipline budgétaire et financière, Arrêt du 25 juillet 2008, France Télécom.

conforme à la lettre de la loi organique sur la Cour des comptes de Guinée qui dispose que « *les arrêts par lesquels la Cour des Comptes prononce des condamnations peuvent, dès qu'ils ont acquis un caractère définitif, être publiés, en tout ou partie, sur décision de la Cour, au Journal officiel* »[1]. L'utilisation du verbe ''pouvoir'' atteste du caractère facultatif de la publicité.

En France, dans l'arrêt *France Télécom*, la CDBF a considéré « *qu'il y a lieu, en outre, dans les circonstances de l'espèce de publier l'arrêt au journal officiel* »[2]. On peut appréhender cela comme une volonté de la Cour d'infliger une sanction supplémentaire[3] ou accessoire en raison de la gravité des faits. Toutefois, « *le fonctionnement de la Cour de discipline a été modifié par l'arrêt Lorenzi du 30 octobre 1998 rendu par le Conseil d'Etat. En application de l'article 6 de la Convention européenne des droits de l'homme qui prévoit la publicité des audiences, la Haute juridiction a décidé que lorsqu'elle est saisie d'agissements sanctionnables par les amendes, la CDBF doit être regardée comme décidant du bien-fondé d'accusations en matière pénale. En conséquence, le Conseil d'Etat assure conformément à l'article 55 de la constitution, la primauté d'une convention internationale sur une loi* »[4]. Dans la même veine, la CJCEDEAO[5] a admis dans l'affaire Khalifa Sall que « *les droits de celui-ci n'avaient pas été respectés par la Cour de répression des enrichissements illicites (CREI)* »[6]. En effet, la juridiction communautaire a jugé que « *le droit à l'assistance d'un Conseil, le droit à la présomption d'innocence et le droit à un procès équitable des requérants ont été violés* »[7]. Les juridictions financières guinéennes, la Cour des comptes en particulier, devraient prendre en compte dans leur pratique cette jurisprudence, afin de ne pas courir le risque de faire condamner l'Etat par les instances internationales.

Pour ce qui est des recours, la loi L/2013/046/CNT prévoit que « *le Commissaire Général du Gouvernement ou le comptable intéressé ou les héritiers de celui-ci ou le comptable de fait ou la personne sanctionnée pour faute de gestion peuvent se pourvoir en cassation devant la Cour Suprême contre les arrêts définitifs rendus par la Cour des Comptes* »[8]. En respect du principe de double degré de juridiction[9], la Cour suprême est habilitée à connaitre des arrêts rendus par la Cour des comptes. Toutefois, le recours doit être *« ... introduit au*

---

[1] Article 77 dernier al.
[2] R. MUZELLEC., M. CONAN, *op. cit.* p.341.
[3] CDBF, Rapport d'activité de l'année 2006, p. 5.
[4] R. MUZELLEC., M. CONAN, *op. cit.* p 340.
[5] La Cour des Justice de la CEDEAO.
[6] Arrêt N° ECW/CCJ/JUD/17/18 juin 2018.
[7] Ibidem.
[8] Article 85.
[9] Il y a double degré de juridiction lorsqu'après un premier jugement, un appel peut être interjeté (Voir Lexique des Termes juridiques, Dalloz, 2014-2015, p. 374)

greffe de la Cour Suprême dans le délai de trente (30) jours qui suit la notification de l'arrêt[1] ».

La sanction pour faute de gestion ainsi examinée, reste à préciser les limites qui la privent d'effet et de légalité.

B- Les limites de la sanction :

La sanction est assortie de deux limites principales : la prescription et la présentation d'un ordre écrit.

1- La prescription

La prescription peut être définie comme « *le principe selon lequel l'écoulement d'un délai... entraîne l'extinction de l'action publique et rend de ce fait toute poursuite impossible*[2] ». Il existe des délais spéciaux qui sont soit plus longs[3], soit plus courts[4]. Certains crimes sont imprescriptibles. C'est le cas des crimes contre l'humanité, des crimes de guerre, du crime de génocide et du crime d'agression[5]. Dans le même sens, la constitution guinéenne du 07 mai 2010 dispose dans son préambule, en parlant des crimes économiques, que « *ces crimes sont imprescriptibles* »[6]. Dans le cadre de la faute de gestion et même, par ailleurs, du jugement des comptes, le délai de prescription est de cinq ans « *à compter du jour où aura été commis le fait de nature à donner lieu à l'application des sanctions* »[7]. Ce délai est précisé aussi bien par la LOLF[8] que par la loi L/2013/046/CNT[9].

L'inquiétude ici réside au niveau de l'étroitesse de ce délai. En effet, il est très rare que les faits constitutifs de faute de gestion soient découverts au moment où ils ont lieu. Ceci, pour la double raison que ces faits font souvent l'objet d'une extrême dissimulation, mais aussi du fait que la Cour des comptes et les autres structures de contrôle exercent un contrôle *a posteriori*, donc intervenant après coup. Il y a donc un risque que l'étroitesse du délai de prescription ne soit un obstacle à la justice et à la reddition des comptes. C'est justement pour éviter une telle situation, que la jurisprudence française sur la prescription en matière d'abus de biens sociaux, depuis 1935, a admis que c'est à partir de la date où « l'infraction est apparue et a pu être constatée »[10] que court la prescription. Ne devrait-on pas s'en inspirer dans le cadre de la faute de gestion ?

---

[1] Article 86.

[2] Lexique des Termes juridiques, Dalloz, 2014-2015, p. 766

[3] En France par exemple, les crimes de terrorisme et de nombreux crimes commis contre les mineurs se prescrivent en 30 ans.

[4] Les délits de presse se prescrivent au bout d'un délai de 3 mois en France.

[5] Statut de Rome de la Cour Pénale Internationale, 1998

[6] Dans un pays où les crimes économiques sont légion, une telle disposition ne peut être que salutaire et représente un acquis démocratique certain.

[7] Article 73 de la loi L/2013/046/CNT

[8] Article 79 et article 81.

[9] Article 73.

[10] Formule utilisée par la loi de 2017 sur la prescription pénale en France.

2- La présentation d'un écrit

L'écrit qui est « *identifié au papier qui le porte (ou à sa copie)* » s'entend « *avec le support électronique, comme une suite de lettres, de caractères, de chiffres ou de tous autres signes ou symboles dotés d'une signification intelligible, quels que soient leur support et leurs modalités de transmission* »[1]. Cette définition extensive de l'écrit permet de rompre avec la conception classique exagérément répandue dans l'administration guinéenne selon laquelle « n'est écrit que ce qui a un support papier ». Aujourd'hui, avec l'évolution des nouvelles technologies, le droit ne peut que s'en accommoder. Ainsi, une instruction reçue par mail a la même valeur que celle ayant un support papier.

Cela étant dit, la loi L L/2013/046/CNT précise que « *Les auteurs des faits mentionnés à l'article 67 de la présente loi ne sont passibles d'aucune sanction s'ils peuvent exciper d'un ordre écrit préalablement donné par leur supérieur hiérarchique dont la responsabilité se substituera dans ce cas à la leur* »[2]. Il ressort que si la prescription anéantit complètement l'action publique et donc "efface" l'infraction, la « *présentation d'un ordre écrit du supérieur hiérarchique* » ne fait que déplacer la responsabilité vers ce dernier.

Enfin, il convient de souligner qu'en matière de faute de gestion, les juges ont une large marge d'appréciation des faits, de sorte qu'ils peuvent décider d'une dispense de sanctions, même sur des cas avérés. C'est ainsi que la CDBF s'est abstenu d'infliger des sanctions à des justiciables, alors même que les irrégularités ne faisaient pas de doute[3].

CONCLUSION

A la lumière de ces développements, il ressort que le droit guinéen d'encadrement de la faute de gestion s'inspire du droit comparé, mais sans s'en contenter. Il innove en effet, notamment sur le point précis de la qualité des justiciables pour faute de gestion qui, comme on l'a dit, peuvent être des ministres et des élus locaux sans restriction. Par rapport à la France et à l'UEMOA, il innove également sur les éléments constitutifs de la faute de gestion, à savoir : « *l'imprévoyance caractérisée résultant de la consommation des crédits pour des dépenses d'intérêt secondaire au détriment des dépenses indispensables et prioritaires du service ; la poursuite d'objectifs manifestement étrangers aux missions et attributions du service ; la mise en œuvre de moyens manifestement*

---

[1] Lexique des Termes juridiques, Dalloz, 2014-2015, p. 403.

[2] Article 70.

[3] Dans l'Arrêt n° 221-776 du 26 juillet 2018 Association Marseille Provence 2013-Capitale européenne de la culture (MP2013), le ministère public avait renvoyé devant la Cour le président de l'association Marseille Provence 2013 ainsi que les deux directeurs généraux successifs de l'association. La CDBF, tout en relevant des irrégularités relatives aux conditions de passation de plusieurs marchés, a décidé cependant, compte tenu des circonstances de l'espèce, de ne pas sanctionner les personnes mises en cause. Pour d'autres circonstances absolutoires, voir aussi : CDBF, 16 juin 2015, Grand port maritime de Nantes-Saint-Nazaire ; CDBF, 17 juillet 2015, Assistance publique-Hôpitaux de Marseille (AP-HM).

disproportionnés ou inadaptés aux objectifs poursuivis par le service[1] ». Cette grande innovation qui s'explique par l'incrimination de comportements portant atteinte à la performance financière publique est à saluer.

Toutefois, pour assurer le respect de cet ordre public financier guinéen chapeauté par la loi L/2012/N°012/CNT portant loi organique relative aux lois de finances, la juridiction financière qu'est la Cour des comptes doit sortir de sa torpeur et de sa léthargie. En effet, de par les décisions qu'elle est appelée à rendre, la Cour pourra contribuer « *à la diffusion d'une culture de rigueur et de bonne gestion*[2] » dans les administrations publiques.

Par ailleurs, si la Cour des comptes est la juridiction chargée de juger les cas de fautes de gestion, il reste qu'elle n'a pas l'exclusivité de leur détection. Autrement dit, les activités d'autres institutions non juridictionnelles peuvent conduire à l'identification de ces infractions financières. C'est le cas des activités de contrôle de l'Inspection générale d'Etat (IGE)[3], de l'Inspection générale des Finances (IGF) et des inspections sectorielles, d'où la nécessité de promouvoir une collaboration entre la Cour et ces institutions.

---

[1] Article 80 de la LOLF, Points 8, 9 et 10.

[2] CDBF, Rapport d'activité de l'année 2018, p. 9

[3] Les contrôles effectués par exemple par l'IGE entre 2017 et 2018 à l'Office Guinéen de Publicité (OGP), à l'Office guinéen des Chargeurs (OGC), ainsi qu'à la LONAGUI (Loterie Nationale de Guinée) ont permis de mettre en lumière des infractions financières assimilables à des fautes de gestion.

LA COUR DES COMPTES DE L'UEMOA
UN ORGANE COMMUNAUTAIRE LAISSÉ POUR COMPTE

Djibrihina OUEDRAOGO
Agrégé de droit public,
Université Ouaga 2 (Burkina Faso)

INTRODUCTION

L'auteur de ces lignes a contracté une dette de reconnaissance viagère envers les dédicataires de ces présents Mélanges. En effet, son parcours et sa carrière d'universitaire ont été marqués par ces deux pionniers des finances publiques africaines[1]. Ce faisant, il ne pouvait trouver un meilleur espace que cet endroit pour leur rendre un hommage mérité tant pour les réflexions qu'ils ont effectuées sur les finances publiques en Afrique que pour les générations d'étudiants qu'ils ont contribué à former.

L'un des traits communs que l'on retrouve, en parcourant les travaux des professeurs DIARRA et YONABA, réside certainement dans l'appréciation rigoureuse sinon réaliste qu'ils ont portée sur les finances publiques en Afrique. Sur le chapitre précis de la bonne gestion et du contrôle des finances publiques, ces derniers n'ont pas hésité à dénoncer une défectuosité des dispositifs de gestion et de contrôle qui explique, en partie, le non recul de la gabegie financière et des pratiques de corruption[2].

Malgré l'abondance de leurs travaux sur l'analyse des institutions intervenant dans la gestion des finances publiques, les professeurs ne semblent pas s'être davantage intéressés à la Cour des comptes de l'UEMOA. Ce constat peut étonner au regard des champs d'intervention dominant de nos deux professeurs. D'une part, le Professeur Salif YONABA est l'auteur de nombreuses études sur les Cours des comptes nationales dont celle mémorable livrée lors du bicentenaire de la Cour française des comptes[3]. D'autre part, le Professeur Eloi DIARRA, qui s'est distingué en s'intéressant à l'étude et à

---

[1] En plus de ces enseignements que l'on a reçus en année de maitrise lors du cours de « Sciences et techniques administratives », le Pr. Yonaba a été codirecteur de notre thèse de doctorat. Quant au Pr. DIARRA, en tant que père de la plupart des étudiants africains de l'Université de Rouen, il s'est montré disponible à nous prodiguer des conseils pour amorcer l'aventure de la recherche doctorale. Le Pr. DIARRA a ainsi été l'un de mes rapporteurs pour le jury de soutenance mais également pour le 19ème concours d'agrégation du CAMES en droit public pour lequel j'ai été reçu.

[2] N. MÉDÉ, « La corruption et ses ressorts en Afrique de l'Ouest francophone », RFFP, 2019, n°147, p.71.

[3] S. YONABA, « L'expérience africaine du modèle français du contrôle juridictionnel des finances publiques : traits communs et diversité », *RFFP*, n°101, mars, 2008, p.60. ; « La contribution des institutions internes et externes de contrôle dans le renforcement de la gestion des finances publiques et l'amélioration de la bonne gouvernance dans les pays d'Afrique subsaharienne », Communication au World bank seminary finance, 2003.

l'évolution des finances publiques communautaires[1], n'a au mieux consacrée qu'une seule section de son cours de finances communautaires[2] à l'étude de la Cour des comptes de l'UEMOA.

Que des auteurs aussi éminents ne se soient pas particulièrement intéressés à cette institution, qui est appelée à jouer un rôle crucial dans la bonne utilisation des finances communautaires de l'UEMOA, ne peut qu'intriguer. En réalité, ce silence de nos éminents professeurs est lourd de sens. Il met en évidence cette triste réalité que la Cour des comptes de l'UEMOA constitue encore un plafond de verre que le chercheur a du mal à pénétrer. Là se niche l'intérêt de la présente réflexion. En effet, au nombre des instances communautaires les plus méconnues, la Cour des comptes de l'UEMOA figure en premières loges.

Si des éléments structurels, qui seront mis en évidence dans les développements à venir, peuvent expliquer cette situation, la Cour des comptes de l'UEMOA semble se complaire dans sa situation d'organe communautaire de seconde zone. De ce point de vue, la motivation de cette réflexion réside principalement dans le fait qu'elle cherche à porter au goût du jour une institution terrée dans l'ombre. D'ailleurs, comme le laisse suggérer son intitulé provocateur, cette étude vise avant tout à interpeller les autorités communautaires sur la nécessité de travailler à réserver un meilleur sort à la Cour des comptes de l'UEMOA.

En outre, la motivation de cette étude tient également au fait que celle-ci apparaît comme un complément de notre thèse de doctorat qui, bien que comportant quelques lignes sur la Cour des comptes de l'UEMOA, a essentiellement porté sur les Cours des comptes nationales[3]. Faisant le parallèle entre les Cours des comptes nationales et la Cour des comptes communautaire, le Pr. Eloi DIARRA n'a pas hésité à nous interroger, pendant l'épreuve des travaux au concours d'agrégation, sur la composition et les compétences de la Cour des comptes de l'UEMOA.

La Cour des comptes de l'UEMOA a été instituée par le Traité de Dakar de 1994, qui en fait à son article 16 un organe de l'Union. Conformément à l'article 38 alinéa 2 du même Traité de Dakar, le statut, la composition, les compétences ainsi que les règles de procédures et de fonctionnement de la Cour des Comptes sont énoncés dans le protocole additionnel n°I relatif aux organes de contrôle de l'Union (notamment aux articles 23 à 26). En plus du Traité de Dakar et du

---

[1] E. DIARRA, « L'utilité des finances de l'UEMOA », *in* Nicaise MÉDÉ (Contribution réunies par), *Les nouveaux chantiers de finances publiques en Afrique,* Mélanges en l'honneur de Michel BOUVIER, Sénégal, L'Harmattan, 2019, p. 91 ; « Coopération ou intégration fiscale au sein de l'Union Économique et Monétaire Ouest-Africaine (UEMOA) », *RBD*, n°45-1er semestre 2004, p. 35.

[2] Cours dispensé à l'Université catholique d'Afrique de l'Ouest, Campus de Bobo-Dioulasso (Burkina Faso).

[3] Notre thèse, *L'autonomisation des juridictions financières dans l'espace UEMOA. Etude sur l'évolution des Cours des comptes*, Thèse Université Montesquieu Bordeaux IV, 2013, 672 p.

protocole additionnel n°I, cinq autres textes fondamentaux régissent le statut, la composition, les compétences, l'organisation et les modalités de fonctionnement de cette Cour communautaire[1]. Au regard des textes qui la régissent, la Cour des comptes de l'UEMOA est appelée à remplir quatre (4) missions fondamentales[2].

Elle est d'abord chargée d'assurer un contrôle sur l'ensemble des comptes des organes de l'UEMOA (à savoir la Commission, la Cour de Justice, la Chambre Consulaire Régionale et le Parlement). Ensuite, elle assure le contrôle des comptes annuels du Conseil Régional de l'Epargne Publique et des Marchés Financiers (CREPMF). En outre, elle doit effectuer l'évaluation des systèmes de contrôle des comptes et des résultats des contrôles des comptes des Etats membres. Dans ce sens, le Traité prescrit aux Conseillers à la Cour des comptes de l'Union et aux présidents des Cours des comptes nationales de se réunir, au moins une fois par an, afin d'évaluer les systèmes de contrôle des comptes et les résultats des contrôles des comptes effectués dans les États membres (art. 69 Traité de Dakar 1994). Enfin, la Cour des comptes de l'UEMOA peut, le cas échant, être saisi par tout État membre, pour assurer le contrôle de ses finances publiques, notamment pour les besoins de la surveillance multilatérale des politiques et des performances macro-économiques au sein de l'Union. A cet égard, l'article 68 du Traité de Dakar fait obligation aux États membres de créer, au niveau national, une Cour des comptes dite autonome en vue de garantir la fiabilité de leurs comptes, en particulier les données figurant dans les lois de finances. Le Traité propose ainsi aux États qui ne disposeraient pas encore de cette Cour des comptes autonome de solliciter les services de la Cour des comptes de l'UEMOA.

Le contrôle de la Cour des comptes communautaire porte notamment sur la régularité et l'efficacité de l'utilisation des ressources financières de l'Union. La Cour des comptes a été installée le 30 mars 1998 à Ouagadougou, soit environ trois (3) ans après la création de la Commission de l'UEMOA. Depuis cette création, il semble bien qu'aucune étude substantielle n'ait été encore menée sur cet organe communautaire. Ce faisant, le sujet reste encore une terre à défricher.

---

[1] Il s'agit de : -l'acte additionnel n°09/96 du 10 mai 1996 fixant les modalités de désignation des Conseillers de la Cour des comptes de l'UEMOA ; - règlement n°01/2000/CM/UEMOA DU 30 mars 2000, portant modalités du contrôle de la Cour des comptes ; - règlement intérieur de la Cour des comptes de l'UEMOA en date du 19 mars 2009, définissant les modalités de son organisation et de son fonctionnement ;-règlement n°01/2008/CM/UEMOA du 28 mars 2008, portant règlement financier des Organes de l'UEMOA (abrogeant le Règlement n°10/2001/CM/UEMOA du 26 novembre 2001, ayant modifié le Règlement financier n°03/95/CM/UEMOA du 1er août 1995) ; -l'avenant du 03 juillet 1997 à la Convention du 03 juillet 1996 portant création, dans le cadre de l'UEMOA, du Conseil régional de l'épargne et des marchés financiers.

[2] K. A. P. THEOUA, *Les finances publiques de l'UEMOA et la logique de performance*, Université de Cocody, Abidjan, 2010, p.194.

Il suit alors la nécessité de s'interroger sur le point de savoir si la Cour des comptes de l'UEMOA occupe une place essentielle dans le dispositif des finances communautaires. En effet, et pour reprendre le mot du Professeur Salif YONABA à propos des juridictions financières nationales, faut-il voir dans la Cour des comptes de l'UEMOA « *un objet d'art décoratif dont l'exposition aux bailleurs de fond permettrait d'obtenir des ressources financières additionnelles* » ?

La réponse à la problématique posée semble inclinée vers l'affirmative. Et pour cause, la situation actuelle de la Cour des comptes de l'UEMOA est loin d'être reluisante, surtout lorsqu'on la met en perspective avec d'autres Cours des comptes communautaires (notamment les Cours des comptes de la CEMAC et de l'Union européenne) et plus encore avec les Cours des comptes nationales. Au plan statutaire, il existe encore une controverse sur sa nature juridique alors que son indépendance ne semble pas suffisamment garantie. Au plan fonctionnel, l'influence de la Cour apparaît marginale tant il est difficile d'établir un bilan des contrôles opérés. Au regard de ces constats, il convient de mettre successivement en évidence la nature controversée (I), l'indépendance menacée (II) et l'action invisible de la Cour des comptes de l'UEMOA.

I- UNE NATURE CONTROVERSÉE

La nature controversée de la Cour des comptes de l'UEMOA tient au point de savoir si celle-ci est, ou non, une juridiction. Si l'appellation de ''Cour'' peut laisser présager sa nature juridictionnelle, la réponse est loin de relever de l'évidence. En effet, il existe une contrariété des textes ayant conduit à un détournement de sa nature juridictionnelle (A) alors que celle-ci apparait fondée (B).

A- UNE NATURE JURIDICTIONNELLE REJETÉE

Le débat sur la nature de la Cour des comptes de l'UEMOA[1] n'est pas sans rappeler la controverse relative à la nature juridique des Cours des comptes nationales et la question de la concurrence des modèles de contrôle des finances publiques.

S'agissant de la controverse sur la nature juridique de l'institution, celle-ci a été posée très tôt en France en raison de l'hybridité statutaire de la Cour des comptes[2]. Cette hybridité statutaire a, entre autres arguments, amené un ancien auditeur alors en fonction à la Cour des comptes française à la qualifier de «*juridiction introuvable*»[3]. Même quand les auteurs s'accordaient à lui reconnaitre la nature juridictionnelle, il n'y avait pas de convergence sur le type de juridiction dont il s'agissait : juridiction judiciaire ou juridiction administrative ? Le doyen Vedel ne doute pas de sa nature de juridiction

---

[1] N. MÉDÉ, *Finances publiques. Espace UEMOA/UMOA*, Sénégal, L'Harmattan, 2016, p. 444.

[2] P. TÜRK, « Le statut des membres de la Cour des comptes après la loi du 1er juillet 2006 », *DA*, juin 2006, p. 16.

[3] N. BAVEREZ, « La Cour des comptes, juridiction introuvable », *Dalloz*, 1992, p.173.

administrative en raison du fait que le Conseil d'État est en France le juge de cassation des décisions de la Cour des comptes[1]. Ses particularités ont amené un de ses éminents membres à la considérer comme une juridiction non pas administrative mais de droit public[2]. En tout état de cause, le Conseil constitutionnel français a revêtu cette nature de juridiction administrative de la Cour française des comptes du brevet de constitutionnalité dans sa décision LOLF du 25 juillet 2001. Cette décision ne semble pas avoir mis fin à la controverse puisqu'une étude récente propose d'ériger la Cour des comptes en autorité administrative indépendante[3]. Pour sa part, le Conseil constitutionnel burkinabè dans une décision, fort discutable, rendue en 2017 a décidé que le législateur organique ne pouvait ériger la Cour des comptes en « *institution supérieure de contrôle des finances publiques* » alors que la Constitution s'en tient au qualificatif de *« juridiction supérieure de contrôle des finances publiques »*[4].

S'agissant de la concurrence des modèles de contrôle des finances publiques[5], une distinction est faite entre les modèles français, anglais et allemand. Dans le modèle français, le contrôle est juridictionnel et incarné par la Cour et les chambres régionales des comptes. Dans le modèle anglo-saxon, le contrôle est exercé par une autorité administrative généralement rattachée au Parlement, à l'image du *National Audit Office* (NAO) britannique ou du *General Accounting Office* (GAO) des États-Unis d'Amérique. Quant au modèle allemand, il se veut être un hybride des deux modèles. En effet, la *Bundesrechnungshof* bénéficie du statut de juridiction de même que ses membres qui ont le statut de magistrat afin de garantir l'indépendance de l'Institution ; cependant, elle dispose uniquement d'attribution administrative. La Cour des comptes de l'Union européenne a été conçue suivant le modèle allemand de contrôle des finances publiques.

Concernant la Cour des comptes de l'UEMOA, le Traité de Dakar ne laisse aucun doute. Celui-ci affirme sans ambages la nature juridictionnelle de la Cour des comptes. L'article 38 alinéa 1 range la Cour des comptes, au même titre que

---

[1] G. VEDEL, « La Cour des comptes et le juge administratif de droit commun », in G. Vedel et *al.*, Pages de doctrine, Tome 2, LGDJ, 1980, p. 336.
A. KUREK, *Le juge financier, juge administratif*, Thèse Université de Lille 2, 2010, 508 p.8

[2] J. MAGNET, « La Cour des comptes est-elle une juridiction administrative ? », *RDP*, 1978, p. 1537.

[3] N. OCHOA, « La Cour des comptes, autorité administrative indépendante. Pour une lecture administrative du droit de la comptabilité publique », *RFDA*, 2015, p. 831.

[4] Notre commentaire, « Le Conseil constitutionnel et l'impossible réforme de la Cour des comptes au Burkina Faso », Gestion et finances publiques, n°4, Juillet-Août 2018, n°4, pp.100-108

[5] Sur la diversité des modèles de contrôle, V. M. PORTAL, « Les Institutions Supérieures de Contrôle, une étude comparative internationale des pratiques », *Gestion et Finances publiques* n°3, Mars 2012, pp.118-123 ; L. SAIDJ, « Le modèle des Cours des comptes : traits communs et diversité », *RFFP* n°101, mars 2008, p.45 ; J. MAGNET, « Classification des ISC financier », *RFFP*, 2002, p.8.

la Cour de justice, dans les organes de contrôle juridictionnel. Celui-ci dispose : « *il est créé au niveau de l'Union deux organes de contrôle juridictionnel dénommés Cour de Justice et Cour des Comptes* ». Cependant, cette nature juridictionnelle de la Cour des comptes de l'UEMOA n'a pas été confirmée par les textes d'application du Traité de Dakar : lesquels sont venus déformer la substance de cet alinéa 1 de l'article 38.

Il en est ainsi notamment du Protocole additionnel n°I relatif aux organes de contrôle de l'Union. L'intitulé de ce Protocole additionnel annonce déjà les couleurs quant à l'intention de son auteur (la Conférence des chefs d'État et de Gouvernement) d'amputer le caractère juridictionnel de la Cour des comptes. Cet intitulé ne reprend pas fidèlement les termes de l'article 38 du Traité. Cet article 38 fait référence aux « *organes de contrôle juridictionnel* » alors que le Protocole additionnel n°I, qui est censé préciser cet article 38, est relatif aux « *organes de contrôle* ». Cette amputation du terme « juridictionnel » dans l'intitulé du Protocole additionnel n°I ne résulte pas d'une erreur de frappe. En effet, les articles 23 à 26 de ce Protocole qui intéressent la Cour des comptes ne font pas référence à sa nature juridictionnelle. A cet égard, l'article 23 confie à la Cour des comptes une compétence seulement administrative puisqu'il précise que le contrôle opéré par la Cour des comptes se rapporte à un contrôle « *sur la régularité et l'efficacité de l'utilisation* » des ressources financières de l'Union. L'article 25 laisse suggérer que ce contrôle s'inscrit dans l'optique d'une opération d'audit. Celui-ci précise notamment que la Cour des comptes peut recourir dans l'exercice de ses fonctions « *à un système d'audit externe* ». S'inscrivant dans la même logique de rejet du caractère juridictionnel de la Cour des comptes, l'article 24 désigne ses membres par le titre de « Conseillers ». Or, il est bien entendu que les membres d'une juridiction portent plutôt le titre de « magistrats ou de juges ».

Ce caractère non juridictionnel de la Cour a été confirmé par la Cour de justice de l'UEMOA dans un avis n°002/99 du 25 juin 1999. La Cour était saisie d'une demande du président de la Commission relativement aux projets d'acte additionnel portant statuts de la Cour des comptes et de règlement portant modalités de reddition et de contrôle. Plus précisément, le président de la Commission entendait être éclairé par la Cour de justice sur les observations formulées sur ces projets de textes par les Conseillers à la Cour des comptes ; lesquels ont souligné que le Protocole additionnel n°I avait omis de préciser le caractère juridictionnel de la Cour des comptes. Ils estimaient, par ailleurs, que cette omission pouvait être rattrapée par l'adoption d'un acte additionnel conformément à l'article 19 du Traité de Dakar[1].

---

[1] L'acte additionnel semble devoir être rapproché des lois organiques en droit interne ; il complète le Traité sans toutefois le modifier. L'article 19 stipule que « La Conférence des Chefs d'Etat et de Gouvernement prend, en tant que de besoin, des actes additionnels au Traité de l'Union. Les actes additionnels sont annexés au Traité. Ils complètent celui-ci sans toutefois le

Dans son avis, la Cour de justice rejette l'idée qu'il puisse être conféré à la Cour des comptes une nature juridictionnelle par la voie d'un acte additionnel. Pour la Cour de justice, un tel acte additionnel (qui est un acte de droit dérivé) serait contraire au Protocole additionnel (acte de droit primaire)[1], qui « *fait de la Cour des comptes, et ce en dépit de sa dénomination de contrôle juridictionnel, un organe de vérification de la régularité et de l'efficacité des comptes de l'Union, et de ses autres organes* ***mais ne semble pas en faire un juge des comptes des comptables de l'organisation, justiciable devant elle*** (c'est nous qui soulignons) ». Elle conclut qu'« *En résumé, à défaut de dispositions pertinentes contenues dans le Traité constitutif et son protocole additionnel, les textes d'application organisant la Cour des comptes ne sauraient...transformer la Cour des comptes en une institution juridictionnelle à caractère répressif, prononçant des amendes, des injonctions et mettant en débet des comptables par des arrêts de justice* ».

Il est donc acquis que la Cour des comptes de l'UEMOA n'a pas le caractère de juridiction. Pourtant, cette nature juridictionnelle apparaît bien justifiée.

B- Une nature juridictionnelle fondée

Bien que présentant une certaine logique, l'avis de la Cour de justice semble avoir été rendu à l'excès. Certes, si l'on se situe sur le terrain de l'appréciation de la légalité, on peut douter que l'acte additionnel puisse renverser l'option dessinée par le législateur primaire dans le Protocole additionnel. En cela, la Cour fait beau jeu de dire qu'en l'absence de dispositions pertinentes du Traité et du Protocole, la Cour des comptes ne saurait se voir confier une nature juridictionnelle par la voie de l'acte additionnel.

Toutefois, on ne peut pas non plus dire, comme l'affirme la Cour, qu'il n'y a pas de dispositions pertinentes dans le Traité puisque l'article 38 range *expressis verbis* la Cour des comptes au titre « ***des organes de contrôle juridictionnel*** » au même titre d'ailleurs que la Cour de justice. L'embarras se perçoit dans l'argumentaire de la Cour lorsqu'elle affirme inopportunément que le terme d'« organe de contrôle juridictionnel » a été « *donné* ***fort curieusement*** *à la Cour des comptes* (c'est nous qui soulignons) » par l'article 38 du Traité. C'est à croire que la Cour de justice se fait alors le censeur des Hautes parties contractantes. La Cour était certainement confrontée à cette difficulté qui tient à ce que le Protocole additionnel n°I ne confirme pas les prévisions contenues dans le Traité alors qu'il fait corps avec ce dernier. Or, si le Protocole additionnel fait partie du droit primaire[2], il apparaît avant tout comme un acte d'application du Traité (puisque l'article 38, alinéa 2 du Traité renvoie au

---

modifier. Leur respect s'impose aux organes de l'Union ainsi qu'aux autorités des Etats membres ».

[1] L'article 39 du Traité dispose que le protocole additionnel n° I fait partie intégrante du Traité.

[2] L'article 39 du Traité dispose que le protocole additionnel n° I fait partie intégrante du Traité.

Protocole additionnel n°I). De sorte qu'il est discutable que ce Protocole ait abrogé, comme l'insinue la Cour de justice, les dispositions expresses du Traité.

En réalité, la Cour de justice s'est plutôt laissé désabuser par la comparaison établie avec le droit de l'Union européenne. Elle s'appuie sur le fait que le droit UEMOA « *est profondément inspiré du droit de l'Union européenne* » ; laquelle dispose d'une Cour des comptes non juridictionnelle. Cet argument n'est pas solide. Car, le droit UEMOA revendique aussi des spécificités par rapport au droit de l'UE. C'est ainsi qu'au plan normatif, les actes tels que les Protocoles additionnels et les actes additionnels ne sont pas connus en droit de l'UE. Même si l'argument de la comparaison ou de l'inspiration devait être accueilli, il reste que la Cour des comptes de l'UE[1] est inspirée du modèle allemand de contrôle, à savoir qu'elle est dotée d'un statut de juridiction alors qu'elle ne remplit que des fonctions administratives[2]. Or, ce statut de juridiction est clairement refusé à la Cour des comptes de l'UEMOA par la Cour de justice qui semble plutôt jalouse de voir un autre organe de l'Union élevé à la même dignité qu'elle. Il faut même faire remarquer que la stature de la Cour des comptes de l'UE répond à un souci d'équilibre entre les différentes traditions juridiques en présence dans l'UE. Celle-ci fait la jonction entre les pays qui connaissent une pure tradition de contrôle juridictionnel des finances publiques (Portugal, Grèce, Espagne, Italie, Belgique, France, Luxembourg) et ceux qui ont une pure tradition de contrôle administratif des finances publiques (Grande-Bretagne, Suède, Finlande). La remarque a ainsi été faite que « *la Cour (des comptes de l'UE) synthétise les influences disparates et évolutives des États membres : elle est « française » par certains aspects de l'organisation du collège et « britannique » par son statut non juridictionnel et la hiérarchie des personnels* »[3].

Si l'on devrait mettre en balance l'argument de l'équilibre des traditions juridiques, la Cour des comptes de l'UEMOA apparaît bien comme un intrus dans cet espace UEMOA où tous les États membres appliquent un contrôle juridictionnel des finances publiques. Mieux, ce modèle juridictionnel de contrôle est même sanctuarisé par le législateur communautaire à travers notamment les directives 06/2009 et 07/2009[4]. De ce point de vue, il aurait été plus indiqué que la Cour des comptes de l'UEMOA soit dotée d'une nature juridictionnelle. D'autant plus que non seulement le Traité lui confère le rôle d'évaluation des contrôles effectués par les Cours des comptes nationales mais encore elle est appelée, le cas échéant, à contrôler les finances publiques

---

[1] Sur la Cour des comptes de l'Union européenne, V. M. CRETIN, « La Cour des comptes de l'Union européenne : méthodes et résultats », *Gestion et finances publiques* 2011, p. 294 ; G. ORSONI, *La Cour des comptes européennes*, Paris, Economica, 1983.

[2] D. LAMARQUE, « Le contrôle supérieur des finances publiques en Allemagne : la *Bundesrechnungshof* », n°8-9, Août-Septembre 2008 ; p. 636 ; H. von WEDEL « Le modèle de l'Allemagne », *RFFP* n°101, Mars 2008, p. 81.

[3] J-F. BERNICOT, « Quelle diversité de concept de contrôle en Europe ? », *op.cit.*, p.143

[4] Voir articles 75 et suivants.

nationales. Comment pourrait-elle alors tenir ces rôles si elle ne dispose pas d'une nature identique à celle des Cours des comptes nationales ? La situation est des plus paradoxales quand on se rappelle que ce sont les membres des Cours des comptes nationales qui sont désignées par les États comme Conseillers à la Cour des comptes de l'UEMOA.

En termes de droit comparé communautaire, le législateur CEMAC a fait un choix clair et plutôt cohérent. Si l'article 48 du Traité CEMAC stipule de façon quelque peu neutre que « *la Cour des Comptes assure le contrôle des comptes des Institutions, Organes et Institutions Spécialisées de la Communauté* », la Convention du 30 janvier 2009 régissant la Cour des comptes communautaire, signée à Libreville, consacre explicitement sa nature juridictionnelle[1]. Il apparaît même clairement que l'architecture de la Cour des comptes de la CEMAC a été bâtie suivant le modèle des Cours des comptes nationales[2]. Elle a compétence sur les comptables patents de la CEMAC, apure et juge les gestions de fait et sanctionne les fautes de gestion commises par les ordonnateurs. En plus de ces attributions juridictionnelles, elle exerce un contrôle administratif de la bonne gestion des finances communautaires.

Le choix explicite opéré par le législateur CEMAC montre bien que la Cour de justice de l'UEMOA fait mauvais jeu de considérer que toutes les Cours des comptes communautaires devrait se rapprocher de celle de l'UE et ne devrait donc pas avoir une nature juridictionnelle. En tout état de cause, ce choix de ne pas reconnaître des attributions juridictionnelles à la Cour des comptes ne rend pas service aux exigences de bonne gouvernance financière. Amputée du caractère juridictionnel, l'indépendance de la Cour des comptes de l'UEMOA ne pouvait qu'être faiblement garantie.

II- UNE INDÉPENDANCE MENACÉE

Selon les termes des Déclarations de Lima et de Mexico, énonçant les lignes directrices de l'indépendance des Institutions Supérieures de Contrôle des finances publiques (ISC), adoptées par l'INTOSAI, l'indépendance des ISC doit être garantie en termes de ressources humaines et financières. Le statut actuel de la Cour des comptes de l'UEMOA ne lui offre pas de garanties suffisantes tant au regard des ressources humaines (A) que de l'autonomie financière (B).

A- La faiblesse des ressources humaines

Cette faiblesse apparaît en toute clarté au regard de la composition de la Cour des comptes. Celle-ci est composée de trois (3) Conseillers, quatre (4) vérificateurs, une (1) assistante du président, un (1) documentaliste, un (1)

---

[1] Les articles 3 et 5 sont explicites. L'article 3 stipule que « *la Cour des comptes est chargée du contrôle juridictionnel des comptes...* » ; L'article 5 stipule : *« la Cour des comptes est une juridiction financière indépendante des États, des Institutions, des Organes, des Institutions spécialisées* ».

[2] L'article 16 de la Convention stipule que la Cour comprend : le Siège, le Parquet général, le Greffe, le Corps des Vérificateurs, les Services administratifs.

secrétaire de la Cour, un (1) huissier et un (1) chauffeur. Autrement dit, seulement un effectif de douze (12) personnes, y compris le service administratif, est chargé de l'animation de la Cour des comptes. Il est bien entendu que cet effectif squelettique (pour reprendre le qualificatif que le professeur Yonaba utilisait déjà pour dénoncer le faible nombre de magistrats des anciennes Chambres des comptes des Cours suprêmes) ne peut permettre à la Cour de remplir efficacement ses missions pourtant tentaculaires. Un auteur a pu affirmer de façon judicieuse que « *trois conseillers ne peuvent composer convenablement une juridiction de jugement sans risque de blocage du fonctionnement de la cour. Tel est d'ailleurs le cas dans la pratique. Il suffit que deux conseillers soient en mission, ce qui est fréquent, pour que l'adoption des rapports de contrôle soit bloquée* »[1].

Il est même évident que les autorités communautaires n'ont pas accordé toute l'attention qu'il faut à une institution de contrôle des finances publiques. En effet, alors que la Cour de justice de l'UEMOA comprend huit magistrats (en raison d'un magistrat désigné par État), la Cour des comptes ne comporte que trois (3) Conseillers. Pourtant, en termes de charges, et sans vouloir réduire l'importance de la Cour de justice, le contrôle des comptes apparaît comme une activité fastidieuse qui demande que soit mobilisé un personnel assez conséquent. L'effectif de trois (3) Conseillers montre le manque d'ambition des autorités communautaires à dynamiser et rendre efficace le contrôle des finances communautaires. Il convient, dans ce sens, de rappeler la mise en garde adressée par le professeur Gaston Jèze au Grand-Duché de Luxembourg qui s'apprêtait alors à réduire le nombre de membres de la Cour des comptes « *il est des économies qu'une assemblée sage ne doit pas faire. Supprimer ou affaiblir le contrôle financier pour réduire la dépense du service de contrôle, c'est une imprudence grave. L'expérience de tous les pays nous apprend que cette faute se paie cher et coûte gros au Trésor* »[2].

Pour remédier à cette situation malheureuse, il serait plus indiqué d'aligner la composition de la Cour des comptes sur celle de la Cour de justice. C'est ce qu'on observe notamment au niveau de l'UE et de la CEMAC. Ainsi, tout comme la Cour de justice, la Cour des comptes de l'UE comprend vingt-sept (27) Conseillers, à raison d'un représentant par État membre. La Cour s'appuie en outre sur un personnel qui avoisine les huit cents personnes, ce qui montre l'importance accordée à la fonction de contrôle par les autorités communautaires européennes. Pour sa part, la Cour des comptes de la CEMAC est composée de douze (12) membres, à raison de deux par État[3], ce qui est bien plus important que le nombre de trois Conseillers de la Cour de l'UEMOA. Au niveau de l'UEMOA, il a été établi que *a minima* la Cour devrait comporter au

---

[1] H. DICKO, *Le régime financier de l'UEMOA et la transparence financière,* mémoire de DEA, Université de Ouagadougou, 2011.
[2] G. JEZE, « La Chambre des comptes du Grand-duché de Luxembourg », *RSLF,* 1909, p.8.
[3] Article 6 Convention CEMAC

moins sept (7) Conseillers[1]. Toutefois, l'auteur suggère d'atteindre le nombre de huit (8) pour s'aligner sur le schéma de la Cour de justice.

En tous cas, cet effectif « squelettique » a engendré un mécanisme de désignation et de renouvèlement rébarbatif des Conseillers à la Cour des comptes. La difficulté est partie de l'interprétation résultant de la lecture combinée des articles 1 et 2 de l'acte additionnel sur la Cour des comptes ; lesquels organisent respectivement les modalités de désignation des trois Conseillers de la Cour[2] et les modalités de renouvellement au deux tiers (2/3) des Conseillers dans une dynamique rotative entre les États membres[3]. En d'autres termes, ces deux articles posent le principe que la nomination doit se faire suivant l'ordre alphabétique des États et le renouvèlement aux deux tiers (2/3) des Conseillers qui intervient à l'expiration du mandat de six (6) ans doit se faire de telle sorte que des ressortissants de l'ensemble des Etats puissent remplir les fonctions de conseiller.

En raison du caractère complexe du procédé de renouvèlement, le président de la Commission a dû saisir la Cour de justice, en mai 2003 (étant donné que le premier renouvèlement des Conseillers à la Cour des comptes devait intervenir en février 2004), pour requérir un avis sur l'interprétation qui résulterait de la lecture combinée des articles 1 et 2 de l'Acte additionnel. Dans son avis n°002/2003 du 20 juin 2003, la Cour de justice est amenée à constater le caractère inédit du procédé en ce qu'il diffère non seulement du procédé établi pour le renouvellement des juges de la Cour de justice mais encore de ceux habituellement appliqués dans les organismes nationaux ou internationaux qui connaissent un renouvèlement partiel de leurs membres. Etant donné que tous les États ne disposent pas en même temps de ressortissants à la Cour des comptes, la Cour de justice retient que les dispositions en cause organisent un renouvellement rotatif entre États membres. En ce sens, elle affirme que « *le renouvellement ne concerne pas le conseiller de façon intuitu personae, mais ès qualités de représentant de son pays* ».

Il en est donc résulté un schéma en cascade, pour ne pas dire cocasse, du renouvellement des Conseillers à la Cour des comptes qui a été cependant bien

---

[1] Les sept Conseillers seraient répartis comme suit : « - un conseiller pour la fonction de président et un autre pour seconder le premier, c'est-à-dire un vice-président. Cela écarte au maximum la procédure de délégation ; -trois conseillers pour jouer la fonction de rapporteur en pilotant les groupes d'audit ; - deux conseillers pour animer le parquet de la cour. Ils vont remplir la fonction de procureur et celle d'avocat général. Ce dernier sera un second du procureur », V. Dico, p. 51.

[2] L'article 1er de l'Acte additionnel n° 09/96 du 10 mai 1996 dispose que « *les Conseillers de la Cour des Comptes de l'UEMOA sont désignés suivant l'ordre alphabétique des Etats membres, de manière à appeler, successivement aux fonctions de conseiller, des ressortissants de l'ensemble des Etats membres*».

[3] L'article 2 du même Acte additionnel, il dispose que « *le renouvellement des Conseillers de la Cour des Comptes s'effectue à la fin de chaque mandat, au 2/3 des membres de la Cour suivant l'ordre alphabétique des Etats membres* »

explicité dans l'avis de la Cour de justice. En tout état de cause, ce schéma alambiqué aurait pu être évité si la Cour des comptes de l'UEMOA comportait autant de Conseillers qu'il y a d'États membres, c'est-à-dire huit (8).

Enfin, et certainement pour tenir compte de l'effectif squelettique, l'article 25 du Protocole additionnel n°1 autorise les Conseillers de la Cour des comptes à « *recourir dans l'exercice de leurs fonctions à un système d'audit externe* ». Le recours à l'audit externe peut être analysé comme une forme de sous-traitance. Or, (et pour reprendre les propos du Professeur Nicaise MEDE qui dénonçait déjà un tel mécanisme pour les Cours des comptes nationales) « *on ne peut durablement fonder l'existence et la performance d'une institution pérenne sur de la sous-traitance externe*»[1].

Ce mécanisme du recours à l'audit externe, qui, à l'origine, pouvait être activé ponctuellement à la demande du Conseil des ministres et de la Commission, a été automatisé. Ce faisant, l'audit externe est devenu obligatoire et permanent. Cette automaticité du recours à l'audit externe, qui vient se dédoubler au contrôle opéré normalement par la Cour des comptes, n'est pas sans poser problème. Il y a en effet le risque que les conclusions de l'auditeur externe ne concordent pas avec celles de la Cour des comptes[2].

En plus de la faiblesse des ressources humaines, l'indépendance de la Cour des comptes de l'UEMOA est également compromise par le fait que celle-ci ne dispose pas d'une autonomie financière.

B- L'ABSENCE D'AUTONOMIE FINANCIERE

L'autonomie financière est une caractéristique essentielle des Institutions supérieures de contrôle (ISC). Dans ce sens, Franz FIEDLER affirme que, « *quelles que soient les bonnes intentions des dispositions juridiques relatives aux compétences et à l'indépendance de l'ISC, leur efficacité sera sapée si un manque chronique de moyens financiers empêche l'ISC d'exercer correctement ses fonctions de contrôle* »[3]. Sans autonomie financière, il est clair que les ISC ne pourraient pas remplir convenablement leur mission. Quoi de plus normal puisque l'adage enseigne que « *l'argent est le nerf de la guerre* ». C'est pourquoi les lignes directrices de l'INTOSAI sur l'indépendance des ISC énoncent les garanties de l'autonomie financière de ces ISC.

La déclaration de Lima exige que les ISC soient dotées de moyens financiers qui leur permettront d'exercer correctement leur fonction de contrôle (section 7.1). Pour éviter qu'un crédit trop faible soit alloué à l'ISC, notamment par le gouvernement, la déclaration de Lima stipule encore que l'ISC puisse demander

[1] N. MÉDÉ, « L'UEMOA et le développement des cours des comptes en Afrique de l'Ouest », *RFFP*, n° 90, mai 2005.p.277.

[2] K. A. P. THEOUA, *Les finances publiques de l'UEMOA et la logique de performance*, *op.cit.*, pp. 198-201.

[3] F. FIEDLER, « L'indépendance des institutions supérieures de contrôle des finances publiques », *op.cit.*, p. 124.

directement au Parlement les crédits dont elle a besoin (section 7.2). Cela implique d'« *indiquer avec précision les fonds qui sont alloués dans le budget de l'État sous une rubrique budgétaire distincte de celle des ministères de l'État* »[1].

L'indépendance financière des ISC doit alors se fonder sur la réunion de trois éléments : la mise à disposition de moyens financiers autonomes, nécessaires au fonctionnement de l'ISC ; le droit de demander directement à l'organe compétent la libre disponibilité des moyens financiers nécessaires (c'est-à-dire le Parlement) ; la pleine responsabilité de l'ISC dans la gestion des fonds[2].

Au regard des textes qui la régissent, il y a lieu d'affirmer que la Cour des comptes de l'UEMOA est loin de bénéficier de garanties essentielles à son autonomie financière. Pour tout dire, elle n'a pas d'autonomie financière. Elle ne dispose pas de budget propre dont elle aurait pu disposer librement. A l'instar des autres organes de l'Union, elle est sous la tutelle financière de la Commission dont le président est l'ordonnateur principal de l'ensemble du budget des Organes de l'UEMOA. La pratique révèle que « *la gestion des crédits alloués à la Cour relève de la Commission. La Cour ne fait qu'exprimer ses besoins à la Commission. Le moindre acte de gestion n'est pas posé au sein de la Cour. De ce fait, il est clair que la Cour n'a pas la maîtrise de ses crédits* »[3].

Il est bien gênant que la Commission, qui est l'organe exécutif de l'Union, soit le tuteur financier de la Cour des comptes. Cet élément compromet l'efficacité du contrôle de la Cour puisqu'elle est principalement appelée à exercer son office sur l'action de la Commission. En effet, on peut légitimement considérer qu'« *une entité qui, d'une part, est soumise aux vérifications de l'ISC et qui, d'autre part, peut contrôler l'octroi des ressources de cette institution puisse de ce fait, entraver son indépendance* »[4].

Ce constat implique que pour exercer efficacement sa mission de contrôle, la Cour des comptes a besoin d'être totalement indépendante de toute autre instance communautaire (ce qui n'empêche pas d'entretenir des relations permanentes) afin d'avoir les moyens et le recul nécessaire pour une appréciation objective de la régularité des comptes. Dans ce sens, avant l'entrée en vigueur de la LOLF, certains auteurs faisaient observer que la Cour française des comptes était dans une situation délicate du moment que, sous le régime de l'ordonnance du 2 janvier 1959, les crédits de la Cour des comptes étaient

---

[1] F. FIEDLER, « L'indépendance des institutions supérieures de contrôle des finances publiques », *op.cit.*, p124.

[2] F. SERNIA, « Les moyens de l'indépendance », *RFAP*, n°90, 1999, p.252.

[3] H. DICKO, *Le régime financier de l'UEMOA et la transparence financière, Op.cit.*, 2011, 35.

[4] Indépendance et contrôle de l'affectation des ressources. Editorial de la RIVCP, oct.1984 ; cité par S. FLIZOT, *Les relations entre les institutions supérieures de contrôle financier et les pouvoirs publics dans les pays de l'UE*, Op.cit., p.110.

inscrits au titre du fascicule du ministère de l'Économie et des Finances[1]. La situation a désormais évolué puisque, avec la LOLF, les crédits de la Cour figurent désormais au sein de la mission « Conseil et contrôle de l'État » qui est rattachée au Premier ministre.

Le statut d'institution sous tutelle financière de la Cour des comptes a été scellé par la Cour de justice. Dans son avis n°002/99 précité, la Cour de justice, en rejetant l'idée que la Cour des comptes puisse avoir la nature de juridiction, écarte en même temps, l'observation des Conseillers de la Cour des comptes qui s'appuyaient sur le statut de juridiction pour exiger que lui soit conférée une autonomie financière. Les termes de l'avis sont sans appel : « *la question d'autonomie financière et d'ordonnateur relève de textes appropriés* » dont notamment l'article 12 du Règlement financier de l'Union qui stipule que « *le président de la Commission est administrateur principal des crédits et ordonnateur du budget. Il peut déléguer ses pouvoirs aux présidents des autres organes de l'Union et aux autres membres de la Commission* ».

Il faut cependant déplorer que la Cour de justice n'ait pas fait jouer, sur ce point de l'autonomie financière, l'argument qui lui avait permis, dans le même avis, de refuser le caractère juridictionnel à la Cour des comptes, à savoir que le droit de l'UE avait « *profondément inspiré le droit UEMOA* ». En effet, il se trouve que la Cour des comptes de l'UE dispose, elle, de l'autonomie financière. Pourquoi n'a-t-elle pas mis cet élément dans la balance ? Il y a plutôt ici une balance du « deux poids, deux mesures » qui souligne, si besoin en était encore, que la Cour de justice a fait mauvais jeu de disqualifier la nature juridictionnelle de la Cour des comptes. Le droit de la CEMAC apparaît également, sur ce point de l'autonomie financière, plus aboutie que le droit UEMOA. A cet effet, les articles 26 et 27 de la Convention régissant la Cour des comptes de la CEMAC garantissent à cette dernière une autonomie de gestion financière[2]. Il convient cependant de noter une évolution récente qui pourrait améliorer la situation de la Cour des comptes de l'UEMOA. L'article premier du Règlement n°01-2018 portant Règlement financier des organes de l'UEMOA la range au même titre que la Cour de justice au rang des organes bénéficiant d'une autonomie de gestion financière : « *la Cour de Justice et la Cour des Comptes jouissent de l'autonomie de gestion financière dans l'exécution des crédits budgétaires de leurs organes respectifs* ».

Par ailleurs, lorsqu'elle est mise en perspective avec les Cours des comptes nationales, la situation de la Cour des comptes de l'UEMOA apparaît la moins glorieuse. L'autonomie financière est clairement affirmée dans la plupart des

[1] V. C. WALINE, P. DESROUSSEAUX, B. PELE, *op. cit.*, p. 34.

[2] L'article 26 stipule : « Le budget de la Cour des comptes de la CEMAC est incorporé au budget de la Communauté. La Cour jouit d'une autonomie de gestion ». L'article 27 stipule : « le Président de la Cour est ordonnateur du budget de la Cour avec pouvoir de délégation ».

textes sur les Cours des comptes nationales[1]. Cette autonomie financière des Cours des comptes nationales est même facilitée aujourd'hui par la mise en œuvre de la budgétisation par programmes. A cet égard, les crédits sont alloués sous forme de dotation aux Cours des comptes en tant qu'elles sont des Institutions[2]. Chaque Cour nationale dispose, pour ainsi dire, d'un budget propre dont le premier président est l'ordonnateur principal.

Diminuée statutairement, l'action de la Cour des comptes apparaît encore plus invisible.

III- UNE ACTION INVISIBLE

Il est difficile de porter une appréciation concrète sur l'exercice de ses missions par la Cour des comptes de l'UEMOA. Cela tient au fait que la Cour ne dispose pas de pouvoir de décision (A) et ses rapports de contrôle ou d'activités sont gardés dans la plus grande confidentialité (B).

A- UNE COUR DÉSARMÉE

La Section 11 alinéa 2 de la déclaration de Lima pose le principe que les ISC doivent disposer d'un pouvoir de contrôle assez conséquent pour garantir le respect de l'orthodoxie financière[3]. Ce standard, internationalement promu pour les ISC, ne trouve pas de place dans les textes définissant les missions et attributions de la Cour des comptes de l'UEMOA. Que l'on s'intéresse à ses attributions de contrôle de la régularité des comptes de l'Union ou de l'efficacité de l'utilisation des ressources, le constat est que la Cour des comptes de l'Union est le prototype même du « tigre de papier ».

Concernant le contrôle de la régularité des comptes, le refus de concrétiser la nature juridictionnelle de la Cour des comptes a conduit à la priver de tout pouvoir de décision. La Cour ne dispose ainsi d'aucun moyen d'influencer le comportement des acteurs. Certes, les textes l'autorisent à réaliser des rapports

---

[1] Ainsi l'article premier alinéa 2, de la Loi organique n°2012-23 sur la Cour des comptes du Sénégal dispose : « La Cour des comptes bénéficie de l'autonomie financière ». Voir aussi l'article 157 de la loi organique n°2018-979 sur la Cour des comptes de Côte d'Ivoire.

[2] Article 14 directive 06/2009 portant lois de finances dans les États membres : « les crédits budgétaires non répartis en programmes sont répartis en dotations. Chaque dotation regroupe un ensemble de crédits globalisés destinés à couvrir des dépenses spécifiques auxquelles ne peuvent être directement associés des objectifs de politiques publiques ou des critères de performance. Font l'objet de dotations : - les crédits destinés aux pouvoirs publics pour chacune des institutions constitutionnelles. Les crédits de la dotation de chaque institution constitutionnelle couvrent les dépenses de personnel, de biens et services, de transfert et d'investissement directement nécessaires à l'exercice de ses fonctions constitutionnelles… »

[3] « *Lorsque les constatations de contrôle de l'Institution supérieure de contrôle des finances publiques ne sont pas formulées à titre de jugements exécutoires et valides en droit, l'Institution supérieure de contrôle des finances publiques doit avoir le droit de communiquer avec les instances chargées de prendre les mesures qui s'imposent d'exiger des parties en cause qu'elles en acceptent la responsabilité* ».

pour rendre compte de ses opérations de contrôle[1]. Mais, elle n'a aucun moyen pour sanctionner ou faire sanctionner les irrégularités qu'elle aurait éventuellement constatées. C'est dire que les textes mettent plutôt en place un mécanisme de neutralisation politique des constats opérés par la Cour des comptes. La suite de ces opérations de contrôle dépend des organes politiques notamment du Conseil. Dans ce sens, l'article 36 du Règlement n°01/2000 portant modalités du contrôle de la Cour des comptes stipule que « *si la Cour relève des faits susceptibles d'être qualifiés délits ou crimes, elle en saisit le Conseil. Elle en saisit également le Président de l'Organe concerné pour d'éventuelles sanctions disciplinaires et/ou administratives* ».

La Cour n'a même pas la possibilité de sanctionner les retards accusés dans la transmission des comptes. L'article 24 du Règlement 2000 indique ainsi que « *le Conseil est saisi, par la Cour, des manquements de l'ordonnateur principal et des ordonnateurs délégués aux obligations qui leur incombent en matière de production des comptes, de pièces justificatives et d'explications aux demandes de la Cour* ». L'article 88 du Règlement n°01-2018 portant Règlement financier des organes de l'UEMOA confère le pouvoir de décharge des gestionnaires de l'Union aux organes politiques : « *le Conseil des Ministres donne sa Décision de décharge sur les comptes de l'Union à sa plus proche session. Au cas où le Conseil des Ministres ajourne la Décision de décharge, la Commission prend dans les meilleurs délais, les mesures de nature à permettre la levée des réserves* ».

Du reste, l'activité de la Cour avait longtemps été hypothéquée par la production tardive des comptes[2]. A cet égard, le bilan des premières années d'activité de la Cour était alarmant[3]. Une auteure a ainsi constaté qu'« *en 2006, les comptes des exercices 1996 à 2004 venaient d'être déposés, et étaient encore en cours d'examen à la Cour des Comptes. Jusqu'en 2004, seul le compte administratif de 1995 a été déposé par la Commission, examiné et certifié par la Cour* »[4]. Cette mauvaise pratique semble aujourd'hui résorbée. Les dernières informations disponibles indiquent que « *les comptes de l'Union (compte de gestion et compte administratif), au titre de l'exercice 2017, ont été produits au cours de l'année 2018 et ont fait l'objet de contrôle par la Cour des Comptes de l'UEMOA qui a adressé son rapport provisoire de contrôle à la Commission de l'UEMOA. Quant aux comptes de l'exercice 2018, ils seront produits au*

---

[1] Le chapitre IV du Règlement n°01/2000/CM/UEMOA portant modalités du contrôle de la Cour des comptes de l'UEMOA énumère les différents rapports que réalise la Cour des comptes : « Article 38 : *La Cour établit un rapport annuel et un certificat de conformité des comptes des Organes de l'UEMOA*...Article 39 : *La Cour établit des rapports spéciaux à l'issue des contrôles qu'elle est amenée à effectuer sur des thèmes particuliers...* ».

[2] K. A. P. THEOUA, *Les finances publiques de l'UEMOA et la logique de performance*, *Op.cit.*, pp.198, p.204.

[3] N. MÉDÉ, *Finances publiques. Espace UEMOA/UMOA*, *op.cit.*, p. 446.

[4] K. A. P. THEOUA, *Les finances publiques de l'UEMOA et la logique de performance*, *op.cit.*, p.196.

cours de l'exercice 2019 et transmis à la Cour des Comptes dans les délais prescrits par le Règlement financier des Organes de l'Union. Les comptes de l'Union antérieurs à 2017 ont tous fait l'objet d'approbation par le Conseil des Ministres Statutaire de l'Union, conformément aux dispositions du Règlement financier des Organes de l'Union »[1].

Concernant le contrôle de l'efficacité de l'utilisation des ressources (traditionnellement qualifié de contrôle de la gestion), il est généralement sanctionné par la formulation d'observations et recommandations par la Cour. Ces recommandations, comme le laisse entendre leur intitulé, sont dépourvues de tout caractère contraignant. Ici, on retrouve également l'un des points faibles du contrôle de la gestion opéré par les Cours des comptes nationales dont les recommandations ne sont pas également revêtues de la force obligatoire. Cette absence d'effet obligatoire des recommandations explique que les manquements dénoncés par les Cours des comptes persistent. Ce faisant, au fil des rapports, les Cours ne font que procéder aux mêmes constats et formuler par conséquent les mêmes observations et recommandations. A cet effet, pour renforcer le contrôle de la gestion opérée par la Cour des comptes française, le syndicat des juridictions financières françaises a estimé qu'il fallait assortir la formulation des recommandations d'un pouvoir d'injonction[2] et d'un pouvoir de sanction[3] lorsque les manquements sont graves et récurrents.

En outre, l'espace d'influence de la Cour des comptes est réduit par le recours à l'audit externe des comptes de l'ordonnateur principal et du comptable principal de l'Union. De ponctuel, le recours à l'auditeur externe est devenu une obligation annuelle qui doit intervenir au plus tard le 30 juin de l'année suivant l'exercice budgétaire considéré. Il y a ainsi une redondance de contrôle sur les comptes de l'Union : celui de la Cour des comptes et celui de l'auditeur externe.

Il a été souligné que ce double contrôle permet de garantir efficacement la tenue régulière des comptes de l'Union en ce sens que « *les possibilités de dissimulation de fraudes dans la gestion des acteurs financiers se trouvent ainsi réduites. En effet, même si des irrégularités échappaient à la Cour des Comptes, elles pourraient bien être rattrapées par les auditeurs externes, et vice-versa* »[4]. Mais, toujours est-il que ce mécanisme crée une forme de concurrence entre l'auditeur externe et la Cour des comptes. D'autant plus que les textes ne

---

[1] UEMOA, *Rapport annuel 2007 de la Commission sur le fonctionnement et l'évolution de l'Union,* Ouagadougou, 2008, p. 87.

[2] « Le juge financier devrait en conséquence, disposer de la faculté de signifier aux gestionnaires publics de mettre fin à des irrégularités, lorsqu'elles sont graves et continues le plus souvent », Syndicat des juridictions financières unifié, *Livre blanc des juridictions financières,* 2017, p.10

[3] « Il serait ainsi utile de doter les juridictions financières d'un pouvoir de sanction lorsque des irrégularités manifestes et répétées sont relevées », Syndicat des juridictions financières unifié, *Livre blanc des juridictions financières,* 2017, p. 5.

[4] K. A. P. THEOUA, *Les finances publiques de l'UEMOA et la logique de performance*, *op.cit.*, p. 200.

proposent aucune solution en cas de contradictions entre les conclusions de la Cour et celles de l'auditeur externe. L'autorité de la Cour des comptes, pour peu qu'elle existe, se trouve fragilisée dès lors que les conclusions de l'auditeur externe pourraient lui être opposées.

A cet égard, la Cour des comptes de l'UEMOA est confrontée à la même difficulté que les Cours des comptes nationales ; lesquelles sont concurrencées sinon supplantées au niveau national par les autorités administratives supérieures de contrôle[1]. Au lieu de recourir systématiquement à l'audit externe, il semble plus indiqué de renforcer préalablement les moyens d'action de la Cour pour en faire une structure de contrôle forte et crédible. Les autorités communautaires doivent aussi entendre la sagesse formulée par Philippe Séguin, alors premier président de la Cour des comptes de France : « *s'il doit bien y avoir une ISC autonome par pays, il n'en faut qu'une et pas deux, ni trois...* »[2].

Si l'absence de véritable pouvoir compromet l'efficacité de la Cour, sa capacité d'influencer est définitivement compromise par le défaut de publication de ses rapports de contrôle.

B- Des rapports tenus secrets

La Section 16 de la Déclaration de Lima pose le principe de la nécessité d'édiction et de publication des rapports de contrôle par l'ISC[3]. Ces rapports, qui sont officiellement transmis aux pouvoirs publics, doivent être mis à la disposition du public. La publication des rapports constitue une forme de sanction puisqu'elle permet à l'opinion publique de savoir quels sont les administrations ou les agents publics qui se sont rendus coupables de manquements dans la gestion des finances publiques. Par cette publicité des rapports, l'organisme de contrôle traduit le principe énoncé par les révolutionnaires français à l'article XV de la Déclaration des droits de l'Homme de 1789, à savoir que « *la société a le droit de demander compte à tout agent public de son administration* ».

S'il est donc entendu que la publicité des rapports d'activités et de contrôle constitue l'une des bonnes pratiques en matière de contrôle des finances publiques, il faut s'étonner que cette pratique ne soit pas suivie par la Cour des

[1] Les exemples éloquents sont offerts par le Mali et le Burkina Faso. Respectivement dans ces deux pays, la juridiction financière est nettement supplantée par le Bureau du vérificateur général (BVG) et par l'Autorité supérieure du contrôle d'État et de lutte contre la corruption (ASCE-LC).

[2] P. SEGUIN, « Allocution de clôture », *RFFP*, n°101, mars 2008, p. 177.

[3] « *La Constitution doit autoriser et obliger l'Institution supérieure de contrôle des finances publiques à présenter, chaque année et de manière autonome, un rapport sur les résultats de son activité au Parlement ou à tout organe étatique responsable ; ce rapport doit être publié. Cette mesure permettra une large diffusion de l'information, un examen critique poussé du contenu du rapport et favorisera la réalisation des constatations de l'Institution supérieure de contrôle des finances publiques* ».

comptes de l'UEMOA. Ce faisant, le citoyen communautaire, pour ne pas dire le contribuable communautaire, n'a pas le droit de savoir comment sont utilisées les ressources de l'Union. Seuls les templiers ont le droit de savoir ce que fait la Cour et ce qu'elle dénonce. Le citoyen lambda ainsi que le chercheur d'ailleurs, doivent se contenter de ces quelques lignes dédiées à l'activité de la Cour des comptes dans le *Rapport annuel de la Commission sur le fonctionnement et l'évolution de l'Union* et qui ne renseignent guère sur les résultats de ses contrôles.

Cette confidentialité des rapports de la Cour des comptes de l'UEMOA révèle une situation paradoxale sinon rocambolesque dans la mesure où le législateur UEMOA impose aux États membres l'obligation de publication des rapports des Cours des comptes nationales, notamment dans la directive n°01/2009 portant code de transparence dans la gestion des finances publiques au sein de l'UEMOA[1]. Comment se trouve-t-il alors que l'Union, qui enseigne aux États la transparence financière dans la gestion de leurs finances publiques, soit experte dans l'art de la gestion occulte ? C'est dire que l'Union se fait l'apôtre de cette boutade malheureuse : « *fais ce que je dis mais ne fais pas ce que je fais* ».

Si les autorités communautaires sont responsables de cette confidentialité regrettable des rapports, il reste que la Cour des comptes n'en est pas moins coupable. Certes, le législateur communautaire n'a pas autorisé *expressis verbis* la publication des rapports. Mais, il ne l'a pas non plus interdite. La Cour aurait pu tirer avantage du silence des textes pour rendre publics ses rapports ou, à tout le moins, pour exposer les grandes lignes des résultats de son contrôle. A l'heure de la dématérialisation et du numérique, la publication des rapports ne coûte pas plus d'un sou ! Si cette publication peut paraître contraire au texte, la Cour pourrait, au moins, mettre les rapports à la disposition des chercheurs qui s'intéressent à ses activités. D'ailleurs, c'est peut-être la seule voie de salut qui s'offre, si elle ne veut pas rester confinée au rang d'organe communautaire de

[1] Cette directive stipule de façon éloquente, respectivement dans les points 5.4 et 5.7, l'obligation de publication des rapports de contrôle notamment des Cours des comptes nationales :

- « *5.4 Les comptes définitifs, contrôlés et accompagnés des rapports de contrôle, permettent chaque année, de vérifier le respect des autorisations budgétaires ainsi que l'évolution du patrimoine de l'Etat. Ils sont établis dans le respect des principes, règles et pratiques comptables internationalement reconnus. Ces comptes sont présentés au Parlement et publiés avant la présentation du budget suivant* ».
- « *5.7 La Cour des Comptes rend publics tous les rapports qu'elle transmet au Parlement, au Gouvernement et au Président de la République. Elle publie également ses décisions particulières sur son site web s'il existe et dans au moins deux grands journaux nationaux de grande diffusion* ».

seconde zone. Malheureusement, le chercheur ne semble pas encore être le bienvenu dans les locaux de la Cour qui pratique à souhait l'art de l'esquive[1].

CONCLUSION

A la question centrale de savoir si la Cour des comptes de l'UEMOA occupe une place de choix dans le dispositif des finances communautaires, il convient de répondre par la négative. Les textes organisent un flou artistique sur sa nature juridique : juridiction ou non ? En tout état de cause, le refus de concrétiser le caractère juridictionnel de la Cour des comptes (pourtant énoncé et annoncé par l'article 38 du Traité) a fini par en faire une institution étrange. Les moyens qui sont accordés à la Cour sont nettement en deçà des objectifs et des missions qui lui sont assignées. Les autorités communautaires semblent se satisfaire de cette situation ou plutôt de cette institution étrange puisque son statut n'a jusqu'ici subi aucune modification. Il faut peut-être trouver ici une traduction de la pensée de l'homme de culture allemand, Goethe, qui affirmait qu'« *il suffit de dire le vrai d'une manière étrange pour que l'étrange finisse par sembler vrai à son tour* ».

Si l'indépendance est une garantie essentielle à l'efficacité du contrôle opéré par les organes supérieurs de contrôle, la Cour des comptes de l'UEMOA est bien loin du compte ! Elle ne dispose pas de ressources propres et est entièrement dépendante de la Commission pour la satisfaction de ses moindres besoins. Il convient de remédier à cette insuffisance qui décrédibilise l'action de la Cour puisqu'elle ne peut être sous la tutelle financière de la Commission qui est son principal justiciable. Autrement dit, celui-ci a les moyens d'inhiber les activités de la Cour. Toujours est-il que l'indépendance ne peut seul reposer sur les textes ou sur la redéfinition des textes. Celle-ci se conquiert plus qu'elle ne s'acquiert ! Pour cela, il faut donner de la dynamique dans l'action.

Or, la Cour des comptes de l'UEMOA donne l'image d'une institution plutôt amorphe. Cela tient au fait que l'observateur extérieur ne sait pas trop ce que fait la Cour. Ses rapports d'activités et de contrôle sont tenus dans la plus grande discrétion. La Cour ne saurait se réfugier derrière le fait que les textes ne l'autorisent pas à rendre les rapports publics. Car, les textes n'interdisent pas non plus la publication des rapports. La Cour semble même se satisfaire de cette confidentialité des rapports dès lors qu'elle est hostile à ouvrir ses portes aux rares chercheurs qui daignent s'intéresser à son office. Elle oublie que c'est là certainement le moyen le plus indiqué pour valoriser ses activités et amener les autorités communautaires à prendre en compte ses observations et remarques. Elle joue certainement là sa survie d'autant plus que le recours à l'auditeur

---

[1] Lors de la préparation de cet article, toutes les démarches, que nous avons effectuées pour obtenir quelques rapports de contrôle de la Cour des comptes, se sont révélées infructueuses. Comme en 2011, pendant la préparation de notre thèse de doctorat, il nous a été demandé d'attendre la publication des rapports en ligne ; ce qui n'est jamais intervenu jusqu'ici. Pire, pour faire perdre du temps au chercheur, il lui estt exigé de rédiger des lettres de demandes auxquelles il ne recevra jamais de réponses favorables.

externe a été rendu permanent par les textes. Qui sait, peut-être cette concurrence entrainera sa perte ! En tous les cas, il convient de noter avec Albert Cultru que « *toutes les institutions dont les services sont inemployés finissent par s'assoupir* »[1].

Ce dernier propos interpelle les autorités communautaires. Il faut travailler à mettre en place une institution de contrôle crédible et efficace. Ce que n'est pas actuellement la Cour des comptes. L'Union ne peut pas engager les États sur la voie noble de la transparence financière tout en ayant elle-même, pour reprendre la belle expression du Pr. Diarra, « *un penchant prononcé pour le secret et l'hermétisme* »[2]. Il faut le dire : en l'état actuel, la Cour des comptes de l'UEMOA est disqualifiée pour jouer le rôle de locomotive des Cours des comptes nationales.

---

[1] A. CULTRU, *La réforme de la Cour des comptes. L'extension de ses compétences administratives et politiques*, Thèse, Paris, 1923, p.144.

[2] E. DIARRA, « Pour un observatoire des finances publiques africaines (OFIPAF) », *Revue électronique Afrilex*, Deuxième numéro spécial Finances publiques, juin 2012, http://afrilex.u-bordeaux4.fr/pour-un-observatoire-des-finances.html

A PROPOS DE L'AVIS DE LA COUR DE JUSTICE DE L'UEMOA DU 18 MARS 2003 SUR LA CREATION D'UNE COUR DES COMPTES AU MALI

Demba SY

Professeur des Universités (Dakar)

INTRODUCTION

A travers cette contribution, j'entends apporter un témoignage d'amitié à l'égard de quelqu'un qui a fourni des efforts constants et soutenus au service du droit public et particulièrement des finances publiques. Même s'il a, à ses débuts, travaillé sur le droit de l'intégration économique avec une thèse sur la CEAO, le professeur Eloi DIARRA s'est attaché tout au long de son riche parcours professionnel à tenter d'élucider le droit financier public, de déterminer les forces et les faiblesses des systèmes financiers et fiscaux publics et à rechercher les conditions de la stabilité et de la transparence des finances publiques. Il n'a pas manqué, également, à plusieurs occasions, de se pencher sur des questions touchant au droit administratif et au droit constitutionnel en France et en Afrique.

Pour lui rendre hommage, il m'a paru judicieux de lui rappeler ses premiers amours (CEAO/UEMOA), ses origines (Mali) et sa spécialité (finances publiques), en faisant quelques brèves observations sur l'avis de la cour de justice de l'UEMOA du 18 mars 2003, avis dans lequel le juge s'est prononcé sur la primauté du droit communautaire à propos de la création d'une cour des comptes au Mali. Cette Cour de justice créée par l'article 38 du traité constitutif, installée le 27 janvier 1995, fonctionnelle depuis le 20 décembre 1996, est dotée de compétences arbitrales, judiciaires et consultatives[1]. Depuis sa création, la Cour joue son rôle de conseiller et de contrôleur de l'action des organes communautaires.

Saisie par la Commission sur demande du Mali par la lettre n°829/PC/CJ du 7 février 2003 enregistrée sous le n°01/03[2], la Cour a rendu un avis remarquable par sa clarté et sa précision.

En effet, le traité de l'UEMOA en son article 68, prévoit la possibilité pour les Etats membres de créer une cour des comptes nationale pour assurer le contrôle des finances publiques. Selon cet article,

---

[1]Voir Traité de l'UEMOA, article 38, Protocole additionnel n° 1 relatif aux organes de contrôle de l'UEMOA, article 1er à 22, Acte additionnel n° 10/96 portant statuts de la Cour de justice de l'UEMOA, Règlement n° 01/96/CM du 5 juillet 1996 portant règlement de procédures de la Cour de justice de l'UEMOA.

[2]Voir SALL (A.) : « Observations sous avis n°001/2003 du 18 mars 2003, demande d'avis de la Commission de l'UEMOA relatif à la création d'une cour des comptes au Mali », in *La justice de l'intégration, réflexions sur les institutions judiciaires de la CEDEAO et de l'UEMOA*, Dakar, éditions CREDILA, 2011, p. 173 et s.

« 1) Afin d'assurer la fiabilité des données budgétaires nécessaires à l'organisation de la surveillance multilatérale des politiques budgétaires, chaque Etat membre prend, au besoin, les dispositions nécessaires pour qu'au plus tard un (1) an après l'entrée en vigueur du présent Traité, l'ensemble de ses comptes puisse être contrôlé selon les procédures offrant les garanties de transparence et d'indépendance requises. Ces procédures doivent notamment permettre de certifier la fiabilité des données figurant dans les Lois de Finances initiales et rectificatives, ainsi que dans les Lois de Règlement.

2) Les procédures ouvertes à cet effet au choix de chaque Etat membre sont les suivantes :

- recourir au contrôle de la Cour des Comptes de l'Union ;

- instituer une Cour des Comptes nationale qui pourra, le cas échéant, faire appel à un système d'audit externe. Cette Cour transmettra ses observations à la Cour des Comptes de l'Union.

3) Les Etats membres tiennent le Conseil et la Commission informés des dispositions qu'ils ont prises pour se conformer sans délai à cette obligation. La Commission vérifie que les garanties d'efficacité des procédures choisies sont réunies.

4) Le Conseil adopte à la majorité des deux tiers (2/3) de ses membres les règlements et directives nécessaires à la mise en œuvre de ces dispositions ».

En application de cet article, la directive n° 02/2000/ du 20 juin 2000 portant code de transparence des finances publiques au sein de l'UEMOA en son article *E-2-2, précise que « les Etats membres devront créer des Cours des Comptes autonomes au plus tard le 31 décembre 2002 »*, après avoir souligné *« qu'il n'y a pas de bonne gestion de finances publiques sans un contrôle a posteriori efficace dévolu à une juridiction financière indépendante et dotée de pouvoirs et de capacité d'investigation étendus »*[1].

Selon la lettre de la Commission adressée à la Cour, le principe de la création de Cours des Comptes autonomes a été évoqué lors de la session du Conseil des Ministres de l'UEMOA qui s'est tenue le 23 mai 2002 et lors de diverses réunions organisées par les Présidents des Juridictions financières et les Conseillers à la Cour des Comptes de l'Union. Il a également fait l'objet d'une correspondance adressée par la Commission au Ministre de l'Economie et des Finances de la République du Mali, le 08 mai 2002[2]. C'est que la Constitution du Mali institue, en effet, en son article 83, une Cour Suprême comprenant une Section Judiciaire, une Section Administrative et une Section des Comptes. Le

---

[1] Cette solution a été confirmée plus tard au point 5.6 de la directive n° 01/2009/ portant code de transparence dans la gestion des finances publiques au sein de l'UEMOA : *« les finances publiques et les politiques qu'elles soutiennent sont soumises au contrôle externe au contrôle de la Cour des Comptes, dont la création est obligatoire dans chaque Etat membre ».*

[2] Voir D. OUEDRAOGO, *L'autonomisation des juridictions financières dans l'espace UEMOA*, P. Broché, collection OMN. PRES. FRANC., 2014, 644 p.

problème pour les autorités maliennes se trouve dans la contradiction apparente qui existe entre les normes constitutionnelles de leur pays et les dispositions du droit positif de l'UEMOA, qui commandent la mise en place de cours des comptes autonomes dans les Etats membres de l'Union. La demande précise qu'un projet de révision constitutionnelle notamment en ses articles 81 et suivants sur l'organisation judiciaire, initié en ce sens, par le Gouvernement malien, en 2002, n'a pas abouti[1].

Pour le juge communautaire, la question posée par la demande d'avis est relative à l'introduction dans l'ordre juridique de l'Etat malien de la Directive n°02/2000/CM/UEMOA du 29 juin 2000 du Conseil des Ministres de l'UEMOA concernant la mise en œuvre des dispositions prescrites par l'article 68 du Traité de l'Union.

A cette question, le juge est d'avis que le Traité de l'UEMOA consacrant la primauté de la législation communautaire sur celle des Etats membres, la Directive du 29 juin 2000 portant adoption du Code de transparence dans la gestion des finances publiques au sein de l'UEMOA, doit, dès son entrée en vigueur, être pleinement appliquée en République du Mali. L'Etat malien doit donc prendre toutes les dispositions nécessaires à l'application de cette directive en la transposant immédiatement dans son droit positif interne au risque d'encourir un recours en manquement. Il convient alors d'expliciter le contenu (I) de l'avis avant d'en déterminer la portée (II).

I- LE CONTENU DE L'AVIS

Dans l'avis commenté, la Cour de justice de l'UEMOA a d'abord réaffirmé le principe de la primauté du droit communautaire sur les droits nationaux déjà prévu dans les textes (A). Il en a ensuite indiqué les conséquences et implications sur les Etats et sur le juge national c'est-à-dire son application sur le territoire des Etats membres et l'obligation pour ces derniers de prendre toutes les dispositions nécessaires à l'application de la directive en la transposant (B).

A- LA RÉAFFIRMATION DU PRINCIPE DE PRIMAUTÉ

La supériorité du droit communautaire sur le droit national s'exprime par le principe de primauté. Contrairement à son origine prétorienne dans l'Union Européenne[2], le principe de la primauté du droit communautaire sur le droit national est posé dans le traité de base notamment en son article 6 qui dispose que « *les actes arrêtés par les organes de l'Union pour la réalisation des objectifs du présent Traité et conformément aux règles et procédures*

---

[1] Sur la difficulté de réviser la constitution du Mali, voir E. DIARRA : « Errances autour d'une révision constitutionnelle impossible », *in* Gouvernance et Réforme administrative, Mélanges en l'honneur de Marc DEBENE, études coordonnées par A. de RAULIN et J.-P. PASTOREL, Presses universitaires d'Aix-Marseille, 2018, p. 77 et s.

[2] Voir les arrêts de la CJCE, 17 juillet 1964 Costa c/ Enel, aff. 6/64 Rec. 1141, 17 décembre 1970, Internationalefandelsgesellshaf Aff. 1170 Rec. 1135 et 9 mars 1978 Simmenthal, Aff. 110/77, Rec. 609.

instituées par celui-ci sont appliquées dans chaque Etat membre nonobstant toute disposition nationale contraire antérieure ou postérieure ». C'est pourquoi, le juge a tout d'abord rappelé les dispositions de l'article 68 du traité et l'adoption de la directive n° 2/2000/CM/UEMOA du 29 juin 2000 qui demande à chaque Etat membre de créer une Cour des Comptes autonome au plus tard le 31 décembre 2002. Il précise également que le Mali avait décidé de réviser sa Constitution notamment en ses articles 81 et suivants sur l'organisation judiciaire. Il a ensuite précisé que les conditions d'applicabilité en droit positif malien des normes internationales et au sein de celles-ci des normes communautaires ainsi que leur autorité vis-à-vis des normes nationales sont définies par la Constitution qui prévoit que *« les traités ou accords régulièrement ratifiés ou approuvés ont, dès leur publication, une autorité supérieure à celle des lois, sous réserve pour chaque traité ou accord de son application par l'autre partie »* (article 116). Ainsi, pour le juge, les conditions d'introduction des normes internationales en droit interne malien sont au nombre de trois : une convention régulièrement ratifiée ou approuvée, publiée au journal officiel de la République et appliquée par l'autre partie. En outre, l'Etat du Mali a adhéré en 1994 à l'UEMOA dont le Traité, en son article 43[1], a défini les rapports entre le droit communautaire et les droits nationaux des Etats membres, le premier l'emportant sur les autres.

A partir de là, le juge déclare dans une formule solennelle à l'allure de déclaration de principe que *« la primauté bénéficie à toutes les normes communautaires, primaires comme dérivées, immédiatement applicables ou non, et s'exerce à l'encontre de toutes les normes nationales administratives, législatives, juridictionnelles et, même constitutionnelles parce que l'ordre juridique communautaire l'emporte dans son intégralité sur les ordres juridiques nationaux ».* Il ressort de cette position de principe que la primauté du droit communautaire sur le droit national est d'abord générale en ce sens que le système normatif de l'Union est un « tout » auquel bénéficie la primauté, autrement dit, c'est l'ensemble du droit communautaire qui s'impose au droit national qu'il s'agisse des normes primaires comme les traités internationaux et dérivées qu'elles soient conventionnelles ou unilatérales, immédiatement applicables ou non, d'effet direct ou non. La primauté du droit communautaire est ensuite absolue parce que c'est tout le droit communautaire qui prime sur le droit interne de tout Etat membre dans son ensemble, les normes administratives, législatives, juridictionnelles, y compris les normes de valeur constitutionnelle. C'est que, les rapports qu'entretiennent l'ordre juridique communautaire et les ordres juridiques nationaux portent en germe des

---

[1] L'article 43 dispose : *« Les règlements ont une portée générale. Ils sont obligatoires dans tous leurs éléments et sont directement applicables dans tout Etat membre.*
Les directives lient tout Etat membre quant aux résultats à atteindre.
Les décisions sont obligatoires dans tous leurs éléments pour les destinataires qu'elles désignent. Les recommandations et les avis n'ont pas de force exécutoire ».

difficultés liées notamment à la place de la constitution nationale[1]. Généralement, en cas de contrariété entre les normes communautaires et la constitution, les autorités étatiques procèdent à la révision de celle-ci. Mais avec cet avis, le juge règle par une formule radicale la question des rapports entre la constitution nationale et le droit communautaire qui s'était posée dans le droit européen.

Cette primauté a déjà été suggérée par l'avis du 02 février 2000 relatif à l'interprétation de l'article 84 du Traité et portant sur la politique commerciale de l'Union qui affirme que *« les accords externes, de compétence exclusive, une fois entrés en vigueur, acquièrent un effet obligatoire vis-à-vis des Etats membres en vertu de leur nature d'acte communautaire dérivé à caractère conventionnel »*[2]. Elle est affirmée plus nettement dans l'avis du 27 juin 2000 relatif à l'interprétation des articles 88, 89 et 90 du Traité sur les règles de la concurrence. Dans cet avis qui portait sur un possible conflit de compétence entre l'Union et les Etats membres en matière de concurrence, le juge estime que le Traité donne compétence exclusive à l'Union en matière de droit de la concurrence. Mais, des difficultés d'application peuvent survenir d'autant plus que « *le sens et la portée de deux Droits pourraient être différemment interprétés par les différentes autorités qui les appliquent. En outre la primauté du Droit communautaire et surtout les décisions d'exemption de la Commission pourraient faire peser des incertitudes sur l'efficacité réelle des activités des autorités administratives nationales appelées à appliquer voire interpréter séparément le Droit national et le Droit communautaire dont les limites ne sont pas toujours précises »*[3]. Il en tire la conclusion que les législations nationales antérieures ne peuvent plus s'appliquer et que les législations postérieures n'ont pas lieu d'être.

B. Les implications du principe

Ce principe ainsi posé comporte des implications aussi bien pour les Etats membres que pour le juge national.

1- Pour les Etats

Selon le juge de l'UEMOA, « l*es Etats ont le devoir de veiller à ce qu'une norme de droit national incompatible avec une norme de droit communautaire qui répond aux engagements qu'ils ont pris, ne puisse pas être valablement opposée à celui-ci. Cette obligation est le corollaire de la supériorité de la norme communautaire sur la norme interne.*

---

[1] A. ONDOUA : « La jurisprudence internationale des juridictions constitutionnelles des Etats d'Afrique noire francophone », in *La Justice constitutionnelle*, (sous la direction de O. NAREY) Actes du colloque International de l'ANDC tenu à NIAMEY du 15 au 17 octobre, 2015, Paris, l'Harmattan, 2012, p. 293 ; S. N. TALL : « La justice constitutionnelle sénégalaise et le droit international public », *ibidem*, p. 305.

[2] Avis n°002/2000, Recueil de la Jurisprudence de la Cour, 01 – 2002, p. 111.

[3] Avis du 27 juin 2000, Recueil de la Jurisprudence de la Cour, 01 – 2002, p. 119.

Ainsi, la primauté du droit communautaire emporte certaines conséquences : d'abord les règles doivent être appliquées dès leur entrée en vigueur ; ensuite les règles nationales incompatibles avec les règles communautaires sont inapplicables aussi bien par le juge national que par les autorités nationales ainsi que par les personnes publiques et privées, physiques ou morales. En d'autres termes, en cas de contrariété, le droit national devra, en toute hypothèse, céder devant le droit communautaire. Ainsi, la primauté, en tant que caractère du droit communautaire, implique que les règles communautaires sont appliquées dans chaque Etat membre nonobstant toute législation nationale antérieure ou postérieure.

Le juge a, par conséquent, décidé que la Directive du 29 juin 2000 portant adoption du Code de transparence dans la gestion des finances publiques au sein de l'UEMOA, doit, dès son entrée en vigueur, être pleinement appliquée en République du Mali et qu'il appartient donc à l'Etat malien de prendre toutes les dispositions nécessaires à l'application de cette directive en la transposant immédiatement dans son droit positif interne, le délai de transposition prévu étant épuisé, au risque d'encourir un recours en manquement.

Ainsi, à défaut de mise en œuvre interne de ce principe, l'Etat concerné engage sa responsabilité internationale. Il faut ajouter que le Mali peut faire l'objet d'une procédure en manquement prévu aux articles 6 et 7 du protocole additionnel relatif aux organes de contrôle de l'UEMOA. Pourtant jusqu'à présent le Mali n'a pu modifier sa constitution. Et il n'a pas encore été sanctionné par les autorités communautaires. Le sera-t-il un jour ?

2- Pour le juge national

Le juge communautaire estime que « *le juge national, en présence d'une contrariété entre le droit communautaire et une règle de droit interne, devra faire prévaloir le premier sur la seconde en appliquant l'un et en écartant l'autre* ». Ainsi, le caractère général et absolu du droit communautaire est garanti aussi bien par le juge communautaire que par le juge national. Ce dernier est obligé d'appliquer le droit communautaire dans son intégralité en écartant toute disposition nationale contraire[1]. C'est dans ce sens que s'est prononcée la Cour suprême du Sénégal. Il lui était demandé d'annuler une décision du Comité de Règlement des Différends (CRD) de l'Autorité de Régulation des Marchés Publics (ARMP) à qui l'Etat du Sénégal reprochait d'écarter une disposition du code des marchés publics qui serait contraire à une directive de l'UEMOA. Le juge a admis que si « *le CRD ne peut annuler le décret portant code des marchés publics, il peut cependant écarter des dispositions contraires aux directives n° 4 et 5 en vertu du principe de la primauté du droit communautaire sur la législation nationale* ». Il confronte ensuite les deux

---

[1] P. O. SAKHO : « La Cour suprême face au droit communautaire, *in* Mélanges Babacar KANTE, *Actualités du Droit public et de la Science politique en Afrique,* sous la direction de A. SALL et I. M. FALL, Dakar, l'Harmattan Sénégal, 2017, p. 739.

normes et en tire la conclusion qu'il n' y avait pas de contradiction entre elles[1]. Dans le même sens, la Cour suprême a écarté l'application de l'article 2 du décret portant Code des Marchés Publics (CMP) au motif que cette disposition avait permis l'instauration d'une commission des marchés auprès d'un organisme public dépourvu de personnalité juridique en méconnaissance des dispositions de l'article premier de la directive portant procédures de passation, d'exécution et de règlement des marchés publics et des délégations de service public[2], norme supérieure qui rend tributaire la qualité d'autorité contractante de ces organisations ou agences à l'octroi de la personnalité morale[3].

II- LA PORTEE DE L'AVIS

La portée peut être perçue d'une part sur le principe de primauté qui est devenue un principe essentiel des organisations africaines d'intégration (A) et d'autre part sur la fonction consultative des juridictions communautaires (B).

A- L'IMPORTANCE DU PRINCIPE DE PRIMAUTÉ DANS L'ÉLABORATION DU DROIT COMMUNAUTAIRE

Ce principe s'est diffusé dans les différentes organisations d'intégration et revêt une signification particulière pour le droit communautaire.

1- Diffusion du principe

Ce principe est consacré de manière explicite, comme caractère du droit communautaire, dans certaines organisations comme la Communauté Economique et Monétaire d'Afrique Centrale (CEMAC) et l'Organisation pour l'Harmonisation en Afrique du Droit des Affaires (OHADA).

C'est ainsi que l'article 44 du traité de la CEMAC dispose : *« sous réserves des dispositions de l'article 43, les actes adoptés par les Institutions, les Organes et les Institutions spécialisées de la Communauté pour la réalisation des objectifs du présent traité sont appliqués dans chaque Etat membre nonobstant toute législation nationale contraire, antérieure ou postérieure »*.

De même, l'article 10 du traité de l'OHADA prévoit que *« les actes uniformes sont directement applicables et obligatoires nonobstant toute disposition contraire de droit national antérieure ou postérieure »*. La Cour Commune de Justice et d'Arbitrage l'a réaffirmé dans deux avis et dans un arrêt. D'abord, la Cour d'Abidjan a pu affirmer *« la force obligatoire des Actes uniformes et leur supériorité sur les dispositions des droits internes »*[4]. Elle a

---

[1] CS du Sénégal, 05 mai 2009 Etat du Sénégal c/ ARMP, CDR et AATR, Bull. n° 1, 2008-2009, pp. 96-98.

[2] Directive n°04/2005/CM/UEMOA portant procédure de passation, d'exécution et de règlement des marchés publics et des délégations de service public dans l'Union Economique et Monétaire Ouest Africaine.

[3] CS du Sénégal, 10 mai 2012, CENTIF c/ CDR de l'ARMP, Bull. n° 4-5, 2012, p. 225.

[4] Cour Commune de Justice et d'Arbitrage, Avis consultatif, n°002/99/EP, 13 octobre 1999 (demande d'avis de la République du Mali), *Recueil de jurisprudence CCJA*, n° spécial, janvier 2003, p. 71.

ensuite dégagé directement de l'article 10 du traité OHADA ce qu'elle a également appelé *«une règle de supranationalité (...) parce qu'il prévoit l'application directe et obligatoire des Actes uniformes et institue, par ailleurs, leur suprématie sur les dispositions de droit interne antérieures et postérieures »*[1]. Enfin, dans l'arrêt époux KARNIB[2], la Cour Commune de Justice et d'Arbitrage a fait prévaloir le droit OHADA (article 32 de l'Acte uniforme portant procédures simplifiées de recouvrement et des voies d'exécution) sur le droit d'un Etat membre (articles 180 et 181 du code de procédure civile ivoirien). Ce qui donne toute sa portée à l'article 10 du Traité et par voie de conséquence l'abrogation future de toute norme interne contraire aux actes uniformes.

En revanche, dans d'autres organisations comme l'East African Community (EAC), le Common Market of East and South Africa (COMESA), la South African Development Community (SADC) ou la Communauté Economique des Etats d'Afrique de l'Ouest (CEDEAO), on ne trouve aucune disposition expresse des traités ni aucune jurisprudence communautaire ou nationale affirmant le principe de primauté. Cependant, en partant de certaines dispositions, on peut considérer qu'il y a une affirmation implicite du principe dans ces organisations. Pour la CEDEAO en particulier, certains opinent qu'avec la signature du Protocole A/SP1/06/06 de 2006, on peut présumer une réelle volonté des Etats membres d'adjoindre au droit CEDEAO un caractère de primauté. De même on a pu considérer que l'article 5 § 3 du traité révisé qui prévoit l'engagement des Etats à honorer leurs obligations implique que les Etats doivent prendre des dispositions pour rendre inapplicables leurs législations nationales contraires au droit communautaire[3]. Ce sont des arguments tirés par les cheveux. Mais la Cour de Justice de la CEDEAO a fait un pas dans cette direction dans l'arrêt *Coordination Nationale des Délégués Départementaux de la Filière Café Cacao (CNDD) c/ République de Côte d'Ivoire*[4]. Dans cette affaire, la Cour a affirmé que *« les États membres de la*

---

[1] Cour Commune de Justice et d'Arbitrage, Avis consultatif, n°001/2001/EP, 30 avril 2001 (demande d'avis de la République de Côte d'Ivoire), Recueil de jurisprudence CCJA, n° spécial, janvier 2003, p. 74.

[2] CCJA 11 octobre 2001, Epoux Karnib c/ SGBCI, recueil de jurisprudence CCJA, n° spécial janvier 2003, p. 37, Juris OHADA n° 1/2002, janvier-mars 2002, p. 24, *Penant* n°841, p. 538.

[3] P. J-B. BAKO : « L'influence de la jurisprudence de la CJUE sur l'interprétation juridictionnelle du droit communautaire ouest-africain (CEDEAO-UEMOA), Geneva, Jean Monnet Walking papers, 7/ 2016, Université de Genève, Centre d'Etudes Juridiques Européennes, 43 p.

[4] Cour de Justice de la CEDEAO, 17 décembre 2009, 2009, Coordination Nationale des Délégués Départementaux de la Filière Café Cacao (CNDD) c/ République de Côte d'Ivoire, (consulté, en dernier lieu, le 15 août 2015) disponible sur http://www.courtecowas.org/site2012/. Rappelons que dans cette affaire, la défenderesse demandait à la Cour de décliner sa compétence au motif que l'État de Côte d'Ivoire avait été assigné en méconnaissance du droit ivoirien qui prévoit que, « *toute action portée devant les instances judiciaires, arbitrales et commissions nationales ou internationales dans les actions*

CEDEAO, en tant que parties contractantes du droit communautaire CEDEAO ou en tant que garants de la mise en œuvre des droits humains reconnus dans le Traité Révisé de la CEDEAO sont débiteurs de ces droits et peuvent à ce titre être assignés devant l'Institution Judiciaire Principale de cette Communauté ». On peut en tirer la conséquence que les Etats ne peuvent plus faire prévaloir une disposition nationale sur une disposition communautaire. Ainsi, c'est de la nature de la Communauté que l'on peut implicitement déduire la primauté du droit communautaire sur le droit national.

2- Signification du principe

Quelle est la signification du principe de primauté ? En Afrique, dans quelle mesure le principe de primauté constitue-t-il une condition *sine qua non* de l'ordre juridique communautaire au sens où l'autonomie ne saurait se concevoir sans primauté ? Il nous semble que la primauté est une condition fondamentale de l'effectivité du droit communautaire. Au fond, la consécration du principe de primauté répond aux objectifs d'affirmation du caractère particulier du droit communautaire par rapport au droit international classique et de son application uniforme par les Etats membres. Il s'agit là d'une question délicate qui reflète la spécificité de la construction communautaire (intégration) ainsi que la nécessité de garantir l'autonomie, l'autorité et l'efficacité du droit de l'intégration par rapport au droit interne des Etats membres. La primauté est donc un caractère essentiel du droit communautaire. Elle permet d'assurer la réalisation des objectifs prévus par les traités originaires et d'en garantir l'effectivité.

Dans ces conditions, la primauté est l'un des paramètres décisifs pour appréhender la nature des organisations d'intégration conçues comme des communautés économiques. C'est une exigence incontournable à l'existence même de l'ordre juridique communautaire qui est par ailleurs la conséquence logique du transfert de compétences que les Etats ont consenti à l'organisation. Le principe de primauté permet enfin de garantir l'effet utile des traités tout en protégeant le droit communautaire contre les atteintes éventuelles en provenance des Etats membres.

Par ailleurs, la question de la détermination du fondement de la primauté du droit communautaire revient à se demander si les règles qui régissent les rapports du droit communautaire et des droits nationaux doivent être consacrées par le premier ou par les seconds. Au regard de l'ordre juridique interne, le principe de primauté apparaîtra comme une règle de conflit de l'ordre juridique communautaire en situation de conflit avec les ordres nationaux.

---

tendant à faire déclarer l'État de Côte d'Ivoire créancier ou débiteur, doit être intentée à peine de nullité par ou contre l'Agent Judiciaire du Trésor ». De ce fait, poursuit-elle, il y a violation des dispositions du droit positif d'ordre public ivoirien.

Au total, le principe de primauté permet d'organiser une coexistence entre les règles du droit communautaire et les règles de droit interne et aussi de donner plein effet au droit communautaire en droit interne.

B- La place et le rôle grandissant de la fonction consultative du juge

Cet avis de la Cour de justice de l'UEMOA est révélateur de la place de plus en plus grande de la fonction consultative des juridictions internationales et communautaires[1]. La Cour de Justice peut émettre des avis sur tout projet de texte, sur la compatibilité d'un accord international avec le traité ou sur toute difficulté rencontrée dans l'application ou l'interprétation du droit communautaire[2]. Cette fonction consultative peut être appréhendée au plan quantitatif et au plan qualitatif

Au plan quantitatif : une activité consultative appréciable

Une quinzaine d'avis ont été rendus dans divers domaines essentiellement sur saisine de la Commission de l'UEMOA. Ils portent sur divers domaines. Sur les questions financières, outre l'avis commenté du 18 mars 2003 relatif à la création d'une Cour des Comptes au Mali, il y a d'abord l'avis du 20 mai 1997 sur le projet de loi organique relative aux lois de finances et le projet de décret portant règlement général sur la comptabilité publique[3]. Sur saisine de la Commission de l'UEMOA, à la suite de divergences entre un groupe d'experts qui préconisait une adoption par directive et la Commission qui pensait qu'il faudrait recourir à l'Acte additionnel et au règlement, la Cour, après avoir rappelé le régime du règlement et de la directive (cf. art 67, 43 et 6 du traité de l'UEMOA) a proposé l'adoption par règlement ou directive et recommande, en raison des délais, l'adoption des deux textes par règlement. Il y a ensuite les avis n° 002 du 25 juin 1999[4] et n°003 du 25 novembre 1999[5] qui déterminent certains aspects du régime des actes additionnels ainsi que la nature non juridictionnelle de la Cour des Comptes. Il y a aussi l'avis n° 02/2003 relatif au renouvellement du mandat des conseillers de la Cour des Comptes[6] et l'avis n°

---

[1] Voir A. ONDOUA et D. SZYMCZAK, (Dir.), *La fonction consultative des juridictions internationales*, P., Pedone, 2009, 166 p. ; J. WAMBO, *La procédure consultative devant les juridictions communautaires africaines : cas de la Cour Commune de Justice et d'Arbitrage de l'OHADA*, Abidjan, 2013, 124 p.

[2] Cf. article 27 de l'Acte Additionnel portant statuts de la Cour de Justice de l'UEMOA et article 15. 7 du règlement n° 01/96/CM portant règlement de procédures de la Cour de Justice de l'UEMOA.

[3] Avis n° 001/97 du 20 mai 1999, *Revue Burkinabé du Droit*, n° 37, 2000, note A. S. COULIBALY, p. 106

[4] Avis n° 002/99 du 25 juin 1999 relatif aux projets d'acte additionnel portant statuts de la Cour des Comptes et au règlement portant modalités de reddition et de contrôle, non publié.

[5] Avis n° 003/99 du 25 novembre 1999 relatif à l'interprétation de dispositions du traité de l'UEMOA et du protocole additionnel n° 1, non publié.

[6] Recueil 2004, p. 75.

01/2017 sur le conseil régional de l'Epargne publique et des marchés financiers de l'UMOA[1].

Pour les autres domaines, on peut les regrouper en trois grandes rubriques : les avis sur les questions bancaires et économiques ; les avis sur les questions administratives et les autres. Sur les questions bancaires, la Cour a rendu un avis le 10 décembre 1996 relatif au projet d'agrément unique pour les banques et les établissements financiers[2]. Sur saisine de la BCEAO, la Cour admet le principe de l'agrément unique dans la mesure où il permet de favoriser un marché bancaire voire financier sous régional. L'agrément sera octroyé par la Commission bancaire. Il prendra la forme d'une loi uniforme ou d'une convention inter-Etat (traité de l'UMOA). Sur les questions économiques, la Cour a rendu quatre avis : d'abord l'avis du 2 février 2000 relative à l'interprétation de l'article 84 du Traité de l'UEMOA[3]. La question était de savoir si l'Union a une compétence exclusive pour conclure des accords internationaux avec des pays tiers ou des organisations internationales dans le cadre de la politique commerciale commune instituée par le Traité. En raison d'une divergence entre le Comité des experts et la Commission, cette dernière saisit la Cour d'une demande d'avis. Celle-ci donne raison à la Commission en estimant que la politique commerciale commune tant intérieure qu'extérieure de l'Union relève de la compétence exclusive de cette dernière. Par conséquent, les Etats membres ne peuvent négocier ou conclure des accords internationaux en matière commerciale sauf exceptions (accords mixtes ou accords interétatiques). Ensuite l'avis du 2 février 2000 sur le projet de code communautaire des investissements de l'UEMOA[4] rendu sur saisine de la Commission. Dans cet avis, la Cour a mis en exergue les avantages du projet (attractivité et tendance égalisatrice) et déterminé les conditions de l'investissement (champ d'application matériel, pas de condition de nationalité, pas de distinction investissements privés et publics, notion patrimoniale de l'investissement, transfert de technologie etc.) ainsi que le champ d'application spatial (territoire communautaire avec l'exception des zones franches). La Cour s'est également prononcée sur le système de règlement des différends, sur le rejet de la conciliation obligatoire et sur l'exclusivité du règlement des litiges qui appartient à la Cour de l'Union. Aussi, la Cour a évoqué le problème de la coexistence au sein du projet des lois uniformes de l'OHADA et du droit communautaire peut entraîner des contrariétés de décisions. Il y a également l'avis du 27 juin 2000 relative à l'interprétation des articles 88, 89 et 90 du Traité portant sur la concurrence[5]. Dans cet avis, la Commission, ayant constaté une

[1] www.juricaf.org, consulté le 28 juillet 2019
[2] Avis n° 001/96 du 10 décembre 1996, Recueil de la Jurisprudence de la Cour, 01-2002, p. 5 ;
[3] Avis n°002/2000, Recueil de la Jurisprudence de la Cour, 01 – 2002, p. 111.
[4] Avis n° 001/2000, Revue Burkinabé du Droit, n° 37, 1er semestre 2000, p. 125, note Y. BATCHASSI.
[5] Avis n° 003/2000, Recueil de la jurisprudence de la Cour n° 01 – 2002, p. 119.

divergence de vues entre elle et les experts des Etats membres, saisit la Cour sur les compétences respectives de l'Union et des Etats membres. Les experts des pays membres défendaient le maintien du droit des Etats en matière de pratiques anti-concurrentielles tandis que Commission préconisait la compétence exclusive de l'Union. La cour a tranché en faveur de la Commission. Enfin, l'avis du 19 octobre 2007 relatif à la possibilité pour les Etats membres de conclure individuellement des accords d'investissement avec les pays tiers[1]. Concernant les questions administratives, il y a d'abord les avis du 10 septembre 1998 et du 22 mars 1999 sur la délégation de signature du Président de la Commission à son Directeur de cabinet. Dans ces avis notamment dans le premier, la Cour détermine en s'inspirant du droit administratif interne, les conditions de validité d'une délégation de signature et rend un avis défavorable au président de la Commission. Il y a aussi l'avis du 22 octobre 2003 sur l'interprétation de certaines dispositions du statut des fonctionnaires de l'Union qui ne soulève pas de problèmes particuliers. Enfin d'autres avis concernent des institutions comme le Parlement de l'Union[2], la Banque Ouest Africaine de Développement[3] ou la Chambre consulaire[4].

Au plan qualitatif : une contribution remarquable au développement du droit communautaire

Du fait de la rareté du contentieux portant sur l'intégration économique, ce sont surtout les avis rendus par les juridictions qui portent sur le droit communautaire. Dans les litiges portés devant le juge communautaire, il y a plutôt une prédominance du contentieux de la fonction publique notamment à l'UEMOA et à la CEMAC et celui des droits de l'homme surtout à la CEDEAO[5]. C'est ainsi que les avis se substituent d'une certaine manière aux arrêts. Cette activité de substitution est surtout observable à l'UEMOA[6] et dans une moindre mesure dans les autres organisations[7].

---

[1] Avis n° 1/2007 du 19 octobre 2007, Recueil des textes fondamentaux et de la jurisprudence de la Cour, UEMOA-IOF, Ouagadougou, 2008, p. 596 ; voir aussi A. SALL : « Observations sous avis n°1/2007 du 19 octobre 2007 », *in La justice de l'intégration, réflexions sur les institutions judiciaires de la CEDEAO et de l'UEMOA*, Dakar, éditions CREDILA, 2011, p. 268 et s.

[2] Avis n° 004/99 du 25 novembre 1999 sur le projet de traité du Parlement de l'UEMOA, non publié.

[3] Avis n° 01/2011 du 30 novembre 2011 sur l'éligibilité de la BOAD au système judiciaire de la Cour de Justice

[4] Avis n° 001/ 2016 sur la chambre consulaire régionale de l'UEMOA.

[5] Voir A. SALL, *Le contentieux de la violation des droits de l'homme devant la cour de justice de la CEDEAO*, D., l'Harmattan-Sénégal, 2019, 264 p.

[6] Voir D. SY : « Brèves réflexions sur la justice des organisations africaines d'intégration économique », Mélanges en l'honneur du juge Kéba MBAYE, *Administrer la justice, Transcender les frontières du droit* (Etudes réunies par M. BADJI et El Hadj O. DIOP), Presses de l'Université de Toulouse 1 Capitole, 2018, p. 532 et s.

[7] Pour la CEMAC, voir par exemple avis de la CJ CEMAC du 9 avril 2003 sur l'avant-projet de règlement CEMAC relatif aux systèmes, moyens et incidents de paiement et avis du 5 juin

Ces avis jouent un rôle très important. Ils permettent au juge communautaire, dans le cadre de son pouvoir d'interprétation, de participer à l'élaboration du droit communautaire même si une méconnaissance de la procédure consultative a pu être notée[1]. Autrement dit, c'est dans ces avis que le juge a donné des interprétations du Traité et des actes subséquents[2] et qu'il a tenté d'élaborer une doctrine en matière d'interprétation des dispositions du traité et des autres actes communautaires.

Tout d'abord, le juge a délimité, en rappelant les principes de répartition, les compétences respectives de l'Union et des Etats membres notamment en matière de traités commerciaux ou de droit de la concurrence[3]. Il a ensuite proclamé l'autonomie de l'ordre juridique de l'Union en affirmant sans ambages , dans son avis du 2 février 2000, en s'inspirant de la jurisprudence de la cour de justice des communautés européennes que *: « il importe de souligner que l'Union constitue en droit une organisation de durée illimitée, dotée d'institutions propres, de la personnalité et de la capacité juridique et surtout de pouvoirs issus de limitations de compétence et d'un transfert d'attribution des Etats membres qui lui ont délibérément concédé une partie de leurs droits souverains pour créer un ordre juridique autonome qui leur est applicable ainsi qu'à ses ressortissants »*[4].

Le juge a également déterminé la place des actes additionnels[5] et des conventions dérivées[6] dans la hiérarchie des normes communautaires et précisé la place et le régime des règlements et des directives (caractère obligatoire et effet direct)[7]. D'ailleurs, la Cour de justice de l'UEMOA considère le traité constitutif comme étant la charte constitutionnelle de l'Union[8]. Il est de ce fait au sommet de la hiérarchie des normes communautaires. Il a également affirmé avec l'avis commenté la primauté du droit communautaire sur les droits nationaux.

2013 sur les difficultés de la COBAC du fait de la mise en cause de la légalité d'un règlement. Voir SY (D.) : « Brèves réflexions sur la justice des organisations africaines d'intégration économique », Mélanges en l'honneur du juge Kéba MBAYE, *op. cit.* p. 532 et s.

[1] A. SALL : « Pour une plus grande pédagogie du contentieux communautaire : réflexion sur la mise en œuvre des procédures de collaboration avec les juridictions sous régionales (renvoi préjudiciel et demande d'avis) », www.institut-idef.org, consulté le 12 juillet 2019.

[2] Voir D. SY, « L'activité de la cour de justice de l'UEMOA », Nouvelles annales africaines, n° 1, 2007, p. 207 ;

[3] Avis n°002/2000, *Recueil de la Jurisprudence de la Cour*, 01 – 2002, p. 111 ; Avis n° 003/2000, Recueil de la jurisprudence de la Cour n° 01 – 2002, p. 119 et Avis n° 1/2007 du 19 octobre 2007, Recueil des textes fondamentaux et de la jurisprudence de la Cour, UEMOA-IOF, Ouagadougou, 2008, p. 596.

[4] Avis du 02 février 2000, *Recueil* n° 01, 1996-2000, p. 111.

[5] Avis n° 002/98 du 25 juin 1999 et avis n° 003 du 25 novembre 1999 sur la Cour des comptes, *op. cit.*

[6] Avis du 02 février 2000, *op. cit.*

[7] Avis n° 001/97 du 20 mai 1999, *Revue Burkinabé du Droit*, n° 37, 2000, p. 106 et s.

[8] Avis du 27 juin 2000 et avis du 20 juin 2003, *op. cit.*

Même si ces avis ne lient pas les autorités communautaires car n'ayant qu'un caractère consultatif[1], ils n'en sont pas moins généralement suivis. C'est du moins le constat de la juge Ramata FOFANA[2], qui cite à titre d'exemples trois avis : l'avis du 27 juin 2000 sur l'interprétation des articles 88, 89 et 90 du Traité sur les relations entre la commission de l'UEMOA et les autorités nationales chargées de la concurrence qui a servi de fondement à l'élaboration de la législation communautaire de la concurrence ; l'avis 02 du février 2000 sur l'interprétation de l'article 84 du Traité qui a permis à la Commission d'affirmer sa compétence exclusive en matière de négociation pour la conclusion d'accords commerciaux et l'avis du 18 mars 2003 –qui fait l'objet du commentaire - qui indique à l'Etat malien qu'elle a l'obligation de modifier sa constitution pour respecter la directive n°02/2000 de l'UEMOA qui enjoignait les Etats membres de créer des Cours des Comptes autonomes dans leur organisation judiciaire au plus tard le 31 décembre 2002 et ce en application de l'article 68 du Traité.

[1] Voir note A. S. COULIBALY, sous avis n° 001/97 du 20 mai 1999, *Revue Burkinabé du Droit*, n° 37, 2000, p. 106 et s.

[2] R. FOFANA, juge burkinabé à la CJUEMOA, communication au séminaire de formation des magistrats en droit public des affaires UEMOA/CEMAC du 20 au 31 octobre 2008 à Porto Novo au Benin.

4- FINANCES LOCALES

ETAT DES LIEUX DU CADRE JURIDIQUE ET INSTITUTIONNEL DE GESTION DES RESSOURCES FORESTIERES AU SENEGAL

Ibrahima LY

Professeur Titulaire de Droit Public et Science Politique
Directeur du Laboratoire d'Etudes et de Recherches en Politiques, Droit de l'Environnement et de la Santé (LERPDES)
Faculté des Sciences Juridiques et Politiques
Université Cheikh Anta DIOP de Dakar (Sénégal)

Introduction

En tant que pays sahélien, le Sénégal dispose d'un patrimoine forestier assez limité. Si cela peut être considéré comme un handicap en comparaison avec d'autres pays africains, des efforts ont été faits depuis plusieurs décennies par les pouvoirs publics en vue de contrôler et gérer les activités humaines qui portent atteinte à ce patrimoine : feux de brousse, exploitations frauduleuses des espèces protégées, surpâturage, coupes illégales dans les zones les plus densément boisées, défrichements agricoles dans les forêts classées. Les objectifs affirmés d'inversion de la perte de biodiversité, de dégradation des forêts, du commerce du bois et des produits ligneux figurent dans toutes les lettres de politiques sectorielles post Rio 1992.

Pour atteindre ces objectifs, il fallait des mesures courageuses prises par les pouvoirs publics et soutenues par les organisations de défense de l'environnement : suspension de la délivrance des permis de coupe de bois sur certaines parties les plus boisées du territoire national, mobilisation des forces de défense et de sécurité, recrutement d'agents des eaux et forêts et durcissement des peines[1]. Ces mesures doivent nécessairement s'appuyer sur un arsenal législatif et règlementaire dissuasif. Il faut rappeler sur ce point qu'au Sénégal, le cadre juridique et institutionnel de gestion des ressources forestières est très ancien. Ainsi, pendant la période coloniale, les forêts[2] avaient fait l'objet d'une attention particulière même si les résultats attendus n'ont pas toujours suivi. Il faut à ce sujet préciser que plus de 90 % des forêts classées actuelles au Sénégal l'ont été avant l'indépendance obtenue en 1960.

Après l'accession du Sénégal à l'indépendance, le premier cadre juridique fixant les modalités d'accès à la terre et aux ressources forestières a été la loi n° 64-46 du 17 juin 1964 relative au domaine national. Cette loi va créer pour la première fois au Sénégal les zones urbaines, les zones classées, les zones de terroirs et les zones pionnières. Il faudra attendre plus de vingt ans pour que la faune (qui est un élément important des ressources forestières) bénéficie d'un

---

[1] Ces mesures ont fait l'objet en 2018 de directives présidentielles préalables à la finalisation de la révision du nouveau code forestier entré en vigueur en novembre 2018.

[2] Rapport National Biodiversité du Ministère de l'Environnement et de la Protection de la Nature, décembre 1997 84 pages, p.6.

cadre juridique rénové avec la loi n° 86-04 du 24 janvier 1986 portant Code de la Chasse et de la Protection de la Faune.[1] Quant au code forestier qui constitue l'instrument de base de la gestion des ressources forestières, il a connu une évolution en dents de scie depuis le décret de 1965 qui consacrait l'adoption du premier texte consolidé post indépendance ; il sera révisé successivement en 1974 avec la loi n° 74-046 du 18 juillet 1974, puis en 1993, en 1998 et récemment en novembre 2018. Ce code consacre la rénovation des règles juridiques en introduisant de nouvelles règles, en renforçant les sanctions et en s'alignant sur les obligations définies par les conventions internationales auxquelles le Sénégal a souscrit.

Comment faire l'état des lieux du cadre juridique et institutionnel en vigueur en matière de gestion des ressources forestières au Sénégal ? La question peut paraître simple *a priori* si l'on se contente simplement de lister et de décrire les instruments juridiques et les institutions. Mais elle devient plus compliquée si l'on examine ce cadre juridique et institutionnel de la gouvernance forestière au Sénégal en se posant la question de savoir s'il permet de garantir l'efficacité des politiques de conservation. En effet, les nombreuses révisions du code forestier et de ses textes subséquents traduisent un souci de mise en cohérence du droit applicable en vue d'une meilleure protection du couvert végétal dans un contexte de désertification, mais également la nécessité de prise en compte de la décentralisation et de la participation de plus en plus accrue et réelle des populations locales dans la gestion du patrimoine forestier national.

L'état des lieux du cadre juridique et institutionnel de la gestion des ressources forestières mettra donc l'accent principalement sur les textes juridiques en vigueur et sur les institutions chargées de la protection du patrimoine forestier. C'est un choix découlant d'une approche qui peut paraître discutable. Néanmoins, certains aspects du droit positif comme la jurisprudence seront pris en compte, notamment quelques décisions de la Cour Suprême rendues en matière administrative sur des questions relevant de la gestion des ressources fauniques.

Par ailleurs, l'état des lieux ne consistera pas à faire une description de ce cadre juridique et institutionnel qui est déjà suffisamment connu des spécialistes du droit administratif et du droit de l'environnement[2]. L'approche retenue sera de montrer qu'il existe un cadre juridique et institutionnel qui demande à être amélioré malgré des avancées significatives.

---

[1] La révision de cette loi de 1986 portant code de la chasse et de la protection de la faune est toujours attendue en 2019 car après plus de trente ans d'application, elle est devenue inadaptée et caduque sur plusieurs points.

[2] Pour une lecture plus approfondie et sélective sur les origines et les sources au Sénégal, voir I. LY, *Problématique du droit de l'environnement dans le processus de développement économique et social d'un pays africain : l'exemple du Sénégal*, thèse de doctorat d'Etat UCAD Dakar, avril 1994, 458 pages.

Pour présenter cet état des lieux, nous allons dans une première partie essayer de montrer que le cadre juridique et institutionnel de gestion des ressources forestières au Sénégal est diversifié et ambitieux (I), avant de démontrer dans une deuxième partie que le droit positif applicable est insuffisamment sanctionné (II).

I- UN CADRE JURIDIQUE ET INSTITUTIONNEL DIVERSIFIE ET AMBITIEUX

Dès son accession à l'indépendance en 1960, le Sénégal a entamé un vaste processus de mise en place d'une législation nationale dans différents domaines. La conservation de la nature et des ressources naturelles va occuper une place importante même si elle n'a pas toujours été visible au départ. Un processus de codification a permis de rédiger certains textes de base au niveau national, parallèlement à la succession d'Etats et à l'adhésion ou la ratification de plusieurs conventions internationales (A).

Sur le plan institutionnel, beaucoup d'acteurs interviennent dans la gestion des ressources forestières. Cette situation est source d'instabilité pouvant entrainer des incohérences dans le choix des pouvoir publics dont la bonne foi est présumée (B).

A- UN CADRE JURIDIQUE ÉTENDU ET VARIÉ

Les ressources forestières sont parmi celles qui bénéficient de la plus grande attention de la part des pouvoirs publics. Au sens large, les ressources forestières concernent non seulement les ressources biologiques animales et végétales terrestres, mais aussi les eaux continentales et la faune aviaire et aquatique. Plusieurs textes sectoriels sont applicables à ces ressources forestières : loi sur le domaine national, code forestier, code de la chasse et de la protection de la faune, loi portant code du domaine de l'Etat, loi sur la pêche continentale, code de l'eau.

Sous réserve du principe de la continuité de l'application des lois et règlements déjà en vigueur au moment de l'indépendance en 1960, le premier texte législatif de base qui a été adopté après 1960 et qui est directement en rapport avec la gestion des ressources forestières est la loi 64-46 du 17 juin 1964 relative au domaine national. Le domaine forestier, une composante du domaine classé du domaine national, est érigé dans le but de favoriser la constitution de réserve de bois, la conservation des sols et la préservation de la végétation et de la biodiversité.

Le domaine forestier protégé est constitué des formations forestières naturelles situées hors des zones de terroir destinées à l'agriculture et où s'exerce l'exploitation forestière. La gestion du domaine forestier protégé est confiée aux collectivités territoriales[1]. Le principe du transfert des compétences

[1] Article 2.16 de la loi n°2018- 25 du 12 novembre 2018 portant code forestier.

n'est effectif que si les collectivités territoriales parviennent à élaborer un plan d'aménagement forestier[1] ou un plan simple de gestion[2].

Le domaine forestier classé est constitué des parcs nationaux, des réserves spéciales, des forêts classées, des réserves naturelles intégrales et des périmètres de reboisement et de restauration.

Au lendemain du sommet de Rio de 1992, le code forestier de 1974 a été révisé avec l'adoption de la nouvelle loi n°93-06 du 04 février 1993 portant code forestier et son décret d'application n° 95-357 du 11 avril 1995. Cette législation consacrait l'implication directe des collectivités locales dans la gestion des ressources forestières. Les populations limitrophes peuvent désormais participer à la gestion des forêts relevant de leurs localités avec des possibilités de gestion de forêts classées concédées par l'Etat.

L'amorce du processus de décentralisation en 1996 va essayer d'atteindre cet objectif d'implication des populations. C'est ainsi qu'en 1996, neuf domaines de compétences ont été transférés aux collectivités locales dont l'environnement et la gestion des ressources naturelles à travers la loi 96-07 du 22 mars 1996 portant transfert de compétence aux collectivités locales en matière d'environnement et de gestion des ressources naturelles. Les textes de 1996 consacrent la gestion décentralisée et concertée des ressources forestières. En effet, les collectivités locales ont la possibilité de mettre en place au niveau local des cadres de concertation pour la gestion des ressources naturelles et la protection de l'environnement ou pour l'harmonisation des politiques d'environnement.

Afin de mettre en cohérence la législation forestière et la loi de 1996 sur la décentralisation, un nouveau code forestier est adopté en 1998. Il s'agit de la loi n° 98-03 du 8 janvier 1998 portant Code forestier (partie législative) qui abroge les dispositions antérieures de la loi n° 93-06 du 4 février 1993 et du décret n° 98-164 du 20 février 1998 portant partie réglementaire du Code forestier. Ces deux textes ont été mis au point à la suite d'un long processus dont les enjeux étaient d'une part, la protection du couvert végétal dans un contexte de désertification, et d'autre part, la prise en compte d'une participation de plus en plus grande des populations locales dans la gestion du patrimoine forestier national. C'est ainsi que dans son exposé des motifs, le code forestier de 1998 posait les principes en ces termes : « *la conservation, la protection et la valorisation de l'Environnement et des Ressources naturelles dépendent, dans une large mesure, de la responsabilisation des populations et des collectivités locales* ». La réforme du Code forestier visait donc à impulser une dynamique participative dans la gestion des ressources forestières. Les nouvelles approches favorisant les activités de reboisement communautaires, villageoises et privées et insistant sur la formation de la population locale ont été fortement

[1] Pour les forêts de plus de 20 hectares.
[2] Pour les forêts dont les surfaces sont comprises entre 05 et 20 hectares

encouragées. Ces approches ont permis d'encourager la population locale à consacrer du temps et de l'énergie à la mise en valeur, la protection et la restauration des ressources forestières.

On peut donc affirmer sans exagération que la loi n° 98-03 du 08 janvier 1998 portant code forestier et son décret d'application ont pris en compte les changements apportés par les textes de 1996 sur la décentralisation notamment le décret n° 96-1134 du 27 décembre 1996 qui consacre le transfert de compétences aux régions, aux communes et aux communautés rurales en matière d'Environnement et de gestion des Ressources naturelles. Toutefois, son application a décelé la nécessité d'approfondir et de clarifier certaines dispositions et de renforcer l'implication du secteur privé dans la gestion de l'Environnement et des Ressources naturelles.

La loi n°2018-25 du 12 novembre 2018 portant nouveau code forestier constitue le parachèvement de l'architecture juridique actuellement en vigueur au Sénégal en matière de gestion des ressources forestières. Elle abroge la loi 98-03 du 8 janvier 1998 et s'inscrit dans le prolongement des orientations fixées par la loi constitutionnelle n°2016-10 du 5 avril 2016 portant révision de la constitution et consacrant la reconnaissance de nouveaux droits aux citoyens notamment le droit sur leurs ressources naturelles et sur leur patrimoine foncier[1].

En application de ce nouveau code forestier du 12 novembre 2018, le décret n° 2019-110 du 16 janvier 2019 détermine les nouvelles modalités de gestion des forêts à travers l'aménagement, l'exploitation forestière, le classement et le déclassement des forêts, la gestion des feux de brousse et du pâturage en forêt, ainsi que le régime applicable aux espèces forestières protégées partiellement ou intégralement.

En vérité, tout n'est pas nouveau dans ces deux textes de 2018 et 2019 portant code forestier, mais on constate notamment un souci de clarification sur plusieurs points par rapport aux deux codes de 1993 et de 1998. Ainsi par exemple, les dispositions de la partie législative de 1998 qui conféraient un droit de propriété sur les plantations réalisées par les populations sur le domaine national ont été supprimées. En effet, cette attribution du droit de propriété sur les plantations sur le domaine national soulevait au plan juridique la question de la cohérence de la législation dans un système juridique où le domaine national est insusceptible d'appropriation, sous réserve de l'article 3 de la loi sur le domaine national.

Par ailleurs, sur le plan international, le Sénégal ayant souscrit à plusieurs conventions et autres accords internationaux, devait de se conformer aux dispositions de sa constitution.

Compte tenu de ce qui précède, le nouveau code forestier de novembre 2018 et son décret d'application de janvier 2019 traduisent donc la volonté des

---

[1] Article 25.2, 25.3 de la loi constitutionnelle du 5 avril 2016.

pouvoirs politiques de se conformer aux engagements internationaux. C'est cela qui explique l'insertion dans les nouvelles définitions des conventions locales en tant qu'outils locaux et participatifs de gestion des ressources forestières d'une part, et de l'implication du secteur privé dans la gestion du domaine forestier d'autre part. En outre, les redevances forestières sont désormais partagées entre l'Etat, les collectivités territoriales, les organisations d'exploitants forestiers et les autochtones. Le code forestier prévoit une répartition des recettes forestières entre l'Etat et les collectivités territoriales : dans les forêts de terroir aménagées, 20% des redevances reviennent à l'Etat, 30 % à la collectivité territoriale et 50% au Fonds local d'aménagement du massif forestier concerné. Dans les forêts classées aménagées en cogestion, 80% des redevances reviennent à l'Etat et 20 % aux collectivités territoriales. Il est impératif de signaler que le régime juridique des forêts au Sénégal exclut l'appropriation des ressources forestières par les communautés locales. La seule exception concerne les droits d'usage exercés par les populations : ramassage des bois morts, récolte des fruits.[1]

Dans le cadre de l'acte 3 de la décentralisation, la question de la protection des droits des communautés reste encore largement débattue et il n'est pas exclu que de nouveaux changements soient opérés dans les mois et années à venir en vue de bien prendre en compte les droits des populations autochtones dans le partage des recettes provenant de l'exploitation forestière.

Que dire du cadre institutionnel ? Il est aussi varié que le cadre juridique dans un pays qui entreprend assez régulièrement des réformes institutionnelles plus ou moins réussies en vue de faire participer l'ensemble des acteurs impliqués dans la gestion des ressources forestières.

B- UN CADRE INSTITUTIONNEL DISPERSÉ ET INSTABLE

Le cadre institutionnel de la gestion des ressources naturelles du Sénégal est marqué par une dispersion et une instabilité. Cela conduit souvent à des nécessaires harmonisations dans les choix politiques faits par les pouvoirs publics. Le cadre institutionnel de gestion des ressources forestières au niveau du Sénégal est globalement articulé autour :

- des structures centrales, qui ont pour mission d'élaborer, de mettre en œuvre, de suivre et d'évaluer les domaines relevant des politiques nationales en matière de gestion des ressources forestières ;
- des structures décentralisées constituées par les collectivités territoriales et des agences d'exécution nouvellement créées ;
- des institutions non gouvernementales actives dans la gestion des ressources forestières ;

[1] Il faut rappeler que ces droits d'usage existent au Sénégal depuis la loi sur le domaine national du 17 juin 1964 et depuis l'amorce de la première vague de réforme de la décentralisation territoriale en 1972.

- des institutions de formation et de recherche (laboratoires universitaires, cabinets et bureaux d'études, autres prestataires de services dans le secteur de la gestion des ressources forestières)
- des organismes de coopération au niveau bilatéral et multilatéral qui sont actifs dans la gestion des ressources forestières au Sénégal.

Nous retiendrons trois principaux niveaux de gestion pour démontrer la dispersion et l'éclatement : le niveau central, le niveau déconcentré, et le niveau décentralisé.

En ce qui concerne l'administration centrale, les ressources du domaine forestier sont gérées par l'Etat qui garantit leur pérennité. Au plan gouvernemental, c'est le Ministère en charge de la gestion des forêts, en l'occurrence le Ministère de l'Environnement et du Développement Durable (MEDD) qui exerce au nom de l'Etat les missions de coordination de la politique forestière.[1]

Aux termes de ses attributions, il prépare et met en œuvre la politique arrêtée par l'Etat dans le domaine de l'environnement et de la protection de la nature.

A ce titre, il est directement responsable de la lutte contre la désertification, de la protection et de la régénération des sols, des forêts et autres espaces boisés, de l'exploitation durable des ressources forestières, ainsi que la défense des espèces animales et végétales. Il a également en charge les milieux naturels. Il prépare et applique la législation et la réglementation en matière de foresterie. Selon l'article L5 alinéa 2 de la loi n° 2001-01 du 15 janvier 2001 portant code de l'environnement, « *Le Ministère chargé de l'environnement collabore de manière étroite avec tous les autres départements ministériels intervenant directement ou indirectement dans le domaine de l'environnement* ».

La Direction de ce ministère ayant en charge les ressources forestières est la ***Direction des Eaux, Forêts, Chasse et Conservation des Sols*** **(DEFCCS)**. Elle reste encore le principal organe de l'Etat chargé de la gestion des ressources forestières et de lutte contre la désertification[2]. Son mandat concerne plusieurs domaines : conservation des sols, reboisement, gestion de la faune.

Les principales actions menées par la DEFCCS sont relatives à la restauration des milieux dégradés (reboisement, travaux de défense et de restauration des sols, mise en défens), la mise en œuvre des mesures

[1] Le Ministère exerce cette mission de coordination dans le respect de la répartition des attributions des services de l'Etat. Voir notamment le décret 2019-910 du 15 mai 2019 portant répartition des services de l'Etat et du contrôle des établissements publics, des sociétés nationales et des sociétés à participation publique entre la Présidence de la République, le Secrétariat Général du Gouvernement et les ministères.

[2] Véritable institution emblématique, elle est la plus ancienne des structures de gestion des forêts au Sénégal, et dispose de ce point de vue d'une mémoire documentaire qui permet de retracer l'histoire du patrimoine forestier de l'AOF et du Sénégal.

conservatoires, la règlementation de l'utilisation des ressources (législation régissant l'exploitation de la forêt, de la faune) et la protection et la rationalisation de l'exploitation des ressources fauniques.

La mission du Service Forestier, telles que l'a précisé le Plan d'Action Forestier du Sénégal (PAFS, 1993), vise essentiellement, d'une part la conservation du potentiel forestier et des équilibres socio-écologiques, et d'autre part la satisfaction des besoins des populations en bois et produits et services non ligneux.

La Direction des Parcs Nationaux créée en 1969, vise à identifier, créer, protéger et gérer des aires protégées.[1] La Direction des Parcs Nationaux s'occupe de la mise en œuvre des conventions internationales relatives à une meilleure gestion de la biodiversité et des aires protégées. Elle est chargée, pour cela, de consolider et renforcer les acquis de la conservation de la biodiversité dans les aires protégées et leur périphérie mais aussi d'inciter la participation et la promotion des initiatives privées dans les activités relatives à la gestion et à la valorisation des aires protégées et de la biodiversité en général.

En ce qui concerne l'administration forestière déconcentrée, l'Etat intervient par le biais de ses services régionaux, départementaux et d'arrondissement, dans le cadre des activités de conservation, de restauration et de valorisation du réseau des ressources forestières.

Certaines structures comme le Conseil Supérieur des Ressources Naturelles et de l'Environnement **(CONSERE)** sont tombées en léthargie depuis des années. Créé par le décret n° 93-885 du 04 août 1993, le CONSERE a été l'occasion de doter le Sénégal d'un cadre de concertation permettant d'orienter de manière harmonieuse et efficiente, la planification et la gestion des ressources naturelles en synergie avec les considérations d'ordre macro-économique. Toutefois, il convient de préciser que le CONSERE ne constitue pas une institution de gestion des ressources forestières stricto sensu. Son ancrage institutionnel à la primature répondait à un souci de coordonner d'une manière efficace l'action des différents départements ministériels impliqués dans la gestion de l'environnement et des ressources naturelles en vue de renforcer les programmes et politiques mis en œuvre. C'est plus une structure de coordination que d'intervention.

Aux termes du décret de 1993, la structuration du CONSERE comprend trois organes : le conseil interministériel, organe de décision, présidé par le Premier Ministre et comprenant une quinzaine de départements ministériels[2]

---

[1] La plupart des règles actuelles de gestion des parcs nationaux et des réserves naturelles ont été conçues et adoptées durant la période coloniale ; la convention de Londres du 8 novembre 1933 (abrogée par la convention d'Alger de 1968) et les recommandations de la Conférence de Bukavu de 1953 en constituent le socle.

[2] Ce chiffre a changé aujourd'hui du fait des nombreux réaménagements ministériels effectués depuis.

impliqués dans la gestion des ressources naturelles et de l'environnement ; le comité permanent, organe de suivi, présidé par le Ministre en charge de l'Environnement et du Développement Durable, et comprenant les représentants des institutions étatiques, les ONG, les organisations socioprofessionnelles, les collectivités locales, les institutions de recherche et de formation, la communauté des bailleurs de fonds ; et enfin, le secrétariat permanent, organe d'exécution chargé de la préparation des dossiers techniques.

En ce qui concerne l'administration décentralisée, c'est le Ministère en charge des Collectivités Locales et de la Décentralisation qui intervient en principe dans la gestion des ressources naturelles à travers principalement la direction de la décentralisation. Cette attribution s'inscrit dans le cadre de la mise en œuvre de la décentralisation. Les collectivités territoriales gèrent désormais des forêts naturelles situées hors du domaine classé. Dans la pratique, ce sont surtout les chefs de villages, les autorités coutumières chargées de la gestion de forêts sacrées, notamment dans le sud du pays en Casamance, qui sont les gestionnaires des forêts. Dans le cadre de l'aménagement des forêts, la gestion est souvent confiée aux organisations paysannes (OP) locales. Le bois sacré et la convention locale sont désormais intégrés dans le code forestier du 12 novembre 2018 (article 2) ce qui donne plus de clarté dans les compétences des différents organes de gestion des forêts.

Cette avancée significative en matière de responsabilisation des collectivités territoriales est aussi en accord avec les réformes juridiques des institutions de la République.[1]

L'article 304 de la loi n° 2013-10 du 28 décembre 2013 portant Code général des Collectivités locales décline les compétences transférées au Département en matière d'environnement et de gestion des ressources naturelles.[2]

Ces compétences sont : la création et la gestion des forêts, zones protégées et sites naturels d'intérêt départemental ; la délivrance d'autorisation d'amodiation de chasse, après avis du conseil municipal ; la gestion des eaux continentales à l'exclusion des cours d'eau à statut national ou international ; l'élaboration et la mise en œuvre de plans départementaux d'actions de l'environnement, d'intervention d'urgence et de prévention des risques ; la réalisation de pare feux et la mise à feu précoce, dans le cadre de la lutte contre les feux de brousse ; l'élaboration et la mise en œuvre des plans d'action locale pour l'environnement ; la protection des eaux souterraines et de surface ; la répartition des quotas d'exploitation forestière entre les communes ; la lutte

---

[1] La création du Haut Conseil des Collectivités Territoriales (HCCT) en tant qu'institution de la République semble donner plus de visibilité aux collectivités territoriales. La loi constitutionnelle 2016-10 du 5 avril 2016 portant révision de la constitution ajoute le HCCT dans la liste des institutions de la République

[2] Depuis 2013, il n'y a plus que deux types de collectivités territoriales : la commune et le département. La région et la communauté rurale ont été supprimées ; du moins pour le moment !

contre les incendies et protection de la nature ; l'autorisation de défricher après avis du conseil municipal concerné ; la délivrance de permis de coupe et d'abattage.

L'article 305 de la loi n° 2013-10 du 28 décembre 2013 portant Code général des Collectivités locales détermine les compétences accordées aux communes en matière d'environnement et de gestion des ressources naturelles.

Ces compétences sont : la gestion des forêts de terroirs ; la gestion des sites naturels d'intérêt local ; la création et gestion des bois communaux et d'aires protégées ; la création de mares artificielles et retenues collinaires notamment à des fins agricoles ; les opérations de reboisement ; l'élaboration des plans communaux d'action pour l'environnement ; la gestion des déchets et la lutte contre l'insalubrité ; la mise en défens.

La nouvelle agence de reforestation créée en 2019 et dénommée Agence Sénégalaise de la Reforestation et de la grande Muraille Verte (ASERGMV) vient élargir le cadre décentralisé de la gestion des ressources forestières. Elle est créée sous la forme d'une agence d'exécution dotée de l'autonomie financière et placée sous la tutelle technique du ministère chargé des forêts et de la tutelle financière du ministère chargé des finances.

Au total, cette brève présentation du cadre juridique et institutionnel montre que les différentes structures créées ont certes des attributions avec les textes en vigueur, mais que le droit positif ainsi mis en place dénote une dispersion dans la mesure où il y a plusieurs niveaux et centres de décisions à l'intérieur même de l'appareil d'Etat; en outre, cela peut entraîner à la longue une instabilité du fait de l'inertie causée par les conflits de compétence, le cloisonnement et la rétention de l'information et des données nécessaires à la bonne gestion des ressources forestières. La conséquence de l'inertie se traduit par une insuffisante sanction du droit positif.

II. Une mise en œuvre du droit positif insuffisamment sanctionnée

Au plan théorique, l'examen et l'analyse exégétique de la réglementation forestière en vigueur au Sénégal permet de donner un jugement *a priori* favorable lorsqu'on procède à une lecture séparée des textes. Toutefois, en procédant à une analyse approfondie en termes de synergie du cadre juridique et institutionnel, on constate une insuffisante application de ces textes, liée au manque de ressources techniques et financières dans la gestion du domaine forestier, aux conflits de positionnement de certains acteurs. Elaborées souvent sans une réelle participation des populations, certaines règles ne prennent pas suffisamment en compte les principes coutumiers et les pratiques locales avec lesquelles elles rentrent souvent en contradiction, mettant ainsi les populations rurales en situation d'illégalité permanente. Les prérogatives des différents acteurs sur les ressources, prévues par certains textes, restent soit peu précises, soit très restrictives ou, parfois, contradictoires avec les textes portant sur les ressources elles-mêmes[1].

L'insuffisante application des lois et règlements (A) s'ajoute à une faible synergie entre les institutions (B).

A- Une insuffisante application des lois et règlements

Il n'est pas exagéré de dire que, en termes de contenu, le Sénégal a un dispositif législatif et réglementaire solide en matière de gestion des ressources forestières. Cela s'explique à n'en pas douter par le fait qu'il a souscrit à plusieurs engagements internationaux applicables à la gestion des ressources forestières. Toutefois, certains facteurs empêchent la bonne mise en œuvre des mesures adoptées. Il s'agit de la méconnaissance des textes existants et de la violation délibérée des lois par certains individus et entreprises.

En effet, les lois ne sont pas toujours suivies d'effet dans certaines de leurs dispositions. Dans les dispositions des différents codes forestiers de 1993 à 1998, les objectifs recherchés étaient principalement de s'adapter aux principes de base de la décentralisation afin de faire participer les populations des zones rurales limitrophes du domaine forestier; ainsi, les mécanismes d'attribution des quotas d'exploitation pour les exploitants forestiers producteurs de charbon de bois devaient en principe être revus au bénéfice des populations limitrophes.[2] Malheureusement, on constate dans la pratique une survivance du système des quotas au grand bénéfice des exploitants forestiers et au désavantage des populations locales. Les arrêtés ministériels qui organisent les campagnes d'exploitation forestières doivent donc être scrupuleusement conformes aux dispositions du code forestier.[3]

L'inexistence et la faiblesse des sanctions constituent aussi des éléments de l'inapplication des lois et règlements. L'interdiction de la chasse et de la coupe de bois par l'administration forestière est très souvent perçue par l'opinion publique comme étant surréaliste dans un pays où les populations riveraines du domaine forestier ne vivent généralement que des ressources dudit domaine.

De manière spécifique, l'examen de la jurisprudence en matière forestière permet de se rendre compte que beaucoup de magistrats n'ont pas une bonne maîtrise de la « *matière environnementale* », et la plupart des décisions rendues dénotent une insuffisante motivation[4].

---

[1] Cette situation n'est pas à généraliser bien entendu.

[2] Ces mécanismes ont connu des modifications en 1993 et 1998 et doivent disparaître à terme.

[3] Etude commanditée par la FAO portant sur l'Etude comparative de la décentralisation dans l'espace CEDEAO au niveau de la gestion des ressources forestières, évaluation du droit foncier et des lois forestières, Organisation et moyens des collectivités locales, Atouts et faiblesses du processus, septembre 2009, p. 44

[4] La formation des magistrats en droit de l'environnement est donc plus que nécessaire. Mais cela peut se comprendre par la nouveauté et la technicité du droit de l'environnement. Pour un précédent qui pourrait servir d'exemple, lire l'intéressant article du Professeur Alain BOCKEL

On note cependant certaines décisions de la Cour Suprême rendues en matière administrative dans lesquelles le juge procède à une correcte application des lois et règlements.

Dans son arrêt n°31 rendu le 25 août 2009 et relatif à une décision de retrait d'une autorisation d'amodiation de chasse dans la région de Kaolack, la Cour Suprême a annulé un arrêté n°000012/CR/KL pris par la Présidente du Conseil Régional de Kaolack, ainsi que la délibération dudit Conseil du 5 février 2007 portant retrait de l'autorisation de chasse accordée à Sérigne Babacar SECK. Ce dernier a introduit un recours pour excès de pouvoir contre l'arrêté et la délibération. La Cour Suprême déclare recevable son recours au motif que les deux actes administratifs étant des actes individuels, devaient être notifiés au requérant ; à défaut de notification, le délai de recours ne court pas à son égard. Sur le fond, la Cour Suprême a jugé que toute décision de retrait d'une autorisation d'amodiation de chasse doit recueillir l'avis préalable du ou des conseils ruraux en application des articles 26, 27, 28, 49 du décret n° 96-1134 du 27 décembre 1996 portant application de la loi de transfert de compétences aux régions, communes et communautés rurales. Or, le Conseil régional de Kaolack et sa présidente ont considéré, pour retirer l'autorisation d'amodiation litigieuse, que la zone litigieuse est une zone d'intérêt cynégétique sans recueillir les avis des divers conseils ruraux. La Cour a donc annulé l'arrêté et la délibération.

Dans un autre arrêt n°9 rendu le 23 février 2012 concernant les mêmes parties (Sérigne Babacar SECK et le Conseil Régional de Kaolack) mais relatif cette fois au moyen tiré de la violation du principe du contradictoire, la Cour Suprême a jugé que, pour lui retirer l'autorisation d'amodiation de chasse, l'arrêté attaqué se fonde sur les manquements graves consignés dans le rapport d'évaluation des Plans Annuels de Travail Concertés (PATC). Mais la Cour constate cependant que cette évaluation devait se faire en présence de l'amodiataire ; qu'en procédant au retrait d'un avantage acquis sans que le bénéficiaire Sérigne Babacar SECK n'ait été à même de présenter sa défense, le principe du contradictoire a été violé.

Harmonisation entre le code forestier de 2018 et le code de la chasse et de la protection de la faune de 1986. Ces deux textes sont d'une différence manifeste, dans la mesure où l'un a fait l'objet d'une mise à jour récente (le code forestier de novembre 2018) et l'autre est resté dans sa version de 1986. La conséquence d'une telle situation est que la même administration des eaux et forêts applique deux instruments juridiques dont l'un attend depuis des décennies sa mise à jour. Il y a donc potentiellement des déséquilibres et des contradictions, ce qui peut être source d'incohérences dans les politiques élaborées par les pouvoir publics.

---

sur « La difficile gestation d'un droit administratif sénégalais : brèves réflexions à partir de quelques décisions rendues en plein contentieux » Annales africaines 1973, vol 1, 23 pages.

Par ailleurs, la dispersion des textes et le cloisonnement des acteurs ne favorisent pas la prise en charge de la dimension transversale de la gestion des ressources forestières.

B- Une faible synergie entre les institutions

Il est possible de concilier la diversité des institutions avec une bonne gouvernance forestière, mais cela ne peut se faire qu'avec une volonté politique des pouvoirs publics. Les institutions s'occupant des questions environnementales se retrouvent pratiquement dans plusieurs ministères. Cette situation provoque des chevauchements par manque de synergie institutionnelle ; de nombreux conflits de compétence surgissent au moment de la mise en œuvre des mandats et des responsabilités[1]. A cela s'ajoute l'instabilité institutionnelle qui amoindrit l'efficacité des actions et empêche le suivi efficace de certains grands programmes de l'Etat.

L'approche multisectorielle faisant intervenir plusieurs ministères à la fois dans la gestion des ressources naturelles constitue un avantage certain (ministères en charge de l'agriculture, de l'environnement, de l'élevage, des mines, des collectivités locales, de l'urbanisme), mais cela peut générer de multiples problèmes au niveau institutionnel[2].

L'inefficacité du système de protection des ressources forestières se justifie également par les lacunes d'ordre organisationnel et technique de la part des collectivités territoriales. Les contraintes sociopolitiques et financières qui limitent l'organisation et l'action de ces collectivités dans la gestion des ressources forestières ont été énoncées plus haut. Les institutions d'accompagnement sont loin de pouvoir disposer de tous moyens d'appui suffisants dans ce domaine. Les collectivités territoriales ne semblent pas bien préparées et « armées » pour assurer la gestion des forêts. Le manque de personnels propres et de moyens financiers les empêche d'assurer réellement la gestion des ressources forestières qui relèvent désormais de leurs compétences. Les services forestiers de l'Etat continuent donc de gérer les ressources forestières.

Depuis le 3 juillet 2019, une nouvelle agence chargée de la reforestation et de la grande muraille verte (ASERGMV) a été créée par la fusion de deux autres institutions préexistantes : l'Agence Nationale des Eco-villages (ANEV) et l'Agence Nationale de la Grande Muraille Verte (ANGMV). Le rapport de présentation du décret justifie la création de l'ASERGMV par la nécessité de mettre en place une agence d'exécution exclusivement consacrée à la reforestation et au reverdissement du pays. La nouvelle agence prend en charge désormais les missions qui étaient jusque-là dévolues à l'ANEV et l'ANGMV. Il reste la question de savoir comment cette nouvelle institution pourra exercer

---

[1] Les risques de conflits de compétence sont larvés entre la DEFCCS du MEDD et la nouvelle agence d'exécution qu'est l'ASERGMV.

[2] L'expérience du CONSERE est un exemple éloquent de cette difficulté de la synergie.

ses attributions sans empiéter sur celles qui ont toujours été la chasse gardée de la grande Direction des Eaux et Forêts Chasses et conservation des sols (DEFCCS). La question a son importance dans la mesure où malgré la mission de l'ASERGMV définie à l'article 3 et les attributions de son Conseil de Surveillance fixées par l'article 5 du décret n° 2019-1104 du 3 juillet 2019, la lecture des attributions classiques de la DEFCCS depuis des décennies permet de douter d'une bonne synergie des activités exercées par ces deux institutions. Au plan théorique, la DEFCCS reste toujours la direction nationale chargée d'exécuter la politique forestière de l'Etat, tandis que l'ASERGMV vient s'ajouter à l'architecture institutionnelle mais seulement en tant qu'agence d'exécution.

LES CONTRAINTES LIEES A L'AUTONOMIE FINANCIERE DES COLLECTIVITES TERRITORIALES DANS L'ESPACE UEMOA LES CAS DU BENIN, MALI, NIGER, SENEGAL.

Awa SAMAKE

Enseignante-chercheure à l'Université des Sciences Juridiques de Bamako (Mali)

INTRODUCTION

L'autonomie financière constitue un fondement du principe de libre administration des collectivités locales. La préoccupation n'est pas nouvelle en doctrine.[1] Elle est sans cesse renouvelée. Le lien fiscal est un facteur de responsabilisation des acteurs du développement local en permettant une confrontation directe entre les besoins et les contraintes de moyens. C'est aussi un instrument d'autonomie des choix locaux permettant de choisir le niveau souhaité pour les services et les initiatives de développement jugées opportunes.

La question de l'autonomie financière des collectivités territoriales pose aussi la problématique de la compensation des transferts de compétences opérés de l'Etat vers les collectivités territoriales et de la création de nouvelles charges.

L'autonomie financière se définit comme la capacité à maîtriser, l'équilibre budgétaire, l'autonomie fiscale qui marque le pouvoir régalien de lever l'impôt et d'en fixer le produit, en est une composante essentielle. Le fait de voir le débat circonscrit à la seule autonomie fiscale des collectivités renvoie peut-être à une image dépassée et rappelle un manque de vision d'ensemble dans la structuration des relations entre l'Etat et les collectivités.

Un cadre législatif stable, une répartition claire des compétences ainsi qu'une affectation équilibrée des moyens contribueraient à poser la question de l'autonomie financière des collectivités locales en termes apaisés dans les pays de l'UEMOA.

---

[1] P. RAYMOND, « L'autonomie financière des collectivités locales et le conseil constitutionnel », *Revue française des finances publiques*, n° 81, Mars 2003, p. 44. 16 ; L. PHILIP, « L'autonomie financière des collectivités territoriales », Les cahiers du Conseil constitutionnel, n° 12/2002, p. 96. 17 ; N. MÉDÉ, « L'autonomie retenue : étude sur le principe de libre administration des collectivités territoriales en Afrique de l'ouest francophone », *Revue juridique et politique des Etats francophones*, n°2, avril-juin 2008, T. HOLO, « La décentralisation au Bénin : mythe ou réalité ? » *Revue béninoise des sciences juridiques et administratives*, N° 7, décembre 1986 ; O. TRAORE, *La libre administration des collectivités territoriales dans les pays africains : le cas du Mali* , Thèse, Bordeaux 1986, J. NSAKANI, « Décentralisations congolaises : un processus inachevé » *Revue juridique et politique des Etats francophones*, n° 7-2007, A. GADJI, « Décentralisation et développement local : réflexions à partir de l'exemple de la Côte d'Ivoire », *Revue ivoirienne de droit*, n° 41, 2010, P. MAMBO, « Réflexion sur la libre administration des collectivités territoriales en droit ivoirien », *Cahiers administratifs et politistes de Ponant*, 2012/N° 20 .

Pouvoir disposer de moyens adéquats et suffisants pour assurer ses missions, être en mesure d'en ajuster le montant selon l'évolution des compétences et la réalisation des opérations, pouvoir s'assurer des marges de manœuvre pour la mise en œuvre des politiques locales, dégager des crédits pour expérimenter et répondre aux besoins spécifiques des territoires sont des enjeux constitutifs de la notion d'autonomie financière pour les collectivités locales.

Plusieurs contraintes pèsent, dans la pratique, sur le pouvoir de décision financière des autorités locales au Bénin, Mali, Niger et Sénégal.

Cependant, mener une étude sur l'autonomie financière des collectivités locales est d'une importance capitale. En effet, même lorsqu'elle est inscrite dans les textes, la notion d'« autonomie financière » n'est pas clairement définie. Robert HERTZOG souligne à ce propos que « *si l'autonomie financière constitue un objectif politique faisant consensus, elle devient insaisissable et pétrie de contradictions dès qu'on veut l'enfermer dans une définition juridique apte à produire des effets normatifs* »[1]. Elle peut, néanmoins, s'entendre en première approximation, comme étant la situation d'une collectivité locale disposant d'un pouvoir propre de décision et de gestion de ses recettes et dépenses, regroupé en un budget nécessaire à l'exercice de ses compétences.

Cette notion d'autonomie financière présente deux aspects :

Le premier désigne une compétence juridique, à savoir leur capacité à produire des normes en matière financière, et donc, un pouvoir de décision en matière de ressources et de charges. Mais elle renvoie ensuite au deuxième aspect qui est la capacité d'action économique, c'est-à-dire aux conditions d'exercice de leurs pouvoirs de décision. Il s'agit de la maitrise de leurs choix financiers.

Selon l'économiste et juriste André ROUX : « *(...) L'autonomie financière revêt une double dimension. En premier lieu, c'est la reconnaissance d'une capacité juridique de décision qui, en matière de recettes, implique un véritable pouvoir fiscal, le pouvoir de créer et de lever l'impôt et, qui en matière de dépenses implique la liberté de décider d'affecter les ressources à telle ou telle dépense. En second lieu, c'est la possibilité pour les collectivités régionales ou locales d'assurer le financement de leurs dépenses par des ressources propres en volume suffisant* ».

Par ailleurs le législateur a doté les communes et communautés rurales de budgets propres, alimentés par des ressources principalement fiscales afin de leur assurer une autonomie financière. Cependant, en dépit de la rationalité et de la cohérence du dispositif institutionnel et des moyens juridiques mis à leur disposition, les collectivités locales tardent à prendre efficacement part à l'œuvre de développement économique national et à jouer un rôle significatif dans la réforme de l'Etat.

---

[1] R. HERTZOG, « L'ambiguë constitutionnalisation des finances locales », *Actualité juridique – droit administratif*, mars 2003, P. 548.

En effet la viabilité de tout système de décentralisation réside dans l'octroi aux collectivités locales de moyens matériels et didactiques nécessaires, aptes à leur assurer une autonomie financière vis-à-vis de l'Etat[1].

L'examen de la situation des collectivités locales dans ces pays révèle que si celles-ci jouissent d'une véritable autonomie budgétaire, leur autonomie financière est problématique, voire inexistante car entravée par multiples facteurs. Les entraves s'entendent ici de tous les facteurs contraignants ayant un impact négatif sur le pouvoir de décision financière des autorités locales.

Ainsi, en écho aux dispositions pertinentes de la Charte de l'autonomie locale au sein du Conseil de l'Europe[2] , le constituant français, à l'occasion de la révision du 28 mars 2003, a consacré le principe de l'autonomie financière des collectivités territoriales, à l'article 72-2 .

En Afrique de l'ouest, les nouvelles Constitutions issues pour la plupart des transitions démocratiques, en rupture avec le centralisme ou la décentralisation autoritaire naguère en vigueur, consacrent presque toutes le principe de la libre administration des collectivités locales[3], plutôt que celui de décentralisation, plus réducteur[4]. Par ailleurs, des lois mettant en œuvre ce principe ont été adoptées. C'est le cas, au Sénégal, de la loi n° 96-06 portant code des collectivités locales a été adoptée le 5 février 1996 ; au Mali, de la loi n°93-008 du 11 février 1993 modifiée, déterminant les conditions de la libre administration des Collectivités territoriale. Au Bénin, la Loi N° 97-028 du 15 Janvier1999 portant organisation de l'administration territoriale du Bénin. Le Niger n'est pas en reste, le législateur ayant adopté la Loi N° 2008-42 du 31

---

[1] 17 Voir sur cette question, notamment N. MÉDÉ, « L'autonomie retenue : étude sur le principe de libre administration des collectivités territoriales en Afrique de l'ouest francophone », *Revue juridique et politique des Etats francophones*, n°2, avril-juin 2008, T. HOLO, « La décentralisation au Bénin : mythe ou réalité ? » *Revue béninoise des sciences juridiques et administratives*, N° 7, décembre 1986, O. TRAORE, « La libre administration des collectivités territoriales dans les pays africains : le cas du Mali », Thèse, Bordeaux 1986, J. NSAKANI, « Décentralisations congolaises : un processus inachevé » *Revue juridique et politique des Etats francophones*, n° 7-2007, A. GADJI, « Décentralisation et développement local : réflexions à partir de l'exemple de la Côte d'Ivoire », *Revue ivoirienne de droit*, n° 41, 2010, Paterne MAMBO, « Réflexion sur la libre administration des collectivités territoriales en droit ivoirien », *Cahiers administratifs et politistes de Ponant*, 2012/N° 20 .

[2] S. BAZIADOLY, « Les dispositions de la Charte européenne de l'autonomie locale relative aux finances », *Revue française de finances publiques*, n°91, 2005, p. 151. ; E. HERVE, « L'autonomie financière des collectivités locales en Europe », *Revue française de finances publiques*, n°121, Février 2003, p. 55-62.

[3] Voir notamment l'article 102 de la Constitution sénégalaise du 22 janvier 2001 ; l'article 55 de la constitution camerounaise du 2 juin 1972 ; l'article 119 de la Constitution ivoirienne du 1er août 2000 et l'article 112 de la constitution gabonaise du 26 mars 1991.

[4] Alors que la décentralisation est un principe d'organisation administrative qui s'analyse comme une concession faite par l'Etat à une collectivité inférieure, la libre administration est, quant à elle, un droit fondamental reconnu à un groupement humain.

juillet 2008 relative à l'organisation et l'administration du territoire de la République du Niger.

Dans le même sens, ces Etats ont inscrit dans la Constitution ou dans la loi, de manière expresse ou tacite, le principe de l'autonomie financière des collectivités locales comme corollaire de leur libre administration.

L'étude des entraves liées à l'autonomie financière des collectivités locales permet en effet d'analyser la nature des relations qu'entretiennent l'Etat et les collectivités depuis le début du processus de démocratisation dans cette partie du continent. On peut ainsi mesurer l'enracinement de la démocratie locale dans les pays concernés. Le choix du Bénin, du Mali, du Niger et du Sénégal s'explique par le fait que ces pays ont une même structure étatique.

Ces Etats qui feront l'objet essentiel de notre analyse sont tous des Etats unitaires ayant en commun les mêmes systèmes juridiques et politiques.

Il apparaît ainsi que, pour tout Etat moderne, la libre administration constitue un indicateur de démocratisation du pouvoir d'Etat et un instrument de développement équilibré du territoire[1]. En effet, le modèle d'Etat centralisé qui a promu l'interventionnisme et le dirigisme comme fondement de l'action publique n'est plus approprié pour répondre aux exigences objectives et aux revendications de participation politique consubstantielles à toute vie en société. Il l'est moins pour la fourniture efficace de services publics de qualité qui ne peut s'accommoder d'un système administratif centralisé et concentré[2]. Ces exigences ont justifié la nécessité d'un nouvel aménagement de l'Etat[3]. Même si le lien démocratie-décentralisation-développement fait débat en doctrine, il est confirmé par la législation dans plusieurs pays d'Afrique de l'ouest francophone[4]. Ainsi décliné, le sujet présente un intérêt certain pour la recherche.

---

1 Bénin, Const. : art. 153

2 VANDELLI L., « Formes et tendances des rapports entre Etats et collectivités territoriales », *Revue française d'administration publique*, 2007/1, n° 121-122, pp. 19-34

3 Le nouvel Etat territorial devrait être caractérisé par, entre autres, « moins de structures et plus d'efficacité », une « nouvelle organisation pour répondre aux nouveaux besoins» (v. par exemple, Conseil de Modernisation des politiques publiques (France), Compte rendu de la session du Mercredi 11 juin 2008).

4 Si M. HAURIOU [Traité de Droit constitutionnel, Sirey 1929, rééd. C.N.R.S. 1965, p.190] a affirmé que «la démocratie et la souveraineté nationale vont à la décentralisation et à l'élection locale comme un fleuve suit sa pente», C. CHABROT démontrera plus tard que le «lien entre la démocratie et la décentralisation ne semble pas si évident à affirmer, ni administrativement ni même constitutionnellement» (V. à ce sujet, sa communication, «Démocratie et Décentralisation : un couple platonique?» au Vème Congrès de l'Association Française des Constitutionnalistes (Toulouse, 6-7-8 juin 2002) publiée dans Civitas Europa, n° 11, septembre 2003) ; v. également S. REGOURD, «De la décentralisation dans ses rapports avec la démocratie, genèse d'une problématique», RDP, 1990, p. 978. Bénin, Loi n° 97-029 du 15 janvier 1997 portant organisation des communes en République du Bénin, art. 2 : « La commune constitue le cadre institutionnel pour l'exercice de la démocratie à la base. Elle est l'expression de la décentralisation et le lieu privilégié de la participation des citoyens à la gestion

L'intérêt d'une réflexion sur les entraves à l'autonomie financière des collectivités locales au Bénin, au Mali, au Niger et au Sénégal est indéniable. Dans ces quatre Etats, le Constituant et le législateur ont clairement exprimé leur détermination à engager leurs pays dans la voie d'une décentralisation réussie. La consécration constitutionnelle de l'autonomie financière des collectivités locales en est la certification la mieux indiquée. Seulement, l'expérience révèle une incohérence frappante, tant dans la conception du principe que dans sa mise en œuvre. Ceci serait dû à la déficience des conditions nécessaire à une véritable autonomie financière formelle et réelle à ces collectivités.

L'autonomie financière apparaît ainsi comme un corollaire du principe de la libre administration des collectivités locales, c'est-à-dire le droit pour une communauté humaine caractérisée par son rattachement à une portion du territoire national de gérer ses affaires par des autorités élues, selon le principe de subsidiarité[1]. En effet, la concrétisation de ce principe de libre administration suppose que les collectivités locales soient dotées de compétences juridiques pour décider de la nature, de la structure et du niveau de leurs ressources et de leurs charges financières, et qu'elles en aient la maîtrise. Comme l'écrit Loïc PHILIP, « *le principe de libre administration implique l'existence de conseils élus dotés d'attributions effectives. Or, il ne peut y avoir d'attributions effectives sans un minimum d'autonomie financière* »[2]. Dans le même ordre d'idées, Théodore HOLO estime que « *sans autonomie financière la décentralisation n'est que mirage* »[3]. Par ailleurs, la libre administration des collectivités locales apparaît désormais partout comme une condition de la démocratie et de la bonne gouvernance publique.

Le principe de libre administration implique-t-il un minimum d'autonomie financière et de quelle la nature ? Quelle en est la portée ? Comment asseoir l'autonomie financière des collectivités locales ? Quels sont les obstacles à cette autonomie financière des collectivités locales dans l'espace UEMOA ? Telle est la première question à laquelle il faut répondre (Première partie).

---

des affaires publiques locales » ; Niger, Ord. n° 2010-54 portant code des collectivités territoriales du Niger, art. 3, al. 5 : « Les communes et les régions constituent le cadre institutionnel de la participation des citoyens à la vie locale ». V. également pour le Sénégal, les articles 6 et 7 de la Loi n° 2013-10 du 28 décembre 2013 portant Code général des Collectivités locales, au Burkina Faso la Loi n°055-2004/AN du 21 décembre 2004 portant Code général des collectivités territoriales, art. 11 et 12.

[1] Voir A. DELCAMP, ''principe de subsidiarité et décentralisation'', Revue française de droit constitutionnel, 1995, p. 609 ; Y. Gaudemet, « Libres propos sur la subsidiarité spécialement en Europe », *in* Mélanges Paul AMSELEK, Bruxelles, Bruylant, 2005, p. 315.

[2] L. PHILIP, ''L'autonomie financière des collectivités territoriales'', Cahiers du conseil constitutionnel, n°12, http://www.conseil-constitutionnel.fr. T. HOLO écrit aussi à ce propos que « sans autonomie financière la décentralisation n'est que mirage »,

[3] T. HOLO, ''La décentralisation au Bénin : mythe ou réalité ?'', *Revue béninoise des sciences juridiques et administratives*, n°7, décembre 1986, p. 1.

L'autonomie financière demeure une source de confusions, eu égard aux autres principes fondamentaux de la décentralisation territoriale.

L'obstacle majeur en matière fiscale relève du domaine de la loi, la Constitution ne prévoit pas que le Parlement puisse déléguer certaines de ses attributions aux collectivités territoriales en les autorisant à fixer le taux ou à déterminer l'assiette de certains des impôts qu'elles perçoivent. L'autonomie fiscale est un élément essentiel de l'autonomie locale, elle constitue un fondement de la démocratie locale. Le lien fiscal est un facteur de responsabilisation des acteurs du développement local permettant une confrontation directe entre les besoins et les contraintes de moyens. Malheureusement, il s'agit là d'un système de responsabilité très mal assumé au sein de ces collectivités locales et dont il faudra faire état dans notre deuxième partie.

I- LA PERSISTANCE D'UN SYSTEME FISCAL ARCHAÏQUE.

Les articles 50 et 51 de la directive n°01/2011/CM/UEMOA portant régime financier des collectivités territoriales au sein de l'UEMOA stipulent que « *les collectivités territoriales ont de budgets propres alimentés par des ressources autonomes* ».

Article 50 « *Le budget de la collectivité territoriale est divisé en deux sections : la section de fonctionnement et la section d'investissement. Chaque section, subdivisée en chapitres et articles, comporte d'une part les recettes et d'autre part les dépenses* ».

Article 51 « *Les ressources propres des collectivités territoriales sont constituées du produit des impôts et taxes de toutes natures autorisés par la loi, des redevances pour services rendus, des produits du domaine, des participations d'urbanisme, des produits financiers et des dons et legs* ».

Les législateurs ont également doté les collectivités locales de budgets propres alimentés par des ressources autonomes. Au Sénégal, il s'agit d'impôts et de taxes prélevés à titre de recettes de fonctionnement ou d'investissement, du produit d'exploitation et des recettes domaniales, des ressources diverses[1], complétés par des transferts financiers de l'Etat et le produit des emprunts. Au Mali, il s'agit des impôts d'Etat transférés aux Collectivités territoriales, des impôts et taxes locaux directs, des impôts et taxes locaux indirects, les produits d'exploitation ,les produits financiers , les revenus du domaine , des redevances , des dotations et subventions spéciales de l'Etat aux collectivités territoriales, des produits des emprunts autorisés qui sont exclusivement destinés au financement des investissements, des dons et legs et d'autres ressources, notamment les subventions des partenaires extérieurs[2], des recettes de

[1] 26 Aux termes de l'article 7 de la loi 96-06 « les collectivités locales disposent de budgets et de ressources propres ».

[2] Art. 248

fonctionnement, des recettes d'investissement[1]. Au Niger, les ressources des collectivités territoriales sont constituées par des ressources fiscales (la fiscalité propre aux collectivités territoriales, la fiscalité d'Etat concédée aux collectivités territoriales) et des ressources non fiscales (les produits par nature, les ressources exceptionnelles, les produits divers)[2].

Malgré l'extrême diversité de nature et d'origine des ressources dont les collectivités locales peuvent être propriétaires, celles-ci peuvent s'identifier en deux grandes catégories que sont les ressources budgétaires et fiscales. Pour être effective, l'autonomie financière des collectivités locales doit nécessairement couvrir ces deux séries de ressources.

Ainsi, le principal déterminant du système local ouest africain est l'archaïsme des impôts (A) et l'absence totale de pouvoir fiscal autonome (B).

A- LES IMPOTS ET TAXES ISSUS DE LA PERIODE COLONIALE

Dans la plupart des pays d'Afrique, le système fiscal local est principalement le fruit de la transposition des impôts et taxes issus de la période coloniale. Il souffre de multiples maux liés à une mauvaise répartition des impôts et des compétences fiscales entre l'Etat et les collectivités décentralisées[3], à l'archaïsme des impôts locaux et à une répartition inégale de l'assiette fiscale sur le territoire national[4]. Il est de ce fait caractérisé par des postes de recettes archaïques (1) et une fiscalité déstructurante (2) au regard de la politique d'aménagement du territoire.

1- Archaïsme des postes de recettes

La fiscalité locale dans ces pays n'est ni dynamique ni variée. Elle se limite à un ensemble d'impôts directs et indirects.

Historiquement, les impôts directs locaux étaient à l'origine des impôts d'Etat, transférés aux collectivités locales à la faveur de la création de l'impôt sur le revenu et surtout de la TVA, plus adaptés à l'économie moderne. Ils sont peu dynamiques et comportent un coût de gestion élevé. Introduits durant la période coloniale, ils n'ont pas fait l'objet d'une véritable réforme alors que les Etats, malgré la productivité de leur portefeuille fiscal, procèdent régulièrement à des réformes chaque fois que « *la législation fiscale (ne semble) plus adaptée à un contexte économique et social en constante mutation, aussi bien par*

---

[1] Art. 249

[2] Art. 224 de l'ORDONNANCE N° 2010-54 du 17 septembre 2010 portant 17 Code Général des Collectivités Territoriales de la République du Niger.

[3] Voir S. DIATTA, *La répartition des impôts et des compétences fiscales entre l'Etat et les collectivités locales*, Mémoire de DEA, Université Gaston Berger, 2012.

[4] Voir « étude de faisabilité des propositions de réforme de la fiscalité locale », CABEX-ACDI 1999.

rapport à sa fonction budgétaire qu'au regard de sa fonction d'instrument de politique économique et sociale »[1]

Par ailleurs l'archaïsme des impôts locaux se traduit par les contraintes liées à l'assiette et à un taux de recouvrement faible qui réduisent drastiquement l'autonomie financière des collectivités locales.

D'autre part « *le recouvrement des impôts et taxes propres aux collectivités locales a jusqu'ici un rendement médiocre. Ceci s'explique par la complexité dans la définition de l'assiette et des modes d'évaluation des impôts, la difficulté de mettre en place (...) une instrumentation adaptée pour connaître le potentiel fiscal et assurer l'émission des rôles et le recouvrement* »[2]. Les difficultés de recouvrement sont en outre amplifiées par le fait que la fiscalité locale est disparate, consignée dans divers textes (code général des impôts, code des collectivités locales, divers décrets d'application).

Des problèmes spécifiques sont liés à la taxe rurale : la faiblesse de son rendement trouve son explication dans deux causes principales : un choix de technique fiscale[3] et un choix de politique fiscale[4] qui conduisent d'une part à un champ d'application réduit de l'impôt, d'autre part à un recouvrement inefficace[5].

2 –Une fiscalité locale déstructurante

Il est incontestable que l'autonomie financière ne peut exister sans un certain pouvoir budgétaire. On ne peut en dire autant du pouvoir fiscal local. Pourtant, la pratique dans différents pays révèle qu'une réelle autonomie financière ne peut être envisagée que pour autant que son titulaire maîtrise ses moyens d'actions. Par conséquent, toute la problématique de l'autonomie financière réside dans « *l'étendue et la qualité du pouvoir fiscal local* »[6]. Lorsque les compétences fiscales de la collectivité territoriale sont élargies, les marges d'autonomie seront plus grandes. Dans l'espace ouest africain francophone, tel n'est pas encore le cas, le législateur n'ayant pas osé l'équilibre nécessaire entre

---

[1] Exposé des motifs de la loi 2012-31 du 31 janvier 2012, portant code général des impôts.

[2] C. DIOP, « Situation des finances des collectivités locales en Afrique : Caractéristiques des ressources des collectivités locales en Afrique : Etat des Lieux », AFRICITES 2000, Ressources du Centre International de Formation des Autorités/Acteurs Locaux (CIFAL). Cet obstacle semble levé avec la récente réforme du code général des impôts qui a introduit la « commission fiscale locale » qui associe les élus à la gestion de l'assiette fiscale, notamment en matière foncière.

[3] L'utilisation de rôles numériques en lieu et place de rôles individualisés.

[4] Choix de la taxe rurale (dont le montant est fixé entre 500CFA et 1000CfA suivant la délibération du conseil rural) comme seul impôt pertinent reflétant la capacité contributive en milieu rural.

[5] En ce sens que les procédés légaux de recouvrement forcé conformément aux pouvoirs reconnus à l'administration fiscale sont inapplicables du fait de l'utilisation de rôles numériques.

[6] M. BOUVIER, « Autonomie fiscale locale et libre administration des collectivités locales », *Revue française de finances publiques*, n° 81, mars 2003, pp. 31-32.

la tendance centralisatrice de l'Etat unitaire et la véritable autonomie financière synonyme d'une certaine autonomie fiscale qui devrait caractériser la libre administration dans l'Etat décentralisé. A l'opposé, il a préféré prévoir des transferts financiers dont les modalités sont unilatéralement déterminées par l'Etat central.

Or, la viabilité de tout système de décentralisation est fonction non seulement du degré d'autonomie financière des collectivités locales, de la transparence des relations qu'elles entretiennent avec l'Etat, notamment en matières financière et fiscale, mais également des impacts de la localisation des ressources sur la politique globale d'aménagement du territoire.

B- LE POUVOIR DE DECISION FISCALE DES COLLECTIVITES TERRITORIALES

Les développements de la doctrine juridique et l'expérience française qui tendent à faire de l'autonomie fiscale le déterminant principal de l'autonomie financière locale n'ont pas reçu échos favorables de la part des législateurs béninois, malien, nigérien et sénégalais qui n'ont accordé à la collectivité territoriale que de simples compétences de tarification encadrées qui ne sauraient être assimilées à un véritable pouvoir fiscal, vecteur d'autonomie.

Peut-on parler d'un pouvoir fiscal dans la sphère de la décentralisation territoriale des Etats unitaires de la France et des pays de l'UEMOA ?

Par pouvoir fiscal local, il faut entendre la compétence qu'ont les collectivités territoriales dans la maîtrise du processus des impôts locaux (création, modification et suppression, détermination de l'assiette, vote du montant et des taux d'imposition, détermination des modalités de recouvrement), ensemble de matières qui relèvent du législateur conformément aux lois fondamentales des pays considérés.

Pour Loïc PHILIP, en raison du principe de consentement à l'impôt, « *seul le parlement détient le pouvoir en cette matière* »[1]. Dans le même sens, Marie-Christine STECKEL-MONTES constate que « *la souveraineté fiscale appartient à l'État dans la mesure où le pouvoir central crée librement des impositions de toutes natures et utilise librement leur produit*»[2]. C'est le même constat que pose André ROUX lorsqu'il affirme que « *les collectivités territoriales ne disposent donc pas d'un véritable pouvoir fiscal. Elles ne*

---

[1] L. PHILIP, « Les finances locales et l'impératif de décentralisation : bilan et perspectives » in DEBBASCH Ch. (dir.), *La décentralisation pour la rénovation de l'Etat*, Paris, PUF, 1976, p.162.

[2] M.-C. STECKEL-MONTES, « Un pouvoir fiscal local en trompe-l'œil », *Revue française de droit constitutionnel*, 2005/1 n° 61, p. 19. Cette souveraineté fiscale est entendue par N. GUILLET, « L'avenir de l'autonomie financière des collectivités territoriales après la loi organique du 29 juillet 2004 », *RGCT*, janvier-février 2005, n° 32, p. 45, comme «la compétence pour une collectivité d'exercer la totalité du pouvoir en matière d'imposition : création de l'impôt, fixation de l'assiette et des taux, recouvrement et suppression de l'impôt »

peuvent ni créer des impôts, ni en déterminer l'assiette ou les modalités de recouvrement »[1].

Ainsi donc, seul le législateur dispose de la compétence fiscale aussi bien au niveau national qu'au niveau local. Le régime de l'impôt national ou local relève de la loi. C'est la traduction du principe général de la légalité fiscale issu de l'article 14 de la déclaration des droits de 1789, lequel doit se concilier avec le principe particulier de l'égalité devant l'impôt, tel qu'il découle de l'article 13 de la même déclaration. Cependant, dans le cadre de leur libre administration, les collectivités territoriales sont plus souvent appelées à mettre en œuvre les mesures fiscales, mais toujours dans les conditions fixées et limitées par la loi, notamment en matière de création de certaines taxes et de fixation de taux de certaines impositions. Ce pseudo pouvoir fiscal est malgré tout, d'une extrême importance. Il permet aux collectivités territoriales d'être aussi responsables des choix d'investissements locaux devant leurs contribuables.

Le fait que l'autonomie financière soit désormais un principe fortement ancré dans les Constitutions des Etats unitaires décentralisés n'a pas manqué de soulever le débat autour du pouvoir fiscal local comme socle de la notion d'autonomie financière des collectivités territoriales décentralisées. Cette conception soutenue par bon nombre d'auteurs mérite d'être ramenée à juste valeur. Plus que de pouvoir fiscal, mieux vaudrait-il parler d'autonomie fiscale, parce qu'à s'en tenir à la philosophie introduite par l'article 72. 2 nouveau de la Constitution française, cette dernière se fonde sur une autonomie de la recette fiscale.

Mais lorsqu'il s'est agi de définir le concept de recettes fiscales propres, le législateur organique[2] français y a inclus des impôts dont le produit est partagé entre l'Etat et les collectivités territoriales[3]. Au lieu du renforcement constitutionnellement proclamé, c'est la remise en cause de l'autonomie fiscale locale qui aura été consacrée. Il sera d'ailleurs appuyé en cela par le juge constitutionnel qui, confirmant sa jurisprudence constante[4], a jugé « *qu'il ne résulte ni de l'article 72-2 de la Constitution ni d'aucune autre disposition constitutionnelle que les collectivités territoriales bénéficient d'une autonomie fiscale* »[5]. Elles ne disposent pas non plus d'un pouvoir discrétionnaire pour fixer les taux des impôts locaux[6]. Conséquemment, le législateur peut supprimer

---

[1] A. ROUX, *Droit constitutionnel local*, *op. cit.*, p. 48.

[2] Loi organique 2004-758 du 29 juillet 2004 prise en application de l'article 72-2 de la Constitution relative à l'autonomie financière des collectivités territoriales, JORF n° 175 du 30 juillet 2004, p. 13561.

[3] M. BOUVIER, « La question de l'autonomie financière locale », *op. cit.*, p. 4.

[4] Décision 98-402 DC du 25 juin 1998 (Rec. p. 269) : suppression de la part salaires de la taxe professionnelle ; décision 2000-442 DC du 28 décembre 2000 (Rec. p. 211) : suppression de la vignette automobile.

[5] Décision n° 2009-599 DC du 29 décembre 2009.

[6] Décision n° 90-277 DC du 25 juillet 1990, Rec. p. 70 : « le législateur n'est pas tenu de laisser à chaque collectivité territoriale la possibilité de déterminer seule le montant de ses impôts

une recette fiscale locale[1]ou décider à titre exceptionnel d'affecter une partie du produit d'un impôt d'une collectivité territoriale à une autre[2]. S'appuyant sur ces positions, le Conseil des Prélèvements Obligatoires[3] résume que « *en droit comme en pratique, il ne résulte pas du principe de libre administration des collectivités territoriales qu'elles bénéficient d'une autonomie fiscale*»[4]. Cette tendance majeure de l'autonomie financière à la française[5] ne s'observe pas dans les autres pays européens[6].

A l'opposé de cette tendance, l'Afrique francophone a continué de renforcer la légalité fiscale[7] qui s'avère plutôt formelle. En réalité, l'essentiel du pouvoir fiscal est d'essence règlementaire. En effet, la fiscalité constitue un instrument de politique économique qui relève du pouvoir exécutif[8].

L'autonomie financière formelle des collectivités locales en Afrique noire francophone peut ainsi être déterminée en mesurant non seulement leur pouvoir de décision en matière de ressources et des charges, mais aussi le contrôle qui s'exerce sur leurs décisions financières. Or, il apparaît que ce pouvoir de

---

locaux » ; le législateur « peut déterminer les limites à l'intérieur desquelles une collectivité territoriale peut être habilitée à fixer elle-même le taux d'une imposition établie en vue de pourvoir à ses dépenses ».

[1] Décision n° 91-298 DC du 24 juillet 1991, Rec. p. 82. Le Conseil constitutionnel avait également jugé que « les règles posées par la loi, (...), ne sauraient avoir pour effet de restreindre les ressources fiscales des collectivités territoriales au point d'entraver leur libre administration » (Décision 98-405 DC, 29 décembre 1998, loi de finances pour 1999, JORF, 31 décembre 1998, p. 20138) même s'il n'a pas fixé un seuil à partir duquel ce principe serait violé. V. également, la décision n° 2000-432 DC du 12 juillet 2000 (Rec. p. 104).

[2] Décision n° 91-291 DC du 06 mai 1991, Rec. p. 40.

[3] Au terme de la loi n° 2005-358 du 20 avril 2005, le Conseil des Prélèvements Obligatoires est chargé d'apprécier l'évolution et l'impact économique, social et budgétaire de l'ensemble des prélèvements obligatoires, ainsi que de formuler des recommandations sur toute question relative aux prélèvements obligatoires

[4] Conseil des Prélèvements Obligatoires, *La fiscalité locale*, 2010, p. 32.

[5] La jurisprudence du Conseil Constitutionnel révèle un genre de piétinement qui a d'ailleurs motivé la révision constitutionnelle de 2003. En effet, le juge constitutionnel français a constamment jugé que le législateur ne saurait réduire les ressources fiscales des collectivités territoriales dans des proportions qui porteraient atteinte à leur libre administration mais il n'avait ensuite jamais jugé qu'une telle atteinte avait été portée par les lois contestées devant lui. Voir R. HERTZOG, « La constitution financière de l'Etat décentralisé », *Annuaire des collectivités locales*, T. 24, 2004, p.176

[6] B. GUIBARD, *Les finances locales en Europe : Allemagne, Espagne, Italie, Pays-Bas, Royaume-Uni*, IAURIF, Septembre 2006, p. 11 : « dans l'ensemble des pays étudiés une tendance à l'augmentation de la part des recettes fiscales propres au détriment des transferts et une tendance à la disparition des transferts conditionnés...L'importance des dotations a été significativement diminuée au profit du développement d'une fiscalité propre ».

[7] Art. 9 de la Directive n° 01/2011/CM/UEMOA portant régime financier des collectivités territoriales au sein de l'UEMOA.

[8] Bénin Const., art. 54; Niger Const, art. 76. Sur le rôle du parlement dans ce domaine, voir X. VANDENDRISSCHE, « Le Parlement entre déclin et modernité », *Pouvoirs*, n° 99, 2001, p. 61.

décision est limité et que le contrôle sur les décisions des collectivités reste étroit.

L'autonomie du pouvoir de décision fiscale constitue la pierre angulaire de l'autonomie financière. Car, c'est d'abord sur le terrain des ressources que cette dernière s'apprécie ou du moins, se mesure. Elle signifie pour les collectivités locales, avoir des ressources propres suffisantes dont la maîtrise juridique est dévolue aux élus locaux. Dans l'Etat unitaire décentralisé, cette maîtrise ne peut s'apprécier qu'au regard de l'encadrement législatif du pouvoir de décision des assemblées délibérantes, étant entendu que la création, la modification et la suppression des impôts sont du domaine de la loi. L'examen du dispositif et des mécanismes de fonctionnement du système fiscal local au sein de certains Etats de l'UEMOA conduit à deux constats d'évidence : l'inexistence d'un pouvoir de décision fiscale (1) et une forte centralisation de la chaîne fiscale (2).

1- L'absence d'un pouvoir de décision fiscale

L'analyse du fait fiscal local n'emporte pas la conviction qu'il existerait un véritable pouvoir fiscal local constitutif de l'un des traits fondamentaux de l'autonomie financière des collectivités territoriales. La réalité est que le pouvoir fiscal n'a pas de place dans la détermination de l'autonomie financière. Cette dernière s'apparente plutôt à une manière d'être de la libre administration en tant qu'elle découle de ses aspects fiscaux et financiers.

Le principe constitutionnel de la libre administration des collectivités territoriales serait-il devenu un fourre-tout susceptible de couvrir toutes les revendications des acteurs locaux, tant il est vrai que c'est toujours à l'issue de la violation de ce principe, et sur son fondement, que la jurisprudence constitutionnelle française forge chaque jour le statut des collectivités territoriales décentralisées[1].

La tendance actuelle considère que l'absence d'un véritable pouvoir fiscal impute la libre administration d'un pan de ces éléments importants, à savoir la marge de manœuvre prévisionnelle sur l'anticipation des budgets locaux et surtout l'exercice de la démocratie ou sous l'angle de la responsabilité qui lie l'élu à son contribuable.

S'il est vrai qu'à travers des ressources fiscales autonomes, à la différence des emprunts et des subventions étatiques, les collectivités territoriales garantissent mieux leur indépendance vis à vis de l'État et des institutions financières, il n'est cependant pas certain que la quantité des ressources fiscales soit l'élément déterminant de l'autonomie locale.

Au demeurant, ni la Constitution française ni les Constitutions de certains pays (Mali, Sénégal, Bénin et Niger) de l'UEMOA n'accordent la moindre

---

[1] Voir, A. ROUX, Droit constitutionnel local, Economica, 1993 ; M. VERPEAUX, « la Constitution et les
collectivités territoriales », RD publ. 1998, p. 1379.

place à un véritable pouvoir fiscal local dans la répartition des compétences entre l'Etat et leurs collectivités territoriales. Disons-le clairement, le pouvoir fiscal local, n'existe pas dans nos Etats unitaires. Dans ces Etats, le pouvoir fiscal est singulièrement du ressort exclusif du législateur. Seul ce dernier peut, pour sa mise en œuvre, réguler l'intervention du pouvoir réglementaire national ou local lorsqu'il en existe un, mais toujours dans les conditions prévues par la loi. Il en est ainsi des articles 34 de la Constitution française, 70 de la Constitution malienne, 67 de la constitution sénégalaise, 99 de la constitution du Niger et 98 de la constitution Béninoise.

Si l'on considère qu'il existe néanmoins un pouvoir fiscal dérivé et donc un pseudo pouvoir fiscal local, ce dernier ne peut être ni autonome ni initial. Il dépendra toujours de la volonté du législateur. Le fait que la jurisprudence constitutionnelle française impose au législateur de respecter certaines limites dans l'exercice de son propre pouvoir fiscal en protégeant certains aspects financiers de la libre administration, « *les règles posées par la loi ne sauraient avoir pour effet de restreindre le ressources fiscales des collectivités territoriales au point d'entraver leur libre administration* »[1] ne permet pas, à notre sens, d'y voir une quelconque protection constitutionnelle d'un pouvoir fiscal local. On en veut pour preuve le flou délibérément entretenu par la jurisprudence, laquelle n'a jamais sanctionné une mesure législative supprimant ou réduisant considérablement une recette fiscale.

Le lien entre la libre administration des collectivités locales et l'existence d'un pouvoir fiscal local relève, dès lors d'une nécessité de principe. La Charte européenne la prescrit expressément à son article 9-3 : « *une partie au moins des ressources financières des collectivités locales doit provenir d'impôts dont elles ont le pouvoir de fixer le taux, dans les limites de la loi* ». Dans le contexte sous régional ouest africain, c'est l'article 16 de la Directive n°01/2011/CM/UEMOA, portant régime financier des collectivités territoriales au sein de l'Union Economique et Monétaire Ouest Africaine qui prévoit cette la nécessité d'un pouvoir fiscal dérivé en faveur des autorités locales. Aux termes de cette disposition, « *le conseil des collectivités territoriales, par sa délibération, fixe le taux des impôts et taxes locaux dans la limite du plafond déterminé par la loi* ».

C'est dire que, même si le pouvoir fiscal appartient au législateur, celui-ci est tenu d'accorder une marge de manœuvre suffisante aux élus locaux, afin de leur permettre de se déterminer en fonction des réalités et des besoins propres de la collectivité en présence. La mise en œuvre du pouvoir fiscal dérivé prévu à l'article 16 de la directive n°01/2011/DC/UEMOA aurait permis aux

---

[1] Sur ce point précis, se rapporter au recueil de jurisprudence fourni par Loïc Philip, « L'autonomie financière des collectivités territoriales », *in Les Cahiers du Conseil constitutionnel* n° 12/2002, p. 98, note n° 16.

collectivités territoriales africaines de posséder un minimum de pouvoir fiscal nécessaire à leur émancipation financière.

Le constituant français en a pris acte. Depuis la révision constitutionnelle du 28 mars 2003, l'article 72-2, relatif à l'organisation décentralisée de la République dispose : « *la loi autorise les collectivités territoriales à fixer l'assiette et le taux des impositions dans les conditions qu'elle détermine* ».

Des dispositions semblables se retrouvent dans l'arsenal juridique du mécanisme de décentralisation des Etats africains en étude. Le législateur sénégalais s'inscrit également dans cette même logique. A l'article 251 de la loi portant code des collectivités locales, il autorise les collectivités locales à instituer des centimes additionnels à certains impôts. L'article 250 du même code, paraît plus généreux en disposant que « *les taxes directes et indirectes dont les modalités d'assiette et de perception ainsi que les taux maxima sont déterminés par la loi, sont créées par délibération du Conseil municipal* ».

Il s'avère cependant qu'en pratique, ces dispositions sont souvent restées lettres mortes. Michel Bouvier, à propos des collectivités locales en France affirme : « *pendant longtemps, il a semblé aller de soi que l'autonomie financière des collectivités locales incluait nécessairement deux composantes : d'une part la capacité de gérer librement les fonds dont elles disposent, d'autre part un certain pouvoir de décision en matière fiscale à l'égard d'impôts qui leur sont propres. Ce sens commun implicite s'est trouvé embrouillé dans la période récente. C'est d'abord l'autonomie fiscale des collectivités locales qui s'est trouvée remise en cause* »[1] .

De même en Afrique, la pratique révèle que les collectivités décentralisées ne jouissent guère du bénéfice du pouvoir fiscal dérivé, tel que prévu par les instruments communautaires et relayé par des dispositions législatives internes des Etats eux-mêmes [2]. Ainsi, l'essentiel des ressources fiscales de ces collectivités provient du partage des impôts étatiques, et du produit des impôts locaux dont le régime est fixé par le législateur[3].

Les collectivités locales ne détiennent qu'un pouvoir fiscal dérivé. Cette infortune des collectivités locales en matière fiscale ne semble guère infirmée dans la pratique.

---

[1] M. BOUVIER, Propos introductifs, *in* « Autonomie financière des collectivités locales en Europe », *RFFP* n°121, 2003, p. 17.

[2] M. ZAKI, « Les entraves à l'autonomie financière des collectivités locales au Sénégal », *Revue Afrilex*, http://www.afrilex;u-bordeaux4.fr, Consulté en novembre 2016.

[3] Les collectivités décentralisées peuvent ainsi partager le produit d'un impôt national, sans base locale et sans qu'elles aient la possibilité d'en fixer le taux. C'est dans cette orbite que les quotes-parts d'impôts nationaux sont versées aux collectivités locales. De même, ces collectivités perçoivent l'intégralité du produit d'un impôt prélevé sur une matière imposable locale, mais sans la possibilité d'en fixer le taux ; Lire, A. ESSONO-EVONO, « L'autonomie financière des collectivités locales en Afrique noire francophone. Le cas du Cameroun, de la Côte d'Ivoire, du Gabon et du Sénégal », *op. cit.*, p. 6

Il convient de distinguer le pouvoir de décision dont disposent les collectivités locales en matière de ressources de celui qu'elles exercent en matière de charges.

Le pouvoir de décision des collectivités locales dépend de la nature de la ressource. Ce pouvoir est déterminé s'agissant des recettes fiscales sans être véritablement déterminant pour les ressources non fiscales.

Toutefois, les collectivités locales ne disposent pas d'une autonomie fiscale. En effet, elles n'ont pas le pouvoir de créer un impôt, d'en déterminer l'assiette, le taux et les modalités de recouvrement. En vertu du principe de légalité fiscale, expression juridique du principe du consentement de l'impôt découlant de l'article 14 de la Déclaration des droits de l'Homme et du citoyen, il revient au législateur de fixer le régime de l'impôt local. Dans le même sens, l'article 71 de la Constitution ivoirienne, l'article 67 de la Constitution sénégalaise disposent, dans des termes identiques, que « *la loi fixe les règles concernant (...) l'assiette, le taux et les modalités de recouvrement des impositions de toute nature* ».

« *Dans la mesure où l'origine de la puissance de tout pouvoir politique est largement déterminée par la détention d'un pouvoir fiscal autonome et non par la simple gestion des moyens financiers procurés et concédés par d'autres, il semble naturel et évident que la question de la libre administration (...) soit étroitement liée à la nécessité d'un véritable pouvoir fiscal local* »[1].

C'est une question essentielle pour l'avenir de la décentralisation et de la gouvernance locale dérivée. En effet malgré les dispositions de l'article 16 de la Directive n° 01/2011/CM/UEMOA portant régime financier des collectivités territoriales au sein de l'UEMOA aux termes desquelles « *le conseil de collectivité territoriale, par sa délibération, fixe le taux des impôts et taxes locaux dans la limite du plafond déterminé par la loi* », les élus n'ont aucune latitude pour déterminer le seuil des prélèvements fiscaux. Il est vrai que, constitutionnellement, c'est la loi qui fixe les règles concernant l'assiette, le taux et les modalités de recouvrement des impositions de toutes natures[2].

Les ressources fiscales des collectivités locales proviennent donc essentiellement du partage des impôts étatiques, du produit des impôts locaux dont le régime est fixé par le législateur ou encore d'impôts locaux dont elles peuvent déterminer le taux dans les limites déterminées par la loi[3]. Dans le premier cas, les collectivités locales peuvent partager le produit d'un impôt national, sans base locale et sans qu'elles aient évidemment la possibilité d'en fixer le taux. C'est ainsi que les quotes-parts d'impôts nationaux sont versées aux collectivités locales. Dans le second cas, les collectivités locales perçoivent

[1] M. BOUVIER, *op. cit.* p.27

[2] Art. 67

[3] Voir A. BARILARI, ''La question de l'autonomie fiscale'', *Revue française de finances publiques*, n°80, 2002, p. 77.

l'intégralité du produit d'un impôt prélevé sur une matière imposable locale, mais sans disposer du pouvoir d'en déterminer le taux. Ainsi, dans les quatre pays concernés par la présente étude, le produit des impôts fonciers revient intégralement aux collectivités locales. Dans un troisième cas, les collectivités locales peuvent être autorisées exceptionnellement par la loi à fixer le taux d'un impôt prélevé sur une matière imposable locale.

C'est aussi le cas au Sénégal où, aux termes de l'article 251 de la loi portant code des collectivités locales, ces dernières peuvent instituer des centimes additionnels à certains impôts. Mais, dans les faits, cette pratique est très rare et l'autonomie fiscale des collectivités locales reste par conséquent très limitée.

La libre administration des collectivités locales et l'existence d'un minimum de pouvoir fiscal local est établi par la Charte européenne qui dispose en son article 9-3 qu'« *une partie au moins des ressources financières des collectivités locales doit provenir (...) d'impôts dont elles ont le pouvoir de fixer le taux, dans les limites de la loi* ». En France, le constituant en a pris acte à travers l'article 72-2 issu de la révision constitutionnelle du 28 mars 2003 relative à l'organisation décentralisée de la République qui prévoit que « *la loi autorise les collectivités territoriales à fixer l'assiette et le taux des impositions dans les conditions qu'elle détermine* ».

Une autonomie financière pleine et entière des collectivités locales dans l'espace UEMOA passe donc aussi par la consécration constitutionnelle d'un pouvoir fiscal local.

Certes, les risques d'une telle consécration sont nombreux. D'abord, on peut craindre que le partage du pouvoir fiscal entre l'Etat et les collectivités locales aboutisse à complexifier le système fiscal avec la multiplication des acteurs fiscaux et, *in fine,* à poser un problème de gouvernance fiscale.

S'il est vrai que la compétence fiscale relève essentiellement du législateur, il n'en demeure pas moins que, sans un minimum de pouvoir fiscal, l'idée même d'autonomie financière locale n'est qu'un vain mot. Ainsi, pour Michel BOUVIER, *« dans la mesure où l'origine de la puissance de tout pouvoir politique est largement déterminée par la détention d'un pouvoir fiscal autonome (...), il semble naturel et évident que la question de la libre administration des collectivités locales soit étroitement liée à la nécessité d'un véritable pouvoir fiscal local* »[1] .

Le lien entre la libre administration des collectivités locales et l'existence d'un pouvoir fiscal local relève, dès lors d'une nécessité de principe. Dans le contexte sous-régional ouest africain, c'est l'article 16 de la Directive

---

[1] M. BOUVIER, « Autonomie fiscale et libre administration des collectivités locales », *Revue française de finances publiques*, n°81, Mars 2003, p. 30 ; G. CARREZ, « L'autonomie fiscale des collectivités locales », *Revue française des finances publiques*, n°103, 2008, p. 67 ; A. BARIHALI, « La question de l'autonomie fiscale », *Revue française de finances publiques*, n°80, 2002, p. 77.

n°01/2011/CM/UEMOA portant régime financier des collectivités territoriales au sein de l'Union Economique et Monétaire Ouest Africaine qui prévoit cette nécessité d'un pouvoir fiscal dérivé en faveur des autorités locales. Aux termes de cette disposition, « *le conseil des collectivités territoriales, par sa délibération, fixe le taux des impôts et taxes locaux dans la limite du plafond déterminé par la loi* ».

C'est dire que, même si le pouvoir fiscal appartient au législateur, celui-ci est tenu d'accorder une marge de manœuvre suffisante aux élus locaux, afin de leur permettre de se déterminer en fonctions des réalités et des besoins propres de la collectivité en présence. La mise en œuvre du pouvoir fiscal dérivé prévu à l'article 16 de la directive n°01/2011/DC/UEMOA aurait permis aux collectivités territoriales africaines de posséder un minimum de pouvoir fiscal nécessaire à leur émancipation financière.

Michel BOUVIER, à propos des collectivités locales en France affirme : « *pendant longtemps, il a semblé aller de soi que l'autonomie financière des collectivités locales incluait nécessairement deux composantes : d'une part la capacité de gérer librement les fonds dont elles disposent, d'autre part un certain pouvoir de décision en matière fiscale à l'égard d'impôts qui leur sont propres. Ce sens commun implicite s'est trouvé embrouillé dans la période récente. C'est d'abord l'autonomie fiscale des collectivités locales qui s'est trouvée remise en cause* »[1] .

De même en Afrique, la pratique révèle que les collectivités décentralisées ne jouissent guère du bénéfice du pouvoir fiscal dérivé, tel que prévu par les instruments communautaires et relayé par des dispositions législatives internes de Etats eux-mêmes[2] . Ainsi, l'essentiel des ressources fiscales de ces collectivités provient du partage des impôts étatiques, et du produit des impôts locaux dont le régime est fixé par le législateur[3].

On sait déjà que ni la Constitution de l'Etat unitaire français, ni celles des Etats unitaires d'Afrique noire francophone ne reconnaissent aucune compétence fiscale locale et encore moins aucun véritable pouvoir fiscal local aux collectivités territoriales. En outre, même dans le cadre de la libre administration dont la valeur constitutionnelle a été longtemps reconnu en

---

[1] M. BOUVIER, Propos introductifs, *in* « Autonomie financière des collectivités locales en Europe », *RFFP* n°121, 2003, p. 17.

[2] M. ZAKI, « Les entraves à l'autonomie financière des collectivités locales au Sénégal », *Revue Afrilex*, http://www.afrilex;u-bordeaux4.fr, Consulté en novembre 2016.

[3] Les collectivités décentralisées peuvent ainsi partager le produit d'un impôt national, sans base locale et sans qu'elles aient la possibilité d'en fixer le taux. C'est dans cette orbite que les quotes-parts d'impôts nationaux sont versées aux collectivités locales. De même, ces collectivités perçoivent l'intégralité du produit d'un impôt prélevé sur une matière imposable locale, mais sans la possibilité d'en fixer le taux ; Lire, A. ESSONO-EVONO, « L'autonomie financière des collectivités locales en Afrique noire francophone. Le cas du Cameroun, de la Côte d'Ivoire, du Gabon et du Sénégal », *op. cit.*, p. 6.

France, l'existence d'un tel pouvoir serait inconciliable avec deux grands principes du droit fiscal : la légalité fiscale et l'égalité devant l'impôt.

Le principe de légalité fiscale est la traduction du principe du consentement à l'impôt formulé en ces termes par l'article 14 de la Déclaration des droits de 1789 : « *les citoyens ont le droit de constater par eux-mêmes ou par leurs représentants la nécessité de la contribution publique, de la consentir librement, d'en suivre l'emploi et d'en déterminer la quotité, l'assiette, le recouvrement et la durée* ».

Ce principe, repris dans les Constitutions de la France, du Mali, Sénégal, Benin et le Niger, met en relief deux aspects du consentement à l'impôt. D'une part, l'autorisation de percevoir l'impôt et, d'autre part et surtout, le statut des impositions de toutes natures (assiette, quotité, recouvrement et durée) doit être fixé par le législateur dans une loi ordinaire ou dans une loi de finances.

Au demeurant, le nouvel article 72. 2 de la Constitution française ne confère aucun pouvoir fiscal initial aux collectivités territoriales françaises. Pas plus que leurs homologues en France, aucune autorité locale d'Afrique noire francophone ne peut édicter des règles de droit fiscal sans l'aval d'une loi et cette dernière peut retirer à tout moment ce qu'elle a accordé.

Le virtuel pouvoir fiscal des autorités locales serait donc un pouvoir dérivé et non autonome. Même dans ce dernier cas, il s'agirait d'un pouvoir extrêmement résiduel. En effet, la faculté de fixer et surtout d'aménager l'assiette de certains impôts ne nous semble pas être une révolution dans les rapports entre le législateur et les collectivités territoriales. Ainsi que le souligne François LABIE, le principe selon lequel seul le législateur est compétent pour « *fixer les règles concernant l'assiette des impositions de toutes natures* » n'a jamais eu une portée absolue. Le législateur a souvent confié aux collectivités territoriales un pouvoir de décision dans le domaine de l'assiette de leurs impôts sans pour autant qu'une loi l'ait expressément prévu.

Tout compte fait, le pouvoir d'aménager l'assiette de certaines de leurs recettes fiscales n'a le plus souvent concerné que des exonérations partielles ou définitives, des abattements et assez rarement des majorations de base ou des élargissements d'assiette d'impôts. Or seul le volet élargissement d'assiette et/ou majoration de base d'impôts constituerait une sûreté pour un accroissement de la recette fiscale. Dans ces conditions, on peut se permettre d'affirmer qu'une telle marge de manœuvre ne peut être accordée aux autorités locales que par le législateur, au risque de provoquer une explosion fiscale dans chacune des collectivités et de rompre avec le principe de l'égalité, cher aux Etats unitaires de type classique.

Le principe de l'égalité devant l'impôt est une émanation du principe plus général d'égalité qui figure à l'article 13 de la déclaration de 1789, « *les hommes naissent et demeurent libres et égaux en droit* ». Appliqué au domaine de la fiscalité, ce principe conduit à traiter de manière identique les citoyens d'un même Etat selon leurs facultés contributives. Dépassant la sphère de l'être humain, le Conseil constitutionnel l'a même étendu aux personnes morales.

Il est clair que le principe de l'égalité devant l'impôt doit être concilié avec celui de l'autonomie financière et plus précisément de l'autonomie fiscale qui, signifie que chacune des collectivités territoriales peut « *imposer différemment des contribuables se trouvant placés dans des situations identiques, à l'exception du cadre territorial auquel ils relèvent* »[1].

2- La centralisation de la chaîne fiscale au sein des Etats

La compétence de la collectivité territoriale se limite à la tarification. Le reste des opérations de la chaîne fiscale demeure sous l'entière responsabilité des administrations financières de l'Etat[2]. En dehors des règles générales fixées par le législateur, les modalités de recouvrement sont déterminées par voie règlementaire[3]. Dans ces conditions, seul l'Etat maîtrise réellement les leviers de la fiscalité locale.

Théoriquement dépourvues d'une réelle autonomie fiscale, les collectivités territoriales se trouvent dans une forte dépendance vis-à-vis du pouvoir central. Ainsi, à l'absence d'un pouvoir de décision fiscale, s'ajoute la centralisation extrême de la chaine fiscale.

En plus de l'absence d'un pouvoir réel de décision en matière fiscale, l'incertaine autonomie fiscale des collectivités locales se manifeste, au plan pratique, par la forte centralisation de la chaîne fiscale dans les Etats africains étudiés. La chaine fiscale peut être définie comme l'ensemble des processus d'élaboration et de gestion d'une politique fiscale. A cet effet, elle est constituée d'un ensemble d'opérations, allant du recensement de la matière imposable au recouvrement de l'impôt, ainsi qu'aux mécanismes de résolution du contentieux fiscal. Par souci d'efficacité, le processus de la décentralisation doit prendre l'ensemble des acteurs impliqués, notamment, les agents locaux.

La pratique révèle cependant que dans la quasi-totalité des pays africains ayant adhéré au principe de la décentralisation, la chaîne fiscale reste largement le monopole du pouvoir central.

---

[1] Cf. L. PHILIP, « Le pouvoir fiscal bénéficie-t-il d'une protection constitutionnelle » ? *Pouvoirs Locaux* n° 46
III/2000, p. 61.

[2]Niger : Ordonnance 2010-54, art. 257.

[3] La situation en France diffère. Le principe de légalité fiscale implique que le législateur détermine les règles de recouvrement de l'impôt de manière suffisante, même s'il peut confier à la collectivité locale le soin d'assurer ce recouvrement. Voir CC, Décision 98-405 DC du 29 décembre 1998, Rec., p. 326.

« Le mythe de l'autonomie financière »[1] des collectivités locales africaines s'est ainsi aggravé par « les ambiguïtés de la fiscalité locale »[2] . Déjà dans l'ordre des idées, l'autonomie financière des collectivités locales africaines apparaît comme un trompe-l'œil. Elle ne répond pas encore aux exigences nécessaires à son effectivité. En plus de cette limite conceptuelle, la réalisation d'une autonomie pleine et véritable doit encore faire face à des entraves de nature et d'effets diversifiés.

II- LES RAPPORTS PROBLEMATIQUES ENTRE L'ETAT ET LES COLLECTIVITES TERRITORIALES.

L'autonomie financière implique l'existence de marges suffisantes d'action en matière budgétaire et de gestion[3].

La doctrine et la jurisprudence dominantes font de l'autonomie financière une condition essentielle de la libre administration. Les législateurs béninois, malien, nigérien et sénégalais affirment l'autonomie financière des collectivités territoriales[4].

Le contrôle de l'Etat sur les finances locales est un corollaire de la décentralisation. Ce n'est donc pas le principe qui sera interrogé mais son ampleur. Sous cette réserve, peut-on démontrer que les habilitations proclamées par les textes de loi renferment effectivement une véritable autonomie qui autorise la collectivité territoriale à librement mobiliser et allouer une part déterminante de ses ressources pour couvrir ses charges légales ?

Il est une évidence que disposer d'un réel pouvoir de décision implique d'avoir à sa portée, les moyens, notamment financiers, devant permettre de concrétiser les décisions prises[5]. Perçue sous l'angle des ressources, l'autonomie financière suppose d'avoir une certaine prise sur les origines, les montants des ressources et leur répartition entre ces différentes sources. Si elle doit exister, cette maîtrise des ressources doit avoir été affirmée et garantie par le constituant ou le législateur[6]. Du BOIS de GAUDUSSON avait prévenu

[1] A. PARIENTE, « Le mythe de l'autonomie financière », *in La territorialisation du droit financier, Revue française de finances publiques*, n°129, Février 2015, p. 15-26.

[2] M-C. ESCLASSAN, « Les ambiguïtés de la fiscalité locale : Une fiscalité en trompe-l'œil », *in, La territorialisation du droit financier*, *Revue française de finances publiques*, n°129, février 2015, p. 27-36.

[3] Le législateur béninois établit un lien de causalité entre mise en œuvre des compétences, budget propre et autonomie financière. V. Loi n°98-007 du 15 janvier 1997 portant régime financier des communes en République du Bénin, art. 2 : « Pour la mise en œuvre de son autonomie financière et l'accomplissement de sa mission de développement, la commune est dotée d'un budget propre ».

[4] Bénin : Loi n°97-029, art. 1er ; Loi n°98-007, art. 1er ; Niger : Ord. n°2010-54, art. 3, al. 2.

[5] J. ADELOUI, Observations sur la décision DCC 10-144 du 14 décembre 2010, *Annuaire béninois de justice constitutionnelle*, I-2013, p. 387.

[6] La préexistence de la personne étatique et son hégémonie à l'intérieur de ses frontières commandent qu'une telle affirmation fût suffisamment ferme pour soustraire les collectivités territoriales à une trop grande dépendance financière vis-à-vis de l'Etat central.

qu'« *en l'absence d'une telle garantie, la décentralisation risque de n'être qu'un transfert d'obligations…*»[1]. Une telle protection requiert une répartition précise des ressources entre les niveaux national et local, proportionnellement aux compétences attribuées. Or, la question de la proportionnalité n'a pas bénéficié de l'attention due de la part des législateurs.

L'idée d'autonomie, étroitement liée à celle de décentralisation territoriale ou par service, selon J-C. Maitrot, l'est également à la notion de personnalité morale. Suivant son étude sur les aspects financiers de l'autonomie en droit public, l'auteur soutient que « *la personnalité morale implique l'autonomie financière, l'autonomie financière suppose la personnalité morale* »[2].

En effet, le transfert de compétences et de ressources implique d'abord l'existence même desdites compétences dans le portefeuille des Etats[3]. Il implique ensuite leur transfert et celui de leurs ressources (financières, matérielles et humaines) au niveau local. Inversement, le transfert du package des ressources ne se justifie que parce qu'il existe des compétences locales.

Il est admis que *« l'existence de ressources propres suffisantes est un élément indispensable* »[4] de la libre administration. Comment opérationnaliser les premiers transferts de compétences prévus par les lois de décentralisation dans le strict respect des principes d'autonomie et de libre administration des collectivités territoriales ? Telle est la principale question à laquelle doivent répondre les organes de suivi et de mise en œuvre de la décentralisation dans le contexte africain. En gardant à l'esprit que la compréhension des principes de base énoncés par les législateurs pour encadrer le domaine des transferts de compétences et de ressources s'est avérée parfois contraire au principe d'autonomie locale.

L'approfondissement de la décentralisation a incontestablement établi le bond qualitatif nécessaire dans le système local du Mali, du Sénégal, du Niger et du Bénin. L'institutionnalisation de structures d'accompagnement[5]et la mise en place d'un fonds de dotation destiné à compenser les charges induites par le transfert des compétences, conjuguées à la suppression de la tutelle et à son remplacement par un « *système de régulation par le droit* » ont donné une nouvelle orientation à la politique de décentralisation dans l'espace UEMOA. La délimitation des zones de responsabilité entre l'Etat, les collectivités locales

---

[1] J. du BOIS de GAUDUSSON, «La décentralisation en Afrique : nouvelles perspectives», Encyclopédia Universalis, Symposium, 1990, pp. 1631-1636.

[2] J.-C. MAITROT, *Recherches sur la notion d'autonomie financière en droit public*, Thèse Paris, 1972, pp. 152–157

[3]Les Etats ne devraient céder que ce qu'ils ont, ce qui exclut en principe le transfert de compétences nouvelles jamais exercées par les Etats et donc non évaluées financièrement.

[4]L. PHILIP, « L'autonomie financière des collectivités territoriales », *op. cit.*, p.2.

[5] Notamment les Agences régionales de développement, les centres d'appui au développement local, le conseil national de développement des collectivités locales etc.

et les institutions de coordination et d'accompagnement de ces dernières, l'articulation décentralisation-déconcentration ont été bien pensées.

La principale entrave à l'autonomie financière des collectivités locales réside cependant dans la fuite de responsabilités des Etats : d'abord, la garantie législative en matière de compensation des charges n'a pas été suivie d'effets. Dans les faits, les relations qu'entretiennent les collectivités locales avec les Etats se caractérisent par des transferts de compétences financièrement mal compensés (A) ; ensuite le dispositif mis en place ne comporte pas de mécanismes de compensation avec l'Etat (B), en dépit de nombreuses exonérations, exemptions, dégrèvements et non recouvrement de recettes prises en charge par le Trésor public.

A- UN TRANSFERT DE COMPETENCES FINANCIEREMENT MAL COMPENSE

Le principe de compensation[1] des transferts de charges est posé par le législateur qui a prévu des transferts financiers compensatoires[2]. Enfin, les lois prévoient la création de fonds pour financer le développement équilibré et harmonieux des collectivités, sur la base d'un système de péréquation[3]. Elle permet de concilier le principe de liberté avec celui d'égalité[4]. Mais il s'agit de promesses législatives dont la réalisation demeure hypothétique.

On ne peut être responsable d'un objet dont on n'a pas la garde. A travers l'unité de caisse qui oblige les collectivités territoriales à domicilier leurs recettes auprès du comptable de la collectivité[5], le législateur réduit significativement la portée du pouvoir financier des organes locaux même si cette mesure offre des avantages à la collectivité. En effet, elle l'épargne des coûts récurrents d'opération qu'aurait nécessités la mise en place d'un poste comptable propre et d'autre part, elle lui permet, en cas de tension de trésorerie, de bénéficier d'avances[6].

Dans le même esprit, le recouvrement des recettes fiscales est assuré par les services étatiques notamment l'administration fiscale. L'importance relative

---

[1] Dans un Arrêt n° 56946 du 6 juin 1986, Département du Finistère, 1er consid., le Conseil d'État a précisé que la compensation devait être intégrale.

[2] Bénin : Loi n°98-007, art. 97, 100.

[3] Bénin : Loi n°98-007, art. 56 ; Niger : Ord. n°2010-54, art. 226. La péréquation consiste en une correction des inégalités de ressources entre des collectivités dont les niveaux de charges obligatoires sont comparables. Il en existe deux variantes : d'une part la péréquation horizontale qui consiste à prélever sur les ressources des collectivités territoriales les plus « riches » pour en redistribuer le produit à celles qui sont défavorisées ; d'autre part, la péréquation verticale à travers laquelle l'Etat alloue aux collectivités des dotations globales et non affectées dont le niveau est d'autant plus élevé que leurs ressources propres sont faibles.

[4] C'est l'un des objectifs que le décret n°2008-276 du 19 mai 2008 assigne au Fonds d'Appui au Développement des Communes (art. 2).

[5] Il assure cumulativement les fonctions de comptable de la commune et comptable direct du trésor. Voir, Bénin, Loi n°98-007, art. 35 ; Niger, Ord. n°2010-54, art. 226 et 248.

[6] Bénin : Loi n°98-007, art. 36.

desdites recettes dans les deux perspectives fonde quelques analyses. Vues du côté de l'Etat, les recettes fiscales locales sont très infimes et n'enregistrent pas régulièrement d'évolutions significatives. Prenant en compte cette modicité de la fiscalité locale, l'option faite par le législateur d'en confier le recouvrement à l'administration fiscale nationale présente un avantage économique. Elle évite de faire grever les charges des collectivités territoriales par la mise en place d'une administration fiscale qui leur soit propre[1].

La diversité des sources de financement est un indicateur pertinent pour apprécier la consistance du financement local en tant qu'elle permet de réduire sa vulnérabilité. De ce point de vue, le législateur offre un large éventail de possibilités aux collectivités territoriales[2]. Abstraction faite du rendement et des marges de décision pour chacune de ces sources, cette diversité peut être saisie comme l'opportunité d'une meilleure maîtrise des recettes. Mais, elle n'est pas suffisante. Un certain niveau devrait être garanti pour assurer à l'offre de service public local, suffisance, qualité et continuité.

Dans certains cas, les textes instituant la collectivité territoriale ne mentionnent pas expressément sa personnalité morale. Ce constat vaut également pour l'établissement public.

Par contre, une référence systématique est faite à l'autonomie (administrative, financière, économique, politique, etc.). La doctrine admet unanimement que la personnalité morale, dans ce cas, doit être déduite soit de la notion de collectivité territoriale, soit de celle d'autonomie. En effet, on imagine mal qu'une collectivité territoriale puisse gérer un patrimoine et exercer des compétences locales sans avoir l'autonomie juridique.

Il est cependant remarquable que les auteurs qui ont le plus souvent extirpé la notion de personnalité morale de celle d'autonomie, l'ont fait par référence aux études relatives à l'autonomie financière des institutions publiques. Autrement dit, les considérations d'ordre purement patrimonial et budgétaire ont conduit à déduire la personnalité morale de ceux qui en bénéficiaient. Et lorsque les textes institutifs précisent de plus en plus la nature de l'autonomie notamment administrative, politique, économique…, il se produit comme une sorte de concurrence entre diverses formes d'autonomie, preuve aussi, s'il en était besoin, que la seule autonomie financière ne saurait valider l'idée d'une coïncidence entre la personnalité et l'autonomie.

Pour J.-C. MAITROT, « *qu'il s'agisse de décentralisation territoriale ou de décentralisation technique, la personne morale dont l'originalité par rapport à l'État a été reconnue, et qui a été érigée en sujet de droit, doit pour vivre sa vie*

[1] Le faible rendement de la fiscalité locale renforce la crainte que les coûts de sa « localisation » soient élevés à tel point qu'ils ne puissent pas être équilibrés par les recettes additionnelles qui en résulteraient

[2] Bénin, 46 sources de recettes et Niger, 74.

administrative disposer de moyens humains et matériels, et pour cela dépenser, ce qui appelle en contrepartie la disposition de l'autonomie financière »[1]. Georges VEDEL y voit la nécessaire liaison « *puisque la possession d'un patrimoine propre suppose l'existence d'un budget et d'une comptabilité propre* »[2].

Ce courant d'auteurs qui défendent la thèse patrimoniale met un accent particulier sur le patrimoine de l'organisme public considéré. Ils se heurtent quelque peu à un autre courant celui de la thèse budgétaire pour qui l'autonomie financière repose avant tout sur l'idée que l'organisme personnifié doit disposer d'un propre budget, distinct de celui de l'organe créateur, afin de maîtriser ses recettes et ses dépenses. Ainsi, la quête à la signification de l'autonomie financière et à son couplage permanent avec la personnalité morale de droit public a donné naissance à une diversité de définitions, les unes plus extensives que les autres.

Pourtant, il suffisait de considérer l'autonomie financière comme un moyen d'accomplissement de la personnalité, et de conclure à son indépendance. Rien, en effet, n'explique que les textes constitutionnels ou législatifs puissent se livrer à une sorte de redondance expressive, sauf à les considérer comme de simples écrits non chargés de résonances.

La fonction de l'autonomie administrative et financière instituée dans les textes constitutionnels n'est plus de distinguer la collectivité territoriale décentralisée de son organe fondateur puisqu'elle est déjà dotée de la personnalité morale mais de désigner une pseudo liberté locale régissant leurs rapports. Enfin, l'autonomie procède de la personnalité morale dont elle constitue en principe, un des attributs.

1- Un mode d'évaluation contestable

Ainsi, les collectivités locales africaines sont généralement reléguées au rang d'acteurs passifs des différentes étapes de la chaîne fiscale.

La création d'un cadre organisé et d'une instrumentation adaptée devient ainsi une nécessité pour instaurer la culture du dialogue sur la décentralisation fiscale. Ceci est d'autant plus nécessaire que, sans un minimum d'informations partagées sur les finances locales, le potentiel et le rendement des différents impôts locaux, il est difficile d'assurer une décentralisation fiscale, gage d'une véritable autonomie financière des collectivités locales [3]. A l'exception notable de la création des comités nationaux des finances locales dans les pays de l'UEMOA, dans le cadre de l'Observatoire des finances locales, la plupart des pays africains ne disposent pas de cadre de concertation sur les finances locales.

---

[1] J.- C. MAITROT, *op. cit.*, p. 152.

[2] G. VEDEL, *Traité de droit administratif*, *op. cit.*, p. 735.

[3] F. SAUVAGEOT, « Les nouvelles garanties financières des collectivités territoriales », in *la décentralisation, histoire, bilan, évolution*, L'Harmattan, 2003, pp. 315-327.

Par ailleurs, la situation financière des collectivités locales africaines est liée à l'absence d'une tradition de l'évaluation des politiques publiques. En conséquence, il est quasi impossible de mesurer le coût des transferts de compétences. Ainsi, privés d'éléments chiffrés pour le calcul des transferts financiers, la plupart des pays en cause procèdent à la décentralisation à l'aveugle[1] .

Ainsi, les dotations de l'Etat peuvent être versées selon une périodicité dont les bénéficiaires ne maîtrisent pas les contours. Même lorsque le principe des versements est acquis, l'Etat procède encore à des retenues sans explications. Dans son rapport sur la décentralisation en Afrique, l'Observatoire de la décentralisation a clairement affirmé, concernant le Sénégal, que « *les montants des dotations allouées aux collectivités locales sont faibles et leur versement accuse des retards préjudiciables à une visibilité budgétaire chez les bénéficiaires* »[2] . Il relève de l'évidence que dans ces conditions, les collectivités locales ne peuvent aisément adopter des projets à longs ou à moyens termes.

Si, à l'évidence, l'insuffisance de ressources locales constitue un obstacle indéniable à l'autonomie financière des collectivités locales en Afrique, l'implication excessive de l'administration centrale, couplée de celle du juge administratif est un fardeau d'une lourdeur singulière pour ces collectivités.

La mise en œuvre du principe de compensation fait injustice aux collectivités locales : tout d'abord ce sont les modalités même d'évaluation des montants de compensation telles que déterminées par le législateur qui posent problème. En effet le mode d'évaluation et de compensation retenu a eu pour effet de creuser l'écart entre les charges transférées et les ressources de compensation versées par l'Etat.

En tout état de cause, « *l'évaluation par l'Etat reste délicate en l'absence d'une comptabilité analytique qui permet d'identifier les différentes catégories de coûts et leur durée* »[3]. Par ailleurs ce déficit de compensation induit de fait une inégalité d'accès des citoyens locaux aux services de base dans les domaines ayant fait l'objet de transfert. En effet, selon que l'on soit dans une commune pauvre ou riche, la qualité des prestations de santé, d'éducation ou de loisirs n'est pas uniforme : lorsque l'Etat ne compense pas l'intégralité des charges, les collectivités locales ont obligatoirement recours à leurs ressources propres pour pallier cette carence ; c'est à ce niveau que les plus nanties peuvent assurer un minimum de couverture à leurs administrés.

---

[1] C. DIOP, « Situation des finances des collectivités locales en Afrique : caractéristiques des ressources des collectivités locales en Afrique : état des lieux », op.cit.

[2] Cité par, A. ESSONO EVONO, « L'autonomie financière des collectivités locales en Afrique francophone. Le cas du Cameroun, de la Côte d'Ivoire, du Gabon et du Sénégal », *op. cit.*, p. 16.

[3] Voir F. SAUVAGEOT, « Les nouvelles garanties financières des collectivités territoriales », in, la décentralisation, histoire, bilan, évolution, l'Harmattan 2003, p.p. 315-327.

2- Un niveau de prise en charge décevant

Dans la plupart des pays d'Afrique noire francophone, le législateur se limite à simplement poser le principe de création des mécanismes et laisse à l'exécutif, le soin d'en déterminer, et à son rythme, les ressources et le fonctionnement[1]. Il en résulte que le régime juridique des transferts financiers est essentiellement de source réglementaire.

Il est établi notamment en Afrique de l'Ouest que les ressources financières locales sont insignifiantes[2]. Pour apprécier dans quelle mesure la collectivité dispose des moyens de son autonomie, il faudra non seulement établir qu'elle est libre quant à la détermination de ses ressources mais également que celles-ci sont suffisantes au regard des compétences.

Pour Jean-Eric SCHOETTL, « *on peut regarder comme déterminante la part de ressources propres qui permet à la collectivité territoriale de faire face à des besoins nouveaux ou imprévus, d'assurer en toutes circonstances la continuité des services publics locaux et de ne pas aliéner son indépendance*»[3]. Selon Loïc PHILIP, « *l'effectivité de la libre administration implique que les collectivités territoriales puissent disposer de ressources suffisantes pour exercer effectivement leurs responsabilités...*»[4]. C'est donc à juste titre que la Charte européenne de l'autonomie locale s'y appesantit[5] et que le constituant français

---

[1] C'est également le cas au Burkina Faso avec le Fonds Permanent pour le Développement des Collectivités Territoriales (FPDCT) créé par l'article 141 de la loi n° 055-2004/AN du 21 décembre 2004 portant Code Général des Collectivités Territoriales, au Mali avec l'Agence Nationale des Investissements des Collectivités Territoriales (ANICT) qui met en oeuvre les deux fonds (de solidarité et de péréquation) créés par les articles 249 et 250 de la Loi n° 95-034 modifiée par la loi n° 98-010 du 19 juin 1998 portant Code des Collectivités Territoriales.

[2] C. VERGNE, Décentralisation fiscale en Afrique francophone : note sur les transferts intergouvernementaux, Banque Mondiale, Région Afrique, AFTPR, Septembre 2009, p. 4 : « Pour les pays de l'UEMOA, la situation est encore plus difficile, les ressources locales ne représentant en moyenne que 0.7% du PIB».

[3] J. E. SCHOETTL, « L'autonomie financière des collectivités territoriales devant le Conseil constitutionnel », *Les petites affiches*, 13 août 2004, n° 162, p. 12.

[4] L. PHILIP, Question n°15 : « La place des collectivités locales dans la Constitution de 1958 », Dossier La Constitution de 1958 a quarante ans, disponible sur le site www.conseil-constitutionnel.fr

[5] Charte européenne de l'autonomie locale, art. 9 : «1. Les collectivités locales ont droit, dans le cadre de la politique économique nationale, à des ressources propres suffisantes dont elles peuvent disposer librement dans l'exercice de leurs compétences. 2. Les ressources financières des collectivités locales doivent être proportionnées aux compétences prévues par la Constitution ou la loi ».

en a finalement[1] fait une exigence constitutionnelle dont la mise en œuvre est précisée par une loi organique[2].

A l'inverse, les législateurs béninois et nigérien n'ont pas mis l'accent sur cette nécessité. Les débats des parlementaires béninois, préalables à l'adoption du régime financier des communes le montrent à suffisance. Le gouvernement a entendu se réserver la prérogative d'en décider[3]. En revanche, le projet de régime financier avait davantage insisté sur les aspects procéduraux du vote du budget communal[4]. Le parlement n'a pu éviter d'être entraîné dans cette logique malgré la clarté de certaines interventions[5]. La législation nigérienne est restée silencieuse sur la question du transfert des ressources et se borne à prescrire la progressivité du transfert de compétences. L'échelle de la graduation et son

---

[1] La prise de cette loi a été motivée par un bilan de la mise en œuvre de l'autonomie financière des collectivités qui ressortait que la décentralisation a été marquée par des manquements au principe «de compensation intégrale et concomitante des charges », qu'il s'est produit une « recentralisation des ressources » et qu'enfin, les collectivités territoriales pourraient devenir « assistées et dépendantes ». V. à ce sujet, Exposé des motifs, Proposition de loi constitutionnelle relative à la libre administration des collectivités territoriales et à ses implications fiscales et financières, présentée par C. PONCELET, J.-P. DELEVOYE, J.-P. FOUCARDE, J. PUECH et J.-P. RAFFARIN, Doc. parl. Sénat, 22 juin 2000, n° 432. V. également, A. GUENGANT et J.-M. UHALDEBORDE, « Economie et finances locales », *Annuaire des collectivités locales*, T. 23, 2003, p. 427 pour cette constitutionnalisation « concrétise la stratégie défensive engagée par les élus pour endiguer le recul passé et prévenir un éventuel recul futur de l'autonomie financière locale. Le principe de libre administration s'est en effet révélé trop imprécis pour contrer l'érosion continue des recettes d'origine locale… ».

[2] En effet, aux termes du troisième alinéa de l'article 72-2 inséré dans la Constitution par la révision constitutionnelle du 28 mars 2003, « La loi organique fixe les conditions dans lesquelles cette règle est mise en œuvre ».

[3] Au cours des débats, le Ministre de l'Intérieur a renseigné sur la conception du gouvernement : « L'Etat ne veut pas transférer des compétences sans les ressources en conséquence. Mais il est évident qu'on ne peut pas ici faire un compte d'épicier et savoir combien c'est, on ne peut que dégager des principes généraux ». Pour le gouvernement, demander à disposer des données chiffrées pour établir des simulations, c'est du détail, impertinent en l'espèce.

[4] C'est une tendance historique qui perdure. Sur la réforme des finances locales en France, le Professeur R. HERTZOG, «Introduction», *in* H. ISAIA et J. SPINDLER, *Histoire du droit des finances publiques*, vol. III, Les grands thèmes des finances locales, p. 10, fait remarquer que les grands textes qui ont jalonnée la décentralisation financière «ne contiennent guère des dispositions financières significatives si ce n'est sur la procédure budgétaire ou les modalités de la tutelle : la loi du 14-22 décembre 1789 …, la loi du 28 pluviôse an VIII…, les lois municipales de la Monarchie de Juillet (1837) ou du Second Empire (1867), la Charte départementale du 10 août 1871, la Charte communale du 5 avril 1884, la loi du 31 décembre 1970…, la loi du 2 mars 1982…».

[5] R. LADIKPO : « …la loi que nous allons étudier à partir d'aujourd'hui va être le sous-bassement essentiel de la décentralisation. Si les communes n'ont pas les ressources nécessaires pour faire face à leurs responsabilités, elles vont échouer (…) Elle est la plus importante et de loin, parce que sans argent, l'honneur n'est qu'une maladie » ; A. CHINKOUN : « …le projet de loi portant régime financier des communes…est d'une importance capitale» ; N. BAH : «…la réforme des finances locales constitue le plus important pilier de la décentralisation». V. Assemblée Nationale (Bénin), 2ème législature, Débats parlementaires, Compte rendu intégral de la séance du 06 février 1998, p. 2-6.

évolution dans le temps sont laissées à la discrétion du pouvoir réglementaire[1]. En ayant ainsi transféré au pouvoir réglementaire une prérogative qui lui est dévolue par le constituant, le législateur a retardé l'effectivité de ses propres prescriptions.

Le juge constitutionnel béninois n'a pas été saisi de la question en ce qui concerne les communes. Toutefois, à l'occasion de sa Décision DCC 10-144 du 14 décembre 2010 rendue sur l'autonomie financière de l'Assemblée Nationale, il a précisé la compréhension qu'il convient d'avoir du concept. Dans son œuvre interprétative, la haute juridiction après avoir défini l'autonomie financière comme la «*situation d'une collectivité ou d'un organisme disposant d'un pouvoir propre de gestion de ses recettes et de ses dépenses, regroupées en un budget ou dans un document équivalent ...*», partage l'avis que « *pour être complète, l'autonomie financière suppose l'existence de ressources propres à la collectivité dont il s'agit...; qu'il s'ensuit que seuls les démembrements de l'Etat que sont les collectivités locales, et les organismes publics pouvant disposer de ressources propres en quantité suffisante pour exercer sans difficultés financières majeures les compétences qui leur sont dévolues bénéficient réellement de l'autonomie financière* ».

De même que les législateurs n'ont pas insisté pour garantir à la collectivité un niveau déterminant de ressources propres, autant ils ne l'ont pas fait pour ce qui concerne les subventions de l'Etat. Ils se sont contentés d'une formulation presque lapidaire dénuée de toute effectivité immédiate[2]. Or, un niveau élevé de subventions garanti par la loi pourrait offrir à la collectivité territoriale une certaine assurance quant à la prévisibilité, la disponibilité et la stabilité de cette part de ressources. L'égalité est également en jeu. Ainsi que le constate, bien à propos, Alain GUENGANT, « *l'inégale distribution spatiale des activités économiques et de la population favorise l'apparition de disparités de pouvoir d'achat des collectivités territoriales en services publics locaux* » rendant « *impossible toute égalité des usagers et des contribuables devant la dépense publique et l'impôt* ». Une intervention de l'Etat central, par le moyen d'une redistribution financière, constituerait une réponse appropriée.

Aux termes de l'article 54 de la loi n° 96-07 du Sénégal, les charges financières résultant pour chaque catégorie de collectivité locale des compétences transférées, font l'objet de l'attribution par l'Etat, de ressources d'un montant au moins équivalent auxdites charges.

---

[1] Niger : Ord. n°2010-54, art 7, al. 2 : « Le transfert des compétences aux communes et aux régions s'opère selon un plan graduel, fixé par décret pris en Conseil des Ministres ».

[2] Bénin, loi n°98-007, art. 56 ; Niger : Ord. n°2010-54, art. 226 confient la définition des attributions, de l'organisation, du fonctionnement et des modes de financement au pouvoir règlementaire.

Ces promesses du législateur[1] n'ont jamais été tenues : dans la pratique le transfert de compétences ne s'est pas accompagné d'une allocation des ressources "au moins équivalentes" aux charges transférées. Ainsi comme le soulignent les conclusions des assises nationales sur la décentralisation[2], « *le principe de la compensation financière des compétences transférées n'est pas respecté puisque seuls cinq sur les neuf domaines transférés font l'objet d'une compensation partielle* » : sur une période de dix années les montants affectés au fonds n'ont jamais été à la hauteur des « ambitions » affichées[3].

B- INEXISTENCE D'UN MECANISME DE COMPENSATION AVEC LES ETATS

Selon le professeur Essono OVONO, « *l'exercice effectif des compétences transférées aux collectivités territoriales est conditionné par le transfert des moyens financiers, sinon la décentralisation s'analyserait en une débudgétisation, c'est-à-dire reviendrait à un transfert des charges permanentes de l'Etat aux collectivités locales sans ressources correspondantes* ». Celles-ci verraient alors leurs charges financières augmenter. Comme l'écrit André ROUX, « *Il y aurait, en effet, un effet pervers de la décentralisation si les transferts de compétences ne s'accompagnaient pas de moyens financiers. L'extension des compétences se retournerait alors contre les collectivités territoriales qui devraient assumer des charges financières difficilement supportables* »[4].

L'article 9 alinéa 2, de la Charte européenne de l'autonomie locale dispose ainsi que « *les ressources financières des collectivités locales doivent être proportionnées aux compétences prévues par la constitution* ». Le constituant français a, dans ce sens, précisé à l'article 72-2, alinéa 4 de la Constitution que « *tout transfert de compétences entre l'Etat et les collectivités territoriales s'accompagne de l'attribution de ressources équivalentes à celles qui étaient consacrées à leur exercice. Toute création ou extension de compétences ayant pour conséquence d'augmenter les dépenses des collectivités territoriales est accompagnée de ressources déterminées par la loi* ».

---

[1] Qui aux termes de l'exposé des motifs de la loi 96-07 indique que « l'autonomie financière des collectivités locales sera largement renforcée afin qu'elles puissent exercer librement leurs responsabilités, en s'appuyant à la fois, sur leurs moyens propres, sur les dotations budgétaires de l'Etat à un niveau garanti par la loi… »

[2] Qui mettent également en évidence « la faiblesse de ces ressources, le dirigisme de l'administration dans leur répartition et l'intervention prééminente des services déconcentrés de l'État dans la gestion des compétences en principe transférées ». Voir rapport, p. 10.

[3] Voir notamment sur cette question, M. FALL : « Les collectivités locales à l'épreuve du financement des compétences transférées », *in* Actes de Kaolack et Fatick, Journées de la coopération décentralisée et de la planification régionale, 2e édition, 14-20 mai 2004.

[4] A. ROUX, ''L'autonomie financière des collectivités territoriales dans les constitutions européennes'', Mélanges en l'honneur de J. GICQUEL. Constitutions et pouvoirs, Paris, Montchrestien, 2008, p. 483.

Dans les Etats africains concernés par cette étude, la constitution ou la loi a posé le principe de compensation financière des transferts des charges financières aux collectivités territoriales. L'article 4 de la loi n° 2013-10 portant code général des collectivités locales au Sénégal dispose que « *tout transfert de compétence à une collectivité doit être accompagné du transfert concomitant par l'Etat à celle-ci, des ressources et moyens nécessaires à l'exercice normal de cette compétence* ».

L'article 159 de l'ordonnance n° 2010-54 du 17 septembre 2010 portant Code Général des collectivités territoriales de la république du Niger prévoit que : « *les transferts de compétences doivent être accompagnés de transfert concomitant de ressources et de mise à disposition de tout ou partie des services correspondants à la date de leur prise d'effet. Toute charge nouvelle incombant aux collectivités territoriales du fait de la modification par l'Etat des règles relatives à l'exercice des compétences transférées doit être compensée par un transfert approprié de moyens* ».

L'art 4 de la loi n°2017-052 du 02 octobre 2017 déterminant les conditions de la libre administration des collectivités territoriales du Mali, dispose que « *tout transfert de compétences à une collectivité doit être accompagné du transfert concomitant par l'Etat à celle-ci, des ressources et moyens nécessaires à l'exercice normal de ces compétences* ».

Toutefois, dans la pratique, on observe que dans bien de cas, l'Etat a transféré aux collectivités locales des charges de service public sans contrepartie financière. Cette situation a contribué à l'augmentation considérable des charges locales.

Il est de principe que les pertes de recettes résultant pour les collectivités locales des décisions prises au centre leur soient compensées par l'Etat. Cette situation restreint certes leur autonomie financière dans tous les cas de compensation de ressources propres par des dotations budgétaires, la compensation reste toutefois légitime en ce sens que celle-ci constitue une forme de garantie du pouvoir fiscal local.

1 –Cas des pertes de recettes

Le juge constitutionnel est intervenu à plusieurs reprises sur le transfert des ressources pour rappeler au législateur qu'il ne saurait transférer aux communes des compétences mises à la charge de l'Etat par le constituant sans prévoir sa contribution à leur financement[1]. Cette perche tendue n'a pas été suffisamment saisie par les organes communaux. Ils n'ont pas assez souvent mis en œuvre les voies de recours qui leur sont ouvertes pour revendiquer une part déterminante de ressources correspondant aux charges qui leur ont été

[1] Décisions DCC 98-036 des 13,31 mars et 8 avril 1998, DCC 98-080 des 07, 14 et 20 octobre 1998.

transférées. En effet, l'unique recours, introduit auprès du juge administratif par la Mairie de Cotonou, a été retiré[1].

Le tout premier recours en inconstitutionnalité contre l'ineffectivité du transfert des ressources financières aux communes fut introduit par un citoyen, le sieur DOVOEDO, le 15 octobre 2004. A l'appui de sa requête, il a invoqué l'article 151 de la Constitution relatif à la libre administration et les articles 82 et 97 de la loi n° 97-029. Dans sa décision DCC 05-108 du 06 septembre 2005[2], la haute juridiction s'est déclarée incompétente.

Les mêmes argumentations et délibération seront relevées dans la Décision DCC 13-105 du 03 septembre 2013 rendue sur requête du Maire de Cotonou, tendant à voir déclarer inconstitutionnel, l'Arrêté n° 2/406/DEP-ATL-LIT/SG/SPAT du 19 décembre 2012 portant création d'une commission départementale chargée d'identifier, de répertorier et de contrôler les parcelles disponibles et les réserves administratives issues des opérations de lotissement dans certaines communes des Départements de l'Atlantique et du Littoral au motif que ledit arrêté viole le bloc de constitutionnalité constitué par l'article 151 de la Constitution du 11 décembre 1990 et les articles 82, 83 et 84 et 142 de la loi n° 97-029 du 15 janvier 1999 portant organisation des Communes en République.

La réponse que fournit le juge constitutionnel béninois est discutable. En effet, «*dans la philosophie du constitutionnalisme, le texte suprême est toujours une barrière contre les entreprises des gouvernants contre les gouvernés*»[3]. En l'espèce, la haute juridiction aurait pu se fonder sur le concept de fraude à la constitution[4] pour hisser au rang constitutionnel le principe d'autonomie financière des collectivités territoriales. Par sa position en cette matière, la haute juridiction béninoise se met en réserve des évolutions des décennies 1990 et 2000 dans d'autres pays africains francophones[5].

---

[1] La requête introductive d'instance forme un recours en annulation pour excès de pouvoir contre «la décision implicite de refus de l'Etat Béninois représenté par le Chef de l'Etat, Chef du Gouvernement, Président de la République, de faire mettre à la disposition de la Commune de Cotonou l'entretien et la gestion du marché Dantokpa conformément aux dispositions des articles 104 et 120 de la loi n° 97-029 du 15 janvier 1999 portant Organisation des Communes en République du Bénin ». Après plusieurs échanges de mémoires, la Mairie de Cotonou, par lettre datée du 25 juillet 2006, saisit de son désistement d'instance la juridiction administrative qui par Arrêt n° 05-70/CA du 10 août 2006 lui en a donné acte. V. Cour Suprême, Arrêt n° 05-70/CA du 10 août 2006, visa n°1.

[2] Qui intervient près d'un an après l'introduction du recours.

[3] C. COSTE, *La violation de la Constitution. Réflexions sur les violations constitutionnelles relatives aux pouvoirs publics en France*, Thèse de droit public, Paris II, 1981, p.115.

[4] Le concept de fraude à la constitution rend compte de situations dans lesquelles la Constitution est vidée de son contenu sans qu'elle ait été formellement violée. V. à ce sujet, G. LIET-VEAUX, *Essai d'une théorie juridique des révolutions*, Thèse, Droit, Sirey, 1942 ; « La Fraude à la Constitution », *RDP*, 1943, p. 116-150.

[5] Le Cameroun (article 55 de la loi constitutionnelle du 18 janvier 1996), le Congo (article 170 de la loi constitutionnelle du 15 mars 1992), le Tchad (article 204, Loi constitutionnelle du 14

Cette jurisprudence constitutionnelle a pu émousser les ardeurs des justiciables. Le silence continu des autorités locales face au refus évident de l'Etat de transférer les ressources est surprenant. Plusieurs justifications y sont trouvées. Mais, les élus locaux en présentent plus fréquemment deux. Il y a d'abord leur préférence pour un exercice collaboratif de leur mandat,[1]ensuite, l'environnement politique et socio-culturel y contribue ; qu'il s'agisse de la jeunesse et la fragilité relative de l'Etat de droit[2] ou de la toute-puissance que confère à l'exécutif la détention matérielle des ressources publiques.

Les ressources budgétaires des collectivités locales sont réduites du fait de décisions prises par l'Etat pour des besoins de politique fiscale à but économique ou social. En effet, en vertu de sa souveraineté sur les choix économiques d'envergure nationale et sur les choix de politique sociale, l'État prend souvent des mesures qui affectent directement les finances des collectivités locales sans que ces dernières ne soient associées au processus de prise de décision. C'est notamment le cas des mesures d'exonération, d'exemption et de dégrèvement.

Les exonérations et exemptions peuvent être définies comme des mesures ayant pour objet de soustraire partiellement ou totalement une matière du champ d'application de l'impôt ; temporaires ou permanentes, elles sont accordées par la loi. Dans les relations fiscales entre l'Etat et les collectivités locales, leur champ s'étend aux contributions foncières et à la patente.

Le dégrèvement consiste en des mesures de tempérament encadrées par la loi, mais souvent laissées à l'appréciation des services fiscaux dans la pratique. Dégrèvements, exonérations et exemptions ont un effet négatif sur l'intégrité de l'assiette fiscale et faussent souvent le principe d'égalité devant l'impôt[3].

Surtout que certaines décisions interviennent après l'émission des rôles, ce qui creuse un écart considérable entre les émissions réelles et retenues par la direction générale des impôts et domaines et le recouvrement effectif par le

---

avril 1996) et le Madagascar (articles 2 et 125 de la loi constitutionnelle du 18 septembre 1992) ont constitutionnalisé l'autonomie financière.

[1] En effet, le non déploiement entier de l'appareil judiciaire issu de la loi n°2001-37 maintient l'éloignement du justiciable de la juridiction administrative et pourrait aussi expliquer la rareté des recours.

[2]Le bilan des deux dernières décennies révèle alternativement, avancées et reculs. Le Pr Adama KPODAR en fait une analyse dans son article « Bilan sur un demi-siècle de constitutionnalisme en Afrique noire francophone » dans lequel il établit « qu'à l'espoir d'une démocratie revitalisée, succède la réalité d'une démocratie émasculée, ce qui donne l'image d'un va et vient entre acquis et rejets, entre rejet des acquis et retour aux acquis » ; accessible en ligne via http://afrilex.u-bordeaux4.fr/bilan-sur-un-demi-siecle-de.html.

[3] Dans l'exposé des motifs de la loi n°2012-31, le législateur reconnaît implicitement que « la législation fiscale est caractérisée par l'existence d'une multitude de régimes dérogatoires disséminés à travers des textes épars (code minier, code pétrolier, code des investissements, régimes francs, etc.). Au-delà du problème de lisibilité et de cohérence qu'elle pose, cette législation est porteuse d'un certain nombre de facteurs de distorsion entre acteurs économiques concurrents ».

Trésor Public. C'est le cas des dégrèvements fiscaux dont la compétence relève de la direction générale des impôts et domaines. De ce point de vue *« il est regrettable qu'un certain nombre de contribuables échappent à l'effort fiscal collectif sur décision unilatérale des services de l'État chargés de l'assiette des impôts locaux »*[1]. D'importantes pertes de recettes sont constituées par les exemptions de longue durée en matière de patente ou de contributions foncières.

En matière foncière, l'article 285 du code général des impôts du Sénégal établit une liste de dix cas d'exemptions permanentes à la contribution foncière des propriétés bâties. Des exemptions temporaires sont accordées notamment aux entreprises minières et pétrolières, de la phase d'exploration aux trois premières années d'exploitation[2], aux constructions nouvelles sur une période de cinq années. En outre, conformément à l'article 295 du même code les propriétaires fonciers peuvent bénéficier de remises et modération d'impôts pour cause de perte de revenu en cas de vacance d'immeuble ou de chômage d'établissements commerciaux ou industriels sur une période de six mois consécutifs, dès lors que la vacance ou le chômage sont indépendants de leur volonté.

2- Cas des charges de TVA

Le constituant établit un lien entre compétences et ressources[3]. Cette perspective suppose la définition de critères non équivoques dont une application objective permettra aux collectivités de disposer d'un volume de ressources proportionnel aux compétences qui leur sont dévolues.

Au Bénin comme au Niger, les dispositions légales en vigueur ne mettent l'accent ni sur le principe de concomitance ni sur celui de l'intégralité. A la différence des législateurs malien et sénégalais qui ont expressément[4] prescrit la concomitance, le législateur béninois utilise une formule générique[5] qui n'induit pas d'office une compensation concomitante et intégrale. Il est resté muet sur le contrôle et la durabilité. Dans la pratique, la décision est laissée à l'Etat central. Le juge constitutionnel béninois n'impose la compensation que pour les compétences transférées que le constituant a mises expressément à la

---

[1] Rapport SÉNÉGAL : *Décentralisation fiscale et finances des collectivités locales,* Étude conjointe Association Nationale des Autorités Locales du Danemark (NALAD)/(USAID)/CABEX Banque Mondiale, octobre 1999

[2] http://pdf.usaid.gov/pdf_docs/PNACN730.pdf.

[3] Bénin, Const.: art. 98; Niger, Const.: art. 100.

[4] Mali : art 4 de la loi n°2017-052/ du 02 octobre 2017 déterminant les conditions de la libre administration des collectivités territoriales du Mali « … Tout transfert de compétences à une collectivité doit être accompagné du transfert concomitant par l'Etat à celle-ci, des ressources et moyens nécessaires à l'exercice normal de ces compétences ». Sénégal art 4 de la loi n° 2013-10 portant code général des collectivités locales « tout transfert de compétence à une collectivité doit être accompagné du transfert concomitant par l'Etat à celle-ci, des ressources et moyens nécessaires à l'exercice normal de cette compétence ».

[5] « A cet effet, l'État lui transfère les ressources nécessaires », loi n°97-029, art. 97 et 100.

charge de l'Etat. Il s'agit de l'éducation et de la santé[1]. Dans tous les autres cas[2] où le législateur ne l'a pas prévue et pour lesquelles le juge constitutionnel n'a pas sanctionné cette omission, l'appréciation de la nécessité et des modalités est derechef conférée à l'exécutif.

L'examen du processus d'élaboration du régime financier des collectivités territoriales ne fournit aucune assurance quant à la clarté des critères de répartition des ressources. Certains principes fondamentaux déterminés par le législateur sont peu explicites. Le juge constitutionnel a sanctionné certaines imprécisions pendant que d'autres ont pu échapper à sa vigilance.

S'il a pu fournir des détails sur les compétences[3], le législateur devait observer le même niveau de clarté, en matière de ressources. Au contraire, il s'en est remis, pour certaines questions essentielles relevant de sa compétence, au pouvoir règlementaire qui, dans certains décrets d'application, se limitera à une énumération rapide et vague avant de conclure, à leur tour, par des formules de renvoi[4]. Sur d'autres décrets, les imprécisions ne manquent pas[5].

Le caractère peu précis des dispositions financières est la conséquence logique de l'absence d'analyses évaluatives qui devraient précéder l'élaboration, l'examen et l'adoption de textes d'une telle importance. Ce faisant, le législateur a méconnu l'obligation qui lui est faite de bien légiférer. Le fait de renvoyer à des organes, l'édiction de règles dont la définition relève de sa compétence, l'inscription imprécise ou insuffisante de règles, la mention du renvoi à une décision à prendre par des autorités publiques ou privées, la faculté discrétionnaire laissée à une quelconque autorité de décider, d'apprécier,

---

[1] Bénin, Const. du 11 décembre 1990, art. 8 et 13.

[2] A titre d'illustration, voir pour le domaine de l'environnement, art. 27 de la Constitution et art. 93-95 de la loi n°97-029 ; dans le domaine de la culture, art. 10 de la Constitution et art. 100 de la loi n°97-029 ; l'alphabétisation et la promotion des langues nationales, art. 11 de la Constitution et art. 99 de la loi n°97-029.

[3] 1483 Bénin : loi n°97-029, art. 82 à 107 ; Niger : Ord. n°2010-54, art. 30.

[4] Décret n°2005-370 du 23 juin 2005 fixant les modalités de restitution aux communes des ristournes sur les recettes recouvrées par les institutions centrales. Ce décret reconduit une centralisation instituée depuis 1992. Toutes les recettes doivent d'abord être versées au trésor public qui assure la répartition des ristournes aux communes (loi n°92-008 du 1er juillet 1992 portant loi de finances pour la gestion 1992, art. 1er). Quant aux taux de répartition, ledit décret charge les ministres en charge de la décentralisation et des finances de les déterminer. Quant au décret relatif à la part des recettes de fonctionnement à capitaliser pour l'investissement, il n'est pas encore pris (loi n°98-007, art. 23, al. 4).

[5] Le décret n°2005-371 du 23 juin 2005 ne fait pas état des informations relevant du développement agricole, de la foresterie, de l'eau, etc. indispensables pour l'établissement du budget de la commune ; le décret n°2001-413 du 15 octobre 2001 relatif aux modalités d'avance de trésorerie aux communes comporte par exemple un renvoi à un arrêté interministériel qui n'est pas pris.

ou d'adapter pour une situation donnée sont constitutives d'incompétence négative[1].

Les collectivités locales sont doublement concernées par le paiement de la TVA, soit qu'elles s'adonnent à des activités passibles de TVA, soit qu'elles l'acquittent au moment de l'achat de biens et services, notamment dans le cadre de leurs opérations d'investissement. Dans toutes ces situations les charges qu'elles supportent réduisent considérablement leur capacité financière au profit du budget de l'Etat. Certes lorsqu'elles entrent dans le champ d'application de l'impôt même les collectivités publiques ont le devoir de l'acquitter ; mais la sauvegarde de l'autonomie financière des collectivités locales nécessite la prise en compte du fait que de leur santé financière dépend leur pleine participation à la construction d'un environnement économique et social profitable à l'échelle nationale. Dans cette optique, l'Etat pourrait mettre en place un fonds de compensation destiné au remboursement de la TVA qu'elles supportent à l'occasion de leurs opérations d'investissement, qu'elles les effectuent elles-mêmes ou que ces opérations soient effectuées à leur profit. Cependant la difficulté de l'entreprise réside dans le fait qu'ici encore, aucune étude n'a été menée pour déterminer les charges de TVA supportées par les régions, les communes et les communautés rurales.

En définitive, de l'examen de la situation financière des collectivités locales au sein de certains Etats de l'UEMOA ressort une indigence qui entrave leur pleine participation au développement économique, social et culturel global. Ceci résulte essentiellement de l'inadéquation de la structure et de la consistance de leur portefeuille fiscal aux responsabilités qui leur sont assignées et aux relations asymétriques qu'elles entretiennent avec l'Etat dans le domaine fiscal et financier.

Conclusion

Les principes fondamentaux édictés par le législateur en matière de mobilisation des ressources par les collectivités n'ont pas été fondés sur une analyse préalable des compétences et des moyens nécessaires à leur mise en œuvre. Par-delà la reconnaissance formelle du pouvoir de mobilisation de

---

[1] On parle d'incompétence négative lorsqu'un organe refuse d'exercer sa compétence ou l'exerce « en deçà » de ce qui est prescrit qu'il accompagne d'une subdélégation à un autre organe. (sur le sujet, v. LAFERRIERE D., Traité de la juridiction administrative et des recours contentieux, Berger-Levrault, Paris, 1896) qui fut plus tard appliqué au droit constitutionnel (v. ROUSSEAU D., *Droit du contentieux constitutionnel*, Paris, Monchrestien, 2001, p.136 ; SCHMITTER G., «L'incompétence négative du législateur et des autorités administratives», Annuaire Internationale de Justice Constitutionnelle, vol. V, Aix-en-Provence, 1989, pp. 137-176 ; MIATTI F., «Le juge constitutionnel, le juge administratif et l'abstention du législateur», LPA, n°52, 1996, pp. 4-11, VEDEL G., «Excès de pouvoir législatif et excès de pouvoir administratif», *Les cahiers du Conseil constitutionnel*, n°1, 1996, p. 57 et s., n°2, 1997, p. 77 et s.). Pour Louis FAVOREU, *RDP*, 1984, p. 687, des dispositions législatives trop imprécises sont contraires à la Constitution.

ressources propres, le législateur ne s'est pas assuré de garantir une part suffisante de ressources à celles-ci.

Le caractère marginal de la fiscalité locale en constitue une justification. Bien que nécessaire, l'attribution d'un pouvoir fiscal à la collectivité territoriale demeure une vue de l'esprit, tellement l'Etat est imprégné de son unité et indivisibilité. En vue de remédier à l'insuffisance notoire de ressources qu'occasionne cette situation, la modalité de transferts ou de subventions a été préférée.

Si celle-là permet aux collectivités de disposer de ressources plus importantes, elle ne renforce pas l'autonomie locale. Mal cernés par le législateur, imprévisible et conditionnés dans certains cas, les transferts financiers de l'Etat aux collectivités créent plutôt une certaine dépendance qu'exaspèrent les entraves à la liberté de dépenser de la collectivité territoriale.

Les finances locales sont hyper contrôlées. Contrôles *a priori* et *a posteriori*, contrôles internes et externes, contrôles administratifs, politiques et juridictionnels y trouvent leur champ d'application. Pourtant, l'efficacité n'y est pas encore la qualité la mieux partagée. On ne devrait donc plus se contenter du respect de la régularité formelle des budgets et des comptes. Il faut s'interroger sur l'efficacité de la dépense publique locale. Un dispositif interne et partenarial entre ordonnateur et comptable public et associant l'organe délibérant est susceptible d'y contribuer plus substantiellement tout en se conformant à la libre administration et à l'exigence constitutionnelle de bonne utilisation des deniers publics.

L'autonomie financière de la collectivité territoriale au Bénin, Mali, Niger et Sénégal demeure encore largement bornée par le législateur et le pouvoir règlementaire. La dépendance financière de la collectivité territoriale se manifeste par le contrôle de l'Etat sur l'ensemble des ressources publiques et la marginalité du pouvoir fiscal local. Les entraves à la liberté de dépenser prennent plusieurs formes. S'il ne s'agit pas de dépenses obligatoires ou interdites, elles procèdent plutôt d'une multitude de procédures de contrôle *a priori* qui entravent la liberté d'action de la collectivité territoriale.

Au-delà du pouvoir formel de mobilisation de ressources que le législateur a consacré, il sied de relever que celui-ci a manqué de se préoccuper de garantir au profit de la collectivité un minimum de ressources. Pire, il s'est autorisé d'établir une répartition des ressources entre Etat et collectivités sans étude préalable, favorisant ainsi des imprécisions qui ont réduit la part des ressources susceptibles d'être mobilisées par les collectivités alors même qu'il ne les a pas dotées d'un pouvoir fiscal pourtant nécessaire et que les transferts financiers unilatéraux non maîtrisés par le législateur sont préférés par les gouvernements.

L'autonomie financière emporte le pouvoir de dépenser des collectivités. L'analyse révèle qu'il est restreint par des dépenses obligatoires et interdites dont l'étendue et la portée accroissent les éventualités de substitution des organes élus par les représentants de l'Etat, tendance impulsée par l'argument unitaire que ne contredisent pas l'encadrement budgétaire et la tutelle financière particulièrement excessifs.

L'adoption de textes et d'un vocabulaire nouveaux ont permis de donner des impressions qui se sont avérées n'être qu'illusions des mots[1]. On retiendra donc que les collectivités territoriales dans l'espace UEMOA ne s'administrent pas encore librement. Les expériences béninoise, malienne, nigérienne et sénégalaise montrent que, tout au plus, lesdites collectivités s'administrent par des conseils élus dans les conditions fixées par la loi et ce, sans que les juges constitutionnels n'aient pu venir au secours du principe et donner à l'adverbe librement toute sa portée.

En effet, à la date aujourd'hui, aucune jurisprudence constitutionnelle au Bénin dans ces pays (Bénin, Mali, Niger et Sénégal) n'élève explicitement la libre administration, et par ricochet les conditions essentielles de son effectivité, au rang de principe fondamental que le constituant entend protéger. Au sein de ces pays de (Bénin, Mali, Niger et Sénégal) l'UEMOA, la constitution se limite à simplement poser le principe que les conditions d'administration des collectivités sont fixées par le législateur.

---

[1] Y. MENY, « Le débat politique et la décentralisation » *in* C. DEBBASCH, *La décentralisation pour la rénovation de l'Etat*, *op. cit.*, pp. 35-45.

LE FINANCEMENT DES COLLECTIVITES LOCALES DANS LES PAYS DE L'UEMOA

Dr. Sasso PAGNOU,
Assistant à l'Université de Kara (Togo)

INTRODUCTION

Les espoirs d'une meilleure satisfaction des intérêts publics locaux suscités par le lancement des processus de décentralisation dans les pays de l'Union Économique et Monétaire Ouest Africaine (UEMOA) durant les deux dernières décennies se sont vite dissipés. Dans la plupart des pays, la décentralisation n'a pas pu permettre, pour ces périodes une amélioration notable du quotidien des populations. La principale raison avancée par les acteurs de la décentralisation pour expliquer ce fait est l'absence de moyens financiers.

Il est important de rappeler le principe de la décentralisation prévu par les Constitutions adoptées par les pays de l'UEMOA au début de la décennie 1990 repose sur la distinction entre les affaires locales et les affaires nationales, l'autonomie juridique et financière dont bénéficient les collectivités, l'élection des autorités locales et la division de la collectivité étatique[1]. Elle se présente de ce fait comme « *un système dans lequel la gestion administrative d'un territoire est confiée à des autorités locales élues et dotées d'une certaine autonomie, dont l'étendue est déterminée par la loi de l'État* »[2].

À partir de cette définition, il est possible de définir les collectivités locales comme des personnes morales territoriales à qui l'État reconnaît des compétences[3]. Pour l'exécution de ces compétences, elles disposent de la libre administration[4] garantie[5] par une autonomie financière[6] imposant que leurs ressources propres[7] soient une part déterminante de leurs ressources globales.

---

[1] Cf. C. ROIG, « Théorie et réalité de la décentralisation », *RFSP*, 16e Année, n°3, 1966, p. 446 et suiv.

[2] M. de VILLIERS et T. BARRANGER (dir.), *Droit public général*, Litec, 2009, p. 134.

[3] Au Togo, la loi n°2019-006 du 26 juin 2019 relative à la décentralisation et libertés locales aux communes des compétences propres (article 82), des compétences partagées (article 83), et des compétences transférées (article 84) ainsi qu'aux régions des compétences propres (article 233), des compétences partagées (article 234) et des compétences transférées (article 235).

[4] L'article 172 de la loi n°2016-886 du 8 novembre 2016 portant Constitution de la République de Côte d'Ivoire dispose ainsi que « la loi détermine les principes fondamentaux de la libre administration des collectivités territoriales, de leurs compétences et de leurs ressources »

[5] Cf. M. GHEVONTIAN, « A la recherche de l'autonomie locale française : La libre administration des collectivités territoriales, un miroir aux alouettes », *Revue des collectivités territoriales*, n° 57, 2015

[6] Cf. Y. LUCHAIRE, « Des collectivités territoriales », *in* F. LUCHAIRE, G. CONAC, X. PRETOT, *LA Constitution de la République française*, Economica, 2009, p. 1704 et suiv.

[7] Les ressources propres des collectivités territoriales désignent « le produit des impositions de toute nature dont la loi autorise à fixer l'assiette, le taux ou le tarif, ou dont elle détermine, par collectivité, le taux ou une part locale d'assiette, des redevances pour services rendus, des

Comme on peut le déduire de ces différentes définitions, la décentralisation est un phénomène pluridimensionnel pouvant être traité sous plusieurs angles, notamment sous l'angle constitutionnel à savoir la théorie de l'État[1], sous l'angle administratif à savoir le contrôle de l'État sur les collectivités et sous l'angle managérial, le management public local, choisi ici.

Le management public se distingue par « *une prise en compte très limitée de la dimension publique de l'organisation* »[2], mieux, il peut être défini comme « *le management d'organisations imparfaites dans lesquels, il convient d'utiliser les outils qui ont fait leur preuve dans le privé moyennant une adaptation à la marge, voire sans adaptation* »[3]. Au niveau local, il se définit comme « *une tentative d'analyse et d'explication des mécanismes de différenciation et d'autonomisation des collectivités publiques par le biais des politiques qu'elles constituent en nouant des rapports avec leur environnement* »[4].

Le choix du management public local comme angle d'analyse de la décentralisation et des dysfonctionnements des collectivités territoriales des pays de l'UEMOA s'explique essentiellement par l'ineffectivité de leur autonomie financière[5] qu'expliquent plusieurs raisons, notamment la faiblesse des ressources propres et la difficile mobilisation des ressources financières[6]. À l'analyse, ces carences proviennent de la faible performance des systèmes de gestion utilisés et surtout de la mauvaise (ou de l'absence) de stratégie de gestion. Les législateurs ayant octroyé aux collectivités les moyens juridiques de leur autonomie financière, l'ineffectivité de cette dernière ne peut s'expliquer que par les lacunes managériales tant au niveau de la prise de décision que de son exécution.

Il devient alors nécessaire de s'interroger sur les stratégies de financement des collectivités territoriales si elles existent et de les définir ou redéfinir au besoin. Il ne s'agira pas ici de sortir une stratégie du chapeau mais de la définir en se référant à leurs compétences et ressources définies par les législateurs et les réalités économiques des pays de l'union.
Cette démarche présente un double intérêt. Sur le plan théorique, elle relève que

produits du domaine des participations d'urbanisation, des produits financiers et des dons et legs ». Cf. M. BOUVIER, Article « 72-2 », in F. LUCHAIRE, *op. cit.*

[1] Cf. G. MARCOU, « XVIII. Décentralisation : quelle théorie de l'État ? », *Annuaire des collectivités locales (Réforme de la décentralisation, réforme de l'État. Régions et villes en Europe)*, Tome 24, 2004, pp. 235-252.

[2] Cf. L. ZAMPICCOLI, « Le management public : approches conceptuelles et enjeux de pilotage », *Gestion et Management public*, vol. 9, mai 2011

[3] Ibid.

[4] Cf. H. ISAIA, J. SPINDLER, « Le management des politiques locales et la décentralisation », *RFFP*, 25, 1995, 45-77.

[5] Cf. Conseil des Collectivités Territoriales, *Rapport sur la décentralisation et la démocratie locale dans les pays de l'UEMOA*, Avril 2011, p. 31

[6] Ibid.

la simple reconnaissance des ressources propres aux collectivités ne garantit par leur autonomie financière. L'effectivité de cette dernière dépend de la qualité des autorités locales dont la mission est de définir les bonnes stratégies, d'adopter les bonnes pratiques de gestion. Sur le plan pratique, la démarche nous rappelle l'importance de la connaissance des collectivités territoriales, du factuel dans la recherche de financement des collectivités.

Ces exigences n'ont pas échappé aux Professeurs Eloi Diarra et Salif Yonaba, pionniers du droit public financier dans les pays de l'UEMOA. Toutes leurs carrières, ils ont relevé et insisté sur la nécessité de définir, dans les pays francophones de l'Afrique de l'Ouest, des systèmes financiers tenant compte de la réalité et de la culture locale. Rappeler ces exigences ici, c'est reconnaître à Diarra ce qui est à Diarra[1] et à Yonaba ce qui est Yonaba.

Ces exigences conduisent ainsi, dans un premier temps, en référence aux compétences et aux missions des collectivités territoriales à déterminer et hiérarchiser les besoins de financement des collectivités territoriales (I) et, dans un second temps, à sélectionner les modes de financement des collectivités (II).

I- LA CLASSIFICATION DES BESOINS DE FINANCEMENT.

Le développement économique local constitue l'objectif général de la décentralisation[2]. Défini comme un processus de diversification et d'enrichissement des activités économiques et sociales sur un territoire d'échelle locale à partir de la mobilisation et de la coordination des ressources matérielles et immatérielles, le développement économique local ne peut être atteint que grâce au financement des Administrations publiques territoriales (A) et de l'Aménagement du territoire (B).

A- L'ADMINISTRATION PUBLIQUE TERRITORIALE

La notion d'administration publique est susceptible de deux définitions. Au sens fonctionnel, elle désigne l'ensemble des activités orientées vers la satisfaction des besoins d'intérêt général de façon désintéressée. Au sens organique, elle désigne l'ensemble des organes et le personnel ayant pour fonction la conduite et l'exécution des tâches publiques. Cette seconde définition sera retenue. Les administrations publiques territoriales désignent dans ce sens l'ensemble des organes et le personnel ayant pour fonction, au niveau des collectivités territoriales, la conduite et l'exécution des tâches

[1] Le Professeur Diarra s'est intéressé aux collectivités territoriales. Outre ses enseignements sur la question, il a consacré une publication sur le sujet. Voir E. DIARRA, Le statut du personnel des collectivités territoriales en charge de la gestion du patrimoine culturel et historique local, *in* Ouvrage collectif, *La fonction publique territoriale, Contexte, recrutements et avenir*, éd. PURF, 2013.

[2] L'article 79 de la loi n° 055-2004 du 21 décembre 2004 portant Code général des collectivités territoriales au Burkina-Faso dispose dans ce sens que les « les collectivités territoriales concourent avec l'État, à l'administration du territoire, au développement économique, [...] à la mise en valeur des ressources naturelles et à l'amélioration du cadre de vie »

publiques. En nous référant à la théorie de l'institution de Hauriou[1], il est possible de définir les administrations publiques territoriales comme des organes capables de vouloir et d'agir au nom de ces collectivités.

Pour les collectivités territoriales, ces organes sont les autorités locales. Il s'agit notamment pour les communes du maire[2], du conseil municipal et leur administration, pour les régions du président du Conseil de région, du conseil de région et de leur administration[3]. En tant qu'institutions, ces organes ont un rôle important dans le développement économique local. Il leur appartient de satisfaire les besoins de leurs citoyens, d'assurer la surveillance de leurs territoires et définir des politiques de développement[4].

Il faut cependant relever que le développement économique ne peut être atteint qu'avec la qualité des organes des administrations publiques locales se présentant comme le condensé des besoins de l'administration publiques[5]. La qualité de ces institutions repose dans le contexte des pays de l'UEMOA sur la création des structures administratives, la formation des agents et l'adoption de bonnes méthodes de gestion, c'est-à-dire d'une bonne gouvernance territoriale.

Il faut rappeler s'agissant du premier point que dans la plupart des pays, les Gouvernements centraux n'ont laissé aux collectivités territoriales lors de la mise en route des processus de décentralisation que des structures administratives de fortune. Un financement des administrations publiques territoriales au sens organique du terme est nécessaire. Il s'agira de mettre sur pied des structures administratives et des fonctions publiques territoriales.

Ce premier besoin de financement doit être suivi de la formation des élus locaux et agents publics locaux faisant elle aussi partie des compétences des collectivités locales. Il s'agit là d'un besoin crucial, car « *la conduite des affaires locales nécessite de larges compétences* »[6] de plus en plus pointues du fait de la complexification et de l'élargissement des tâches[7] des élus. Cette formation doit s'inscrire dans une logique de bonne gouvernance territoriale.

---

[1] Cf. E. MILLARD, « Hauriou et la théorie de l'institution », *Droit et Société*, 30-31,1995, pp. 181-412.

[2] L'article 106 de la loi n° 2013-10 portant Code général des collectivités locales au Sénégal fait ainsi du maire le représentant de la commune.

[3] Voir la Section 2 du Chapitre 1 du Titre 5 de la loi n° 2019-006 du 26 juin 2019 relative à la décentralisation et libertés locales au Togo.

[4] FAMSI, UCLG, *Le rôle des gouvernements locaux dans le Développement Économique Territorial.*

[5] L'influence positive de la qualité des institutions sur le développement économique a été relevée par de nombreux auteurs. Cf. notamment H. EDISON, « Qualité des institutions et résultats économiques. Un lien vraiment étroit », Finances & Développement, juin 2003.

[6] Cf. A. LEFEVRE, *Rapport d'information sur la formation des responsables locaux : un enjeu pour nos territoires*, Sénat, Session 2012-2013, p. 5

[7] Cf. H. MAISL, B. POUYET, « Chapitre XII. La formation des responsables locaux », *Annuaire des collectivités locales*, Tome 1, 1981, p. 567

La gouvernance territoriale locale désigne « *le processus d'articulation dynamique de l'ensemble des pratiques et des dispositifs institutionnels entre les acteurs géographiques propres en vue de résoudre un problème productif ou de réaliser un projet de développement* »[1]. Elle est une implication de la libre administration reconnue aux collectivités territoriales dans l'ensemble des pays de l'Union[2].

Telle que définie, la gouvernance territoriale implique le management public local, la participation et l'innovation institutionnelle.

Trois facteurs justifient l'adoption du management public local à savoir la complexité croissante des acteurs locaux, l'implication de plus en plus forte des populations désirant participer au processus de décision et la multiplication des niveaux de gouvernance[3]. Il se présente dans ce sens comme un ensemble de « *tentatives et d'explication des mécanismes de différenciation et d'autonomisation des collectivités publiques par le biais des politiques qu'elles constituent en nouant des rapports avec leur environnement* »[4]. Cet environnement est celui d'immenses besoins locaux à satisfaire avec des ressources financières très réduites obligeant les collectivités à s'engager dans une logique de performance fondée sur la recherche de l'amélioration continue de la dépense publique. Au niveau national, le management public est déjà proposé aux États par les directives de l'UEMOA sur les finances publiques[5]. Il suffira alors pour les collectivités de s'approprier les exigences de ces directives et leurs implications[6] tout en tenant compte de leurs spécificités[7] notamment le maintien de la tutelle de l'État en matière financière et les mécanismes de délibération et de prise de décision des collectivités territoires.

Une réflexion sur cette prise de décision dans le sens de la participation des populations, deuxième élément du management public local, est aussi nécessaire. Cette participation permet de développer la légitimité de l'action

---

[1] Cf. J.-P. GILLY, I. WALLET, « Gouvernance et proximité », *in* B. PECQUEUR, J.-B. ZIMERMAN, *Économie de proximités*, Hermès-Lavoisier, Paris, 2004.

[2] Voir notamment l'article 34 de la loi n° 2014-451 du 05 août 2014 portant orientation de l'organisation générale de l'Administration territoriale en Côte d'Ivoire aux termes duquel « les collectivités territoriales sont librement administrées ».

[3] Cf. A. TORRES, « Le processus de gouvernance territoriale. L'apport des proximités », *POUR*, juin, 209-210, p.1.

[4] Cf. H. ISAIA et J. SPENDLER, « Le management des politiques publiques locales et la décentralisation », *RFFP*, 1989, p. 57.

[5] www.uemoa.int

[6] Sur les directives de l'Uémoa sur les finances publiques et leurs implications, voir S. PAGNOU, « Les nouvelles directives de l'Uémoa sur les finances publiques et la gestion publique financière dans les États membres de l'union », *RFFP*, n° 132, 2015, pp. 323-340.

[7] Sur ce sujet, voir C. MAUREL, D. CARASSUS et D. GARDEY, « Les démarches locales de performance publiques face à la Lolf : mimétisme ou innovation ? », *Revue politiques et Management public*, 28/4, Octobre-Décembre, 2011/417-442.

publique locale[1] qui est un facteur important de la performance de la collectivité. Elle se résume en la consultation et en la recherche du consensus[2] et se réalise à travers la communication, l'information, la consultation, le dialogue et la concertation[3].

Enfin, le dernier élément, l'innovation découle de la nécessité d'articulation des dispositifs institutionnels. Elle a trois dimensions que relèvent Gilly et Wallet[4]. Elle peut être endogène. Dans ce cas, l'innovation se fait de l'intérieur des institutions existantes. Elle peut aussi porter sur les mécanismes et les espaces de structurations des acteurs. Il s'agit ici de changer la logique de mobilisation collective. Elle peut enfin porter sur les espaces institutionnels de régulation. Une réflexion sur ces espaces dans les pays de l'Union est d'une grande importance. Elle éclaire, en effet, le fonctionnement des institutions intervenant dans la décentralisation. Il est en dans ce sens nécessaire de préciser le rôle des juridictions financières, des juridictions constitutionnelles et des organes de concertation des collectivités territoriales.

B- L'AMÉNAGEMENT DU TERRITOIRE

Le territoire est ici considéré comme un construit social[5] présentant à la fois une dimension économique, sociale et politique. Il renvoie ainsi selon ces différentes dimensions aux structures de production, aux groupes sociaux regroupés sous diverses formes[6] et à une organisation politique reposant sur des structures administratives dont le rôle est d'assurer la coordination des différents groupes le constituant, d'arbitrer les conflits et d'assurer les liens institutionnels avec les autorités étatiques[7].

Les différents éléments de cette définition à savoir les structures de production, les acteurs et la régulation de l'organisation politique laissent transparaître l'importance du territoire pour l'économie locale. Il en est le socle[8]

---

[1] Cette légitimité vient du fait que la participation donne l'assurance de la prise en compte de l'intérêt commun.

[2] Ibid., p. 4.

[3] Cf. J. E. BEURET, *La conduite de la concertation. Pour la gestion de l'environnement et le partage des ressources*, Paris, 2006, L'Harmattan, 380 p.

[4] J.-P. GILLY, F. WALLET, « Enchevêtrement des espaces de régulation et gouvernance territoriale. Le processus d'innovation institutionnelle dans la politique des pays de France », *Revue d'Économie Régionale et Urbaine*, 5, 2005, p. 704

[5] Sur la définition du territoire comme un construit social, cf. R. KHAN, « Une approche pluridisciplinaire de la dimension culturelle du développement territorial », XLIII, *Colloque de l ASRDLF*, 11, 12, 13 juillet 2007.

[6] Cf. J.-B. ZIMMERMAN, « Le territoire dans l'analyse économique », *La Revue française de gestion*, n°184, 2008.

[7] M. VERNIERES, « La contribution du patrimoine au développement local », *Colloque « La mesure du développement »*, Paris, 1, 2, 3 février 2012.

[8] D. REQUIER-DESJARDINS, « Territoires-Identités-patrimoines : une approche économique ? Développement durable et patrimoine », *Développement durable et territoire*, Dossier 12, 2009

et la condition[1]. Cette importance a d'ailleurs été affirmée lors du Séminaire de Dakar sur le financement des collectivités locales dont les actes relèvent que « *la maîtrise de l'espace par les pouvoirs publics locaux est au cœur de l'avenir des entités décentralisées* »[2].

Malgré l'importance de ces territoires pour l'économie locale, les espaces géographiques locaux semblent peu maîtrisés du fait du retard des pays en matière d'infrastructures de transports[3], d'éducation et de formation de la main d'œuvre, d'où la nécessité d'un aménagement du territoire.

L'aménagement du territoire désigne un ensemble d'actions publiques tendant à un développement équilibré des collectivités et à une organisation de l'espace selon une conception directrice, en ce qui concerne le développement local.

Il faudra donc selon cette ligne directrice procéder à « *la coordination des acteurs et la valorisation des ressources* »[4].

Le développement équilibré et la valorisation des ressources sont conditionnés par le bien-être des populations.

La notion de bien-être renvoie au confort de la vie de tous grâce à l'amélioration des moyens de vie, des rapports institutionnels, des rapports sociaux, du rapport perception/sentiments, de l'équilibre individuel et du rapport participation /engagement[5]. Cette amélioration est concrètement recherchée dans le domaine de la santé, de l'éducation, de la cohésion sociale, dans l'emploi, l'égalité homme/femme et dans la sécurité économique[6]. Elle est

---

[1] Il faut dans ce sens relever que les territoires sur lesquels se développent les économies ne sont pas « des supports passifs pour les dynamiques des économies en présence », mais bien au contraire des « espaces actifs définissant l'économie ». Cf. M. DEJARDIN, A.-C GUIO, M. LUC, « Croissance endogène spatialisée et développement régional : apports pour une évaluation critique des plans stratégiques d'aménagement du territoire », *Tendances économiques*, Septembre 2019, p. 65.

[2] AQUADEV, *Le financement des collectivités locales*, Actes du séminaire de Dakar, Dakar, Mars 2006, p. 20.

[3] Cf. NATIONS UNIES *(Commission économique pour l'Afrique)*, Situation des transports en Afrique, Cinquième session du Comité de commerce, de la coopération et de l'intégration régionale, E/ECA/CERCI/5/3 du 1er aout 2007, p. 15. Voir aussi M. H. ABDO, « Rôle des infrastructures de transport dans la construction de l'espace ouest-africain », p. 4. L'article est disponible à l'adresse suivante : www.ecoasso.org/articles/Abdo-Hassane.pdf, consulté le 20 décembre 2019.

[4] H. LAMARA, *Les deux piliers de la construction territoriale : coordination des acteurs et ressources territoriales*, Développement durable et territoire [En ligne], Varia, En ligne depuis le 7 juillet 2009, consulté le 20/12/2019. URM : httpdeveloppementdurable.revue.org/8208.

[5] Cf. G. FARREL, « Le bien-être de tous : quelles différences ? », *in Le bien-être pour tous. Concepts et outils de la cohésion sociale, Tendances de la cohésion sociale*, n° 20, Éditions du Conseil de l'Europe, 2008, p. 27.

[6] Cf. J. GRADEY, « Croissance, bien-être et développement durable », *Alternatives Économiques*, n° 266, février 2008, p. 69.

un levier du développement local et passe par la fourniture des services locaux et la multiplication des politiques sociales locales.

Les services publics locaux désignent « toutes les prestations d'intérêt général faisant partie des attributions des collectivités locales, que ce soit en application de la loi ou des règlements ou parce que les faits ont conduit les collectivités à les assurer »[1]. Ils jouent un rôle prépondérant dans le développement local. En effet, non seulement tout service public est un « élément important de la stratégie de développement »[2], mais le service public local se préoccupe de la cohésion économique, sociale et environnementale[3], les trois piliers du développement local.

Il est important de préciser que l'impact des services publics locaux sur le développement local dépend du choix des services publics à fournir et des conditions de leur exécution. Ce choix est fait en fonction de l'intérêt public local renvoyant aux clauses de compétences des collectivités[4]. Celles-ci étant nombreuses, il appartient aux autorités des collectivités territoriales, dans une stratégie de développement, de sérier les compétences en fonction de l'urgence des besoins des populations[5] et des objectifs de développement local à atteindre. L'intérêt public local devra donc être librement déterminé par les collectivités territoriales[6]. La croissance économique étant la condition et le levier du développement local, il paraît nécessaire de retenir comme critère de choix de services à fournir par les collectivités, la complémentarité de ces services aux facteurs privés en vue de l'accroissement de la productivité du capital privé et du travail[7]. Il s'agit concrètement de services publics de réseau (eau, assainissement, déchets, transports, énergie…) et de grands équipements (cultures, sports…) qui tout en améliorant le bien-être des populations ont des externalités positives sur l'économie[8]. Tout ceci nécessite l'élaboration de bonnes politiques publiques locales.

---

[1] Cf. F. TROGER, Services publics : faire ou déléguer, Vuibert, 1995. Voir aussi Y. LUCHAIRE, Des collectivités territoriales, in F. LUCHAIRE, G. CONAC, X. PRELOT, *La Constitution de la République française*, Economica, 2009, p. 1703.

[2] Cf. L'État et le service public en Afrique de l'Ouest, Colloque sous-régional, Mardi 23 et Mercredi 24 novembre 2010 CERAP.

[3] Cf. V. BARBIER, P. FROIS, P. le MASNE, « Service public et développement durable », *Revue d'Économie Régionale et Urbaine*, 2003, p. 318.

[4] Cf. J. MOREAU, « Les enjeux juridiques : Les juges et l'intérêt public local », *in* N. KADA (dir), *L'intérêt public local. Regards croisés sur une notion juridique incertaine*, CERDHAP, PUG, 2009, p. 47.

[5] L'auteur qui vient d'être cité relève dans ce sens que l'intérêt public local ne peut être dissocié de l'intérêt de la population de la collectivité territoriale.

[6] Cf. N. MERLEY, « Intérêt public local et transferts des compétences aux collectivités territoriales », in N. KADA, *op. cit.*

[7] Sur cette notion, Cf. S. CHARLOT, « Dépenses publiques et croissance : effets macro-économiques et spécificité régionales », *Latec, Document de travail*, Université de Bourgogne, 2002, p. 7.

[8] Ibid.

Les politiques locales désignent l' « ensemble de régulations publiques visant à assurer la protection des individus et à maintenir la cohésion sociale en intervenant au travers des mesures légales et de distributions de ressources »[1]. Les politiques sociales tendent donc à instaurer un minimum de justice sociale sans laquelle il ne peut exister d'équilibre social et donc de développement local. Dans la plupart des pays de l'Union, l'élaboration et la mise en œuvre de ces politiques sociales locales sont confiées et/ou aux communes[2].

Ces politiques sociales peuvent être directes ou indirectes : en faveur des familles ou des entreprises.

L'élaboration des politiques sociales en faveur des familles incombent aux communes et aux départements. Ces politiques doivent permettre d'assurer aux plus vulnérables de la collectivité un minimum vital nécessaire à l'exercice de toute activité économique. Ce minimum concerne la santé physique et mentale du sujet et son environnement social[3]. L'objectif de ces politiques étant de permettre à l'ensemble des actifs de la collectivité de participer à l'économie locale, leurs élaborations et mises en œuvre en faveur des familles devraient être liées à l'exercice d'une activité économique afin d'éviter que l'intervention de la collectivité ne développe le phénomène du voyageur clandestin. On pourrait ainsi imaginer des crèches pour les enfants dont les mamans exercent une activité économique, des logements sociaux et des subventions de frais d'hôpitaux pour les revenus les plus bas.

Les politiques sociales en faveur des entreprises incombent aux régions[4]. Ces aides devront elles aussi s'inscrire dans la même logique que les aides aux familles : garantir simultanément le minimum vital aux plus vulnérables afin qu'ils puissent participer à l'activité économique de la collectivité. Il s'agit de façon plus concrète pour les régions de permettre l'augmentation du revenu des populations en prenant des mesures en faveur de l'emploi. L'efficacité de ces politiques dépend des modalités d'intervention de la collectivité et de la nature des entreprises bénéficiaires.

Il faut relever sur le premier point que ces politiques sociales peuvent prendre la forme de subventions financières des collectivités aux entreprises ou d'exonérations fiscales. Les ressources des collectivités étant faibles, les dépenses fiscales en faveur des entreprises se présentent comme la meilleure solution même si elles semblent en contradiction avec l'idée de remédier à la

---

[1] Cf. D. GALLIE, S. PAUGAM (dir), *Welfare Regime and the Experience of Unemployement, in* Europe. Oxford : Oxford University Press, 2000. Définition traduite et adaptée par Dr. J.-F. BICKEL, Professeur, Université de Fribourg, 29 septembre 2008.

[2] Voir notamment le chapitre 3 de la loi n° 2013 portant Code général des collectivités locales au Sénégal.

[3] Cf. C. GUIBERT LAFAYE, *Bien-être, Dictionnaire du corps*, PUF, 2007, pp. 121-131.

[4] Aux termes de l'article 234 de la loi n° 2019-006 du 26 juin 2019 précitée, les régions partagent avec l'État les compétences portant sur les aides et mesures incitatives pour le développement de l'industrie et des petites et les moyennes entreprises.

faiblesse des ressources à travers l'amélioration de la fiscalité locale. Cette contradiction peut être surmontée grâce au choix des entreprises à subventionner. Ce choix devra dans ce sens porter sur les entreprises à impact social[1], c'est-à-dire des entreprises intégrant une mission sociale dans leur stratégie et modèle économique[2]

II- LA SÉLECTION DES MODES DE FINANCEMENT.

Le développement local des collectivités territoriales n'est possible que si son financement est continu. Ce financement n'est lui-même possible qu'avec l'effectivité de l'autonomie financière reconnue aux collectivités et reposant sur la prééminence des ressources propres des collectivités (A) et une maîtrise des autres ressources (B).

A- LE FINANCEMENT PAR LES RESSOURCES PROPRES.

Les ressources propres des collectivités territoriales désignent le produit des impositions de toutes natures, les redevances pour service rendu, les produits du domaine, les participations d'urbanisme, les produits financiers et les dons et legs. La prééminence de ces ressources conditionne la libre administration des collectivités territoriales sans laquelle aucune collectivité ne peut atteindre les objectifs de développement local. Cette prééminence repose sur la maîtrise de la fiscalité et de la diversification des produits du domaine.

La maîtrise de la fiscalité locale est nécessaire à la réalisation des objectifs du développement local dans la mesure où la fiscalité constitue la principale ressource financière des collectivités. Il est de fait nécessaire de penser à son optimalisation.

Il faut sur ce point relever que le niveau des recettes fiscales des collectivités territoriales dépend théoriquement du choix des élus locaux en matière fiscale et des conditions de recouvrement des impôts. Il faut rappeler, s'agissant du premier point, que les collectivités territoriales ne disposent que d'un pouvoir fiscal dérivé en vertu duquel elles ne peuvent pas créer des impôts mais seulement en rehausser ou en diminuer les taux, d'une part, ou en élargir ou rétrécir les assiettes, d'autre part. Les autorités locales ont à choisir entre un abaissement des taux d'imposition et un élargissement des bases d'imposition ou entre un rehaussement des taux d'imposition et l'élargissement des bases d'imposition. La seconde solution semble la plus adéquate. L'objectif étant de

---

[1] Selon le Conseil supérieur de l'économie sociale et solidaire (CSESS), l'impact social désigne « l'ensemble des conséquences (évolutions, inflexions, changements, ruptures) des activités d'une organisation tant sur les parties prenantes externes (bénéficiaires, usagers, clients) directs ou indirects de son territoire et internes (salariés, bénévoles, volontaires), que sur la société en général [...]. Il se traduit en termes de bien-être individuels, de comportements, de capabilités, de pratiques sectorielles, d'innovations sociales ou de décisions publiques

[2] Cf. H. SIBILLE, *Comment et pourquoi favoriser les investissements à impact social ? Innover financièrement pour innover socialement*, Rapport du comité français sur l'investissement à impact social, p. 42.

faire de la fiscalité un robinet à finances[1], deux précautions doivent être prises. La première est relative à l'épargne. L'élargissement de l'assiette ne doit constituer un frein à l'épargne privée nécessaire aux investissements privés dans les collectivités. La seconde est relative à la promotion des activités économiques. L'impôt foncier, par exemple, doit contraindre les propriétaires à exploiter directement leurs domaines ou à les louer. Ces précautions doivent être prises au niveau du foncier dont la valorisation est préconisée et au niveau des activités agricoles. Il faut relever, s'agissant du second point, c'est-à-dire le recouvrement des impôts locaux, que les collectivités ne disposent pas bien souvent des outils et de l'expertise nécessaires en ce domaine[2]. Les impôts locaux sont dans ce sens recouvrés par l'État et partagés entre ce dernier et les collectivités. L'accroissement des ressources fiscales dépend alors de la capacité des collectivités à imposer à l'État des règles de partage équitables. Ces recettes fiscales permettront de valoriser le domaine de l'État et par conséquent l'accroissement de ses produits.

Les produits du domaine des collectivités territoriales sont des revenus qu'elles tirent, d'une part, de leurs domaines privés à savoir les loyers et aliénations et, d'autre part, de leurs domaines publics à savoir les autorisations d'occupation du domaine, les permissions de voirie.

Bien que largement admise, cette présentation des produits du domaine semble insuffisante dans la mesure où elle ne prend pas en considération les produits de la culture qui est un produit du territoire. Il est de ce fait nécessaire de changer la notion de produit du domaine par celle de produit du patrimoine désignant « *les biens, matériels ou immatériels, dont l'une des caractéristiques essentielles est de permettre d'établir un lien entre les générations, tant passées que futures* »[3].

La prise en compte de ce patrimoine dans la mobilisation des ressources est d'une grande importance dans la mesure où le patrimoine est un bien et en tant que tel il est une ressource susceptible de contribuer au développement du territoire dont il est le produit[4]. Non seulement son exploitation peut directement générer des ressources à la collectivité, mais sa connaissance peut augmenter la solvabilité des collectivités[5]et leur faciliter l'emprunt. La valorisation de ce

---

[1] Cf. J. COMBY, La fiscalité, outil de la politique foncière, Agir, *Les cahiers de l'IAU*, n° 163, septembre 2012.

[2] OCDE, SAHEL & WEST AFRICA Club, Ecoloc, Gérer l'économie localement en Afrique, Ocde publishing, p. 12

[3] Cf. M. VERNIERES, « La contribution du patrimoine au développement local : enjeux et limites de sa mesure ». *Communication au Colloque La mesure du développement* , tenu à Paris les 1, 2, 3 février 2012, p. 12.

[4] Ibid.

[5] Cf. J. MANIQUE, « Les enjeux de la valorisation du patrimoine, in Patrimoine des collectivités locales », *Accès Territoires, Le patrimoine des collectivités locales*, n° 2, 2015, p. 6 et suiv.

patrimoine concerne non seulement les biens matériels mais aussi la culture[1]. Celle-ci se présente aujourd'hui comme un levier de développement des territoires[2]en ce qu'elle est « *un élément de structuration du territoire et un actif susceptible de favoriser la création d'autres activités* »[3] se synthétisant en des systèmes productifs culturels[4].

Malgré cette importance de la culture dans la mobilisation des ressources, peu de collectivités locales, en dehors des capitales, ont mis en place des systèmes productifs culturels, ce qui les rend, par ailleurs, peu attractives.

Il s'agira donc pour de nombreuses collectivités, en premier lieu les régions, de construire des économies culturelles permettant la création de produits culturels spécifiques aux territoires[5].

B- Le financement par les apports extérieurs

En plus des ressources propres, les autorités locales peuvent recourir à d'autres modes de financements du développement durable. Ce recours doit être prudent dans la mesure où la non-maîtrise de ces modes de financement peut hypothéquer l'intérêt public local et le développement à long terme des collectivités. Ces modes de financement se résument au recours aux partenariats publics-privés et à l'emprunt.

Aux termes de l'article 1 de la loi n°2016-24 du 11 octobre 2016 portant cadre juridique du partenariat public-privé en République du Bénin, un contrat de partenariat public-privé est un contrat par lequel une personne publique confie à un partenaire privé, personne morale de droit privé, pour une période déterminée, en fonction de la durée d'amortissement des investissements ou des modalités de financement retenues, une mission globale ayant pour objet la construction ou la transformation, l'entretien, la maintenance, l'exploitation ou la gestion d'ouvrages d'équipements ou de biens matériels nécessaires au service public dont l'autorité contractante a la charge, ainsi que tout ou partie de leur financement. Le même contrat peut également avoir pour objet tout ou partie de la conception de ces ouvrages, équipements ou bien immatériels ainsi

---

[1] La culture désigne « l'ensemble des traits distinctifs, spirituels et matériels, intellectuels et affectifs, qui caractérisent une société ou un groupe social. Elle englobe, outre les arts et les lettres, les modes de vie, les droits fondamentaux de l'être humain, les systèmes de valeur, les déclarations et croyances ». Déclaration de Mexico sur les politiques culturelles. Conférence mondiale sur les politiques culturelles, Mexico City, 26 juillet-6 août 1982.

[2] Cf. X. GREFFE, *Arts et artistes au miroir de l'économie*, Paris, Economica, 2002.

[3] Cf. P.-A. LANDEL, B. PECQUEUR, « La culture comme ressource territoriale spécifique », Communication présentée au XIe colloque de l'ASRLF, *Convergence et disparités régionales au sein de l'espace européen*, Bruxelles, 1-3 septembre 2004.

[4] Cf. J.-M. KOSIANSKI, « Territoire, Culture et politique de développement économique local : une approche par les métiers des arts », *Revue d'Économie Régionale et Urbaine*, février 2011, p. 99.

[5] Cf. P.-A. LANDEL, B. PECQUEUR, op. cit. p. 6.

que des prestations de service concourant à l'exercice, par l'autorité contractante de la mission de service public dont elle est chargée. Comme, on peut le voir, ces contrats ont le mérite de réconcilier les attentes sociales et l'exigence de maîtrise de finances publiques[1].

Si plusieurs types de partenariats existent, la concession passe pour la plus adaptée à la situation économique et aux capacités de gestion des collectivités dans la mesure où elle fait supporter le risque par le privé[2]. Les contraintes financières, la lourdeur des charges des infrastructures, la lourdeur des charges d'exploitation des infrastructures et la volonté de partager les risques conduisent de plus en plus à ce type de partenariat[3].

L'importance des PPP pour le développement durable a été affirmée par le sommet mondial du développement durable de Johannesburg en 2002. Le sommet explique cette importance par l'association de tous acteurs de la société au projet de développement de la collectivité et l'optimalisation de ses ressources qu'ils permettent[4].

Malgré cette importance, très peu de collectivités territoriales ont recours à ces partenariats[5]. Ceci s'explique certainement par le fait que la possibilité d'un partenariat public-privé suppose l'existence d'un secteur privé[6]. Or, dans bien de pays de la sous-région, ce secteur privé est faible et incapable de soutenir les collectivités. Dans ces conditions, celles-ci ne pourront que se retourner vers les opérateurs étrangers dont les décisions dépendront naturellement de l'attractivité des territoires dépendant elle-même de l'effectivité des règles de concurrence et surtout de l'État de droit mettant en confiance ces opérateurs.

Cette confiance sera en outre nécessaire pour les emprunts, dernière option de financement du développement local. L'emprunt doit venir en complément aux autres options, l'objectif étant de pousser les collectivités à un effort de mobilisation de ressources propres.

Si l'emprunt se présente théoriquement comme un moyen normal et stratégique de financement, son option par les collectivités territoriales en Afrique peut poser des problèmes dans la mesure où le recours à l'emprunt est à l'origine du surendettement des États africains cité parmi les causes de l'extrême pauvreté des populations africaines. Le recours à ce type de financement présente donc d'énormes risques pour les collectivités. Ces risques étant fondamentalement liés à la capacité d'absorption financière des

---

[1] Cf. F. MARTY et al., *Les partenariats public-privés*, La découverte, 2006, p. 3.

[2] D. HOORENS et M.-P. PERETTI, « Les collectivités locales et le partenariat public-privé : la logique financière », Revue d'économie financière, Hors-Série, 1995, p. 99.

[3] *Ibid.*, p. 90.

[4] Cf. F. VILLACAMPA, « Les partenariats public-privé en développement durable », *Le Libellio & AEGIS*, vol. 9, Printemps, 2009, p. 37.

[5] Cf. Ph. PATTBERG et al., *Public-Private Partenerships for sustainable developpment*, 2012.

[6] Comme le relèvent les actes du séminaire de Dakar, les finances locales doivent être en interaction avec le développement du secteur privé. Cf. Aquadev, *op. cit.*, p. 17.

collectivités[1]. Il semble sur ce point nécessaire d'instituer au niveau des collectivités des mécanismes d'aide à la décision. Cela peut se faire de deux façons. Dans le premier cas, cette aide pourra être le fait de Conseils juridiques et financiers mis à la disposition des collectivités par le pouvoir central. Dans le second cas, cette aide à la décision peut être intégrée aux modalités des emprunts. Elle sera ainsi apportée par les institutions spécialisées dans le financement du développement local si les collectivités décident de leur faire appel ou par des sociétés créées par les collectivités ou les banques si lesdites collectivités recourent à l'emprunt obligataire[2]. De ces possibilités, le recours aux institutions spécialisées dans le financement du développement local et l'emprunt obligataire semblent retenir l'attention.

[1] Cf. La Revue Africaine des Finances Locales, L'emprunt des collectivités locales d'Afrique subsaharienne, PDM, juin 2008, p., 59. Ces risques peuvent aussi être liés aux échecs commerciaux dans des domaines concurrentiels, à l'environnement économique, aux insuffisances de la comptabilité et à la faible information des élus et des contribuables. Cf. J. Le FOLL, Le surendettement des collectivités locales, Revue d'économie financière, n° 46, 19989, p. 228.

[2] Cf. D. Da PALMA, S. NOURI-MESHKATI, Emprunt obligataire : un financement en vogue, Droit des financements locaux, *La gazette*, juin 2015, p. 54.

5- DROIT CONSTITUTIONNEL & SCIENCE POLITIQUE

LA REMUNERATION DES ELUS FRANÇAIS ET LA CRISE DE LA REPRESENTATION

Arnaud HAQUET
Professeur à l'Université de Rouen (France)

INTRODUCTION

L'indemnité parlementaire est associée au suffrage universel. Elle bénéficie d'une reconnaissance constitutionnelle et sa suppression est rarement envisagée. En revanche, son montant et les avantages matériels qui lui sont associés sont constamment discutés.

Le statut financier des élus subit la crise des régimes représentatifs. Celle-ci n'est pas nouvelle. La légitimité des gouvernants a toujours été contestée. Mais la crise a pris une ampleur inquiétante. De nombreux indices l'attestent : impopularité des représentants, abstention aux élections, sanction systématique des candidats sortants, dénonciation des réformes, etc. La crise de la représentation se traduit également par une confrontation de légitimité. La rue s'oppose au parlement par des manifestations de masse, ou des occupations d'espaces publics.

À cela s'ajoute une forme d'attrait pour la déchéance des représentants. Le goût du scabreux est omniprésent dans les médias et sur les réseaux sociaux. Aucun faux pas n'est admis. Or la vie politique est un spectacle qui doit être attrayant. Pour cela, des personnages malfaisants sont offerts au public. Et les spectateurs ont été servis sous la Ve République… Des affaires ont porté sur la dissimulation fiscale, les conflits d'intérêt, la corruption, le népotisme, le train de vie de certains élus, etc.

Ces affaires ont contribué à installer un climat de défiance et à discréditer la classe politique de façon injuste. En proportion, peu d'élus ont été directement concernés. La France compte des centaines de milliers d'élus nationaux et locaux. Or, dans leur grande majorité, les élus locaux exercent leur fonction à titre gratuit. Malgré cela, une poignée d'élus est parvenue à effacer dans l'opinion publique les vertus des autres. La défiance s'est installée. Un nouvel antiparlementarisme est même apparu. Le « *dégagisme* » a succédé aux anciens slogans (des « *tous pourris* » et « *sortez les sortants* »).

Le législateur a dû réagir. Il a multiplié les mesures destinées à restaurer la « confiance » entre les citoyens et les élus. Les intitulés des lois l'attestent (ex. loi n° 2013-907 du 11 oct. 2013 *relative à la transparence de la vie publique* ; loi n° 2016-1691 du 9 déc. 2016 *relative à la transparence, à la lutte contre la corruption* ; loi n° 2017-286 du 6 mars 2017 *tendant à renforcer les obligations comptables des partis politiques et des candidats* ; loi org. n° 2017-1338 du 15 sept. 2017 *pour la confiance dans la vie politique*). Même les projets de loi constitutionnelle comportent ce type d'intitulé. Ils se nomment : *pour une démocratie plus représentative, responsable et efficace* (projet de LC, déposé à l'AN le 9 mai 2018 et retiré le 29 août 2019), ou *pour un renouveau de la vie démocratique* (projet de LC, déposé à l'AN, le 29 août 2019).

Ces titres soulignent la perte de légitimité des élus nationaux contrairement à celle des élus locaux. Ceux-ci sont réputés plus proches des citoyens, comme le montrent aussi les intitulés des textes législatifs (ex. du projet de loi *relatif à l'engagement dans la vie locale et à la proximité de l'action publique*).

Dans ce contexte, le débat sur la rémunération des élus fait également l'objet d'une perception différente. Elle est marquée par la suspicion pour les parlementaires (I) alors qu'elle bénéficie d'un préjugé favorable pour les élus locaux (II).

I- RÉMUNÉRATION DES PARLEMENTAIRES : LA SUSPICION PERMANENTE

Si le principe de l'indemnité parlementaire est acquis (A), son montant et les avantages qui lui sont associés sont, en revanche, l'objet d'une critique permanente (B).

A- L'ACCEPTATION

L'indemnité parlementaire est une rémunération. L'idée est acceptée mais elle n'induit pas la professionnalisation des fonctions électives.

***Une rémunération*.**

En France, il est admis depuis longtemps que les parlementaires doivent disposer de moyens de subsistance. Ils doivent exercer leurs fonctions sans entrave et être libérés de toute pression hiérarchique et d'argent. L'indemnité de l'élu est un gage d'indépendance. C'est aussi une réponse à la tentation de la corruption (« *Si vous ne payez pas les députés, Sire, ils vous coûteront très cher* », aurait dit Talleyrand à Louis XVIII).

Une considération démocratique justifie également la rémunération. Le mandat doit être ouvert à tous. L'indemnité offre à tout citoyen, même désargenté, les conditions matérielles d'exercer la fonction de représentant. Eugène Pierre insiste sur cet aspect dans son Traité : « *les électeurs n'auraient pas la liberté absolue de leurs votes s'ils ne pouvaient les accorder indistinctement à tous les citoyens qu'ils jugent dignes de leur confiance, si des raisons matérielles devaient peser dans la balance de leur choix. L'indemnité attribuée aux représentants du pays a pour but d'empêcher que nul ne soit écarté de l'enceinte législative par des considérations pécuniaires* »[1].

L'octroi, ou non, d'une indemnité parlementaire a été étroitement lié aux catégories de population que l'on souhaitait voir siéger au Parlement. Ainsi, en Angleterre, on a longtemps considéré que les députés devaient avoir des sources de revenu. Ils n'avaient pas besoin de rémunération. L'indemnité parlementaire

---

[1] E. PIERRE, *Traité de droit politique électoral et parlementaire*, 5e éd., 1924, n° 1163, p.1323.

n'a été adoptée par la Chambre des communes qu'en 1911. Margaret Munn explique que, « *auparavant, les députés étaient soit des aristocrates et de riches propriétaires terriens, pour lesquels l'indemnité parlementaire n'était pas essentielle, soit des salariés titulaires d'un emploi soutenus par les syndicats ou par le jeune parti travailliste d'alors. C'était d'ailleurs la raison pour laquelle la Chambre des Communes siégeait seulement l'après-midi jusqu'aux changements qui ont eu lieu ces dernières années avec l'introduction des séances du matin. Au départ, l'indemnité parlementaire devait servir à payer les frais de résidence à Londres et les autres frais, et notamment ceux liés aux déplacements* »[1].

En France, une indemnité a été prévue de longue date. Elle existait déjà sous l'Ancien Régime. Eugène Pierre note que « *les députés aux États-Généraux étaient indemnisés de leurs frais de séjour et de déplacement, soit par les commettants, soit par le trésor royal* »[2].

À la Révolution, une indemnité fut votée par l'Assemblée nationale le 1er septembre 1789[3]. Elle a été maintenue et a été constitutionnalisée en 1795 (« *les membres du Corps législatif reçoivent une indemnité annuelle : elle est, dans l'un et l'autre Conseil, fixée à la valeur de trois mille myriagrammes de froment* » : art. 68 de la Const. de l'an III). Sous la Constitution de l'an VIII, les tribuns et sénateurs ont également été dotés d'une rémunération. En revanche, aucune rémunération n'a été prévue à la Restauration[4] et sous la monarchie de Juillet. Durant cette période, marquée par le suffrage censitaire, le principe de gratuité est établi. En vertu de l'article 19 de la loi du 5 février 1817, « *les députés à la Chambre ne reçoivent ni traitement ni indemnité* ». Un principe équivalent est posé en 1831 pour les fonctions locales (principe toujours en vigueur : v. *infra*).

L'indemnité parlementaire est rétablie sous la Deuxième République. Elle est liée à l'instauration du suffrage universel. L'article 38 de la Constitution de 1848 dispose que « *chaque représentant du peuple reçoit une indemnité* ». Il précise également que ce représentant « *ne peut renoncer* » à son indemnité. De cette façon, aucun citoyen ne peut se prévaloir de sa situation patrimoniale comme argument de campagne électorale. Aucune pression ne saurait également être exercée à l'encontre d'un parlementaire pour l'inciter à exercer sa fonction à titre bénévole. De même, l'octroi d'une indemnité peut laisser espérer que le député n'acceptera pas de se laisser rémunérer par un tiers.

---

[1] V. M. MUNN, « Le financement public du Parlement au Royaume-Uni et la garantie de l'autonomie financière des assemblées parlementaires britanniques », *RFFP*, n° 142, mai 2018, p. 173.

[2] E. PIERRE, *Traité de droit politique électoral et parlementaire*, *op. cit.*, p. 1323.

[3] Alphonse Aulard, « L'indemnité législative sous la Révolution », Rev. *La Révolution française*, 1926, p. 199.

[4] L'indemnité fut restaurée durant les 100 jours. L'art. 11 de l'*Acte additionnel aux Constitutions de l'Empire du 22 avril 1815* prévoyait que « les membres de la Chambre des représentants reçoivent pour frais de voyage, et durant la session, l'indemnité décrétée par l'Assemblée constituante ».

Par la suite, l'indemnité parlementaire ne sera plus supprimée (en dehors de courtes périodes : l'indemnité a été abrogée en janvier 1852[1] et rétablie en décembre 1852[2] ; elle a été supprimée par la loi du 11 août 1941 et rétablie après-guerre).

L'indemnité bénéficie d'une reconnaissance constitutionnelle sous les IVe et Ve Républiques. La Constitution de 1946 a prévu que « *les membres du Parlement perçoivent une indemnité fixée par référence au traitement d'une catégorie de fonctionnaires* » (art. 23). La Constitution de 1958 renvoie à une « loi organique » le soin de fixer « *la durée des pouvoirs de chaque assemblée, le nombre de ses membres, leur indemnité* » (art. 25). Il s'agit de l'ordonnance portant LO n° 58-1210 du 13 décembre 1958.

Aujourd'hui, les parlementaires bénéficient d'une indemnité de base, d'une indemnité de logement et d'une indemnité de fonction. Elles sont distinctes de l'avance de frais de mandat destinée à faire face aux dépenses liées à l'exercice du mandat et au crédit affecté à la rémunération de collaborateurs.

Cette situation matérielle est présentée globalement dans les discussions sur le statut de l'élu. Si certains éléments relèvent d'une rémunération d'autres correspondent à la compensation de sujétions imposées par l'exercice de la fonction. En ne distinguant pas ces éléments, le débat sur la nature de la rémunération est faussé.

La crainte de la professionnalisation.

L'idée qu'un parlementaire profite de sa fonction pour s'enrichir ne saurait être admise. Il doit subvenir à ses besoins et non gagner de l'argent. Dès lors, l'on s'interroge sur la nature de l'indemnité. Est-ce seulement une garantie apportée à la fonction pour qu'elle soit accomplie en toute indépendance, ou est-ce la contrepartie d'un travail réalisé ? Le parlementaire exerce-t-il un métier ? L'indemnité favorise-t-elle la professionnalisation de la vie politique ? Celle-ci contribue-t-elle à déconsidérer la fonction de représentation ?

Le débat est permanent, complexe et confus. Ses termes sont mal définis. Les mots de *métier*, *carrière* ou *profession* sont évoqués et souvent assimilés. Or, ils ont des sens différents. Un *métier* peut correspondre à une activité à temps plein sans être organisé en profession. Au contraire, une activité qui n'est pas, par

---

[1] L'art. 37 de la Const. 1852 dispose que les députés « ne reçoivent aucun traitement » et l'art. 22 prévoit que « les fonctions de sénateur sont gratuites ; néanmoins le président de la République pourra accorder à des sénateurs, en raison de services rendus et de leur position de fortune, une dotation personnelle, qui ne pourra excéder trente mille francs par an ».

[2] L'art. 11 du Sénatus-consulte du 25 décembre 1852 prévoit « une dotation annuelle et viagère de trente mille francs est affectée à la dignité de sénateur » ; son art. 14 précise que « les députés au Corps législatif reçoivent une indemnité qui est fixée à deux mille cinq cents francs par mois pendant la durée de chaque session ordinaire ou extraordinaire ».

exemple, placée sous le régime du salariat (sans subordination hiérarchique) peut néanmoins être une profession (ex. une activité libérale).

À la question de savoir si l'exercice d'un mandat électif est une profession, une réponse de principe négative est avancée. Le parlementaire ne fournit pas à proprement parler un travail en contrepartie d'une rémunération. Il n'est pas placé dans une situation de subordination. Il n'est ni un employé (et ne touche pas de salaire) ni un fonctionnaire (et ne perçoit pas de traitement). Cette réponse mérite néanmoins d'être discutée parce que l'expérience a montré que nombre d'activités, notamment libérales, se sont au fil du temps professionnalisé.

Cette difficulté à qualifier la représentation incite donc à utiliser des termes généraux qui marquent plutôt une tendance. On parle de *professionnalisation* de la vie politique, ce qui est un constat et non une qualification.

Ce constat est effectué au début du XXe siècle. Max Weber a relevé que les représentants vivaient « *pour la politique* » ou « *de la politique* ». Or, la disponibilité attendue des élus a restreint les profils de ceux qui pouvaient exercer leur fonction en vivant seulement « pour la politique »[1]. En outre, la modification de la composition sociologique des assemblées a augmenté le nombre des élus qui devaient vivre « de la politique », ce qui a favorisé la professionnalisation des fonctions électives[2].

Une autre observation a été faite au cours de la deuxième moitié du XXe siècle. Elle a porté sur une apparence de « fonctionnarisation » de la représentation. Les parlementaires et une partie des élus locaux se sont vus octroyer de nouveaux droits ou moyens. Les premiers ont bénéficié d'une assistance matérielle et humaine (avec des bureaux et des collaborateurs)[3]. Les deuxièmes, lorsqu'ils exerçaient des fonctions exécutives, ont vu le montant de leurs indemnités augmenter, leurs droits se multiplier (ex. pour le remboursement des frais, ou leur formation, par ex.) et diverses obligations s'imposer à eux (concernant leur responsabilité, ou le régime d'imposition, par exemple[4]).

De nombreuses règles résultant du droit de la fonction publique s'imposent d'ailleurs aux élus. Même leur rémunération est calculée par référence à des indices de la fonction publique. Comme l'a souligné Guy Carcassonne, entre les représentants et les fonctionnaires, « *les statuts sont très différents, mais ils se rejoignent dans leur existence même, qui les distingue des contrats de travail* »[5].

---

[1] M. WEBER, *Le savant et le politique. La profession et la vocation de politique*, 1919 (La Découverte, 2003, p. 133).

[2] V. Pierre Avril, « La profession parlementaire », *LPA*, 31 juill. 2014, p. 11.

[3] V. Jean-Pierre Duprat, « L'évolution des conditions du travail parlementaire en France : 1945-1995 », *LPA*, 29 janv. 1996, p. 4.

[4] Les indemnités des parlementaires, des élus locaux, mais aussi du Président de la République et des membres du gouvernement, font l'objet d'une imposition (art. 80 undecies A du CGI).

[5] G. CARCASSONNE, « Fonction publique et fonction politique », Contribution au *rapport public 2003* du Conseil d'Etat, La doc. F., p. 427.

Cette professionnalisation de la fonction parlementaire relève du constat. Pour autant, elle n'est pas assumée et elle reste critiquée. La contestation du montant de l'indemnité parlementaire est, à cet égard, significative.

B- La contestation du montant de l'indemnité

Ce montant a toujours été discuté, même si les controverses récentes ont été orientées vers d'autres éléments composant la situation matérielle des parlementaires.

La difficile revalorisation

Elle apparaît immédiatement. Les « *vingt-cinq francs par jour* » des députés ont été contestés tout au long de la Deuxième République parce que la somme paraissait élevée au regard de la rémunération d'un ouvrier de l'époque.

Cette contestation ne signifie pas que le principe de l'indemnité, qui était lié au suffrage universel, n'a pas été défendu. L'indemnité a même eu son héros : le député Alphonse Baudin, qui est mort sur une barricade le 3 décembre 1851 en défendant la République. Aux ouvriers qui le conspuaient, Baudin leur déclara : « *Vous allez voir comment on peut mourir pour 25 francs* ». Une balle le faucha aussitôt, lui conférant une gloire *post-mortem*[1] et la sacralisation de sa formule.

Cependant, la revalorisation de l'indemnité parlementaire s'est avérée compliquée. Elle fut tardive et provoqua une forte polémique. Une première tentative échoua à la Chambre des députés en mars 1899. Une deuxième aboutit en novembre 1906. Le Parlement fit passer l'indemnité parlementaire de 9 000 à 15 000 francs par an. La mesure paraissait justifiée car le montant de l'indemnité n'avait pas été augmenté depuis le début de la IIIe République. Malgré cela, une campagne de presse la dénonça.

Surnommés les *quinzemillistes*, beaucoup de députés, notamment socialistes, durent justifier leur vote auprès de leur base électorale[2].

Ce débat se déroula à une période charnière de la IIIe République. L'origine des élus changea. La majorité d'entre eux n'appartenait plus à la grande bourgeoisie. Leur rémunération est devenue indispensable. En fait, comme l'a montré Alain Garrigou, « *l'événement sans grandeur législative, puisqu'il s'agissait seulement d'un aménagement d'une institution existante et non d'une innovation, fut un moment capital du processus de professionnalisation politique,*

---

[1] À vrai dire, la gloire de Baudin doit beaucoup à l'écho du procès intenté en 1868 à Charles Delescluze (qui fut défendu par Gambetta) qui avait lancé une souscription dans son journal en faveur d'un monument en hommage à Baudin. Cette notoriété a, en outre, bénéficié du récit de la mort de Baudin décrite par Victor Hugo dans *Histoire d'un crime* en 1878. Cette gloire justifia que les restes de Baudin fussent transférés en août 1889 au Panthéon à l'occasion du centenaire de la Révolution. V. A. GARRIGOU, *Mourir pour des idées. La Vie posthume d'Alphonse Baudin*, Les Belles Lettres, 2010.

[2] A. GARRIGOU, « Vivre de la politique. Les « quinze mille », le mandat et le métier », *Politix*, 1992, vol. 5, n° 20, p. 25.

c'est-à-dire un de ces moments où un processus long et diffus apparaît au jour et se prête donc particulièrement à l'analyse »[1].

Par la suite, les parlementaires n'ont plus osé procéder directement à une augmentation de leur indemnité. La solution retenue à partir de 1938 a été d'indexer le montant de l'indemnité parlementaire sur le traitement de la haute fonction publique[2].

A présent, c'est moins le montant de l'indemnité qui est contesté que l'utilisation des avantages liés à la fonction.

La contestation des avantages annexes

Les affaires évoquées (v. *intro.*) ont obligé le législateur à réagir pour répondre au mécontentement de l'opinion publique. Les mesures ont été nombreuses et de grande ampleur[3]. Elles s'inscrivent dans le cadre d'une crise de légitimité qui concerne tous les régimes représentatifs. La France n'est pas un cas isolé.

Au Royaume-Uni, notamment, le régime de l'indemnité (*allowance*) des membres de la Chambre des communes a été modifié à la suite du scandale des notes de frais (*expenses scandal*)[4] . Le *Parliamentary Standards Act 2009* a confié la gestion du régime indemnitaire à une autorité indépendante : the *Independent Parliamentary Standards Authority* (IPSA). Chargée de surveiller le remboursement des députés, l'IPSA s'est également vue confier la responsabilité de fixer le niveau de leur rémunération (*Constitutional Reform and Governance Act 2010*)[5]. L'adoption de ces mesures attestait d'une perte de légitimité des parlementaires. Elle a été complétée par l'instauration d'une procédure de

---

[1] A. GARRIGOU, « Vivre de la politique », *op. cit*, p. 10.

[2] Aujourd'hui encore, « l'indemnité parlementaire est calculée par référence au traitement des fonctionnaires occupant les emplois de l'Etat classés dans la catégorie présentement dite "hors échelle". Elle est égale à la moyenne du traitement le plus bas et du traitement le plus élevé de cette catégorie » (art. 1er de l'ord. n° 58-1210).

[3] V. BARBÉ, « Le financement public du Parlement national. Approche comparative France/Royaume-Uni », *RFFP*, n°142, mai 2018, p. 183.

[4] Le *Daily Telegraph* a divulgué la nature des remboursements que les députés et Lords ont réclamés. Ils étaient abusifs et concernaient des dépenses privées aussi étonnantes que choquantes. Le scandale fut considérable. Il intervenait, en outre, après la crise financière de l'automne 2008 et provoqua un fort sentiment de défiance à l'encontre des membres de l'institution la plus importante du système politique britannique. De très nombreux parlementaires furent concernés à des titres et degrés divers. Ils ont dû rembourser les sommes détournées. Quelques députés et Lords furent condamnés. En outre, ce scandale provoqua la démission de membres du gouvernement et conduit même à la démission de M. MARTIN, le Speaker de la Chambre des communes (une première depuis 1695). Et ce ne fut pas la seule affaire sur le sujet (sur le *New Expenses Scandal* à la Chambre des Lords en 2017 : v. V. BARBÉ, *ibid.*). Par ailleurs, en 2009 éclata le cash *for influence scandal*. Des Lords ont été suspendus (une première, également, depuis le règne de Cromwell) pour avoir accepté des rémunérations annuelles versées par des entreprises pour modifier des législations.

[5] V. C. ROYNIER, « La résolution du scandale des notes de frais des MPs au Royaume-Uni ou les bienfaits de la morale constitutionnelle », *Jus Politicum Blog*, 20 mars 2017.

révocation. Instituée en 2015 à la Chambre des communes (*Recall of MPs Bill*), elle permet l'organisation d'une pétition pouvant aboutir dans une circonscription à la révocation d'un député en cas de condamnation de celui-ci ou de présentation d'une fausse note de frais (la première révocation a eu lieu en mai 2019).

En France, sans aller aussi loin, des dispositions législatives et des mesures internes aux assemblées (règlements ou arrêtés des bureaux) ont été adoptées pour contrôler les parlementaires.

Le législateur a, notamment, exigé des parlementaires qu'ils adressent au président de la *Haute Autorité pour la transparence de la vie publique* une déclaration exhaustive de leur situation patrimoniale (art. LO 135-1, Code électoral). Cette Haute Autorité doit apprécier « *la variation des situations patrimoniales des députés* » et elle peut, le cas échéant, transmettre leur dossier au parquet » (art. LO 135-5, code électoral).

Parmi les mesures adoptées mentionnons également la suppression de l'indemnité représentative des frais de mandats (art. 20 de la loi n° 2017-1339 du 15 sept. 2017), remplacée à l'Assemblée nationale par *l'avance de frais de mandat*, ou encore l'interdiction faite aux députés et sénateurs de recruter des membres de leur famille (conjoint, parents, enfants…) en qualité de collaborateurs (art. 8 quater de l'ord. n° 58-1100 du 17 nov. 1958 créé par la loi n° 2017-1339 du 15 sept. 2017). De même, la loi organique n° 2017-1338 du 15 septembre 2017 a supprimé la « *dotation d'action parlementaire* ». Cette réserve parlementaire permettait aux parlementaires d'accorder des subventions dans leur circonscription. Elle a été jugée discrétionnaire et électoraliste (alors même qu'elle a souvent permis de compléter le financement de projets locaux). Elle n'était plus adaptée à l'évolution du contrôle que les citoyens entendaient exercer sur l'utilisation des derniers publics.

Toutes ces évolutions relèvent de la suspicion. Ils s'inscrivent aussi dans le cadre d'une réflexion, toujours renouvelée mais inachevée, sur le *statut de l'élu*.

Une réflexion similaire concerne le statut des élus locaux même si la perception de leur situation matérielle est plus favorable.

II- RÉMUNÉRATION DES ÉLUS LOCAUX : LA COMPRÉHENSION

Les élus locaux sont très nombreux et n'exercent pas les mêmes responsabilités. Pour ces raisons, tous les élus ne bénéficient pas d'une indemnité de fonction. Le principe général est même celui de la gratuité. Institué au début du XIXe siècle, il a perduré jusqu'à aujourd'hui (A), même s'il fait débat. Les conseillers municipaux et les maires des petites communes, notamment, sont très peu rémunérés. Leur régime est actuellement revisité (B) dans un contexte politique troublé où les maires semblent être la seule catégorie d'élus à trouver grâce auprès des citoyens.

A- Le principe de gratuité

La loi prévoit que, « *sans préjudice des dispositions* » *accordant des dérogations pour certaines catégories d'élus*, « *les fonctions de maire, d'adjoint et de conseiller municipal sont gratuites* » (art. L. 2123-17, CGCT). Ce principe a été posé par la loi du 21 mars 1831 sur l'organisation municipale. Son article 1er disposait que « *les fonctions des maires, des adjoints et des autres membres du corps municipal sont essentiellement gratuites et ne peuvent donner lieu à aucune indemnité ni frais de représentation* ». Ce principe a été réitéré par la loi du 5 mai 1855 et par celle du 14 avril 1871. La loi du 10 août 1871 a posé ce principe pour les membres du conseil départemental.

Depuis, la gratuité n'a jamais été remise en cause, même si le principe a été débattu au sein des assemblées parlementaires[1]. Il a fait l'objet d'atténuations dès la fin du XIXe siècle. La loi du 5 avril 1884 (art. 74) prévoit que si les fonctions de maire et d'adjoints sont « gratuites », elles donnent « *droit au remboursement des frais que nécessite l'exécution des mandats spéciaux* ». *Des indemnités peuvent également être octroyées aux maires « pour frais de représentation* ».

En pratique, une indemnisation des conseillers généraux a été instaurée, même si elle a été sanctionnée par le juge administratif (CE, 14 févr. 1913, C., Lebon, p. 218). En réaction, le Parlement, par la loi de finances pour 1912, a prévu un régime indemnitaire pour les conseillers généraux (indemnités de déplacement et de séjour).

Plus tardivement et progressivement, les élus municipaux ont bénéficié d'un régime indemnitaire gradué. Les conseillers de Paris l'ont obtenu par la loi du 8 avril 1914, les maires et adjoints par une ordonnance du 26 juillet 1944, reprise par celle du 21 février 1945. Elles ont été modifiées par la loi du 24 juillet 1952 qui deviendra le texte de référence jusqu'en 1992.

Après l'adoption des lois de décentralisation du début des années 80, le régime indemnitaire a été revu pour tenir compte des nouvelles responsabilités des élus locaux. La loi n° 92-108 du 3 février 1992 *relative aux conditions d'exercice des mandats locaux* a modifié le mode de calcul des indemnités, ce qui a permis de les revaloriser. Le régime des élus départementaux et régionaux, dont la souplesse antérieure autorisait toutes les initiatives, a été établi sur le modèle des élus municipaux.

La suspicion pesa alors sur les élus locaux. Un certain nombre d'affaires politico-financières ont trouvé leur origine dans la gestion des affaires locales. La loi du 3 février 1992 a été adoptée à l'issue d'une période marquée par une perte de crédit de la classe politique. Son adoption s'est inscrite dans le cadre des réformes qui visaient à rétablir la confiance entre les citoyens et leurs représentants. C'est, par exemple, pour assurer une certaine « *moralisation de la*

[1] P. LACAÏLE, *Le statut de l'élu local*, Berger-Levrault, 1996, p. 19 s.

vie politique » (F. Scanvic[1]) *que le législateur a fiscalisé les indemnités de fonction des élus locaux et qu'il a limité le cumul des indemnités des élus disposant de plusieurs mandats.*

Par la suite, la législation a été modifiée à plusieurs reprises (par les lois n° 2002-276 du 27 fév. 2002, n° 2015-366 du 31 mars 2015, n° 2006-1500 du 8 nov. 2016 et n° 2017-1837 du 30 déc. 2017). Ces lois ont revalorisé les indemnités des maires des petites communes et même celles des représentants des plus grandes collectivités (l'art. 100 de la loi précitée du 30 déc. 2017 permet une majoration de 40 % des indemnités de fonction des chefs des exécutifs et présidents des collectivités et EPCI à fiscalité propre les plus importants).

Pour autant, ces lois n'ont pas abrogé le principe de gratuité (la modification législative en cours ne le remet pas en cause[2]). Pour la grande majorité des élus locaux, l'indemnité n'est qu'une compensation financière. Elle dédommage l'élu des frais courants et des charges financières qu'il a à supporter. Elle tend également à réparer le préjudice qu'il subit du fait de la réduction des activités professionnelles qu'engendre sa participation au fonctionnement de la collectivité. Selon une formule usuelle, l'indemnité de fonction compense les dépenses et les sujétions (en complément, le CGCT prévoit également divers dispositifs pour aider l'élu à concilier activité politique et activité professionnelle, comme les autorisations d'absence, les crédits d'heures, la compensation pour perte de revenu, la suspension de l'activité professionnelle, l'allocation de fin de mandat, le congé de formation, etc.).

La gratuité reste une réalité pour la plupart des conseillers municipaux. Dans un pays où de nombreuses communes ne comptent que quelques centaines d'habitants (52,9 % des communes ont moins de 500 habitants au 1er janvier 2018 [selon l'Insee, recensement de la population]), les barèmes des indemnités de fonction et l'état des finances locales ne permettent pas d'octroyer des indemnités de fonction à l'ensemble des conseillers municipaux. De même, il faut noter que les maires des petites communes touchent une rémunération qui est extrêmement faible (ex. en 2019 : 621 €, max., d'ind. brute dans une commune de moins de 500 hab.).

Ce principe de gratuité peut se comprendre si l'on se réfère à la situation de la majorité des élus locaux. Cependant, il méconnaît la professionnalisation des fonctions exécutives dans les collectivités territoriales de catégorie supérieure. Il s'agit d'une réalité.

---

[1] F. SCANVIC, *Le statut de l'élu local*, Dalloz, 1994, p. 97.

[2] Le projet de loi *relatif à l'engagement dans la vie locale et à la proximité de l'action publique* modifie le montant de l'indemnité des maires des petites communes mais ne supprime pas le principe de gratuité.

B- QUASI-BÉNÉVOLAT ET PROFESSIONNALISATION

De nombreux titulaires de fonctions exécutives locales « *vivent de la politique*»[1]. Ils ont suspendu leur contrat de travail, ou se sont placés en position de disponibilité, et perçoivent des indemnités de fonction qui peuvent être élevées (5 639 €, par ex., pour les communes de plus de 100 00 hab. et pour les présidents de départements et régions). Mais, tous les maires et adjoints ne bénéficient pas d'une rémunération aussi élevée et beaucoup doivent conserver une activité professionnelle.

Le régime indemnitaire est, en effet, progressif, ce qui crée une certaine confusion entre les fonctions exercées quasiment bénévolement, dans les petites communes, et leur professionnalisation dans les collectivités plus importantes. Le statut des élus locaux mériterait d'être précisé.

Il est revisité par le projet de loi *relatif à l'engagement dans la vie locale et à la proximité de l'action publique* (discuté en cet automne 2019). Il prend en considération l'attachement des citoyens aux maires des petites communes et prévoit, notamment, d'augmenter sensiblement le montant de leurs indemnités. Pour autant, le texte ne distingue pas clairement les statuts des élus qui exercent des fonctions rémunérées de ceux qui les assument à titre bénévole (comme c'est le cas au Royaume-Uni, aux Pays-Bas, au Danemark, en Espagne, ou au Portugal). Il ne prévoit pas de supprimer le principe de gratuité pour les titulaires de fonctions exécutives locales (dans le sens du rapport Ph. Dallier et J.-C. Peyronnet de 2012), d'instaurer pour les exécutifs des collectivités les plus importantes un statut de fonctionnaire par assimilation comme en Allemagne, ou encore de leur octroyer un « *statut d'agent civique territorial, salarié de leur collectivité* », comme le préconisait le rapport Mauroy en 2000.

En France, le statut financier de l'élu local a été conçu de façon pragmatique. Elle a pris en considération les possibilités financières des très nombreuses collectivités, le soutien des élus nationaux et les réactions de l'opinion publique. Les capacités financières n'ont pas été favorables à l'augmentation des indemnités des élus. En revanche, les élus locaux ont pu bénéficier du relais d'une assemblée parlementaire, le Sénat, et de la compréhension des citoyens qui peuvent aisément s'identifier à ces représentants.

Les élus locaux ne font pas partie de la catégorie honnie de l'« élite politique ». Ils sont moins affectés par la crise de la représentation, sous réserve de ne pas évoquer certaines évolutions, qui les concernent au même titre, comme la professionnalisation des fonctions exécutives.

---

[1] Sujet qui pourrait être étendu aux collaborateurs d'élus : v. J. THOMAS, « Un statut de l'élu et du collaborateur d'élu ?», *in L'avenir du statut général de la fonction publique* (A. HAQUET et B. CAMGUILHEM, dir.), Ed. Varenne, 2019, p. 85.

DROITS DE L'HOMME ET DEMOCRATIE, REPRESENTATION ET PARTICIPATION POLITIQUES

Philippe GERARD
Professeur émérite à l'Université Saint-Louis (Belgique)

INTRODUCTION

Parmi les multiples interrogations que suscitent les rapports entre la démocratie et les droits de l'homme, deux d'entre elles formeront l'objet des réflexions proposées dans les pages qui suivent.

La première question, qui sera abordée en guise d'introduction, concerne les justifications de la légitimité des droits de la personne humaine dans le contexte de la démocratie, celle-ci étant entendue au sens large comme une forme de société qui repose sur un ensemble de principes normatifs, plus ou moins effectifs, de nature morale et politique.

J'aborderai ensuite la problématique de la mise en œuvre des droits, et en particulier de ceux qui, selon l'article 21 de la Déclaration universelle des droits de l'homme et du citoyen du 10 décembre 1948, permettent aux individus de prendre part à la direction des affaires publiques. La portée du principe de la représentation politique ainsi que les perspectives ouvertes par de nouvelles formes de participation constitueront l'enjeu de ces réflexions. J'évoquerai à ce propos une récente réforme introduite en Belgique concernant le recours aux jurys de citoyens. Ces réflexions porteront sur la démocratie conçue, cette fois selon une acception plus étroite, comme une forme de régime politique caractérisé par certaines institutions. Les deux conceptions de la démocratie qui seront ainsi successivement mises en jeu partagent une référence commune, constituée par les normes qui définissent l'idéal démocratique, normes parmi lesquelles l'égalité des individus et leur autonomie collective apparaissent comme les plus fondamentales[1].

I- LA LÉGITIMITÉ DES DROITS

Dans le contexte d'un grand nombre de sociétés contemporaines, deux voies ne semblent plus offrir de réponses satisfaisantes au problème de la justification de la légitimité des droits de l'homme.

La première consiste à donner aux droits de la personne humaine une légitimation de nature religieuse. Dans le cadre de la réflexion morale, une telle approche peut certes se justifier si l'on juge que les convictions relatives aux droits de la personne humaine représentent une étape dans la formation éthique des individus. Par contre, d'un point de vue politique, sachant que les membres de la plupart des sociétés contemporaines ne partagent pas les mêmes croyances

---

[1]*Cf.* P. GÉRARD, *Droit et démocratie. Réflexions sur la légitimité du droit dans la société démocratique*, Bruxelles, Publications des Facultés universitaires Saint-Louis, 1995, pp. 111-122.

religieuses, la légitimité des droits ne peut dépendre d'un système unique de convictions de cette nature si l'on entend faire de ces droits l'une des bases de l'organisation sociale et politique commune. La pluralité des convictions fait obstacle à ce mode de légitimation. Ceci n'exclut cependant pas l'intérêt des réflexions tendant à mettre en lumière la convergence entre, d'une part, certaines conceptions ou interprétations des droits et, d'autre part, des convictions religieuses déterminées[1]. Ces réflexions peuvent contribuer, non à la légitimation des droits, mais au maintien, voire au renforcement de l'adhésion aux droits dans des sociétés dont les membres sont divisés par leurs croyances religieuses.

La seconde voie qui paraît également compromise consiste à rechercher le fondement des droits dans une conception normative de la nature humaine. Sans doute, d'un point de vue historique, l'idée des droits de l'homme trouve-t-elle ses origines dans cette perspective et, en particulier, dans certaines théories modernes du droit naturel dont les oeuvres de Hobbes et de Locke, entre autres, offrent des exemples révélateurs. Ces théories postulent l'existence d'une essence humaine transcendante, immuable et universelle qui assurerait à tous les individus la jouissance de droits fondamentaux.

Or, le développement, dans la réflexion philosophique, d'orientations telles que l'historicisme, le matérialisme historique et la critique nietzschéenne de la métaphysique[2] ont contribué à mettre en question la validité d'une telle démarche. Il en résulte que la légitimation des droits de la personne humaine paraît devoir s'orienter dans de nouvelles directions.

L'une d'entre elles, parmi les plus fécondes, prend précisément appui sur les relations étroites qui unissent les droits de l'homme et la société démocratique. Suivant cette perspective ouverte par les analyses de Claude Lefort[3], la société démocratique impliquerait une tendance à la désincarnation du pouvoir, dans le sens où, en principe, aucun gouvernant ne pourrait désormais prétendre incarner la communauté politique ainsi que les normes de l'ordre social légitime. Ainsi cette forme de société instaurerait-elle une séparation entre savoir et pouvoir, de même qu'une extériorité du droit par rapport à ce dernier. Par ailleurs, tout en imposant au pouvoir la recherche de sa propre légitimité, la société démocratique impliquerait une dissolution des repères de la certitude, dissolution qui rend possible l'expression de la diversité des intérêts, des opinions et des croyances. Au-delà de la protection de l'intégrité des personnes, la reconnaissance de droits tels que les libertés de pensée, d'expression, de

---

[1]V. par exemple X. DIJON, *Les droits tournés vers l'homme*, Paris, Éd. du Cerf, 2009, qui propose une conception des droits de la personne humaine inspirée par le christianisme.
[2]*Cf.* P. GÉRARD, *L'esprit des droits. Philosophie des droits de l'homme*, Bruxelles, Larcier, 2016, pp. 67 - 78.
[3]V. en particulier C. LEFORT, « Les droits de l'homme et l'État-providence », *in Essais sur le politique (XIXe - XXe siècles),* Paris, Éd. du Seuil, 1986, pp. 31 - 58 ; « Droits de l'homme et politique », *in L'invention démocratique*, Paris, Fayard, 1994, pp. 45 - 83.

réunion et d'association, de même que celle de droits assurant aux individus des possibilités de participation politique représentent des conditions d'existence de cette forme de société.

La convergence entre société démocratique et droits de l'homme ne suffit cependant pas pour justifier la légitimité des droits. La validité des convictions éthiques qui s'expriment dans les droits en jeu et dans la démocratie doit faire l'objet, sinon d'une démonstration incontestable qui semble inaccessible, au moins d'une mise à l'épreuve. La réflexion philosophique contemporaine offre des modèles dont cette mise à l'épreuve peut s'inspirer.

Ainsi, l'éthique de la discussion développée par Jürgen Habermas propose un critère le principe de discussion - selon lequel une norme ne peut être tenue pour légitime que si elle est susceptible de recueillir l'accord de toutes les personnes intéressées au terme d'une discussion répondant à des conditions idéales de liberté et d'égalité[1]. Même si l'analyse pragmatico-transcendantale des présupposés des actes de langage grâce à laquelle ce critère est dégagé peut susciter des objections[2], le principe de discussion révèle que l'autonomie collective des personnes constitue la perspective justificatrice la plus intéressante compte tenu des difficultés auxquelles se heurtent les justifications religieuses ou métaphysiques des droits.

La théorie de la justice élaborée par John Rawls a ouvert une perspective similaire. En proposant de justifier la légitimité de certains principes de justice sociale à l'aide d'une expérience de pensée selon laquelle les membres d'une société future, placés dans une situation originelle et derrière un voile d'ignorance neutralisant l'influence de facteurs arbitraires[3], pourraient s'accorder sur ces principes, la théorie de Rawls a placé l'idée d'entente rationnelle entre des partenaires libres, égaux et raisonnables au centre de la réflexion sur la justice. En outre, afin de justifier la légitimité universelle d'un ensemble de droits de la personne humaine, Rawls a précisément appliqué ce modèle d'entente à un accord destiné à être conclu entre les représentants de peuples déterminés[4].

Dans cette perspective, l'on peut donc considérer que le principal argument en faveur de la légitimité universelle des droits de la personne humaine doit recourir à l'idée d'une entente entre les peuples réalisée dans des conditions de liberté et d'égalité. Il s'agit d'une idée régulatrice désignant un objectif dont la

---

[1]*Cf.* J. HABERMAS, « Notes programmatiques pour fonder en raison une éthique de la discussion », *in Morale et communication* (Trad. de C. Bouchindhomme), Paris, Éd. du Cerf, 1986, p. 114 ; *Droit et démocratie. Entre faits et normes* (Trad. de R. Rochlitz et Chr. Bouchindhomme), Paris, Gallimard, 1997, pp. 123 et 145.

[2]V. sur cette question P. GÉRARD, *L'esprit des droits*, *op. cit.*, pp. 92 - 94.

[3]*Cf.* J. RAWLS, *Théorie de la justice* (Trad. de C. AUDARD), Paris, Éd. du Seuil, 1987, pp. 151 et s.

[4]*Cf.* J. RAWLS, *Paix et démocratie. Le droit des peuples et la raison publique* (Trad. de B. GUILLARME), Paris, Éd. La Découverte, 2006, pp. 47 - 48.

réalisation doit être poursuivie, même si elle n'est pas complètement assurée. Cette idée fournit un critère de légitimité qui est également lié à la démocratie dans la mesure où l'un et l'autre mettent en jeu la notion d'autonomie collective.

II. LA REPRÉSENTATION POLITIQUE : SENS ET TENSION

S'il existe d'étroites affinités entre la reconnaissance des droits de la personne humaine et la société démocratique, encore peut-on s'interroger sur la mesure dans laquelle cette forme de société offre aux droits en jeu, non seulement une protection, mais aussi un champ d'application adéquats. Faute de pouvoir développer dans le cadre de la présente contribution des analyses particulières portant sur différents États, cette question sera traitée de manière générale. De plus, ainsi que je l'ai souligné précédemment, la réflexion portera essentiellement sur une catégorie de droits parmi les droits de la personne humaine : les droits et libertés de nature politique permettant aux individus de participer à la direction des affaires publiques.

De ce point de vue, les sociétés démocratiques comportent au moins deux dimensions paradoxales quant à la mise en œuvre des droits.

La première, que je me bornerai à rappeler ici, concerne l'égalité économique et sociale ainsi que la liberté personnelle. Les inégalités socio-économiques qui se sont développées depuis une trentaine d'années dans bon nombre de sociétés libérales constituent un frein, voire un obstacle à la réalisation des droits. Cette situation risque de faire apparaître l'égalité de droit, fût-ce partiellement, comme une illusion généralement contredite par la réalité sociale. En outre, les conditionnements et contrôles qui s'imposent de plus en plus aux individus réduisent également le champ d'exercice des droits, en particulier de la liberté individuelle qui apparaît enserrée dans des limites sans cesse plus étroites.

Le second paradoxe se manifeste dans les institutions ou le régime politique des sociétés libérales contemporaines. En réalité, celles-ci ne sont pas dotées d'un régime strictement démocratique, mais d'un régime de type représentatif. Nul n'ignore que, du XVIIe au XIXe siècle, tant les partisans du régime représentatif (Montesquieu, Sieyès ou Benjamin Constant par exemple) que ses adversaires (en particulier Rousseau, même si son opposition ne fut pas absolue) le considéraient comme un régime distinct de la démocratie[1] et, aux yeux de ses partisans, destiné à remplacer celle-ci. Que l'on ait invoqué, en général, l'incapacité du peuple à gouverner par lui-même[2], certains traits de l'évolution des sociétés modernes tels que la taille du territoire et de la population des États[3], la perte du sens civique des citoyens au profit du souci de

---

[1]*Cf.* B. MANIN, *Principes du gouvernement représentatif*, Paris, Calmann - Lévy, 1995, pp. 11 - 14.

[2] C. de MONTESQUIEU, *De l'esprit des lois* (Chronologie, introduction et notes par V. Goldschmidt), Paris, GF Flammarion, 1979, tome I, Livre II, chap. II, pp. 132 - 133 ; Livre XI, chap. VI, p. 297.

[3]C. de MONTESQUIEU, *op. cit.*, Livre VIII, chap. XVI, pp. 255 - 256.

leurs intérêts particuliers ou encore le développement de l'activité économique privée des individus qui ne leur permettrait plus de participer à l'élaboration des lois[1], les partisans du régime représentatif distinguaient nettement ce dernier de la démocratie. Alors que dans la démocratie le peuple est en principe appelé à exercer lui-même le pouvoir, en particulier le pouvoir législatif, par contre, dans le système représentatif, l'exercice du pouvoir serait confié à des représentants qui, selon les thèses de Montesquieu[2], devraient être élus par le peuple. Le droit de participation politique des citoyens serait essentiellement limité au processus d'élection, ce dernier étant destiné non seulement à sélectionner les gouvernants, mais aussi à recueillir le consentement présumé des électeurs.

Sans doute, l'organisation politique des sociétés libérales actuelles ne se résume pas dans le principe de la représentation. Cette organisation inclut en général un ensemble de dispositions et de procédures d'inspiration démocratique. Ainsi, la reconnaissance de droits tels que les libertés d'opinion, d'expression et d'association permettent aux citoyens de défendre leurs conceptions socio-politiques, de participer aux débats publics qu'elles suscitent et d'exercer une influence sur leurs représentants qui, étant soumis à la réélection, seront incités à prendre en considération les aspirations des électeurs. Par ailleurs, au cours des XIXe et XXe siècles, des réformes d'orientation démocratique ont été accomplies dans de nombreux États dotés d'institutions représentatives. Au premier rang de ces réformes, l'introduction du suffrage universel a renforcé l'égalité politique des individus. Ces derniers ont pu considérer les candidats ou le parti de leur choix comme des représentants qui partagent leurs idéaux et leurs intérêts et qui, en tant que tels, pourraient les défendre efficacement[3]. De plus, la constitution de plusieurs États a prévu la possibilité de recourir, dans certaines circonstances, au referendum, permettant ainsi aux citoyens d'intervenir dans la prise de décision politique.

Ces diverses dispositions n'ont cependant pas complètement aboli la distance qui sépare la démocratie du régime représentatif, régime dans lequel le rôle politique principal du citoyen consiste à prendre part, grâce aux élections, à la sélection des gouvernants. Le transfert du pouvoir de décision en faveur des représentants demeure la caractéristique centrale de ce régime[4]. De plus, associé

---

[1]E. SIEYES, « Dire sur la question du veto royal », *in Écrits politiques* (Choix et présentation par R. ZAPPERI), Paris, Éd. des Archives contemporaines, 1985, pp. 236 - 237. V. sur l'importance de l'analyse économique de la société et du thème de la division du travail chez Sieyès : P. PASQUINO, « Emmanuel Sieyes, Benjamin Constant et le " gouvernement des Modernes " », *Rev. fr. sc. pol.*, 37, 1987, pp. 219 et s.

[2]C. de MONTESQUIEU, *op. cit.*, Livre II, chap. II, pp. 132 - 133.

[3]V. dans ce sens N. URBINATI, *Representative Democracy. Principles and Genealogy*, Chicago, University of Chicago Press, 2006, pp. 44 - 49.

[4] Si la conception proposée par N. URBINATI selon laquelle les élus peuvent partager et défendre les idéaux et intérêts de leurs électeurs correspond sans doute à l'un des aspects essentiels du rôle des représentants, l'on peut cependant juger que l'analyse développée par

au système représentatif, le suffrage universel lui-même a renforcé la professionnalisation de la politique en assurant un rôle décisif aux partis de masse dont la plupart des élus sont devenus largement dépendants.

La différence entre le régime représentatif et la démocratie résulte essentiellement d'une caractéristique centrale de l'organisation de la représentation politique moderne[1]. Liée à la dévalorisation, voire à la non-reconnaissance d'une communauté politique préétablie, cette caractéristique tient dans la mise à l'écart de toute volonté populaire préexistante. Sur le plan juridique, cette exclusion se traduit par le rejet du mandat impératif, rejet qui conduit à confier aux seuls représentants la tâche de définir et de mettre en œuvre la volonté nationale[2]. Le problème du mandat impératif s'inscrit dans le contexte d'une conception de la représentation politique la *représentation-mandat* - selon laquelle les représentés autorisent les représentants à agir en leur nom et à leur place. Dans la pensée politique moderne, la théorie de Hobbes constitue l'exemple le plus significatif de cette conception. L'on sait que, selon Hobbes, « *les individus, pour des raisons tenant essentiellement à la sauvegarde de leur sécurité et de leur existence, sont conduits à conclure un accord par lequel ils désignent un souverain et lui reconnaissent le pouvoir d'agir en leur nom et à leur place* »[3]. Hobbes a ainsi placé l'idée d'autorisation au centre de la représentation politique moderne, même si, comme l'a récemment rappelé Myriam Revault d'Allonnes[4], « *la conception de Hobbes ne se limite pas à cette perspective puisque, dans sa théorie, la désignation du souverain entraîne également, par contrecoup, la métamorphose de la multitude des individus en une communauté politique unique* »[5].

Par ailleurs, en ce qui concerne la question du mandat impératif ou de la possibilité pour les représentés de lier les représentants par des directives, la représentation mandat a fait l'objet de deux interprétations.

---

l'auteure sous-évalue l'importance de la délégation de pouvoir qui demeure l'axe principal de la représentation politique et maintient une tension entre cette dernière et la démocratie.

[1]V. sur cette thèse centrale : D. MINEUR, *Archéologie de la représentation politique. Structure et fondement d'une crise*, Paris, Presses de Sciences Po, 2010, pp. 18 et s.

[2]Ce qui conduit Sieyès à s'exclamer à propos de la volonté ou du " voeu " national : « Ce voeu, où peut-il être, où peut-on le reconnaître, si ce n'est dans l'Assemblée nationale elle-même ? » (E. SIEYES, « Dire sur la question du veto royal », *op. cit.*, p. 237).

[3]*Cf.* Th. HOBBES, *Léviathan. Traité de la matière, de la forme et du pouvoir de la république ecclésiastique et civile* (Trad. de Fr. Tricaud), Paris, Éd. Sirey, 1971, chap. XVII, pp.177 - 178.

[4]M. REVAULT d'ALLONNES, *Le miroir et la scène. Ce que peut la représentation politique*, Paris, Éd. du Seuil, 2016, pp. 74 - 82, 97 - 98.

[5]*Cf.* M. BRITO VIEIRA, D. RUNCIMAN, *Representation*, Cambridge, Polity Press, 2008, p. 28. V. également V. DUTOYA et S. HAYAT, « Prétendre représenter. La construction sociale de la représentation politique », *Rev. fr. sc. pol.*, 66, 2016, pp. 9-12, qui voient dans la thèse selon laquelle la représentation participe à l'institution du groupe représenté l'un des types idéaux de la représentation, la représentation comme imposition.

Selon la première, le mandat impératif apparaît comme une composante essentielle de la représentation. Ainsi, bien qu'il ait rejeté la représentation sur le plan des critères de légitimité politique dans le *Contrat social*, Rousseau, ainsi qu'en témoignent ses propositions de réforme concernant la constitution de Pologne (1771), a admis son utilisation dans des situations concrètes tout en recommandant cependant de soumettre les représentants à des instructions impératives[1]. De même, lors la Révolution française, le mandat impératif fut défendu par certains membres de l'Assemblée nationale, tel Pétion de Villeneuve, au cours de l'élaboration de la Constitution de 1791[2].

La seconde interprétation conduit au contraire à exclure le mandat impératif. Ainsi Montesquieu juge que « *les représentants élus ne doivent pas être soumis à des instructions particulières émanant des citoyens* »[3] De même, Sieyès rejette tout mandat impératif « *les citoyens ne peuvent imposer de volontés particulières aux députés, au risque de mettre en péril l'unité de la volonté nationale* »[4]. Cette seconde interprétation s'est finalement imposée depuis les révolutions du XVIIIe siècle[5]. Sans doute l'exclusion des instructions données aux représentants s'inscrit-elle dans le contexte d'une conception traditionnelle, héritée de la culture politique antique[6] et reprise, sur base d'arguments renouvelés, par plusieurs penseurs modernes, tels Harrington Montesquieu, Rousseau, Burke, Sieyès ou, aux États-Unis, Madison. Selon cette conception, l'élection comporterait une dimension aristocratique ou élitiste dans la mesure

---

[1]*Cf.* J.-J. ROUSSEAU, « Considérations sur le gouvernement de Pologne et sur sa réformation projetée », *in Sur l'économie politique, Considérations sur le gouvernement de Pologne, Projet pour la Corse* (Introduction, notes, bibliographie et chronologie par B. de NEGRONI), Paris, GF-Flammarion, 1990, p. 192, jugeant qu'il s'agit d'un moyen efficace pour lutter contre la corruption des députés.

[2]V. p. ex. la position défendue le 5 septembre 1789 par Pétion sur le gouvernement représentatif : « Les membres du Corps législatif sont des mandataires ; les citoyens qui les ont choisis sont des commettants : donc ces représentants sont assujettis à la volonté de ceux de qui ils tiennent leur mission et leurs pouvoirs. Nous ne voyons aucune différence entre ces mandataires et les mandataires ordinaires ; les uns et les autres agissent au même titre, ils ont les mêmes obligations et les mêmes devoirs. » (Fr. FURET et R. HALEVI, *La monarchie républicaine. La Constitution de 1791*, Paris, Fayard, 1996, p. 379).

[3]*Cf.* C. de MONTESQUIEU, *op. cit.*, Livre XI, chap. VI, p. 297.

[4]E. SIEYES, « Dire sur la question du veto royal », *op. cit.*, p. 237. V. à ce propos K. M. BAKER, « Representation », *in* K. M. BAKER (*ed.*), *The French Revolution and the Creation of Modern Political Culture*, Vol. 1 : *The Political Culture of the Old Regime*, Oxford, Pergamon Press, 1987, pp. 488 - 489.

[5]*Cf.* B. MANIN, *Principes, op.cit.*, pp. 209 - 214.

[6] La distinction entre l'élection, liée à l'aristocratie ou l'oligarchie, et le tirage au sort, lié à la démocratie, est affirmée, entre autres, par Aristote (ARISTOTE, *Les Politiques* (Trad., introduction, bibliographie et notes par P. Pellegrin), Paris, GF-Flammarion 1993, IV, 9, 1294 b 7 - 9), Platon ayant également souligné le lien entre démocratie et tirage au sort (PLATON, *La république* (Traduction de P. PACHET), Paris, Gallimard, 1993, VIII, 557 a).

où elle conduit le peuple à choisir des élus jouissant d'un statut social plus élevé, mais aussi de vertus et de capacités les rendant plus aptes à gouverner[1].

L'exclusion du mandat impératif[2] révèle que la représentation politique moderne ne peut être considérée comme une application complète de la représentation-mandat. Tout en faisant obstacle à cette application, le rejet du mandat impératif trahit en réalité l'influence persistante d'une conception juridique antérieure de la représentation, conception d'origine théologique, la *représentation-incarnation*, selon laquelle le royaume s'incarnait dans le corps sacré du Roi[3]. Sous une forme laïcisée, cette conception demeure présente dans la pensée de Hobbes selon laquelle le souverain, ce « dieu mortel », doit être considéré comme le dépositaire de la personnalité de la République[4]. De plus, ainsi qu'en témoignent les propos de Sieyès sur la volonté nationale que j'ai cités, cette conception ne disparaît pas lors de la Révolution n'étant plus appliquée au Roi, elle s'applique désormais à l'assemblée nationale qui est appelée à incarner la nation, en tant que communauté politique idéale, et à unifier la nation et ses représentants[5].

Avant de revenir sur la représentation-mandat, l'on peut relever qu'au-delà de celle-ci et de la représentation-incarnation, une troisième conception joue également un rôle important dans le domaine politique : la *représentation-miroir* ou *-reflet* selon laquelle la composition des assemblées représentatives doit refléter certaines caractéristiques de la société dans lesquelles elles sont établies. Réapparue, à l'époque moderne, dès la fin du XVIIIe siècle, notamment en France dans la pensée de Sieyès et aux Etats-Unis dans les positions des Anti-Fédéralistes, cette exigence de similarité entre représentés et représentants acquit une influence croissante au cours du XIXe siècle en raison du

---

[1]V. sur cette question B. MANIN, *Principes, op.cit.*, pp. 93 - 108.

[2] Si l'exclusion du mandat impératif demeure un élément essentiel en ce qui concerne les conceptions théoriques du gouvernement représentatif et les principes juridiques qui en découlent, elle ne saurait cependant résumer la diversité des relations actuelles entre électeurs et élus, relations formant l'objet de recherches empiriques en sciences politiques. De multiples types idéaux ont été proposés afin d'analyser ces relations et leurs différents aspects. V., entre autres, J. MANSBRIDGE, « Rethinking Representation », *Am. Pol. Sc. Rev.*, 97, 2003, pp. 515 - 528 ; A. REHFELD, « Representation Rethought : On Trustees, Delegates, and Gyroscopes in the Study of Political Representation and Democracy », *Am. Pol. Sc. Rev.*, 103, 2009, pp. 214 - 230.

[3]Sur cette conception, l'ouvrage fondamental demeure celui d'E. KANTOROWICZ, *Les deux corps du Roi. Essai sur la théologie politique du Moyen Âge* (Trad. de J.-Ph. et N. Genet) Paris, Gallimard, 1989, pp. 155 et s.

[4]*Cf.* Th. HOBBES, *op. cit.,* chap. XVII, p. 178 ; K. M. BAKER, « Representation », *op. cit.*, pp. 469 - 471.

[5]*Cf.* Br. GARSTEN, « Representative Government and Popular Sovereignty », *in* I. SHAPIRO, S. C. STOKES, E. J. WOOD, A. S. KIRSHNER (*eds.*), *Political Representation*, Cambridge, Cambridge University Press, 2009, p. 106. V. également D. ROUSSEAU, *Radicaliser la démocratie. Propositions pour une refondation*, Paris, Éd. du Seuil, 2015, pp. 40 - 47, au sujet de cette conception de la représentation comme « fusion » dans laquelle le peuple n'a d'autre volonté que celle de ses représentants qui incarnent la nation.

développement des analyses sociologiques et économiques de la communauté politique[1] et de la volonté, portée en particulier par le mouvement ouvrier, d'accroître la représentativité sociale des assemblées élues[2].

Enfin, la représentation fait l'objet d'une quatrième et dernière conception qui se réfère aux formes de *mise en scène* qui entourent le cas échéant l'activité des organes politiques et qui lui confèrent une visibilité particulière dans le champ de l'espace public[3].

Si la représentation politique moderne s'écarte de la représentation-mandat, cet écart n'est cependant pas absolu puisque la représentation n'exclut pas toute participation des individus. Dans la pensée de Hobbes déjà, le souverain destiné à représenter la communauté politique est créé par la voie d'un accord entre les individus qui exercent par là même leur autonomie collective ou politique. Par ailleurs, nous avons relevé qu'un siècle plus tard, des théoriciens tels que Montesquieu et Sieyès, entre autres[4], défendirent le principe de l'élection des représentants par le peuple.

Il en résulte que la représentation moderne est traversée par une tension entre l'exercice du pouvoir par les représentants, d'une part, et la participation du peuple, d'autre part, tension qui, dans les régimes représentatifs, sous-tend l'ensemble du champ politique. L'on pourrait même considérer que, depuis le XVIIIe siècle, la démocratie ou, tout au moins, l'exigence de participation politique des citoyens, n'a cessé de hanter le système représentatif même si ce dernier assure aux individus, outre la liberté d'exprimer leurs opinions, le droit de participer, de manière récurrente, à la sélection des gouvernants. Ainsi Benjamin Constant, si soucieux de définir - et de sauvegarder - la liberté de l'individu moderne conçue comme une indépendance dans la sphère privée, n'a pu s'empêcher d'exprimer finalement la crainte que cet individu renonce à toute

---

[1]V. sur cette conception de la représentation : H. F. PITKIN, *The Concept of Representation*, Berkeley, University of California Press, 1967, pp. 60 - 91.

[2] V. sur les diverses conceptions des catégories sociales (classe ouvrière, catégories professionnelles) et des méthodes (en particulier la représentation proportionnelle) qui ont été débattues en France après 1860 afin d'assurer cette représentation de la société : P. ROSANVALLON, *Le peuple introuvable. Histoire de la représentation démocratique en France*, Paris, Gallimard, 1998, pp. 62 et s.

[3]A la suite d'analyses proposées par Cl. Lefort (*cf.* Cl. LEFORT, « Démocratie et représentation », *in Le temps présent. Écrits 1945-2005*, Paris, Belin, 2006, pp. 611 et s.) l'établissement même de cet espace public a parfois été désigné par le terme de représentation (v. p. ex. D. ROUSSEAU, *op. cit.*, pp. 35-36), celle-ci étant dès lors considérée comme une condition de la démocratie. Cependant, l'usage de ce terme peut prêter ici à discussion dans la mesure où, en s'éloignant de la constitution historique des significations politiques et juridiques du principe de représentation, il ne rend plus compte de la délégation de pouvoir qui demeure l'élément central de ce principe.

[4]V. sur ce succès de l'élection comme mode de sélection des gouvernants : B. MANIN, *Principes, op. cit.*, pp. 111 - 124.

participation politique[1]. Une génération plus tard, Tocqueville jugera que si elle se limite à l'élection de représentants, l'intervention restreinte des citoyens ira de pair avec leur mise sous tutelle par un pouvoir étatique envahissant, organe d'un despotisme inédit qui menace les sociétés démocratiques[2]. Les appréhensions de Constant et de Tocqueville témoignent de l'influence persistante d'un idéal de participation politique.

Mais, ces appréhensions sont-elles encore justifiées au XXIe siècle ? Cette interrogation appelle certainement une réponse positive - fût-elle partielle - dans la mesure où l'on doit constater l'indifférence, voire la méfiance à l'égard des gouvernants et des institutions politiques en général qui sont partagées par de nombreux citoyens au sein des sociétés occidentales, tout en étant exploitées non sans succès par des partis populistes.

Cette réponse demeure cependant partielle. En dépit des prévisions pessimistes des penseurs libéraux que j'ai évoqués, force est de constater que des mobilisations de citoyens, voire de larges mouvements d'inspiration civique se sont formés et se déploient encore dans diverses régions du monde. Ainsi, plusieurs pays du Sud ont donné et donnent encore des exemples de mobilisations civiques traduisant une volonté de participation politique. La révolution tunisienne de 2010-2011, la mobilisation citoyenne de 2014 au Burkina Faso ou, plus récemment, le large mouvement de contestation du régime politique en Algérie et au Liban constituent, parmi d'autres exemples, des illustrations de ce phénomène. Dans la mesure où ils s'appuyent sur l'action concertée d'un grand nombre de citoyens, ces mouvements correspondent à la notion de *pouvoir*, distincte de celle de violence, telle qu'elle a été définie par H. Arendt[3]. Même si ces mouvements s'inscrivent dans le contexte de carences spécifiques, propres aux États mis en cause, ils révèlent que la volonté de participation politique n'est pas réduite à néant. Tout aussi révélatrice est la revendication, avancée, au cours de l'automne 2018, par le mouvement des « gilets jaunes » en France, visant à établir une procédure de référendum d'initiative citoyenne.

Or, l'on peut précisément constater que depuis le dernier quart du XXe siècle, une série de procédures originales ont été proposées et expérimentées dans plusieurs États afin de renforcer la participation démocratique des citoyens au-delà des limites inhérentes au système représentatif.

---

[1]B. CONSTANT, « De la liberté des anciens comparée à celle des modernes », *in De la liberté chez les Modernes* (Textes choisis, présentés et annotés par M. GAUCHET), Paris, Hachette, 1980, pp. 512 - 513.
[2]A. de TOCQUEVILLE, *De la démocratie en Amérique* (Biographie, préface et bibliographie par F. FURET), Paris, GF-Flammarion, 1981, tome II, 4e partie, chap. VI, pp. 385 - 388.
[3]*Cf.* H. ARENDT, « Sur la violence », *in Du mensonge à la violence. Essais de politique contemporaine* (Trad. de G. DURAND), Paris, Calmann-Lévy, 1972, pp. 141 - 152.

Ces procédures répondent à certains objectifs communs[1]. Il s'agit, en premier lieu, de favoriser, à propos de problèmes sociaux d'intérêt général, la formation d'une opinion publique éclairée fondée sur la discussion, l'échange d'arguments entre partenaires libres, égaux et bénéficiant d'une information adéquate assurée par la collaboration d'experts.

Le second objectif consiste à assurer une participation politique plus large en offrant à des citoyens « ordinaires », fréquemment désignés par tirage au sort, la possibilité de prendre part à la réflexion politique et de proposer des solutions aux problèmes débattus.

Ces objectifs s'inspirent d'un idéal normatif, l'idéal de la *démocratie délibérative* qui, tout en visant à favoriser la participation, dans le processus délibératif, de toutes les personnes intéressées par la solution de problèmes sociaux déterminés, fonde la légitimité des décisions requises sur l'échange d'arguments et de justifications susceptibles d'être acceptés par l'ensemble des participants considérés comme des partenaires libres et égaux[2].

Un premier exemple, parmi les procédures en jeu[3], est fourni par les *sondages délibératifs* qui permettent de recueillir, tout en lui assurant une publicité adéquate, l'opinion d' un large échantillon représentatif de citoyens sur des problèmes sociaux ou institutionnels à propos desquels ces personnes sont interrogées, une première fois, avant de bénéficier d'un stage d'information et de discussion, puis une seconde fois, après la réalisation de ce stage.

Un deuxième exemple est formé par les *conférences de consensus* dans lesquelles, à l'initiative des pouvoirs publics, une commission de citoyens, sélectionnés, sinon par tirage au sort, au moins en fonction d'une multiplicité de critères sociodémographiques, formule des propositions sur des questions de nature sociale, politique ou environnementale après avoir pris part à une formation et des discussions avec des experts dans les domaines visés.

---

[1]*Cf.* L. BLONDIAUX, « L'idée de démocratie participative : enjeux, impensés et questions récurrentes » *in* M.-H. BACQUÉ et Y. SINTOMER (dir.), *Démocratie participative et gestion de proximité*, Paris, La Découverte, 2005, pp. 124 - 125.

[2]*Cf.* L. BLONDIAUX, *op. cit.*, pp. 129 - 130. V. en général sur ce modèle de démocratie : B. MANIN, « Volonté générale et délibération. Esquisse d'une théorie générale de la délibération démocratique », *Le Débat*, 33, 1985, pp. 72 et s. ; J. COHEN, « Deliberation and Democratic Legitimacy » *in* A. HAMLIN et Ph. PETTIT (*eds.*), *The Good Polity. Normative Analysis of the State*, Oxford, Wiley, 1989, pp. 17 - 34 ; S. BENHABIB, « Deliberative Rationality and Models of Democratic Legitimacy », *Constellations*, 1, 1994, pp. 30 - 35 ; A. GUTMANN et D. THOMPSON, « Why Deliberative Democracy Is Different ? », *Social Philosophy and Policy*, 17, 2000, pp. 167 et s. ; R. FORST, « The Rule of Reasons. Three Models of Deliberative Democracy », *Ratio Juris*, 14, 2001, p. 346, et sur l'idée d'une procédure démocratique idéale de délibération et de décision fondée sur le principe de discussion : J. HABERMAS, *Droit et démocratie*, *op. cit.*, pp. 311 et s.

[3]V. au sujet de ces diverses procédures : Y. SINTOMER, *Le pouvoir eu peuple. Jurys citoyens, tirage au sort et démocratie participative*, Paris, La Découverte, 2007, pp. 101 - 132.

Proche de l'exemple précédent, une troisième procédure est incarnée par les *jurys de citoyens*. Composés au maximum de cinquante citoyens qui ont accepté ce rôle après avoir été sélectionnés en fonction de critères sociodémographiques et par tirage au sort, ces jurys ont en général pour fonction d'élaborer, après audition d'experts, des propositions concernant des problèmes spécifiques de politique publique. Mis en oeuvre dans plusieurs États tels que l'Angleterre, les États-Unis d'Amérique, l'Espagne, l'Allemagne et la France, ce dispositif a récemment été adopté en Belgique par la Communauté germanophone qui constitue, avec la Communauté flamande et la Communauté française, l'une des collectivités politiques de l'État fédéral belge. Cette réforme tend à institutionnaliser le recours aux jurys de citoyens.

III. LA PARTICIPATION CITOYENNE : DE NOUVELLES VOIES ?

Le décret du 25 février 2019 « instituant un dialogue citoyen permanent en Communauté germanophone » prévoit en effet la tenue régulière, de une à trois fois par an, d' « assemblées citoyennes ». Ces dernières incluront de vingt-cinq à cinquante citoyens sélectionnés par tirage au sort, dans le respect cependant d'un équilibre des sexes, tranches d'âge, localisations géographiques et statuts socio-économiques.

Le dispositif du tirage au sort est donc combiné avec des exigences qui découlent de la notion de représentation-reflet de la société. Ainsi, ce dispositif ne repose plus uniquement, comme dans la démocratie athénienne, sur l'égalité abstraite des individus-citoyens, mais doit composer avec la volonté de faire valoir des critères de distinction qui reflètent des catégories sociales. Ces catégories, statistiquement importantes, correspondent ainsi à une perspective d'objectivation sociologique de la collectivité. Mais la sélection de ces catégories dépend également de jugements de valeur sur leur importance respective et la légitimité de leur représentation.

Les assemblées citoyennes ont un rôle consultatif : elles ont pour tâche d'élaborer des recommandations qui seront soumises à une commission parlementaire elle-même chargée de décider si et comment ces recommandations devront être mises en oeuvre. Dans l'exercice de leur rôle, les assemblées, dont les membres ont accès à la documentation et aux informations nécessaires, peuvent entendre des experts et recueillir l'avis de représentants d'intérêts particuliers.

Par ailleurs, le décret prévoit l'établissement d'un organe permanent, le « conseil citoyen ». Ce conseil dont les membres sont des participants volontaires est composé de vingt-quatre citoyens tirés au sort parmi ceux ayant participé à des assemblées citoyennes antérieures. La durée de leur mandat est de dix-huit mois, un tiers des membres du conseil, dont les mandats sont arrivés à leur terme, étant remplacés tous les six mois par de nouveaux représentants.

Le conseil a pour principales missions d'assurer la préparation, la mise en oeuvre et le suivi des assemblées citoyennes. Il a en particulier pour fonction de déterminer les thèmes qui seront soumis aux assemblées. Dans ce but, le conseil peut tenir compte de propositions avancées par deux de ses membres ou par un groupe parlementaire, par le gouvernement de la Communauté, voire par un groupe d'au moins cent citoyens.

L'on peut présumer que le dispositif institutionnel de dialogue citoyen mis en place par ce décret aura pour effet de stimuler et d'enrichir le débat public dans la mesure où les thèmes soumis aux assemblées correspondront à des problèmes sociaux ou politiques significatifs. En outre, étant donné qu'elles résulteront d'une procédure délibérative exigeante, les recommandations des assemblées pourront jouir d'un poids non négligeable en tant qu'expression d'une opinion publique impartiale et informée. Enfin, la création de ce type de jury contribue à la multiplication des foyers d'expression de la volonté citoyenne, réduisant ainsi la portée de la représentation-incarnation centrée sur le parlement.

En revanche, en ce qui concerne la participation des citoyens à l'exercice du pouvoir, le dispositif ne constitue apparemment qu'un contrepoids relativement limité par rapport au système représentatif dominant. Deux facteurs rendent compte de cette limitation.

Le premier consiste dans le nombre très restreint de citoyens qui seront appelés à participer aux assemblées, voire au conseil citoyen. Sans doute le droit reconnu aux citoyens en général de proposer au conseil des thèmes de délibération apparaît-il comme un instrument utile de participation. Par ailleurs, la combinaison du tirage au sort et de critères sociodémographiques vise à sélectionner des échantillons représentatifs de la population. Il n'en reste pas moins que le nombre des personnes sélectionnées et appelées à participer aux délibérations des assemblées est extrêmement limité par rapport à l'ensemble de la population. L'extension de la participation politique des citoyens en général demeure donc cantonnée dans d'étroites limites.

Par ailleurs, selon un principe généralement appliqué aux jurys de citoyens, le pouvoir des assemblées citoyennes demeure, par rapport au parlement, purement consultatif. Sans doute le décret du 25 février 2019 prévoit - il que les recommandations des assemblées devront être adoptées par celles-ci à l'unanimité ou, en cas de division insurmontable, par une majorité qualifiée de quatre cinquièmes des membres. Cette disposition, dans laquelle on perçoit comme un écho du principe rousseauiste selon lequel plus les avis approchent de l'unanimité, plus ils reflètent la volonté générale[1], peut sans doute contribuer à renforcer le pouvoir d'influence qui, avec leur impartialité présumée, s'attachera aux recommandations, tout au moins - en s'éloignant cette fois de Rousseau - dans la perspective purement stratégique de leur adoption par la

---

[1]J.-J. ROUSSEAU, *Du contrat social ou principes du droit politique* (Introduction, commentaire et notes par G. MAIRET), Paris, Librairie Générale Française, 1996, Livre IV, chap. II, p. 127.

commission parlementaire compétente. De ce point de vue, l'influence des recommandations dépendra du soutien dont elles bénéficieront le cas échéant de la part de l'opinion publique en général, voire de groupes d'intérêts suffisamment puissants, face aux acteurs de la représentation et, en premier lieu, aux partis politiques.

Il apparaît dès lors que le dialogue citoyen organisé par le décret en jeu a moins pour effet de renforcer la participation politique des citoyens au-delà des limites inhérentes au système représentatif que d'assurer à la liberté d'opinion et d'expression de nouvelles modalités institutionnelles d'exercice dans ce système.

Pour conclure, l'on peut relever que cette institutionnalisation semble impliquer un paradoxe inverse par rapport à celui que j'ai évoqué à propos de la représentation-mandat. Alors que cette dernière demeure hantée par l'exigence de participation politique des citoyens, la volonté d'accroître cette participation, à l'aide, entre autres, de jurys appropriés, révèle que l'on ne peut apparemment pas exclure toute forme de représentation. Non seulement le dispositif des jurys de citoyens met en jeu l'exigence de représentativité sociale des groupes de participants, mais il apparaît, compte tenu de ses limites, comme un procédé qui demeure inclus dans le système représentatif, même s'il en constitue une nouvelle modalité d'organisation. Dans une certaine mesure, même si sa légitimité démocratique demeure précaire, la représentation semble inévitable, principalement en raison des dimensions des sociétés politiques actuelles. Cette constatation invite à penser qu'une démocratisation politique, fût-elle limitée, requiert non seulement d'établir de nouveaux moyens de formation et d'expression de l'opinion publique, mais aussi d'adapter le système représentatif lui-même.

Les principes d'égalité et d'autonomie collective qui caractérisent l'idéal démocratique révèlent que la conséquence la plus préoccupante du système représentatif consiste en ce qu'il risque d'imposer à la majorité des citoyens une mise à distance excessive par rapport au pouvoir de décision politique. Diverses adaptations peuvent être conçues afin de limiter cette tendance. Admettant que la représentation - que l'on serait tenté de comparer au langage - comporte non seulement une dimension sémantique illustrée par les différents sens qu'elle revêt, ainsi qu'une dimension syntaxique, tenant à ses différentes modalités d'organisation interne, mais encore une dimension pragmatique liée à son contexte d'application, il paraît important de valoriser et d'étendre le pouvoir des assemblées élues au sein de collectivités locales. En raison des limites de ces collectivités en termes de territoire et de population, la représentation, même en l'absence de mandat impératif, voit se restreindre, dans un tel contexte, l'effet d'aliénation du pouvoir qu'elle comporte. Au-delà, réserver, au sein d'assemblées régionales, voire nationales, certains sièges à des élus issus des assemblées locales pourrait également s'inscrire dans cette perspective.

Par ailleurs, démocratiser le système représentatif requiert principalement d'établir des relations plus adéquates entre les représentants et les citoyens[1]. A cette fin, les procédures et les dispositifs nécessaires doivent permettre de développer la discussion et la délibération publiques en offrant aux citoyens la possibilité d'exprimer leurs aspirations et d'exercer une influence sur les représentants, en dehors même des périodes électorales. Ils doivent également permettre d'intensifier la responsabilité des élus par rapport aux électeurs. Dans ce sens, et parmi d'autres exemples, l'organisation de forums périodiques, voire de commissions de débat public sur des problèmes collectifs devrait conduire les représentants à rendre compte, au-delà du cadre des partis, des décisions qu'ils ont soutenues au sein des assemblées ou qu'ils se proposent d'y soutenir dans l'avenir.

[1]Comp. sur ce point: I. M. YOUNG, *Inclusion and Democracy*, Oxford, Oxford University Press, 2000, pp.126-129.

L'AUTORITE DES AVIS DU JUGE CONSTITUTIONNEL EN AFRIQUE FRANCOPHONE

Adamou ISSOUFOU
Docteur en droit public
Université Cheikh Anta DIOP de Dakar

INTRODUCTION

Dans un des dix-neuf (19) considérants que compte son avis du 11 avril 2014, le juge constitutionnel malgache affirme que « *la problématique de l'autonomie de la fonction consultative est commune à toutes les juridictions qui bénéficient, selon les textes qui les instituent, de la dualité des fonctions consultatives et contentieuses, mais qu'en matière constitutionnelle, le contentieux ne peut tenir le consultatif en l'état, excluant tout effet de rapprochement pouvant entraîner, sur le plan procédural, un effet de substitution* »[1]. Cette opinion nuancée émise sur la nature et la portée de la procédure consultative mérite de susciter des réflexions sur les spécificités de l'avis du juge constitutionnel.

En dehors de certains cas où il est émis spontanément, l'avis est une opinion donnée à la demande d'autrui. Cette caractéristique permet de le rattacher à la consultation et de soutenir que c'est dans l'exercice de leurs fonctions consultatives que certains spécialistes, certains conseils[2] et certains juges sont amenés à donner des avis. Mais, si la possibilité pour ces derniers de formuler des avis ne souffre d'aucune contestation, une telle certitude tend à s'éloigner dès lors que l'on s'intéresse à la nature, à la portée et surtout à l'autorité de ces avis. Il est soutenu, à ce propos, qu'il est « *est requis non pas pour se soumettre à la volonté de celui qui l'émet mais pour s'enrichir de sa pensée, à la rigueur pour se laisser séduire par elle* »[3]. Il s'y ajoute qu'« *il y a dans l'idée de se*

---

[1] Avis n°03-HCC/AV du 11 avril 2014 relatif à la nature et à la portée de toute procédure consultative engagée auprès de la Haute Cour constitutionnelle, disponible sur http://www.hcc.gov.mg/avis/avis-n03-hccav-du-11-avril-2014-relatif-a-la-nature-et-a-la-portee-de-toute-procedure-consultative-engagee-aupres-de-la-haute-cour-constitutionnelle/ consulté le 15 décembre 2019.

[2] Par exemple, la Constitution de la République du Congo (Journal officiel édition spéciale n°8 du 6 novembre 2015) prévoit à son Titre XIX six (6) conseils consultatifs nationaux. Il s'agit du Conseil National du Dialogue, du Conseil consultatif des sages et des notabilités traditionnelles, du Conseil consultatif de la Femme, du Conseil consultatif des personnes vivant avec handicap, du Conseil consultatif de la jeunesse et du Conseil consultatif de la société civile et des organisations non gouvernementales. Chacun de ces conseils est habilité à donner des avis sur les actions gouvernementales qui portent sur son domaine d'intervention. La Constitution algérienne consacre quant à elle, tout un chapitre (III) aux institutions consultatives.

[3] F. ZENATI, « La portée du développement des avis », *in* T. REVET, (dir.), *L'inflation des avis en droit*, Paris, Economica 1998, p. 109.

conformer à un avis une contradiction dans les termes »[1]. Cette position doctrinale n'est pas totalement différente de celle défendue au sujet de l'autorité de l'avis émis par le juge constitutionnel en particulier. Martin BLEOU écrit que, « *le propre et le mérite de la consultation, c'est d'éclairer sans imposer* »[2]. Abondant dans le même sens, Abdoulaye SOMA note que « *dans l'exercice de sa fonction consultative, le juge constitutionnel est un conseiller technique à la fois du pouvoir législatif et surtout du pouvoir exécutif* »[3]. En conséquence, ses avis, même si leur réquisition est constitutionnellement obligatoire, sont dans tous les cas non-conformes, ils sont consultatifs et ne lient en aucune condition l'exécutif[4]. Il s'agit d'une « *simple mesure consultative* » ajoute Boubacar BA[5]. L'on comprend, dès lors, l'inquiétude de Mactar KAMARA qui voit dans « *l'alibi de la force contraignante de l'avis rendu par le Conseil constitutionnel (...) une arme à double tranchant pour l'autorité occupant la plus haute charge de l'Etat* »[6].

De ces opinions doctrinales fortes, l'on pourrait tenter de conclure à la stérilité ou à l'impertinence de toute réflexion sur l'autorité de l'avis du juge constitutionnel. Cependant, si au sujet des aspects contentieux et statutaires de ce juge, tout ou presque semble avoir été écrit et réécrit, l'on note une certaine absence d'engouement doctrinal sur sa fonction consultative que l'on retrouve pourtant dans la majorité des Constitutions[7]. S'intéressant de près à l'autorité de l'avis qui en découle, Ismaila Madior FALL relativise et refuse tout dogmatisme. Pour lui, il n'existe pas de loi universelle sur la portée juridique de l'avis et tout dépend de l'option du régime politique, de la structure de la justice constitutionnelle[8], c'est-à-dire du choix des Etats. C'est pourquoi, Adama

---

[1] *Ibidem*. p. 102.

[2] M. BLEOU, « Le juge constitutionnel et les révisions constitutionnelles », *in* K. AHADZI-NONOU, D. KOKORKO, A. KPODAR et F-J. AÏVO, (dir), *Démocratie en question*, Mélanges en l'honneur du Professeur HOLO Theodore, Presses de l'Université de Toulouse Capitole 2017, p. 232. Dans la même logique, le juge constitutionnel malgache, l'avis permet « de *faire la lumière sur une difficulté d'ordre juridique* » (Avis n°03-HCC/AV du 11 avril 2014 précité).

[3] A. SOMA, « Le statut du juge constitutionnel africain », *La Constitution béninoise du 11 décembre 1990 : un modèle pour l'Afrique ? Mélanges en l'honneur de Maurice AHANHANZO-GLELE*, Paris, L'Harmattan, 2014, p. 501.

[4] A. SOMA. *op. cit*., p. 503.

[5] B. BA, « *Le préambule de la Constitution et le juge constitutionnel en Afrique* », p. 5 disponible sur http://afrilex.ubordeaux4.fr/sites/afrilex/IMG/pdf/Boubacar_BA_Preambule_et_juge_constitutionnel_en_Afrique.pdf, consulté le 15 décembre 2019.

[6] M. KAMARA, « Préface », E.O. DIOP, *L'instrumentalisation de la Constitution dans les régimes politiques* africains, Dakar, CREDILA-OVIPA 2017, p. XXVIII.

[7] A. KPODAR, « Quand les colloques nous font nous rencontrer !!! Certaines idées fortuites sur le juge constitutionnel et le pouvoir politique en Afrique », *in* I-M. FALL et A. SALL (dir.), Mélanges en l'honneur de Babacar KANTE : *Actualités du droit public et de la science politique en Afrique*, L'harmattan Sénégal, Dakar, 2017, p. 294.

[8] I-M. FALL, « La réforme constitutionnelle de mars 2016 au Sénégal : un hommage à l'œuvre du Professeur KANTE », *in* I-M. FALLet A. SALL (dir.), Mélanges en l'honneur de Babacar

KPODAR suggère un état des lieux sur cette fonction afin de pouvoir examiner ses modalités d'exercice et son impact sur le règlement des crises politiques potentielles[1].

Au fond, la réflexion sur le contenu et la portée juridique de l'avis pourrait intégrer ce que le Doyen Babacar KANTE appelle les défis auxquels est confronté le droit constitutionnel et dont on parlait peu en Afrique. En effet, si parmi ces défis, le Doyen insiste sur « *la détermination du processus de sa création et la définition de son contenu* »[2], l'éminent juriste invite la doctrine à revisiter les mutations notées dans l'office du juge constitutionnel et qui font de lui un acteur majeur du nouveau constitutionnalisme en Afrique. Ainsi, au-delà du rôle évoqué dans le processus de création des normes[3], ce juge continue à exercer son rôle de garant du respect de l'ordre constitutionnel[4] et de régulateur du fonctionnement des institutions constitutionnelles[5]. Le dynamisme noté dans la prise en charge de ces attributions n'a pas manqué de susciter l'admiration ou l'irritation de la doctrine et de l'opinion publique. Il est perçu comme un gardien déchaîné[6], un juge audacieux, téméraire, hyperactif[7], militant[8], fantaisiste[9] ou

---

KANTE : *Actualités du droit public et de la science politique en Afrique*, L'harmattan Sénégal, Dakar, 2017 pp. 129-130.

[1] A. KPODAR, *op. cit.* p. 294.

[2] B. KANTE, Préface, *in* I-M. FALL (sous dir.), *Les décisions et avis du Conseil constitutionnel du Sénégal, rassemblés et commentés*, CREDILA 2008, p. 12.

[3] D. SY, « Les fonctions de la justice constitutionnelle en Afrique », *in* O. NAREY (dir.), *La justice constitutionnelle,* Actes du colloque international de l'ANDC, Niamey 2015, pp.51-55 ; E-D EMMANUEL, « Le pouvoir normatif de la Cour constitutionnelle d'Afrique du Sud », RDP 6, 2015, p. 1583-1626 ; S. ANDZOKA, « *La participation des juridictions constitutionnelles au pouvoir constituant en Afrique* », *RFDC* 2017/2 n°110, pp. 279-316.

[4] O. NAREY, « L'ordre constitutionnel », *in Mélanges Francis WODIE*, Presses de l'Université de Toulouse Capitole, 2016, pp.339-421.

[5] B. KANTE, « Les juridictions constitutionnelles et la régulation des systèmes politiques en Afrique », Mélanges en l'honneur de Jean GICQUEL, *Constitutions et pouvoirs*, Paris, Montchrestien, 2008, p. 265 ; N. MÉDÉ, « La fonction de régulation des juridictions constitutionnelles en Afrique francophone », AIJC, XXIII, 2007, pp. 45-66, R. DOSSOU, « La fonction régulatrice des juridictions constitutionnelles en Afrique : cas du Bénin », *La constitution béninoise du 11 décembre 1990 : un modèle pour l'Afrique* ? Mélanges en l'honneur de Maurice AHANHANZO-GLELE, Paris, L'harmattan, 2014, pp. 771-776.

[6] D-K KOKOROKO,« Commentaire croisé de la décision DCC 11-067 du 20 octobre 2011 de la Cour constitutionnelle du Bénin », ABJC, *Revue de contentieux constitutionnel*, I-2013, pp.717-728.

[7] F. J. AÏVO., « *Un juge hyperactif, mais pas paresseux* », *Le Label, Politique*, n° 011,2013, p.8.

[8] BOLLE (S), « Des constitutions « made in » Afrique », *in* Association française des constitutionnalistes, Actes du VIe Congrès de droit constitutionnel (Montpellier, 9-11 juin 2005) p. 22, disponible sur http://ddata.over-blog.com/xxxyyy/1/35/48/78/Constitutions-made-in-Afrique.pdf consulté le 25 décembre 2019.

[9] DJOGBENOU (J.), « Le contrôle de constitutionnalité des décisions de justice : une fantaisie de plus ? »,
disponiblesurhttp://afrilex.ubordeaux4.fr/sites/afrilex/IMG/pdf/DJOGBENOU_Quelques_pro

qui en fait trop[1] même si d'autres le présentent comme un lubrifiant institutionnel[2] ou un drone lancé à la surveillance de la constitutionnalité du nouvel ordre juridique[3]. Mais si ce constat et ces qualificatifs sont aisément perceptibles à l'occasion de l'étude des décisions et arrêts, tel n'est pas suffisamment le cas au sujet des avis qu'il émet. C'est en cela qu'il paraît judicieux d'engager une réflexion de fond sur les modalités d'exercice de sa fonction consultative et de mettre un accent particulier sur l'autorité de l'avis qui en découle à partir de la situation de quelques Etats de l'Afrique francophone.

La notion d'autorité, base « *élémentaire du phénomène juridique et de la rationalité pratique* »[4], fait partie de celles dont la charge polémique est telle qu'elle menace à tout instant de faire écran à la pleine compréhension des enjeux de ce dont il est question. Dans le langage juridique latin, elle dérive du verbe *augere*, c'est-à-dire, augmenter et désigne « *l'opération qui confère validité et garantie à un acte dont le porteur n'est pas en mesure d'assurer à lui seul l'entière effectivité* »[5]. Elle flirte avec le pouvoir, appelle l'obéissance et véhicule l'idée de contrainte. Mais comme l'a souligné Mathieu DISANT[6], l'autorité ne doit pas être analysée à l'aune de sa signification purement politique de « pouvoir ». Elle renvoie plutôt, en l'espèce, à « *la valeur du précédent* »[7], c'est-à-dire, cette « *valeur probante particulière qui s'attache à une opinion de droit émise dans un acte authentique officiellement habilité à dire le droit* »[8]. En somme, l'autorité exprime l'idée de force contraignante ou exécutoire attachée à un acte juridique. Elle n'existe que lorsqu'elle reçoit une consécration par le droit positif ou bénéficie de la reconnaissance de celui sur lequel elle s'exerce. C'est en cela qu'il paraît intéressant de vérifier sa compatibilité avec l'avis.

Présenté comme « *un pavillon de complaisance qui peut recouvrir aussi bien des actes impératifs que des actes purement consultatifs* »[9], l'avis est une

pos_sur_le_controle_de_constitutio_nalite_des_decisions_de_justice_type_2_co-.pdf, consulté le 20 décembre 2019.

[1] GNAMOU (D.), « La cour constitutionnelle du Bénin en fait-elle trop ? », *La Constitution béninoise du 11 décembre 1990 : Un modèle pour l'Afrique* ?, Mélanges en l'honneur de Maurice AHANHANZO-GLELE, Paris, L'harmattan, p.729.

[2] MÉDÉ (N.), *op. cit.* p. 49.

[3] AÏVO (F-J), « La Cour constitutionnelle du Bénin », *RFDC* 2014/3 n°99, p. 716.

[4] DISANT (M), « Quelle autorité pour la chose interprétée par le Conseil constitutionnel ? De la persuasion à la direction. MATHIEU (B) et VERPEAUX (M), (dir.), *L'autorité des décisions du Conseil constitutionnel*, Paris, Dalloz 2010, p.59.

[5] Note

[6] DISANT (M), op. Cit. p. 59

[7] Ibid.

[8] FRYDMAN (B), « l'autorité des interprétations de la Cour d'arbitrage », *in, La cour d'arbitrage et le droit privé*, Revue de droit de l'Université libre de Bruxelles, 2002, n°25, p.107.

[9] HOEPFFNER (H), « Les avis du Conseil d'Etat, essai de synthèse », RFDA 2009, p.895.

opinion que l'on peut avoir sur une question technique ou juridique donnée. Pour Gérard CORNU, il s'agit d'« *une opinion donnée à titre consultatif en réponse à une question* »[1]. Dans l'entendement de Philippe Foillard, l'avis est une « *appréciation ou opinion exprimée par un organisme ou une autorité dans le cadre d'une procédure consultative* »[2]. Quoi qu'il en soit « *l'avis est demandé à un sachant ou donné par un sachant* »[3]. Au regard de ces différentes perceptions, l'on peut conclure que l'avis est une opinion émise par un organe politique, administratif ou juridictionnel de façon spontanée ou à la demande d'une personne ou d'une institution habilitée à cet effet. En plaçant le curseur sur le juge, l'on doit convenir avec le juge constitutionnel malgache que l'avis est « *une opinion qu'une juridiction peut émettre à la demande d'un organe habilité à le faire sur toute question juridique* »[4]. L'exercice de cette attribution est reconnu à plusieurs catégories de juridiction. En effet, à l'exception de certains systèmes juridiques comme, par exemple, celui des Etats-Unis où la Cour suprême s'interdit de rendre des avis consultatifs puisque n'étant investie constitutionnellement que du pouvoir de dire le droit dans le but de résoudre un litige[5], la plupart des juridictions exercent des fonctions consultatives.

En droit international, la Charte des Nations Unies attribue une compétence consultative à la Cour Internationale de Justice (CIJ) pour rendre des avis consultatifs[6]. En droit communautaire, les chartes constitutives octroient aux juridictions qu'elles créent des compétences consultatives pour leur permettre de répondre à des demandes d'avis[7]. C'est dans ce sens, par exemple, que le juge de la Cour de justice de l'Union Economique et Monétaire Ouest Africaine (UEMOA) exerce « *une activité consultative encourageante* »[8]. Il a même été montré que c'est par voie d'avis qu'il s'est, jusque-là, prononcé sur « *des questions de principe* »[9] ou « *a pu apporter sa pierre à l'édifice de l'intégration* »[10] et que « *les affaires mettant en cause l'application des normes*

---

[1] CORNU (G), *Vocabulaire juridique*, PUF 2011, p. 112.

[2] FOILLARD (P), *Dictionnaire de droit public*, Centre de publications universitaires, 2000, p.41

[3] RAYNARD (J), « Domaines et thèmes des avis », REVET (T), (dir.), *L'inflation des avis en droit*, Paris, Economica 1998, p.12.

[4] Avis n°03-HCC/AV du 11 avril 2014 précité.

[5] FAVOREU (L) et autres, *Droit constitutionnel*, Paris 20e édition 2018, p. 256.

[6] Article 96 de la Charte des Nations unies disponible sur https://www.un.org/fr/sections/un-charter/chapter-xiv/index.html consulté le 13 décembre 2019.

[7] DIALLO (M.Y), « *La fonction consultative des juridictions communautaires en Afrique : les exemples de la Cour de justice de l'UEMOA et de la CCJA* », Annales africaines, Nouvelle série, Vol. 2, décembre 2018, p. 336.

[8] D. SY, « *L'activité de la Cour de justice de l'UEMOA* », Nouvelles annales africaines n°1, 2007, p.232.

[9] SALL (A)., *La justice de l'intégration : réflexions sur les institutions judiciaires de la CEDEAO et de l'UEMOA*, 2e édition revue et augmentée, CREDILA- L'harmattan Sénégal, 2018, p.24.

[10] Ibid.

relatives à l'intégration sont surtout celles qui ont donné lieu à des avis »[1]. En droit administratif, l'avis est abordé mais généralement sous l'angle de la procédure administrative consultative[2] où il est présenté comme un élément de la procédure administrative qu'il faut appréhender comme tel. Dans cette matière, la question de son autorité ne pose pas de difficultés juridiques particulières car il est soigneusement fait la distinction entre l'avis facultatif, l'avis obligatoire et l'avis conforme. A côté de ces avis émis par les autorités ou structures administratives, le droit positif prévoit la possibilité pour le juge administratif de donner des avis dans le cadre de l'exercice de sa fonction consultative et en sa qualité de conseiller du gouvernement[3]. En sus de ces avis qui intègrent la procédure législative ou règlementaire, le juge administratif est habilité à émettre ce que l'on appelle des avis contentieux. Introduit, en France, par l'article 12 de la loi n°87-1127 du 31 décembre 1987[4], l'avis contentieux permet, au Conseil d'Etat, de répondre aux questions de droit nouvelles posées par les juridictions administratives inferieures, présentant une difficulté sérieuse et susceptibles de se poser dans de nombreux litiges[5]. Ce dispositif juridique a été repris, à l'identique, par les lois régissant les juridictions administratives de certains Etats en Afrique[6]. En droit constitutionnel, aussi, et dans beaucoup d'Etats, la Constitution habilite le juge constitutionnel à émettre des avis à la demande des autorités limitativement énumérées et sur des questions juridiques précises. Ainsi, d'une Constitution à une autre, l'on remarque que son avis est demandé préalablement à l'exercice de certaines prérogatives constitutionnelles ou à la prise de certains actes juridiques ou encore devant une difficulté précise en rapport avec l'application ou l'interprétation de la Constitution.

Quel que soit le juge considéré, l'avis est perçu comme un instrument de « *constructions prétoriennes systématiques qui font la réputation des juridictions et marquent leur histoire* »[7].

Réfléchir sur l'autorité de celui émis par le juge constitutionnel revient à vérifier la nature de l'effet juridique qu'il est susceptible de produire tant à l'égard du demandeur immédiat qu'à l'égard des autres autorités politiques,

---

[1] Ibid.

[2] J.M. AUBY, « *Le régime juridique des avis dans la procédure administrative* », AJDA 1956, pp.53-67.

[3] J. WALINE, *Droit administratif*, Paris, 25e édition Dalloz 2014, pp. 627-629 ; M. LONG « *Le Conseil d'Etat et la fonction consultative* », RFDA 1992, p. 787.

[4] Article 12 de la loi n°87-1127 du 31 décembre 1987 codifié à l'article 113-1 du Code de justice administrative.

[5] F. BRENET, et A. CLAEYS, « La procédure de saisine pour avis du Conseil d'Etat : pratique contentieuse et influence du droit positif », *RFDA* mai-juin 2002, pp. 525-537.

[6] C'est le cas du Niger où la loi organique n°2013-02 du 23 janvier 2013 déterminant la composition, l'organisation, les attributions et le fonctionnement du Conseil d'Etat (Journal officiel, spécial n°12 du 3 juin 2013, pp. 580-590) prévoit en ses articles 16 et 17 les avis susceptibles d'être donnés à la demande des autorités administratives et en son article 20 les avis contentieux sollicités par les juridictions inferieurs.

[7] A. SALL, *op. cit.*, p.24.

administratives et juridictionnelles. La réflexion porte sur un échantillon de quinze (15) Etats de l'Afrique francophone[1]. En sus des considérations linguistiques et de « *la convergence des modèles constitutionnels* »[2] et institutionnels[3], le choix de ces Etats s'appuie sur deux raisons essentielles : il s'agit de l'intérêt que suscitent, d'une part, la prise en charge de cette fonction consultative par leur droit positif et, d'autre part, les modalités pratiques de sa mise en œuvre ainsi que l'engouement constaté tant du côté des acteurs politiques que de l'opinion publique.

L'objectif fondamental de cette réflexion est de parvenir à vérifier la compatibilité entre « l'avis » et « l'autorité ». Il s'agit, en conséquence, de répondre à la question de savoir si l'on peut valablement et logiquement envisager l'existence d'une force juridique attachée à un avis émis par un juge constitutionnel et qui lui conférerait un caractère exécutoire ? En d'autres termes, est-ce que, dans son essence, l'avis émis par un juge constitutionnel est de nature à imposer une conduite déterminée à ceux qui l'ont demandé et aux autres autorités politiques, administratives et juridictionnelles au regard de la situation des Etats sous étude ?

Cette problématique revêt un double intérêt. Du point de vue théorique, outre la controverse sur l'existence ou non d'une autorité attachée à un avis, l'étude pourrait susciter des réflexions sur un aspect relativement peu exploité des attributions du juge constitutionnel aussi bien en France que dans les Etats de l'Afrique francophone. En effet, à partir du moment où, en Afrique, « *les hypothèques d'exécution des décisions de justice sont en train d'être levées en la faveur d'une parole juridictionnelle enrobée de sacrée* »[4], la réflexion mérite de s'orienter de plus en plus vers les suites réservées aux avis des juges tant par le droit positif que par leurs destinataires. Certes, quelques études pertinentes ont été faites sur l'exercice de la fonction consultative du juge constitutionnel[5] mais elles s'avèrent insuffisantes au regard de l'immense production doctrinale consacrée à sa fonction contentieuse. Sur cette dernière, les réflexions

---

[1] Il s'agit de l'Afrique Centrale, de l'Algérie, du Bénin, du Burkina Faso, du Cameroun, de la Côte d'Ivoire, du Congo Brazzaville, du Gabon, du Madagascar, du Mali, la Mauritanie, du Niger, du Sénégal, du Togo et la Tunisie.

[2] S. BALDE, *La convergence des modèles constitutionnels : étude de cas en Afrique subsaharienne,* Éditions Publibook, 2011, 536 p.

[3] En choisissant de créer, soit une Cour constitutionnelle, soit un Conseil constitutionnel, ces Etats ont opté pour l'institution d'une juridiction constitutionnelle spécifique.

[4] B. BA, *op. cit*. p.6.

[5] L'on peut citer, entre autres, A. P. MEL, « La compétence générale du Conseil constitutionnel en matière consultative », *Revue juridique et politique des Etats francophones*, 2010, volume 64/4, pp. 410-442 ; MONEMBOU (C), « Les actes non juridictionnels des juridictions constitutionnelles des Etats d'Afrique noire francophone : les cas du Gabon, du Bénin, du Sénégal et du Niger », *Revue internationale de droit comparé* vol. 69 n°1 janvier-mars 2017, pp. 177-210.

disponibles s'emploient à mettre l'accent sur l'autorité des décisions ou arrêts[1]. Aussi, l'étude pourrait-elle permettre de saisir les spécificités de l'avis du juge constitutionnel et de pouvoir le distinguer de celui émis par certaines autorités ou institutions politiques et administratives avec lequel il est souvent confondu. Du point de vue pratique, il faut reconnaître que « *les temps se prêtent à l'esprit consultatif* »[2]. L'avis donné dans ce sens porte sur une information, une opinion technique pour laquelle l'expérience, la compétence de l'émetteur légitiment la procédure[3]. Il a même été soutenu que « *la consultation est un acte d'allégeance* »[4] et que la relation qui s'y installe « *confère à l'instance consultée une autorité qui inspire le respect et qui la rehausse aux yeux du pouvoir consultant* »[5]. Cette réflexion permet de s'appuyer sur le droit en vigueur et la production jurisprudentielle disponible pour vérifier si une telle allégeance est effectivement perceptible dans les rapports entre les destinataires et l'émetteur d'avis. Aussi, puisque le juge participe-t-il à l'exercice du pouvoir normatif aussi bien en matière contentieuse qu'en matière consultative, l'étude pourrait servir de cadre d'analyse de la pertinence des solutions retenues par les Etats au sujet de l'attitude à adopter face à la charge normative dont l'avis est souvent porteur. La solution adoptée a certainement des conséquences sur la crédibilité ou l'autorité du juge constitutionnel ainsi que sur la sécurité juridique et la cohérence de l'ordre juridique recherchée dans toute société régie par le droit.

En s'attardant sur le droit en vigueur, la formulation des demandes d'avis, la teneur des réponses du juge, les suites réservées aux avis, par le juge lui-même et par les demandeurs, l'on est tenté de classer les Etats de l'échantillon en quatre (4) catégories. Dans la première catégorie, l'autorité attachée à un avis n'est pas perceptible dans les textes juridiques[6]. En revanche, elle est expressément consacrée dans la deuxième catégorie d'Etats[7]. Dans la troisième catégorie, la consécration est perfectible[8]. La situation de la dernière catégorie

---

[1]J-A. ADELOUI, « L'autorité de la chose jugée par les juridictions constitutionnelles en Afrique », *RTSJ*, n°0002, janvier-juin 2012, pp. 54-75 ; D-E. ADOUKI, « Contribution à l'étude de l'autorité des décisions du juge constitutionnel en Afrique », *RFDC*, 2013/3, n°95, pp. 611-638 ; T. ONDO, « L'autorité des décisions des juridictions constitutionnelles en Afrique noire francophone », *RJP*, 2012, n° 4, pp. 453-480 ; R-M. OWANO, « L'autorité de la chose jugée des décisions du juge constitutionnel en Afrique francophone », *in* O. NAREY (dir.), *La justice constitutionnelle*, Actes du colloque international de l'ANDC, Niamey 2015, pp. 421-437.

[2] F. ZENATI, *op. cit.*, p. 102.

[3] J. RAYNARD, « Domaines et thèmes des avis », *in* T. REVET, (dir.), *L'inflation des avis en droit*, Paris, Economica 1998, p. 12.

[4] F. ZENATI, *op. cit.*, p.109.

[5] *ibid*, p. 104.

[6]L'on peut invoquer les cas du Niger, de l'Afrique Centrale, du Togo, du Burkina Faso, du Cameroun et du Gabon.

[7] Il s'agit de l'Algérie et de la Tunisie.

[8] Ce sont le Congo Brazzaville et le Sénégal.

d'Etats montre que c'est le juge qui se prononce directement ou indirectement sur la portée juridique de ses avis[1].

A partir de cette catégorisation et au regard de la problématique retenue, l'on constate et l'on admet que si dans certains Etats, l'autorité de l'avis du juge constitutionnel est formellement consacrée (**II**), dans d'autres et, en l'absence d'une telle formulation, elle pourrait être postulée (**I**).

I- UNE AUTORITÉ POSTULÉE

Le postulat est une « *proposition donnée comme vraie et dont l'admission est nécessaire* »[2]. Postuler, c'est poser une proposition, affirmer quelque chose comme une vérité, le poser comme un principe pour démonter quelque chose. Parler de l'autorité de l'avis dans un contexte de silence du droit positif, c'est la poser comme un principe ou une proposition. Sa démonstration nécessite la recherche des éléments pertinents à partir desquels l'on peut tenter de construire une argumentation acceptable. Au fond, l'idée est de tenter de relativiser l'argument selon lequel, à moins qu'il ne soit expressément prévu par un texte, un avis ne saurait avoir la même autorité qu'une décision ou un arrêt rendu en matière contentieuse. Ainsi, si dans certains cas, le postulat est induit par l'objet de l'avis (**A**), dans d'autres, il peut être déduit du statut de son émetteur (**B**).

A- Un postulat induit par l'objet de l'avis

Les questions sur lesquelles l'opinion du juge est sollicitée ont toutes la particularité d'être en rapport direct avec l'application ou l'interprétation de la Constitution. Le type de réponse qu'il leur donne est de nature à révéler l'impertinence des réactions comme celle tendant à affirmer : « *ce n'est qu'un avis* ». En effet, si au sujet de certains actes ou de certaines procédures, le juge se prononce uniquement sur leur conformité à la Constitution faisant de sa consultation une forme de contrôle de constitutionnalité (**1**), en matière d'interprétation, il est la seule habilité à délivrer une interprétation authentique, c'est-à-dire, celle qui « *s'incorpore (...) au texte interprété* »[3] (**2**).

1- Un contrôle consultatif de constitutionnalité

Le contrôle juridictionnel de constitutionnalité a « *fait l'objet des travaux désormais innombrables de la doctrine constitutionnaliste en Afrique* »[4]. Il est même présenté comme « *l'un des succès de la construction démocratique en*

---

[1] L'on peut ranger dans cette catégorie le Bénin, la Côte d'ivoire, le Mali, le Madagascar, la Mauritanie et le Sénégal.

[2] *Dictionnaire Contemporain de la Langue française*, édition 2000, p. 880.

[3] M. TROPER., « L'interprétation constitutionnelle », *in* F. MELIN-SOUCRAMANIEN (dir.), *L'interprétation constitutionnelle*, Paris, Dalloz 2005, p. 15.

[4] D. OUEDRAOGO, « Le contrôle de constitutionnalité des règlements des assemblées parlementaires dans les Etats de l'Afrique de l'Ouest francophone », *RFDC*, 2019/1 N° 117, p.120.

Afrique noire francophone »[1]. Cette forte fixation sur sa dimension contentieuse tend à réduire le contrôle de constitutionnalité à celui exercé uniquement par voie de décisions ou d'arrêts. Pourtant, l'on assiste à une certaine évolution de ses modalités avec la mise en exergue de l'idée de contrôle non contentieux[2]. Exercé par voie consultative ou d'avis, ce contrôle permet au juge constitutionnel de « *se prononcer à titre préventif sur la conformité à la Constitution d'un acte normatif en cours d'élaboration* »[3] ou sur celle de la mise en œuvre de certaines procédures constitutionnelles. C'est ainsi que d'une Constitution à une autre, l'on remarque que les avis du juge constitutionnel sont sollicités et émis sur les projets d'ordonnance[4], les projets et propositions de lois organiques, ordinaires ou de révision[5], le recours au referendum[6] ou le projet de tout acte qui relève de la compétence du juge constitutionnel[7]. Aucun de ces cas de saisine ne confère à l'avis qui en découle une autorité contraignante formelle. Pourtant, à l'occasion de chacun d'entre eux, le juge exerce un véritable contrôle de conformité à la Constitution. Il le fait aussi bien sur le projet d'acte, c'est-à-dire, à titre préventif que sur certains actes juridiques déjà en vigueur, opérant, par voie de conséquence, un contrôle *a posteriori* à peine déguisé d'où l'idée de contrôle consultatif de constitutionnalité.

Sur le projet d'ordonnance[8], par exemple, le juge saisi se pose, au fond, quatre (4) questions avant d'émettre son opinion : est-ce qu'une loi d'habilitation autorisant le gouvernement à légiférer par ordonnance a été adoptée par le parlement ? Est-ce que l'habilitation a été donnée dans une des matières qui relèvent du domaine de la loi ? Est-ce que le projet d'ordonnance a été pris pendant la durée de validité de l'habilitation ? Est-ce qu'au regard de son objet, ce projet se rapporte à l'une des matières limitativement énumérées dans la loi d'habilitation ? En fonction de la réponse à ces questions, le juge est, soit d'avis que « *le projet d'ordonnance* est *conforme à la Constitution* »[9], soit d'avis que « *le projet d'ordonnance n'est pas conforme à la Constitution en*

---

[1] *Ibid.* p. 119.

[2] Y.S. LATH, « L'évolution des modalités du contrôle de constitutionnalité des lois dans les Etats d'Afrique francophone », *in* O. NAREY (dir.), *La justice constitutionnelle*, Actes du colloque international de l'ANDC, Niamey 2015, pp. 145-179.

[3] *Ibid.*, p. 162.

[4] Art. 102 de la Constitution du Bénin, art. 106 de la Constitution du Niger, art. 107 al. 2 de la Constitution du Burkina Faso, art. 86 al.2 et 105 de la Constitution du Togo.

[5] Art. 102 de la Constitution du Bénin, art. 95 de la Constitution de la République centrafricaine.

[6] Art. 41 de la Constitution du Mali, art. 60 de la Constitution du Niger, art. 58 de la Constitution du Bénin, art. 29 de la Loi organique portant organisation et attribution du Conseil constitutionnel et procédure applicable devant lui adoptée le 27 avril 2000.

[7] Art. 47 de la Constitution du Cameroun, art. 119 de la Constitution de Madagascar.

[8] Sur la notion et les différentes formes d'ordonnance, voir, S-N. TALL, « Les ordonnances en Afrique noire francophone », *Revue EDJA* n°64 janvier-février-mars 2005, pp. 47-81.

[9] Il peut même dire que « *le projet d'ordonnance ne contient aucune disposition contraire à la Constitution* »

raison de … ». C'est ainsi que saisi pour avis[1], le juge constitutionnel nigérien a affirmé être d'avis que *« le projet d'ordonnance autorisant la ratification de l'accord de prêt additionnel n°3418-1-NIR et le projet d'ordonnance autorisant la ratification de l'Accord de prêt n°533-NE sont conformes à la Constitution* » mais que *« le projet d'ordonnance portant création d'un établissement public à caractère professionnel (...) n'est pas conforme à l'article 87 de la Constitution* » parce qu'il « *ne relève pas des domaines prévus par la loi d'habilitation* ». L'on peut ajouter deux autres demandes dans le traitement desquelles il a adopté la même démarche. Saisi, pour avis, sur le projet d'ordonnance relative à la protection des données à caractère personnel[2] et sur le projet d'ordonnance modifiant et complétant la loi n°61-27 du 15 juillet 1961 portant institution du Code pénal[3], le juge a estimé, dans les deux cas, que « *le projet d'ordonnance (...) ne s'inscrit pas dans les matières prévues par la loi n°2015-59 du 02 décembre 2015 habilitant le gouvernement à prendre des ordonnances* ».

Ces exemples d'inconstitutionnalité des projets d'ordonnances tirés du non-respect du contenu des lois d'habilitation rappellent opportunément les vices d'incompétence négative du législateur[4]. En effet, en outrepassant les termes de la loi d'habilitation, l'autorité réglementaire expose son projet d'ordonnance à la censure pour vice d'incompétence positive. C'est la présence de ce vice qui révèle l'incompétence négative du législateur[5]. Celui-ci est invoqué lorsque le parlement « *est resté en deçà de de sa compétence* »[6]. Par l'avis de non conformité, le juge attire l'attention de l'initiateur du projet d'ordonnance sur l'obligation de tenir compte des limites fixées par la loi d'habilitation et au parlement d'exercer la plénitude de ses compétences[7]. Dans certains Etats, c'est à l'occasion des révisions constitutionnelles que l'on pourrait saisir le rôle que joue l'avis en matière de contrôle de constitutionnalité. A chaque fois qu'il est saisi d'un projet ou d'une proposition de révision, le juge statue sur la conformité tant de la procédure que de l'objet de la révision. Il s'agit, sur ce

---

[1]Avis n°001-2001/CC du 8 mars 2001 disponible sur http://www.cour-constitutionnelle-niger.org/documents/avis/2001/avis_n_001_cc_2001.pdf consulté le 10 décembre 2019.

[2] Avis n°32/CC du 30 décembre 2015, disponible sur http://cour-constitutionnelle-niger.org/documents/avis/2015/avis_n_032_cc_2015.pdf, consulté le 10 décembre 2019.

[3] Avis n°33/CC du 30 décembre 2015, disponible sur http://cour-constitutionnelle-niger.org/documents/avis/2015/avis_n_033_cc_2015.pdf, consulté le 10 décembre 2015.

[4] A. LE PILLOUER, *« L'incompétence négative des autorités administratives : retour sur une notion ambivalente »* disponible sur https://hal-univ-paris10.archives-ouvertes.fr/hal-01661816, consulté le 15 décembre 2019

[5] Sur le lien entre les deux, voir par exemple, SCHMITTER (G), « *L'incompétence négative du législateur et des autorités administratives* », AIJC, 5-1989, 1991. Principe d'égalité et droit de suffrage. pp. 137-176.

[6] D. ROUSSEAU, *Droit du contentieux constitutionnel*, Paris, LGDJ, 10 édition 2013, p. 135.

[7] Dans cette perspective, voir, G. BERGOUGNOUS, « *L'incompétence négative vue du parlement* », *Les Nouveaux Cahiers du Conseil constitutionnel*, 2015/1 N° 46 | pp. 45 et suivantes.

dernier point, de vérifier la conformité des nouvelles dispositions ou les modifications proposées ou projetées à l'ensemble des normes composant le bloc de constitutionnalité[1]. Par la suite, il s'intéresse aux circonstances dans lesquelles intervient ladite révision. Dans l'avis n°001/94/CC du 4 février 1994, le juge constitutionnel gabonais a été d'avis que si la procédure constitutionnelle relative à la révision a été observée, l'article 112 bis du projet donnant compétence à la Cour suprême pour émettre un avis préalable sur la légalité de la procédure d'un référendum, fût-il de consultation locale, est contraire à l'article 84 de la Constitution aux termes duquel « *la compétence de contrôle de la régularité des élections politiques et des opérations de referendum relève de la compétence de la Cour constitutionnelle* ». Au Mali, l'avis n°01-001/referendum du 04 octobre 2001 a donné, au juge, l'occasion de conclure à la régularité de la procédure de mise en œuvre du referendum[2]. Récemment, c'est la question de l'organisation d'un referendum portant révision de la Constitution qui a suscité l'avis du juge malien. Saisi par le Premier ministre d'un projet de révision adopté par l'Assemblée nationale et sur la tenue du referendum au regard du contexte d'insécurité, le juge a estimé que « *l'intégrité territoriale au sens du droit international s'entend du droit et du devoir inaliénable d'un Etat souverain à préserver ses frontières de toute influence extérieure. En l'état, celle du Mali n'est pas compromise par l'occupation d'une quelconque puissance étrangère. Aussi, l'Etat, à travers ses représentants, les organes élus et les autorités intérimaires, exerce la plénitude de ses missions régaliennes sur le territoire national. Dès lors, une insécurité résiduelle ne saurait remettre en cause la régularité d'un referendum* »[3]. Au Togo, l'idée de limitation du pouvoir de révision constitutionnelle apparaît dans l'avis n°AV004/98 du 24 décembre 1998[4]. Dans cette affaire, c'est le Premier ministre qui a posé au juge la question, notamment, de savoir s'il est « *possible d'initier une révision constitutionnelle tendant à proroger le mandat des membres de l'Assemblée au cas où il parait des difficultés d'organisation des élections*

[1] Pour une réflexion récente sur la question, voir, entre autres, D. GNAMOU, « Juridictions constitutionnelles et normes de référence », *in* Actes du Colloque, La *Cour constitutionnelle béninoise, entre rupture et continuité*, Revue Constitution et consolidation de l'Etat de droit, de la démocratie et des libertés fondamentales en Afrique, Numéro spécial/2019, pp. 75-99. Sur les aspects historiques, voir, L. FAVOREU, « Bloc de constitutionnalité », O. DUHAMEL et Y. MENY (dir.), *Dictionnaire constitutionnel*, Paris, PUF, 1992, p. 87.

[2] Dans cette affaire, il a fait constater, notamment, que « *l'article 61 nouveau, en prévoyant l'élection des députés selon un système combinant le scrutin majoritaire et la représentation proportionnelle est en contradiction avec l'article 2 de la Constitution et les dispositions de la Déclaration universelle des droits de l'homme en son article 21 et la Charte africaine des droits de l'homme et des peuples en son article 13 qui font partie du bloc de constitutionnalité au Mali du fait que le Peuple malien y a souscrit* »

[3] Avis n°2017-01/CCM/ref. du 06 juin 2017. Recueil des arrêts, avis et autres décisions de la Cour constitutionnelle du Mali, Vo. 6 (2014-2017), pp. 269-271.

[4] L'avis est disponible sur http://www.legitogo.gouv.tg/jurisprudences consulté le 25 décembre 2019.

législatives dans les délais prescrits ». Tout en rappelant à l'auteur de la saisine l'impossibilité de proroger le mandat des députés sans violer la Constitution qui n'a pas prévu une telle éventualité, le juge reconnaît que « *la question soulevée n'entre pas dans les limitations apportées à la révision de la Constitution* » et qu'il appartient, en conséquence, « *au gouvernement de juger de l'opportunité d'y recourir* ». Au Burkina Faso, l'on remarque que c'est la constitutionnalité des accords internationaux qui est vérifiée à travers des avis. Dans l'avis juridique n°11/CS/CC du 9 juin 2001, le juge a déclaré que *« l'Acte constitutif de l'Union Africaine est conforme à la Constitution au regard de son article 146 qui autorise le Burkina Faso à conclure avec tout Etat africain des accords d'association ou de communauté impliquant un abandon total ou partiel de souveraineté* ». Sur le fondement de la même Constitution et suivant le même raisonnement, il a révélé, dans son avis n°2007-03/CC du 20 avril 2007, que l'Accord de prêt entre le Burkina Faso et la Banque Islamique de Développement, est contraire à l'article 31 de la Constitution qui dispose que le Burkina Faso est un Etat démocratique, unitaire et laïc alors que l'article 22 alinéa 1 de l'Accord stipule que « *le présent Accord est soumis, pour son exécution et son interprétation, aux principes de la Charia Islamique* »[1].

L'utilisation de l'avis à des fins de contrôle *a posteriori* est perceptible dans deux cas de figure. Il s'agit, d'une part, de l'avis exigé dans le cadre de la procédure de délégalisation et, d'autre part, du contrôle des lois d'habilitation qui s'opère à l'occasion de celui du projet d'ordonnance. Dans le premier cas, il faut rappeler que les Constitutions attribuent une compétence de principe à l'autorité réglementaire et au législateur une compétence d'attribution. Ladite répartition est accompagnée de la procédure de délégalisation permettant au gouvernement d'assurer ou de préserver son domaine de compétence contre d'éventuels empiètements de la loi[2]. Aussi, cette possibilité de modifier à tout moment, les textes de forme législative, qui interviendraient dans le domaine réglementaire a-t-elle encadrée. Les Constitutions des Etats sous étude prévoient, à cet effet, et presque dans les mêmes termes que « les *matières autres que celles qui sont du domaine de loi ont un caractère réglementaire. Les textes de forme législative intervenus en ces matières peuvent être modifiés*

---

[1] Avis juridique n°2007-03/CC du 20 avril 2007 sur la Conformité à la Constitution du 02 juin 1991 de l'Accord de prêt n°UV0087 signé le 15 janvier 2007 entre le Burkina Faso et la Banque Islamique de Développement pour le financement du Projet de construction de la section urbaine de la route nationale n°04 dans le cadre du projet d'interconnexion des routes nationales n°01 et n°04 à Ouagadougou. Cette espèce a été extraite de la Communication du Conseil constitutionnel du Burkina Faso, à l'occasion du deuxième Congrès de la Conférence mondiale sur la justice constitutionnelle, organisé par la Cour suprême fédérale du Brésil et la Commission de Venise du conseil de l'Europe, à Rio de Janeiro, Brésil, du 16 au 18 janvier 2011, https://www.venice.coe.int/WCCJ/Rio/Papers/BUR_Conseil_constitutionnel_f.pdf consulté le 2 janvier 2020, pp. 14-15.

[2] B. MATHIEU, « *Répartition des compétences normatives et qualité de la loi* », AIJC, 2007, pp. 581 et suivantes.

par décret après avis du juge constitutionnel ». Le juge profite de cette intervention pour réexaminer la loi dont la modification, par décret, est envisagée. Il procède à sa confrontation avec les dispositions constitutionnelles relatives à la répartition des compétences, la situe par rapport à cette répartition, afin de voir si elle a été effectivement prise dans le domaine réglementaire avant de donner son avis. C'est en cela que l'exercice s'apparente fort bien à un contrôle de constitutionnalité d'une loi déjà en vigueur avant son éventuelle modification par voie réglementaire. Quoi qu'il en soit, il s'agit pour le juge constitutionnel d'indiquer la part de la loi et la part du règlement afin de circonscrire aussi bien le législateur que l'autorité réglementaire[1] dans leur strict domaine de compétences. S'inscrivant dans cette logique, le juge malgache a estimé qu'en lui permettant d'exercer ses attributions consultatives dans la procédure particulière de la délégalisation, après la promulgation de la loi et par la voie d'un déclassement, de restituer l'exercice de son pouvoir réglementaire au Gouvernement et de donner à celui-ci le droit de modifier une telle disposition par décret, la Constitution lui donne « *un pouvoir de contrôle a posteriori…* »[2] .

Dans le second cas, le juge constitutionnel béninois a rappelé à l'occasion d'une question qui lui a été posée que son avis préalable n'est exigé que pour les ordonnances dont la prise nécessite une loi d'habilitation[3]. Dans ce cas, le juge profite de l'examen du projet d'ordonnance pour exercer, en réalité, un contrôle de constitutionnalité *a posteriori* de la loi d'habilitation qui sert de fondement à ce projet. Il vérifie, en effet, si cette loi a tenu compte de la répartition constitutionnelle des compétences entre la loi et le règlement et si elle ne contient que des matières relevant du domaine de la loi. On le sait, ce n'est que dans ces dernières, en effet, qu'il est possible de demander l'habilitation à légiférer par ordonnance. Et si après vérification, le juge se rend compte que l'habilitation porte, en réalité, sur une matière qui relève du règlement, le projet d'ordonnance serait déclaré contraire à la Constitution car pris sur le fondement d'une loi d'habilitation inconstitutionnelle au regard de son contenu. Dans l'avis n°006/CCT/2011, le Premier ministre nigérien a saisi le juge « aux *fins d'obtenir un avis sur le projet d'ordonnance portant régime général des contrats de partenariats public privé (…)* ». Dans la loi d'habilitation, le juge a constaté qu'il a effectivement été énuméré un certain nombre des matières dont « *le projet relatif au contrat de partenariat public*

---

[1] B. MATHIEU, « La part de la loi, la part du règlement. De la limitation de la compétence réglementaire à la limitation de la compétence législative », *Pouvoirs* 2005/3 n°114 pp. 73-87.

[2] Avis n°03-HCC/AV du 11 avril 2014 relatif à la nature et à la portée de toute procédure consultative engagée auprès de la Haute Cour constitutionnelle disponible sur http://www.hcc.gov.mg/avis/avis-n03-hccav-du-11-avril-2014-relatif-a-la-nature-et-a-la-portee-de-toute-procedure-consultative-engagee-aupres-de-la-haute-cour-constitutionnelle/ consulté le 16 décembre 2019.

[3] Avis n° CC-00-01 du 07 janvier 2001 disponible sur http://www.cour-constitutionnelle-benin.org/avis/a94091.pdf consulté le 17 décembre 2019.

privé en matière d'investissement ». Mais avant de statuer sur le projet d'ordonnance, il s'était demandé si cette matière relève, au fond, du domaine de la loi. La réponse est sans ambiguïté car au regard des dispositions constitutionnelles visées, « *les contrats de partenariat public privé en matière d'investissement ne font pas partie des matières qui sont du domaine législatif* ». La loi d'habilitation n'a pas, ainsi, respecté les dispositions constitutionnelles relatives à la distribution des compétences entre la loi et le règlement. En demandant une telle habilitation, l'autorité réglementaire a méconnu l'étendue de ses compétences constitutionnelles, ce qui rappelle les caractéristiques de l'incompétence négative.

La convocation de ces espèces permet, opportunément, de se rendre à l'évidence que c'est sur le terrain de la seule conformité à la Constitution que le juge s'installe pour apprécier les différents actes qui lui sont soumis. Cette particularité de l'avis émis dans ces conditions rappelle toutes les spécificités du contrôle de constitutionnalité classique. Elle permet de postuler à ce qu'il lui soit reconnu la même autorité car l'acte (avis ou décision) par lequel ce contrôle s'exprime ne doit pas être le seul critère déterminant dans la définition de sa portée juridique. L'avis du juge est également sollicité pour obtenir une interprétation authentique de la Constitution.

2- La recherche d'une interprétation constitutionnelle authentique

« Les *juristes savent que la première application d'un texte est une épreuve redoutable : les contradictions, les insuffisances, les lacunes apparaissent alors au grand jour et viennent ajouter à la perplexité du praticien chargé, tout à la fois, de régler un cas d'espèce et de créer un précèdent* »[1]. La remarque est aisément transposable à la matière constitutionnelle. Dans cette dernière, il a été montré que certains textes « *établissent ou proclament des principes et des valeurs* »[2], d'autres ne sont que « *des normes structurellement indéterminées, c'est-à-dire des normes défectibles et structurellement vagues* »[3]. Ces réalités inhérentes à la formulation des textes constitutionnels rendent nécessaire leur interprétation. L'exercice consiste à déterminer la signification et la portée du texte, c'est-à-dire, à saisir ce que celui-ci « *ordonne ou permet* » ou « *la norme qu'il exprime* »[4], le sens qu'il convient de lui donner lorsqu'il est obscur ou ambiguë[5] et son champ d'application. En Afrique, comme ailleurs, une pluralité

---

[1] B. BAUFUME, « Le droit présidentiel de demander une nouvelle délibération de la loi : le précèdent du 13 juillet 1983 (loi sur l'exposition universelle de 1989) », *RDP* 1985, p. 1240.

[2] A. KPODAR, « Contribution doctrinale sur la fausse vraie idée du contrôle de constitutionnalité. Quand l'interprétation constitutionnelle menace la lisibilité du bloc référentiel », *in* O. NAREY (dir.), *La justice constitutionnelle,* Actes du colloque international de l'ANDC, Niamey 2015, p. 219. A ces difficultés liées à l'indétermination des textes constitutionnels, l'auteur ajoute l'élargissement de plus en plus perceptible « des bornes de la matière constitutionnelle ».

[3] *Ibid.*

[4] F. HAMON et M. TROPER, *Droit constitutionnel*, Paris, LGDJ, 38 édition 2017, p. 69.

[5] D. SY, « Les fonctions de la justice constitutionnelle en Afrique », *op. cit.* p.52.

d'acteurs est amenée à appliquer et à interpréter la Constitution d'où le risque d'interprétations divergentes fortement préjudiciables à la cohérence de l'ordre constitutionnel[1]. La solution retenue est que l'interprétation juridictionnelle l'emporte sur celle politique[2], souvent fantaisiste[3]et que le juge constitutionnel soit « *l'ultime interprète authentique…* »[4] au regard de sa « *vocation naturelle à interpréter la Constitution* »[5]. Aujourd'hui et, dans presque toutes les démocraties modernes, ce juge est considéré comme l'interprète authentique de la Constitution[6]. C'est pourquoi, d'un Etat à un autre, l'on remarque que la formule constitutionnelle retenue pour asseoir une telle compétence est quasiment identique. Il lui revient, en conséquence, « *de donner la signification constitutionnellement correcte d'une disposition obscure de la Constitution ou d'une disposition de la Constitution revêtant des difficultés de compréhension ou encore susceptibles d'interprétations diverses* »[7].

Dans l'exercice de cette fonction, il se montre particulièrement exigeant tant sur la qualité du demandeur que sur l'objet de la demande. Le juge malgache rappelle, à ce sujet, « *qu'en principe, des dispositions constitutionnelles claires et précises ne donnent pas lieu à interprétation* »[8]. Au Niger, c'est la saisine du Président de la Haute Cour de Justice aux fins d'interprétation des articles 16 et 17 de la loi organique relative à son institution qui a été rejetée « *en raison de son objet (interprétation d'une loi) et du défaut de qualité du requérant (Président de la Haute Cour de justice)* »[9].

Dans les saisines qui ont prospéré, il apparait que l'exercice permet de surmonter des divergences d'interprétation apparaissant au sein de certaines institutions constitutionnelles. A Madagascar, par exemple, c'est suite à une divergence au sein du sénat, sur le sens et l'application de l'article 84 al. 3 de la Constitution relatif aux modalités d'exercice du droit d'amendement, que son

---

[1] Sur la notion et son contenu, voir, NAREY O., « L'ordre constitutionnel », *op. cit.*

[2] P. JAN, « Interprétations politiques de la Constitution : La Constitution de 1958 à l'épreuve de ses interprètes politiques », *RDP* n°3-2006, pp.563-567.

[3] S. BOLLE, « Des Constitutions « made in » … », *op. cit.*, p. 15.

[4] OWONA (R.M), *op. cit.* p.421.

[5] B. KANTE, « Les méthodes et techniques d'interprétation de la Constitution : l'exemple des pays d'Afrique occidentale francophone » *in*, F. MELIN-SOUCRAMANIEN (dir), *L'interprétation constitutionnelle*, Paris, Dalloz 2005, p. 155.

[6] D-F. MELEDJE, « Les distorsions entre la Constitution et les pratiques jurisprudentielles dans l'interprétation par le juge constitutionnel ivoirien de ses attributions : le juge entre immobilisme et spéculations », *in* I-M. FALLet A. SALL (dir), *Actualités du droit public et de la science politique en Afrique*, Mélanges en l'honneur de Babacar KANTE, L'harmattan Sénégal, 2017, p. 109.

[7] Y. S. LATH, *op. cit.* p. 165.

[8] Avis n°01-HCC/AV du 16 mai 2007 sur l'interprétation des dispositions constitutionnelles, disponible sur http://www.hcc.gov.mg/avis/avis-n01-hccav-du-16-mai-2007-sur-linterpretation-de-dispositions-constitutionnelles/ consulté le 17 décembre 2019.

[9] Avis n°01/06/CC du 21 février 2006 disponible sur http://cour-constitutionnelle-niger.org/documents/avis/2006/avis_n_001_cc_2006.pdf, consulté le 17 décembre 2019.

Président a saisi le juge aux fins d'interprétation dudit article[1]. Il expose que, pour certains sénateurs, « *les amendements faits à l'endroit d'une proposition ne doivent pas être portés à la connaissance du gouvernement et que la proposition de loi doit être immédiatement examinée en vue de son adoption* ». Pour d'autres, « *lesdits amendements doivent être portés à la connaissance du gouvernement* ». Après avoir rappelé le sens et le moment d'intervention de l'amendement, le juge précise que la nécessité de le porter à la connaissance du gouvernement procède de l'idée d'éviter les amendements clandestins. Pour lui, « *un amendement est susceptible (...) de ne plus revêtir le sens d'une simple rectification de la proposition initiale mais peut également se transformer en proposition nouvelle en cours de discussion* ». C'est pourquoi, le juge est d'avis que « *toute modification apportée à une proposition de loi doit être portée à la connaissance du gouvernement avant son adoption* ». Au Niger, l'on peut citer, entre autres, la saisine du juge, par le Président de l'Assemblée nationale pour obtenir l'interprétation de l'article 100 de la Constitution relativement à une proposition de loi portant sur l'alimentation scolaire au regard du « *débat qui s'était engagé sur sa recevabilité* »[2]. Certains députés soutenaient, en effet, que « *la proposition était du domaine réglementaire pendant que d'autres (...) estimaient qu'elle relevait plutôt du domaine législatif* ». Des divergences d'interprétation peuvent apparaitre au sein du gouvernement. C'est ainsi que « *suite au débat ayant eu lieu au sein du gouvernement concernant la participation active (prise de parole en public) ou passive (assister aux meetings sans prise de parole en arborant les tee-shirts ou les outils de campagnes* », le Premier ministre malgache a saisi le juge pour obtenir l'interprétation de l'article 39 de la Constitution[3], notamment la réponse aux questions suivantes : Est-ce que les membres du gouvernement peuvent participer aux campagnes électorales pour l'élection qui se déroulera durant les mois de novembre et décembre 2018 ? En d'autres termes, quelle est la limite de la neutralité des membres du gouvernement ? Cette neutralité impose-t-elle une interdiction absolue de participer aux campagnes [4] ?

---

[1] Avis n°02-HCC/AV du 23 juillet 2003 sur le sens et l'application de l'article 84 alinéa 3 de la Constitution disponible sur http://www.hcc.gov.mg/avis/avis-n02-hccav-du-23-juillet-2003-sur-le-sens-et-lapplication-de-larticle-84-alinea-3-de-la-constitution/ consulté le 18 décembre 2019.

[2] Avis n°015/CC du 30 mai 2019 disponible sur http://www.cour-constitutionnelle-niger.org/documents/avis/2019/avis_n_015_cc_2019.pdf, consulté le 2 janvier 2019.

[3] Cet article dispose que « *l'Etat garantit la neutralité politique de l'Administration, des Forces Armées, de la Justice, de la Police, de l'Enseignement et de l'éducation. Il organise l'Administration afin d'éviter tout acte de gaspillage et de détournement des fonds publics à des fins personnelles ou politiques* ».

[4] Avis n°04-HCC/AV du 11 aout 2018 relatif à l'interprétation de l'article 39 de la Constitution, disponible sur http://www.hcc.gov.mg/avis/avis-n04-hcc-av-du-11-aout-2018-relatif-a-linterpretation-de-larticle-39-de-la-constitution/, consulté le 19 décembre 2019. Dans une réponse qui ne souffre d'aucune ambiguïté, la Cour déclare que « Les Ministres, membres du Gouvernement, ne peuvent pas participer à la campagne électorale se rapportant à l'élection du

D'autres divergences peuvent apparaître dans les rapports institutionnels. L'on retrouve, à ce sujet, la question de savoir s'il est possible, pour un député, d'adresser des questions orales à un ministre au cours d'une session extraordinaire dont l'ordre du jour a été fixé par décret du Président de la République. Pour répondre à cette question, le juge malien[1] s'est appuyé sur les dispositions de l'article 65 alinéa 1 de la Constitution et les articles 53 et 54 du règlement intérieur pour rappeler la distinction entre la session ordinaire et la session extraordinaire. Dans le premier cas, l'ordre du jour n'est pas prédéterminé et il appartient à l'Assemble nationale de le faire. Dans le deuxième cas, l'ordre du jour est fixé par le décret de convocation. En conséquence, « *un député ne peut adresser de questions orales à un ministre au cours d'une session extraordinaire dont l'ordre du jour a été fixé par décret* ». Sur la même question, le juge nigérien[2] a estimé que « *la règle ne fait (...) pas obstacle à la mise en œuvre des dispositions de l'article 70 al. 3 de la Constitution relatives au régime juridique des poursuites pénales ou arrestation d'un député en cours de session* ». Elle « *ne fait également pas obstacle au nécessaire contrôle de l'Assemblée nationale au moyen de certains des mécanismes prévus à cet effet par la Constitution que sont les questions orales, les interpellations et les questions d'actualités* ». Les divergences d'interprétations peuvent même affecter les rapports entre les autorités exécutives et les destinataires de certaines décisions prises en application d'une disposition constitutionnelle dont la compréhension n'est pas évidente[3]. Parfois, elles dépassent le cadre des institutions pour revêtir un caractère plus ou moins général et nécessiter une intervention du juge constitutionnel. C'est ainsi qu'après avoir rappelé qu'« *en principe, lorsque les dispositions constitutionnelles sont claires, il n'y a pas lieu à les interpréter* », le juge malgache a relativisé en ces termes : « *cependant, force est de constater que les dispositions de l'article 54 de la Constitution font l'objet de diverses interprétations au sein de la société* » et que « *la Cour se doit d'apporter*

Président de la République dont le premier tour de scrutin est prévu pour le 7 novembre 2018 et le second tour, le 19 décembre 2018 » et que « La neutralité de l'Administration en général doit être garantie selon les considérants du présent Avis ».

[1] Avis n°2014-01/CCM du 25 août 2014, Recueil des arrêts, avis et autres décisions de la Cour constitutionnelle du Mali, Vo. 6 (2014-2017), pp.34-37.

[2] Avis n°02/06/CC du 07 mars 2006 disponible sur http://www.cour-constitutionnelle-niger.org/documents/avis/2006/avis_n_002_cc_2006.pdf, consulté le 19 décembre 2019.

[3] A Madagascar, l'on constate que c'est suite à la contestation, par des magistrats et des enseignants, des mesures de retenue sur les salaires des grévistes que le Premier a demandé l'interprétation de l'article 33 de la Constitution relatif au droit de grève. Au sujet de la réponse de la Haute cour constitutionnelle, voir, Avis n°01-HCC/AV du 06 avril 2005 sur l'interprétation des dispositions de l'article 33 de la Constitution, disponible sur http://www.hcc.gov.mg/avis/avis-n01-hccav-du-6-avril-2005-sur-linterpretation-des-dispositions-de-larticle-33-de-la-constitution/, consulté le 19 décembre 2019.

quelques éclaircissements… »[1]. C'est dans cette même logique que l'on comprend la demande d'avis du Président de la République togolaise afin d'obtenir du juge « *la plus exacte interprétation de l'article 3 de la Constitution togolaise relatif aux armoiries ainsi que la description claire des armoiries qui correspondent à cette disposition* ». Une telle demande a été motivée par « *l'utilisation concomitante de deux types d'armoiries créant un sérieux doute sur l'authenticité des documents qui les portent* »[2].

Certains avis d'interprétation révèlent la prudence qu'entendent observer certaines autorités politiques pour ne pas « s'embourber » dans des situations de non-conformité à la Constitution. L'idée est de savoir, à l'avance, ce que la Constitution ordonne, permet ou ne permet pas afin de prévenir tout risque d'interprétations divergentes. L'on retrouve une telle préoccupation dans la demande du Premier ministre gabonais aux fins d'interprétation de l'article 40 de la Constitution, notamment sur le point de savoir « *si le député qui succède à un membre du bureau de l'Assemblée dont le mandat est écourté achève le mandat de son prédécesseur ou bien bénéficie directement du mandat constitutionnel de trente mois prévu audit article* »[3]. Le souci de connaître l'étendue des attributions du Président intérimaire a entraîné la saisine du juge à qui il a été demandé de déterminer la portée « *des attributions courantes prévues par les dispositions de l'article 46 de la Constitution* »[4] au regard de l'imprécision qui entoure la formulation de l'article. Au Niger, c'est conscient

---

[1] Avis n°001-HCC/AV du 17 février 2014 portant interprétation des dispositions de l'article 54 de la Constitution, disponible sur http://www.hcc.gov.mg/avis/avis-n01-hccav-du-17-fevrier-2014-portant-interpretation-des-dispositions-de-larticle-54-de-la-constitution/ consulté le 19 décembre 2019.

[2] Avis n°AV-001/08 du 20 juin 2008, demande d'avis du Président de la République relative aux armoiries disponible sur http://www.legitogo.gouv.tg/jurisprudences consulté le 20 décembre 2019.

[3] Avis n°02/93/CC du 23 avril 1993 sur le sens des dispositions de l'article 40 de la Constitution. Après avoir rappelé la durée du mandat et son point de départ, le juge a martelé à l'article 1 de son avis que « le député élu au bureau de l'Assemblée pour combler une vacance de poste achève le mandat commencé par son prédécesseur »

[4] Avis n°07-HCC/AVIS du 07 septembre 2018 relatif à la demande d'avis sur les attributions courantes du Président de la République disponible sur http://www.hcc.gov.mg/avis/avis-n07-hcc-av-du-07-septembre-2018-relatif-a-une-demande-davis-sur-les-attributions-courantes-du-president-de-la-republique/ consulté le 20 décembre 2019. Pour le Juge, rentrent « dans la catégorie juridique des attributions présidentielles courantes, les affaires constituant la poursuite normale d'une procédure régulièrement engagée avant la démission du Président de la République, toute affaire dont l'importance dépasse celle des affaires de gestion journalière si la procédure qui a donné lieu à l'acte règlementaire concerné a été engagée bien avant la période critique et a ensuite été réglée sans précipitation et si les questions politiques, qui ont pu se poser sur le plan administratif, ont été résolues avant cette période critique ». Ne rentrent pas dans les compétences attribuées au Chef de l'Etat ad intérim « celles qui procèdent des articles 45 alinéa 3, 54 ; 55 -2°, 4° sauf en cas de faute grave ou de crime ou délit commis par le haut fonctionnaire, 5°, 6°, 7°, 8° ; 56 ; 57 alinéa premier ; 58 ; 59 alinéa 2 ; 60 ; 61 ; 103 ; 104 ; 107 ; 137 ; 162 ; 163. Il est habilité à exercer toutes les autres attributions confiées au Président de la République par la Constitution ».

de la polémique suscitée par l'attribution, en 2012[1], d'un marché public à un opérateur économique ayant le statut de député que le Premier ministre a demandé l'avis du juge sur le point de savoir « *si le contrat signé par l'entreprise B.M YACINE alors que l'attributaire n'était pas député, peut connaître un prolongement au moyen d'un avenant signé par le même entrepreneur devenu député au regard des dispositions de l'article 52 de la Constitution* »[2]. C'est aussi pour savoir ce que la Constitution permet et ce qu'elle ne permet pas, en matière de formation d'un gouvernement, que le Premier ministre a posé la question de savoir s'il existe « *une disposition de la Constitution qui interdirait au Président de la République et au Premier ministre, chef du gouvernement, d'appeler aux fonctions gouvernementales certains nigériens sous le seul prétexte qu'ils seraient militants d'un parti de l'opposition* »[3]. Il demandera plus tard, si « *dans l'hypothèse où la formation d'un gouvernement d'union nationale serait envisagée, cette option serait-elle conforme à la Constitution* ?»[4].

---

[1] Deux espèces jurisprudentielles permettent de revenir sur cette question. Il s'agit de l'avis n°01/CCT/2012 du 6 janvier 2012 et de l'arrêt n° 05/12/CCT/MC du 15 février 2012 de la Cour constitutionnelle du Niger. Dans le premier cas, c'est un groupe de députés qui a déposé une requête en vue d'obtenir l'interprétation de l'article 52 qui interdit la participation aux procédures de passation des marchés publics à certaines autorités publiques. Dans son avis, le juge constitutionnel souligne que le but de cet article « *est de protéger les biens publics en imposant des interdictions aux personnalités qui, de par leur position privilégiée à la tête de l'Etat ou au sein des institutions de l'Etat, pourraient tirer profit d'une manière ou d'une autre, des biens publics ou privés de l'Etat ou de ses démembrements* ». Il ajoute qu'il est formellement interdit aux personnes visées à l'article 52 d'user de leur position soit, personnellement, soit par le biais de prête-nom ou de société écran, pour acquérir ou prendre en bail un bien appartenant au domaine de l'Etat ou de ses démembrements. Aucune des personnalités visées ne doit laisser user de son influence pour permettre à autrui, de prendre part à un marché public ou privé de l'Etat ou de ses démembrements. Dans le deuxième cas, l'arrêt a été rendu au sujet d'un marché de travaux attribué à une Entreprise Générale des Bâtiments et Travaux publics appartenant à un député national alors qu'au moment de l'attribution dudit marché sa démission de l'hémicycle n'avait pas encore été constatée et acceptée. C'est ainsi qu'un groupe de députés de l'opposition politique a saisi le juge constitutionnel pour l'amener à constater l'inconstitutionnalité de l'attribution du marché ! Après avoir remarqué que l'entreprise attributaire du marché querellé appartient au député dont la démission n'a pas été constatée par l'Assemblée nationale, le juge conclut que l'interdiction posée à l'article 52 de la Constitution n'a pas été respectée par le député.

[2] Avis n°002/CCT/2013 du 4 janvier 2013 disponible sur http://www.cour-constitutionnelle-niger.org/documents/avis/2013/avis_n_002_cct_2013.pdf, consulté le 25 décembre 2019. Après instruction, le juge constate que l'avenant dont « *la signature par le député est envisagée n'a pas pour objet l'exécution des travaux à venir, mais vise plutôt à permettre le règlement des travaux déjà exécuté* ». A partir de ce constat, le juge conclue que rien ne s'oppose à la signature de cet avenant au regard de son objet et que l'intéressé peut le signer « *uniquement pour se faire payer les travaux réalisés avant qu'il n'accède au statut de député* »

[3] Avis n°15/CC du 02 avril 2013 disponible sur http://www.cour-constitutionnelle-niger.org/documents/avis/2013/avis_n_015_cc_2013.pdf, consulté le 20 décembre 2019.

[4] Avis n°27/CC du 26 juillet 2013, disponible sur http://www.cour-constitutionnelle-niger.org/documents/avis/2013/avis_n_027_cc_2013.pdf, consulté le 20 décembre 2019. Pour

L'interprétation obtenue dans ces différentes espèces « *n'est pas l'expression d'une opinion parmi d'autres. C'est le fruit d'une décision par laquelle un débat est tranché. Elle s'incorpore au texte, en ce sens que celui-ci ne peut désormais être compris qu'à la lumière de l'interprétation authentique* »[1]. En conséquence, nonobstant l'absence d'indication constitutionnelle expresse, l'avis intervenu dans ce sens mérite de revêtir une autorité contraignante pour, au moins, deux raisons. La première tient de l'idée que le juge constitutionnel « *dit le droit par voie d'interprétation authentique qui fait corps avec la Constitution* »[2]. L'autorité s'attache non pas à l'espèce mais au texte interprété. Du coup, respecter l'avis émis dans ce sens « *c'est respecter la Constitution telle qu'interprétée par le juge* »[3]. La deuxième raison s'appuie sur la position d'autres auteurs qui soutiennent que les méthodes d'interprétation de ce juge « *sont souvent exégétiques ou littérales…* »[4]. Il a même été montré que son pouvoir interprétatif est « *peu créatif* »[5]. En s'inscrivant dans leur logique, l'on peut conclure que, dans son œuvre d'interprétation aussi bien en matière contentieuse qu'en matière consultative, le juge « n'ajoute quasiment rien » à la norme constitutionnelle. En se contentant de la rappeler, de la reproduire ou de la reformuler, dans une certaine mesure, le juge privilégie ce que l'on appelle l'interprétation, acte de connaissance. Dans ce cas, il ne devrait se poser aucune difficulté au sujet de la soumission à un tel avis qui ne fait que reprendre ou reformuler les dispositions de la Constitution. C'est pour cette raison que certains juristes affirment, de façon péremptoire, que « *dans tous les cas, même lorsque la Constitution ne le dit pas, ces avis s'imposent à tous les organes de l'Etat qui sont tenus de les suivre ou de s'y conformer* »[6]. Si, malgré l'absence de consécration

répondre à la question, le juge à convoquer les dispositions constitutionnelles relatives à la formation d'un gouvernement en cas de concordance entre la majorité présidentielle et la majorité parlementaire et en l'absence de cette concordance avant de se rendre compte de l'absence d'une disposition expresse traitant de ce type de gouvernement. Il conclue que « la formation d'un gouvernement d'union nationale n'est pas contraire à la Constitution » mais tout en insistant sur les circonstances dans lesquelles elle doit intervenir et la nécessité de ne pas « remettre en cause les missions constitutionnelles de l'assemblée nationale notamment le contrôle de l'action gouvernementale » puisqu'un tel gouvernement fait momentanément disparaitre ou réduit considérablement le clivage entre la majorité et l'opposition.

[1] F. HAMON et M. TROPER, *op. cit.* p. 71.

[2] M. DISANT, « Quelle autorité pour la « chose interprétée » par le Conseil constitutionnel ? De la persuasion à la direction », *in* M. BERTRAND et M. VERPEAUX (dir), *L'autorité des décisions du Conseil constitutionnel*, Dalloz 2010, p. 73.

[3] Ibid. p. 80.

[4] B. KANTE, « La justice constitutionnelle face à l'épreuve de la transition démocratique en Afrique », *in* O. NAREY (dir.), *La justice constitutionnelle*, Actes du colloque international de l'ANDC, Niamey, 2015, p. 29.

[5] F. J. AÏVO, « La crise de la normativité de la Constitution en Afrique », *RDP* 2012, p.8/31.

[6]B. A. MBATA MANGU, « La fonction consultative du juge constitutionnel en Afrique », Communication au séminaire international sur le juge constitutionnel et le pouvoir politique en Afrique, Cotonou, Hôtel Novotel, les 11, 12 et 13 juin 2014, p. 136.

constitutionnelle, le postulat relatif à l'autorité est induit par l'objet de l'avis, un autre postulat peut être déduit du statut de l'auteur d'avis.

B- Un postulat déduit du statut du juge constitutionnel

Si, de façon générale, « *la relation de consultation confère à l'instance consultée une autorité qui inspire le respect et qui la rehausse aux yeux du pouvoir consultant* »[1], en droit constitutionnel, l'on pourrait tenter de déduire une telle autorité du statut du juge. Dans les Etats sous étude, en effet, le juge constitutionnel est à la fois garant de la suprématie de la Constitution (**1**) et régulateur du fonctionnement des institutions publiques (**2**), deux statuts qu'il assume, notamment en matière consultative et qui sont de nature à conférer à son avis une autorité même si les constitutions ne l'indiquent pas expressément.

1- Le garant de la suprématie de la constitution

En Afrique francophone, l'institutionnalisation de la justice constitutionnelle exprime la volonté de créer les conditions d'une suprématie de la Constitution[2]. C'est pourquoi, qu'on le vénère ou qu'on le décrie[3], le juge constitutionnel est, aujourd'hui, élevé à la dignité de gardien de la Constitution. En effet, à la suite des discussions doctrinales intéressantes initiées par les voix les plus autorisées[4], l'on constate que c'est l'idée de la hiérarchie des normes et de la suprématie de la Constitution qui a été déterminante dans sa consécration. Son statut de dernier rempart, l'ultime barrière à l'abus[5] et d'interprète authentique font de lui « *un gardien impartial et froid de la Constitution* »[6]. L'on parle de gardien réel par opposition au gardien formel ou de gardien juridictionnel pour le distinguer du gardien politique[7] de la Constitution. Ce rôle de garant de la suprématie de la Constitution lui permet de s'assurer que « *l'activité normative des pouvoirs publics s'accomplisse dans le strict respect des compétences fixées par la Constitution* »[8]. Il doit s'assurer aussi que ces compétences sont mises en œuvre conformément aux procédures aménagées par la Constitution. Le juge assure, dès lors, la garde des compétences et des procédures constitutionnelles. C'est

---

[1] F. ZENATI, *op. cit.* p. 104.

[2] E.-D. ADOUKI, « *Contribution à l'étude de l'autorité...* », *op. cit.*, p. 612.

[3] DAGRA (M), « Les Cours constitutionnelles africaines : Des gardiens de la Constitution vénérés ou… décriés » in O. NAREY, (dir.), *La justice constitutionnelle*, Actes du colloque international de l'ANDC, Niamey 2015 pp. 413-419.

[4] Sur cette discussion, voir, O. BEAU et P. PASQUINO, la controverse sur « le gardien de la Constitution *et la justice constitutionnelle ». Kelsen contre Schmitt,* Paris, Éditions Panthéon-Assas, 2007, 212 p.

[5] O. NAREY, « *La Suprématie de la Constitution en période de crise (Niger)* », 7e congrès de l'ACCPUF, pp. 143-144, disponible sur https://accf-francophonie.org/publication/actes-du-7e-congres/#la-suprematie-de-la-constitution-en-periode-de-crise-niger consulté le 30 décembre 2019.

[6] B. CUBERTAFOND, *la création du droit*, Paris, Ellipses, 1999, p. 55.

[7] E. O. DIOP, *L'instrumentalisation de la Constitution dans les régimes politiques* africains, Dakar, CREDILA-OVIPA 2017, p.153.

[8] D. SY, « Les *fonctions de la justice constitutionnelle…* », *op. cit*, p. 40.

en cela qu'il est considéré comme « *un organe dont la fonction est de protéger la constitution contre des violations* »[1]. Cette mission de garant de la suprématie de la Constitution est généralement assumée au moyen de décisions ou arrêts dont l'autorité est juridiquement organisée en dépit de quelques difficultés de mise en œuvre[2]. Elle est, également, mise en œuvre par voie d'avis dont l'autorité est postulée dans le cadre de cette étude. Certains auteurs considèrent déjà que l'avis est un instrument de garantie de la suprématie de la Constitution[3]. Il convient, pour s'en convaincre, de rappeler brièvement les trois modalités d'exercice de la fonction consultative du juge constitutionnel à travers lesquelles la suprématie de la Constitution est garantie.

D'abord, le juge émet des avis sur certains projets d'actes et sur certaines procédures. Cette intervention est considérée comme une forme de contrôle de constitutionnalité exercée à titre préventif[4]. Le juge exploite cette voie pour s'assurer de la conformité des projets des textes à la Constitution et tenter « d'étouffer dans l'œuf », d'une part, toute velléité de les introduire dans l'ordonnancement juridique en cas de non-conformité et, d'autre part, toute tentative de mettre en branle une procédure en contradiction avec les exigences constitutionnelles. Au Burkina Faso, par exemple, c'est fort de son statut de garant de l'intégrité constitutionnelle que le juge a estimé qu'un accord de prêt « *est contraire à l'article 31 de la Constitution* » qui dispose que « *le Burkina Faso est un Etat démocratique, unitaire et laïc...* », parce que l'article 22 alinéa 1er dudit accord le soumet pour son exécution et son interprétation « *aux principes de la Charia Islamique* »[5]. Il en est ainsi lors de l'examen des projets d'ordonnance, examen au cours duquel le juge vérifie minutieusement le respect des exigences constitutionnelles : l'existence d'une loi d'habilitation, sa validité, la prise de l'ordonnance pendant la durée de validité de l'habilitation et la conformité de l'objet de l'ordonnance avec les matières limitativement énumérées dans ladite loi d'habilitation. C'est lorsque ces exigences sont scrupuleusement respectées que le projet d'ordonnance est considéré comme conforme à la Constitution et qu'à travers son avis favorable, le juge donne un feu vert pour son introduction dans l'ordonnancement juridique. Dans bien des cas, cet exercice permet de déceler des cas d'incompétences positives ou négatives du signataire du projet d'ordonnance.

Le même souci de préserver l'intégrité constitutionnelle et de faire respecter les compétences et les procédures qu'elle prévoit est perceptible en matière de

---

[1] O. NAREY, « L'ordre constitutionnel », *op. cit.* p. 401.

[2] Sur ces difficultés, voir, notamment, E-D. ADOUKI, « *L'autorité des décisions du juge ...* », *op. cit.* pp. 627 et suivantes ou M. DIAKHATE, « *Les ambigüités de la juridiction constitutionnelle...* », *op. cit.* pp.795 et suivantes.

[3] K-K. KPRI, *Le Conseil constitutionnel ivoirien et la suprématie de la Constitution : étude à la lumière des décisions et avis,* Thèse en cotutelle, Université Bourgogne Franche-Comté (France) et Université Félix Houphouët Boigny (Côte d'ivoire), Juin 2018, 521 p.

[4] S-Y. LATH, *op. cit.* p. 159.

[5] Avis juridique n°2007-03/CC du 20 avril 2007 *op. cit.* pp. 14-15.

révision constitutionnelle. Les espèces étudiées montrent que le juge vérifie la conformité du projet ou de la proposition à la Constitution tant au regard de la procédure de révision qu'elle prévoit, des dispositions qui sont susceptibles de faire l'objet de révision que des circonstances dans lesquelles il est permis d'engager ladite révision.

Ensuite, en matière d'interprétation de la Constitution, il est clair que le risque de verser dans des interprétations divergentes est évident au regard de la pluralité d'interprètes. Cette situation, de nature à perturber la cohérence de l'ordre juridique, a poussé les Etats à faire du juge constitutionnel l'interprète authentique de la Constitution. Dans la mise en œuvre de son pouvoir, il rappelle, utilement, qu'il « *n'est pas lié par la pratique du parlement en matière d'interprétation de la Constitution* »[1]. Ainsi, garantir la suprématie de la Constitution par le biais de l'interprétation authentique, c'est veiller à ce qu'elle ne souffre d'interprétations divergentes. Celles-ci surviennent, tantôt au sein d'une institution, tantôt entre institutions. L'idée est de se prémunir contre ce risque d'interprétations divergentes à l'origine de certains contentieux constitutionnels. Il s'agit pour le demandeur, confronté à un embarras, un flou ou une ambigüité de la Constitution, de chercher à connaître « de la bouche la plus autorisée », ce que la norme prescrit, autorise ou interdit afin de conformer ses actes à la norme fondamentale telle qu'elle lui a été interprétée par son gardien. C'est dans cette perspective que le Président de l'Assemblée nationale du Niger demandait à la Cour de lui indiquer, au regard des articles 99 et 100 de la Constitution, les critères distinctifs entre « les règles » et « *les principes fondamentaux* »[2]. L'article 99 dispose, en effet, que « *la loi fixe les règles...* ». Selon le juge, les matières concernées par la fixation des règles « *sont considérées comme essentielles et vitales pour les citoyens et nécessitent que le droit d'y poser des règles soit réservé à la représentation nationale* ». L'article 100 de la Constitution dispose que, « *la loi détermine les principes fondamentaux*… ». Au regard des matières énumérées, le juge estime que « *le législateur doit prendre de la hauteur, en se bornant à déterminer les normes de base. Ce sont des domaines où l'intervention du législateur doit rester à un niveau de généralité* ». En conclusion, « *le législateur a une compétence plus étendue quand il fixe les règles et réduite lorsqu'il détermine les principes fondamentaux* ».

Enfin, il ressort des Constitutions des Etats sous étude que leur suprématie doit être garantie même en période de mise en œuvre des pouvoirs exceptionnels du Chef de l'Etat. En effet, s'inspirant de l'article 16 de la Constitution française

---

[1]Avis n°001/CCT/2013 du 03 janvier 2013 disponible sur http://www.cour-constitutionnelle-niger.org/documents/avis/2013/avis_n_001_cct_2013.pdf consulté le 26 décembre 2019.

[2] Avis n°016/CC/2013 du 25 avril 2013 disponible sur http://www.cour-constitutionnelle-niger.org/documents/avis/2013/avis_n_016_cc_2013.pdf consulté le 26 décembre 2019.

de 1958[1], ces Etats prévoient, à l'exception du Cameroun[2], les pouvoirs exceptionnels du Chef de l'Etat et la consultation du juge constitutionnel pour surveiller les modalités de leur mise en œuvre. Cependant, à la différence de la France, les avis prévus, à cet effet, sont sollicités tantôt du Président de l'institution, tantôt de la juridiction en tant qu'organe collégial, même si dans la pratique cette distinction est insuffisamment perçue aussi bien par les saisissants que par les juges eux-mêmes.

Au Niger, par exemple, c'est pour faire rappeler au Président de la République ce que la Constitution permet et ce qu'elle ne permet pas, en l'espèce et déjouer toute velléité de sa violation, que les députés ont demandé au juge l'interprétation de l'article 67 de la Constitution sur le point de savoir « *si dans le cadre de la mise en œuvre des pouvoirs exceptionnels prévus à l'article 67, le Président de la République est fondé à intervenir dans le fonctionnement de l'Assemblée notamment en nommant ou en révoquant, par décret ou autres, un de ses membres* »[3]. Après avoir dit que la disposition crée « *un droit de circonstance dont la mise en œuvre installe au cœur d'un régime démocratique, une dictature constitutionnelle destinée à assurer l'existence et la continuité de l'Etat face à une menace grave et immédiate* », le juge reconnait l'extension des pouvoirs du chef de l'Etat. Mais, il lui rappelle que les parlementaires se réunissent de plein droit s'ils ne sont pas en session pour apprécier la durée de la mise et la nécessité des mesures. Mieux, aucune institution ne peut être dissoute ou suspendue. En conséquence, « *un député ne peut être nommé ou révoqué par décret ou autres par le Président de la République dans le cadre de l'exercice des pouvoirs exceptionnels prévus à l'article 67 de la Constitution* ». Au Bénin, c'est parce qu'il a cru, à tort, que les conditions posées par la Constitution étaient réunies que le Président de la République a demandé à la Cour de « *lui communiquer sans délai son avis motivé sur la mise en œuvre des dispositions de l'article 68 de la Constitution* ». Confrontant les deux conditions cumulatives fixées à l'article susvisé aux faits, le juge conclu qu'il n'y a « *ni ne menace pour l'exécution des engagements internationaux ni pour le fonctionnement régulier des pouvoirs publics constitutionnels* ». Le fait que « *la loi de finances votée n'étant pas promulguée (....) ne saurait constituer une menace grave et immédiate pour l'exécution des engagements internationaux* »[4].

---

[1] Sur l'historique et les modalités de mise en œuvre de cette disposition, voir, R. ARSAC, « La fonction consultative du Conseil constitutionnel », *RFDC* 2006/4 n°68 pp.783-789.

[2] Sur le regret de l'absence d'une telle consultation, voir, J-L. ATANGA AMOUGOU, « La *constitutionnalisation du droit en Afrique : l'exemple de la création du Conseil constitutionnel camerounais* », AIJC, 2004 p. 60.

[3] Avis n°012/CC/MC du 23 mai 2014 disponible sur http://www.cour-constitutionnelle-niger.org/documents/avis/2014/avis_n_012_cc_2014.pdf consulté le 2 janvier 2020.

[4] Avis n°CC-001/94 du 1er septembre 1994 dont l'objet est la demande d'avis sur les conditions de mise en œuvre de l'article 68 de la Constitution.

Il est vrai que l'on a toujours soutenu que le propre de l'avis est de ne pas lier l'autorité qui l'a demandé. Toutefois, l'orientation donnée à travers certains avis influe sur la décision que celle-ci doit prendre. En effet, « *le souci de prendre un texte conforme à la norme suprême qui a conduit le pouvoir exécutif (et au-delà, les autres autorités de saisine) à consulter le juge constitutionnel, devrait, en toute logique, le conduire à tenir compte des "conseils" prodigués par ce dernier pour que le processus de fabrication de la norme atteigne cet ultime objectif* »[1].

Dans la quasi-totalité des espèces examinées, l'on s'est rendu compte que l'avis émis n'est pas un simple conseil. En effet, sa motivation et sa publication systématique pour prendre l'opinion à témoin montrent qu'il est donné dans l'unique intention de conformer l'acte projeté à la Constitution ou de donner une interprétation conforme à la lettre ou à l'esprit de la Constitution. C'est pourquoi, ayant constaté une certaine métamorphose dans la mise en œuvre de la fonction consultative en Côte d'Ivoire, KPRI conclut que « *l'avis (...) rendu revêt un caractère obligatoire liant ainsi l'autorité de saisine qui ne peut que décider, en conformité avec l'avis du Conseil constitutionnel, au risque de voir son autorité dangereusement affaiblie...* ». Ce qui conforte, par exemple, l'interrogation légitime de Ismaila Madior FALL lorsqu'il s'est demandé, à propos du Sénégal, si « *le Président de la République, gardien politique de la Constitution, pourrait-il outrepasser un avis émis par une juridiction chargée de garantir l'autorité et le respect de la Constitution* ?». La réponse est assurément non. En effet, en plus de l'atteinte à l'autorité du gardien de la Constitution que cela entraîne, le mépris à l'égard de ses avis, pourtant, lourdement motivés expose tout acte pris dans ce sens à une annulation postérieure dans le cadre d'une éventuelle procédure contentieuse.

Son rôle de régulateur du fonctionnement des institutions peut également être mis à contribution pour renforcer l'autorité de ses avis.

2- Le régulateur du fonctionnement des institutions publiques

S'intéressant aux missions de la justice constitutionnelle en Afrique, le Doyen KANTE a choisi de poser son curseur sur « *la régulation du fonctionnement des institutions* ». Il s'agit, pour lui, d'insister sur cette « *vocation spécifique au continent africain* » par laquelle le juge assure « *la stabilité des systèmes politiques* »[2]. Dans cette fonction consacrée, dans quasiment tous les Etats sous étude et presque dans les mêmes termes, Nicaise MEDE voit « *une prérogative additionnelle, un étage supplémentaire de l'architecture de superposition des compétences* »[3] du juge constitutionnel. Elle est devenue nécessaire car « *les péripéties de l'expérience démocratique*

---

[1] K-K. KPRI, *op. cit.* p. 57.

[2] B. KANTE, « la justice constitutionnelle à l'épreuve ... », *op. cit.* p. 23.

[3] N. MÉDÉ, « La fonction de régulation des juridictions constitutionnelles en Afrique francophone », *AIJC*, Année 2008, p.47.

peuvent conduire à un blocage du fonctionnement des institutions »[1] alors qu'elles sont contraintes « *d'aller de concert* » pour reprendre la belle formule de Montesquieu. Il en est de même de certains processus en cours qui doivent éviter ou surmonter des situations de paralysie ou de risque de paralysie[2]. Certains auteurs la considèrent comme la fonction *« la plus sensible et la plus délicate »*[3] dans l'exercice de laquelle le juge fait preuve de « *témérité admirable* »[4]. Il l'exploite pour pacifier le jeu politique, relancer le fonctionnement normal des institutions politiques bloquées[5], débloquer certains processus en panne ou en passe de l'être et ce, aussi bien en matière contentieuse qu'en matière consultative. Il l'utilise, aussi, pour *« indiquer la voie normative à savoir pour réaliser telle ou telle réforme ou pour prendre telle ou telle mesure »*[6].

Les espèces examinées montrent que, dans bien des cas, l'avis a été utilisé aux fins de régulation. Dans l'avis n°003/CC/SG du 17 décembre 2003[7], le juge constitutionnel ivoirien a visé, notamment, son statut de régulateur du fonctionnement des pouvoirs publics prévu à l'article 88 de la Constitution pour faire droit à la demande du Président de la République relative à la révision constitutionnelle eu égard au contexte de crise de l'époque[8]. Il consacre, par-là, *« une extension du champ matériel de la compétence consultative du Conseil au-delà des limites fixées par le Constituant »*[9]. En 2005, le même juge a eu l'occasion de réaffirmer toute l'importance que revêt son pouvoir de régulation dans la vie institutionnelle de l'Etat. En effet, à la question de savoir « *si le défaut d'élections, dû à la situation de crise que connait notre pays, entraîne la dissolution et la fin des pouvoirs de l'Assemblée nationale* », le juge a constaté que « *l'atteinte portée à l'intégrité territoriale (...) n'a pas permis la tenue des élections dans les délais constitutionnels* ». En même temps, il considère que le fait de mettre fin aux pouvoirs de l'Assemblée nationale va porter atteinte à des principes et règles de valeurs constitutionnelles à savoir : « *la séparation et l'équilibre des pouvoirs... », « l'exercice de la souveraineté du peuple par ses représentants* », « *la continuité de la vie de la nation, qui implique le maintien du parlement, pouvoir essentiel à la sauvegarde des valeurs démocratiques...* ». C'est pourquoi, il a été d'avis que « *l'Assemblée demeure*

---

[1] D. SY, « Les fonctions de la justice constitutionnelle... », *op. cit.* p. 49.

[2] G. BADET, *Les attributions originales de la Cour constitutionnelle du Benin*, Cotonou, édition FES Bénin, avec l'appui de Friedrich-Ebert-Stiftung, 2013, p.243.

[3] J.F. AÏVO, « La Cour constitutionnelle du Bénin », *op.cit.* p.738.

[4] Ibid. p. 739.

[5] E. O. DIOP, *L'instrumentalisation de la Constitution dans les régimes politiques africains*, Dakar CREDILA-OVIPA, p.158.

[6] L. FAVOREU et autres, *op. cit.* p.351.

[7] http://www.conseil-constitutionnel.ci/archives-et-decisions/avis-ndeg-003, consulté le 25 décembre 2019.

[8] L. SINDJOUN, *Les grandes décisions de la justice constitutionnelle africaine*, Bruxelles, Bruylant, 2009, p. 358.

[9] *Ibid.* p. 360.

en fonction et conserve ses pouvoirs »[1]. L'on remarque que c'est au regard de l'importance du parlement dans la sauvegarde de ces principes et règles constitutionnels et de son rôle de régulateur que le juge ivoirien a opté pour le maintien du parlement, une façon de soutenir que « *périssent l'expiration du mandat et la tenue des élections, plutôt que les principes* »[2]. Au Mali, l'année 2012 a été particulièrement éprouvante aussi bien pour les institutions politiques que pour le juge constitutionnel. Celui-ci a été amené à se prononcer sur la fin des mandats et la possibilité ou non de les proroger en s'appuyant sur les dispositions de l'article 85 de la Constitution relatives à son pouvoir de régulation. L'avis n°12-003/CCM du 31 mai 2012[3] est l'un des plus importants. Ayant constaté que le Premier ministre a fondé sa demande d'avis « *sur des faits de rébellion et d'une interruption du fonctionnement des pouvoirs constitutionnels* », le juge a expressément convoqué les dispositions de l'article 85 al. 2 de la Constitution afin d'être d'avis que « *pour des raisons de circonstances exceptionnelles et de force majeure invoquées par le saisissant, le Président par intérim assume ses fonctions jusqu'à l'élection du Président de la République* », relançant ainsi le fonctionnement de l'institution présidentielle malienne. Comme en Côte d'Ivoire, l'on constate que c'est à bon droit que le juge malien s'est prononcé afin d'éviter un vide institutionnel fortement préjudiciable au fonctionnement des pouvoirs publics constitutionnels, ce qui est de nature à relativiser certaines critiques doctrinales au sujet de l'exercice de la régulation par voie consultative[4]. C'est dans cette même logique que s'inscrit la démarche du juge Constitutionnel centrafricain. En effet, alors que l'article 95 de la Constitution le charge expressément d'« *interpréter la Constitution* », il a fait droit à une demande d'interprétation de certaines dispositions de la loi organique portant règlement intérieur de l'Assemblée nationale au regard des interprétations divergentes qu'elles suscitent et qui sont « *de nature à troubler le bon fonctionnement..* »[5] de l'institution. Il admet, par voie de conséquence, que la loi organique est « *le développement nécessaire et conforme de la Constitution* »[6]. En réalité, même si les espèces ne le font pas expressément

---

[1]Avis n° 2005-013/CC/SG du 15 décembre 2005 disponible sur http://www.conseil-constitutionnel.ci/sites/default/files/1362065233l.pdf , consulté le 28 décembre 2019.

[2] L. SINDJOUN, *op. cit.* p. 124.

[3] Avis n°12-003/CCM du 31 mai 2012, pp.118-120.

[4] O. NAREY, « La Suprématie de la Constitution en période de crise (Niger) », *op. cit.* p. 160.

[5] Avis n°007/CC/18 du 19 septembre 2018 sur la demande d'avis du Président de l'Assemblée nationale relative à l'interprétation de certaines dispositions de la loi organique n°17-011 du 14 mars 2017 portant règlement intérieur de l'Assemblée nationale, disponible sur https://www.centrafriqueledefi.com/pages/politique-diplomatie-2/bangui-4.html, consulté le 2 janvier 2020. Voir, aussi l'avis n°001/CC/18 du 07 mars 2018 relatif à certaines règles régissant la composition du bureau de l'Assemblée selon la loi organique n°17-011 du 14 mars 2017 portant organisation et fonctionnement de l'Assemblée nationale disponible sur http://www.codices.coe.int/NXT/gateway.dll/CODICES/full/afr/caf/fra/caf-2018-a-001?f=templates$fn=document-frame.htm$3.0, consulté le 2 janvier 2020.

[6] S. BOLLE, « *Des constitutions « made in)...* », *op. cit.* p. 17.

apparaître, les avis émis pour taire des divergences d'interprétations tant au sein d'une institution[1] qu'entre institutions politiques, participent de l'exercice de la régulation car ces divergences sont de nature à troubler le bon fonctionnement des pouvoirs publics.

Au Sénégal, ce sont des difficultés liées à l'organisation des élections législatives du 30 juillet 2017 qui ont donné au juge constitutionnel l'occasion de « *lubrifier* » le processus confronté à un risque de blocage. En effet, si « *en Afrique, chaque élection constitue une épreuve pour le processus de démocratisation et par ricochet pour le juge constitutionnel* »[2], le juge sénégalais a été saisi d'une demande sur la possibilité de « *permettre aux citoyens inscrits sur les listes électorales mais n'ayant pas pu retirer leur carte d'électeur biométrique CEDEAO, de voter sur présentation de leur récépissé d'inscription et de tout autre document administratif permettant de les identifier* »[3]. Ayant constaté, d'une part, l'inscription massive des citoyens sur les listes électorales et, d'autre part, des lenteurs et dysfonctionnements dans la distribution des cartes d'électeurs non imputables aux citoyens eux-mêmes, le Conseil a autorisé l'utilisation exceptionnelle de certaines pièces administratives pour que « *des nombreux sénégalais jouissant de leurs droits civils et politiques inscrits sur les listes....* » ne soient pas privés « *de l'exercice du droit de vote garanti par la Constitution* ». Il autorise, par-là, la méconnaissance exceptionnelle d'une disposition législative « *en vue de sauver le processus électoral* »[4] menacé de paralysie.

Si dans certains Etats, l'autorité de l'avis n'est pas formellement consacrée par les textes juridiques encore moins par la jurisprudence d'où le sens du postulat, dans d'autres, la formulation découle du droit en vigueur ou de la position du juge.

II- UNE AUTORITÉ FORMULÉE

Les Etats dans lesquels l'autorité de l'avis est formulée sont classés en deux catégories. Dans la première catégorie, l'obligation de se conformer à l'avis du juge constitutionnel découle des textes fondamentaux (**B**). En conséquence,

---

[1] Voir, par exemple, Avis n°02-HCC/AV du 23 juillet 2003 sur le sens et l'application de l'article 84 alinéa 3 de la Constitution disponible sur http://www.hcc.gov.mg/avis/avis-n02-hccav-du-23-juillet-2003-sur-le-sens-et-lapplication-de-larticle-84-alinea-3-de-la-constitution/ consulté le 18 décembre 2019 ou Avis n°015/CC du 30 mai 2019 disponible sur http://www.cour-constitutionnelle-niger.org/documents/avis/2019/avis_n_015_cc_2019.pdf, consulté le 2 janvier 2019.

[2] P. SOGLOHOUH, « Le juge constitutionnel et la régulation du processus électoral », *in* K. AHADZI-NONOU, D. OKORKO, A. KPODAR et F-J. AÏVO, (dir), *Démocratie en questions*, Mélanges en l'honneur du Professeur HOLO Theodore, Presses de l'Université de Toulouse Capitole 2017, p.379

[3] Décision n°8-2017 du 26 juillet 2017 disponible sur https://conseilconstitutionnel.sn/decision-n-8-2017-du-26-juillet-2017-affaire-n-5-2017/, consulté le 1er janvier 2020.

[4] P. SOGLOHOUN, *op. cit.* p. 386.

l'exécution de ces avis pose les mêmes difficultés que celles abordées par la doctrine au sujet des décisions ou arrêts[1]. Dans la deuxième, c'est le juge constitutionnel qui s'est prononcé directement ou indirectement sur les suites qu'il convient de réserver à ses avis (**A**).

A- Une formulation prétorienne

La reconnaissance ou non de l'autorité de l'avis du juge n'est pas, en l'espèce, le fait du constituant encore moins du législateur. Elle est plutôt le fait du juge lui-même qui, à travers son œuvre prétorienne, est amené à se prononcer sur la portée des avis qu'il donne. Bien que tous les juges constitutionnels n'aient pas dégagé la même position sur la question, l'on peut soutenir que le style utilisé dans la rédaction de l'avis (**1**) ainsi que son contenu (**2**) sont suffisamment révélateurs et édifiants quant au sort qu'il sied de lui réserver.

1- Un style rédactionnel révélateur

Le style renvoie à la manière d'exprimer une pensée ou une opinion. D'un organe à un autre, d'un contexte à un autre, ce style peut varier. C'est pourquoi, celui utilisé pour exprimer une opinion dans un avis varie sensiblement d'un juge constitutionnel à un autre.

Ainsi, le style utilisé par un juge peut véhiculer une attitude subtile de négation-admission de l'autorité de son avis. Au Mali, un groupe de députés ayant constaté, notamment, que le Président de la République n'a pas tenu compte d'un avis du juge constitutionnel émis sur une procédure de révision a décidé de le saisir, au contentieux, afin de le voir déclarer la loi n°00-54/AN-RM portant révision de la Constitution contraire à la Constitution. Les motifs avancés par les requérants tendent à faire déclarer que les modifications envisagées sont inconstitutionnelles. Ils se basent, « *en partie sur l'avis (...) donné au Président de la République, initiateur de la révision* ». L'arrêt[2] rendu pour vider ce contentieux contient deux considérants, suffisamment explicites, sur la position du juge malien quant à la portée de ses avis. Dans le premier considérant, il affirme, que *« l'avis n° 01-001/Référendum du 4 octobre 2001 de la Cour constitutionnelle, délivré en application de l'article 41 de la Constitution est, comme tout avis non déclaré contraignant, un avis qui ne lie pas son destinataire, donc dont il peut ne pas être tenu compte sans pour autant vicier la procédure de la révision constitutionnelle; que cet avis est juridique, exclusivement, qu'il a porté sur la régularité de la procédure de la révision constitutionnelle et sur certaines nouvelles dispositions qui créent une contrariété dans le texte constitutionnel ou constituent une régression dans la*

---

[1]Sur ces difficultés, voir notamment, E-D. ADOUKI, « *L'autorité des décisions du juge* ... », pp. 627 et suivantes, M. DIAKHATE, « *Les ambigüités de la juridiction constitutionnelle*... », pp.795 et suivantes, R-M. OWANO, « *L'autorité de la chose jugée*... », *op. cit.* 421-437.

[2] Arrêt n°01-128 des 11 et 12 décembre 2001 de la Cour constitutionnelle du Mali, disponible sur http://www.codices.coe.int/NXT/gateway.dll/CODICES/full/afr/mli/fra/mli-2001-a-003, consulté le 3 janvier 2020.

promotion et ou la protection des droits de la personne humaine et dans la transparence en matière de gestion des affaires publiques ». Ce considérant, extrêmement dense, indique que si le caractère contraignant n'était pas reconnu, c'est parce que, d'une part, il n'a pas été déclaré comme tel et, d'autre part, il n'a porté que sur des questions visiblement minimisées par le juge constitutionnel. En conséquence, un avis pourrait revêtir une force exécutoire s'il avait été « *déclaré contraignant* » et/ou s'il avait statué sur certaines questions constitutionnelles d'importance majeure. Il s'agit, en l'espèce, des dispositions qui limitent le pouvoir de révision de la Constitution. C'est ce que confirme le second considérant selon lequel, « *la loi portant révision constitutionnelle ne saurait être inconstitutionnelle de par les matières qu'elle a traitées dès lors qu'elle n'a pas révisé la forme républicaine et la laïcité de l'Etat, ou le multipartisme…* ». L'on retrouve la même subtilité dans le raisonnement du juge constitutionnel malgache. Saisi par le Premier ministre pour qu'il apporte « *des réponses et des précisions sur la nature et la portée de toute procédure consultative engagée devant la Haute cour constitutionnelle* »[1], le juge dira que « *l'avis ne bénéficie pas de l'autorité conférée par l'article 120 dernier alinéa de la Constitution….* »[2]. Mais, il souligne, aussitôt, « *qu'il n'en demeure pas que dûment motivé et rendu en conformité à l'esprit et à la lettre de la Constitution, l'avis conserve son importance juridique* ». Il poursuit la nuance en ajoutant que, « *la Haute Cour constitutionnelle, tout en exerçant ses attributions consultatives, a pu être amenée exceptionnellement et pour des raisons techniques, à dire le droit sans procéder au règlement d'un différend ; qu'ainsi l'autorité juridique des avis rendus est a priori limitée* ».

L'on comprend, par-là, que l'avis est revêtu d'une autorité juridique mais si et seulement si en le donnant le juge dit le droit, d'où l'idée d'autorité limitée *a priori*. Au fond, si à travers ses avis, le juge statue sur la conformité des actes juridiques ou des projets d'actes à la Constitution, et délivre une interprétation constitutionnelle authentique, l'on peut se demander s'il existe un avis dans lequel le juge, solennellement ou confidentiellement saisi, ne dit pas le droit ?

L'intention de lier le demandeur de l'avis peut, également, se manifester dans le choix de l'appellation de l'acte par lequel le juge exprime son opinion. L'on constate ces cas en Mauritanie[3] et au Sénégal où le juge constitutionnel

---

[1] Avis n°03-HCC/AV du 11 avril 2014 relatif à la nature et à la portée de toute procédure consultative engagée auprès de la Haute Cour constitutionnelle disponible sur http://www.hcc.gov.mg/avis/avis-n03-hccav-du-11-avril-2014-relatif-a-la-nature-et-a-la-portee-de-toute-procedure-consultative-engagee-aupres-de-la-haute-cour-constitutionnelle/, consulté le 2 janvier 2020.

[2] Aux termes cet article 120 alinéa dernier de la Constitution « *les arrêts et décisions de la Haute Cour Constitutionnelle sont motivés ; ils ne sont susceptibles d'aucun recours. Ils s'imposent à tous les pouvoirs publics ainsi qu'aux autorités administratives et juridictionnelles* ».

[3] Voir, par exemple, la décision n°002/92/DC du 2 janvier 1992. Dans cette espèce, c'est le Président du Sénat qui a consulté le Conseil constitutionnel sur le point de savoir si les

rend des décisions en matière consultative alors que dans la Constitution de ces Etats, les notions d'avis et de décision sont expressément consacrées. Les sites internet de ces juridictions consacrent une rubrique aux décisions rendues en matière consultative[1], ce que rappelle Demba SY, lorsqu'au sujet de l'activité de la Cour de justice de l'UEMOA, il évoque les « *décisions rendues en matière contentieuse et consultative* »[2]. Dans ces deux Etats, le juge rend trois types de décisions à savoir des décisions en matière de contrôle constitutionnalité, des décisions en matière consultative et des décisions en matière électorale et référendaire. En Côte d'ivoire, également, des cas de décisions rendues sur demande d'avis[3] et des avis dont le dispositif comporte le terme « décide »[4] ont été relevés. Ces cas ont suscité des discussions doctrinales intéressantes[5] autour de la probable volonté du juge constitutionnel de « *ne pas laisser prospérer une forme de laxisme ou de négligence des autorités administratives* »[6]. D'autres y voient la manifestation d'une certaine évolution tendant à rendre des « *avis avec force de décision* »[7].

Le style du juge peut, parfois, révéler son intention de reconnaitre une autorité à ses avis et tenter de l'imposer aux demandeurs. C'est le cas du juge béninois, dans l'avis n°CC-002/94 du 14 septembre 1994, au sujet de l'application de l'article 68 de la Constitution relatif aux pouvoirs exceptionnels du chef de l'Etat. Saisi, par ce dernier, pour qu'il lui communique « *sans délai son avis sur les mesures exceptionnelles qu'il se propose de prendre en*

---

dispositions de l'article 13 de l'Ordonnance n°028-91 du 7 octobre 1991 portant loi organique relative à l'élection des députés et applicables aux sénateurs, s'appliquent à un agent de la Banque centrale élu sénateur, et de façon générale sur l'interprétation desdites dispositions en ce qui concerne le cas personnel du sénateur en question. L'on a aussi la décision n°001/96/CC du 30 janvier 1996. Dans cette affaire, c'est le Président du Sénat qui a consulté le juge constitutionnel sur la valeur réelle de la loi n°032/93 promulguée le 18 juillet 1993 abrogeant et remplaçant les dispositions de l'article 2 de l'ordonnance n°029-91 en date du 07 octobre 1991 portant loi organique relative à l'élection des sénateurs.

[1] https://fr.conseil-constitutionnel.mr/en-matiere-de-consultation/ consulté le 2 janvier 2020, pour la Mauritanie et https://conseilconstitutionnel.sn/category/toutes-les-decisions/matiere-consultative/ consulté le 2 janvier 2020, pour le Sénégal.

[2] D. SY, « L'activité de la Cour de Justice de l'UEMOA », *Nouvelles annales africaines* n°01/2007, p. 232.

[3] Il s'agit de la Décision n°A009/98 du 04 septembre 1998 rendue sur demande d'avis présentée le 26 aout 1998 par le Garde des Sceaux, Ministre de la Justice et de Droits de l'Homme sur le projet de loi modifiant et complétant la loi déterminant la composition, l'organisation et le fonctionnement du Conseil Supérieur de la magistrature. Voir sur cette question, D-F. MELEDJE, *Les grands arrêts de la jurisprudence constitutionnelle ivoirienne*, Centre Nationale de Documentation Juridique, Abidjan, 2012, pp.119 et suivantes.

[4] Avis n°CI-2007/03-10/D-020/CC/SG du 03 octobre 2007, disponible sur http://www.conseil-constitutionnel.ci/archives-et-decisions/ci-200703-10d-020ccsg, consulté le 2 janvier 2020. « Alors qu'il s'agissait bien d'une demande d'avis pour laquelle il s'était reconnu compétent », A.P. MEL cité par K-K. KPRI, *op. cit.* p.125.

[5] Sur les éléments de ces discussions, voir K-K. KPRI, *op. cit.* p. 125.

[6] *Ibid.* p. 125.

[7] O. OURAGA, cité par K-K. KPRI, *op.cit.* p. 125.

application de l'article 68 de la Constitution (...) », le juge a estimé que : « *eu égard à l'avis n°CC-001/94 du 14 septembre susvisé, il n'y a pas lieu de prendre les ordonnances précitées* ». En conséquence, l'opinion émise dans l'avis n°001/94 détermine celle du second. En demandant au chef de l'Etat de se conformer à son premier avis dans lequel il a fait constater que les conditions de mise en œuvre des pouvoirs exceptionnels n'étaient pas réunies, le juge constitutionnel refuse de se répéter encore moins de se dédire. Enfin, le ton du juge est un indicateur pertinent lorsqu'il s'agit d'apprécier la portée juridique de l'avis émis. Il a été montré, à ce sujet, que le juge peut choisir « *de s'exprimer en termes généraux qui laissent une marge de manœuvre, voire, un pouvoir discrétionnaire à l'autorité l'ayant sollicitée ou devant décider* »[1]. Il peut, également, « *choisir d'être directive avec le dessein de réduire à néant la marge d'appréciation de l'autorité et l'installer dans une situation de compétence liée quant à la décision qu'elle doit prendre* »[2]. Sur ce dernier point, l'on parle de gravité des motifs, de ton impératif ou martial qui pousse le demandeur à s'y plier, de posture frondeuse[3]. C'est sur ce ton, par exemple, que le juge nigérien s'est adressé au Président Tandja « *dans un avis mémorable dont l'audace vaudra la dissolution du parlement et celle de la Cour elle-même* »[4]. Celle-ci a jugé sur « un ton péremptoire »[5]qu'ayant « *juré de respecter et de faire respecter la Constitution* », le Président « *ne saurait engager ou poursuivre le changement de la Constitution sans violer son serment* »[6]. C'est sur un ton similaire que le juge sénégalais a opiné pour soutenir que « *la disposition transitoire prévue à l'article 27 dans la rédaction que lui donne l'article 6 du projet (...) doit être supprimée ; elle n'est conforme ni à l'esprit de la Constitution, ni à la pratique constitutionnelle, la loi nouvelle sur la durée du mandat du Président de la République ne pouvant s'appliquer au mandat en cours* ».

Mais que l'on ne s'y trompe guère sur la spontanéité du juge dans le recours à un tel style. Certes, il dispose de cette capacité d'installer le demandeur de son avis dans une situation de compétence liée. Mais, très souvent, c'est le style ou le ton utilisé dans la formulation de la question qui détermine celui du juge dans la formulation de sa réponse. L'on retrouve ce type de style dans la demande d'avis formulée par le Président de la République de Côte d'ivoire au sujet du recours à l'article 43 alinéa 1 de la Constitution[7]. Il demandait au juge constitutionnel, en effet, « *quelle qualification juridique doit-on donner à la situation qui prévaut et quelle réponse les pouvoirs publics doivent apporter en*

---

[1] I-M. FALL, « La réforme constitutionnelle de mars 2016 au Sénégal… », *op. cit.* p. 129.
[2] Ibid.
[3] F-J. AÏVO, « La crise de la normativité… » *op. cit.* p. 7/22.
[4] ibid p. 6/22.
[5] Ibid. p. 7/22.
[6] Avis n° 02/CC du 25 mai 2009 disponible sur http://www.cour-constitutionnelle-niger.org/documents/avis/2009/avis_n_002_cc_2009.pdf, consulté le 2 janvier 2020.
[7] Avis n°004-/CC/SG du 17 décembre 2003….

la circonstance »[1]. La même remarque est perceptible en République centrafricaine où, dans une affaire, le Président de l'Assemblée nationale demandait à la Cour constitutionnelle de lui dire « *si le respect de la parité entre hommes et femmes (....) est une simple faculté ou une obligation et dans le cas où il serait jugé que ces dispositions énoncent une obligation, celle-ci devrait-elle être regardée comme une obligation de moyen ou une obligation de résultat* ? »[2]. Cette question a poussé le juge à répondre sans ambages, que « *le principe de la parité est une obligation constitutionnelle et non une simple faculté laissée à l'appréciation des pouvoirs que sont le pouvoir exécutif, législatif et judiciaire* ». Il en est ainsi du Sénégal où en 2016, il a été demandé au juge de statuer sur la conformité d'un projet de révision constitutionnelle « *à l'esprit général de la Constitution du 22 janvier 2001 et aux principes généraux de droit* ».[3] Saisi d'une telle question, la réponse du juge ne peut que s'inscrire sur le registre de la stricte conformité du projet à la Constitution et aux principes généraux de droit puisque le demandeur l'a enfermé dans des normes de référence qu'il a choisies à l'avance. Au-delà de sa forme, le contenu de l'avis est important pour la compréhension de sa portée.

2- Une charge normative évidente

Dans l'entendement de Hans KELSEN repris par Michel TROPER, « *une norme n'est pas autre chose que la signification d'un acte humain et si l'activité de l'interprète consiste à déterminer la signification, c'est bien lui qui détermine la norme réputée contenue dans le texte qu'il interprète* »[4]. En d'autres termes, « *si la norme est la signification d'un texte, alors celui qui détermine la signification, énonce la norme* »[5]. Ainsi, au-delà de sa fonction heuristique évoquée par Demba SY[6], l'interprétation est un mécanisme de détermination de la norme contenue dans un texte juridique. Cette vocation de la fonction interprétative procède, entre autres, du constat que « *les législations contemporaines se font discrètes et sobres en normes, se contentant de*

---

[1]D-F. MELEDJE, « Les distorsions entre la Constitution et les pratiques jurisprudentielles dans l'interprétation par le juge constitutionnel ivoirien de ses attributions : le juge entre immobilisme et spéculations », *in* I-M. FALLet A. SALL (dir), *Actualités du droit public et de la science politique en Afrique*, Mélanges en l'honneur de Babacar KANTE, L'harmattan Sénégal, 2017, p. 107.

[2] Avis n°001/CC/18 du 07 mars 2018 relatif à certaines régissant la composition du bureau de l'Assemblée nationale selon la loi organique n°17-011 du 14 mars 2017 portant organisation et fonctionnement de l'Assemblée nationale disponible sur http://www.codices.coe.int/NXT/gateway.dll/CODICES/full/afr/caf/fra/caf-2018-a-001?f=templates$fn=document-frame.htm$3.0 consulté le 2 janvier 2020.

[3] Décision n°1-C-2016 du 12 février 2016 disponible sur https://conseilconstitutionnel.sn/decision-n-1-c-2016-du-12-fevrier-2016-affaire-n-1-c-2016/ consulté le 3 janvier 2020.

[4] M. TROPER, « L'interprétation constitutionnelle », *op. cit.* p. 22.

[5] F. HAMON et M. TROPER, *op. cit.* p.72.

[6] D. SY, « Les fonctions de la justice constitutionnelle… », *op. cit.* p. 52.

directives laissant au juge une compétence d'interprétation et d'adaptation »[1] assez étendue. C'est parce qu'aujourd'hui, il utilise à la fois sa gomme et son crayon[2] pour procéder à l'écriture ou à la réécriture des textes juridiques ou qu'il se substitue[3] aux auteurs desdits textes. L'idée est de les compléter, les adapter, leur attribuer un contenu et un sens précis, une valeur, voire, une place dans la hiérarchie des normes. L'on parle de la fonction normative du juge constitutionnel même si son exercice suscite l'appréhension d'une partie de la doctrine[4]. Pourtant, « *le pouvoir normatif des juges constitutionnels existe ; il existe nécessairement ; il existe partout et même là où on l'attend le moins* »[5]. Il est écrit que « *sa généralisation constitue l'une des innovations du constitutionnalisme au XXIème siècle* »[6]. Demba SY la considère comme l'« *une des fonctions émergentes de la justice constitutionnelle en Afrique* »[7].

En cette matière, certains juges « *complètent la Constitution pour mieux la servir* »[8]. L'on parle alors de Constitution bonifiée ou revue, en tout cas, « *plus riche, plus complète et plus dense que la Constitution formelle* »[9]. Quoi qu'il en soit, « *la Constitution n'est plus écrite à l'encre du seul constituant* »[10] mais avec la collaboration du juge constitutionnel.

La capacité de ce dernier à faire revivre le texte constitutionnel ou à le réécrire s'exprime aussi bien par voie de décision ou d'arrêt que par voie d'avis.

---

[1]F. ZENATI (), op. cit. p. 106.

[2] Sur l'idée selon laquelle, le juge a « droit à la gomme et non au crayon », voir, B. GENEVOIS, « Un Universitaire au Conseil constitutionnel : Le Doyen Georges Vedel », *RFDA* 2004, p. 215.

[3] En matière constitutionnelle, il est soutenu que l'interprétation « *peut conduire tout juge constitutionnel à se substituer au pouvoir constituant », voir, dans ce sens,* AGUE (V), « Le juge constitutionnel : législateur ou constituant ? Disponible sur https://lecultedudroit.wordpress.com/2015/05/09/le-juge-constitutionnel-legislateur-et-constituant/, consulté le 05 janvier 2020.

[4] Voir, par exemple, D-K KOKOROKO,« Commentaire croisé de la décision DCC 11-067 du 20 octobre 2011 de la Cour constitutionnelle du Bénin », *ABJC, Revue de contentieux constitutionnel*, I-2013, pp. 717-728 qui cite G. VEDEL pour qui « La vraie pierre de touche du gouvernement des juges se trouve dans la liberté que le juge constitutionnel s'octroie non d'appliquer la Constitution ou de l'interpréter même de façon constructive, mais, sous quelques noms que ce soit, de la compléter, sinon de la corriger par des règles qui sont sa propre création, fussent-elles débordantes de bonnes intentions ». Dans son commentaire, KOKOROKO qualifie l'auteur de la décision précitée, c'est-à-dire le juge constitutionnel béninois, de « gardien déchainé » qui tente de désobéir à son créateur qu'est le constituant.

[5] D. DE BECHILLON, « *Comment encadrer le pouvoir normatif du juge constitutionnel* ? », CCC n°24, juillet 2004, disponible sur https://www.conseil-constitutionnel.fr/nouveaux-cahiers-du-conseil-constitutionnel/comment-encadrer-le-pouvoir-normatif-du-juge-constitutionnel consulté le 2 janvier 2020.

[6] Voir E-D. ADOUKI, « Le pouvoir normatif. », *op. cit.* p. 1/15.

[7] D. SY, « Les fonctions de la justice constitutionnelle … », *op. cit.* p. 51.

[8] S. BOLLE, « Des Constitutions « made in » … », *op. cit.* p.21.

[9] Ibid. p. 13.

[10] F-J AÏVO, « La crise de la normativité… », *op. cit.* p. 8/31.

La charge normative contenue dans ce dernier est assez édifiante sur l'intérêt que le juge, les autorités politiques et les citoyens accordent à la fonction consultative de la justice constitutionnelle en Afrique francophone.

La norme se dégage du pouvoir qu'il exerce « *pour compléter les vides laissés par le pouvoir constituant originaire ou dérivé* »[1]. A Madagascar, par exemple, le principe du droit de grève est certes prévu à l'article 33 de la Constitution. Mais, le Premier ministre a tenu à demander à la Haute Cour qu'« *en cas de grève dans la fonction publique et en l'absence de législation y afférente, de donner son avis sur l'application dudit article notamment quant à l'exercice du droit de grève et ses conséquences ainsi que sur les mesures susceptibles d'être prises par les pouvoirs publics en vue de préserver l'intérêt général à travers la continuité des services publics* »[2]. Conscient de l'existence d'un vide juridique en la matière, le juge a, dans une démarche pédagogique, rappelé le fondement de ce droit, précisé ses modalités d'exercice et les exigences qui sous-tendent ses limites. Il précise, par la suite, que « *la grève ne rompt pas les liens de l'agent public avec l'Etat, qu'elle doit, ainsi, s'exercer dans le respect du devoir de réserve propre aux fonctionnaires en vertu de leur statut* ». Au sujet de ses conséquences pécuniaires, le juge indique qu'« *En cas d'interruption du service ou d'inexécution des obligations du service du propre fait de l'agent public, il doit être procédé à une retenue au prorata temporis de l'interruption* ». Il ajoute que « *la retenue sur le traitement est une mesure de nature et de portée comptable ne pouvant en aucun cas porter atteinte au droit de grève* ». C'est pourquoi, elle n'implique « *aucune appréciation du comportement personnel de l'agent comme dans le cadre d'une procédure disciplinaire* ». C'est avec la même démarche constructive qu'il a répondu à la question de savoir si « *la motion de destitution qui n'a pas été votée dans les 48 heures après son dépôt n'est pas frappée de forclusion ou de caducité* ». Il a fait constater, en effet, que « *ni l'article 94 de la Constitution..., ni les articles 129 et 130 du règlement intérieur...ne prévoient ni la caducité, ni la forclusion mais au contraire ouvrent la procédure de vote de la motion de censure à l'expiration d'un délai de 48 heures* »[3]. En Côte d'Ivoire, c'est suite à sa saisine, par le Président de l'Assemblée Nationale, aux fins de vérifier la conformité à la Constitution de la proposition de loi fixant les conditions de travail domestique et portant organisation des agences de placement des travailleurs que le juge constitutionnel s'est rendu compte des lacunes des textes de référence sur la

---

[1] S. ANDZOKA, *op. cit.* p. 285.

[2] Avis n°01-HCC/AV du 06 avril 2005 sur l'interprétation des dispositions de l'article 33 de la Constitution disponible sur http://www.hcc.gov.mg/avis/avis-n01-hccav-du-6-avril-2005-sur-linterpretation-des-dispositions-de-larticle-33-de-la-constitution/, consulté le 2 janvier 2020.

[3] Avis n°02-HCC/AV du 08 mai 2006 relatif au délai de validité d'une motion introduite auprès de l'Assemblée nationale disponible sur http://www.hcc.gov.mg/avis/avis-n02-hccav-du-8-mai-2006-relatif-au-delai-de-validite-dune-motion-introduite-aupres-de-lassemblee-nationale/, consulté le 3 janvier 2020.

qualité des saisissants[1]. En effet, constate le juge, ni l'article 97 de la Constitution, ni l'article 18 de la loi organique sur le Conseil constitutionnel ne désignent expressément « *les personnes ou autorités habilitées à saisir le Conseil constitutionnel pour avis* ». Mieux, le juge constate qu' « *aucune autre disposition de la Constitution, ni de la Loi organique ne confère expressément au Président de l'Assemblée Nationale le pouvoir de saisir le Conseil constitutionnel d'une demande d'avis sur la base de l'article 97 de la Constitution* ». Convaincu que cette lacune est de nature à annihiler tout le mécanisme de sa compétence consultative, le juge a choisi de construire un raisonnement permettant de la combler. Il soutient « *que malgré le silence du texte constitutionnel quant aux personnes habilitées à solliciter l'avis, on peut affirmer tout logiquement que ces personnes ne peuvent être que celles à qui la Constitution a conféré le droit de saisir le Conseil constitutionnel en matière de contrôle de constitutionnalité par voie d'action* ». Il ajoute que, « *pouvant ainsi obtenir du Conseil constitutionnel des décisions ayant autorité absolue de chose jugée et s'imposant à tous, ces autorités (...) peuvent à fortiori, obtenir des avis qui n'ont aucun effet contraignant* (…) ». Cette affaire a donné au juge l'occasion de confirmer l'adage selon lequel « *qui peut le plus, peut le moins* ». Au Niger, c'est en raison de ces genres de lacunes que les parlementaires ont étalé leur divergence sur l'interprétation de quelques principes constitutionnels en rapport avec des procédures politiques et judiciaires en cours[2]. Les requérants voulaient savoir, en effet, si « *l'Assemblée nationale, titulaire du pouvoir législatif peut, sans violer les principes constitutionnels de séparation des pouvoirs et d'indépendance des juridictions, régulièrement débattre d'une motion de censure sur une affaire pendante devant les juridictions* » et « *si le fait pour deux députés membres de la Haute Cour de Justice de signer la dite motion de censure, de participer aux débats et au vote subséquents n'enfreint pas le principe constitutionnel d'impartialité des juridictions* »[3]. Face à ces questions, le juge a fait constater que seuls le nombre de signataires, les modalités de dépôt et la forme de l'acte sont prévus par la Constitution. La Constitution étant silencieuse sur le contenu de la motion de censure, le juge a essayé de circonscrire l'objet et la finalité de deux actions. Il relève que « *la motion de censure a (....) pour objet la mise en cause de la responsabilité*

[1] Avis n° CI-2014-A-137/10-06/CC/SG du 10 juin 2014 relatif à la demande du Président de l'Assemblée nationale aux fins de vérifier la conformité à la Constitution de la proposition de loi fixant les conditions du travail domestique et portant organisation des agences de placement des travailleurs, disponible sur http://www.conseil-constitutionnel.ci/archives-et-decisions/avis-ndeg-ci-2014-13710-06ccsg, consulté le 3 janvier 2020.

[2] Avis n°01/07/CC du 30 mai 2007 disponible sur http://www.cour-constitutionnelle-niger.org/documents/avis/2007/avis_n_001_cc_2007.pdf consulté le 3 janvier 2020.

[3] Sur cette deuxième question, le juge a répondu que « le fait pour deux députés membres de la Haute Cour de Justice de signer une motion de censure se référant à des faits dont est saisie cette juridiction, de participer aux débats puis au vote ne vicie pas ladite motion, mais pourrait rendre ces deux députés inaptes à siéger dans la formation de jugement de la Haute Cour de Justice s'ils se sont départis de leur obligation de réserve ».

politique du gouvernement et est sanctionnée en cas d'adoption par la démission du gouvernement ». Cette action se distingue de la procédure judiciaire suivie devant la Haute Cour de justice dont « *l'objet est d'établir la responsabilité pénale des personnes physiques nommément désignées par l'acte de saisine de ladite juridiction et la sanction consiste, soit en l'acquittement des accusés, soit en une déclaration de culpabilité suivie du prononcé de peine* ». Les deux procédures étant différentes, l'une de l'autre tant dans leur objet, des personnes qu'elles mettent en cause que dans leur finalité, le juge a conclu que « *le vote d'une motion de censure dont le texte se réfère à une affaire pendante devant les juridictions n'est pas contraire aux principes constitutionnels de séparation et d'indépendance des juridictions* »[1].

Le rôle créateur du juge constitutionnel se manifeste aussi à l'occasion de l'exercice de son pouvoir de régulation. L'on a constaté, par exemple, que c'est en interprétant l'article 88 de la Constitution que le juge ivoirien a fait droit à la demande d'avis du Président de la République relative à la révision constitutionnelle au regard du contexte de crise[2] de l'époque consacrant, du coup, une extension du champ matériel de sa compétence consultative au-delà des limites fixées par le constituant[3]. Il en est de même du juge constitutionnel malien dans l'avis n°2012-003/CC du 31 mai 2012 précité. Il se manifeste, également, lorsque le juge s'emploie à découvrir, voire, à créer des principes ou des objectifs à valeur constitutionnelle. Au Bénin, par exemple, alors que les dispositions constitutionnelles ne le « mentionnent gère, *expressis verbis* »[4], la Cour constitutionnelle a rangé « la liberté de commerce et de l'industrie » dans la catégorie des libertés publiques garantie par la Constitution et d'affirmer que « *le législateur est seule habilité à prendre des dispositions affectant une liberté publique* ». La préoccupation du juge était de veiller à ce que la Décision-loi n°88-005 du 26 septembre 1988 ne soit pas abrogée par décret sous prétexte qu'elle serait prise dans le domaine règlementaire[5]. C'est à l'occasion de l'émission d'un avis que le juge constitutionnel tunisien a découvert que « *le développement de l'économie constitue un objectif constitutionnel proclamé dans le préambule de la Constitution* »[6]. Il en est de même du juge sénégalais

---

[1] L'on pense, également, à l'avis par lequel le juge constitutionnel nigérien a donné un contenu à l'article 67 de la Constitution en excluant expressément la possibilité, pour le Président de la République, de nommer ou de révoquer « *par décret ou autre... dans le cadre de l'exercice des pouvoirs exceptionnels* ». Dans ce pays, plusieurs espèces ont donné, au juge constitutionnel l'occasion de préciser et de compléter certaines dispositions de la Constitution particulièrement silencieuses à propos des préoccupations des autorités publiques

[2]Avis n°003/CC/SG du 17 décembre 2003 disponible sur http://www.conseil-constitutionnel.ci/sites/default/files/13618978361.pdf consulté le 3 janvier 2020.

[3]L. SINDJOUN, *op. cit.* p. 360.

[4] N. MÉDÉ, Les *grandes décisions de la Cour constitutionnelle du Bénin*, Dakar, L'Harmattan, 2020, p. 280.

[5] Avis n° CC 001/98 du 19 novembre 1998, Président de la République, ibid. pp.181-182.

[6] Avis n°12-2010 du 11 mai 2010 (Journal Officiel de la République Tunisienne n°38 du 11 mai 2010, pp.1224-1225) disponible sur

qui a découvert, dans le préambule de la Constitution, la proclamation du respect et de la consolidation de « *la sécurité juridique et la stabilité des institutions* » avant de les ériger au rang « *des objectifs à valeur constitutionnelle que toute révision doit prendre en considération* ». Il s'aligne, par voie de conséquence, sur la position du Doyen KANTE pour qui, « *la sécurité juridique est (...) devenu une des conditions d'existence de l'Etat de droit au sens moderne du terme* »[1] .

Le rôle créatif du juge constitutionnel se manifeste, encore, à l'occasion du contrôle préventif qu'il exerce sur les projets ou les propositions de révision constitutionnelle. Au Sénégal, si le juge constitutionnel a réussi à construire « *une véritable doctrine d'incompétence* »[2] en refusant de statuer sur les lois de révision, l'on constate qu'il a tenté de la déconstruire lorsqu'il lui a été demandé de se prononcer, par voie d'avis, sur un projet de révision constitutionnelle. Dans un considérant dont la pertinence mérite qu'il soit reproduit, le juge affirme que « *si le Conseil constitutionnel, saisi en matière de contrôle de constitutionnalité des lois, ne tire ni de la Constitution, ni de la loi organique (...) le pouvoir de statuer sur les lois de révision de la Constitution, en revanche, dans le cadre de la procédure prévue à l'article 51 précité, il a toute latitude pour exercer un contrôle minimum sur le projet de révision qui lui est soumis* »[3]. Il s'attribue, par voie de conséquence et désormais, le pouvoir de statuer sur les révisions constitutionnelles dès lors qu'il est saisi par voie consultative et au sujet d'un projet pris sur le fondement de l'article 51 de la Constitution.

Ces différentes hypothèses d'interprétations constructives rappellent, si besoin est, la fameuse métaphore canadienne de l'arbre vivant construite à partir de la décision *Edwards* rendue en 1930 par le Comité judiciaire du Conseil privé qui était alors appelé à déterminer « *si l'article 24 de la Loi constitutionnelle de 1867 devait être interprété de façon à permettre la nomination d'une femme au Sénat* »[4]. La question était alors de savoir, si le terme *« personne » devrait-il être interprété comme incluant les femmes ?* ». La réponse du Comité fut positive. Il affirma que « *L'acte de l'Amérique du Nord britannique a planté au Canada un arbre susceptible de croître et de se développer à l'intérieur de ses limites naturelles* ». Par cette décision, le Comité refusait « *d'être strictement lié par les intentions du constituant dans son interprétation du texte*

---

http://www.cnudst.rnrt.tn/jortsrc/2010/2010f/jo0382010.pdf consulté le 4 janvier 2020. Pour une approche complète de la question, voir, BA (B), op. cit. p.25.

[1] B. KANTE, « La justice constitutionnelle face à l'épreuve de la transition… », *op. cit.* p. 34.

[2] J-F. AÏVO, « La crise de la normativité… », *op. cit.* p. 7/22.

[3] Décision n°1-C-2016 du 12 février 2016 disponible sur https://conseilconstitutionnel.sn/decision-n-1-c-2016-du-12-fevrier-2016-affaire-n-1-c-2016/ consulté le 4 janvier 2020.

[4] L'article 24 visé dispose : « *Le gouverneur-général mandatera de temps à autre au Sénat (...), des personnes ayant les qualifications voulues* ».

constitutionnel et optait plutôt pour une interprétation évolutive, permettant de l'adapter aux besoins de la société »[1].

En matière législative, son pouvoir normatif se manifeste dans sa capacité à se servir de la demande d'avis pour, tantôt supprimer certaines dispositions du projet ou de la proposition de loi, tantôt les réécrire afin de les conformer à la Constitution. Dans tous les cas, il est attendu de ce juge une confrontation du projet ou de la proposition de loi ou encore d'ordonnance aux dispositions pertinentes de la Constitution. Aussi, loin de se contenter de rétoquer certaines dispositions d'un projet ou d'une proposition de loi, le juge y ajoute-t-il des dispositions afin « *d'enrichir le contenu normatif* »[2] du texte. C'est pourquoi, il a été soutenu que « *la saisine consultative constitue l'unique moment, pour le juge constitutionnel de se déployer et de participer au débat sur la production législative* »[3]. Il peut être amené à imposer des corrections législatives au parlement à travers certaines formes de réserves d'interprétation[4]. En Côte d'ivoire, par exemple, c'est après avoir accepté de vérifier la conformité à la Constitution de « *la proposition de loi fixant les conditions du travail domestique et portant organisation des agences de placement des travailleurs domestiques* » que le juge a déclaré « *conforme à la Constitution* » la proposition de loi « *sous les conditions et réserves suivantes* » : que la proposition de loi s'en tienne « *aux principes fondamentaux et laisser au pouvoir règlementaire le soin de fixer dans les détails les règles du travail domestique* » et que « *les droits omis, tels le droit syndical et le droit de grève, doivent faire l'objet d'un renvoi au Code du travail* »[5].

Il arrive au juge d'être saisi pour avis sur la valeur à un texte juridique ou sur la détermination de sa place dans la hiérarchie des normes. C'est dans ce sens qu'il a été demandé au juge de « *déterminer la valeur juridique du règlement intérieur du parlement dans l'ordonnancement juridique par rapport aux autres textes législatifs et règlementaires et ce, afin de dissiper toute interprétation erronée* »[6].

---

[1] Sur ces différents éléments, voir, E. BROUILLET et A-G GAGNON, « La Constitution canadienne et la métaphore de l'arbre vivant : réflexions politologues et juridiques », A-G. GAGNON et P. NOREAU, (dir.), Constitutionnalisme, *droits et diversité*, Mélanges en l'honneur de José Woehrling, Editions les THEMIS, 2017, pp.83-86.

[2] D. SY, « Les fonctions de la justice constitutionnelle… », *op. cit.* p. 54.

[3] K-K. KPRI, op. cit. p. 121.

[4] A.A. D. KEBE, « Les réserves d'interprétation dans la jurisprudence constitutionnelle des Etats de l'Afrique francophone », *Annales Africaines*, Nouvelle série, vol.1, avril 2015, p. 255-294.

[5] Avis n° CI-2014-A-137/10-06/CC/SG du 10 juin 2014 relatif à la demande du Président de l'Assemblée nationale aux fins de vérifier la conformité à la Constitution de la proposition de loi fixant les conditions du travail domestique et portant organisation des agences de placement des travailleurs

[6] Avis n°01/HCC/AV du 7 mars 2012 portant interprétation des articles 79 et 117 *in fine* de la Constitution disponible sur http://www.hcc.gov.mg/avis/avis-n01-hccav-du-7-mars-2012-portant-interpretation-des-dispositions-des-articles-79-et-117-in-fine-de-la-constitution/

Si dans les Etats qui viennent d'être présentés, l'autorité de l'avis découle des efforts déployés par le juge dans l'exercice de sa fonction consultative, il faut remarquer que dans d'autres, c'est le constituant qui a pris le soin de traiter de la question.

B- Une formulation constituante

Dans les Etats qui suivent, ce sont les dispositions pertinentes de la Constitution complétées par celles des lois organiques relatives aux juridictions constitutionnelles qui se prononcent directement sur la nature de l'autorité qu'il convient de reconnaître à l'avis émis sur le juge constitutionnel. A ce niveau, également, l'on distingue des Etats dans lesquels la formulation de l'autorité de l'avis est explicite (**1**) et ceux dans lesquels elle est encore perfectible (**2**).

1- Une formulation explicite

Les Etats de l'échantillon dans lesquels la formulation de l'autorité de l'avis découle explicitement des dispositions pertinentes de la Constitution complétées par celles des lois organiques sont la Tunisie et l'Algérie. A ces deux Etats, s'ajoute le Burkina Faso mais seulement lorsque l'avis est émis en matière référendaire.

En Tunisie, il faut rappeler que la Constitution du 1er juin 1959[1], quoique rigide et dotée d'une suprématie par rapport aux lois ordinaires, n'avait pas prévu des organes et des procédures appelées à garantir sa suprématie et à assurer un contrôle de conformité des textes juridiques inférieurs. L'on apprend qu'un projet de révision a été présenté le 9 février 1971 et prévoyait l'institution d'un Conseil constitutionnel à l'effet, notamment, de vérifier la conformité à la Constitution des lois organiques et ordinaires ainsi que des règlements intérieurs de l'Assemblée nationale. Le projet a été abandonné en raison de sa contradiction avec la Constitution qui disposait que « *le Président de la République est le garant du respect de la Constitution* »[2] et qu'il n'aurait, visiblement, pas besoin d'un rival dans l'exercice de cette prérogative. Il a fallu attendre 1987 avec la signature du décret n°87-1414 du 16 décembre 1987 pour que la Tunisie soit dotée d'un Conseil constitutionnel de la République. Son statut d'organe infra constitutionnel révèle sa malformation congénitale et « *fait*

---

consulté le 4 janvier 2020. A la question ainsi posée, il affirme que « *le règlement intérieur de chaque chambre du parlement constitue une résolution n'ayant pas un niveau supérieur à la loi* » et qu'« *un arrêté pris par une autorité législative est un acte d'administration interne respectant la hiérarchie des normes prévue par la Constitution mais ne saurait constituer un acte réglementaire qui relève seulement de la compétence du pouvoir exécutif* ».

[1] Disponible sur https://www.wipo.int/edocs/lexdocs/laws/fr/tn/tn028fr.pdf, consulté le 3 janvier 2020. Pour une lecture doctrinale a de cette Constitution, voir, V. SILVERA, « *Le régime constitutionnel de la Tunisie : La Constitution du 1er juin 1959* », Revue française de Science politique n°2, 1960, pp. 366-394, disponible sur https://www.persee.fr/doc/rfsp_0035-2950_1960_num_10_2_392575, consulté le 2 janvier 2020.

[2] Sur ces développements, voir, R. BEN ACHOUR, « Tunisie : Vicissitudes du contrôle de constitutionnalité des lois », *Chroniques, AIJC* n°4, 1990, p. 536.

de lui un handicapé condamné à vivre dépendant »[1]. C'est pourquoi, il n'avait que des attributions exclusivement consultatives. Il est écrit à l'article 2 du décret, en effet, que « *le Conseil constitutionnel est chargé d'examiner les projets de lois qui lui sont soumis par le Président de la République en vue de formuler un avis sur leur conformité à la Constitution* ». La formule ainsi choisie indique que la consultation n'était ni obligatoire, ni générale et ne couvrait pas tous les domaines législatifs. Aussi, l'article 6 du décret portant institution du Conseil ajoute-t-il que « *les avis du Conseil constitutionnel sont confidentiels. Ils ne sont pas publiés et ils ne sont notifiés qu'au seul Président* ». Dans ce contexte, le Conseil constitutionnel apparaît comme « *un simple organe administratif consultatif* »[2] et la question de l'autorité de ses avis « *avait d'autant moins de raison de se poser que les avis étaient secrets* »[3]. Cette situation ne pouvant rester figée. Au regard de la transition démocratique amorcée dans certains Etats de l'Afrique noire francophone, il a été décidé, à partir de 1990, de réduire le secret en transmettant à la Chambre des députés l'avis du Conseil constitutionnel avec les projets de loi soumis à discussion.

La révision constitutionnelle de 1995 n'inscrit plus le principe du secret mais maintient celui de transmission des avis. Il a aussi rehaussé le statut du juge au niveau constitutionnel[4].

L'article 75 de la loi constitutionnelle n°98-76 du 2 novembre 1998[5] confère à l'avis une autorité et dispose qu'il « *s'impose à tous les pouvoirs publics sauf s'il porte sur les questions prévues au paragraphe dernier de l'article 72 de la Constitution* ». Depuis, il a été relevé qu' « *à chaque fois que le Conseil soulève l'inconstitutionnalité d'un projet de loi, le Président de la République ordonne son amendement conformément à l'avis du Conseil* »[6]. Pour la doctrine qui s'est penché sur la question, « *le Chef de l'Etat respectant systématiquement les avis du Conseil constitutionnel, il n'est sans doute pas nécessaire de démontrer l'évidence* »[7]. Par la suite, la loi organique du 12 juillet 2004 prévoyait, à son article 28, la publication au Journal officiel des avis du Conseil constitutionnel[8].

---

[1] R. BEN ACHOUR, *op. cit.* p. 538.

[2] Ibid, p. 541.

[3] M. XAVIER,« *Regard sur les constitutionnalismes algérien marocain et tunisien. Quel constitutionnalisme pour le Maghreb central* » ? disponible sur http://publications.ut-capitole.fr/13692/1/Regard_sur_les_Conseils_constitutionnels_alg%C3%A9rien%2C_marocain_et_tunisien..pdf consulté le 4 janvier 2020, p. 17.

[4] La loi constitutionnelle n°95-90 du 6 novembre 1990 a ajouté un titre IX nouveau relatif au Conseil constitutionnel, à la Constitution. Pour les détails, voir, R. BEN ACHOUR, « La Constitution tunisienne du 27 janvier 2014, *RFDC* 2014/4, n°100, p. 797.

[5]La loi constitutionnelle est disponible sur https://legislation-securite.tn/sites/default/files/lois/Loi%20constitutionnelle%20n%C2%B0%2098-76%20du%202%20Novembre%201998%20%28Fr%29.pdf,consulté le 3 janvier 2020.

[6] M. XAVIER,*op. cit.* p. 19.

[7] Ibid.

[8] Ibid. pp.17-18.

Au regard de sa dénomination qui « *implique une dépendance à l'égard de celui qui est conseillé et, par la même, un lien de subordination, au fond caractéristique de l'Administration* »[1], l'idée de faire évoluer son statut et sa dénomination a été agitée. Elle a été concrétisée par la Constitution de 2014[2]qui institue, à son article 118, une Cour constitutionnelle en Tunisie[3]. Elle prévoit une seule hypothèse de demande d'avis et à l'initiative du seul Président de l'Assemblée des représentants du peuple. Son article 144 dispose, en effet, que « *toute initiative de révision de la Constitution est soumise, par le Président de l'Assemblée des représentants du peuple, à la Cour constitutionnelle pour dire que la révision ne concerne pas ce qui, d'après les termes de la présente Constitution, ne peut faire l'objet de révision* ». L'article 41 de la Loi organique n° 2015-50 du 3 décembre 2015 relative à la Cour constitutionnelle confirme cette lecture. Il dispose, à son tour, que « *La Cour constitutionnelle rend son avis pour dire si l'initiative concerne ou non les dispositions que la Constitution a interdit leur révision (...). Le Président de la Cour constitutionnelle informe immédiatement le Président de l'Assemblée des représentants du peuple, le Président de la République et le Chef du Gouvernement de l'avis de la Cour* ».

Les projets et propositions de lois sont désormais retirés du domaine de l'avis et font l'objet d'un contrôle de constitutionnalité qui débouche sur une décision. En ce qui concerne les formalités procédurales d'adoption, de présentation et de publicité, d'une part et la portée juridique, d'autre part, l'article 5 de la loi organique soumet les avis et les décisions au même régime juridique. Il dispose, à cet effet, que « *les décisions et avis de la Cour constitutionnelle sont pris à la majorité absolue de ses membres (...) et sont motivés. Les décisions et avis de la Cour constitutionnelle sont rendus au nom du peuple et publiés au Journal officiel (...). Ces décisions et avis sont également publiés sur le site électronique de la Cour. Les décisions et avis de la Cour constitutionnelle s'imposent à tous les pouvoirs* ».

A défaut de pouvoir accéder aux avis émis par l'actuelle Cour constitutionnelle, l'on pourrait se contenter de rappeler que l'ancien Conseil constitutionnel a connu une activité consultative particulièrement intense. Sur la période allant de 2004 qui coïncide avec le début de leur publication à 2011, le portail de l'information juridique géré par la Présidence de la République

---

[1] F. ROUVILLOIS, « Le printemps des juridictions constitutionnelles », *ESKA, Revue « Maghreb- Machrek »*, 2015/1 n°223, p. 103, disponible sur https://www.cairn.info/revue-maghreb-machrek-2015-1-page-99.htm?try_download=1, consulté le 3 janvier 2020.

[2] Sur les innovations contenues dans cette Constitution, voir, BEN ACHOUR (RA), « La Constitution tunisienne du 27 janvier 2014 », *op. cit*, pp.783-801.

[3] Sur l'avènement de cette nouvelle juridiction, voir, P. XAVIER, « Contrôle juridictionnel et Cour constitutionnelle dans la Constitution », La Constitution de la Tunisie : Processus, principes et perspectives, disponible sur https://www.tn.undp.org/content/dam/rbas/doc/Compendium/Part%203/45%20Contr%C3%B4le%20juridictionnel%20et%20Cour%20constitutionnelle%20dans%20la%20Constitution.pdf, consulté le 2 janvier 2020.

indique que quatre cent dix-neuf (419) avis, soit sept (7) en 2004, quatre-vingt-douze (92) en 2005, cinquante-six (56) en 2006, soixante-dix (70) en 2007, quatre-vingt-quinze (95) en 2008, cinquante-sept (57) en 2009, quarante-et-un (41) en 2010 et un (1) en 2011 ont été émis.

En Algérie, il est apparu que la tentative de création d'un Conseil constitutionnel en 1963 a échoué parce que la Constitution qui le portait n'a duré que quelques semaines[1]. Son institution date de la Constitution du 28 février 1989[2]. Il sera maintenu par la Constitution de 1996 malgré les révisions intervenues en 2002, 2008 et 2016. Aux termes de l'article 186 alinéa 2 de la Constitution telle que modifiée par la loi n° 16-01 du 6 mars 2016 portant révision de la Constitution, « *le Conseil constitutionnel, saisi par le Président de la République, émet un avis obligatoire sur la constitutionnalité des lois organiques après leur adoption par le parlement* ». L'alinéa 3 de cet article ajoute qu' *« il se prononce également dans les mêmes formes (...) sur la conformité à la Constitution du règlement intérieur de chacune des deux chambres du parlement* ». A l'article 111 de la Constitution, il est prévu que « *le Président de la République signe les accords d'armistice et les traités de paix. Il recueille l'avis du Conseil constitutionnel sur les accords qui s'y rapportent* ». Au total, le Conseil constitutionnel émet des avis obligatoires sur la constitutionnalité des traités et accords, des lois organiques et du règlement intérieur. A la date du 07 janvier 2019, le site du Conseil constitutionnel affiche quarante-huit (48) avis émis sur la période allant de 1989 à 2019. En tentant une classification selon leur objet, on se rend compte que trente un (31) avis ont été émis sur la constitutionnalité des lois organiques, quatre (4) sur les lois ordinaires, trois (3) sur les lois de révision, un (1) sur les traités et neuf (9) sur les règlements intérieurs des chambres du parlement.

S'agissant notamment de la portée de ces avis, les dispositions de l'article 191 alinéa 3 se passent de tout commentaire. En effet, en précisant que « *les avis et décisions du Conseil constitutionnel sont définitifs. Ils s'imposent à l'ensemble des pouvoirs publics et aux autorités administratives et juridictionnelles* », le constituant algérien a entendu éviter toute divergence d'interprétation au sujet du caractère exécutoire de l'avis. Ainsi, qu'il s'agisse d'avis ou de décision, l'effet est le même. En conséquence, la distinction entre les deux ne porte pas sur les effets de l'acte par lequel s'exerce le contrôle mais plutôt sur le moment du contrôle. Ainsi, l'on parle d'avis lorsque le contrôle intervient avant l'entrée en vigueur de l'acte et de décision dans le cas contraire.

L'assimilation est compréhensible dans la mesure où dans chacune de ces hypothèses d'avis, le juge constitutionnel exerce un contrôle de pure conformité du projet du texte à la Constitution. Dans une affaire, il a eu l'occasion de

---

[1] F. ROUVILLOIS, *op.cit.* p. 100.

[2] Voir article 153 de la Constitution qui dispose que « Il est institué un Conseil constitutionnel chargé de veiller au respect de la Constitution », disponible sur http://www.conseil-constitutionnel.dz/index.php/fr/1989 consulté le 4 janvier 2020.

préciser ce qu'il faut entendre par « conformité à la Constitution ». Saisi, par le Président de la République sur la constitutionalité du texte voté par l'Assemblée Populaire Nationale le 22/07/1989 intitulé « loi portant règlement intérieur de l'Assemblée Nationale Populaire », le juge a tenu à préciser que « *la notion de conformité à la Constitution doit être entendue de façon stricte, en ce sens que le règlement intérieur de l'Assemblée Populaire Nationale doit reproduire fidèlement dans ses dispositions le schéma contenu dans les règles constitutionnelles dont il tire sa substance* » avant de déclarer non conformes à la Constitution certaines de ses dispositions[1]. L'on retrouve la même rigueur lorsqu'il lui a été demandé de contrôler la conformité de la loi organique fixant les cas d'incompatibilités avec le mandat parlementaire à la Constitution. L'article 5 du projet dispose, en substance, que n'est pas incompatible avec le mandat parlementaire, l'exercice, entre autres, de fonctions de professeur ou de maître de conférences dans l'enseignement supérieur et la recherche et de fonctions de professeur de médecine au sein des établissements de santé publique. Après avoir rappelé les dispositions de la Constitution (article 103) qui n'interdisent pas au législateur d'exclure certaines activités de ces cas d'incompatibilité avec le mandat parlementaire mais à condition qu'elles revêtent un caractère temporaire, qu'elles soient limitées dans le temps et qu'elles n'influent pas sur l'exercice normal du mandat parlementaire, le Conseil constitutionnel a fait œuvre pédagogique en expliquant les raisons de l'institution de ces cas d'incompatibilités. Pour le juge, en écartant « *toute possibilité de cumul de toute fonction ou mission avec le mandat parlementaire, le législateur entend permettre au membre du parlement de se consacrer pleinement à sa mission parlementaire afin que le parlement reste fidèle au mandat du peuple et demeure à l'écoute permanente de ses aspirations* ». Il conclut qu'« *en excluant des cas d'incompatibilité prévus par la loi organique (...) les fonctions de professeur ou de maître de conférences dans l'enseignement supérieur et la recherche scientifique et celle des professeurs de médecine au sein des établissements de santé, le législateur aura consacré une situation discriminatoire entre les députés par rapport aux titulaires de fonctions similaires* » En conséquence, il a « *méconnu le principe d'égalité énoncé à l'article 29 de la Constitution* »[2]. Dans quasiment tous les avis disponibles, l'on assiste à la mise en œuvre de son pouvoir de déclaration de conformité sous réserve pour, soit réécrire certaines dispositions du projet du texte, soit exiger la suppression d'autres dispositions. Il se montre très regardant

[1] Avis n°1-AL CC89 du 28 août 1989 relatif au règlement intérieur de l'Assemblée populaire nationale disponible sur http://www.conseil-constitutionnel.dz/index.php/fr/19890, consulté le 5 janvier 2020.

[2] Avis n°04/A.CC du 22 décembre 2011 relatif au contrôle de conformité de la Loi organique fixant les cas d'incompatibilités avec le mandat parlementaire à la Constitution disponible sur http://www.conseil-constitutionnel.dz/index.php/fr/2011 consulté le 4 janvier 2020.

sur la nature et la qualité des visas qu'il n'hésite pas à censurer en cas d'erreur et à indiquer la norme de référence appropriée.

Au Burkina Faso, l'article 29 de loi organique n°011-2000/AN du 27 avril 2000 portant composition, organisation, attributions et fonctionnement du Conseil constitutionnel et la procédure applicable devant lui[1]dispose qu' « *En matière de referendum, le Conseil constitutionnel est obligatoirement consulté par le gouvernement sur l'organisation des opérations, il est informé sans délai de toutes mesures prises à cet effet. Ses avis s'imposent à tous* ». Il apparait que, dans ce pays, l'avis du juge constitutionnel émis en matière référendaire revêt un caractère obligatoire tant dans sa demande que dans son respect. En cette matière, l'on remarque, que même ses « *observations s'imposent à toute autorité et à toute personne* »[2].

Si dans ces Etats, la formulation de l'autorité de l'avis ne souffre d'aucune ambiguïté, dans d'autres Etats, elle est encore perfectible.

2- Une formulation perfectible

Les Etats dans lesquels la formulation de l'autorité de l'avis du juge constitutionnel semble perfectible sont le Congo Brazzaville et le Sénégal.

Dans le cas du Congo, la Constitution adoptée par referendum du 25 octobre 2015 distingue deux types d'avis à savoir un avis simple[3] et un avis de conformité. Ce dernier est prévu à l'article 87 de la Constitution qui dispose que « *le Président de la République peut soumettre au referendum, après avis de conformité de la Cour constitutionnelle, tout projet de loi quand il le juge nécessaire. En cas d'avis de non-conformité, il ne peut être procédé au referendum.* »[4]A l'article 179 de la même Constitution, il est prévu que « *la Cour constitutionnelle est saisie, pour avis de conformité, avant la promulgation des lois organiques ou la mise en application du règlement intérieur de chaque chambre du parlement* »[5]. Ces deux dispositions de la

---

[1] La loi organique est disponible sur https://cdn.accf-francophonie.org/2019/03/burkina-loi-2000.pdf, consulté le 4 janvier 2020.

[2] L'Article 30 de cette loi organique dispose, en effet, que « Le Conseil constitutionnel peut présenter des observations sur la liste des organisations habilitées à user de moyens officiels de propagande. Ces observations s'imposent à toute autorité et à toute personne ».

[3] L'article 153 de la Constitution dispose que « si le parlement n'a pas voté le budget à la fin de la session d'octobre, le Premier ministre demande une session extraordinaire dont la durée ne peut excéder quinze (15) jours. Passé ce délai, le budget est établi, définitivement, par ordonnance, après avis de la Cour constitutionnelle ».

[4] Il s'agit d'une reprise de l'article 86 de la Constitution du 20 janvier 2002 qui disposait qu'« *avant de soumettre le projet au referendum, le Président de la République recueille l'avis de la Cour constitutionnelle sur sa conformité à la Constitution. En cas de non-conformité à la Constitution, il ne peut être procédé au referendum* ».

[5] L'article reprend également l'article 148 alinéa de l'ancienne Constitution aux termes duquel « *La cour constitutionnelle est saisie, pour avis de conformité, avant la promulgation des lois organiques ou la mise en application du règlement intérieur de chaque chambre du parlement* ».

Constitution ont été reprises et complétées par les articles 30[1], 31[2] et 32[3] de la Loi organique n°28-2018 du 7 août 2018. Pour sanctionner un tel contrôle consultatif qui se veut de conformité, l'article 181 alinéa premier de la Constitution déclare qu' « *une disposition déclarée inconstitutionnelle ne peut être ni promulguée ni mise en application* ». Il est complété par l'article 37[4] de la loi organique de 2018 précitée qui statue sur le sort d'une loi déclarée totalement ou partiellement inconstitutionnelle avant sa promulgation, de l'article 38[5] qui indique la suite à réserver au règlement intérieur de l'Assemblée ou du sénat dont l'inconstitutionnalité a été détectée avant sa mise en application et de l'article 39[6] qui évoque l'impact de l'avis sur le processus de promulgation ou de mise en application du texte.

Au regard des effets qui lui sont ainsi aménagés, l'on pourrait légitimement penser que l'avis de conformité est formellement revêtu de la même autorité que la décision rendue au contentieux. Seulement, la fausse note vient de l'article 181 alinéa 2 qui reprend à l'identique l'article 150 alinéa 2 de la Constitution de 2002 pour disposer que « *les décisions de la Cour constitutionnelle ne sont susceptibles d'aucun recours. Elles s'imposent aux pouvoirs publics, à toutes les autorités administratives, juridictionnelles et aux particuliers* ». Quid de l'avis de conformité ? Doit-on considérer que « la décision » englobe « l'avis conforme » ou l'exclue-t-elle ? Pourquoi, n'a-t-il pas choisi de préciser que « *les décisions et les avis de conformité* s'imposent à… » ? En choisissant de ne pas intégrer l'avis de conformité dans la formulation de cet alinéa, comme l'ont fait ses homologues algérien et tunisien, et à moins qu'il ne soit une omission, l'on est tenté de conclure que le constituant congolais n'a pas entendu lui attribuer l'autorité reconnue aux décisions. Le constituant est souverain mais son choix n'est pas insusceptible de critiques au regard des effets, sans doute

---

[1] La Cour constitutionnelle est saisie pour avis de conformité, avant la promulgation des lois organiques soit par le Président de la République, soit par le Premier ministre chef du gouvernement.

[2] La Cour constitutionnelle est saisie par le Président du sénat ou par le Président de l'Assemblée nationale, pour avis de conformité, avant la mise en application du règlement intérieur de chaque chambre du parlement.

[3] Les lois ordinaires, avant leur promulgation, peuvent être déférées à la Cour constitutionnelle, pour avis de conformité, par le Président de la République, le Président de l'Assemblée nationale, le Président du Sénat, le Premier ministre, chef du gouvernement ou par un tiers (1/3) des membres de chaque chambre du parlement.

[4] Si la Cour constitutionnelle, saisie d'une loi avant sa promulgation, déclare qu'elle contient une disposition contraire à la Constitution, sans constater en même temps que celle-ci est détachable de l'ensemble de ladite loi, la loi dont s'agit ne peut être ni promulguée, ni mise en application.

[5] Dans le cas où la Cour constitutionnelle déclare que le règlement intérieur de l'Assemblée nationale ou du Sénat qui lui a été soumis contient une disposition contraire à la Constitution, cette disposition ne peut être mise en application.

[6] L'avis conforme de la Cour constitutionnelle constatant que les textes qui lui sont soumis ne sont pas contraires à la Constitution met fin à la suspension du délai de promulgation ou de leur application.

neutralisants, qu'il reconnait aux avis de conformité et qui rappellent à tout point de vue ceux de la décision rendue au contentieux. L'on peut lire, par exemple, dans un avis, que « *le règlement intérieur de l'Assemblée nationale, tel que soumis à la Cour constitutionnelle pour avis de conformité à la Constitution ne peut être mis en application que sous réserve des modifications suivantes…* »[1]. La décision n°007/DCC/SVA/13 du 07 mars 2013[2] rendue sous l'empire de la Constitution de 2002 crédite la thèse de l'incomplétude constitutionnelle et réaffirme le rôle supplétif du juge constitutionnel. Saisi d'un recours aux fins de déclarer certaines dispositions de la loi organique sur laquelle il a déjà émis un avis de conformité, le juge congolais a profité de l'occasion pour concrétiser et expliciter « l'intention » du Constituant. Il rappelle, à cet effet, que dans son avis de conformité, il avait conclu que « *la loi organique…ne contient aucune disposition contraire à la Constitution* ». Dans un considérant qui ôte tout espoir au requérant, le juge affirme « *que les avis de conformité de la Cour constitutionnelle, rendus sur le fondement de l'article 148 de la Constitution, produisent des effets juridiques équivalant aux décisions* » et que « *par conséquent, en application de l'article 150 alinéa 2 de la Constitution, ils s'imposent aux pouvoirs publics, à toutes les autorités administratives, juridictionnelles et aux particuliers* ».

Au Sénégal, pendant longtemps, les acteurs politiques et sociaux surfaient sur « le silence » de la Constitution et de la loi organique au sujet de la portée des avis du Conseil constitutionnel. Mieux, la question ne les intéressait pas parce que le juge n'avait jamais été amené à se prononcer, par cette voie, sur des questions aussi sensibles que celle qui lui a été posée en 2016[3]. La controverse sur la dénomination de l'acte émis par le Conseil constitutionnel, pour répondre à la question posée, a donné lieu à des débats « *d'une rare intensité* » tant la fixation sur les éléments de réponse était forte[4].

Conscients, entre autres, des lacunes du texte constitutionnel à l'origine de cette polémique et dans l'intention de clore définitivement le débat sur la nature des actes rendus par le Conseil constitutionnel en matière consultative, une révision a été initiée et a abouti à l'adoption de la loi n°2016-10 du 5 avril 2016[5]. Elle maintient la saisine du Conseil constitutionnel pour avis avant la

---

[1] Avis n°008-ACC-SVC/17 du 21 novembre 2017 sur la Conformité à la Constitution du règlement intérieur de l'Assemblée nationale disponible sur https://cour-constitutionnelle.cg/avis-par-annee/, consulté le 2 janvier 2020.

[2] Décision n°077/DCC/SVA/13 du 07 mars 2013 sur le recours en inconstitutionnalité de certaines dispositions de la loi organique n°22-2008 du 26 juillet 2008 portant organisation, composition et fonctionnement du Conseil supérieur de la magistrature et violation des droits de l'homme, disponible sur https://cour-constitutionnelle.cg/admincc/decisions/PDArmandLandryBISSOKO.pdf, consulté le 6 janvier 2020.

[3] E-O. DIOP, *op. cit.* pp. 179-187.

[4] Ibid.

[5] JORS n° spécial 6926 du 7 avril 2016, p. 505.

soumission de tout projet de loi au referendum[1]. Elle lui créée une nouvelle compétence consultative générale. En effet, en disposant que « *le Conseil constitutionnel peut être saisi par le Président de la République pour avis* »[2], le constituant de 2016 a entendu étendre « à l'infini » le champ des compétences consultatives du Conseil constitutionnel. L'on assiste, ainsi, à une indétermination constitutionnelle du domaine de l'avis et à une précision de sa portée dans la loi organique[3]. En effet, en disposant que « *le Conseil constitutionnel rend, en toute matière, des décisions motivées* », l'article 24 de la nouvelle loi organique relative au Conseil constitutionnel réaffirme la nature de l'acte obtenu par voie consultative qu'il assimile aux décisions dont l'autorité est fixée par l'article 92 alinéa 4 de la Constitution[4]. En conséquence, il est loisible, pour le Président de la République et pour toute question juridique, de solliciter l'avis contraignant du juge constitutionnel dès que cela lui paraît opportun au regard des circonstances du moment. C'est pour cette raison qu'une partie de la doctrine qualifie le juge constitutionnel, « *d'exutoire* » ou « *de bouée de sauvetage à l'effet de s'extirper de l'impasse d'une situation délicate et inconfortable* »[5]. Il aurait fallu, dans un premier temps, circonscrire le champ matériel de la demande d'avis. Dans un second temps, indiquer expressément, comme il a été fait en Tunisie et en Algérie, que cet avis est revêtu de la même autorité que les décisions rendues au Contentieux. Cette démarche assumée aurait pu empêcher l'article 24 de la loi organique relative au Conseil constitutionnel [6] de nier l'existence d'une catégorie d'actes juridiques pourtant prévue aux articles 51 et 92 alinéa 2 de la Constitution.

CONCLUSION

La curiosité intellectuelle qui a présidé au choix de ce sujet était de voir s'il est possible de concilier les notions « d'avis » et « d'autorité » dans l'office du juge constitutionnel à partir de l'exemple de certains Etats de l'Afrique francophone.

En nous appuyant sur le droit en vigueur, nous nous sommes rendu compte de l'existence de deux catégories d'Etats. Dans la première catégorie, l'autorité de l'avis est reconnue par les textes juridiques quoique cette reconnaissance est tantôt explicite tantôt lacunaire. Dans la seconde catégorie, c'est l'option du

---

[1] Article 51 de la Constitution.

[2] Article 92 alinéa 2.

[3] L'article 24 de la loi organique n° dispose en effet que « *le Conseil constitutionnel rend, en toute matière, des décisions motivées* ».

[4] L'article 92 alinéa 4 dispose, en effet, que « *Les décisions du Conseil constitutionnel ne sont susceptibles d'aucune voie de recours. Elles s'imposent aux pouvoirs publics et à toutes les autorités administratives et juridictionnelles* ».

[5] M. KAMARA., *op. cit.* p. XXVII.

[6] L'article dispose que « Le Conseil constitutionnel rend, en toute matière, des décisions motivées ». L'on peut maintenir dans la loi organique, comme il a été fait dans la Constitution, les deux catégories d'actes (avis et décision), circonscrire leur champ d'application et leur reconnaitre la même autorité.

silence qui a été privilégiée par le Constituant et le législateur. Ainsi, si dans le premier cas, il n'est pas nécessaire de s'attarder sur l'évidence sauf à la faire constater, dans le second cas en revanche, il importe de choisir quelques indicateurs pertinents permettant d'asseoir une opinion pertinente. C'est pour cette raison que l'on a choisi de poser le curseur, d'une part, sur l'objet de l'avis, c'est-à-dire ce, sur quoi il est demandé et, d'autre part, sur l'avis, c'est-à-dire, l'acte lui-même. Le premier indicateur renseigne que, dans les Etats sous étude, l'avis du juge constitutionnel est sollicité pour l'amener à se prononcer exclusivement sur la conformité d'un projet de texte à la Constitution ou sur la faisabilité juridique d'une opération prévue par le droit constitutionnel. Ces préoccupations tirées du respect du bloc de constitutionnalité apparaissent aussi bien dans la formulation de la demande d'avis que dans l'opinion émise par le juge. L'on retrouve l'essentiel des caractéristiques du contrôle de constitutionnalité *a priori*. L'avis du juge est aussi sollicité lorsqu'il s'agit d'obtenir une interprétation authentique de la Constitution. Dans ce cas, il s'emploie à dégager le sens ou la portée de telle ou telle disposition de la Constitution et à la compléter, au besoin, et pour mieux la servir. A travers le second indicateur, l'on a remarqué une certaine convergence entre l'avis et la décision ou arrêt sur plusieurs points. L'on retrouve les mêmes exigences quant à la distribution de la qualité des saisissants, la désignation du rapporteur, aux règles de quorum et de majorité, la motivation[1], au style rédactionnel, à la publication au journal officiel et sur le site des juridictions constitutionnelles. C'est cette convergence des modalités et de but entre la décision ou l'arrêt et l'avis qui pousse à postuler la reconnaissance de son autorité et à conclure à la compatibilité entre les deux.

Quoi qu'il en soit, l'avis est une réalité juridique et juridictionnelle que l'on ne saurait ignorer. Dans un passé récent, Nadia AKACHA soutenait que « *connaître le droit constitutionnel aujourd'hui, c'est essentiellement connaître les décisions de la juridiction constitutionnelle* »[2]. L'on peut ajouter qu'une telle connaissance mérite d'être complétée par celle des avis du juge constitutionnel. L'on assiste, en effet, à un certain effritement de la distinction entre la fonction contentieuse et la fonction consultative et à l'émergence d'un droit constitutionnel consultatif. Mais, pour limiter le risque d'instrumentalisation de l'avis ou le risque de transformer le juge en exutoire, les constituants pourraient, comme c'est le cas déjà dans certains Etats, s'employer à circonscrire son domaine. Ainsi, l'on pourrait, par exemple, extirper du domaine de décision ou d'arrêt tous les cas de saisine non contentieuse et les verser dans le domaine

---

[1] A-M. ADANDEJAN, « Réflexion sur la motivation des juridictions constitutionnelles en Afrique noire francophone », disponible sur http://afrilex.u-bordeaux4.fr/sites/afrilex/IMG/pdf/REFLEXION_SUR_LA_MOTIVATION_Ambroise.pdf, consulté le 5 janvier 2020.

[2] N. AKACHA, « Les techniques de participation du juge constitutionnel à la fonction constituante », *in* R. BEN ACHOUR, (dir), *Le droit constitutionnel normatif. Développements récents*, Bruylant, Bruxelles, 2009, p. 153.

d'avis. L'on pense aux actes et procédures soumis au contrôle *a priori*, pour lesquels le terme « décision » ou « arrêt » semble inapproprié en raison de l'absence de tout litige ou de toute contestation. L'idée est d'étendre et en même temps de circonscrire le domaine d'avis à charge pour le juge constitutionnel de ne pas saborder[1] sa fonction consultative au regard de sa nécessité, de son objet, de ses modalités et de sa portée.

[1] S. BOLLE, « Des constitutions « made in » ... », *op. cit.* XIX.

L'EXECUTION DES DECISIONS DES JURIDICTIONS CONSTITUTIONNELLES

Oumarou NAREY
Agrégé des Facultés de droit
Professeur titulaire
Université Abdou Moumouni de Niamey-Niger

INTRODUCTION

Le caractère exécutoire des décisions rendues par les juridictions constitutionnelles, objet de notre réflexion, découle de la constitution et/ou de la loi organique sur la Cour ou le Conseil constitutionnel qui consacrent, selon le pays considéré[1], le principe selon lequel « *les arrêts de la Cour constitutionnelle ne sont susceptibles d'aucun recours et sont immédiatement exécutoires. Ils sont obligatoires et s'imposent aux pouvoirs publics, à toutes les autorités administratives et juridictionnelles, civiles et militaires ainsi qu'aux particuliers* »[2]. Il s'ensuit que les arrêts/décisions de la Cour ou du Conseil constitutionnel sont impératives aussi bien pour les pouvoirs publics (l'exécutif, le parlement et le judiciaire) que pour l'administration et l'ensemble des citoyens. Cette impérativité provenant de « *l'autorité des décisions* »[3] et de la « *force de chose jugée* »[4] est à la base de l'exécution des décisions rendues

---

[1] Par exemple, il ressort de l'article 62 alinéa 3 de la Constitution du 4 octobre 1958 de la République française que « *les décisions du Conseil constitutionnel ne sont susceptibles d'aucun recours. Elles s'imposent aux pouvoirs publics et à toutes les autorités administratives et juridictionnelles.* » ; de l'article 124 alinéas 2 et 3 de la loi n° 90-32 du 11 décembre 1990 portant Constitution de la République du Bénin que « *Les décisions de la Cour constitutionnelle ne sont susceptibles d'aucun recours. Elles s'imposent aux pouvoirs publics et à toutes les autorités civiles, militaires et juridictionnelles.* » ; de l'article 94 de la Constitution de la République du Mali que « *les décisions de la Cour constitutionnelle ne sont susceptibles d'aucun recours. Elles s'imposent aux pouvoirs publics, à toutes les autorités administratives et juridictionnelles et à toutes les personnes physiques et morales.* » ; de l'article 134 alinéa 2 de la Constitution du 25 novembre 2010 de la République du Niger et de l'article 29 alinéa 2 de la loi organique n° 2012-35 du 19 juin 2012 déterminant l'organisation, le fonctionnement de la Cour constitutionnelle et la procédure que « *les arrêts de la Cour constitutionnelle ne sont susceptibles d'aucun recours. Ils lient les pouvoirs publics et toutes les autorités administratives, civiles, militaires et juridictionnelles* » ; de l'article 34 de la loi n° 91-009 du 31 mai 2001 portant loi organique sur la Cour constitutionnelle du Bénin reprenant l'article 124 de la Constitution que les décisions de la Cour « *doivent en conséquence être exécutées avec la diligence nécessaire* ».

[2] Article 168 de la Constitution de la République Démocratique du Congo modifiée par la loi n° 11/002 du 20 janvier 2011 portant révision de certains articles de la Constitution de la République Démocratique du Congo du 18 février 2006.

[3] H. ROUSSILLON, P. ESPLUGAS, *Le Conseil constitutionnel*, 7ème édition, Dalloz, Paris, Connaissances du droit, 2011, pp. 53 et s.

[4] T. S. RENOUX, « Autorité de chose jugée ou autorité de la Constitution ? », *in L'esprit des pouvoirs, l'équilibre des institutions, Mélanges en l'honneur de Pierre PACTET*, Dalloz, Paris,

par les juridictions constitutionnelles. Celles-ci sont appréhendées à travers deux modèles : le premier est marqué par l'exercice décentralisé de la fonction de contrôle de constitutionnalité confié à tout juge, y compris la plus haute juridiction du système judiciaire. C'est le modèle américain[1]. Quant au deuxième qualifié de modèle kelsénien ou autrichien ou encore européen il se caractérise « *[...] par l'existence d'une juridiction unique spécialement chargée du contrôle de constitutionnalité, placée en dehors de la hiérarchie des juridictions dites ordinaires, ou ne dépendant pas de celles-ci* »[2].

S'agissant des décisions ou arrêts, ils sont communément utilisés pour désigner les actes émis par les juridictions constitutionnelles en dehors de leur compétence de donneurs d'avis, c'est-à-dire principalement quand elles statuent en tant que juges[3]. C'est en principe au dispositif de leurs arrêts ou décisions que bénéficie l'autorité de chose jugée, mais elle peut aussi s'étendre aux « *motifs qui en sont le soutien nécessaire et en constituent le fondement même* »[4]. Il faut par-là comprendre que ce n'est pas seulement le sens de la décision que les autorités doivent suivre dans le cadre de son exécution, mais aussi les principes qui la sous-tendent et qui ont été détaillés par le juge constitutionnel au titre de la motivation de sa décision.

L'exécution d'une décision de justice s'entend de « *l'ensemble des mécanismes de procédure assurant la mise en œuvre d'une décision juridictionnelle [...] par ses destinataire, en fonction de l'autorité de celle-ci, afin d'assurer l'effectivité de cette décision* »[5]. Il s'agit donc de « *la réalisation effective d'un jugement* » ou « *le fait de remplir [une] obligation* »[6], « *un devoir juridique* »[7]. En somme, c'est « *le processus qui permet de faire passer le droit dans les faits, de faire coïncider ce qui est et ce qui doit être* »[8]. Ainsi définie, l'exécution irrigue plusieurs domaines du droit public et concerne à la fois les lois, les décisions de justice et les décisions administratives. Parmi les champs disciplinaires du droit public qu'elle recouvre, il y a à retenir d'abord le droit constitutionnel qui organise les différents pouvoirs et détermine les fonctions de

---

2003, pp. 835-859 ; Conseil constitutionnel français, Décision n° 87-1026, 23 octobre 1987, AN *Haute-Garonne*, *Rec.*, p. 55.

[1] L. FAVOREU, W. MASTOR, *Les cours constitutionnelles*, Dalloz, Paris, 2011, pp. 2-3.

[2] G. DRAGO, *Contentieux constitutionnel français*, 2ème édition, PUF, Paris, 2006, p. 48. Voir aussi DIALLO, I., « A la recherche d'un modèle africain de justice constitutionnelle », *Annuaire international de justice constitutionnelle*, volume XX, 2004, pp. 94 et s.

[3] M. De VILLIERS, A. Le DIVELLEC, *Dictionnaire du droit constitutionnel*, Sirey, Paris, 2013, p. 104.

[4] Conseil constitutionnel français, Décision n° 62-18 L, 16 janvier 1962, *Nature juridique des dispositions de l'article 31 (alinéa 2) de la loi n° 60-808 du 5 août 1960 d'orientation agricole*, *Recueil des décisions*, p. 31.

[5] DRAGO, G., *L'exécution des décisions du Conseil constitutionnel. L'effectivité du contrôle de la constitutionnalité des lois*, Economica, Paris, 1991, p. 15.

[6] G. CORNU, *Vocabulaire juridique*, 10ème édition mise à jour, PUF, Paris, 2014, p. 429.

[7] P. THERY, *Dictionnaire de culture juridique*, PUF, Paris, 2003, p. 678.

[8] *Ibid.*

chacun dont l'exécution des lois dévolue au pouvoir exécutif, notamment au Premier ministre[1].

Ensuite, l'exécution est une notion connue en droit administratif pour au moins deux raisons : la première est que le recours à l'exécution forcée, ou exécution d'office, des décisions administratives n'est ouvert exceptionnellement qu'à l'administration pour imposer à des administrés récalcitrants l'obéissance à la loi[2]. Cette règle a été dégagée par la jurisprudence en France[3]. La deuxième raison tient à la célèbre théorie du ministre-juge développée par le Professeur HAURIOU pour expliquer la transposition du caractère exécutoire du jugement à l'acte administratif[4]. D'où l'expression « *décision exécutoire* » utilisée par LAFERRIERE et théorisée par HAURIOU pour désigner « *toute déclaration de volonté en vue de produire un effet de droit vis-à-vis des administrés, émise par une autorité administrative dans une forme qui entraîne l'exécution d'office* »[5]. A la suite du Doyen HAURIOU, Geoges VEDEL et Pierre DELVOLVE observent que « *la décision exécutoire est la quintessence de l'acte administratif unilatéral* »[6]. Ce caractère exécutoire, c'est-à-dire le fait que l'acte s'impose de lui-même, en vertu de l'autorité de chose décidée[7], est lié à la force obligatoire que revêt ledit acte.

Enfin, l'exécution imprègne également le droit international. D'une part, en droit des traités, elle signifie l'« *accomplissement par un sujet de droit des actes nécessaires pour remplir les obligations qui résultent pour lui [soit] de normes internationales* »[8], soit « *d'une décision juridictionnelle* »[9]. D'autre part, l'exécution est associée en droit international des droits de l'homme au droit d'accès à un tribunal. En effet, la Cour européenne des droits de l'homme considère « *que le droit à l'exécution d'une décision de justice est un des aspects*

---

[1] Par exemple, il ressort de l'article 73 alinéa 2 de la Constitution nigérienne du 25 novembre 2010 que le Premier ministre assure l'exécution des lois.

[2] A. VAN LANG, G. GONDOUIN, V. INSERGUET-BRISSET, *Dictionnaire de droit administratif*, 6ème édition, Sirey, Paris, 2012, p. 191.

[3] TC, 2 décembre 1902, *Société immobilière de Saint-Just c. préfet du Rhône*, *Recueil*, p. 713, concl. Romieu.

[4] C. FARDET, « La notion d'exécution des décisions de justice administrative », *Revue Civitas Europa*, n° 39, 2017/2, p. 13.

[5] M. HAURIOU, *Précis de droit administratif et droit public*, 11ème édition de 1927, Paris, p. 358 ; A.VAN LANG, G. GONDOUIN, V. INSERGUET-BRISSET, *Dictionnaire de droit administratif*, *op. cit.*, p. 129.

[6] *Ibid.*, p. 131.

[7] X. MAGNON, « Sur un pont-aux-ânes ? L'autorité des décisions du Conseil constitutionnel, pour une distinction entre « autorité » et « force » de chose jugée », *RFDA*, n° 4, 2013, p. 1.

[8] L'article 26 de la Convention de Vienne du 23 mai 1969 sur le droit des traités prévoit que « *Tout traité en vigueur lie les parties et doit être exécuté par elles de bonne foi* ».

[9] Article 5 de la Convention européenne du 20 mai 1980 sur la reconnaissance et l'exécution des décisions en matière de garde des enfants et le rétablissement de la garde des enfants.

du droit d'accès à un tribunal [...] et que l'exécution doit être complète, parfaite et non partielle »[1].

Il en résulte que l'exécution a investi tous les coins et recoins du droit public, mais pour le cas qui nous occupe, nous ne retiendrons que l'exécution en droit public interne, notamment celle des décisions rendues par les juridictions constitutionnelles. En effet, ces décisions s'imposant aux pouvoirs publics et autorités civiles, militaires et juridictionnelles, ainsi qu'aux citoyens, l'obligation de les exécuter a été érigée en principe par un certain nombre de constituants ou législateurs organiques. Par exemple, en République Démocratique du Congo, l'article 168 de la Constitution prévoit que « l*es arrêts de la Cour constitutionnelle sont immédiatement exécutoires* »[2]. Dans la même veine, l'article 34 de la loi n° 91-009 du 31 mai 2001 portant loi organique sur la Cour constitutionnelle du Bénin dispose que « *les décisions de la Cour doivent être exécutées avec la diligence nécessaire* »[3]. Ce faisant, les constituants ou législateurs ont fait le choix de consacrer le principe de l'obligation absolue d'exécuter la décision rendue par les juridictions constitutionnelles.

Mais, il arrive aussi que les pouvoirs publics, les autorités civiles, militaires et juridictionnelles ainsi que les citoyens refusent explicitement ou tacitement d'exécuter les décisions rendues par ces juridictions constitutionnelles. Or, en l'espèce, les voies d'exécution du droit commun ne sont pas applicables aux pouvoirs, autorités et citoyens. En conséquence, si ces derniers ne font pas diligence pour exécuter les décisions rendues par les juridictions constitutionnelles, celles-ci ne peuvent, en principe, les contraindre contre leur gré. En effet, le pouvoir exécutif étant détenteur du monopole de la force, il ne saurait la mettre en œuvre contre lui-même. Il s'ensuit dès lors que dans ces conditions, l'exécution des décisions de justice par les pouvoirs publics, les autorités civiles, militaires et juridictionnelles ainsi que les particuliers, repose essentiellement sur leur bon vouloir.

---

[1] Cour européenne des droits de l'homme, 31 juin 2005, *Matheus c. France*, n° 62740/00, § 56 et s.

[2] Article 168 de la Constitution de la République Démocratique du Congo modifiée par la loi n° 11/002 du 20 janvier 2011 portant révision de certains articles de la Constitution, *op. cit.*

[3] L'article 34 de la loi n° 91-009 du 31 mai 2001 portant loi organique sur la Cour constitutionnelle du Bénin dispose : *« Conformément à l'article 124 de la Constitution, une disposition déclarée inconstitutionnelle ne peut être promulguée ni mise en application. Les décisions de la Cour constitutionnelle ne sont susceptibles d'aucun recours. Elles s'imposent aux pouvoirs publics et à toutes les autorités civiles, militaires et juridictionnelles. Elles doivent en conséquence être exécutées avec la diligence nécessaire* ». Voir aussi article 23 du Règlement intérieur de la Cour constitutionnelle du Bénin rédigé dans les mêmes termes. Cour constitutionnelle du Bénin, *Recueil des textes fondamentaux*, Cotonou, mars 2014, pp. 87 et 110.

Pour les autorités civiles et militaires, il incombe dans ce cas au Gouvernement, qui « *dispose de l'administration et de la force armée* »[1], précisément au Premier ministre dans certains pays, d'attirer l'attention de l'administration sur la nécessité d'exécuter les décisions et arrêts rendus par les juridictions constitutionnelles.

Quant aux autorités juridictionnelles, bien que dépourvues de moyens coercitifs pour faire exécuter les décisions rendues, elles sont censées sanctionner la méconnaissance des décisions de justice. En effet, elles ont le pouvoir de constater la violation de l'autorité de la chose jugée attachée aux décisions des juridictions constitutionnelles[2].

En ce qui concerne les citoyens, on constate de plus en plus, sans que ce soit systématique, que certaines juridictions constitutionnelles se fondent sur les dispositions de la constitution pour les amener à respecter scrupuleusement les décisions à elles rendues. Il en va ainsi pour la Cour constitutionnelle du Bénin qui n'hésite pas à condamner la violation de l'article 35 de la Constitution qui dispose que « *les citoyens chargés d'une fonction publique ou élus à une fonction politique ont le devoir de l'accomplir avec conscience, compétence, probité, dévouement et loyauté dans l'intérêt et le respect du bien commun* »[3]. Mais il faut reconnaître et admettre avec une certaine doctrine que la juridiction constitutionnelle « *dispose de peu de moyens pour contraindre* »[4] les pouvoirs publics, les autorités et les particuliers à exécuter ses décisions. En effet, « *en tant que juridiction, [la cour constitutionnelle] ne dispose pas d'un appareil d'exécution qui puisse assurer l'effectivité de ses décisions* »[5]. Par conséquent, la cour constitutionnelle ne saurait « *obliger [...] à faire ce à quoi se refuse(nt)* »[6] les autorités, les pouvoirs publics et les citoyens, destinataires de ses décisions. On peut dès lors se poser la question fondamentale de savoir quels sont les moyens juridiques et/ou pouvoirs de contrainte dont disposent les juridictions constitutionnelles pour veiller elles-mêmes à l'exécution des décisions qu'elles rendent ?

---

[1] Article 20 de la Constitution française du 4 octobre 1958 ; article 53 de la Constitution malienne du 25 février 1992 ; article 76 de la Constitution nigérienne du 25 novembre 2010.

[2] Conseil constitutionnel français, Décision n° 88-244 DC, 20 juillet 1988, *loi portant amnistie*, *Recueil des décisions*, p. 119 ; X. MAGNON, « Sur un pont-aux-ânes ? L'autorité des décisions du Conseil constitutionnel, pour une distinction entre « autorité » et « force » de chose jugée », *op. cit.*

[3] Cour constitutionnelle du Bénin, *Recueil des textes fondamentaux*, *op. cit.*, p. 17.

[4] A. ROBLOT-TROIZIER, « Un concept moderne : séparation des pouvoirs et contrôle de la loi », *Pouvoirs*, n° 143, 2012, p. 96.

[5] N. ZANON, « La polémique entre Hans KELSEN et Carl SCHMITT sur la justice constitutionnelle », *Annuaire international de justice constitutionnelle*, 1989, p. 189.

[6] E. CARPENTIER, « La résolution juridictionnelle des conflits entre organes constitutionnels principaux, apports d'une étude comparée », *R.I.D.C.*, n° 4-2007, p. 830.

Si « *l'obéissance aux décisions rendues doit être analysée comme une condition sine qua non de l'effectivité de la justice constitutionnelle* »[1], il serait souhaitable que les juridictions qui rendent cette justice aient à leur disposition des outils juridiques ou mécanismes de sanction pour qu'elles fassent preuve d'une attitude plus énergique à l'égard des autres pouvoirs, des autorités et citoyens, car il est pour le moins fâcheux qu'il soit porté atteinte aux espoirs que les particuliers mettent légitimement en la justice constitutionnelle ; ce qui justifie l'intérêt du questionnement sur l'exécution des décisions rendues par les juridictions constitutionnelles.

Pour répondre à ce questionnement, il faut tout d'abord rappeler que « *la seule affirmation de l'autorité de la chose jugée ne peut suffire à rendre le contenu de la décision effectif* »[2]. En effet, en désignant les autorités, pouvoirs et citoyens auxquels s'imposent les décisions des juridictions constitutionnelles, les constituants ou législateurs organiques n'ont pas prévu de procédure pour encadrer l'exécution proprement dite de ces décisions ; ce qui a conduit ces juridictions a usé des principes généraux de droit pour ce faire (I). Ensuite, il faut relever que même si l'exécution des décisions constitutionnelles reste conditionnée par le respect de l'autorité attachée à la chose jugée, les juridictions constitutionnelles, respectueuses du sacro-saint principe de la séparation des pouvoirs, continuent à souffrir des résistances, retards et/ou autres refus délibérés des autres pouvoirs, des autorités administratives et des citoyens dans l'exécution de leurs décisions. Ce sont là autant de freins et d'obstacles que les juridictions constitutionnelles doivent surmonter pour mettre en œuvre leurs décisions (II).

I- LES PRINCIPES GENERAUX DE DROIT UTILISES DANS L'EXECUTION DES DECISIONS CONSTITUTIONNELLES

L'obligation d'exécuter les décisions constitutionnelles est tirée de l'autorité de la chose jugée par le juge constitutionnel. En effet, les constituants et les législateurs de certains Etats[3] ont entendu imposer aux autres pouvoirs, aux autorités et aux citoyens l'obligation de respecter ce qu'a jugé ou décidé le juge constitutionnel (A). Au travers de cette obligation et de la fonction de régulation des institutions étatiques[4], certains juges constitutionnels se sont reconnus, de

---

[1] M. DIAKHATE, « Les ambiguïtés de la juridiction constitutionnelle des Etats de l'Afrique noire francophone », *RDP*, n° 3, 1er mai 2015, p. 787.

[2] *Ibid.*

[3] Voir par exemple, article 124 de la Constitution béninoise du 11 décembre 1990 ; article 34 de la loi n° 91-009 du 31 mai 2001 portant loi organique sur la Cour constitutionnelle du Bénin ; article 94 de la Constitution malienne de 1992 ; article 134 alinéa 1er de la Constitution nigérienne du 25 novembre 2010 ; article 138 de la Constitution ivoirienne de 2016 (*Journal officiel de la République de Côte d'Ivoire n° spécial*, 12 octobre 2016, p. 112).

[4] Voir G. BADET, « La régulation du fonctionnement des institutions », *in Les attributions originales de la Cour constitutionnelle du Bénin*, Bibliothèque Nationale, Friedrich Ebert Stiftung, Cotonou, 2013, pp. 241-309 ; O. NAREY, « La régulation du fonctionnement des institutions par le juge constitutionnel », *in* M. ONDOUA et P. E. ABANE, ENGOLO (dir.),

façon prétorienne, le droit de prononcer des injonctions[1] à l'encontre des institutions de la République ou des autorités publiques. De telles injonctions ont servi de soubassement ou de fondement à l'exécution des décisions constitutionnelles (B).

A- L'EXECUTION CONDITIONNEE PAR LE RESPECT DE L'AUTORITE DES DECISIONS DU JUGE CONSTITUTIONNEL

Confrontées à l'absence des dispositions expresses relatives à l'exécution de leurs décisions, les juridictions constitutionnelles ont recours à l'autorité de la chose jugée pour en imposer le respect. S'appuyant sur les dispositions constitutionnelles et/ou législatives qui s'imposent aux pouvoirs publics et à toutes les autorités et aux citoyens, ces juridictions ont développé une jurisprudence à la fois constante et étoffée. Par exemple, la Cour constitutionnelle du Bénin impose à tous l'autorité de ses décisions[2]. Pour illustrer cet état de fait, il convient tout d'abord de rappeler qu'à travers certaines de ses décisions, cette Cour a jugé que l'autorité de chose jugée « *impose [...] une double obligation, à savoir, d'une part, l'obligation de prendre toutes les mesures pour exécuter la décision juridictionnelle et, d'autre part, l'obligation de ne rien faire qui soit en contradiction avec ladite décision* »[3]. Ce faisant, la Cour détermine les conditions à remplir pour qu'on puisse considérer que ses décisions ont été exécutées. Cela est attesté par la décision DCC 02-058 du 04 juin 2002 dans laquelle la Cour a conclu, d'une part, à des traitements inhumains

---

Les transformations contemporaines du droit public en Afrique, Actes du colloque organisé à l'Université de Yaoundé II du 19 au 20 janvier 2017, L'Harmattan Cameroun, 2018, pp. 57-93 ; *Actes du séminaire de Cotonou* sur le thème : « Juge constitutionnel et pouvoir politique » organisé par la Cour constitutionnelle du Bénin et la Conférence des juridictions constitutionnelles africaines (CCJA), Cotonou du 11 au 13 juin 2014, pp. 165-193.

[1] L'injonction est un « *ordre donné d'accomplir une action ou de la faire cesser, d'établir un acte* ». Selon la doctrine, l'administration dispose d'un pouvoir d'injonction à l'égard des administrés qui se traduit le plus souvent par l'édiction d'une mise en demeure. Le juge administratif s'est traditionnellement refusé à user de l'injonction à l'égard des personnes publiques et des personnes privées investies de prérogatives de puissance publique (CE, 4 février 1976, *Ellissonde*, *Recueil*, p. 10). Mais il s'est reconnu depuis l'arrêt *Couespel du Mesnil* la possibilité, dans le cadre de l'instruction des litiges, d'exiger de l'administration la production de tous les dossiers et documents utiles, ainsi que communication de tous motifs de droit et de fait depuis l'arrêt *Barel*. A. VAN LANG, G. GONDOUIN, V. INSERGUET-BRISSET, *Dictionnaire de droit administratif*, *op. cit.*, pp. 226-227.

[2] L. S. ABOUDOU, « La mise à exécution effective des décisions de la Cour constitutionnelle », communication au séminaire sur « La Cour constitutionnelle et le pouvoir judiciaire », Hôtel du Lac de Cotonou, du 18 au 19 décembre 2017, pp. 2-23.

[3] Voir décisions DCC 06-016 du 31 janvier 2006, DCC 08-158 du 30 octobre 2008. Dans le même sens, voir arrêt n° 006/CC/MC du 15 mai 2014 de la Cour constitutionnelle du Niger par lequel elle a jugé « que l'autorité de la chose jugée dont est revêtue l'arrêt n° 004/CC/MC du 02 mai 2014 incombant au Président de l'Assemblée nationale la responsabilité de respecter et de faire respecter le Règlement intérieur de ladite institution, impose une double obligation, à savoir, d'une part, l'obligation d'exécuter l'arrêt et, d'autre part, l'obligation de ne rien faire qui soit en contradiction avec celui-ci. www.cour-constitutionnelle-niger.org (consulté le 28/05/2018).

et dégradants infligés à dame FAVI Adèle par la garde du cortège du Président de la République et, d'autre part, au droit pour elle d'obtenir réparation des dommages subis. La victime a assigné l'Etat béninois près le juge judiciaire à cet effet. Celui-ci a, une fois saisi de la question, sur la base de la décision de la Cour constitutionnelle condamné l'Etat béninois par jugement n° 007/04/4ème Chambre civile du 09 février 2004 à payer à Dame FAVI la somme de cinq millions (5.000.000) de francs CFA. En agissant ainsi, le juge judiciaire a honoré son obligation positive consistant à exécuter volontairement la décision de la Cour constitutionnelle reconnaissant le droit à réparation[1].

Ensuite, suivant le même principe de l'autorité de la chose jugée par le juge constitutionnel à l'égard des pouvoirs publics, la Cour constitutionnelle du Niger a eu à s'illustrer à travers un certain nombre de ses arrêts. Dans un premier temps, la Cour a été saisie par le Président de la République aux fins de contrôle de constitutionnalité de la loi portant statut du député. Dans son arrêt n° 001/CC/MC du 13 juin 2008, la Cour a décidé que « *les indemnités et avantages des députés relèvent du domaine de la loi ; que les dispositions des articles 27 alinéa 2 et 29 [de la loi portant statut du député] ne sont pas conformes à la Constitution* » en ce que ces indemnités ne sauraient être fixées par délibération de l'Assemblée nationale. L'arrêt ainsi rendu n'ayant pas été exécuté, la Cour a été saisie, dans un second temps, par un groupe de députés aux fins d'obtenir son avis sur l'interprétation de l'article 115[2] de la Constitution en relation avec ledit arrêt. Dans son avis n° 03/09/CC en date du 26 mai 2009, cette dernière a rappelé son arrêt n° 001/CC/MC par lequel elle « *a déclaré que les indemnités et autres avantages accordés aux députés relèvent du domaine de la loi et ne sauraient donc être fixés par délibération* »[3] de l'Assemblée nationale. Ce faisant et usant de l'autorité attachée à la chose jugée découlant de l'article 115 de la Constitution, la Cour a considéré que l'arrêt par elle rendue est « *définitif et s'impose à tous* »[4] et qu'« *ayant déclaré les délibérations de l'Assemblée nationale non conformes à la Constitution, celles-ci ne sauraient plus servir de fondement au paiement des indemnités et autres avantages alloués aux députés* »[5]. Il faut, à ce niveau, préciser que le Président et les membres de l'Assemblée doivent eux aussi exécuter les décisions de la Cour constitutionnelle. En effet, lorsque la loi portant statut du député a été déclarée inconstitutionnelle, les députés ne l'ont exécutée qu'après avis de la Cour tandis

[1] L. S. ABOUDOU, « La mise à exécution effective des décisions de la Cour constitutionnelle », *op.cit.*, pp. 12-13.

[2] Aux termes de l'article 115 de la Constitution nigérienne du 09 août 1999, « *les arrêts de la Cour constitutionnelle ne sont susceptibles d'aucun recours. Ils lient les pouvoirs publics et toutes les autorités administratives, civiles, militaires et juridictionnelles* ».

[3] Arrêt n° 001/CC/MC du 13 juin 2008 de la Cour constitutionnelle du Niger disponible sur le site : www.cour-constitutionnelle-niger.org, (consulté le 21/05/2018).

[4] Avis n° 03/09/CC du 26 mai 2009 de la Cour constitutionnelle du Niger disponible sur le site : www.cour-constitutionnelle-niger.org. (consulté le 21/05/2018).

[5] *Ibid.*

que le Président a demandé à l'Assemblée nationale une nouvelle lecture de la loi afin qu'elle puisse être amputée de toutes les dispositions déclarées inconstitutionnelles, notamment celles relatives aux délibérations devant servir de base au paiement des indemnités et autres avantages alloués aux députés.

Dans le même registre, il convient de relever que la Cour constitutionnelle du Niger a toujours déclaré irrecevables les recours tendant à remettre en cause l'autorité de chose jugée attachée à ses arrêts. Par exemple, dans l'arrêt n° 17/CC/MC du 28 novembre 2014, la Cour a jugé « *que les requérants lui demandent de se prononcer par arrêt sur la question de la vacance de la présidence de l'Assemblée nationale qui a déjà fait l'objet de l'arrêt n° 16/CC/MC du 20 novembre 2014 déclarant constituée la vacance de la présidence de l'Assemblée nationale ; que cette requête constitue en réalité un recours en rétractation qui est une voie de recours fondée sur des causes spécifiées par la loi permettant à la même juridiction de statuer à nouveau sur la décision qu'elle a rendue ; qu'une telle voie de recours n'existe pas devant la Cour constitutionnelle* ; *qu'aux termes de l'article 134 de la Constitution, "les arrêts de la Cour constitutionnelle ne sont susceptibles d'aucun recours. Ils lient les pouvoirs publics et toutes les autorités administratives, civiles, militaires et juridictionnelles"; qu'au regard de tout ce qui précède, il y a lieu de déclarer la requête irrecevable* »[1]. Cette attitude du juge est restée constante comme l'atteste sa jurisprudence ultérieure[2].

---

[1] Cour constitutionnelle, arrêt n° 17/CC/MC du 28 novembre 2014 : www.cour-contitutionnelle-niger.org (consulté le 28/05/2018).

[2] Par exemple, dans l'arrêt n° 21/CC/MC du 30 décembre 2014, la Cour a été saisie par un groupe de députés des mêmes questions qu'elle a jugées dans l'arrêt n° 19/CC/MC du 24 décembre 2014. La Cour a décidé « *que l'arrêt n° 19/CC/MC du 24 décembre 2014 étant revêtu de l'autorité de la chose jugée, il n'y a pas lieu de statuer à nouveau sur le refus d'obtempérer à l'arrêt n° 18/CC/MC du 11 décembre 2014 imputé au premier Vice-président de l'Assemblée nationale* ».

Dans l'arrêt n° 20/CC/ME du 04 mai 2016, la Cour constitutionnelle a été saisie d'une requête par le Secrétaire général du parti politique MODEN FA LUMANA AFRICA aux fins de procéder à la rectification d'une erreur matérielle commise par lui dans la transmission de la liste des personnes désignées par ledit parti pour occuper les sièges de député à l'Assemblée nationale au titre de la circonscription ordinaire de Maradi. La Cour a décidé « *qu'après vérification, [elle] n'a relevé aucune erreur dans la rédaction de l'arrêt n° 013/CC/ME du 17 mars 2016 complétant l'arrêt n° 012/CC/ME du 16 mars 2016 portant validation et proclamation des résultats définitifs des élections législatives du 21 février 2016 ; qu'une éventuelle erreur dans la transmission par un parti politique de sa liste des personnes devant occuper les sièges obtenus lors du scrutin législatif, ne saurait être assimilée à l'erreur matérielle telle que prévue par l'article 3 alinéas 2 et 3 du Règlement intérieur de la Cour constitutionnelle ; que cette requête ne vise pas la rectification d'une éventuelle erreur matérielle apparue dans la rédaction de l'arrêt n° 013/CC/ME du 17 mars 2016 complétant l'arrêt n° 012/CC/ME du 16 mars 2016 portant validation et proclamation des résultats définitifs des élections législatives du 21 février 2016 ; qu'elle s'assimile plutôt à un véritable recours formé contre ledit arrêt ; qu'aux termes de l'article 134 alinéa 1er de la Constitution, "Les arrêts de la Cour constitutionnelle ne sont susceptibles d'aucun recours. Ils lient les*

Enfin, s'agissant de l'exécution des décisions par les autorités juridictionnelles, il est à relever que celles-ci sont soumises à l'autorité de la chose jugée par la juridiction constitutionnelle. La reconnaissance explicite de cette autorité de chose jugée des décisions constitutionnelles est un acte volontaire posé par les juges de l'ordre judiciaire et administratif en France où le Conseil d'Etat et la Cour de cassation sont tenus d'observer la primauté des décisions rendus par le Conseil constitutionnel. Par exemple, le Conseil d'Etat s'est, d'une part, à plusieurs reprises référé à l'interprétation donnée à la loi par le Conseil constitutionnel[1] et, d'autre part, dans le cadre de la procédure du « *référé-liberté fondamentale* »[2], est amené à faire référence à la jurisprudence du Conseil constitutionnel, lorsqu'il est question de déterminer la notion de liberté fondamentale « *même s'il lui arrive de ne pas considérer comme fondamentaux des droits qui sont constitutionnellement protégés [...]*»[3]. Quant à la reconnaissance explicite de l'autorité de chose jugée des décisions du Conseil constitutionnel par la Cour de cassation, il convient de se référer à l'arrêt de sa chambre sociale[4] et celui du 10 octobre 2001 intervenu à propos de la responsabilité pénale du Président de la République. Dans ce dernier cas, la Cour de cassation a considéré comme le Conseil constitutionnel[5] que le Président doit bénéficier d'une immunité juridictionnelle – sauf haute trahison – mais la Cour de cassation admet que « *si l'autorité des décisions du Conseil constitutionnel s'attache non seulement au dispositif, mais aussi aux motifs qui en sont le soutien nécessaire, ces décisions ne s'imposent aux pouvoirs publics et aux autorités administrative et juridictionnelle qu'en ce qui concerne le texte soumis à l'examen du Conseil [...]* »[6]. Il en résulte donc que le Conseil d'Etat

---

pouvoirs publics et toutes les autorités administratives, civiles, militaires et juridictionnelles" ; qu'il y a lieu, dès lors, de rejeter ladite requête ».

Dans l'arrêt n° 006/CC/MC du 12 octobre 2016, la Cour constitutionnelle a été saisie par Orange Niger SA aux fins de déclarer non conformes à la Constitution les dispositions des articles 1 et 2 de la loi n° 2014-78 du 31 décembre 2014. La Cour a relevé que par arrêt n° 004/CC/MC du 12 juillet 2016 qu'elle a été saisie par les mêmes parties par rapport au même objet et qu'elle a déclaré irrecevable la requête des parties pour avoir été introduite hors délai. La Cour a jugé « *qu'en décidant à nouveau d'un sursis à statuer, la Chambre du Contentieux du Conseil d'Etat a méconnu les dispositions de l'article 134 de la Constitution ; qu'au regard de tout ce qui précède, les demandes introduites par les requérants doivent être déclarées irrecevables* ». Voir www.cour-contitutionnelle-niger.org. (consulté le 28/05/2018).

[1] Conseil d'Etat, 16 décembre 1988, *Bleton c/ Sarazin* ; Conseil d'Etat, décision d'Assemblée, 11 mars 1994, *SA La Cinq* ; Conseil d'Etat, 18 octobre 2002, *Catsiapis*, *AJDA*, 2002, p. 1353 ; Conseil d'Etat, 20 avril 2003, *UNICEM*, *AJDA*, 2003, p. 1508. L. FAVOREU, P. GAÏA, R. GHEVONTIAN, J.-L. MESTRE, O. PFERSMANN, A. ROUX, G. SCOFFONI, *Droit constitutionnel*, 12ème édition, Dalloz, Paris, 2009, pp. 362-363.

[2] Cette procédure est prévue à l'article L. 521-2 du Code de justice administrative en France. *Ibid.*

[3] L. FAVOREU, P. GAÏA, R. GHEVONTIAN, J-L. MESTRE, O. PFERSMANN, A. ROUX, G. SCOFFONI, *Droit constitutionnel, op. cit.*, p. 363.

[4] Chambre sociale de la Cour de cassation, 25 mars 1998, *Tallagnon.*

[5] Conseil constitutionnel, décision 408 DC du 22 janvier 1999.

[6] Cour de cassation, arrêt du 10 octobre 2001, *Breisacher.*

et la Cour de cassation acceptent volontairement aujourd'hui d'observer l'autorité des décisions rendues par le Conseil constitutionnel français. Ailleurs, en cas de refus, on a pu observer que le juge constitutionnel s'est octroyé des pouvoirs d'injonction pour imposer l'exécution des décisions qu'il rend.

B- L'EXECUTION DES DECISIONS FONDEE SUR LES POUVOIRS D'INJONCTION DU JUGE CONSTITUTIONNEL

Dépourvu de procédure qui lui permet de faire exécuter ses décisions, le juge constitutionnel a dû recourir à une méthode prétorienne pour s'octroyer les pouvoirs d'injonction à cet effet. Il a ainsi, après quelques réticences, hésitations ou refus dans l'exécution des décisions rendues, développé une jurisprudence qui atteste qu'il s'est forgé de véritables pouvoirs d'injonction à l'égard de tous, au-delà même du cercle des partis au procès constitutionnel. Ceci est valable en matière électorale, de régulation des institutions et d'application de la constitution, ainsi qu'en matière de contrôle de constitutionnalité comme l'attestent quelques exemples qui vont suivre.

Premièrement, en matière électorale, la Cour constitutionnelle du Bénin a été saisie de deux requêtes identiques le 24 octobre 2005 par lesquelles il lui a été demandé « *d'enjoindre au Gouvernement de prendre sans délai et impérativement le décret de nomination de Monsieur Athanase Dossa Lowogni-Akogou* »[1] pour siéger au SAP/CENA et à la Commission électorale nationale autonome (CENA) suite à l'invalidation du mandat de Monsieur Sagbo Denis Agoubiyi, en exécution de la décision DCC 05-121 du 04 octobre 2005 rendue par la Cour constitutionnelle[2]. Dans sa décision DCC 05-132 du 26 octobre 2005, la Cour a jugé « *que, par décision DCC 05-121 du 04 octobre 2005, la Cour constitutionnelle, après avoir déclaré nul le décret n° 2002-382 du 28 août 2002 portant nomination des membres du SAP/CENA en ce qui concerne Monsieur Denis Sagbo Ogounbiyi, a dit et jugé que l'Assemblée nationale doit procéder impérativement au remplacement de Monsieur Denis Sagbo Ogounbiyi dans les huit (08) jours de la présente décision ; qu'elle a également dit et jugé que le membre du SAP/CENA et de la CENA ainsi élu et nommé en remplacement de Monsieur Denis Sagbo prêtera serment devant la Cour constitutionnelle le jeudi 13 octobre 2005 ; que suite à cette décision de la Haute Juridiction, l'Assemblée nationale n'a procédé à l'élection de Monsieur Athanase Dossa Lawogni-Akogou comme remplaçant de Monsieur Denis Sagbo en qualité de membre du SAP/CENA et de membre de la CENA le 14 octobre 2005 ; que depuis cette date jusqu'à ce jour, le Gouvernement n'a pas cru devoir prendre le décret portant nomination de Monsieur Athanase Dossa Lawogni-Akogou en tant que membre du SAP/CENA, l'empêchant ainsi de prêter serment pour entrer en fonction ; qu'en l'espèce il y a lieu de dire et juger qu'en agissant comme ils l'ont fait, l'Assemblée nationale et le Gouvernement*

---

[1] Cour constitutionnelle du Bénin, décision DCC 05-132 du 26 octobre 2005.

[2] *Ibid.*, décision DCC 05-121 du 04 octobre 2005.

ont violé l'autorité de chose jugée attachée à la décision DCC 05-121 du 04 octobre 2005 ; que le Gouvernement doit prendre sans délai le décret portant nomination de Monsieur Athanase Dossa Lawogni-Akogou conformément aux exigences des articles précités de la loi n° 2005-14 du 28 juillet 2005 ». Par cette décision, la Cour constitutionnelle du Bénin montre ses capacités à assurer l'exécution de ses décisions sur la base de l'autorité de la chose jugée en adressant des injonctions à l'Assemblée nationale et au Gouvernement[1]. Cet exemple appelle un autre plus près de nous, celui de la Cour constitutionnelle du Gabon qui, au regard de la situation résultant de la non organisation, dans les délais impartis par la Constitution, de l'élection des députés à l'Assemblée nationale, a rendu la décision n° 022/CC en date du 30 avril 2018. Dans cette décision, la Cour constitutionnelle s'est appuyée sur son rôle de gardien juridique de la Constitution et d'organe régulateur du fonctionnement des institutions et de l'activité des pouvoirs publics pour constater que le Gouvernement n'a pas pu accomplir les missions qui lui ont été dévolues, notamment la révision de la liste électorale, depuis 2017, et la mise en place du Centre gabonais des élections, depuis janvier 2018. La Cour a par conséquent décidé qu'« *en application des solutions juridiques découlant de l'interprétation des articles 4, 34 et 36 de la Constitution à la situation actuelle, et dans le souci d'assurer le fonctionnement régulier des pouvoirs publics ainsi que la continuité de l'Etat :*

- *les pouvoirs de la douzième Législature de l'Assemblée nationale prennent fin dès la notification de la présente décision aux autorités publiques dont le Président de l'Assemblée nationale ;*
- *le pouvoir législatif sera représenté par le Sénat qui va exercer toutes les compétences dévolues au Parlement jusqu'à la proclamation par la Cour constitutionnelle des résultats de l'élection des députés à l'Assemblée nationale, à l'exception de la révision de la Constitution par voie parlementaire et des compétences prévues aux articles 63, alinéa 1er et 64 alinéa 1er de la Constitution, relatives respectivement à la question de confiance et la motion de censure ;*
- *tous les projets et propositions de loi en examen, ainsi que les ordonnances en cours de ratification à l'Assemblée nationale seront transmis sans délai au Sénat ;*
- *les fonctions du Gouvernement en place cessent par la démission présentée par le Premier ministre dès notification de la présente décision au Président de la République ;*
- *le Président de la République doit nommer, dans les meilleurs délais, un nouveau Gouvernement qui ne sera responsable que devant lui ;*

---

[1] L. SINDJOUN, *Les grandes décisions de la justice constitutionnelle africaine. Droit constitutionnel jurisprudentiel et politiques constitutionnelles au prisme des systèmes politiques africains*, Bruylant, Bruxelles, 2009, pp. 348-352.

- *les fonctions de ce nouveau Gouvernement, qui est exempté de la présentation d'un programme de politique générale devant le Sénat, prennent fin à la proclamation par la Cour constitutionnelle des résultats des élections des députés à l'Assemblée nationale [...]* »[1]. Cette décision marquée par un faisceau d'injonctions à l'égard du pouvoir exécutif a aussitôt été exécutée par celui-ci ; ce qui constitue une confirmation de l'autorité de la chose jugée décidée par la Cour constitutionnelle du Gabon mais interroge en même temps sur le respect par celle-ci du principe de la séparation des pouvoirs consacré par la Constitution gabonaise.

Deuxièmement, dans le cadre de la régulation des institutions de la République, il existe une jurisprudence abondante[2], mais nous allons nous limiter à quelques exemples d'injonction les plus marquants liés à l'exécution des décisions constitutionnelles. L'exemple le plus récent est la décision n° 18-HCC/D 3 du 25 mai 2018 de la Haute Cour constitutionnelle de Madagascar par laquelle cette juridiction a ordonné, entre autres, la formation d'un gouvernement d'union nationale[3].

---

[1] Cour constitutionnelle du Gabon, décision n° 022/CC du 30 avril 2018 relative à la requête présentée par le Premier ministre aux fins d'interprétation des articles 4, 28, 28 a, 31, 35 et 36 de la Constitution.

[2] Voir G. BADET, « La régulation du fonctionnement des institutions », *in Les attributions originales de la Cour constitutionnelle du Bénin*, *op. cit*., pp. 241-309 ; O. NAREY,« La régulation du fonctionnement des institutions par le juge constitutionnel », *in* M. ONDOUA et P. E. ABANE, ENGOLO (dir.), *Les transformations contemporaines du droit public en Afrique*, *op. cit*., pp. 57-93 ; *Actes du séminaire de Cotonou* sur le thème : « Juge constitutionnel et pouvoir politique », *o. cit*., pp. 165-193.

[3] Par requête en date du 25 avril 2018 tendant à la constatation de la carence du Président de la République dans la mise en place de la Haute Cour de justice (HCJ), 53 députés de Madagascar, agissant conformément à l'article 167 de la Constitution, ont saisi la Cour aux fins de prononcer la déchéance de M. Hery Rajaonarimampianina de son mandat de Président de la République. Après avoir constaté, dans sa décision, que la Haute Cour de justice n'a pas été mise en place, la Cour a jugé que « *[...] dans les cinq (05) jours suivant la présente Décision, le Président de la République prend le décret de constatation de la désignation des représentants de l'Assemblée Nationale, du Sénat et du Haut Conseil pour la Défense de la Démocratie et de l'Etat de Droit, à l'exception des membres de droit prévus par les articles 136.1°, 2° et 3°de la Constitution et le transmet immédiatement au Premier Président de la Cour Suprême. Dans les délais les plus brefs, la Cour Suprême, responsable de la mise en place effective de cette juridiction d'exception, organise la cérémonie de prestation de serment de la Haute Cour de Justice [...].*
Le Président de la République met fin aux fonctions du Gouvernement et procède à la nomination d'un Premier Ministre de consensus, dans un délai de 7 jours pour compter de la publication de la présente Décision, sur une liste d'au moins trois noms, conformément aux dispositions de l'article 54 de la Constitution et aux termes de l'Avis n°01-HCC/AV du 17 février 2014 portant interprétation des dispositions de l'article 54 de la Constitution et sur la base de l'Arrêt n°11-CES/AR.14 du 06 février 2014 portant proclamation officielle des résultats définitifs des élections législatives de la 4ème République. [...] ;
Le Premier Ministre, Chef du Gouvernement, exerce ses attributions prévues par la Loi fondamentale et reste en fonction jusqu'à l'investiture du nouveau Président de la République

L'autre exemple est incarné par la décision DCC 03-078 du 12 mai 2003 dans laquelle, suite au blocage intervenu au sein de l'Assemblée nationale consécutif au renouvellement de son bureau, la Cour constitutionnelle du Bénin a relevé que déjà dans sa première décision DCC 03-077 du 7 mai 2003, elle a jugé « *qu'en se comportant comme elle l'a fait, la doyenne d'âge, Madame Rose Marie VIEYRA SOGLO, a violé d'une part l'article 15 du Règlement intérieur de l'Assemblée nationale et partant l'article 82 alinéa 1 de la Constitution, d'autre part, l'article 35 de la même Constitution.* »[1]. Usant de son pouvoir d'organe régulateur du fonctionnement des institutions et de l'activité des pouvoirs publics, la Cour constitutionnelle a enjoint à la doyenne d'âge de convoquer l'Assemblée nationale dès la date de sa décision et de poursuivre sans discontinuer l'élection des autres membres du bureau[2]. La Cour a décidé

---

et ne peut être révoqué que pour faute grave ou défaillance manifeste constatée par la Cour de céans.

[...] Le Président de la République nomme les Ministres sur proposition du Premier Ministre, dans un délai de sept (07) jours pour compter de la nomination du Premier Ministre, conformément aux dispositions de l'article 54 de la Constitution et aux termes de l'Avis n°01-HCC/AV du 17 février 2014 portant interprétation des dispositions de l'article 54 de la Constitution et sur la base de l'Arrêt n°11-CES/AR.14 du 06 février 2014 portant proclamation officielle des résultats définitifs des élections législatives de la 4ème République.

[...] Le Président de la République nomme les Ministres de souveraineté sur la base d'une clé de répartition convenue avec les forces politiques, proportionnellement aux dispositions de l'Arrêt n°11-CES/AR.14 sus visé.

[...] Le Gouvernement de consensus mis en place arrête avec la CENI, l'organisation d'une élection anticipée durant la saison sèche au cours de cette année 2018 mais sous réserve des possibilités techniques, matérielles et financières réelles assurant des élections libres, honnêtes et transparentes.

[...] En application des dispositions de l'article 39 de la Constitution et de l'article 60 de la loi n°2018-008 relative au régime général des élections et des référendums, le Gouvernement de consensus assure la neutralité de l'Administration tout le long du processus électoral.

[...] Le Président de la République en exercice qui se porte candidat à l'élection présidentielle de 2018 démissionne de son poste 60 jours avant la date du 1er tour du scrutin.

[...] Les institutions de la République et les organes constitutionnels exercent pleinement leurs fonctions conformément à la Constitution ; le Président de la République ne peut pas faire application de l'article 60 alinéa premier de la Constitution jusqu'à la mise en place de la nouvelle Assemblée Nationale.

[...] L'exécutif et le législatif respectent les principes de la séparation et de la collaboration des pouvoirs, fondements du régime semi-présidentiel de la Quatrième République.

[...] En cas de litige dans l'exécution des dispositions de la présente Décision, la Cour de céans statue en dernier ressort.

[...] Sauf Accord politique dans un délai de dix (10) jours, les dispositions de la présente Décision sont applicables dans leur intégralité. ». Haute Cour constitutionnelle de Madagascar, décision n° 18-HCC/D3 du 25 mai 2018, disponible sur le site : www.hcc.gov.mg, (consulté le 28/05/2018).

[1] Cour constitutionnelle du Bénin, décision DCC 03-078 du 12 mai 2003.

[2] Dans le même ordre d'idées, voir les arrêts n° 004/CC/MC du 2 mai 2014 et 008/CC/MC du 30 mai 2014 de la Cour constitutionnelle du Niger qui font obligation au groupe parlementaire et à son président de ne pas faire obstacle à la liberté de candidature dans le cadre du renouvellement du bureau de l'Assemblée nationale.

qu'« *en cas de résistance, il sera procédé immédiatement à son remplacement par le doyen d'âge suivant, et ainsi de suite, jusqu'à l'aboutissement du processus électoral* » ; que « *tout le processus électoral doit se dérouler dans les 48 heures de la date de la présente décision* », et que « *le bureau de l'Assemblée nationale devra être installé au plus tard le mercredi 14 mai 2003 à minuit* »[1]. Cette décision de la Cour a fini par dissuader la doyenne d'âge qui a débloqué le processus électoral des membres du bureau de l'Assemblée nationale. Le second exemple illustratif est celui relatif au non déblocage par le Ministère des finances des fonds destinés à la CENA en vue de l'organisation correcte de l'élection présidentielle de mars 2006 au Bénin. En effet, la Cour constitutionnelle a été saisie de la question par deux citoyens. Dans sa décision, elle s'est fondée sur les articles 114[2] et 117[3] de la Constitution pour décider, d'une part, que « *le Gouvernement et l'Assemblée nationale sont tenus de prendre en urgence toutes les mesures administratives et législatives nécessaires au déroulement harmonieux du processus électoral pour l'élection du Président de la République en mars 2006* » et, d'autre part, que *« le Gouvernement est tenu de mettre dans les 24 heures de la présente décision à la disposition de la CENA une avance substantielle de fonds pour assurer le démarrage immédiat de ses activités* »[4]. Cette décision n'a malheureusement

---

[1] *Ibid.*

[2] Aux termes de l'article 114 de la Constitution béninoise du 11 décembre 1990, « *la Cour constitutionnelle est la plus haute juridiction de l'Etat en matière constitutionnelle. Elle est juge de la constitutionnalité de la loi et elle garantit les droits fondamentaux de la personne humaine et les libertés publiques. Elle est l'organe régulateur du fonctionnement des institutions et de l'activité des pouvoirs publics* ».

[3] Article 117 de la Constitution béninoise du 11 décembre 1990 dispose :
« *La Cour constitutionnelle*
- *Statue sur :*
  - *la constitutionnalité des lois organiques et des lois en général avant leur promulgation ;*
  - *les Règlements intérieurs de l'Assemblée nationale, de la Haute Autorité de l'Audiovisuel et de la Communication et du Conseil Economique et Social avant leur mise en application, quant à leur conformité à la Constitution ;*
  - *la constitutionnalité des lois et des actes réglementaires censés porter atteinte aux droits fondamentaux de la personne humaine et aux libertés publiques et en général, sur la violation des droits de la personne humaine ;*
  - *les conflits d'attributions entre les institutions de l'Etat.*
- *Veille à la régularité de l'élection du Président de la République ; examine les réclamations, statue sur les irrégularités qu'elle aurait pu, par elle-même relever et proclame les résultats du scrutin ; statue sur la régularité du référendum et en proclame les résultats ;*
- *Statue, en cas de contestation, sur la régularité des élections législatives ;*
- *Fait de droit partie de la Haute Cour de Justice à l'exception de son Président* ».

[4] Cour constitutionnelle, décision DCC 05-139 du 17 novembre 2005.

pas amené le Gouvernement à s'exécuter et à mettre une avance substantielle à la disposition de la CENA[1].

Troisièmement, en matière d'application de la constitution, il existe des décisions contenant des injonctions d'exécuter les décisions constitutionnelles. On peut, à titre d'exemple, se référer à l'arrêt n° 006/CC/MC du 15 mai 2014 de la Cour constitutionnelle du Niger qui a été saisie par un groupe de députés aux fins d'application de la Constitution, notamment les articles 89 alinéa 3[2], 117 alinéa 2[3] et 134 alinéa 1[4]. En l'espèce, les requérants soutiennent que leur requête fait suite aux interprétations divergentes de l'arrêt de la Cour n° 04/CC/MC rendu le 02 mai 2014 dans lequel la Cour a décidé « *que le groupe parlementaire ne peut faire obstacle à la liberté de candidature des députés qui le composent, sans violer le Pacte international relatif aux droits civils et politiques visé par le préambule qui fait partie intégrante de la Constitution ; que l'élection d'un candidat en violation des conditions prévues par l'article 14 paragraphe 4 du règlement intérieur ne peut constituer une saine application de l'article 89 alinéa 1 de la Constitution ; qu'en application de l'article 89 alinéa 1 de la Constitution, le Bureau composé de onze (11) membres élus sur treize (13) prévus ne reflète pas la configuration politique de l'Assemblée nationale ; que les deux (02) membres du Bureau restants doivent*

---

[1] M.-C. GBENA AFOUDA, « L'expérience de la Cour constitutionnelle de la République du Bénin », *in Conseil constitutionnel du Burkina Faso, Les missions du Conseil constitutionnel dans la consolidation de l'Etat de droit et la bonne gouvernance au Burkina Faso. Actes de la campagne nationale d'information et de sensibilisation sur le Conseil constitutionnel*, Ouagadougou, du 20 mars au 17 avril 2009, pp. 46-49.

[2] L'article 89 alinéa 3 de la Constitution nigérienne du 25 novembre 2010 dispose : « Avant son entrée en fonction, le président de l'Assemblée nationale prête serment sur le Livre Saint de sa confession devant la Cour constitutionnelle en ces termes :

" Devant Dieu et devant le Peuple nigérien souverain, Nous président de l'Assemblée nationale jurons solennellement sur le Livre-saint :

- *de respecter et de faire respecter la Constitution que le Peuple s'est librement donnée;*
- *de remplir loyalement les hautes fonctions dont nous sommes investis ;*
- *de ne jamais trahir ou travestir les aspirations du Peuple ;*
- *de respecter et défendre la forme républicaine de l'Etat ;*
- *de respecter et défendre les droits et libertés des citoyens ;*
- *de ne prendre ni cautionner aucune mesure avilissante pour la dignité humaine ;*
- *de respecter et faire respecter les principes de la séparation des pouvoirs ;*
- *de respecter et faire respecter le Règlement intérieur de l'Assemblée nationale ;*
- *de travailler sans relâche au bonheur du Peuple ;*
- *de nous conduire en tout comme un digne et loyal serviteur du Peuple.*

En cas de parjure, que nous subissions les rigueurs de la loi
Puisse Dieu nous venir en aide". ».

[3] Aux termes de l'article 117 alinéa 2 de la Constitution nigérienne, « *les décisions de justice s'imposent à tous, aux pouvoirs publics comme aux citoyens. Elles ne peuvent être critiquées que par les voies et sous les formes autorisées par la loi.* ».

[4] L'article 134 alinéa 1er de la Constitution nigérienne dispose : « *les arrêts de la Cour constitutionnelle ne sont susceptibles d'aucun recours. Ils lient les pouvoirs publics et toutes les autorités administratives, civiles, militaires et juridictionnelles.* ».

nécessairement être élus conformément aux dispositions de l'article 14 du règlement intérieur de l'Assemblée nationale ; qu'en application de l'article 89 alinéa 1 de la Constitution, il incombe au Président de l'Assemblée nationale, la responsabilité de respecter et de faire respecter le règlement intérieur, conformément à son serment, en vue de rétablir le fonctionnement régulier de l'Assemblée nationale. ». Après, les requérants demandent à la Cour de dire « *que le Président de l'Assemblée nationale a violé son serment en méconnaissant la Constitution ; qu'il est de ce fait en situation de parjure aux termes de l'article 89 al. 3 de la Constitution* ; *que le Président de l'Assemblée nationale a refusé d'obtempérer à l'Arrêt n° 004/CC/MC du 02 mai 2014 ; et qu'il a par conséquent violé la Constitution en ses articles 117 et 134 confortant ainsi son parjure* ». Enfin, les requérants demandent à la Cour de « *relever aussi la vacance de la présidence de l'Assemblée pour parjure, refus d'obtempérer à un arrêt de la Cour constitutionnelle, et blocage de l'institution parlementaire, en application de l'article 89 al. 6* » et « *de dire que les membres du Bureau déjà élus doivent procéder à la continuation de l'élection des autres membres du Bureau aux fins de respecter l'arrêt n° 004/CC/MC du 02 mai 2014 dans tout son dispositif, au vu de ce qui constitue une vacance de la présidence de l'Assemblée* ». Dans son arrêt, la Cour a jugé et décidé « *qu'en ne procédant pas à l'élection des deux membres du bureau restants après notification de l'arrêt par la Cour constitutionnelle, le Président de l'Assemblée nationale, qui a la haute direction des débats de l'Assemblée nationale dont il est la plus haute autorité en vertu de l'article 19 du règlement intérieur, a méconnu l'autorité de la chose jugée attachée aux décisions de la Cour constitutionnelle et par voie de conséquence a violé la Constitution ; que les présidents des groupes parlementaires concernés par les deux postes, qui sont chargés de déposer les candidatures, conformément à l'article 13 du règlement intérieur de l'Assemblée nationale, n'ont toujours rien entrepris dans le sens de se conformer à l'arrêt de la Cour constitutionnelle ; qu'il y a lieu dès lors de dire que ces présidents de groupes parlementaires ont violé les articles 117 alinéa 2 et 134 alinéa 1 de la Constitution ; que les articles 120 alinéa 1 et 126 alinéas 1 et 2 de la Constitution confèrent à la Cour constitutionnelle un rôle de régulation du fonctionnement des institutions et des pouvoirs publics ; qu'à ce titre, elle est fondée à prendre toute décision tendant à prévenir toute paralysie du fonctionnement des institutions de la République ; que le Président de l'Assemblée nationale est tenu de convoquer l'Assemblée pour la reprise des travaux et poursuivre sans discontinuer l'élection des deux membres du Bureau restants dès notification du présent arrêt ; qu'en cas de refus d'obtempérer immédiatement à l'arrêt de la Cour constatant la violation de la Constitution et de poursuite du blocage dans le fonctionnement de l'Assemblée nationale, il sera procédé à la mise en œuvre des dispositions de l'article 89 alinéa 6 de la Constitution relatif à la vacance de la présidence de l'Assemblée nationale ; que dans ce cas, les membres du bureau élus continuent l'élection des membres manquants en vertu du principe de continuité du service public ; que tout refus persistant de la part des présidents des groupes parlementaires concernés de déposer des candidatures aux postes vacants est considéré comme une renonciation temporaire à leur droit d'occuper les postes qui leur reviennent conformément à l'article 89 alinéa 1 de la Constitution ; que par conséquent, les autres membres du bureau élus doivent assurer le fonctionnement régulier de l'Assemblée nationale.*»[1]. Ces injonctions ont été suivies par les acteurs politiques qui ont fini par élire les membres du bureau de l'Assemblée nationale dans le respect strict du Règlement intérieur de cette institution.

Quatrièmement et enfin, en matière de contrôle de constitutionnalité des actes, on peut citer le recours en inconstitutionnalité du relevé de la séance du mercredi 10 octobre 2007 par lequel le Conseil des ministres du Bénin a décidé de suspendre l'exécution des décisions de justice relatives aux litiges domaniaux. Dans sa décision DCC 07-175 du 27 décembre 2007, la Cour constitutionnelle a jugé que « *le relevé des décisions prises par le Conseil des ministres [...] est contraire à la Constitution en ce qui concerne la suspension de l'exécution des décisions de justice* »[2]. Sans qu'il soit besoin d'interpeller le Gouvernement, celui-ci a, dès notification de la décision, officiellement pris acte ; ce qui a permis de désamorcer le mouvement de grève des magistrats qui ont décidé de reprendre service dès le lendemain[3]. Néanmoins, il faut aussi admettre que l'exécution des décisions constitutionnelles rencontre encore un certain nombre de freins et obstacles dans beaucoup de pays.

II- LES OBSTACLES LIES A L'EXECUTION DES DECISIONS CONSTITUTIONNELLES

S'il est vrai que l'exécution des décisions constitutionnelles est conditionnée par le respect de l'autorité de la chose jugée décidée par le juge constitutionnel, il n'en demeure pas moins vrai aussi que cette autorité se heurte très souvent, d'une part, à l'absence de véritables pouvoirs de contrainte à l'encontre des destinataires de ces décisions (A). D'autre part, cette autorité est confrontée au respect du sacro-saint principe de la séparation des pouvoirs[4] auquel les cours

---

[1] Cour constitutionnelle du Niger, arrêt n°06/CC/MC du 15 mai 2014 disponible à l'adresse suivante : www.cour-constitutionnelle-niger.org (consulté le 22/05/2018).

[2] Cour constitutionnelle du Bénin, décision DCC 07-175 du 27 décembre 2007.

[3] M.-C. GBENA AFOUDA, « L'expérience de la Cour constitutionnelle de la République du Bénin », *in Conseil constitutionnel du Burkina Faso, Les missions du Conseil constitutionnel dans la consolidation de l'Etat de droit et la bonne gouvernance au Burkina Faso. Actes de la campagne nationale d'information et de sensibilisation sur le Conseil constitutionnel*, *op. cit.*, p. 49.

[4]J. LOCKE, *Essai sur le gouvernement civil*, 1690 ; C. MONTESQUIEU, *De l'Esprit des lois*, Livre XI, Chapitre III, IV et VI, 1748 ; R. CARRE de MALBERG, *Contribution à la théorie générale de l'Etat*, tome 2,1922, pp. 50-53 ; C. EISENMANN, « L'esprit des lois et la séparation des pouvoirs », *Mélanges Carré de Malberg*, 1933, pp. 165-192 et « La pensée constitutionnelle de Montesquieu », *Recueil Sirey du bicentenaire de l'Esprit des lois*, Paris, 1952 ; P.-M. GAUDEMET, « Le principe de la séparation des pouvoirs : mythe et réalité », *Dalloz*, 1961, chr. P. 121 ; J. CHEVALIER, « La séparation des pouvoirs », *in La continuité*

et conseils constitutionnels doivent rester très attachés s'ils veulent continuer à bénéficier d'une crédibilité pérenne au sein de l'opinion publique tant nationale qu'internationale (B).

A- L'ABSENCE DE VERITABLES POUVOIRS DE CONTRAINTE

Les juridictions constitutionnelles ont certes usé des pouvoirs d'injonction à l'égard des autres pouvoirs et des citoyens pour les amener à respecter leurs décisions, mais force est d'admettre que l'exécution de celles-ci rencontre des retards, des résistances, voire même des refus de la part des autorités et des citoyens. Or, face à ces situations, les juridictions constitutionnelles sont totalement désarmées parce qu'elles ne disposent pas de pouvoirs de coercition. Elles se contentent d'observer les acteurs violer leurs décisions comme l'attestent certaines décisions qu'il convient de mettre en lumière.

En premier lieu, la Cour constitutionnelle du Bénin a jugé dans sa décision DCC 05-069 du 25 juillet 2005 que certains articles étaient conformes sous réserve d'observations et d'autres contraires à la Constitution du 11 décembre 1990. Elle a par ailleurs précisé que ces deux catégories d'articles étaient inséparables du texte de loi. Mais après la mise en conformité du texte par la Commission des lois de l'Assemblée nationale sur la base des observations faites par la Cour constitutionnelle, les députés ont rejeté le nouveau texte de la loi aux motifs que la Cour a fait ce qui n'est pas de son ressort en vidant ledit texte de loi de sa substance. Ce refus de voter la loi de mise en conformité a conduit un député à saisir la Cour constitutionnelle qui a, dans sa décision DCC 05-110 du 15 septembre 2005, jugé que les députés ont violé les articles 124 alinéas 2 et 3 de la Constitution, 34 alinéas 2, 3 et 4 de la loi organique sur la Cour constitutionnelle et 41 du Règlement intérieur de la Cour relatifs à l'autorité de la chose jugée attachés à ses décisions à leur égard. Malgré cette nouvelle décision, les députés ne se sont pas exécutés[1]. Ce premier refus est corroboré par un autre. En effet, par la décision DCC 18-075 du 15 mars 2018, la Cour constitutionnelle du Bénin a été saisie d'une série de recours formés contre le Président de l'Assemblée nationale pour violation de la décision DCC 17-262 du 12 décembre 2017[2]. Dans sa décision DCC 18-075 du 15 mars 2018,

---

constitutionnelle en France de 1789 à 1989, Association française des constitutionnalistes (dir.), Economica, Paris, 1990 ; C. PIMENTEL, « Le sanctuaire vide : la séparation des pouvoirs comme superstition juridique », *Pouvoirs*, n° 102, 2002 ; M. TROPER, *La séparation des pouvoirs et l'histoire constitutionnelle française*, L.G.D.J., Paris, rééd. 1980, pp. 114 et s. ; G. VEDEL, *Montesquieu et l'Esprit des lois, pages de doctrine*, L.G.D.J., Paris, 1980 ; « La séparation des pouvoirs », *Pouvoirs*, n° 143, 2012.

[1] M.-C. GBENA AFOUDA,, « L'expérience de la Cour constitutionnelle de la République du Bénin », *in Conseil constitutionnel du Burkina Faso, Les missions du Conseil constitutionnel dans la consolidation de l'Etat de droit et la bonne gouvernance au Burkina Faso. Actes de la campagne nationale d'information et de sensibilisation sur le Conseil constitutionnel, op. cit.*, pp. 31-32.

[2] Saisie de deux requêtes par lesquelles deux citoyens béninois ont formé des recours en dénonciation de la non désignation par l'Assemblée nationale des membres du Conseil

la Haute Juridiction a relevé « *que les décisions de la Cour* ***devant être exécutées avec la diligence nécessaire****, conformément à l'article 34 [...] de la loi organique sur la Cour constitutionnelle, l'exécution de la décision DCC 17-262 du 17 décembre 2017 de la Cour nécessitait la mise en œuvre de la procédure d'urgence ; qu'ainsi, au nom de la force obligatoire rattachée aux décisions de la Cour, la question de la mise en œuvre de la procédure d'urgence pour l'exécution de la décision en cause n'était plus à discuter au sein du Parlement ; que cette procédure devrait s'imposer à la représentation nationale ; que n'ayant pas procédé ainsi, il y a lieu pour la Cour de constater que l'Assemblée nationale* ***a délibérément décidé de ne pas se conformer à la décision DCC 17-262 du 12 décembre 2017 ;*** *que dès lors, il échet pour elle de dire et juger que la représentation nationale, notamment les députés présents à la séance parlementaire du 21 décembre 2017, à l'exception du député Nourénou ATCHADE qui a requis sans succès la procédure d'urgence, a violé l'article 124 alinéas 2 et 3 sus-cité de la Constitution* »[1]. Cette tendance systématique du pouvoir à faire échec à l'exécution des décisions de la Cour s'est confirmée dans une série d'affaires. La première est celle dans laquelle par arrêté n° 050/MENC/DC/SGM/DRH/SA du 26 mai 2016 portant nomination d'un directeur général par intérim à l'office de radiodiffusion et télévision du Bénin (ORTB), le gouvernement a évincé monsieur Stéphane Todomé et nommé monsieur Georges Amlon, directeur général par intérim de l'Ortb. Saisie, la Cour a, suivant décision DCC 16-091 du 07 juillet 2017, déclaré l'arrêté sus-rappelé contraire à la Constitution pour violation de la loi organique sur la Haute autorité de l'audiovisuel et de la communication (HAAC). Cette décision n'a jamais été respectée par le gouvernement. Une deuxième affaire marquante de la résistance du pouvoir à l'égard des décisions de la Cour, est la décision DCC 17-023 du 02 février 2017 intervenue suite à un recours exercé par un groupe de citoyens, membres de l'Autorité de régulation des communications électriques et de la poste – Arcep-Bénin. La violation de cette décision a fait l'objet d'un nouveau recours. La Cour a jugé, suivant sa décision DCC 17-209 du 19 octobre 2017 et en se fondant sur les dispositions des articles 3 alinéa 3, 124 de la Constitution et 34 de la loi organique sur la Cour constitutionnelle, que « *le non-respect des décisions de la Cour constitutionnelle constitue en soi une violation de la Constitution* »[2] ; elle a en

---

d'orientation et de supervision de la Liste électorale permanente informatisée (COS-LEPI), la Cour constitutionnelle a décidé que « *l'Assemblée nationale doit procéder à la désignation de ses représentants au sein du COS-LEPI, à savoir : cinq (05) représentants de la majorité parlementaire et quatre (04) représentants de l'opposition parlementaire* ***au plus tard, le jeudi 21 décembre 2017*** *; que le COS-LEPI doit être installé au plus tard le 29 décembre 2017 par la Cour constitutionnelle ; que par ailleurs, disposant de six (06) mois pour l'actualisation de la LEPI, le COS-LEPI doit achever ses travaux au plus tard le 30 juin 2018.* ». Cour constitutionnelle, décision DCC 17-262 du 12 décembre 2017.

[1] Cour constitutionnelle du Bénin, décision DCC 18-075 du 15 mars 2018.

[2] Dans sa décision, la Cour constitutionnelle a jugé qu'aux termes des dispositions de l'article 17, alinéa 1er de la Constitution : « *toute personne accusée d'un acte délictueux est présumée*

outre condamné la Ministre de l'économie numérique pour avoir organisé une séance de travail avec les membres de l'Arcep-Bénin dont la nomination a été déclarée contraire à la Constitution. On peut dans le même registre citer les décisions DCC 17-207 du 19 octobre 2017 (non-respect du principe du contradictoire)[1], la décision DCC 17-186 du 05 septembre 2017 (violation de la présomption d'innocence)[2], la décision DCC 17-225 du 07 novembre 2017 dans

---

innocente jusqu'à ce que sa culpabilité ait été légalement établie au cours d'un procès public durant lequel toutes les garanties nécessaires à sa libre défense lui auront été assurées » ; que, selon l'article 7. 1. b), c), d) de la Charte africaine des droits de l'Homme et des peuples, « Toute personne a droit à ce que sa cause soit entendue. Ce droit comprend :
1. b) le droit à la présomption d'innocence, jusqu'à ce que sa culpabilité soit établie par une juridiction compétente ;
2. c) le droit à la défense y compris celui de se faire assister par un défenseur de son choix ;
3. d) le droit d'être jugé dans un délai raisonnable par une juridiction impartiale »; Considérant qu'il ressort des éléments du dossier, notamment du décret n°2016-631 du 12 octobre 2016 portant relèvement de fonction et abrogation de décrets de nomination à l'Arcep-Bénin, que ledit décret a été pris en considération des « irrégularités et fautes graves constatées dans l'organisation et la gestion financière de l'ARCEP par la mission d'audit » ; que par ailleurs, le compte rendu du Conseil des ministres du 27 juillet 2016 mentionne que «les rémunérations des membres du Conseil de régulation, plutôt que d'être fixées par un décret, conformément aux textes organisant l'ARCEP, ont été fixées par le Conseil lui-même et sont constituées de primes diverses, ce qui constitue une faute grave ;[...]
Qu'il n'apparaît pas dans le dossier que les griefs ainsi relevés contre les membres de l'ARCEP leur ont été communiqués avant la décision querellée ; qu'en effet, c'est par la lettre n°274/16/COG/ LUO/COG du 12 août 2016 enregistrée au secrétariat du Président de l'Arcep-Bénin le 17 août 2016 sous le numéro 0291 que la société d'audit et d'expertise comptable FIDUCIAIRE D'AFRIQUE a transmis à ladite Autorité (ARCEP), une copie du mémorandum des travaux d'audit de cet établissement en vue de recueillir ses commentaires éventuels alors que la décision querellée est prise en Conseil des ministres du 27 juillet 2016 avant d'être confirmée par le décret n°2016-631 du 12 octobre 2016 ; qu'il en résulte que les membres de l'ARCEP-BENIN concernés par la décision du Conseil des ministres du 27 juillet 2016, objet du relevé des décisions administratives du 28 juillet 2016 et du décret n°2016-631 du 12 octobre 2016, n'ont pas été mis à même d'exercer leur droit à la défense ; que dès lors, il échet pour la Cour de dire et juger qu'il y a violation de la Constitution de ce chef.».

[1] Dans sa décision, la Cour a jugé que « *Les membres de la Commission de vérification de la régularité des concours organisés au titre de l'année 2015 ont violé la Constitution ;* » et que « *Le rapport de la Commission de vérification de la régularité des concours organisés au titre de l'année 2015 et les actes administratifs subséquents, en ce qui concerne Monsieur Donatien DOSSOU-GBETE, sont nuls et non avenus.*» pour défaut d'égalité de traitement et violation du principe du contradictoire.

[2] La Cour a décidé «*[...] qu'aux termes de l'article 17, alinéa 1er de la Constitution : «Toute personne accusée d'un acte délictueux est présumée innocente jusqu'à ce que sa culpabilité ait été légalement établie au cours d'un procès public durant lequel toutes les garanties nécessaires à sa libre défense lui auront été assurées*» ; *que la Charte africaine des droits de l'Homme et des peuples stipule en son article 7. 1. b) : « Toute personne a droit à ce que sa cause soit entendue. Ce droit comprend... b) le droit à la présomption d'innocence, jusqu'à ce que sa culpabilité soit établie par une juridiction compétente » ; qu'il découle de ces dispositions que la présomption d'innocence est un principe selon lequel, en matière pénale, toute personne poursuivie est considérée comme innocente des faits qui lui sont reprochés tant qu'elle n'a pas été déclarée coupable par la juridiction compétente, et que la décision de condamnation n'est pas devenue définitive ; Considérant que dans le cas d'espèce, Monsieur*

laquelle la Cour a jugé contraires aux dispositions des articles 23, 25 et 36 de la Constitution la déclaration du Garde des Sceaux, ministre de la justice et de la législation selon laquelle « *les rues ne peuvent être exposées à l'expression de la foi* »[1], la décision DCC 17-082 du 13 avril 2017 où la Cour a estimé que le cumul des fonctions d'enseignant à l'université et de membre du gouvernement est contraire à l'article 54 de la Constitution du 11 décembre 1990[2], et la décision DCC 17-251 du 05 décembre 2017 dans laquelle la Cour a condamné le gouvernement pour avoir examiné en conseil des ministres le rapport d'audit de la filière coton sans s'être assuré que les personnes soupçonnées « *ont été entendues au cours de cet audit et sans avoir pris la précaution de recueillir leurs observations sur les fait qui leur sont reprochés avant la prise de sa décision d'entreprendre contre elles des poursuites judiciaires appropriées et de faire prendre des mesures de saisies conservatoires pour assurer le remboursement par les membres des commissions et structures d'Etat en cause et leurs complices* »[3].

Le refus d'exécuter est aussi observé par les juges de droit commun suite à la décision DCC 09-087 du 13 août 2009[4] dans laquelle la Cour a rappelé la

---

Agapit Napoléon Maforikan a été inculpé pour des faits d'usurpation de fonction, d'abus de fonction, de faux et usage de faux en écriture publique ; que jusqu'au 19 janvier 2017, date de la saisine de la Cour, aucune décision définitive d'une juridiction compétente n'est intervenue ; que la culpabilité de Monsieur Agapit Napoléon MAFORIKAN n'est donc pas légalement établie. En sollicitant une nouvelle candidature de communicateur à la Haac motif pris de ce que le rapport de l'enquête de moralité est défavorable au requérant alors même qu'il n'est pas encore condamné par une juridiction compétente pour les faits d'usurpation de fonction, d'abus de fonction, de faux et usage de faux en écriture publique qui lui sont reprochés, le Garde des Sceaux, ministre de la Justice et de la Législation a méconnu le principe de la présomption d'innocence garanti par les dispositions précitées ; qu'en conséquence, la lettre n° 1169/ MJL/SP-C du 15 décembre 2016 portant reprise de désignation du communicateur devant siéger à l'ANLC doit être déclarée contraire à la Constitution sans qu'il soit besoin de statuer sur les autres moyens.».

[1] Cour constitutionnelle du Bénin, décision DCC 17-225 du 07 novembre 2017.

[2] *Ibid.*, décision DCC 17-082 du 13 avril 2017.

[3] En l'espèce, il s'agit d'un rapport d'audit international dressé au mépris des droits de la défense. Sur la base de ce rapport du cabinet d'audit Mazars, le Conseil des ministres du mercredi 28 juin 2017, en son point 2.6.3, a, d'une part, jugé que la gestion de la filière coton par le Gouvernement précédent, sur les trois campagnes ciblées, a entrainé une perte de 125 milliards de francs CFA et, d'autre part, instruit le Garde des Sceaux afin que des poursuites judiciaires soient engagées contre les mis en cause alors que ceux-ci n'ont jamais été entendus par le cabinet Mazars. Deux des mis en cause, Messieurs Kpodèto Philibert AZON et Komi KOUTCHE, ont saisi la Cour constitutionnelle. Celle-ci a jugé, suivant décision DCC 17-251 du 05 décembre 2017, le relevé du Conseil des ministres n°22/2017/PR/ SGG/CM/OJ/ORD du 28 juin 2017 en son point 2.6.3 portant « Mission d'audit organisationnel, technique et financier de la filière coton au Bénin (Campagnes 2013-2014, 2014-2015 et 2015-2016)» contraire à la Constitution pour violation des droits de la défense et du principe de l'égalité des citoyens devant la loi.

[4] Dans cette décision, la Cour a été saisie par les frères GBEMENOU parce qu'ils estiment que la Cour d'Appel de Cotonou n'a pas respecté l'autorité de chose jugée attachée aux décisions DCC 96-063 du 26 septembre 1996 et DCC 09-087 du 13 août 2009 dans lesquelles la Cour a

décision DCC 06-076 en date du 27 juillet 2006 où elle a jugé que « *le coutumier ne peut servir de base légale à une décision judiciaire ; qu'en tout état de cause, aucune juridiction ne saurait asseoir sa décision sur une loi, un texte réglementaire, un acte administratif censé porter atteinte aux droits fondamentaux de la personne humaine et des libertés publiques ; qu'il s'ensuit que les décisions du Tribunal de première instance de Ouidah et de la Cour d'appel de Cotonou qui ont invoqué une disposition du coutumier qui fait état du statut d'esclavage d'une des parties au procès violent la Constitution* »[1]. Bien que cette décision ait été portée à la connaissance de la chambre judiciaire de la Cour suprême du Bénin, celle-ci a opposé un refus catégorique. La Cour constitutionnelle a alors été saisie à nouveau pour violation de l'article 124 de la Constitution. Elle a décidé, après avoir rappelé « *qu'en matière des droits de l'homme, les décisions de la Cour constitutionnelle priment sur celles de toutes les autres juridictions* », que « *l'arrêt n° 13/CJ-CT du 24 novembre 2006 de la chambre judiciaire de la Cour suprême rendu dans l'affaire opposant les consorts ATOYO Alphonse aux consorts Sophie AIDASSO est contraire à la Constitution* »[2]. Cette décision résume le sort réservé très souvent par le juge de droit commun aux décisions rendues par la Cour constitutionnelle comme l'attestent les décisions du Tribunal de première instance de Ouidah du 10 avril 2004, de la Cour d'appel du 04 décembre 2001 – ignorant la décision DCC 96-063 du 26 septembre 1996 – et de la chambre judiciaire de la Cour suprême qui, dans son arrêt du 24 novembre 2006, a allègrement refusé de respecter la décision DCC 06-076 du 27 juillet 2006[3].

« *dit et jugé que le coutumier du Dahomey [...] ne peut servir de base légale à une décision judiciaire et aucune juridiction ne saurait asseoir sa décision sur un principe ou règle censé porter atteinte aux droits fondamentaux de la personne humaine* ». Elle poursuit pour relever que « *dans le cas d'espèce, l'arrêt n° 95/98 rendu par la Cour d'appel de Cotonou le 16 juin 1998 "annule le jugement entrepris pour :*

- *Absence d'indication de la coutume appliquée ;*
- *Absence de représentation et inapplication des coutumes des parties* ».

La Cour constitutionnelle a finalement conclu que la Cour d'appel a méconnu la Constitution. En effet, la Cour constitutionnelle du Bénin a maintes fois déclaré des arrêts ou jugements contraires à la Constitution pour méconnaissance des droits de l'homme. Voir dans ce sens les décisions DCC 13-082 du 09 août 2013 et DCC 11-056 du 25 août 2011. Mais la doctrine est très divisée entre audace et zèle de la Cour constitutionnelle du Bénin. Voir DJOGBENOU, J., « Le contrôle de constitutionnalité des décisions de justice : une fantaisie de plus ? », *Afrilex*, pp. 1-26 disponible sur http://afrilex.u-bordeaux4.fr (consulté le 28/05/2018) ; D. GNAMOU, « La Cour constitutionnelle du Bénin en fait-elle trop ? », *in La Constitution béninoise du 11 décembre 1990 : un modèle pour l'Afrique ? Mélanges en l'honneur de Maurice Ahanhanzo Glélé (Actes du colloque de Cotonou, 8-10 août 2012)*, p. 729 ; G. BADET, « Le pouvoir du juge constitutionnel sur les décisions de justice », séminaire sur « La Cour constitutionnelle et le pouvoir judiciaire », Hôtel du Lac, Cotonou, 18-19 décembre 2017, pp. 1-20.

[1] Cour constitutionnelle du Bénin, décision DCC 06-076 du 27 juillet 2006.

[2] *Ibid.*, décision DCC 09-087 du 13 août 2009.

[3] A. L. SIDI, « La mise à exécution effective des décisions de la Cour constitutionnelle », *op. cit.*, p. 17.

En deuxième lieu, la Cour constitutionnelle sud-africaine était également désarmée devant le refus d'exécuter ses arrêts : *Economic Freedom Fighters v. Speaker of National Assembly* du 29 décembre 2017 et « *Nkandla* » du 31 mars 2016 – du nom de la résidence de l'ex-Président Zuma financée en partie au moyen de fonds publics[1]. Dans le premier, la Cour a reconnu que le Président et le Parlement ont tous deux failli à leurs obligations constitutionnelles au motif qu'ils n'ont pas été diligents suite aux révélations de détournements de fonds publics. Dans le second arrêt, la Cour a condamné le Parlement sud-africain pour n'avoir pas mis en œuvre les mécanismes institutionnels permettant d'engager la destitution de l'ex-Président Zuma en se fondant sur l'article 89 (1) de la Constitution. Ces arrêts de la Cour constitutionnelle n'ont pas produit les effets escomptés parce que l'ex-Président n'a été mis à l'écart du pouvoir que par son parti majoritaire. C'est pourquoi une certaine doctrine marque son étonnement en ce sens qu'il est accordé « *parfois un crédit exagéré au pouvoir des cours constitutionnelles ou son avatar, le (néo) constitutionnalisme* »[2].

En troisième et dernier lieu, la Cour constitutionnelle du Niger a été confrontée à la remise en cause de certaines de ses décisions[3]. En effet, se fondant sur un recours à la suite duquel certaines décisions de cette Cour ont été déclarées inexistantes pour défaut de quorum[4], l'ancien Président Tandja

---

[1] L. ZEVOUNOU, « Cour constitutionnelle et argument contre majoritaire en Afrique du Sud : à propos de *Economic Freedom Fighters, United Democratic Movement Congress of the People, Democratic Alliance V. Speaker of National Assembly, President Jacob Gedleyihlekisa Zuma, (Aff. CCT 76/17)* », disponible sur : http://blog.juspoliticum.com/2018/04/24/cour-constitutionnelle-et-argument-contre-majoritaire-en-afrique-du-sud-a-propos-de-economic-freedom-fighters-united-democratic-movement-congress-of-the-people-democratic-alliance-v-speaker-of-na/, (consulté le 28/05/2018).

[2] *Ibid.*

[3] Par exemple, dans son arrêt n° 18/CC/MC du 11 décembre 2014, la Cour a jugé « *que le fait de refuser la candidature du député Amadou Salifou constitue une violation de plus de la Constitution par le président du groupe parlementaire ARN ; que dès lors, le président du groupe parlementaire ARN encourt une sanction devant les juridictions compétentes en vertu de l'article 39 de la Constitution qui dispose que "Tout citoyen nigérien, civil ou militaire, a l'obligation absolue de respecter, en toutes circonstances, la Constitution et l'ordre juridique de la République, sous peine des sanctions prévues par la loi"*.

[4] La Cour constitutionnelle statuant en matière de contrôle d'arrêts rendus sans quorum, saisie par le Président de la République, a rendu l'arrêt n° 2003-012/CC du 29 décembre 2003 par lequel elle a d'abord relevé que « *les délibérations et avis de la Cour constitutionnelle sont rendus par cinq membres au moins ; que les arrêts déférés n'évoquent pas le cas de force majeure pour dispenser la Cour du quorum de cinq (5) membres* ». Ensuite la Cour a constaté que « *les arrêts n° 2002 -14 /CC du 04 septembre 2002 sur le Code CIMA, n° 2002-15/CC du 06 septembre 2002 sur l'ordonnance portant Code des marchés publics au Niger et n° 2002-16/CC du 06 septembre 2002 sur les décrets n° 2002-208/PRN/MDN du 31 juillet 2002 proclamant la mise en garde dans la Région de Diffa et n° 2002-210/PRN/MDN du 05 août 2002 portant mesures particulières dans le cadre de la mise en garde* » ont été rendus par quatre (4) membres, donc rendus sans quorum ; elle les a déclarés par conséquent « *nuls et de nul effet* ». Cour constitutionnelle du Niger, *Recueil des décisions (contrôle de conformité à la Constitution)*, 2001-2005, Niamey, pp. 121-124.

Mamadou a saisi ladite juridiction afin qu'elle déclare l'inexistence juridique de l'arrêt n° 04/CC/ME du 12 juin 2009 ayant annulé pour excès de pouvoir le décret n° 2009-178/PRN/MI/SP/D du 05 juin 2009 portant convocation du corps électoral pour le référendum en vue de l'adoption de la Constitution de la VIème République. Dans sa décision, la Cour a déclaré la requête irrecevable en estimant que « *l'autorité [...] conférée aux arrêts de la Cour constitutionnelle est absolue ; qu'aucune jurisprudence, même émanant de la Cour ne saurait y faire échec* »[1]. Mais, cette résistance face au pouvoir exécutif a été sanctionnée par la suspension pure et simple de la Cour constitutionnelle[2].

Ces décisions montrent que les juridictions constitutionnelles ne peuvent pas obliger les autorités à se conformer à leurs décisions[3]. A cette limite vient

---

[1]Cour constitutionnelle du Niger, arrêt n° 05/CC du 26 juin 2009, disponible sur le site : www.cour-constitutionnelle-niger.org (consulté le 28/05/2018).

[2] S'octroyant les pouvoirs exceptionnels prévus par l'article 53 de la Constitution nigérienne du 09 août 1999, l'ancien Président Tandja a suspendu certains articles relatifs à la Cour constitutionnelle. Il a abrogé les décrets portant nomination des membres de ladite Cour et a procédé à la nomination des nouveaux conformément à l'article 2 de la décision n° 002/PRN du 29 juin 2009 qui dispose : « *Pendant la durée de cette suspension, la Cour constitutionnelle est composée ainsi qu'il suit : trois (3) personnalités ayant une grande expérience désignées par le Président de la République ; trois (3) magistrats proposés par le Ministre de la justice, garde des sceaux ; un (1) enseignant-chercheur de la faculté de droit titulaire d'un doctorat en droit public proposé par le Recteur de l'Université Abdou Moumouni de Niamey, après avis du Président de la République* ». Mais cette Cour de la VIème République n'a pas survécu longtemps (voir O. NAREY,« Les faces cachées d'un régime présidentiel autoproclamé : cas de la VIème République du Niger », *Nouvelles Annales africaines*, n° 2, 2011) en raison du coup d'Etat intervenu le 22 février 2010.

[3] Voir décision DCC 05-110 du 15 septembre 2005 de la Cour constitutionnelle du Bénin dans laquelle un député l'a saisie du refus de voter la loi de mise en conformité, ce qui constitue une violation de l'article 124 de la Constitution du 11 décembre 1990 ; décision DCC 05-069 du 27 juillet 2005 par laquelle la même Cour a ordonné la mise en conformité à la Constitution de la loi n° 2005-26 portant règles particulières pour l'élection du Président de la République par l'Assemblée nationale, décision qui n'a pas été exécutée par l'Assemblée nationale ; décision DCC 96-015 des 21 et 22 février 1996 jugeant « *arbitraire, abusive et contraire à la Constitution* » la détention du sieur Maurice KOUANDETE, celui-ci ayant été maintenu en détention pendant des mois avant d'être finalement libéré ; décision DCC 99-029 du 17 mars 1999 par laquelle la Cour a déclaré contraire à la Constitution pour violation du droit à la défense, le décret n) 99-026 du 22 janvier 1999 relevant Monsieur Clément HOUENONTIN de ses fonctions de directeur de la télévision nationale, cette décision n'a pas connu un début d'exécution car rien n'a été entrepris dans ce sens par le gouvernement béninois ; décision DCC 06-144 du 06 octobre 2006 par laquelle la Cour a jugé que le principe de la présomption d'innocence a été violé dans le cadre de la destitution du Maire GBADAMASSI, celui-ci a dû saisir la Cour à nouveau pour que la décision soit exécutée mais il n'a jamais retrouvé son poste malgré la violation des articles 124 e 35 de la Constitution relevée par la Cour constitutionnelle du Bénin dans sa décision DCC 08-145 du 23 octobre 2008 ; décisions DCC 02-065 du 05 juin 2002, 05-67 du 12 juillet 2005, 05-107 du 06 septembre 2007, 06-016 du 31 janvier 2006, 06-141 du 05 octobre 2006 et 06-093 du 08 août 2006 qui n'ont pas connu d'exécution diligente car les requérants ont dû saisir une nouvelle fois la Cour pour se voir appliquer les bénéfices liés à ces décisions. Voir M.-C. GBENA AFOUDA, « L'expérience de la Cour constitutionnelle de la République du Bénin », *in Conseil constitutionnel du Burkina*

s'ajouter un autre obstacle : le strict respect par les juridictions constitutionnelles du principe de la séparation des pouvoirs.

B- LE RESPECT DU SACRO-SAINT PRINCIPE DE LA SEPARATION DES POUVOIRS

Le principe de la séparation des pouvoirs, consacré par la plupart des constitutions[1], interdit à la juridiction constitutionnelle, juge-gardien de la constitution, de s'immiscer dans les domaines des autres pouvoirs. Ce principe est respecté par la Cour constitutionnelle du Bénin qui a jugé, dans sa décision DCC 04-047 du 18 mai 2004, d'une part, que « *les articles 114 et 117 de la Constitution qui fixent les attributions de la Cour ne lui donnent compétence ni pour donner des injonctions au gouvernement ni pour faire des rappels à l'ordre* ». D'autre part, la Cour a décidé qu'en agissant comme il l'a fait, « *le Procureur Général près la Cour d'Appel de Cotonou n'a pas violé la Constitution* » en ce sens que ses affirmations, « *[...] loin de constituer une opposition à l'assignation de Maître Monique KOTCHOFA FAIHUN devant le juge civil ou répressif, doivent plutôt être analysées comme des indications faites à la requérante pour lui permettre de mieux se pourvoir.* »[2]. Mieux, la Cour constitutionnelle du Bénin est allée plus loin dans sa décision DCC 07-175 du 27 décembre 2007 en qualifiant d'« *ingérence dans le fonctionnement normal du pouvoir judiciaire et donc une violation du principe de la séparation des pouvoirs consacrée par les articles 125 et 126 de la Constitution [...]* »[3] la

---

Faso, Les missions du Conseil constitutionnel dans la consolidation de l'Etat de droit et la bonne gouvernance au Burkina Faso. Actes de la campagne nationale d'information et de sensibilisation sur le Conseil constitutionnel, op. cit., pp. 52-54.

[1] Par exemple, l'article 125 de la Constitution béninoise du 11 décembre 1990 dispose : « *le pouvoir judiciaire est indépendant du pouvoir législatif et du pouvoir exécutif. Il est exercé par la Cour Suprême, les Cours et Tribunaux créés conformément à la présente Constitution.* ». L'article 131 de la même Constitution prévoit que « *La Cour Suprême est la plus haute juridiction de l'Etat en matière administrative, judiciaire et des comptes de l'Etat [...].*
Les décisions de la Cour Suprême ne sont susceptibles d'aucun recours.
Elles s'imposent au Pouvoir Exécutif, au Pouvoir Législatif, ainsi qu'à toutes les juridictions. ». Aux termes de l'article 116 de la Constitution nigérienne du 25 novembre 2010, « *le pouvoir judiciaire est indépendant du pouvoir législatif et du pouvoir exécutif.*
Le pouvoir judiciaire est exercé par la Cour constitutionnelle, la Cour de cassation, le Conseil d'Etat, la Cour des comptes, les cours et tribunaux. ». L'article 118 de cette Constitution dispose : « *dans l'exercice de leurs fonctions, les magistrats sont indépendants et ne sont soumis qu'à l'autorité de la loi.* ».

[2] Cour constitutionnelle, décision DCC 04-047 du 18 mai 2004. En l'espèce, la Cour a été saisie d'une requête du 30 novembre 2001 enregistrée à son Secrétariat le 04 décembre 2001 sous le n° 2583/273/REC, par laquelle Madame Ernestine TCHIAKPE se plaignait de la « *violation des droits constitutionnels de la défense, et d'égalité des citoyens devant la loi* » dont elle est victime. La Cour a déclaré cette requête irrecevable parce que selon « *l'article 120 de la Constitution, seul le gouvernement peut, dans certaines conditions, demander l'examen en procédure d'urgence d'un recours en violation des droits de l'homme ou d'un texte de loi.* ».

[3] Dans cette décision, il faut rappeler que la Cour a été saisie des requêtes des 15, 16, 17, 29 octobre, 20 et 27 novembre 2007 enregistrées respectivement à son Secrétariat les 16, 17, 22, 29 octobre, 20 et 29 novembre 2007 sous les n° 2345/161/REC, 2357/164/REC, 2392/168/REC,

décision du Conseil des Ministres en sa séance du mercredi 10 octobre par laquelle il a décidé de suspendre l'exécution des décisions de justice relatives aux litiges domaniaux en milieu urbain. En confirmant les domaines de compétences du pouvoir exécutif et du pouvoir judiciaire, cette « *décision de la Cour constitutionnelle sacralise le principe de la séparation des pouvoirs. Car, en disqualifiant le refus pour une autorité gouvernementale ou administrative d'apporter son concours à l'exécution d'une décision de justice, refus fondé sur les circonstances exceptionnelles ou sur la sauvegarde de l'ordre public, la Cour constitutionnelle consacre la primauté des principes constitutionnels en toute circonstance. Le principe de la séparation des pouvoirs ne saurait périr en raison de la nécessité de maintien de l'ordre public. Il en découle une conciliation entre circonstances exceptionnelles et principes constitutionnels contribuant à restreindre la marge de manœuvre arbitraire du pouvoir exécutif. En d'autres termes, la gestion des circonstances exceptionnelles et la préservation de la paix sociale doivent se faire dans le respect de la Constitution.* »[1].

En outre, la Cour constitutionnelle du Bénin a jugé, dans sa décision DCC 01-018 du 09 mai 2001, qu'il ressort de la lecture combinée et croisée des articles 125[2], 126[3] et 127[4] de la Constitution « *[...] que le législatif et l'exécutif ne doivent ni s'immiscer dans l'exercice du pouvoir judiciaire ni faire entrave à la justice* » et «*[...] qu'en s'immisçant ainsi qu'il l'a fait dans une procédure judiciaire, Monsieur Joseph H. Gnonlonfoun,Garde des Sceaux, Ministre de la Justice, de la Législation et des Droits de l'Homme a violé [...] le principe [...] de l'indépendance du Pouvoir Judiciaire reconnu et garanti par les articles*

2436/172/REC, 2567/184/REC, 2618/189/REC par lesquelles Mademoiselle Jeanne Oboubé VELE et Messieurs Georges Constant AMOUSSOU, Serge Roberto PRINCE AGBODJAN, Nestor HOUNGBEDJI, Armand HODONOU, Urbain Stanislas AMEGBEDJI forment un recours en inconstitutionnalité de la décision du Conseil des Ministres du 10 octobre 2007 relative à la suspension de l'exécution des décisions de justice rendues en matière domaniale en milieu urbain. La Cour a décidé que le relevé n° 35 des décisions prises par le Conseil des Ministres en sa séance du mercredi 10 octobre 2007 est contraire à la Constitution en ce qui concerne la suspension de l'exécution des décisions de justice.

[1] SINDJOUN, L., *Les grandes décisions de la justice constitutionnelle africaine. Droit constitutionnel jurisprudentiel et politiques constitutionnelles au prisme des systèmes politiques africains*, *op. cit.*, p. 24.

[2] L'article 125 de la Constitution béninoise du 11 décembre 1990 dispose : « *Le pouvoir judiciaire est indépendant du pouvoir législatif et du pouvoir exécutif.*
Il est exercé par la Cour suprême, les cours et tribunaux créés conformément à la présente Constitution ».

[3] Aux termes de l'article 126 de la Constitution béninoise, « *La justice est rendue au nom du peuple béninois.*
Les juges ne sont soumis, dans l'exercice de leurs fonctions, qu'à l'autorité de la loi. Les magistrats du siège sont inamovibles ».

[4] L'article 127 de la Constitution béninoise dispose : « *Le Président de la République est garant de l'indépendance de la justice.*
Il est assisté par le Conseil supérieur de la magistrature ».

125,126 et 127 de la Constitution [...]»[1]. Ce souci de respect strict du principe de la séparation des pouvoirs qui anime la Cour du Bénin est également partagé par la Cour constitutionnelle du Niger.

En effet, il y a lieu de se référer tout d'abord à l'arrêt n° 13/CC/MC du 09 septembre 2014 par lequel cette Cour a jugé « *que, hors session, l'appréciation de la régularité d'une poursuite judiciaire relève d'un autre ordre de juridiction ; [...] que la Cour constitutionnelle n'est pas habilitée à combler ou corriger les lacunes ou insuffisances du Règlement intérieur de l'Assemblée nationale.* ». Ensuite, la même Cour a décidé « *qu'il incombe au gouvernement de tout mettre en œuvre pour respecter les délais d'élaboration des lois de règlement et à l'Assemblée nationale d'y veiller dans le cadre du contrôle de l'action gouvernementale* »[2]. Enfin, la Cour constitutionnelle a jugé « *qu'à travers [leur] demande, les requérants visent à obtenir de la Cour qu'elle enjoigne au juge pénal de prononcer la mise en liberté du candidat Hama Amadou ; [...] que l'article 118 de la Constitution dispose : « dans l'exercice de leurs fonctions, les magistrats sont indépendants et ne sont soumis qu'à l'autorité de la loi » ; [...] qu'en application de cette disposition constitutionnelle, la Cour n'a pas compétence pour enjoindre au juge pénal de prononcer la mise en liberté d'un candidat en détention* »[3]. Il en résulte que le juge constitutionnel

---

[1] Cour constitutionnelle, décision DCC 01-018 du 09 mai 2001. Sur cette décision, voir les commentaires De F.-J. AÏVO, F.-J., « La Cour constitutionnelle du Bénin », *RFDC*, n° 99, 2014, et ceux de G. BADET, « Le pouvoir du constitutionnel sur les décisions de justice », *op. cit.*, pp. 2-3.

[2] Cour constitutionnelle du Niger, arrêt n° 10/CC/MC du 05 août 2014 disponible sur le site : www.cour-constitutionnelle-niger.org, (consulté le 28/05/2018).

[3] *Ibid.*, arrêt n° 001/CC/MC du 09 février 2016 dans lequel un groupe de députés a saisi la Cour « *aux fins qu'elle se prononce par arrêt sur la situation juridique du candidat à l'élection présidentielle de février 2016, M. Hama Amadou.* ». En l'espèce, les requérants demandent à la Cour de :

« - *Empêcher la survenue d'une violation de la Constitution et des lois électorales et des traités internationaux ratifiés par le Niger, notamment la Déclaration Universelle des Droits de l'Homme de 1948, le Pacte International relatif aux Droits Civils et Politiques de 1966, la Charte Africaine des Droits de l'Homme et des Peuples de 1981, en ce que tous ces instruments juridiques garantissent la liberté, l'équité et l'égalité des candidats à une élection présidentielle ;*

- *Garantir par tous les moyens de droit, en vertu de ses pouvoirs et, notamment en application de son arrêt n° 001 du 09 janvier 2016 qui s'impose à toutes les autorités publiques, les droits constitutionnels à la liberté et à l'égalité du candidat Hama Amadou incarcéré ;*

- *Mettre et faire mettre le candidat Hama Amadou dans ses droits constitutionnels de battre campagne, rencontrer les électeurs, présenter et défendre son programme politique et son projet de société sur un même pied d'égalité avec les autres candidats aux élections présidentielles ;*

- *Juger et dire que cette rupture d'égalité entre les candidats aux élections présidentielles de février 2016 est une violation des dispositions constitutionnelles et des traités internationaux relatifs aux droits de l'homme ratifiés par le Niger ;*

- *Garantir la régularité, la transparence et la sincérité des élections présidentielles de février 2016 en intimant le respect des droits constitutionnels d'égalité et de liberté de tous les candidats.* ». Mais la Cour a décidé « *qu'elle n'a pas compétence pour enjoindre au juge pénal*

sait ce qu'il ne doit pas faire mais aussi ce que les autres pouvoirs doivent faire sans porter atteinte à l'immortel principe de la séparation des pouvoirs. Ce faisant, le juge constitutionnel s'impose une limitation pour justifier sa fonction à l'image du Conseil constitutionnel français qui, par sa décision du 15 janvier 1975, a indiqué que son rôle n'était pas de faire prévaloir son opinion sur la volonté du législateur, car la Constitution ne lui attribue pas « *un pouvoir général d'appréciation et de décision identique à celui du Parlement, mais lui donne seulement compétence pour se prononcer sur la conformité à la Constitution des lois déférées à son examen.*»[1].

CONCLUSION

En définitive, il faut admettre avec force que l'exécution des décisions constitutionnelles n'est pas automatique même si celles-ci sont censées s'imposer à tous. Ainsi, il a été constaté que le juge constitutionnel rend des décisions qui sont exécutées soit avec un retard excessif, soit en sursis. De même, il a été très souvent noté de sérieuses réticences de la part de l'exécutif ou du législatif à rétablir des situations qui prévalaient antérieurement à des actes législatifs et/ou réglementaires contrôlés et censurés. Il est même arrivé que les décisions rendues par le juge constitutionnel soient purement et simplement ignorées, c'est-à-dire jamais exécutées.

Face à cet état de fait, il y a lieu de continuer la réflexion pour trouver les moyens idoines à inscrire dans la loi fondamentale afin de répondre à cette épineuse question de l'exécution des décisions constitutionnelles. Il semble que le constituant nigérien a esquissé une solution qui érige en empêchement absolu, « *le refus du Président de la République d'obtempérer à un arrêt de la Cour constitutionnelle constatant une violation par celui-ci des dispositions de la Constitution* »[2]. Mais cette solution n'est que partielle, ne s'étendant ni aux autres pouvoirs et à l'administration, ni à tous les citoyens ; sa portée est limitée et fait naître un risque de voir les décisions constitutionnelles connaitre le même sort que les décisions internationales dont l'exécution dépend soit de la bonne

---

de prononcer la mise en liberté d'un candidat ». Voir www.cour-constitutionnelle-niger.org (consulté le 28/05/2018).

[1] Conseil constitutionnel français, décision n° 74-54 DC du 15 janvier 1975 (décision sur l'interruption volontaire de grossesse - IVG).

[2] L'article 53 alinéas 1, 2, 3 et 4 de la Constitution nigérienne du 25 novembre 2010 dispose : « *En cas de vacance de la Présidence de la République par décès, démission, déchéance ou empêchement absolu, les fonctions de Président de la République sont provisoirement exercées par le président de l'Assemblée nationale et, si ce dernier est empêché, par les vice-présidents de l'Assemblée nationale dans l'ordre de préséance.*

Est considérée comme empêchement absolu, l'incapacité physique ou mentale du Président de la République le rendant inapte à exercer les charges de sa fonction.

Est passible des mêmes conséquences que l'empêchement absolu, le refus du Président de la République d'obtempérer à un arrêt de la Cour constitutionnelle constatant une violation par celui-ci des dispositions de la présente Constitution.

L'empêchement absolu est constaté par la Cour constitutionnelle, saisie par l'Assemblée nationale, statuant à la majorité des deux tiers (2/3) de ses membres. ».

volonté[1], soit de la bonne foi des Etats[2]. Pour l'écarter, il faut faire en sorte que, d'une part, le citoyen assure fréquemment, par la saisine directe de la juridiction constitutionnelle, le respect de l'autorité attachée aux décisions constitutionnelles. Pour jouer pleinement son rôle, le citoyen doit donc saisir la juridiction constitutionnelle pour non seulement respecter mais surtout faire respecter l'ordre constitutionnel[3]. D'autre part, l'autorité de chose jugée attachée aux décisions des juridictions constitutionnelles doit relever de la compétence du peuple[4] souverain – censé avoir le premier et le dernier mot – en ce que l'acte fondateur de l'Etat de droit démocratique « *s'exprime par un pouvoir suprême appelé le pouvoir constituant, lequel est souverain [...]* »[5]. Ce faisant, même si le peuple souverain est « *le meilleur arbitre, la meilleure cour suprême* »[6], il doit agir exclusivement « *[...] au nom de la légitime défense de l'ordre constitutionnel* »[7] pour que les gouvernants et les citoyens puissent admettre et respecter l'autorité des décisions rendues par les juges constitutionnels qui, tirant « *leur existence et leurs compétences de la constitution, ne peuvent que lui faire allégeance et reconnaître sa place au sommet de l'ordre juridique interne [...]*»[8]. C'est à ce prix que l'on peut juger de la pertinence ou non de l'assertion selon laquelle « *Quand je vais dans un pays, je n'examine pas s'il y a de bonnes lois, mais si l'on exécute celles qui y sont, car il y a de bonnes lois partout* »[9].

---

[1]L'article 94 de la Charte des Nations Unies prescrit à chaque Etat membre l'obligation de se conformer aux décisions de la Cour internationale de justice (C.I.J.) dans tout litige auquel il est parti. Cette disposition précise que si une des parties n'applique pas l'arrêt de la Cour, l'autre partie peut recourir au Conseil de sécurité et celui-ci, s'il le juge nécessaire, peut faire des recommandations ou prendre des décisions pour faire exécuter l'arrêt. En pratique, cette disposition n'a jamais fait l'objet d'une application rigoureuse.
S'agissant des arrêts de la C.I.J. ayant rencontré de réelles difficultés d'exécution, voir affaire du *Détroit de Corfou*, (Royaume-Uni c. Albanie), C.I.J., arrêt du 15 décembre 1949 ; affaire de la *Compétence en matière de pêcheries* (Islande c. Royaume-Uni et République fédérale d'Allemagne), C.I.J., arrêt du 25 juillet 1974, et affaire des *Activités militaires et paramilitaires au Nicaragua et contre celui-ci* (Nicaragua c. Etats-Unis), C.I.J., arrêt du 27 juin 1986. Voir B. TCHIKAYA, *Mémento de la jurisprudence. Droit international public*, 5ème édition, Hachette Supérieur, Paris, 2010, pp. 57 et s, 92 et s., 115 et s.
[2] Article 26 de la Convention de Vienne du 23 mai 1969 sur le droit des traités : « *tout traité en vigueur lie les parties et doit être exécuté par elles de bonne foi* ».
[3] O. NAREY,« L'ordre constitutionnel », *in* D. F. MELEDJE, M. BLEOU, et F. KOMOIN (dir.*), Mélanges dédiés au Doyen Francis V. WODIE*, Faculté de droit de l'Université de Cocody-Abidjan, Presses de l'Université Toulouse 1, Capitole, Toulouse, 2016, pp. 399-421.
[4] Sur cette notion, voir K. AHADZI-NONOU, « Réflexions sur la notion de peuple », *in Afrique et politique*, n° 1, janvier-juin 2002, pp. 86 et s.
[5] J. GICQUEL, J.-E. GICQUEL, *Droit constitutionnel et institutions politiques*, 31ème édition, 2017-2018, L.G.D.J., Lextenso édition, Paris, 2017, p. 223.
[6] *Ibid.*, p. 247.
[7] *Ibid.*, p. 244.
[8] *Ibid.*
[9] M.-A. COHENDET, M.-A., *Droit constitutionnel*, L.G.D.J., Lextenso édition, Collection COURS, Paris, 2015, p. 498.

LA REINVENTION D'UNE TRADITION : LES *GAGACA* AU RWANDA POST GENOCIDE IMPASSE ET CONTRADICTIONS

Alioune Badara FALL

Professeur de droit public, Université de Bordeaux (France)

Il est aujourd'hui reconnu que si les crises interétatiques ont beaucoup baissé en nombre, voire disparu, celles que les Etats connaissent au niveau interne se multiplient et entrainent des conséquences souvent dramatiques par le nombre de crimes commis, de populations déplacées et démunies etc. Habituellement, les auteurs de tels actes criminels sont jugés par des tribunaux à l'appui de textes nationaux élaborés et des procédures nationales ou internationales mises en place à cet effet et dans lesquelles sont prévues les peines et autres sanctions correspondant à ces actes répréhensibles.

Depuis une période plus ou moins récente, différents procédés ont été développés à côté de ce mode classique de procès, pour trouver d'autres voies que celles d'une simple condamnation d'auteurs de crimes, de mauvais traitement sur la personne humaine ou d'exactions de tout genre. En effet, dans de nombreux pays où de nouveaux gouvernants arrivés au pouvoir se trouvent en face de tels crimes commis par le régime précédent avant la période de transition, des mesures sont prises pour reconstruire une société traumatisée, instaurer une démocratie ainsi qu'un et un Etat de droit démocratique et pour privilégier la réconciliation nationale. Cette période, souvent qualifiée de « sortie de crise » ou de « post-crise » où l'on tente de panser les « plaies » causées par ces évènements, est provisoire, transitoire ; elle se situe généralement entre la fin d'un régime déchu et l'installation au pouvoir d'un autre qui souhaite remettre l'Etat en marche en instaurant la paix et la sécurité. Tel est l'esprit qui caractérise la « justice transitionnelle » qui se substitue aux juridictions étatiques internes.

Cette forme de justice fait l'objet de discussions ou controverses - comme l'auteure de cette thèse l'a souligné et à juste raison – et ne fait guère l'unanimité, ni sur ses origines exactes, ni sur une définition unique qu'il est possible de lui donner. On retiendra au moins qu'elle n'est apparue que très récemment – une trentaine d'années - dans le champ des études universitaires, c'est-à-dire au moment où est apparu dans bien des pays, notamment sud-américains et africains, un processus de démocratisation de leur régime politique, et une intervention/implication de plus en plus forte du droit international dans la sanction des violations des principes du droit international humanitaire.

Cette reconstruction est une tâche particulièrement difficile. En première ligne, le juge qui doit, d'une part, retrouver, désigner et juger les auteurs des actes incriminés pour éviter que s'installe l'impunité - d'où l'idée centrale de sanction dans la « justice légaliste-libérale » ou moderne que nous connaissons aujourd'hui dans nos Etats modernes – et, d'autre part, retrouver les victimes de tels actes pour réparer ou compenser le préjudice qu'elles ont subi. Cette justice rendue par les Cours et tribunaux modernes, pourtant habitués à juger les auteurs de crimes et délits, est aujourd'hui écartée dans bien des pays ayant vécu des crises au profit de cette justice transitionnelle perçue comme la voie la plus appropriée pour reconstruire une société détruite qui cherche à se relever d'un conflit armé ou des pratiques d'un régime de dictature, autoritaire ou totalitaire. On voit ainsi toute l'importance que revêt une telle opération. Ce thème est cependant récurrent pour avoir fait l'objet d'une nombreuse littérature juridique. En Afrique, ces situations de sortie de crise et de reconstruction/réconciliation nationale ont eu lieu dans beaucoup de pays[1], mais la crise qui a le plus marqué les esprits ces dernières années sur le continent, est celle du Rwanda où eut lieu un génocide. A l'issue de cette crise, on a vu apparaître une justice qui n'est pas transitionnelle dans le sens où celle-ci est généralement définie. Les acteurs de la post-crise ont préféré utiliser une justice traditionnelle du temps des ancêtres – les *Gacaca* – venue à la rescousse d'un appareil judiciaire (le Tribunal Pénal international) et d'un droit (droit pénal international) modernes, présentant des insuffisances et limites pour vider tout le contentieux né de ce génocide.

Ce fait inédit survenu après le crime de génocide nous a amené à réfléchir, d'une part, sur les rapports entre les coutumes et traditions africaines et d'autre part, sur les institutions et structures modernes sur le terrain juridique en Afrique. Tout observateur attentif sait que les règles coutumières et traditionnelles ne sont pas mortes en Afrique ; au contraire, elles ont survécu après l'indépendance. Elles côtoient encore aujourd'hui le droit moderne introduit par le colonisateur et maintenu par la suite dans ces pays après l'indépendance. Elles sont parfois intégrées dans le droit écrit, mais généralement, elles coexistent avec le droit moderne et apparaissent quotidiennement dans la pratique des populations et dans leur manière de vivre en société. Les *Gagaca* qui **sont** une des manifestations de cette survivance de ces institutions ancestrales, restent une justice forte dans la vie des Rwandais, même si son utilisation n'est pas aussi courante que par le passé.

Notre contribution aux Mélanges offerts en l'honneur des nos collègues et amis, les professeurs Eloi Diarra et Salif Yonaba porte implicitement, mais succinctement sur ce champ, c'est-à-dire sur la place et l'utilité des traditions dans le fonctionnement des sociétés africaines à l'époque moderne. L'intérêt de

[1] On connaît celles qui sont déjà résolues (Afrique du Sud, Maroc, Tunisie, Togo, Madagascar etc.), mais d'autres sont encore en cours (Côte d'Ivoire, Centrafrique, Mali etc.). Elles ne sont toutefois pas spécifiques au continent africain. Beaucoup de pays d'Amérique latine (ou ailleurs) ont une riche expérience en la matière, après avoir connu de sérieuses crises ayant nécessité par la suite des tentatives de reconstruction nationale (Salvador, Argentine, Brésil, Chili, etc.).

la réflexion sur cette forme de justice s'intéresse à la question de savoir dans quelle mesure, à travers l'exemple de ces *Gacaga,* les traditions pourraient suppléer les structures et normes juridiques modernes dans le règlement des conflits, et même au-delà, dans des domaines où ces règles écrites sont moins respectées par les populations africaines - et donc moins effectives et efficaces - pour la raison simple qu'elles ne les ont pas sécrétées.

Il s'agit surtout de comprendre comment ce mode de justice ancestral s'est substitué aujourd'hui à une justice moderne ayant atteint ses limites dans le pays après cette grave crise et s'il a atteint les objectifs qui lui étaient assignés, c'est-à-dire la réconciliation et la reconstruction de l'unité nationale au Rwanda. Au-delà de cette première question, on peut également s'interroger sur la capacité des coutumes et traditions africaines, dans les sphères publiques ou privées, à apporter des solutions aux Africains, non pas seulement dans les périodes de « sortie de crise », mais également et à l'avenir, pour une « sortie d'un système » qui depuis les indépendances des années 1960, ne leur permet pour l'heure, de se développer, ni démocratiquement, ni économiquement.

Les « juridictions » *Gagaca* constituent le moyen, l'instrument idéal à partir duquel, nous tenterons de mesurer la portée des systèmes coutumiers ou des pratiques traditionnelles en Afrique aujourd'hui. Cette question revêt un relief particulier dès lors qu'il ne s'agit pas simplement, dans ce type de « justice », de désigner les coupables pour la réparation de préjudices subis par les victimes, mais de l'introduction dans ce contentieux d'une dimension coutumière dans l'administration de la justice, dimension dont la place et le rôle n'existent pas dans la justice moderne où le seul objectif du juge est de trancher un litige entre deux parties, l'une victime, l'autre coupable, cette dernière devant être sanctionnée par une peine.

La particularité du cas rwandais réside dans la coexistence ou la juxtaposition de deux systèmes de justice utilisés pour un même fait[1] : le génocide rwandais. D'un côté, une justice moderne à travers des Cours et tribunaux nationaux rwandais – tels que nous les connaissons dans nos États actuels - ainsi qu'un Tribunal pénal international, de l'autre, une justice traditionnelle telle qu'elle existe et fonctionne dans le pays depuis la nuit des temps : les « juridictions » *Gacaca* - qui se prononce « *gatchatcha* », expression rwandaise - signifiant « herbe douce » en *kinyarwanda,* l'endroit où l'on se réunit – est un tribunal organisé sous une forme communautaire des villageois. Cette juridiction ancestrale avait pour rôle de régler les conflits de voisinage ou familiaux sur les collines. Cette fonction de juger revenait ainsi à une assemblée villageoise composée et présidée par des anciens reconnus pour leur sagesse et leur notabilité au sein de la communauté, où chaque membre de ladite communauté pouvait demander la parole. C'est ce trait original qui distingue la

---

[1] O. DUBOIS., « Les juridictions pénales nationales au Rwanda et le Tribunal pénal international pour le Rwanda », RICR, n° 828, 1997.

justice traditionnelle de la justice moderne, par son processus particulier de réconciliation, comparé aux autres solutions. Il s'agit d'une justice qui repose sur des principes fondamentalement opposés à ceux de la justice telle qu'elle est rendue par les juridictions d'aujourd'hui. Elle cherche avant tout à apaiser les esprits en conciliant les intérêts et en pacifiant le groupe[1]. Les propos suivants de Marc Debène traduisent parfaitement l'esprit de ce type de justice : « …plus que le juge, dit-il, ces autorités sont en fait des conciliateurs. Elles ne se réfèrent pas à une loi préétablie qui leur donne les éléments de solutions. Elles cherchent avant tout à rapprocher les positions des parties au litige. Leur rôle est plus de préserver les équilibres sociaux que de donner raison à l'un ou l'autre. Les autorités saisies se comportent comme des médiateurs, remplissant une fonction maïeutique, aidant les parties à trouver une solution »[2]

Une telle formule a-t-elle réussi ? A-t-elle été véritablement un facteur de réconciliation ? En faisant appel à ces juridictions « coutumières » à côté du TPIR et des tribunaux internes dans le règlement du contentieux né de ce génocide, l'objectif visé était non seulement de juger les nombreux suspects arrêtés, mais également et surtout – et c'est cela qui nous intéresse ici – de vider un contentieux à l'aide de règles coutumières dans la perspective de réconcilier victimes et auteurs du génocide. Retenons néanmoins que le résultat est mitigé. Si les « juridictions » Gagaca ont certainement contribué, en partie, à la réalisation de ces objectifs, beaucoup de faiblesses ou de limites ont été relevées dans leur conception ou leur mise en pratique, que dans leur fonctionnement. Une telle situation pourrait légitimer le maintien de la justice moderne dans la pacification des sociétés post-conflictuelles en Afrique. L'impact des *Gagaca* aurait pu être effectif comme par le passé, si ce système ancestral de justice n'avait pas été infiltré par une forte dose de règles modernes, notamment procédurales.

---

[1] Cette juridiction traditionnelle obéissait aux principes suivants : « La *gacaca* est au Rwanda une méthode *« traditionnelle »* de résolution des conflits. En cas d'infraction aux normes sociales ou de conflit (litige foncier, dommages aux biens, problèmes conjugaux, héritage, etc.), des réunions entre les parties étaient organisées. Les sessions *gacaca* étaient informelles, non permanentes et consacrées à des problèmes spécifiques. Elles étaient présidées par les anciens (*inyangamugayo*). Leur but premier était, après sanction de la violation des valeurs communes, de restaurer l'ordre social, grâce à la réintégration des contrevenants dans la communauté. Au cours de la période coloniale, un système juridique à l'occidentale a été introduit, mais la *gacaca* est restée partie intégrante de la pratique coutumière. Avec l'indépendance, la *gacaca* s'est davantage institutionnalisée, les autorités locales jouant parfois le rôle d'*inyangamugayo* et les sessions *gacaca* traitant de questions administratives locales. (…). Les personnes en infraction comparaissaient devant les *inyangamugayo* de leur plein gré. Leur comparution devant les anciens témoignait de leur désir de réintégration au sein la communauté dont ils avaient enfreint les règles ».

[2] V. La justice sans juge, d'hier à demain, *Afrique contemporaine*, n° spécial, Documentation française, 1990, p. 87/

I – LES « JURIDICTIONS » *GAGACA*, UNE CONCEPTION TRADITIONNELLE DE LA JUSTICE.

Il s'agit d'organes « judiciaires » coutumiers, tant par leur origine que par **leurs modalités de** fonctionnement tels qu'ils ont été mis en œuvre dans le règlement du contentieux rwandais.

A – Originalité et légitimité des « juridictions » Gagaca

Considérés comme des cas uniques parmi les hypothèses de justice transitionnelle, les *Gagaca* sont des tribunaux de « proximité » qui impliquent la population dans la recherche et la réalisation de la justice. Elles ont été préférées aux tribunaux internes et au Tribunal pénal international institué par les Nations Unies, qui étaient **nécessaires** pour juger les auteurs de ce génocide, mais qui n'ont pu, à elles seules, traiter dans les meilleures conditions, le contentieux du génocide, d'où leur intervention dans ce contentieux[1].

1 – Limites du Tribunal pénal international pour le Rwanda

Les limites du TPIR ont été la raison du recours aux Gagaca. La gravité des crimes commis explique, en effet, la création du Tribunal pénal international pour le Rwanda et l'internationalisation du contentieux de ce génocide. Celui-ci a amené le Conseil de sécurité des Nations Unies à créer ce tribunal *ad hoc*, le Tribunal pénal international pour le Rwanda, pour « juger les personnes responsables d'actes de génocide et de violations graves du droit humanitaire sur le territoire rwandais et sur ceux des Etats voisins »[2]. Ce type de juridiction n'est pas nouveau car des tribunaux pénaux *ad hoc* avaient été créés au sortir de la Deuxième guerre mondiale[3]. Mais le Tribunal pénal international pour le

---

[1] Rappelons qu'on a fait appel aux juridictions gacaca dans une période de transition, en partie en raison du désaccord des autorités rwandaises avec plusieurs orientations et décisions prises par le Tribunal pénal international pour le Rwanda (TPIR) et à cause également de la lenteur de son processus. Ainsi, le nouveau gouvernement rwandais qui s'est installé après le génocide a-t-il adopté en août 1996, une loi autorisant l'État à traduire en justice les auteurs du génocide. La méfiance que ces nouvelles autorités ont eue dès l'origine à l'égard de cet organe judiciaire international ne pouvait augurer des relations simples et apaisées. Déjà, lors de la création de ce tribunal pourtant demandé par le Rwanda, ce dernier revendiquait son droit d'appliquer la peine de mort aux génocidaires, aussi bien en application des règles de droit interne que devant le Tribunal international, lequel exclut cette peine capitale aux termes de son statut.

[2] Résolution 955 du 8/11/1994 du CS de l'ONU : « Le primat de la justice d'exception votée à la demande du Rwanda. Cette juridiction fut précédée par le Tribunal pénal international pour l'ex-Yougoslavie que le même Conseil de sécurité des Nations Unies a également créé pour « juger les personnes présumées responsables de violations graves du droit humanitaire international commises sur le territoire de l'ex-Yougoslavie depuis 1991 », voir Résolution 818 du 22/02/1993.

[3] En effet, à l'issue de cette guerre, furent créés des tribunaux pénaux internationaux de Nuremberg par le Traité de Londres du 8 août 1945 et celui de Tokyo par la décision du Commandant en chef américain du 19 janvier 1946, dans le but de juger les criminels de guerre nazis et japonais. La création de tels tribunaux *ad hoc* a suscité quelques suspicions sur sa légalité en ce sens qu'ils ont été mis sur pied par les vainqueurs, dans de telles conditions en effet, l'impartialité des juges dans ces procès et le respect des principes et autres garanties d'un procès juste et équitable pourraient être mis en doute. Il est finalement apparu que les procès

Rwanda – comme pour celui de l'Ex-Yougoslavie - garde une différence fondamentale avec ces derniers par leur mode de création. Contrairement en effet à ces premiers tribunaux *ad hoc*, ceux de l'ex-Yougoslavie et du Rwanda, n'ont pas été créés par l'un des acteurs du conflit – certainement pour éviter « une justice des vainqueurs » ou une « chasse aux sorcières » - ni à travers une conférence diplomatique regroupant un certain nombre d'Etats, mais par l'adoption par le Conseil de sécurité – donc par la communauté internationale – des deux résolutions précitées, la première adoptée à l'unanimité et créant le Tribunal international pour l'ex-Yougoslavie (...) et la seconde instituant un Tribunal pénal international pour le Rwanda[1]. La création de ce dernier tribunal n'a pas non plus échappé à la critique, notamment sur la compétence du Conseil de sécurité à partir du titre du Chapitre VII de la Charte des Nations Unies[2].

Mais l'ampleur du génocide est telle que la multitude de juges comme option pour résorber ce contentieux de la meilleure manière et dans un délai raisonnable a semblé opportune. Et même si cette nécessité peut être admise sans grande réserve, cette juxtaposition de juridictions peut se révéler complexe dans la pratique, à cause des conflits ou lourdeurs qui peuvent survenir dans le processus de règlement de ce contentieux. Ce serait donc paradoxalement une première limite à l'action des « juridictions » *Gagaca.* La seconde limite est que cette juridiction *ad hoc* indépendante des autorités nationales rwandaises, ne devait pas donner les résultats attendus : « Depuis sa création en 1994, il n'a jugé que 28 prévenus et édicté 57 actes d'accusation, tandis que la justice rwandaise est débordée, faute de magistrats, et n'a pu traiter que 1500 dossiers »[3]. Pour toutes ces raisons, l'opportunité de recourir aux « juridictions » *Gagaca s*'est naturellement imposée[4]. La loi du 26 janvier 2000 (n° 40/2000 modifiée par une loi en 2004 (en n° 16/ 2004) va ainsi créer les « juridictions » *Gagaca.*

---

des criminels qui eurent lieu à cette époque ont été entourés de toutes les garanties que l'on doit accorder aux présumés auteurs de crimes. Sur son statut et ses compétences, voir S. ANNE-MARIE, « Le Tribunal pénal international pour le Rwanda, in Jean François Dupaquier (dir.), *La justice internationale face au drame rwandais*, Paris, Karthala, 1996, p.73.

[1] Avec l'abstention de la Chine et un vote contre de la part du Rwanda qui s'est opposé à la disparition de la peine de mort au niveau de ce tribunal.

[2] E. DECAUX, *Droit international public*, 4ème édition, Dalloz, 2004, p. 186 et s.

[3] R. ANNE-CECILE, « Au Rwanda, vivre avec le génocide », Manière de voir, n° 55, janvier-février 2001, p. 77.

[4] Le processus de création des *Gagaca* a été rappelé par André Guichaouia « En 1996, le principe d'une justice populaire était envisagé pour juger rapidement les quelque 120-150 000 personnes recensées ou emprisonnées dans les divers cachots communaux et commissariats. En juin 2002, le processus *Gagaca* est officiellement lancé sans vraiment devenir opérationnel. En 2005, lorsque débute vraiment la procédure *Gacaca*, les justiciables sont estimés à 200-300 000. D'après les chiffres de la phase de collecte en 2007, 818 564 personnes étaient poursuivies. En 2009, lorsque la fin des procès *Gagaca* est annoncée, ce sont plus de 1 600 000 accusés qui avaient été jugés. »

2- Les insuffisances des tribunaux internes

La justice étant l'expression suprême de la souveraineté, chaque Etat organise librement son système judiciaire et sa manière d'exercer sa justice sur l'étendue de son territoire. Après les crimes commis sur le sol rwandais, il était logique que les autorités du pays s'intéressent aux auteurs présumés coupables de ces crimes pour les juger et éviter ainsi l'impunité qui pourrait avoir des conséquences très négatives et sur les politiques de reconstruction, d'unité nationale et de cohésion sociale. Il s'agit donc pour ces juridictions, de faire la lumière sur les exactions et autres actes incriminés par le droit humanitaire notamment, et de rendre justice par la réparation des dommages subis par les victimes de telles atrocités. Ainsi, espère-t-on qu'une nouvelle société réconciliée avec elle-même, naîtra de cette intervention des juges.

Mais comme pour tous les pays qui ont connu une grave crise semblable à celle intervenue au Rwanda, la justice classique n'est pas toujours en mesure d'assurer sa fonction de juger afin de rebâtir sa société pour ce qui relève de sa compétence. Au Rwanda, le dysfonctionnement de l'appareil judiciaire s'est manifesté à tous les stades, et tout particulièrement au niveau du nombre des magistrats et de leur formation. Il a été remarqué à l'époque, que « 1200 prisonniers attendent d'être jugés. Les conditions de détention sont désastreuses et 761 hommes en sont morts en 1999 (…) »[1]. Le niveau de formation des magistrats rwandais était également très faible : à peine une quarantaine sur sept cent huit (708) magistrats avait subi une formation universitaire. Les avocats étaient également peu nombreux et ne pouvaient ainsi assurer convenablement la défense des prisonniers : de 128 avant le génocide, ils ont été réduits à une trentaine[2]. Face à ces multiples difficultés et d'autres problèmes connus par la justice classique pour vider la totalité du contentieux du génocide, les autorités rwandaises ont décidé de recourir à ce mécanisme ancestral que constituent les « juridictions » *Gagaca*, lesquelles adoptent un système proche de celui de « l'arbre à palabres » bien répandu en Afrique[3]. En dehors de certains notables, tous les membres de la communauté pouvaient être acteurs du processus judiciaire traditionnel.

---

[1] R. ANNE-CECILE, art. précité, p. 77.

[2] « Pour une population de sept millions cinq cent mille habitants, le rapport avocat/population était d'un pour cent vingt mille, c'est-à-dire une proportion tout à fait insuffisante, même avant le génocide ». En effet, durant la première phase expérimentale et dans la phase juridictionnelle qui a débuté le 10 mars 2005, des lenteurs dans le processus de jugement sont apparues, provenant du manque de formation et de l'éloignement des différents acteurs des lieux où se déroulaient les audiences, en plus de la lenteur, déjà relevée, du Tribunal pénal international pour le Rwanda

[3] Ce système rwandais consiste à mettre en scène des sanctions plus symboliques que punitives à l'encontre de l'auteur de l'acte incriminé, mais une sanction également appliquée à sa famille. On reconnaît à ce mécanisme une spécificité qui réside dans son caractère communautaire, et dans l'absence d'une individualisation des incriminations

B – Mode de fonctionnement et missions des « juridictions » Gagaca

Il s'agit de rappeler ici les principes généraux coutumiers qui gouvernent le procès et sur lesquels, les décisions de justice sont rendues, en plus de mécanismes spéciaux[1]. Ce sont tout d'abord des juridictions composées de personnalités appelées *« inyangamugayo »*, issues de la société et désignées pour les qualités qui leur sont reconnues, notamment leur générosité et leur influence économique. Ensuite, le caractère de la décision était tout aussi spécifique : la prison n'existe pas et la réparation du tort est faite sous la forme d'une compensation fournie collectivement par l'auteur du dommage et sa famille. [2]. On retrouve ici l'idée déjà évoquée dans une de nos précédentes études[3], au sujet de la pratique coutumière de « l'arbre à palabres » qui permet tour à tour discussion, négociation et conciliation dans le but de trouver un compromis entre les différents acteurs du différend. La direction du procès est assurée par un juge de la communauté ou un sage doté de qualités d'honnêteté et d'impartialité. Ce modèle qualifié « d'idéal-typique » se distingue ainsi et radicalement de la « justice légaliste-libérale » qui a la particularité « d'envenimer » le conflit.

Si l'étude des « juridictions » *Gagaca* est intéressante, c'est aussi et tout particulièrement – au-delà de sa conception coutumière déjà esquissée ci-dessus – parce qu'elles utilisent des moyens de justice *a priori* inconnus des tribunaux modernes, pour juger des auteurs du crime de génocide au Rwanda, pour une reconstruction nationale et une réconciliation. Par ce fait, ces juridictions prétendent s'exclure des procédures et techniques connues dans le fonctionnement des tribunaux classiques. Toutefois, si le recours aux « juridictions » *Gagaca* » est original, il n'est pas exceptionnel dans le domaine de la justice restauratrice. Comme nous l'avions indiqué la justice « transitionnelle »[4] est aujourd'hui largement utilisée en Afrique dans les pays concernés par les sorties de crise, dont les principaux mécanismes sont les

---

[1] Infra, 2ème partie.

[2] C. NTAMPAKA, « Le retour à la tradition dans le jugement du génocide rwandais : le gagaca, justice participative », *Bulletin de l'Académie royale des sciences d'Outre-mer*, n° 48, 2002, pp. 419-455

[3] A. B. FALL : « Réflexion sur quelques procédés non juridictionnels de règlement des litiges administratifs en Afrique », colloque sur *« La création du Droit en Afrique »*, organisé par le C.E.A.N. et le C.E.R.D.R.A.D.I., le 27 et le 28 octobre 1995 à la Faculté de Droit de Bordeaux IV in Création *du droit en Afrique*, éd. Kartala, 1997, pp. 421 – 441.

[4] La définition de la justice transitionnelle et ses finalités ne sont pas évidentes ; elles ont fait l'objet d'importantes controverses et aucun consensus ne s'est dégagé sur sa définition. Sur ces controverses, v. Danny Rondeau, https://www.rechercheisidore.fr/search/resource/?uri=10670/1.vbye7z, § 1, *Revue internationale d'éthique sociétale et gouvernementale*, vol. 18, n° 1, 2016. Nous renvoyons le lecteur à cet excellent article qui analyse avec pertinence la question des Commissions vérité et réconciliation et des gagaca au Rwanda.
voir également, Fabrice Hourquebie : « La justice transitionnelle » a-t-elle un sens ? www.droitconstitutionnel.org/congrès, Paris.

Commissions vérité et réconciliation. Celles-ci s'érigent elles aussi en modes de règlement des différends et de solution dans le processus de sortie de crise. Apparues d'abord en Amérique latine dans les années 1970[1], on les retrouve par la suite en Afrique dans les pays où des conflits armés, voire des dictatures, ont eu lieu et où des répressions et autres exactions graves ont été commises. Pour cette raison, ces Commissions ont été encouragées par le Secrétaire général des Nations Unies dans son rapport de 2004[2].

Les « juridictions » *Gagaca* ne sont donc pas les seules en Afrique à sortir des modes classiques de justice pour s'orienter vers une autre voie et pour rendre une justice autrement et leur caractère inédit s'en trouve ainsi limité - même si les deux modes ne sont pas identiques – d'autant plus qu'elles ont des points communs avec les *Commissions vérité et réconciliation.* Mais elles s'en distinguent sur certains aspects. En effet, les structures, la composition et les mécanismes de la justice transitionnelle montrent que ces *Commissions* ne sont pas, en principe, des juridictions[3]. Elles sont des autorités administratives indépendantes, lesquelles peuvent tout aussi bien être créées par une loi comme en Afrique du Sud, que par un décret comme au Togo, et dotées de pouvoirs plus ou moins larges, avec une durée d'existence fixée à l'avance par le texte qui les crée. De manière générale, ces *Commissions* ont pour mission de déterminer les raisons et causes qui ont entraîné les violations des droits de l'homme, de proposer des solutions et recommandations en vue de réparer les dommages subis par les victimes et de réhabiliter les auteurs de tels actes[4].

Toutefois, il n'y a pas véritablement de grande différence entre cette manière de rendre la justice et la pratique connue des juridictions *Gagaca.* Dans les deux cas, l'objectif visé n'est pas seulement de reconstituer les faits et de désigner le coupable des actes, il s'agit aussi de réconcilier les protagonistes dans le but de

[1] Sur le continent latino américain, v. A. MARTIN, *La mémoire et le pardon, Les Commissions de la Vérité et de la Réconciliation en Amérique latine* (dir.), l'Harmattan, 2009.

[2] V. Rapport du Secrétaire général des Nations Unies devant le Conseil de sécurité, Rétablissement de l'Etat de droit et administration d'une bonne justice pendant la période de transition dans les sociétés en proie à un conflit ou sortant d'un conflit », Doc. S/2004/616, 2 août 2004, § 8, p. 7.

[3] Elles ont parfois la possibilité de déférer des cas aux tribunaux, ibid., § 2. Une solution proche est retenue au Togo par exemple, où la Commission Vérité, Justice et Réconciliation (décret n° 2009-046/Pr du 25 février 2009) dispose, aux termes de l'article 2 alinéa 5 dudit décret, reçoit pour mission de faire des recommandations au gouvernement sur le sort à réserver aux auteurs des violations les plus graves, même si une telle prérogative revient au pouvoir judiciaire qui a la compétence et condamner ces auteurs (v. K. AHADZI-NONOU, art. précité, p. 36, note 11). La CVJR souligne toutefois dans son document « La CVJR en 17 points », précise que « Cependant, la CVJR n'a pas le pouvoir de juger qui que ce soit, car le pouvoir de juger est une prérogative institutionnelle qui appartient au pouvoir judiciaire » (ibid., p. 40, note 33).

[4] Dany Rondeau fait toutefois remarquer que les CVR n'ont pas toujours la même finalité. Elles se distinguent selon qu'elles ont pour mandat d'enquêter sur des évènements du passé (disparitions, enlèvements, meurtres etc.), ou pour mission de découvrir la vérité et de travailler pour la réconciliation (Salvador, Ghana, Libéria, Sierra-Léone, Timor-leste, etc.), https://www.rechercheisidore.fr/search/resource/?uri=10670/1.vbye7z, § 4.

reconstruire la société. Plus précisément, les *Gagaca* ont trois objectifs principaux : résoudre définitivement la question de l'impunité en prenant les sanctions à l'encontre des coupables et rétablir les victimes dans leurs droits, découvrir la vérité sur les crimes qui ont lieu, et enfin réconcilier les Rwandais. Ces principes qui gouvernent la justice exercée par les *Gagaca*, s'accompagnent de règles plus spécifiques : *l'aveu* ou le *pardon* comme moyens de pacifier le conflit et pour faire naitre une nouvelle société. Ces deux concepts n'ont pas échappé non plus au dispositif normatif moderne introduit dans le fonctionnement de ces juridictions et qui en a fortement atténué leur originalité et leur efficacité.

II – LES « JURIDICTIONS » *GAGACA* : LA RELATIVITE DES MOYENS TRADITIONNELS DE LA JUSTICE DANS LE CONTENTIEUX DU GENOCIDE, LA RECONSTRUCTION ET LA RECONCILIATION NATIONALES

Le système mis en place s'est traduit par une coexistence des règles traditionnelles et modernes rendant illusoires les résultats attendus.

A- La coexistence de règles coutumières et de droit moderne ou la dimension réduite des traditions dans le système Gagaca

Nous avons vu que les « juridictions » *Gacaca* et les *Commissions vérité et réconciliation* ont des points communs dans le cadre de la justice rendue en dehors de l'office du juge et à propos des modalités de leur exercice. Mais le domaine d'intervention de ces juridictions ancestrales dépasse le seul champ des quatre piliers qui caractérisent la justice traditionnelle car elles ont établi, en plus des principes généraux qui leur sont propres, des éléments plus spécifiques. En effet, ces « juridictions » *Gagaca* », considérées comme « un modèle à part »[1], mettent au centre de la procédure et du procès, des concepts spécifiques - « l'aveu » et « le pardon » - éléments déterminants dans le sort aux coupables selon l'usage qu'ils peuvent librement en faire, et qui sont aujourd'hui repris par les *Commissions vérité et réconciliation* dans les pays concernés par les situations de post-crise.

L'aveu et le pardon sont ainsi au cœur de la justice rendue par les *Gagaca* et donnent à celle-ci un caractère inédit. Mais leur utilisation dans le procès organisé après le génocide a intégré des éléments de la justice moderne qui en faussent l'esprit et la pertinence. Ce mélange de données historiques et culturelles que représentent ces deux concepts, avec le droit moderne, entraîne une certaine ambiguïté lorsque l'on veut apprécier à sa juste valeur, la portée des règles coutumières – positive ou insuffisante - dans ce contentieux. Il est bien difficile de distinguer, dans ces conditions, la part de la coutume et celle des nouvelles règles dans la justice qui a été rendue.

[1] D. RONDEAU, art. précité, § 5.

L'utilisation de l'aveu dans la procédure de réconciliation prévue par les textes élaborés à cet effet en donne une bonne illustration, dès lors que les auteurs de crime peuvent l'utiliser à leur profit dans l'unique but de réduire la peine encourue, et non pour se repentir avec sincérité de leurs actes ; ce qui est pourtant au cœur du processus de réconciliation. Inspiré par le système anglo-saxon du *plea bargaining*, qui permet de négocier l'aveu contre la commutation de la peine en travaux d'intérêt général[1], l'aveu tel qu'il est organisé devant les *Gagaca* devait ainsi permettre, pour l'accusé qui en est l'auteur, d'obtenir une remise de peine, selon le moment où cet aveu est fait et en fonction de la catégorie à laquelle appartient l'incriminé. Le 3ème est-il ainsi l'hypothèse la plus favorable au prévenu : « Lorsque l'aveu arrive après accusation et rangement sur la liste faite par la juridiction *gacaca* de la Cellule, la peine est de 12 à 15 ans d'emprisonnement. La moitié est purgée en prison, pendant que l'autre est commuée en prestation des travaux d'intérêt général ». On est assez loin de la solution traditionnelle qui se traduit par la sanction prise par les «*inyangamugayo*», juges coutumiers, et qui variait en fonction de la faute et non à partir d'une grille comme celle-ci, bien loin de la méthode traditionnelle. Dans cette grille d'hypothèses où l'aveu a été utilisé par les génocidaires à des fins personnelles à l'aide de nombreuses stratégies, la portée coutumière n'apparaît pas de manière évidente. Parfois, il était arraché à l'accusé sous l'effet de la contrainte, notamment par la torture. Mais il a également fait l'objet de calculs des plus malicieux de la part des génocidaires[2]. Ici on s'arrange pour se répartir les crimes dans le but d'échapper à la peine la plus lourde, ailleurs on accusait à tort des personnes pour se venger ou pour récupérer leurs terres une fois qu'elles sont condamnées. Bref, la vérité tant recherchée était engloutie dans tant de mensonges qu'il était illusoire de croire à une adhésion populaire des victimes à ce type de juridiction dont elles savaient qu'elle était loin d'être parfaite.

L'utilisation de règles modernes dans le système a ainsi introduit une certaine ambigüité sur le caractère *originel* et *coutumier* de l'aveu, ainsi que sur les autres concepts et mécanismes utilisés par ces *Gagaca*. A ce système qui repose ainsi sur des pratiques coutumières, on a introduit des éléments nouveaux issus du droit moderne. La catégorisation des infractions liées au génocide a en effet fait l'objet d'une réglementation applicable à la fois aux tribunaux ordinaires et aux « juridictions » *Gagaca* [3]. Cela ne facilite guère une

---

[1] V. Rapport *Penal Reform International* précité

[2] V. Document d'Amnesty international : Rwanda. *Gagaca*, une question de justice, https://www.amnesty.org/download/Documents/112000/afr470072002fr.pdf.

[3] On comprend pourquoi *Amnesty International* a eu une opinion aussi positive sur un tel système lorsqu'elle dit: « Le système de justice populaire des juridictions *« gagacas »* pourrait offrir la possibilité aux survivants du génocide, aux prévenus et aux témoins de présenter leurs arguments dans le cadre d'un mécanisme judiciaire ouvert, à caractère participatif. Il pourrait permettre d'accomplir un grand pas vers la réconciliation nationale et la résolution de la crise du système carcéral rwandais ».

appréciation concrète du rôle traditionnel de ces dernières et de leur efficacité dans la reconstruction nationale.

Il en de même en effet du « pardon » dont les relations avec la justice sont complexes et l'évaluation de son impact dans le procès bien difficile également. Dans le cadre du système moderne, les victimes ont droit à la justice et ce droit n'est effectif que si l'Etat met à leur disposition les moyens leur permettant d'accéder à un tribunal, en même temps qu'il exécute son obligation de mener avec diligence les investigations et autres enquêtes judiciaires pertinentes et complètes sur les atteintes graves dont se plaignent **ces** victimes. A ces aspects purement juridiques qui caractérisent la justice « moderne », s'ajoutent les caractéristiques du « pardon » du système ancestral, qui relèvent du sentiment « émotionnel » (par exemple) ou d'une politique de réconciliation initiée par les autorités étatiques, mais non imposée par la justice moderne[1]. Apparaissent ici les premières limites de la justice transitionnelle qui touchent à la fois les *Commissions vérité et réconciliation* et les *Gagaca.* Pour les premières, le pardon peut aboutir à l'amnistie qui pourrait être ressentie par les victimes comme une forme d'impunité, et pour les seconds, l'éventualité de voir des victimes qui déclarent pardonner, mais qui en réalité ne l'ont pas fait. Par ailleurs, quel sens pourrait-on donner au « silence » ou le *« ceceka »*[2] des prévenus à la barre ? Est-ce un aveu (selon l'adage « qui ne dit rien, consent ») ou est-ce une peur des représailles ?[3]

On le voit, il est difficile de savoir dans cet imbroglio, si les traditions et coutumes en Afrique peuvent se substituer aux règles de droit écrit et moderne pour régler à elles seules, les conflits qui naissent en Afrique. Ce constat ne concerne pas que l'aveu ; il en est également ainsi pour ce qui concerne le pardon, second élément fondamental de la justice des Gagaca.

On retiendra ainsi que la place de la coutume est difficilement mesurable à travers cette expérience des juridictions dites coutumières au Rwanda, tant dans leur organisation qu'au niveau de leurs organes et structures, dans les principes du procès et dans le déroulement des jugements. Il aurait pu en être autrement si l'on n'avait pas procédé à une utilisation concomitante de la justice coutumière et de la justice moderne, entremêlant des éléments de la pure tradition rwandaise et ceux qui viennent de facteurs plus récents. Au-delà de cette difficulté à apprécier la place de la coutume dans ce contentieux, le système mis en place présente d'autres insuffisances.

---

[1] Aujourd'hui, certaines familles de victimes se plaignent des personnes reconnues coupables de crimes par les tribunaux et condamnées pour ces faits, mais qui ne demandent pas pardon. Celui-ci n'est pas exigé par la loi et relève du simple vouloir de l'accusé, même après l'aveu qui lui en revanche, déclenche la condamnation car prévu dans les textes.

[2] Mot qui signifie « silence » en Kinwaryanda.

[3] https://www.penalreform.org/wp-content/uploads/2013/.../Gacaca_final_2010_fr.pdf, p. 16

B – Les faiblesses du système

En plus des limites conceptuelles sur le fonctionnement des « juridictions » *Gagaca,* d'autres faiblesses pratiques et surtout d'ordre structurel, sont apparues dans le déroulement des procès, empêchant ces juridictions d'assurer pleinement leur fonction de « justice coutumière ».

Nous avons déjà annoncé au début de cette étude que le résultat obtenu par les *Gagaca* était mitigé. D'autres vont plus loin et leur nient toute réussite. Les propos de Dany Rondeau[1] à ce sujet sont clairs : « En somme, si l'on évalue les *Gagaca* à la lumière des critères qui sont ceux de la grille de justice réparatrice, le bilan est négatif. Une majorité d'auteurs considèrent qu'à l'usage les *Gagaca* ont perdu en légitimité et engendré un sentiment d'injustice, qu'ils ont échoué à réconcilier les *Rwandais* et aggravé les tensions ethniques. Cela tient, poursuit-il, au fait que, contrairement aux *Gagaca* traditionnels qui relèvent d'une justice réparatrice, les tribunaux mis en place par la loi de 2001[2] visaient avant tout à accélérer le processus légal d'accusation des génocidaires et à éradiquer la culture de l'impunité ».

Ce réquisitoire sans équivoque montre à quel point il y a eu un décalage entre ce qui eut lieu avec ces juridictions et ce qui était attendu. L'esprit ancestral des *Gagaca* a cédé le pas aux préoccupations politiques pour ce qui est des autorités politiques, et aux opportunismes de la part des acteurs du génocide. En plus des multiples stratégies élaborées par les auteurs du génocide, le système des « juridictions » *Gagaca* fût détourné de son objectif primaire qui était d'utiliser la tradition rwandaise pour à la fois réconcilier et unifier fautifs et coupables. Cela résulte de plusieurs facteurs.

Le premier facteur est un fait constaté par plusieurs observateurs : la politisation du système. Tous s'accordent à dire que le gouvernement s'est constamment immiscé dans le processus judiciaire. La « politisation et la perception de manipulation ont exercé un leadership négatif »[3]. Cette situation ne doit cependant point surprendre dès lors que les « juridictions » *Gagaca* ont été conçues et créées par l'Etat qui a mis en place toute la législation qui touche aux modalités de fonctionnement de telles juridictions, comme celles concernant leur prise de décision. Considérées comme fortement politisés dès

---

[1] « Justice centrée sur la faute ou justice centrée sur les victimes ? Le dilemme des commissions de vérité conciliation. », *Revue internationale d'éthique sociétale et gouvernementale*, vol. 18, n° 1, 2016. L'auteure, à l'aide d'une riche doctrine sur les *gagaca* et les Commissions vérité et réconciliation, donne un tableau complet sur les multiples maux que nous avons pu observer au niveau de ces juridictions « prétendument » coutumières.

[2] L'année 2001 est la date à laquelle a débuté le processus de création des *Gagaca* qui s'est achevé avec la loi de 2004.

[3] Idem.

le départ[1], les *Gagaca* sont vite apparus comme un outil politique du pouvoir en place.

C'est ensuite la partialité des juges qui est mise en avant, pour ce qui en restait car plusieurs d'entre eux faisaient partie des auteurs du génocide et étaient en prison. Cette partialité ne concernait pas tout le monde. Il est reconnu que certains d'entre eux bénéficiaient d'un respect de par leur légitimité ou de leur personnalité. Dans pareille hypothèse et si les procédures devant les juridictions étaient respectées, les *Gagaca* fonctionnaient correctement. Mais de manière générale, les juges étaient soit corrompus, soit mal formés ou inexpérimentés, soit du côté du pouvoir en place. Aussi, étaient-ils souvent à l'origine d'arrestations arbitraires, d'harcèlement ou d'intimidation. Le manque de « formation et l'inexpérience des juges auraient été à l'origine d'arrestations arbitraires, de règlement de comptes et d'abus de pouvoir. Certains juges partiaux renvoyaient les Hutus tant qu'ils n'avaient pas admis de crimes, alors que certains étaient innocents. Le fait qu'ils ne soient pas rémunérés, alors qu'ils étaient appelés à juger des voisins, des amis ou même des clients, les auraient encouragés à céder au chantage, à la pression et à la corruption »[2] .

De tout ce qui précède, il n'est guère difficile d'en déduire que la pratique des *Gagaca* ne correspondait pas à ce que la tradition offrait jadis aux populations rwandaises dans le cadre de la justice ancestrale[3]. Certes, elles ont permis de vider une importante partie du contentieux, mais dans l'esprit même de ces juridictions coutumières, l'échec est ressenti sur l'essentiel : la réconciliation et la reconstruction de l'unité nationale n'ont pas véritablement eu lieu sous l'action de ces juridictions[4]. Un appareil judiciaire matériellement insuffisant, des juges incompétents, des peines négociées en décalage complet avec la repentance et la reconnaissance sincère de la faute commise et de sa gravité, l'impunité et l'insatisfaction des victimes dont les dommages n'ont pas

---

[1] BRUNET, E. JENNY, « Justice, Truth, Reconciliation, and Revenge in Rwanda's Gagaca, dans Alexqnder L. HILTON (dir.), Transnational Justice. Global mecanisms and Local Realities after Genocide and Maas Violence, London, Rutgers University, Presses, pp. 95-118.

[2] D. RONDEAU, art., précité, https://www.rechercheisidore.fr/search/resource/?uri=10670/1.vbye7z , § 20.

[3] S. Vandeginste, « Les juridictions gagaca et la poursuite des présumés auteurs du génocide et des crimes contre l'humanité au Rwanda », *www.ucsia.org/objs/iob/gralac/1999/RWASVgacaca.pdf*

[4] Les propos tenus par D. RONDEAU à ce sujet, est le constat presque unanime de la doctrine sur les limites de l'action des *Gagacas* : « Certes, le nouveau gouvernement est différent de celui qui a orchestré le génocide. Il est de plus « ethniquement » associé au groupe des victimes, même si en principe le Rwanda a rompu avec toute politique fondée sur l'ethnie. Toutefois, ce gouvernement est lui-même soupçonné d'être associé à des crimes commis durant la même période, mais sur lesquels les *gagaca* n'ont pas le mandat d'enquêter. L'occultation de ces crimes a de nombreux effets pervers ; elle instaure une hiérarchie morale entre les souffrances des uns et des autres et contribue à l'entretien de la dualité sociale et politique qui existait avant le génocide. En outre, elle associe les gagaca à une justice de vainqueurs plutôt qu'à une justice de réconciliation », v. art. précité, § 20.

été réparés, autant de maux qui ressortent de l'analyse des *Gagaca* dans leur organisation et leur fonctionnement.

L'on retiendra de l'expérience rwandaise des *Gagaca* après le génocide que le pays a connu, que les traditions et coutumes ont été à tort malmenées, voire travesties. Dans la tradition par exemple, la décision prise par un *Gagaca* ne doit pas être fondée sur un texte. Le simple fait que les « juridictions » *Gagaca* soient soumises à l'utilisation du droit écrit, et aux procédures fixées par la loi qui les a instituées, peut être un élément perturbateur en rapport avec « l'esprit » coutumier qui animait les anciens *Gagaca*. Encore une fois, on est bien loin de la pratique de ces derniers d'avant le génocide.

Ces juridictions n'ont de coutumier que le nom. Les ancêtres ne les reconnaitraient certainement pas, s'ils étaient revenus. Auraient-ils par exemple compris de la même façon que les juges rwandais, ce que signifie un « procès équitable »[1] avec le droit de la défense (ce fameux *principe général de droit* exigeant l'égalité des parties dans un procès) qui a tant fait défaut aux *Gagaca*, un fait dénoncé par une grande partie de la doctrine ? Rien n'est moins sûr. Peut-être même qu'il existait des principes équivalents auxquels les populations adhéraient de manière plus forte.

CONCLUSION

Si l'initiative d'installer les Gagaca pour découvrir la vérité sur ce qui s'est passé se justifie pleinement, le recours à d'autres règles que celles qui prévalaient à l'époque a faussé l'esprit des anciennes instances et celui des ancêtres. Dans de telles conditions, on ne saura pas, à travers cette expérience - pourtant singulière - sur la justice coutumière, si les principes et institutions précoloniaux en Afrique sont ou non capables aujourd'hui, de fournir des solutions aux populations africaines confrontées à de nombreux problèmes.

Les traditions et coutumes dans les systèmes juridiques africains, que nous souhaitions apprécier à travers l'expérience des *Gagaca* dans le contentieux né du génocide rwandais, ont été englouties dans un imbroglio de règles, d'organes et de structures qui sont bien loin de l'organisation de cette justice ancestrale. On ne peut alors savoir avec certitude et à travers cette expérience inédite, si elles sont susceptibles aujourd'hui d'être suffisamment fortes pour se substituer aux règles écrites et modernes dans les domaines où celles-ci ont montré leurs limites. Les questions de sécurité, de paix, de cohésion sociale, de développement économique et de l'Etat de droit démocratique sont autant de domaines où la réflexion sur le rôle et la place des traditions et règles coutumières devrait être ouverte. Cette problématique demeure et pourrait faire l'objet d'une réflexion plus poussée à l'occasion d'autres expériences antérieures ou futures sur le continent.

[1] Certaines ONG ont dénoncé les *Gagaca* qui, selon elles, ne respectent pas les critères internationaux exigés pour un procès équitable.

6- DROIT ADMINISTRATIF

LA MEDIATION A L'UNIVERSITE

Marc DEBENE
Agrégé de droit public,
Ancien professeur aux Universités de Dakar et de Rouen, ancien recteur d'académie.

INTRODUCTION

Eloi Diarra. Parmi les nombreuses fonctions confiées à Eloi Diarra tout au long de sa carrière universitaire figure celle de « Médiateur de l'université de Rouen ». Nul ne doute qu'il a été choisi pour sa bienveillance et son aptitude au dialogue lui permettant de jouer un rôle de facilitateur, de pacificateur et là aussi de passeur. La fonction suppose des capacités d'empathie, de réalisme et d'indépendance tout en faisant la part du droit. Chaque affaire impose une approche modeste et pragmatique pour rapprocher les positions opposées, agissant en « *bricoleur du social* »[1] et de raisonner en équité.

Communauté universitaire et conflits. En disposant que « *le service public de l'enseignement supérieur rassemble les usagers et les personnels qui assurent le fonctionnement des établissements et participent à l'accomplissement des missions de ceux-ci dans une communauté universitaire* »[2] la loi souligne la solidarité de type corporatif sans exclure les conflits dont la communauté peut être le cadre. Les usagers (étudiants, stagiaires de la formation continue, auditeurs libres) et les personnels (enseignants-chercheurs, enseignants et chercheurs, personnels des bibliothèques et des services administratifs et techniques) peuvent contester les décisions des autorités universitaires (président, conseils, directeur de composante…). A côté des conflits verticaux avec l'institution (la hiérarchie pour les personnels, le service pour les usagers) existent aussi des conflits horizontaux, interindividuels, entre usagers, entre agents de catégories différentes ou de la même catégorie, entre agents et usagers. Les uns et les autres disposent certes de voies de droit leur permettant de saisir le juge, le juge administratif quand ils contestent une décision des autorités administratives (tribunaux administratifs, Conseil d'Etat) ou le juge judiciaire, notamment pénal, par exemple en cas de harcèlement moral ou sexuel. En interne, le régime disciplinaire, juridictionnel pour les enseignants-chercheurs et les enseignants, administratif pour les

---

[1] J. SIMON et autres, *Organisation et gestion de l'éducation nationale. De la maternelle à l'enseignement supérieur*, Berger-Levrault, Paris, 11ème édition, 2014, n°98 et s ; J. SIMON, « Médiation institutionnelle et déontologie au ministère de l'éducation nationale », *in* A. de RAULIN et J.-P. PASTOREL (études coordonnées par), *Gouvernance et réformes administratives*, *Mélanges Marc Debène*, PUAM, 2018, p. 55.

[2] Code de l'éducation, article L.111-5

usagers[1], permet à la section disciplinaire de l'établissement de connaitre des conflits quand ils reposent sur le non-respect des obligations que leur impose la déontologie universitaire. Une autre voie est toutefois envisageable : rapprocher les personnes en désaccord, trouver une solution aux conflits. Tel peut être le rôle de ces « médiateurs naturels » que peuvent être le professeur dans son amphithéâtre, le doyen ou directeur d'UFR, le président de l'université et ses adjoints auxquels les uns et les autres n'hésiteront pas à s'adresser[2]. Quand des décisions sont en cause, on est là sur un registre proche des recours administratifs, gracieux ou hiérarchique. Par ailleurs, d'autres intervenants peuvent contribuer à l'amélioration du climat dans les établissements universitaires : les services de gestion des ressources humaines (GRH), les comités d'hygiène, de sécurité et des conditions de travail (CHSCT), chargés de mission en tout genre[3], notamment le récent déontologue.[4] Quelle est dans ce cadre la place du médiateur ?

Une fonction vénérable. Le mot apparait au Moyen Age, par adaptation du latin *mediator (de mediare, s'interposer)* ; il peut être synonyme d' « apaiseur », désignant « le tiers qui s'entremet pour rapprocher des personnes en conflit et faciliter leur accord »[5] ; l'idée est aujourd'hui de recourir à une personne reconnue, indépendante et impartiale, capable de garantir les conditions d'un dialogue structuré, ouvert, symétrique et constructif [6]; son objectif est de réconcilier, rétablir, faciliter, rapprocher les personnes, leur permettre de trouver une solution. Pour éviter la « *désinvolture conceptuelle* »[7], il est nécessaire de définir les notions et de les distinguer des institutions proches comme le conciliateur simplement chargé de rapprocher les personnes ou l'arbitre qui dispose comme le juge du pouvoir de trancher. Pour remplir son office, le médiateur doit organiser un processus de parole qui peut évoquer la palabre africaine[8], « une logothérapie qui a pour but de briser le cercle infernal de la

---

[1] L'article 33 de la L. n° 2019-828 du 6 août 2019 de transformation de la fonction publique a mis un terme à la juridiction disciplinaire des étudiants existant depuis le XIXe siècle. Si la section disciplinaire du conseil académique de l'établissement est toujours compétente, elle ne statue plus « en matière juridictionnelle ». L'appel devant le CNESER est supprimé. Il en résulte que les décisions (non juridictionnelles) des sections disciplinaires ne peuvent être déférées qu'au juge administratif de droit commun, le tribunal administratif, par la voie d'un recours en annulation (il appartiendra au pouvoir réglementaire de préciser s'il s'agira d'un recours pour excès de pouvoir ou de plein contentieux).

[2] CNESER FD, décision n°1472, 10 décembre 2018 (BO n°4, 24 janvier 2019), la section disciplinaire reproche à madame XXX, maitre de conférences, de n'avoir endossé un rôle de médiateur entre les agents agressés et les manifestants qu'à la fin des événements.

[3] Médiateur de l'Education nationale et de l'enseignement supérieur, Rapport 2018, *Vers une administration inclusive*, 2019, MENJ-MESRI, 203 pages.

[5] B. DE LOYNES DE FUMICHON, *Histoire de la médiation, Des repères dans le temps des médiateurs,* préface Derek Roebuck, Médias et Médiations,2016, 142 pages

[6] Rapport MENES 2018, précité.

[7] Michèle Guillaume-Hofnung, *La médiation*, Que-Sais-Je ? n°2930, PUF, 7ème édition, 2015.

[8] J.-G. BIDIMA, *La palabre*, Michalon, 1997.

violence et de la contreviolence, de rétablir l'harmonie et la paix » ; le médiateur est alors « généralement un vieillard rempli de sagesse, connaissant l'histoire et les coutumes des groupes, faisant preuve de discrétion, de pondération, de neutralité, d'objectivité, d'indépendance ».[1] Mais les modes de traitement des conflits existant dans les sociétés traditionnelles qu'il s'agisse des palabres d'Afrique ou des missions de pacification entre les paroissiens confiées aux clercs par les évêques de l'ancienne France reposaient sur des systèmes internes de pouvoir alors que les modes contemporains de médiation se caractérisent par l'extériorité du médiateur.[2]

La médiation institutionnelle. Sur le modèle de l'ombudsman[3], la loi du 3 janvier 1973 a créé le Médiateur de la République, remplacé par le Défenseur des droits par la loi constitutionnelle du 23 juillet 2008[4] qui a repris ses attributions ainsi que celles du Défenseur des enfants institué en 2000 ; entretemps étaient apparus dans différents services publics (la Poste, France 2, RATP…) et branches d'activité (assurance, communications électroniques, eau…) des médiateurs spécialisés, pour recevoir les réclamations des usagers ou des consommateurs, participant ainsi à la régulation économique[5]. C'est sur le modèle du Médiateur de la République que fut créé en 1998 un Médiateur de l'éducation nationale, rebaptisé Médiateur de l'éducation nationale et de l'enseignement supérieur (MENES) par la loi LRU du 10 août 2017[6] ; mais à la différence du premier, le second est compétent pour recevoir les réclamations tant des usagers que des agents, jouant alors un rôle dans la gestion des ressources humaines.

Médiateurs et médiation à l'Université. La troisième partie du code de l'éducation consacrée aux enseignements supérieurs ne contient aucune disposition sur la médiation à l'Université. Son article L.23-10-1 consacrant l'existence du Médiateur de l'éducation nationale et de l'enseignement supérieur a été complété en partie réglementaire par des dispositions relatives aux médiateurs académiques compétents pour recevoir les réclamations concernant le fonctionnement du service public de l'éducation nationale et de l'enseignement supérieur dans ses relations avec les usagers et ses agents[7] que ces réclamations concernent les services (ceux du recteur de région académique, du recteur d'académie ou du DASEN) ou les établissements (notamment les universités mais aussi les CROUS), le MENESR recevant celles ayant trait au

---

[1] T. M. BAH, cité par B. DE LOYNES DE FUMICHON

[2] M. GUILLAUME-HOFNUNG, *La médiation*, QSJ n°2930, PUF, 7ème édition, 2015.

[3] C'est aussi le cas du médiateur de l'Union européenne créé par le Traité de Maastricht en 1992 désigné par le Parlement européen pour une durée de cinq ans.

[4] Nouveau titre XI *bis* de la Constitution, art. 71-1

[5] Regroupés dans le Club des médiateurs des services au public qui leur permet de confronter leurs expériences et de partager les mêmes valeurs. Voir *la Charte des médiateurs du service public*, publié par le rapport du MENSS de 2014.

[6] Code de l'éducation, art.L.23-10-1.

[7] Code de l'éducation, art. D.222-37

fonctionnement des services centraux. Mais, à côté de ces médiateurs extérieurs aux universités, des médiateurs peuvent être choisis par les établissements. S'agissant des études doctorales, il est prévu qu'en cas de conflit entre le doctorant et son directeur de thèse, il est possible de recourir à la médiation [1]. Au-delà de cette possibilité de médiation ponctuelle qui peut exister même sans texte certaines universités ont fait le choix de mettre en place un système propre de médiation en instituant un médiateur (ou plusieurs médiateurs, avec parfois un médiateur spécialisé pour les étudiants étrangers) de l'université[2] dont le statut et les attributions peuvent différer d'un établissement à l'autre ; d'autres, notamment celles de petite taille (université d'Artois, de Corse, de la Réunion, du Littoral…) ont préféré renvoyer au médiateur académique.

La dualité institutionnelle de la médiation universitaire. Si, comme le constate le dernier rapport de la MENESR, le médiateur a su trouver sa place pour conduire l'institution vers toujours plus d'équité, de transparence et de confiance réciproque entre les acteurs[3], on peut se demander si la dualité de médiation institutionnelle, contribue positivement à ce bilan. Tenant compte de l'existence de deux systèmes (concurrentiels ou complémentaires ?), la MENES et la Conférence des présidents d'université ont tenu à rappeler dans deux conventions signées à dix ans de distance, en 2008 et 2018, leur objectif commun : développer les modes alternatifs de règlement des litiges dans les établissements d'enseignement supérieur afin de proposer une réponse adaptée aux réclamations émanant des usagers et des personnels. Encore faut-il s'interroger sur le choix du médiateur (tant par la personne qui y recourt que par l'établissement) que sur ses missions (qui dépassent la seule résolution des conflits individuels) pour envisager l'avenir de la médiation à l'université.

I- LE CHOIX DU MÉDIATEUR : MÉDIATEUR ACADÉMIQUE ET/OU MÉDIATEUR UNIVERSITAIRE

Les membres de la communauté universitaire peuvent avoir le choix entre plusieurs médiateurs, choix ouverts par les établissements qui ont pu décider de créer leur propre système de médiation. La qualité et l'efficacité de la médiation dépend alors des caractéristiques de l'instance qui doit réunir les qualités nécessaires pour exercer les missions qui lui sont confiées : indépendance et expertise.

A- INDÉPENDANCE

Le système national de médiation a été conçu sur le modèle de l' « autorité indépendante », sachant toutefois que, dépourvue de pouvoir de décision et de sanction, le médiateur national comme les médiateurs académiques ne sont pas

---

[1] Arrêté du 25 mai 2016 fixant le cadre national de la formation et les modalités conduisant à la délivrance du diplôme national du doctorat.

[2] On consultera notamment les documents mis en ligne par Sorbonne-Université, UPEC, Aix-Marseille, Bordeaux, Rennes I, Rennes II, UBO…

[3] MENESR, Rapport 2018, précité.

des autorités administratives indépendantes ; tout au plus, peut on les considérer comme des autorités morales[1] dont l'indépendance est organisée par le code de l'éducation[2] ; le choix d'une personnalité indépendante qui ne peut pas recevoir d'instruction des ministres comme la constitution d'un réseau de médiateurs académiques sont conçus comme des garanties d'indépendance. La formule a été reprise par les universités qui, sur la base de leur autonomie administrative et statutaire, ont créé la fonction de médiateur en la confiant à un universitaire. En instituant les médiateurs de l'éducation nationale, la loi ne lui avait pas conféré de monopole et n'avait donc pas interdit aux universités de prendre une telle initiative [3] ; une délibération statutaire (Aix-Marseille, Sorbonne-Université…), une délibération autonome ou, dans d'autres cas, une disposition du règlement intérieur ont pu prévoir cette institution. Au nom de leur autonomie, des établissements ont pu préférer se doter d'un système propre de médiation et confier les responsabilités de médiateur à des enseignants-chercheurs, amalgamant alors autonomie des universités et indépendance des universitaires.

Une indépendance à garantir

L'indépendance du médiateur dépend des règles concernant sa désignation, la durée de son mandat et les conditions de son exercice. Si la nomination du MENESR et sur sa proposition des médiateurs académiques se fait par arrêté des ministres chargés de l'éducation et de l'enseignement supérieur[4], les médiateurs universitaires sont désignés selon des règles variées ; ils peuvent être élus par le conseil d'administration sur proposition du président de l'Université (Aix-Marseille) ou nommés par le Président de l'université après avis favorable du conseil d'administration (UBO, Rennes II) ; parfois même, le Président est seulement tenu d'en informer le conseil d'administration (le Mans). La durée du mandat du médiateur est variable ; pour le médiateur national elle est de trois ans, non renouvelable ; pour les médiateurs académiques, elle était au départ d'un an, renouvelable, portée en 2019 à une durée maximale de trois ans. Pour les médiateurs universitaires, selon les établissements, elle peut être de deux (Rennes II), trois (Aix-Marseille) ou quatre ans (UBO). Si, pour des raisons

[1] *Contra* TA Lille, 13 févr. 2006, n° 0102466.
[2] Code de l'éducation, art. D.222-38.
[3] La même question peut être posée pour les collectivités territoriales, région (Médiateur de la région Ile de France), département (Maine et Loire, Val de Marne. médiateur de la ville et du département de Paris qui existe depuis 1977) Voir proposition de loi visant au développement des médiateurs territoriaux, dont l'article 1er dispose que pour la mise en œuvre de l'article L. 421-1 du code des relations entre le public et l'administration, les collectivités territoriales ou leurs groupements peuvent instituer un médiateur territorial, qui ne serait donc compétent que pour les usagers (la proposition de la sénatrice Nathalie Delatre envisageait une création obligatoire) ; la loi confiant cette mission au MENES, on peut se demander si les Universités pouvaient en créer. Il est vrai que certains EP en sont dotés (sont ainsi membres du club des médiateurs de service public).
[4] Code de l'éducation, art. D. 222-38.

d'efficacité, elle ne doit être top courte (un an parait bien insuffisant pour comprendre les enjeux) ni trop longue (au-delà de quatre ou cinq ans, on risque la routine), la question de l'indépendance dépend surtout des conditions de renouvellement du mandat (avec les risques de conformisme en amont et de discontinuité) et l'éventualité de voir le mandat interrompu. En dehors des hypothèses du décès ou de la démission du médiateur, celle-ci est en principe exclue ; certains établissements ont toutefois prévu une possibilité de destitution sur « avis expresse » du conseil d'administration (UBO) ou « en cas d'extrême urgence ou d'infraction pénale » (UPEC), formules qui pourraient, selon l'interprétation donnée, introduire un doute.

Les conditions d'exercice

Le Médiateur de l'éducation nationale et de l'enseignement supérieur, bien que placé « sous l'autorité » des ministres dispose d'une indépendance fonctionnelle ; ne recevant aucune directive du ministre, il peut agir librement ; le travail collectif qu'il mène avec les médiateurs académiques est garant de l'indépendance de ces derniers. Même si pour la gestion du service, il peut être rattaché au président d'université (Bordeaux) il en est de même du médiateur universitaire « indépendant des différentes instances de décision ou de gestion de l'Université » (Aix-Marseille). « Dans l'exercice de ses attributions, le/la médiateur/trice ne reçoit d'instruction d'aucune autorité » (Rouen). Comme le médiateur académique, les médiateurs universitaires exercent une fonction bénévole, servant à titre gracieux (Paris V) ; ils doivent toutefois disposer des moyens leur permettant d'exercer leur mission. Encore faut-il que ceux-ci soient prévus par une ligne budgétaire ! Si ces diverses conditions ne sont pas remplies, le médiateur peut démissionner ou, plus ponctuellement se retirer ; c'est ce que prévoit la charte de la médiation du service public qui indique qu'il « s'engage à refuser, suspendre ou interrompre la médiation si les conditions de cette indépendance ne lui paraissent pas ou plus réunies ».

Indépendance et extériorité

Si le médiateur doit être indépendant, c'est pour assurer qu'il est extérieur au conflit, l'extériorité étant alors conçue comme une garantie de leur impartialité. La convention entre la MENES et la CPU souligne d'ailleurs que, parmi les valeurs qui leur sont communes, le principe « d'extériorité », garantissant une distance entre le médiateur et l'institution. Si le médiateur de l'université est choisi au sein de la communauté universitaire, comment assurer cette distance ? Un premier élément de réponse peut être trouvé dans le statut des universitaires : enseignants-chercheurs, enseignants et chercheurs disposent en effet d'une « pleine indépendance » garantie par la loi et, pour les seuls enseignants-chercheurs, par la constitution[1]. Mais, si ce principe les protège de toute pression pour assurer leur enseignement ou leur recherche, on peut craindre qu'il ne parvienne pas à éliminer tout conflit d'intérêt. Aussi, les statuts

[1] Code de l'éducation, art. L. 952-2 issu de l'art. 57 de la loi n°84-52 du 26 janvier 1984.

des universités peuvent-ils prévoir une incompatibilité entre la fonction de médiateur et les différentes responsabilités administratives, pédagogiques ou scientifiques qui peuvent être exercées par les universitaires. Allant plus loin, la fonction est souvent réservée aux anciens universitaires, à ceux qui ont quitté le service, qui sont en position de retraite qu'ils soient ou non émérites ; pour éviter que les questions universitaires ne soient pour eux que de lointains souvenirs, est parfois précisé qu'il s'agit alors des « jeunes retraités » (Le Mans) ; la formule utilisée les rapproche alors des médiateurs académiques, choisis parmi les anciens responsables de service ou d'établissement. La condition d'extériorité parait mieux assurée pour les médiateurs académiques, nommés par les ministres. Le code de l'éducation reconnait qu'ils peuvent recevoir des réclamations concernant le fonctionnement des universités. Au-delà de la médiation, des réformes récentes les ont amenés à connaitre de questions universitaires ; depuis 2015, ils sont informés des poursuites disciplinaires contre les enseignants et usagers du service public de l'enseignement supérieur[1] ; depuis 2017, ils reçoivent les réclamations concernant les opérations électorales relatives aux conseils des universités[2]. Si cette évolution du rôle de la médiation institutionnelle qui a pu entraîner une certaine perplexité, peut accroitre leur légitimité, permettant aux universités de leur accorder leur confiance, il reste que ces nouvelles compétences ne suffisent pas à faire des médiateurs académiques, le plus souvent choisis parmi les anciens responsables de l'enseignement scolaire des experts de la chose universitaire.

Expertise

La médiation à l'université suppose que le médiateur dispose des éléments et des instruments lui permettant de bien appréhender le contexte (une connaissance approfondie du milieu universitaire) et des instruments pour remplir correctement et efficacement son rôle (des compétences médiatrices).

Connaissance du milieu universitaire

Il ne s'agit pas là de connaissances théoriques, celles qui pourraient être acquises par l'étude des institutions et des modes de fonctionnement de la communauté universitaire (ce qui ferait appel au droit, à la sociologie, à la psychologie…) mais d'une connaissance pratique qui toutefois doit être réfléchie. Le médiateur académique part avec un handicap (que la convention entre la médiatrice de l'éducation nationale et de l'enseignement supérieur veut traiter en encourageant l'émergence d'un vivier de candidats provenant des corps de l'enseignement supérieur). Les questions les plus fréquentes posées par les usagers concernent les formations universitaires, initiales ou continues. Elles

---

[1] Décret n° 2015-79 du 28 janvier 2015 art. R. 712-31 ; il est donc destinataire des lettres de saisine des sections disciplinaires des établissements d'enseignement supérieur (art. R. 712-32, Décr. n° 2015-652 du 10 juin 2015, substituant au Médiateur de la République, le médiateur académique)

[2] Cette nouvelle compétence est coordonnée par le médiateur de l'éducation nationale et de l'enseignement supérieur (art. D. 222-42, mod. par le Décr. 2017-610 du 24 avr. 2017).

portent notamment sur l'accès aux différents cycles ; inscription en premier cycle subordonnée ou non à une sélection préalable (IUT), aujourd'hui régulée dans le cadre de la procédure nationale de préinscription (Parcoursup) ; inscription en second cycle, désormais limitée par les capacités d'accueil. Le contrôle des connaissances qui se déroule dans le cadre des règles nationales précisées par les règlements universitaires ; la délivrance des diplômes et la collation des grades ; bourses et aides aux étudiants ; les questions spécifiques aux étudiants souffrant d'un handicap[1]. C'est ensuite le domaine de la recherche, du fonctionnement des équipes et laboratoires, de la diffusion et de la valorisation des résultats. S'agissant des recherches doctorales, les modalités de recours à la médiation doivent être prévues par la charte du doctorat approuvée par le directeur de l'école doctorale, le directeur du laboratoire, le directeur de thèse et signée par le doctorant et le directeur de thèse[2]; le médiateur peut alors être choisi au sein de l'université ; mais il est aussi envisageable de faire appel à un médiateur extérieur, désigné par l'école doctorale ou à défaut par le conseil scientifique[3] Ainsi, certaines universités décideront de faire appel au médiateur (la médiatrice du CNRS[4]). Cette possibilité n'est peut-être pas assez connue des usagers. Ainsi, le Défenseur des droits, saisi à propos d'un refus de prolongation du temps de préparation d'un doctorat, interrompu pour des raisons médicales et familiale a pu recommander de mettre en application la procédure de médiation et l'information des doctorants.[5] C'est enfin des personnels (recrutement, affectation, promotion, primes et indemnités, conditions de travail, déontologie…) ; ici, l'université peut faire appel à un médiateur ponctuel, par exemple pour tenter de concilier les parties, dans un cas de refus de protection fonctionnelle[6] ; mais ces questions peuvent aussi relever de la compétence du médiateur institué par l'établissement, comme du médiateur académique, leur imposant une bonne maitrise du droit de la fonction publique et de la gestion des ressources humaines dont la médiation devient un des éléments clefs.

Compétences dans le domaine de la médiation

Comme dans d'autres cas, la médiation en milieu universitaire est non seulement une technique, une démarche mais aussi un état d'esprit, une posture, une culture imposant l'appropriation d'une série de valeurs. L'acquisition des

[1] Ainsi, les rapports 2011-2013 et 2013-2017 du médiateur de l'UPEC relèvent une cinquantaine de saisine par an : inscription, notation, handicap, bourses…et regrettent que les demandes des étudiants se heurtent au silence des services ou soient traitées par le mépris.

[2] Arrêté du 25 mai 2016, art.12, al.1.

[3] Voir CAA Nantes, 20 février 2014, n°12NT01585 ; CAA Lyon, 6 juin 2013, n°12LY02209.

[4] CNRS, Décision n° 953157SJUR du 30 novembre 1995 relative à la fonction de médiateur du CNRS. Pour une intervention de la médiatrice du CNRS dans une situation conflictuelle affectant un laboratoire de l'Université de Cergy, voir CE, 21 janvier 2010, n° 334685 ; CAA de Versailles, 28 mai 2015, n° 14VE00043 (Université de Cergy).

[5] Voir Décision du Défenseur des droits n°2019-191, 24 juillet 2019.

[6] CAA de Nantes, 29 septembre 2015, n° 13NT02599

compétences médiatrices n'est pas innée ; elle peut passer par une formation préalable notamment par la formation universitaire ou par le travail en réseau comme celui des médiateurs académiques ou, plus généralement, des médiateurs du service public. Capacité d'écoute équilibrée et attentive (empathique), respect des personnes, de leurs opinions, techniques d'analyse des situations, aptitude au dialogue sont nécessaires au « *bricoleur du social* »[1] dans sa recherche de formules réalistes, raisonnables et viables, de solutions justes, équitables en résistant aux pressions dans le respect des règles de droit. Chaque affaire impose et de raisonner en équité (sans aller contre la loi, sans créer de précédent, sans humilier les services). Le médiateur doit agir dans le respect d'une série de principes (de valeurs) constituant « déontologie du médiateur » ; si celle-ci est exposée dans la Charte des médiateurs du service public qui constitue le « socle de référence éthique de la médiation » (respect des personnes, écoute attentive ; indépendance, impartialité, neutralité ; équité, transparence ; confidentialité, obligation de discrétion et secret professionnel), on les retrouve dans les discours universitaires portés par les statuts, les cahiers des charges adoptés par le conseil d'administration (Rennes II, 2008 ; UBO, 2012) ou les lettres de missions signées par le président de l'université (Bordeaux 2018) .

Rapprocher médiateurs académiques et médiateurs universitaires

Si un choix est ouvert (à chaque université qui peut se doter ou non d'un médiateur interne ; et aux membres de la communauté universitaire qui peuvent alors adresser leur réclamation à l'un ou à l'autre), les deux systèmes sont liés. Plusieurs universités précisent dans leurs statuts que le médiateur de l'université peut faire appel au médiateur académique (Strasbourg) ; le règlement intérieur de Paris V prévoit que le médiateur reçoit les réclamations des agents mais renvoie celles des usagers au médiateur académique à l'exception de celles des étudiants siégeant dans le conseil, faisant alors du médiateur de l'université un gardien des franchises universitaires[2] ; la pratique montre que les médiateurs académiques peuvent renvoyer certaines réclamations concernant le fonctionnement de l'université au médiateur national ou au médiateur académique (UPEC, rapport du médiateur). Si l'appartenance des médiateurs académiques au réseau des médiateurs du service public garantit leurs compétences techniques et leurs exigences éthiques, leur désignation en majorité parmi les cadres de l'enseignement scolaire (même si d'anciens présidents d'universités dont un ancien recteur ont pu accepter des missions académiques, exemples à suivre pour diversifier) leur impose de compléter leurs

---

[1] Jacky Simon et autres, *Organisation et gestion de l'éducation nationale. De la maternelle à l'enseignement supérieur*, Berger-Levrault, Paris, 11ème édition, 2014, n°98 et s ; Jacky Simon, « Médiation institutionnelle et déontologie au ministère de l'éducation nationale », *in* A. DE RAULIN et J.-P. PASTOREL (études coordonnées par), Gouvernance et réformes administratives, Mélanges Marc Debène, PUAM, 2018, p. 55.

[2] Art.78, Règlement intérieur de l'université de paris V DESCARTES, juin 2015.

connaissances sur le monde universitaire. Parallèlement, les médiateurs universitaires ont tout à gagner d'un rapprochement avec les médiateurs académiques. La solution doit être recherchée dans le cadre d'un travail en équipe, sinon d'une intégration des médiateurs universitaires dans le réseau des médiateurs du service public ; elle pourrait être complétée par la création d'un médiateur de région académique spécialisé dans l'enseignement supérieur[1] mobilisant des universitaires au sein du réseau des médiateurs de l'éducation nationale et de l'enseignement supérieur.

II- LES MISSIONS DU MÉDIATEUR : RÉSOLUTION AMIABLE ET PRÉVENTION DES CONFLITS.

Si les médiateurs ont pour mission essentielle de résoudre les conflits au sein de l'établissement, de rechercher une solution amiable aux différends permettant d'apaiser, d'œuvrer pour le maintien d'un climat favorable au bon fonctionnement du service public universitaire, leur position et leur expérience ont pu justifier que leur soient adressées d'autres demandes, se plaçant alors avant ou après le conflit ou modifiant le sens de leur intervention ; au-delà de leur mission première ils se voient confiées des missions dérivées ; pouvant tirer des leçons des affaires qu'ils ont contribué ou non à résoudre, ils peuvent être appelés à intervenir en amont pour remplir une fonction de conseil ou d'alerte et à proposer des mesures d'amélioration du fonctionnement des universités, à le moderniser.

A- LA MISSION PREMIÈRE : LA RÉSOLUTION AMIABLE DES CONFLITS.

L'intérêt de la médiation est de permettre d'accéder facilement à une instance (accessibilité) apte à dégager rapidement et équitablement une solution (efficacité).

Accessibilité.

En principe, le recours aux médiateurs est ouvert à tous les membres de la communauté universitaire (universalité) qui doivent pouvoir s'adresser à lui facilement (simplicité).

Universalité

Comme les médiateurs académiques, les médiateurs universitaires sont « *à l'écoute de l'ensemble de la communauté universitaire* » (U Bordeaux), usagers (étudiants, apprentis, stagiaires de la formation continue, auditeurs libres), et personnels de l'établissement, fonctionnaires ou contractuels, enseignants-chercheurs, enseignants, chercheurs ou personnels BIATOS). Parfois, les universités élargissent ce champ, étendant la notion d'usager à ceux qui souhaitent le devenir ou ouvrant cette possibilité à des tiers ou à des autorités universitaires ; certains établissements (Rennes II, UBO) permettent ainsi aux

---

[1] Auquel serait confiées les compétences attribuées au médiateur académique depuis 2012 concernant les élections et la discipline universitaires

bacheliers[1] et autres candidats à l'inscription d'adresser une réclamation à l'établissement dans lequel ils souhaitent être inscrits (ce qui est expressément exclu par Sorbonne-Université). La même possibilité peut être accordée aux parents d'étudiants, aux candidats à un recrutement, aux entreprises.... Parfois même, cette possibilité est reconnue au Président de l'Université (et aux vice-présidents), pour agir dans les conflits entre personnes ou entre groupes, qui ont accepté préalablement l'intervention du médiateur (Rennes II). Si le médiateur a vocation à recevoir toutes les réclamations concernant le fonctionnement du service public de l'enseignement supérieur, les médiateurs académiques celles relatives aux établissements[2], les universités peuvent viser non seulement tout « *différend avec l'établissement* » mais aussi « *l'existence de difficultés relationnelles entre deux (ou plus) personnes au sein d'une structure* » (Sorbonne université), « *toute situation* » pour « *faire corriger une injustice ou cesser une discrimination* » (Bordeaux). Si dans certains cas, les statuts semblent restreindre la compétence du médiateur aux questions les plus sérieuses (ainsi, à l'UPEC est mentionnée « *une situation grave de conflit (incluant les faits de discrimination ou de harcèlement)* », c'est plutôt dans un souci explicatif pour convaincre les personnes victimes de ces agissements qui n'oseraient pas saisir les responsables de l'Université. D'autres universités excluent certains conflits, ce qui parait logique pour ceux entre personnes privées sans rapport avec le fonctionnement de l'institution universitaire[3] ou les différends pouvant être résolus par la saisine d'une instance universitaire ; par contre, on peut s'étonner de l'exclusion des conflits de scolarité qui concernent « *les questions relatives à la notation* » (Sorbonne Université) ; croyant certainement sauvegarder la souveraineté des jurys (sinon celle des notateurs) les statuts ignorent que l'humanité des membres du jury les amène parfois à faire des erreurs qui peuvent être sanctionnées par le juge ; or l'intervention préalable du médiateur peut éviter d'en arriver à cette extrémité[4].

Simplicité

La saisine du médiateur est simple et gratuite ; une simple lettre est suffisante ; elle peut être présentée sous forme électronique. L'adresse

---

[1] Dans le cadre de la procédure nationale de préinscription « Parcoursup » toute fraude ou tentative de fraude d'un candidat peut entraîner l'annulation de tout ou partie des vœux et, le cas échéant, le retrait des propositions d'admission faites par les établissements ; l'autorité disciplinaire est alors, non la section disciplinaire d'un établissement d'enseignement supérieur mais le recteur d'académie saisi par l'établissement ayant constaté les faits. Code de l'éducation, D. 312-1-36.

[2] Code de l'éducation ; art. L. 23-10-1 ; art. D.222.40.

[3] On remarquera toutefois qu'un conflit privé entre deux membres de la communauté universitaire n'est pas sans lien avec cette dernière notamment quand l'attitude d'un étudiant ou d'un membre du personnel porte atteinte à l'honneur ou à la dignité de l'université (par ex. CE 27 févr. 2019, n° 410644)

[4] A noter que le MENES a consacré une partie de son rapport 2012 à la notation des épreuves du baccalauréat, premier grade universitaire.

professionnelle du médiateur (son e-mail) doit être diffusée largement pour être connue de tous. Si aucun délai n'est expressément prévu pour saisir les médiateurs de ces réclamations, on peut considérer qu'il est nécessaire de ne pas trop attendre, de rester dans des délais raisonnables, restant par exemple dans le cadre de l'année universitaire. Le site du médiateur de l'éducation nationale fournit en outre un formulaire, guidant l'usager ou l'agent qui ne doit pas oublier de motiver sa réclamation en précisant son objet, l'autorité dont la décision est contestée, le domaine dans lequel elle est intervenue (scolarité, examen, bourse, vie scolaire, orientation, inscription à l'université, élections universitaires..., pour les usagers ; carrière, affectation, rémunération..., pour les agents). La médiation n'étant pas une instance de premier niveau, ces données doivent préciser que des démarches préalables ont été faites auprès des services concernés (services centraux : scolarité, DRH... ; directeur de composante...) en indiquant qu'aucune réponse ou solution jugée satisfaisante n'a été trouvée[1]. Les conflits ne peuvent être soumis au médiateur qu'après épuisement préalable de toutes les voies de recours internes par les agents concernés. La saisine du médiateur ne suspend ni ne prolonge les délais de recours contentieux ; en cas de procédure engagée devant une juridiction, elle n'est possible que si elle vise à trouver une solution amiable susceptible d'être acceptée par les parties avant le prononcé de la décision par la juridiction saisie. Le processus de médiation reposant sur l'accord des parties, celles-ci peuvent à tout moment l'interrompre sans avoir à le justifier.

Efficacité

L'apaisement du climat universitaire impose qu'une solution soit trouvée dans les meilleurs délais (rapidité) et qu'elle puisse donner satisfaction (et être comprise) par les différentes parties (équité).

Rapidité

Même si les statuts se bornent à préciser que la recevabilité de la réclamation doit être examinée dans un bref délai (8 jours, UBO) et que l'instruction et la recommandation interviennent dans des délais raisonnables (qui ne devraient pas, selon la difficulté de la question dépasser quelques mois), l'idée est de désamorcer rapidement un conflit. Pour déclarer une demande recevable, le médiateur s'assure qu'elle entre bien dans le champ de sa compétence (excluant les simples demandes de conseils et les litiges entre personnes privées ; les affaires de la compétence des sections disciplinaires ou des juridictions pénales ; qu'un autre médiateur n'a pas été saisi[2]) ; il doit vérifier la qualité du réclamant et que les démarches préalables ont bien été accomplies ; certains statuts donnent des directives précisant qu' « *il peut refuser d'intervenir*

---

[1] Cas de rejet de recours gracieux (recours adressé à l'administration sollicitant le réexamen du dossier par l'administration) ou de recours hiérarchique (Code de l'éducation, art. D. 222-41, al. 1er).

[2] Si celui-ci a été saisi de la même question (par un usager ou un agent retraité), la procédure de réclamation est alors interrompue (art. D. 222-41, al. 2)

si la demande lui paraît prématurée, vexatoire ou encore faite de mauvaise foi » (Rennes II), formule ambiguë qui peut dépasser la seule question de recevabilité. En cas de proximité avec l'une des parties, le médiateur doit se dessaisir du dossier et proposer de le transmettre à un autre médiateur institutionnel (médiateur académique, par exemple). Le médiateur informe le réclamant de sa décision ainsi que le Président de l'Université ; en cas d'irrecevabilité de la demande, il en explique les motifs. Cette phase initiale peut déjà permettre au médiateur d'instruire. Ainsi, le médiateur de l'UPEC note dans son rapport : « *Lors de la réception de la demande de médiation, je contacte toujours le demandeur pour proposer un rendez-vous et, si ce n'est pas possible, au moins un entretien téléphonique. Ce premier contact apparaît fondamental, car il permet à la personne concernée de s'exprimer le plus clairement possible en surpassant sa colère et pour moi de comprendre le problème et d'indiquer dans certains cas la règlementation en vigueur* »[1] . Au-delà de cette prise de contact, l'instruction du dossier se fait par tous moyens. Le médiateur doit procéder à des investigations indépendantes et objectives, rencontrer de façon individuelle ou collective les parties et solliciter le concours des services administratifs compétents de ces affaires[2], notamment aux services de scolarité pour les usagers, à celui des ressources humaines pour les agents ; il est parfois prévu que le médiateur de l'université prenne contact avec le médiateur académique (Strasbourg). Si, à l'issue de l'instruction, la réclamation est rejetée, le réclamant comme le président de l'Université en sont informés par un courrier motivé.

Equité

La démarche doit se faire dans le respect des principes de confidentialité (sauf accord des réclamants et des services ou établissements ou obligation de révéler des faits délictueux) et du contradictoire (imposant la prise en considération des positions des personnes et services en conflit, analysant et discutant les différents éléments) ; elle a pour objectif de dégager une solution consensuelle, d'aboutir à un accord amiable au terme d'un dialogue structuré, ouvert, symétrique et constructif. A la différence du conciliateur qui cherche simplement à rapprocher les personnes en désaccord, le médiateur recommande une solution sans être investi du pouvoir de l'imposer comme le serait un arbitre [3] ; son objectif est de réconcilier, rétablir, faciliter, rapprocher les personnes. Le processus peut être interrompu à tout moment car il repose sur le consentement des parties en présence. Au terme de l'instruction, le médiateur doit se prononcer sur son bien-fondé ; il doit alors informer le réclamant des raisons de droit ou de fait pour lesquelles il ne retient pas cette réclamation,

---

[1] Rapport Médiateur UPEC 2012-2017

[2] Le médiateur de l'éducation nationale peut faire appel aux services du ministère ainsi qu'aux inspections générales (art. D. 222-38, al. 3). Les médiateurs académiques peuvent solliciter les services académiques.

[3] Rapport MENES 2018, précité.

développant clairement son argumentation. Si, au contraire, la réclamation paraît fondée, le médiateur adresse une recommandation à l'établissement et aux parties qui sont libres de l'accepter ; ne disposant pas d'un pouvoir de contrainte, le médiateur invite à agir dans un sens déterminé, suggére une solution ; il propose tout mode de résolution qui lui apparaît adapté, *« fût-ce en simple équité »* (Aix Marseille) ; il recherche alors une formule d'équilibre en fonction de ce qui lui semble juste, dans le respect de la loi. La recommandation est communiquée au demandeur avec information du Président. Les destinataires doivent informer le médiateur des suites qui leur ont été données ou leur faire connaître les raisons pour lesquelles ils maintiennent leur position[1].

B- Les missions dérivées pour prévenir les conflits.

La position du médiateur pour exercer sa mission première lui donne des éléments qui peuvent justifier qu'il exerce d'autres missions, tant en amont pour la prévention des conflits qu'en aval pour proposer de réformer les institutions universitaires.

Le médiateur et la prévention des conflits : conseil et alerte

Lorsque le médiateur considère la réclamation irrecevable ou infondée, il peut réorienter le réclamant vers des dispositifs plus appropriés, lui donnant alors un conseil. Certaines universités ont prévu que ces interventions doivent permettre au médiateur de « *prévenir ... les conflits et les situations de tension entre des personnes, dans le cadre de leurs activités universitaires* » (Rennes I). Au-delà de la fonction médiatrice, strictement entendue, le médiateur peut alors exercer une fonction de conseil aux usagers comme aux personnels. Selon les cas, son action peut consister à donner simplement des conseils ou à suggérer des démarches à suivre à la personne qui l'a saisi, mais elle peut aussi se traduire par « *un accompagnement personnel jusqu'au règlement du problème soulevé par la personne* » (Strasbourg) ; n'ayant pas le monopole de la fonction conseil, le médiateur sera alors appelé à travailler avec d'autres acteurs (médiateur académique, psychologue du travail, médecine du travail, direction des ressources humaines, référent déontologue…service de la scolarité, œuvres universitaires…), prendre en compte les situations de stress, les risques psycho-sociaux, améliorer le dialogue social. Parfois même, il pourra être chargé d'assurer la coordination du réseau (Bordeaux, RESO, réseau écoute, soutien, orientation). Le médiateur pourra aussi être sollicité par le président de l'université pour apaiser la situation, par exemple pour comprendre les griefs à l'origine d'une demande de protection fonctionnelle et de tenter d'y remédier[2].

---

[1] Code de l'éducation, art. D. 222-42. Les réponses données aux réclamants ne sont pas considérées comme des décisions exécutoires et ne peuvent donc faire l'objet de recours contentieux (TA Grenoble, 20 oct. 2016, n° 1606761) ; il en est de même de la réponse de l'administration aux recommandations d'un médiateur (CAA Nancy, 4 août 2006, n° 04NC00968) ; les rapports particuliers du médiateur ou des médiateurs académiques adressés aux ministres, aux recteurs ou aux présidents d'université ne sont pas communicables.

[2] CAA de Bordeaux, 6 juin 2017, n° 15BX02892.

En outre, le médiateur peut prendre l'initiative et alerter les autorités universitaires sur les questions que sa mission première l'a amené à connaitre ; il en est de même des médiateurs académiques qui peuvent alerter le recteur en lui adressant un rapport sur une affaire particulière[1] ; comme le référent déontologue, il va alors pouvoir exercer un rôle de lanceur d'alerte[2] ; ayant connaissance d'un risque, il adresse ainsi un signal d'alarme; chargé d'« attirer l'attention sur les règles et procédures pouvant conduire à des traitements inéquitables (Bordeaux), il peut enclencher un processus de régulation, de controverse ou de mobilisation collective

Le médiateur et la modernisation de l'université

Au-delà de la résolution des conflits, le médiateur peut aussi « *formuler des recommandations d'ordre général dans la perspective d'un fonctionnement optimisé* » (Paris V) ; il doit « *permettre à l'institution universitaire de prendre conscience de l'existence de dysfonctionnements afin de prévoir toutes mesures nécessaires susceptibles d'en prévenir les conséquences défavorables pour l'ensemble de l'institution* » (Rennes I) ; il lui revient alors à faire « *toutes propositions tendant à améliorer le fonctionnement de l'université* » (Rouen). Chaque année, le Médiateur de l'Education nationale et de l'enseignement supérieur remet au ministre un rapport, élaboré notamment sur la base des travaux des médiateurs académiques, dans lequel il formule les propositions qui lui paraissent de nature à améliorer le fonctionnement du service public de l'éducation nationale et de l'enseignement supérieur; il en assure le suivi en faisant le bilan des suites qui ont lui ont été données[3]; aussi, a-t-il pu depuis son premier rapport en 1998 attirer l'attention des décideurs sur des sujets aussi divers que la notation des épreuves du baccalauréat, premier grade universitaire (2012), l'accueil et la réussite des étudiants en situation de handicap (2010, 2016), l'orientation post bac et APB (2016), l'utilisation des algorithmes et Parcoursup (2018). De leur côté, les médiateurs des universités sont en général dans l'obligation de présenter un rapport d'activité remis au président de l'université (UBO, Rennes II), au conseil d'administration (Aix-Marseille), parfois même au médiateur académique (Le Mans) ; en principe annuel, son rythme est souvent plus espacé ; il comporte d'abord un compte rendu

---

[1] CADA, 7 décembre 2006, n°20065311.

[2] Loi n° 2016-1691 du 9 décembre 2016 relative à la transparence, à la lutte contre la corruption et à la modernisation de la vie économique, art.6 :« Un lanceur d'alerte est une personne physique qui révèle ou signale, de manière désintéressée et de bonne foi, un crime ou un délit, une violation grave et manifeste d'un engagement international régulièrement ratifié ou approuvé par la France, d'un acte unilatéral d'une organisation internationale pris sur le fondement d'un tel engagement, de la loi ou du règlement, ou une menace ou un préjudice graves pour l'intérêt général, dont elle a eu personnellement connaissance. Les faits, informations ou documents, quel que soit leur forme ou leur support, couverts par le secret de la défense nationale, le secret médical ou le secret des relations entre un avocat et son client sont exclus du régime de l'alerte défini par le présent chapitre. »

[3] Code de l'éducation, art. D. 222-39.

d'activités, permettant de dresser un bilan des conflits et de leur solution; il peut ensuite présenter toute observation ou recommandation susceptibles d'améliorer le fonctionnement de l'Université. Ces différents rapports constituent un levier de changement tant pour le service public de l'enseignement supérieur que pour chaque établissement. Ainsi, un médiateur universitaire a pu noter : « *mon intervention sert la plupart du temps à désamorcer une situation de conflit, même dans les cas où le demandeur n'a pas obtenu satisfaction. J'ai constaté une nette amélioration dans le traitement des étudiants par les services concernés de l'Université. En particulier, je n'ai plus eu de demande d'étudiants en situation d'handicap* »[1].

CONCLUSION

Perspectives.

La loi n° 2016-1547 du 18 novembre 2016 de modernisation de la justice du XXIe siècle pour favoriser les modes alternatifs de règlement des différends ouvre une nouvelle perspective en prévoyant une expérimentation de la médiation préalable obligatoire pour les recours contentieux formés par les fonctionnaires à l'encontre d'actes relatifs à leur situation personnelle [2] ; elle renforce ainsi la place des médiateurs académiques nommément désignés par le décret n° 2018-101 du 16 février 2018 pour participer à une première expérience dans trois académies[3]. Dans le cadre de l'article 5 de cette loi le Tribunal administratif de Lyon a conclu le 27 septembre 2018 avec l'Université Jean Moulin Lyon III et le médiateur académique une convention pour favoriser la médiation comme mode de résolution des conflits pour une durée d'un an à titre expérimental. Le nouveau chapitre ainsi ouvert devrait permettre de penser plus avant la médiation universitaire. Outre la création d'un médiateur de région académique spécialisé dans l'enseignement supérieur, la voie contractuelle esquissée pourrait être utilisée pour définir la coopération entre le réseau des médiateurs académiques et les médiateurs des universités, les uns et les autres pouvant se référer à une charte de la médiation à l'université que pourraient élaborer la médiation nationale et les universités, permettant à celles–ci d'affiner leur choix et de mieux cerner les missions, droits et devoirs des médiateurs.

---

[1] UPEC, Rapport du médiateur, 2011-2013.

[2] art.22 ; CJA, L.213-1

[3] Le décret n°2018-101 du 16 février 2018 limite le champ de la MPO à une série de décisions individuelles défavorables pour certains agents de la fonction publique et certaines prestations sociales. Si l'expérimentation est circonscrite aux agents de l'éducation nationale des académies d'Aix-Marseille, de Clermont-Ferrand et de Montpellier (v. arr. du 2 mars 2018).

L'ÉCOLE EST FINIE

Guy QUINTANE

Doyen honoraire de la Faculté de droit de l'Université de Rouen

INTRODUCTION

La décision de fermeture de l'ENA, une fermeture dont on parlait de longue date, a été annoncée par le Président de la République le 25 avril 2019. Elle a été présentée comme devant permettre de favoriser la démocratisation de la haute fonction publique et la délivrance à ses élèves d'une formation plus adaptée aux besoins du pays que ne serait celle proposée aujourd'hui par l'École. On ne peut que constater qu'il s'agit des mêmes objectifs qui étaient ceux mis en avant lors de la création de l'École en 1945, même s'il est vrai qu'à l'époque il était sans doute plus facile qu'aujourd'hui de mettre en lumière les dysfonctionnements de l'encadrement supérieur de l'Etat. Robert Chelle ainsi rappelle qu'au moment de la préparation de l'ordonnance du 9 octobre 1945, Michel Debré avait « *parfaitement analysé l'ensemble des défauts que présente le système de recrutement et de formation des cadres supérieurs dont dispose le pays en 1939 : inégalité et manque d'homogénéité des recrutements, parisianisation excessive de la haute fonction publique, origines sociales trop limitées de la plupart des candidats, spécialisation excessive de la plupart des concours*[1] ». Il faut dire aussi que ladite création avait été facilitée par le contexte de la période, celui de la Libération, une période de reconstruction d'un État qui avait besoin d'une haute fonction publique nouvelle. Jean-Michel Gaillard écrit ainsi : « *Ce nouvel État qui émerge du fracas des armes, aura ses chevaliers, une nouvelle élite publique, enfantée par une nouvelle école*[2] ».

Le projet conjugue une formation pratique, technique, avec une sensibilisation aux questions sociales considérées comme essentielles pour la nation et pour son avenir.

Plusieurs traits fondamentaux le singularisent : l'organisation de deux concours, l'un réservé aux étudiants l'autre ouvert à des fonctionnaires, la place centrale réservée à la culture générale tant au moment du recrutement que durant la formation, enfin le rôle central du stage pour la formation des élèves. L'instauration d'un concours interne est une novation qui va jouer un rôle important pour ouvrir l'École à des candidats venant de l'administration qui, pour différentes raisons, n'auront pas suivi le cursus royal les conduisant des meilleures filières de formation jusqu'à l'École.

---

[1] R. CHELLE, « La haute fonction publique avant l'Ena », *Ena mensuel* sept-oct. 1995, p. 22.

[2] J. – M. GAILLARD, *L'Ena miroir de l'État De 1945 à nos jours*, éd. Complexe 1995, p. 15-16.

La formation dispensée par celle-ci fut par ailleurs pensée comme devant être reçue par tous les hauts fonctionnaires, autrement dit, les recrutements « parallèles » ne pourraient être qu'exceptionnels.

Du fait de l'empreinte solidariste qui marque la période, rien d'étonnant à ce qu'il y ait eu d'emblée, non seulement le projet de dispenser les outils techniques nécessaires à une direction éclairée des administrations, mais probablement aussi la volonté de sensibiliser les hauts fonctionnaires aux vertus idéalisées à cette époque de grande communion, et notamment à celles de la solidarité et du désintéressement : une sorte de « morale ». Michel Debré évoque dans ses souvenirs l'idée qui était la sienne ; celle de faire en sorte qu'y soit délivré un « *enseignement sur la vertu* »[1].

Les propos tenus par Charles de Gaulle, douze ans après la sortie de la première promotion de l'École témoignent de la réussite du projet : « *Au fur et à mesure que vos promotions déferlent sur l'ancien et l'antique glacis de la fonction publique, on s'aperçoit d'une transformation progressive et profonde de cette fonction même [...] Nos administrations donnent l'impression maintenant de recevoir largement le sang nouveau qu'il fallait et en outre, une cohésion s'est établie ou est en train de s'établir, dans tous les domaines d'activité de l'État...* ». Un peu plus tard, au début des années 1980, on pouvait considérer que l'École était devenue, « la grande école des grandes écoles », sans doute pour l'excellence de la formation qu'elle offrait à ses élèves, mais aussi par la place occupée à l'époque par l'Etat, avec les perspectives de carrières qu'elle pouvait offrir à ses serviteurs. Comme l'écrivait Jean-Michel Gaillard : « *L'Ena apparaît, et elle est pour les mieux classés, l'ultime filtre de sélection des élites polyvalentes appelées à diriger la Haute administration, les entreprises publiques, et les plus grandes entreprises privées*[2] ». Par ailleurs, pour ce qui est de l'accès à l'École, il est difficile de contester que les conditions de celui-ci avaient accru la démocratisation de la haute fonction publique, en permettant que celle-ci soit beaucoup plus ouverte que ce n'était jusqu'alors le cas[3].

Si quelques critiques visaient l'École dès les années cinquante elles restaient assez feutrées, même si elles reprenaient toujours les mêmes thèmes, et en particulier celui du recrutement, de la différenciation des perspectives de carrière des anciens élèves, et même celui du contenu de la formation. Le ton va changer dans les années 1960, en lien avec la montée en puissance d'une critique de la technocratie qui était présentée par les uns comme étant l'expression de la domination des classes dominantes de la société, et par les autres au contraire, comme l'instrument qui affecte l'autorégulation d'un ordre libéral. Comme le note Dominique Chagnoliaud : « *les anciens élèves de l'Ena permettent enfin d'identifier physiquement les technocrates [...] Et si la France connaît un*

---

[1] Voir, M. DEBRÉ, *Souvenirs,* cité par G. Thuillier *in* l'Ena *avant l'Ena*, préface P. CHAUNU, Puf, 1983, p. 240.

[2] J.-M. GAILLARD, *op. cit.,* p. 167.

[3] Voir, R. DENOIX DE SAINT MARC, in *Ena mensuel* sept-oct. 1995, *op. cit.,* p. 15.

« malaise administratif », une mauvaise application des décisions politiques en passant par le manque de démocratie, l'ENA permet de trouver la source de ces maux. Anti-démocratique, elle sert, pour la gauche, " à reproduire la classe dirigeante comme un appareil de photocopies". On craint à droite, qu'elle ne fasse un peu trop souffler le vent étatiste. Le mode de dénonciation reste commun quand il s'agit au fond de s'inquiéter du pouvoir détenu par une caste " irresponsable" [1]».

Cette critique est surtout à l'époque formulée par des partis et des hommes de gauche : la puissance du gaullisme la rendant difficile à revendiquer par les partis s'en revendiquant, et ce jusqu'à la rupture de l'été 1976. François Mitterrand stigmatise ainsi « *la technocratie administrative...régent du royaume dont l'héritier ne grandira jamais*[2] ». Pierre Mendès France dénonce quant à lui « *les jeunes Messieurs*[3] ».

Il n'empêche, elle était à l'époque pensée comme un marqueur de l'État, voire de la société française qui fascinait très au-delà du cercle de ceux qui avaient à s'intéresser aux questions d'administration. Jean-Michel Gaillard écrit à ce propos : « *beaucoup de ce qui se passe à l'Ena est considéré comme un évènement, voire un fait de société*[4] ». C'est le moment du septennat de Valéry Giscard d'Estaing, et peut-être surtout les cinq premières années de celui-ci, qui marque sans doute l'apogée de l'École.

Les choses vont changer, et le début des années 1980 va connaître une montée en puissance des critiques visant l'École pour les raisons les plus diverses (I). Elles vont étayer les actes adoptés aux fins de la faire muter, jusqu'au moment où sa suppression pourra être considérée comme relevant presque de la nature des choses, un tel mouvement suscitant de nombreuses questions (II).

I- LA MONTÉE DE LA CRITIQUE VISANT L'ÉCOLE ET SES RAISONS

A- LA MONTÉE DE LA CRITIQUE

L'alternance de 1981 a ouvert une période de remise en cause de plus en plus affirmée de l'École, et ce jusqu'au plus haut niveau de l'État. Le Président de la République va ainsi composer un cabinet dans lequel les anciens élèves voient leur place très sensiblement réduite. Lors de sa première conférence de presse, le 24 septembre 1981, il fera part de son souhait de faire en sorte que puissent accéder aux emplois de hauts-fonctionnaires, « *tous ceux qui ont montré qu'ils avaient quelque chose en eux-mêmes, sans que cela soit reconnu par les diplômes de la société* ». Sylvie Brossolette écrit dans L'Express du 9 octobre 1981 : « *désormais, le chef de l'État est décidé à empêcher les énarques de truster les*

---

[1] D. CHAGNOLIAUD, *Le premier des ordres Les hauts-fonctionnaires XVIII*e*- XX*e *siècle*, Fayard, 1991, p. 198-199.

[2] F. MITTERRAND, *Le coup d'Etat permanent*, Plon 1964, p. 16.

[3] P. MENDES-FRANCE, *Le Courrier de la République*, n° 34, 1965, p. 31.

[4] J.-M. GAILLARD, *op.cit.*, p. 92.

postes clefs du pays ». Jacques Attali rapporte dans son journal à la date du 1er mars 1982 : « *Le Président n'aime pas les Énarques : " Conformistes, incapables d'écrire en français, coupés du peuple, réactionnaires"* ». On en trouvera peu dans les gouvernements de l'époque (trois par exemple dans le gouvernement Fabius) et leur place dans les cabinets ministériels va également perdre en importance[1]. Au même moment, le ministre en charge de la fonction publique constituait un groupe de travail chargé de lui faire des propositions en vue d'une réforme de l'École aux fins notamment d'en favoriser la « démocratisation » de l'accès (peu de celles-ci seront retenues) ;

Les attaques allaient monter en puissance tout au long de ces années 1980. Pierre-Louis Blanc qui a dirigé l'École d'août 1975 à avril 1982 rappelle celles qu'il entendait depuis les postes qu'il occupait à l'étranger : « *je comprenais à la lecture des journaux et à l'écoute des amis de passage, que s'enflait chaque jour la hargne contre l'Ena. Du grand quotidien parisien au plus modeste journal de province, du sociologue mondain pérorant sur la société bloquée dans les dîners en ville à l'expert besogneux et consciencieux du CNRS, du girondin de droit à l'européen intégriste de gauche, du renégat plus ou moins honteux de l'" ordre administratif" à l'écologiste de choc, on hurlait à la mort. Si la société française n'était pas tout à fait à l'heure de son siècle ce qui est d'ailleurs le cas la faute n'en incombait en rien aux politiques, aux professeurs, aux enseignants, aux responsables des syndicats nationaux, ni aux chefs d'entreprises, moins encore aux journalistes et autres pontifes des médias. La culpabilité en revenait dans sa totalité et sans la moindre circonstance atténuante à notre École, institution puissante, obscure, tout à la fois inefficace et omniprésente, inintelligente et dépourvue de tout sens commun, sournoise bien sûr [...] Le bouc émissaire était trouvé...*[2] ».

Ces critiques, qui avaient semblé s'atténuer au milieu des années 1990, reprendront avec l'élection du nouveau Président de la République. Peu de temps après sa victoire et la nomination d'un nouveau gouvernement, le dossier de la réforme de l'Etat était mis sur l'agenda et aurait pu aboutir, si la dissolution de l'Assemblée nationale intervenue moins de deux ans après n'avait pas changé la donne, à une réforme substantielle de l'Ecole.

Le début de 1997 marqua un tournant important dans la dénonciation de celle-ci, avec la proposition de sa suppression faite par d'importantes personnalités politiques. Dans un entretien télévisé, en avril 1997, le Premier ministre s'y dit favorable, et proposa qu'elle soit remplacée par « *quelque chose plus proche de la réalité* ». A la même époque, un ancien Premier ministre s'inscrivait dans la même démarche, préconisant lui aussi la suppression de l'École, et justifiant sa

---

[1] André Passeron note dans *Le Monde* du 23 février 1982, que si « les "énarques" se retrouvent à peu près aussi nombreux dans les cabinets ministériels du gouvernement Mauroy qu'ils l'étaient dans les gouvernements précédents, ils y sont moins dominants en raison des effectifs plus nombreux que dans le passé des nouvelles équipes ».

[2] P.-L. BLANC, « Intervention du pays d'Apt », in *Ena mensuel*, sept. oct. 1995, p. 105

position par le fait qu'elle serait devenue « *un élément clé de nos blocages*[1] ». Un ancien ministre des Finances rapprochait quant à lui l'ENA de l'IRA et de ETA[2]. Les attaques venaient aussi d'autres milieux, économiques ou intellectuels. Elles pouvaient elles aussi, être extrêmement vives.

On ne peut que constater que l'École trouvait peu de défenseurs parmi le personnel politique. Évoquant les positions des deux derniers présidents de la République, Pierre-Louis Blanc écrit (après l'élection présidentielle de 1995) : « *Ils n'aimaient guère les hauts fonctionnaires. [...] L'administration devait dans leur esprit être rabaissée, voire démantelée* »[3].

Faisant une sorte de synthèse de ce qu'était devenue la situation de l'ENA à la fin des années 1990, Pierre Birnbaum écrivait : « *Transformée en " business school" ou renvoyée au néant, délégitimée et niée dans ses principes méritocratiques, l'avenir de l'Ena en tant qu'institution de l'Etat fort à la française, n'est donc pas nécessairement des plus brillants*[4] ».

Au début des années 2000, la question de la suppression de l'Ecole donna lieu à débat dans l'enceinte de l'Assemblée Nationale sur la base d'amendements de réduction d'une part déterminante des crédits de l'École[5]. A l'occasion des débats, des critiques extrêmement fortes seront exprimées.

Si toutes les pièces étaient en place de longue date, le résultat des élections de 2017 sera le moment de la consécration du basculement.

B- Les raisons

Parmi les raisons avancées à l'appui d'une demande de suppression de l'École, certaines sont caricaturales. Même si elles ne méritent pas de longs développements, il n'est pas inutile d'en évoquer, au moins succinctement, quelques-unes, tout en précisant que, selon certains, elles s'inscrivent dans une véritable « *chasse aux sorcières* »[6]. Par ailleurs, comme le déclarait Yves Thréard le 12 septembre 2016 à propos des critiques visant l'École : « *Tirer sur l'Ena, ça fait " genre", ça fait "anti-élite", ça flatte le peuple pensent-ils*[7] ». Répondant aux sévères critiques formulées par Agnès Verdier Molinier[8] visant l'École et ses élèves, Christine Demesse écrit : « *L'Ena est responsable de tout, je dis bien de tout ce qui se passe en France depuis 1945. Pas de la seconde guerre mondiale tout de même, puisqu'elle a été créée après elle reconnaît-elle. Mais enfin, les crises agricoles, les inondations, les augmentations des impôts, la multiplication des lois, l'explosion de la dette publique, le chômage. Il ne manque que les*

[1] Entretien à *L'Express,* 13 février 1997.

[2] Il dira plus tard que ses propos n'étaient qu'une citation qu'il ne reprenait pas à son compte.

[3] P.- L. BLANC, *Le Figaro*, 27 juin 1995.

[4] P. BIRNBAUM, *De l'Etat à l'Establischment ?* Revue administrative, n° spécial, 1996, p.84

[5] *J. O Débats Assemblée nationale*, 2ème séance du 7 novembre 2002, p. 4711-4720.

[6] Pour reprendre l'expression de Michel Schiffres, « L'Ena ou l'amour vache », *Le Figaro,* 6 mai 2004.

[7] *Europe n° 1*, 12 septembre 2016

[8] *Le Point*, 28 janvier 2016.

épidémies de grippe aviaire et l'hyperterrorisme [1]». La caricature peut même, quelquefois, venir de certains de ses anciens élèves, le plus souvent pour dénoncer le fait que l'« *on n'y apprend rien* ». Mais, elle peut aussi être violente. Une ancienne ministre qui en a suivi la scolarité déclarait de son passage à l'École : « *Ce fut un choc, j'y ai découvert fortement l'antisémitisme vieille France*[2] ».

Les arguments plus étayés invoqués pour la dénoncer sont le plus souvent rattachés à deux ou trois grandes questions et notamment celle de la démocratisation et celle de la place des anciens élèves dans la société.

On fait souvent reproche à l'École, et c'est presque devenu un lieu commun, d'être un instrument de reproduction sociale bénéficiant aux enfants des classes les plus favorisés. Qu'ils y soient davantage représentés que ne le sont ceux de classes moins favorisées est incontestable. Cette situation s'observe pourtant ici de manière moins marquée, même aujourd'hui, que ce n'est le cas à l'examen du profil de ceux qui sont recrutés par bien d'autres grandes écoles. L'actuel directeur de l'École a pu rappeler que : « *Si l'on peut regretter que seuls 19% des élèves aient un parent ouvrier, commerçant, employé, agriculteur, artisan ou chômeur, plus de la moitié d'entre eux ont un grand père appartenant à l'une ou à l'autre de ces catégories. L'administration reste dans notre pays l'un des moteurs de l'ascenseur social si l'on veut bien l'observer sur deux générations. Et il faut évidemment encore mieux faire. Mais aucun commentateur ne se donne la peine de comparer cette réalité avec celle d'autres écoles prestigieuses en France ou à l'étranger. Ni de relever qu'il est moins facile d'assurer aujourd'hui une grande diversité sociale avec des promotions réduites à 80 élèves, qu'autrefois avec des promotions de 120. Ni d'expliquer le coût personnel, familial et financier que représente pour un fonctionnaire le fait de préparer l'Ena*[3] ». On peut enfin relever que le pourcentage des anciens élèves de l'ENA qui ont été boursiers est trois fois supérieur à celui des anciens élèves de polytechnique, et presque deux fois et demi plus élevés qu'il ne l'est de celui des anciens élèves d'HEC.

L'une des critiques les plus appuyées de l'École repose sur l'affirmation d'une sorte d'accaparement du pouvoir politique par ceux qui en ont suivi la scolarité : c'est ici naturellement le thème de la technocratie. Il est vrai qu'il y a sans doute eu, au-delà même de l'École, une sorte « d'alliance » entre le personnel politique et celui composant la haute administration pendant les vingt premières années de la Ve République. Elle explique sans doute la montée en puissance de la représentation des anciens élèves dans les instances de pouvoir, tant au niveau du pouvoir exécutif que du législatif. Pierre Birnbaum évoquait en 1977 : « *l'emprise sur le pouvoir exécutif (qui) apparaît comme la caractéristique essentielle du système politico-administratif de la Ve République*[4] ». Le même auteur écrit plus

[1] C. DEMESSE, *l'ena hors les murs*, mars 2016.
[2] *Le journal du dimanche*, 14 février 2016.
[3] P. GERARD, *Le Figaro*, 24 avril 2019.
[4] P. BIRNBAUM, *Les sommets de l'État Essai sur l'élite du pouvoir en France*, 1977, Seuil, coll. Points, 1994, p. 91.

loin que : « *sous la Ve République, les hauts fonctionnaires s'emparent du pouvoir exécutif*[1] ». La montée en puissance des énarques dans le domaine politique s'observe aussi à l'Assemblée nationale : de trois anciens élèves de l'École élus députés en 1958, leur nombre est passé à 20 en 1973 et à 45, entre 1986 et 1997.

L'éloignement va apparaître de manière nette en 2002, de manière plus affirmée en 2007, et plus encore en 2017. Lors des élections législatives de cette même année, seulement seize anciens élèves étaient élus, dont six avaient la qualité de fonctionnaire honoraire, et dont l'un avait démissionné de l'administration. Il faut remonter au milieu des années 1960 pour trouver un chiffre aussi faible. On doit par ailleurs observer que sur les neufs anciens élèves dont il est question, trois ont la qualité de magistrats, et un celle de membre du Conseil d'Etat : autrement dit, seuls cinq énarques relevant d'une administration siégeaient à l'Assemblée nationale à ce moment (moins de 1% des députés). La faiblesse de la représentation est encore plus importante au Sénat.

Quant au gouvernement, si aujourd'hui le Premier ministre et cinq ministres ou secrétaires d'Etat sont des anciens élèves de l'École, quatre au total - Premier ministre inclus - ont fait une partie de leur carrière dans le secteur privé, quand l'un a démissionné de l'administration.

On pourrait ici reprendre l'analyse que faisait Eric Zemmour de la place des énarques dans le domaine politique lors de l'annonce de la composition du premier gouvernement Fillon : « *Il faudrait être un Sieyès moderne pour écrire la saga des énarques en politique. Qu'ont-ils été ? Tout. Que sont-ils devenus ? (Presque) rien. Que veulent-ils ? Rester quelque chose*[2] ». Le recul de la place des anciens élèves dans les cabinets ministériels, sorte d'interface entre le politique et l'administratif est une autre marque de celle évolution. S'il s'exprime peu pour ce qui est des postes de directeurs de cabinet de ministres ou de secrétaires d'État : - il représente au début 2019 un pourcentage de 40 % sensiblement le même que celui que l'on pouvait constater vingt-cinq ans auparavant -, la situation a beaucoup évolué pour ce qui est de l'origine des autres membres des cabinets. Les anciens élèves de l'École ne représentaient, au début 2019, que 15 % de leur effectif, en baisse très sensible par rapport à ce que l'on a pu observer par le passé.

La critique de l'ENA est fréquemment liée à celle des grands corps[3]. Jean-Claude Koenig a pu écrire : « *En fait, il en va de la dénonciation des grands corps comme de l'antisémitisme et du racisme. Personne n'ose vraiment avouer qu'un seul bouc émissaire est responsable de tous les maux collectifs. Cependant, il*

---

[1] *Ibid.*, p. 185.

[2] E. ZEMMOUR, *Le Figaro*, 4 juin 2007.

[3] Sur les grands corps, M.C Kessler, *Les grands corps de l'Etat*, FNSP, 1986 ; du même auteur, *Les grands corps de l'Etat*, PUF, 1994 ; E. Suleiman, *Les élites en France. Grands corps et grandes écoles*, Le Seuil, 1976 ; D. CHAGNOLLAUD *op. cit.*

reste toujours quelque chose et l'on finit, presque inconsciemment, par se persuader que l'élite des énarques et des polytechniciens est coupable[1] ».

S'il n'en existe pas de définition, à tout le moins entérinée par la règle de droit, on peut en dire qu'un grand corps est un corps qui regroupe des agents chargés le plus souvent de fonctions de contrôle, garantissant à leurs membres une carrière moins soumise aux aléas qui peuvent marquer les carrières publiques, et dont la gestion dépend moins de la décision politique que ce n'est habituellement le cas : autrement dit pour la gestion duquel, les représentants du corps disposent de pouvoirs importants. On ajoutera que leurs membres ont longtemps bénéficié de possibilités de diversification de leur itinéraire professionnel plus intéressantes que ce n'est le cas pour les autres membres de l'encadrement supérieur de l'État. La particularité des carrières qu'ils offrent directement ou indirectement conduit dès lors, le plus souvent, les mieux classés à la sortie de l'ENA à faire le choix de les rejoindre. De ces constats on tire souvent la critique d'un classement qui avantagerait anormalement ceux qui y figurent aux premières places, lesquels seraient aussi ceux dont l'origine sociale est celle de l'appartenance à des catégories favorisées. Le scénario de Marie-France Kessler, évoquant « *un déclin annoncé* » de ces grands corps, semble pourtant aujourd'hui se confirmer.

Les fonctions qui leur sont dévolues n'occupent plus, dans l'appareil d'État, tout à fait la place qui fut la leur par le passé, dans le même temps que les perspectives de carrière qu'ils pouvaient offrir à leurs membres semblent moins prometteuses. S'agissant de leurs fonctions, celles-ci ont beaucoup perdu en importance au cours des vingt dernières années. Le Conseil d'État voit ses prérogatives rognées par la montée en puissance du Conseil constitutionnel et des juridictions internationales, notamment européennes, l'Inspection des finances voit ses fonctions assurées aussi par de nombreux organes publics ou privés d'examen de la gestion publique, dans le même temps qu'un certain nombre de ses membres se sont vus vilipendés à la suite de divers dysfonctionnements d'entreprises publiques ou privées à la tête desquelles ils étaient placés. Il en est de même pour la Cour des comptes laquelle par ailleurs voit de plus en plus contester le fondement même de son activité juridictionnelle.

L'affaiblissement des grands corps se mesure aussi à partir de l'analyse des débouchés de leurs membres. Au début 2019, dix neuf emplois de direction d'administrations centrales, soit environ 12 % de ceux-ci étaient occupés par des membres de grands corps (on peut ajouter que trente quatre autres postes dédiés à de telles fonctions étaient occupés par des énarques non issus de grands corps). Patrice Cahart relève que *« bien des sujets entrés dans un grand corps à la sortie de l'Ena ne connaissent, pour diverses raisons, que des carrières médiocres. Il est donc tout à fait faux que les dés soient jetés à l'âge de 25 ans*[2] ».

---

[1] J.-C. THOENIG, « Les grands corps de l'Etat », *Pouvoirs,* n° 79, *Les groupes d'intérêt*, nov. 1996, p. 112.
[2] P. CAHART, *Le Figaro,* 9 mai 2019.

Le retrait des grands corps des instances décisionnelles de l'appareil d'État se mesure aussi au travers du profil des membres de cabinets ministériels : seuls trois directeurs de cabinets de ministres ou de secrétaires d'État étaient au début de 2019 des énarques affectés dans les grands corps, douze autres membres de cabinets avaient la même origine. Les possibilités d'occupation d'emplois de direction d'entreprises privées deviennent dans le même temps de plus en plus difficiles à obtenir pour ceux qui en sont issus. Au début de 2019, vingt six membres du Conseil d'État (sur un effectif de trois cent vingt trois membres) avaient un emploi dans le secteur privé (dont trois dans des fondations à but non lucratif, et neuf au Barreau) ; sur ce total, vingt et un étaient issus de l'Ena. Le même constat est fait à la Cour des comptes. Son Premier président relevait qu'en 2018, l'effectif des magistrats exerçant dans le secteur privé représentait 8 % de l'effectif du corps. Il n'y a qu'à l'Inspection des finances que le pantouflage n'a pas trop perdu mais pour combien de temps encore ? en puissance (soixante huit énarques relevant de ce corps exerçaient dans le secteur privé au début 2019).

Il n'est pas jusqu'au domaine politique qui ne soit marqué par une présence de moins en moins forte des énarques issus des grands corps. Si le gouvernement compte parmi ses membres trois membres de grands corps, ceux-ci ont tous exercé dans le secteur privé (deux d'entre eux étaient par ailleurs d'anciens élèves de HEC). S'agissant des parlementaires, deux députés et deux sénateurs sont membres de grands corps en situation de détachement (trois à l'Assemblée et un au Sénat en étaient issus et en sont aujourd'hui membres honoraires).

La critique de l'École, et de ses anciens élèves, s'appuie aussi sur la dénonciation du « pantouflage » de certains d'entre eux, autrement dit du départ vers le secteur privé de ceux qui en ont suivi la formation. Cette pratique qui concerne de longue date les hauts fonctionnaires est, s'agissant des anciens élèves de l'Ena, longtemps restée discrète, voire marginale. Elle l'est moins depuis les années 1980. Le taux traduisant la part des élèves ayant rejoint le secteur privé finira par se stabiliser à 20% environ de ceux-ci, le sommet de la vague semblant avoir été atteint au cours de la période 1991-1992 ; il est aujourd'hui plutôt en décélération. Il reste dès lors beaucoup moins important qu'on ne le laisse souvent entendre et qu'il ne l'est par exemple pour ce qui est de celui des élèves de l'école polytechnique dont environ 80% des élèves servent dans le secteur privé, sans que cela ne suscite guère de critiques.

S'il est vrai qu'encore une petite dizaine de dirigeants d'entreprises côtés au CAC 40 sont énarques, l'arbre ne doit pas cacher la forêt : les départs vers le secteur privé ont sensiblement ralenti au cours des dernières années, et les seuls domaines qui sont réellement pourvoyeurs de débouchés semblent ceux du conseil : ce ne sont plus, ou à tout le moins, de moins en moins ceux dans lesquels se déploie l'activité des grandes entreprises. L'exemple des débouchés des grands corps évoqué plus haut, mais celui de la lecture des annuaires des anciens élèves, en témoignent.

Mais il y a des raisons, pour expliquer les attaques visant l'École, qui ont un socle plus solide Celle-ci reste encore, même si c'est sans doute de moins en moins le cas, en « décalage » avec le paradigme néolibéral qui tend à devenir le marqueur de l'ordre social. En 1985 encore, Jean-François Kessler, tout en soulignant le tournant néolibéral du début des années 1980 pouvait écrire : « *La majorité silencieuse des anciens élèves de l'Ena demeure interventionniste [...] Dans les secteurs économique et financier de l'appareil d'État, les énarques sont ontologiquement interventionnistes*[1] ». Elle reste encore pour certains, surtout dans les rangs de ses adversaires, l'un des symboles d'une forme de société que l'on dénonce.

La proposition du nouveau modèle a été favorisée, non seulement par la crise économique et sociale qui a frappé l'occident au milieu des années 1970, par les réflexions de certains intellectuels qui ont vu, parmi les causes de celle-ci, un mauvais fonctionnement de l'ordre spontané que favorise le marché, mais aussi par l'arrivée dans l'univers du politique de personnalités qui, pour ce qui concerne leur point de vue sur l'École, ont repris les positions de ceux qui s'étaient toujours opposés à la création de celle-ci au nom de l'idée qu'ils se faisaient du risque de se voir en quelque sorte concurrencés par des hauts fonctionnaires qui pourraient freiner leurs projets et qui sont les garants d'une neutralité, qui s'articule difficilement avec la mise en place d'un « *spoil system* » dont la promotion leur paraît souhaitable. Par ailleurs le paradigme néolibéral préconise l'organisation d'une nouvelle forme d'État différente de celle qui avait été promue lors de la création de l'École et dont on considère quelquefois qu'elle influence encore par trop ceux qui en ont suivi les enseignements.

Le projet n'est pas celui de la récusation de la forme étatique, mais de la mise en place d'un État qui garantira le déploiement du nouvel ordre. Comme l'écrivent Pierre Dardot et Christian Laval, pour la promotion de celui-ci : *« il faut un " interventionnisme libéral, un " libéralisme constructeur", un dirigisme de l'État qu'il conviendra de distinguer d'un interventionnisme collectiviste et planiste. Appuyé sur l'évidence des bénéfices de la compétition, cet interventionnisme abandonne la phobie spencérienne à l'égard de l'État et combine l'héritage du concurrentialisme social et la promotion de l'action étatique*[2] ». Les auteurs écrivent aussi : « *Non seulement l'État n'a pas disparu, mais il s'est même mué en un gouvernement de type entrepreunerial*[3] ».

Nous sommes loin ici des conceptions de l'ordre social qui avaient été au centre du projet de création de l'École et du rôle qui était assigné à l'État et à ses hauts fonctionnaires pour le garantir.

---

[1] J.-F. KESSLER, *L'Ena, la société, l'Etat,* Berger-Levrault, 1985, p. 389-393.

[2] P. DARDOT/ C. LAVAL, *La nouvelle raison du monde Essai sur la société néolibérale*, La Découverte/ Poche, 2009, 2010, p. 171.

[3] *Ibid* ., p. 12

II- L'ÉBRANLEMENT ET SES CONSÉQUENCES

A- UNE REMISE EN CAUSE DU CONCOURS ET DE LA SCOLARITÉ

Les conditions d'accès à l'École furent modifiées de manière substantielle avec l'instauration d'un 3ème concours. S'il n'était en rien choquant que l'on veuille faire en sorte que des détenteurs de profils différents de ceux éligibles aux concours externes et internes, et plus particulièrement de ceux disposant d'une expérience professionnelle dans d'autres secteurs que ceux de l'administration, puissent souhaiter rejoindre l'École, il pouvait sembler anormal qu'il soit réservé aux membres de catégories bien déterminées. Mais ce qui était réellement critiquable était le fait que, après leur réussite, les élèves reçoivent une formation allégée, et surtout, qu'ils fassent l'objet d'un classement distinct, de sorte qu'un pourcentage de postes leur soit réservé, notamment dans les grands corps de l'État, contrairement à la règle du classement commun qui avait toujours prévalu. Cette voie d'accès sera supprimée en 1987 avec la mise en place un troisième concours qui sera largement ouvert, et dont les lauréats suivront la même formation que ceux issus des deux autres voies d'accès et ne bénéficieront plus d'emplois réservés.

Les épreuves des concours se singularisent par le vaste champ qu'elles recouvrent. Parmi lesdites épreuves, celles permettant d'apprécier la culture générale des candidats furent longtemps considérées comme devant se voir reconnaître une place privilégiée. André Allix, président des jurys de 1949 écrivait : *« les épreuves capitales de ce concours (sont) celles qui jugent d'emblée la culture générale, l'aptitude à concevoir et à exposer, le sens critique et l'esprit de décision*[1] ». Le temps passant, la prise en compte, chez les candidats, des savoirs et aptitudes qui en sont constitutifs a reculé. Dès 1985, Jean-François Kessler notait que, « *au-delà des réformes successives, la part de la culture générale à l'entrée de l'Ena n'a cessé de diminuer*[2] ». Ce recul s'est affirmé, tant par le resserrement de l'épreuve écrite réputée la mesurer que, plus encore, par le nouveau programme de celle que les candidats passent à l'oral du concours. De cette épreuve d' « *entretien avec le jury* », l'arrêté du 16 avril 2014 dit : *« l'entretien avec le jury s'inscrit résolument dans une démarche de recrutement*[3] *: il vise à estimer la personnalité, la motivation, et le parcours des candidats ainsi que leur compréhension des enjeux et des valeurs de service public ». L'on considère ainsi, que, comme le précise l'arrêté précité, le concours doit mesurer pour l'essentiel la maîtrise de la part des candidats « des connaissances réellement utiles à l'action publique », et l'on précise aussitôt qu'il conviendra ici de prendre en compte « la dimension européenne de chaque discipline lorsque c'est pertinent* ».

[1] A. ALLIX, *Promotions*, juillet 1951, p. 45.
[2] J. – F. KESSLER, *op. cit.*, p. 95
[3] Une sorte d'entretien d'embauche.

Il est difficile de contester qu'une telle évolution a des conséquences sur le profil des candidats recrutés dont il n'est pas sûr que l'on aura pu vérifier qu'ils maîtrisent des savoirs dont on a longtemps pensé, à juste titre selon nous, qu'un cadre supérieur de l'administration devait les posséder au regard de ceux que sont les enjeux de l'action publique.

Il faut aussi signaler le fait que la nature des épreuves du concours interne a été profondément modifiée, ici aussi avec le projet de faire en sorte d'en développer la dimension plus en lien avec l'expérience professionnelle des candidats. C'est ainsi qu'au lieu et place des compostions, avec tout ce qu'elles impliquent en termes de mobilisation des savoirs, d'aptitude à la synthèse rapide de connaissances que le rédacteur doit posséder, l'épreuve est d'entrée délimitée par un dossier réputé livrer l'essentiel d'une information qu'il faudra retraiter. Le concours comporte aussi désormais une épreuve qui semble avoir pour objet de tester les compétences managériales des candidats, et notamment leurs talents de négociateurs : l'« épreuve collective d'interaction ».

La mutation de l'École est passée aussi, à compter de la première cohabitation, par la réduction brutale de l'effectif des promotions, un effectif quasiment divisé par deux pour être ramené à 80 élèves, et ce à un moment où on voyait poindre l'accroissement des recours devant les juridictions administratives, et où l'on venait de créer les chambres régionales des comptes, toutes données qui auraient dû conduire à davantage de prudence[1]. De ce fait, on pourrait presque dire que l'École est aujourd'hui, de fait réservée à quelques services et administrations. Ainsi, sur les 85 élèves qui rejoindront après leur scolarité les services de l'État au début de 2019, vingt deux sont affectés au ministère des finances (soit plus du quart de la promotion), et le même nombre dans les juridictions administratives (généralistes ou spécialisées). Les autres administrations se partageant le reste.

La scolarité va quant à elle connaître à compter des années 1980 des évolutions qui vont profondément la modifier en certains de ses aspects fondamentaux. Ces modifications ont pris plusieurs formes, notamment celle du raccourcissement de la période qu'elle couvre ou celle d'une nouvelle organisation de la partie qu'elle consacre aux stages. Enfin, sa nouvelle localisation a des conséquences qui vont au-delà de questions en lien avec la simple fonctionnalité et, de ce fait, va contribuer à sa mutation.

Le signal du raccourcissement a été donné en 1987 : la formation a été réduite à ce moment là de cinq mois pour passer à vingt quatre mois (le nouveau gouvernement de 1993 la rallongera de trois mois). Elle passera une nouvelle fois à deux ans en 2010, avant d'être à nouveau raccourcie en 2019 pour être ramenée à vingt-deux mois depuis la promotion entrée en 2019, dont deux mois de

---

[1] Ces deux corps regroupent environ 1500 magistrats. Sur la base d'une carrière moyenne de 35 ans et à supposer que seulement 80% de l'effectif soit recruté par le biais de l'école, il faudrait pourvoir par le biais de celle-ci environ 35 postes par an, soit plus de 40% d'une promotion.

rencontres avec les employeurs. Compte tenu des congés, elle aura de fait une durée utile d'un peu plus de 18 mois qui devra se diviser entre les stages et la formation sur site. S'agissant des stages, les élèves doivent, pendant leur scolarité, en suivre trois, l'un à l'étranger, l'autre dans des services territorialisés (qui peuvent être ceux de collectivités locales), un autre en entreprise. Leur durée totale est de l'ordre de l'année. Autrement dit, c'en est fini des stages longs qui étaient l'une des marqueurs de l'école et dont l'apport fut essentiel à la formation de ses élèves.

Cette scolarité est désormais découpée en trois modules, un module *Europe*, un module *Territoires*, un module *Gestion et management public*, étant précisé que le management public est considéré comme devant constituer une sorte de « fil rouge » de l'ensemble de la formation, comme l'écrivait la directrice de l'École en 2015[1]. Ce choix, exprimé dès le début des années 1990, a été toujours confirmé par la suite. C'est ainsi que le décret du 23 décembre 2009 réformant la scolarité précise que « *la scolarité a pur but de former les élèves à l'acquisition des techniques administratives et des méthodes de management nécessaires à l'exercice des emplois de la haute fonction publique* ». L'importance accordée à cette nouvelle approche de l'administration s'exprime notamment par la place qui lui est donnée pour apprécier les compétences des élèves. C'est ainsi que le coefficient de l'épreuve (orale) de gestion de management appliqué est fixé à à12, quand celui de l'épreuve (écrite) d'analyse et de rédaction de textes juridiques n'est que de 9. Commentant ces orientations, Adeline Baldacchino écrit : « *la réforme espère mettre en avant des " chefs d'équipe à l'écoute ", sur la base d'un " référentiel des compétences managériales ", qui leur permettra de " conduire le changement ", travailler en équipe, savoir déléguer, savoir communiquer*[2] ».

La délocalisation de l'École à Strasbourg ne sera pas non plus sans conséquences sur celle-ci. Le 7 novembre, le Premier ministre de l'époque annonçait l'implantation de l'ENA à Strasbourg. La décision prise sans aucune concertation souleva de nombreuses remarques Pierre-Louis Blanc écrira à son propos : « *Pour comprendre le sens d'une telle initiative, il faut recourir à la psychanalyse, celle de nos princes et princesses, comme de nos classes dirigeantes. La décision était un monument de stupidité à s'en tenir au simple bon sens [...]. Son caractère « sacrificiel » était si évident que bien des commentateurs laissaient entendre que Strasbourg était un lieu trop favorable pour un exil. C'est tout juste s'ils ne suggéraient pas la forêt équatoriale de Cayenne ou quelque atoll du Pacifique*[3] ». A la suite de l'annulation par le Conseil d'État de la décision, une solution de compromis fut prise prévoyant que la scolarité se déroulerait pour partie à Paris, pour partie à Strasbourg. Elle fut toutefois considérée comme entraînant des charges dont on aurait pu faire

---

[1] *l'ena hors les murs*/ septembre 2015/n° 454, p. 55.

[2] A. BALDACCHINO, La *ferme des énarques*, Michalon 2016, pp. 25-26.

[3] P.-L. BLANC *op. cit.*, p. 107.

l'économie. Les bâtiments occupés à Paris par l'Ecole furent dès lors vendus, et l'Ecole les quitta au début de 2007.

L'ENA va par ailleurs connaître une réduction importante de ses moyens matériels faisant suite à la critique récurrente du montant de ses dépenses[1]. De 36,5 millions d'euros en 2009, la dotation annuelle qu'elle reçoit a été ramenée à environ 31 millions en 2019 (dans la même période, le PIB de la France a progressé d'un peu plus de 20% : si sa dotation avait augmenté dans la même proportion, elle serait aujourd'hui de l'ordre de 42 millions d'euros). Pour répondre à ces critiques, un plan d'économies a été adopté à la fin de 2018. Il s'est traduit notamment par la réduction du temps de la scolarité que nous évoquions plus haut, mais aussi par une diminution du nombre de stagiaires du cycle préparatoire réservé aux internes.

La place que l'on avait voulu lui réserver pour la formation des hauts fonctionnaires est par ailleurs affectée par la montée en puissance de recrutements parallèles résultant de la contestation du « monopole » qui serait celui des anciens élèves de l'École, contestation dont trouve une intéressante synthèse dans le rapport *Moderniser l'Etat*[2]. Dans une note interne en date du 25 janvier 2010, le ministère de l'Intérieur relevait qu'entre 2007 et 2009, quarante six nouveaux préfets et cent cinquante six sous préfets ont rejoint la préfectorale, dont moins d'un tiers sont des élèves de l'Ena[3]. Un rapport sur l'encadrement supérieur et dirigeant de l'Etat remis en juillet 2014 au Premier ministre souligne que pendant la période 208-2012, les anciens élèves de l'École ne représentaient que 35,3 % des recrutements dans les corps « sortie Ena »[4]. En 1984, 42 % des directeurs d'administration centrale étaient issus de l'Ena ; ce pourcentage était tombé à 30 % au début 2019[5]. Certains corps sont particulièrement touchés par cette évolution Au début 2019, moins de la moitié des préfets (territoriaux) étaient énarques ; mais surtout, sur deux cent trente quatre sous préfet territoriaux, vingt-six soit 12 % étaient des anciens élèves de l'École. On pourrait aussi citer le cas des conseillers de tribunaux administratifs et de Cours administratives d'appels, et rappeler qu'environ 75 % d'entre eux ne sont pas issus d'une école dont on considérait qu'elle devait être la voie d'accès de droit commun pour ce type d'emplois. Enfin, la loi de transformation de la fonction publique aura par ailleurs des conséquences importantes sur les débouchés des anciens élèves de l'École comme le note Luc Rouban qui écrit que : « *l'ouverture des emplois de direction aux contractuels est une bombe à retardement pour une école comme l'Ena [...]*

---

[1] C. MOTIN et V. PETIT, *Rapport sur le projet de loi de finances pour 2019, Annexe 26*, Documents assemblée nationale, 11 octobre 2018.

[2] Rapport de la commission présidée par Yves-Thibault de Silguy, 22 avril 2003.

[3] M. DELBERGHE, *Le Monde* 18 février 2010.

[4] J. Penaud, *l'ena hors les murs*, déc. 2014, p. 95.

[5] J.-F. Kessler, *op. cit.*, p. 518, pour les données 1984, Annuaire des anciens élèves pour 2019.

il y aura beaucoup moins de perspectives de carrière [...] C'est le début de la fin...Cela veut dire que l'Ena va se rétrécir[1] ».

B- Les risques

L'attractivité de l'École, mesurée par le nombre, et au moins autant par le profil de ceux souhaitant la rejoindre, est montée en puissance et sans doute en qualité à compter de la fin des années 1960. Elle demeura forte jusqu'au milieu des années 1980. Elle va ensuite décliner, surtout pour ce qui est du concours interne. S'agissant de l'externe, le nombre de candidats va se stabiliser dès la deuxième partie des années 1980 à un total de l'ordre de cinq à six cent candidats présents aux épreuves (quand dans le même temps, le nombre d'étudiants dans l'enseignement supérieur augmentait de plus de 50 %). Naturellement, elle s'explique par l'évolution du rôle de l'État dans la société, mais aussi pour des considérations plus terre à terre, telles les perspectives de carrière ou même la situation matérielle des hauts fonctionnaires. S'agissant par exemple des rémunérations de ceux-ci, on sait combien elles sont, le plus souvent, peu comparables à celles offertes à ceux qui ont rejoint dès la fin de leurs études des fonctions d'encadrement dans le secteur privé, et même à celles offertes à des anciens élèves d'écoles à vocation « technique », comme Polytechnique.

Mais, c'est surtout le concours interne qui a été marqué par cette désaffection : quand le nombre de postes offerts aux candidats à ce concours diminuait de 20% entre 1987 et 2017 et que le nombre de candidats potentiels augmentait fortement, celui des candidats présents baissait de 100 %. Un indicateur signifiant de cette désaffection des internes s'exprime par la situation du cycle préparatoire, dispositif permettant aux internes qui auront été sélectionnés pour le suivre sur la base d'un concours qui fut très sélectif jusqu'au milieu des années 1980, de préparer « à temps complet », le concours d'entrée à l'École. Le président du jury 2014 de ce concours écrivait ainsi que le concours était « *l'un des vecteurs prioritaires pour maintenir l'attractivité de l'École* ». Or, ici aussi, la chute des effectifs a été brutale : de plus de mille candidats présents au tout début des années 1990, on va passer à environ trois cent aujourd'hui pour un nombre d'admis à peine supérieur à quatre vingts. Des projets sont annoncés qui pourraient encore en affecter l'économie.

Le profil des candidats a aussi changé. Analysant celui des élèves entrés à l'École en 1983, 1984 et 1985, Jean-Michel Gaillard note que 20% de ceux-ci étaient issus de polytechnique, HEC et les ENS. Ce pourcentage a été aujourd'hui divisé par deux. On peut aussi noter le fait que, la place qui occupait les anciens élèves de l'IEP de Paris a très sensiblement baissé : il n'est pas sûr que les meilleurs de ses élèves fassent aujourd'hui le choix de la filière *Affaires publiques*. Lors de son audition devant la commission d'enquête du Sénat, le 15 mai 2018, Luc Rouban déclarait que « *les 2/3 des étudiants de Sciences Po choisissent aujourd'hui d'aller dans le secteur privé* ». S'agissant de ce profil, il faut aussi

[1] L. ROUBAN, entretien à l'*AJDA* 8 avril 2019, p. 724-726.

noter la nouvelle répartition entre les juristes et les économistes, avec le recul des premiers et la montée des seconds, accompagnée d'une progression également sensible de candidats passés par des écoles de commerce. Cela aura des conséquences lourdes. Ne faudrait-il pas que nous soyons plus attentifs que nous le sommes aux propos de Pierre Legendre qui écrivait en 1976 que : « *les juristes font autre chose que du droit, ils entretiennent le divin mystère de l'Etat*[1] » ? Les juristes contribuent en effet largement à l'actualisation de la Référence de l'ordre social, avec tout que cela implique.

Par ailleurs, s'agissant de la question de la démocratisation, il est probable que des propositions seront faites pour faire en sorte que l'Ecole soit plus ouverte qu'elle ne l'est encore aujourd'hui à ceux qui, pour y accéder n'ont que leur seul mérite à faire valoir. La question qui se pose est celui des critères utilisés pour le mesurer avec, compte tenu des évolutions de la société, le risque de favoriser, plus ou moins ouvertement, le développement d'une forme de discrimination (que l'on qualifie toujours de positive) mais aussi d'affecter l'efficience de l'administration car, comme l'écrit Olivier Babeau, « *Imposer la diversité aux fonctionnaires sans qu'elle soit la traduction d'une égalité de compétences, c'est donner un coup de peinture sur des murs qui s'effondrent. Tant que l'école ne dispensera pas aux plus modestes une éducation de qualité, les castings sociaux resteront de pauvres maquillages*[2] ». Comme le souligne aussi Arnaud Teyssier, « *les écoles doivent être ouvertes le plus largement possible, mais elles doivent aussi, pour la défense de l'intérêt général et le service des citoyens, continuer de garantir une irréprochable excellence. L'académisme est parfois la seule protection du faible qui a lui aussi droit à l'excellence contre toute forme de ghettoïsation*[3] ». Jacques Julliard quant à lui relève que la démocratisation du recrutement ne garantit pas que « *les administrateurs ainsi recrutés auraient des comportements moins élitistes. Au contraire. Les parvenus sont parfois plus légitimistes que les " héritiers "*[4] ».

L'insistance mise sur la formation au management aura, quant à elle, des conséquences sur les traits de l'administration. Avec le tournant managérial, il ne s'agit non pas tant d'insister sur la transmission de savoirs utiles pour diriger de manière efficiente les administrations – qui pourrait en contester l'intérêt ? - que sur la place de savoirs qui peuvent perdre de vue la spécificité de ce qu'est la fonction administrative. Ils portent très largement sur des techniques relatives à la direction des hommes. L'orientation prise soulève au moins deux questions, celle d'une part des conséquences d'une approche toujours plus commutative des relations humaines, ou pour le dire crûment de techniques qui s'appuient sur la gestion d'un système de « *récompenses-sanctions* » et qui insistent sur

---

[1] P. LEGENDRE, *Jouir du pouvoir Traité sur la bureaucratie patriote*, Éd. de Minuit, 1976, p.161

[2] *Le Figaro,* 1-2 juin 2019.

[3] A. TEYSSIER, *Le Figaro*, 12 juin 2019.

[4] J. JULLIARD, *La faute aux élites*, Gallimard, 1997, p. 74.

l'importance d'une *« mise sous tension »*, d'autre part celle de la scientificité de telles méthodes. Á cet égard, on parle quelquefois à leur égard d'un « *verbiage mou*[1] ». Un tel qualificatif peut ne pas sembler excessif au vu de ce qu'en dit Olivier Saby, citant des extraits édifiants du fascicule *Gestion et management public* distribué aux élèves[2]. On peut s'en amuser, comme le fait Adeline Baldacchino qui écrit : « *Comment ne pas rire d'une école qui clame désormais ne former que des managers, et donc privilégier le savoir-faire en vouant aux gémonies le savoir et le savoir penser [...] quand on sait ce que sont aujourd'hui les enseignements de " management public" et les "managers publics"*[3] ». Mais les enjeux vont très au-delà de l'anecdote amusante. Le management technocratise le pouvoir et accorde un intérêt trop exclusif aux aspects technico-économiques de l'action publique. Pierre Legendre va jusqu'à écrire que la conception managériale de l'action publique conduit à voir l'État « *comme une mécanique...en somme, l'Etat est vu comme une forme d'organisation comparable à une chaîne de montage industrielle*[4] ». Une telle conception ne sera pas sans conséquence sur l'ordre social d'un pays comme la France.

Et ce d'autant que la proposition managériale a des conséquences certaines sur le système de valeurs de ceux qui la partagent : « Sur *le plan idéologique, elle exalte l'individualisme, elle contribue à la dévalorisation des vertus publiques. Elle valorise l'intéressement contre le désintéressement, l'individu au détriment du collectif, le privé contre le public, les biens personnels contre le bien commun [...] la modernité contre la tradition, l'action contre la réflexion. Dans le registre social, elle exacerbe l'individualisme et la lutte des places. Sur le plan des personnes, elle exalte le narcissisme et la compétition individuelle. Elle contribue à aliéner le sujet dans le mirage de l'accomplissement de soi*[5] ». On trouve une approche identique dans les travaux de Luc Rouban[6]. Il s'agit d'une conception de l'administration en profonde rupture avec ce qu'elle fut et peut-être même à ce que la plupart de ses usagers attendent d'elle.

Enfin, le resserrement et la nouvelle forme prise par les stages ne seront pas sans conséquences sur la formation des élèves. Les stages étaient un élément essentiel de la formation essentiel pour les élèves de l'Ecole. Michel Debré en disait : « *le stage sera effectué en une ou deux administrations au plus : il ne s'agit pas de séjours superficiels, mais d'un temps de travail qui sera sérieusement employé. L'expérience montrera s'il convient d'établir un seul stage de dix à douze mois, ou deux stages de six mois chacun, mais il ne paraît pas envisageable*

---

[1] Pour reprendre l'expression de François Dupuy dans *La faillite de la pensée managériale*, Seuil, 2015

[2] O. SABY, *Promotion Ubu Roi Mes 27 mois sur les bancs de l'ENA*, Flammarion, 2012, p. 201-202 ; 207 ; 209 ; 215 ; 217 ; 219.

[3] A. BALDACCHINO, *op. cit.*, p. 26.

[4] *Fantômes de l'Etat en France*, Fayard, 2015, p. 207

[5] V. de GAULEJAC, *La société malade de la gestion*, Seuil 2005, p. 129.

[6] Voir notamment L. Rouban, « L'univers sociopolitique des fonctionnaires français », *Pouvoirs*, n° 117, 2006,

d'envisager des stages plus courts[1] ». Christian Frémont ajoute : « *sans avoir toujours évité l'écueil de la routine et de la facilité, les stages ont appris, aussi aux futurs hauts fonctionnaires, à servir le pays, en leur permettant d'évoluer sans trop de mal dans les mondes compliqués de l'administration, de la politique et des affaires, avec un mélange d'idéal et de pragmatisme, d'ambition et d'humilité, qui constitue le fondement de cette école*[2] ».

L'administration managérialisée, dévalorisée, diffuse ainsi une nouvelle conception de l'État, non pas un État qui a disparu, bien au contraire, mais un État qui imposera sa domination aux fins de transfuser dans l'ordre social le modèle néolibéral précité, et ce au service de quelques uns : il y là une sorte de réhabilitation de l'analyse marxiste. Un tel modèle s'oppose frontalement à celui de l'Etat administratif, celui que l'on qualifiait sous l'Ancien Régime d'*État de finances*, mais aussi peut affecter la proposition solidariste qui avait conduit sans doute à l'élaboration d'un modèle qui avait permis de « *neutraliser le contraste violent qui opposait l'imaginaire politique moderne aux réalités de la société civile et marchande*[3] ».

Cela dit, la sortie de l'*État administratif* sera d'autant plus problématique, d'autant plus constitutive d'une crise lourde, qu'il est presque incongru dans un pays qui, comme le dit Pierre Legendre, a « inventé l'État administratif[4] », d'admettre qu'il puisse exister une autre forme d'État.

En réalité, la « perte » est celle de l'Etat pour tous, en même temps que monte en puissance l'État pour quelques-uns

CONCLUSION

La position d'une ENA singularisée par son projet initial devenait de moins en moins en phase avec la nouvelle conception de l'ordre social résultant de la diffusion du néolibéralisme. Par petites touches, elle a dès lors été transformée comme on vient d'essayer de le montrer sans que l'on mesure toujours l'importance des changements. Cette transformation est, paradoxalement, déjà très largement entamée par rapport à ce que fut l'École. Ses élèves ont été au premier rang pour prendre la mesure d'une évolution qu'ils ont souvent dénoncée. Depuis 1996, quasi systématiquement, les élèves font part de leurs doutes quant au contenu des enseignements, et le fonctionnement même de l'Ecole.

Sa « suppression » ne sera que la décision qui entérinera la profonde mutation qui l'avait transformée. L'évolution sera en quelque sorte parachevée : on va aussitôt, comme on l'a indiqué, la remplacer par « quelque chose d'autre » confirmant des orientations déjà largement prises. Frédéric Thiriez qui a en charge de faire des propositions en vue de cette mutation évoquait « *la possibilité de créer*

---

[1] Cité par G. THUILLIER, *op. cit.*, p. 245.

[2] C. FREMONT, in *Ena mensuel* sept-oct. 1995, *op. cit.*, p. 113

[3] J. DONZELOT, *L'invention du social,* éd. Seuil, 1994, p. 10.

[4] *Vues éparses. Entretien radiophonique avec Pierre Petit*, Mille et une nuits Fayard, 2009, p.63.

une école de tronc commun pour les futurs hauts fonctionnaires et la nécessité de développer la diversité dans le recrutement, en restant attaché à une sélection exigeante, fondée sur le mérite »[1].

Il est cependant un élément dont il ne faut pas mésestimer l'importance : le nouveau nom qui lui sera sans doute donné. Un tel changement n'est pas sans conséquences : « *les mots ne sont pas de simples étiquettes apposées sur les choses –dont l'ensemble ferait d'une langue un pur inventaire. Ce sont des sources de concepts, constitutives de catégories qui ne sont d'aucune manière inhérentes à la nature des choses*[2] ». Les termes qui formeront le nouveau nom seront probablement en phase avec les concepts que l'on souhaite mettre en avant, et ceux dont au contraire on souhaite éviter l'affichage. On peut dès lors se poser la question de savoir si on continuera à y trouver le terme « nationale », voire même le mot « administration ».

Enfin, comment ne pas relever le manque que va faire apparaître la disparition du bouc émissaire qu'elle était devenue : « on détecte de l'énarque partout, comme en d'autres temps les vieilles dames anglaises voyaient des socialistes jusque sous leurs lits[3] ». La fonction qu'elle jouait ici était incontestablement utile à la société permettant à celle-ci de canaliser l'agressivité collective et de se ressouder

Si les énarques vont enfin pouvoir souffler, en sera-t-il de même pour la société ? Car lorsqu'un bouc émissaire est terrassé, il faut vite en trouver un autre. Qui sera demain désigné comme tel ? Ne regrettera-t-on pas demain un bouc émissaire qui était devenu si commode ?

---

[1] *Le Figaro*, 17 mai 2019.
[2] G. TIMSIT, « L'administration au miroir des mots », in *A propos de l'administration française*, dir. F. GALLOUEDEC-GENUYS, préface de R. DENOIX DE SAINT MARC, La Documentation française, 1998, p. 209.
[3] P.- L. BLANC, *Le Figaro*, 27 juin 1995.

LA LUTTE CONTRE LA CORRUPTION TRANSNATIONALE EN AFRIQUE
LES TERMES D'UN COMBAT DIFFICILE

Dr. Odile TOGOLO

Enseignante à la faculté des Sciences juridiques et politiques,

Université deYaoundé II (Cameroun)

INTRODUCTION

Le partage des idéaux communs de paix, de prospérité et de développement de l'humanité a impulsé l'adoption des instruments juridiques (Conventions de l'OCDE en 1997[1], de l'ONU 2003[2] et de l'Union africaine en 2003[3] et bien d'autres[4]) en vue d'une bonne gouvernance mondiale. Ces conventions forment le premier palier de la bataille engagée contre le fléau aux effets très dévastateurs. Il en est suivi l'implantation des structures interrégionales de lutte[5] et des organes nationaux de contrôle et de répression[6]. Le déploiement de ces organes a conduit à des condamnations pénales et à des réparations civiles sans pour autant que cette gangrène planétaire recule dans les pays africains laissant l'apparence de résignation des victimes. Ce qui justifie le sous-titre « *les termes d'un combat difficile* ». Un combat auquel ont pris part activement les deux icônes du Droit public et des Finances publiques, MM. les Professeurs Eloi Diarra et Salifou Yonaba et qui aujourd'hui leur donne droit à la reconnaissance méritée de leurs pairs.

En effet, l'enracinement des sources du mal par-delà les frontières tend à donner un caractère symbolique aux initiatives nationales de lutte dans ce continent d'autant plus que « *sa capacité d'interaction avec la corruption nationale, a comme effet habituel l'intensification des deux formes de corruption*

---

[1]Convention de l'OCDE sur la lutte contre la corruption d'agents publics étrangers sur les transactions commerciales internationales du 21 novembre 1997.

[2] Résolution 58/4 de l'Assemblée générale du 31 octobre 2003, Convention des Nations Unies contre la corruption.

[3]Convention de l'Union africaine sur la prévention et la lutte contre la corruption du 11 juillet 2003.

[4]Convention interaméricaine contre la corruption du 29 mars 1996 ; Convention pénale du Conseil de l'Europe sur la corruption du 4 novembre 1998 ; Convention civile du Conseil de l'Europe sur la corruption du 4 novembre 1999 ; Convention de l'OCDE sur les agents publics étrangers dans les transactions commerciales internationales du 21 novembre 2002…

[5]Le document de travail de l'Office des Nations Unies pour la Drogue et le Crime pour l'Afrique de l'Ouest et du Centre présente les différentes initiatives mises sur pied individuellement ou collectivement dans la sous-région concernée. https://www.unodc.org/westandcentralafrica/fr/unodc-west-and-central-africa-anti-corruption-news.html, consulté le 12/06/2019.

[6]Au Cameroun, on mentionnera à propos la Commission nationale anticorruption (CONAC), l'Agence nationale d'investigation financière (ANIF) et le Tribunal criminel spécial (TCS).

et une plus grande difficulté à engager des réformes »[1]. En 2010, M. Ernest Harsch révélait qu'« *au Bénin, au Mali et dans plusieurs autres pays ces dernières années, les tribunaux qui jugent d'anciens fonctionnaires corrompus ont mis à jour les preuves manifestes d'une collusion étrangère, mais les personnes impliquées se trouvaient hors de portée des juridictions nationales* »[2]. C'est la preuve de l'impuissance des pays africains à capturer et à abattre cette pieuvre ainsi que ses multiples tentacules que sont le blanchiment des capitaux, l'enrichissement illicite, les détournements de deniers publics, le crime organisé, etc. De plus en plus, la commande publique de biens et services à l'étranger est émaillée d'actes répréhensibles comme les rétrocommissions, les marchés publics fictifs ou conclus de gré à gré avec des firmes multinationales, les sociétés écrans, la surfacturation, etc. L'ampleur du mal demande que l'on continue et surtout qu'on redouble d'efforts dans ce combat de longue haleine. Il faut bien et il est même indispensable de combattre ce « *mal insidieux aux effets aussi multiples que délétères* »[3]. L'éradication complète de la corruption est hors de portée humaine. La raison en est qu'elle est un instrument de gouvernement en adoucissant des positions par trop radicales et que par ailleurs les plus intelligents y tirent sérieusement avantage par l'accumulation des biens qu'elle permet. La fortune favorise la création et la mobilité des classes sociales et autorise même aux nouveaux riches de convoiter le pouvoir politique à divers échelons. Mais sa nocivité dans les pays africains est telle qu'il est crucial de la marginaliser sensiblement, de la réduire à sa plus simple expression afin de limiter ses effets nuisibles qui les rendent à peine gouvernables. Dans cette démarche, doit être incluse celle qui franchit les limites d'un seul Etat et déploie son emprise à l'échelle internationale[4].

Cette dernière est restée pendant longtemps un concept abstrait, et donc une menace sous-estimée alors que ses conséquences sont si néfastes au plan socio-économique en Afrique. Non seulement elle asphyxie les économies du continent, mais encore elle entraîne la redistribution inégale des ressources publiques en facilitant la fraude fiscale et la fuite des capitaux dont les revenus dégagés vont paradoxalement renflouer les caisses des trésors des pays nantis. Pendant ce temps, la légitimité et la crédibilité de l'action publique se trouvent écornées ; l'immobilisme et l'inertie s'accroissent et plombent le système de gouvernance ; l'irresponsabilité institutionnalisée et l'impunité règnent en maître ; à la fin

[1]UNECA, *Chapitre 4 – La dimension internationale de la corruption* », consulté le 17/06/2019 https://www.uneca.org/sites/default/files/PublicationFiles/agriv_fre_chap4.pdf

[2] E. HARSCH, « L'Afrique s'attaque à la corruption ». Consulté le juin 20, 2019, sur Afrique re-lance.ONU.corruption.htm : www//un.org.french/ecosocdev.geninfo/afrec/vol11n°1/july97fr.htm.

[3] K. ANNAN, « Avant-propos », *Convention des Nations Unies sur la corruption*, Office des Nations Unies contre la Drogue et le crime, Vienne 2004.

[4] RSCIRONNE., « Mécanismes de reproduction des mafias. Evidences à partir de l'expérience italienne », *in* M. Kokoreff, M. Péraldi, M. Weinberger (Dir.), *Economies criminelles et mondes urbains*, , Paris, PUF, coll. Sciences sociales et sociétés, p. 155.

s'installe l'instabilité politique qui plonge plus la population dans le désarroi et la misère absolue. Bref, la corruption est dévastatrice pour les économies faibles et met en péril les Etats qui peinent à jouer leur rôle de régulation. C'est un élément perturbateur du mouvement réformateur de l'Etat visant à asseoir une gouvernance démocratique.

La poursuite du combat va donc de soi et doit reposer sur un diagnostic des obstacles qui heurtent son opérationnalisation et sans lequel il est difficile que les outils juridiques atteignent les cibles. Les causes de l'impuissance des pays africains face à ce mal sont à rechercher entre, d'un côté, leur non-engagement ferme et l'inadéquation des moyens qu'ils utilisent et, de l'autre, la puissance et la ruse des acteurs externes pour affaiblir amplement les initiatives nationales. De là se déduisent leurs caractères interne, externe, humain et technique qui découlent autant du milieu corruptif très agressif et malfaisant qui neutralise la puissance publique interne (I) que de la complexité du fait corruptif qui contrarie l'application des outils juridiques (II).

I – LA PUISSANCE PUBLIQUE INTERNE NEUTRALISEE PAR L'AGRESSIVITE ET LA MALFAISANCE DES ACTEURS DE LA CORRUPTION

La neutralisation de l'Etat procède de l'idée que la corruption est « *une carence de la gouvernance, un résultat d'un dysfonctionnement des institutions de l'État dû à une mauvaise gouvernance* »[1]. Celle-ci est « *une menace pour la prééminence du droit* » ; elle « *compromet le bon fonctionnement des institutions publiques et détourne l'action des pouvoirs publics de son but, qui est de satisfaire l'intérêt général. Elle perturbe le processus législatif, porte atteinte aux principes de légalité et de sécurité juridique, introduit une part d'arbitraire dans le processus décisionnel et a un effet dévastateur sur les droits de l'homme. La corruption mine par ailleurs la confiance des citoyens dans les institutions.* »[2] La définition de l'ONU de la corruption transnationale est une synthèse de la mal gouvernance[3]. Ce désordre créé et entretenu par la corruption facilite la conquête des positions dominantes (A) qui permettent de contrôler le pouvoir dans toutes ses dimensions dans une entité donnée (B).

---

[1]PNUD, Note de Pratique : *Intégration de la Lutte contre la Corruption dans le Développement*, Décembre 2008, p. 7. www.undp.org/content/dam/undp/library/ consulté le 17 juin 2019.

[2] REPS M. Assemblée parlementaire, « La corruption : une menace pour la prééminence du droit », *Rapport*, 2013. Consulté le 30 juillet 2019 sur http://www.assembly.coe.int/CommitteeDocs/2013/NYFf/C4/B1nalpressfjdoc1F.pdf

[3]Résolution 58/4 de l'Assemblée générale du 31 octobre 2003 Convention des Nations Unies contre la corruption : La corruption comme un ensemble d'« actes… commis intentionnellement, au fait de promettre, d'offrir ou d'accorder à un agent public étranger ou à un fonctionnaire d'une organisation internationale publique, directement ou indirectement, un avantage indu, pour lui-même ou pour une autre personne ou entité, afin qu'il accomplisse ou s'abstienne d'accomplir un acte dans l'exercice de ses fonctions officielles, en vue d'obtenir ou de conserver un marché ou un autre avantage indu en liaison avec des activités de commerce international.

A – La corruption, instrument de conquête des positions de domination

L'ambition des protagonistes externes et internes est si démesurée qu'ils mettent en œuvre des moyens aussi importants que variés pour que rien ne résiste à leur action d'exploitation des richesses et de conquête du pouvoir dans un Etat à tous les niveaux. L'absence de résistance tient au fait que la corruption transnationale est l'un des véhicules du libéralisme et du néo-libéralisme qui sont le lit de la puissance et de la domination des grandes puissances. La corruption aidant, l'Afrique est considérée comme une terre conquise par le capitalisme ambiant dont les méfaits sont incommensurables.

1- L'Afrique, une terre acquise au capitalisme par la corruption

Depuis la traite négrière au XVème siècle, la corruption et ses ersatz ont trouvé un terrain de prédilection en Afrique sans force de riposte. La décolonisation de façade des années 1960 a même eu à l'accentuer en ce qu'elle doit demeurer là où les grandes puissances *via* leurs firmes transnationales viennent s'approvisionner continuellement en matières premières à moindre coût et sans contrôle. C'est sans surprise donc que « *les tyrans sont des amis, que la France a placés au pouvoir et dont elle protège la fortune et l'influence par de vastes réseaux de corruption ; en échange ils veillent sur les intérêts et les ressources des entreprises françaises venues creuser le sol.* »[1] En présence d'un tel pacte, relever le défi de la corruption transnationale est une remise en cause radicale du fonctionnement du monde fait de rapports inégaux et intéressés. Les Etats qui tirent grand bénéfice de ce système ne feraient sous aucun prétexte des concessions qui risqueraient de changer la situation en donnant aux pays africains un pouvoir de décision. Au contraire, ils se complaisent de leur précarité multiforme qui permet de secouer l'artifice qui met en mouvement la grosse machine de l'assistance technique et financière derrière laquelle se trouve une main experte des exactions. La démarche de ses prédateurs est si bien pensée pour que demeure le *statu quo* par verrouillage du système des relations internationales. Dès lors les instruments juridiques n'ont qu'une rigueur apparente puisque les Africains n'ont pas voix au chapitre dans le concert des nations même quand il s'agit de la défense de leurs intérêts. Ainsi « *les Zones CFA ont toujours été représentées par la France chaque première semaine du Mois d'Octobre de chaque année de la conférence internationale sur les monnaies* »[2]. A ce sujet, aucune objection n'a jamais été formulée par les « *puissances démocratiques* » pour non-respect des principes de démocratie, de droit des peuples à disposer d'eux-mêmes ou des droits de l'homme. Par contre, ils instrumentalisent à souhait ces principes pour mieux asservir les pays africains, ce qui du reste « *conforte les tenants d'un ordre social fermé et qui légitime leurs*

---

[1] E. JOLY, *La force qui nous manque*, Paris, Arènes, 2007, p. 129.

[2] Association Oeil D'Afrik, « Franc CFA : lettre ouverte d'un intellectuel Burkinabé à Alassane OUATTARA », *in CameroonWeb*, *Opinions of Monday, 18 February 2019*, consulté le 9 juillet 2019. www.camerounweb.com/CameroonHomePage/features/Franc-CFA-lettre-ouverte-d-un-intellectuel-Burkinab-Alassane-OUATTARA-456566.

pratiques déviantes (rentes sur les importations, fuite de capitaux), entravant toute perspective d'accumulation endogène. »[1] La corruption des esprits dont il question est pire que le don matériel évaluable par un instrument de mesure quelconque.

La corruption est l'arme la plus douce mais la plus puissante pour étouffer toute résistance tant que celle-ci n'obstrue pas sérieusement l'accès aux ressources convoitées ; la violence ne venant qu'à la rescousse pour briser une forte résistance ou accélérer le processus. En la matière, « *les positions ont sans doute varié, les techniques de camouflage se sont sophistiquées, mais le système est là* »[2]. Un phénomène insaisissable en raison de « *sa "polyvalence", c'est-à-dire sa faculté d'intervention dans les domaines les plus divers* »[3]. Son ambivalence fait qu'elle peut être la cause ou la conséquence de l'acte posé : « *plutôt que de parler de causes, il nous a paru plus opportun d'employer une notion floue, celle de « facilitateur » puisque les causes et les conséquences interagissent*[4] ». Certes la corruption a fait son lit dans le commerce international, mais elle a le don d'ubiquité, car elle n'est jamais un acte isolé. Elle s'accomplit toujours dans un vaste réseau d'infractions juxtaposées et entremêlées dont les formes génériques principales sont : « *les pots-de-vin et commissions occultes (ainsi que paiements de facilitation, cadeaux et frais de représentation, recours à des intermédiaires), le conflit d'intérêt, la fraude, les prélèvements illicites, le courtage en information illégal, la criminalité organisée et le blanchiment d'argent* »[5]. L'interaction de ces infractions entre elles est si réelle qu'on trouve dans tous les instruments juridiques qui réglementent l'une d'elles des expressions « *infractions annexes, connexes ou assimilées* ». Ces fléaux s'entourent toujours d'un ensemble d'activités illicites qui sont mal appréhendées par la loi comme le népotisme, le favoritisme, le trafic d'influence, l'exercice de monopole et la collusion d'intérêts. Bref, l'enchevêtrement de ces formes de criminalité qui entretiennent de liens réciproques est tel que le crime organisé est le terme le plus approprié pour les caractériser dans leur globalité[6].

---

[1]P. JACQUEMOT, « Kako Nubukpo, Martial Ze Belinga, Bruno Tinel, Demba Moussa Dembele (dir.). Sortir l'Afrique de la servitude monétaire. À qui profite le franc CFA ? *in* Afrique contemporaine 2016/3 (N° 259), pp. 181-185 Mis en ligne le 26/09/2017, consulté 31 juillet 2019 https://doi.org/10.3917/afco.259.0181.

[2] E. JOLY, *La force qui nous manque*, Paris, Arènes, 2007, p. 129.

[3] P. LALIVE, *Ordre Public Transnational (ou Réellement International) Et Arbitrage International. Rev.d. Arb.* 1986, consulté 29 juillet 2019, pp 329 et s. New York : www.trans-lex.org/125600.

[4] L. DARTIGUES ; E. de LESCURE, « La corruption, de l'« économie de bazar » au bazar de l'économie ? » *in Monnayer le pouvoir*, Blundo G. (Dir), *Cahiers de l'IUED*, publié le 30 novembre 2016, consulté le 31 juillet 2019. https://books.openedition.org/iheid/2642?lang=fr p. 315-344

[5] B-M. BAILEY, *La lutte contre la corruption - Guide d'introduction*. Québec : Agence canadienne de développement international.

[6] Z. MOULAYE, *Rapport de synthèse, « Réflexions sur la criminalité transfrontalière en Afrique de l'Ouest - le rôle des parlements »*, Abidjan, Côte d'Ivoire: DCAF; FAS, Pour lui, le

La force de la corruption provient essentiellement de la subtilité des méthodes et procédés qu'elle utilise. Ainsi, la diplomatie du cadeau permet à l'Etat corrupteur non seulement d'avoir son mot à dire dans le fonctionnement de l'Etat corrompu, mais aussi et surtout de faciliter la pénétration de ses entreprises pour s'emparer des marchés juteux. En effet, la prévalence des intérêts marchands a changé le sens des visites des chefs d'Etat et des présents concédés qui jadis relevaient plus des règles de bienséance et qui, à partir des années 1970, servent plus à nouer des relations commerciales. Ainsi, ses entreprises peuvent y écouler librement leurs produits, y exploiter des ressources naturelles et pour celles qui y exercent déjà, d'y consolider leur place. C'est pour dire que comme entre les Etats il n'existe que des intérêts, les dons et autres aides octroyés créent plutôt à l'égard du bénéficiaire une dette morale qui se transforme en devoir de conscience et d'honneur impliquant une obligation de réciprocité. Ces prétendues « aides » sont nécessaires en Afrique qui demeure un continent « utile »[1] pour leurs firmes transnationales. Or qui paie dirige ; qui paie commande ; qui finance dicte comment il faut marcher ! Par conséquent, « *tout ce beau monde a intérêt à ce que rien, jamais, ne stimule ni les institutions ni l'économie des pays* »[2] africains. Tel est le dilemme de l'Union africaine qui fonctionne plus avec les finances externes et ne peut se mouvoir utilement pour atteindre son objet au risque de heurter les intérêts de ses bailleurs de fonds européens et chinois[3]. Ce serait une extravagance de la part du « bienfaiteur » de financer ce qui ne lui rapporte rien ! Ainsi les firmes multinationales peuvent se targuer de faire et de défaire les gouvernements, de placer et de déposer les chefs d'Etats en Afrique[4] pour ne maintenir au pouvoir que ceux qui garantissent leurs intérêts.

La religion revêt une autre dimension de la corruption qui endort les esprits depuis la colonisation contrairement à l'usage de la force qui irrite et amène souvent à la révolte des opprimés. Elle joue ici plus que jamais à fond son rôle d'opium du peuple, notamment dans ses assises renouvelées que sont les sectes et les églises de réveil. Ces dernières procurent aux personnes désemparées de la société de consommation du réconfort à leur mal de vivre en leur promettant le bonheur éternel moyennant la spoliation de leurs maigres biens. Leurs

---

crime organisé se manifeste en Afrique de l'Ouest sous diverses formes : vol à main armée, trafic de véhicules volés, contrebande de cigarette, ou d'alcool, trafic de drogue, trafic illicite des armes, traite humaine, trafic illicite de diamant, corruption, délinquance financière et, plus récemment, cybercriminalité, piraterie et terrorisme, etc.

[1] J.-C. SERVANT, « Ambivalences du commerce Sud-Sud - La Chine à l'assaut du marché africain », *in Le Monde diplomatique*, mai 2005.

[2] E. JOLY, *in La force qui nous manque*, Paris, Arènes, 2007, p. 129.

[3] Les cas du président Laurent Gbagbo et du guide libyen Mouammar Kadhafi relèvent encore d'actualité. Les foyers de tensions créés un peu partout en Afrique en témoignent à suffisance : Mali, Centrafrique, République démocratique du Congo (RDC) ; Boko Haram autour du Bassin du Lac Tchad, ambazoniens dans le Sud-Ouest et le Nord-Ouest du Cameroun... Des groupes appuyés par de mercenaires qui circulent d'un pays à l'autre partout où il y a des tensions.

[4] O. BLAMANGIN, « Castel, l'empire qui fait trinquer l'Afrique », *in Le Monde diplomatique*, n° 165 Juin-juillet 2019, p. 30 et s.

« gourous » font partie de ces individus que le pouvoir laisse faire pour amasser une fortune insolente afin d'entretenir les masses populaires dans la crainte de Dieu et de créer en elles un désintérêt total pour la chose publique. Dans les loges prévaut « *le principe de solidarité, ...ce principe fondateur a pu parfois servir à la création de réseaux affairistes, à la protection de corrupteurs ou de corrompus, à la défense de personnages douteux.* »[1] En effet, leur organisation en réseaux avec des relais locaux et des ramifications extérieures bien structurées crée une solidarité et une proximité entre les membres de la phratrie qui se consentent mutuellement des avantages matériels et immatériels. Il en résulte des « mécanismes de mutualisation des bénéfices de la corruption, rendant totalement inefficaces les procédures de contrôle »[2] et la répression.

Par l'entremise de la culture, la corruption y trouve également un support avec en arrière-plan l'espionnage. Dans les sociétés et associations culturelles, « *les fonctionnaires du renseignement... deviennent des contractuels* »[3] afin de pénétrer les secrets enfouis dans les traditions et le savoir-faire ancestraux. Par-là même, il devient très facile de manœuvrer les individus qui sont par essence malléables *via* les échanges culturels, l'organisation et la participation aux festivals intercontinentaux. Dans les chefferies traditionnelles camerounaises du Nord et de l'Ouest, les expatriés sont élevés au rang des dignitaires des cours royales au prix de quelques babioles là où le Camerounais non-initié n'a pas accès même pour cause de recherche scientifique. Ces différents cas permettent de mesurer les dégâts de la corruption dans la société.

2- Les conséquences de la corruption transnationale en Afrique

On ne le dira jamais assez, l'Afrique demeure cette terre où les pays du Nord et leurs firmes viennent défendre leurs intérêts faisant du bien-être collectif des nationaux, non pas une valeur en soi, mais une conséquence inattendue de choix intéressés. La capacité financière acquise par la corruption génère, en effet, un pouvoir discrétionnaire qui permet d'imposer sa volonté à tout moment et en tout lieu ; concède des passe-droits grâce à son pouvoir d'achat illimité qui atteint les consciences. C'est pourquoi « *beaucoup sont devenus riches avec des pots-de vin et ont acquis une influence plus que par leur travail, et que la loi ne nous protège pas de ces individus mais qu'elle les protège (quant) à eux...* »[4] Ainsi en Afrique les fortunes colossales se constituent en un laps de temps avec des biens publics : outre les agents publics richissimes, les « *hommes d'affaires* » très fortunés sont en majorité ceux qui gagnent les marchés publics, ne paient pas les impôts et taxes ou blanchissent l'argent de la corruption et de détournement de deniers publics. Il

---

[1] A. BAUER, « Les secrets maçonniques », *in Transparence et secret, Pouvoirs*, n ° 97, p. 95.

[2]E. LAVALLEE, M. RAZAFINDRAKOTO & F. ROUBAUD, « Ce qui engendre la corruption : une analyse microéconomique sur données africaines », in *Revue d'économie du développement*, vol. 18, n° 3, 2010, pp. 5-47.

[3] O. VALLEE, « Elf, le pétrole et la corruption », *in Le Monde diplomatique*, n° 165, Juin-juillet 2019, p. 12.

[4] Ces propos qui datent de 1920 sont ceux du philosophe Ayn Rand.

en résulte « *l'incapacité pour l'ensemble du système de direction et d'ordre à s'attacher à la loyauté et à poursuivre une vision du bien commun* ».[1] Et l'Afrique se trouve démunie face au mondialisme soutenu par l'économie marchande qui impose ses vues et valeurs à l'ensemble de la planète. L'économie régissant le pays et non la politique, les firmes transnationales ont mains libres pour réaliser leurs ambitions.

En toute vérité, la corruption est une pression intelligente et construite pour soumettre et réduire les plus faibles à la pauvreté et à la violence. L'hémorragie financière qu'elle suscite en Afrique est à la mesure de la ruse utilisée pour vicier à la base les gros contrats portant sur les armements, les travaux publics, les équipements industriels et autres prestations de services. Les dommages occasionnés dépassent largement le montant des commissions en jeu qui se chiffrent par milliards de F CFA au-delà des détournements des ressources publiques vers des emplois sans rapport avec l'intérêt général[2]. La pauvreté ambiante qui, en dérive, suscite l'émigration des forces vives des nations africaines à la recherche d'un bien-être imaginé dans les pays riches. Une fois de plus, l'Afrique est vidée de son potentiel humain : beaucoup de candidats au voyage étant décimés dans les océans ou transformés en esclaves en cours de route pendant que les plus qualifiés accroissent le phénomène de l'exode des cerveaux.

La corruption participe également des boucheries humaines et de la propagation des maladies endémiques lorsque les agents publics véreux acceptent moyennant finance l'entrée sur le territoire national des produits pharmaceutiques et des biens de grande consommation altérés ; quand ils sont complices des rébellions armées et des actes terroristes à travers des milices qu'ils forment et entretiennent. Des actions de destruction bien planifiées à l'avance à laquelle une population affamée et violentée ne saurait opposer une quelconque force.

Ces divers maléfices anéantissent effectivement leur capacité de riposte de surcroit dans un « *processus d'imbrication croissante entre le pouvoir économique et le pouvoir politique, qui mène à la confusion voire à la fusion des deux pouvoirs, et où les sociétés transnationales bénéficient dans leurs activités du soutien actif et serviable des gouvernements d'une poignée de pays riches qui*

---

[1] M. JOHNSTON, « Le contrôle de la corruption aux États-Unis : la législation, les valeurs et les fondements politiques de la réforme », *in RISA*, p. 7 P. 347 à 365 https://www.cairn.info/revue-internationale-des-sciences-administratives.htm Mis en ligne sur Cairn.info le 02/07/2012, consulté le 15/06/2019.

[2] Il s'agit de toutes sortes de ressources humaines, matérielles et financières, voire le pouvoir. Ce qui est sanctionné aussi bien par le juge pénal que par le Conseil de discipline budgétaire et financière et le juge financier. Ces deux derniers répriment comme la faute de gestion prévue par la loi de 1974 (art. 3 j) et (art. 6 h), « utilisation à des fins personnelles des agents ou des biens de l'État et des collectivités publiques lorsque ces avantages n'ont pas été accordés par les lois et règlements ». De nombreuses décisions de ces institutions s'y rapportent, Cf. O. Togolo, *Les fautes de gestions dans le secteur public au Cameroun*, Pais, Mare & Martin, 2019, 383 pages.

représentent et partagent leurs intérêts »[1]. D'où les concessions d'exploitation des ressources naturelles contre nature à des compagnies étrangères sans foi ni loi, lesquelles sont du reste les moins offrants en termes de prix. Cette faiblesse se trouve accentuée par la position de complices, « facilitateurs » ou sous-traitants du crime organisé de leurs technocrates qui préparent les dossiers d'acceptation et d'agrément. L'exploitation anarchique des richesses naturelles, qui en découle, viole allègrement les normes écologiques (pollution de l'environnement, déforestation) et du travail décent (absence de contrat, salaires très bas, absence de sécurité, licenciement abusif, l'échec des procès contre les employeurs). Les contentieux engagés sur les travaux mal exécutés ou des chantiers abandonnés trouvent difficilement issue en faveur du pouvoir. La majorité des contrats de marché public conclus sur place par des étrangers comporte souvent une clause de juridiction étrangère en cas de litige. Les mêmes agents qui préparent ces contrats léonins représentent aussi leur Etat aux procès à l'extérieur, une façon de s'octroyer des vacances aux frais du contribuable. Outre les frais de séjour, le suivi de ces procès en soi est une poche de dépenses importantes liées aux honoraires très élevés des conseils alors que les chances de gagner la cause sont très minimes.

La perte du procès procède très souvent de l'idée qu'au Nord prime la maxime "la nation d'abord '', expliquant l'attitude du « *parquet de Nanterre, qui se gardait bien d'ouvrir des enquêtes* »[2] dans l'affaire Elf. Cette sagesse politique contraste avec l'égocentrisme des gestionnaires des micro-Etats créés de toutes pièces, réunissant iniquement en leur sein plusieurs ethnies qui restent des foyers latents de tension tribale exacerbés de l'extérieur dans l'optique de diviser pour mieux régner. Le laisser-faire devient alors un moyen d'étouffer les tensions amenant à une sorte de division de travail qui fait croire que tel peuple est plus doué pour telle activité que d'autres conduisant à la radicalisation des positions. La corruption qui anime cette démarche de déconstruction de ces pseudos Etats est aussi à la base des rivalités sournoises qui scandent les travaux de l'Union Africaine marqués par l'absence d'une vision commune pour régler les grands problèmes qui les minent isolément ou collectivement. La volonté hégémonique des uns fait qu'ils vont toujours en rangs dispersés pour signer les conventions internationales sans se soucier de leur application harmonieuse. Le désordre qui y est inhérent a déplacé le centre de décision des pays africains vers le Nord.

B– Les Etats africains contrôlés de l'extérieur

Ce contrôle, voire la direction des pays africains est la résultante de la puissance des uns et de l'égoïsme des autres de la chaîne de corruption qui ne peuvent aboutir qu'à la désolation. Si les corrupteurs extérieurs mettent en œuvre des moyens suffisants pour que rien ne résiste à leur sollicitation, les nationaux

---

[1] CETIM. Les sociétés transnationales et les droits de l'homme. 12 Juillet 2010. Consulté le 12 Juillet 2019, *in CETIM - Interventions - Codes de conduite, Commerce international, ONU, Sociétés transnationales* : www.CETIM.

[2] E. JOLY, *in La force qui nous manque*, Paris, Arènes, 2007, p. 131.

corrompus, quant à eux, ne se soucient que de leurs intérêts individuels au détriment des enjeux d'une saine gestion de leurs pays. Cette collusion d'intérêts impulsée de l'extérieur et ficelée de l'intérieur annihile la capacité de réaction du pouvoir face aux carences politico-sociales qui vident son action de toute efficacité.

1- Le manque de conscience des Africains des enjeux d'une saine gestion

Par leur intelligence, les acteurs externes savent s'adjoindre les services des hommes influents sur place. Ces derniers par leur égoïsme, leur inconscience, leur insouciance, voire leur négligence se posent en « facilitateurs » pour capter des retombées à titre personnel qui sont d'ailleurs de loin très faibles par comparaison aux gains qu'engrangent des étrangers pour eux-mêmes et pour leurs pays. Leur égocentrisme les rend sourds-muets aux attentes d'un Etat-nation en construction qui réclame l'apport de tous ses fils dans l'intérêt général tant dans le service public que dans le service privé en collectivité. Le sens du service pour le bien commun étant absorbé par l'ambition personnelle d'accéder à la gloire. Pour cela, les nationaux ne peuvent qu'intensifier l'action des expatriés en scellant avec eux des alliances stratégiques afin d'exploiter davantage à leur compte les différences législatives, économiques et culturelles. Ainsi à défaut « *de savants montages financiers pour échapper à la fiscalité* » avec la complicité des technocrates, des alliances sont tissées avec les autorités publiques moyennant des parts sociales dans ces sociétés étrangères. Confirmation faite : « *on ne construit pas un tel empire sans une grande proximité avec les dirigeants et chefs d'État des pays d'implantation* »[1]. Pourtant, les bénéfices amassés sont rapatriés à l'étranger et alimentent copieusement leurs trésors publics au prix d'une main d'œuvre sous rémunérée et sans protection sociale sur place pendant que l'adaptation de la corruption aux contextes locaux « *capte les budgets* » sous forme de dépenses budgétaires et fiscales. Cependant une part de ces bénéfices est recyclée sur place dans le secteur informel à titre de dividendes et de prébendes distribuées aux réseaux clientélistes. Dans un système où l'acte notarié et le permis de bâtir n'existent que dans l'esprit de la loi, les transactions immobilières y trouvent une source de financement infaillible. La tontine un autre point de chute qui noie dans l'abîme les traces de blanchiment d'argent en tant qu'« *une conséquence incontournable de la corruption* »[2]. Dans ces conditions, les instruments juridiques ne peuvent qu'être inopérants.

En réalité, le cadre légal et institutionnel ne participe du contrôle de la corruption que lorsque la vitalité du processus politique peut jouer un rôle important dans la société permettant à ce que les incompétents puissent être évincés à la défaite électorale. La menace des élections crédibles et transparentes

---

[1] O. BLAMANGIN, « Castel, l'empire qui fait trinquer l'Afrique », *in Le Monde diplomatique*, n° 165 Juin-juillet 2019, p. 30.

[2] N. PONS, « Corruption, mode d'emploi », *in* Géoéconomie 2013/3 (n° 66), p. 207 à 222.

pouvant ainsi décourager « *les abus de pouvoir et (...) assurer la redevabilité* »[1] des agents publics. On objectera que ces avantages peuvent être en grande partie symboliques, mais ils ne doivent pas être sous-estimés dans le cadre de la création et du maintien de la loyauté envers un système d'ordre et des valeurs politiques dans un pays.

Des valeurs qui cadrent avec les idéaux de l'ONU comme la solidarité, la paix, l'autodétermination des peuples, l'intangibilité des frontières des pays issus de la décolonisation, l'environnement et le développement. Paradoxalement, sous le fallacieux prétexte de réaliser ces idéaux, les pays puissants s'en servent comme des procédés de préservation de leurs intérêts égoïstes au titre du droit d'ingérence humanitaire, des droits de l'homme, de la démocratie, des dons et aides conditionnés, des décorations qui sont des véritables véhicules de la grande corruption et des infractions connexes comme le trafic d'influence. En fait, l'exercice de ces droits, tout comme l'accomplissement des œuvres caritatives, s'accompagne toujours de l'activité de renseignement au profit des Etats et des firmes transnationales allant jusqu'à « *l'appropriation qu'elle soit formellement légale ou illégale des connaissances ancestrales, techniques et scientifiques qui sont par nature sociales* »[2]. Une philanthropie cynique donc, les babioles servies participent plus du marketing de l'entreprise ou de l'Etat donateur. Dans le sillage, se mesure la force de la corruption à travers le silence des médias qui sont tenus de garder un discours correct à l'égard des multinationales pour ne pas compromettre leurs investissements et ne retrouvent leur liberté d'expression que lorsque le mal est fait. Ce qui contraste avec leur audace des années 1980 par laquelle ils se sont positionnés comme un quatrième pouvoir.

La victoire sur la corruption recèle des enjeux essentiels pour la sauvegarde de l'authenticité de la société africaine et de son évolution. Il faut bien empêcher sa mutation en neutralisant l'action du pouvoir et celle de la société civile dont dépend en partie le succès. Cela par la mise en œuvre de l'énorme capacité financière dont disposent les acteurs de la corruption qui leur confère une influence politique diffuse mais très puissante : « *la puissance étant la capacité d'imposer psychologiquement et matériellement ses normes* »[3]. C'est une main invisible qui agit dans tous les segments de la société, cela dès la conception des textes qui posent les règles de gouvernance, qu'ils les tournent en leur faveur. De la sorte, le texte final se trouve truffé de vides et des ambiguïtés qui sont des passoires d'évasion juridique que du reste leurs conseils manipulent à souhait en cas de contentieux afin de se faufiler entre les mailles du droit[4]. Action sur les

---

[1] L'ENCYCLOPÉDIE ACE : *Intégrité électorale*, 2013, p. 12, consulté 03 août 2019, sur http://recef.org/wp-content/uploads/ACE-Integrite-electorale-2013.pd

[2] CETIM, *op. cit.* 2010.

[3] B. BARRAUD, *Théories du droit et pluralisme juridique*, T. II, 2016, p. 20, consulté le 05 août 2019 https://hal.archives-ouvertes.fr/hal-01412963/document.

[4] Est assez illustrative la prescription quinquennale des fautes de gestion introduite au Cameroun aux articles 89 (6) et 90 (5) du régime financier de l'Etat et des autres entités publiques du 11 juillet 2018 (loi n°11/2018) suite à l'adaptation de la directive CEMAC n°

textes et également sur les institutions donnant un sens réel à l'idée d'inféodation de la justice et des organes de contrôle au pouvoir exécutif par crainte de l'émergence d'une véritable puissance concertée ayant un pouvoir supérieur de contrôle des affaires publiques sous le double plan administratif et juridictionnel[1]. En conséquence, les contrôles et les sanctions sont dénués de rigueur dans un système sans moyens. Leur insuffisance qualitative et quantitative est souvent rattachée à la contrainte budgétaire qui, dans bien des cas, est plus supposée que réelle : les crédits alloués étant détournés à des fins personnelles. S'y ajoute la négligence de certaines modalités du contrôle administratif à l'instar de l'audit dont le rôle est de prévenir les déficits de gestion que toute entité publique ou privée est souvent exposée et d'y remédier à temps. De cette façon, les emplois sont sauvegardés et, par ricochet, le paiement de l'impôt est assuré et les subventions aux entreprises publiques moribondes limitées.

2- La capacité de réaction des Etats africains muselée de l'intérieur

Dans un système de gestion érodé par la corruption, on ne sert pas l'Etat ou la collectivité, mais on se sert de celui-ci ou de celle-ci pour tirer des avantages personnels indus. Le positionnement politique et économique devient un objectif à atteindre à tout prix. Ce qui justifie les adhésions sans conviction de nombreux individus au parti au pouvoir. L'objectif principal est de pénétrer les cercles de décision et se hisser au sommet de l'échelle. A partir de là, on est sûr de contrôler tous les segments du pouvoir par infiltration des institutions de souveraineté en y faisant nommer des hommes à sa solde. Des hommes parfois aux parcours professionnels douteux et/ou aux capacités techniques sans rapport avec le profil du poste occupé accentuant les carences de la bureaucratie.

Le sous-financement des politiques publiques résultant du fait corruptif ne permet de satisfaire qu'au rabais les attentes du public déjà très immenses. Il est notoire que « *les gouvernements au sein desquels la corruption est plus élevée, auraient tendance à dépenser moins en santé et en éducation et plus en investissements publics, où la concurrence est moins importante et les transactions plus difficiles à surveiller.*[2] » Les réactions de cynisme qui peuvent s'ensuivre comme les rébellions détruisent les réalisations passées, anéantissent efforts présents et compromettent les perspectives de mutation du pays. En vérité, l'échec de gouvernance coûte cher à un pays en termes d'arrêt et de perturbation

---

01/11-UEAC-190-CM-22 du 19 décembre 2011 relative aux lois de finances. C'est un moyen supplémentaire qui vient s'ajouter à l'impunité des prédateurs de la fortune publique pour l'accroître davantage.

[1] La constitution déclare certes la justice comme un pouvoir à part entière, mais la réalité est autre chose. Par exemple pour le contrôle au Cameroun, les ministères en charge de la Défense nationale incluant la gendarmerie, du Contrôle supérieur de l'Etat et la Délégation générale à la Sureté nationale sont rattachés à la Présidence de la République dont ils reçoivent des instructions. Il en est de même des organes de lutte contre la corruption et le blanchiment d'argent comme la CONAC et l'ANIF.

[2] C. ARZON, T. HAFSI, « L'évaluation des stratégies de lutte contre la corruption, *in Revue française de gestion,* 2007/6 (n° 175

de la création des richesses, de traumatisme de la population en proie à la souffrance, à la misère et qui finalement perd sa capacité de réflexion et d'action au travail. Ce qui participe des faibles performances économiques en tant que produit de l'inertie des agents publics.

La corruption réduit sérieusement les investissements en raison des tracasseries administratives qu'elle amplifie, car pas d'intérêt pas d'action. Mais certains auteurs font objection à cette assertion par comparaison aux pays de l'Asie du Sud-Est aussi corrompus que les nôtres et peut-être plus, et concluent que « *les pays africains ont des caractéristiques socio-culturelles ...influençant dans une large mesure le processus de développement économique du continent.* »[1] Le livre d'Axelle Kabou revêt une portée singulière : *Et si l'Afrique refusait le développement ?*[2] Le résultat en est la vulnérabilité et la non-crédibilité à l'intérieur et à l'extérieur.

La reconstitution d'un tel Etat demande beaucoup de fonds que l'on trouve de surcroît auprès des bailleurs externes et dont l'octroi est soumis aux conditions exorbitantes donnant priorité au remboursement tout en suggérant la réforme de l'Etat. Des flux d'argent desdits prêts ne parviennent à destination qu'à concurrence de 20%, les 80% servant à acheter sur place le matériel et les équipements pour exécuter des marchés publics gagnés par les ressortissants des pays prêteurs[3]. Les 20 % restants sont répartis entre les dépenses somptuaires des administrations, les marchés fictifs, des livraisons surfacturées et les investissements. Les fonds ainsi détournés sont blanchis sur place dans l'immobilier et le commerce d'alimentation quand ils ne retournent pas dans les pays prêteurs sous forme de dépôt bancaire et même d'investissements productifs. Les prédateurs nationaux sont accueillis à bras ouverts comme des réfugiés politiques au moindre soupçon de prévarication par leurs complices externes[4]. Pendant ce temps, le pays, placé sous-perfusion du FMI, doit rembourser en priorité la dette et le service de la dette toujours croissant. Le contrat faisant la loi des parties, les tribunaux nationaux sont pris au dépourvu et leur quasi-impuissance s'accroit avec la complexité du phénomène de corruption.

II– LA MISE ŒUVRE DES OUTILS JURIDIQUES CONTRARIEE PAR LA COMPLEXITE DU PHENOMENE DE CORRUPTION

Ce qui précède montre que les voies de contrôle et de répression sont obstruées par les manœuvres des acteurs de la corruption. Pourtant, les prescriptions conventionnelles sont de véritables obligations de résultat « *prévenir, éradiquer* » ou de comportement « *incriminer les actes, adopter de nouvelles lois, faciliter la*

[1] G. ATTILA, *Corruption, fiscalité et croissance économique dans les pays en développement*. Sciences de l'Homme et Société. Université d'Auvergne - Clermont-Ferrand I, 2007. Français. Fftel00486440ff, p. 19.

[2] A. KABOU, *Et si l'Afrique refusait le développement ?* Paris, L'Harmattan 1992, 208 p.

[3] Les propos d'un ancien responsable de la Caisse autonome d'amortissement du Cameroun.

[4] Le cas Dieudonné Ambassa Zang, un ancien député en cavale en France, est assez édifiant. Il suffit d'ouvrir le net pour voir le nombre d'écrits qui lui sont consacrés.

coopération ». C'est bien le vocabulaire de lutte contre une calamité qui menace l'ordre public. Leur énonciation parait si aisée comme si la force des mots induisait instantanément les résultats. Force est de reconnaître toutefois que *« la mondialisation accélérée non seulement offre d'occasions de maximiser les profits lucratifs grâce aux mouvements généralisés de nouveaux capitaux mais encore elle réduit les capacités à imposer des sanctions* »[1]. Les obstacles érigés par la complexité du phénomène de corruption (A) trouvent leur expression la plus achevée dans le traitement de la preuve (B).

A- Les obstacles liés à la complexité du phénomène de corruption

L'absence d'une certaine plénitude dans l'application des modalités juridiques que sont le contrôle et la répression tient à la complexité qui « *peut s'avérer compromettante dans le fonctionnement des institutions* »[2]. Si le contrôle peut se suffire isolément, il est un complément indispensable à la répression qui n'est pas facile à exercer. Ce qui crée une double responsabilité administrative et pénale qui accroit la gêne que l'on éprouve pour déterminer la nature de la corruption pour pouvoir la sanctionner.

1- La difficile répression de l'acte de corruption

D'entrée de jeu, les conventions internationales relatives à la corruption donnent pleine compétence à l'Etat pour déterminer l'infraction[3]. Le transfert de compétence à l'Etat va de soi puisque ladite infraction est commise ou susceptible de l'être dans un territoire souverain, et à lui d'y conférer une qualification suivant ses sensibilités. La qualification dépend de la charge émotionnelle que l'Etat veut donner à l'acte corruptif entraînant son inscription soit dans la constitution soit dans une loi ordinaire et en dépend aussi sa qualification d'infraction pénale ou de faute de gestion en ce que l'acte est commis dans l'exercice d'un service public ou privé en détournant l'action de l'intérêt général pour un gain individuel.

La sollicitation des Etats par les conventions pour adapter la répression de la corruption au contexte est révélatrice de l'esprit du droit international qui cherche toujours à se concilier avec la souveraineté des Etats qui admet difficilement la contrainte extérieure, qui plus est, là où le réalisme financier prime sur le reste, la répression pénale reflétant en principe les choix d'une société. En matière conventionnelle l'acceptation des Etats est conditionnelle eu égard aux nombreuses clauses de réserve qui vident parfois le traité de sa substance. La condition d'un certain nombre de signatures pour l'entrée en vigueur est un

---

[1] B. BAILEY cite DOIG & THEOBALD, *Corruption and Democratization.*

[2] D.- Y. EFAGON, *La réforme des juridictions des comptes dans l'espace CEMAC*, L'Harmattan – Cameroun, 2018, p. 187.

[3] A cet effet, l'article 15 de la Convention de Mérida énonce que « chaque État Partie adopte les mesures législatives et autres nécessaires pour conférer le caractère d'infraction pénale, lorsque les actes ont été commis intentionnellement... » La Convention de l'Union africaine recommande que « les infractions relevant de la compétence de la présente Convention sont réputées définies dans les lois nationales des Etats parties… » (art. 15.2).

blocage supplémentaire. Souvent au moment où le *quantum* est atteint, la convention peut se révéler désuète nécessitant d'y ajouter des avenants pour être exploitable[1]. Nombreuses sont d'ailleurs des conventions internationales qui ne sont signées que par quelques pays périphériques et ne sont jamais ratifiées par les initiateurs qui sont pourtant au cœur de la mobilisation. L'une des conséquences est l'existence des législations disparates et des jurisprudences diversifiées sans qu'il soit possible de les harmoniser par manque d'une autorité désignée à cet effet.

Mais, l'œuvre législative aussi bien agencée soit-elle est souvent contrariée par le capitalisme ambiant qui véhicule la corruption. Ses deux piliers que sont le matérialisme et le militarisme affaiblissent énormément le pouvoir local et anéantissent l'audace des organes de contrôle et de répression. Encore faut-il au pouvoir découvrir l'acte illicite. La corruption est un accord dénommé « *pacte de corruption* » entre le corrompu et le corrupteur. La seule existence de cet accord est constitutive de l'infraction comme émanation de l'intention de violer la loi sans qu'il y ait besoin de s'attacher à sa matérialisation. Déceler ce pacte n'est pas aisé parce qu'il s'agit de mettre au grand jour des pratiques occultes des acteurs du capitalisme, elle est néanmoins indispensable pour établir le lien de causalité entre l'action ou l'abstention attendue du corrompu en contrepartie du bien reçu du corrupteur. La contrepartie peut profiter tant au corrompu qu'à ses proches et prendre, en dehors des flux financiers, des formes en nature comme le logement gratuit, l'offre de voyage d'agrément à l'étranger, le prêt sans intérêt, la réduction d'un prix d'achat, le bénéfice d'un travail non-rémunéré, etc.

Comme pour toute sanction pénale, l'office du législateur est lié par les principes d'utilité et de justice qui ressortent de l'article 3 de la Convention OCDE : « *la corruption d'un agent public étranger doit être passible de sanctions pénales efficaces, proportionnées et dissuasives.* » Il est libre de « *fixer comme il lui convient la nature (emprisonnement, amende...), le type (peines principales, accessoires et complémentaires) et le quantum des sanctions pénales encourues* »[2]. Le principe d'utilité s'exprime à travers l'efficacité de la sanction qui renvoie à l'idée de précision et de clarté dans la définition des infractions afin d'éviter l'arbitraire. Il est renforcé par l'idée de dissuasion comme résultat de la rigueur des sanctions afin de prévenir la récidive. Quant au principe de justice, il se déduit naturellement de la proportionnalité des peines qui suivant la gravité de l'infraction, se matérialise généralement par la trilogie contravention-délit-crime qui ici est réduit au binôme délit-crime au choix de chaque Etat. La proportionnalité de la sanction qui y est sous-jacente s'incarne dans l'échelle légale de peines comprenant un plancher et un plafond : le condamné a droit à une

[1] Pour plus de précisions, cf. P. Daillier et A. Pellet, *Droit public international*, LGDJ, 1999, pp. 74-75.
[2] A. MINKOA SHE, *Droits de l'homme et droit pénal au Cameroun.* Paris, Economica, 1999.

peine qui soit juste, prononcée selon les règles et principes d'une procédure équitable.

En s'intéressant à la variation de la qualification de l'infraction de corruption dans les conventions, elle n'est pas non plus de nature à créer une certaine quiétude. Dans la Convention de l'ONU, l'expression de « *produit du crime* » revient très souvent. L'utilisation du mot crime comme complément d'objet direct cependant laisse interrogatif. Son utilisation est-elle faite à dessein pour montrer la gravité du fléau pour pouvoir le classer dans la criminalité organisée ou bien il s'agit d'une véritable qualification de l'acte au sens du droit pénal ? En droit international, la gravité de l'infraction entraine toujours la qualification de crime[1] pouvant conduire à la compétence de la Cour d'assises ou du grand jury selon les Etats. Par contre, la Convention de l'Union africaine est plus explicite : « *les infractions relevant de la compétence de la présente Convention sont réputées définies dans les lois nationales des Etats parties comme des délits donnant lieu à extradition* » (art.15.2). Par cette énonciation, la compétence des Etats membres est liée par la qualification de délit qui induit la compétence du tribunal correctionnel et écarte celle de la Cour d'Assise et juridictions assimilées. Dans ces conditions, lorsque la corruption est connexe aux détournements de fonds publics ou *vice versa*, la législation camerounaise sur le tribunal criminel spécial[2] n'est pas en conformité avec la Convention de l'UA si l'adjectif criminel suggère exclusivement le crime. C'est une juridiction d'exception qui juge la criminalité économique et financière lorsque le préjudice évalué est supérieur ou égal à 50 millions de francs CFA. Encore que le montant du préjudice n'est jamais le critère de détermination de la nature de l'infraction. C'est dans cette confusion sans unité de conception que se fonde donc tout le système répressif de la corruption transnationale.

2- Le fait corruptif entre répression administrative et répression pénale

Cette approche qui aboutit au cumul des procédures et des sanctions aux dépens du principe *non bis in idem* a été initiée par le Conseil de l'Europe à sa 101ème session tenue le 6 novembre 1997. A l'occasion son Comité de ministres a adopté la Résolution (97)24 portant vingt Principes directeurs de lutte contre la corruption. La double répression dérive des prévisions du Principe 17 qui recommande aux Etats de s'« *assurer que leur droit civil tient compte de la nécessité de lutter contre la corruption et prévoit, en particulier, des recours efficaces pour ceux dont les droits et intérêts sont affectés par celle-ci* » et le principe 19 prône l'établissement « *des liens éventuels avec la criminalité organisée et le blanchiment d'argent* »[3]. Pendant longtemps le crime organisé était considéré comme « *un problème local de corruption politico-policière* » que « *dans les années 70, les débats associaient au thème de la menace des groupes*

---

[1] Daillier ; Pellet, 1999

[2] Loi n° 2011/028 du 14 décembre 2011 portant création d'un Tribunal Criminel Spécial.

[3]Conseil Europe, consulté le 16 juillet 2019.

criminels étrangers (alien conspiracy) celui de l'offre de biens et services illégaux »[1]. En fait, il s'agit d'un terme générique qui englobe des actes illicites découlant des infractions à caractère économique, financier et politique.

Pour cela, la pratique est confrontée au double problème de frontière. La responsabilité pénale et civile où se greffe très souvent la responsabilité politique dans la mesure où les dirigeants politiques sont fréquemment mêlés (parlementaires, ministres et chef de l'exécutif). Comme infraction pénale, le choix de la qualification s'opère entre le délit et le crime selon que l'Etat veut aggraver ou non l'illicéité. Ainsi, certains pays du Plan d'action d'Istanbul ont défini la corruption comme un délit spécifique dans leur législation anticorruption et dans leur droit pénal. En revanche, la Convention des Nations unies parle de crime à ses articles 2, 31 et 55. En pratique, à cause des définitions par trop générales de la corruption, « *très peu de poursuites ou de condamnations ont donc eu lieu pour ces infractions* »[2]. On peut y voir aussi une manière de minimiser cette infraction aux effets asphyxiants pour les économies pauvres.

Au titre de la responsabilité extra-judiciaire, la même Convention des Nations Unies annonce à son article 12.4 que « *chaque État Partie refuse la déductibilité fiscale des dépenses qui constituent des pots-de-vin* ». La non-déductibilité fiscale est une sanction administrative qui peut exister par elle-même, car il « *n'est pas subordonné à l'ouverture d'une enquête par les autorités répressives ou à l'introduction d'une action en justice* »[3]. Les procédures disciplinaires appropriées peuvent également s'ensuivre afin de répondre, entre autres, aux violations à tous les niveaux de l'entité publique ou privée des lois anticorruption et du programme ou des mesures de déontologie et de conformité de celle-ci relativement à la corruption transnationale. Ces procédures sont celles des fautes de service, les sanctions s'appliquent isolément ou cumulativement.

La conscience de l'exceptionnelle difficulté de sanctionner l'infraction de corruption fait basculer vers la prévention qui suppose les descentes régulières sur le terrain pour contrôler les actes de transaction afin de limiter la commission des infractions. Le contrôle assure un double rôle de prévention et de préparation des actes de répression. Dans ces conditions, les protagonistes n'ont aucun intérêt à ce que l'une ou l'autre voie de lutte puisse prospérer au risque de voir leur entreprise criminelle ébranlée ou affaiblie. Sans surprise donc que l'application de ces outils soit faite *a minima* volontairement ou involontairement dans la mesure où la complexité du phénomène dresse un mur d'obstacles à peine franchissable. Jusque-là, les outils juridiques (lois, règlements, contrôles externes

---

[1] T. GODEFROY, « La mobilisation contre le crime organisé entre criminalités ordinaires et capitalisme clandestin », *in Economies criminelles et mondes urbains*, M. KOKOREFF, M. PERALDI, M. WEINBERGER (D°), Paris, PUF, coll. Sciences sociales et sociétés, pp. 89-90.

[2] OCDE, *Corruption - Glossaires des normes pénales internationales*, 2008, p. 24.

[3] OCDE, *Convention sur la lutte contre la corruption d'agents publics étrangers dans les transactions commerciales internationales et documents annexes*. Consulté le 23 juillet 2019, sur OCDE : www.OEDC.org

et internes) sont toujours considérés comme décisifs dans la prévention et la répression des maux de la bureaucratie légale et rationnelle. Mais ils ne sont déterminants qu'autant qu'il existe une réelle volonté politique qui dépasse de loin les moyens des services matériels mis en œuvre aussi colossaux soient-ils pour combattre ces déficiences.

La volonté politique joue un rôle de premier ordre et son absence plombe la mise en vigueur des outils de contrôle des fortunes afin de connaitre le rythme d'accroissement de la richesse des particuliers et par-là même prévenir l'enrichissement illicite. Les modalités les plus en vue au Cameroun étant d'une part la déclaration des biens des personnalités publiques et dirigeants des grandes entreprises (art. 66 constitution)[1] et, d'autre part la vérification de la situation fiscale d'ensemble qui concerne tous les résidents (art. L 12 LPF)[2]. La réticence des autorités tient au fait que la mise en œuvre de ces types de contrôle risque de déclencher la procédure judiciaire pour enrichissement illicite ou pour biens mal acquis, deux infractions qui sont connexes à la corruption et pour lesquelles la sanction est garantie. L'enrichissement illicite étant « *une augmentation substantielle du patrimoine d'un agent public que celui-ci ne peut raisonnablement justifier par rapport à ses revenus légitimes* » (art. 20 Convention NU) ou plus généralement « *l'augmentation substantielle des biens d'un agent public ou de toute autre personne que celui-ci ne peut justifier au regard de ses revenus* » (art. 1er Convention UA). Contrairement à de nombreux pays africains[3], ce n'est qu'en 2018 sous contrainte du FMI en vue de la conclusion de l'accord triennal pour le redressement de l'économie nationale, qu'une loi camerounaise aborde pour la première fois l'enrichissement illicite du patrimoine et renvoie comme à l'accoutumée à une loi ultérieure pour définir les infractions et les sanctions y relatives[4]. Il faut en convenir, le dilatoire inhérent au vote d'une loi d'application et à sa mise en vigueur n'est qu'une question de temps : la sanction s'exprimera tôt ou tard avec toute la rigueur nécessaire pourvu qu'on puisse prouver l'infraction.

---

[1] La même exigence est reprise à l'article 51 de la loi n° 2018/11 du 11 juillet 2018 portant code de transparence et de bonne gouvernance dans la gestion des finances publiques.

[2] Cf. nos réflexions antérieures à ces sujets. O. TOGOLO, *Les fautes de gestion dans le secteur public au Cameroun*, Paris, Mare & Martin, 2019, p. 242 et s. *Administration fiscale et ressources humaines en Afrique subsaharienne – Le cas du Cameroun*, Villeneuve d'Ascq, Presse universitaire du septentrion, 1997, pp. 307 et s.

[3] Sénégal, loi n°81-53 créant la Cour de répression de l'enrichissement illicite et loi n° 81-54 du 10 juillet relative à la répression de l'enrichissement illicite ; Mali, loi n° 82-39/AN-RM du 26 mars 1982 portant répression du crime d'enrichissement illicite (art. 2) ; Niger, Ordonnance du juillet 1992 portant répression de l'enrichissement illicite confirmé par la constitution du 26 décembre 1992 (art. 5 et 32) ; Gabon, loi N°002/2003 du 7 mai 2003 instituant un régime de prévention et de répression de l'enrichissement illicite en République gabonaise ; Burundi, loi n° 1/05/ du 22 avril 2009 portant révision du code pénal burundais (art.1), *in* B.O.B, n° 4 bis/2009...

[4] Article 51 (2) de la loi du 11 juillet 2018 portant code de transparence et de bonne gouvernance dans la gestion des finances publiques.

B- Le traitement de la preuve de la corruption transnationale

Les difficultés de sanctionner la corruption, « *en tant qu'infraction occulte*[1] », tiennent particulièrement au droit de la preuve. Le pacte entre le corrupteur et le corrompu est si bien scellé qu'il laisse rarement traîner une trace. Le flagrant délit n'existant qu'en cas de délation ou de piège, la remise du bien visiblement par le corrupteur au corrompu n'induit pas forcément un acte corruptif. De plus les infractions déjà commises sont peu susceptibles d'être reproduites, ce qui conduit inévitablement à l'abandon des poursuites. Ainsi, avoir la preuve de la corruption n'est pas facile de même qu'administrer celle-ci.

1- La recherche de la preuve de corruption internationale

D'emblée, la lutte contre la corruption ne doit pas prendre l'allure d'une inquisition avec des procédures abusives susceptibles de nuire aux principes fondateurs d'une économie libérale et de la libre entreprise. C'est dans ce cadre bien tracé que la police judiciaire, comme le juge, doit exercer sa mission d'identification des actes de corruption pour recueillir et réunir les preuves suffisantes pour mettre en œuvre la procédure judiciaire, administrative ou disciplinaire. En pratique, « *le juge saisi d'un recours en annulation d'une sentence donnant effet à un contrat obtenu par corruption, recherche en droit et en fait tous les éléments permettant de se prononcer sur l'illicéité alléguée du contrat et apprécie si la reconnaissance ou l'exécution de la sentence viole de manière effective et concrète l'ordre public international.* »[2] L'absence de l'illicéité et la non-violation de l'ordre juridique international impose la relaxe sauf fait nouveau rendant possible le réexamen de l'affaire sans certitude d'une issue heureuse.

Les investigations criminelles, en elles-mêmes, sont soumises aux contraintes légales, voire constitutionnelles dont le non-respect peut empêcher l'utilisation de l'information obtenue contre les coupables dans tout procès ultérieur[3]. C'est l'application du principe de la non-admission de la preuve clandestine « *qui serait une violation flagrante de l'égalité des parties* »[4]. Le fardeau de la preuve étant plus élevé en droit pénal que dans d'autres branches du droit, il s'avère que les preuves matérielles des agissements délictueux peuvent être suffisantes comme le train de vie ostentatoire et se révéler insuffisantes pour une condamnation pénale.

---

[1] G.-F. RANAIVOSON, propos d'un magistrat malgache rapporté dans un journal au sujet d'un litige foncier porté devant un tribunal de grande instance pour corruption et favoritisme, in *L'express Madagascar*, 16 août 2016, consulté le 25 juillet 2019, https://lexpress.mg/16/08/2016/corruption-la-question-des-preuves-paralyse-la-justice.

[2] CA Paris, P. 1, ch. 1, 4 nov. 2014, no 13/10256, Man Diesel & Turbo France c/ Al Maimana General Trading Company, M. Acquaviva.

[3] ONUDC, *Programme mondial la lutte contre la corruption*. Vienne septembre 2004, p.10

[4] P. LALIVE, *Ordre Public Transnational (ou Réellement International) Et Arbitrage International. Rev.d.Arb.* 1986, consulté 29 juillet 2019, pp 329 et s. sur New York : www.trans-lex.org/125600.

De manière unanime les magistrats interviewés déclarent que « *l'infraction dans les affaires de corruption est très difficile à détecter* »[1] en raison de ses formes très variées. En effet, « *de nombreux contrats peuvent être utilisés pour la cacher (contrat de commission, d'agence, de courtage, de conseil...)* »[2] Autrement dit, il « *est souvent difficile d'établir l'existence d'une opération de corruption ou d'un contrat de ''pots-de-vin''* »[3], car sont mis en jeu aussi bien les objets que les capacités techniques pour que rien ne puisse filtrer. Cela est palpable dans « *la corruption professionnalisée, cette corruption latente reste assez discrète, les montages étant souvent accompagnés d'intrigues comptables qui se mêlent, rendant l'ensemble incompréhensible et faisant perdre le fil des indices et des preuves. Bien que les indicateurs soient présents, la preuve est toujours difficile à établir, elle l'est d'autant plus que des pare-feu sont systématiquement installés à des fins de protection.* »[4] Dans ces conditions, la coopération judiciaire est de nature à accroitre les chances d'élucider la difficulté.

La mutualisation de l'assistance dans les enquêtes et procédures est prévue dans toutes les conventions. En outre, d'autres instruments juridiques peuvent s'appliquer dès lors qu'ils bénéficient d'un consensus assez large dans la Société internationale des commerçants et des Etats.[5] Contrairement à ce qui est connu en droit conventionnel, ce domaine constitue une véritable exception en matière de coopération interétatique dans la mesure où INTERPOL s'implique suffisamment dans le combat. A cet effet, il a déjà eu à rédiger un *Recueil des meilleures façons de procéder* destiné à aider les services chargés d'enquêter sur les affaires de corruption[6]. Il a fait de la corruption un de ses domaines de criminalité prioritaires en 2007[7]. Le besoin d'atteindre une plus grande efficacité en la matière a nécessité que *« l'ONUDC et INTERPOL renforcent leur action commune contre le crime*

---

[1] K. AOUDIA, « La preuve de la corruption est difficile à détecter par le juge » Le Temps d'Algérie, 10 février 2010, consulté 25 juillet 2029 sur https://www.djazairess.com/fr/letemps/32038

[2] Au pays de l'informel, donner une enveloppe d'argent à quelqu'un dans son lieu de service peut être justifié de mille façons : le messager qui apporte le gain de son tour de tontine, une aide financière pour la belle-mère ou à l'oncle malade, sa contribution à l'action des élites du village...

[3] N. LIGNEUL, « L'arbitrage et la lutte contre la corruption », *RJOI*, 2017 – n° 24, p. 72.

[4] N. PONS, « Corruption, mode d'emploi », *in Géoéconomie,* 2013/3 (n° 66), p. 207 à 222.

[5] Il s'agit notamment de la Convention de La Haye de 1965 relative à la signification et la notification à l'étranger des actes judiciaires et extrajudiciaires en matière civile ou commerciale ; de la Convention de La Haye de 1970 sur l'obtention de preuves à l'étranger en matière civile et commerciale…

[6] Les thèmes abordés se rapportent aux stratégies et les structures de lutte anticorruption, aux enquêtes par infiltration, aux dispositifs et techniques utilisés, à la protection des témoins, à la législation anticorruption, à la prévention, à la formation et la sensibilisation. Au cours de son Assemblée générale tenue au Cameroun en septembre 2002, il a défini et adopté les normes universelles visant à lutter contre la corruption au sein des forces/services de police.

[7] INTERPOL, *Fiche Pratique, Recouvrement des avoirs volés*, consulté le 29 juillet 2019, COMS/FS/2017-02/ACO-01

et le terrorisme »[1]. Par ailleurs, le droit conventionnel encourage les parties impliquées dans une infraction à se dévoiler et à fournir des preuves en contrepartie d'une immunité de poursuite[2]. En Lituanie, « *les infractions de corruption étant réputées difficiles à poursuivre en justice, d'autres infractions ou dispositions sont invoquées, en particulier celle qui concerne l'abus de fonction qui figure dans le même chapitre que les infractions de corruption..., car le niveau de la preuve requise est beaucoup moins élevé* »[3]. Cette solution alternative est appréciable en ce qu'elle permet d'eviter le déni de justice et l'impunité en présence des faits délictueux.

2- L'administration de la preuve de la corruption transnationale

L'absence de la loi ou son insuffisance en l'espèce peut être palliée par les conventions internationales et même par le raisonnement par analogie comme on vient de le voir dans le cas de la Lituanie pour faire régner le droit. Cela à la seule condition que la preuve des faits délictueux soit rapportée sinon le doute profite à l'accusé et impose la relaxe pure et simple. En principe, l'existence d'une loi établissant l'infraction ne suffit pas pour sanctionner, le juge doit s'assurer en plus de la réalité de l'élément matériel et de l'élément intentionnel de l'infraction. Là se trouve la pierre d'achoppement quand il faut traquer physiquement la corruption, débusquer la chaîne des acteurs et réunir les preuves indispensables pour les confondre. Estime-t-on, « *la preuve des éléments matériels des infractions à caractère économique, surtout la corruption, est l'une des plus difficiles à apporter, car elle demande des moyens les plus souvent sophistiqués et coûteux qui ne sont pas disponibles pour la majorité des pays en voie de développement.* »[4] Est donc très illustratif de la situation ce titre très évocateur d'un journal : « *Corruption : La question des preuves paralyse la justice* »[5]. Le problème se complique encore du fait de son imbrication avec plusieurs autres infractions à l'instar de l'abus de fonction, de l'escroquerie, du délit d'enrichissement illicite qu'il convient aussi de démontrer. Concernant le dernier délit qui a été institué pour sanctionner les personnes dont le niveau de vie est sans commune mesure avec leurs revenus légaux, le juge doit pouvoir établir un lien de causalité entre la corruption et l'énorme fortune de l'individu, voire toute forme de bénéfice matériel ou immatériel ayant ou non une valeur marchande évaluable

---

[1] ONUDC, C'est le titre d'un *Communiqué de presse* du 6 juin 2018, consulté 29 juillet 2019, www.unodc.org/unodc/fr/press/releases/2018/June/unodc-and-interpol-reinforce-joint-action-to-counter-crime--terrorism.html

[2] Toutes les conventions sur la corruption contiennent des dispositions allant dans ce sens.

[3] CONSEIL DE L'EUROPE *Rapport d'Evaluation sur la Lituanie*, 2 Juillet 2009, Consulté 29 juillet, 2019, GRECOEval3: www.conventions.coe.int/

[4] G. NDIRAKOBUCA, *De la répression de l'infraction d'enrichissement illicite en droit positif burundais*, Université Espoir d'Afrique - Licence en droit 2013, consulté le 29 juillet 2019 sur www.memoireonline.com/04/14/8805/m_De-la-repression-de-l-infraction-d-enrichissement-illicite-en-droit-positif-burundais4.html

[5] G.-F. RANAIVOSON, *in L'express Madagascar*, 16 août 2016, consulté le 25 juillet 2019 sur https://lexpress.mg/16/08/2016/corruption-la-question-des-preuves-paralyse-la-justice.

conformément à la notion d'avantage indu. Là, on mesure bien le caractère ambivalent de la corruption, cause et conséquence de ces autres infractions.

Le règne du droit exige que l'écueil soit surmonté à tout prix. La solution est trouvée dans le renversement de la preuve comme la particularité de ces types de délit. De la sorte, le fardeau de la preuve pèse sur le défendeur au détriment de deux principes directeurs que sont la présomption d'innocence et la bonne foi de l'accusé. Si la justice est souvent embarrassée, c'est parce que la personne soupçonnée d'avoir acquis illicitement des biens est en mesure de produire la preuve de leur origine licite alors que le manque de temps et d'expertise font parfois que le juge est démuni pour démonter le caractère licite excipé. Il arrive cependant que la mission du juge pénal soit facilitée par l'existence d'une décision administrative déclarant la faute de gestion qui établit l'origine illicite du bien. Sachant que « *le détournement ou l'abus de fonds publics par des fonctionnaires corrompus, l'exigence d'avantages indus par des fonctionnaires pour l'accomplissement de leurs tâches, et l'utilisation de fonds privés par des entreprises pour soudoyer des fonctionnaires, sont autant de formes de corruption* »[1]. Cette expertise externe est un grand atout pour le juge afin d'asseoir sa décision en toute connaissance de cause. Par conséquent, il faut comprendre le juge pénal camerounais qui la pose comme condition de son intervention au fond du litige dans de nombreuses affaires de détournement de deniers publics et de corruption[2].

Le renversement de la charge de la preuve témoigne de l'importance que l'on accorde du moins en théorie à la protection des intérêts fondamentaux de la société face au fléau de la corruption aux répercussions si négatives en particulier dans les pays pauvres où « *son adaptation aux contextes locaux fonde les politiques et capte les budgets* »[3]. Autrement dit, elle a pour effet de réduire les ressources publiques et sape à la base l'équilibre politique, social et économique de ces pays. Le besoin de simplification et la nécessité d'obtenir de résultats probants tendent donc à atténuer la rigueur des exigences liées à la charge de la preuve que le dispositif de l'article 44 (9) de la Convention des Nations Unies consacre formellement. Cette disposition rejoint la position des juristes non-puristes qui pensent qu'il ne revient pas à l'Etat d'établir la preuve d'un enrichissement illicite et que c'est plutôt à l'accusé de prouver son innocence en excipant, par exemple, que sa richesse est le fruit de son travail ou bien qu'elle provient d'un héritage reçu. Au reste, la preuve de sa bonne foi semble très malaisée au soutien de l'absence d'intention coupable pour celui qui affiche des

---

[1] INTERPOL, *Fiche Pratique, Recouvrement des avoirs volés*, consulté 29 juillet 2019, COMS/FS/2017-02/ACO-01.

[2] CS/CJ/Section pénale, arrêt n° 33/P du 23 octobre 2003 *Edzoa Titus et Atangana Michel Thierry* /c État du Cameroun ; Cour suprême-Chambre judiciaire/Section pénale, Arrêt n° 01P du 20 janvier 2011, Affaire *Abono Moampamb Paulin* et autres c/ MP et Commune de Yokadouma.

[3] T. GODEFROY, *op. cit.* p. 90.

signes extérieurs de richesse sans commune mesure avec des gains d'une activité réelle ou de sa position sociale initiale.

En définitive, le droit pénal permet d'intenter des poursuites non seulement lorsqu'il y a des preuves concrètes de corruption, mais également pour « *enrichissement illicite* », c'est-à-dire la possession de richesses et de revenus dont la provenance ne peut être retracée dans aucune activité licite. En droit civil par contre, le demandeur qui sollicite réparation doit prouver qu'il a subi un dommage, que le défendeur a agi de façon délibérée ou par négligence et qu'il y a un lien de causalité entre l'acte de corruption et le dommage. Entre les deux procédures, on attend beaucoup du juge pour définir le niveau de preuve susceptible de permettre de bâtir les éléments de définition de la corruption reposant sur des circonstances factuelles objectives.

CONCLUSION

Rouage de la criminalité transnationale, la corruption touche dans ses moindres détails notre vie quotidienne et l'affecte négativement. C'est pourquoi il est nécessaire de parvenir à l'idée qu'il ne faut ni encourager, ni tolérer les pratiques de corruption et de porter devant les tribunaux le plus grand nombre d'affaires possible. Ce qui demande une réelle volonté politique pour la combattre. Ainsi, les outils juridiques sont à relativiser dans la mesure où ils n'ont jamais jugulé un grand fléau en particulier, ni réglé une crise en général de surcroît dans un domaine où prédominent des enjeux économiques et politiques des grandes puissances. Ce d'autant plus que « *la gouvernance par objectifs plutôt que par la règle* » caractérise toujours la démarche de prédation en Afrique. Nous devons ouvrir une nouvelle ère, celle de l'action, car rien ne se gagne ni se construit dans la passivité et surtout dans la politique de victimisation. C'est au prix de l'action que l'Afrique gagnera la bataille de son développement et se frayera une place dans le concert des nations.

LA PROTECTION ET LA VALORISATION DU PATRIMOINE CULTUREL EN DROIT COMPARE

Alain Moyrand
Maître de Conférences de droit public
Arnaud de Raulin
Professeur de droit public

INTRODUCTION

« Migrance et mémoire : la nouvelle bataille de l'art »

Dans cette nouvelle « bataille de l'art » qui oppose plusieurs États occidentaux à certaines de leurs anciennes colonies, à propos de biens culturels détenus par les premiers et revendiqués par les seconds, l'idée d'un retour d'une partie de ces biens semble progresser, tout particulièrement pour ceux « mal acquis ».

Cette revendication d'un retour des biens culturels vers leur pays d'origine, c'est-à-dire là où ces biens ont été produits, se fonde bien évidemment d'abord sur une argumentation juridique : il y a lieu de restituer les « biens culturels mal acquis » puisque leurs légitimes propriétaires en ont été dépossédés illégalement. Mais, les protagonistes de cette « bataille de l'art » considèrent que ce débat relatif au retour des biens culturels ne saurait se limiter à de simples questions juridiques. En effet, au cœur de cette contestation, il convient de prendre aussi en considération ses dimensions morales, politiques, historiques, d'identité et de mémoire.

Ce faisant, cela élargit le champ des biens culturels à éventuellement transférer des États occidentaux vers leurs anciennes colonies. En effet, d'un point de vue strictement juridique, ne doivent être restitués que les biens acquis illégalement. Mais, si l'on se place sur un terrain plus idéologique, en se fondant sur la notion de mémoire, la réappropriation des biens par les États qui en ont été dépossédés, concerne aussi ceux qui n'ont pas été mal acquis.

De fait, cette notion de mémoire est transversale et bouscule les raisonnements qui jusqu'alors se limitaient à des considérations purement juridiques. C'est pourquoi, après avoir envisagé sur un plan juridique la problématique de la restitution des biens culturels mal acquis en France (I), nous examinerons ensuite la revendication des biens culturels en tant qu'enjeux mémoriels (II).

I- LA RESTITUTION DES BIENS CULTURELS MAL ACQUIS EN TANT QU'ENJEUX JURIDIQUES

Quels sont les mécanismes juridiques qu'il convient de mobiliser pour que l'État français puisse restituer les biens culturels mal acquis (B) ? La réponse à cette question commande au préalable que l'on détermine le champ d'application des biens culturels mal acquis concerné par les procédures de restitution (A).

A- LE CHAMP D'APPLICATION DES BIENS CULTURELS MAL ACQUIS ET LE DEVOIR DE RESTITUTION

Les biens culturels constituent une composante du « patrimoine[1] ». Alors que ce dernier englobe l'ensemble des biens, mobiliers ou immobiliers, présentant un intérêt historique, artistique, archéologique, esthétique, scientifique ou technique, la notion de « bien culturel » désigne des objets mobiliers par nature disposant de ces mêmes caractères.

Or, bien souvent, la détention de certains de ces biens culturels peut poser des problèmes juridiques et moraux car leur acquisition a pu être douteuse, expliquant alors que des actions en revendication, juridiques ou politiques, soient intentées par les autorités publiques des États d'où proviennent, à l'origine, ces biens. Ainsi, la question de la « restitution » de ces biens culturels « mal acquis » à leurs légitimes propriétaires est récurrente et aujourd'hui d'actualité, depuis que le Président de la République française Emmanuel Macron, lors d'un discours tenu à Ouagadougou le 28 novembre 2017, a clairement abordé cette question.

La restitution, qui signifie rendre un bien à son propriétaire légitime, postule que l'appropriation du bien repose sur un acte moralement et juridiquement répréhensible (vol, pillage, spoliation, etc.). En effet, il n'y a lieu à restitution que s'il est avéré que la propriété dont on s'est prévalu jusqu'alors (quelle qu'en soit la durée) est illégitime. Ce faisant, il ne peut s'agir que de restitution définitive et non pas temporaire (il ne s'agirait alors que d'un prêt) comme cela est parfois évoqué par certains rapports[2].

Or, un grand nombre de ces biens détenus par les États occidentaux, dont la France, ont été acquis à la suite d'événements violents tout simplement parce que ces États conquérants ont pu imposer leur force aux territoires envahis et soumis. D'ailleurs, jusqu'à la fin du XIXe siècle les biens ainsi captés font partie

---

[1] Art. 1er du code du patrimoine de l'État français : *« Le patrimoine s'entend, au sens du présent code, de l'ensemble des biens, immobiliers ou mobiliers, relevant de la propriété publique ou privée, qui présentent un intérêt historique, artistique, archéologique, esthétique, scientifique ou technique. »*

[2] Comme le font très justement observer F. SARR et B. SAVOY, *« l'expression « restitution temporaire » fonctionne à première vue comme un oxymore : elle peut laisser penser que les objets concernés seront restitués pour un temps seulement, c'est-à-dire que leur retour n'aura pas de caractère définitif »*, in *Restituer le patrimoine africain*, éditions : Philippe Rey et Seuil, 2018, p. 50.

du butin de guerre puisqu'il est permis de s'approprier ce qui a été pris sur l'ennemi. Il a fallu en effet attendre que la Convention internationale sur *les lois et coutumes de la guerre sur terre* du 29 juillet 1899 soit signée par 24 États pour que la pratique du pillage et la prise de biens culturels lors de campagnes militaires soient enfin déclarées illicites. Ce traité stipule expressément que *« la propriété privée ne peut être confisquée »* (article 46), que *« le pillage est formellement interdit »* (article 47) et que *« les biens des communes, ceux des établissements consacrés au culte, à la charité, à l'instruction, aux arts et aux sciences, même appartenant à l'État, seront traités comme la propriété privée. Toute saisie, destruction ou dégradation intentionnelle de semblables établissements, de monuments historiques, d'œuvres d'art et de science, est interdite et doit être poursuivie »* (article 56).

Cependant, même postérieurement à la ratification de cette convention internationale, de très nombreux biens culturels ont été mal acquis en raison de situations d'occupation ou d'administration coloniale. Ainsi parfois, la prise et le transfert d'objets d'art a certes pu résulter d'achats de pièces convoitées par l'État vainqueur en pays vaincu, mais il n'est pas certain que le vendeur ait vraiment eu le choix ni que le prix payé corresponde toujours à la valeur du bien.

Par ailleurs, au cours du XXe siècle, à partir de 1930, de nombreuses missions ethnographiques et linguistiques ont aussi été, dans les colonies, la source de transfert de biens culturels au profit de la France. Si le plus souvent les biens ont été achetés, il n'en demeure pas moins que certaines de ces transactions s'apparentent en réalité à *« des méthodes d'achats forcés, pour ne pas dire de réquisition*[1] *»*.

À la suite de l'accession à l'indépendance de nombreux États anciennement colonisés, la situation relative au transfert de biens culturels s'est améliorée. C'est ainsi que sous l'égide de l'Unesco, une convention concernant les mesures à prendre pour interdire et empêcher l'importation, l'exportation et le transfert de propriété illicites des biens culturels a été conclu en 1970... mais elle ne sera ratifiée par la France que vingt-sept ans plus tard, en 1997 ! Ce dispositif institue des mesures préventives destinées à empêcher les transferts illicites de biens culturels : inventaire, certificat d'exportation, mesures de contrôle et d'agrément des négociants de biens culturels, etc. Il prévoit aussi des procédures de restitution de biens culturels lorsque ceux-ci ont été mal acquis postérieurement à l'entrée en vigueur de la convention, à condition toutefois que l'État requérant verse une indemnité équitable à la personne qui est acquéreur de bonne foi et qui détient légalement la propriété de ce bien.

Il apparaît alors que la détermination du champ des biens culturels mal acquis n'est pas chose aisée pour de multiples raisons. Il en va ainsi tout d'abord

---

[1] M. LEIRIS, lettre à sa femme citée par F. SARR et B. SAVOY, *Restituer le patrimoine africain*, éditions : Philippe Rey et Seuil, 2018, page 98.

parce que les objets culturels mal acquis à une période où les conventions internationales protégeant ces mêmes biens n'avaient pas été conclues, sont exclus du champ de la restitution. Ensuite, parce que très souvent, il n'est pas possible d'affirmer si le bien a été acquis légalement ou dans des conditions douteuses. Or, en principe, le détenteur d'un bien est présumé le posséder de bonne foi (Cass. Civ..1, 4 avril 1991, aff. n° 89-18020) sauf à ce que l'État qui en revendique la légitime propriété puisse démontrer le contraire. Par ailleurs, ces biens culturels sont fréquemment entrés dans des collections privées rendant quasiment impossible leur identification. Tel est le cas par exemple, des biens culturels originaires de Polynésie française : *« il est probable,* note Anne Lavondès ingénieur de recherche à l'ORSTOM et ancienne conservatrice du musée de Tahiti et des îles, *que la plupart des objets polynésiens de valeur ont été acquis dans des ventes aux enchères ou dans des galeries d'art et font maintenant partie de collections privées : ces objets ont le plus souvent perdu toute histoire et il est parfois difficile de les identifier avec certitude*[1] *».* Enfin, parce que l'inventaire de l'ensemble des biens culturels, bien ou mal acquis, n'a pas toujours été effectué ou de manière parcellaire et que, partant, il n'est pas possible pour les États spoliés de pouvoir en revendiquer la restitution.

En considération de ces derniers éléments révélant les difficultés à établir le champ des biens culturels mal acquis, seule une petite partie de ces biens pourrait faire l'objet de restitution aux États qui, historiquement, en étaient les légitimes détenteurs. Cependant, rien n'empêche les États concernés (ceux qui revendiquent ces biens et ceux qui les possèdent illicitement) de s'entendre pour ne pas tenir compte de ces contraintes juridiques et temporelles afin d'envisager la restitution de biens culturels qui auraient été acquis même légalement, quelle qu'en soit l'époque, en raison du fait qu'ils possèdent une valeur historique et symbolique très importante pour leur propriétaire d'origine.

Enfin, avant d'envisager la question des mécanismes juridiques de la restitution des biens culturels mal acquis, on peut s'interroger sur l'intérêt ou la nécessité de satisfaire de telles revendications. En effet, concernant cette problématique, deux doctrines s'opposent.

D'un côté, les tenants d'une conception « universaliste » (avec en tête de file les plus grands musées occidentaux du monde), défendue par les pays hôtes et/ou les pays spoliateurs, se fondent sur la « primauté de l'objet » pour en revendiquer sa valeur universelle : ces biens feraient partie du patrimoine mondial de l'humanité… Dès lors, la protection et la conservation de ces œuvres ainsi que leur transmission aux générations futures sont affaire de tous les États, peu importe au final le pays où elles sont exposées. La revendication de ces biens culturels mal acquis et leur restitution n'a ainsi plus d'objet. Par ailleurs, s'ajoute à ces considérations la crainte qu'en cas de restitution, les pays

[1] « Les collections ethnographiques polynésiennes dans les musées français », *Nouvelles des Musées Classés et Contrôlés*, 1986, (10) p. 5-26.

d'origine n'auraient pas forcément les moyens ni les structures nécessaires pour protéger leurs œuvres… sans parler des hypothèses d'instabilité politique et de violence que connaissent certains de ces États, qui ne militent pas pour un retour de ces biens culturels vers ces derniers.

De l'autre côté, les États victimes de prédation de leurs biens culturels considèrent que ces mêmes objets sont l'émanation d'un peuple et les témoins directs de son histoire et de son identité. C'est pourquoi, nonobstant la valeur universelle que l'on veut bien attribuer à ces objets, leur retour dans leur patrimoine originaire s'impose avec la force de l'évidence pour que puisse prévaloir le principe de *« cohérence des patrimoines culturels reconstitués »*. Ainsi, les États privés de leurs biens culturels pourront, avec le retour de ceux-ci, bénéficier, d'une part, d'une réappropriation de leur identité et, d'autre part, du rayonnement de leur culture.

B- Les mécanismes juridiques de restitution des biens culturels mal acquis

Les biens culturels, quel que soit leur mode d'acquisition (licite ou illicite), bénéficient en principe du régime de la domanialité publique et ne peuvent être la propriété que des personnes publiques, au premier chef desquels figure l'État. En effet, tous les biens culturels, dès lors qu'ils peuvent être qualifiés de trésors nationaux[1], notamment les collections des musées de France, appartiennent au domaine public mobilier. Ce faisant, ils se voient appliquer les règles d'imprescriptibilité et d'inaliénabilité spécifiques au domaine public. D'ailleurs, s'agissant de biens meubles, cette protection contre les tiers est garantie d'une part, par l'imprescriptibilité de l'action en revendication des personnes publiques, et d'autre part, par l'invalidité de la prescription acquisitive pour les possesseurs de bonne foi (article 2276 du Code civil ; voir CE 21 juin 2018, n° 408822, Société Pierre Bergé et associés et autres, *DA* janvier 2019, n° 2, note Gweltaz Eveillard, p.31-36 ; *RFDA* 2018, p. 1057-1070, note Jean-François Giaccuzo).

Ainsi, ces biens bénéficient d'une protection optimale puisqu'ils sont indisponibles : il est interdit, en effet, aux personnes publiques de se défaire d'un bien appartenant au domaine public et par ailleurs, il est impossible que les personnes publiques soient dépossédées, à leur insu, de ces mêmes biens par des actions en prescription. Ce corpus juridique empêche la restitution des biens culturels mal acquis.

[1] Art. L 111-1 du code du patrimoine de l'Etat français – *« Sont des trésors nationaux : 1° Les biens appartenant aux collections des musées de France ; 2° Les archives publiques, au sens de l'article L. 211-4, ainsi que les biens classés comme archives historiques en application du livre II ; 3° Les biens classés au titre des monuments historiques en application du livre VI ; 4° Les autres biens faisant partie du domaine public mobilier, au sens de l'article L. 2112-1 du code général de la propriété des personnes publiques ; 5° Les autres biens présentant un intérêt majeur pour le patrimoine national au point de vue de l'histoire, de l'art ou de l'archéologie. »*

Cependant, ces mêmes principes (inaliénabilité et imprescriptibilité) qui se sont vus récemment décerner un brevet de constitutionnalité (Cons. const. 26 octobre 2018, n° 2018–473 QPC, Société Brimo de la Roussilhe ; *DA* janvier 2019, n° 3, p.36-40, note Fanny Grabias) n'ont qu'une valeur législative (Cons. const. 21 juillet 1994, n° 94-346 DC) et, dès lors, ce que le législateur a fait, le législateur peut donc le défaire c'est-à-dire qu'il lui est loisible d'assortir ces principes de dérogation. D'ailleurs, divers mécanismes juridiques sont venus atténuer la rigueur du principe d'inaliénabilité au point que certains en ont conclu que la règle d'inaliénabilité des collections publiques en droit français était d'une *« relative plasticité*[1] *»*.

Ainsi tout d'abord, certains biens culturels (pas nécessairement mal acquis) ont pu être restitués par le gouvernement français aux États qui en avaient été dépossédés, par la signature d'engagements internationaux. Le procédé juridique est plutôt lourd à mettre en œuvre, s'agissant de la restitution de quelques objets, mais juridiquement il est imparable puisqu'en vertu de l'article 55 de la Constitution française, les traités régulièrement ratifiés ont une valeur supérieure à celle des lois. L'engagement international peut donc contredire la loi sans que cela ne constitue une violation de l'ordre juridique français. Tel fut le cas de la restitution de manuscrits à la Corée du Sud en 1993 puis en 2010 : *« depuis la fin du XIXe siècle, la France est propriétaire d'un fonds documentaire coréen exceptionnel, les archives de l' Oegyujanggak, saisie à la suite d'une opération militaire menée en 1866 par des soldats français sur l'île de Kanghwa, en représailles contre la mise à mort de missionnaires français ayant pénétré illégalement le territoire coréen*[2] *»*.

Ensuite, à plusieurs reprises, des « biens » (en l'occurrence, des restes humains présents dans les collections publiques de musées français) ont été restitués à leurs légitimes propriétaires à la suite de déclassements législatifs. Ainsi, la France a fait droit à une requête de l'Afrique du Sud, en restituant la dépouille de Saartjie Baartman[3] (plus connu sous le nom de *« Vénus Hottentote »*) ainsi qu'à une demande de la Nouvelle-Zélande en acceptant le retour de têtes Maories[4].

Mais, pourquoi recourir à un déclassement « législatif », c'est-à-dire au vote d'une loi spécifique pour rendre à un État donné des objets bien ciblés provenant de cet Etat ? Ne pourrait-on pas, tout simplement, recourir à la procédure de droit administratif qui permet à l'autorité compétente pour gérer le domaine de

---

[1] X. PERROT, *« L'inaliénabilité des collections publiques et la restitution des œuvres d'art »*, *RDP* 2017, p. 601.

[2] X. PERROT, *op. cit.*, p. 618.

[3] Loi n° 2002–323 du 6 mars 2002 *relative à la restitution par la France de la dépouille mortelle de Saartjie Baartman à l'Afrique du Sud* ; JORF 7 mars 2002, page 4265.

[4] Loi n° 2010-520 du 18 mai 2010 *visant à autoriser la restitution par la France des têtes Maories à la Nouvelle-Zélande et relative à la gestion des collections*, JORF du 19 mai 2010, page 9210.

pouvoir désaffecter et déclasser, par voie de simple acte administratif, les biens culturels mal acquis ? Ainsi, une fois sortis de la catégorie des biens du domaine public, ces biens pourraient être restitués sans recourir au vote d'une loi. Si cela est envisageable pour des biens immeubles, relevant du domaine public artificiel, tel n'est pas le cas pour les biens culturels. En effet, le fait que ces meubles présentant un intérêt public du point de vue de l'histoire, de l'art, de l'archéologie, de la science ou de la technique, conduit à faire dépendre leur domanialité publique de leurs caractéristiques intrinsèques. En d'autres termes, c'est parce que ces biens présentent un intérêt culturel qu'il est impossible de les faire sortir du domaine public, sans y être invité par le Parlement.

Mais ces mécanismes juridiques, en raison de leur lourdeur (vote d'une loi *ad hoc* ou signature d'une convention internationale spécifique) qui ont permis que certains biens culturels puissent être restitués aux États qui en réclamaient la possession ne sauraient constituer la procédure de droit commun à suivre pour tous les biens culturels mal acquis entrant dans le champ possible de la restitution.

Actuellement, nous sommes dans une période de vide juridique puisqu'il n'existe pas de mécanisme général (c'est-à-dire applicable à un nombre significatif de biens) relevant du droit international ou national permettant la restitution des biens mal acquis. S'agissant de la France, et tout particulièrement parce que le Président de la République a clairement affirmé la possibilité pour notre État de restituer à l'Afrique les biens culturels mal acquis par la France (voir *supra*), on pourrait envisager d'esquisser des procédures générales c'est-à-dire applicables à l'ensemble des biens culturels mal acquis.

Comme nous l'avons indiqué précédemment, la restitution pourrait être organisée par le biais d'une convention internationale à laquelle seraient parties la France et les États qui ont eu à subir la spoliation de leurs biens culturels par notre pays. Par voie de conventions internationales, il est en effet possible de déroger à la législation nationale. Les dérogations à la domanialité publique ainsi instituées pourraient d'ailleurs permettre de restituer des biens culturels pas nécessairement mal acquis mais qui représenteraient une valeur symbolique fondamentale pour l'État demandeur. En la matière, tout est une question de volonté. Cette norme internationale permettrait notamment d'instituer des commissions paritaires où siégeraient les représentants de l'État français et les représentants des États étrangers afin que des propositions soient faites sur la liste des biens culturels à restituer.

Mais, la procédure de restitution pourrait être mise en œuvre par le canal d'une norme nationale qui viendrait expressément déroger au principe de la domanialité publique dès lors que les biens culturels à restituer présenteraient un certain nombre de conditions. En la matière, du reste, il serait possible de s'inspirer de la procédure mise en œuvre par le décret n° 49-1344 du 30 septembre 1949 (JORF du 2 octobre 1949, p. 9815) qui était destiné à permettre la restitution des œuvres spoliées par les nazis[1]. Au lendemain de la deuxième guerre mondiale, une grande partie de ces œuvres a été récupérée en Allemagne et envoyée en France afin que ces dernières puissent être restituées à leurs légitimes propriétaires ou ayants droit. Lorsqu'il n'a pas été possible d'identifier leurs propriétaires, un certain nombre de ces œuvres a été vendu par les Domaines alors que d'autres, les plus remarquables, ont été confiées à la garde des musées nationaux et constituent ce que l'on appelle les « musées nationaux récupération » (MNR). Ces biens ne font toujours pas partie du domaine public puisqu'ils sont susceptibles d'être éventuellement restitués à leur propriétaire d'origine.

Voilà une piste qui pourrait être réactualisée pour envisager la restitution des biens culturels mal acquis.

II- LA REVENDICATION DES BIENS CULTURELS EN TANT QU'ENJEUX MÉMORIELS

La mémoire en tant que telle se rattache à des situations passées. Cette mémoire peut être de différente nature : individuelle, familiale ou collective. Son champ d'application est large et varié.

Notre sujet d'étude porte plus précisément sur les enjeux culturels et historiques.

Trois remarques préliminaires permettront déjà de mesurer l'importance et l'intérêt de cette question.

Le trafic du commerce de l'art[2] est le troisième du monde en termes financiers après celui des armes et de la drogue.

La mémoire en tant que droit a essentiellement pris sa source à partir de certains crimes contre l'humanité, en particulier le crime de génocide commis par les nazis au cours de la seconde guerre mondiale.

Les biens culturels ainsi que les monuments sont des marqueurs et des éléments de structuration d'un pays, d'un territoire, d'un État ainsi que des sociétés humaines. Comment vivre pour une communauté ou une personne sans mémoire ?

C'est un sujet complexe et transversal qui traverse et recoupe plusieurs disciplines : le droit, la culture, l'histoire, l'économie, la société…

Certains évènements dans l'histoire ancienne et récente ont marqué nos consciences et celle de l'humanité : les destructions du temple de Palmyre en

[1] Voir « *Le pillage de l'art en France pendant l'occupation et la situation des 2000 œuvres confiées aux musées nationaux* ». Mission d'étude sur la spoliation des juifs en France, Paris la documentation française 2000 ; Monique Bourlet, *« Le statut juridique des M LPR », in Pillages et restitutions. Le destin des œuvres d'art sorti de France pendant la seconde guerre mondiale*, actes du colloque organisé par la direction des musées de France le 17 novembre 1996, Paris MCMXCVII, page 107 à 115.

[2] En Irak et en Syrie au début du XXI° s., les biens culturels abandonnés au cours des conflits vont servir à enrichir les terroristes.

Syrie par les Djihadistes dans la guerre au Moyen-Orient et celle de la bibliothèque de Tombouctou au Mali par les mêmes groupes terroristes en 2016. Pourquoi s'attaquer à de tels biens ?

En effet, comme le souligne un auteur : *« les biens culturels servent à mesurer la dimension historique des civilisations passées et à donner corps aux civilisations présentes*[1] *»*.

Ce droit à la mémoire sera appréhendé à partir de deux approches : d'abord d'un point de vue juridique *stricto sensu* et ensuite de manière *lato sensu* dans ses dimensions à la fois historique, sociale et politique.

A- LE DROIT À LA MÉMOIRE ET LA RECONNAISSANCE D'UN DROIT FONDAMENTAL

Nous examinerons ici la dimension juridique du droit de mémoire qui s'attache essentiellement à l'atteinte d'un droit fondamental sans s'assimiler complètement à ce droit.

Sur un plan historique, la mémoire de l'humanité se serait construite en plusieurs étapes :

- La chronologie évènementielle simple est la première strate de l'humanité.
- Les lois mémorielles ont une fonction de rappel des tragédies humaines et de prévention pour l'avenir. C'est la deuxième étape de cette histoire. Cette catégorie de loi organise des commémorations, des musées, des expositions…
- La troisième phase est celle de l'histoire actuelle de notre humanité qui serait constituée de deux pôles : d'abord des biens culturels historiques et ensuite les biens génétiques naturels à travers la biodiversité. Les premiers exprimeraient le besoin de racines historiques, politiques, militaires et religieuses des populations formant une nation, la deuxième serait caractérisée par la faune et la flore qui représenteraient des éléments naturels et fondamentaux de la mémoire collective. Le respect et la protection de l'environnement sont des nouvelles priorités pour nos sociétés.

Il faut mentionner également le débat très tendu existant entre les historiens et les juristes, chacun revendiquant le monopôle de ce champ de recherche…

Ce droit de mémoire s'est construit et développé à partir de deux niveaux : international et interne.

Au regard du droit international, le texte du 18 octobre 1907 sur les lois et coutumes de la guerre demande aux belligérants « d'épargner », dans la mesure

---

[1] Cf Y. JEANCLOS, « *Les biens culturels, un concept juridique nouveau* » *in Vers un nouvel ordre bioculturel,* A. DE RAULIN, J. P. PASTOREL, Editions L'Harmattan -2018

du possible, les bâtiments dédiés aux « cultes, aux arts, aux sciences et à la bienfaisance ».

Ce droit de mémoire est aussi contenu dans la convention de La Haye du 14 mai 1954 pour la protection des biens culturels en cas de conflit armé. Son préambule (alinéa 2) affirme que *« les atteintes portées aux biens culturels (...) constituent des atteintes au patrimoine culturel de l'humanité toute entière étant donné que chaque peuple apporte sa contribution à la culture mondiale »*.

Ces mêmes atteintes sont considérées comme de véritables crimes de guerre au sens de l'article 8, 2, b, IX du Statut de Rome fondant la Cour pénale internationale. Cette juridiction manifeste aussi la force de la justice contre les auteurs de destruction de biens culturels. On peut y ajouter le règlement du Conseil européen du 18 décembre 2008 sur l'exportation de biens culturels qui manifeste la volonté des États membres de l'UE de protéger avec efficacité les patrimoines culturels nationaux, fractions incontestables du patrimoine culturel européen. Il est intéressant de noter dans ce texte l'expression d'une identité à la fois nationale et européenne. De même, ce texte vise à protéger les fondements de la culture européenne.

Nous pouvons inclure les résolutions de l'ONU condamnant la dégradation de biens culturels appartenant au patrimoine national et de l'humanité (cf. la résolution du Conseil de sécurité du 12 février 2015 qui enjoint à *« tous les États membres de prendre les mesures nécessaires pour prévenir le commerce des biens culturels irakiens et syriens »* sortis d'Irak depuis août 1990 et de Syrie depuis mars 2011).

Nous pouvons citer la décision du Tribunal pénal international pour l'ex-Yougoslavie condamnant (article 3,d) un commandant serbe accusé de *« crime de pierre »* pour les destructions commises à Dubrovnik en Croatie.

On peut déplorer la faible sanction (peine de 9 ans d'emprisonnement) prise par la CPI à l'encontre du chef d'un groupe terroriste en 2016 qui a détruit volontairement des mosquées du Xe et XIe siècle à Tombouctou au Mali.

Il est délicat de dresser une liste exhaustive des textes mais dans le cadre de ce *« corpus juridique »* réglementant la protection des biens culturels, on pourrait y ajouter :

- la convention internationale UNIDROIT - Institut international pour l'unification du droit privé basé à Rome - sur les biens culturels mal volés ou illicitement exportés du 24 juin 1955[1],
- la convention concernant la protection du patrimoine culturel et naturel du 16 janvier 1972,

[1] L'adhésion par l'Irak à cette convention a permis à ce pays de récupérer 6000 objets d'art sur 15000 volés depuis l'invasion américaine : *« l'Etat contractant peut demander au tribunal ou à toute autre Autorité d'un autre Etat contractant le retour d'un bien culturel illicitement exporté de son territoire »*

- la convention UNESCO du 14 novembre 1970 concernant les mesures à prendre pour interdire et empêcher l'importation, l'exportation et le transfert de propriétés illicites de biens culturels,
- la convention de Rome créant la CPI (Cour pénale internationale[1]),
- ainsi que les mesures prises par l'ICOM (International Council of Museums) qui visent à organiser une coopération internationale entre les musées et à lutter contre le trafic illicite des biens culturels.

D'un point de vue du droit interne, parmi les lois mémorielles, nous pouvons distinguer deux séries de textes : ceux qui ont un aspect déclaratoire et ceux fondés sur des normes de prescription.

Au départ, ce droit s'est forgé à partir d'évènements tragiques et historiques comme les génocides juif et arménien. Les spoliations font partie intégrante du processus de génocide en privant les gens de leur nationalité, de leur nation, de leurs ressources, de leurs biens et parfois de leurs vies. C'est ainsi que récemment, un tableau[2] spolié par les nazis il y a 75 ans a été restitué aux héritiers en mémoire du génocide juif.

Parmi les quatre lois mémorielles françaises, nous distinguons :

a) la loi du 13 juillet 1990 dite « *Gayssot* » n°90-615 du 13 juillet 1990 qui tend à réprimer tout acte raciste, antisémite ou xénophobe. Cette loi crée le délit de négationnisme de génocide des juifs.

b) la loi du 29 janvier 2001 relative à la reconnaissance du génocide arménien de 1915 avec un article unique : *« La France reconnaît le génocide arménien de 1915 ».*

c) la loi du 21 mai 2001 *(dite « loi Taubira »)* tendant à la reconnaissance de la traite et de l'esclavage en tant que crime contre l'humanité tels que définis dans le statut du Tribunal militaire international de Nuremberg.

d) la loi du 23 février 2005 dite loi sur la colonisation *« portant reconnaissance de la Nation et contribution nationale en faveur en faveur des Français rapatriés ».* Il s'agit à travers cette loi de reconnaître le rôle positif de la présence française en outre-mer.

Quel est ou quels sont les différents objectifs de ces lois mémorielles ?

Ces différentes lois ont pour sources et fondements certains crimes contre l'humanité (génocide, traite négrière, destruction de biens culturels…). C'est aussi la reconnaissance symbolique d'une mémoire blessée et victimaire.

---

[1] Plusieurs dispositions de la CPI visent à protéger le patrimoine culturel : (art 8 par 2-a (ix, xv) et b).

[2] Le tableau de Salomon Konink est apparu sur le marché en novembre 2017 lorsqu'une négociante chilienne a essayé de le vendre par l'intermédiaire de Christie's à New-York permettant à la maison d'enchères de l'identifier, puis au FBI d'amorcer sa restitution.

Certains mettent en cause l'efficacité de ces dispositifs mais les tenants de la conception des lois mémorielles peuvent soutenir qu'il existe aussi des sanctions pénales.

Dans ce large spectre, citons aussi la loi du 4 janvier 2002 relative aux musées de France prévoyant que *« les biens constituant les collections des musées de France appartenant à une personne publique font partie de leur domaine public et sont, à ce titre, inaliénables »* (*cf* l'article 11 de ladite loi).

A travers l'examen de ces différentes lois, il est difficile d'opposer droit de mémoire / droit à la restitution au sujet de la protection des biens culturels car la restitution et la réappropriation sont des éléments consubstantiels du droit à la mémoire. Au-delà, cette notion est inséparable d'une démarche de justice (réparation d'un préjudice), de vérité, de réconciliation et de développement.

B- Le droit à la mémoire en tant qu'instrument de réconciliation et d'identité

Le droit à la mémoire au regard des biens culturels peut être analysé à la fois comme la reconnaissance d'une identité, d'une culture et d'une histoire. Sous cet aspect, il faut observer le caractère éminemment politique du droit à la mémoire.

D'une manière plus concrète, pour certains pays du sud, notamment en Afrique, Asie, Amérique latine, ce droit correspond à la volonté pour certains pays de se réapproprier des biens culturels mal acquis (vol, pillage, butin de guerre, achats...) qui auraient pu être exposés dans des musées étrangers ou ailleurs.

Ce processus de mémoire collective associe plusieurs types de démarches, de réappropriation d'une histoire à travers la restitution de biens culturels, de justice, de réparation, de réconciliation et de reconstruction pour certains pays confrontés à des crises politique, économique et identitaire.

Il faut y ajouter la dimension économique à travers la vente de ces objets d'art et de ces expositions, et qui représente une partie non négligeable de la problématique.

Au fond, tout au long de cette étude, c'est un véritable « voyage » de la mémoire que nous faisons.

Les vertus du droit de mémoire qu'on appelait auparavant le devoir de mémoire, ouvrent aussi la possibilité de refonder une culture perdue, ou encore de se réconcilier avec son passé et également avec ses ennemis.

D'un point de vue juridique, les manifestations de ce droit à la mémoire peuvent revêtir diverses formes et il existe à cet égard différents outils juridiques pour se réapproprier des biens qui auraient été perdus ou spoliés.

En effet, pour assouplir le régime juridique, souvent strict et rigide, de la protection des biens culturels (*cf.* l'art.111-1 du code du patrimoine[1]), l'État et ces gestionnaires sont tentés de trouver de nouvelles formules pour assouplir le régime juridique des biens culturels.

De nouvelles formules ont été inventées telles que les prêts, des lois spécifiques (ex. les têtes Maories transférées de France en Nouvelle-Zélande).

D'autres solutions sont possibles comme des prêts renouvelables. Tel est le cas de la convention conclue en 2011 entre la Corée du sud et la France à propos de manuscrits royaux (*cf supra*).

Il existe aussi des expositions et manifestations culturelles permanentes, temporaires et tournantes qui pourraient être présentées sous le label de l'UNESCO ou encore des échanges entre pays et musées.

A côté de ces formules classiques, il y a d'autres actions ayant une dimension mémorielle et cathartique qui interviennent dans la société internationale.

Parmi elles, on peut citer des commissions de justice, paix et réconciliation qui font œuvre de mémoire et de paix par rapport à certains passés.

Beaucoup d'entre elles existent sous forme de juridictions qui se situent à mi-chemin entre le judiciaire et le règlement amiable. Elles se présentent sous la forme d'une justice transactionnelle. En échange de confession publique, les auteurs de crimes ou délits peuvent voir ceux-ci diminuer ou amnistier par la commission[2]. A travers ces conseils, il s'agit pour une société et des individus de se libérer de leurs pulsions et de leurs passions afin de remédier à un traumatisme vécu et latent.

C'est l'Afrique du Sud qui a été le premier pays à faire l'expérience de ce type de justice transactionnelle à partir de 1995.

Un an après l'accession au pouvoir, Nelson Mandela, le héros de la lutte anti-apartheid a été confronté à des confits importants pour lutter contre les discriminations raciales. Le modèle africain et en particulier celui de l'Afrique du Sud a été ensuite pris comme référence pour la reconstruction de sociétés détruites par des cycles de violence. Pour les populations, il était nécessaire aussi de tourner la page d'évènements douloureux.

Ces commissions qui existent maintenant depuis une trentaine d'années notamment en Afrique (Côte d'Ivoire, Rwanda, Ghana, Togo, Maroc, Mali…) répondent à des besoins en tant que sortie de crise politique. Par le dialogue, la réconciliation, et un travail de mémoire de toutes les parties impliquées dans un conflit, ils ont pu trouver les mécanismes d'accompagnement de sortie de cette situation.

Globalement, le mérite de ce système est d'être aussi complémentaire de la justice nationale et Internationale. Cependant, quelle que soit l'option retenue,

---

[1] *Cf. supra.*

[2] 28 commissions ont été créées en Afrique depuis 1974 jusqu'à nos jours.

comme le déclarait avec sagesse Desmond Tutu, *« Il n'y a pas d'avenir sans pardon »*.

Le Rwanda est aussi un exemple intéressant à analyser avec la création en 2004 de 9013 juridictions de cellules, 1545 cellules de secteur et 1545 juridictions d'appel.

Les jugements *« Gacaca »* avaient pour objectif principal d'encourager la réconciliation en permettant aux victimes de connaître la vérité sur la mort de leurs proches. Les coupables pouvaient avouer leurs crimes et demander pardon devant la communauté. Ces tribunaux ont terminé leur mission le 4 mars 2012[1].

Ces commissions *« justice, vérité, réconciliation »* ont été mises en place après des conflits politiques majeurs. Elles servent à faire entendre la voix des victimes et les pérenniser dans l'histoire et la mémoire des pays.

Comme illustration et parmi les affaires les plus importantes et récentes, nous pouvons évoquer des opérations de maintien de la paix sous la responsabilité de l'ONU. Le cas du Mali avec la Minusma (Mission multidimensionnelle intégrée des Nations-Unies pour la stabilisation au Mali) pourrait être pertinent pour notre étude.

Cette force militaire a été adoptée par la Résolution 2010 du Conseil de sécurité du 25 avril 2013[2]. Un fonds d'un million de dollars a été mis à sa disposition en 2019 pour financer ses activités. Cette mission, qui a principalement une composante militaire, est aussi un instrument de réconciliation, de dialogue, de justice et de paix entre les différentes parties de la population, en particulier entre les Peules et les Dogons[3]. En effet, la priorité stratégique de la Minusma est de soutenir l'application de l'accord pour la paix de 2015.

Il faut relever également que parmi les nombreuses missions de la *Minusma* figure la gestion et la protection des sites culturels et historiques.

De ces différents instruments qui impliquent directement ou indirectement le droit de mémoire et la protection des biens culturels, on peut en dégager un certain nombre d'enseignements.

Un débat a été ouvert récemment après la publication du rapport par Felwine Sarr et Bénédicte Savoy[4] sur la question de la restitution du patrimoine africain. Ce document a été remis au président de la République Emmanuel Macron en novembre 2018.

Parmi les différentes mesures préconisées, les deux auteurs recommandent la restitution de milliers d'œuvres d'art pillées durant la colonisation. Franck Riester, Ministre de la culture, plaide pour que la France fasse circuler ces

---

[1] https : www.francophonie.org/Guide-pratique-transition-justice.html.

[2] Cette force a été créée dans le cadre du Chapitre 7 de la Charte des Nations-Unies.

[3] Près de 114 Peules ont été massacrés en mars 2018.

[4] « *Restituer le patrimoine africain* », éditions Philippe Rey et Seuil, 2018.

œuvres sans en perdre la propriété. Ces arguments vont dans le sens du Quai Branly et de l'Académie des Beaux-Arts qui se fondent sur le principe d'inaliénabilité des œuvres d'art en référence à l'article 111-1 du code du patrimoine.

Nous pouvons être sceptiques par rapport à la méthodologie préconisée dans le rapport Felwine Sarr et Bénédicte Savoy en ce qui concerne la restitution des biens culturels des pays du nord aux pays du sud.

La démarche proposée apparaît un peu trop systématique, voire bureaucratique dans sa mise en œuvre. Cependant, comme le soulignait avec justesse Bénédicte Savoy, chaque restitution est un cas particulier : *« l'étude des déplacements massifs doit toujours accorder une attention minutieuse au contexte historique, politique, culturel, idéologique, symbolique dans lequel s'opèrent les déplacements, à la singularité de chaque cas*[1] *»*.

De manière plus spécifique, il est intéressant d'examiner et d'approfondir l'analyse originale et dynamique faite par l'auteure Bénédicte Savoy qui distingue plusieurs éléments dans le processus dialectique des notions de restitution/mémoire : le lieu, la notion de cassure/réparation et la transformation des objets déplacés liée aux traumatismes entrainés par le déplacement des objets.

Le premier critère permet de situer l'œuvre, son origine, son histoire et son lieu d'exil.

La notion de cassure évoque les réparations/préjudices et les effets traumatisants d'un changement de lieu et enfin le troisième critère met en avant les nouvelles conditions de mutation subies par les objets volés dans les pays d'accueil ou d'origine.

L'intérêt de cette étude est de mettre à la fois en mouvement et en perspective la notion de biens culturels. Cette distinction entre ces différents éléments met en exergue la complexité de ces processus et concepts de restitution et de mémoire. Ceux-ci sont à la fois complémentaires et indépendants. Il en découle nécessairement des régimes juridiques autonomes.

Les déplacements et transferts massifs de biens culturels[2] ne doivent pas consister en et se réduire à un échange purement physique et matériel d'objets culturels entre pays, mais au contraire, cette démarche doit mener à un véritable échange interculturel entre pays, basé sur le dialogue et la connaissance respective de l'histoire de chaque pays.

---

[1] « *La mémoire restituée des œuvres volées* » Entretien avec Bénédicte Savoy Ref : https://laviedesidees.fr/La-memoire-restituee-des-oeuvres-volees.html

[2] B. SAVOY désigne l'expression de « *translocations patrimoniales* ». On pourrait parler aussi de spoliations patrimoniales qui sont mises en forme par un récit historique ou politique exprimant des émotions et une vérité.

Une œuvre d'art élève l'homme et l'humanité par sa dimension esthétique et il appartient ensuite à l'historien, au juriste et à l'homme de l'art d'en saisir tous ses effets dans les domaines à la fois culturel, politique et social…

Conclusion

La grille d'analyse utilisée par la doctrine, permettant de distinguer entre les défenseurs d'une conception universelle retenant une large interprétation du principe de restitution et ceux qui soutiennent la conception restrictive de ce même principe (le retour quasi automatique des biens culturels dans les pays d'origine), aussi séduisante soit-elle, n'est pas toujours opérante en raison de la complexité et de la singularité de chaque situation.

Citons par exemple le tableau de « La Joconde », peint par Léonard de Vinci en Italie aux environs de 1505, acquis de bonne foi par François 1ier pour le château de Fontainebleau en 1508 puis exposé ensuite dans les collections du Louvre en 1797. De même, l'obélisque, place de la Concorde à Paris, érigé en 1836, provient à l'origine du temple de Louxor en Egypte. En échange de bons services et d'une bonne entente, le vice-roi d'Egypte l'offrit au début de 1830 à Charles X de France.

Ces exemples, parmi d'autres[1], démontrent la difficulté de classer un chef d'œuvre ou un bien culturel à caractère universel dans l'une ou l'autre catégorie.

Il faut trouver un équilibre entre deux principes : préserver la mémoire et l'identité d'un objet, et en même temps favoriser la circulation et la transmission de ces objets pour les faire connaître.

Il conviendrait d'appliquer des formules plus souples et pragmatiques que les restitutions pures et simples qui pourraient s'appuyer sur des principes de coopération et d'échanges réciproques entre musées et pays.

L'autre enjeu de la restitution des biens culturels concerne le possible rapatriement d'objets culturels du Musée royal d'Afrique baptisé *« Africa Museum »* en Belgique et de pièces du Musée Quai Branly-Jacques Chirac à l'Afrique.

La restitution[2] par la France annoncée par le Président de la République le 23 novembre 2018 de 26 œuvres au Bénin devrait ouvrir la voie à une nouvelle politique d'art avec l'Afrique mais celle-ci doit être définie avec justice et dignité pour chaque peuple.

Sans doute, ces grands bouleversements risquent dans le même temps de fragiliser le marché de l'art qui doit être par nature ouvert et libre.

---

[1] L. de VINCI (1452-1519), ce génie de la renaissance originaire de la Toscane a vécu en France de 1516 à 1519 au château du Clos Luce à Amboise de 1516 à 1519.C'est dans cette résidence qu'il mourut en 1519.

[2] Il s'agit des œuvres correspondant à des prises de guerre de l'armée française en 1892.

COMMUNALISER L'ALGERIE
L'IMPOSSIBLE EQUATION COLONIALE[1]

Jean-Philippe BRAS
Professeur émérite, Université de Rouen

INTRODUCTION

Fallait-il communaliser l'Algérie française ? Jusqu'où ? Pour qui et pour quoi faire? Et quand ? Le débat s'est ouvert dès la conquête et n'était toujours pas clos à l'orée de l'indépendance, 130 ans plus tard.

Pourquoi la France établit-elle un empire au-delà des mers au XIXe siècle ? La domination se justifie-t-elle en soi, marque de la puissance de l'Etat-nation, en compétition avec d'autres Etats-nations ? Est-elle instrument de colonisation, soit d'un établissement durable de populations européennes ? Est-elle instrument de civilisation à destination des populations conquises et donc dominées ? La rhétorique du discours de justification de l'empire tient ensemble ces trois registres. Mais, la pratique rencontre nécessairement leurs contradictions. La colonisation, suscitant l'hostilité sinon l'insurrection des populations dominées, rend toujours la domination malaisée. D'où, derrière l'apparence de complémentarité, le conflit récurrent qui oppose les colons et les militaires. Quant à civiliser les indigènes, c'est leur octroyer, à terme, des droits susceptibles de mettre en cause la domination impériale et la colonisation.

L'entreprise d'instauration de l'institution communale dans l'Algérie coloniale, par son cours chaotique, est un bon terrain d'observation de ces contradictions à l'œuvre.

Si la nécessité de communaliser le territoire et les populations de l'Algérie est vite proclamée (I), la communalisation y intervient sur un mode partiel, différencié et inégalitaire. Aussi, procède-t-on par scissiparité, dans une forme de dégradé institutionnel. Est d'abord établie la commune de plein exercice, à destination des colons (II), et donc discriminatoire, et buttant sans cesse sur la question de la représentation indigène. Puis la couverture communale s'étend aux territoires et populations majoritairement ou exclusivement indigènes (communes mixtes, communes indigènes) (III), mais selon des modalités qui en

[1] Le texte qui suit a un statut intermédiaire. Il ne couvre de manière exhaustive ni la période de colonisation de l'Algérie ni la littérature scientifique sur la question. Il ne s'agit pas non plus d'une étude de droit positif sur la commune dans l'Algérie coloniale. Mais il propose, au travers de la lecture de quelques grands auteurs, -figures de la pensée libérale comme Alexis de Tocqueville ou Paul Leroy-Beaulieu, ou de la Faculté de droit d'Alger, Emile Larcher et Louis Milliot, et de manière plus générale du discours juridique colonial, un certain nombre de points de repère sur la manière dont la doctrine a traité de la commune en Algérie, avec ses débats, ses paradoxes et ses contradictions. Enfin, il rejoint les questionnements identifiés dans sa thèse par notre collègue Eloi Diarra, à propos de la commune mixte, institution coloniale par excellence, qui a vu le jour en Algérie puis fut transportée au Sénégal.

font une fiction juridique : une institution ségrégée, au sens où sa dimension disciplinaire obstrue les voies de la citoyenneté locale ; une institution provisoire et transitoire qui s'éternise, à l'instar des contradictions du projet colonial.

I- DE LA NÉCESSITÉ DE COMMUNALISER LE TERRITOIRE DE L'ALGÉRIE

Pour coloniser, il faut communaliser et municipaliser. C'est la thèse qu'Alexis de Tocqueville défend avec la plus grande vigueur dans son « Travail sur l'Algérie » de 1841, soit une décennie après le début de la conquête. Il prévient : « *ce qui est... urgent, ce qui est capital et ne saurait se remettre, c'est la création ou plutôt la reconstruction d'un pouvoir municipal* »[1]. Son argumentaire est d'abord historique. Le colonisateur communalise : « *toutes les colonies ont d'abord commencé par être des communes : c'est à l'esprit communal qu'elles ont dû presque toutes leur naissance ou leur développement dans les temps anciens, comme dans les nôtres* »[2]. Le fondement de cette constance historique est en quelque sorte pratique. Car « *ce qui importe le plus quand on veut créer et développer rapidement une colonie, c'est de faire que ceux qui arrivent dans son sein soient aussi peu dépaysés que possible et qu'ils y rencontrent, s'il se peut, une image parfaite de la patrie* »[3]. Donc les Grecs créent mille colonies qui sont « *les copies très exactes* » de leurs cités, et les Romains des municipalités qui sont des « *Romes en miniature* ». Et de manière contemporaine (chez les modernes), les Anglais font de même. A l'instar des Grecs, des Romains ou des Anglais, il faut donc rendre « *très indépendante* » la vie municipale en Algérie[4], à la fois pour faire bénéficier les colons de ce paysage institutionnel de la commune qui leur est familier et qui fait patrie, mais aussi pour établir entre eux des liens de solidarité « *en leur confiant la direction commune de leurs intérêts communs* », et enfin au regard de l'impossibilité de l'Etat colonisateur « *à diriger dans le détail de petites sociétés placées loin de la métropole dans des situations différentes* »[5], autre considération pratique. Il faut donc se hâter d'« *attacher les habitants à ce sol nouveau en leur créant des intérêts collectifs et une action commune. Ce sont ces intérêts et ces actions qui*

---

[1] A. de TOCQUEVILLE, *De la colonie en Algérie*, Editions complexes, Gallimard, Paris, 1988, p. 144.

[2] Ibid.

[3] Ibid., p. 141.

[4] Le legs romain, sorte de marotte du discours colonial, est d'ailleurs explicitement revendiqué dans l'argumentaire venant à l'appui de la création des communes de l'Algérie. Ainsi, le ministre de la guerre Jean-Baptiste-Philibert Vaillant, dans son rapport à l'Empereur, justifie la création de nouvelles communes par une série d'arrêtés de 1854 de la manière suivante : par ces créations « votre gouvernement ne fera que ramener (ces villes) à leur antique origine, et renouer pour elles la tradition historique, brisée par des siècles de barbarie et d'oppression ». Voir Pinson de Menerville, *Dictionnaire de la législation algérienne*, premier supplément, 1853-1854-1855, p. 35.

[5] Tocqueville, *op. cit.*, p. 122

manquent et sans lesquels on n'a jamais créé de sociétés »[1]. Il poursuit en affirmant que contrairement aux idées reçues les attributions municipales doivent être plus grandes, et non moindres, en Algérie qu'en France, *« parce qu'il faut y créer une vie sociale qui n'existe pas encore* » et que la liberté municipale ne risque pas d'y dégénérer en licence politique en raison du faible nombre de colons et du poids du gouvernement militaire dans la conduite des affaires de la colonie.

Bien sûr, Tocqueville reproduit ici sa représentation « américaine » des communautés de base qui font la société, et l'Etat. Or rien de tel avec l'Etat français, qui n'est rien moins que libéral sur le plan administratif, ce qui explique que ce modèle colonial décentralisateur, de la colonisation par la municipalisation, ne s'applique nullement à l'Algérie des premières décennies de la conquête. L'Etat métropolitain procède à l'inverse de ce modèle, en réglant tout à partir de Paris : « *à l'heure qu'il est, il n'y a pas un colon en Algérie qui sache si la commune qu'il habite a des revenus, quels sont ces revenus et à quoi on les applique. Il n'y en a pas un qui prenne la part la plus éloignée et la plus indirecte à la police de son village, à l'établissement ou à la réparation de son église, de son école, de son presbytère, de sa fontaine ; toutes ces grandes affaires sont réglées à Paris. Ceci est prodigieusement absurde* »[2]. L'Algérie est donc administrée au sens fort depuis Paris et quand elle l'est depuis Alger, par le conseil du gouverneur, c'est au travers d'une armada de chef de services, qui réglementent sans vue d'ensemble, qui prennent de mauvaises mesures et, pire encore, les soumettent à un changement perpétuel[3]. Le colon se trouve ainsi soumis à une administration tracassière et paperassière[4]. Et quand se présente l'esquisse d'une administration communale, comme c'est le cas pour la ville d'Alger, on s'empresse de la démanteler : « *on avait dans le principe créé à Alger un conseil municipal dont les membres étaient choisis par l'autorité. Cette ombre de municipalité a encore paru gênante au pouvoir qui dirige les affaires d'Afrique* »[5].

La commune connait un autre adversaire tout aussi redoutable que le pouvoir civil, l'armée qui, dans ces premières années de la conquête, est omniprésente dans l'administration de la colonie. Outre les impératifs de la conquête, la sécurité des colons justifie l'intervention de l'armée dans les affaires locales. Mais celle-ci procède d'une funeste confusion entre ce qui relève du gouvernement militaire de chaque localité et ce qui renvoie à son administration civile. Si les obligations relatives à la sécurité justifient la présence d'un délégué

[1] *Ibid.*, p. 142.
[2] *Ibid.*, pp. 121-122.
[3] *Ibid.*, p. 122.
[4] *Ibid.*, p. 123.
[5] *Ibid.*, p. 121. Cette commission municipale, créée par trois arrêtés du général en chef, du 13 juillet 1830, 9 janvier et 11 juillet 1831, était composée d'indigènes israélites et musulmans et présidée par le commissaire du Roi. Elle n'avait pas de ressources propres, ses dépenses étant financées par le budget de l'Etat.

du pouvoir militaire dans chaque village, « *il n'en résulte pas que l'administration de la propriété communale, le soin des travaux publics et la police intérieure de la cité soient dans ses mains* »[1]. Entre pouvoir militaire et pouvoir civil (dont le second est considéré par Tocqueville comme pire encore que le premier), le gouvernement municipal n'a aucun espace d'autonomie, ce que confirment les premières initiatives d'organisation de municipalités en Algérie. Après la tentative algéroise de 1830, un corps municipal est organisé par un arrêté du 1er septembre 1834 dans cinq localités (Alger, Bône, Bougie, Mostaganem et Oran). Il est composé de Français et d'indigènes, avec un maire nommé. Mais, les attributions de ce dernier sont réduites à l'état-civil, l'administration municipale restant aux mains des autorités administratives de la colonie. Et ces premières « communes » ne disposent ni de la personnalité morale, ni d'un budget propre. Il faudra attendre l'ordonnance du 28 septembre 1847, pour que soit mise en place la première organisation communale de l'Algérie, sur les mêmes principes que la loi métropolitaine du 18 juillet 1837[2].

La nécessité d'établissement d'une organisation communale de la colonie renvoie également à une autre considération qui concerne tant les populations indigènes que les populations européennes. C'est l'absence totale d'institution équivalente à la commune dans l'Algérie précoloniale, et donc l'obligation de procéder par une création ex-nihilo d'institutions locales. Ce point semble faire l'unanimité de la doctrine et rejoint un argumentaire plus large qui joue un rôle essentiel dans la justification de l'entreprise coloniale. La France colonise des pays tombés dans l'anarchie, dont les institutions publiques sont en ruines ou inexistantes, ce qui vaut pour les institutions locales comme pour les institutions d'Etat. Dans son œuvre civilisatrice, l'une des premières tâches du colonisateur sera donc de créer des institutions publiques modernes, centrales et locales.

Au moment de la conquête, la colonie est *tabula rasa* sur le plan institutionnel. La France va devoir administrer une population arabe qui sort de 300 ans de soumission aux Turcs. Aussi, les Arabes « *avaient entièrement perdu l'habitude de se gouverner eux-mêmes* » et la fin de la domination turque plonge ce pays « *qui ne pouvait se diriger lui-même* » dans une « *effroyable anarchie* »[3]. Cependant, dans ce tableau, les « Cabyles » font exception, nous dit Tocqueville, qui « *étaient à peu près indépendants des Turcs* ». Ce même constat de vacuité institutionnelle de l'Algérie précoloniale est dressé par Louis Milliot : « *le fait primordial est l'état quasi inorganique dans lequel nous avons trouvé l'Algérie* »[4]. Il s'attache à démontrer qu'aucune dynastie n'a pu s'y

---

[1] *Ibid.*, p. 145.

[2] Sur ces points, voir E. LARCHER, *Traité élémentaire de législation algérienne*, tome I, Paris, A. Rousseau, Alger, A. Jourdan, 1903, p. 482.

[3] A. de TOCQUEVILLE, Lettre sur l'Algérie, 1837, *in De la colonie en* Algérie, *op. cit.*, p. 41. Pour le démantèlement des élites religieuses locales par le pouvoir turc, il a cette image : « le marabout était descendu de son coursier pour monter sur un âne ».

[4] L. MILLIOT, « Le gouvernement et l'administration de l'Algérie », in *L'œuvre législative de la France en Algérie*, F. Alcan, Paris, 1930, p. 11.

établir, « *que le beylik ou oudjak n'est ni l'état théocratique dont nous trouvons le type en Tunisie... et au Maroc... ; ni une monarchie féodale ; ni la principauté de Machiavel ; encore moins un Etat moderne aux multiples services. Plutôt qu'un gouvernement, c'est une occupation militaire, une tyrannie exercée par la communauté turbulente des janissaires et des corsaires. -c'est-à-dire, quelques milliers d'individus, étrangers, d'ailleurs, au pays- sur une faible partie du territoire : banlieues d'Alger et abords immédiats de quelques ports et villes fortifiées de l'intérieur* »[1]. « *Pour le reste du pays, l'obéissance aux Turcs, obtenue par la contrainte, est étrangère à tout sentiment de loyalisme, passagère et réduite au minimum du versement de l'impôt* »[2].

L'Algérie est une terre en friche. Cet élément du récit colonial s'applique tant aux institutions qu'au sol de l'Algérie. Le sol est à prendre, s'offrant à la charrue du colon. Les institutions sont à construire au niveau local comme au niveau central. Car, le constat de vacuité de l'Etat algérien précolonial se prolonge quand on examine l'organisation locale des populations. On y chercherait vainement les traces d'une institution pouvant s'assimiler à la commune. Les indigènes ne connaissent que la tribu : « *un émir ne commande pas comme les rois d'Europe à des particuliers mais à des tribus qui sont de petites nations complètement organisées* »[3]. Or, la tribu n'est pas la commune. Elle se structure sur des solidarités lignagères et passagères et les territoires incertains du nomadisme dans les plaines[4]. Et quand, dans les montagnes de l'Aurès ou de Kabylie, se forment des communautés villageoises, «*la vie municipale n'y est qu'embryonnaire : elle n'a pas dépassé cette période sombre de l'humanité où la civilisation sédentaire enfante des générations d'hommes durs et cruels, avides de richesses, avares de leur fortune, incapables, encore, de réaliser un ordre social dominé par des conceptions de l'intérêt général* »[5]. Voilà les indigènes habillés pour le passé et l'avenir : « *finalement, pas de pouvoir organisé, pas de nation algérienne représentant une unité spirituelle fondée sur des affinités mentales et des habitudes communes ; tout au plus une communauté larvaire, résultant de la cohabitation d'un même milieu physique et tellurique et de la similitude de race, de langue et de religion* »[6]. Emile Larcher fait le même constat péremptoire de vacuité de l'institution communale dans l'Algérie précoloniale : « *dans la société musulmane telle que nous l'avons trouvée lors de la conquête on ne rencontre pas cette unité territoriale et ce groupement d'individus réunis par un intérêt commun qui constituent la commune. On ne peut voir quelque chose d'analogue que dans le thaddart kabyle : encore a-t-on singulièrement exagéré l'intensité de la vie communale*

---

[1] *Ibid.*, pp. 11-12.
[2] *Ibid.*, p. 12.
[3] A. de TOCQUEVILLE, *op. cit.*, p. 65.
[4] L. MILLIOT, *op. cit.*, p. 12.
[5] Ibid.
[6] Ibid.

en Kabylie. En pays arabe, l'unité était la tribu ou mieux le douar, fraction parfois nomade, dont on méconnaîtrait singulièrement la nature à la vouloir comparer à nos communes françaises »[1]. Il reste que cette auto organisation villageoise des Kabyles posera un problème récurrent aux autorités coloniales. En premier lieu, elle met en question la thèse du désert institutionnel local de l'Algérie précoloniale. D'où le soin des deux auteurs à la déqualifier par rapport à l'institution communale. En second lieu, elle pose la question de savoir ce qu'il faut en faire dans la stratégie de domination coloniale : l'ignorer et la remplacer par de nouvelles institutions coloniales ; ou en faire l'assise d'une administration indirecte. Mais, cette seconde solution tend à valoriser des institutions indigènes comme relais de l'administration coloniale dans la gestion du local[2]. La question est similaire pour le douar, qui donnera lieu à une valse-hésitation de la législation coloniale sur sa promotion dans les catégories des entités territoriales.

La commune est donc une institution absente de l'Algérie précoloniale, les indigènes étant frappés d'une incapacité à concevoir l'organisation communale[3]. Pourtant, son érection constitue une nécessité de la colonisation, comme le souligne Tocqueville. Aussi, son établissement n'est pas ici le résultat naturel de l'action des hommes par voie d'association, comme c'est le cas en France où, nous dit Larcher, en s'appuyant sur les plus grands publicistes, la loi reconnaît la commune, mais ne la crée pas. Cette vision libérale de la commune, qui la fait préexister à sa reconnaissance par l'Etat et la loi et lui confère une substance et une délimitation liées à la tradition et à la géographie, ne saurait s'appliquer à l'Algérie faute de terreau communal. Dans ces conditions, la création de la commune en Algérie relève d'abord de l'artifice : « *la constitution communale de l'Algérie a quelque chose de factice ; à l'inverse de ce qui s'est passé en France, elle est l'œuvre du législateur plus que de la nature et de l'histoire* »[4]. C'est par l'effet du temps et l'action des colons qu'elle se naturalisera : « *ce n'est que par le développement de la colonisation et de la civilisation européenne que les circonscriptions artificielles dénommées commune par l'autorité prennent une unité, acquièrent une vie propre et deviennent véritablement des communes* »[5]. D'où les caractères de

---

[1] *Op. cit.*, p. 481.

[2] Sur les ondoiements de la politique kabyle de la France dans ses relations avec les institutions locales, cf. Ageron (Charles-Robert), *La politique kabyle sous le Second Empire. In* : Revue française d'histoire d'outre-mer, tome 53, n°190-191, premier et deuxième trimestres 1966. pp. 67-105.

[3] De la même manière qu'il est inapte à accéder aux catégories de la propriété individuelle, selon une partie de la doctrine coloniale, ce qui facilite grandement sa dépossession au profit des colons. Sur ce point, cf. Bras (Jean-Philippe), « La charrue avant les bœufs : sur l'intranquillité du droit foncier et de sa doctrine en Afrique du Nord », in *Faire l'histoire du droit colonial, cinquante ans après l'indépendance de l'Algérie*, coll. Terres et gens d'islam, Karthala, Paris, 2015, pp. 60-81.

[4] E. LARCHER, *op. cit.*, p. 481.

[5] *Ibid.*, pp. 481-482.

l'organisation communale qui se présente d'abord « *sous la forme revêche d'une succession de décrets et d'arrêtés, introduisant par pièces et par morceaux des fragments de la législation de la métropole* »[1].

Les indigènes étant impropres à recevoir d'emblée l'institution municipale, la commune est donc d'abord établie pour les colons. Cependant, dans la doctrine officielle de la colonisation, la domination sur les indigènes est aussi œuvre civilisatrice. Il faudra donc établir un lien entre eux et l'institution communale, qui ne saurait être que progressif…

A- La commune aux colons : une institution discriminante

La législation coloniale écarte largement l'élément indigène de l'institution communale. Elle concerne d'abord les colons. La colonisation qui est l'affaire des civils suit la pacification qui est l'affaire des militaires. Et la communalisation suit la colonisation. Cet enchaînement a pour première conséquence que la communalisation ne saurait concerner les territoires non pacifiés et les indigènes qui y résident. Par ailleurs, il est nécessaire, pour communaliser, que le processus de colonisation soit suffisamment avancé dans ses effets démographiques, soit l'installation d'une population européenne dont la consistance justifie l'érection d'une commune. Enfin, rien ne justifie, au moins dans les premiers temps de la colonisation, que l'institution communale soit établie pour les seules populations indigènes.

Cette éviction initiale des territoires et des populations indigènes est justifiée par des spécificités qui leur sont durables et les rend impropres à la communalisation. Selon Tocqueville, « *il est évident que nous ne réussirons jamais si nous entreprenons de soumettre nos nouveaux sujets de l'Algérie aux formes de l'administration française. On ne fait point impunément du nouveau en fait de coutumes politiques. L'organisation par tribus, qui est la plus tenace de toutes les institutions humaines, ne saurait donc leur être enlevée d'ici à longtemps sans bouleverser tous leurs sentiments et toutes leurs idées* »[2]. Les indigènes ne sont pas concernés par l'impératif communal de la colonisation.

Les colons, venant de France, ont baigné dans le naturalisme communal. L'institution municipale est donc faite pour eux. Mais, dès lors que se crée la commune, se pose la question du statut des indigènes qui l'habitent. Or, leur représentation dans l'institution communale est apparue comme incontournable pour le législateur, et comme le rappelle Paul Leroy-Beaulieu, depuis 1830 l'élément indigène a toujours été représenté dans les conseils municipaux[3]. Mais le débat reste toujours ouvert sur les modalités et les finalités de cette représentation, ce qu'illustrent les variations de la législation. Tout d'abord, la représentation indigène doit rester minoritaire, ce sur quoi les auteurs

---

[1] *Ibid.*, p. 182.

[2] Lettre sur l'Algérie, 1937, p. 51.

[3] P. LEROY-BEAULIEU, *L'Algérie et la Tunisie*, Librairie Guillaumin et Cie, Paris, 1887, p.286.

s'accordent. Mais les équilibres ne sont pas simples à établir. Ce sont les « *difficultés spéciales de la vie municipale algérienne* » que pointe Paul Leroy-Beaulieu, en relevant que les communes de plein exercice[1] ne sont pas uniquement habitées par des Français, et que ceux-ci peuvent même y être en (très) petite minorité. Dans ce type de situation, et en raison des règles de représentation, quelques dizaines de nationaux vont administrer souverainement des centaines d'étrangers et d'Arabes. « *La raison proteste contre les injustices et l'oppression qui pourraient en résulter* »[2] . Mais « *si l'on donnait aux indigènes les mêmes droits électoraux qu'aux Européens, ils écraseraient ceux-ci par leur nombre. Il semble donc que l'on n'ait donc à choisir qu'entre l'oppression des Européens par les Indigènes ou celle des Indigènes par les Européens* ». Certes, la situation est transitoire, et prendra fin « *quand la fusion des races et des intérêts* » sera complète, soit dans au moins un demi-siècle selon l'auteur. La suite de l'histoire montrera que la prévision était optimiste[3]… Si Paul Leroy-Beaulieu porte une attention particulière à la représentation indigène dans les assemblées délibératives des organes politiques de la colonie (et pas simplement de la commune), c'est qu'il est -en bon libéral soucieux (tout comme Tocqueville) de la protection de la propriété privée, dans sa portée universelle, et donc de la propriété privée des Arabes. En étendant la représentation des indigènes dans les assemblées électives, « *on fera en sorte que leur voix puisse toujours être entendue, pour qu'ils puissent prévenir les abus criants comme ceux qui ont pu se produire dans les expropriations des terres appartenant aux indigènes, dans les concessions de terrains à alfa sans indemnités pour les tribus, dans le recours à la responsabilité collective des tribus et des douars* »[4]. Il faut donc octroyer des droits politiques aux indigènes, étendre leur représentation dans les conseils municipaux, « *avec mesure sans doute* », et assurer le caractère électif de cette représentation[5]. Mesure de

---

[1] Cf infra pour leur définition.

[2] P. LEROY-BEAULIEU, *De la colonisation chez les peuples modernes*, Guillaumin et Cies, Paris, deuxième édition, 1882, p. 377.

[3] Dans le discours de la doctrine coloniale, libéral et/ou républicain, la mission civilisatrice de la colonisation a pour fonction de légitimer les ruptures d'égalité entre populations européennes et indigènes, en leur conférant un statut transitoire. Ce sont les effets civilisateurs de la colonisation qui permettront d'établir progressivement une égalité de droit au profit des indigènes. La question devient celle du rythme et du terme de ce processus.

[4] *Op. cit.*, pp. 378-379.

[5] Le principe électif pour la désignation des conseillers municipaux, qu'ils soient français ou indigènes, ne s'impose pas d'emblée. L'ordonnance du 28 septembre 1847 dispose dans son article 13 que les conseillers municipaux, tant français qu'indigènes, sont à la nomination du gouverneur général. La seconde République tentera bien de faire évoluer la commune algérienne vers une formule plus démocratique, en décrétant que les conseillers municipaux algériens seraient nommés à l'élection. Mais le régime électif ne réussit pas à s'imposer, et les conseils municipaux élus furent vite dissous (cf. E. Larcher, *op. cit.*, p. 483). Puis le régime de la loi de 1847 fut rétabli, jusqu'à ce que le décret impérial du 27 décembre 1866 impose définitivement le principe électif, s'appliquant à quatre collèges distincts : citoyens français ou naturalisés ; indigènes musulmans ; indigènes israélites ; étrangers (art. 9). Il fait suite à la lettre

« *politique prévoyante* », si l'on veut mettre fin aux insurrections et « *désagréger la masse compacte de chaque tribu, (en préparant) à nos idées et à nos lois un terrain meuble où elles pourront plus facilement germer et prendre racine* »[1].

Aussi, Paul Leroy-Beaulieu s'insurge-t-il contre la disposition du décret du 7 avril 1884 (mettant en application pour l'Algérie la loi municipale de 1884) qui réduit la représentation des Musulmans algériens dans les conseils municipaux, du tiers au quart. Décret « *absurde et inique* » qui, au surplus, enlève aux conseillers musulmans le droit de participer à l'élection du maire. « *Ces mesures restrictives sont au plus haut degré anticivilisatrices ; elles sont de nature à froisser de plus en plus les Arabes, au fur et à mesure qu'ils deviennent plus instruits et plus semblables aux colons. Si l'on veut rendre éternel le dissentiment entre les indigènes et les hommes de race européenne, ce sont des décisions de ce genre qu'il faut prendre* »[2]. Une telle mesure au détriment des Musulmans, au demeurant prise dans le cadre d'un texte symbolique de la politique d'assimilation[3], témoigne selon Leroy-Beaulieu de l'asservissement du législateur et de l'exécutif aux députés des colons.

D'autres auteurs n'ont pas les mêmes préventions à l'encontre d'une organisation municipale assurant une domination absolue de la représentation coloniale. Ainsi, Emile Larcher ne fait aucun commentaire sur la réduction de la représentation algérienne au quart par le décret de 1884[4]. Il ne semble pas non plus s'émouvoir des modalités particulières du régime électif des conseillers indigènes, qui met leur élection sous un contrôle étroit de l'administration. Il considère par exemple que la disparition de l'exercice d'une profession assujettie à la patente comme l'une des conditions permettant d'accéder au statut d'électeur municipal pour les indigènes musulmans relève du simple oubli,

datée du 20 juin 1865 sur la politique de la France en Algérie adressée par l'Empereur au Maréchal Mac-Mahon, dans laquelle il se prononce en faveur de l'élection des membres des conseils municipaux, et de l'élargissement de la représentation musulmane « en proportion de la population ». Sous le régime de la loi de 1884, le nombre de collèges est réduit à deux, français et indigènes, les indigènes israélites ayant été naturalisés, et les étrangers pouvant l'être. Le principe électif s'applique aux deux collèges, mais selon des modalités différenciées et discriminatoires (*cf. infra*).

[1] Ibid., p. 379.

[2] *L'Algérie et la Tunisie, op. cit.*, p. 287. Cette critique ne peut être formulée dans son ouvrage antérieur qui est publié avant l'adoption de la loi de 1884.

[3] La loi du 5 avril 1884 s'applique aux communes de plein exercice de l'Algérie, avec des dérogations notamment relatives à la représentation des musulmans indigènes (Titre VI, art. 164). La politique dite d'assimilation peut donc être mise en œuvre au profit des colons et au détriment des indigènes.

[4] Près d'un demi-siècle plus tard, Louis Milliot note sans plus d'émoi les variations dans la représentation communale de l'élément indigène. et justifie le double collège électoral et la représentation minoritaire des indigènes, marque du « conservatisme indigène » du législateur, par le statut de citoyens français des membres du premier collège, et celui de sujets français de ceux du second (*op. cit.*, p. 58).

même s'il semble regretter la mesure[1]. De même, salue-t-il la mesure (discriminatoire envers les indigènes) relative aux modalités d'inscription sur les listes électorales, qui doivent être faites sur demande alors qu'elle est d'office pour les électeurs français. Il justifie la discrimination par les incertitudes de l'état civil des musulmans, mais aussi par des considérations éminemment culturalistes : « *les indigènes, il faut bien le reconnaître, ne paraissent pas attacher un très haut prix au droit de suffrage que la loi française leur accorde : s'il était dressé une liste générale, la proportion des abstentions serait trop considérable* »[2]. Il s'emploie également à motiver une autre discrimination relative à la séparation des corps électoraux, français et musulman : les indigènes peuvent élire un citoyen français, mais à l'inverse les français ne peuvent nommer conseiller municipal un indigène non naturalisé. « *Mesure utile à la prédominance de l'élément français* »[3], commente-t-il. Par ailleurs, contrairement à Paul Leroy-Beaulieu, il approuve la disposition du décret du 7 avril 1884, selon laquelle les conseillers municipaux indigènes musulmans sont écartés de la désignation des délégués pour les élections sénatoriales et de la nomination du maire et de ses adjoints. L'indigène musulman étant un non-citoyen, il ne peut prétendre exercer un droit politique. De plus, il voit dans cette mesure un encouragement pour les indigènes à élire des conseillers municipaux français, ce qu'ils peuvent faire, on vient de le voir, ou indigènes naturalisés. « *Il ne peut qu'être excellent de voir les français devenir ainsi les porte-parole et les protecteurs des indigènes. Il est de bonne politique de rehausser par des droits particuliers le prestige des indigènes naturalisés* »[4]. Enfin, il ne commente pas plus avant le régime spécifique des adjoints indigènes du maire, qui est également dérogatoire au régime de la loi de 1884, en ce qu'ils sont nommés par le préfet après consultation du maire, et voient leurs compétences circonscrites de manière très explicite à des fonctions de surveillance des populations indigènes, tout particulièrement dans les douars, de tenue de l'état civil et d'assistance aux agents du fisc.

B- La commune pour les indigènes : une institution ségrégée, ou de l'art de la sophistique

Jusqu'à la fin du second empire, la colonie ne connaît qu'un seul type de commune, dont l'érection est conditionnée par la présence d'une population européenne suffisante. L'ordonnance de 1847 dispose dans son article 1er que « *les centres de population en Algérie pourront être érigés en commune par ordonnance royale, lorsqu'ils auront acquis le degré de développement*

---

[1] P. 490. Et ceci alors même que les conditions d'inscription sur les listes électorales sont très restrictives pour les indigènes, réduisant le corps électoral aux propriétaires fonciers et aux fermiers en zone rurale, aux agents des collectivités publiques, aux médaillés et aux titulaires d'une pension de retraite.

[2] *Ibid.*

[3] *Ibid.*, p. 491.

[4] Ibid., p. 493.

nécessaire[1] ». C'est donc la communalisation pour les colons, dans une structure communale qui n'ignore certes pas la population indigène qui habite dans son périmètre, mais la cantonne dans un statut inférieur. Cependant, cette communalisation qui suit la démographie européenne ne concerne qu'une petite partie du territoire et de la population de l'Algérie. Cela signifie-t-il que la communalisation doive s'arrêter à ces frontières démographiques qui certes évoluent au fur et à mesure de l'arrivée des colons ? Ne doit-elle pas s'étendre au territoire militaire, ainsi qu'au territoire civil non communalisé ? Faut-il en exclure les territoires peuplés exclusivement d'indigènes, ou très majoritairement d'indigènes qui cohabitent avec des foyers de colonisation rassemblant quelques Européens, mais sont promis à un développement futur ? Plusieurs facteurs plaident pour la nécessité de cette extension. Mais celle-ci se fera au prix d'une différenciation de l'institution communale en trois sous-catégories, permettant son acclimatation en milieu indigène.

Le principe d'une couverture communale de l'ensemble des territoires et des populations de l'Algérie a fait l'objet d'un premier débat relatif aux effets de cette communalisation sur les structures traditionnelles de regroupement des populations indigènes (tribu, douar). Les saint-simoniens (Barthélémy Prosper Enfantin, Ismayl Urbain) appellent à leur préservation et à leur combinaison avec la structure communale, dans une perspective d'interaction des deux mondes, européen et arabe, qui épouse le projet, porté par Napoléon III, d'instauration d'un grand « Royaume arabe » à partir de l'Algérie[2]. Parallèlement, le Sénatus-Consulte du 22 avril 1863 aborde la question de manière très ambivalente, en constituant les douars-communes, conférant ainsi aux douars une reconnaissance administrative, avec des institutions et des ressources propres[3], tout en les intégrant dans une stratégie de démantèlement des tribus.

---

[1] C'est-à-dire dotée d'une population européenne suffisante, selon Emile Larcher (p. 483). A titre d'exemple, les décrets de 1854 créant un certain nombre de communes en Algérie sont accompagnés d'un rapport du ministre de la guerre Jean-Baptiste-Philibert Vaillant à l'adresse de l'Empereur, qui fait systématiquement usage de ce critère démographique pour justifier ces créations. Par exemple, à Constantine : « La population coloniale de Constantine a plus que doublé depuis deux ans, et grâce à la sécurité complète dont jouit la province, elle tend incessamment à s'accroître. Elle était de 4 500 âmes en 1852 ; elle doit atteindre aujourd'hui près de 5000 âmes, dont les quatre cinquièmes appartiennent à la nationalité française. Ce seul élément de la population de Constantine suffirait, Sire, pour démontrer que le moment est venu pour la doter d'une administration municipale ». Voir Pinson de Menerville, *Dictionnaire de la législation algérienne*, premier supplément, 1853-1854-1855, p. 32.

[2] Sur ce point, voir C. MUSSARD, « Réinventer la commune ? Genèse de la commune mixte, une structure administrative inédite dans l'Algérie coloniale », *Histoire Politique*, 2015/3, n° 27, pp.93-108. Version électronique, p. 3.

[3] Les territoires des douars sont redécoupés, et appropriés, en ne tenant compte que de manière très relative des configurations tribales ; les djemaâs sont préservées, mais leurs membres sont nommés par l'autorité militaire, tout comme le caïd, et leur fonctionnement étroitement contrôlé par les bureaux arabes.

Le second débat porta sur les modalités de cette couverture communale s'étendant à des territoires très majoritairement sinon exclusivement habités par des populations indigènes. La doctrine s'exprime à l'unisson en faveur de la création d'entités communales spécifiques, sortant du droit commun, à destination de ces populations. Mais, la question des finalités de ces nouvelles institutions reste ouverte. Sont-elles l'instrument de préservation d'une identité indigène dans un processus de modernisation, de l'interaction à construire entre européens et indigènes, ou au contraire une machine de guerre contre les populations indigènes, visant à détruire leurs solidarités primordiales, un cheval de Troie de la colonisation ? Les réponses apportées le sont non sans ambiguïtés, ni duplicité. « *L'administration communale de l'Algérie ne pouvait et ne pourra encore de longtemps être homogène ; elle sera plus complètement et plus libéralement constituée là où l'élément européen sera assez élevé que là où il est très disséminé... Les localités où il n'y a presque que des Arabes ne peuvent être régies encore par la même méthode que celles où il n'y a presque que des Européens* »[1]. A la manière des Américains qui ont distingué entre Etats et Territoires, il faut donc « *classer en divers ordres les circonscriptions territoriales* », sur le critère de l'origine des populations. Les territoires habités de manière exclusive par des populations indigènes seront érigés en communes subdivisionnaires puis indigènes[2]. Ceux où des centres de colonisation récemment créés coexistent avec un élément indigène encore très dominant se transforment en communes mixtes. Ceux où l'élément européen est dominant, ou au moins suffisamment fortifié, justifient de la création de communes de plein exercice auxquelles s'applique le régime des lois municipales de 1847 puis de 1884.

Cette communalisation des populations indigènes, qui concerne d'abord le territoire de commandement, peut être vue dans un premier temps comme une manière pour les militaires de garder un contrôle sur l'administration de ces territoires communalisés, tout en freinant l'absorption des douars par les communes de plein exercice, ce qui protégeait les indigènes des appétits coloniaux[3]. Les administrateurs de ces communes mixtes sont initialement des militaires. Mais, ces nouvelles communes, dès lors qu'elles s'étendent au territoire civil dès le début des années 1870, sont aussi un instrument préparant leur retrait, et l'intégration des douars dans des communes de plein exercice, où la domination des colons est assurée. Logiquement, l'administration des communes mixtes passera aux mains de corps civils (*cf. infra*). De plus, sans compter le processus continu de rétraction du territoire militaire, la création de

[1] P. LEROY-BEAULIEU, *De la colonisation*, *op. cit.*, p. 376.

[2] Créées par l'arrêté du 20 mai 1868, les communes subdivisionnaires seront remplacées par les communes indigènes, de taille plus restreinte, ramenée au canton (arrêtés du gouverneur général du 24 novembre 1871 pour la région du Tell, et du 13 novembre 1874). Les communes indigènes se situent principalement, puis exclusivement en territoire militaire.

[3] Sur la mutation de la commune mixte, par son passage du territoire de commandement au territoire civil, voir Mussard (C.) *op. cit.*, pp. 7-8.

ces nouvelles communes eut pour effet la disparition des bureaux arabes, créés en 1844, institution symbole de l'administration militaire des populations et territoires indigènes[1]. De ce point de vue, la faveur des colons pour le processus de communalisation des territoires où l'élément indigène est dominant, s'explique doublement, vis-à-vis des indigènes, parce qu'il prépare l'advenue de la commune de plein exercice, et de l'autorité militaire, parce qu'il amorce son retrait.

L'argumentaire qui vient en soutien de cette nouvelle typologie communale algérienne l'inscrit dans un modèle dynamique. « *Le progrès consiste à faire passer des communes de la troisième catégorie dans la seconde, et d'autres de la seconde dans la première* »[2]. La commune mixte « *forme un moyen terme, un acheminement entre la commune indigène du territoire militaire, placée sous l'autorité de nos officiers, et la commune de plein exercice administrée par un maire* »[3]. Au terme du processus, le territoire de l'Algérie devrait relever d'un régime communal unique. Les nouvelles institutions ont donc un caractère provisoire. Elles ne sont pas destinées à durer.

La commune mixte est aussi une institution intermédiaire, au sens où elle se situe dans une gradation institutionnelle entre administration directe et libre administration communale. Dans ce sens, Emile Larcher relève qu'elle « *est organisée suivant une singulière combinaison des idées d'autorité et d'assimilation ... le principe d'autorité (étant) représenté par l'administrateur et ses adjoints ; l'assimilation par les adjoints français et les membres élus de la commission municipale ; les deux principes se combinent par la désignation d'adjoints indigènes qui représentent leurs coreligionnaires dans la commission* »[4].

Les deux catégories inférieures de communes (mixte et indigène) sont enfin transitoires en préparant et en consolidant l'installation des colons sur de nouveaux territoires et en familiarisant les indigènes avec l'institution communale.

Ce processus d'inclusion progressive du territoire algérien dans la catégorie des communes de plein exercice est bien décrit par le ministre de la guerre Adolphe Niel, alors gouverneur de l'Algérie, dans son rapport à l'Empereur qui accompagne l'arrêté du 20 mai 1868 établissant cette nouvelle organisation municipale : « *les territoires où la population européenne est assez dense pour qu'il y ait lieu de la préparer, elle et les indigènes qui sont en contact avec elle, à la vie municipale, formeront des communes mixtes... (organisées de telle manière qu'elles pourront) être, sans aucune difficulté, érigées en commune de*

---

[1] Sur l'omnipotence des bureaux arabes, puis leur suppression progressive en territoire civil, puis militaire, Milliot (L.), *op. cit.*, pp. 19-25. Sur le basculement du régime militaire vers le régime civil, voir aussi C. MUSSARD, *op. cit.*, pp. 5-6.

[2] P. LEROY-BEAULIEU, *op. cit.*, p. 377.

[3] E. LARCHER, *op. cit.*, p. 507.

[4] Ibid., pp. 507-508.

plein exercice, le jour où l'élément européen sera suffisamment développé et où, de son côté, l'élément indigène se sera façonné à nos idées et aura fait un nouveau pas en avant »[1]. Quant aux communes subdivisionnaires, créées dans les douars constitués et les tribus « *dans lesquels l'élément européen n'a pas encore pris d'importance* », elles sont organisées selon des modalités permettant que les douars, établis en sections distinctes, ne soient pas absorbés par la commune. Cette organisation « *est telle qu'à un jour donné, un douar quelconque pourra être détaché pour former une commune mixte* »[2].

La commune mixte apparaît comme une institution à double entrée, jouant sur un double registre, de la colonisation et de la civilisation : institution de domination, certes, mais aussi institution d'apprentissage. Car le progrès doit d'abord être entendu comme celui de la colonisation, la commune mixte jouant le rôle d'institution pivot, ou d'attente, préparant l'établissement de la commune de plein exercice, où la prépondérance de l'élément colonial est assurée. Mais, le progrès consiste aussi en l'assimilation des régimes juridiques, dans son second sens, entre européens et indigènes, et pas simplement entre métropole et colonie. Par la cohabitation dans l'institution communale de ces poignées de colons regroupés dans des centres de colonisation avec ces indigènes des bourgs et des campagnes, et l'usage (et donc l'apprentissage) par ces derniers de cet outil institutionnel de la citoyenneté locale, les défenseurs de la commune mixte en appellent à une « fusion des races » qui permettra une fusion, à terme, des catégories de communes.

Mais, ces deux registres de la domination et de l'apprentissage ne seront pas tenus de manière égale, et leur usage interroge sur les voies de sortie de la commune mixte et de la commune indigène : vers une communalisation de plein exercice au profit d'entités indigènes, ou n'intervenant qu'après un peuplement colonial substantiel ? La réponse à cette question est pour partie liée au progrès du peuplement colonial et pour partie à la volonté du colonisateur d'aller de l'avant vers une égalisation des conditions juridiques entre européens et indigènes. En d'autres termes, les deux composantes de la commune mixte, le centre de colonisation et les douars-communes offrent deux voies de sorties vers la commune de plein exercice à la portée bien différente, ce qui expliquera en grande partie le devenir de l'institution.

La gestation peut être rapide. Dès les années 1870, un train de mesures transforme, sous la pression des colons, des communes mixtes en communes de plein exercice, et les fait sortir du territoire militaire pour les insérer en territoire civil[3]. Dans le cadre des Délégations financières, ce petit parlement colonial

---

[1] P. de MENERVILLE, *Dictionnaire*, IIIe volume, 1866-1872, p. 93
[2] *Ibid.*, pp. 93-94.
[3] Par exemple, par plusieurs arrêtés de mars 1871.

créé en 1898, l'élément européen n'a de cesse de pousser à cette mutation des communes mixtes vers le statut de commune de plein exercice[1].

Mais, la dynamique de ce passage vers le haut fonctionne plus ou moins bien, et même de moins en moins bien, ce dont témoigne la rémanence de l'institution de la commune mixte, jusqu'en 1957.

Deux considérations expliquent ce blocage progressif dans le processus d'uniformisation de la structure communale : l'une démographique, l'autre relative au mode d'organisation des communes mixtes.

La démographie coloniale est le carburant de la dynamique institutionnelle. C'est la progressivité du peuplement colonial qui justifie la création d'institutions d'attentes, et le passage de la commune mixte à la commune de plein exercice. Or ce carburant vient à manquer, et casse la dynamique institutionnelle. La fin du XIXe siècle marque un coup d'arrêt à la colonisation de peuplement. Plus grave, la colonisation manque dorénavant d'objet et de perspectives, par la raréfaction des terres disponibles. Le levier démographique, le peuplement colonial, du passage à la commune de plein exercice ne fonctionne donc plus[2]. Ou s'il continue de fonctionner, ce sera au profit des populations indigènes. Cette nouvelle donne démographique explique grandement le revirement opéré par la représentation européenne dans les Délégations financières qui, à partir des années 1920, cessent d'appeler à la transformation des communes mixtes en communes de plein exercice. La prépondérance des colons dans la conduite des affaires municipales peut paraître fragile, quand ils se trouvent durablement dans une situation démographiquement ultra-minoritaire, que ce soit dans la commune mixte ou *a fortiori* dans la commune de plein exercice[3].

L'autre facteur qui explique le blocage de la dynamique communale dans l'Algérie coloniale est le caractère inégalitaire et discriminant de l'institution communale en général (Leroy-Beaulieu) et plus encore de la commune mixte ou de la commune indigène. Institution en trompe l'œil, elle consacre l'impossibilité d'une communauté d'intérêts entre colons et indigènes, et ne joue pas sa fonction d'apprentissage de la vie communale pour la population indigène.

---

[1] J. BOUVERESSE, *Un parlement colonial ? Les Délégations financières algériennes 1898-1945*, tome I, Publications des universités de Rouen et du Havre, 2010, p. 79.

[2] Si l'on regarde les chiffres fournis par Maxime Champ dans sa thèse, *La commune mixte d'Algérie,* Alger, P. et G. SOUBIRON, 2e édition, 1933, 45 959 citoyens français pour 3 447 605 indigènes non citoyens français en commune mixte, ils ne marquent pas une progression significative par rapport au dénombrement indiqué par Emile Larcher dans son Traité au début du XXe siècle : 37 563 français, 2 169 israélites, 26 628 étrangers, pour 2 676 987 habitants (p. 506).

[3] E. LARCHER pointe déjà au début du XXe siècle, le cas de ces communes de plein exercice où la population française est ultra minoritaire, entre 2 et 10 français pour 100 habitants, alors même que leur représentation dans les conseils municipaux est aux trois-quarts (p. 489, note 2).

Dans ce sens, la lecture que fait Emile Larcher de l'institution de la commune mixte penche clairement vers ses finalités colonisatrice et disciplinaire, et fait peu de cas de ses fonctions civilisatrice et syncrétique. « *Ce type transitoire (de l'institution) a pour but de préparer la colonisation en assurant notre domination sur les masses indigènes ; il doit progressivement faire place à la commune de plein exercice* »[1] . Les traits discriminatoires de l'institution sont restitués, sans portée critique. Son dispositif soustrait la représentation indigène dans la commission municipale au principe électif, la soumettant au pouvoir de nomination du préfet[2]. Elle confie l'exécutif local à des administrateurs et adjoints de commune nommés sur concours organisés à Paris, et à Alger pour leur partie pratique (équitation et topographie)[3]. C'est dire que l'élément indigène a peu de chances d'y être représenté. Par ailleurs, les compétences de cet exécutif local sont très largement tournées vers l'exercice d'une police des indigènes, et d'une surveillance politique des populations musulmanes. A cet effet, les administrateurs et leurs adjoints sont dotés d'un uniforme quasi-militaire « *qui impose à l'indigène* » et de pouvoirs disciplinaires « *qui lui permettent de frapper les indigènes de peines de simple police pour les infractions à l'indigénat* ». Ils ont à leur disposition des cavaliers assermentés qui les escortent dans leurs tournées[4]. Avec des interlocuteurs civils déguisés en militaires, censés exercer les fonctions du maire, une telle représentation de l'autorité communale ne favorise guère l'apprentissage de la vie municipale par les indigènes.

La commune mixte est donc un artifice reposant sur une fiction, celle d'une communauté d'intérêts entre colons et indigènes[5]. L'émergence d'un esprit municipal commun est d'autant plus improbable que la taille des communes mixtes est analogue à celle de l'arrondissement ou parfois du département de la métropole, et que les populations y sont dispersées « *parmi les tribus et les*

---

[1] *Op. cit.*, p. 108.

[2] Jusqu'en 1884, tous les membres de la commission municipale sont nommés par le préfet. Le décret du 7 avril 1884 rend leurs fonctions électives dans les communes mixtes en territoire civil, mais pour la seule représentation européenne (ce que Larcher omet de mentionner). De plus, même en l'absence de centre de colonisation dans le périmètre de la commune mixte, la représentation de l'élément européen dans la commission est assurée par deux membres nommés par le préfet.

[3] Mais en territoire de commandement les communes mixtes sont administrées par des militaires et non des fonctionnaires civils. Par ailleurs, avant un arrêté du gouverneur général du 25 novembre 1897, les fonctions d'administrateurs des communes mixtes étaient confiées à des civils peu fiables et peu compétents.

[4] *Op. cit.*, p. 512.

[5] Sur les critiques formulées par Alexandre de Peyre, auteur d'un ouvrage de référence sur les communes mixtes, (*L'administration des communes mixtes*, Alger, Adolphe Jourdan, 1881-1884) et les représentants du parti colonial, voir Mussard (C.), *op. cit.*, p. 12.

douars sans présenter, sauf en Kabylie, d'agglomération de quelque importance »[1]

Si l'on veut trouver des traces de solidarité entre colons et indigènes dans la commune mixte, elles prennent une forme financière, et un tour singulier. Car les ressources financières de la commune mixte proviennent d'une fiscalité qui repose principalement sur les contributions des douars-communes. Et elles alimentent d'abord des dépenses qui profitent au centre de colonisation. Comme les populations des centres de colonisation ne progressent guère, leur survivance et leur viabilité financière dépendent de leur maintien dans le cadre de la commune mixte, sauf à les financer directement sur le budget de l'Algérie. En bref, les indigènes financent la colonisation. C'est l'une des considérations qui vont tempérer l'empressement des colons à demander la transformation des centres de colonisation en communes de plein exercice[2].

Par ailleurs, s'enclenche au début du XXe siècle une dynamique institutionnelle contraire (pour les colons), se retournant contre le projet colonial, et complexifiant encore l'emboîtement des structures communales. Le danger se précise de faire du douar-commune une institution d'émancipation des indigènes, préparant l'accession des douars au plein statut communal, sans perspective d'implantation immédiate de centres de colonisation. Le décret du 6 février 1919 confère au douar-commune la personnalité morale et introduit le principe électif pour la désignation des membres de la djemaâ et de son président. Les attributions de l'assemblée délibérante seront fortement élargies par un décret du 29 août 1945. Cette montée en puissance du douar-commune est l'un des éléments d'explication du revirement de l'élément européen des Délégations financières dans sa position à l'égard de l'institution de la commune mixte. Le rattachement du douar-commune à la commune mixte, qui le met sous le contrôle de l'administrateur de cette dernière, constitue une garantie à l'encontre d'une émancipation jugée périlleuse. « *Car le principe d'autorité est toujours nécessaire à l'administration des Indigènes* »[3]. D'institution transitoire, qu'il faut faire disparaître au plus vite au profit de la commune de plein exercice, elle devient une institution rempart, face au risque d'émancipation communale des indigènes. Ce changement de fonctions de la commune mixte peut même conduire la représentation européenne à revendiquer le retour de certaines communes de plein exercice dans la case des communes mixtes, quand l'élément arabe y est trop prépondérant[4].

La mouvance réformiste des Jeunes Algériens dans la représentation arabe avait d'ailleurs bien compris le sens de ce changement de pied de la partie

---

[1] E. LARCHER, *op. cit.*, p. 507. P. LEROY-BEAULIEU note que la vie municipale ne saurait être qu'embryonnaire dans les communes mixtes, et inexistante dans les communes indigènes, sauf en territoire kabyle (*op. cit.*, pp. 376-377).

[2] J. BOUVERESSE, pp. 82-83.

[3] *Ibid.*, p. 80.

[4] *Ibid.*, p. 81.

européenne. Elle posa ses contrefeux dans le débat en appelant à la suppression de la commune mixte au profit de la commune de plein exercice, mais dans une version bien sûr plus égalitaire entre européens et indigènes. Les Délégations financières se trouvaient ainsi à fronts renversés : dorénavant, l'appel à la transformation des communes mixtes en communes de plein exercice venait de la partie arabe, alors que la partie européenne freinait au maximum le processus. Mais sur cette question, la partie européenne put compter sur l'appui des Vieux Turbans, qui restèrent majoritaires dans la partie arabe jusqu'aux années 1930, et voyaient dans la commune mixte une institution qui préserve le pouvoir d'influence des élites traditionnelles dans la gestion des affaires locales[1].

Un autre pas est franchi avec l'instauration des centres municipaux par le décret du 25 août 1937, qui ménage une nouvelle porte de sortie de la commune mixte en faveur des populations indigènes. Il prévoit à titre expérimental l'érection de quatre douars de commune mixte en centres municipaux en vue d' « *exercer les indigènes à la pratique de la vie municipale* ». Son statut se rapproche fortement de celui de la commune de plein exercice, avec cependant quelques précautions[2] : un pouvoir de tutelle du préfet élargi, et une compétence de police qui reste pour partie entre les mains de l'administrateur de la commune mixte. Le centre communal se généralise après la seconde guerre mondiale, on en compte 157 au milieu du siècle, avec une très forte implantation en Kabylie. Un décret du 29 août 1945 transfèrera la tutelle préfectorale à l'administrateur de la commune mixte.

L'épilogue de cette histoire de l'institution municipale en Algérie intervient en deux temps, après la seconde guerre mondiale. La loi du 20 septembre 1947, portant statut organique de l'Algérie dispose dans son article 53 que « *les collectivités locales algériennes sont : les communes et les départements ; en conséquence, les communes mixtes sont supprimées* ». Mais l'application « progressive » de cette mesure d'uniformisation de l'institution communale doit faire l'objet de décisions de l'assemblée algérienne, nouvellement créée. Or, les projets soumis à l'assemblée algérienne, « *consistant à créer des unités administratives d'un type particulier s'éloignant sensiblement de notre droit municipal* »[3], ne purent aboutir[4]. Aussi, près de dix ans plus tard, dans un

---

[1] Ibid., pp. 84-87.

[2] Qui sont encore insuffisantes selon Roger Parant, qui considère que le texte n'a pas tenu « suffisamment compte des données sociologiques propres au milieu autochtone ». Voir R. PARANT, « La suppression des communes mixtes et l'implantation des communes rurales en Algérie », *La revue administrative*, n° 43, janvier-février 1955, p. 15.

[3] Rapport introductif au décret du 28 juin 1956, portant transformation des communes mixtes d'Algérie en communes régies par la loi du 5 avril 1884, JORF, 3 juillet 1956, pp. 6145-6147.

[4] Il s'agit notamment du projet de loi relatif à la création de communes rurales en Algérie, soumis pour avis à l'Assemblée algérienne le 7 juin 1950. Sur cette période intermédiaire de résistance à la politique d'assimilation, et un point de vue doctrinal hostile à la loi de 1947, voir R. PARANT, « La suppression des communes mixtes et l'implantation des communes rurales en Algérie », *op. cit.*, pp. 10-20. Cet administrateur des services civils d'Algérie dresse, en

contexte de montée du nationalisme algérien, le pouvoir réglementaire intervient par un décret du 28 juin 1956, en application de la loi de 1947, transformant les communes mixtes en communes régies par la loi de 1884. Le rapport introductif constate que « *le moment est venu toutefois de répondre aux aspirations politiques des populations des campagnes et de leur confier, dans le cadre familier de leurs intérêts les plus immédiats, la gestion de leurs affaires locales. L'exercice des responsabilités communales permettra la formation progressive et rapide de véritables élites dont les premiers efforts devront être efficacement guidés et soutenus* ».

Mais le monde rural (il faut entendre ici indigène) n'eut guère le loisir de l'apprentissage de ce système municipal « majeur », dont il avait été continûment écarté depuis la conquête. Les bouleversements liés à l'intensification des « hostilités » débouchèrent sur une politique contraire de remilitarisation de l'administration du monde rural, avec la création des sections administratives spécialisées, sous l'autorité des officiers des Affaires algériennes, représentants directs des sous-préfets, forme de retour des bureaux arabes. Les villes ne furent pas non plus épargnées par cette militarisation de l'administration, avec la mise en place des sections administratives urbaines. Parallèlement, les politiques de déplacement massif des populations, dites de « regroupement », qui concernèrent près de 2,4 millions d'Algériens, brisaient le lien au sol et la possibilité même de l'entreprise communale. A l'indépendance, l'administration municipale de l'Algérie était devenue « *un édifice en ruine* »[1].

En son temps, Leroy-Beaulieu n'avait donc pas tort de s'alarmer de la pusillanimité du législateur à l'égard des indigènes, dans l'organisation de la vie municipale. Car ces élites locales indigènes, pointées par le décret de 1956, et toujours en devenir selon le discours colonial après un gros siècle de présence française, furent peut-être lasses d'attendre. Elles décidèrent de prendre leur destin en main, sans être guidées, ni soutenues.

---

invoquant sa « pratique du bled », un tableau très négatif du fonctionnement des institutions locales indigènes, les douars-communes et tout particulièrement leurs djemaâs, preuve selon lui de l'incapacité des indigènes à s'émanciper (p. 15). Aussi fait-il un vigoureux éloge de la lenteur dans la réforme communale : « en brûlant les étapes, on risque de tout compromettre… (Dans le domaine) du droit public il importe de ne pas brusquer l'évolution des institutions. Car celles-ci se trouvent intimement liées aux faits sociologiques » (p. 10).

[1] Sur ces points, voir H. MICHEL, « Les nouvelles institutions communales de l'Algérie », *in Revue de l'Occident musulman et de la Méditerranée*, n° 5, 1968, p. 96.

LA REFORME TERRITORIALE EN FRANCE LES AMBITIONS DEÇUES DES COLLECTIVITES TERRITORIALES

Guy SIAT
Maitre de Conférences de droit public
IPAG Université de Strasbourg

INTRODUCTION

Les réformes territoriales se sont amplifiées et accélérées sous l'effet de la crise financière de 2008. Plusieurs pays de l'Union Européenne ont commencé à simplifier leur organisation administrative territoriale, à fusionner les collectivités au niveau communal, à supprimer les niveaux intermédiaires...par volonté d'optimiser leur organisation ou parce que la réforme territoriale a fait partie des conditions d'un plan de sauvetage de leur économie dicté par l'Union Européenne. Ainsi, une fusion drastique des communes a fait partie intégrante des conditions imposées par la Commission Européenne aux autorités grecques en 2010. Le même régime sévère devait être appliqué sans ménagement à l'Espagne, mais le gouvernement central espagnol a dû composer avec les puissantes communautés autonomes, parmi lesquelles l'emblématique Catalogne, toujours tentée par le séparatisme. L'Allemagne est toujours perçue, du moins en France, comme ayant réussi, elle, sa réforme territoriale, parce que les Länder ont réussi dès les années 1970 la fusion des communes. Mais, c'est oublier que la fusion des Länder, elle, a été un échec : à ce jour, la seule fusion réussie est celle qui a donné naissance, en 1952, au Land de Bade-Wurtemberg (par assemblage du pays de Bade et du Wurtemberg). Il faut accepter dès lors que le poids de l'histoire interfère dans une démarche de rationalisation. La recherche d'une architecture territoriale efficace n'a de sens que par rapport aux compétences respectives de l'Etat et des collectivités territoriales, à l'autonomie locale, aux moyens financiers et à la décentralisation dans son ensemble, c'est-à-dire en tant que partie intégrante de la réforme de l'Etat. Or cette dernière ne se réduit pas à la raison technicienne : c'est avant tout une réforme politique !

La conception française de la décentralisation a été très souvent réduite au seul transfert de compétences de l'Etat à l'un ou l'autre niveau de collectivités territoriales[1]. Même de ce seul point de vue, la décentralisation n'est certainement pas un processus abouti. La loi n° 1982-213 du 2 mars 1982 relative aux libertés des communes, des départements et des régions a certes marqué un changement de conception de la décentralisation et une étape décisive : principe d'autorités élues, services propres aux collectivités territoriales, suppression de la tutelle

---

[1] G. MARCOU, « Changements et permanences dans le système français d'administration territoriale », *Revue Française d'Administration Publique (RFAP)*, 2012, n° 141, p 5.

administrative et financière du représentant de l'Etat. La décentralisation n'était pourtant pas nouvelle, mais elle a franchi un pas décisif et a ouvert le chantier. En effet, les communes et les départements en tant que collectivités locales, distinctes de la personne morale Etat, ont pris corps dès la Révolution, mais avec des rapports institutionnels de tutelle qui n'ont que peu évolué jusqu'en 1982. Les communes, avec des conseillers municipaux élus, ont été instituées dès la loi du 14 décembre 1789. Les départements, avec des conseillers généraux élus ont, eux, été institués dès 1790. Il ne faut pourtant pas se leurrer. Le suffrage n'avait rien d'universel : il était censitaire et il n'était pas ouvert aux femmes ! La décentralisation a progressé au XIX ème siècle avec la reconnaissance « d'affaires locales », le principe de l'élection du maire au sein du conseil municipal, la dévolution d'un certain nombre de compétences locales aussi bien aux communes qu'aux conseils généraux : c'est l'objet de la loi municipale du 5 avril 1884 et de la loi sur les conseils généraux du 10 août 1870. Aujourd'hui encore, un certain nombre de dispositions du Code Général des Collectivités Territoriales (CGCT) sont dans leur rédaction de l'époque. A ce stade, on pourrait croire que la décentralisation se résume strictement aux aspects administratifs d'organisation territoriale, d'élections locales et de compétences locales. C'est oublier qu'en parallèle, la décentralisation financière a aussi progressé avec la reconnaissance, après la première guerre mondiale, d'impôts locaux spécifiques (par transformation des impôts d'Etat en impôts locaux) et longtemps après l'aboutissement du processus avec la loi du 10 janvier 1980 qui a autorisé les assemblées locales à voter elles-mêmes le taux de leurs principaux impôts directs locaux (dans les limites établies par le législateur). Un troisième niveau de collectivité territoriale a été ajouté par la loi du 2 mars 1982 : en effet, la région a été érigée en collectivité territoriale, après avoir d'abord été instituée sous la forme d'un établissement public territorial (loi du 5 juillet 1972)[1].

Depuis 1982, plusieurs problèmes sont apparus et semblent faire l'objet d'hésitations au gré des majorités. En premier lieu, se pose la question de l'organisation territoriale. L'émergence puis la montée en puissance des régions a, pendant un temps, fragilisé l'existence des départements…et plus encore depuis que les agglomérations les plus importantes ont été transformées en métropoles (la catégorie d'intercommunalité à fiscalité propre la plus intégrée) : il n'y a plus véritablement de place pour le département. Déjà, la création de la métropole de Lyon (3ème ville française) par la loi 2014-58 du 27 janvier 2014 de modernisation de l'action publique territoriale et d'affirmation des métropoles (loi MAPTAM) a laissé le département du Rhône pratiquement sans territoire et sans compétences (celles-ci étant absorbées par la métropole qui représente la majeure partie du territoire de ce département)[2]. La nouvelle carte des régions, issue de la loi du 16 janvier 2015, a cependant sauvé les départements : la création de « grandes régions », par fusion de certaines anciennes régions, a montré que les

[1]V. DONIER, *Droit des collectivités territoriales*, Paris, mémento Dalloz, 2017, 2ème éd, 202 p
[2] JO 28 janvier 2014, p 1562

départements avaient l'avantage de représenter la proximité dans l'action publique, là où les grandes régions créaient inexorablement de l'éloignement entre les élus et les citoyens. Les réformes territoriales se heurtent toujours à de fortes résistances. La France n'échappe pas à ce frein politique, alimenté par les dissensions politiques et les associations d'élus locaux, souvent divisées mais toujours influentes.

Dès lors, la décentralisation, résultat de compromis difficiles, est toujours aussi attendue que redoutée. Dans ce contexte, la décentralisation est un chantier permanent (I), qui rend la moindre réforme relative aux collectivités territoriales difficile à mettre en œuvre (II).

I- LA DECENTRALISATION, UN CHANTIER PERMANENT…

La révision constitutionnelle du 28 mars 2003 a été l'occasion d'ajouter une phrase à l'article 1er du corps de la Constitution de la Vème République (1958-) : « Son organisation *-celle de la République française-* est décentralisée ». Dès lors, il appartient au législateur, en vertu de l'article 34 de la Constitution qui décline les domaines de la compétence législative du Parlement, de donner corps à cette organisation décentralisée : « *…la loi détermine les principes fondamentaux : - de la libre administration des collectivités territoriales, de leurs compétences et de leurs ressources* ». Il apparaît aujourd'hui que la décentralisation, malgré la multiplication récente de textes législatifs très denses, est une véritable boîte de Pandore : dans le train de réformes, un chantier peut en cacher un autre (A). Mais il s'avère aussi que même si la volonté politique existe, les moyens juridiques ou financiers de plus en plus contraints amènent les autorités à réduire leur ambition : la décentralisation est freinée par l'inadéquation des moyens (B).

A- DANS LE TRAIN DE RÉFORMES, UN CHANTIER EN CACHE UN AUTRE…

La multiplication des textes cache mal le véritable problème : le manque de vision d'ensemble d'une architecture territoriale efficace, pour servir au mieux l'action publique locale, ce qui suppose d'avoir une vision claire du rôle respectif de l'Etat et des collectivités décentralisées. Il appartient à l'Etat de définir la doctrine des découpages administratifs, avant de procéder à une réforme des découpages existants. Ce n'est qu'au prix de cet effort de réflexion, à partager avec une représentation des collectivités territoriales (ce que le Sénat n'est malheureusement pas), que l'Etat peut utilement engager, si besoin est, une refonte des structures et de leurs compétences (qui fait quoi), dans le respect du principe constitutionnel de la libre administration dont les contours ne sont pas achevés. Encore, faudrait-il définir une méthode.

1- La répartition des compétences

Dans le cadre de la réforme de l'Etat, la répartition des compétences répond à un principe directeur impératif : la subsidiarité. Il faut dans un premier temps identifier les domaines qui, par nature, sont exclusivement de la compétence de l'Etat, puis, au regard d'une revue des compétences nécessaires à la mise en œuvre des politiques publiques, identifier les domaines qui sont de la compétence de l'un ou l'autre niveau de collectivité territoriale. C'est le sens même d'une vraie répartition des compétences, en intégrant le principe de subsidiarité tel qu'il est inscrit dans l'article 72 alinéa 2 de la Constitution dans sa rédaction du 28 mars 2003 : « *les collectivités territoriales ont vocation à prendre les décisions pour l'ensemble des compétences qui peuvent le mieux être mises en œuvre à leur échelon* ». Mais, la réalité ne correspond pas à ce schéma. En effet, elle est plus brouillée : chevauchements de compétences, concurrence de compétences, compétences partagées, transferts de charges sans véritable compétence…et le principe même de la clause de compétence générale qui caractérise les communes françaises, au détriment de la subsidiarité[1]. Aux termes de la loi, chaque commune a vocation à délibérer toutes les affaires de son niveau ; dans le Code Général des Collectivités Territoriales (art L 2121-29 CGCT), ce principe est traduit par la formule « *le conseil municipal règle par ses délibérations les affaires de la commune…* ». Cette formule était pendant longtemps retranscrite aux deux autres niveaux de collectivités territoriales jusqu'à la suppression de la clause de compétence générale pour les départements et les régions par la loi NOTRe du 7 août 2015… Dès lors, il devient délicat pour un niveau de collectivité de s'immiscer dans un domaine de compétences sans risquer de mordre sur le domaine de compétence de l'autre niveau. Même si la région est devenue l'échelon de référence (le chef de file) en matière de développement économique, les communes et les départements n'entendent pas renoncer à leurs interventions en la matière dans le respect de la matrice régionale. La création d'une zone artisanale relève bien d'une décision locale (communale ou intercommunale), mais les entreprises qui s'y installent ne pourront recevoir d'aides directes que de la région qui, en vertu de la loi NOTRe, a une compétence exclusive en la matière.

Le défi est celui d'une véritable répartition des compétences, avec des domaines d'exclusivité attribués, par la loi, à l'un ou l'autre niveau de collectivité. Or, dans un schéma aussi rigoureux, cela exclurait la possibilité pour une commune ou un département, d'intervenir dans l'action économique… dont les contours restent à préciser. Le domaine de l'éducation est révélateur : aux termes de la répartition des compétences, il appartient aux communes de prendre en charge la construction et l'équipement des écoles primaires, aux départements la construction et l'équipement des collèges et aux régions la construction et l'équipement des lycées. L'Etat, lui, est en charge de l'enseignement supérieur : personnels, bâtiments, équipements…Ce schéma est bien idyllique et reflète une véritable répartition des compétences par niveau de collectivité… Mais, en réalité, la répartition est beaucoup plus complexe : de l'école primaire à l'université, tous

[1] La clause de compétence générale est un principe formellement inscrit dans l'article 4 de la Charte Européenne de l'Autonomie Locale (Conseil de l'Europe) du 15 octobre 1985 : « Les collectivités locales ont, dans le cadre de la loi, toute latitude pour exercer leur initiative pour toute question qui n'est pas exclue de leur compétence ou attribuée à une autre autorité ».

les enseignants permanents sont rémunérés par l'Etat, les régions sont en charge des transports scolaires (depuis septembre 2017), les régions sont aussi en charge de l'apprentissage et de la formation professionnelle, mais participent régulièrement à la construction de bâtiments universitaires, à l'équipement des laboratoires universitaires. Ces seuls exemples montrent la nécessité d'une méthode.

On pourrait ainsi imaginer que le niveau régional soit un niveau de planification, de coordination, plus qu'un niveau de gestion. Certaines missions de gestion quotidienne (gestion des lycées) ont empêché les régions d'être à part, au-dessus de la mêlée… Mais pour les conseillers régionaux, élus au suffrage universel, il est plus gratifiant de justifier auprès des électeurs des compétences de gestion, donc de préoccupations quotidiennes (lycées, trains régionaux) que des compétences de planification…qui sont totalement étrangères aux citoyens et aux entreprises !

La répartition des compétences ne peut aboutir que si l'Etat se fixe clairement les limites de ses propres compétences : ce n'est pas le cas aujourd'hui !

2- La libre administration

L'article 72 de la Constitution consacre le principe de la libre administration des collectivités territoriales, mais sans la définir. L'article 34 de la Constitution laisse au législateur le soin de donner corps à ce principe, qui ne se confond ni avec la décentralisation, ni avec l'autonomie locale au sens du Conseil de l'Europe (Charte de l'autonomie locale du 15 octobre 1985). Le Conseil Constitutionnel a eu l'occasion de fixer les limites de la libre administration, alors qu'il s'est toujours refusé à la définir positivement. A la merci d'une interprétation prétorienne, le principe est encore une construction passablement inachevée. Le Conseil Constitutionnel considère toutefois que la libre administration des collectivités territoriales correspond à une « liberté fondamentale »[1]. Dès lors, chaque niveau de collectivité revendique le droit de s'occuper de tout et ne trouve de limite que dans l'intérêt public local et la contrainte budgétaire !

Certes, le principe de la libre administration s'impose très logiquement au législateur lorsqu'il s'agit du minimum : reconnaissance de la personnalité morale, autonomie budgétaire, élection au suffrage universel des représentants de la collectivité, bénéfice de prérogatives de puissance publique (utilisation de l'expropriation, décisions unilatérales exécutoires, pouvoirs de police), liberté de gestion (libre choix du mode de gestion d'un service public… sauf exception). Mais ce contenu n'est pas figé. Ce n'est qu'en 1982 que le législateur a supprimé le contrôle de tutelle de l'Etat sur les actes des collectivités territoriales : cette suppression a signifié un pas important vers une libre administration plus satisfaisante… et pourtant le principe de libre administration est bien présent dans

---

[1] C'est la raison pour laquelle le Conseil Constitutionnel a admis que des collectivités territoriales pouvaient plaider l'exception d'inconstitutionnalité (procédure de la Question Prioritaire de Constitutionnalité).

la rédaction initiale de la Constitution, c'est-à-dire depuis 1958 ! Et ce n'est qu'à la faveur de la révision constitutionnelle du 28 mars 2003 que l'autonomie financière est devenue une composante de la libre administration (art 72-2 de la Constitution) mais le Conseil Constitutionnel s'est dépêché de la limiter dans son contenu en affirmant sèchement que les collectivités territoriales ne bénéficient pas pour autant d'une quelconque autonomie fiscale [1]! Le Président de la République, devant le Congrès des Maires en novembre 2019, a même fustigé le « fétichisme français de l'autonomie fiscale ».

L'exercice des libertés publiques ne peut pas être entravé par des règles émanant de collectivités territoriales. Seule la loi peut autoriser certaines autorités locales à limiter l'exercice de libertés telles que la liberté de réunion, de circulation, etc. Seuls des impératifs d'intérêt général, notamment de sécurité, peuvent alors, sous le contrôle du juge administratif, autoriser l'autorité locale à limiter temporairement telle ou telle liberté. Ainsi, l'interdiction d'une manifestation, d'une réunion ou d'un spectacle doit rester tout à fait exceptionnelle. (le cas des manifestations à Paris est tout à fait spécifique du fait de la compétence du Préfet de police).

La jurisprudence du Conseil Constitutionnel en la matière ne permet pas de définir un cadre sûr. Tantôt, il manie le bâton, tantôt il rassure les élus face à l'Etat législateur. Ainsi, alors qu'il avait confirmé le principe autoritaire de la suppression des communes isolées (chaque commune doit être membre d'une intercommunalité à fiscalité propre), il a ensuite fixé une limite : une commune isolée, avant d'être rattachée d'office à une intercommunalité par le Préfet, doit au moins être consultée, l'absence de consultation étant une entrave à la libre administration des collectivités territoriales !

Le principe de libre administration doit évidemment évoluer : il ne faut donc pas regretter que ce soit le Conseil Constitutionnel qui le façonne au gré des circonstances et des exigences[2]. Le Conseil d'Etat reste rigide. Ainsi, il a mis en échec, sans surprise, la tentative de s'opposer à la fusion des régions Alsace, Lorraine et Champagne-Ardenne au sein d'une région unique, la région Grand Est imposée par la loi du 16 janvier 2015 relative à la délimitation des régions. Plusieurs requérants ont demandé au Conseil d'Etat l'annulation du décret du 30 juillet 2015 portant convocation des collèges électoraux pour procéder à l'élection des conseils régionaux, une façon de s'opposer en fait à la loi ayant institué la « grande région ». Les requérants invoquaient, par la voie de l'exception,

---

[1]Conseil Constitutionnel DC 2009-599 du 29 décembre 2009 (décision relative à la loi de finances 2010) JO 31 décembre 2009, p 22995 :
« ...Il ne résulte ni de l'article 72, ni d'aucune autre disposition constitutionnelle que les collectivités territoriales bénéficient d'une autonomie fiscale... »

[2] B. FAURE : « il semble que la jurisprudence constitutionnelle appliquant le principe de la libre administration se caractérise moins par son degré de contrôle que par sa libre pratique qui échappe à toute automaticité... », *in* « Sens et portée de la constitutionnalisation du droit des collectivités territoriales » *Pouvoirs locaux*, 2012, n° 93, p 40.

l'incompatibilité des dispositions de la loi avec les articles 4 et 5 de la Charte Européenne de l'Autonomie Locale du 15 octobre 1985. Le Conseil d'Etat, dans son arrêt du 27 octobre 2015, a jugé sans surprise que la Charte ne pouvait pas être invoquée à l'appui du recours, car elle ne produit pas d'effets directs sur les particuliers. Ainsi l'article 5 qui prévoit que « pour toute modification de limites territoriales locales, les collectivités locales concernées doivent être consultées préalablement, éventuellement par voie de référendum » ne pouvait pas être invoqué en l'espèce pour écarter l'application de la loi nationale et justifier l'annulation du décret du 30 juillet 2015.

En ce qui concerne les départements, la solution actuelle est celle qui a été suivie pour réaliser la collectivité unique d'Alsace, en l'occurrence un département alsacien unique en lieu et place des deux départements du Rhin (Bas-Rhin et Haut-Rhin) : une délibération concordante des deux assemblées départementales, puis la sanction législative avec la loi du 2 août 2019 relative aux compétences de la collectivité européenne d'Alsace qui a organisé le futur département avec des éléments de différenciation par rapport aux départements de droit commun (notamment la reconnaissance d'une compétence en matière de coopération transfrontalière dans le respect du schéma régional de développement économique, d'innovation et d'internationalisation appelé SRDEII).

En vertu de l'article L 3112-1 CGCT, la fusion des départements est encouragée : « *Les limites territoriales des départements sont modifiées par la loi après consultation des conseils départementaux intéressés, le Conseil d'Etat entendu. Toutefois, lorsque les conseils départementaux sont d'accord sur les modifications envisagées, celles-ci sont décidées par décret en Conseil d'Etat* ». Les concrétisations se font attendre : le projet de fusion des deux départements savoyards n'est pas très avancé. Seule la fusion des deux départements alsaciens va devenir effective le 1er janvier 2021 dans un contexte très particulier : la volonté d'une majorité d'élus locaux de recréer, à terme, une région Alsace hors du Grand Est.

Qu'il s'agisse de la répartition des compétences ou du contenu de la libre administration, le chantier est loin d'être achevé, par manque de vision et de méthode. Dans ce domaine, l'histoire du pays et le contexte politique font qu'il est délicat de s'inspirer des expériences étrangères. Le fantasme des responsables politiques français est de créer des régions puissantes comme les fameux Länder allemands…en oubliant que ces derniers ne sont pas de simples régions, mais des Etats dirigés par un gouvernement (avec des ministres) et que l'Allemagne est fédérale !

Il n'y a pas de définition unique de la libre administration, même au filtre de la Charte Européenne de l'Autonomie Locale.

B. L'INADEQUATION DES MOYENS

Le conflit de normes constitutionnelles n'est pas nouveau : ainsi, l'unité de la République est un principe supérieur à celui de l'autonomie locale (le Conseil

Constitutionnel a pourtant refusé de reconnaitre l'existence de principes supra constitutionnels) : le législateur peut néanmoins consentir des entorses à un droit uniformément applicable sur l'ensemble du territoire national. La territorialisation du droit apparaît comme une fissure, aujourd'hui nécessaire, à l'unité de la République…car l'unité n'est plus forcément l'uniformité. Le droit peut s'adapter aux réalités nouvelles, mais il répare difficilement les écarts de richesse qui se creusent au lieu de se résorber.

1- Une fissure dans l'unité de la République : de la territorialisation du droit au droit à la différenciation

L'unité de la République craque… mais ne rompt pas ! Le principe d'unité correspond ici à celui de l'indivisibilité, consacré à l'article 1er de la Constitution et protégé par le Conseil Constitutionnel (qui au nom de ce principe, a refusé de valider la reconnaissance d'un peuple corse : en France, il n'y a que le peuple français). L'unité s'est confondue avec l'uniformité de l'organisation territoriale, du droit applicable, du mode de fonctionnement des institutions sur l'ensemble du territoire. Et pourtant, ce schéma, séduisant au regard du principe de l'égalité, a fait l'objet de concessions, y compris dans la Constitution, avec un statut spécifique de certains territoires (Nouvelle-Calédonie), des collectivités d'outre-mer… ou encore de la Corse, visée directement par le terme de « collectivité à statut particulier ». Depuis longtemps, le législateur crée des statuts particuliers pour telle ou telle partie du territoire : c'est le cas notamment de Paris (à la fois Ville et Département) ou de Lyon (« métropole » avec un statut de collectivité territoriale et non d'EPCI), les villes les plus importantes (la division de Paris, Marseille et Lyon en arrondissements donnant lieu à l'élection de maires d'arrondissement). C'est aussi le cas de certaines régions de la métropole : la Corse, mais aussi l'Ile-de-France… Ces statuts particuliers sont certes une dérogation à l'uniformité de l'organisation territoriale, mais ils ne remettent pas en cause fondamentalement le principe d'égalité. C'est même pour assurer une meilleure égalité que le législateur a créé des formes d'organisation particulières. La fissure dans l'unité de la République est dans la territorialisation du droit, au-delà de l'application de règles particulières (dans certains domaines) dans les collectivités d'outre-mer, ou encore en Alsace-Moselle (le droit local alsacien-mosellan), et pour d'autres raisons à Paris. C'est la possibilité pour les collectivités territoriales elles-mêmes de solliciter une organisation particulière, ou un droit dérogatoire sous couvert de particularités locales ou régionales. Faut-il aller plus loin, vers un pouvoir de différenciation qui serait largement reconnu aux collectivités décentralisées sous couvert d'autonomie locale ? L'unité de la République serait alors sérieusement menacée, car il ne s'agirait plus d'organisation du territoire par le droit, mais de hiérarchisation des normes, donc des collectivités (Décentralisation : l'organisation à la carte, certains élus s'y voient déjà, La Gazette, 25 mars 2019, p 32). Le renforcement des capacités juridiques des collectivités territoriales ne passe pas par la fragilisation de l'Etat. La décentralisation ne peut être efficace que si l'Etat est pleinement solide et serein. Comment se soucier alors de décentralisation dans des pays en guerre civile, alors que c'est l'intégrité de l'Etat lui-même qui est menacée ?

2- La fracture territoriale : les écarts de richesse

Alors que la centralisation était entièrement justifiée par le souci de l'Etat d'une stricte égalité (juridique) entre les territoires et d'un accès égal des citoyens aux services publics, la décentralisation entamée en 1982 a creusé les différences… En effet, en 1982, les collectivités territoriales ne sont pas parties à égalité de situation, de richesse : certaines étaient déjà riches, d'autres étaient déjà pauvres. La concurrence entre territoires, inhérente à la décentralisation, a creusé les écarts au lieu de les résorber[1]. Il est plus facile à une région, à un département ou à une commune riche de proposer des facilités aux entreprises, donc d'attirer encore plus de richesse. En utilisant 56 % de la richesse nationale à des dépenses publiques, on imagine mal que l'Etat et les collectivités territoriales puissent être accusés d'une telle fracture.

Ce n'est pas pour autant une découverte. C'est la raison pour laquelle les fonds européens soutiennent en priorité les régions qui souffrent d'un handicap structurel. De son côté, l'Etat, conscient de son rôle unique de ciment de la communauté nationale, a engagé une politique de résorption des écarts de richesse en faisant de la péréquation un principe constitutionnel[2]. Après la péréquation verticale fondée sur une discrimination positive dans le versement des dotations de l'Etat aux collectivités territoriales, le législateur a ouvert la voie en 2010 à la péréquation horizontale : les collectivités territoriales les plus aisées doivent reverser une partie de leurs recettes fiscales aux collectivités les plus pauvres (au détriment du principe de l'autonomie locale). Entre les deux, il y a de moins en moins de collectivités qui ne sont pas ponctionnées… mais qui ne sont pas non plus bénéficiaires[3].

Cette fracture territoriale a évidemment des effets sur la capacité d'investissement des collectivités les moins aisées : équipement des territoires en « haut débit », maisons de retraite, etc. Nombreux sont les services et les équipements qui sont directement dépendants de la capacité financière des collectivités. L'appel au « marché » serait-il salutaire ? C'est oublier que le secteur privé ne s'intéresse qu'aux situations rentables et qu'il ne pratique pas des

---

[1]Conseil Economique Social et Environnemental (CESE), P. de VIGUERIE, *La réduction des inégalités territoriales : quelle politique nationale d'aménagement du territoire ?* Avis du 13 novembre 2013, www.cese.fr, 145 p.

[2]Article 72-2 de la Constitution issu de la réforme constitutionnelle du 28 mars 2003 : « La loi prévoit des dispositifs de péréquation destinés à favoriser l'égalité entre collectivités territoriales ».

[3]Le Conseil Constitutionnel a dû concilier le principe constitutionnel de l'autonomie financière avec l'objectif constitutionnel de péréquation qui se traduit par la recherche d'une plus grande égalité des collectivités territoriales entre elles.
Conseil Constitutionnel DC 2003-487 du 18 décembre 2003 (loi portant décentralisation du RMI et création du RSA)
JO 19 décembre 2003, p 21686.

« tarifs sociaux ». Le cas de la téléphonie mobile est révélateur : alors qu'il y a des parties du territoire français où les opérateurs se bousculent, il y a encore des « zones blanches » c'est-à-dire non couvertes dans des départements très fortement ruraux (Lozère, Creuse...). Celui des EHPAD (maisons de retraite) l'est tout autant : de puissants groupes privés proposent des prestations haut de gamme à des prix exorbitants aux familles qui en ont les moyens ; en revanche, les lits conventionnés (avec le Département) n'intéressent pas les prestataires privés, car les personnes accueillies relèvent toutes de l'aide sociale : dès lors, ce sont les EHPAD publics (communaux ou intercommunaux) et les EHPAD associatifs (relevant de Caritas, d'Emmaüs, etc.) qui accueillent l'immense majorité des personnes âgées dépendantes !

Il n'est pas possible de dissocier les compétences des structures territoriales : la simplification de l'architecture générale ne peut qu'aider à clarifier la vision d'une répartition optimale des compétences[1].

II- QUI REND DIFFICILE A METTRE EN ŒUVRE LA MOINDRE REFORME RELATIVE AUX COLLECTIVITES TERRITORIALES

L'article 72 de la Constitution consacre trois niveaux de collectivités territoriales, communes, départements et régions... mais précise que toute autre collectivité territoriale peut être créée par la loi[2]. Par rapport au statut de collectivité territoriale de droit commun, tout autre statut renvoie à une image moins valorisante... ainsi les élus de Mayotte ont obtenu de haute lutte le statut de département (le 101 ème département) en 2011, après dix années d'adaptation à la matrice d'un département « normal »[3]. L'organisation territoriale a maintes fois été critiquée, mais elle n'a pas évolué de manière spectaculaire depuis l'acte I de la décentralisation : en 1982, les régions accédaient au statut de « collectivité territoriale », collectivités superposées aux régions administratives de l'Etat. Dans tous les cas, c'est bien l'Etat qui est « l'architecte » de l'ensemble de l'édifice institutionnel, le fameux « millefeuilles » tant décrié par les commentateurs[4] ! Cette architecture représente un coût qui n'apporte pas nécessairement de valeur ajoutée... bien au contraire ; les commentateurs en ont dénoncé « l'imbroglio » [5]!

---

[1] M. DARNAUD et autres, Sénat, 2ème rapport d'étape de la mission de contrôle et de suivi de la réforme territoriale, 11 juillet 2016, 59 p

[2] B. FAURE, *Droit des collectivités territoriales*, Paris, Dalloz, 2018, 5ème éd, 685 p.

[3]Loi n° 2010-1487 du 7 décembre 2010 relative au département de Mayotte (l'île est devenue le 101 ème département français au 31 mars 2011, avec une assemblée unique exerçant à la fois les compétences d'un conseil général et d'un conseil régional). JO 8 décembre 2010, p 21 459.

[4] Les qualificatifs peuvent varier : l'Etat « architecte » pour les uns, « chef d'orchestre » pour les autres, technicien ou artiste ? J.-F. BRISSON, « L'Etat, grand architecte du local », *Pouvoirs locaux*, 2009, n° 83, p 85

N. KADA, « Recomposition territoriale : l'Etat, auteur-compositeur-interprète », *Pouvoirs locaux*, 2013, n° 96, p. 61

[5] L'article 3 de la loi du 2 mars 1982 était pourtant clair : « La répartition des compétences entre les collectivités territoriales et l'Etat s'effectue, dans la mesure du possible, en distinguant celles qui sont mises à la charge de l'Etat et celles qui sont dévolues aux communes, aux

Aujourd'hui, l'organisation territoriale est fragilisée tant par la mise en sommeil apparente de la remise en cause de l'architecture territoriale (A) que par la recherche de nouveaux territoires de gouvernance (B).

A- La mise en sommeil apparente d'une reforme de l'architecture des collectivites territoriales

Selon une sentence devenue célèbre, « il faut tout changer pour ne rien changer ». La loi du 16 décembre 2010, du temps du Président Sarkozy, avait posé dans un premier temps le principe de l'élection des conseillers communautaires au suffrage universel direct[1]. La loi du 17 mai 2013, à l'initiative du gouvernement de gauche issu de l'alternance de 2012, a défini les modalités pratiques de ce mode d'élection qui était une promesse de campagne présidentielle du Président de la République François Hollande. Et pourtant, c'est une entorse de taille dans le principe qui veut que le suffrage universel soit réservé aux représentants des « collectivités territoriales ». La première élection des conseillers communautaires au suffrage universel direct par fléchage a eu lieu en parallèle des élections municipales de mars 2014. Les élections municipales et communautaires de mars 2020 ont banalisé la procédure… mais le processus n'ira pas plus loin : il n'y aura pas d'élection du président de l'intercommunalité au suffrage universel direct, pas plus que le maire n'est élu au suffrage universel direct. L'intercommunalité est une révolution silencieuse et insidieuse : elle vide minutieusement et lentement les communes de leur substance. En revanche, la réforme territoriale qui a fait grand bruit…mais qui n'a pas remis en cause l'architecture globale, bien au contraire, est celle qui a conforté les régions et qui a organisé la survie des départements.

1- Commune et intercommunalité

La France est attachée aux communes. Instituées à la Révolution, les communes sont les héritières des paroisses de l'ancien régime. 44 000 communes ont remplacé les paroisses en 1789. Fin 2019, il ne restait que 34640 communes selon l'INSEE.

La commune française correspond certes à une réalité administrative, mais aussi géographique et sociologique : chaque localité, si petite soit-elle, a vocation à bénéficier du statut de commune ; aujourd'hui, sur l'ensemble des communes recensées par l'INSEE, plus de 30 000 comptent encore moins de 2000 habitants et plus de 20 000 ont moins de 500 habitants[2]. De fait, avec l'exode rural, il y a beaucoup de villages vides et qui correspondent à des communs fantômes : 80 % de la population française vit en ville… Or, dans l'imaginaire collectif, la

---

départements ou aux régions de telle sorte que chaque domaine de compétences ainsi que les ressources correspondantes soient affectés en totalité soit à l'État, soit aux communes, soit aux départements, soit aux régions ».

[1] J.-M. PONTIER (sous la direction de), « *Constitution et collectivités territoriales* », Paris, Lexisnexis, 2019

[2] DGCL, Les collectivités locales en chiffres, juin 2019 (www.dgcl.gouv.fr).

commune est avant tout un village rural avec sa mairie, son école, ses commerces ! Dans ces villages, il n'y a plus de commerce depuis bien longtemps, il n'y a plus d'école, il n'y a plus de sapeurs-pompiers, ni de prêtre ou de pasteur et il n'y a jamais eu sans doute de médecin…Mais il y a toujours un conseil municipal (7 conseillers dans les communes de moins de 100 habitants) et donc un Maire, symbole de la commune. Mais tous les acteurs clés de la société locale ont migré vers les bourgs-centres.

Pour rationaliser la gestion communale, le législateur a tenté vainement à plusieurs reprises d'encourager la fusion des petites communes (de la Constitution de 1795 à la loi Marcellin du 16 juillet 1971). A chaque fois, l'opération a été un échec : la création des « communes nouvelles » par la loi du 16 décembre 2010 n'a pas fondamentalement changé la donne, si ce n'est qu'elle a réussi à faire passer le nombre de communes françaises en dessous de la barre des 35 000 (dont 794 communes nouvelles) au prix de plusieurs modifications (successivement les lois du 16 mars 2015, du 1er août 2019 et, en dernier lieu, la loi du 27 décembre 2019 relative à « l'engagement dans la vie locale et à la proximité de l'action publique »). C'est la raison pour laquelle l'Etat a fait la promotion de la coopération intercommunale, sous la forme d'établissements publics de coopération intercommunale. Ainsi, le législateur a créé successivement plusieurs types de structures, toujours sous la forme d'établissements publics et en devenant de plus en plus directif en ce qui concerne leurs compétences : des syndicats de communes créés par une loi de 1890 jusqu'aux métropoles instituées par la loi du 27 janvier 2014, ce ne sont pas moins de sept types de structures qui se sont succédé. Aujourd'hui, ce sont quatre types de structures « communautaires » qui coexistent et qui couvrent à présent intégralement le territoire national (sauf Paris et 4 îles au large des côtes), chacune étant adaptée à un territoire donné : les communautés de communes en milieu rural, les communautés d'agglomération à partir d'un seuil de population de 50 000 habitants, les communautés urbaines à partir d'un seuil de population de 100 000 habitants et enfin, la forme la plus récente, les métropoles à partir d'un seuil de population de 400 000 habitants.

L'intercommunalité avait été fondée sur le principe du volontariat. Mais la loi du 16 décembre 2010 a posé le principe qu'à partir du 1er janvier 2014, chaque commune française devrait être membre d'une communauté ou d'une métropole (intercommunalité à fiscalité propre). Le législateur a même donné la possibilité au Préfet, représentant de l'Etat dans le département, de rattacher d'office une commune à une communauté. Le Conseil Constitutionnel n'a pas jugé en tant que tel ce procédé attentatoire à la libre administration des communes.

Suite à la mise en œuvre de la loi du 16 décembre 2010 et de la loi du 17 mai 2013, les électeurs ont été amenés à élire au suffrage universel en mars 2014 puis en mars 2020, leurs « conseillers communautaires » par fléchage, en parallèle de leurs « conseillers municipaux ». Cela ne signifie ni plus ni moins que les organes délibérants des communautés (conseils communautaires) ont désormais la même légitimité démocratique que les conseils municipaux. Et pourtant, ces communautés et métropoles restent juridiquement des EPCI régis par le principe de spécialité (seule la métropole de Lyon, faut-il le rappeler, a acquis le statut de collectivité territoriale).

Par ailleurs, le législateur, avec une grande constance, a progressivement imposé des compétences aux communautés et, avec la même constance, augmenté le socle de compétences de celles-ci au détriment des compétences des communes membres (parmi lesquelles la compétence eau et assainissement pour les communautés de communes au grand dam des communes). Le législateur a également doté les communautés d'une fiscalité propre : les communautés bénéficient de ressources fiscales propres, au même titre que les communes, en l'occurrence les impôts locaux traditionnels (taxes foncières et taxe d'habitation pour les ménages, contribution économique territoriale pour les entreprises). Il faut se rendre à l'évidence : la généralisation de l'intercommunalité dite « à fiscalité propre » a encore augmenté la pression fiscale des contribuables locaux sans pour autant que soient démontrées les économies d'échelle qui devaient résulter de l'intercommunalité[1]. Cette dernière a permis de créer des services ou des équipements qu'il n'était pas possible de créer au niveau des communes prises isolément : c'est le cas notamment des piscines, des services de garde des enfants en bas âge, etc.

Dans l'impossibilité politique d'imposer la fusion des communes (la plus petite commune alsacienne compte 38 habitants), le législateur français a préféré mettre en œuvre une stratégie de contournement… qui va mettre encore des décennies avant de porter ses fruits. Il faut remarquer qu'en Grèce, ou en Lettonie, la Commission Européenne a imposé des fusions de communes… en contrepartie de l'aide financière pour sortir de la crise du surendettement public.

2- Le département n'est plus contesté, le législateur l'a cependant affaibli !

La France n'est pas le seul Etat de l'Union Européenne à avoir un système administratif comprenant trois niveaux de collectivités territoriales, loin s'en faut[2]. Le niveau communal existe dans chaque Etat, même s'il donne lieu à des formes d'organisation différentes, le niveau régional est le niveau infra étatique reconnu par l'Union Européenne et, dans certains Etats, il y a aussi un niveau intermédiaire : c'est le cas en France avec les départements en tant que collectivités territoriales. Depuis que la loi du 2 mars 1982 a érigé les régions en collectivités territoriales, plusieurs rapports ont posé de manière de plus en plus pressante la question de la pérennité des départements-collectivités territoriales (et non pas des départements, circonscriptions administratives de l'Etat). La

[1] La Cour des Comptes, dans son rapport annuel, relève régulièrement les dysfonctionnements et les surcoûts dans les intercommunalités.
R. HERTZOG, « la réforme des collectivités territoriales : une ambition financière », *RFAP* ,2012, pp. 121-137.
[2] Par exemple, en Pologne, il y a bien les regiony (régions), les voïvodies (départements) et les communes ; en Italie, il y a les régions, les provinces et les communes.

reconfiguration des régions, au lieu de relancer le débat, a assuré la pérennité des départements.

Pour les départements, la question au début des années 2000 était bien celle de leur suppression, par absorption de leurs compétences par les régions. Il y a dans les nouvelles régions, au terme de la nouvelle délimitation entrée en vigueur en 2016, entre quatre et treize départements (ex : la Bretagne avec 4 départements, l'Occitanie avec 13 départements). Le législateur a imposé aux départements, collectivités territoriales, des charges de plus en plus lourdes qui nécessitent des budgets de plus en plus conséquents et difficiles à équilibrer : action sociale, construction et équipement des collèges, … La part des prestations d'action sociale versées par les départements représente généralement plus de la moitié du budget annuel de l'institution, avec un reste à charge important malgré la promesse récurrente de l'Etat de compenser la charge réelle ! Pourquoi les départements ne sont-ils alors plus contestés dans leur existence même ? Personne ne remet en cause la nécessité des principales compétences qu'ils exercent, même si la loi NOTRe a transféré les compétences « transports scolaires » et « transports interurbains » aux régions. Les « départementalistes » (majoritaires au Sénat), soutiennent que le périmètre relativement restreint des départements leur permet de mettre en œuvre efficacement des politiques de proximité, ce qui est essentiel, notamment dans le secteur social. Il est vrai que les départements, du fait de la nature de leurs compétences, emploient un nombre impressionnant de personnels, notamment dans le domaine de la compétence sociale (petite enfance, personnes âgées, personnes en situation de handicap, autant de secteurs d'intervention qui nécessitent un personnel en nombre suffisant). La loi NOTRe a surtout supprimé la clause de compétence générale des départements et des régions, mais avec des effets particulièrement néfastes pour les départements… Le Conseil Constitutionnel a validé le principe de découplage entre la notion de collectivité territoriale et celle de clause de compétence générale (QPC 2016-565 du 16 septembre 2016).

Paradoxalement, les citoyens identifient très mal l'action des départements et confondent souvent le conseil départemental avec le conseil régional… Une réforme constitutionnelle devait d'ailleurs supprimer le niveau du département-collectivité territoriale à l'horizon 2020. Or le département est devenu essentiel face à l'éloignement des grandes régions de ce qui est l'essence même de la décentralisation, la proximité dans la mise en œuvre des politiques publiques et la proximité grâce à des élus accessibles et clairement identifiés (« à portée d'engueulade »). L'institution du département est donc bien vivante, confortée par la création des grandes régions… mais de plus en plus étranglée financièrement par l'Etat, toujours dans la stratégie du contournement ! Encore une ambition déçue pour les tenants d'une décentralisation sans arrière pensée.

Les régions sont le niveau de collectivité territoriale le plus récent, le plus politisé…mais le moins contesté dans son principe. Le périmètre des régions collectivités territoriales correspondait pendant longtemps à celui des régions, circonscriptions administratives de l'Etat, instituées en 1955 dans le cadre de la planification régionale du développement économique décrété par l'Etat (décret n° 60-516 du 2 juin 1960 portant harmonisation des circonscriptions administratives). Or, il y a eu une véritable pression politique qui a poussé les autorités de l'Etat à vouloir modifier la carte des régions en faveur d'une réduction du nombre des régions métropolitaines[1]. Le législateur a ainsi validé une carte de France avec 13 régions… au lieu des 22 régions métropolitaines (loi du 16 janvier 2015 relative à la délimitation des régions). Certains ont pu parler de « super-régions, » plus vastes (le résultat des fusions), plus puissantes, notamment dans le domaine économique. Combien de temps faudra-t-il à ces nouvelles entités pour démontrer qu'elles sont effectivement plus puissantes, plus efficaces, plus économes que les régions d'avant la réforme … Elles ont certes réussi plus ou moins bien à amalgamer leurs politiques publiques, à décider non sans mal quelle serait la capitale régionale, à harmoniser leurs tarifs, à réorganiser les services administratifs, à fusionner ou supprimer leurs agences respectives. Mais il est à noter que la nouvelle délimitation des régions-collectivités territoriales a entrainé la réforme de l'administration territoriale de l'Etat (contrairement au mouvement traditionnel d'avant la réforme constitutionnelle du 28 mars 2003. La République est décentralisée qui calquait les collectivités territoriales sur celles de l'Etat territorial).

Les promoteurs de la réforme relative à la délimitation des régions estiment que seules des régions ayant une taille critique sur le plan géographique, démographique et économique pourraient rivaliser avec les Länder allemands ou les autonomies espagnoles (ex : Catalogne). Ce complexe de la taille critique des régions françaises n'est pas justifié : il y a des Länder allemands qui ont moins de population qu'une petite région française (le Land de Sarre compte 1,1 million d'habitants, celui de Brême seulement 663 000 habitants). Ce n'est donc pas le nombre d'habitants qui est pertinent, mais le mode de gouvernance et la concentration de compétences autour d'une autorité politique forte[2]. Dans la nomenclature des NUTS (Nomenclature d'Unités Territoriales Statistiques), la région parisienne est toujours de niveau 2 du fait de l'absence de structuration du Grand Paris[3]. Les grandes régions ont abouti à une recentralisation au niveau des régions fusionnées des politiques qui auparavant étaient celles des petites régions (les TER) ou des départements (c'est le cas des transports scolaires et des transports interurbains).

[1] Les régions d'outre-mer correspondent au périmètre des départements d'outre-mer et peuvent comporter une assemblée unique.

[2] H. WOLLMANN, « Le fédéralisme allemand, de la décentralisation à la (re)centralisation ? » *in* Droit *et gestion des collectivités territoriales*, Le Moniteur, 2018, pp 289-299.

[3] La Commission Européenne a classé les régions des différents Etats membres en unités territoriales appelées NUTS (Nomenclature d'Unités Territoriales Statistiques). Le niveau NUTS 1 correspond aux unités comptant entre 3 et 7 millions d'habitants, le niveau NUTS 2 correspond, lui, aux unités entre 800 000 et 3 millions d'habitants.

La puissance économique d'une région vient-elle mécaniquement de son chiffre de population ? On peut en douter… les cantons suisses sont le meilleur exemple d'une puissance économique qui ne repose pas sur le chiffre de population ! A l'exemple de la région Grand Est qui n'a réussi pour l'instant qu'à démanteler l'Alsace sans pour autant apporter plus de richesse ou d'attractivité à la Lorraine ou à la Champagne-Ardenne d'avant la réforme !

B- La recherche de nouveaux territoires de gouvernance

La question de la gouvernance territoriale a donné lieu au cours des dix dernières années à de nombreux rapports parlementaires ou rapports d'experts. La recomposition des collectivités territoriales est devenue un axe essentiel dans la réforme de l'Etat. Si les préoccupations financières justifient aujourd'hui plus que jamais une rationalisation de l'action publique locale, il faut tout autant considérer essentielles les données démographiques et économiques : 80 % de la population française vit en agglomération urbaine. La DATAR (Délégation à l'Aménagement du Territoire et à l'Attractivité Régionale) a longtemps plaidé en faveur d'une gouvernance autour du couple que forment les régions et les métropoles (dites « régionales »). Dès sa création, en 1963, la DATAR avait fait la promotion des métropoles d'équilibre : il s'agissait à l'époque de reconquérir le territoire face au constat de « Paris et le désert français ». L'Etat lui-même, par la réorganisation constante de ses services, devait accompagner l'ensemble de la restructuration. Mais, le « désert français », qui avait justifié la politique d'aménagement du territoire pendant 50 ans, tend aujourd'hui encore à s'étendre : les services de l'Etat, à force de restructurations, ont bel et bien déserté les zones rurales, les zones péri-urbaines ; mais la véritable désertification prend de nouvelles formes : les déserts médicaux sont une réalité, les déserts bancaires deviennent visibles (aux fermetures des guichets a succédé la suppression des distributeurs automatiques de billets)… Les commerces de proximité ont progressivement disparu. En 2014, la DATAR a fait l'objet d'une opération de fusion-absorption sous la forme d'un Commissariat Général à l'Egalité des Territoires, service du ministère chargé de la cohésion des territoires. Enfin, la loi du 22 juillet 2019 a transformé ce Commissariat mort-né en Agence Nationale de la Cohésion des Territoires sans lui attribuer plus de moyens d'action.

1- Le couple régions-métropoles[1]

Les autorités politiques ont voulu consolider simultanément le fait métropolitain et le pouvoir régional. La loi du 16 décembre 2010 avait institué les métropoles, mais sans grand succès, puisque seule Nice avait été créée dans le cadre de cette loi. La loi MAPTAM du 27 janvier 2014 a relancé avec succès les métropoles, toujours avec un statut d'intercommunalité à fiscalité propre, sauf la métropole de Lyon, créée directement par le législateur sous la forme d'une

---

[1] E. MARCOVICI, « Les liens entre les grandes régions fusionnées et les métropoles modernisées », *in Droit et gestion des collectivités territoriales*, 2018, Le Moniteur, pp 203-213.

« collectivité territoriale à statut spécial ». En plus des particularités du Grand Paris, ce sont aujourd'hui 20 agglomérations qui se sont transformées en métropoles par application de la loi du 27 janvier 2014. Ce sont donc juridiquement des établissements publics de coopération intercommunale, au même titre que les autres catégories de communautés, sauf qu'elles concentrent encore plus de compétences que celles-ci et qu'elles ont vocation à exercer, dans leur périmètre, les compétences des actuels départements (ou à les absorber, ce qui pourrait être le cas du département des Bouches-du-Rhône). Le dialogue se fait entre les puissants : les nouvelles régions et les métropoles... au point d'étouffer les départements et de justifier des niveaux de supra-intercommunalité (les pôles d'équilibre territorial et rural, les pôles métropolitains).

Le couple région-métropole doit permettre de développer des synergies et de véritables stratégies territoriales à l'échelle des régions européennes.

Lors de la Révolution, le territoire a été réorganisé, avec un succès rapide, autour des communes et des départements. Dans un proche avenir, la gouvernance territoriale sera ordonnée autour du couple région-métropole, ce qui suppose plusieurs véritables révolutions à venir : que faire des communes rurales et des départements[1]? Pour les communes rurales, faut-il ressortir l'idée de « municipalités de cantons », mais à l'échelle d'une communauté de communes ? C'est le sens de la loi Gatel du 1er août 2019 qui en a posé le principe en voulant adapter l'organisation des communes nouvelles à la diversité des territoires. C'est la réalité des communes-communautés : lorsque toutes les communes membres d'une intercommunalité décident de fusionner en une commune nouvelle, elles peuvent par là même se constituer à la fois en commune et en communauté, donc en intercommunalité.

A force de vouloir travailler à une échelle pertinente, les limites administratives départementales devront aussi être dépassées...elles sont déjà englouties par les appétits des métropoles.

2- Le repli de l'Etat territorial

L'administration de l'Etat est elle-même structurée sur trois niveaux : communes, départements et régions. Dans les communes, c'est le maire qui est agent de l'Etat, sous l'autorité du Préfet de département (application des lois et règlements de la République, organisation des élections, etc.) ou du procureur de la République (état civil des personnes, officier de police judiciaire). Le maire d'une commune agit donc tantôt en tant qu'exécutif de la collectivité territoriale « commune » et tantôt pour le compte de l'Etat. On dit que le maire a une double casquette ! L'administration de l'Etat s'est structurée sur une base départementale à partir de la création, par Napoléon, des préfets. Dans chaque département, un Préfet, nommé en conseil des ministres, est le seul représentant de l'Etat et du gouvernement dans le département. Il dirige l'ensemble des services de l'Etat

---

[1]G. MARCOU, « Région, département, commune : complémentarité et concurrence », *Pouvoirs locaux*, 2014, n° 101, p. 28

dans le département. Il est assisté de sous-préfets, dans le cadre territorial des arrondissements. Les préfets de région ont été institués par un décret du 14 mars 1964 pour diriger les services économiques déployés par l'Etat dans les régions, circonscriptions administratives. Aujourd'hui encore, les préfets de région sont les préfets du département chef-lieu de la région. Dans la recomposition des régions, le choix de la capitale régionale n'est pas neutre : certaines préfectures de région sont redevenues de simples préfectures de département (Châlons-en Champagne) ... Les services de l'Etat se sont donc eux-mêmes restructurés en fonction de la nouvelle délimitation des régions (Circulaire du premier ministre du 12 juin 2019 relative à la mise en œuvre de la réforme de l'organisation territoriale de l'Etat, JORF, 13 juin 2019).

La présence de l'Etat a pendant longtemps été perçue comme une garantie d'égalité entre les territoires : la préfecture, les services déconcentrés de l'Etat, avec pour certaines administrations, un maillage très fin, jusqu'au niveau des quartiers dans les villes et des cantons en milieu rural... c'était le cas notamment des administrations financières (administration fiscale et Trésor Public). Ce schéma n'est pas celui de la centralisation napoléonienne : la présence très forte des administrations de l'Etat sur l'ensemble du territoire est indépendante de la centralisation du pouvoir de décision. En effet, plus l'administration de l'Etat s'est étoffée (durant les XIX et XX èmes siècles), plus le pouvoir central a précisément dû faire des concessions en matière de pouvoir de décision, au profit de la déconcentration. Les préfets sont aujourd'hui les pivots de la forte déconcentration au sein de l'administration de l'Etat. La forte présence de l'Etat et le processus de déconcentration ont pendant longtemps freiné le développement de l'idée de « décentralisation » : l'Etat était perçu comme le protecteur, la proximité était incarnée par la présence effective des services de l'Etat au niveau déconcentré le plus élémentaire : les administrations financières, les brigades de gendarmerie[1].

Une profonde réforme des administrations déconcentrées est entrée en vigueur en 2010 sous la dénomination de REATE : réorganisation de l'administration territoriale de l'Etat. Sous la contrainte de la crise, de l'endettement de l'Etat, de la révision générale des politiques publiques (RGPP), la réorganisation a été l'occasion d'un repli de l'Etat, présenté comme un indispensable recentrage sur les domaines irréductibles de l'Etat. Dans les faits, c'est le maillage territorial des services de l'Etat qui a fait l'objet du nombre de suppressions de postes le plus important. Les services centraux (les ministères) ont été moins atteints. Comment un préfet de région ou un préfet de département peut-il être dépositaire de l'autorité de l'Etat avec des moyens budgétaires de plus en plus réduits, face aux régions ou départements qui mènent encore grand train ? En attendant le déploiement effectif des « maisons France-services » qui succèdent aux Maisons

[1] F. SAULNIER, « Lorsque la doctrine française exprimait son scepticisme à l'égard de la décentralisation (1910-1940) », *Revue Administrative*, mars 2006, p. 193.

de services au public (accueil physique du public et accompagnement numérique) depuis le 1er janvier 2020, les économies dans le fonctionnement de l'Etat ont atteint le bastion des administrations financières : le réseau de la DGFIP fait l'objet d'un resserrement inédit.

Conclusion

Dès lors, avec une dette publique qui a atteint fin 2019 le niveau historique de 100 % du PIB, la contrainte budgétaire justifie-t-elle un véritable « big-bang » territorial ou le commande-t-elle ? La fusion des régions a été perçue comme la pièce maitresse de la réforme territoriale, comme si des régions plus vastes suffisaient à en faire des régions plus puissantes et plus riches… Les économies d'échelle ne sont jamais perceptibles immédiatement et ne sont jamais sûres. La Commission Européenne attend de la France des réformes structurelles pour juger de sa crédibilité dans la maitrise des finances publiques. Les citoyens, eux, attendent de l'Etat et des collectivités territoriales toujours plus de services et plus de protection… mais sans aggravation de la pression fiscale. Seul le retour de la croissance à un niveau suffisant pourrait permettre de faire converger des attentes qui sont, *a priori*, diamétralement opposées !

Le poids des dépenses publiques et l'ampleur des déficits publics justifient certainement encore des réformes, voire une refonte de l'architecture administrative : les économies ne peuvent pas se réaliser à schéma d'organisation constant. Il ne faut pas non plus attendre des miracles : la fusion des régions, l'éventuelle suppression des départements, l'intercommunalité métropolitaine, la réorganisation des services de l'Etat, ne dégageront pas immédiatement des économies budgétaires… et la dimension financière et fiscale de la décentralisation est à reprendre entièrement : il faut même littéralement la réenchanter !

LA COHERENCE, PRINCIPE ESSENTIEL ET MECONNU DU SYSTEME D'ADMINISTRATION TERRITORIALE

Robert HERTZOG

Agrégé de droit public et de science politique (IEP de Strasbourg)

Expert auprès du Conseil de l'Europe

INTRODUCTION

L'existence d'une administration territoriale ne se discute pas. Elle se forme dès qu'une communauté de personnes s'organise dans un certain espace dont elle définit le périmètre et des modes d'usage. Le pouvoir local est antérieur à l'Etat ; il peut fonctionner avec et par lui ou contre lui. Les doctrines actuelles prennent cette donnée insuffisamment en considération en privilégiant les théories générales de l'Etat constitutionnel impliquant qu'il a un pouvoir discrétionnaire pour définir l'administration territoriale. Or, celle-ci est soumise à de forts déterminants d'ordre géographique, démographique, économique, culturel et sociologique et comporte un fond de coutumes et représentations mentales spécifiques à chaque société, qui façonnent ses formes et pratiques et expliquent les différences marquées d'un Etat à un autre.

Aucun pays n'est entièrement satisfait de son organisation territoriale, ni ne peut servir de modèle ; rapports officiels, programmes de partis politiques, études d'experts énumèrent des critiques et des recommandations de changements sur la taille des circonscriptions, les compétences, les régimes électoraux, les ressources, les contrôles. Cela tient à trois raisons inégalement présentes selon les pays : la conception du système[1] ne repose pas sur des fondements conceptuels solides qui définissent la nature et les finalités des institutions locales afin de donner sens et unité aux nombreuses composantes d'un ensemble complexe ; des imperfections dans chaque élément (compétences, statut des agents, régime d'un impôt, etc.) ; le manque de cohérence dans l'ajustement des différentes composantes. L'expérience[2] nous a appris que cette dernière exigence est partout mal respectée car incomprise.

---

[1] S'il est généralement le fruit d'une longue histoire, il a dû être parfois entièrement reconstruit. Les Etats issus de l'ex-bloc soviétique ou de l'ex Yougoslavie ont dû transformer leur organisation centralisée après avoir adhéré au Conseil de l'Europe et signé et ratifié la Charte européenne de l'autonomie locale (CEAL ci-après), traité international qui énonce les principes d'un pouvoir décentralisé (*https://rm.coe.int/168007a095)* et qui leur a fourni un cadre doctrinal.

[2] Les réflexions présentées dans cette contribution en hommage aux professeurs Diarra et Yonaba sont inspirées d'une triple expérience qui a permis de confronter théorie et pratique : une carrière d'enseignant et de chercheur en grande partie consacrée aux institutions territoriales ; des travaux sur les administrations locales dans près d'une vingtaine d'Etats pour y concevoir des stratégies de décentralisation ou pour évaluer des projets de lois, principalement avec le Conseil de l'Europe, mais aussi dans plusieurs pays d'Afrique ou en Haïti ; dix neufs ans de fonctions électives locales et la participation à divers organismes nationaux.

Notre thèse est que les défauts les plus lourds de conséquences et difficiles à traiter se trouvent dans des incohérences systémiques dues à la juxtaposition de décisions sur ces composantes prises sans mesurer leurs interactions et interdépendances. L'excessive complexification du droit des administrations territoriales en France provient de l'impuissance des gouvernants à s'attaquer à ces incohérences structurelles, ce qui les conduit à multiplier les réformes partielles qui aggravent la confusion et les coûts.

Voici pourquoi nous proposons de mettre en lumière **le principe de cohérence,** principe implicite, jamais énoncé et pourtant essentiel à la bonne marche de toute administration territoriale, dont il assure l'équilibre, la durabilité et l'efficacité. C'est aussi un excellent étalon pour évaluer et comparer ces administrations car leurs performances dépendent hautement du degré de respect de ce principe. Les experts nationaux ou internationaux s'appuient volontiers sur des batteries de bonnes pratiques[1] qui ont été choisies sans expliciter les conditions de fonctionnement concrètes, les contextes politiques et les facteurs culturels dans les pays où elles sont nées et dans celui où il est envisagé de les transposer. Pourtant, elles ne produiront de bons résultats que si elles sont en concordance avec les données socio-culturelles et économiques ainsi qu'avec les institutions déjà existantes dans le pays d'accueil. Des décennies d'échecs dans tous les domaines et sur tous les continents l'ont amplement démontré. Il n'existe de standards ni pour l'architecture globale des administrations territoriales, ni pour une catégorie de collectivités[2] et, rarement, pour des dispositions techniques[3].

Abusant de notre ancienneté et de l'amitié des professeurs Diarra et Yonaba qui nous le pardonneront, nous oublions les canons des exposés juridiques et présentons une suite de réflexions sur des thèmes que le lecteur découvrira au fil des pages.

LES FRAGILES FONDEMENTS DOCTRINAUX DE L'ADMINISTRATION TERRITORIALE

Il faudrait plus que tout cet ouvrage pour traiter ce sujet. A titre de prolégomènes, nous voulons seulement souligner qu'en dépit de nombreux travaux, les fondements doctrinaux de l'organisation des administrations locales sont fragiles, ce qui explique que les institutions soient pleines d'incohérences faute de repères fermes et réalistes. Cette faiblesse est, en soi, une anomalie si l'on

---

[1] Il serait tout aussi utile de recenser les erreurs à ne pas commettre et de publier une liste de *bad practices* car on a plus de certitudes sur ce terrain.

[2] Dans les Etats fédéraux, où la législation relative à l'administration locale relève de chaque Etat fédéré, coexistent divers modèles d'administrations locales ; même la France connaît plusieurs types de régions.

[3] Le mode de calcul des dotations versées par l'Etat norvégien aux communes ne fonctionnera dans un autre pays que si ce dernier dispose d'un système statistique de qualité équivalente, de la même densité d'ordinateurs dans les administrations et d'une formation adéquate des agents.

considère les enjeux que présentent ces administrations pour la vie des citoyens, le fonctionnement de la société et de l'économie.

La décentralisation française, essentiellement communale, s'est faite de manière empirique. Les constitutions du 19° siècle furent silencieuses et celles de 1946 et de 1958 n'ont comporté que des principes vagues. S'ils furent renforcés par une jurisprudence timide du Conseil constitutionnel et des révisions textuelles, il reste difficile d'en tirer une doctrine intellectuellement solide, politiquement partagée et capable d'encadrer l'action du législateur. L'ajout, en 2003, dans l'article 1er de la constitution, de la formule disant, à propos de la République, que « *Son organisation est décentralisée* », apporte peu de clarté ; elle avait d'ailleurs été, pour cette raison, critiquée par le Conseil d'Etat. Que vise le terme *organisation* et que signifie *décentralisé* ? On en a une image intuitive par référence aux pratiques et discours du passé[1], et donc incertaine et discutable. Comme cela empêche de nourrir une dynamique[2] et de fixer des objectifs clairs, la réforme territoriale progresse de façon chaotique[3].

On n'est pas mieux informé avec les notions d'autonomie et de libre administration, d'apparence plus juridique. Autonomie peut recevoir une définition générale[4], mais dès qu'on l'applique à des objets précis se révèle son caractère relatif et incertain[5] qui tient à son extrême plasticité : elle n'a ni limites,

---

[1] E. HERVÉ, dans le Rapport d'information du 28 juin 2011 au nom de la délégation aux collectivités territoriales du Sénat, *Contribution à un bilan de la décentralisation*, dénonce « l'illusion constitutionnelle » provenant notamment de la révision du 28 mars 2003 qui recourt à des notions qui, pour leur concrétisation, dépendent entièrement de la loi, c'est à dire des interprétations du gouvernement, du parlement et des juges.

[2] « La structure même de l'administration territoriale de notre pays, parce qu'elle peine à s'affranchir du morcellement et de l'uniformité hérités des deux siècles passés handicape la société française (…) le décalage entre les besoins de la population et le mode d'administration du territoire est béant ». Rapport au président de la République du Comité pour la réforme des collectivités locales *Il est temps de décider*, 5 mars 2009. *Balladur_rapport_au_president_de_la_republique_il_est_temps_de_decider%20(2).pdf*

[3] La France est un des Etats les plus régionalisés, sans qu'aucun parti politique n'ait eu de doctrine régionaliste ; les transformations successives ont été faites sans ligne stratégique. La fusion de régions par une loi du 16 janvier 2015 a été décidée sans études, ni consultations. La prolixe loi du 7 août 2015 portant Nouvelle organisation territoriale de l'Etat, qui devait stabiliser et rationnaliser les structures et clarifier la répartition des compétences fait l'objet d'un rapport parlementaire critique fin 2019 avec des propositions de révisions. Le statut de la métropole du Grand Paris, entré en vigueur le 1er janvier 2016, est notoirement trop compliqué et coûteux. La taxe d'habitation, un des principaux impôts locaux rapportant environ 25 Md€, est en voie d'être supprimée par suite d'une promesse électorale du président de la République, annoncée sans étude d'impact, ni scénario pour des ressources de remplacement.

[4] « Par autonomie locale, on entend le droit et la capacité effective pour les collectivités locales de régler et de gérer, dans le cadre de la loi, sous leur propre responsabilité et au profit de leurs populations, une part importante des affaires publiques. » CEAL Art. 3-1.

[5] L'autonomie financière, définie par la constitution (art. 72-2) et une loi organique du 29 juillet 2004, est interprétée dans une jurisprudence timide du Conseil constitutionnel. X. CABANNES. « L'autonomie financière des collectivités territoriales après les récentes lois financières. » *Actualité juridique. Droit administratif*, Dalloz, 2018, pp. 720.

ni contenu précis. Et une autonomie relative, si ce n'est pas un oxymore, sera considérée soit comme insuffisante, soit comme trop généreuse. Le renvoi à la loi par la Charte européenne et la constitution habilite le législateur à fixer les contours effectifs de l'autonomie, sous réserve de l'interprétation du juge constitutionnel qui laisse une grande marge d'appréciation au parlement. La constitution utilise l'expression voisine de libre administration, sur la base de laquelle le juge constitutionnel n'a prononcé qu'un petit nombre de déclarations de non-conformité. Elle le laisse maître d'en fixer la portée, ce qui ne nous paraît pas relever de son office. Elle est même insignifiante vu la masse des règles qui encadrent l'activité des pouvoirs locaux : droit des contrats, du domaine, de la fonction publique territoriale, codes de l'enseignement, de l'action sociale, de l'urbanisme, de l'environnement, normes en tous genres et formalisme procédural partout.

Deux difficultés empêchent d'édifier une claire et ferme doctrine politique et juridique de l'administration territoriale. D'une part, les déterminants naturels d'ordre géographique, démographique, culturel, qui se prêtent mal à l'expression de choix idéologiques et à une réception en concepts de droit, sont peu pris en compte, voire récusés, car ils obligent à faire un choix entre uniformité des règles, associée à l'idée d'égalité, et diversité des situations réelles. D'autre part, la doctrine française rechigne à concevoir les collectivités territoriales comme des organismes publics primaires, qui ont une existence et une légitimité propres. Centrée sur la notion d'Etat, qui incarne la nation et détient la souveraineté, elle repose sur le postulat que toutes les institutions publiques sont des créatures de l'Etat, par nature subordonnées à lui dans les formes décidées par la loi.

Une vision plus conforme aux données historiques et sociologiques consiste à reconnaître des *pouvoirs locaux* bénéficiant de droits et libertés fondamentaux, d'abord coutumiers et aujourd'hui garantis par la constitution et des traités. Leur inscription dans la conscience collective fonde leur légitimité profonde. La Suisse offre l'exemple d'une telle doctrine, qu'on retrouve dans d'autres pays européens, y compris, partiellement, dans ceux qui accordent une primauté à l'Etat, comme la France (pour les communes) ou l'Espagne (pour les communautés autonomes).

Cette conception du pouvoir territorial paraît spécialement pertinente pour l'Afrique. L'Etat est absent ou peu visible sur de vastes zones rurales et même dans les agglomérations urbaines, dans sa forme régalienne (police, juridictions, fisc) et comme prestataire de services (enseignement, santé, transports, énergie). Des pouvoirs locaux de substitution fonctionnent donc sur des modèles traditionnels ou informels, codifiés par les usages sociaux. La notion de décentralisation est ici inappropriée puisqu'elle suppose que l'Etat gère des services qu'il peut transférer à des autorités locales organisées sur le même modèle général que lui et disposant de moyens équivalents. Comme ceci n'est pas la réalité, on prônerait donc une incohérence systémique.

Il faudrait donc raisonner autrement et partir des pouvoirs locaux pour examiner comment les faire évoluer vers plus d'efficacité dans l'exercice des fonctions qu'il est souhaitable de faire exercer à leur niveau, avec les moyens disponibles, sans justifier cela par une idée abstraite de modernité ou par des notions politico-juridiques nées dans de tout autres contextes, mais en recourant à des concepts de légitimation en harmonie avec la société considérée.

A- Le principe de cohérence

Une administration territoriale comporte quatre composantes structurantes intimement liées entre elles : un territoire ; des *compétences* au sens de missions ou fonctions qui désignent la production et distribution de biens collectifs sur ce territoire ; des ressources de tous ordres nécessaires à cette production ; une gouvernance, c'est à dire les organes chargés de mettre en œuvre ces ressources pour assurer les productions dans l'intérêt de la population.

Partons du postulat qu'il est impossible de définir une forme ou un contenu idéal, voire standard, pour chaque composante car cela dépend de circonstances propres à chaque temps et lieu et relève du choix des autorités nationales. Les caractères de chaque élément pris en lui-même ne suffisent pas à assurer la qualité du système et son bon fonctionnement qui dépendent aussi de la cohérence et de l'harmonie entre ces éléments[1].

Compétences et ressources doivent être dans un rapport logique. La taille, l'homogénéité ou les disparités des territoires ont des conséquences sur les fonctions qui peuvent être assurées dans une catégorie de collectivités ainsi que sur la nature et la forme des ressources (impôts, dotations versées par l'Etat). Le mode de gouvernance n'est pas sans rapports avec les caractéristiques des territoires et les missions à y exercer. Une radiographie des institutions locales faite avec cet instrument de la cohérence permet de détecter les anomalies structurelles exigeant en priorité des corrections.

---

[1] En France, une rare analyse d'ensemble qui appuie des recommandations pour une réforme territoriale méthodique se trouve dans la Rapport Balladur *Il est temps de décider*, précité. Il explique que « la question des finances locales est au cœur des enjeux de toute réforme » et qu'en cette matière « la solution des problèmes posés dépend étroitement des choix à faire en termes de clarification des compétences et de simplification des structures ». Pour atténuer la politisation autour du sujet il s'est abstenu de traiter de la gouvernance.

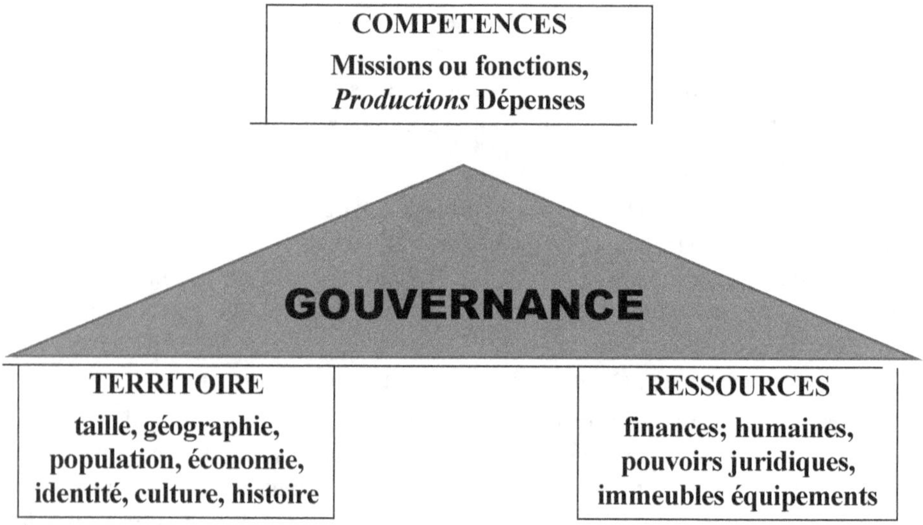

1- Le territoire

Le territoire d'une collectivité est un espace délimité, avec ses caractéristiques géographiques et physiques, qui définit la communauté humaine qui bénéficie du droit à gérer ses affaires communes dans les conditions que la loi détermine[1]. Il a des spécificités économiques (terres agricoles, mines, bord de mer) ; la population qui l'occupe a une histoire, une culture, une identité, des activités, qui influenceront les fonctions qu'il y faudra exercer.

Parfois, le territoire est **imposé** par la géographie (une ile, une oasis, une vallée) ou l'histoire, notamment pour les communes et régions. La loi du 22 décembre 1789 qui crée les communes et les départements avait donné lieu à un débat de haute tenue entre les partisans de grandes communes découpées géométriquement et ceux voulant transformer en communes les paroisses existant depuis des temps immémoriaux. Cette dernière solution, qui fut finalement adoptée, a fait écrire à A. de Tocqueville que la Révolution n'a pas créé les communes mais les a trouvées dans l'Ancien Régime. Leur survivance a eu une influence capitale sur le système politique et administratif français car, malgré les inconvénients de l'émiettement communal, il fut impossible de réduire le nombre de petites communes, obligeant à adapter structures (intercommunalité), compétences et ressources.

Le **territoire décidé** est dessiné par une autorité administrative sur habilitation de la loi. Cette situation se rencontre chaque fois qu'est engagée une modification des périmètres, notamment par fusions, que sont créés des organismes de coopération intercommunale ou de nouvelles catégories de collectivités (régions).

[1] Parce qu'il définit une communauté politique, la plupart des législations et l'art. 5 de la CEAL exigent une consultation préalable avant toute modification du périmètre d'une collectivité.

Le plus souvent, cela se décide selon des critères assez frustes et les études préalables sont inégalement approfondies et déterminantes[1].

Deux considérations devraient être prioritaires : la pertinence du territoire au regard des réalités sociétales, démographiques et de gouvernance[2] ; la nature des missions confiées à la collectivité. Elles débouchent sur deux méthodes employées dans tous les pays européens. L'une cherche à définir un optimum géographique en visant une taille critique définie principalement en termes démographiques. L'autre met l'accent sur les missions à assurer et tente de définir un périmètre approprié à certaines d'entre elles ; elle concerne notamment la création de structures fonctionnelles spécialisées.

En dehors de cas extrêmes de petites collectivités ou d'ensembles immenses, les recherches comparatives ne démontrent pas de relation entre la taille d'une collectivité et la qualité des services publics ou les performances économiques[3]. Plutôt que de se focaliser sur un chiffre de population, la décision politique devrait se fonder sur la nature des missions qu'on envisage de confier à une catégorie de collectivités pour tracer le territoire en conséquence. Les pays scandinaves et le Royaume Uni ont des communes de taille importante, et donc en nombre réduit, parce qu'ils ont choisi de faire de ces collectivités les principaux distributeurs des services de l'Etat providence,

Viser un chiffre de population d'une certaine importance ne se justifie pas parce qu'il aurait des vertus par lui-même mais parce qu'il réduit les disparités et facilite la définition du régime administratif et financier. La démonstration inverse est donnée par les inégalités entre communes françaises qui appellent de complexes structures de coopération, des compensations et péréquations dans la fiscalité, des dotations d'Etat calculées selon divers critères pour tenir compte de la variété des situations. La législation récente a imposé d'étendre la taille des intercommunalités pour atteindre en principe une population d'au moins 15 000 habitants. De ce fait sont apparues des communautés de communes qui regroupent des dizaines de communes éparpillées sur de grandes distances et qu'aucun lien n'unissait. Entités de nature inédite, elles exigent d'inventer de

---

[1] La fusion de régions par une loi du 16 janvier 2015 n'a été précédée d'aucune étude, ni consultation ; la nouvelle carte a été dessinée par le président de la République « seul », puis amendée par des marchandages au sein du parti socialiste majoritaire. Le projet avait été récusé par toutes les régions et n'a pas été voté par le Sénat ! Les cartes des métropoles et communautés, bien que discutées dans les commissions départementales de la coopération intercommunale, sont essentiellement le produit de marchandages d'élus locaux ou de décisions des préfets avec une priorité donnée au chiffre de la population.

[2] Ces idées ont été mieux respectées lors du premier redécoupage du territoire que dans des réformes récentes. En septembre 1789, Thouret avait présenté à l'assemblée Constituante un rapport découpant le territoire selon un dessin géométrique qui fut refusé et remplacé par un modèle qui préserve « l'homogénéité naturelle des morphologies paysagères, des mœurs, des habitudes, des coutumes, des productions et des langues ».

[3] Une relation directe, mesurable en termes de PIB, existe avec la qualité de la gouvernance. *The Metropolitan Century: Understanding Urbanisation and its Consequences,* OECD, Paris 2015.

nouveaux modes de gestion pour affronter des problèmes d'organisation des services, de fonctionnement des exécutifs et assemblées, de budgétisation, de relations avec les administrés, d'implantation des équipements publics.

Un autre exemple est celui des régions que beaucoup d'Etats européens ont souhaité créer sans avoir des circonscriptions historiques pouvant servir de référence. Un critère important est alors le maillage national de grandes villes autour desquelles peuvent se constituer les régions. En effet, le dynamisme et le rayonnement des régions emblématiques (Catalogne, Bavière, Lombardie ...) proviennent du binôme formé entre un territoire et sa capitale (Barcelone, Munich, Milan ...), laquelle est souvent plus visible à l'international que la région. Est donc déconseillée la création de régions dans des pays qui n'ont pas un réseau de villes bien réparties et assez fortes pour en constituer les pivots, aussi bien que dans de petits pays connaissant une concentration de villes rivales sur une fraction du territoire national. De telles configurations aggraveraient les inégalités alors qu'on veut faire des régions un instrument d'équilibre.

2- Les compétences, missions ou fonctions

La définition des compétences et leur distribution entre les différents niveaux d'administration sont les sujets les plus compliqués[1] et les plus rarement aboutis de la réforme administrative qui, en cette matière prend beaucoup de temps et est toujours très controversée. Le manque de rigueur du vocabulaire accentue la confusion[2]. Le droit emploie le même mot à propos du pouvoir qu'a une autorité publique pour faire des actes juridiques, édicter des arrêtés ou conclure des conventions, et pour désigner les missions qu'une personne publique doit remplir : assurer l'ordre public, construire des écoles, faire fonctionner un service de ramassage des déchets, protéger le patrimoine historique et culturel, etc. La liste des compétences est éparpillée dans les textes relatifs aux différents domaines (code de l'enseignement, de la voirie, de l'environnement, de la sécurité, de la santé), sans tableau récapitulatif, ce qui est gênant lorsque la loi a posé un principe de spécialité des compétences des collectivités, comme pour les régions et départements français.

Les compétences sont la raison d'être des organisations. Les administrations publiques sont reconnues dans la comptabilité économique comme producteurs de biens collectifs qui contribuent à la richesse nationale (PIB), au bien-être des personnes et au fonctionnement de l'économie. Ces fonctions de production devraient donc inspirer toute nouvelle organisation : de quels biens publics a-t-on besoin ; à quel niveau seront-ils le mieux produits et distribués (idée de subsidiarité) et avec quels moyens ? Il n'existe pas beaucoup d'exemples d'une

---

[1] Particulièrement dans les Etats où coexistent une administration territoriale d'Etat (déconcentration) et des collectivités territoriales (décentralisation) car il y faut déterminer ce qui relève de chaque nature d'administration, puis ce qui revient en son sein à chaque échelon.
[2] Notre étude : « Les personnes publiques n'ont pas de compétences », *Mélanges Jean WALINE*, Dalloz 2002, p. 235.

telle démarche méthodique, hors peut-être la création d'établissements publics de coopération intercommunale.

Les régions françaises sont le résultat de décisions successives sans doctrine de régionalisation, sans stratégie quant à leurs finalités, par mimétisme avec les départements ou en opposition à eux. Leurs compétences, attribuées au fil du temps, sans ligne directrice, forment un ensemble hétéroclite.

Nous avons participé à des réflexions dans une demi-douzaine de pays européens sur des projets de création de régions. La plupart des gouvernants étaient incapables d'énoncer des motifs clairs qui rendaient cette réforme nécessaire et de décrire les bénéfices qu'ils en attendaient. Implicitement, c'était souvent parce que la région était à la mode ! L'existence de fonds de l'Union européenne en faveur de politiques régionales laisse faussement croire que des institutions dédiées obtiendraient davantage d'aides ou seraient plus aptes à les utiliser. Or, l'adjectif régional est pris dans un sens géographique et économique sans référence à des institutions et les régions n'ont pas démontré être des investisseurs plus avisés que l'Etat ou les villes[1]. Experts ou ministres ont des difficultés à expliciter ce qu'ils entendent par culture régionale, économie ou développement régional ou quels pouvoirs normatifs il serait judicieux d'attribuer aux autorités régionales.[2]

La doctrine offre deux guides pour le choix des compétences. Reçus en droit à un niveau élevé, ils ont une efficacité opérationnelle limitée.

Le principe de subsidiarité connaît une extraordinaire fortune depuis la fin du 20° siècle. Il figure dans la CEAL[3], dans la constitution française[4] et celle d'autres pays. Les organisations internationales, particulièrement le Congrès des pouvoirs locaux et régionaux du Conseil de l'Europe, en font grand cas dans leurs recommandations. Il vaudrait mieux parler de directive ou de méthode car son application peut malaisément relever de l'office d'un juge. Dire que les fonctions publiques devraient être attribuées à l'organe le mieux à même de les exercer relève de l'évidence mais n'aide guère à désigner cet organe. Exiger qu'elles ne reviennent à une autorité supérieure que s'il est démontré que celle qui est la plus

---

[1] Elles ont souvent commis de coûteuses erreurs (Communautés autonomes espagnoles) ou généré des surcoûts de fonctionnement (France et Italie).

[2] Le Conseil de l'Europe, après des années de travaux, a renoncé à adopter une charte de l'autonomie régionale en forme de traité car il a été impossible de définir la notion, d'identifier des compétences naturellement vouées à ce niveau et de s'entendre sur le degré de pouvoir normatif à y établir.

[3] Art. 4-3 « L'exercice des responsabilités publiques doit, de façon générale, incomber, de préférence, aux autorités les plus proches des citoyens. L'attribution d'une responsabilité à une autre autorité doit tenir compte de l'ampleur et de la nature de la tâche et des exigences d'efficacité et d'économie. »

[4] Article 72 al. 2 « Les collectivités territoriales ont vocation à prendre les décisions pour l'ensemble des compétences qui peuvent le mieux être mises en œuvre à leur échelon. ». Personne n'a songé à entreprendre une recherche méthodique sur la mise en œuvre de cette vocation.

proche de la population n'est pas en mesure de les assumer de manière satisfaisante suppose l'homogénéité des collectivités à chaque niveau et la capacité de faire l'évaluation requise de manière impartiale, conditions rarement réunies.

Dès qu'une question porte sur un objet déterminé, s'ouvre un débat entre des partenaires qui ont des intérêts et des positions politiques divergents qu'ils peuvent soutenir par de solides arguments dans les deux sens, surtout lorsque sont pris en compte les effets externes de l'activité examinée. La taille des collectivités, leur homogénéité ou leurs disparités, les moyens humains et financiers disponibles à chaque niveau peuvent faire pencher la balance dans un sens ou dans l'autre. L'attribution de la compétence générale à tous les niveaux de collectivités est un mécanisme de subsidiarité qui permet à chacune d'intervenir en fonction de son intérêt et de ses moyens.

La seule certitude est que la répartition des compétences devrait se faire au vu d'études approfondies. Or, les marchandages politiques jouent un rôle plus décisif comme cela s'est vérifié lors des transferts de compétences d'Etat aux régions et départements[1].

L'idée des blocs de compétences est apparue à l'occasion de ces transferts de compétences dans un souci de clarté, d'efficacité de l'action publique et de responsabilité des dirigeants. Sa pertinence ne peut être contestée. Elle figure dans la Charte européenne (« Les compétences (…) doivent être normalement pleines et entières.» Art. 4-4) et est invoquée de façon récurrente dans les études qui traitent des attributions des administrations locales, généralement pour déplorer que les missions des personnes publiques sont trop fragmentées. L'argument est très utilisé par les associations de collectivités locales. Cependant, il ne faut pas céder à «l'illusion méthodologique des blocs de compétences », selon la formule du sénateur E. Hervé[2], qui démontre par une longue liste d'exemples que cette idée n'est guère respectée.

Nous soutenons même qu'elle ne peut jamais l'être complètement. D'une part, les fonctions couvrent un champ trop vaste et varié pour n'être confiées qu'à une seule autorité publique : l'action économique, l'enseignement primaire, la sécurité, la culture, la protection de l'environnement, la gestion des déchets, l'assistance sociale. Chacune se concrétise dans une multitude de sous-fonctions et de tâches[3] qui sont, elles, visées dans les lois. La répartition se fait donc à

---

[1] Les départements ont été les principaux bénéficiaires parce que leurs présidents constituaient un groupe de pression puissant au Sénat et qu'il apparaissait le plus simple de transférer les services opérationnels de l'Etat, traditionnellement organisés dans les départements, à la collectivité locale de même niveau. Il n'y eut guère de démonstration que l'optimum territorial se situait là, de préférence à la région.

[2] *Rapport* précité.

[3] Une analyse de l'enseignement primaire a recensé plus de 160 tâches dont il faut définir le responsable et/ou le financeur : règles et procédures de recrutement et de gestion des personnels,

l'intérieur de chaque fonction où des blocs sont plus ou moins faciles à identifier. D'autre part, la production de la plupart des biens collectifs a des effets externes qui touchent la zone d'intérêt d'autres collectivités qui seront amenées à y intervenir : une région peut-elle se désintéresser de la manière dont sont gérés les déchets sur son territoire ?

La compétence n'est d'ailleurs pas définie par l'objet, la situation ou l'activité en soi, mais par la raison ou la finalité qu'a une personne publique de s'en occuper. Migrants et demandeurs d'asile relèvent, à ce titre, d'une police spéciale de l'Etat, mais ils sont dans des villes où il faut les héberger, nourrir, soigner ; les enfants mineurs relèvent de l'action sociale des départements. La démonstration peut se faire pour n'importe quel domaine. L'Etat est toujours concerné en tant que producteur de normes et contrôleur. Ceci explique le succès du thème de la *coproduction des politiques publiques*, qui ne devrait pas faire oublier l'exigence de clarté et de précision des règles sur les compétences.

3- Les ressources

Les moyens et pouvoirs qui permettent aux administrations territoriales de remplir les fonctions qui leur sont confiées par la loi doivent logiquement leur être ajustés car ils en déterminent la capacité de réalisation d'autant que les collectivités territoriales n'ont qu'un pouvoir autonome très limité pour créer des ressources ou moduler leurs compétences. Le législateur pourrait aussi, par réalisme, choisir d'ajuster les compétences attribuées à certaines collectivités aux moyens qu'il sait pouvoir y être concrètement mobilisés.[1]

Une vue panoramique des ressources incite à analyser les synergies entre elles : ressources financières, ressources humaines[2], patrimoine bâti et foncier, équipements et matériels, pouvoirs normatifs ou de contrainte. De faibles moyens financiers empêchent de recruter des personnels formés, dont l'absence interdit de concevoir des modes de gestion économes et performants ou d'élaborer des programmes d'investissement susceptibles d'attirer des aides extérieures et d'obtenir des emprunts. L'absence de propriétés foncières oblige à acheter les emprises des équipements publics, prive des recettes potentielles provenant de leur vente et de la possibilité de réaliser des opérations en faveur de l'habitat ou des entreprises, génératrices de recettes futures. La privation d'un pouvoir de réglementation oblige les régions à utiliser l'instrument financier (primes, subventions) pour inciter des tiers à prendre en compte les orientations qu'elles

---

rémunérations, construction et entretien des bâtiments, matériels scolaires, cantines, équipements sportifs, transports scolaires, etc.

[1] C'est rarement le cas. Il préfère énoncer une longue liste de compétences pour démontrer sa volonté décentralisatrice ou, en toute connaissance de cause, pour rendre les gestionnaires locaux responsables des insuffisances de certains services.

[2] Le statut des exécutifs locaux et des membres des assemblées locales devrait s'inspirer expressément de l'idée que les élus font partie des ressources humaines. Leur traitement, la relation avec leur emploi professionnel et leur formation devraient être conçus en vue d'optimiser leur engagement et leurs compétences.

fixent dans le cadre de leurs politiques, d'environnement ou de culture par exemple. Une mauvaise gouvernance impacte la qualité des services à la population et entraîne un gaspillage de ressources. Celles-ci sont sous la dépendance de facteurs territoriaux : taille de la collectivité, valeur des biens immobiliers, revenu moyen des habitants, nombre et nature des entreprises, etc.

Il est rare que les dispositions sur les compétences soient examinées en même temps que celles sur les ressources. Cela ne se rencontre que lors de transferts de compétences de l'Etat vers une catégorie de collectivités territoriales pour le calcul des ressources compensant ces charges[1].

L'évaluation de coûts standards des fonctions attribuées à des personnes publiques est d'une extrême difficulté. L'étalement dans le temps des dépenses pour la création de services et d'équipements publics complique l'estimation des charges moyennes annuelles. Les différences entre les collectivités conduisent à multiplier les catégories ayant des caractères communs. Les facteurs sociaux et économiques font évoluer les coûts et exigent une révision continue. Aussi, les lois qui prévoient que les compétences d'Etat déléguées à des autorités locales doivent être financées par l'Etat sont-elles rarement mises en œuvre de manière méthodique. Le nombre et la diversité des compétences assurées par une collectivité locale, certaines obligatoires et générales, d'autres facultatives ou spécifiques, excluent de pouvoir mettre une ressource face à chacune.

Cela conduit à n'avoir normalement qu'un nombre réduit de financements dédiés en complément de ressources globales, impôts et dotations et parmi ceux-ci une imposition dont le taux est décidé par l'assemblée locale, indispensable pour faire les ajustements et équilibrer le budget.

Il importe, à tout le moins, que la *nature* de la ressource soit adaptée aux *caractéristiques* des principales dépenses d'une collectivité[2]. Des fonctions d'équipement doivent s'accompagner du pouvoir de recourir à l'emprunt ; or, tout emprunteur doit offrir des garanties de solvabilité, lesquelles, pour les personnes publiques, sont essentiellement leur potentiel fiscal. Pas de ressources fiscales, pas d'emprunt, pas d'investissement ! Ce trinôme s'observe dans de nombreux Etats où le financement des collectivités locales est majoritairement constitué de dotations de l'Etat. L'impôt est, en outre, indispensable pour faire face aux charges résultant de la mise en route des équipements.

---

[1] Article 72-2 § 4 de la constitution : « Tout transfert de compétences entre l'Etat et les collectivités territoriales s'accompagne de l'attribution de ressources équivalentes à celles qui étaient consacrées à leur exercice. Toute création ou extension de compétences ayant pour conséquence d'augmenter les dépenses des collectivités territoriales est accompagnée de ressources déterminées par la loi ». Cela ne garantit pas que ces moyens sont appropriés et suffisants.

[2] Le Comité BALLADUR (précité) s'est dit « frappé par l'importance de la dépense locale dans l'ensemble de la dépense publique et par la complexité de sa structure. Dans le même temps, force lui a été de constater que la fiscalité locale était, pour une large part, obsolète. » Depuis 2009, la situation ne s'est guère améliorée.

Et lorsqu'une collectivité a d'importantes misions dans le domaine social, hospitalier ou sanitaire, ses ressources doivent lui permettre de suivre l'évolution de charges qu'elle ne maîtrise pas. La seule alternative à un impôt local productif est alors une dotation calculée d'après les coûts. Les départements français connaissent de sévères tensions financières en raison du déséquilibre entre des dépenses sociales qui représentent 3/5° de leurs charges de fonctionnement, avec une tendance à la hausse, et un pouvoir de décision fiscale sur à peine 1/5° des recettes définitives, chiffre ramené à zéro par la loi de finances pour 2020.

4- La gouvernance

Le mode de désignation des dirigeants politiques doit assurer la bonne représentation des citoyens, rendre les institutions gouvernables et obliger les candidats à présenter un programme de mandat. Les élections locales le réalisent diversement. Dans les métropoles et communautés, qui ont des fonctions stratégiques et dont la fiscalité a un poids conséquent, les membres des conseils et l'exécutif sont issus du suffrage universel selon des modalités qui ne permettent pas la présentation de programmes politiques. Revendications et promesses continuent donc de s'exprimer par l'intermédiaire des élections communales. Alors que les départements ont un budget double de celui des régions et des missions importantes, leurs conseillers sont élus par « binômes paritaires » dans des cantons, principalement sur leur notoriété personnelle ou/et leur étiquette partisane. Et le président du département, élu par une coalition de personnes, n'est porteur d'aucun programme dont il aura à rendre compte. L'articulation entre le système politique et les fonctions de production est mal assurée ici.

L'adéquation doit encore être recherchée avec la société politique concernée car les procédures électorales ont des effets différents selon les groupes sociaux. Dans des Länder allemands le maire est élu au suffrage universel direct à une date et pour une durée différentes du conseil municipal. Bien que leurs orientations politiques respectives divergent souvent, cela fonctionne bien car les maires ont une formation professionnelle avérée et leur culture politique porte les partenaires à la négociation et au compromis. Dans d'anciennes républiques soviétiques, où ces qualités sont moins ancrées, le même régime électoral génère des conflits et de fréquents blocages, néfastes pour la gestion publique.

L'élection détermine les relations qu'ont les élus avec la population et l'intensité de leur obligation à rendre compte, avec de grandes différences selon les collectivités. Les maires des communes sont les élus les plus populaires et les mieux respectés ; ils sont aussi les dirigeants les plus directement soumis à la reddition des comptes devant les citoyens. Les élus communautaires et des métropoles sont connus comme élus communaux dans leur commune et peu sur le reste du territoire métropolitain. Les conseillers régionaux, élus sur des listes politiques, sont inconnus des citoyens et l'exécutif lui-même n'est identifié que par une faible partie de la population. Aussi bien, les élections régionales sont-elles les plus politisées en termes partisans, ce qui a des répercussions sur le fonctionnement de l'institution.

Faute de relations directes entre les élus et la population on essaye de compenser par de complexes mécanismes de participation ou de démocratie semi-directe (référendums) aux résultats plus ou moins convaincants.

Le personnel de direction fait partie intégrante de la gouvernance et son statut doit être conçu en conséquence. Vu la technicité de la gestion locale, ces agents ont un rôle de proposition, d'expertise et de contrôle qui s'exerce en symbiose avec les dirigeants politiques. Ils sont souvent leurs principaux informateurs et formateurs sur les questions juridiques et financières. Le bon dosage entre une haute professionnalisation et une certaine proximité politique est difficile à trouver et à inscrire dans le droit.

B- Pourquoi l'incohérence est si répandue ?

D'innombrables facteurs favorisent l'incohérence dans les institutions locales, avec des effets multiplicateurs entre eux. La plupart tiennent au mode de production des décisions politiques sur des sujets compliqués où les divergences sont fortes bien que les négociations et consultations soient indispensables[1]. Les ministères ont leurs intérêts propres. Les représentants des collectivités locales, expriment des intérêts et des visions souvent contradictoires[2]. Les dispositions finalement inscrites dans la loi sont l'extrémité d'une chaîne de compromis qui n'expriment la raison de personne précisément et dont la valeur tient à l'accord qui les a rendues possibles.

Le droit applicable aux administrations locales est une stratification de dispositions plus ou moins bien ajustées entre elles car adoptées à des dates espacées et dans des contextes économiques et politiques différents (législations coloniales, de l'ex empire soviétique…). La modification des règles lors d'alternances politiques, fréquente dans certains pays (France, Italie) ajoute l'instabilité au manque de cohérence.

L'histoire offre aussi des exemples[3] de décisions improvisées ou prises sans études pour des institutions qui devraient pourtant se situer dans les temps longs. François Hollande raconte qu'il a dessiné « seul » une nouvelle carte des régions

---

[1] Ce phénomène était très marqué en France avant la suppression du cumul des mandats. Le débat sur celui-ci n'a pas de conclusion incontestable. Il peut être soutenu tout aussi bien que le législateur doit être indépendant des pouvoirs locaux ou que ceux-ci, en participant au processus législatif, contribuent à améliorer ses choix. De nombreux rapports parlementaires et déclarations politiques revendiquent davantage de participation des collectivités locales aux décisions de l'Etat. François GROSDIDIER et Nelly TOCQUEVILLE, *L'association des collectivités territoriales aux décisions de l'État qui les concernent : la codécision plutôt que la concertation* (Rapport Sénat N° 642, 26 mai 2016).

[2] Pour les transferts de compétences de l'Etat vers les régions et départements, ces collectivités étaient en compétition sur de nombreuses fonctions et à nouveau lors de la discussion de la loi NOTRe du 7 août 2015.

[3] En 2005, le président de la République de Géorgie décida de ramener le chiffre de 1000 communes à 64 en érigeant les *rayons* en communes, sans études ni consultations. Face aux innombrables inconvénients, cette réforme fut substantiellement corrigée par de nouveaux dirigeants.

de France « avec un crayon à papier et une gomme » sans consultation des régions qui se sont toutes déclarées défavorables à ce projet. La nouvelle carte et l'organisation des services accumulent les aberrations, mais le président E. Macron a préféré opter pour le *statu quo* au nom de la stabilité. Lui-même a promis durant la campagne des présidentielles de 2017 de supprimer la taxe d'habitation (TH) pour 80% des contribuables les moins imposés au motif que cet impôt était injuste. Le gouvernement, s'étant rendu compte qu'il ne pouvait pas le conserver pour ceux qui supportaient le plus cette injustice, a décidé la suppression totale, en sachant qu'il n'y avait pas de solution simple pour compenser les 25 Md€ de pertes des collectivités bénéficiaires. En définitive, la taxe foncière sur les propriétés bâties perçue par les départements, qui a la même assiette principale que la TH, est rajoutée à celle déjà perçue par les communes, les départements obtenant une fraction du produit national de TVA, le tout selon des modalités fort embrouillées. Ni l'équité fiscale, ni le financement des collectivités concernées ne se trouvent améliorés !

De fortes disparités de taille et de richesses entre territoires sont, par elles-mêmes, productrices d'incohérences car les règles relatives aux compétences et aux ressources sont difficiles à ajuster : l'uniformité est irréaliste, les différenciations sont perturbatrices et les mesures de correction ou de péréquation compliquent le système.

La segmentation des réformes est une autre cause importante de non cohérence. Comme, il est impossible de traiter dans un même train de lois l'ensemble des composantes de l'administration locale, les décisions sont prises domaine par domaine : taxes locales, statut des élus, compétences dans certains secteurs puis dans d'autres, etc. L'effet de la segmentation est amplifié lorsque les réformes sont menées pour des motifs extérieurs aux intérêts de l'administration locale. De nombreuses modifications de la fiscalité locale sont inspirées de préoccupations de politique économique ou sociale nationale. La réduction du nombre des régions visait à montrer à l'Union européenne que le gouvernement faisait des réformes structurelles, susceptibles de réduire les dépenses publiques, à un moment où il s'éloignait des recommandations sur la maîtrise des dépenses publiques ; aucun argument crédible ne tendait à démontrer qu'il en résultera de meilleures performances des administrations régionales.

L'excessive technicité de certaines législations fait que seul un petit nombre de personnes dans les administrations et les assemblées parlementaires en maîtrise la connaissance, ce qui leur permet de faire adopter des dispositions dont la signification véritable échappe à la majorité. Les pouvoirs locaux exercent une pression continue pour obtenir des améliorations conformes aux intérêts de telle ou telle catégorie de collectivités ; beaucoup finissent par être adoptées. Des réformes importantes, sur des thématiques successives, indifférentes aux effets induits et poursuivant des objectifs autres que l'intérêt de l'institution considérée, menées depuis une dizaine d'années, ont ainsi profondément modifié l'administration territoriale française, sans bénéfices significatifs et en augmentant les coûts et la complexité.

La solution consisterait-elle à établir un plan stratégique décrivant les changements à apporter et fixant un agenda pour les réaliser ? Pareille méthode est impraticable dans les pays qui ont une administration locale ancienne, car les défenseurs du *statu quo* y sont puissants et interdisent d'envisager un consensus politique nécessaire pour que le plan soit durable[1]. Il faut donc procéder par tranches, en s'en prenant soit à une catégorie de collectivités (les communes, les provinces…), soit à un thème transversal, telles ressources ou compétences.

Dans des pays en développement ou en transition comme le furent les Etats postsoviétiques, le projet de *plan stratégique de décentralisation* présenté par des organisations internationales ou des contributeurs étrangers a connu quelque succès pour son élaboration sinon pour sa réalisation ! Nous avons participé à la conception de plusieurs d'entre eux, parfois dans le même pays à quelques années d'intervalle. Partout l'implication d'experts étrangers a été importante, venant soit d'organisations internationales (UNDP, Conseil de l'Europe), soit d'ONG liées aux services d'assistance de certains Etats (Allemagne, Suisse, Suède). Les autorités nationales étaient associées, de façon plus ou moins active, car le gouvernement et le parlement (commission spéciale) ne voulaient ni assumer la responsabilité de l'opération, ni se sentir liés par un plan. Les partis politiques étaient consultés mais ne reprenaient pas les idées à leur compte. Même lorsque le plan final était approuvé par le gouvernement, celui-ci ne l'a jamais fait sous une forme constituant un engagement politique officiel.

Outre le manque de portage politique, ces plans stratégiques ont souffert de quatre handicaps : ils étaient trop complets et sophistiqués pour pouvoir être assimilés par toutes les parties prenantes ; l'agenda pour l'adoption des lois fixait des délais trop optimistes et fut contrarié par des événements politiques imprévus ou non (élections); l'optimisation des compétences et ressources supposait la plupart du temps que soit opérée au préalable une réorganisation territoriale (fusions, coopération intercommunale) pour laquelle la classe politique et l'opinion n'étaient pas prêtes ; enfin, l'Etat manquait de moyens financiers pour créer de puissantes incitations et pour donner aux nouvelles collectivités les moyens leur permettant de démontrer qu'elles apportaient davantage de services à la population. Ces documents sont quelques fois restés dans la mémoire politique et ont inspiré, implicitement, des changements ponctuels qui se trouvent ainsi placés dans une perspective plus large.

---

[1] Le sort réservé au Rapport BALLADUR, *Il est temps de décider*, précité, le démontre à l'envi.

7- DROIT DU COMMERCE INTERNATIONAL

L'ILLICITE DANS LE COMMERCE INTERNATIONAL : THESE-FICTION

Véronique GUERIN

Maître de conférences à l'Université de Rouen (France)

INTRODUCTION

Pour m'avoir exhortée en vain à mettre un point final à mes travaux de recherche, Eloi Diarra, recevra en hommage cette thèse-fiction.

L'appel à contribution pour les mélanges Diarra coïncidant, à quelques mois près, avec l'anniversaire de l'adoption de la convention de Bâle[1] (30 ans) et l'entrée en vigueur de la convention de Bamako[2] (20 ans), je me risque à une contribution à la Kipling, If…

Si j'avais terminé ma thèse à la fin du siècle dernier… si je devais la terminer à l'aube de celui-ci… il y serait toujours question de l'illicite dans le commerce international[3].

Toutefois, nous avons changé d'ère et d'échelle : à la révolution industrielle et ses conséquences néfastes pour la santé humaine et l'environnement est venue se superposer la révolution numérique et ses promesses frelatées en matière de libertés et droits humains.

A côté des anciens paradigmes (déchets), d'autres sont en voie d'émergence (données personnelles).

De ce fait, la question de la circonscription du champ de l'illicite **(I)**, de la contention des pratiques illicites et des obstacles à surmonter **(II)** mérite d'être réexaminée dans la perspective du Web 3.0[4].

---

[1]PNUE, Convention de Bâle sur le contrôle des mouvements transfrontières de déchets dangereux et de leur élimination, 22 mars 1989. Elle a été adoptée après le tollé général suscité par la découverte, dans les années 80, en Afrique et dans d'autres régions du monde en développement, de dépôts de déchets toxiques importés de l'étranger, Katarina Kummer Peiry, secrétaire exécutive de la convention de Bâle, legal.un.org.

[2]La convention de Bamako a été négociée par 12 pays de l'Organisation de l'Unité Africaine à Bamako (Mali) en janvier 1991 et est entrée en vigueur en 1998. Elle interdit l'importation et le déversement ou l'incinération de déchets dangereux en Afrique, établit le principe de précaution et assure la gestion rationnelle de ces déchets sur le continent, wedocs.unep.org.

[3]Le commerce illicite est un commerce (circulation/échange de biens et/ou de services) dont l'illicéité peut résulter de facteurs (et d'acteurs) multiples. Pour une vision synthétique des formes du commerce illicite et des enjeux et risques pour les entreprises, on pourra se rapporter aux travaux de l'Association de Lutte Contre le Commerce Illicite (ALCCI), notamment Le commerce illicite, une vision globale, https://www.alcci.fr/le-commerce-illicite-en-bref/ .

[4]Web 3.0 ou la recherche d'un Internet recentré sur l'humain, de l'anti-monopole, de la protection des données personnelles.

I- DE LA DIFFICILE CIRCONSCRIPTION DU CHAMP DE L'ILLICITE

L'examen de la question de la délimitation du champ de l'illicite fait apparaître celui-ci à la fois comme concentrique et stratifié **(A)**, mouvant et plastique **(B)**.

A- UNE AIRE CONCENTRIQUE ET STRATIFIÉE

Qu'il s'agisse de le décrire **(1)** ou de le qualifier **(2)**, le même constat s'impose.

1- Sur le plan extra-juridique

Contrefait, copié, coupé, trafiqué, frelat autant d'adjectifs qui font référence à des pratiques illicites et aux produits qui en résultent : cigarettes ou médicaments, maroquinerie, lunettes ou de vêtements siglés, les exemples sont légion.

Certains sont même antérieurs à la révolution industrielle : épices coupées, vins frelatés, soieries contrefaites.

La prise en compte de l'environnement a vu cette aire s'étendre à de nouvelles spécialités : du « commerce » des espèces menacées d'extinction à celui des déchets toxiques, la liste est ouverte.

Avec la révolution numérique et l'expansion du virtuel, le spectre de l'illicite s'élargit : disparition, de facto, des frontières à l'échelle planétaire ; constitution d'un gisement exponentiel de données exploitables et recombinables à l'infini, alimenté par la servitude volontaire, voire la collaboration active des victimes… qui s'ignorent.

2- Sur le plan juridique

L'histoire en général, et celle du droit en particulier, nous révèle qu'en matière d'illicéité[1], on est confronté à un empilement et une coexistence de pratiques illicites qui perdurent dans le temps et sont recouvertes ou englobées (mais non effacées) par d'autres.

Tels des électrons, elles gravitent autour du noyau dur (hard core) de l'illicite et s'agrègent en nouvelles couches : ainsi, en matière de trafic illicite de personnes (traite négrière, traite des blanches, esclavagisme moderne…), de biens matériels (armes, œuvres d'art, matières fissiles…) ou immatériels (dessins, modèles, brevets, données personnelles...).

---

[1]En droit interne, on peut définir le commerce illicite comme la vente au consommateur de biens et de services en violation de la loi.
En droit international, on distingue trafic licite (circulation permise) et trafic illicite (circulation interdite). Un même bien peut relever de l'un ou de l'autre selon l'initiateur du mouvement et sa destination, terme désignant aussi bien le lieu que l'utilisation projetée.

Au commencement était le vol et le pillage, puis vint le temps de la contrefaçon[1] et de la contrebande[2], enfin arriva celui de la destruction[3] ou de l'appropriation de choses hors-commerce.

Atteintes à la propriété matérielle, puis aux biens communs et enfin à la propriété immatérielle et aux droits personnels, aujourd'hui, toutes ces atteintes coexistent et sont susceptibles de donner lieu à des combinaisons inédites dont l'encadrement reste à trouver.

La libre circulation des personnes, des biens et des services, impératif défendu par l'UE et l'OMC, atteint son apogée avec le développement des (N)TIC, et avec lui l'émergence de son double inversé, son Mister Hyde : le Dark Net[4] !

B- Une aire mouvante et plastique

La frontière entre le licite et l'illicite est souvent floue, parfois ténue, voire poreuse, qu'on se place aussi bien sur le plan spatial et temporel **(1)** que sur le plan organique et matériel **(2)** .

1- Sur le plan spatial et temporel

Dans une économie mondialisée, l'existence de zones géo-politiques et d'accords juridiques à géométrie variable constituent un terreau favorable pour l'éclosion de pratiques illicites.

Si l'on prend l'exemple des « paradis fiscaux » ou des GAFAM[5], on constate que la conjonction de la disparité fiscale et de l'utilisation des TIC permet une optimisation (licite)… qui n'est pas une fraude (illicite).

A cela vient s'ajouter la fluctuation temporelle de ce qui est hors du commerce (les esclaves l'ont été !) en fonction de la demande sociale en droit, de l'état des connaissance scientifiques et techniques et des meilleures technologies disponibles à un coût économiquement acceptable

Chose hors commerce un jour, dans le commerce un autre jour, voire au cours d'une même séquence temporelle et pour une même aire géographique.

---

[1]Contrefaçon : fabrication illégale de produits, et/ou non-respect des droits de propriété intellectuelle.

[2]Contrebande : introduction frauduleuse de marchandises prohibées (dont le trafic est illicite, de ce fait) ou soumises au paiement de droits de douanes (marchandises dont le trafic serait licite si ces droits étaient acquittés).

[3]Martine Rèmond-Gouilloud, *Du droit de détruire. Essai sur le droit de l'environnement*, Paris, PUF, coll. Les voies du droit, 1989.

[4]Dark Net : Internet parallèle, anonyme et sans limite, crée à l'origine pour aider les dissidents chinois à communiquer entre eux sans pouvoir être identifiés, qui a vite donné lieu à des dérives et est devenu la « poubelle » du Web et la « foire » à l'illicite. Tor en est la clé, d'après www.webgeek.fr.

[5] Double irlandais et sandwich hollandais : stratégies d'évitement fiscal ou de protection d'actifs, « des recettes à la frontière entre fraude et optimisation fiscale » (cf.www.panthéonsorbonne.fr 12 février 2013), que les GAFAM (Google, Apple, Facebook, Amazon, Microsoft) notamment, utilisent.

En matière d'environnement, l'exportation de la pollution nous fournit de nombreux exemples de cette porosité : produits chimiques ou déchets toxiques donnent parfois lieu à des trafics illicites à un moment ou au bout de la chaîne d'échanges initialement licites[1].

Enfin, on notera que les espaces internationaux ne sont pas épargnés et que de nouveaux problèmes sont appelés à se faire jour : fonds des mers (déchets toxiques stockés licitement en l'absence de texte international régissant leur rejet jusqu'à une date récente), voire espace intersidéral (déchets spatiaux).

2- Sur le plan organique et matériel

De surcroît, cette frontière se révèle être d'une extraordinaire plasticité à laquelle le jeu des acteurs et qualifications et régimes juridiques n'est pas étranger.

Ainsi en est-il, par exemple, des déchets ou des œuvres d'art qui ne sont pas des marchandises comme les autres mais qui restent des marchandises, néanmoins.

En matière de protection de l'environnement, les mouvements transfrontières de déchets dangereux seront considérés comme licites ou illicites, selon le sens de circulation (PVD/PD), l'objet de celle-ci (transit/élimination) et le traitement envisagé (recyclage/valorisation/élimination finale).

Ainsi, le déchet peut alternativement être qualifié de chose dans le commerce (matière première secondaire) ou de chose hors commerce (déchet ultime) en fonction de l'existence (ou non) d'installations adéquates de traitement et d'élimination (IAE) et du consentement préalable informé (CPI) des pays de transit et d'accueil.

Toutefois, l'exportation de la pollution, désormais interdite par le droit international, se travestit aujourd'hui sous les dehors du retraitement ou du recyclage[2].

Au XXIème siècle, la révolution numérique a donné naissance à un nouveau trafic : celui des données (data/big data). Leurs gisements sont convoités tant par les opérateurs économiques (dont les GAFAM) que les Etats ou les cartels. Internet et Darknet permettent leur circulation et leur collecte .

A l'instar des biens communs en matière d'environnement, les données personnelles ne sont pas valorisées et constituent des sources de profit pour les entreprises sans contrepartie pour les individus, producteurs volontaires ou involontaires (prédation, vices du consentement) d'information(s).

---

[1] F. R. du VIVIER, *Les vaisseaux du poison, Laroute des déchets toxiques*, préface d'Alain Bombard, Paris, éditions Sang de la terre, 1988.

[2]Arte, Christian Gramstadt, Patrizia Venditti, *Le poison de la Mafia et la loi du silence*, documentaire, All, 2017, 88mn, diffusion Arte, 24 octobre 2017 et 28 août 2019.

D'autre part, sous couvert de motifs d'intérêt général, les Etats eux-mêmes, y compris au sein de l'Union Européenne, mettent en place des dispositifs de collecte dont la licéité est sujette à caution[1] en terme de droits humains.

La collecte des données individuelles est désormais encadrée par le règlement général sur la protection des données (RGDP)[2] au sein de l'Union européenne. En revanche, sur le plan international, des disparités demeurent.

Ce qui est susceptible de faire la licéité (ou non) d'un échange est donc fonction de nombreux facteurs, selon que celui-ci s'effectue à titre onéreux ou à titre gratuit et dans quelle intention[3] et à la condition expresse qu'il soit librement consenti, ce qui implique une information préalable véritable (sincère, transparente) et non de pure forme ainsi que l'absence de manœuvres (abus de puissance économique, corruption…).

II- DE LA CONTENTION DES TRAFICS ILLICITES ET DES OBSTACLES A SURMONTER

Pas plus qu'il n'est aisé de délimiter le champ de l'illicite, les trafics qui en résultent et/ou l'alimentent ne sont faciles à contenir.

Entre écuries d'Augias et tonneau des Danaïdes **(B)**, le droit international tente de désamorcer l'éternel jeu (pipé) des gendarmes et des voleurs **(A)**.

A- L'ÉTERNEL JEU (PIPÉ) DES GENDARMES ET DES VOLEURS

Si l'illicite est protéiforme, il existe un invariant qui parfois tient au droit lui-même : dans ce jeu, les voleurs ont toujours un coup d'avance **(1)** et/ou se glissent dans les interstices du tissu juridique **(2)**.

1- Les voleurs ont toujours un coup d'avance

Qu'il s'agisse des domaines investis ou des techniques employées, l'inventivité et l'agilité[4] des « commerçants » illicites est prodigieuse.

Pour investir de nouveaux domaines, exploration et imbrication se combinent.

On peut citer le trafic illicite d'images ou de données, avant que le RGDP ne soit envisagé en parade, ou l'exportation de la pollution avant que le registre

[1] Les trois compteurs « intelligents » : Linky (électricité), Gazpar (gaz), Aquarius (eau) en France, « Intelligence service… public » !

[2]Règlement (UE) 2016/679 du Parlement européen et du Conseil du 27 avril 2016 relatif à la protection des personnes physiques à l'égard du traitement des données à caractère personnel et à la libre circulation des données, et abrogeant la directive95/46/CE, dit Réglement général sur la protection des données (RGDP).

[3]Par exemple, données personnelles, hors commerce, transmises à des fins statistiques en matière de politiques publiques (intérêt général) vs données transmises à des fins électoralistes, propagandistes, mercantiles (cf. Cambridge papers) ou encore substances toxiques circulant à titre onéreux mais à des fins de santé publique vs à des fins de toxicomanie.

[4]Capacité d'une organisation à créer de la valeur et à ravir son client, tout en favorisant et en s'adaptant à temps aux changements de son environnement. Terme à la mode, issu de la science de l'informatique et des systèmes, synonyme d'adaptabilité.

« Produits chimiques[1] » ou les conventions « Mouvements transfrontières de déchets » ne voient le jour.

Les mouvements transfrontières de déchets sont au centre d'activités diversifiées ayant pignon sur rue (transport terrestre, fluvial ou maritime, exploitation de carrières ou de cimenteries, construction, courtage...) et qui permettent l'alternance de phases blanches, grises et noires dans les modes de transfert jusqu'à l'élimination finale.

Quant aux techniques employées, elles conjuguent adaptation et innovation.

En matière de trafic illicite de stupéfiants, les modèles de l'économie classique sont repris et adaptés : commerce de gros/demi-gros/détail, holding et filiales ; recherche et fabrication de nouvelles molécules récréatives (« brevets » et exploitation de « licences ») ; nouveaux modes de commercialisation, transport et livraison des substances (sites Internet, la Poste et services de messagerie privés, drones).

Les exportateurs de pollution utilisent les méthodes avérées du commerce international (marchés, joint-ventures…) et sont les apôtres du principe de libre circulation.

Un Dark GATT/OMC, en quelque sorte… préfigurant le Dark Net.

2- ... et/ou se glissent dans les interstices du tissu juridique

En premier lieu, les pratiquants de l'illicite profitent des décalages entre les législations nationales ou les engagements bilatéraux des Etats.

Midnight movers, bandit truckers, vaisseaux du poison[2]… ont abondamment profités (et profitent encore) de ces décalages.

En matière fiscale et/ou pénale, l'absence de conventions d'extradition a toujours été activement recherchée par les criminels, aussi bien dans les romans noirs que dans la vraie vie[3]

---

[1]PNUE, Registre international sur les substances chimiques potentiellement toxiques (RISCPT), 1975. Règlement (CE)1907/2006 concernent l'enregistrement, l'évaluation et l'autorisation des substances chimiques (REACH).

[2]On se souvient notamment, dans le dernier tiers du siècle précédent, des camions-fantômes (midnight movers ou bandit truckers) transportant des huiles usagées d'un Etat à l'autre des USA, de la barge itinérante (ordures ménagères, de NYC vers les Caraïbes) et autres cargos-poubelle, coulés au large des côtes italiennes pour certains, ou dont les cargaisons étaient expédiées de l'Italie vers Afrique, sous couvert de contrats de recyclage ou d'élimination.

[3]A ce propos, on rappellera que certains juristes de droit public avaient un goût marqué pour les romans policiers. Le doyen Vedel, pour ne pas le citer, avait une Série Noire dans la poche droite de son imperméable et Le Monde dans la poche gauche ou le contraire… c'est du moins ce que la tradition rapporte (Fama tradidit).

Avant l'entrée du Royaume-uni dans l'Union européenne, l'Espagne ou Malte étaient les terres de prédilection de la pègre[1] du Swinging London, notamment.

En second lieu, ils peuvent également jouer sur la surabondance des textes internationaux ou sur leur ineffectivité… qui conduit à leur inefficacité.

Le multilatéralisme n'est pas sans inconvénients : surabondance de soft-law (déclarations, recommandations, guidelines…) ; conventions signées (intention, effet d'annonce) mais non ratifiées (engagement effectif) ; retard dans le dépôt des instruments de ratification[2], ce qui entraîne, au pire, la persistance de vide juridique ou des engagements à géométrie variable, à tout le moins.

A celà s'ajoute l'absence d'isomorphisme, la non-coïncidence des champs d'application des conventions.

Si l'on prend l'exemple des mouvements transfrontières de déchets, outre les conventions de Bâle et de Bamako[3], il en existe d'autres qui traitent de la question directement ou indirectement (rejets en mer, transport de matières dangereuses notamment, produits chimiques...).

Plus les mailles du filet sont nombreuses et lâches, plus il est facile aux poissons de s'en échapper.

Entre sur-encadrement et vide juridique, entre redondances et contradictions, les trafics illicites (et leurs initiateurs) ont encore de beaux jours devant eux.

B - Entre écurie d'Augias et tonneau des Danaïdes…

La contention de l'illicite nécessite l'intervention de nombreux acteurs et la mise en oeuvre d'une pluralité d'outils **(1)** pour organiser conjointement la gestion des stocks (Augias) et des flux (Danaïdes) selon les domaines couverts et le buts poursuivis **(2)**.

1- Les acteurs et les outils

Pour résorber et canaliser les trafics illicites, Les Etats et leurs services sont concernés au premier chef : diplomates (négociation), services administratifs (organisation, reporting), garde-côtes, douaniers, gendarmes et policiers (prévention et répression).

---

[1]J. ARNOTT, Crime unlimited et True crime, Paris, 10/18, 2005 et 2006. D. PEACE, Tétralogie du Yorkshire, 1974,1977, 1980, 1983, Paris, Payot et Rivages, coll. Rivages/Thriller, 2002, 2003, 2004, 2005. Peter Guttridge, Trilogie de Brighton, Arles, Actes sud, Babel noir, 2013, 2014, 2017.

[2]Convention des Nations unies sur le droit de la mer dite Convention de Montego Bay, 1973 (décision)-1982 (signature)-1994 (entrée en vigueur).

[3]On notera que la convention de Bamako va plus loin que la convention de Bâle en interdisant l'importation de tous les déchets dangereux, sans exception, donc y compris les déchets radioactifs.

En l'absence d'une autorité supranationale, des organismes à composition (vocation universelle/régionale) et compétences (consultatif/coercitif) variables coexistent au plan international.

Enfin, les professionnels et leurs groupements, sans oublier les organisations non-gouvernementales, sont également appelés à intervenir.

Toutefois, des zones économico-juridico-géo-politiques, non soumises au droit international, émergent (Etat islamique et ses avatars) et la coexistence de périodes/zones guerre/paix conduit parfois à des échanges ou des alliances improbables, voire contre nature ou à tout le moins hypocrites[1].

On a montré les limites des outils et techniques du droit international classique pour contribuer à la contention de l'illicite, même si des avancées se font jouer : le RGPD(P) est un bon exemple d'outil mis en place par le droit européen.

On soulignera que l'inversion de la relation[2] entre commerce illicite et criminalité d'avatar du crime, il en devient le moteur devrait avoir une incidence sur son approche juridique.

En raisonnant par analogie, certains proposent qu'il fasse l'objet d'une incrimination générale, à part entière, comme le blanchiment, assortie de réparations, comme le dommage écologique, tant en droit interne qu'international.

2 - Les domaines couverts et les buts poursuivis

On a rappelé précédemment que le commerce illicite développe sans cesse de nouvelles spécialités mais également des réseaux « multi-cartes » combinant activités licites et illicites au sein d'un même groupement[3].

En matière de santé humaine et d'environnement, on est parfois confronté à des contradictions, voire des apories, à tout le moins des incertitudes : selon leur destination (lieu et usage), les mêmes catégories de produits, peuvent et ne peuvent pas circuler librement (substances toxiques, matières premières secondaires).

Le réchauffement climatique, paradigme des effets anthropiques[4], résulte aussi bien de l'élevage intensif, de l'exploitation forestière, du transport de biens

[1]Par exemple, pétrole contre nourriture pendant la guerre en Irak.

[2]ALCCI, passage d'une logique d'offre à une logique de demande ; le crime alimente le commerce illicite vs le commerce illicite suscite le crime pour être alimenté, cf. note 3.

[3]Les mafias (antonomase) italo-américaines ont depuis longtemps compris l'intérêt de ce double jeu et les films Le Parrain 1, 2, 3 en donnent une illustration.

[4]Effet anthropique : en écologie, qui est le résultat de l'activité humaine, universalis.fr ; l'érosion est un phénomène à la fois naturel et anthropique, la pollution est la perturbation anthropique d'un milieu naturel, la sur-pêche est anthropogène.

On utilise également le terme « Anthropocène », littéralement « Age de l'Homme » pour désigner une nouvelle époque géologique caractérisée par l'impact de l'Homme sur la planète, conduisant au changement de fonctionnement de celle-ci. La reconnaissance de cette nouvelle

et de personnes, de l'élimination des déchets par voie d'incinération, activités licites, que de l'utilisation, la commercialisation et le transfert de produits chimiques ou de gaz prohibés, activités devenues illicites quand ces produits ont été reconnus[1] toxiques et dangereux.

Avec l'immatériel[2], on est confronté à des problèmes similaires : coexistence du White/Dark Net (licite/illicite) et dégradation de la libre circulation (de l'information et des données) en trafic illicite (exploitation des profils de consommation et de comportement des individus, hors commerce).

Droits réels et droit moral mais également droits personnels entrent en jeu, et la contention de l'illicite, outre qu'elle est techniquement difficile, l'est également juridiquement du fait de la négligence, voire de la complaisance des personnes lésées (données personnelles, notamment).

CONCLUSION

Faut-il pour autant désespérer du droit international ?

1 - La beauté tragique du droit international

Telle Cassandre, le droit international est visionnaire et son plus grand tort est d'avoir raison trop tôt.

Il est pris dans un double mouvement entre le monde tel qu'il devrait être et le monde tel qu'il va à défaut de pouvoir être comme le chat de Schrödinger[3].

A l'instar de l'éducation, la morale ou la religion, le droit international décrit le monde tel qu'il devrait être, si les acteurs se comportaient vertueusement, ou tel qu'il pourrait devenir, en cas d'inaction ou en l'absence d'encadrement de certaines actions.

Il navigue entre utopie et dystopie, entre délices du Paradis, de quelque obédience qu'il soit, et feux de l'Enfer.

A ce propos, on rappellera que le droit, la morale ou la religion, superstructures ou opium du peuple selon certains, peuvent être aussi bien des moyens de contention des débordements humains, dont les activités illicites font partie, que sources de débordements humains en leur nom : lois raciales, charria, esclavagisme, destruction de biens culturels (art dégénéré, autodafé), contrôle des esprits.

ère géologique donne lieu à une controverse scientifique quant à l'analyse de la diversité et de la complexité des phénomènes à l'oeuvre et à leurs effets.

[1]Fluctuation temporelle, scientifique et juridique, de la notion de meilleure technologie disponible : exemple de l'amiante.

[2]Propriété intellectuelle, industrielle ou littéraire et artistique. Big data, données personnelles.

[3]Paradoxe de la physique quantique. Quand la boite est fermée, le chat peut être à la fois mort et vivant (échelle quantique) ; quand elle sera ouverte, il sera soit mort, soit vivant (échelle humaine).

De même, l'invocation du principe de précaution est susceptible de conduire au blocage, voire à l'inaction et l'adoption de mesures prédictives, aux arrestations préventives effectuées par les Precogs[1] de Minority Report[2] : les algorithmes utilisés par la police de Détroit ou Chicago[3] de nos jours en sont les prémices.

La délicate mission du droit international consiste donc à diffuser ses intuitions et analyses (fondées sur le reporting, notamment) et à tracer des asymptotes.

En même temps (l'expression a fait florès), il permet de circonscrire/d'encadrer le monde tel qu'il est ou en passe d'advenir à plus ou moins long terme si les comportements fautifs, illicites, délictueux ne cessent pas. Sa fonction est alors similaire à la neg-entropie[4] dans la physique quantique (deuxième principe de la thermodynamique[5]) : combattre la dégradation d'un système (en chaleur), inverser le mouvement… sauf qu'ici, il s'agit de neg-anthropie, c'est-à-dire de lutter contre les activités humaines néfastes, licites ou illicites. Il appartient donc, dans une économie mondialisée, au droit international d'adopter des mesures préventives et correctives, voire coercitives, et/ou d'inciter les Etats à le faire, pour pouvoir assurer la régulation du système international par la recherche et le maintien de l'homéostasie[6].

2 - Le meilleur des mondes (possibles) ou l'absolue nécessité du droit international

L'ONU s'avérerait-elle aussi inutile que la SDN ?

Certains soutiennent cette position pour préconiser le retour au bilatéralisme face à un multilatéralisme inefficace tant en matière de lutte contre le commerce illicite que de maintien de la paix.

---

[1]Précognition : perception extra-sensorielle ; permet la connaissance d'informations concernant des évènements et des situations futures acquise autrement que par déduction logique, et selon des modalités inexpliquées scientifiquement.

[2]*The Minority Report* est une nouvelle de science-fiction de Philippe K. Dick publiée en 1956 (1975 pour la traduction française), adaptée au cinéma en 2002 par Steven Spielberg. Précrime est un organisme qui vise à empêcher toute intention de crime en condamnant les auteurs potentiels avant la commission de ceux-ci… ou Le chemin de la prison est pavé de mauvaises intentions ! « La punition n'a jamais constitué un moyen de dissuasion et n'apporte qu'un mince réconfort à une victime déjà morte ».

[3]« Prédestination » statistique au crime de certains quartiers et catégories de population !

[4]Neg-entropie ou entropie négative : évolution d'un système qui présente un degré croissant d'organisation, cnrtl.fr. Par extension, ce qui s'oppose à la tendance naturelle à la désorganisation,

[5]Entropie : grandeur thermodynamique exprimant le degré de désordre de la matière, cnrtl.fr. Par extension, tendance naturelle à la désorganisation.

[6]Homéostasie : en biologie, tendance de l'organisme à maintenir ou à ramener les différentes constantes physiologiques (température, débit sanguin, tension artérielle, etc.) à des degrés qui ne s'écartent pas de la normales, cnrtl.fr ; par extension, équilibre, système de régulation, centre de contrôle, auto-régulation d'un système.

Les tenants de cette seconde voie sont les mêmes qui entendent mettre en coupe réglée les échanges commerciaux à leurs seuls avantages (ALENA, TAFTA ,…), qui n'hésitent pas à répandre des fake news pour décrédibiliser leurs adversaires, voire à mettre en péril l'équilibre mondial en déclenchant/conduisant des guerres à distance sans risque réel pour leur propre territoire. .. Jusqu'à une date récente.

La liste des dommages collatéraux est longue, des bombardements de Dresde et du Havre, par exemple, à ceux d' Hiroshima-Nagasaki, sans oublier le Vietnam, l'Irak, le Koweit, la Lybie, la Syrie…

Un retour aux sources s'impose.

Droit des gens, jus gentium, droit de la la guerre et de la paix, de jure belli ac pacis, le droit international a encore de beaux jours devant lui : réfugiés politiques, économiques, climatiques ; néo-guerres de religion(s), réchauffement climatique… l'Anthropocène verra-t-il le retour des dinosaures ?

Le passé éclaire le présent… le futur aussi. Quant à la littérature et au cinéma, aux romans et aux films, ils sont une autre lanterne… magique !

Pour notre part, nous militons en faveur de l'indépassable horizon du droit international comme asymptote et de la perfectibilité de ses acteurs, techniques et outils.

La convention de Bamako est un exemple, le RGDP en est un autre.

VARIA

MANIFESTE POUR LE SAUVETAGE D'UNE INSTITUTION EN ETAT DE PERDITION : LE « CONSEIL AFRICAIN ET MALGACHE POUR L'ENSEIGNEMENT SUPERIEUR » (CAMES)*

Salif YONABA,

Professeur agrégé de droit public à l'Université Ouaga II (UO2) / Ouagadougou

INTRODUCTION

Peut-on parler en toute objectivité du « Conseil africain et malgache pour l'enseignement supérieur » (CAMES) en faisant l'économie des thèmes de « grandeur et décadence », de « la face cachée », des « heurs et malheurs » ou des « comptes et mécomptes » d'une institution d'intégration, bref, d'un espoir tout simplement déçu ? Personnellement, nous ne le pensons pas un seul instant, car tant de choses ont été dites mais pas suffisamment écrites hélas[1] sur cette institution qu'il est devenu indispensable de procéder à une évaluation sans complaisance de son fonctionnement.

Dans cette optique, l'on aurait pu être tenté, si l'on était dans le domaine des œuvres cinématographiques, ou de tout autre genre littéraire et/ou artistique, de recourir à cette clause de style en forme d'avertissement qui accompagne généralement la diffusion desdites œuvres, et disposant que « *… toute ressemblance avec des situations réelles ou ayant existé est fortuite !* ». Comme pour dire que même si les faits relatés éveillaient dans notre esprit telle ou telle situation (en général cocasse), impliquant tel ou tel acteur, dans le beau comme dans le vilain rôle, il ne faudrait en aucun cas y attacher la moindre importance !

Mais précisément, il ne devrait pas en être ainsi, parce que c'est à dessein que la ressemblance qui pourrait être établie avec certaines situations réelles est présentée ici en guise de partage de l'expérience personnelle vécue à travers l'observation du fonctionnement de l'Institution sur une période de temps suffisamment significative pour permettre de tirer d'utiles enseignements. Bien évidemment, nous ne prétendons nullement avoir réussi à cerner tous les contours de la problématique d'ensemble car il ne s'agit pas de résultats de

---

* En amical hommage à Eloi Diarra.

[1]° - pour des raisons aussi diverses que le poids de la tradition orale qui caractérise notre société ou, plus grave, l'insuffisant esprit de responsabilité qui prévaut dans le cercle des universitaires africains francophones ! L'on s'en voudrait de ne pas mentionner la publication récente par deux universitaires béninois (M. C. RAHIMY et O. O. M. LALEYE) de ce véritable réquisitoire contre l'Institution qui pose le doigt là où le bât blesse le plus dans le fonctionnement du dispositif : *Le CAMES : la nébuleuse qui entrave l'essor du Bénin et de l'Afrique*, Secret des Arts,, AE Foly Cotonou, février 2018, 191 p. ; à l'exact opposé de cette publication, doit être mentionnée la publication commandée par l'Institution elle-même pour commémorer le cinquantième anniversaire de son existence et qui a produit par l'universitaire Chikouna Cissé : *Le CAMES : 1968-2018 : un demi-siècle au service de l'enseignement supérieur et de la recherche en Afrique,* Editions science et bien commun (ESBC), mai 2018.

quelque enquête ou sondage d'opinions que nous entendons livrer, mais plutôt de quelques constats plus ou moins naïfs que nous avons été amené à faire de manière tout à fait fortuite, à l'instar de tout un chacun des membres de la communauté universitaire ! Il s'agit donc bien de véritables « *histoires vraies* », pour reprendre la belle formule de ce chroniqueur français des faits insolites et rocambolesques des années 1980, dans lesquelles tout un chacun pourrait facilement se reconnaître.

Autant dire qu'il y a urgence à entreprendre ce travail d'évaluation objective des forces et faiblesses d'un dispositif auquel les universitaires se sentent fortement attachés parce que, de par sa seule existence, il constitue un plus par rapport aux diverses formules, nationales pour l'essentiel, qui ont été expérimentées avant son adoption, du fait de la plus-value ou de la valeur ajoutée supposée (en termes de caution morale et scientifique du sérieux des titres et grades délivrés) qu'elle est censée procurer[1].

On l'aura donc compris : c'est un travail qui aurait dû avoir été entrepris depuis bien longtemps parce que cela fait belle lurette que le fonctionnement du dispositif laisse abondamment à désirer[2], sans que l'on se donne le courage de franchir le Rubicon en posant franchement et honnêtement le problème, afin de trouver la solution qui s'impose. C'est bien connu, grâce au vieux dicton typiquement africain, que « *celui qui ne vend pas (suffisamment) sa maladie est condamné à en mourir ou, à tout le moins, à ne jamais en guérir (à brève échéance) !* ». Nous sommes donc tous coupables d'une manière ou d'une autre, par action ou par omission selon l'heureuse formule de l'Evangile, de cette situation qui n'a que trop compromis l'avenir de nos institutions universitaires et c'est la raison pour laquelle nous avons pu utiliser, à une précédente occasion, le terme « *d'imposture collective* »[3] pour caractériser une telle situation.

En effet, le mensonge n'a que trop duré, parce que l'on a préféré pendant très longtemps se voiler la face plutôt que d'affronter la dure réalité. Le moment n'est donc-t-il pas venu de se livrer loyalement à ce nécessaire « *examen de conscience scientifique* » que commande l'évolution des faits, parce qu'il devrait nous permettre de réaliser le saut –si ce n'est le sursaut- qualitatif indispensable pour le sauvetage de ce qui peut l'être encore de ce précieux

---

[1]° - voir, sur ce point, notre article : *Une vénérable institution : le « Conseil africain et malgache pour l'enseignement supérieur » (CAMES)*, Journal Eurêka, n° 7, octobre 1993, pp. 23-32.

[2]° - Et l'année 1991 au cours de laquelle les autorités politiques ivoiriennes ont exigé –et obtenu sans coup férir- la mise à l'écart d'un enseignant ivoirien, à l'époque président d'un CTS, des instances du CAMES doit être retenue comme une date importante dans cette marche vers la dégénérescence programmée du système de promotion mis en place. Le motif invoqué était qu'après la création, par ce dernier d'un parti politique, il devait être désormais traité comme un acteur politique, qui avait *ipso facto* perdu toute légitimité pour continuer à siéger dans les instances universitaires de cette nature !

[3]° - voir, sur ce point, notre article : *Le CAMES et la gestion de la carrière des enseignants-chercheurs africains,* Mélanges F. V. WODIÉ, Presses de l'Université Toulouse Capitole, 2015, pp. 523-550, spéc., pp. 535s.

dispositif ? C'est ce qu'à titre personnel nous avons l'audace de penser et, pour ce faire, nous rappellerions volontiers le diagnostic que tout un chacun peut aisément poser, avant de nous arrêter aux conséquences que la situation ainsi créée a pu engendrer comme effets pervers, pour terminer sur quelques préconisations qui pourraient être faites en vue de redresser la situation.

I- LE DIAGNOSTIC TOUT D'ABORD

Le constat, qui saute tout de suite aux yeux, est celui d'un grave dysfonctionnement du dispositif dans tous les sens du terme. Sans vouloir verser dans un quelconque catastrophisme qui ne saurait être de mise, il faut reconnaître que plus rien ne marche depuis bien plus d'un quart de siècle. Un tel constat s'impose car aucun acteur du milieu universitaire africain francophone un tant soit peu honnête, qui est passé par le moule du CAMES, ne peut soutenir avec sincérité qu'il n'a jamais entendu parler «*des magouilles, des mesquineries, des intrigues, des allégeances, des arrangements de toutes sortes ou autres pratiques clientélistes*» qui jalonnent le processus d'évaluation des travaux des enseignants-chercheurs à fin de promotion tout au long de son déroulement, soit qu'il en a bénéficié personnellement ou par ricochet, soit au contraire, qu'il en a été une pauvre victime, directe ou collatérale, d'une manière ou d'une autre. La diversité des pratiques et procédés qui ont cours en ce domaine n'a d'égale que l'ingéniosité perverse de leurs auteurs. Ainsi, l'on ne s'étonne guère que la recherche de la promotion donne lieu à diverses formes de marchandages ou tractations entre candidats à la promotion et certains membres influents du dispositif qui fixent littéralement le montant de la somme d'argent à débourser pour pouvoir atteindre l'objectif recherché. Il a même été question, au moins une fois selon une folle et insistante rumeur, du recours au vieux procédé du « droit de cuissage » qui a pu être exercé par quelque puissant du jour, du fait qu'il était un membre influent d'un jury de concours d'agrégation, avant de marquer son accord pour la promotion sollicitée par la candidate ! Une parfaite illustration de ce que l'on désigne communément par le concept de la « note sexuellement transmissible » (NST) qui nous prouve qu'ici aussi, le trafic d'influence fonctionne à fond.

Le paradoxe est trop important pour être relevé, car la création de cette Institution avait suscité d'immenses espoirs au sein de la communauté scientifique africaine. La raison essentielle résidait dans le fait que celle-ci était perçue comme la réponse idoine aux nombreux problèmes posés par le fonctionnement peu satisfaisant et c'est un euphémisme !- des systèmes nationaux de promotion qui, du fait des contingences de tous ordres (partisane ou politique, sociologique ou anthropologique, confessionnelle, etc.), manquent bien souvent d'objectivité dans l'évaluation des candidats. Et c'est alors que l'on s'est accordé pour reconnaître que la mise sur pied d'un cadre intégrateur commun, à la disposition d'un groupe plus ou moins significatif d'Etats[1], allait mettre l'ensemble des acteurs à l'abri des inconvénients inhérents aux formules nationales. C'est ce qui devait être fait avec l'adoption de ce fameux Accord CAMES en 1968 et le démarrage effectif de ses activités quelques années plus tard[2].

Mais avec le temps, et sans doute aussi parce que l'on a très vite baissé la garde, le démon qu'on espérait avoir expulsé par la grande porte, a pu s'introduire de la manière la plus insidieuse par la fenêtre sous l'effet du travail de sape, minutieusement mené dans l'ombre avec ruse et perfidie par ces mêmes membres de ladite communauté, adeptes des pratiques de la courte échelle qui font fi des us, coutumes et traditions universitaires les plus élémentaires que sont l'objectivité et la probité morale dans la conduite de l'activité scientifique.

Comme en matière de corruption ou de fraude plus généralement, la diversité des procédés utilisés impressionne au point de laisser l'observateur pantois ; s'y ajoute le fait que ces procédés se manifestent, pour ainsi dire, à tous les stades du processus, au demeurant très largement imbriqués les uns dans les autres. Pour faire bref, nous dirions que ceux-ci vont de la désignation non démocratique des représentants aux instances d'évaluation à l'insuffisance de sérieux dans l'évaluation des travaux, en passant par divers autres aléas mal maîtrisés.

A- LA DESIGNATION NON DEMOCRATIQUE DES REPRESENTANTS AUX DIVERSES INSTANCES D'EVALUATION DE L'INSTITUTION

Tout commence au stade de la désignation des représentants aux diverses instances d'évaluation du CAMES. Il s'agit d'une phase tout à fait cruciale au regard des enjeux en présence, au cours de laquelle des dispositions auraient gagné à être prises (comme le recours au système électif ou à tout autre procédé plus ou moins consensuel) afin de sauvegarder l'esprit de transparence et de confiance mutuelle si vital pour le bon fonctionnement de toute institution ; malheureusement, il s'en faut de beaucoup pour que de telles garanties soient réunies. Bien au contraire, et à quelques très rares exceptions près, dans l'ensemble des quelques dix-neuf Etats qui participent aux divers programmes de l'Institution, la désignation des représentants se fait sur les bases les plus opaques et les plus obscures, suivant la vieille méthode du copinage, du clientélisme, si ce n'est tout simplement du clanisme.

---

[1]° - A l'heure actuelle, pas moins de dix-neuf (19) Etats adhèrent aux quatre programmes de l'Institution, ce qui constitue en soi un succès non négligeable ; toutefois, tous ne sont pas concernés par le programme de promotion des enseignants-chercheurs dans les différents grades de la hiérarchie universitaire.

[2]° - voir, sur ce point, entre autres, notre article précité *: Une vénérable institution : le CAMES* et également l'ouvrage publié par C. Cissé à l'occasion du cinquantenaire de l'Institution, *op. cit.*

Par conséquent, il paraît tout à fait aisé, sur ce point, de constater que les choses n'ont pas toujours fonctionné de la manière la plus orthodoxe. Que de fois a-t-on assisté à des manœuvres souterraines à ce premier stade, se manifestant sous la forme de recours à toutes sortes de petites et grandes manœuvres pour la désignation des « représentants », lesquels vont recevoir des instructions bien précises de la part de la hiérarchie universitaire, et qui sont bien souvent aux antipodes des préoccupations du reste de la communauté universitaire ! Tout comme certains « représentants » ainsi désignés sans la moindre légitimité ne se sont pas privés d'entreprendre un sordide travail de sape et d'intoxication, à seule fin de nuire à certains de leurs collègues. Les exemples sont trop nombreux et parfois trop connus pour que l'on s'y arrête : pratiques de diffusion délibérée de fausses informations défavorables à un candidat donné[1], de rétention d'informations utiles à tel autre candidat[2], de trafic d'influence auprès des pairs siégeant au sein des différentes instances, ou manœuvres multiformes de corruption afin d'obtenir un résultat bien précis (comme l'inscription d'un candidat ou, au contraire, son ajournement), etc. Mais nous sommes là déjà au seuil de la seconde phase qui concerne l'instruction du dossier et la leçon qui doit être retenue à ce stade est qu'un important enjeu va s'engager entre certains enseignants qui se livrent à une véritable guerre de positionnement, à seule fin de pouvoir être retenus pour siéger au sein des instances du CAMES au titre de leur institution de rattachement, sans que ce soit bien évidemment pour la bonne cause[3] ! L'on ne connaît que trop l'exemple de certaines institutions universitaires qui ont été ainsi représentées par de véritables membres inamovibles, qui ont littéralement siégé à vie au sein desdites instances jusqu'à épuisement des dividendes qu'ils pouvaient raisonnablement espérer en tirer pour leur propre compte[4]. Sous ce rapport, l'on devrait méditer la situation de cet acteur qui brandissait comme un

---

1° - du genre de celles tendant à attester faussement « qu'un candidat donné refuse toute collaboration avec ses collègues ! » par exemple, ou que « tel candidat a été exclu par son organisation syndicale !», ce qui constituerait la meilleure preuve de son indiscipline caractérisée ! etc.

2° - comme les informations relatives à la procédure de constitution, de dépôt et d'examen des dossiers à seule fin de provoquer l'irrecevabilité desdits dossiers le moment venu.

3° - comme il est parfois arrivé qu'un candidat à une inscription, usant de sa position de ministre ou de recteur (ou encore président) d'université, fasse pression pour obtenir que siège au sein du CTS un collègue qui, tel un vrai lieutenant, est totalement acquis à sa cause !

4° - L'Université de Ouagadougou constitue, de ce point de vue, un bel exemple de pratique de la coterie avec la présence permanente de certains membres au sein des CTS (comme en droit pour un membre qui aura siégé sans discontinuer entre 1991 et 2017 !) et de refus du système électif ainsi qu'on l'a constaté au cours de l'année académique 2011/2012, avec le remplacement d'autorité des représentants élus (par les instances compétentes des Etablissements), par des représentants choisis discrétionnairement par le ministère ! On cite souvent aussi le cas du CTS de « Sciences économiques et de gestion » qui a fonctionné pendant plus d'une vingtaine d'années sous la férule d'un président inamovible, et qui a même continué d'y siéger après qu'il avait cessé toute activité du fait de son admission à faire valoir ses droits à la retraite !

trophée de guerre le fait d'avoir réussi à obtenir la promotion d'un protégé dans un autre CTS que celui au sein duquel il siégeait (en 1991) ou de cet autre, juriste de son état, qui s'était donné comme défi de sauver la carrière quelque peu compromise d'un candidat en médecine en 2017 !

B- LE MANQUE OU L'INSUFFISANCE DE SERIEUX ET DE RIGUEUR DANS L'INSTRUCTION DES DOSSIERS

Le deuxième moment important concerne donc la phase d'instruction du dossier : à ce stade, les exigences de sérieux (ou d'objectivité), de rigueur et de professionnalisme (en ce que ce concept implique comme garanties de compétence et de respect de l'éthique dans l'exécution de ses obligations professionnelles) prennent tout leur sens.

1- L'étude sérieuse d'un dossier requiert de la part de l'instructeur une étude attentive des travaux présentés par le candidat au soutien de son dossier, de manière à en déceler, en toute objectivité, les forces et les faiblesses ; il faut donc bannir tout laxisme qui pourrait conduire l'instructeur à ne regarder que de manière paresseuse et donc bâclée- les travaux soumis à son examen, tout comme les préjugés qui pourraient déterminer ce dernier à adopter une position de principe à l'égard des thèses ou positions scientifiques auxquelles, pour des raisons qui lui sont propres, il n'adhérerait point. C'est tout le sens même de l'esprit d'objectivité, un élément caractéristique de la démarche scientifique, qui devrait guider l'instructeur et qui prend tout son relief dans certains domaines scientifiques comme la philosophie, la sociologie ou même le droit, pour ne citer que ceux-là.

2- Quant à l'exigence de professionnalisme, il implique de la part de l'instructeur qu'il s'abstienne d'évaluer un travail pour lequel il n'aurait pas les compétences requises ; l'exigence de professionnalisme opère ici comme l'impartialité attendue du juge honnête qui, en toute loyauté, devrait observer une certaine retenue à l'égard des cas qui lui sont soumis. L'idée de loyauté a ici tout son sens parce que le fait pour l'instructeur d'avoir un grade supérieur, ou au moins équivalent à celui dont il examine le dossier de candidature ainsi que l'exigent les textes, n'implique pas *ipso facto* qu'il peut se prévaloir de compétences plus élevées, ni même équivalentes tout simplement, dans les centres d'intérêt du candidat ; c'est une question de profil, un domaine dans lequel les seuls spécialistes sont à même d'opiner avec pertinence et autorité. Ainsi par exemple, de la même manière qu'un sociologue ne peut apprécier objectivement les travaux d'un philosophe et vice-versa, ou un géographe ceux d'un historien, nonobstant la relative parenté intime qui unit ces deux groupes de disciplines, de même le juriste de droit public pur est totalement inapte quand il s'agit de porter un jugement de valeur sur les travaux d'un spécialiste de droit privé. Et la réciproque est tout à fait valable. C'est le lieu de déplorer avec force la confusion des genres qui a favorisé ce qu'il faut bien appeler la pollution de la démarche juridique (des questions de droit public en particulier) par l'approche de science politique par essence bavarde, un phénomène qui a été favorisé, il est vrai, par le caractère transversal de certaines thématiques à la mode, comme « l'Etat de droit », la «démocratie », « la bonne gouvernance », etc., mais également et surtout par le laxisme de certains acteurs. Il y a une certaine aberration à ne pas se préoccuper de faire la part des choses entre la démarche juridique pure dont sont incapables les praticiens de la science politique pure (du fait notamment de leur incapacité congénitale à décrypter le message contenu dans une décision de justice), et la démarche préconisée par cette dernière discipline qui ne peut être objectivement évaluée par un juriste. Or malheureusement, ce regrettable amalgame semble avoir échappé à bien des acteurs.

Et même à l'intérieur d'une discipline donnée, les préoccupations de recherche du candidat peuvent ne pas coïncider rigoureusement avec celles de l'instructeur. C'est donc à ce dernier de savoir jusqu'où ne pas aller trop loin, au risque de causer des torts irréparables au candidat dont l'évaluation des travaux lui aura été imputée à tort, ... parce que l'on se trouve dans une situation d'incompétence *ratione materiae* ! Sinon, le risque est grand de faire évaluer des travaux d'un candidat par un instructeur objectivement incompétent, ainsi que cela se manifeste régulièrement depuis bien longtemps sans que les acteurs concernés ne s'en émeuvent !

C'est vrai que la responsabilité de telles situations délicates doit être imputée à celui qui prend la grave décision de confier l'examen du dossier à tel ou tel instructeur, à savoir le président du « Comité technique spécialisé » (CTS) ; et c'est la raison pour laquelle l'obligation d'objectivité et de professionnalisme devrait s'appliquer à l'instructeur désigné dans toute sa rigueur, tout comme aux autres membres du CTS qui se réuniront plus tard, au lieu retenu pour abriter la session en cours, à l'effet de finaliser et de valider la conclusion arrêtée par ce dernier.

Si l'ensemble de ces précautions élémentaires sont bien prises en compte, l'on est en droit d'attendre de l'instructeur, qui devrait par ailleurs être disponible[1], qu'il produise un rapport en tous points objectif, qui présente toutes les garanties de scientificité possible, parce que renseignant le plus complètement possible les membres du CTS à qui revient, en dernier ressort, le redoutable pouvoir de décider du sort du candidat à la promotion. Et rien ne devrait s'opposer à ce qu'un tel rapport soit communiqué dans son intégralité au candidat[2]. Bien évidemment, l'idéal serait la formule bien pensée du

[1] - Il s'agit sur ce point de s'assurer que l'instructeur désigné reçoit le dossier à temps, et surtout qu'il n'exerce pas d'autre fonction officielle (administrative ou politique) qui ne lui laisserait pas le temps voulu pour mener à bien le travail qui lui est confié, ainsi que cela s'est bien souvent malencontreusement produit, au grand préjudice de certains candidats !

[2] - Par l'effet d'une certaine frilosité, les CTS continuent de communiquer très restrictivement lesdits rapports *in extenso* ; et quand bien même ceux-ci sont transmis aux candidats ajournés, ces derniers sont bien souvent désemparés de ne pas y trouver des arguments plus précis que cette motivation fort éculée « d'insuffisance qualitative des travaux ! ».

« *rapport en double aveugle* »[1], mais en attendant l'application intelligente d'une telle démarche, l'on devrait veiller à ce que le travail de l'instructeur soit conduit avec tout le sérieux -et l'esprit de responsabilité- qui s'impose en ce domaine.

Le constat qui s'impose à l'heure actuelle est que ces exigences minimales sont bien loin d'être prises en compte au regard de la légèreté blâmable, voire de la désinvolture, avec laquelle certains instructeurs étudient les dossiers qui leur sont imputés, dans des conditions parfois défavorables aussi, il faut le reconnaître à leur décharge (comme les délais trop courts par exemple qui leur sont impartis pour ce faire). Mais un tel état de fait n'en atteste qu'à suffisance de l'urgence de susciter parmi les membres de la corporation une disposition d'esprit favorable à l'objectivité.

C- LES DIVERS AUTRES ALÉAS CLASSIQUES MAL MAÎTRISÉS

Enfin, le troisième moment décisif, qui ne peut être circonscrit avec toute la rigueur voulue, ni dans le temps ni dans l'espace du fait de son caractère quelque peu transversal, a trait aux pratiques et manœuvres de tous ordres qui ont pour effet de fausser, d'une manière ou d'une autre, les règles du jeu. Il s'agit donc de tous les actes et procédés peu orthodoxes du fait de leur écart par rapport à la norme, et se manifestant, aussi bien à l'initiative des candidats que des autres acteurs (internes comme les évaluateurs, ou extérieurs au milieu universitaire, etc.), sous la forme de :

- tricheries de toutes sortes (par falsification ou détournement de publications d'autrui au moyen des procédés les plus divers[2], plagiat, fausses attestations et/ou certifications complaisantes de toutes sortes, etc.) ;
- magouilles et combines multiformes (manœuvres ouvertes ou à peine voilées de corruption au moyen du démarchage, de contacts intempestifs, voire de harcèlement de membres des divers jurys de la part de cette nouvelle race d'enseignants sans foi ni loi, et qui entretiennent un rapport tout à fait singulier à l'éthique, à la déontologie et aux traditions universitaires, etc.) ; le procédé peut revêtir la forme de manifestations plus ou moins insistantes d'égards ou d'attention, d'allégeances, de sollicitudes excessives ou d'offres de services de toutes sortes à l'égard des évaluateurs ou de toutes autres personnes influentes dans le processus ; le concept bien connu du « défilé de

[1] - en ce sens que le dossier doit être instruit par deux personnes qui opèrent de manière tout à fait parallèle et autonome, de sorte qu'aucun acteur, en dehors du CTS siégeant en formation plénière, n'a connaissance de la conclusion à laquelle chacun des instructeurs en présence est parvenu !

[2] - comme le fait de faire disparaître le nom du co-auteur d'un article, de manière à pouvoir s'en approprier le droit exclusif d'auteur ; une belle manière de faire pièce à l'irrecevabilité des publications réalisées en collaboration observée de manière stricte dans certaines disciplines comme le droit !

mode » a été conféré à une telle pratique dans un pays, pour stigmatiser cette règle non écrite, mais qui n'en est pas moins appliquée avec une certaine rigueur dans les sciences de la santé selon certaines indiscrétions, qui veut que le candidat à la promotion rende visite à chacun des membres du jury avant la date (fatidique) retenue pour l'épreuve[1] ; et c'est ainsi que, tels de véritables « VRP »[2] du droit commercial, certains candidats se sentent contraints de prendre leur bâton de pèlerin pour sillonner littéralement les pays dans lesquels les membres du jury sont établis, à seule fin d'espérer se placer sous leur aile protectrice ou, à tout le moins, de gagner leur sympathie dans la perspective de la grande échéance à venir. Tel est le prix à payer pour espérer obtenir le coup de pouce décisif pour la suite de la carrière de la part de ces acteurs qu'on pourrait parfaitement qualifier d'authentiques « délégués médicaux », à cette différence près qu'ils opèrent pour leurs propres comptes ;

- mesquineries à l'égard d'autres collègues par toutes sortes de pratiques peu dignes d'une communauté universitaire (comme la rétention d'informations, la soustraction de pièces de leurs dossiers à seule fin de provoquer leur irrecevabilité, le dénigrement de collègues afin de compromettre leurs chances de promotion, etc.) ;
- interventions biaisées des acteurs extérieurs (milieux politiques notamment, mais aussi des autres acteurs du milieu universitaire intéressés, à quelque titre, par le résultat, etc.) ;
- pratiques d'arrangements de toutes sortes, de favoritisme, de lobbying ou de trafic d'influence ou de clientélisme imputables aux évaluateurs ;
- etc.

Ainsi que cela a été relevé plus haut, il est impossible de dresser le répertoire exhaustif de l'ensemble de ces pratiques peu orthodoxes qui ont pour effet pervers de rompre l'égalité de chances entre les candidats ordinaires ou normaux, d'un côté, et ceux qui sont passés maîtres ou experts dans l'art de la fraude sous toutes ses formes, de l'autre. Car il faut bien l'admettre, il existe une

---

1° - La pratique serait très largement répandue essentiellement en Médecine et probablement aussi en Pharmacie !

2° - cet acronyme, utilisé pour « Voyageur, Représentant et Placier », renvoie à ces intermédiaires de commerce dont le rôle est de visiter la clientèle de l'entreprise à seule fin de créer auprès de celle-ci une image favorable au profit de ladite entreprise ; alors que le « Voyageur de commerce » se déplace d'un endroit (ville) à un autre à la rencontre de la clientèle de l'entreprise, le « Représentant de commerce » est attaché à un poste fixe, loin de l'entreprise, mais tout en étant près de ladite clientèle et le « Placier », quant à lui, se contente de visiter la clientèle du lieu, de la ville (ou de la place) de localisation de l'entreprise.

véritable « culture ou expertise » de la fraude, dans laquelle excellent, avec un art tout à fait consommé, ceux-là qui en sont coutumiers[1] !

C'est la raison pour laquelle tout le monde s'accorde aujourd'hui pour reconnaître la nécessité de mettre fin aux travers qui minent la gestion du dispositif dans son ensemble. Malheureusement, force est de constater que, pour l'heure, l'on est en présence d'un vœu pieux du fait qu'une véritable chape de plomb exerce son effet d'omerta, tant et si bien que le débat public peine à s'en emparer, en l'absence de prise de parole publique sur la question. Les effets pervers du dispositif sont tout juste susurrés en aparté, par les uns et les autres, pour des raisons tout à fait compréhensibles quand bien même elles ne sauraient tenir lieu de justification définitive.

En effet, pour certains, il s'agit de ne pas contribuer à porter sur la place publique les jeux interdits auxquels ils ne se sont pas privés de recourir pour parvenir à leur statut actuel, ce qui constituerait le meilleur discrédit pour eux-mêmes. Tout au plus, ne se priveront-ils pas, comme le font bien certains, de défendre jusqu'au bout, mais sans la moindre conviction au fond, le système actuel en attendant son effondrement annoncé. C'est bien connu et cela peut paraître de bonne guerre pour les intéressés- qu'il faut se garder de scier la branche sur laquelle l'on est confortablement assis ! C'est ce qui explique que certains acteurs, dont la conscience a été quelque peu perturbée avec le temps, s'efforcent, dans une espèce de baroud d'honneur, de protéger coûte que coûte le « pacte secret » qui unit l'ensemble des parties prenantes à cette pratique mafieuse, en œuvrant, du mieux qu'ils peuvent, pour créer les conditions du maintien, voire de l'autoreproduction, du système.

Mais, pour d'autres acteurs, le silence reste et on les comprend parfaitement- la meilleure attitude s'ils ne veulent pas s'exposer au risque de ne jamais pouvoir atteindre l'objectif qu'ils poursuivent, parce que toute critique de leur part sera réprimée avec une impitoyable cruauté par les puissants du moment. Et c'est bien là que réside toute la logique du système.

Maintenant, sur un plan purement moral ou social, la question qui vient très vite à l'esprit se pose de savoir quel est l'état d'esprit réel de ces acteurs propulsés au sommet de la hiérarchie universitaire dans les conditions que l'on sait, et qui sont pleinement conscients dans leur for intérieur qu'ils sont bien loin de mériter objectivement les titres et grades dont ils sont auréolés. Peuvent-ils vraiment se satisfaire du seul fait qu'ils n'ont jamais été pris en flagrant délit, ou d'une telle illusion ? Comment peuvent-ils être autant aveugles, au point de ne pas comprendre que l'utilité sociale d'un intellectuel se mesure, non pas à son aptitude à revendiquer à cor et à cri un quelconque statut social fait

[10] - Comment dès lors ne pas s'arrêter sur le cas de cet acteur qui a eu recours à ces différentes manœuvres (détournement d'un article publié en collaboration, démarchage des présidents du jury de concours et de CTS), en dehors de divers autres appuis, politiques notamment, dont il aurait bénéficié ?

d'immunités et de privilèges inconsidérés, mais plutôt à sa capacité à apporter une plus-value à la société dans laquelle il vit précisément grâce à sa science et à son expertise réelles ou supposées ? Et dans quelle mesure les autres membres de la corporation, qui sont pleinement conscients du phénomène et qui n'entendent nullement renoncer à leur liberté académique, accepteraient-ils de se considérer tenus de leur rendre les honneurs normalement dus à tous ceux qui parviennent régulièrement à un tel rang ? Ce sont là autant de questions délicates qui requièrent de la lucidité dans les réponses à y apporter, tant la situation peut se révéler parfois très malaisée, voire tout simplement malsaine.

Et l'on aurait pu évoquer également la propension très poussée à l'affairisme qui, au cours de ces dernières années, a pris des proportions inquiétantes au sein de la communauté universitaire, et qui devait contribuer à accélérer le processus de délitement des institutions d'enseignement et de recherche. Parce que certains acteurs, particulièrement mal inspirés, ont pu penser que le diplôme ou le grade universitaire constitue le meilleur raccourci pour accéder aux avantages de toutes sortes (comme les honneurs et les avantages matériels), ils ne se sont pas privés, toutes les fois que l'occasion leur en a été donnée, d'exploiter à fond leur position (dominante) à des fins les plus sordides. L'on pense notamment au trafic d'influence relevé dans la gestion du programme des équivalences des titres et diplômes, ou tout simplement à la pratique de la concussion dont ne se sont pas privés certains évaluateurs dans le cadre de leurs missions. Mais l'on pourrait mentionner aussi tous ces autres cas de figure tendant à établir une espèce d'effet d'entraînement entre le savoir, le pouvoir et l'avoir matériel, ainsi que l'avait relevé avec beaucoup de clairvoyance et de lucidité un observateur particulièrement avisé[1].

Tel est le triste constat qui s'impose -et qui est bien loin d'être exhaustif- sur les travers du système, du fait que les exemples ne manquent point. Mais la terrible « loi du silence » reste tellement pesante qu'elle a réussi jusque-là à étouffer toute velléité de contestation ou de remise en cause franche et ouverte au sein de la communauté universitaire. Mais pour combien de temps cette « omerta » pourra encore fonctionner, tant il est vrai que le discrédit du système est paradoxalement devenu aujourd'hui le sujet favori sur lequel, avec beaucoup de curiosité, toute la communauté universitaire s'accorde facilement[2].

II- LES CONSEQUENCES ENSUITE

Il faut le dire tout net : le discrédit a atteint à ce jour un seuil particulièrement critique au regard de la corruption généralisée du système. Les conséquences peuvent être mesurées à l'échelle des acteurs pris individuellement d'abord, puis

---

[1°] - L'on lira avec beaucoup d'intérêt l'article du Pr J. Ki-Zerbo paru dans le Recueil des Actes du Colloque du CODESRIA sur la Liberté académique (dir. M. Diouf et M. Mamdani), pp. 31-41 : *Revendiquer les libertés académiques, mais surtout les produire et les organiser.*

[2°] - ainsi que relèvent avec beaucoup de perspicacité ces universitaires béninois qui en sont arrivés à la conclusion que le CAMES constitue la source principale de tous les maux de l'Afrique !

à celle des institutions au service desquelles ils consacrent l'essentiel de leur activité professionnelle, ensuite.

A- LES CONSEQUENCES DIRECTES POUR LES ACTEURS

Pour beaucoup d'acteurs, l'essentiel est de « décrocher » coûte que coûte le grade universitaire tant convoité, parce qu'il procure à leurs bénéficiaires une véritable rente de situation qui va leur permettre de faire valoir toutes sortes de droits comme de passe-droit-, peu important la manière dont ils ont été acquis. C'est donc la porte ouverte au développement de l'opportunisme et du carriérisme, avec ce que cela comporte comme recours à toutes les formes de raccourcis imaginables, qui mettent à rude épreuve leur personnalité même en ce qu'elle a de plus noble, à savoir la dignité : pratiques multiformes d'allégeance ou de sollicitude à l'égard des évaluateurs par divers procédés de corruption (comme les offres de services ou les services effectivement rendus) auxquelles font écho les pratiques, non moins pernicieuses, de favoritisme ou d'arrangements de toutes sortes de la part des puissants du moment, du fait de leur finalité clientéliste. Mais il y a plus grave : non contents de savourer ce qu'il faut bien appeler le « butin » que leur procure la situation ainsi créée, il s'en trouve parmi ces acteurs qui ne se privent nullement d'œuvrer, par tous les moyens, pour barrer la route à tous ceux qui aspirent légitimement à parvenir à la même position. Et rien ne rend mieux compte de cette situation que l'image de celui qui, une fois parvenu au sommet de l'édifice, fait disparaître l'échelle dont il s'est servi, à seule fin de compliquer la tâche à tous ceux qui entendent emprunter la même voie. D'aucuns évoquent à ce propos ce qu'ils appellent « le syndrome de la porte fermée » pour dire qu'un tel acte est posé à dessein, précisément pour empêcher les autres de pouvoir accéder à ce statut tant recherché. Mais à quelle fin, devrait-on se demander ? Bien évidemment, comme on pourrait l'imaginer aisément, pour le seul plaisir de pouvoir paraître comme la « crème » ou le « *nec plus ultra* » de la communauté universitaire, parce qu'étant persuadés d'être perçus comme « les plus méritants », « les meilleurs », « les oiseaux rares » en quelque sorte qui méritent d'avoir ainsi leur place dans le cercle très fermé des « grands érudits » !

Mais au fond, est-ce vraiment l'objectif de l'évaluation que de chercher coûte que coûte à recaler délibérément les autres prétendants légitimes aux différents grades de la carrière universitaire[1] ? Est-ce le but ultime du système éducatif que de chercher à angoisser ou à stresser les apprenants, d'un point de vue plus général ? Que gagne-t-on au change en posant de tels actes ? Car, au-delà de la personne de la (ou des) victime(s) immédiate(s), n'est-ce pas l'institution, au service de laquelle celle(s)-ci s'est (se sont) mise(s), qui se trouve elle-même déstabilisée, du fait du risque de titulariser des enseignants

---

[10] - Ainsi que le faisait cet ancien président d'un CTS, qui avec beaucoup de cynisme dévoilait le mode d'emploi auquel il avait recours toutes les fois qu'il voulait compromettre la promotion d'un candidat !

qui vont vite se révéler incapables, en raison de leur niveau intrinsèquement moyen ou médiocre, d'apporter la plus-value ou la valeur ajoutée attendue d'eux, pour la raison bien simple que l'on ne peut transmettre plus de connaissances qu'on en a soi-même ? Au fond, peut-il en être autrement lorsque l'obtention du grade de « professeur titulaire » est, dans bien des cas, tributaire –ou tutélaire- d'un système mafieux et corrompu, qui fonctionne à coups de magouilles, de mesquineries, d'allégeances et d'arrangements de toutes sortes ?

Et c'est précisément la situation dans laquelle l'ensemble des universités africaines membres du réseau CAMES se retrouvent aujourd'hui. Il est édifiant de constater que sur l'ensemble de cet espace, pratiquement aucune structure d'enseignement et de recherche ne fonctionne convenablement, en termes de qualité des prestations servies aux apprenants (l'enseignement) ou au grand public plus généralement (s'agissant des résultats des recherches). Du moins, arrive-t-il bien rarement que l'on y trouve quelque exemple digne d'être connu. Or, dans le même temps, l'on n'est qu'édifié de constater que les autres systèmes du même environnement africain, comme le système anglophone en particulier, ne semblent point connaître le moindre couac dans leur fonctionnement. N'est-ce pas la meilleure preuve de l'existence de véritables effets collatéraux pour l'institution universitaire qui méritent d'être pleinement médités ?

B.- LES EFFETS COLLATERAUX POUR L'INSTITUTION UNIVERSITAIRE

Le risque de promotion des amis, alliés et protégés, ou tout simplement « des copains et des coquins », relevé plus haut, se trouve du reste déjà très largement réalisé car dans bien des cas, le système a enfanté de véritables mystificateurs ou apprentis sorciers qui, auréolés de ces titres acquis sans le moindre mérite, manquent singulièrement d'humilité[1], quand ils n'affichent pas tout simplement, du jour au lendemain, une certaine condescendance à l'égard des collègues à qui ils vouaient jusque-là un profond respect. Il en est même qui sont devenus de véritables monstres dans le milieu parce qu'ils ne se privent pas de terroriser leurs collègues d'hier, transformés du jour au lendemain en simples égaux, voire en subalternes. Ce n'est là que la manifestation la plus achevée de cette forme singulière du mandarinat qui, dans le contexte africain, se trouve affecté d'un fort coefficient de féodalité et de logique de nuisance délibérée, un trait caractéristique de l'état d'authentique « sous-développement intellectuel » qui prévaut au sein de cette communauté.

Pour notre propre gouverne, il ne serait pas inintéressant d'entreprendre une espèce de sondage d'opinions pour savoir combien d'acteurs, au sein de la communauté, peuvent se gausser d'avoir eu une promotion propre, aux divers égards auxquels une promotion peut être ainsi caractérisée, du fait qu'il n'est jamais venu à l'idée des intéressés de recourir à ces procédés peu orthodoxes

---

[1]° - à en juger par les opérations multiformes de communication ou de propagande dans la presse sur leurs supposées prouesses, minutieusement préparées, dont ils ne se privent point !

tout au long du déroulement de leur carrière, soit en ne trichant pas d'une manière ou d'une autre, soit en ne jouant pas les « cireurs de chaussures » ou « porteurs de serviettes » auprès d'obscurs « maîtres » qui, à un moment ou à un autre, avaient effectivement quelque influence sur le fonctionnement du dispositif. La circonstance que bon nombre d'entre eux, qui ont bien souvent recours à ces jeux interdits dans leurs promotions successives, n'ont jamais été officiellement dénoncés comme tels ou pris en flagrant délit, ne saurait tenir lieu de présomption irréfragable que les grades acquis sont pleinement mérités. Nombreux sont ceux parmi ces acteurs, qui acceptent de « boire la coupe jusqu'à la lie », en subissant docilement les pires formes d'humiliations que l'on puisse imaginer dans un espace donné, l'essentiel pour eux étant de pouvoir décrocher coûte que coûte le titre ou le grade tant convoité, qu'ils s'empresseront d'exhiber de la manière la plus ostentatoire, une fois de retour sur leurs bases[1].

Pour autant, il ne faudrait donc pas passer par pertes et profits le parti pris par certains acteurs de ne pas être à l'origine des ennuis de leurs collègues adeptes d'une telle culture de la magouille, en portant sur la place publique de tels faits ou éléments dont ils ont pu parfaitement avoir connaissance. En aucun cas, ceux-ci ne peuvent être tenus pour complices de situations qu'ils ne cautionnent nullement, nonobstant le fait qu'ils se sont abstenus de les dénoncer publiquement. Voilà un exercice de confessions gratuites qui n'aurait pas manqué d'intérêt, parce qu'il est de nature à nous apporter d'utiles enseignements et renseignements. Car la question se pose aussi en termes de dignité !

Au total, l'on doit reconnaître que les conséquences sont catastrophiques et l'on peut parler d'un véritable fiasco du système de promotion CAMES par le fait, d'abord et avant tout, de ses membres qui n'ont pas su mériter leur statut social, en se montrant à la hauteur de la noble mission qui leur était confiée, à savoir la correcte gestion du dispositif dans le respect des règles d'éthique et de déontologie ; comment aurait-il pu en être autrement quand l'on découvre justement que les principaux acteurs, pour la plupart, ignorent tout de ces traditions universitaires séculaires qui font l'honneur et la noblesse du métier d'enseignant-chercheur, à savoir l'esprit d'objectivité, de probité morale et de sérieux dans l'exercice de leurs missions ?

L'on peut dès lors comprendre que le système ait été transformé en un instrument de répression et de règlement des comptes aux mains d'esprits défavorablement prévenus au sein de cette communauté qui sont mus par une psychologie tout à fait particulière. Par conséquent, toutes les conditions se trouvaient dès lors réunies pour que les autres facteurs négatifs (les interférences

---

[10] - Un phénomène que, dans le milieu des magistrats burkinabè au plus fort de la période révolutionnaire (1983 à 1987) et dans un contexte tout à fait différent, l'on avait caractérisé par la formule sibylline « d'opportunisme en ville et de démagogie au village ! ».

externes comme celles des milieux politiques notamment[1]) produisent, à leur tour, leurs effets dévastateurs sur le fonctionnement du dispositif.

C'est donc sous le bénéfice de cet éclairage qu'il faut comprendre la désaffection grandissante pour le dispositif mis en place, du fait du discrédit troublant jeté sur l'Institution. Le mal est fait parce que la corruption généralisée du système aura eu pour effet pernicieux de favoriser le développement de l'opportunisme et du carriérisme au sein de la frange jeune et honnête de cette communauté qui ne semble plus percevoir l'intérêt de consentir le moindre effort supplémentaire dans le travail de recherche, dès l'instant où la promotion est plus facilement acquise sur la base des relations (ou du carnet d'adresses), plutôt que des publications. Exactement comme dans la situation de ces avocats que dépeignait, avec beaucoup de lucidité, l'humoriste français Coluche en opposant, d'un côté, ceux qui se contentent de leur connaissance infuse du droit dans tous ses compartiments et, de l'autre, ceux qui préfèrent cultiver leur proximité avec le juge. Et de constater que ce sont ces derniers précisément qui remportent toujours les procès !

C'est précisément ce qui explique la posture de bien des acteurs qui, dégoûtés par de telles pratiques qui ne peuvent produire que des fâcheries et des frustrations, se sont résignés à prendre du recul ou de la distance par rapport à un système qui fonctionne sur la base de règles qui donnent la prime aux « réseaux des relations », sur fond d'appartenance ou d'adhésion à divers cercles, réseaux ou chapelles politico-idéologiques, claniques ou confessionnels, par-delà les frontières, ici aussi très largement artificielles[2]. Très symptomatique de ce point de vue est le fait que certains universitaires, ayant obtenu leur promotion dans le cadre du système français, ne manquent pas la moindre occasion de le rappeler, probablement ou précisément à toutes fins utiles[3].

Autant dire qu'aujourd'hui plus qu'hier, la mort maintes fois annoncée puis programmée de l'institution universitaire francophone africaine de référence, se trouve à portée de main. Comme l'essayiste Paul Valéry (1871-1945), qui avait découvert avec une certaine pointe de déception que « *les civilisations (aussi) sont mortelles* », l'on doit se rendre à l'évidence que le système de promotion

---

1° - Comme celles qui permettent la promotion de certains candidats ou, au contraire, l'éviction d'autres acteurs ainsi qu'on l'a vu maintes fois de la part pratiquement de tous les Etats membres !

2° De ce point de vue, il est aisé de constater que le fait de porter certains patronymes transnationaux (du type bambara, malinké, ou dioula, d'une part, ou peulh, dit encore « poular » ou « fulfuldé » dans certains pays, d'autre part), ou d'être originaire de certains pays qui entretiennent entre eux des rapports très étroits du fait de leur forte proximité ou imbrication géographique, voire naturelle (comme le sont le Bénin et le Togo ou, dans une moindre mesure les deux Congo), peut constituer dans certains cas, un avantage comparatif non négligeable !

3° - cela est surtout vrai de certains universitaires juristes qui ont obtenu de haute lutte leur promotion dans le cadre du système français (du concours d'agrégation en sciences juridiques notamment).

mis en place en janvier 1968 par les pères fondateurs du CAMES a été, avec le temps, complètement dévoyé, parce que transformé en une vaste entreprise de duperie et d'escroquerie intellectuelles.

III- ET ENFIN, QUE FAIRE MAINTENANT ?

Plus que jamais effectivement, le moment paraît venu d'agir -ou de réagir- au plus vite, c'est-à-dire ici et maintenant ! Tel pourrait être le mot d'ordre ou l'appel en faveur duquel l'on devrait plaider avec force en direction de la communauté universitaire francophone africaine. C'est véritablement d'une solution proprement africaine ou endogène que l'on a besoin pour mettre un terme à la dérive qui s'est ainsi installée, pour la raison bien simple que celle-ci ne peut nous être offerte sur un plateau par aucun partenaire extérieur, quand bien même l'on sait pertinemment qu'il ne se serait jamais accommodé d'une telle situation sur son territoire. Maintenant, l'on ne doit pas s'étonner que certains partenaires tolèrent, pour notre environnement, un système qu'ils abhorrent en raison de leurs défauts manifestes et de leurs limites objectives, précisément parce que dans leur esprit, chaque environnement ne peut avoir que le système qu'il mérite ! N'est-ce pas une forme d'ajustement inavoué dont on a commencé, dans notre environnement aussi, à prendre conscience des effets pervers ? Et c'est la raison pour laquelle l'on devrait prendre très vite la mesure de l'enjeu de la question, afin d'y trouver la ou les solution(s) idoine(s).

Par conséquent, il s'avère urgent de tirer de précieux enseignements du fiasco général des expériences d'intégration mal gérées que la sous-région, voire le continent tout entier ont connu dans un passé récent, dans d'autres domaines d'activité il est vrai, comme le transport ferroviaire (avec le naufrage de la Compagnie de transport de la Régie Abidjan Niger –RAN- en 1994) ou le transport aérien (avec la disparition en 2002 de la multinationale Air Afrique). C'est la capacité même des Etats africains à pouvoir maintenir le fonctionnement de tout dispositif à un niveau acceptable d'intégrité qui se trouve en cause. Et c'est dans cette problématique de gouvernance que réside tout le problème de nos Etats africains.

A- L'ENJEU DE LA QUESTION

Il faut, bien évidemment, dénoncer avec vigueur ces pratiques pernicieuses, sans toutefois tomber dans la délation ou l'autodérision, en livrant en pâture tel ou tel acteur ; le tout premier Secrétaire général de l'Institution, qui avait placé dans celle-ci d'immenses espoirs, n'aurait certainement pas hésité à dire, dans le style dont il avait seul le secret, qu'il s'agit de pratiques nuisibles à « *maudire, vomir et honnir* », tant elles choquent la conscience de l'intellectuel organique. Il est bien évident que tous ceux qui ont pu user de fraude, à un moment ou à un autre, ne manqueront pas de se reconnaître dans ce rôle peu glorieux qu'ils ont traîné ou continuent de le faire, comme un véritable boulet, tout au long de leur carrière universitaire, ou de leur vie tout court. En ce domaine, la sanction est fatale car, outre le fait déjà relevé qu'ils n'auront jamais été à même d'apporter la moindre valeur ajoutée à leur institution (de rattachement), ils courent en permanence le risque d'être rattrapés à tout moment par les actes qu'ils ont pu ainsi poser à un moment ou à un autre. Dans ce domaine plus qu'ailleurs, la vérité rattrape toujours et beaucoup plus vite qu'on ne pourrait le penser le mensonge !

Mais bien évidemment, il importe d'aller au-delà de l'indignation et de la réprobation générales, somme toute légitimes, que de telles pratiques suscitent pour tenter de rechercher les voies et moyens de la réhabilitation de l'Institution, de manière à lui faire recouvrer un tant soit peu de crédibilité. C'est l'avenir même de l'université francophone africaine qui se trouve en cause. Il faudrait même dire que c'est le sort de nos Etats qui se joue ici, car nous sommes dans un domaine où les pratiques peu orthodoxes produisent, sur la durée, un effet dévastateur sur la société globale, du fait que c'est son soubassement, son épine dorsale, sa colonne vertébrale même qui se trouvent menacés.

L'enjeu est énorme parce qu'il s'agit au fond de récuser l'idée de l'incapacité congénitale des Africains à trouver par eux-mêmes des solutions endogènes viables aux divers défis auxquels ils sont confrontés. Les expériences d'échecs cuisants et retentissants enregistrés dans la gestion des affaires publiques par de nombreux dirigeants africains dans tous les domaines de la vie publique, comme de l'économie, sont trop nombreuses pour que l'on y insiste outre mesure. Que l'on se rappelle bien : au moment du bilan des cinquante ans d'indépendance de nos Etats, le constat qui s'est imposé, dans bien des cas, est que celui-ci restait largement modeste dans pratiquement tous les secteurs de la vie nationale : la santé, l'éducation, l'économie et les affaires, le domaine de la démocratie, des droits de l'homme et des libertés publiques, etc. Au point même que l'on en vient à regretter par moments la période coloniale au cours de laquelle les droits à l'éducation ou à la santé, pour ne citer que ceux-là, étaient une réalité parce qu'ils connaissaient une traduction concrète ! Comment dès lors ne pas se rappeler ici les propos d'un acteur politique du Burkina Faso qui soutenait, avec une pointe d'humour, que « *... du temps de la loi-cadre (Gaston Deferre 1953), il y avait à boire et à manger pour tout le monde* ! » ?

Il ne s'agit pas de sacrifier ici à une quelconque mode d'afro-pessimisme ambiant en versant dans quelque sentiment de nostalgie, mais plutôt d'avoir l'humilité de reconnaître que, dans le domaine qui retient notre attention, le bilan est fort loin d'être glorieux ; à partir de ce moment, l'on pourrait se donner le courage -et les armes nécessaires- pour affronter, dans un contexte plus favorable, la situation. Et dans cette perspective, le plus tôt serait le mieux car bien nombreux sont ceux qui pensent même qu'il est déjà trop tard ! Il s'agit, au fond, d'une entreprise collective qui requiert la contribution de tout un chacun, qui se trouve dès lors interpellé pour apporter sa loyale contribution, par les actes positifs qu'il devrait poser ou la ferme résolution de s'abstenir de tout acte de nature à porter préjudice à la crédibilité du dispositif.

B- LES MESURES ET/OU DISPOSITIONS URGENTES A PRENDRE

L'on pourrait être tenté, au regard de ce qui vient d'être rappelé, de suggérer le retour à l'ancienne formule de la promotion interne qui fonctionnait avant l'avènement du dispositif actuellement en vigueur. Un peu comme dans le domaine de la mode (vestimentaire ou musicale) qui est toujours rétro, en ce sens que le retour aux anciennes habitudes ou manières de fonctionner peut parfois se révéler tout à fait salutaire ! L'idée consisterait, sous ce rapport, à dire que, dans la mesure où l'élargissement du cadre d'évaluation des enseignants-chercheurs, loin d'avoir contribué à éradiquer les pratiques pernicieuses qui avaient cours sur le plan national, n'a fait, au contraire, que les amplifier, le retour au *statu quo ante* devrait alors s'imposer d'évidence.

A la réflexion, une telle démarche pourrait se révéler contre-productive dans la mesure où les tares inhérentes au système de promotion nationale n'auront probablement pas disparu comme par un coup de baguette magique ; ce serait même, à bien des égards, un recul par rapport aux avancées qui ont pu être enregistrées dans ce domaine, quand bien même il serait établi que le bilan n'est pas totalement satisfaisant.

1- Il faut plutôt commencer par entreprendre ce nécessaire travail d'évaluation objective du fonctionnement du système, en dressant un bilan sans complaisance de l'activité depuis son démarrage effectif. Ce faisant, l'on aurait une claire idée de ses forces réelles et de ses insuffisances. Cela passe bien évidemment par l'adhésion aux exigences minimales de transparence en matière de choix des représentants aux diverses instances du système d'évaluation ; le système électif étant le moins mauvais, il est évident qu'il présente de loin davantage de garanties que la formule du choix discrétionnaire –ou plutôt arbitraire- par les autorités politiques ou administratives qui ne sont pas toujours guidées, dans leur démarche, par l'esprit bien compris de neutralité ou d'objectivité pourtant ressassé à l'envi.

2- L'on devrait ensuite veiller à ce que les représentants ainsi désignés présentent toutes les garanties de compétence et d'intégrité voulues qui sont les traits caractéristiques d'un esprit authentiquement universitaire ou scientifique, de sorte qu'ils ne soient pas portés à interpréter leur désignation comme la reconnaissance de quelque privilège à leur profit (qui les dispenserait dès lors de toute obligation de reddition de compte envers les autres membres de la communauté), mais au contraire comme l'exercice d'une mission (pour laquelle ils doivent demeurer en tout état de cause comptables, non pas à l'égard de la haute hiérarchie universitaire, mais plutôt à l'endroit de la grande communauté universitaire plus généralement). Par conséquent, l'on pourrait dès lors attendre d'eux qu'ils partagent loyalement, avec leurs pairs, l'ensemble des précieuses informations dont ils auraient pu avoir connaissance dans le cadre de ladite mission, et qu'ils s'abstiennent de tous faits et gestes de nature à nuire, d'une manière ou d'une autre, à ceux-là mêmes qu'ils sont censés représenter. A leur égard, la théorie juridique du « mandat » ou de la représentation, en ce qu'elle implique comme prérogatives et sujétions en conséquence de la légitimité ainsi consacrée à leur profit, devrait prendre tout son sens.

3- Une autre disposition importante à mettre en œuvre réside dans la correcte utilisation des divers outils qui sont à la disposition de la communauté universitaire ; en particulier, l'adoption récente, à la fin de l'année 2013, d'un « Code d'éthique et de déontologie », malgré les réserves que celui-ci pourrait susciter, du fait du caractère quelque peu unilatéral de son avènement, constitue un progrès important en ce qu'il traduit la prise de conscience que les choses ne se passent pas comme on l'aurait souhaité. En effet, l'Institution a connu des heures de gloire, mais comme on le sait, celles-ci remontent à la période euphorisante de son avènement; c'est sa gestion qui a été compromise avec le temps, parce que celle-ci a été parasitée par des interférences de toutes sortes, provenant aussi bien de l'intérieur (sous l'impulsion des premiers acteurs concernés autant par leur irresponsabilité que par leur insouciance) que de l'extérieur (et notamment les milieux politiques).

L'antidote à cette dégénérescence programmée réside dans l'émergence de « l'esprit universitaire » qui, seul, est à même de préserver aujourd'hui cette Institution contre la faillite totale qui est train de l'emporter. Dans cette optique, l'on devrait veiller à ne pas perdre de vue que, par-delà les institutions sur lesquelles se concentre l'attention, qu'il s'agisse du CAMES ou des structures d'enseignement et de recherche, se trouvent des hommes qui sont chargés de les animer au quotidien. La fiction de la personnalité morale qui est reconnue à ces diverses institutions ne saurait occulter la réalité de la présence et de la permanence- d'acteurs qui sont mobilisés pour la réalisation effective et efficiente dans toute la mesure du possible- des objectifs poursuivis.

Or, on le sait aussi : les institutions ne valent que par la qualité des hommes qui les animent ! Par conséquent, toutes les fois qu'il arrive que l'attention se concentre sur le dysfonctionnement d'une institution donnée, l'on doit comprendre que la responsabilité de cet état de choses doit être imputée à l'ensemble de ces acteurs qui, de manière consciente ou non, posent des actes qui s'écartent peu ou prou des objectifs assignés à l'Institution. C'est donc bien de la qualité de ces acteurs, de ces ressources humaines ou de ce facteur humain que constitue la communauté des enseignants-chercheurs qu'il est question et tout l'enjeu de la question est de veiller à ce que la sélection (ou le *casting*) à l'entrée de ladite fonction soit opérée de la manière la plus judicieuse possible, de manière à ne retenir que ceux qui ont une vocation affirmée -et confirmée- pour la profession et qui, par ailleurs, présentent toutes les garanties de probité morale et de conscience professionnelle.

4 Il ne serait pas superfétatoire de préciser que cette exigence de bonne moralité, comme les autres du reste (à savoir le respect des règles d'éthique et de déontologie), devrait s'appliquer avec la même rigueur aux autres acteurs qui sont chargés de l'animation au quotidien de cette structure de coordination dans le domaine de la gestion administrative et financière. Le concept de bonne gouvernance, qui est aujourd'hui à la mode, resterait un slogan creux s'il était perdu de vue par cette catégorie d'acteurs. Or, pour l'heure justement, rien ne permet de soutenir avec certitude que la gestion administrative et financière de l'Institution se trouve placée sous les meilleurs auspices possibles, pour peu que l'on prête quelque attention aux rumeurs les plus folles sur les soupçons de mauvaise gestion qui y a cours : faiblesse du dispositif de contrôle interne du fait de l'absence d'un contrôleur financier, non justification du recouvrement d'importantes sommes d'argent au titre des cotisations versées par certains Etats, exécution en dépassement du nombre normalement autorisé de missions dans l'année (soit trente-deux au lieu de la dizaine seulement dans le courant de la seule année 2014) par le premier responsable, etc. Est-il besoin de rappeler que l'efficacité de l'ensemble du dispositif requiert une saine gestion (administrative comme financière) de l'action du Secrétariat général de l'Institution qui, par sa fonction de coordination, en constitue la véritable cheville ouvrière ?

Tel nous paraît être l'essentiel des préoccupations, particulièrement nécessaires à l'heure actuelle, à résoudre pour que le reste des exigences soit aisément satisfait, parce que ressortissant dès lors au domaine de la pure intendance.

Il reste maintenant à espérer que tout acteur concerné par le fonctionnement du dispositif apporte sa caution au présent appel tout en veillant à l'amender dans ce qu'il pourrait avoir comme majorations ou minorations excessives et à l'enrichir par l'apport de toutes idées novatrices qui auraient pu être perdues de vue.

CONCLUSION

Alors que le présent texte était terminé depuis belle lurette, deux éléments nouveaux sont survenus et qui méritent d'être mentionnés du fait de leur pertinence pour le thème abordé dans cet article.

Le premier, qui constitue un sujet de préoccupation, a trait à l'information selon laquelle le Gouvernement nigérien venait d'adopter à l'occasion de son Conseil des ministres du 1er mars 2019 un décret portant annulation des résultats de toutes les élections universitaires au motif « qu''il n'existe aucun texte prescrivant la tenue de telles consultations électorales pour la désignation des doyens de Facultés et de directeurs d'Instituts sur tout l'espace CAMES, du « Réseau pour l'excellence de l'enseignement supérieur en Afrique de l'Ouest » (RESAO) et de « l'Union économique et monétaire ouest africaine » (UEMOA) ! A l'évidence, venant de la part d'un pays qui constituait une référence en matière de préservation de l'autonomie des institutions universitaires et de la défense de la liberté académique (du fait qu'elle était l'une des rares à faire désigner le premier responsable de l'institution universitaire par voie élective), une telle décision consacre un regrettable recul dans la vie des institutions universitaires.

Le second, qui pourrait tenir lieu d'illustration de notre propos, concerne ce recours entrepris par un groupe d'enseignants en droit et en science politique de diverses universités membres du CAMES (Togo et Bénin notamment) contre d'autres enseignants des mêmes institutions ou d'autres (Togo, Burkina Faso, Côte d'Ivoire) à qui ils reprochent de faire obstruction par diverses manœuvres à leur promotion dans les différents grades de l'Enseignement supérieur. En somme, c'est un grave problème de violation des règles élémentaires d'éthique et de déontologie de la profession qui se trouvait ainsi posé. Le « Comité d'éthique et de déontologie » (CED) qui a été saisi de cette affaire s'est penché sur la question à l'occasion de sa seconde session de l'année 2019, soit du 16 au 19 avril au siège de l'Institution. Il a tenté tant bien que mal d'organiser confrontation physique des différents protagonistes et des témoins dans l'espoir d'obtenir la manifestation de la vérité. Mais en réalité, il n'en fut rien parce que les enseignants mis en cause ont astucieusement esquivé le débat en prétextant du fait « *qu'ils n'avaient nullement connaissance de ce qui leur était reproché* » ! Et ce sont leurs avocats qui devaient se présenter en première ligne pour assurer leur défense ! On connaît maintenant la suite qui a été donnée à cette affaire pour le moins rocambolesque, mais qui ne surprend nullement le public averti de ces pratiques d'un autre âge ; l'intérêt de cette affaire est d'avoir porté sur la place publique le visage hideux du système de promotion qui se nourrit du jeu de vilains auquel se livraient depuis des temps immémoriaux les principaux acteurs. En clair, c'est la question de l'éthique et de la déontologie de la profession qui se trouvait posée au grand jour. Et comme fort heureusement, l'Institution venait de se doter d'un code en la matière, l'occasion devait s'avérer propice pour apprécier ces divers agissements. Et c'est ainsi que fort logiquement, le « Comité d'éthique et de déontologie » (CED) de l'Institution devant lequel cette affaire a été portée a tranché en prononçant une série de sanctions à l'encontre de ceux qui se sont rendus coupables de tels agissements. Et comme il fallait s'y attendre, c'est une affaire qui devait faire les choux gras de la presse de l'ensemble des pays membres du CAMES du fait du discrédit jeté sur le dispositif dans son ensemble. Par conséquent, l'on peut dire que l'Institution se trouve à la croisée des chemins et le moment est bien venu de mettre les acteurs devant leurs responsabilités, tant il est vrai que les institutions ne valent que par la qualité des acteurs qui les animent[1]. Au fond, ce dont les universités africaines ont besoin est une profonde transformation des mentalités des acteurs dans un sens plus conforme à l'idéal authentiquement scientifique. Dans cette optique, il ne serait pas sans intérêt de prendre exemple

---

[1o] - L'on pourra lire sur ce point les points de vue que nous avons développés sur ces affaires autant rocambolesques que croustillantes : Esquisse de bilan des trois premières années de fonctionnement du « Comité d'éthique et de déontologie » (CED) du « Conseil africain et malgache pour l'enseignement supérieur » (CAMES) : Quels leçons et enseignements retenir ?, Recueil d'hommages au Pr T. Thiombiano, à paraître et Le CAMES à l'heure de la vérité : vers le début de la fin de « l'imposture collective » ?, Journal Hakili (du Manifeste des intellectuels burkinabè) n°. de décembre 2019.

sur ce qui se passe dans les systèmes anglo-saxons. Exactement comme on l'a fait récemment en basculant, non sans grand mal ainsi qu'on le constate dans la grande majorité de nos universités francophones, dans le fameux système « Licence, Master, Doctorat » (LMD) !

Table des matières

AVANT-PROPOS **33**

1- DROIT BUDGETAIRE **35**

FINANCES PUBLIQUES ET FINANCES SOCIALES : CONVERGENCE ET SPECIFICITES *37*

Introduction 37

I- Un fort mouvement de convergence, des logiques partagées 39

II- Une nouvelle étape 40

Conclusion 42

LE PROGRAMME BUDGETAIRE *43*

Introduction 43

I - LE PROGRAMME BUDGETAIRE : UN PAQUET DE CRÉDITS 47

II : LE PROGRAMME BUDGETAIRE : VERS UNE JURIDISATION LOGIQUE 52

CONCLUSION 56

L'EXIGENCE DE TRANSPARENCE DANS LES FINANCES PUBLIQUES DES ÉTATS DE LA CEMAC *57*

INTRODUCTION 57

I- L'adhésion peu harmonisée à l'exigence de transparence par les États de la CEMAC 61

II- l'application limitée de l'exigence de transparence par les états de la cemac 73

Conclusion 83

LA MISE EN ŒUVRE DES REFORMES FINANCIERES PUBLIQUES AU SEIN DES ETATS MEMBRES DE L'UEMOA *85*

QUEL PILOTAGE STRATEGIQUE ? *85*

Introduction 85

i- La stratégie politique 89

II- La stratégie managériale 95

conclusion 104

LA BANQUE CENTRALE ET LE FINANCEMENT DES BUDGETS NATIONAUX DANS LA ZONE UMOA *105*

Introduction 105

I- La prohibition d'une participation directe au financement des budgets nationaux 108

II- L'aménagement d'une participation indirecte au financement des budgets nationaux 113

Conclusion 117

SINCERITE BUDGETAIRE ET NOMENCLATURE BUDGETAIRE : DEUX CONCEPTS ESSENTIELS A LA MODERNISATION DU SYSTEME BUDGETAIRE ET COMPTABLE DE L'ETAT AU MALI *119*

Introduction 119

I- Sincérité et nomenclature budgétaires, deux égéries du parlement pour l'octroi des crédits budgétaires 122

II- Sincérité budgétaire et nomenclature budgétaire : deux gages de la modernisation budgétaire et comptable de l'Etat 129
Conclusion 139
LA LOI ORGANIQUE N° 2014-336 DU 05 JUIN 2014 RELATIVE AUX LOIS DE FINANCES : UNE DOUBLE REFORME DES FINANCES PUBLIQUES EN CÔTE D'IVOIRE. *140*
Introduction 140
I- La loi organique procède au renouvellement des normes budgétaires 143
II- La loi organique opère une revitalisation du cadre comptable 151
Conclusion 160
FORCES ET FAIBLESSES DES FINANCES PUBLIQUES OU "HEURS ET MALHEURS DES FINANCES PUBLIQUES EN AFRIQUE NOIRE FRANCOPHONE" *162*
Introduction 162
I - COMMENÇONS PAR LES FORCES. 163
II- LES FAIBLESSES DES FINANCES PUBLIQUES EN AFRIQUE NOIRE FRANCOPHONE. 170
Conclusion 177
COORDINATION, HARMONISATION ET UNIFORMISATION DES REGLES BUDGETAIRES ET FISCALES DANS L'UE ET DANS L'UEMOA *178*
Introduction 178
I. Un rapprochement des techniques de coordination 182
II- Une ambivalence des pratiques d'harmonisation et d'uniformisation 189
Conclusion 199
EXISTE-T-IL UN DROIT PUBLIC FINANCIER AFRICAIN ? *200*
Introduction 200
I- Un droit original 205
II- Une effectivité éprouvée 215
Conclusion 224
LA LOI ORGANIQUE RELATIVE AUX LOIS DE FINANCES ET L'EXECUTION DU BUDGET AU GABON AU PRISME DE LA NOUVELLE GOUVERNANCE FINANCIERE PUBLIQUE *226*
Introduction 226
I- Une gouvernance par la performance mitigée 229
II- Une gouvernance par la transparence limitée 235
Conclusion 239
Constitution et lois de finances : QUELQUES variations dans la régulation d'un domaine spécifique *241*
Introduction 241
I- Une catégorie législative particulière 245
II. Un statut juridique et contentieux spécifique 254
DU CITOYEN-CONTRIBUABLE AU CITOYEN-CLIENT 265
Introduction 265
La remise en cause de la décision politique 265
INTERET FINANCIER ET VALORISATION *274*
A PROPOS DU PATRIMOINE IMMATERIEL DES PERSONNES PUBLIQUES *274*
Introduction 274

I- LE PRINCIPE DE LA VALORISATION FINANCIERE....277
II- L'exception de valorisation financière....279
LES METROPOLES, OBJET BUDGETAIRE ET FISCAL IDENTIFIE ?....284
Introduction....284
I- La recherche d'un socle commun....285
II- Non sans spécificités reconnues....288
Conclusion....291
RESPONSABLES MAIS PAS PUNISSABLES ?....292
LE CUMUL DE SANCTIONS DES ORDONNATEURS EN QUESTION....292
Introduction....292
I- Le renforcement de la responsabilité devant les juridictions financières....295
II- Une nécessité pour atténuer la responsabilité des ordonnateurs devant les juridictions pénales ?....300
Conclusion....308
LE FINANCEMENT DU MONARQUE AU ROYAUME-UNI....310
DE LA LISTE CIVILE A LA DOTATION ROYALE....310
Introduction....310
I- Le rôle du monarque....310
II- Le financement du monarque....312

2- DROIT FISCAL....319
PERCEPTIONS AFRICAINES ET CONCEPTION DE L'IMPÔT....321
Introduction....321
I- Une conception portée par une perception « développementaliste » de l'impôt....328
II- Une conception à bâtir sur une théorie contractualiste de l'impôt....343
Conclusion....358

3- CONTENTIEUX FINANCIER....359
LA FAUTE DE GESTION EN DROIT PUBLIC FINANCIER GUINEEN....361
Introduction....361
I- L'approche matérielle et processuelle de la faute de gestion....367
II- LA FAUTE DE GESTION SAISIE A TRAVERS SA REPRESSION....373
CONCLUSION....378
LA COUR DES COMPTES DE L'UEMOA....380
UN ORGANE COMMUNAUTAIRE LAISSÉ POUR COMPTE....380
Introduction....380
I- Une nature controversée....383
II- Une indépendance menacée....388
III- Une action invisible....394
Conclusion....399
A PROPOS DE L'AVIS DE LA COUR DE JUSTICE DE L'UEMOA DU 18 MARS 2003 SUR LA CREATION D'UNE COUR DES COMPTES AU MALI....401
Introduction....401
I- LE CONTENU DE L'AVIS....403
II- LA PORTEE DE L'AVIS....407

4- FINANCES LOCALES 415
ETAT DES LIEUX DU CADRE JURIDIQUE ET INSTITUTIONNEL DE GESTION DES RESSOURCES FORESTIERES AU SENEGAL 417
Introduction 417
I- UN CADRE JURIDIQUE ET INSTITUTIONNEL DIVERSIFIE ET AMBITIEUX 419
II. Une mise en œuvre du droit positif insuffisamment sanctionnée 426
LES CONTRAINTES LIEES A L'AUTONOMIE FINANCIERE DES COLLECTIVITES TERRITORIALES DANS L'ESPACE UEMOA LES CAS DU BENIN, MALI, NIGER, SENEGAL. 431
INTRODUCTION 431
I- LA PERSISTANCE D'UN SYSTEME FISCAL ARCHAÏQUE. 436
II- LES RAPPORTS PROBLEMATIQUES ENTRE L'ETAT ET LES COLLECTIVITES TERRITORIALES 450
Conclusion 465
LE FINANCEMENT DES COLLECTIVITES LOCALES DANS LES PAYS DE L'UEMOA 468
Introduction 468
I- La classification des besoins de financement. 470
II- La sélection des modes de financement. 477

5- DROIT CONSTITUTIONNEL & SCIENCE POLITIQUE 483
LA REMUNERATION DES ELUS FRANÇAIS ET LA CRISE DE LA REPRESENTATION 485
Introduction 485
I- Rémunération des parlementaires : la suspicion permanente 486
II- Rémunération des élus locaux : la compréhension 492
DROITS DE L'HOMME ET DEMOCRATIE, REPRESENTATION ET PARTICIPATION POLITIQUES 496
Introduction 496
I- La légitimité des droits 496
II. La représentation politique : sens et tension 499
III. La participation citoyenne : de nouvelles voies ? 507
L'AUTORITE DES AVIS DU JUGE CONSTITUTIONNEL EN AFRIQUE FRANCOPHONE 511
Introduction 511
I- Une autorité postulée 519
II- Une autorité formulée 539
Conclusion 559
L'EXECUTION DES DECISIONS DES JURIDICTIONS CONSTITUTIONNELLES 562
INTRODUCTION 562
I- LES PRINCIPES GENERAUX DE DROIT UTILISES DANS L'EXECUTION DES DECISIONS CONSTITUTIONNELLES 567
II- LES FREINS ET OBSTACLES LIES A L'EXECUTION DES DECISIONS CONSTITUTIONNELLES 579

6- DROIT ADMINISTRATIF ... 607

LA MEDIATION A L'UNIVERSITE ... 609

Introduction ... 609

I- Le choix du médiateur : médiateur académique et/ou médiateur universitaire ... 612

II- les missions du médiateur : résolution amiable et prévention des conflits... 618

Conclusion ... 624

L'ÉCOLE EST FINIE ... 625

Introduction ... 625

I- La montée de la critique visant l'École et ses raisons ... 627

II- L'ébranlement et ses conséquences ... 635

Conclusion ... 642

LA LUTTE CONTRE LA CORRUPTION TRANSNATIONALE EN AFRIQUE ... 644

LES TERMES D'UN COMBAT DIFFICILE ... 644

Introduction ... 644

I – LA PUISSANCE PUBLIQUE INTERNE NEUTRALISEE PAR L'AGRESSIVITE ET LA MALFAISANCE DES ACTEURS DE LA CORRUPTION ... 646

II– LA MISE ŒUVRE DES OUTILS JURIDIQUES CONTRARIEE PAR LA COMPLEXITE DU PHENOMENE DE CORRUPTION ... 656

Conclusion ... 666

LA PROTECTION ET LA VALORISATION DU PATRIMOINE CULTUREL EN DROIT COMPARE ... 667

Introduction ... 667

I- La restitution des biens culturels mal acquis en tant qu'enjeux juridiques ... 668

II- La revendication des biens culturels en tant qu'enjeux mémoriels ... 674

Conclusion ... 682

COMMUNALISER L'ALGERIE ... 683

L'IMPOSSIBLE EQUATION COLONIALE ... 683

Introduction ... 683

I- De la nécessité de communaliser le territoire de l'Algérie ... 684

LA REFORME TERRITORIALE EN France ... 702

LES AMBITIONS DEÇUES DES COLLECTIVITES TERRITORIALES ... 702

Introduction ... 702

I- LA DECENTRALISATION, UN CHANTIER PERMANENT… ... 704

II- QUI REND DIFFICILE A METTRE EN ŒUVRE LA MOINDRE REFORME RELATIVE AUX COLLECTIVITES TERRITORIALES ... 711

Conclusion ... 720

LA COHERENCE, PRINCIPE ESSENTIEL ET MECONNU DU SYSTEME D'ADMINISTRATION TERRITORIALE ... 721

Introduction ... 721

LES FRAGILES FONDEMENTS DOCTRINAUX DE L'ADMINISTRATION TERRITORIALE ... 722

7- DROIT DU COMMERCE INTERNATIONAL ... 737

L'ILLICITE DANS LE COMMERCE INTERNATIONAL : THESE-FICTION ... 739

Introduction ... 739

I- DE LA DIFFICILE CIRCONSCRIPTION DU CHAMP DE L'ILLICITE . 740
II- DE LA CONTENTION DES TRAFICS ILLICITES ET DES OBSTACLES A SURMONTER 743
CONCLUSION 747

VARIA 751

MANIFESTE POUR LE SAUVETAGE D'UNE INSTITUTION EN ETAT DE PERDITION : LE « CONSEIL AFRICAIN ET MALGACHE POUR L'ENSEIGNEMENT SUPERIEUR » (CAMES) 753*
INTRODUCTION 753
I- LE DIAGNOSTIC TOUT D'ABORD 755
II- LES CONSEQUENCES ENSUITE 763
III- ET ENFIN, QUE FAIRE MAINTENANT ? 768
CONCLUSION 772

Structures éditoriales du groupe L'Harmattan

L'Harmattan Italie
Via degli Artisti, 15
10124 Torino
harmattan.italia@gmail.com

L'Harmattan Hongrie
Kossuth l. u. 14-16.
1053 Budapest
harmattan@harmattan.hu

L'Harmattan Sénégal
10 VDN en face Mermoz
BP 45034 Dakar-Fann
senharmattan@gmail.com

L'Harmattan Cameroun
TSINGA/FECAFOOT
BP 11486 Yaoundé
inkoukam@gmail.com

L'Harmattan Burkina Faso
Achille Somé – tengnule@hotmail.fr

L'Harmattan Guinée
Almamya, rue KA 028 OKB Agency
BP 3470 Conakry
harmattanguinee@yahoo.fr

L'Harmattan RDC
185, avenue Nyangwe
Commune de Lingwala – Kinshasa
matangilamusadila@yahoo.fr

L'Harmattan Congo
67, boulevard Denis-Sassou-N'Guesso
BP 2874 Brazzaville
harmattan.congo@yahoo.fr

L'Harmattan Mali
ACI 2000 - Immeuble Mgr Jean Marie Cisse
Bureau 10
BP 145 Bamako-Mali
mali@harmattan.fr

L'Harmattan Togo
Djidjole – Lomé
Maison Amela
face EPP BATOME
ddamela@aol.com

L'Harmattan Côte d'Ivoire
Résidence Karl – Cité des Arts
Abidjan-Cocody
03 BP 1588 Abidjan
espace_harmattan.ci@hotmail.fr

Nos librairies en France

Librairie internationale
16, rue des Écoles
75005 Paris
librairie.internationale@harmattan.fr
01 40 46 79 11
www.librairieharmattan.com

Librairie des savoirs
21, rue des Écoles
75005 Paris
librairie.sh@harmattan.fr
01 46 34 13 71
www.librairieharmattansh.com

Librairie Le Lucernaire
53, rue Notre-Dame-des-Champs
75006 Paris
librairie@lucernaire.fr
01 42 22 67 13

www.ingramcontent.com/pod-product-compliance
Lightning Source LLC
LaVergne TN
LVHW011213061026
849535LV00001BA/15